D1718379

DER WAHRHEIT VERPFLICHTET

# DER WAHRHEIT VERPFLICHTET

FESTSCHRIFT FÜR

EM. DIÖZESANBISCHOF PROF. DR. KURT KRENN

ZUM 70. GEBURTSTAG

2006

ARES Verlag

Herausgegeben von:
Josef Kreiml, Michael Stickelbroeck, Ildefons Manfred Fux, Josef Spindelböck

Redaktion und Lektorat:
Rudolf Födermayr, Jutta Kern

Kontakt:
Sekretariat des em. Diözesanbischofs Dr. Kurt Krenn, Klostergasse 14, 3100 St. Pölten
http://www.hippolytus.net
j.kern@kirche.at

Bildnachweis:
Umschlagfoto: Diözesanmuseum St. Pölten, Dr. Johann Kronbichler
„Milleniumstor" S. 681: Pressereferat der Diözese St. Pölten, Mag. Hans Pflügl
S. 682–687: Ferdinand Bertl
Papstbild S. 16: L`Osservatore Romano
Mosaikbilder S. 506, 507: Fritz Weidmann
Alle übrigen Fotos: Privatbesitz

Bibliografische Information Der Deutschen Bibliothek
Die Deutsche Bibliothek verzeichnet diese Publikation in der Deutschen Nationalbibliografie; detaillierte bibliografische Daten sind im Internet unter http://dnb.ddb.de abrufbar.

Hinweis: Dieses Buch wurde auf chlorfrei gebleichtem Papier gedruckt. Die zum Schutz vor Verschmutzung verwendete Einschweißfolie ist aus Polyethylen chlor- und schwefelfrei hergestellt. Diese umweltfreundliche Folie verhält sich grundwasserneutral, ist voll recyclingfähig und verbrennt in Müllverbrennungsanlagen völlig ungiftig.

ISBN 3-902475-24-2
ISBN 978-3-902475-24-4

Printed in Austria

Layout und Umschlag: Werner Schmid, Michael Mayr
Gesamtherstellung: Druckerei Theiss G.m.b.H., A-9431 St. Stefan

Die Drucklegung der Festschrift
erfolgte mit der wohlwollenden Unterstützung
von vielen Gönnern
und im Besonderen von:

Generalsekretariat der
Österreichischen Bischofskonferenz
Mag. Rudolf Berger
Bankhaus Schelhammer & Schattera
Casinos Austria
Österreichische Lotterien
Wiener Städtische Versicherung

Die Niederösterreichische
VERSICHERUNG

Es sei allen herzlich gedankt.

Seiner Exzellenz, em. Diözesanbischof Univ. Prof. Dr. Kurt Krenn,
als Zeichen der Wertschätzung sowie
der Dankbarkeit und Verbundenheit gewidmet!

Herausgeber, Autoren und Mitarbeiter

# Vorwort

Die Wahrheit wird in der Begegnung mit dem Menschen oft als Provokation erlebt; denn es ist nicht selbstverständlich, ihr zuzustimmen, ihren Forderungen nachzukommen, ihr treu zu sein und ihr Geltung zu verschaffen. Die Wahrheit nimmt uns in ihre Pflicht. Das bringt die Situation des Kampfes mit sich, und nicht zufällig fordert der hl. Paulus seinen Schüler Timotheus auf, ein guter Kämpfer zu sein: *Kämpfe den guten Kampf!* (1 Tim 1,18); und nochmals: *Kämpfe den guten Kampf des Glaubens!* (1 Tim 6,12). Den Alten war das Bild des Kampfes vertraut. Der hl. Johannes Chrysostomus verstand die Taufsalbung als Zurüstung dessen, der sich nun endgültig in die *militia Christi,* in den Kriegszug des Herrn, einreihen wollte. Der Christ ist also ein *athleta,* ein Kämpfer, vor allem gegen die Mächte der Finsternis, angetan mit der *Rüstung Gottes* (vgl. Eph 6,11.13), in Händen das Schwert des Geistes, *das ist das Wort Gottes* (Eph 6,17). Dieses Wort sollte Timotheus auch in widrigen Umständen verkünden, *gelegen oder ungelegen* (vgl. 2 Tim 4,2), denn die Wahrheit ist unverzichtbar, kein Luxusgut, kein dekorierendes Element. Der Mensch braucht nicht nur Brot; mehr noch hat er die Wahrheit nötig, um leben zu können. Es geht ja um jene Wahrheit, *die Jesus ist* (Eph 4,21).

Ein solcher *miles Christi,* der Wahrheit verpflichtet, ist der Jubilar in all seinen Priester- und Bischofsjahren gewesen. Als *guter Soldat* (2 Tim 2,3) hat er gekämpft, ertragen und gelitten und ein Beispiel christlicher Standhaftigkeit gegeben, an dem sich viele aufrichten konnten. Er ist sich, seinem Herrn und dessen Stellvertreter auf Erden stets treu geblieben. In seinem Leben gab es keine Brüche. In einer Periode, da die Akzeptanz zum vorrangigen pastoralen Maßstab promovierte, hat er sich selbst von all dem fern gehalten, was er in einem Hirtenschreiben vom 15. September 1992 mit den Worten umschrieb: *Viel zu oft wird der Priester daran gemessen, wie beliebt und akzeptiert er ist, welches Image er sich erwirbt, wie sehr er sich dem Zeitgeist anpasst.* Ein „Angepasster“ ist Bischof Krenn nie gewesen.

Auch sein Lebensschicksal kann nur vom Evangelium her rechte Deutung erfahren, und als der hl. Augustinus einmal auf die Märtyrer der drei ersten Jahrhunderte zurückblickte, nannte er sie *victores, Sieger.* Er tat dies in der Interpretationskraft des Glaubens und fügte hinzu: *quia victimae;* die Märtyrer sind Sieger, weil sie wie der Gekreuzigte zu Besiegten und zu Opfern geworden sind. Das historische Urteil über den Priester und Bischof Dr. Kurt Krenn muss selbstverständlich noch offen bleiben, doch das Wort der Schrift hat ebenso selbstverständlich zeitlose Gültigkeit: *Urteilt nicht nach dem Augenschein, sondern urteilt gerecht!* (Joh 7,24). Emotionen haben der Vernünftigkeit des Menschen noch selten gut getan.

Nun vollendet der Jubilar das siebente Jahrzehnt seines Lebens – willkommener Anlass für Herausgeber und zahlreiche Autoren, Seiner Exzellenz Dank zu sagen und ihm in einer Festschrift Ehre zu erweisen. Möge diese Gabe das ihr zugedachte Ziel erreichen und auf ihre Weise bekräftigen, was im Wunsch: *Ad multos annos!* zum Ausdruck kommt.

Die Herausgeber

# Inhalt

Vorwort . . . . . . . . . . . . . . . . . . . . . . . . . . . . . . . . . . . . . . . . . . . . . . 7

*Papst Benedikt XVI.*
Der Trost seiner Nähe – Brief an Altbischof Kurt Krenn . . . . . . . . . . . . . . . . 15

*Diözesanbischof DDr. Klaus Küng*
Grußwort . . . . . . . . . . . . . . . . . . . . . . . . . . . . . . . . . . . . . . . . . . . . 19

*Landeshauptmann Dr. Erwin Pröll*
Grußwort . . . . . . . . . . . . . . . . . . . . . . . . . . . . . . . . . . . . . . . . . . . . 22

## Erinnerungen

*Günther Nenning †*
Mehr Mensch als Bischof . . . . . . . . . . . . . . . . . . . . . . . . . . . . . . . . . . . 27

*Siegfried Ludwig*
Der liebe Gott geht vor . . . . . . . . . . . . . . . . . . . . . . . . . . . . . . . . . . . 29

*Johannes B. Torelló*
Ritter der Wahrheit . . . . . . . . . . . . . . . . . . . . . . . . . . . . . . . . . . . . . 32

*Franz Romeder*
Er konnte auf Menschen zugehen . . . . . . . . . . . . . . . . . . . . . . . . . . . . . 35

*Clemens Hellsberg*
Begleiter auf dem einzigen Weg . . . . . . . . . . . . . . . . . . . . . . . . . . . . . 37

*Walter Plettenbauer – Leon Sireisky*
Erinnerungen an einen Philosophen
Kurt Krenn als junger Philosophieprofessor an der
Philosophisch-Theologischen Hochschule der Diözese Linz . . . . . . . . . . . . . 39

*Camillo Perl*
O felix Roma – Bischof Kurt Krenn und Rom . . . . . . . . . . . . . . . . . . . . . 44

*Ildefons Manfred Fux*
Ein neuer Weihbischof für Wien
Anmerkungen zu Ernennung und Konsekration von Kurt Krenn. . . . . . . . . . 52

*Robert Bösner*
Meine erste Begegnung . . . . . . . . . . . . . . . . . . . . . . . . . . . . . . . . . . . 96

*Andreas Hönisch*
Bischof Kurt Krenn und die Gründung der Kongregation der
Servi Jesu et Mariae (SJM). . . . . . . . . . . . . . . . . . . . . . . . . . . . . . . . 103

*Franz Breid*
Das Wirken von Bischof Kurt Krenn für die Menschen
im Oberen Mühlviertel . . . . . . . . . . . . . . . . . . . . . . . . . . . . . . 107

*Karl Winkler*
Es geht um den Menschen . . . . . . . . . . . . . . . . . . . . . . . . . . . . . 123

*Alfred Sammer*
Begegnungen mit Bischof Kurt Krenn . . . . . . . . . . . . . . . . . . . . . . 127

*Konrad Panstingl*
Wallfahrt zum Fatimaheiligtum Droß . . . . . . . . . . . . . . . . . . . . . . 130

*Johann Hadrbolec*
Bischof Kurt Krenn und die Gefängnispastoral . . . . . . . . . . . . . . . . . 133

*Stephan Baier*
Der Mensch hat ein Recht auf die Wahrheit – und ein Recht auf Gott
Worum es Kurt Krenn als Theologe und Bischof geht:
Des Menschen Fragen finden in Gott ihre Antwort . . . . . . . . . . . . . . . 146

*Renée Brenninkmeijer*
Der Glanz der Wahrheit . . . . . . . . . . . . . . . . . . . . . . . . . . . . . . 161

*Michael Dinhobl*
Ein Mann des Geistes und des Herzens . . . . . . . . . . . . . . . . . . . . . 162

*Leo Strasser*
Der Sportbischof . . . . . . . . . . . . . . . . . . . . . . . . . . . . . . . . . 165

**Theologie und Philosophie**

*Joachim Kardinal Meisner*
Das Gewissen – normierte Norm des Handelns . . . . . . . . . . . . . . . . . . 169

*Leo Kardinal Scheffczyk †*
„Credo in unam sanctam catholicam et apostolicam Ecclesiam“
Zum Aufweis der wahren Kirche in relativistischer Zeit . . . . . . . . . . . . 176

*Marian Kardinal Jaworski*
Sacrum und christliche Seinsphilosophie . . . . . . . . . . . . . . . . . . . . 190

*Erzbischof Wolfgang Haas*
Maria – Mater Salvatoris
Zur essentiellen und existentiellen Aufgabe Marias im
göttlichen Erlösungswerk . . . . . . . . . . . . . . . . . . . . . . . . . . . . 199

*Erzbischof em. Georg Eder*
O salutaris hostia – Kreuz und Eucharistie
Eine Predigt, die nicht gehalten wurde . . . . . . . . . . . . . . . . . . . . . . . . . . . 228

*Anton Ziegenaus*
Trinitarischer Glaube versus starren Monotheismus
Zu einem aktuellen interreligiösen Thema . . . . . . . . . . . . . . . . . . . . . . . . . 234

*Michael Stickelbroeck*
Etappen einer Christologie des „Sohnesbewußtseins" Jesu
Von der liberalen Leben-Jesu-Forschung bis zur Destruktion der
Konzilschristologie bei John Hick . . . . . . . . . . . . . . . . . . . . . . . . . . . . . . 246

*Gerhard Fahrnberger*
Papst Johannes Paul II. in Sorge um das Sakrament der Buße
Das Apostolische Schreiben „Misericordia Dei" vom 7. April 2002
über einige Aspekte der Feier des Sakramentes der Buße . . . . . . . . . . . . . . . 261

*Josef Kreiml*
Gott und das Leid
Die Theodizeefrage als Herausforderung der Theologie . . . . . . . . . . . . . . . . 271

*Ignaz Steinwender*
Der Relativismus als Kernproblem der gegenwärtigen Glaubenskrise . . . . . . 288

*Tadeusz Styczeń SDS*
Für eine logisch kohärente und ethisch eindeutige Prozedur
der Rechtsetzung im Bereich des Schutzes menschlichen Lebens . . . . . . . . . 308

*Josef Spindelböck*
Das sittliche Leben des Christen im Spannungsfeld von
Konkupiszenz und Gnade . . . . . . . . . . . . . . . . . . . . . . . . . . . . . . . . . . . 317

*Ernst Burkhart*
Gewissen und kirchliches Lehramt . . . . . . . . . . . . . . . . . . . . . . . . . . . . . 327

*Wolfgang Waldstein*
Zu den Bemühungen von Weihbischof Kurt Krenn um eine
Korrektur der Mariatroster Erklärung von 1968 . . . . . . . . . . . . . . . . . . . . . 347

*Johannes Enichlmayr*
Die Enzyklika „Humanae vitae" als prophetische Weisung und Segen . . . . . 377

*Helmut Prader*
Damit Ehe heute gelingen kann
Ein Beitrag zur Ehevorbereitung der Katholischen Kirche . . . . . . . . . . . . . . 388

*Rudolf Weiler*
Wertgesicherte Spiritualität . . . . . . . . . . . . . . . . . . . . . . . . . . . . . . . . . . . 403

*Pius Maurer*
Das Wort „heilig“ und seine Derivate
in den „Mystagogischen Katechesen“ von Jerusalem . . . . . . . . . . . . . . . . . . 420

*Reinhard Knittel*
Personale Eigenverantwortung des Diözesanbischofs und
kollegiale Mitverantwortung der Bischofskonferenz – ein Widerspruch? . . . 431

*Peter Hofer*
Pastoraltheologische Konsequenzen
aus dem Subjekt-Sein des Volkes Gottes . . . . . . . . . . . . . . . . . . . . . . . . . . 450

*Wolfgang Treitler*
Die Frage – Platzhalter des Ewigen unter Menschen? . . . . . . . . . . . . . . . . . . 465

*Jan Flis*
Nachfolge des Lehrers
Leitmotiv des Kirchenmodells im Markusevangelium . . . . . . . . . . . . . . . . . 484

*Fritz Weidmann*
Der Gute Hirte – die verbindliche Perspektive
für den kirchlichen Amtsträger . . . . . . . . . . . . . . . . . . . . . . . . . . . . . . . . . 502

*Stefan Hartmann*
Mariologie und Metaphysik
Zu Heinrich M. Kösters Übernahme der thomistischen
„Akt und Potenz-Lehre“ . . . . . . . . . . . . . . . . . . . . . . . . . . . . . . . . . . . . . . 518

*Konrad Baumgartner*
Dass wir den Übergang bestehen
Begleitung von Trauernden in pastoraler Sicht . . . . . . . . . . . . . . . . . . . . . . 530

**Lebensbilder**

*Gerhard Maria Wagner*
Papst Johannes Paul II. und die Einheit Europas
Ein Horizont und viele Wege . . . . . . . . . . . . . . . . . . . . . . . . . . . . . . . . . . 551

*Gerhard B. Winkler*
Georg Michael Wittmann (1760–1833)
Ein heiligmäßiger „Kantianer“ auf dem Stuhl des hl. Wolfgang? . . . . . . . . . 588

*Walter Brandmüller*
Joseph Feßler und Franz Joseph Rudigier im Revolutionsjahr 1848
Ein Briefwechsel . . . . . . . . . . . . . . . . . . . . . . . . . . . . . . . . . . . . . . . . . . . 599

*Gudrun Trausmuth*
Wesensschau und Christusnachfolge
Gedanken zum Werk von Gertrud von le Fort . . . . . . . . . . . . . . . . . . . . . . 617

*Gottfried Glaßner*
Tagebuchaufzeichnungen eines Wiener Juden (1848–1850)
Chance und Auftrag, den Verlust der Nachbarschaft von Christen
und Juden vor dem Vergessen zu bewahren . . . . . . . . . . . . . . . . . . . . . . . . 625

## Konturen des Christlichen

*Erzbischof Donato Squicciarini †*
Religion und Gesellschaft, Kirche und Staat . . . . . . . . . . . . . . . . . . . . . . . 649

*Militärbischof Christian Werner*
Herausforderungen und Wege der katholischen Militärseelsorge
in Österreich am Beginn des dritten Jahrtausends . . . . . . . . . . . . . . . . . . . 658

*Alois Hörmer*
Das „Millenniumstor“. . . . . . . . . . . . . . . . . . . . . . . . . . . . . . . . . . . . . . . . 677

*Mirjam Schmidt*
Liturgie und Kirchenmusik
Wesen und Herausforderung . . . . . . . . . . . . . . . . . . . . . . . . . . . . . . . . . . 691

*Robert Prantner*
Geheime Gärten Europas
Erinnerung und Überlegung . . . . . . . . . . . . . . . . . . . . . . . . . . . . . . . . . . . 696

*Heinz Keinert*
Sechs zentrale Gründe für die innere Krise der Kirche – Eine Skizze . . . . . . 703

*Rudolf Curik*
Der Mensch unterwegs, der Mensch als Pilger . . . . . . . . . . . . . . . . . . . . . . 712

*Heribert Derix*
Zur ethischen Grundlegung marktwirtschaftlicher Wirtschaftsordnung –
„Veritatis Splendor“ Terra Incognita . . . . . . . . . . . . . . . . . . . . . . . . . . . . . 717

Verzeichnis der Autoren . . . . . . . . . . . . . . . . . . . . . . . . . . . . . . . . . . . . . . 757

# Der Trost seiner Nähe

## Brief von Papst Benedikt XVI. an Altbischof Kurt Krenn

Es geschieht nicht alle Tage, dass ein Privatbrief eines regierenden Papstes veröffentlicht wird und mit dessen ausdrücklicher Zustimmung auch veröffentlicht werden darf. Es ist ein Trostschreiben, das der Heilige Vater Benedikt XVI. an einen Leidgeprüften richtet, wenige Tage vor dessen 69. Geburtstag und ein gutes halbes Jahr, nachdem aus dem Ordinarius von St. Pölten ein sogenannter Altbischof geworden ist. An wem würden solche Ereignisse spurlos vorübergehen?

Dem Leser dieses Briefes wird es nicht entgehen, wie oft hier das Thema der Nähe angesprochen ist: die Nähe des Papstes zu seinem ehemaligen Kollegen an der Regensburger Universität im Gebet, die Nähe Gottes zum leidenden Menschen. „Seit langem bete ich jeden Tag für Dich", – wer darf dies wohl sonst so schnell aus dem Munde eines Pontifex hören? Und es ist nicht „leidiger Trost" (vgl. Ijob 16,2), wenn uns die Tiefe eigenen Leidensgeheimnisses enthüllt wird, dass es nämlich Teilhabe am Leiden des Gottesknechtes ist, der uns mitnimmt auf den Ölberg. Simon von Cyrene trägt nicht ein anderes, ein zweites Kreuz, sondern das Kreuz Christi; und es ist der Herr selbst, der in uns lebt und in uns leidet – in unserer Psyche, mit unserem Fleisch (vgl. Gal 2,20). Es ist, als ob Jesus zu uns die Worte spreche: „Leide mit mir als guter Soldat..." (vgl. 2 Tim 2,3), „ertrage das Leiden" (2 Tim 4,5), denn anders wird der Abgrund der Sünde und die Macht der „Fürsten und Gewalten" dieser Welt nicht überwunden. Hier ist es der Glaube allein, der uns den Zugang zur Wahrheit erschließt und uns ihre befreiende und tröstende Kraft erfahren lässt. Mit dem Adressaten wird sich wohl auch der Leser dieses Briefes dem Heiligen Vater zu tiefem Dank verpflichtet wissen.

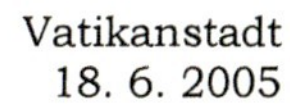

Vatikanstadt
18. 6. 2005

Seiner Exzellenz
dem Hochwürdigsten Herrn
Bischof Dr. Kurt Krenn
Alt-Bischof von St. Pölten

Lieber Mitbruder!

Wie ich höre, leidest Du an Leib und Seele. So liegt es mir am Herzen, Dir ein Zeichen meiner Nähe zukommen zu lassen. Seit langem bete ich jeden Tag für Dich, und ich werde nun diese meine betende Nähe zu Dir noch verstärken. Ich will den Herrn bitten, daß er Deine Gesundheit wieder aufrichtet und daß er Dich den Trost seiner Nähe fühlen läßt. Ich will ihn bitten, daß Du inne wirst, wie er Dir gerade in den Leiden des Leibes und der Seele nahe ist. Unser Herr hat uns letztlich nicht durch seine Worte und Taten, sondern durch seine Leiden erlöst. In der Nacht des Ölbergs hat er alles Böse dieser Welt, den ganzen Abgrund der Sünde und Not des Menschen vor sich gesehen, dies alles in seiner Seele durchlitten und so überwunden. Wenn der Herr Dich nun gleichsam mit auf den Ölberg nimmt, dann sollst Du doch wissen, daß Du gerade so ganz tief von seiner Liebe umfangen bist und im Annehmen Deiner Leiden ergänzen helfen darfst, was an den Leiden Christi noch fehlt (Kol 1,24). Ich bete sehr darum, daß Dir in allen Mühsalen diese wunderbare Gewißheit aufgeht und Du – wie St. Paulus – mitten im Schmerz Dich freuen kannst ob der besonderen Art der Nähe des Herrn.

Von Herzen sende ich Dir meinen Apostolischen Segen. In alter Verbundenheit

Dein

Papst Benedikt XVI.

APOSTOLISCHE NUNTIATUR
IN ÖSTERREICH

GLÜCKWUNSCH

Mit dem lieben Alt-Bischof von St. Pölten, Msgr. Prof. Dr. Kurt Krenn, herzlich verbunden, möchte ich als Apostolischer Nuntius in Österreich nicht unter den Gratulanten zu seinem 70. Geburtstag fehlen.

Alt-Bischof Krenn hat sich stets markant für die Belange der Kirche in Österreich eingesetzt und war zu jeder Zeit von dem aufrichtigen Bestreben getragen, der Klarheit des Glaubens und des kirchlichen Lehramtes zu dienen.

Im Namen des Heiligen Vaters danke ich dem Jubilar für seine bischöfliche Hirtensorge um die ihm von 1991 bis 2004 anvertraute Diözese St. Pölten und wünsche ihm für seinen Lebensabend den reichen Segen des Ewigen Hohenpriesters Jesus Christus.

Wien, im Februar 2006.

Erzb. Dr. Edmond Farhat
Apostolischer Nuntius

---

Seiner Exzellenz
dem Hochwürdigsten Herrn
Msgr. Prof. Dr. Kurt Krenn
Alt-Bischof von
ST. PÖLTEN

*Diözesanbischof DDr. Klaus Küng*

Die Festschrift anlässlich des 70. Geburtstages von Bischof Dr. Kurt Krenn entstand aus dem Wunsch heraus, Bischof Kurt eine Freude zu bereiten. Für viele der Autoren, die mitgewirkt haben, ist sie ein Zeichen der Freundschaft und der Anerkennung für das jahrelange Kämpfen von Bischof Kurt; andere wollten von neuem die Themen aufgreifen, die ihm wichtig waren; für einige ist der Beitrag vielleicht einfach ein Zeichen der Versöhntheit. Einer der eingefügten Artikel zeigt, dass manche Wunden nicht verheilt sind. Dafür braucht es wahrscheinlich eine längere Zeit, vielleicht auch die Gnade Gottes und das Wirken des Hl. Geistes.

Bischof Kurt war für viele ein Bezugspunkt, für nicht wenige ein Bollwerk des Glaubens und ein Symbol der Standhaftigkeit, für andere ein Reibebaum, der bisweilen für heftigste Diskussionen gesorgt hat.

Viele Jahre ist Bischof Kurt im Rampenlicht der Öffentlichkeit gestanden, nun lebt er ganz zurückgezogen; es ist still um ihn geworden. Seine Leiden verlangen von uns die Haltung des Respekts und des Mitgefühls. Bei jedem Menschen kommt einmal die Zeit, da eine solche Stille eintritt. Alle müssen wir darauf gefasst sein. Wichtig ist immer, dass Gott und sein heiliger Wille im Vordergrund stehen. Das ist ein Trost und zugleich eine Herausforderung.

Mit dieser Festschrift verbinde ich einige große Anliegen und Wünsche: Allem anderen voran hoffe ich, dass sie Bischof Kurt tatsächlich Freude macht und über seinem Leben, auch über seinen jahrelangen Mühen, Licht aufleuchten lässt.

Ich hoffe aber auch, dass diese Festschrift für alle, die sie in die Hände bekommen, ein Anstoß zum Nachdenken ist. Mehrere Beiträge der Festschrift beschäftigen sich mit Fragestellungen, die Bischof Kurt wichtig waren und denen in der Tat für die Erneuerung von Kirche und Gesellschaft eine wesentliche Bedeutung zukommt. Es ist notwendig, dass wir uns den Herausforderungen der Zeit stellen und jenen Mut zur Objektivität aufbringen, der als wahr anerkennt, was wahr ist.

Schließlich erhoffe ich mir, dass durch diese Festschrift nicht bestehende Gräben vertieft und alte Wunden neu aufgerissen werden. Manche Vorkommnisse der Vergangenheit gehören zur Geschichte und dürfen als überwunden betrachtet werden, für ihre genauere Beurteilung und sachliche Einordnung ist es wahrscheinlich noch zu früh. Es braucht dafür einen größeren Abstand. In manchem ist Vergebung nötig, sofern sie nicht bereits gewährt ist. Anderes bedarf einer möglichst sachgerechten Aufarbeitung. Es mag auch negative Erlebnisse und Ereignisse geben, die als Erfahrung für die Zukunft ihren Wert besitzen. Allerdings: Nur konstruktives Denken ermöglicht den Heilungsprozess und führt zu einem hilfreichen Ergebnis.

So erhoffe ich mir von der Verbreitung der Festschrift für Bischof Kurt auch ein Stück weit Versöhnung in unserer Diözese und der ganzen Kirche in Österreich. Das Hinhören aufeinander und die Anerkennung von Positivem auch bei jenen, die in manchen Belangen anders denken, bereiten den Weg dazu. Die Offenheit für den Hl. Geist und der Wunsch, Christus konsequent nachzufolgen, müssen dabei für alle Beteiligten Voraussetzung und Grundlage sein.

Es verbleibt mir schließlich noch die Aufgabe, allen jenen Dank zu sagen, die beim Zustandekommen dieser Festschrift mitgewirkt haben. Hervorheben möchte ich Frau Jutta Kern, die Bischof Krenn all die Jahre hindurch beigestanden hat und ihm weiterhin in Treue zur Seite steht. Ebenso gebührt ein besonderer Dank den Herausgebern Prof. Dr. Kreiml, Prof. Dr. Stickelbroeck, Dr. Spindelböck und Dr. Fux für ihr Engagement.

Sie haben viel dazu beigetragen, dass diese Festschrift zustande gekommen ist.

So gratuliere ich Bischof Krenn sehr herzlich zu seinem 70. Geburtstag und wünsche ihm und allen, die mit ihm verbunden sind, Gottes reichen Segen.

+ Klaus Küng

*Landeshauptmann Dr. Erwin Pröll*

Von meinem Büro in St. Pölten sehe ich geradewegs auf den Dom. Also dorthin, wo sich der Sitz des Bischofs und somit das Zentrum der Diözese St. Pölten befindet.
Dieser unmittelbare, direkte und geradlinige Blick vom Regierungsviertel, und damit dem politischen Herzen Niederösterreichs, zum kirchlichen Mittelpunkt der Diözese mag architektonischer Zufall sein, dennoch liegt viel Symbolkraft darin. Zum einen wird damit auf wunderschöne Weise das gute Miteinander zwischen Diözese und Land ausgedrückt. Zum anderen zeigt sich so das funktionierende Verhältnis zwischen Kirche und Staat. Ein Verhältnis, das sich immer auf gegenseitigen Respekt, korrekte Zusammenarbeit und partnerschaftlichen Umgang stützt. Ein Verhältnis, das auch und gerade in den Jahren, in denen Dr. Kurt Krenn das Bischofsamt ausübte, unter diesen Vorzeichen stand.

Darüber hinaus sehe ich im gemeinsamen Blickfeld auch den Hinweis darauf, worin die gemeinsame Aufgabe von Politik und Kirche liegt und was Politik und Kirche verbindet. Es ist nicht mehr und nicht weniger als die Sorge um das Wohl der Menschen und das Streben nach dem Wohl in der Gesellschaft. Die Kirche ist dabei eine wichtige Instanz, weil sie die Sehnsucht nach Geborgenheit erfüllen kann, weil sie Orientierung und Halt gibt und weil sie für Werte eintritt, die unsere Zeit verlangt: christliche Haltung, Nächstenliebe, menschliche Güte. Dr. Kurt Krenn ist als

Bischof stets dafür ein- und aufgetreten, gelegentlich nicht unkritisch, aber immer am Ziel orientiert.

Diese Eigenschaft ist auch ein Wesensmerkmal, das man Bischof Dr. Kurt Krenn ohne Zweifel zuordnen kann. Ich selbst habe in meiner Funktion als Landeshauptmann im Laufe der vielen Jahre natürlich zahlreiche Begegnungen mit Bischof Dr. Kurt Krenn erlebt – von großen kirchlichen Ereignissen wie dem Papstbesuch in St. Pölten, über wichtige politische Veranstaltungen bis hin zu gesellschaftlichen Ereignissen im Land. So unterschiedlich und vielfältig diese Begegnungen waren, so unverkennbar hat sich dabei gezeigt: Kurt Krenn ist ein Mann mit Handschlagqualität, ein Mann mit klaren Wertvorstellungen und ein Mann, der mit Mut, Beharrlichkeit und Entschlossenheit hinter diesen Überzeugungen steht.

Mit Sicherheit hat die Persönlichkeit Kurt Krenn noch viele andere Facetten. Einen kleinen, aber bestimmt interessanten Einblick darauf gibt die vorliegende Festschrift zum 70. Geburtstag. Als Landeshauptmann, aber auch in meinem persönlichen Namen, möchte ich Dir, hochwürdigster Herr Bischof, auch auf diesem Weg alles Gute zu diesem runden Geburtstag wünschen und verbinde mit diesen Wünschen, dass Dir der Herrgott mit Gesundheit, Kraft und Lebensfreude zur Seite stehen möge.

Herzlichst
Erwin Pröll

# JOANNES PAULUS EPISCOPUS SERVUS SERVORUM DEI

Venerabili Fratri Conrado Krenn, hactenus Episcopo titulo Aulonitano et Auxiliari Viennensi, electo Episcopo Sancti Hippolyti, salutem et Apostolicam Benedictionem. Universae Catholicae familiae praefecti, omnem quidem adhibemus curam ut locorum Ecclesiae omnia habeant ad vitam suam necessaria, imprimis Pastores, qui animas in via ducant salutis evangelica institutione easdemque sanis instruant moribus, secundum acceptum a Christo mandatum: - Docete omnes gentes - Mt 28,19. Cum igitur Cathedralis Ecclesia Sancti Hippolyti in praesenti tempore suum non habeat sacrorum Antistitem ob depositum munus ab eius ultimo Praesule Francisco Žak, non longiore interposita mora, illi prospicere statuimus successorem eligendo. Quem te esse volumus, Venerabilis Frater, egregiis exornatum virtutibus, humanis facultatibus et praesertim pastoralis ministerii expertum, utpote cum hoc in permagna Viennensi archidioecesi alacriter exercueris et fructuose. Quapropter audito consilio eodemque probato Congregationis pro Episcopis, ex Apostolica Nostra potestate et auctoritate his Litteris te sede mutamus et ad dioecesim Sancti Hippolyti gubernandam mittimus Episcopum et Pastorem, vinculo solutum titularis Ecclesiae Aulonitanae et officio Auxiliaris Viennensis, quibus ad hoc usque tempus obstringebaris. Liberatus etiam obligatione iterandi fidei professionem, ius iurandum tamen dabis fidelitatis erga Nos et Nostros in hac Apostolica Sede Successores, cuius formulam cito ad Congregationem pro Episcopis mittes ex consuetudine signatam sigilloque munitam. Cavebis insuper ut clerus et populus dioecesis tuae huius electionis certiores fiant, ut copiam habeant te Patrem et custodem animarum suarum diligendi, te magistrum audiendi, te vineae Domini operarium adiuvandi. Fac, Venerabilis Frater, cuius auctum est onus et potestas in dominicas oves, sedulitatem augeas et labores inceptaque multiplices, adeo ut tum solum contentus sis, cum conscius fueris te omnes impendisse vires in Dei gloriam inque Christifidelium bonum. Datum Romae, apud S. Petrum, die undecimo mensis Iulii, anno Domini millesimo nongentesimo nonagesimo primo, Pontificatus Nostri tertio decimo.

Joannes Paulus PP. II

Franciscus Chiarın Proton. Apost.

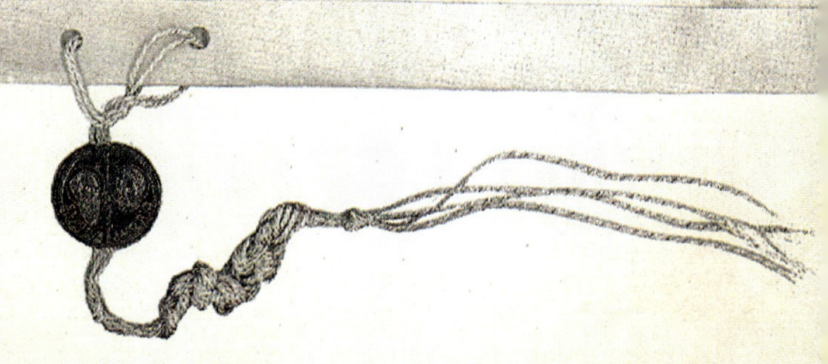

# ERINNERUNGEN

# Mehr Mensch als Bischof

*Günther Nenning †*

Ich habe Bischof Krenn gern. Es ist mir immer gelungen, wenn ich bei ihm zu Besuch war, nach einigen Blicken und nach einigen Sätzen sogleich zu erkennen: „Hier, Dir gegenüber, sitzt ein guter Mensch." Ich bin an sich sehr für Bischöfe. Ich denke mir immer: „Hier hast Du jemanden, auf den Verlass ist. Er sagt nicht heute so und morgen andersherum. Er ist das Gegenteil von einem Politiker, der ja ein armer Kerl ist in dieser Hinsicht. Der Bischof, griechisch Episkopos, ist der Aufpasser, er passt auf, und zwar auch auf Dich." Das ist eine sehr allgemeine Formulierung. Ich gebe zu, dass sie darauf abzielt, über Bischöfe etwas Liebenswürdiges zu sagen, sie haben's ja schwer. Aber es gibt unterschiedliche Bischöfe. Bei Nestroy heißt es von einem Kürschner: „Sie sind mehr Kürschner als Mensch." So müsste man auch zu manchem Bischof sagen: „Sie sind mehr Bischof als Mensch." Zu Kurt Krenn kann man das nicht sagen. Er ist als Priester und Theologe streng, konservativ, reaktionär – egal, welche Eigenschaftswörter man gebraucht, in den Medien sind draus inhaltslose Totschlagwörter geworden. Was aber den Menschen Kurt Krenn betrifft, so gilt von ihm das abgewandelte Nestroy-Wort. Er ist mehr Mensch als Bischof. Darauf könnte man sich mit manchen Krenn-Gegnern einigen – mit solchen, von denen gilt: sie sind mehr Mensch als Krenn-Gegner.

Aber es wäre grundfalsch, durch solches freundliche Herummenscheln das Wichtigste beiseite zu schieben: Was glaubt Kurt Krenn? Glaubt er „richtig" oder glaubt er „falsch"? Auch in diversen kirchlichen Misshelligkeiten blieb dieses Wichtigste ausgeklammert. Und es wäre nahe liegend, diese Grundfrage ruhen zu lassen, wenn er jetzt seinen 70. Geburtstag hat. Aber nein, was wiegt 's, das hat 's. Krenns Hauptvergehen ist, dass er seinem katholischen Glauben die Treue hielt, sei 's auf altmodische Weise.

Das war der – versteckte oder offene – Vorwurf, der gemeinsame Vorwurf sowohl der „modernen“ Medien wie der „modernen“ Kirchenleute. Seltsam: die „modernen“, offensiv antiklerikalen und atheistischen Medien haben diesen Grundvorwurf schärfer herausgearbeitet als dies in kirchlichen Kreisen geschah, wo eher der Hut drauf gehalten wurde. Noch seltsamer: jetzt, da das „Moderne“ in der Kirche seine Zeit gehabt hat – und diese Zeit ist abgelaufen –, regt sich niemand mehr so schrecklich auf über die „altmodischen“ Ansichten des neuen Papstes – keine Proteste, Manifeste, Demonstrationen. Jetzt, da der alte Krenn recht bekommen hat, jetzt ist seine alte Theologie die neue, die richtige. Hiermit könnte ich meine Geburtstagswünsche komplett machen. Ein guter Mensch. Der „richtige“ Theologe – was nicht noch alles. Aber ich denke lieber auch an die Fehler, die er gemacht hat. Es ist kein leichtes Leben, dem er jetzt ausgesetzt ist. Desto herzlicher die Wünsche seines Günther Nenning.

# Der liebe Gott geht vor

*Siegfried Ludwig*

Die Stadt St. Pölten war, schon lange bevor es durch mein Betreiben zur Landeshauptstadt wurde, als Bischofssitz ein wichtiges geistiges kulturelles Zentrum. Und so ging es auch, bei einem der ersten Gespräche, die ich mit Diözesanbischof Kurt Krenn führte, darum, wer denn in St. Pölten die Lufthoheit besitzt: der liebe Gott und sein Bischof durch den Turm des altehrwürdigen Doms oder die Landesregierung und ihr Landeshauptmann mit dem Klangturm als neues Wahrzeichen des Regierungsviertels an der Traisen. Ganz unmissverständlich machte mir der Bischof klar: „Der Turm unseres Doms muss selbstverständlich das höchste Bauwerk der Stadt bleiben. Sie müssen Ihren Klangturm niedriger bauen. Der liebe Gott geht vor." Da war ich mit dem streitbaren Bischof einer Meinung- und so wurde der Klangturm niedriger als die Turmspitze des Doms.

Kurt Krenn war nie ein diplomatischer Gottesmann und hielt mit seiner Meinung, ganz besonders in Kirchenfragen, wo er stets messerscharf und wortgewaltig, trotzdem aber immer weise, die Lehrmeinungen des Vatikans vertrat, nie hinter dem Berg. Und wenn er über ewige oder seine Wahrheiten sprach, gab es für ihn keinen oder nur wenig Spielraum für Konzilianz. So erinnere ich mich noch an ein Gespräch im Rahmen einer kleinen Feier, bei der er mir einen Päpstlichen Orden überreichte. Der Bischof war gerade heftiger Kritik ausgesetzt, weil er Mädchen zum Altardienst als Ministranten nicht zuließ, obwohl dies damals in der Wiener Diözese schon Normalität war und in vielen Pfarren seiner Diözese gewünscht wurde. „Wer wird denn in Ihrer Diözese die Kirchen und Altäre schmücken, wenn sie die Mädchen und Frauen vor den Kopf stoßen?" fragte ich und versuchte ihn umzustimmen. Doch mit heftigem

Kopfschütteln und einer Suada von theologischen Erklärungen schmetterte er mein Ansinnen ab.

Er war eben ein streitbarer, sicher nicht streitlustiger Bischof, der von seinen Positionen und Überzeugungen keinen Millimeter abrückte und sie auch gegenüber seinen Amtsbrüdern in der Bischofskonferenz voll verteidigte. Und der intelligente und eloquente Oberhirte nahm oft leidvoll in Kauf, dass die Medien und die öffentliche Meinung nicht auf seiner Seite waren.

Kurt Krenn war auch Sportbischof. Seine Liebe zum Fußball ist bekannt, und bei wichtigen Heimspielen fehlte er nie im Stadion. Fußballer sind Teamworker. Der St. Pöltner Bischof war aber mehr ein Einzelkämpfer. Das mag auch damit zu tun gehabt haben, dass er als aktiver Sportler im Ring die Boxhandschuhe übergezogen hat. Und so war und blieb er immer einer, der austeilen, aber auch einstecken konnte. Auch als Kirchenmann bewies er seine Steher- und Nehmerqualitäten.

Nicht ungesagt darf bleiben, dass Kurt Krenn bei allen Veranstaltungen, bei denen ich ihn erlebt habe, immer eine gesellschaftliche Bereicherung bedeutete. Die Sinnenfreuden –Essen und Trinken – bedeuteten ihm viel, und mit seinem geistreichen Wortwitz war er oft genug die zentrale Persönlichkeit der Tafelrunde. Und in diesem Umfeld wurden viele Menschen, die dem „strengen" Bischof skeptisch gegenüber standen, zu Sympathisanten und Freunden. Und wie alle seine Freunde möchte ich Kurt Krenn zu seinem runden Geburtstag alles Gute, Lebensfreude, Gesundheit und Gottes Segen wünschen. In der Bibel heißt es: „Des Menschen Leben ist siebzig, wenn's hoch geht achtzig." Auf den Achtziger möge der Altbischof gesundheitlich möglichst standhaft und geistig rege rüstig zuwandern!

# Ritter der Wahrheit

*Johannes B. Torelló*

Schon als ich ihn kennen lernte – er war damals bereits ein solider Theologieprofessor in Regensburg –, erschien er mir als ein *Ritter*, dessen heiß geliebte Dulcinea die Wahrheit war und zwar die totale Wahrheit, die wir nur durch die Offenbarung erkennen. So lud ich ihn 1984 zu einem Vortrag über die damals frische Enzyklika „Reconciliatio et Poenitentia" in die Wiener Kirche St. Peter ein. Einige Jahre später wurde er zum Bischof ernannt, und die Empörung der „Gaukler" war lautstark und hat ihm bis heute keine Ruhe mehr gegönnt. Schwere Zeiten für Ritter, die nach dem Empfinden der zahlreichen *Sancho Pansas* unserer österreichischen Gesellschaft lauter Narren sind. Diese Auffassung hat er nicht nur niemals frontal bekämpft, sondern auf die schauspielerische Weise eines Philipp Neri eher noch bestärkt. Auch weil dieser *Ritter* nie ein trauriges Gesicht hatte und paradoxerweise die Gestalt des *Sancho Pansa* zeigte.

Als Mann Gottes verblüffte er die „Weisen und Klugen", deren rechte Hand immer genau kalkuliert, was die linke tut. Da er aber die Gnade eines ungewöhnlich wirksamen „Schnabels" hatte, war er ein beliebter Gast bei den verschiedensten Diskussionen, die Medien aller Art veranstalteten. Dort war er immer ein ruhiges, liebenswürdiges, unerschütterliches Bollwerk der Treue zur katholischen Kirche; niemals kokettierte er mit den vom antirömischen Affekt infizierten Oberlaien.

Er wurde von den Geschwistern, die sich anmaßen, „die Kirche zu sein", systematisch hart attackiert und von den Amtsbrüdern nicht selten im Stich gelassen. Alles wie genau vorprogrammiert.

Den Seiltänzern der universalen Verbrüderung um jeden Preis erschien dieser gepanzerte *Ritter der Wahrheit* als Gefährdung ihrer Akrobatik. Sie flüsterten: „Besser, dass er stürzt als dass die ganze Mannschaft das Gleichgewicht verliert".

Bekanntlich gibt es kein Gleichgewicht zwischen Wahrheit und Unwahrheit, und er hat es laut gesagt, auch zu den Mächtigen der Welt. Damit aber riskiert man das Schicksal Johannes des Täufers, Jesu selber und zahlreicher Märtyrer.

Andere Hirten glaubten, es sei angebrachter, das moralisch skandalöse Verhalten der Mächtigen durch beachtliche Sprachgewandtheit zu schonen oder ihm gar zu schmeicheln. Diesen Ruhm der „Gaukler", die Gegensätze vermählen können, hat er bei all seiner Redekunst nie angepeilt.

Er ist ein Sportler – am liebsten Fußballer – und jahrelang Bischof der Sportler (auch der Spitzensportler) gewesen. Anlässlich seiner Sportlermessen in der Kirche St. Peter habe ich ihn beim gemütlichen Beisammensein mit den bekanntesten und anerkanntesten „Helden" österreichischer Herkunft erlebt: immer priesterlich und pastoral wirkend.

Kurt Krenn ist ein Theologe von Rang, Professor für systematische Theologie und Philosophie, gewesen und geblieben. Aber Theologen werden in Zeiten wie diesen von Phlegmatikern bedrängt, die die eigene Haut zu schonen und zu retten wissen. Er hat sich nie verschont, so ist er fast nackt, wie der junge David, den Verwässerern der Wahrheit entgegengetreten. Aber Gott hat ihm nicht Siegeszüge bereitet, sondern die Löwengrube der Propheten.

Eine herzliche Würdigung dieser selten tapferen Bischofsgestalt bedeutet nicht die Kritik an anderen Amtsbrüdern. Alle sind Werkzeuge der göttlichen Vorsehung. Es gibt keine kollektive Schuld. Er erfüllte seine Pflicht unerschrocken, des öfteren in eisiger Einsamkeit ... Gott war sein Ein und Alles – und ER bleibt es, geschehe, was geschehe.

Mit großer Verehrung küsse ich ihm Hand und Ring.

# Er konnte auf Menschen zugehen

*Franz Romeder*

Ich erinnere mich in dieser Stunde an die Einführung des neuen Diözesanbischofs, Prof. Dr. Kurt Krenn, am 15. September 1991, im Dom zu St. Pölten. Ich saß damals bei der Pontifikalmesse in der Bischofskirche in der ersten Reihe neben dem Landeshauptmann und verfolgte mit großem Interesse den Einzug der Geistlichkeit. Für mich bleibt ein Augenblick in Erinnerung, der mich damals besonders berührte. Bischof Dr. Kurt Krenn ging auf eine ältere Dame, die in der ersten Reihe uns vis-a-vis saß, zu, umarmte und begrüßte sie. Wie ich später feststellen konnte, war es seine Mutter. Einige Zeit danach stellte er sich bei mir in der Landtagsdirektion offiziell vor und erzählte von seiner Familie, von seiner Kindheit, von Vater, Mutter und Geschwistern. Er wies auch darauf hin, was er seiner Mutter zu verdanken habe. Diese Beziehung, die er oft erwähnte, hat mich immer wieder bewegt und war neben vielen anderen Argumenten auch Grundlage meinerseits für ein so gutes Verstehen.

Am 23. September 1995, nach einer Festsitzung im niederösterreichischen Landtag, gab es im Landhaus einen Stehempfang, wonach ich Diözesanbischof Dr. Kurt Krenn zu einem kleinen Abendessen einlud. Es wurde ein langer Abend mit Diskussionen über Werte im Leben, Theologie und Familie. Wir sprachen über Beruf, Politik und Heimat, aber auch viel Privates. Einige Tage später, Anfang Oktober, bekam ich einen handgeschriebenen Brief, in dem er sich für den netten Abend und die guten Gespräche bedankte. All dies war Grundlage für ein sehr freundschaftliches Miteinander in den folgenden Jahren. Ich lernte Dr. Kurt Krenn als warmherzigen Menschen mit scharfem Intellekt, manchmal auch als Diskutanten mit etwas Dialektik kennen. Er war und ist aber immer ein Mensch mit viel Humor und persönlichem Verstehen. So wurde es Brauch, dass wir uns unregelmäßig, aber öfter bei einem Essen zu guten Gesprächen trafen, wobei neben Alltagsfragen auch viele Dinge besprochen wurden, die uns besonders berührten.

Ich bewunderte immer wieder, wie er es schaffte, auf Menschen zuzugehen und in persönlichen Gesprächen deren Sympathien zu gewinnen. Wir waren in manchen Fragen oft nicht einer Meinung, haben aber die gegenseitigen Ansichten immer respektiert, wenn auch manch emotional geführte Diskussion dem voranging. Unterschiedliche Meinungen taten unserem persönlichen Verstehen nie einen Abbruch.

Am 12. März 1997 erlebte ich einen besonders erfreulichen Tag. Auf Anregung meines Diözesanbischofs, Dr. Kurt Krenn, wurde mir von Papst Johannes Paul II. mit Entschließung vom 19. September 1996 das „Großkreuz des Gregoriusordens" verliehen. Bischof Dr. Kurt Krenn organisierte anlässlich der Überreichung durch den Nuntius eine äußerst würdige Feierstunde und hielt selbst die Laudatio. Neben mir wurden auch Landeshauptmann Dr. Erwin Pröll, die damalige Landeshauptmann-Stellvertreterin Liese Prokop und Landeshauptmann-Stellvertreter Ernst Höger durch Ordensverleihungen geehrt. Ich darf heute, lange Zeit danach, feststellen, dass mir diese Auszeichnung besondere Freude bereitet hat.

Nachdem Herr Landeshauptmann, Dr. Erwin Pröll, am 26. September 1995 dem Diözesanbischof das Goldene Komturkreuz mit Stern des Ehrenzeichens für Verdienste um das Bundesland Niederösterreich verliehen und am 20. Dezember 1995 überreicht hat, war ich sehr glücklich, dass ich Jahre später mitwirken konnte, dass Bundespräsident Dr. Thomas Klestil Diözesanbischof Dr. Kurt Krenn das „Große Goldene Ehrenzeichen mit dem Stern für Verdienste um die Republik Österreich" verlieh und diese Auszeichnung am 23. April 2001 in der Hofburg persönlich überreichte. Es war mir eine Freude diesen Festakt mitzuerleben.

Viele Jahre gelebter Freundschaft sind ins Land gezogen. Jeder von uns erfuhr Höhen und Tiefen, Freud und Leid. Ich darf anlässlich der Vollendung des 70. Lebensjahres meines langjährigen Diözesanbischofs Dr. Kurt Krenn die herzlichsten Glückwünsche übermitteln.

Ich wünsche vor allem Gesundheit und Gottes Segen und hoffe, dass uns noch manche gemeinsame Stunde möglich sein wird.
Ad multos annos!

# Begleiter auf dem einzigen Weg

*Clemens Hellsberg*

Mit fortschreitender Dauer des Lebens kristallisieren sich immer deutlicher die wesentlichen Orientierungshilfen, die entscheidenden Anhaltspunkte heraus. Es ist die ständig wachsende Erfahrung, welche diese Entwicklung begünstigt: Auch wenn der Blick prinzipiell nach vorne gerichtet bleibt, gewinnt die Rückschau zunehmend an Substanz – die Dankbarkeit für jegliche Form der Wegbegleitung wächst von Tag zu Tag.

In diesem Sinn ist auch der vorliegende Beitrag zum 70. Geburtstag von Bischof Dr. Kurt Krenn gedacht, ein Beitrag, der sich auf einen Zeitraum von mittlerweile mehr als vierzig Jahre stützt und zeitlose Kategorien zum Gegenstand hat: Freundschaft, Treue und Sicherheit in Fragen der Moral und der Ethik. Es gehört zu den wichtigsten Kriterien meines Lebens, dass mir diese Kategorien von Kurt Krenn im Laufe unserer nach menschlichen Maßstäben bereits langen Bekanntschaft niemals aufgedrängt wurden – er braucht nicht darüber zu sprechen, er lebt sie und vermittelt sie dadurch in überzeugender Weise.

Er muss seine Einstellung zu Ehe und Familie nicht darlegen. Wenn er sich bei unseren Begegnungen nach meiner Frau, meinen Kindern, meiner Mutter, meinem Bruder und dessen Familie erkundigt, dann sind dies nicht Fragen aus Höflichkeit oder oberflächlicher Routine; es sind Fragen, die meine persönlichen Freuden und Sorgen einschließen und mir die Gewissheit geben, dass er diese Freuden und Sorgen mit mir teilt, weil er das Gebot der Liebe kennt, an dem jede Ehe und jede Familie täglich neu zu messen ist.

Es braucht nicht die Versicherung seiner Freundschaft. Er vermittelt das Wissen, sich auf seine unverbrüchliche Treue stützen zu können, wann immer man ihrer bedarf. Er vermittelt das Gefühl einer inneren Verbundenheit und das Wissen, jedes Problem jederzeit an ihn herantragen zu können. Bereits die Tatsache allein, dass jemand hier ist, zu dem man gehen kann, ist eine entscheidende Hilfe.

Er muss nicht über den Wert des Menschen theoretisieren. Die Bereitschaft, in jeder Lebenslage beizustehen, bringt er nicht nur seinen persönlichen Freunden entgegen; jeder Suchende findet bei ihm ein offenes Ohr, „ohne Ansehen der Person und des Standes". Das (christliche) Ideal tatsächlicher Gleichbehandlung erfolgt bei ihm nicht im Sinne einer Nivellierung, sondern einer Sublimierung: Er vermittelt seine Überzeugung, dass die von ihm vertretenen Werte den Weg bestimmen, den wir hier zu gehen haben.

Es sind darüber hinaus seine persönliche Bescheidenheit, die er trotz seines überragenden Wissens nie abgelegt hat, aber auch seine Begeisterung und Aufgeschlossenheit für die Kunst, welche die Begegnungen mit ihm kostbar machen: Es gibt auf diesem Gebiet keine Grenze nach oben. Kunst vermittelt uns daher eine Ahnung der Unendlichkeit, und als Künstler weiß ich, dass Bischof Krenn dieses innerste Wesen der Kunst anerkennt und versteht.

Er ist tatsächlich ein Begleiter auf dem einzigen Weg, dessen Ende niemand kennt. Der unerschütterliche Glaube des Bischofs und Freundes Kurt Krenn ist für mich eine wichtige Hilfe zur Überwindung der Angst vor dem Ende des Lebensweges – weil er die Überzeugung vorlebt, dass dieses Ende in Wirklichkeit ein Anfang ist.

—

# Erinnerungen an einen Philosophen

## Kurt Krenn als junger Philosophieprofessor an der Philosophisch-Theologischen Hochschule der Diözese Linz

*Walter Plettenbauer – Leon Sireisky*

Nicht nur sein äußeres Erscheinungsbild, auch seine geistige Dimension erinnerten uns Studenten an den großen Summen-Schreiber Thomas von Aquin. Mit Kurt Krenns Eintritt in das Professorenkollegium der damaligen Philosophisch-theologischen Hochschule der Diözese Linz (heute Privatuniversität) begann zweifellos ein neuer Abschnitt für die akademische Qualität dieser diözesanen Einrichtung. Denn Kurt Krenn war bei aller Liebenswürdigkeit ein wahrer Professor, ein Mann, der seine Studenten zu fordern wusste. Allerdings, wie ich hinzufügen möchte, und dies ist äußerst bemerkenswertwert, er wusste seine Studenten auch zu fördern. Bei ihm eine Prüfung zu absolvieren, war – zumindest kam uns dies am Anfang so vor – alles andere als angenehm. Kurt Krenn war kein bequemer Lehrer. Aber ein vorzüglicher.

Ich erinnere mich an meine erste Prüfung bei ihm. Im Gegensatz zu anderen Professoren, wo nicht viel zu befürchten war, ging ihm ein strenger Ruf voraus. Mein Vorgänger war länger als zwanzig Minuten beim Prüfungsgespräch. Und ich lief höchst nervös vor dem philosophischen Institut, dem Ort der Prüfung, auf und ab. Dann endlich schlug meine Stunde. Ich sehe es noch genau vor mir: Prof. Krenn in gemütlicher Haltung hinter seinem Tisch, ich durfte gegenüber Platz nehmen. Eine äußerst wohlwollende Begrüßung. Und dann: „Nun, sagen Sie mir einmal, was ist Wahrheit?" Ich antwortete – etwas beruhigt – mit der Definition des hl. Thomas von Aquin. Prof. Krenn darauf: „Das haben Sie brav gelernt, aber das habe ich ohnehin angenommen. Jetzt sagen Sie mir bitte, was Sie unter Wahrheit verstehen." Und da saß ich jetzt und musste, ja musste beginnen, selbständig zu denken, zu philosophieren. Vorgegebene, aus einem Skriptum auswendig gelernte Antworten wollte Kurt Krenn nicht hören. Aber wie wir Studenten mit dem Denken umgehen konnten, ob wir wirklich Wissen lernen wollten, das hat ihn interessiert. Das, was er in seinen Vorlesungen uns zu sagen gehabt hatte, das war ihm nur notwendiger Ausgangspunkt für philosophische Eigenständigkeit. Ständiges Hinterfragen der dabei gefundenen Ansätze war seine Methode. Was immer man bei der Prüfung sagte, man musste stets mit dem Krenn´schen „Warum?" rechnen. Und so musste ich schon bei meiner ersten Prüfung eine eigenständige Denkleistung erbringen – von Prof. Krenn mit der Bemerkung quittiert: „Machen Sie nur so weiter, dann werden Sie ein guter Philosoph." Da konnte ich dann nur raten, ob dies ein „Durchfallen" war oder ein Kompliment. Bei mir hat es sich als letzteres erwiesen. Aber es kam schon vor, dass Prof. Krenn einem seiner Studenten mit größter Liebenswürdigkeit sagte: „Besuchen´S mich noch einmal." Meine erste Prüfung damals hat mich etwas verunsichert, aber heute bin ich dem Mann dankbar, dass er mich einfach ins Wasser geworfen und mich wissenschaftlich schwimmen gelehrt hat.

Übrigens, den ersten Satz in seiner allerersten Vorlesung, die ich von ihm gehört habe, werde ich auch niemals vergessen. Kurt Krenn sagte schlicht und einfach: „Meine Damen und Herren, merken Sie sich eines: Aller Anfang ist falsch." Wie wahr diese Feststellung war, haben wir Studenten freilich erst nach längerer Zeit des Studiums verstanden. Aber es hat uns davor bewahrt, unsere eigenen Meinungen für das philosophische „non plus ultra" zu halten. Im Übrigen ist das das Prägende auch des späteren Bischofs Krenn gewesen: Keine Primitivtheologie zuzulassen, sondern nach der Wahrheit zu suchen. Viele, gerade Journalisten, haben seine Wahrheitsfrage und seinen Wahrheitsanspruch gründlich missverstanden, so als könne der Mensch Kurt Krenn nicht irren oder, wie es immer wieder hieß, dass er „die Wahrheit gepachtet" habe. Das ist, wenn man den Philosophieprofessor Krenn gekannt hat, viel zu kurz gegeriffen. Für Kurt Krenn ist die Wahrheit nicht einfach eine innerweltliche Wirklichkeit, noch dazu thesenhaft von mehreren Seiten beleuchtbar, sondern viel-

mehr eine Frage der göttlichen Wirklichkeit. Gott ist die absolute Wahrheit, und ihr, und nur ihr, hat sich Kurt Krenn bis heute immer verpflichtet gefühlt, und der römisch-katholischen Kirche als der Hüterin dieser göttlichen Wahrheit. So ist der Philosoph Kurt Krenn – sei es als Professor, sei es als Bischof – immer eines gewesen: ein homo catholicus schlechthin. Dazu passt übrigens eine Aussage, die er selbst gemacht hat: Als er als junger Student in das Linzer Priesterseminar eintrat, hat ihn der damalige Regens gefragt, ob er nicht Mitglied der Marianischen Kongregation werden möchte. Kurt Krenn hat, und dazu gehörte einiger Mut, geantwortet: „Es genügt, dass ich katholisch bin."

Als Bischof ist Kurt Krenn durch so manchen markigen Ausspruch bekannt geworden. Diese Fähigkeit hatte er freilich schon als Professor. So hat er einmal, im Zusammenhang vom ständigen „Gefasel" im Priesterseminar über die spirituelle Notwendigkeit der Meditation, wobei etwas angesprochen war, was tatsächlich geistlich nicht besonders förderlich und fruchtbar war, gemeint, diese Form von „Meditation" sei nichts anderes als eine Art transzendentaler Illusion. Als er ein, zwei Jahre später über echte Meditation als spirituelle Gabe sprach, hat ihm einer seiner Studenten diesen früher geäußerten Satz vorgehalten. Worauf Krenn trocken antwortete: „Nun, wenn ich das gesagt habe, dann wird´s schon stimmen."

Doch zurück zum „homo catholicus". In den frühen siebziger Jahren (Kurt Krenn kam 1970 als Professor nach Linz, zunächst für Logik und Erkenntnislehre, dann auch für Metaphysik, Theologik und Kosmologie) war sowohl im Priesterseminar als auch an der Hochschule Kritik an der eigenen Kirche angesagt, ja leider fast ein Muss, wollte man als Priesteramtskandidat überleben. Prof. Krenn hat deutlich gegengesteuert. Damit war er in jenen Jahren auch ein mutiger Priesterbildner. Als er für den damaligen 3. Jahrgang des Linzer Priesterseminars 1972 die Exerzitien in Stift Schlägl hielt, sagte er den Seminaristen nicht, es bestünde die Gelegenheit zur Beichte, vielmehr hieß es kategorisch: „Es ist die Beichte." Und bei der Feier der Eucharistie begann er das Hochgebet seelenruhig mit den Worten: „Te igitur, clementissime pater ..." Niemand außer Kurt Krenn hätte damals den Mut besessen, einfach den Römischen Kanon in lateinischer Sprache zu verwenden. Er hatte auch eine ziemlich gesunde Einstellung zu den aufgebauschten „heißen Eisen" in der Kirche. Zu uns Studenten sagte er am Beginn seiner Exerzitienvorträge: „Sie haben sich die Gewohnheit der Jugend zu eigen gemacht, möglichst viele Probleme zu haben. Ich sage Ihnen: Neunundneunzig Prozent davon sind Flausen!" Das mag überzogen klingen, hat aber doch manches zurecht gerückt und so manche Gewichtung verändert.

Für uns Studenten war Kurt Krenn damals ein Vorbild: Philosophisch und theologisch war er der unbestrittene Doyen der Professorenschaft, und das interessanterweise nicht bloß bei sogenannten „konservativen" Studenten und Seminaristen, sondern durchaus auch bei als sehr modern geltenden Kollegen. Ihm schlug eine Welle der Bewunderung entgegen, die Kurt Krenn sehr geschickt nutzte, um seine urkatholische Überzeugung einzubringen. Wurde später vereinzelt Kritik laut, so doch nur sehr verhalten und ohne Nachdruck. Und die Kritiker genossen vorerst keine wirklichen Sympathien unter der Studentenschaft. Zu stark war die Wirkung seiner Persönlichkeit, sowohl in menschlicher wie in akademischer

Hinsicht. Und uns Priesteramtskandidaten war er auch ein Beispiel gelungener priesterlicher Lebensform.

Wir alle haben es damals sehr bedauert, als er uns Richtung Regensburg verlassen hat. Und zweifellos verdankt sich der Status der heutigen Privatuniversität der Diözese Linz zu einem Gutteil seinem akademischen und philosophischen Ethos. Die Autoren dieses Beitrages durften ihm später in manchem zur Seite stehen und sich seine Freunde nennen. Die ersten Begegnungen mit dem heutigen Alt-Bischof von St. Pölten sind uns aber in lebendiger Erinnerung, er hat einen wahrhaft bleibenden Eindruck auf uns gemacht.

# O felix Roma

## Bischof Kurt Krenn und Rom

*Camillo Perl*

September 1955: Der junge Theologiestudent Kurt Krenn, Alumne des „Päpstlichen Collegium Germanicum et Hungaricum", ist seit September in Rom, geschickt von seiner Diözese Linz, um das Studium der Theologie dort zu absolvieren und, mit einem Doktorat geschmückt, nach einigen Jahren heimzukehren.

Zuerst ist Rom fremd, eine fremde Großstadt. Das „Germanicum" stellt daher dem Neuen einen älteren Mitstudenten zur Verfügung, um ihm als „Angelus" zu dienen, der ihn in die Geheimnisse des Kollegs, der Universität, aber auch der Stadt Rom einführen soll. Wie mag es dem jungen Theologen gegangen sein? Wir können es nicht genau rekonstruieren, aber doch dem Leser helfen, etwas mehr in „Römische Verhältnisse" einzudringen.

„O felix Roma". So singen die Chöre zur ersten Vesper des Festes der Apostelfürsten Petrus und Paulus im Petersdom zu Rom, um anzukündigen, dass nun das Hochfest der Patrone der Stadt Rom zu feiern ist. Es ist selbstverständlich, dass dabei dem hl. Petrus ein Vorrang gegeben wird, schließlich wohnt der Nachfolger des hl. Petrus seit Jahrhunderten ganz nahe bei der Grabeskirche dieses Apostels, und so ist denn auch die Feier in St.Peter bei weitem die großartigste. Die alte Römische Liturgie hat dem im übrigen stets Rechnung getragen, indem sie dem hl. Paulus den nachfolgenden Tag reservierte; aber sonst trennte man die beiden Apostel nicht voneinander, sondern man gedachte immer an den verschiedenen Festen des einen zugleich des anderen.

So war es denn auch am Fest des hl. Petrus im Jahr 1956, dem ersten Jahr, in dem der junge Theologiestudent Kurt Krenn in Rom dieses Fest erlebte. Mit andern Germanikern war er wohl nach St. Peter gegangen, um dort den heiligen Apostel und Stadtpatron gebührend zu feiern.

„O felix Roma". Wie mag es in seinen Ohren geklungen haben, was der große Chor da mehrstimmig und in immer neuen Ansätzen sang: „O felix Roma, o Roma felix!"

Bisher hatte er vielleicht manchmal am Gymnasium des Stiftes Schlierbach im Geschichtsunterricht gehört: *Tu felix Austria!* Glückliches Österreich! Aber wie traurig klang das, so kurz nach dem Zweiten Weltkrieg! Schon der Erste Weltkrieg hatte genügt, um allen zu zeigen, wie wenig glücklich das Land jetzt noch war, und dass eher das Ende Österreichs, so wie man es bis dahin gekannt hatte, gekommen war: „finis Austriae". Nur wirkliche Patrioten, die ihr Land zutiefst liebten, glaubten noch, dass aus dem besetzten Österreich noch einmal ein „felix Austria" würde. Zum Glück aber hat Gott es doch so gefügt, und gerade in jenem Jahr 1955 war mit dem Staatsvertrag Österreich die Unabhängigkeit wiedergegeben worden.

War es mit der „felix Roma" vielleicht auch so traurig bestellt? Ob der junge Seminarist darüber nachgedacht hat? Aber als Kenner der lateinischen Sprache und der Geschichte seiner Heimat wusste er genau, was der Grund war, dass sein Land früher glücklich gepriesen wurde: „Tu felix Austria, nube!" So hatte es geheißen, als Kaiser Maximilian anno 1477 Maria, die Tochter Karls des Kühnen und Erbin des Herzogtums Burgund, heiratete und damit dem Hause Österreich die reichen Niederlande einbrachte. Es war die „Politik der Heirat", die damals das Land groß und reich gemacht hatte, so sehr, dass man es „felix Austria" nannte. Politik also.

Und wie war es mit „felix Roma"? Der lateinkundige Student konnte den Text des alten Hymnus verstehen und wusste also, weswegen Rom seliggepriesen wurde:

*O felix Roma, quae tantorum principum*
*es purpurata pretioso sanguine,*
*non laude tua sed ipsorum meritis*
*excellis omnem mundi pulchritudinem.*

„Durch das Blut der beiden Martyrer Christi, Petrus und Paulus, das hier vergossen worden war, ist aus der Stadt, die Lehrerin des Irrtums war, die Jüngerin der Wahrheit geworden", wie Papst Leo der Grosse in einer Predigt zum Fest der beiden Apostel sagte. „Petrus und Paulus sind deine Väter und wahren Hirten, die dich ins himmlische Reich eingegliedert haben; sie haben dich viel besser und glücklicher gegründet, als die (Romulus und Remus), die deine Grundmauern gebaut haben, und von denen der, der dir den Namen gab, dich mit dem Mord an seinem Bruder befleckte ... Rom, durch den heiligen Sitz des seligen Petrus zum Haupt des Erdkreises geworden, du herrschst nun viel weiter durch die göttliche Lehre der Religion, als früher durch irdische Herrschaft!"

Ob der junge Theologe schon diese Lobeshymne auf Rom kannte? Noch hatte er die Väter der Kirche nicht studiert, aber wo kann man dies besser tun als in Rom, wo so viele der Größten von ihnen gelebt und gewirkt haben: Leo der Grosse, Gregor der Grosse, oder Ambrosius, Hieronymus und Augustinus, die wenigstens eine Zeit ihres Lebens hier verbracht hatten.

Felix Roma! Ob man dem Seminaristen aus Linz damals schon die Liebe zu Rom eingepflanzt hat? Es war noch die Zeit des großen Papstes Pius XII. den die Kirche als „engelgleichen Hirten" liebte, den Rom als „defensor civitatis", Verteidiger der Stadt gegen die drohende Zerstörung im zweiten Weltkrieg, verehrte, und den auch die Welt als Friedenspapst ehrte. Im Heiligen Jahr 1950 waren Pilgermassen nach Rom geströmt, und Hunderttausende hatten der Proklamierung des Dogmas von der leiblichen Aufnahme Mariens in den Himmel beigewohnt. Rom war das wahre Zentrum der Christenheit geworden.

O felix Roma! Nicht wegen der Pilgermassen, noch wegen der guten Weltmeinung, nein, Roms Seligkeit und Glück konnten nur auf einer anderen, höheren Ebene liegen und nur dort Bestand haben. Aber auf welcher Ebene?

Der hl. Johannes Chrysostomus, Patriarch von Konstantinopel, dem „Neuen Rom", war ein großer Bewunderer besonders des Apostels Paulus und der Stadt Rom. Er hatte den Blick schon über das Politische, ja über das Sichtbare hinaus, auf die geistliche Wirklichkeit Roms und auf die Zukunft gerichtet: „Wie ein großer und starker Körper zwei funkelnde Augen hat, so hat Rom die Leiber dieser beiden Heiligen. Von Rom aus wird Paulus zum Himmel entrückt werden, von Rom aus wird Petrus entrückt werden. Bedenket und erschauert! Welches Schauspiel wird Rom erleben: es wird sehen, wie Paulus sich erheben wird aus dem Grabe, gemeinsam mit Petrus, um dem Herrn entgegen zu gehen." (*Sermo* 32).

„Tu felix Austria, nube", du Österreich, du Europa, ihr Staaten der Welt, machet Politik, übet Macht aus – ob ihr dabei glücklich werdet? Lange hatte es auch Rom getan, das Rom der Cäsaren und manchmal notgedrungen auch das Rom der Päpste.

Aber du „felix Roma", du bist in Wahrheit glücklich wegen deiner Heiligen, wegen der neuen, ewigen Bestimmung, die der Herr selbst dir gegeben hat, als die beiden Apostel Petrus und Paulus, vom Heiligen Geist geleitet, sich nach Rom begaben, dort lehrten, dort die Kirche einpflanzten, dort durch ihr Blut ihr Zeugnis besiegelten. Dort wollte der Herr den Sitz des Ersten der Apostel, des hl. Petrus, von dort sollten seine Nachfolger, die römischen Päpste, dem Erdkreis das Evangelium und das Gesetz Christi bringen.

Alles das sollte im Herzen des jungen Theologen Kurt Krenn Platz finden, sollte mit der Theologie der Kirche in sein Herz und in seinen Verstand eindringen; denn nur wenn die Wahrheit in beide tief eindringt, nur dann besitzt sie uns ja wirklich.

Das Studium der Theologie an der Päpstlichen Universität Gregoriana, die dem Orden der Jesuiten anvertraut ist, festigte Glauben und Glaubenswissen des Studenten, und der hl. Thomas von Aquin, der „doctor communis", prägte mit seiner klaren theologischen Systematik sein Denken. Das Studium des Kirchenrechts an der Lateran-Universität gab ihm dann auch das Rüstzeug für das praktische Leben als Hirte in der Kirche mit auf den Weg.

Das römische Studium unseres Theologen dauerte zehn lange Jahre, von 1955 bis 1965. Aber schon nach sieben Jahren ist das erste und wichtigste Ziel erreicht: die Priesterweihe. Sieben Stufen führten damals noch hinauf an den Altar; es war wirklich „der Berg mit den sieben Stufen", den der amerikanische Schriftsteller und Trappist Thomas Merton in einem Buch beschrieben hatte, das damals viel gelesen wurde. Der Tonsur folgten vier Niedere Weihen, dann die Weihe zum Subdiakon, verbunden mit der

Übernahme des Zölibates, – schweigend, aber eindrucksvoll ausgedrückt nur mit einem Schritt nach vorne auf den weihenden Bischof zu, – dann die Weihe zum Diakon und endlich die Priesterweihe.

Die Germaniker wurden traditionsgemäß, damals wie noch heute, am 10. Oktober in der Jesuitenkirche San Ignazio geweiht. In jenem Jahr 1962 aber fand an diesem 10. Oktober die feierliche Eröffnung des II. Vatikanischen Konzils durch Papst Johannes XXIII. statt, und so kam der Kardinal-Vikar von Rom, Luigi Traglia, schon am 7. Oktober zur Weihe nach San Ignazio. Es war das „Fest der Gottesmutter vom hl. Rosenkranz". Mit welcher Sehnsucht die Kandidaten den Tag ihrer Weihe erwarten, das wissen alle Priester aus eigener Erfahrung. Wie oft werden sie, wird auch Kurt Krenn gerade den Rosenkranz gebetet haben, um die Hilfe der Gottesmutter zu erflehen. Wie oft wird im fernen Mühlviertel auch seine Mutter den Rosenkranz genommen haben, um für den zukünftigen Priestersohn zu beten. Nun war es soweit: er wird Priester der Kirche, „Priester in Ewigkeit", wie man immer gerne betonte. Die Primiz wurde dann zu Hause in Oberkappel gefeiert. Danach aber geht das Studium noch drei Jahre weiter.

Wir sind im Jahre 1962: Rom ist nun die Stadt des Konzils geworden. Im Germanikum wohnen einige Bischöfe, die selbst einmal dort Alumnen waren. Stolz werden sie auch den jungen Mitbrüdern einiges von den Arbeiten berichtet haben, die damals die ganze Kirche mit Spannung verfolgte. Der junge Priester Kurt Krenn durfte sogar manchmal hinten in die Peterskirche hineinkommen und den Debatten zuhören, auch ohne ein Konzilsvater zu sein – auch das ist in „römischen Verhältnissen" eben möglich. Aber dann, man schreibt bereits 1965, sind die Römischen Jahre nun doch zu Ende, das letzte Examen gemacht, die akademischen Titel erworben. Es gilt Abschied zu nehmen von der Ewigen Stadt. Andere Studien sind noch vorgesehen, aber sie werden in Tübingen und München absolviert werden.

Dann wird der junge Priester Kurt Krenn Professor an der Philosophisch-Theologischen Hochschule in Linz und ab 1975 dann Professor an der Universität Regensburg sein, Vorlesungen in Eichstätt und Parma halten, daneben aber wird er nie vergessen, dass der Priester zuerst für den Dienst am Altar und für die Seelsorge an den Gläubigen geweiht ist.

„Sacerdotem opportet offerre, praedicare, baptizare …“ so hatte der Bischof ihm bei der Priesterweihe aufs Herz gebunden. Dieser Dienst als Seelsorger hat daher auch immer einen Platz in seinem Wirken gehabt.

Bis dann am 3. März 1987 aus Rom ein Schreiben kam, mit dem der Heilige Vater, Papst Johannes Paul II., den Priester Kurt Krenn ins Apostolische Kollegium der Bischöfe berief und ihn zum Titularbischof von Aulona ernannte und gleichzeitig zum Auxiliarbischof von Wien. Am 26. April 1987 weihte ihn im Stephandom der Wiener Erzbischof Hans Hermann Groër zum Bischof. Zeitlebens hat er ihn dafür verehrt und dem „Pater Kardinal“ die Treue gehalten.

Kurt Krenn war nun ein Nachfolger der Apostel. Sein Titularbistum Aulona lag im heutigen Albanien, ist aber untergegangen und bedarf seines Dienstes als Bischof nicht; umso mehr aber die Erzdiözese Wien, wo er nicht nur die vielen Dienste leistet, die einem Weihbischof – wie man im deutschen Sprachraum den Auxiliarbischof etwas ungenau zu nennen pflegt – zufallen, sondern wo er auch als „Bischofsvikar für die Kultur“ eigens beauftragt ist.

Nun stehen neue Reisen nach Rom an, diesmal um Kontakte mit der Päpstlichen Kurie anzuknüpfen und zu pflegen; hervorgehoben sei vor allem die Reise zur Kardinalskreierung des Erzbischofs von Wien, Hans Hermann Groër, am Fest der Apostelfürsten Petrus und Paulus 1988. Rom mit all seiner Pracht lebt wieder auf: in St. Peter konnte Bischof Krenn wieder den alten feierlichen Hymnus „O felix Roma“ hören: es war ja das Fest des Stadtpatrons.

Rom aber war anders geworden, Jahre waren vergangen seit dem Konzil, die Kirche hatte sich entwickelt, war aber auch in eine Krise geraten, deren Folgen überall, auch in Österreich, zu spüren waren. Ein neuer Papst saß auf dem Stuhl Petri, ein Pole, Johannes Paul II. Kurt Krenn war ihm am 5. September 1979 bei einer Audienz von seinem Sekretär vorgestellt worden. Kurt Krenn war damals noch Professor in Regensburg und an jenem Tag mit einer Oberkappler Pilgergruppe in Rom. Der Heilige Vater lud Krenn für den nächsten Morgen zur hl. Messe in seine Privatkapelle ein und anschließend zum Frühstück. Das war der Beginn – ja man kann fast sagen – einer Freundschaft. Immer wenn Bischof Krenn in all den Jahren danach nach Rom kam, „meldete er sich beim Heiligen Vater“, der ihn dann meist, wenn nur irgendwie möglich, auch privat empfing. Viel wurde natürlich von dieser privaten Sonderbeziehung des Bischofs zum Papst gesprochen, zumal als der Papst dann am 11.7.1991 ihn zum Bischof von St. Pölten ernannte.

Freundschaft zum Papst besagt für Bischof Kurt Krenn aber vor allem Treue zum Lehramt und zur Lehre der Kirche, von der er nie abgewichen ist, die er immer und überall, mit seinen Hirtenbriefen und auch mit seinen wiederholten Auftritten in den Medien verteidigt hat. Solche „Romtreue" wird von manchen nur ungern gesehen. Daher brachte das klare Wort zum katholischen Glauben und das gute Verhältnis des Bischofs von St. Pölten zum Papst ihm in Österreich bei den treuen Gläubigen zwar Vertrauen und Anerkennung ein, bei den Medien aber, und bei all denen, die den Medien mehr vertrauen als den Hirten der Kirche, Misstrauen und offene Feindschaft. Allzu große „Romnähe" ist nicht gefragt, man zieht Distanz vor, wie noch kürzlich ein verantwortlicher Laie in einer anderen österreichischen Diözese verlauten ließ. Das bischöfliche Wirken von Dr. Kurt Krenn zu beschreiben und zu bewerten, obliegt Berufeneren, es wird sicher nicht fehlen.

Rom kommt dann noch ein letztes Mal ins Spiel: Am 7.10.2004 nimmt Papst Johannes Paul II. den Rücktritt des Bischofs von St. Pölten an. Der alte und kranke Papst entlässt seinen Freund, dessen Gesundheit ebenfalls angeschlagen ist, und der daher nicht mehr so wirken kann, wie er es eigentlich wollte, aus dem aktiven Dienst als Bischof von St. Pölten.

Felix Roma? Auch jetzt noch? Sicher ist eine solche Entscheidung des Papstes zuerst nur schwer anzunehmen. Aber dann siegt der Glaube über den Schmerz, das Vertrauen über die Enttäuschung. „Herr, Dein Wille geschehe."

Für uns bleibt wahr, was der alte Hymnus besingt: *„Roma felix quae tantorum principum es purpurata sanguine."* – *„Glückliches Rom, durch das Blut solcher Fürsten wie mit Purpur geschmückt."*

Wer sind diese, deren Blut die Ewige Stadt schmückt? Petrus und Paulus, die Apostelfürsten, und so manche ihrer Nachfolger.

# Ein neuer Weihbischof für Wien

## Anmerkungen zu Ernennung und Konsekration von Kurt Krenn

*Ildefons Manfred Fux*

Seit vielen Jahrhunderten feiert die Kirche das Fest der Erhöhung des heiligen Kreuzes am 14. September, und so war es auch im Jahre 1986. An diesem Samstag bewegte sich kurz nach 15.00 Uhr ein langer Zug von Klerikern, Priestern und Bischöfen durch die Rotenturmstraße auf den Stephansdom zu, wo am Riesentor das Domkapitel den ernannten und nun zu weihenden neuen Erzbischof von Wien, P. Dr. Hans Hermann Groër OSB, erwartete. Weihbischof Dr. Karl Moser (1914–1991) sprach als Dompropst[1] Worte der Begrüßung: „Das Kreuz wird tief in Ihr Leben hineinragen, das haben Sie bereits in den letzten Wochen erlebt. Aber nur aus dem Kreuz wird das Heil erstrahlen. Im Kreuz ist alles, was uns Menschen beschwert, bereits überwunden.“[2]

Mit diesen Worten spielte der Dompropst auf nicht wenige unliebsame Ereignisse und verletzende Vorkommnisse an, die „in den letzten Wochen“ den Weg der Erzdiözese und des Designierten begleitet hatten: Überraschung[3], Ratlosigkeit, Kopfschütteln[4]; aber auch Kritik an der

[1] Seit 1. Juli 1985: vgl. Wiener Diözesanblatt (= WDBl) 1985, 73.

[2] Wiener Kirchenzeitung, 21. Sept. 1986, 2.– Vgl. zum folgenden F. Czoklich, Das „katholische und“ in Österreich. Die Situation nach dem Bischofswechsel in Wien, in: Herder-Korrespondenz 40 (1986) 463–467.

[3] In den Spekulationen vor dem 15. Juli 1986 war der Name Groër nicht aufgetaucht: vgl. O. Schulmeister, Die Überraschung ist komplett, in: Die Presse, 16. Juli 1986, 1.

[4] „Überraschung, manchmal Kopfschütteln in der Öffentlichkeit, basses Erstaunen bei den Bischöfen begleitet ihn ...“ – H.W. Scheidl, Das Heilige Experiment von Wien, in: Die Presse, 6. Aug. 1986, 3.

Vorgangsweise „Roms“[5], bis hin zu krassen medialen Fehlleistungen, die in der vorgetäuschten „Beichte“ einer Journalistin des Magazins „Basta“ ihren Gipfelpunkt erreichten.[6] Letzteres hatte Pia Maria Plechl, stellvertretende Chefredakteurin der „Presse“, zu bemerken veranlasst: „Nun schäme ich mich noch mehr, Journalistin zu sein.“

Wie konnte es nur zu dieser Bischofsernennung kommen? Bedeutete sie eine Korrektur des bewährten „Kirchenkurses“ von Kardinal König und der österreichischen Bischofskonferenz? Die Frage, wer denn über die Kirche in Österreich in „Rom“ informiert haben könnte[7], wurde sehr bald und sehr eindeutig dahingehend beantwortet, dass es „Vernaderer“[8] gewesen sein müssen. Paul Schulmeister, Präsident der Katholischen Aktion Österreichs, stellte eine wachsende Tendenz in dieser Hinsicht fest[9]; die österreichischen Bischöfe seien, wie die KA mit Sorge beobachtete, „nicht selten Angriffen einer gewissen Vernaderungspolitik ausgesetzt“.[10] Die Veröffentlichung eines Nuntiaturberichtes aus 1985 in einer Biographie über Exzellenz Mario Cagna (1911–1986) ist jedoch geeignet, neues Licht in die dunkle Welt der Vermutungen fallen zu lassen.[11]

In dieser Periode wurde bereits zweierlei deutlich: Die Kritiker an der Ernennung Groërs waren nicht willens, ihre eigenen Positionen, die in der

---

5 So hatte die Linzer Kirchenzeitung am 6. August 1986 geschrieben, das Wiener Diözesanvolk sei „übergangen“ worden.

6 Dazu H. Rauscher im „Kurier“ vom 3. Sept. 1986, 2: „Aber selbstverständlich gibt es in großen Teilen der österreichischen Presse einen Mangel an innerer Selbstkontrolle. Selbstverständlich wird unreifen, ungebildeten, ungehemmten, unausgeglichenen Persönlichkeiten erlaubt, via Medium in das Leben anderer Menschen einzugreifen.“ – Die Staatsanwaltschaft Linz sah keinen Grund zum Einschreiten und legte die Strafanzeige am 8. September zurück. Der Österreichische Presserat stellte am 11. September fest, dass durch „Basta“ die „Berufspflichten der Presse grob verletzt und das Ansehen der Presse grob geschädigt“ worden sei: vgl. Schreiben an die Medienstelle der Erzdiözese Wien, 11. Sept. 1986.

7 H.W. Scheidl nennt in „Die Presse“ vom 6. August 1986, 3, die Namen Augustin Mayer, Joachim Meisner, Opilio Rossi, Alfons Stickler und Franciszek Macharski.

8 Der „Brockhaus“ kennt dieses Lemma nicht. Der „Duden“ verzeichnet unter „vernadern“ als einem Vokabel der österreichischen Umgangssprache die Bedeutung: „verraten“, „verleumden“.

9 „Welche Glaubensschwäche und Herzensblindheit wird hier deutlich!“ – P. Schulmeister, Laienapostolat heute, in: Die Furche, 9. Jänner 1987, 12.

10 E. Leitenberger, Ein offenes Wort. in: Die Furche, 27. Feb. 1987, 9. – Ähnlich H. Feichtlbauer: „Vernaderer haben im Vatikan die Kirche in Österreich und damit auch ihre Hirten schlecht gemacht ...“, in: Die Furche, 3. April 1987, 2.

11 A. Melloni, M. Guasco (Hg.), Un diplomatico vaticano fra dopoguerra e dialogo. Mons. Mario Cagna, Bologna 2003, 359–377. – Siehe auch „Der Sonntag“, 22. Mai 2005, 2.

Gestalt Kardinal Königs personalisiert wurden, in Frage stellen zu lassen. Zum anderen wurde eine aggressive Verteidigungsbereitschaft erkennbar, die die wiederum eigenen Konzilsinterpretationen als nicht hinterfragbar auszugeben trachtete.[12]

Es sollte nicht allzu lange währen, und Erzbischof Groër konsekrierte nun seinerseits und erstmals einen Bischof. Exzellenz Franz Žak (1917–2004), der seit dem 8. Mai 1969 auch als Militärvikar für die katholischen Soldaten des Bundesheeres zuständig und tätig war, hatte diese Aufgabe im Dezember 1985 zurückgelegt, war aber von Papst Johannes Paul II. gebeten worden, dieses Amt bis zur Bestellung eines Nachfolgers weiter auszuüben. Die Apostolische Konstitution „Spirituali militum curae" vom 21. April 1986[13] über die Militärseelsorge hatte nun bestimmt, dass die Militärvikariate in regelrechte Diözesen umzuwandeln wären. Die Wahl des Heiligen Vaters war auf den Sekretär der österreichischen Bischofskonferenz gefallen (Ernennung am 12. November 1986), und so wurde Dr. Alfred Kostelecky (1920–1994)[14] am 14. Dezember 1986 zum ersten Militärbischof unseres Landes geweiht.

Nicht ohne begleitende Unmutsäußerungen. Erstmals kam es schon vor Beginn der Weiheliturgie zu einer Demonstration vor dem Stephansdom: Eine zwar nicht allzu große Gruppe von Pazifisten und Kirchenkritikern hatte sich vor dem „Riesentor" versammelt, und der eher kleine, aber etwas rundliche Herr, der da mit ihnen diskutierte, fand kaum Beachtung.[15] Aber Kurt Krenn wird auch in Zukunft solche Auseinandersetzungen nicht scheuen und sich als gesprächs- und disputierfreudig erweisen. Alles in allem erreichten die Aufregungen keine größere Breitenwirkung[16], schien

[12] Ein extremes Beispiel für diese Ideologie bieten N. Greinacher und H. Küng (Hg.), Katholische Kirche – wohin? Wider den Verrat am Konzil, München – Zürich 1986.

[13] Abgedruckt in deutscher Übersetzung, in: WDBl 1986, 81–83.

[14] Vgl. Erinnerungen an Bischof Dr. Alfred Kostelecky, hg. von der Militärdiözese Österreich, Wien 1999. – M. Kronthaler, Art. Kostelecky, in: E. Gatz (Hg.), Die Bischöfe der deutschsprachigen Länder 1945–2001, Berlin 2002, 370–372. – J. Mikrut, Pax et Iustitia. Militärbischof Alfred Kostelecky, in: Faszinierende Gestalten der Kirche Österreichs, Bd. 11, Wien 2003, 165–182.

[15] Vgl. Die Presse, 9. März 1987, 5.

[16] Die Katholische Studierende Jugend in Linz äußerte freilich in einem Schreiben an die Bischofskongregation ihre „Bestürzung" über diese Ernennung: vgl. Kirchenzeitung der Diözese Linz, 8. Jänner 1987, 6.

doch die Militärdiözese als zu klein und zu unbedeutend, um irgendwie den Stellenwert einer „Hausmacht“ bieten zu können. Auch war es nicht bekannt, dass nicht nur Nuntius Cagna, sondern auch Kostelecky Ende 1985 einen kritischen Bericht über die Lage der Kirche in Österreich zusammengestellt hatte.

Da war es schon etwas anderes, an die bevorstehende Neubesetzung der Diözese Feldkirch zu denken. Bischof DDr. Bruno Wechner stand bereits im 78. Lebensjahr, und die Möglichkeit, sein Nachfolger könnte DDr. Klaus Küng heißen, erfüllte unter anderem die Dekane (= Dechanten) des Bistums mit zunehmender Sorge. Zwar konnte man dem Genannten nicht zum Vorwurf machen, er sei fremd und kenne Land und Leute nicht in wünschenswertem Ausmaß, war doch Küng aus Bregenz gebürtig; viel schlimmer war es da freilich, dass er der „umstrittenen“ Vereinigung des Opus Dei[17] angehörte. Dieser Umstand inspirierte den Priesterrat der Diözese, sich einstimmig gegen eine eventuelle Ernennung auszusprechen, unter Berufung auf weite Kreise der Vorarlberger Bevölkerung[18]. Als nun nach Weihnachten 1986 die alljährlich stattfindende Österreichische Pastoraltagung in Wien-Lainz abgehalten wurde, kam es zu einer, wie es hieß, spontanen Unterschriftenaktion: Mehr als 150 Teilnehmer setzten ihren Namen auf die Liste und erklärten sich so mit der Kirche der Diözese Feldkirch solidarisch. Sie gaben damit ihrer Bitte Ausdruck, dass bei der Bestellung von Bischöfen die Ortskirche nicht übergangen werden solle.[19] Nicht nachfolgende Kritik, sondern vorauseilende Einflussnahme auf den Ernennungsvorgang schienen angebracht.[20] Es war dies allem Anschein nach das erste Mal, dass die Unterschriftenliste als Kampfmittel

---

[17] Die Personalprälatur des Opus Dei, die Kardinal König 1957 in Wien angesiedelt hatte, war in der Mitte der 80er-Jahre Objekt heftiger Angriffe und Unterstellungen. Dem suchte die Publikation entgegenzuwirken: Dominique Le Tourneau, Das Opus Dei. Kurzportrait seiner Entwicklung, Spiritualität, Organisation und Tätigkeit, Stein am Rhein 1987. – Vgl. Fritz Czoklisch, Österreich: Unmut unter Katholiken, in: Herder-Korrespondenz 41 (1987) 208–210.

[18] Vgl. „Der 13.“, 1987, Nr. 2, 1.7–9; Nr. 3, 6f.

[19] Wiener Kirchenzeitung, 11. Jänner 1987, 8f. – Der „Kathpress“ vom 2. Jänner 1987, 1f, zufolge, sollen es sogar „mehr als 200 Tagungsteilnehmer“ gewesen sein. – Vgl. H. Baumgartner, Diözesen wollen bei Bischofsernennungen ein Wort mitreden, in: Kirchenzeitung der Diözese Linz, 22. Jänner 1987, 9.

[20] So formulierte es auch Univ. Prof. Dr. Walter Kern SJ, Innsbruck: „Die öffentliche Meinung und deren verantwortungsvolle Beeinflussung haben dabei [= bei den Bischofsernennungen] eine unersetzliche Funktion.“ In: Kathpress, 21. Jänner 1987, 1f.

zum Einsatz kam. Da es der Nuntius unterlassen hatte, gewisse Pressemeldungen zu dementieren[21], hatte Bischof Wechner alle Hände voll zu tun, beruhigend auf den Klerus seiner Diözese einzuwirken. Als Leiter der Pastoralkommission fühlte sich Dr. Herbert Spieler, Dekan in Frastanz, zur Feststellung gedrängt, die Vorarlberger Priester seien ja keine Gegner des Papstes und auch nicht Küngs; sie wollten bloß nicht, dass dieser ihr Bischof wird. Im übrigen seien die Wünsche der Vorarlberger durch einen Dreiervorschlag in der Nuntiatur bereits deponiert worden.[22] Nach dem Urteil von H. W. Scheidl war dies nach Inhalt und Form „eine Revolte gegen den Regionalvikar des Opus Dei"[23]; es tobte ein regelrechter Medienkrieg. Das Unbehagen schwelte weiter ...[24]

Als daher am 23. Februar die österreichischen Bischöfe in Michaelbeuern zu gemeinsamen Exerzitien zusammentrafen, um sich dann Beratungen vor allem über den Papstbesuch im Jahr 1988 zu widmen, hatte sich bereits ein beachtliches Potential des Unmutes und des antipäpstlichen Affektes angesammelt, und diese negative Emotionalisierung wuchs auch auf weiteren Gebieten an – im Bereich Sexualität, Stellung der Frau in der Kirche, Sakramentenempfang der Geschiedenen, die wieder geheiratet hatten. Ungeachtet einer Erklärung der Kongregation für die Glaubenslehre betreffend die Zulassung der Frauen zum Priesteramt vom 15. Oktober 1976[25] beispielsweise wurde die Debatte über diesen Gegenstand weitergeführt, und Paul M. Zulehner, Ordinarius für Pastoraltheologie in Wien und von Nuntius Cagna als bloßen Soziologen eingeschätzt[26], wagte in diesem Zusammenhang die in die Zukunft blickende Behauptung, die

---

[21] Das bezog sich auf eine Mitteilung der „Vorarlberger Nachrichten" vom 21. Dez. 1986, in der die Namen von Klaus Küng, Christoph Schönborn und Heinrich Badura genannt worden waren. Vgl. Kathpress, 17. Feb. 1987, 1. – Soll man auf jede Pressemeldung reagieren? Hiezu traf Altbundespräsident Rudolf Kirchschläger die Feststellung, dass ein fehlendes Dementi als Wahrheitsbeweis nichts tauge: „Ein Bundespräsident soll nicht jedem Knochen nachlaufen, der ihm von einer Zeitung hingeworfen wird, und daran nagen ..." Vgl. Die Furche, 11. Juli 1986, 8.

[22] Die Presse, 23. Feb. 1987, 5. – Vgl. „Der 13.", 1987, Nr. 4, 9.

[23] Die Presse, 4./5. April 1987, 3.

[24] Vgl. H. Boberski, Bischofswahl durch alle? in: Die Furche, 23. Jänner 1987, 9.

[25] In deutscher Übersetzung: Verlautbarungen des Apostolischen Stuhles Nr. 117, Bonn 1994, 9–29. – Papst Johannes Paul II. wird diese Entscheidung am 22. Mai 1994 bekräftigen. A.a.O. 3–7.

[26] „... sociologo al 100%", in: Melloni, a.a.O., 365.

Kirche werde nicht am Atheismus scheitern, sondern an den Frauen[27]. Auch Paul Schulmeister wünschte sich größere Offenheit in dieser Frage, denn dann würde ein hohes Maß an Vitalität und Glaubensintensität gerade bei jüngeren Frauen im kirchlichen Raum entbunden.[28]

Ein Brief aus Leobersdorf, begleitet von einer Unterschriftenliste, trägt das Datum vom 6. März, und ist nach Stil und Inhalt bereits der Gattung des Rabiaten zuzuordnen. Es war gar nicht die schon am 3. März erfolgte, aber noch nicht publizierte Ernennung Krenns, die den Zorn der Unterzeichner, unter denen sich auch Seminaristen befanden, erregt hatte, sondern der Umstand, „dass sich der Herr Nuntius von Wien, Erzbischof Dr. Michele Cecchini, mit dem Ansinnen an den Herrn Erzbischof von Wien, Dr. Hans Hermann Groër, gewandt hat, dieser möge dahin wirken, dass die Unterwanderung der römischen Position gegenüber der Problematik der wiederverheirateten Geschiedenen gestoppt werde." Und dann heißt es weiter, dass es ja seit längerer Zeit bekannt sei, „dass in Österreich ein relativ kleiner Kreis namentlich bekannter Christen ultrakonservativen bis reaktionären Schlages in Zusammenarbeit mit der römischen Kurie unter Umgehung des direkten brüderlichen Gesprächs mit den Betroffenen und durch Verwendung der übelsten Mittel lichtscheuen Denunziantentums versuche, die Konsequenzen des Konzils – darunter auch die Selbständigkeit der Bischofskonferenzen – zu torpedieren ..." Diese Auslassungen sind wohl nicht anders zu bewerten denn als Indikator für ein Klima aggressiver Emotionalität, das sich nun nach Bekanntgabe der Ernennung des Regensburger Universitätsprofessors, Dr. Kurt Krenn, am Samstag, dem 7. März, gleichsam in einem noch nie dagewesenen Unwetter entlud. Der zum vierten Wiener Weihbischof Erwählte wurde „vom Start weg" und mit Eifer verprügelt, doch die Schläge galten in Wirklichkeit dem Papst, der ihn ernannt, und dem Erzbischof, der ihn vorgeschlagen hatte.

Selbstverständlich muss in diesem Zusammenhang auch Berücksichtigung finden, dass in Österreich ganz allgemein eine beachtliche Emotionalisierung in der Gesellschaft stattgefunden hatte, wofür die Stichwörter „Waldheim", „Watch-list", „Draken-Ankauf", „Tschernobyl", „Aids",

---

[27] Kurier, 7. März 1987, 5.

[28] Laienapostolat heute. in: Die Furche, 9. Jänner 1987, 12.

„Autobahn-Maut", „Ex-Abt Rappold von Rein" u.a.m. Zeugnis ablegen. „Sind wir alle hysterisch geworden?", fragt deshalb Thomas Chorherr in der Zeitung „Die Presse". „Wir brauchen dringend eine Ent-Hysterisierung ..."[29]

Zunächst aber brach ein Sturm der Entrüstung los, der – bei aller Berücksichtigung der soeben skizzierten Gesamtsituation – zu denken gibt und fragen lässt, ob da nicht Umstände zu Tage getreten sind, die bisher nicht in den Blick gekommen sind. War es etwa durch diese Ernennung ganz und gar unmöglich geworden, Gott aus ganzem Herzen und mit aller Kraft zu lieben? Stellte der neue Weihbischof etwa ein Hindernis dafür dar, vor dem Tabernakel zu knien und Jesus anzubeten? Ihn in der hl. Kommunion zu empfangen? Würde von nun an kein Priester mehr zu finden sein, der einem das Sakrament der Sündenvergebung spendet? War es dem Jünger gar untersagt, Jünger zu sein und täglich sein Kreuz auf seine Schultern zu nehmen? Oder war das Wort des hl. Paulus außer Kraft gesetzt: „Was kann uns scheiden von der Liebe Christi? Bedrängnis oder Not oder Verfolgung, Hunger oder Kälte, Gefahr oder Schwert?" (Röm 8,35) War etwa der neue Weihbischof dazu imstande, wozu „weder Tod noch Leben" (V. 38) imstande sind? Man sieht leicht, dass im Prozess der Rezeption der Ernennung Krenns dem Genannten ein Stellenwert zugeschrieben wurde, den er nicht hatte und auch nicht haben konnte. Die Legitimierung der Entrüstung ist nicht auf das Evangelium rückführbar.

Vor der Beschäftigung mit den angeführten Gründen ist es aber nicht überflüssig, auf die Veränderungen in Sprache und Stil zu achten, die in der Auseinandersetzung nun deutlich werden: eine allgemeine Vergröberung und Radikalisierung des Sprechens und Schreibens wird manifest, ein eigenes Vokabular scheint sich nun endgültig zu etablieren.

Kaum einer der Opponierenden, der sich nicht als „betroffen" deklarierte; das Vokabel erlangte geradezu epidemischen Charakter. Gleichzeitig bekannten die Kontestierenden ihre „Sorge" und „Liebe", die der Kirche gelte[30], für die man sich „engagiert" habe. Das Wort „Papst" fand nur

[29] Thomas Chorherr, Neue Bischöfe und alte Fronten, in: Die Presse, 4./5. April 1987, 1.

[30] „Tief bewegt von der Liebe zur Kirche ... Aussprechen unserer Sorge ..." – Paul Schulmeister, in: Kathpress, 24. Feb. 1987, 2.

selten, die Bezeichnung „Heiliger Vater“ so gut wie nie Verwendung. Dafür war viel die Rede von den „Vatikanischen Zentralstellen“[31], von „maßgeblichen Funktionären der Amtskirche“, von „autoritär agierender Bürokratie“ oder überhaupt von „Rom“. An der Person des Ernannten wurden die Begriffe „ultrakonservativ“, „gestrig“ und „rückschrittlich“, „nicht dem Geist des II. Vatikanums entsprechend“ festgemacht. Dies erstaunt umso mehr, als da – und nicht nur von einem einzigen – offen zugestanden wurde, den neuen Weihbischof gar nicht zu kennen.[32] Dessen Verfehlung bestand eigentlich nur in der Tatsache, die Ernennung angenommen zu haben und – *horribile auditu* – ein Freund des Papstes zu sein und mit diesem gefrühstückt zu haben.[33]

Krenn selber hat seine bevorstehende Ernennung nicht vom Papst persönlich erfahren[34], der Heilige Vater habe „niemals auch nur andeutungsweise etwas von seiner Absicht gesagt“, wie er selbst seine Ernennung auch nie betrieben habe; er fühle sich deshalb als „der Unschuldigste“[35]. Am Sonntag, dem 1. März, erreichte ihn in Oberkappel ein Anruf des Nuntius, der ihn schon für den nächsten Tag nach Wien bestellte. Da eröffnete der Vertreter des Heiligen Vaters dessen Wunsch, ihn zum vierten Weihbischof von Wien[36] zu ernennen, und Krenn nahm an, gemäß seiner grundsätzlichen Bereitschaft, wie er sagte, sich dort zur Verfügung zu stellen, wohin man gerufen und wo man gebraucht wird.[37] Die Bulle mit der Ernennung zum Titularbischof von Aulona trägt das Datum vom 3. März und enthält die Bestimmung, dass er als Bischofsvikar für die Bereiche Wissenschaft, Kunst und Kultur in der Erzdiözese Wien vorzusehen sei. Einen

---

[31] Erklärung der Katholischen Aktion Österreichs vom 22. Feb. 1987, in: Kathpress, 23. Feb. 1987, 1.

[32] „Ich muss zugeben, dass ich Msgr. Krenn bloß aus einer Club 2-Diskussion im Fernsehen kenne“, A.D.A., 1. März 1987. – „Dr. Krenn ist mir persönlich total unbekannt, er stellt für mich ein leeres Blatt dar ...“, G.V.H., 24. März 1987. – Es gab natürlich auch ganz gegenteilige Behauptungen: Prof. Krenn, „von dem wir leider schon genug wissen, um uns nicht erst ein Urteil bilden zu müssen ...“, K.I.K, 13. März 1987.

[33] Das „Regensburger Bistumsblatt“ verbreitete dies als „Gerücht“. Vgl. Kathpress, 19. März 1987, 2f. – A.a.O., 13. April 1987, 6f.

[34] Kathpress, 1. April 1987, 5.

[35] Kathpress, 13. April 1987, 6f. – Vgl. a.a.O., 19. März 1987, 1.

[36] Zu dieser Zeit gab es in Wien drei Weihbischöfe: Dr. Karl Moser (seit 12. Okt.1969), Dr. Helmut Krätzl und Florian Kuntner (beide seit 20. Nov. 1977).

[37] Kathpress, 9. März 1987, 2.

Weihbischof für diesen Aufgabenbereich gab es bisher nur in der Diözese Rom.[38] Es sei also eine Ehre und Auszeichnung für die Bedeutung Wiens, wenn Stadt und Diözese nun in dieser Hinsicht Rom gleichgestellt werde.[39] Das Embargo für diese Nachricht dauerte bis Samstag Mittag, dann wurde sie durch den ORF publiziert. Die Print-Medien folgten am Montag, dem 9. März.

Es ist bemerkenswert, dass bereits an diesem Montag, zwei Tage nach der Bekanntgabe der Ernennung, der Pastorale Vikariatsrat des Vikariates Unter dem Wienerwald[40] bei seiner routinemäßigen Sitzung und unter dem Vorsitz von Weihbischof Florian Kuntner gewichtige Feststellungen traf und diese in einem Brief an Erzbischof Groër zum Ausdruck brachte. Die Mitglieder dieses Gremiums, so hieß es da, empfänden diese Ernennung „nicht nur als Kränkung, sondern auch als Misstrauen". Sie bekundeten deshalb ihre Solidarität mit den drei Weihbischöfen der Erzdiözese, denen sie für ihren Einsatz als Väter des Glaubens und in der christlichen Liebe danken wollten. Die Vikariatsräte beobachteten ferner mit Sorge, „wie derzeit Ernennungen für kirchliche Führungsämter vor sich gehen"; sie bitten den Erzbischof, doch alles zu tun, „dass Bitterkeit, Enttäuschung, Resignation und innere Emigration unter den Priestern und den Laien in der Erzdiözese Wien nicht noch mehr zunehmen."

Das ist eine klare Sprache, die ihre emotionalen Quellen nicht verleugnen kann und ganz und gar übersieht, dass sie Worte spricht, die gegen den Papst gerichtet sind. Zum Zeitpunkt, da die Vikariatsräte ihre Meinung austauschten, konnten sie sich auch noch gar nicht mit dem ersten Interview auseinandergesetzt haben, das Krenn der Kathpress gegeben, und das diese in der Montagausgabe veröffentlicht hatte.

Da konnte man einleitend lesen, dass Krenn „über große internationale Erfahrung" verfüge. Er sehe sich in erster Linie als Mitarbeiter des Wiener Erzbischofs, ohne dabei eigenständige Leitlinien zu setzen. Er hoffe, „von den Wiener Gläubigen und dem Wiener Klerus gut aufgenommen zu

---

[38] 1982 war der Rektor der Lateranuniversität, Pietro Rossano, dazu ernannt worden.

[39] Die Furche, 3. April 1987, 17.

[40] Die Statuten dieses Gremiums wurden in novellierter Fassung publiziert in: WDBl 1984, Nr. 2, 13–15. Sie gestanden dem Bischofsvikar lediglich ein Einspruchsrecht zu, das dieser zu begründen hatte und das mit aufschiebender Wirkung verbunden war.

werden.“ Das erbitte er auch von den österreichischen Bischöfen; er werde die „fruchtbare und intensive Zusammenarbeit“ mit den Bischöfen suchen. Im übrigen wolle er sich für die Versöhnung von Kunst und Kultur mit der Kirche einsetzen.[41]

„Was ist da passiert?“ Das war Weihbischof Kuntners erste Reaktion gewesen, als er von der Ernennung Krenns erfuhr. Groër selbst hat deren Genesis erzählt: „Ich habe schon vor einem halben Jahr den Auftrag erhalten zu bedenken, dass die wichtigen Bereiche Kultur und Wissenschaft eines eigenen bischöflichen Seelsorgers bedürfen. Es sollte ein Universitätsprofessor sein, zumal weder ich je an einer Hochschule gelesen habe, noch einer der Wiener Weihbischöfe akademischer Lehrer war. So habe ich mich auf die Suche gemacht, dann dem Heiligen Vater drei Namen unterbreitet – und er hat Professor Krenn ausgewählt ...“[42]

Eine Woche nach Bekanntgabe der Ernennung hatte sich der Widerspruch bereits formiert. Die am 10. März publizierte Instruktion der Glaubenskongregation über die künstliche Befruchtung („Donum vitae“) fand in diesem Klima relativ wenig Beachtung.[43] Doch nun liefen in einzelnen Wiener Pfarren Unterschriftenaktionen an, Appelle und Memoranden wurden verfasst, Erklärungen abgegeben, Resolutionen an die Medien geliefert, „offene Briefe“ versandt; der Postkasten des Erzbischofs füllte sich mit Zuschriften. Wilhelm Müller, Pfarrer und Dechant in Mödling, initiierte in der Zeitung „Die Presse“ die Leserbrief-Diskussion[44]. Die Katholische Frauenbewegung Wien-Stadt, die Diözesanleitung der Katholischen Jungschar, die Katholische Jugend im Vikariat Wien-Nord, das Kuratorium des Katholischen Bildungswerkes Wien, die Fakultätsvertretung der Katholisch-Theologischen Fakultät der Universität Wien, die „Kleinen Brüder Jesu“, die Cursillo-Bewegung Wien, der „Lainzer Kreis“ – sie alle unterstützten einen Appell des „Gemeindeforums der Basisgemein-

---

[41] Kathpress, 9. März 1987, 2.

[42] Kathpress, 12. März 1987, 2.

[43] Hannes Schopf schrieb freilich im Leitartikel der „Furche“ vom 13. März 1987, 1: „Anderes gilt es ernsthaft zu erwägen – und nach dem Gewissen zu entscheiden ...“

[44] Die Presse, 14./15. März 1987, XI.

den Wiens".[45] Manche Pfarrseelsorger ließen sich hinreissen, in der Sonntagspredigt für die Unterschriftenaktion zu werben.[46]

Das alles bot dem ORF reichlich Stoff, seine Sendezeiten mit Interessantem und Unterhaltsamen zu füllen, während sich die Massenblätter – Kronenzeitung und Kurier – in ihrer Berichterstattung eher moderat verhielten. In der Sendung „Aktuelles aus der Christenheit" am 16. März war die fortschreitende Eskalierung bereits deutlich erkennbar, allein durch den Stellenwert der teilnehmenden Persönlichkeiten: Dr. Johannes Giessrigl sprach für das Vikariat Wien-Süd (siehe oben), Dr. Rudolf Schwarzenberger war Leiter des Pastoralamtes („... ein Bischof ist mehr als ein Aufpasser"), Univ. Prof. Dr. Wolfgang Langer war Dekan der Kath.-Theol. Fakultät (die Ernennung Krenns sei „sehr ungewöhnlich") und P. Andreas Hiller CSsR war Dechant des 17. Gemeindebezirkes („Brüskierung der Wiener Universität und des gesamten Wiener Klerus"). Dazu gesellte sich noch Maria Wilfellner als Vorsitzende der Katholischen Hochschuljugend: „Die Kirche nimmt die Menschen nicht wirklich ernst."[47]

Zu diesem Zeitpunkt ist es bereits möglich, die vorgebrachten Einwürfe zu „inventarisieren"; Neues wird kaum noch hinzukommen. Ein erstes Paket an Kritikpunkten ist an „Rom" adressiert: Die Bestellung Krenns durch den Nuntius sei „klammheimlich" erfolgt[48], es gebe da eine „sich ausbreitende Geheimpolitik"[49], ohne breite Meinungsbildung bei Priestern und Laien[50] (bei den Weihbischöfen allerdings, die seinerzeit König vorgeschlagen hatte, „hat uns ja auch keiner gefragt"[51]). Eine Maßnahme werde ja nur dann angenommen, wenn sie rechtzeitig den Betroffenen einsichtig gemacht wird[52], „Rom" habe jedes Augenmaß bei der Behandlung

---

[45] Kathpress, 13. März 1987, 3.

[46] So P. Haimo Schirmer OFMCap in der Pfarre Gatterhölzl. Mtlg. E.R. – Der Genannte plazierte auch im Bezirksjournal Meidling, Nr.3/1987, 8, einen Protest, der als Postwurfsendung an alle Haushalte gelangte: Kurt Krenn sei „Exponent für eine vorkonziliare Kirche". Er, Pfarrer P. Haimo, sei auch nicht einverstanden „mit einer Kirche, in der Recht ist, Kirchenbeitrag zu zahlen, Gebote zu halten und zu beten, in der man aber nichts zu sagen hat."

[47] Kathpress, 17. März 1987, 4.

[48] Wilhelm Müller, in: Die Presse 14./15. März 1987, XI.

[49] Paul M. Zulehner, Lähmungen in Österreichs Kirche, in: Die Presse, 23. März 1987, 5.

[50] Katholische Männerbewegung Österreichs, in: Kathpress, 16. März 1987, 1.

[51] A.K., Leserbrief an „Die Presse" (Kopie).

[52] Katholische Aktion der Erzdiözese Wien, Resolution, ddo. 16. März 1987.

von Lokalkirchen verloren[53]. Dass Rudolf Schermann, Pfarrer von Reisenberg, sich in unqualifizierten Formulierungen überschlagen würde, war zu erwarten gewesen.[54] Schlimmer war es, dass die Cursillo-Bewegung dem Papst „fast stalinistische, diktatorische Manier" (!) im Umgang mit dem Gottesvolk vorwarf.[55]

Die Liste der Gravamina, die sich gegen die Person des Ernannten richteten, ist lang. Angeführt wird sie vom Vorwurf, Krenn sei ein Fremder und komme aus einer anderen Diözese.[56] Er sei auch als Wissenschaftler nicht qualifiziert, es fehle ihm die Habilitierung; auch habe er zu wenig publiziert. Er komme als „Aufpasser" für Groër[57], für die ganze Bischofskonferenz[58]; er vertrete ultrakonservatives, vorkonziliares Denken[59]; er sei ein Freund des Opus Dei und des Pornojägers Martin Humer[60], aber kein Vorbild für die Jugend[61], noch schlimmer: Er ist der „österreichische Ratzinger"[62]. Krenn kenne nicht die geistige und pastorale Situation in der Erzdiözese Wien, sagte DDr. Margarete Schmid (1914–1997)[63], man müsse es

---

53 Kronen-Zeitung, 17. März 1987, 2. – „... totalitärer Machtanspruch einer Zentralgewalt ...", M.B., 13. März 1987. – „diktatorischer Stil ...", H.W.H., 10. März 1987. – „Autoritär agierende Vatikan-Bürokratie ...", J.P., 15. März 1987. – „... Amtskirche, deren Regime anscheinend diktatorischer ist als so manches kommunistische Land", H.S., 15. März 1987.

54 Der Papst betreibe „mit Hilfe seines deutschen Großinquisitors Kardinal Joseph Ratzinger" eine Kirchenpolitik, „die jeder Form von Brüderlichkeit und Kollegialität hohnspricht". – Profil, Nr.11, 16. März 1987, 52.

55 Arbeitsgemeinschaft der Diözesansekretariate der Cursillobewegung, ddo. 18. März 1987; 25 Unterschriften beigefügt.

56 Das sei „überraschend und äußerst ungewöhnlich". Er sei „kein ‚hausgemachter' Weihbischof": Furche, 13. März 1987, 9 (H. Boberski). – Ein „ortsfremder Professor": Furche, 27. März 1987, 1 (J. Kremer).

57 Kathpress, 10. März 1987, 4; 17. März 1987, 4 (Schwarzenberger). – Kronenzeitung, 28. März 1987, 3. – Kathpress, 30. März 1987, 5.

58 Kathpress, 10. März 1987, 4, und 23. März 1987, 2. „Weder die österreichische Bischofskonferenz noch der Erzbischof von Wien brauchen einen ausschließlich dem Vatikan hörigen Aufpasser." H.P.H., 2. April 1987.

59 „... ein ultrakonservativer Mann", M.B., 13. März 1987

60 Profil, Nr. 11, 16. März 1987, 52. – Kurier, 28. März 1987, 2.

61 E.N., 21. März 1987.

62 Profil, 6. April 1987, 48. – Krenn zu dieser Apostrophierung: „Na ja, das klingt ja gar nicht so schlecht. Ich schätze Ratzinger. Aber den Namen verdiene ich ja gar nicht, weil ich nicht so gut bin wie der Kardinal." Ebd. – Die Kunde vom „österreichischen Ratzinger" drang bis ins ferne Spanien: „Que me llamen el ‚Ratzinger de Austria' es una alabanza." Palabra n° 265/266, VII–IX 1987, 5f..

63 Gründerin der Wiener Theologischen Kurse (1940), des „Fernkurses" (1950) und des Literarischen Forums (1947). Vgl. A. Mensdorff-Pouilly, Sentire cum ecclesia. Margarethe Schmid

ihm absprechen, „eine herausragende Persönlichkeit“ zu sein. Nach längeren Ausführungen kommt dann die Schreiberin zum Schluss: „Offenbar war ein solcher Weihbischof der Wunsch des Papstes.“[64] Und überhaupt: Krenn ist kein Garant der Einheit und keine Integrationsfigur.[65] Könnte er als Professor in Regensburg nicht besser für Wissenschaft, Kunst und Kultur wirken? (J. Kremer).

Natürlich kommt in diesem Reigen wild umherschlagender Kritik auch Erzbischof Groër schlecht weg. Er habe weder Priesterrat[66] noch Konsistorium befragt, das Gespräch mit „seiner“ Kirche nicht gesucht[67]; die „Leitung“ habe sich nicht an das geltende Recht gehalten.[68] Es gebe genug Weihbischöfe, und diese seien nicht richtig eingesetzt[69]. Groër habe offensichtlich nicht den Mut, dem „Vatikan“ entgegenzutreten, der die Autonomie der Diözese untergrabe ...[70] Er soll sich in „Rom“ dafür einsetzen, dass bei so wichtigen Akten wie Bischofsernennungen die Mitwirkung der Ortskirche „voll berücksichtigt“ werde.[71] Er habe im stillen Kämmerlein, allein, einsame Beschlüsse gefasst.[72] „Großer Bruder im Amt“, schrieb ein Pfarrer vom Stadtrand, „ich fürchte für die Kirche von Wien ...“ [73]. „Liebe und Treue, vielleicht auch Freundschaft mag dich mit Rom verbinden“, brachte ein anderer wohlmeinender Mitbruder zu Papier, „entscheiden aber und vorschlagen musst du allein mit deiner Kirche alles, was nicht Rom vorbe-

(1914–1997), in: J. Mikrut (Hg.), Faszinierende Gestalten der Kirche Österreichs, Bd. 9, Wien 2003, 333–352.

64 An Groër, 16. März 1987.

65 „Nicht geeignet, die Einheit der Kirche in Wien zu fördern und integrativ zu wirken ...“ Vgl. Kathpress, 13. März 1987, 3. – Die Presse, 17. März 1987, 4.

66 Der Priesterrat der Erzdiözese war nach der Sedisvakanz erst in Bildung begriffen und der Wahlvorgang noch nicht abgeschlossen.

67 F. Gansrigler, Teilt die Kirche nicht durch drei!, in: Furche, 20. März 1987, 1.

68 Die Presse, 23. März 1987, 5 (Zulehner).

69 Kathpress, 13. März 1987, 3. – Die Presse, 14./15. März 1987, XI (W. Müller).

70 Ich bin ... auch enttäuscht, dass Sie bei den Machtspielen des Vatikans gegen Ihre eigene Diözese mitmachen ...“ A.H., 13. März 1987. – „Warum lassen Sie sich ... die Autonomie der Diözese untergraben, sich einen Mann oktroyieren ...“ B.E., 21. März 1987.

71 Resolution des Pfarrgemeinderates Hetzendorf, 20. März 1987.

72 Die Presse, 21./22. März 1987, XI (K. Vogler).

73 H.G., 10. März 1987.

halten ist. Du brauchst Rom nicht vorher zu fragen. Deine Freunde müssen, sollen vor allem in deiner Kirche, der Kirche von Wien, sein.“[74]

Am 25. März sprach nicht nur Univ. Prof. Erwin Ringel im „Audimax“ der Wiener Universität über angemaßte Autorität und Autoritätsmissbrauch[75]; an diesem Tag veröffentlichten auch 17 Dechanten der Stadt Wien eine Aufforderung zum Widerstand. In Briefen an den Papst und an den designierten Weihbischof selbst werden die schon bekannten Argumente nochmals aufgelistet und insbesondere dem Heiligen Vater zum Vorwurf gemacht, er habe durch diese Ernennung – deren Hintergründe man nicht kenne – das Vertrauensverhältnis zwischen Bischof, Presbyterium und Diözesanvolk „empfindlich verletzt“. Es sei „befremdend“, es herrsche „Beunruhigung“ ...[76]

Auch der Brief an Krenn ist „aus echter Sorge um die Kirche von Wien“ geschrieben und enthält nicht mehr und nicht weniger als die Aufforderung zum Amtsverzicht.[77] All dem fügten die Dechanten eine eigene Stellungnahme bei, in der sie erneut ihre „tiefe Sorge und Betroffenheit“ betonen und zugleich den „Geist des Konzils“ beschwören, den „Geist einer brüderlichen und geschwisterlichen Gemeinde“, in der der Einzelne „geachtet und anerkannt“ wird.[78]

Es sind die bekannten Dinge, die im nicht enden wollenden „Da capo“ und „forte“ artikuliert werden, doch immerhin sind es Dechanten, die dies zu verantworten haben, denn der Dechant empfängt Amt und Autorität aus den Händen seines Bischofs, dem er Rechenschaft schuldet.[79] In der Umschreibung der Befugnisse, Pflichten und Rechte eines Dechanten, wie sie der „Codex“ vornimmt (can. 555), ist die Kommentierung der Ernennung eines Weihbischofs durch den Papst, und dies in den öffentlichen

---

[74] H.M., 5. April 1987. – Das Zitat scheint ein guter Beleg für die missbräuchliche Verwendung des Possesivpronomens zu sein, denn die Kirche kann nicht die Kirche „Roms“ oder „unsere“ Kirche sein, sondern einzig und allein die Kirche Jesu Christi. Vgl. J. Ratzinger, Zur Lage des Glaubens. Ein Gespräch mit Vittorio Messori, München 1985, 49.

[75] „Wir brauchen eine neue Erziehung ... Wir müssen richtige Menschen in Positionen bringen ...“ Die Presse, 25. März 1987, 12.

[76] Kathpress, 26. März 1987, 2.

[77] Kathpress, 26. März 1987, 1f.

[78] Kathpress, 26. März 1987, 2.

[79] „Der Dechant ist in Vertretung des Bischofs und in dessen Auftrag der Vorsteher des Dekanates.“ In: WDBl 1987, 68.

Medien, nicht vorgesehen. Dass dies zu einer weiteren Polarisierung und Erhitzung beitragen würde, war vorherzusehen, denn nun setzt auch die gegenläufige Bewegung mit deutlich gesteigerter Intensität ein.

Die Medien kolportierten nicht gerade zurückhaltend die Zahlen: 17 von 20 Wiener Dechanten ... [80] Jeder einzelne ist eigentlich schon einer zuviel; doch hat die Erzdiözese in Wirklichkeit 57 Dekanate. Die Relation müsste also richtig wiedergegeben werden mit „17 von 57". Die Aktion kann sich nicht mit einem Auftrag des Ortsordinarius legitimieren[81], sie rechtfertigt sich aber auch nicht „von unten" her, denn die „Basis" – die Priester der jeweiligen Dekanate – wurde nicht befragt[82]. Erst nach Promulgierung in den Medien wurden die Mitbrüder aufgefordert, schriftlich zu bekunden, dass sie die „Sorgen" der Dechanten „teilen".[83] Die 17 Dechanten überlegten drohend ihren Rücktritt.[84] Es dauerte nicht lange, da intervenierten die Domdekane Deutschlands in „Rom" analog und dahingehend, dass Bischofsernennungen nicht „unter Umgehung der Ortskirche" erfolgen sollten.

Es blieb einem verdienten und stets loyalen Diakon vorbehalten, in einer Replik den Vorwürfen der Dechanten die Wahrheit entgegenzuhalten. Er schrieb: „Wenn es nach dem Ermessen derjenigen ginge, die Einfluss hätten, ihren ‚Wunschkandidaten' durchzusetzen, wäre Dr. Jachym nicht Erzbischof-Koadjutor, nicht Dr. König Erzbischof von Wien, nicht Dr. László Apostolischer Administrator im Burgenland, nicht Aichern Bischof von Linz geworden ..." Und er schloss mit den Worten: „Können wir noch glaubwürdig Hirten sein, wenn wir uns gegen die Oberhirten auflehnen; predigen wir nicht Umkehr und Versöhnung, und den Balken im

---

[80] Jene drei Dechanten, die sich an der Aktion nicht beteiligten, seien hier ehrenhalber mit Namen genannt: Msgr. Dr. Franz Führer (Wien 3), Msgr. Friedrich Guttenbrunner (Wien 16) und Msgr. Leopold Kaupeny (Wien 20).

[81] Wir „geben nur dann Stellungnahmen ab, wenn sie im Einvernehmen mit dem Ordinarius vorgelegt werden." Antwort einer männlichen Ordensgemeinschaft in Wien 16, 27. März 1987.

[82] „Andere Priester und ich wurden nicht gefragt, ob wir mit dieser Erklärung der Dechanten einverstanden sind gegen den neuen Weihbischof." L.S., 5. April 1987. – Ähnlich war es bei der Katholischen Männerbewegung der Erzdiözese: Ihr Obmann Schwab sprach sich im Namen aller Mitglieder gegen Krenn aus, obwohl "keine Befragung, keine Urabstimmung" dem vorausging. O.G., 27. März 1987.

[83] Per Adresse: 1170 Wien, Wichtelgasse 74 (Marienpfarre, Dechant P. Andreas Hiller CSsR).

[84] Kronenzeitung, 28. März 1987, 3.

eigenen Auge (sehen wir nicht)? Glauben wir nicht an das Gebet für den Papst, den Ortsbischof und die Gemeinschaft der Bischöfe?"[85]

Als die Wiener Dechanten daher am 30. März zu ihrer ordentlichen Konferenz zusammentraten, war die Atmosphäre einer Krisensitzung gegeben, zumal noch ein weiteres Ereignis eintrat, das den Kessel vollends zum Kochen brachte: Kardinal Alfons Stickler[86], Präfekt der Vatikanischen Bibliothek und des Geheimen Archivs (seit 1971), griff in die „Causa Krenn" ein. Er tat dies in pointierter Weise, mit klaren und eindeutigen Worten, und insbesondere den Dechanten – und später auch Weihbischof Kuntner – blieb er nichts schuldig. Die Reaktion glich einem Aufschrei.

Man mag sich fragen, ob man in solch aufgeregter Atmosphäre überhaupt Gespräche führen kann und ob dazu die Medien das beste Mittel sind. Allerdings: Wenn Paul M. Zulehner seinem Vorgänger am Lehrstuhl, Professor Ferdinand Klostermann (1907–1982) zubilligte, eine „zornige Liebe" zur Kirche gehabt zu haben[87], dann muss man dies auch einem römischen Kardinal zugestehen. Wenn man selbst die Keule des Wortes schwingt und sich dabei auf die urchristliche Parrhesia beruft[88], so wird man diesen Freimut auch Kardinal Stickler konzedieren müssen. Er machte davon erstmals Gebrauch, als er der Kronen-Zeitung am 26. März 1987 ein Interview gewährte: In der Kirche gehe das Recht nicht vom Volk aus, stellte er fest. Der Papst wollte sicher ein Zeichen dafür setzen, dass gewisse Tendenzen, die nicht seinen Vorstellungen entsprechen, „wieder ausgeglichen werden" („Kurskorrektur"). Der Heilige Vater werde die Ernennung sicher nicht zurücknehmen.[89] Am 28. März fiel das Wort von der Rebellion: Die Tat der Dechanten sei „eine Rebellion gegen eine Entscheidung des Papstes ... Maßgebende Männer im Vatikan haben mir gesagt,

[85] „An die Dechanten", 4. April 1987.

[86] Geboren am 23. Aug. 1910 in Neunkirchen, 1927 Eintritt bei den Salesianern Don Boscos, Bischofsweihe 1983, Kardinal 1985.

[87] Wiener Kirchenzeitung, 29. März 1987, 8f. – In jenen Jahren geriet die Wendung von Liebe und Zorn zu einem Topos, ebenso wie das „Leiden an der Kirche". Vgl. N. Sommer, Zorn aus Liebe, Stuttgart 1983. – P. Pawlowski, E. Schuster (Hg.), Woran wir leiden, Innsbruck – Wien – München 1979.

[88] Vgl. Freiraum braucht Freimut, in: Diakonia 18 (1987) 289–294. – Erzbischof Groër sei nach Meinung der Cursillistas zur Parrhesia „verpflichtet – sonst verraten Sie uns." Schreiben der Arbeitsgemeinschaft der Diözesansekretariate der Cursillobewegung, 18. März 1987.

[89] Kronenzeitung, 26. März 1987, 2. – Kathpress, 26. März 1987, 1.

dass gerade die Haltung der Dechanten bestätige, wie richtig Krenns Ernennung gewesen ist."[90] Dieser hatte schon tags zuvor erklärt, dass er auf sein Amt nicht verzichten werde. „Ich bin dem Papst im Wort."[91] Anderes war auch nicht zu erwarten gewesen.

Die Dechanten freilich waren „bestürzt", schienen aber doch – „saltem in confuso" – zu erkennen, dass sie sich zu weit vorgewagt hatten. Sie fanden sich in einer „Atmosphäre des zerbrochenen Vertrauens und der Angst" wieder und konnten nur hoffen, dass „keinem wegen seiner Offenheit Schaden entsteht."[92] Stickler aber dehnte seine Kritik auf den österreichischen Episkopat aus, der nicht verhindert habe, dass Theologieprofessoren und Seelsorger Meinungen verkünden, die im Widerspruch zum kirchlichen Lehramt, ja zu den ewigen Wahrheiten stehen. Und er wiederholte hinsichtlich der Dechanten: Das ist „eine Rebellion"[93]. Das Verhalten der Dechanten sei der beste Beweis dafür, dass es höchst notwendig ist, dass eine „richtige Theologie" nach Wien komme, die eben Krenn garantiere.[94] Das stimmt ganz mit dem Cagna-Bericht überein, in dem der damalige Nuntius festgestellt hatte, der österreichische Episkopat sei zwar gut, aber schwach; allzu klug und furchtsam den Theologen gegenüber, in deren Abhängigkeit er gerate.[95] Die Österreichische Bischofskonferenz wies die Vorwürfe Sticklers am 9. April in einer Erklärung zurück.[96]

Für Dr. Hildegard Holzer (1904–1995), verdient um die Gründung des Seminars für kirchliche Frauenberufe[97], war das Wort von der Rebellion ein „ungeheuerliches, ebenso tragisches wie gefährliches und beleidigendes Wort"[98]; ein Beispiel dafür, wie sehr die Autorität des universalen päpstlichen Hirtenamtes aus dem Blick geraten war. Auch H. Feichtlbauer

---

[90] Kronenzeitung, 28. März 1987, 3.
[91] Ebd.
[92] Wiener Kirchenzeitung, 5. April 1987, 3.
[93] Die Presse, 1. April 1987, 4.
[94] „Der 13.", Nr. 4, 13. April 1987, 8.
[95] A. Melloni, a.a.O., 361.366.
[96] Die Bischöfe müssen sich „gegen die Art der Aussagen von Kardinal Stickler und die von ihm erhobenen pauschalen Vorwürfe" verwahren, in: Kirche bunt. St. Pöltner Kirchenzeitung, 19. April 1987, 3.
[97] I. Schödl, Hildegard Holzer. Gründerin des Seminars für kirchliche Frauenberufe (1904–1995), in: J. Mikrut (Hg.), Faszinierende Gestalten der Kirche Österreichs, Bd. 3, Wien 2001, 83–100.
[98] An Kardinal Stickler, 1. April 1987.

meinte, die Dechanten in Schutz nehmen zu müssen. Sie seien schließlich keine Jungrevoluzzer, „sondern im Dienst an der Kirche ergraute Arbeiter im Weinberg des Herrn." Kein „Talarträger" in Rom habe das Recht, ihren Protest zu missachten.[99] Auch für den Salzburger Domherrn Balthasar Sieberer war die Aktion der Dechanten keine Rebellion, sondern „Ausdruck eines Unbehagens."[100]

Krenn traf dann am 7. April mit einer Abordnung der Dechanten zusammen; über dieses Gespräch verlautete nur, dass die Standpunkte „in einer Atmosphäre brüderlicher Offenheit" erörtert worden seien.[101]

Angesichts dieser höchst unerfreulichen Situation zeigte sich der Ernannte dennoch nicht beleidigt und gab geduldig Auskunft in vielen Interviews: für die „Kathpress"[102], die „Kronenzeitung"[103], für das „Profil"[104], für die Kirchenzeitungen von Wien[105] und Linz[106], für die „Furche"[107] – um nur diese zu nennen. Ferner stellte er sich in vielen Gesprächen dem ORF zur Verfügung.[108] Doch was half es? Von Anfang sah er sich in die Situation gedrängt, sich rechtfertigen zu müssen, und jede Erklärung evozierte nur neue Kommentierungen und „Gegenerklärungen". Das Szenario war ja vielfach kein anderes als das aus dem Evangelium bekannte: Sie begannen, ihn mit vielerlei Fragen „hartnäckig zu bedrängen. Sie versuchten, ihm eine Falle zu stellen, damit er sich in seinen eigenen Worten verfange" (Lk 11,53f). Es würde schwer fallen, Krenn in all diesen Interviews Aggressivität oder einen Mangel an Gelassenheit nachzuweisen. Er blieb souverän, auch als sich am 27. März an die hundert „katholische Publizisten" aus Österreich brieflich an den Vorsitzenden der Bischofskonferenz wandten[109]; auch als es Berg in Abrede stellte, dass es den österreichischen

---

[99] Furche, 3. April 1987, 2.

[100] Kathpress, 8. April 1987, 2.

[101] Ebd.

[102] Ausgaben vom 9. März, 1. April.

[103] 1. April 1987, 2.

[104] 6. April 1987, 45–48.

[105] 22. März 1987, 5; 26. April 1987, 10f.

[106] 26. März 1987, 7.

[107] Furche, 3. April 1987, 17.

[108] Am 9., 17., 19. und 20. März; am 18. April ...

[109] Erzbischof Berg solle die systematische Diskreditierung der Kirche in Österreich nicht zulassen; die übergroße Mehrheit der Katholiken in Österreich vertraue darauf, dass auch der Papst eine

Katholiken an Glaubens- und Kirchentreue fehle[110]; auch als Vertreter diözesaner Priesterräte und „nachkonziliarer Kirchenversammlungen“ – wiederum an Berg adressiert – es beklagten, dass es da ein „Übergewicht der kurialen Ämter zulasten der Vorstellungen der Ortskirchen und ihrer Bischöfe“ gebe (31. März).[111] Umgehend hatte Paul Schulmeister – nach der Einschätzung des „Profil“ ein „Aktionist“[112] – Erzbischof Berg gedankt, dass er Sticklers Äußerungen zurückgewiesen habe[113]. Die „Furche“ erging sich in schlimmsten Vermutungen: Die Bischofskonferenz solle „umgedreht“ und „auf Vordermann“ gebracht werden, die „barmherzigkeitsorientierte Pastoral“ einer „leb- und lieblosen Inquisitionsjuristerei“ weichen.[114] Stickler habe es bestätigt, dass Kurt Krenn „Brückenkopf Roms“ in der österreichischen Bischofskonferenz sein soll.[115] In solcher Atmosphäre hatte der Designierte keine Chance, sich verständlich zu machen; es gab in Wirklichkeit keine Gesprächspartner für ihn.

Erzbischof Groër hatte diese Unmöglichkeit des Dialogs, den gerade jene verhinderten, die ihn forderten, frühzeitig erkannt. Er wolle „nicht in die Arena steigen“[116], er könne sich auch nicht selbst verteidigen[117]. Selbstverständlich bereitete auch ihm die Eskalation große Sorge[118]; um dem Ungeist zu begegnen, empfahl er in seiner Privatkorrespondenz eindringlich Gebet und Opfer[119], und bezeichnete die Reaktionen als völlig unnötig und vielfach unrecht[120], die Ausfälligkeiten und unqualifizierten Beschuldigungen überstiegen bisweilen die Grenzen dessen, „was in Ruhe beantwortbar ist“[121]. Der neu ernannte Bischof sei „voll guten Willens, mit allen

dauerhafte Störung des Verhältnisses zwischen Rom und der österreichischen Ortskirche nicht „zulassen“ werde. Vgl. Kathpress, 27. März 1987.

[110] Kathpress, 30. März 1987, 1f.

[111] „Wider die Verengung des geistigen Raumes in der Kirche“, in: Kathpress, 3. April 1987, 9f.

[112] Profil, 30. März 1987, 56.

[113] Die Presse, 2. April 1987, 4.

[114] Furche, 3. April 1987, 2 (Feichtlbauer).

[115] Ebd., 1 (Boberski).

[116] Kathpress, 23. März 1987, 2.

[117] An D.B., 1. April 1987.

[118] An J.K., 3. April 1987.

[119] An L.H., 3. April 1987. – „Helfen Sie durch Ihr Gebet und Opfer Tag und Nacht!“ An P.H., 9. April 1987.

[120] An P.H., 3. April 1987.

[121] An J.Z., 6. April 1987.

seinen Kräften unserer Erzdiözese zu dienen."[122] Klarstellungen über das Medium eines Hirtenbriefes weiterzugeben, schien Groër nicht sinnvoll; Hirtenbriefe werden nicht überall verlesen, „gerade dort nicht, wo es am nötigsten wäre"[123]. Er äußerte zwar einmal, es bliebe ihm nichts anderes übrig, als zwei Priester zu suspendieren, doch hat er dies nicht getan. „Bis jetzt habe ich gegen die Initiatoren der diversen Formen von Kontestation keinerlei kirchenrechtliche Maßnahmen gesetzt. Ich will versuchen, ohne solche auszukommen."[124] Den Priestern legte er ans Herz, dass die Teilnahme am Priestertum Christi auch Teilnahme am Gehorsam Christi bedeute.[125] Als er schon einen Monat zuvor, am 15. März, eine Priesterwallfahrt zum Grab des hl. Klemens Maria Hofbauer angeführt hatte, hatte diese unvorhergesehen demonstrativen Charakter angenommen: Mehr als 300 Mitbrüder waren betend und singend durch die Wiener Innenstadt gezogen.[126] Nun nützte Groër die Osterpredigt am 9. April, um den Blick aller wieder auf das „Himmlische" zu lenken: „In den letzten Wochen hat es im kirchlichen Bereich ein sehr irdisch geprägtes Reden, Schreiben und Tun gegeben." Dabei sei das eigene Ich im Mittelpunkt gestanden. Wir müssten uns eingestehen, „immer noch schlechte Schüler Gottes zu sein." Die Werke der Nächstenliebe könnten auch darin bestehen, „lieber zu schweigen als zu reden, lieber nicht den anderen zu verurteilen, sondern über sich selbst zu urteilen."[127] Und einem Korrespondenten schrieb er: „Gegen Emotionen lassen sich wirksam keine Argumente finden. Aus jahrelang eingehaltenem Kurs, der mit tiefer und auch psychischer Bahnung verbunden war, kann eine einzelne Stellungnahme nicht wirksam Abhilfe vermitteln ... Mit Worten allein ist kaum etwas ausgerichtet."[128]

Weihbischof Moser enthielt sich jeder öffentlichen Stellungnahme; nur im privaten Rahmen zeigte er sich über die Ernennung Krenns erfreut und bezeichnete sie als „Blutauffrischung".

---

[122] An H.P.H., 6. April 1987.

[123] An T.Z.R., 14. April 1987.

[124] An S., 14. April 1987.

[125] Homilie bei der Chrisam-Messe am 13. April. Vgl. Kathpress, 14. April 1987, 2.

[126] Diese Wallfahrt war bereits am 1. Jänner angekündigt worden. Vgl. Wiener Kirchenzeitung, 22. März 1987, 3.

[127] Wiener Kirchenzeitung, 26. April 1987, 3.

[128] An P.S., 31. März 1987.

Anders Weihbischof Kuntner[129], der bereits am 9. März das negative Votum seines Vikariatsrates wohlwollend passieren ließ, ohne sich freilich dabei schon zu exponieren. Davon war oben bereits die Rede. Doch Ende März war bekannt, dass er sich brieflich an den Heiligen Vater gewandt habe[130]. Als er in St. Anton am Arlberg einige Urlaubstage verbrachte, um sich dem Skisport zu widmen, machte er aus seinem Herzen nicht gerade eine Mördergrube und vertraute einem Kaplan aus Holland an, dass bei Bischöfen, Priestern und Laien ein heftiger Unmut darüber herrsche, „was in letzter Zeit hinter unserem Rücken geschieht ..." [131] An der Bischofskonferenz vom 6.–9. April nahm er selbstverständlich teil: „Wir können den Papst nicht binden und sagen, wie er entscheiden muss", hatte es in der abschließenden Pressekonferenz mit Berg und Weber geheißen. Es sei auch keine Veranlassung da, Krenn zu drängen, den Auftrag des Papstes nicht anzunehmen.[132] Dann fuhr Kuntner zu einer Tagung nach Bonn, und anscheinend war ihm Ewald König, der Deutschland-Korrespondent der „Presse", dicht auf den Fersen. Diesem gelang es, den Weihbischof zu einem Interview zu bewegen, das dann am Montag, dem 13. April, veröffentlicht wurde.[133] „Wir werden zwar manche Sachen zur Kenntnis nehmen müssen, aber ich glaube, dass es nicht zum Wesen des Christentums gehört, sich alles gefallen zu lassen." Seine Kritik richte sich nicht gegen die ernannten Personen, sondern gegen den Ernennungsvorgang: „Das ist hintereinander die dritte Ernennung, die ich aus der Zeitung erfahre."[134] Bei Krenn habe kein einziger Bischof etwas davon gewusst! Was nun geschehen sei, könnte sich für die Kirche noch „ganz, ganz bös" auswirken. Wir erfahren zudem, dass der verletzte Weihbischof neuerlich einen Brief an den Papst geschrieben habe, mit der Bitte um eine Privataudienz. Krenn

[129] F. Giglinger, Florian Kuntner. Ein Bischof mit Herz für die Menschen, in: J. Mikrut (Hg.), Faszinierende Gestalten der Kirche Österreichs, Bd. 9, Wien 2003, 111–170. – A. Fenzl, Art. „Kuntner", in: E. Gatz (Hg.), Die Bischöfe der deutschsprachigen Länder 1945–2001, Berlin 2002, 581.

[130] Profil, 30. März 1987, 54. – Dieser Brief trägt das Datum vom 14. März.

[131] Dies publizierte Kaplan Leo Breuren in der holländischen Wochenschrift „De Brug". Mtlg. I. Blümel.

[132] Kathpress, 9. April 1987, 3.

[133] Die Presse, 13. April 1987, 1.4. – Hier die folgenden Angaben.

[134] Er meint die Ernennung Groërs, Kosteleckys und jetzt Krenns.

bestätigte, dass es keine personbezogenen Differenzen mit Kuntner gebe. Dieser habe ihn bei der letzten Bischofskonferenz herzlich begrüßt und ihm das Du-Wort angeboten.[135] Noch kurz vor der Weihe wird Kuntner im Hinblick auf Krenn sagen, dass dieser „für manches, dessen er verdächtigt wird, nichts könne“[136]. Der Weiheliturgie wird er freilich fernbleiben. Kardinal Stickler kannte „kein Ansehen der Person“. Befragt, was er von der Verletztheit des Weihbischofs halte, antwortete er: „Das ist unberechtigt ... Er musste nicht befragt werden, und wenn ich das nicht anerkenne, bin ich gegen den Primat des Papstes.“ Kuntner bewege sich damit – wissentlich oder unwissentlich – außerhalb der Kirche.[137] Dieser wollte darauf nicht mehr replizieren.[138] Die Dechantenkonferenz des Vikariates „Süd“ und der dortige Pastoralrat beeilten sich, die Solidarität mit „ihrem“ Weihbischof zu unterstreichen, denn seine Haltung sei ein Ansporn, „loyale Mitarbeiter des Erzbischofs und treue Söhne der Kirche“ zu sein.[139]

Der Ruf nach demokratischer Mitbestimmung bei der Ernennung neuer Bischöfe war inzwischen zu einem „Dauerton“ geworden[140], der fast in keiner Rede fehlen sollte. Bischof Franz Žak (1917–2004)[141], der nach der Pensionierung Alois Stögers (1904–1999) im Jahre 1986 einen neuen Weihbischof anstrebte, erläuterte seine Vorgangsweise bei der Erstellung des Dreiervorschlages: Er habe das Konsistorium, die Dechantenkonferenz, den Priesterrat und den Pastoralrat befragt und gebeten, ihm persönlich per Brief Namen zu nennen. „Ich habe volles Verständnis dafür, dass das Gottesvolk natürlich daran interessiert ist, wer Bischof wird. Natürlich erwarten sich die Leute dann auch, dass ihre Vorschläge ernst genommen werden.“[142] Er betonte aber ebenso, dass ein Mitspracherecht bei Bischofsernennungen nirgends verankert sei und auch nicht eingefordert werden könne. Die Ernennung Krenns sei nicht eine leichtfertig getroffene

---

[135] Kathpress, 17. April 1987, 1.

[136] Bei einem „Forum Wien-Umgebung“ der ÖVP. Kathpress, 23. April 1987, 1.

[137] Kurier, 25. April 1987, 2. – Vgl. Kathpress, 27. April 1987, 7f.

[138] Kurier, 26. April 1987, 2.

[139] Kathpress, 28. April 1987, 1.

[140] Vgl. Furche, 24. Juli 1987, 11 (M. Lohmann).

[141] Vgl. F. Schragl, Art. Žak, in: E. Gatz (Hg.), Die Bischöfe der deutschsprachigen Länder 1945–2001, Berlin 2002, 536–539.

[142] NÖ Nachrichten. St. Pöltner Zeitung, Nr. 14, 31. März 1987,.22. – Vgl. Kurier, 31. März 1987, 2.

Entscheidung des Papstes, sie erfolgte nicht aus Unkenntnis, „sondern weil er [der Heilige Vater] Professor Krenn und seine Qualifikationen kenne"[143]. Und was seinen Dreiervorschlag angehe, so sei dieser streng geheim; „ich habe mit niemandem darüber gesprochen."[144]

Bischof Egon Kapellari, Klagenfurt, unterstrich seine Solidarität mit dem Papst und teilte mit, dass er Professor Krenn bereits in einem Brief als einen Bruder willkommen geheißen habe, den uns der Heilige Vater geschickt hat.[145]

Johann Weber von Graz, um plakative Aussagen nie verlegen, resümierte die Erörterungen der Bischöfe nach beendeter Konferenz dahingehend, dass sich die Oberhirten „schützend vor unsere ernsthaft besorgten Laien stellen", diese seien ja „keine zerstörerischen Chaoten oder dunkle Kapuzenmänner, die eine Revolte vorbereiteten ..."[146] Der Papst müsse zwar Autorität haben, „diese schließe aber den Dialog nicht aus."[147]

Sein Vorgänger, Altbischof Josef Schoiswohl (1901–1991), hielt von Befragungen seitens des Nuntius nichts; das basiere immer nur „auf Gefälligkeiten". Er dachte an einen diözesanen Senat, zusammengesetzt „aus ernsten Leuten, die ernste Überlegungen machen". Im übrigen sollte man auch mit dem Papst ein Gespräch darüber führen, „welche Gründe ihn veranlasst haben, diese Ernennung [Krenns] gleichsam im Alleingang vorzunehmen"[148].

Und Kardinal König, für den Udo Fischer die schönen Worte gefunden hatte, er schweige, leide und bete[149]?

Das Institut für Pastoraltheologie und Kerygmatik an der Wiener Universität lud zu einem Festakt am 17. März ein; Professor Klostermann (1907–1982) wäre am 21. März 80 Jahre alt geworden[150]. Sein Nachfolger am Lehrstuhl, Univ. Prof. DDr. Paul M. Zulehner, der die Feier im

[143] Wiener Kirchenzeitung, 12. April 1987, XXX.
[144] Kirche bunt, 19. April 1987, 3.
[145] Kathpress, 8. April 1987, 2.
[146] Die Presse, 10. April 1987, 4.
[147] Kathpress, 17. April 1987, 2.
[148] Kathpress, 10. April 1987, 1.
[149] Ja. Zeitschrift für junge Christen, 1987, Nr. 7, 2.
[150] Vgl. R. Zinnhobler, Professor Dr. Ferdinand Klostermann. Ein Leben für die Kirche, in: J. Mikrut (Hg.), Faszinierende Gestalten der Kirche Österreichs, Bd. 7, Wien 2003, 101–144.

Kleinen Festsaal der Alma Mater moderierte, gab in einleitenden Worten auch Einblick in organisatorische Überlegungen. Was sollte beispielsweise beim abschließenden Stehempfang serviert werden – vielleicht „Würstel mit Kren(n)"? Das Publikum dokumentierte durch Gelächter, das es verstanden hatte.[151] Dann hielt Kardinal König, heftig akklamiert, die Festansprache zum Thema „Frau und Kirche" und plädierte für eine Ausweitung des kirchlichen Amtsbegriffs, der nicht auf Priester und Bischöfe eingeschränkt bleiben sollte. Auch der Pastoralassistent oder die Tischmutter beim Erstkommunionunterricht übe ein kirchliches Amt aus. Dem Geist Jesu entsprechend, müssten die Gemeinden zu „herrschaftsfreien Räumen" werden, in denen „alle gleichberechtigt" sind. Schließlich sollten auch jene Frauenorden, in denen die letzte rechtliche Entscheidungskompetenz noch ausschließlich bei Männern liegt, selbständig werden und „speziell ausgebildeten Frauen" auch die geistliche Führungsaufgabe übertragen.[152] – Es darf bezweifelt werden, ob diese Worte in der bereits schwierig gewordenen diözesanen Situation besonders hilfreich waren.

Die Intervention des Kardinals am Samstag, dem 4. April, muss da wesentlich positiver bewertet werden. Ihr ging am 1. April ein Gespräch mit Groër voraus. König gab der Kathpress ein Interview, in dem er feststellte, dass die Kirche nicht einfach demokratisiert werden könne. Priester und Bischöfe seien nicht als Funktionäre zu verstehen. „Katholischer Christ kann man nur in Gemeinschaft mit dem Bischof von Rom als dem Nachfolger des hl. Petrus sein." Auch dort, wo die Entscheidungen des Papstes nicht letztverbindlichen Charakter tragen, muss ihnen eine „selbstverständliche Haltung des Respekts und Vertrauens" entgegengebracht werden. Deshalb: „In dieser schwierigen Situation müssen sich in der Erzdiözese Wien alle mehr denn je um den Ortsbischof, Erzbischof Dr. Groër, scharen." Johannes Paul II. stehe auf dem Boden des Konzils ...[153] In einem TV-Interview am Sonntag, dem 5. April, ergänzte Eminenz, dass die notwendigen Erkundi-

---

[151] In Variation kehrt dies wieder, wenn in Fischers Jugendzeitschrift zu lesen stand: „... man ernannte einen Weihbischof für Wien, der den Kren zu den Würsteln im Ordinariat bringen soll." Ja, 1987, Nr. 7, 11.

[152] Vgl. Kathpress, 17. März 1987, 1. – Wiener Kirchenzeitung, 29. März 1987, 8. – Die Presse, 18. März 1987, 11.

[153] Kathpress, 6. April 1987, 1f. – Wiener Kirchenzeitung, 12. April 1987, 12. – Die Presse, 6. April 1987, 5.

gungen über Bischofskandidaten und deren Eignung „nicht in der Öffentlichkeit" vollzogen werden können, weil sonst nur Streit entstehe.[154]

Wer wollte dem widersprechen? Die weitere Entwicklung der Dinge wird zeigen, dass diese weisen Worte keinerlei feststellbare Wirkung zeitigten. Auch als Erzbischof Berg in der Predigt der Chrisammesse deutlich machte, in den Dingen der gewünschten Mitsprache müsse man auf die Weltkirche Rücksicht nehmen, der Papst sei sicher bemüht, den Diözesen gute Bischöfe zu geben, die Befragungen durch den Nuntius erfolge „streng vertraulich und dies aus einsichtigen Gründen"[155], so haben diese Ausführungen die Gemüter nicht abkühlen können.

Dazu hat ein Umstand wesentlich beigetragen, der große Bedeutung erlangen sollte, nämlich die Gründung eines Forums „Kirche ist Gemeinschaft". War das „Katholische Laienkomitee in der Erzdiözese Wien", von dem wir am 30. März 1987 hören, eine Totgeburt gewesen[156], so war das am 2. April ins Leben getretene Forum ein lebenskräftiges Gebilde aus zahlreichen Gruppen und Persönlichkeiten, die in Dr. Karl Vogler[157] den Kristallisationskern für ihre Agitation gefunden hatten[158]. Schon begann sich die Einsicht durchzusetzen, dass ungeachtet des Meinungsdruckes in der Öffentlichkeit weder der Papst die Ernennung Krenns zurückziehen[159] noch dieser selbst auf Amt und Weihe verzichten werde[160]. Das war ja das Anliegen der 17 Dechanten gewesen, die freilich erkennen mussten, dass Krenn diesem medialen Trommelfeuer standhielt. Es begann sich diesbezüglich Resignation auszubreiten. „Da kann man wohl nichts mehr *machen*", sagte auch Bischof Schoiswohl[161], und auch der Furche-Journalist

[154] Kathpress, 6. April 1987, 2.

[155] Kathpress, 16. April 1987, 3.

[156] Das Komitee richtete am 27. März einen offenen Brief an den Nuntius und verlangte Antwort, „damit die aufgerissenen Wunden rasch heilen können." In: Kathpress, 30. März 1987, 5.

[157] Früher Präsident des Hauptverbandes der katholischen Elternvereine Österreichs und gewesener Direktor der Tullner Zuckerfabrik.

[158] Als Zentrum mit Postanschrift fungierte das Pfarrhaus von „Namen Jesu" in Wien 12, Schedifkaplatz 3. Vgl. Kathpress, 3. April 1987, 5f.

[159] „Es ist doch keine Schande für einen Papst, öffentlich eine Fehlentscheidung, die er aus sicher guter Absicht getroffen hat, zu korrigieren..." J.K., 24. März 1987.

[160] Erstmalige Aufforderung zur Nichtannahme in einem Privatbrief vom 10. März 1987 nachweisbar.

[161] Kathpress, 10. April 1987, 1.

Feichtlbauer hatte erkannt, dass man Krenn nicht mit dem Argument bekämpfen könne, er sei kein Wiener; das wäre „provinziell“[162]. Da war es das „Forum“, das nun den Vorschlag eines Moratoriums ins Spiel brachte: Die Bischofsweihe sollte ausgesetzt werden, um im Dialog eine „Einigung“ anzustreben.[163] Die Bischofskonferenz hat sich diesen Gedanken freilich nicht zu eigen gemacht.

Am 13. April war Nuntius Cecchini eingeladen, die Monatswallfahrt in Maria Roggendorf zu leiten. In seiner Predigt mahnte er die Treue der Katholiken zum Heiligen Vater ein; jeder einzelne müsse sich dafür einsetzen. „Nur der kann sich Katholik nennen, der treu zum Heiligen Vater steht.“ Der Gehorsam müsse schneller, die Annahme päpstlicher Weisungen überzeugter erfolgen. Von der Treue zum Papst hänge das Fortbestehen der katholischen Kirche ab.[164] Der „Resolutionskatholizismus“[165] hatte Konjunktur: Das Präsidium der Katholischen Aktion Österreichs antwortete umgehend mit einer Stellungnahme, in der die „Vermutungen“ des Nuntius als „ungerecht und abenteuerlich“ zurückgewiesen werden.[166] Vogler als Sprecher des „Forums“ fand die Formulierungen des Nuntius als „im Stil des Mittelalters“ gehalten und für österreichische Katholiken „unverständlich“.[167] Da nun auch das „Moratorium“ keine Chance auf Realisierung hatte, wandte sich das Forum mit zwei andersgearteten Vorschlägen an den Erzbischof, der es zulassen solle, dass „Kirche ist Gemeinschaft“ bei der Weiheliturgie eine Erklärung verlese, die „letzten Endes versöhnlich“ sei. Außerdem verlangte man die Einberufung einer Diözesansynode. Dies alles aus „Betroffenheit und Sorge“, nicht aus Protest.[168] Bei den Unterschriftenaktionen, die das Forum am Passions- und am Palmsonntag durchführte, waren die Formulierungen freilich nicht so versöhnlich. Da wurde nicht nur das Moratorium gefordert, sondern

---

162 Furche, 10. April 1987, 2.

163 In diesem Sinn ergingen Schreiben an den Papst, den Nuntius, an den Erzbischof und an Krenn selbst. Vgl. Kathpress, 3. April 1987, 5f.

164 Kronenzeitung, 14. April 1987, 2. – Voller Wortlaut dieser Predigt: IDU. Informationsdienst der Unbefleckten Gottesmutter Maria, 16. April 1987, 8f, 5.

165 Das scheint eine Wortschöpfung Paul Schulmeisters zu sein. Vgl. Kathpress, 31. März 1987, 4.

166 Kathpress, 14. April 1987, 1.

167 Forum „Kirche ist Gemeinschaft“, Pressemappe, 22. April 1987.

168 Kathpress, 22. April 1987, 1f.

dem „Vatikan" vorgeworfen, er hätte allein gehandelt, „in ähnlicher Weise wie bei Diktaturen." 9.108 Unterschriften kamen zusammen und wurden am 21. April notariell hinterlegt, die Akte in Kopie am 23. d.M. dem Erzbischof übermittelt.[169]

Bei einer Pressekonferenz am 22. April wurden nicht nur die unmittelbar bevorstehenden Aktionen präsentiert; Dr. Paul Wess, Pfarrer in Wien 2, Machstraße, traf dabei auch interessante Feststellungen: Die Berufung Krenns sei juridisch nicht anfechtbar, es mache auch nichts aus, dass dieser kein Wiener sei, man habe auch keine Bedenken gegen dessen Person. Alle Einwände richteten sich gegen die vermutete „Kurskorrektur". Krenn und Stickler betrachteten gewisse Moralfragen so, als wären sie Dogmen; der designierte Weihbischof habe bisher nirgends von den „legitimen Freiräumen des christlichen Gewissens" gesprochen.[170]

Doch bevor sich unsere Erzählung den Ereignissen auf dem Wiener Heldenplatz zuwendet, soll ein berührender Wortgottesdienst in der Linzer Ursulinenkirche nicht unerwähnt bleiben, denn unter dem Motto: „Unsere Kirche ist uns zu wichtig, um tatenlos zuzusehen" war vor allem die jüngere Generation zu einem „Politischen Nachtgebet" eingeladen. Im Presbyterium war eine „Klagemauer" installiert, und viele Teilnehmer hefteten an sie einen Zettel, auf dem ihre Befürchtungen festgehalten waren, etwa: „Dass die Kirche wieder ins Mittelalter zurückgeht ...", oder: „Dass das Bischofsamt zu Spaltung und Trennung führt ..." Schließlich wurde ein Brief an den Papst zur Unterschrift vorgelegt, in dem der Heilige Vater aufgefordert wurde, die Ortskirche wieder ernst zu nehmen.[171]

Beim sogenannten Katholikentagskreuz auf dem Wiener Heldenplatz, das zur Erinnerung an den Papstbesuch des Jahres 1983 gesetzt worden war, hatten sich etwa 2.000 Menschen zum angekündigten Wortgottesdienst unter der Leitung von Dechant Ernst Schlaffer versammelt.[172] Das sei kein Protest, keine Demonstration; alles geschehe aus Sorge um die Ein-

---

[169] Die einzelnen Resolutionstexte hatten nicht denselben Wortlaut, waren aber im Tenor identisch. Notar Dr. Richard Rea, Wien 1., Zl.161/1987. – Kathpress, 24. April 1987, 2. – Stickler bezeichnete auch diese Unterschriftensammlung umgehend als „Rebellion". Vgl. Kathpress, 27. April 1987, 7f.

[170] Kathpress, 22. April 1987, 2.

[171] Kirchenzeitung Linz, 30. April 1987, 5.

[172] Kathpress, 27. April 1987, 4–6. Hier auch die folgenden Angaben.

heit der Kirche, betonte Dr. Wess in seiner Ansprache, denn „Einmütigkeit und Identität müssen gewahrt bleiben." Schlaffer präzisierte dies dahingehend, dass die Teilnehmer am anschließenden Schweigemarsch genauso Kirche seien wie der Papst und die Bischöfe. Noch deutlicher der Pfarrer von Schwechat, Dr. Helmut Blasche: „Wir rebellieren nicht gegen die Kirche ..., [aber] wir sind nicht gewillt, uns alles gefallen zu lassen, denn wir sind nicht irgendwer, sondern Söhne und Töchter Gottes [heftiger Applaus]. Wir werden uns die Freiheit, zu der uns Christus befreit hat, nicht mehr nehmen lassen." Aus den Fürbitten: „Für unsere Kirche, dass sie sich nicht festklammert an dem, was überholt und vergangen ist ..." Oder: „Für alle, die in der Kirche ein Amt innehaben, dass sie nicht Herren unseres Glaubens, sondern Mitarbeiter unserer Freude seien, dass sie ihre Aufgabe weise erfüllen, in der Art der Liebe und des Erbarmens, wie sie in Christus sichtbar wurde ..."

Etwa 2.500 Menschen marschierten dann schweigend zum Stephansplatz.[173] Die mitgeführten Transparente sprachen freilich umso deutlicher: „Einheit durch Liebe und nicht durch Befehle"; „Es geht auch anders"; „Kritik aus Sorge um die Kirche"; „Wir sind mündig, nehmt uns ernst"; „Das Gesetz ist für den Menschen, nicht der Mensch für das Gesetz"; „Liebe statt Hiebe", „Katholisch, hierarchisch?"; „Mitverantworten, mitentscheiden"; „Wo bleibt der Geist des II. Vatikanums?"

Am Stephansplatz, an dem ein Kerzenkreuz gelegt und entzündet wurde, waren an die 4.000 Menschen zusammengekommen. Noch jemand kam hinzu. An diesem Freitag übersiedelte Krenn, aus Oberösterreich kommend und in Begleitung seines Schwagers, in seine künftige Wohnung in der Wollzeile 2. Die Demonstration war noch im Gange. „Das schauen wir uns an!" So kam es, dass der zukünftige Weihbischof mitten unter den Zuschauern am Stephansplatz stand – und niemand erkannte ihn.

Am Samstag, dem 25. April, war Feichtlbauer „Im Journal zu Gast", und wir hören nun via ORF, was uns aus der Kirchengeschichte bekannt ist, von der „Freiheit eines Christenmenschen"[174], die nun durch einen

---

[173] Auch der Schweigemarsch sei ein Protest, sagte Stickler, wenn auch ein stiller. Vgl. Kathpress, 27. April 1987, 8.

[174] Im November 1520 veröffentlichte Martin Luther seine Schrift diesen Titels.

„weltweit sichtbar werdenden Trend vatikanischer Stellen“ in Gefahr sei, wieder eingeschränkt zu werden.[175]

Inzwischen wurden die letzten Vorbereitungen für den Weihegottesdienst am Sonntag, dem 26. April, getroffen. Das Forum war bemüht, sich ja nicht zu kompromittieren[176], und schon lange zuvor hatte Anton Berger, einer der kontestierenden 17 Dechanten und seit Oktober 1986 auch Sekretär und Zeremoniär Kardinal Königs[177], erklärt, die Liturgie dürfe auf keinen Fall gestört werden.[178] Dennoch verdichteten sich Gerüchte, es werde einen „Menschenteppich“ geben[179], der vielleicht sogar vom Domeingang bis zum Altar reichen könnte. Auch war von einem schwarzen Band rund um den Dom die Rede.[180] Vorsorglich wurden 150 Sicherheitsbeamte bereitgestellt.

Es gab diesen Menschenteppich. Vor jedem Seitenportal des Domes warteten etwa 40 Menschen, vor allem Jugendliche, um sich vor Krenn bei seinem Kommen auf den Boden zu werfen. Manche von ihnen wird Krenn in Chur wiedersehen.[181] Selbstverständlich war ein TV-Kamerateam sofort zur Stelle, um die Szene zu filmen. Sie wird dann immer wieder gezeigt werden. Vereinzelt gab es selbstgebastelte Plakate bzw. Transparente: „Rom tut, als wären wir Heiden“; „Jesus: Mensch steh auf. – Rom: Knie nieder, du Sünder“; „Ein christlicher Gemüsegarten ist mir lieber als eine Krenn-Plantage“; „Fürchtet euch nicht. Die Kirche brennt.“[182] Viele Katholiken waren aus Oberösterreich gekommen, um ihre Gemeinschaft mit dem neuen Weihbischof zu bekunden.

---

[175] Kathpress, 27. April 1987, 8.

[176] Bei der Weihe selbst werde es kein Zeichen des Widerspruchs geben. Wenn es dennoch zu solchen Initiativen kommen sollte, so habe das Forum nichts damit zu tun. Vgl. Pressekonferenz am 22. April, in: Kathpress, 22. April 1987, 1.

[177] WDBl 1986, 111.

[178] Wenn auch die Kirche von Wien mündig geworden sei, so habe dennoch niemand das Recht, die Bischofsweihe zu stören (Sonntagspredigt im Dom, 5. April): vgl. Kathpress, 6. April 1987, 4.

[179] Dies taucht erstmals in einem Privatbrief auf. „Viele haben gar keine Ahnung von der Glaubenslehre und kennen Bischof Krenn gar nicht.“ L.P., 5. April 1987.

[180] Vgl. Kurier, 26. April 1987, 2.

[181] Am 22. Mai 1988 kam es bei der Bischofsweihe von Wolfgang Haas auf dem Domplatz zu ähnlichen Aktionen. Krenn: „Dich kenn’ ich ja ...!“

[182] Kathpress, 27. April 1987, 3f. – Kurier, 27. April 1987, 1f.

Die Tageszeitungen kommentierten die Proteste „draußen" zurückhaltend, sie hätten sich in Grenzen gehalten, ausgenommen ein kurzes Handgemenge vor dem Südportal[183]. Den Journalisten war selbstverständlich die „schüttere Präsenz" der Österreichischen Bischofskonferenz aufgefallen: Es fehlten die Weihbischöfe Kuntner und Krätzl. Bischof Weber feierte am selben Tag seinen 60. Geburtstag, aus welchem Anlass der Vorsitzende der Konferenz, Erzbischof Berg, die Predigt hielt. Landeshauptmann Josef Krainer steuerte kräftige Worte zu diesem Festtag bei.[184] Dafür waren relativ viele Bischöfe aus Bayern gekommen, die sehen wollten, was denn da eigentlich in Wien vor sich gehe.[185] Unter den Ehrengästen sah man unter anderem eine andere Zielscheibe politischen und medialen Vernichtungswillens, Bundespräsident Dr. Kurt Waldheim. Mitkonsekratoren waren Bischof Maximilian Aichern von Linz als Heimatbischof und Erzbischof Marian Jaworski[186] aus Lemberg, ein langjähriger Freund des zu Weihenden.

In seiner Predigt schöpfte Erzbischof Groër aus dem Evangelium vom Weißen Sonntag und verwies auf die Notwendigkeit zu glauben. Man müsse an Jesus glauben, denn er selbst ist auch das Geheimnis der Kirche, die alle Arten soziologischer Gebilde weit überrage. Im Schauen auf die Wundmale des Herrn und in der Kraft Gottes hatte Thomas zum Glauben zurückgefunden. Es werde die Aufgabe des zu weihenden neuen Bischofs sein, „auf Ihn zu schauen und auf die Wunden des geheimnisvoll fortlebenden Christus, das sind die Wunden, die Christus auch in seiner Kirche trägt." Die Bitte um Geduld verband Groër mit der Einladung, auf den Märtyrer Stephanus am Hochaltarbild zu blicken. „Wir dürfen nicht

---

[183] Vgl. Die Presse, 27. April 1987, 1.14

[184] Er dankte Berg, „dass er in mannhafter Christlichkeit jenen selbsternannten Nuntien deutlich gemacht habe, was wir von unserem großen Kardinal König halten." In der Ära König sei unverzichtbare österreichische Geschichte, Kirchengeschichte und in vielem auch Weltgeschichte geschrieben worden (stürmischer Applaus). Vgl. Kathpress, 27. April 1987, 6f.

[185] Wir nennen die Bischöfe Stimpfle (Augsburg), Braun (Eichstätt), Graber und Guggenberger (Regensburg) und Hofmann (Passau). – „In Regensburg hat man kein Verständnis für die Aufregung in Wien", sagte Groër schon zu Beginn des Monats. Vgl. NÖ Nachrichten, St. Pöltner Zeitung, 7. April 1987, 2. – „Gar viele Priester unseres Bistums freuen sich ... Wir schätzen ihn sehr und wissen, weshalb unser Heiliger Vater ihn bestellt hat" (Weihbischof Karl Flügel).

[186] Geboren 21. Aug. 1926, Bischofsweihe 23. Juni 1984, zum Kardinal erwählt „in pectore" am 21. Feb. 1998, publiziert am 21. Feb. 2001.

Steine werfen, wir dürfen einander nicht Leid zufügen durch unsere Ungeduld, durch unser Besserwissen ..."

Dann löste der Erzbischof sein Wort ein, auf die Anliegen des Forums einzugehen. Er anerkannte alle Gebete um Einheit in der Kirche. „Ich habe durch viele Bischöfe prüfen lassen", sagte er im Hinblick auf den Ernennungsvorgang, „ob da etwas nicht recht war; und es war recht!" Er schloss mit dem eindringlichen Appell zur Vergebung, denn es sei „manche schwere Kränkung" geschehen, und mit der Bitte, neben Thomas niederzuknien und die Worte zu sprechen: „Mein Herr und mein Gott!"

Vor der eigentlichen Weihehandlung verließen etwa hundert Personen, die sich den Mund zugeklebt hatten, demonstrativ den Dom.[187] Dieter Kindermann, Berichterstatter der Kronenzeitung, hatte beobachtet, wie Krenn während der Weihe einige Tränen über das Gesicht liefen.[188]

In seiner Dankansprache erläuterte dann Krenn seinen Wahlspruch: *Misericordia Christi Pax Nostra – Die Barmherzigkeit Christi ist unser Friede.* Dieser Friede kenne nicht Sieger und Besiegte; er kenne nur Brüder und Schwestern in Christus. „Gott möchte ich aus ganzem Herzen lieben, um den Nächsten lieben zu können. Christus möchte ich folgen, um Menschen und immer wieder Menschen für seine Kirche zu gewinnen ... Die Gottesmutter trage all mein Tun und Mühen; ihre mütterliche Gnadenfülle stehe überall dort ein, wo ich bei allem guten Willen armselig und fehlbar bin ... Totus tuus, ganz der Deine, sage ich zu meinem verehrten und geliebten Erzbischof. Ihm will ich ein treuer und brüderlicher Mitarbeiter in der Erzdiözese Wien sein."[189]

Nach der Liturgie sagte Groër zu einem Studenten: „Viel habt's heut' applaudiert. Fast war's wie in einem Theater!"[190]

---

[187] Kathpress, 27. April 1987, 3f. – Kurier, 27. April 1987, 1f. – Dieses Phänomen kehrte in Chur am 22. Mai 1988 in Variation wieder: Jugendliche Demonstranten trugen schwarze Mundbinden. Krenn, der nach der Liturgie mit ihnen diskutierte, erbat sich ein solches Mundtuch als Souvenir, und er erhielt es auch.

[188] Kronen-Zeitung, 27. April 1987, 3.

[189] Wiener Kirchenzeitung, 10. Mai 1987, 11. – Vgl. K. Krenn, Worte auf dem Weg. Gedanken eines Hirten der Kirche, hg. von W. Schmid, St. Pölten $^{2}$1999, 10.

[190] Wiener Kirchenzeitung, 17. Mai 1987, 10.

So war also Krenn zum Bischof geweiht und zum Vikar für die Bereiche Wissenschaft, Kunst und Kultur ernannt worden[191]. Die Protestbewegung hatte ihr unmittelbares Ziel, diese Weihe zu verhindern, nicht erreichen können, war jedoch weit davon entfernt, zu resignieren oder ihren Kampf verloren zu geben. „So etwas" durfte sich nicht nochmals ereignen! Es galt, den Papst, den Nuntius, den Ortsbischof in Fesseln zu legen und deren Entscheidungsfreiheit einzuschränken. In Feldkirch, in St. Pölten und in Eisenstadt, vielleicht auch in Wien selbst, war ja in nicht ferner Zukunft mit Bischofsernennungen zu rechnen. Überdies war schon früh der erschreckende Gedanke aufgetaucht, Krenn könnte einmal zur Nachfolge eines der jetzt regierenden Bischöfe ausersehen sein. „Kurt Krenn gilt schon jetzt als Nachfolger von Berg oder Groër."[192] Das war auch die Sorge des Pfarrgemeinderates von Wien-Hetzendorf gewesen.[193] Und als Kardinal Stickler darauf angesprochen wurde, manche sähen in Krenn den Nachfolger Groërs, antwortete er: „Die das befürchten, werden schon Grund dazu haben."[194] So war es also naheliegend, „Rom" zu signalisieren, dass bei Bischofsernennungen der unerwünschten Art mit noch größerem Meinungsdruck in der Öffentlichkeit gerechnet werden müsse. Folgende Beobachtung scheint diese Einschätzung zu stützen: Als 1991 wieder ein Weihbischof für Wien ernannt wurde, war die Reaktion eine ganz andere als bei Krenn. Auch Dr. Christoph Schönborn OP war ein „Fremder", in Wien so gut wie unbekannt, auch wurden die Gremien seinethalben nicht befragt. Wieder also wurde das Diözesanvolk „übergangen". Dennoch herrschte vollkommene Ruhe. Kein Muckser war zu hören. Der potentielle Nachfolger war von Anfang an als solcher akzeptiert.

Nun aber, am 27. April 1987, am Tag nach der Bischofsweihe Krenns, wurde das Forum „Kirche ist Gemeinschaft" neuerlich bei Erzbischof Groër vorstellig und deponierte schriftlich seine Bitte um Einberufung einer Diözesansynode – „zur Aufarbeitung, Bereinigung und Lösung der ‚offenen Krise' in der Kirche von Wien". An Themenvorschlägen fehlte es

---

[191] Wiener Diözesanblatt 1987, 39.

[192] Kronenzeitung, 17. März 1987, 2.

[193] Die Ernennung Krenns habe nur den Sinn, diesen „in eine günstige Ausgangsposition für die Zukunft zu bringen". Resolution, ddo. 20. März 1987.

[194] Kathpress, 26. März 1987, 1.

nicht: die pastorale Linie der Kirche von Wien, die Voraussetzungen für eine weitere gute Zusammenarbeit, „theologische Fragen" (Gewissensfreiheit, Verhältnis Papst-Konzil) und natürlich: „Vorschläge für die Einbeziehung der Ortskirche bei künftigen Bischofsernennungen". Das Forum sah sich dabei in der Rolle eines Brückenbauers.[195] Kaum war der Priesterrat am 2. Juni 1987 konstituiert, machte er sich das Anliegen des Forums zu eigen und stellte an den Erzbischof den Antrag, „die Durchführung einer Diözesanversammlung zu prüfen"[196].

Inzwischen hatte Weihbischof Kuntner am 7. Mai die von ihm erbetene Privataudienz bei Johannes Paul II. erhalten.[197] Über dieses Gespräch mit dem Heiligen Vater verfasste er einen Kurzbericht im Umfang von 2½ Seiten, der bereits am 8. Mai an Erzbischof Berg abging (und durch diesen an die übrigen Mitglieder des Episkopates weitergeleitet wurde). Es schien dem Weihbischof wichtig, dem Heiligen Vater zu versichern, dass es in Wien keine Spaltung gebe und dass auch an der Rechtgläubigkeit und Kirchlichkeit jener, die sich kritisch geäußert hätten, nicht der geringste Zweifel bestehen könne. Er sei von der vollen Loyalität der Wiener Dechanten überzeugt.[198] Aber viele fühlten sich eben „überfahren", und der Papst habe ja selbst von der Wichtigkeit des Dialogs gesprochen. Kuntner ließ sich das Vertrauen des Papstes ausdrücklich bestätigen und bat, außer den Bischöfen keine anderen Informanten über die Kirche in Österreich zuzulassen. „Untersucht, was da gewesen ist!", sagte Johannes Paul II., und im übrigen werde der Ad-limina-Besuch der österreichischen Bischöfe ja noch in diesem Frühjahr erfolgen.[199]

Kuntner war nach seiner Rückkehr gelöst und aufgeräumt: „So etwas wünsche ich mir in der Kirche: Dass man miteinander über Schwierigkeiten redet und dass wir nicht in einer Kirche leben, in der Stille ist und in der dann plötzlich etwas geschieht, was man überhaupt nicht erwartet hatte."[200]

---

[195] Den Inhalt dieses an Groër gerichteten Briefes konnte man in der Kathpress, 28. April 1987, 2, detailliert erfahren. Vgl. Kathpress, 7. Mai 1987, 2f.

[196] Eine solche Diözesanversammlung, die im Kirchenrecht keine Grundlage hat, war seit einigen Monaten in Linz im Gange.

[197] Bericht darüber in der Kathpress, 8. Mai 1987, 1.

[198] Kathpress, 12. Mai 1987, 2f.

[199] Wiener Kirchenzeitung, 17. Mai 1987, 7.

[200] Kathpress, 12. Mai 1987, 2f.

In privatem Rahmen erläuterte Kuntner freilich, dass er dann, wenn er in Gesprächen nicht gehört werde, eben in die Öffentlichkeit gehe.

Das Forum fühlte sich ermutigt und dankte dem Papst brieflich, „dass Sie unseren Weihbischof Florian Kuntner zu einer längeren Aussprache empfangen haben. Wir wissen, dass er unsere Sorgen und Anliegen vorgebracht hat." Die Einmütigkeit in der Kirche komme ja „durch das Gespräch und die offene Auseinandersetzung" zustande. „Dieses Gespräch mit Ihnen suchen auch wir ..." Bei weiteren Maßnahmen, „besonders bei Bischofsernennungen", sollten alle Betroffenen in die Entscheidung eingebunden werden.[201] In der Sendung „Im Brennpunkt" am 16. Mai bot der ORF die Bühne, um über die „Lage der Kirche" das Entsprechende zu artikulieren.

Auch die Pastoralkommission Österreichs, ein Beratungsorgan der Bischofskonferenz, hielt die Zeit dafür gekommen, den Bischöfen, die ja bald zum Ad-limina-Besuch in die Ewige Stadt reisen würden, zu sagen, was viele österreichische Katholiken zur Vermeidung von Konflikten wünschten. Ein wichtiger Beitrag wäre da „die ausdrückliche Zusicherung Roms, bei der Ernennung von Diözesan- wie Weihbischöfen die Wünsche der Ortskirchen in höherem Maße zu berücksichtigen und in Zukunft keine Bischöfe mehr gegen den Willen einer Ortskirche zu ernennen."[202]

Wenn Kuntner versucht hatte, den Papst auf ein Informationsmonopol seitens der österreichischen Bischöfe festzulegen[203], so war dies auch das Anliegen des Forums. Die objektive Information des Vatikans müsse sichergestellt werden.[204] Auch Erzbischof Berg wird beim Ad-limina-Besuch Informationsmängel und Missverständnisse beklagen, die zu Spannungen geführt hätten.[205] Dies war ebenso die Ansicht von Bischof Žak.[206] Für Eduard Ploier (1930–1998) kam der Nuntius schon deshalb nicht für

[201] Datiert 15. Mai 1987. Von der Kathpress veröffentlicht am 12. Juni 1987, 7, drei Tage vor Beginn des Ad-limina-Besuches.

[202] An Groër, ddo. 27. Mai 1987, gez. Schwarzenberger.

[203] „Das Gespräch über entscheidende Ereignisse in der österreichischen Kirche soll *ausschließlich* [Hervorhebung im Original] über die österreichischen Bischöfe (über den Vorsitzenden der österreichischen Bischofskonferenz) geführt werden ..."

[204] Kurier, 22. Mai 1987, 5 (Vogler).

[205] Grußadresse am 19. Juni 1987. Osservatore Romano dt., 26. Juni 1987, 10.

[206] Kirche bunt, 28. Juni 1987, 3.

zuverlässiges Informieren in Betracht, weil man es von ihm schon kraft seiner Stellung nicht erwarten könne, ein Anwalt der Ortskirche zu sein. Der Augenblick schien günstig, „so etwas wie eine Vertretung der Ortskirche in Rom" neu zu überdenken, schließlich war dies schon vor Jahren ein Vorschlag gewesen. Und wer wäre besser geeignet, diese Vertretung wahrzunehmen, wenn nicht Prälat Dr. Johannes Nedbal, der Rektor des Anima-Kollegs, der freilich mit einem Mandat der österreichischen Bischöfe ausgestattet werden müsste. So könnte der systematischen Diskreditierung der österreichischen Kirche durch gewisse kirchliche und politische Kreise wirksam begegnet werden.[207]

Der Chronist darf – um Weihbischof Krenn nicht ganz aus den Augen zu verlieren – hier einfügen, dass dieser zu Christi Himmelfahrt (28. Mai) seine erste Radio-Ansprache hielt[208] und am 30. Mai das erste Mal das Sakrament der Priesterweihe spendete[209]. In den Tagen vom 9.–11. Juni begleitete er den Papst auf dessen dritter Polenreise als persönlicher Vertreter Erzbischof Groërs[210] und hielt am 13. d.M. die Wallfahrtsgottesdienste in Maria Roggendorf: „Es gibt keine Treue mit gelegentlicher Untreue ..."[211]

Am 15. Juni waren die österreichischen Bischöfe bereits in Rom und wurden an diesem und am folgenden Tag vom Heiligen Vater in Privataudienz empfangen – Groër am 16., um 11.20 Uhr, gemeinsam mit seinen Weihbischöfen Krätzl, Kuntner, Moser und Krenn. Am 17. Juni feierte der österreichische Episkopat die hl. Messe gemeinsam mit Johannes Paul II. in dessen Privatkapelle. Den Höhepunkt und Abschluss des Besuches aber bildete die Ansprache des Papstes am 19. Juni.[212]

Der Papst gedachte dabei seines ersten Pastoralbesuches in Österreich im Jahr 1983, dankte Kardinal König für dessen langjährige Dienste[213]

---

[207] Kathpress, 6. Mai 1987, 1f., 7–9.

[208] Kathpress, 29. Mai 1987, 4.

[209] An den Kalasantinerpater Achim Bayer, in: Kathpress, 1. Juni 1987, 4. – Die Predigtworte: „Die Krise der Kirche ist eine Krise der Priester", trugen Krenn dann eine vergiftete Anfrage im Priesterrat ein. Vgl. Wiener Kirchenzeitung, 7. Juni 1987, 5. – Vgl. J. Ratzinger, Zur Lage des Glaubens, München – Zürich – Wien 1985, 55.

[210] Kathpress, 9. Juni 1987, 2.

[211] Kathpress, 15. Juni 1987, 7.

[212] Diese ist abgedruckt: WDBl 1987, 65–68; Osservatore Romano dt., 26. Juni 1987, 9f.

[213] König war am 5. Juni in Privataudienz vom Papst empfangen worden: vgl. Kathpress, 10. Juni 1987, 4.

und begrüßte insbesondere die „neuen" Bischöfe. Für Groër erbat er im Hinblick auf seinen verantwortungsvollen Dienst, den dieser „mit großer seelsorglicher Hingabe" aufgenommen habe, Gottes besonderen Beistand und Segen. Er verwies sodann auf die Bestimmung des II. Vatikanums, dass alle Bischöfe die Glaubenseinheit und die der ganzen Kirche gemeinsame Disziplin fördern und schützen müssten (LG 23). Die Einmütigkeit als Voraussetzung der Glaubwürdigkeit versteht sich „vom Ganzen her" und „auf das Ganze hin".

Dann kam der Papst auf jene Schwierigkeiten und Konflikte zu sprechen, die sich „in letzter Zeit in der Kirche von Österreich im Zusammenhang mit einigen Bischofsernennungen" ergeben hätten. Er bat, die tieferen Ursachen dieser Konflikte zu ergründen und „geistliche Kraft" zu ihrer Überwindung einzusetzen. „Ihr dürft keinen Zweifel an dem Recht des Papstes zur freien Ernennung der Bischöfe aufkommen lassen." Die Kirche habe für diese Freiheit in der Geschichte lange gekämpft und um sie gerungen. „Die klar bekundete Einmütigkeit aller Bischöfe mit dem Heiligen Stuhl in dieser Frage wird der sicherste Weg sein, um die Polarisierungen zu überwinden ..." Die Bischöfe hätten übrigens selbst sich vorgenommen, „mögliche Mängel oder gar Fehlentwicklungen" zu erörtern. Es sei ihre Pflicht, „in Gemeinschaft mit dem Nachfolger Petri" die Lehren des Konzils authentisch zu interpretieren und Missverständnisse sowie falsche Schlussfolgerungen abzuwehren.

Der Papst verwies sodann auf das Apostolische Schreiben „Familiaris consortio" und auf die Enzyklika „Humanae vitae". „An der Gültigkeit der dort dargetellten sittlichen Ordnung darf kein Zweifel gelassen werden."[214] Und er fuhr fort: „Wenn im ersten Augenblick der Veröffentlichung der Enzyklika noch eine gewisse Ratlosigkeit verständlich war, die sich auch in manchen bischöflichen Erklärungen niedergeschlagen hat, so hat der Fortgang der Entwicklung die prophetische Kühnheit der aus der Weisheit des Glaubens geschöpften Weisung Pauls VI. immer eindringlicher bestätigt."

---

[214] Kurz zuvor, am 5. Juni, hatte der Papst erklärt, die Lehre über die Empfängnisverhütung sei „nicht frei diskutierbar" (Kathpress, 9. Juni 1987, 4), während man von der Wiener Theologischen Fakultät gehört hatte, man müsse die Diskussion „offen halten" (Kathpress, 22. Mai 1987, 1).

Nicht weniger deutlich waren die Worte des Heiligen Vaters über den Sakramentenempfang der wiederverheirateten Geschiedenen und über „die fast erschreckend große Verantwortung aller, die an der Bildung und Ausbildung der Priesteramtskandidaten beteiligt sind." Und im Schlussteil dieser Ansprache hörten die Bischöfe, was in ihrem Auftrag enthalten sei: Sie müssten den Mut haben, „öffentlichem Meinungsdruck zu widerstehen und ihm, auch zum Wohl der Gesellschaft, das Maß des Glaubens entgegen zu stellen." Der Papst schloss mit den Worten: „Auf dein Wort hin wollen wir erneut das Netz auswerfen zu einer mutigen und geduldigen Evangelisierung Österreichs und ganz Europas."

Der Ad-limina-Besuch endete also am 19. Juni, und noch am selben Tag gaben Berg und Weber in der „Anima" in Rom eine Pressekonferenz, in der sie zu glätten versuchten. Sie hoben die brüderliche und offene Atmosphäre hervor, in der die Gespräche geführt worden seien.[215] „Wir fühlen uns nicht gerüffelt", sagte Weber; es gebe auch keinen „Fall Österreich" (Berg).[216] Der Papst wollte die österreichischen Bischöfe sicher nicht disziplinieren oder zurechtweisen. Da sei keine Spaltung unter den Bischöfen, keine Kluft zum Heiligen Vater. Eine gewisse Mitsprache der Ortskirche bei den Bischofsernennungen sei ja auch durch die vertraulichen Umfragen des Nuntius gegeben.[217] Über die Worte des Papstes werde man sicher noch viel nachdenken und in der Bischofskonferenz beraten müssen.[218]

Bei dieser Pressekonferenz, so erinnerte sich Weber später, da haben wir „schon sehr gekünstelt. Da ist es uns extrem schlecht gegangen."[219]

Die Bischöfe Österreichs verhielten sich „hundertprozentig treu und loyal" zum Heiligen Stuhl, versicherte ebenso Bischof Žak, und das habe auch die Bestätigung des Papstes gefunden.[220] Auch Bischof Aichern freute sich:

---

[215] Dr. Paul Wess, einer der führenden Köpfe des „Forums", zeigte sich allerdings betroffen darüber, dass in Rom „kein brüderlicher Dialog der Bischöfe mit dem Papst" stattgefunden habe. Vgl. Kathpress, 23. Juni 1987, 2.

[216] Kathpress, 24. Juni 1987, 1.

[217] Kathpress, 22. Juni 1987, 1f. – Vgl. Osservatore Romano dt., 24. Juli 1987, 7.

[218] Vgl. P.M. Plechl, Wie katholisch ist eigentlich das katholische Österreich?, in: Die Presse, 20./21. Juni 1987, 5.

[219] Josef Bruckmoser, Johann Weber. Kirche auf der Spur des Konzils, Graz u.a. 2001, 197.

[220] Kirche bunt, 28. Juni 1987, 3.

„Kein schwarzer Punkt für Österreich im Vatikan!"[221] Es gebe auch keine Krise des Glaubens in Österreich. Die Gläubigen sollten, auch wenn sie manches befremde, keineswegs resignieren oder gar verbittert werden.[222]

Bischof Weber räumte in einem Interview ein, dass sich die Gravamina Sticklers inhaltlich mit manchem deckten, was auch der Papst gesagt habe. Man werde also sehr ernst über das Thema der Empfängnisverhütung nachdenken müssen; der Kommunionempfang der wiederverheirateten Geschiedenen werde „ein schmerzliches Ringen" bleiben.[223]

„Untersucht, was da gewesen ist!" Das war der Wunsch des Papstes, den er gegenüber Kuntner ausgesprochen und beim Ad-limina-Besuch der österreichischen Bischöfe wiederholt hatte. Unser Gang durch bewegte Wochen und Monate ist an ein Ende gelangt; Bischöfe, Priester und Laien schickten sich Ende Juni 1987 an, in den Urlaub zu fahren. Der Leser wird wohl bei aufmerksamer Lektüre den Eindruck gewonnen haben, dass vieles, worüber berichtet wurde, für sich spreche und keines Kommentares bedürfe. Es scheint dennoch angebracht, eine zusammenfassende Bewertung dessen zu versuchen, „was da gewesen ist."

Man wird im Streit über die in Frage gestellten Bischofsernennungen im Kontext der Kirchengeschichte wohl nicht umhin können, an eine Neuauflage des Investiturstreites zu denken, nur dass es nicht die Staatsgewalt war, die hier Rechte für sich beanspruchte, sondern eine Bewegung von Priestern und Laien, die ein Mitbestimmungs- bzw. Zustimmungsrecht im Sinne eines variierten „Placetum regium" für sich arrogierte. Diese Bewegung stützte sich auf eine breite ideologische Strömung der Konzilsinterpretation und einer von der Taufe abgeleiteten Mündigkeit und gab zugleich vor, im Namen des Diözesanvolkes und der ganzen Ortskirche zu sprechen und zu handeln. Sie allein hielt sich für befähigt, die wahren Bedürfnisse des Bistums zu kennen, dessen Anliegen zu vertreten und in diesem Sinn schon bei der Kandidatenfindung für das bischöfliche Amt ein modifiziertes „Exklusive" in Anwendung zu bringen: „Dieser nicht!" Allen gegenteiligen Beteuerungen zum Trotz wird man feststellen müssen,

---

[221] Kathpress, 23. Juni 1987, 1. – Vgl. F. Czoklich, Österreich-Vatikan: Zwischenbilanz eines kirchlichen Konfliktes, in: Herder-Korrespondenz 41 (1987) 359–361.

[222] Osservatore Romano dt., 10. Juli 1987, 10.

[223] Die Furche, 26. Juni 1987, 1.

dass da keimhaft schismatische Tendenzen wirksam geworden sind. Johannes Paul II. hat daher nicht von ungefähr an den Kampf der Kirche erinnert, das Recht des Papstes zur freien Ernennung der Bischöfe außer Streit und Zweifel zu stellen.[224]

Diese Phänomene werden leichter verständlich, wenn man die allgemein und deutlich spürbare Verflachung und Reduzierung des Kirchenverständnisses berücksichtigt, das nicht mehr das Gnadengeheimnis des Mystischen Leibes zu sehen vermochte, sondern in gesellschaftlichen Kriterien zu denken gewohnt war und ein Ungleichgewicht in der „Verteilung der Macht" nunmehr korrigieren wollte.[225] In diesem „Machtkampf" entstand ein Feindbild von der römischen Kurie, in der die „Bösen" einzig auf Machterhaltung erpicht waren und dem „guten" Volk sein gutes Recht vorenthalten wollten.[226] Es ist ja erstaunlich, wie rasch da die Vorwürfe des „Diktatorischen und „Stalinistischen" über manche Lippen kamen, wie leichthin die „Autonomie" einer Diözese postuliert wurde. Dann ist natürlich auch der Gehorsam seines religiösen Charakters entkleidet und zu einem (noch) unvermeidlichen Übel im soziologischen Gefüge reduziert.[227] Für den KA-Generalsekretär der Steiermark Franz Küberl mutierte der Gehorsam zu einem „dialogischen Geschehen"[228]. Doch ist mit all dem auch schon die Wurzel für die Vielfalt negativer Phänomene benannt?

Im Mai 1987 waren 25 Jahre des Bestehens der Monatswallfahrt in Mariastern, Vorarlberg, vollendet, und am 13. d.M. hielt Erzbischof Groër die Jubiläumswallfahrt. In seiner Predigt wies er darauf hin, dass die Wurzel alles Bösen im Stolz[229] zu suchen sei, in der Überheblichkeit, der Anma-

---

[224] Vgl. II. Vatikanum, Christus Dominus, Nr. 20: „Um daher die Freiheit der Kirche in rechter Weise zu schützen und das Wohl der Gläubigen besser und ungehinderter zu fördern, äußert das Heilige Konzil den Wunsch, dass in Zukunft staatliche Obrigkeiten keine Rechte oder Privilegien mehr eingeräumt werden, Bischöfe zu wählen, zu ernennen, vorzuschlagen oder zu benennen."

[225] Vgl. J. Ratzinger, Zur Lage, a.a.O., 46f.

[226] Das Volk Gottes ist kein soziologischer Begriff. „Es handelt sich nicht um ein Volk im rein geschichtlichen, geographischen, soziologischen Sinn. Es handelt sich um ein messianisches Volk." Johannes Paul II., 22. März 1987. in: Osservatore Romano dt., 27. März 1987, 1.

[227] Ratzinger, a.a.O., 49.

[228] „Kein Blanko-Scheck für Vorgesetzte, keine Erklärung der Willenslosigkeit, keine Einbahnstraße von unten nach oben ...", in: Kathpress, 24. April 1987, 2.

[229] „Superbia ... initium vel radix omnis peccati." Vgl. Thomas von Aquin, STh I-II q.84 a.2.

ßung, im Besserwissen. Es gebe unglaublich viel Aggressivität und Ungeduld in den Menschen. Die Christen erringen ihre Siege jedoch „nicht durch Angriff und Vergeltung". Die Geduld, Güte, Milde und Demut Mariens müssten wir neu entdecken.[230]

Damit hatte Groër die erbsündliche Grundkrankheit auch des getauften Menschen angesprochen, der stets bestrebt ist, sich selbst zu erhöhen und das Beispiel und die Gesinnung Jesu allzu rasch aus den Augen verliert. Das Quellenmaterial aus den in Frage stehenden Monaten scheint ausreichend, um eine eigene Studie über Hybris und Superbia zu erstellen. Von allem Anfang an fällt die Sicherheit derer auf, die von den Qualitäten des unter Kardinal König verfolgten „Kirchenkurses" so sehr überzeugt waren, dass jede diesbezügliche Frage oder Kritik in die Nähe des „crimen laesae maiestatis" gerückt schien. Die Akteure von damals waren von der Richtigkeit ihres Denkens und Urteilens, vom Optimum ihres pastoralen Handelns derart überzeugt, dass sie jeden Zweifel daran als Beleidigung erlebten. Eine andere als ihre eigene Interpretation des Konzils erschien ihnen wie ein persönlicher Angriff. „Gering und schlecht" in den eigenen Augen zu sein[231], war nicht ihre Sache; ebenso nicht der Wunsch des hl. Johannes von Kreuz: „leiden und verachtet werden"[232]. Die Zügelung ungeordneten Strebens nach Größe[233] ist verbunden mit der Zurücknahme eigenen Urteilens: „Ich halte des Urteil des Papstes für immer noch zuverlässiger als mein eigenes." Nicht nur einmal hatte es P. Herbert Roth SJ († 1989)[234] so den Ordensoberinnen Österreichs gesagt.

Mit dieser allenthalben anzutreffenden Selbstsicherheit der Opponenten korrespondiert eine gegenteilige Geringschätzung des Papstes, denn wenn man eine Vielzahl der gesprochenen und geschriebenen Worte in den Klartext transponiert, so heißt dies dann doch, dass der Papst ein armer Tropf sei, der falsche von „richtigen" Informationen nicht zu unterscheiden wisse, der vom Konzil nichts begriffen habe, dem Geist des Konzils

---

[230] Kathpress, 14. Mai 1987, 3.

[231] Vgl. Nachfolge Christi I,2,1.

[232] H. Waach, Johannes vom Kreuz, Wien, München 1954, 71.

[233] Thomas von Aquin, STh II-II q.161 a.2 c; a.6 c.

[234] Vgl. T. Meyer, In memoriam P. Herbert Roth SJ. in: Gottgeweiht. Vierteljahresschrift für Ordensfrauen 2 (1989) 90–92.

zuwider handle[235] und keine Ahnung von der pastoralen Situation Österreichs habe. Er wird dann zu einem, der nicht fragt, der Klerus und Volk übergeht und brüskiert, nur auf Machtausübung bedacht ist und die Würde des Bischofsamtes entleert[236]. Die Vorgangsweise des Papstes sei zwar „*formalrechtlich unangreifbar*"[237], verletze aber das „Rechtsempfinden" (!) der Leute und das Selbstverständnis einer Ortskirche[238].

Dass man den Widerspruch mit dem Rekurs auf das eigene Gewissen zu legitimieren suchen würde, war zu erwarten gewesen. Wenn man das anerkennt, gilt es freilich für alle. So schrieb auch Heinrich Drimmel (1912–1991) im Auftrag seines Gewissen, dass er sich eben nicht auf die Bank der Spötter neben Besserwisser und die Diagnostiker zu setzen wünsche, die Glaubensschwäche mit Demokratieverständnis heilen wollten.[239] Einige verstiegen sich dazu, ein „Charisma des Widerspruchs" für sich zu reklamieren.[240] Von der „Tugend des Freimuts" war schon oben die Rede. Die Philosophie vom „aufrechten Gang" sei hier wenigstens erwähnt.[241]

Es passt auch ganz ins Bild, wenn wir so häufig das Betteln um das Ernstgenommen-Werden antreffen. Doch gerade jene, die diese Klage vorbringen, wird man fragen müssen, ob sie ihrerseits den Heiligen Vater ernst

---

[235] Vgl. H. Vorgrimler, Vom „Geist des Konzils", in: K. Richter (Hg.), Das Konzil war erst der Anfang, Mainz 1991, 25–52, hier 37 u. 51.

[236] Das Kollegium der Kath. -Theol. Fakultät der Universität Wien stellte nicht nur fest, dass die Ernennung Krenns der Glaubwürdigkeit des Konzils großen Schaden zufüge, sondern auch der pastoralen und ministeriellen Fülle des bischöflichen Amtes widerspreche und es in seiner Bedeutung aushöhle. Vgl. Kathpress, 9. April 1987, 6.

[237] Kathpress, 27. April 1987, 8 (Feichtlbauer).

[238] So meinte Kuntner, dass mit den letzten drei Bischofsernennungen zwar kein gesetztes Recht verletzt worden sei, sehr wohl aber ein „gewachsenes Empfinden der österreichischen Priester und Laien, ein Gefühl der Mitverantwortung", in: Die Presse, 13. April 1987, 4. – Kuntner ähnlich bei einem ÖVP-Forum: „... ein gewachsenes Empfinden" sei verletzt worden. Vgl. Kathpress, 23. April 1987, 1. – Auch Ploier formulierte ein Recht der Ortskirche, bei der Vor-Auswahl der Bischöfe gehört zu werden. Vgl. Kathpress, 21. April 1987, 3. – Gertraud Grabler-Bauer, Vorsitzende der Katholischen Jugend Österreichs, meinte, dass die gegenwärtige Personalpolitik "vielleicht nicht gegen das Recht verstoße, aber gegen den Geist des Konzils und die Vorstellung von einer geschwisterlichen Kirche ...", in: Kathpress, 21. Mai 1987, 2f.

[239] „Man ist alt, aber nicht dumm geworden", in: Die Furche, 10. April 1987, 2 (Leserforum). – „Widersprechen, wenn es das Gewissen befiehlt" (Feichtlbauer), in: Die Furche, ebd.

[240] K.I.K., 13. März 1987.

[241] Im Hinblick auf die Bekämpfung von Krenns Weihe sagte Eduard Ploier: „Wir österreichische Katholiken haben uns unseren aufrechten Gang bewahrt ...", in: Kathpress, 6. Mai 1987, 9. – Seit dem Konzil probe das Gottesvolk „den aufrechten Gang": vgl. J.B. Metz, Das Konzil – „der Anfang eines Anfangs". In: K. Richter (Hg.), Das Konzil war erst der Anfang, a.a.O., 20.

genommen haben. In der Litanei zur Erlangung der Demut ist unter anderem auch die Bitte enthalten: „Von dem Wunsch gefragt zu werden, befreie uns, o Herr!“[242] Die Weisung Christi: Dann sagt, „wir sind unnütze Sklaven“ (Lk 17,10), war nicht unbedingt das Leitmotiv der diözesanen Laiengremien und im Denken so mancher Geistlicher.[243] Dass gleichzeitig und immer wieder die eigene Kirchen- und Papsttreue beschworen wurde, mag auf einen distanzierten Beobachter der Szene durchaus peinlich wirken. Die Wortführer der Kritik hätten sicher auch nicht so lautstark gesprochen und sich so weit vorgewagt, hätten sie nicht um ihre Sympathisanten in der Bischofskonferenz gewusst. Und hätte es da nicht die moralische Autorität Kardinal Königs gegeben, die sie innerlich bestärkte.

Zweifellos hat der Kardinal das Nötige gesagt, was Treue zu Papst und Bischof zu sagen verlangten. Er hat aber ebenso ausgesprochen, was einer einseitigen Interpretation durchaus zugänglich war. Wenn er beispielsweise darauf verwies, das Konzil gehe weiter[244], wenn er die Journalisten aufforderte, „Mut zur eigenen Meinung“ zu haben[245], was noch fehle, sei eine „aktive Laienschaft, die redet und handelt, ohne auf das Wort des Bischofs oder des Papstes zu warten“[246], dann ist solches dem Missbrauch in hohem Maß ausgesetzt. Wer nicht unterscheiden konnte oder wollte, dem lag es nahe, Königs Worte über die „Konzilsminderheit“, die das Konzil „auszuhöhlen“ bestrebt war[247], auch jetzt wieder am Werk zu sehen. Wenn die Laien hörten, sie seien „im besonderen Maß die Hoffnung der Kirche“[248],

---

[242] Abgedruckt in: Gottgeweiht 1 (1987/88) 108f. – Diese Litanei wird oft Kardinal Merry del Val zugeschrieben, ist jedoch älter. Sie lässt sich bereits für die Mitte des 19. Jhs. nachweisen. Vgl. Catéchisme de l’humilité, Montpellier 1865, 127–128 („Du désir d’être consulté, délivrez-moi, Jésus“).

[243] Wir verweisen beispielhaft auf eine Stellungnahme des Missionshauses St. Gabriel in Mödling (ddo. 27. März 1987), von vielen Mitbrüdern unterschrieben und adressiert an die „zentrale Kirchenleitung“ in Rom: „Jesus will, dass wir als geschwisterliche Gemeinde leben ... Er allein ist der Herr über die Kirche, niemand sonst.“ Bei vielen sei der Eindruck entstanden, „als würde die Kirche von klerikalen Taktikern beherrscht ... Die Art und Weise, wie uns der neue Weihbischof vorgesetzt wurde, wirkt brüskierend ...“ (dann folgt eine Belehrung über das II. Vatikanische Konzil).

[244] „Was beim Konzil aufgebrochen ist, geht weiter.“ In: Wiener Kirchenzeitung, 12. April 1987, 12.

[245] Osservatore Romano dt., 10. Juli 1987, 10.

[246] F. König, Der Weg der Kirche. Ein Gespräch mit Gianni Licheri, Düsseldorf 1986, 57.

[247] Ebd., 11, 60.

[248] WDBl 1985, 108.

dann konnte dies auch als Aufforderung verstanden werden, der kirchlichen Autorität – notfalls – zu widerstehen.

„Erst am Dienst an der Aufgabe bin ich, wenn überhaupt, ein wenig gewachsen“, sagte der Kardinal beim Abschied von der Erzdiözese[249], und als ihm Bürgermeister Zilk am 6. April 1987 den „Dr. Karl Renner-Preis“ überreichte, sagte er in seiner Dankansprache, er habe seinen eigenen Weg suchen müssen und mit seinen Aufgaben und Pflichten gerungen.[250] Diese Chance ist Krenn nie gewährt gewesen, für ihn gab es nicht die „Schonfrist der ersten hundert Tage“. Vielmehr ist der vom Papst Ernannte vom ersten Tag an „von einer hämischen Öffentlichkeit fast zur Unperson hingestellt“ worden, der man „auf Vorschuss“ misstraute (Univ. Prof. Dr. Winfried Platzgummer)[251], mit allen Mitteln der Ausgrenzung bekämpft. Es darf als sicher gelten: Wäre er als muslimischer Mufti oder als Sekretär des Dalai-Lama gekommen, er hätte bessere Behandlung erfahren.

Als die Caritas-Direktoren der österreichischen Diözesen ihre Konferenz abhielten, kamen sie überein, der Caritas-Woche im Herbst 1987 das Motto zu geben: „Nehmt einander an!“[252]

---

[249] WDBl 1985, 78.

[250] Kathpress, 6. April 1987, 6.

[251] Leserbrief in: „Die Furche“, 17. April 1987, 8.

[252] WDBl 1987, 109f.

# Meine erste Begegnung

*Robert Bösner*

Ich grüße auch den neu ernannten Bischof von St. Pölten in Österreich!" So erklang die Stimme des nunmehr verstorbenen Papstes Johannes Paul II. am 19. August 1991 aus den Lautsprechern über das weite Feld des Flughafens von Szombathely (Steinamanger) in Westungarn. Es war am Beginn der Papstmesse, die der Heilige Vater anlässlich seines Pastoralbesuches in unserem Nachbarland Ungarn in der grenznahen Geburtsstadt des hl. Martin feierte.

„Da schau!" so dachte ich mir. „Die erste unerwartete Begegnung mit dem neuen Diözesanbischof!" Denn seit Donnerstag, dem 11. Juli 1991, dem Fest des hl. Benedikt, der zusammen mit den Hll. Cyrill und Method einer der drei Konpatrone Europas aus dem ersten Jahrtausend ist, ist es amtlich bekannt, dass der Heilige Vater den Rücktritt unseres bald dreißig Jahre wirkenden Diözesanbischofs, Dr. Franz Žak, angenommen und den Weihbischof von Wien, Dr. Kurt Krenn, vormals Professor für Systematische Theologie in Regensburg, als dessen Nachfolger ernannt hatte. An jenem Donnerstag, um 12 Uhr, habe ich an meinem Urlaubsort in der Kapelle für den neuen Diözesanbischof gebetet. Die Fernsehberichterstattung am gleichen Abend hat mir nicht gefallen: Es wurde das Stehbild meines verehrten Weihe-Bischofs (meine Priesterweihe war am 11. Juli 1959) gezeigt und daneben das Zitat: „Ich bin empört!", will sagen: über die Ernennung von Bischof Dr. Kurt Krenn.

Wir zwanzig Teilnehmer, die wir an jenem 19. August 1991 zeitig in der Früh aus der Umgebung von Maria Dreieichen aufgebrochen waren, um die Papstmesse in der Grenznähe unserer Heimat mitzufeiern, schauten einander bedeutungsvoll an, als der Heilige Vater unter den Mitfeiernden dieser Eucharistie auch unseren neuen Diözesanbischof begrüßte.

Mit uns war auch ein Priester aus der Nachbardiözese Brünn gereist. Leider hatten wir beide zu wenig Erfahrung, wie man sich als Priester bei so großen Papstgottesdiensten unangemeldeterweise verhält, und so merkte ich bald, dass ich, obwohl ich die erforderliche liturgische Kleidung mitgenommen hatte, dennoch nicht konzelebrieren konnte. Hätte ich gewusst, dass ich mich nur bei der „Information" hätte melden müssen, um als Priester zur Konzelebration zugelassen zu werden, hätten wir es gerne getan. Bei den anderen zwei großen Papstgottesdiensten, an denen ich teilnehmen konnte – Weltjugendtreffen in Denver, Colorado USA, 1993, und in Manila, Philippinen, 1995 –, war ich mit einer Gruppe als angemeldeter Priester dabei.

So standen mein tschechischer Mitbruder und ich also in Alba und Stola in unserem Sektor und empfingen den heiligen Leib Christi aus der Hand einer außerordentlichen Kommunionhelferin. Ich weiß noch, wie ich bei der Danksagung gebetet habe: „Lieber Jesus du bist hier, betend knie ich jetzt vor Dir, sieh mich an und segne mich, ich will von Herzen lieben Dich ..." Aber ich war verwirrt, weil es mir leid tat, dass ich wohl im Herzen ganz mit Jesus bei der Wandlung verbunden war und mich mit Ihm dem himmlischen Vater aufopferte, aber mit den bei der Papstmesse konzelebrierenden Bischöfen und Priestern das Opfer Jesu im Sakrament nicht hatte gegenwärtig setzen können, wozu ich eigentlich an erster Stelle geweiht bin.

Nach Ende der hl. Messe strebten wir dem Parkplatz zu, wo unser Kleinbus stand, wurden aber immer wieder von den Menschenmassen in eine andere Richtung abgetrieben. Ich wusste, dass unser Parkplatz in der Nähe eines großen Lautsprecherturmes war, und so dirigierte ich dreimal (!) unsere kleine Gruppe „gegen den Strom" in die gewünschte Richtung. Bei dieser Gelegenheit kamen wir an dem Weg vorbei, der für die Bischöfe abgesteckt war. Und es sollte sich ergeben, dass wir unseren neu ernannten Diözesanbischof sahen und ihm zuwinkten. Er ging auf uns zu und begrüßte die zwanzig Mitglieder unserer Gruppe. „Ja, die Gläubigen einer Diözese sind die Hoffnung für einen Bischof!" sagte er, blieb ein wenig bei uns und ging dann weiter ... Bei unserer Heimfahrt – über den Wallfahrtsort Loretto am Leithagebirge – ging das Gespräch des öfteren und in Freude darum, dass wir unerwartet unserem neuen Diözesanbischof begegnet waren.

Ich selber hatte im Verborgenen gemischte Gefühle, denn ich wusste, dass für den Vortag der Amtseinführung des Bischofs (also in etwa einem Monat) eine größere Gruppe von kirchlichen Mitarbeitern seiner neuen Diözese zu einer Demonstration „für" eine geschwisterliche Kirche aufgerufen hatte, die aber alles andere als „kirchlichen" Charakter haben sollte. Man wollte nur die eigene Geschwisterlichkeit zelebrieren, um dem vom Papst ernannten Bischof die Abneigung spüren zu lassen. Am Tag darauf sollte also die Amtseinführung Seiner Exzellenz sein. Es war Sonntag, der 15. September 1991, nachmittags, am „Fest der Schmerzen Mariens", dem zweiten Patrozinium der Dreieichener Wallfahrtsbasilika. Ich war erschrocken, als wir mit dem Autobus unserer Dekanatsdelegation auf den leeren Domplatz von St. Pölten einfuhren und nur noch zwei andere Busse sahen: jenen der Marianischen Mädchenkongregation von Wien und den der Männer der Freiwilligen Feuerwehr aus dem Heimatort des neuen Bischofs mit einer Musikkapelle.

Beim Festgottesdienst waren die Dechanten dazu ausersehen, das Gelöbnis der Mitbrüder des Dekanates dem neuen Bischof durch Handschlag zu geben. Ich überbrachte dazu auch meine Gebetswünsche von der Schmerzhaften Muttergottes von Dreieichen, die ihn beschützen wird. Etliche Priester haben mich anschließend ganz neugierig gefragt, was ich denn alles mit dem Bischof beim Handschlag gesprochen habe: Ich habe ihm die Grüße von der Schmerzhaften Mutter überbracht!

Es hat mich gefreut, dass ich unter den Gästen der Feier auch den Nachbarbischof aus Brünn, Vojtěch Cikrle, treffen konnte, mit dem ich über Maria Dreieichen und die Bekanntschaft mit Mitbrüdern aus seiner Diözese schon einige Male beisammen war. Damals begegnete ich auch kurz dem Bischof von Königsgrätz, Karel Otčenášek, von dem ich wusste, dass er in der „Zeit der Totalität" in seiner Heimat amtsbehindert war und nur in den engen Grenzen seines verordneten Arbeitseinsatzes als Fensterputzer wirken konnte. Es war mir ein Bedürfnis, ihm den Bischofsring zu küssen.

Zahlreiche Gläubige unserer Diözese hatten am Vortag bei der erwähnten Demonstration „für" eine andere Kirche teilgenommen. Wenn ich mich richtig erinnere, waren es etwa 3.000 Personen, die „den Weg der Hoffnung" gehen wollten. Ich habe mir gedacht, dass der neue Herr

Diözesanbischof keine beneidenswerte Position hat, denn von Anfang an hat ihm ein ganz bestimmter Gegenwind rau ins Gesicht geblasen.

Schon in Wien war es so bei seiner Bischofsweihe gewesen: Als ein mit dem Papst verbundener (und diesem persönlich bekannter) Priester war er angetreten, bereit, zum Weihbischof geweiht zu werden und für das Anliegen der Neuevangelisierung „den Pflug in die Furche zu drücken". Es hat offenbar schon damals einen hoch organisierten, verborgenen Widerspruch gegen solche Bischöfe gegeben, welche bereit waren, aus dem Kirchenzusammenhang heraus seelsorglich wirken zu wollen.

Schon Jahre vorher hatte ich beobachtet, dass es da Gruppen gab, die, hinter kirchlichen Bildungseinrichtungen agierend, eine „Pastoral um der Pastoral willen" fördern wollten und dementsprechend Werbung dafür machten; Gruppen, bei denen es akzeptiert war, dass man sich selbst zum Vertreter einer Diözese ernennt. Und „auf einmal" stand dann „spontan" (?) eine „Plattform" quer durch die sakramental bestehenden Priestergemeinschaften der einzelnen Diözesen da. Auch in den laienapostolischen Gemeinschaften in den einzelnen Bistümern entstanden – parallel zu den mit den geweihten Hirten verbundenen Ortskirchen – Gruppierungen, die das „Kirchenvolksbegehren" förderten. Den bestehenden Diözesen als Braut Christi machten diese Gruppen unwillkürlich den Anspruch des Glaubens streitig, dass *sie* Kirche seien; denn lautstark dröhnte es durch die Lande: „*Wir* sind Kirche", und statt sich als Volk Gottes zur apostolischen Einheit der Kirche zu „bekehren", schürte man die verschiedensten „Begehren" für das Volk.

Ich habe viele Mitbrüder erlebt, die fast in der gleichen Alterstufe wie ich beim Gesang der Allerheiligenlitanei als Zeichen der Ganzhingabe für den apostolischen Dienst *vor* und *für* Christus auf den Boden vor dem Weihealtar hingestreckt lagen und als eifrige Jungpriester Primizsegen spendend durch die Lande gezogen sind. Aber die Herausforderung des übernatürlichen Weihegelöbnisses ist ihnen gleich in der „nächsten" Generation ihres Priesterlebens (Bestellung eines neuen Bischofs) so fremd geworden, dass sie sich nicht mehr als Priester in der sakramentalen Einheit mit ihrem Bischof und untereinander erkannten, sondern sich in Gruppen fanden, die der hl. Abt Benedikt in seiner Regel „Partikularfreundschaften" nennen würde. In aller Öffentlichkeit verfolgten sie ihre eigenen Ziele und durch Telefonterror plagten sie ihre eigenen Bischöfe. Ich denke an die so genannten Solidaritäts-Gemeinschaften (SOG), zwanzig Jahre vorher, um 1970.

Zu den Erkennungszeichen dieser unruhigen Zeit kommt noch etwas anderes hinzu, das weit über unsere Heimat hinausgeht, es sind die vielen „Erklärungen“:

Die „*Kölner Erklärung*“, in der sich viele Pastoraltheologen des deutschen Sprachraumes zusammengetan haben, um gegen den römischen „Zentralismus“, gegen eine bestimmte Sicht der hierarchisch geordneten Kirche und für erweiterte Zulassungsbedingungen zur Priesterweihe (sprich Frauenordination) Stellung zu beziehen. Im Dunstkreis dieser Absprache entstand das Konzept des „Kirchenvolksbegehrens“ an einer deutschen Hochschule, und Österreich war m.E. der „Sandkasten“, in dem dieses Modell ausprobiert werden sollte.

Daneben gab es die „*Züricher Erklärung*“, ein Manifest, das etwa 12.000 (!) pastorale Mitarbeiter der mittleren Ebene unterschrieben hatten, um gegen den römischen „Zentralismus“, für die Frauenordination und für andere kirchliche „Lockerungen“ aufzutreten.

Es gab auch eine „*Grazer Erklärung*“, in der viele Moraltheologen des deutschen Sprachraumes bekundeten, dass sie, was die Kontrazeption betrifft, gegen die „enge“ Lehre der Kirche seien. Dazu kamen diverse andere Anliegen.

Alle diese „Erklärungen“ haben den ganzen deutschsprachigen Raum abgedeckt, und es waren nur wenige (Bischöfe), die es wagten, sich diesem Meinungsdruck entgegenzustellen und die ausdrückliche Einheit der Lehre mit Papst Johannes Paul II. zu wahren. Der Heilige Vater kannte alle diese letztlich gegen den „polnischen Papst“ gerichteten Absprachen und, „verankert in der Wahrheit des Glaubens“, kündete er die „Neuevangelisierung“ an. Er stemmte sich gegen diese verschiedenen glaubensmäßig und ekklesiologisch verkürzten Initiativen, und so war es Bischof Dr. Kurt Krenn, der sich ohne Zaudern in dieses „Schlachtfeld“ stürzte und die unverkürzte katholische Lehre schlagfertig und mutig vertrat.

Schon kurze Zeit nach seinem Amtsantritt hat man ihm auf einem eher nebensächlichen Gebiet in seiner Diözese eine Falle gestellt und Schwierigkeiten gemacht, die die Emotionen ganz stark gegen ihn aufbrachten.

Aus einem längerem Interview, um das ihn der ORF nach der Bischofsweihe des jetzigen Kardinals Christoph Schönborn in der Domsakristei zu Wien (!) gebeten hatte und in dem er eine Stunde lang „über Gott und die Welt“ befragt wurde, kam auch eine Passage über die kirchenrechtliche Frage des Ministrantendienstes für Mädchen. Er legte die damalige Situation dar.

Ungefähr einige Wochen später strahlte der ORF ein Interview mit Bischof Dr. Krenn und dem damaligen Dompfarrer aus. In diesem Interview ging es um die gleichen Fragen bezüglich Ministranten und Ministrantinnen. Auf den ersten Blick war es für mich eigenartig, dass der Herr Bischof in der Sakristei des Domes (welches Domes?) gezeigt wurde und der damalige Herr Dompfarrer im Kreuzgang des Bistumsgebäudes St. Pölten, ganz nahe dem Eingang zur Domsakristei (von St. Pölten!). Die Regie der Sendung stellte alles so dar, dass der Eindruck entstehen musste, dass einer der beiden Interviewpartner *in* der Domsakristei von *St. Pölten* und der andere Interviewpartner ganz nahe der Domsakristei von St. Pölten stand, aber *draußen!* Keiner der beiden wollte dem anderen entgegen „gehen“ – weder der eine hinein noch der andere heraus: So groß sind ja die Spannungen zwischen beiden, so unversöhnlich ist er, dieser Bischof Krenn! In Wirklichkeit war das kein Doppelinterview, sondern der eine hatte Kenntnis von den Aussagen des anderen, die dieser vor drei Wochen in Wien, in der Domsakristei zu St. Stephan (!) gemacht hatte, und „antwortete“ auf die Fragen des Reporters in betont „seelsorglicher“ Form und mit Verständnis für die lieben Mädchen, während Bischof Dr. Krenn immer wieder nur kirchenrechtliche Antworten gab und nicht auf die seelsorgliche Würdigung der Kinder eingehen konnte (!), weil seine Worte ja vor drei Wochen schon aufgenommen worden waren und in einem anderen Zusammenhang gesagt wurden ... Ein so wenig seelsorglich bemühter Bischof ist er, gab die Regie damit zu verstehen!

Es wurde mir immer mehr klar, dass mein (wie bisher) gläubiges Bemühen um Ausübung des priesterlichen Dienstes in der Einheit mit dem zuständigen Bischof und mit seinem Presbyterium und die Weigerung, sich von einer solchen Regie beeindrucken zu lassen, mich immer mehr in die Nähe dieser von vornherein so nachteilig bis böse dargestellten Person brachte. Dabei lernte ich nicht nur einige unglückliche Priesterpersönlichkeiten kennen, sondern auch viele tapfere und vorbildliche junge Mitbrüder.

In all den dreizehn Jahren des Hirtendienstes von Bischof Dr. Kurt Krenn ist mir immer wieder etwas in den Sinn gekommen, das ich gerne zum Schluss anfügen möchte. Ich durfte vor vierzig Jahren im internationalen Kolleg des Benediktinerordens in Rom Theologie studieren. Da ist mir aufgefallen: Wann immer einem volkstümlich gläubigen Italiener das Temperament durchging und er meinte, über seinen Pfarrer schimpfen zu müssen, sagte er am Schluss seiner Ausführungen meistens: „salvo l´unto" („ausgenommen die Weihe"). Er wollte dadurch deutlich machen, dass er trotz seines Grolls über den einen oder anderen Fehler eines kirchlichen Amtsträgers den katholischen Glauben und die sakramentale Ordnung der Kirche nicht in Frage stellte.

Die Katholische Kirche besteht aus *mehr* als aus den persönlichen Qualitäten der geweihten Hirten in den verschiedenen Ordnungen (Bischöfe, Priestergemeinschaft, Diakone). Die Glaubensvorgabe des *apostolischen* Zusammenhanges („successio apostolica") birgt den Beistand des Heiligen Geistes in sich, der von Jesus Christus her den Glauben des einzelnen katholischen Christen und der ganzen Gemeinschaft schützt und den Bestand der katholischen Kirche garantiert.

„Aufgrund der Priesterweihe" stellen die Geweihten zusammen mit dem eigenen Bischof und in der Gemeinschaft mit den anderen Diözesanpriestern sowie mit den Diakonen, die alle den apostolischen Hirtendienst auszuüben berufen sind, die kirchliche Vollform der dreigestaltigen Teilhabe an der Sendung des Hohenpriesters Jesus Christus „für das Heil der ganzen Welt" dar.

Ich selbst war immer froh, wenn ich mich mit Bischof Krenn in theologischen und kirchlichen Dingen austauschen konnte. So wuchs ein gewisses Vertrauen, und ich hoffe es auch den anderen Mitbrüdern gegenüber nie missbraucht zu haben.

# Bischof Kurt Krenn und die Gründung der Kongregation der Servi Jesu et Mariae (SJM)

*Andreas Hönisch*

Als ich gebeten wurde, einen Beitrag für die Festschrift zu Ehren von Altbischof Dr. Kurt Krenn zu schreiben, habe ich sofort zugesagt, obwohl ich als Junge auf dem Bad Godesberger Jesuitengymnasium ausgerechnet im Fach „Deutscher Aufsatz" nicht sehr begabt war. Auch fühle ich mich inmitten der hochkarätigen Autoren dieser Festschrift mit meiner wissenschaftlichen Mittelmäßigkeit ziemlich verloren... Man möge dies nicht als „Fishing for Compliments" auffassen! Nein, denn was ich gerade geschrieben habe, entspricht einerseits der Wahrheit. Man könnte ja meinen Deutschlehrer von früher fragen, wenn er noch leben würde. Andererseits wollte ich durch diese meine Einleitung nur die Freude darüber zum Ausdruck bringen, diesen Artikel für die Festschrift schreiben zu dürfen, um dadurch Seiner Exzellenz, Bischof Dr. Kurt Krenn, von Herzen zu danken! Diesen Dank bin ich ihm schuldig und mit mir die gesamte Servi Jesu et Mariae (Diener Jesu und Mariens)! Und da wäre ich schon beim Thema:

Es gibt sicher viele gute Bischöfe auf der ganzen Welt. Aber es gibt ganz bestimmte Bischöfe, denen die SJM viel zu verdanken hat. Zu nennen sind zunächst der Altbischof Pestana von Anapolis in Brasilien und der verstorbene frühere Bischof von Augsburg, Dr.Josef Stimpfle. Aber am meisten zu verdanken hat die Kongregation Seiner Exzellenz Dr. Kurt Krenn. Ohne ihn hätte unsere Gemeinschaft nicht so schnell die päpstliche Anerkennung erhalten, wie es de facto geschehen ist.

Und das kam so: In den ersten Jahren des Bestehens unseres Institutes, als wir noch in Mussenhausen in einem ehemaligen Kapuzinerkloster lebten, suchte ich nach einer Struktur, die wir unserer Gemeinschaft geben konnten. Wir waren damals noch sozusagen ein „Nichts". Zwar hielt Seine Exzellenz, Bischof Pestana von Anapolis, seine Hand über uns, und Seine Exzellenz, Bischof Stimpfle von Augsburg, hatte seine Zustimmung zur „Besetzung" des Mussenhausener Klosters erteilt. Aber wir waren weder ein privater religiöser Verein, noch ein Institut des geweihten Lebens und erst recht noch keine Kongregation päpstlichen Rechtes. Dieser unsichere, vorläufige Zustand sollte, kurz bevor Bischof Stimpfle emeritiert wurde, beendet werden.

An dieser Stelle sei angemerkt, dass unser Institut Seiner Exzellenz, Bischof Stimpfle, zu Dank verpflichtet ist. Noch bevor seine Amtszeit beendet war, stellte er unserer Gemeinschaft ein Dekret aus, welches besagte, dass er mit der Errichtung einer offiziellen Niederlassung im ehemaligen Kapuzinerkloster Mussenhausen einverstanden ist. Sein Nachfolger hingegen nahm dieses Dekret zurück, sodass unsere Gemeinschaft nicht nur sozusagen in der Luft hing, sondern dazu noch auf Anordnung des bischöflichen Ordinariats Augsburg, zwar nicht aus der Diözese, aber aus dem Kloster Mussenhausen ausgewiesen werden sollte.

Da kam uns Seine Exzellenz, Bischof Dr. Kurt Krenn, zu Hilfe. Er gab unserer Kongregation die Erlaubnis, in Blindenmarkt eine offizielle Ordensniederlassung zu errichten. Jetzt konnte uns die zuständige Kommission in Rom als Kongregation päpstlichen Rechtes anerkennen, denn diese erkennt nur dann eine Gemeinschaft als ein solches Institut an, wenn wenigstens e i n Diözesanbischof in der Kirche die Erlaubnis zu einer Residenz erteilt. Bischof Krenn hat es getan, sodass man sagen muss, dass wir ohne ihn vielleicht heute noch auf die Anerkennung unserer Gemeinschaft warten müssten.

Bischof Krenn hatte damals sehr genau gewußt, worauf er sich einließ, als er uns erlaubte, in seiner Diözese ein Niederlassung zu gründen. Die Katholische Pfadfinderschaft Europas (KPE) und die aus ihr hervorgegangene Ordensgemeinschaft der Diener Jesu und Mariens waren in bestimmten Kreisen der katholischen Kirche nicht unumstritten. Da unser Institut von der päpstlichen Kommission *Ecclesia Dei* die Erlaubnis bekommen hatte, sowohl in der alten tridentinischen Form als auch im Novus Ordo die Hl. Messe zu feiern, und da unsere Ordensmitglieder nach den alten Jesuitenregeln ausgebildet werden, wirkte die SJM auf mehr modern eingestellte Katholiken sozusagen wie ein „rotes Tuch". Bischof Krenn war sich im klaren darüber, dass er im eigenen Ordinariat auf Widertand stoßen würde. Und so war es auch. Aber er hat bis zum Schluß der SJM die Treue gehalten, wofür wir ihm für immer zu Dank verpflichtet sein werden. Ja, man kann vielleicht sogar sagen – ich sage es mit Vorsicht –, dass die Anerkennung der SJM durch Bischof Krenn in den Augen seiner Gegner eine der „Todsünden" war, die dem Bischof zum Verhängnis wurde. Doch Bischof Krenn ist sich selbst treu geblieben. Er stand zu seiner Entscheidung, und er hat seine Erlaubnis für die SJM nie mehr zurückgenommen. So weit zur Geschichte der SJM in der Diözese St. Pölten, die ohne den Ortsbischof nicht so verlaufen wäre, wie sie in Wirklichkeit verlief.

Jetzt muss aber unbedingt noch ein Wort über das innere Verhälnis der SJM zu Bischof Krenn gesagt werden. Seine Exzellenz ist durch seine Standfestigkeit den Mitgliedern unserer Kongregation immer ein Vorbild gewesen, durch seine theologische Klarheit und durch seine spirituelle Tiefe.

In den vergangenen zehn Jahren unseres Lebens hier in Österreich haben wir die Auseinandersetzungen zwischen den modernistischen Kreisen einerseits und Bischof Krenn andererseits sozusagen „hautnah" miterlebt. Der Bischof ist kein fingerbreit von seiner klaren katholischen Linie abgewichen. Das hat den jungen Ordensmitgliedern unserer Kongregation – und wir haben fast nur junge Mitglieder – sehr imponiert. Er hat auch nie danach gefragt, was in den Zeitungen über ihn geschrieben oder im Fernsehen über ihn gesagt wurde. Dies ist eine Festigkeit des Geistes, die heutzutage selten geworden ist, wo die Medien eine geradezu diktatorische Macht über viele Menschen ausüben. Für diese unbeirrbare Standfestigkeit sind wir alle dem Bischof sehr dankbar.

Was die theologische Klarheit betrifft, so war es bei der heutzutage immer wieder verbreiteten Unsicherheit in der Verkündigung geradezu eine Wohltat, den Predigten von Bischof Krenn zuzuhören. Da wurde der ganze katholische Glaube unverkürzt verkündet. Jeder, der ihn hörte, wusste: Hier spricht ein katholischer Professor der Theologie und ein begeisterter Seelsorger. Synkretistische Tendenzen waren ihm völlig fremd. Die selbstversändliche Unterordnung unter das Lehramt der katholischen Kirche und die unerschütterliche Treue zum Felsen Petri gaben den vielen verunsicherten Menschen unserer Tage wieder ein „Zuhause" in der Kirche. Deshalb liebte ihn auch das katholische Volk in Österreich. Für diejenigen allerdings, die eine andere Kirche haben wollten, wurde Bischof Krenn zum Stein des Anstoßes. Die nachrückende junge Theologengeneration in unserem Orden dagegen bekam durch die Verkündigung des Bischofs Festigkeit und Sicherheit im katholischen Glauben.

Jetzt noch ein Wort über die oben erwähnte spirituelle Tiefe des Bischofs. Wenn Bischof Krenn unseren Weihekandidaten die Diakonatsweihe oder die Priesterweihe spendete, war es allen, die dabei waren klar: Hier weiht ein Bischof, der betet! Bei der Handauflegung und anschließend bei der Heiligen Messe spürte man, dass der Bischof aus einer tiefen Gottverbundenheit heraus lebt und handelt. Kein Theater, kein leeres Pathos, keine eitle Pose, vielmehr war alles echt und überzeugend. Und das „kam auch 'rüber"! Deshalb waren wir immer froh, wenn Bischof Krenn sich die Zeit nahm, unsere Kandidaten zu weihen. Natürlich gibt es zum Glück in der katholischen Kirche auch heute noch viele solche Bischöfe; Bischof Krenn war ein solcher! Dafür danken wir ihm!

Ich komme zum Schluß dieses bescheidenen Beitrags zur Festschrift. Ich sagte ja anfangs, dass ich in der Schule mittelmäßig im Aufsatzschreiben war. Aber Sie werden gemerkt haben, dass das, was ich hier geschrieben habe, aus dem Herzen kommt und so gemeint ist, wie es gesagt wurde. Deshalb zum Schluß im Namen der ganzen Kongregation der Servi Jesu et Mariae – wir sind im Augenblick 26 Priester und 21 Novizen und Scholastiker – ein ganz herzliches Vergelt´s Gott an Seine Exzellenz Bischof Dr. Kurt Krenn! Ad multos annos!

# Das Wirken von Bischof Kurt Krenn für die Menschen im Oberen Mühlviertel

*Franz Breid*

## I. Die Gründung der AKOM

Als 1968 die ersten Schritte zur Gründung der *„Aktionsgemeinschaft Oberes Mühlviertel“* gesetzt wurden, stand im Hintergrund die Sorge um die Menschen des Oberen Mühlviertels, gerade auch mit dem Blick darauf, was ihrer Glaubenspraxis hinderlich oder förderlich wäre.

Wenn ein junger Mensch vom guten Famlienleben träumt, als Pendler dann aber nur wenig bei seiner Familie sein kann, wenn höhere Ausbildung identisch ist mit dem Zwang zur Abwanderung und damit wiederum mit dem Verlust der Qualifiziertesten für den ländlichen Raum, wenn damit das kulturelle Leben und die Tätigkeit religiös-kirchlicher Gruppen wesentlich beeinträchtigt sind, dann ist es Zeit zum Handeln. Vor allem im Kreis der Katholischen Jugend des Dekanates Sarleinsbach war dieses Problembewusstsein gewachsen. So kam es zur Gründung des Vereines *„Aktionsgemeinschaft Oberes Mühlviertel“*, dessen Ziel die Verbesserung der sozialen, wirtschaftlichen und kulturellen Verhältnisse des Oberen Mühlviertels war – schnell bürgerte sich für den Verein der Kurzname AKOM ein. Die Träger des Proponentenkommitees kamen aus den Reihen der Katholischen Jugend und der Pfarre Sarleinsbach. Im Dezember 1969 war die Gründungsversammlung des Vereines, zu dessen erstem Obmann der damalige Bezirksrichter von Neufelden, Dr. Gerwald Lentner, gewählt wurde.

Bischof Dr. Krenn, damals noch Professor in Regensburg, kam zum ersten Mal eher zufällig mit dem neuen Verein in Berührung, die Anliegen des Vereines waren ihm aber schon immer am Herzen gelegen. So trat er 1971 dem Verein bei, bald wurde er zum großen Vordenker, der seine Ideen zum Wohl des Oberen Mühlviertels einbrachte und sich tatkräftig für die Verwirklichung der Vereinsziele einsetzte. Sein Status als in Deutschland tätiger Universitätsprofessor, sein brillanter Geist und seine guten Kontakte kamen via AKOM nunmehr dem ganzen Oberen Mühlviertel zu Gute. Er opferte für die AKOM viel Zeit, war bei zahlreichen Vorsprachen bei Politikern dabei und widerstand mit klaren Worten manchem Politiker ins Angesicht, wenn er etwa einem hohen Landespolitiker klar sagte: „Ihr habt uns, den Menschen hier in diesem Land, zu dienen, nicht wir euch." Da die „erweiterten Vorstandsitzungen", bei denen die Aktivitäten für das Obere Mühlviertel überlegt und geplant wurden, praktisch alle vier bis sechs Wochen stattfanden, war damit ein enormer Zeitaufwand verbunden, dazu kam, neben den zahlreichen Vorsprachen, eine umfangreiche Korrespondenz, die ebenfalls wesentlich von ihm mitgetragen wurde. Dazu kam eine intensive Medienarbeit: Presseaussendungen, Radiointerviews, Interviews mit diversen Zeitungen, das Entwerfen von Plakaten und anderen Materialien, es kam dazu die Kontaktnahme mit der Wissenschaft, es kam dazu der Kontakt mit vielen Interessensgruppen auf Bezirksebene, die alle zum Mittragen der großen Anliegen eingebunden werden mussten. Es gab eine große Überzeugungsarbeit bei der Bevölkerung zu leisten, da oft eine passive, resignative Mentalität dominierte, die aufgebrochen werden musste. Es kam dazu die Kontaktnahme mit den bayerischen Nachbarn, da manche Probleme grenzübergreifend waren (Zollfragen etc.) und es der Mithilfe der bayerischen Seite bedurfte: Wiederum war es Professor Dr. Krenn, der hier vieles an Arbeit übernahm.

Manche wesentliche Anliegen wurden überhaupt erst durch ihn in das Programm der AKOM genommen, so etwa die Frage, welche Möglichkeiten es für uns gäbe, die Gründung einer Universität in Passau zu unterstützen. Das Resultat war die Unterschriften aller Bürgermeister der Bezirke Rohrbach und Schärding unter eine Petition für die Errichtung dieser Universität, mit der Zusicherung des Interesses auch von Studenten aus Österreich an einem Studium an dieser Universität. Wie Eingeweihte versichern, hat gerade dieses Schreiben der österreichischen Bürgermeister nicht unwesentlich zur Entscheidung „pro Universität in Passau" beigetragen.

Dr. Krenn war es zu verdanken, dass solche Kapazitäten wie der Systemanalytiker Dr. Bruckmann oder der Gründungsrektor der Linzer Universität, Prof. DDr. Adam, zu einem Symposion ins Obere Mühlviertel kamen, dass immer wieder führende Fachleute des Landes, aber auch zwei Landeshauptleute und selbst ein Minister aus Wien anrückten und sich bei bestens besuchten Großveranstaltungen den kritischen Fragen der AKOM und der ganzen Bevölkerung des Oberen Mühlviertels stellten.

Die AKOM konnte in den Jahren ihrer Tätigkeit vieles für die Menschen des Oberen Mühlviertels erreichen.

An erster Stelle ist das Landeskrankenhaus Rohrbach zu nennen. Der Bezirk Rohrbach besaß zuvor trotz seiner nicht geringen Einwohnerzahl und seiner großen Entfernung zum Zentralraum kein eigenes Krankenhaus – dies in einer Zeit, in der es noch keinen Notarztwagen und kaum Hubschraubereinsatz für Notfälle gab, so dass immer wieder Menschen starben, bevor sie überhaupt in ein Krankenhaus kamen. Anfangs wehrten sich die zuständigen politischen Stellen Oberösterreichs gegen die Errichtung eines Krankenhauses im Bezirk. Man versuchte, mit dem Beistellen von zwei zusätzlichen Rettungsfahrzeugen und dann mit dem Anerbieten von Hubschraubertransporten die Bevölkerung zufrieden zu stellen. Da aber die besseren Argumente eindeutig auf Seiten der AKOM und der Bevölkerung des Oberen Mühlviertels lagen – wirkungsvoll und überzeugend vertreten vor allem durch Prof. Dr. Krenn –, kam es dann doch zum Bau des Krankenhauses. Wiederum war es dabei vor allem Prof. Krenn zu verdanken, dass hier der ganze Bezirk an einem Strang zog: Alle Bürgermeister, die Lehrer des Bezirkes, die Unternehmer, die kirchlichen Gruppen, die Ärzte hatten – koordiniert von der AKOM – hartnäckig die kompetenten Entscheidungsträger bedrängt und so schließlich die Errichtung des Krankenhauses durchgesetzt. Damit wurde nicht nur die Gesundheitsversorgung der Menschen in der gesamten Region entscheidend verbessert, sondern auch eine große Zahl meist hochqualifizierter Arbeitsplätze geschaffen und der Umwelt ein wichtiger Dienst getan: Viele Fahrten bei Krankenbesuchen, zur ambulanten Versorgung, zur Physiotherapie führen nunmehr nicht mehr die vielen Kilometer nach Linz, sondern nur mehr zum Bezirkshauptort Rohrbach.

Hinhaltenden Widerstand gab es auch bei der Errichtung der Donaubrücke Niederranna. Der ganze große Bezirk Rohrbach war nirgendwo durch eine Brücke mit den jenseits der Donau liegenden angrenzenden Bezirken Schärding, Grieskirchen und Eferding verbunden, da es zwischen Passau und Aschach keine Donaubrücke gab. Lediglich zwei Fähren ermöglichten mühsam eine Querung der Donau und den Weg hinüber in die anderen Bezirke. Dabei gab es den Fährbetrieb nur bei Tag, an manchen Tagen, vor allem bei starkem Ostwind, ruhte er ganz, zusätzlich war er mit oft langen Wartezeiten für die Fährbenützer und mit finanziellen Belastungen verbunden. Um dem Abhilfe zu schaffen – und in kluger Voraussicht der steigenden Bedeutung einer engeren Verbindung benachbarter Bezirke – erhob die AKOM sehr bald den Ruf nach einer Donaubrücke im Bezirksbereich.

Dank der guten Beziehungen von Prof. Krenn kam es zur Erstellung eines Gutachtens durch die Universität Linz, das die großen Nachteile des Fehlens einer Brücke inklusive des damit verbundenen wirtschaftlichen Schadens deutlich machte. Wiederum gab es konzertierte Aktionen vieler Gruppen des Bezirkes, der Druck auf die politisch Verantwortlichen wurde – diesmal stark im Verein mit den Bürgermeistern und den sonstigen Verantwortlichen des Bezirkes Schärding – ständig erhöht und führte schließlich zum Bau der Donaubrücke. Ihre heute nicht geringe Frequentierung belegt auch hier den Weitblick eines Prof. Krenn und aller AKOM-Mitglieder.

Die sehr stark frequentierte Bundesstraße aus dem Bezirk Rohrbach nach Linz trägt den – auf den ersten Blick – eigenartigen Namen „Saurüssel-Bundesstraße“. Für die Verbesserung der Lebensqualität der Bevölkerung des Oberen Mühlviertels war der Ausbau dieser Straße vordringlich wichtig. Unter dem plakativen Schlagwort – verbunden mit einem entsprechenden Plakat – „Haut der Sau den Rüssel ab“ wurde der Ausbau dieses so wichtigen Verkehrsweges gefordert und schrittweise auch durchgesetzt.

Wieder waren viele Vorsprachen bei den Entscheidungsträgern, Absprachen mit den politisch führenden Köpfen des Bezirkes, die Mobilisierung der Pendler und anderer Gruppen notwendig, bis der wesentliche Ausbau der Straße erfolgte.

Vieles konnte durch die Tätigkeit der AKOM mittelbar und unmittelbar für das Obere Mühlviertel erreicht werden: eine Reihe von Betrieben siedelten sich an, das Schulwesen wurde verbessert, die unterste Stufe des so genannten „abgestuften Bevölkerungsschlüssels", der entscheidend ist für die Zuteilung der Gelder an die Gemeinden und der die kleineren Gemeinden benachteiligt hatte, wurde abgeschafft, vor allem durch die Bewusstseinsbildung bei der Bevölkerung vieles an Aktivitäten der Menschen des Oberen Mühlviertels selbst grundgelegt. Insgesamt hat die AKOM nicht unwesentlich zur Stärkung des Selbstbewusstseins der Menschen des Oberen Mühlviertels beigetragen und dadurch eine positive Bewusstseinsveränderung bewirken können. In allem Mühen ist es der AKOM immer um die Menschen des Oberen Mühlviertels gegangen: Um die Verbesserung ihrer wirtschaftlichen Gegebenheiten, die Verbesserung ihrer Gesundheitssituation, ihrer Familiensituation, des Arbeitsplatzangebotes, der Bildungs- und Ausbildungsmöglichkeiten und um die Verbesserung des Umfeldes für die Praktizierung ihres Glaubens.

Professor Dr. Krenn, der „Vordenker" der AKOM, hat die Entwicklung des Oberen Mühlviertels über die *„Aktionsgemeinschaft Oberes Mühlviertel"* wesentlich geprägt, heute nicht mehr wegzudenkende Einrichtungen gäbe es ohne ihn nicht, zudem hat seine grundlegende Reflexion über den ländlichen Raum weit über das Mühlviertel hinaus Bedeutung.

Der Mensch des Oberen Mühlviertels stand bei allen Tätigkeiten der *„Aktionsgemeinschaft Oberes Mühlviertel"* im Mittelpunkt, wesentlich auch mit dem Blick auf den christlichen Glauben der Mühlviertler und die Möglichkeiten, indirekt die Konditionen für das praktizierte Glaubensleben zu verbessern.

## II. Die internationale Theologische Sommerakademie

Um den Glauben der Kirche, seine Verteidigung, seine klare Darlegung, seine Vertiefung geht es bei der *„Internationalen Theologischen Sommerakademie"* des *„Linzer Priesterkreises"*, wobei die erste Akademie schon ein Jahr nach der Gründung des Priesterkreises abgehalten wurde. Der *„Linzer Priesterkreis"* ist ein Zusammenschluss einer größeren Zahl von Priestern aus der Diözese Linz, die sich um die unverkürzte und unverfälschte Lehre der Kirche, um die rechte Feier ihrer Sakramente und um Bewahrung der priesterlichen Identität bemühen.

Sehr bald reifte in diesem Priesterkreis die Entscheidung, jährlich in einer „*Theologischen Sommerakademie*" die Lehre der Kirche auch einem größeren Kreis von Personen nahe zubringen, weshalb die Referate der Akademien auch jährlich in einem Sammelband publiziert werden. Bischof Dr. Krenn hat von Anfang an die Planung der Akademie wesentlich mitgeprägt, auch dann, als schon nach zwei Jahren ein „wissenschaftlicher Beirat" gebildet wurde, der die Organisation der Akademien übernahm und dem prominente Persönlichkeiten wie Kardinal Scheffczyk, Bischof Dr. Laun und zahlreiche Professoren aus Österreich, Deutschland, der Schweiz und selbst aus Slowenien angehören.

Die „*Internationale Theologische Sommerakademie*" des *Linzer Priesterkreises* wird in Aigen i.M. abgehalten, da dort die äußeren Voraussetzungen sehr günstig sind: Ein idealer Veranstaltungsraum, für die Teilnehmer eine große Auswahl an Quartieren unterschiedlicher Preiskategorien, die Nähe zu Tschechien und die nicht ungünstige Erreichbarkeit von Linz und Passau aus. Außerdem stand auch stets der Gedanke dahinter, die anfallende Wertschöpfung dem Oberen Mühlviertel zukommen zu lassen.

Die erste Akademie war von den Referenten her überaus prominent besetzt: Zwei Kardinäle aus Rom (Kardinal Stickler und Kardinal Maier) referierten ebenso wie zwei spätere österreichische Bischöfe: DDr. Klaus Küng und Dr. Kurt Krenn. Da Papst Johannes Paul II. die „Neuevangelisierung" ein dringliches Anliegen war, das er intensiv thematisierte, und da auch der Linzer Priesterkreis von der Notwendigkeit der Neuevangelisierung überzeugt war, ging es bei der ersten Akademie um die „*Neuevangelisierung*". Die Referate der Akademie wurden später publiziert.[1]

Prof. Dr. Krenn behandelte dabei das Thema „Zur Situation heutiger Theologie angesichts einer Neuevangelisierung Europas". Seine zentrale Forderung im Bereich der Theologie: Die Theologie muss in jedem ihrer Fächer wieder die Wirklichkeit Gottes in den Blick bekommen und darf

1 L. Scheffczyk (Hg.), Neue Wege zur Wiedergewinnung lebendigen Christentums – Neuevangelisierung, St. Ottilien 1990.

sich nicht damit begnügen, textkritisch etc. mit der Bibel zu verfahren, ohne dabei das Proprium der Bibel, dass sie eben Wort Gottes ist, zu beachten. Für Dr. Krenn bedeutet das vor allem, dass die Metaphysik wieder ihren gebührenden Platz erhalten und dass sie ihr Proprium als eigenständige Wissenschaft bewahrt. Krenn führt dazu aus: „Wo die Theologie ihren metaphysischen Kern aufgelöst hat, entsteht eine Reihe von immanenten Einzelwissenschaften, die sich keiner geltenden theologischen Ganzheit mehr unterordnen und auch zuweilen untereinander widersprüchlich oder beziehungslos sind. So gibt es z.B. nicht nur eine autonomistische, relativistische und subjektivistische Morallehre, die ein Unbedingtes nicht mehr kennt, sondern auch eine exegetische Wissenschaft, für die selbst der Ursprung aus einer göttliche Offenbarung irrelevant ist."[2]

Bischof Dr. Krenn prangert schon dort an, dass es heute oft nur mehr einen „affektiven Konsens" in der Theologie gäbe, aber nicht mehr einen Konsens in der Glaubenslehre. Er identifiziert diesen „affektiven Konsens" mit dem später so häufig beschworenen „Geist des Konzils". In ähnliche Richtung weise mitunter ein neuartiger „Formalismus", den Krenn so charakterisiert: „Nicht mehr der Inhalt und die Sache, sondern mehr der *Modus* und die Form werden zu Kriterien des Christlichen: Wenn z.B. etwas ‚mit Liebe' geschieht oder ‚personal' gehandelt wird oder ‚demokratisch' entschieden wird, gilt dies mehr als eine Legitimation als die Wahrheit oder Sittlichkeit der Sache an sich. Ähnlich geht es mit ‚Wahrhaftigkeit' oder ‚Glaubwürdigkeit' zu, so dass zuweilen ‚Wahrhaftigkeit' mehr als die Wahrheit und ‚Glaubwürdigkeit' mehr als der Glaube zu gelten scheinen. Es wird also fallweise ein spiritueller Formalismus gegen das Materiale und Inhaltliche der Glaubenslehre aufgeboten."[3] In klaren Worten greift Krenn auch die Problematik des „Lehramtes der Professoren und Engagierten" auf, die dazu geführt hat, dass die Bischöfe als die authentischen Lehrer der Kirche in ihrem Lehramt zurückgedrängt werden – wobei freilich anzumerken wäre, dass es anscheinend nicht wenige Bischöfe gibt, die sich von Anfang an den Professoren unterlegen fühlen, und die

---

[2] K. Krenn, Zur Situation heutiger Theologie angesichts einer Neuevangelisierung Europas, in: L. Scheffczyk (Hg.), Neue Wege, a.a.O., 242 f.

[3] Ebd., 273.

deshalb nur äußerst ungern zu Irrtümern in der Theologie Stellung nehmen, geschweige denn, dass sie gegen glaubenszerstörerisch agierende Professoren amtlich einschreiten würden. So ist es keine Erfindung, dass ein österreichischer Bischof immer dann, wenn aus Rom eine Klage gegen einen bestimmten Theologieprofessor kam, der in seiner Doktrin immer wieder massiv von der Lehre der Kirche abwich, zu eben jenem Professor ging: „Herr Professor, was sollen wir denn tun, aus Rom ist schon wieder ein Schreiben gekommen" – wobei jener Bischof selber durchaus orthodox war. Damit stellt sich die Frage, ob die Besetzung der Bischofsstühle mit „Beruhigungsbischöfen" wirklich der Weisheit letzter Schluss ist.

Krenn weist in seinem Referat auch auf die Notwendigkeit der „Klärung des theologischen und juridischen Status der Bischofskonferenzen" hin: „Die entscheidende theologische Frage ist, ob die gemeinschaftliche Lehre einer Bischofskonferenz in ihrer Autorität theologisch von einer ‚neuen' und ‚höheren' Autorität ist, als die Autorität eines jeden einzelnen Bischofs, der sich an der gemeinschaftlichen Lehre in einer Bischofskonferenz beteiligt. Es scheint kein stichhaltiges Argument dafür zu geben, dass die eher nach zufälligen, regionalen, nationalen und politischen Gegebenheiten zusammengesetzte Bischofskonferenz in ihren Lehraussagen eine ‚andere' Autorität als die des einzelnen Bischofs geltend machen kann oder dass dafür gar irgendeine Grundlegung im ‚ius divinum' aufgezeigt werden könnte."[4] Wie die Erfahrung zeigt, agieren Bischofskonferenzen ja nicht immer sehr mutig. Der moralische Druck auf den einzelnen Bischof ist groß, und einzelne dominante Personen lenken meistens den Entscheidungsfluß. Eine massive Bestätigung dafür bietet etwa der bekannte Abschlußbericht über die Situation der Kirche in Österreich von Nuntius Cagna.

Schon sehr früh hatte sich Krenn mit der Lehre von Papst Johannes Paul II. auseinandergesetzt; als großen positiven Ansatzpunkt für Theologie und Glaubensverkündigung greift er die von Papst Johannes Paul II. betonte Beachtung des „Person-Seins" des Menschen auf.

Zerstörerisch ist es nicht allein, dass es heute beinahe keine Glaubenswahrheit mehr gibt, die nicht von irgend einem Theologen „hinterfragt",

---

[4] Ebd., 262.

„neu interpretiert" oder schlicht geleugnet würde, schlimm ist vor allem der psychologische Effekt, der sich aus dieser Kakophonie theologischer Aussagen ergibt. „Dies erweckt heute bei vielen Gläubigen den Eindruck, dass nichts mehr gilt."[5] Heute sattsam bekannte Folgen sind, dass viele nicht mehr wissen, was wirklich gilt, dass viele den Eindruck haben, es wäre gleichgültig, wie man lebt, und was man tue, und vor allem das Heruntersickern verkürzter und verzerrter Glaubensdarstellung in den Raum von Predigt und Katechese.

Als Schlußconclusio ergibt sich aus der kritischen Sichtung der heutigen Situation der Theologie für Krenn die Folgerung, dass theologischer Pluralismus nur soweit legitim ist, als er selbst immer wieder „Maß an der Glaubenslehre nimmt, deren Unversehrtheit und Einheit der Kirche und dem Lehramt der Kirche aufgetragen ist. Auch die Theologie braucht jene Neuevangelisierung an sich und in sich, die Erinnerung und Einforderung des Ganzen der Glaubenslehre ist."[6] So wurde schon die erste Theologische Sommerakademie des Linzer Priesterkreises wesentlich von Krenns profunder Wissenschaftlichkeit, seiner nie angefochtenen Treue zu Glaube und Papst und seinem theologischen Weitblick geprägt.

Insgesamt hat Bischof Dr. Kurt Krenn bei den theologischen Sommerakademien des Linzer Priesterkreises nur zweimal referiert, immer aber waren dann seine Worte gewichtig und wegweisend. In seinem zweiten Referat, gehalten bei der „*Internationalen Theologischen Sommerakademie*" 1996, die unter dem Gesamtthema: „Die Kirchenkrise" stand, referierte Bischof Dr. Krenn, damals schon Diözesanbischof von St. Pölten, zum Thema: „Das genuine Jesus- und Kirchenbild und seine heutigen Verzerrungen". Sein Referat ist eine scharfe Auseinandersetzung mit dem Neo-Modernismus, wie er sich vor allem im so genannten „Kirchenvolksbegehren" widerspiegelte. Krenn macht deutlich, dass der Großteil der Forderungen der Kirchenvolksbegehrer nichts anderes ist als ein Absud der Modernismusirrtümer, die Papst Pius X. längst widerlegt und verurteilt hat. Er greift die Unterscheidung zwischen dem „Jesus von Nazareth" und dem „Christus der Bibel" an, betont die innere Zusammen-

[5] Ebd., 274.
[6] Ebd., 277.

gehörigkeit von Christus und Kirche – Jahre später sollte all das im lehramtlichen Schreiben „Dominus Jesus" aufgegriffen werden – und sieht die Verzerrungen, die sich aus dieser verkürzten Sicht auch im Menschenbild selbst ergeben. Leise Kritik am II. Vatikanischen Konzil klingt an, wenn er betont, dass die Kirche nicht nur pastorale Erwägungen braucht, sondern einfach nach der Wahrheit fragen und bewusst machen muss, dass der Ursprung aller Gnade und Wahrheit aus Gott kommt. Seine Sicht des „Kirchenvolksbegehrens" kritisch zusammenfassend, sagt Krenn: „In der Kirche gibt es den Ursprung der Lehre und des Amtes. Wenn heute heilige Vollmachten begehrt werden, die nicht ihren Ursprung im Willen Jesu Christi haben, werden die apostolische Tradition und Sukzession der Kirche geraubt und damit menschliche Strukturen an die Stelle dessen gesetzt, was Gott für die Menschen in der Kirche seit Anfang der Welt gewollt und geordnet hat."[7]

Andere, etwa Kardinal Scheffczyk, haben wesentlich häufiger bei den Sommerakademien des Linzer Priesterkreises referiert als Bischof Krenn, kaum jemand aber hat diese Akademie so sehr geprägt wie er. Dies geschah entscheidend schon immer im Planungsstadium, bei den Sitzungen des Wissenschaftlichen Beirates. Die Themen wurden wesentlich von ihm mitformuliert, er hatte einen großen Überblick über mögliche Referenten, deren Sachkompetenz und Glaubenstreue. So konnte die Akademie ihr hohes wissenschaftliches Niveau durchgehend halten, die Treue zu Glaube, Kirche und Papst stand nie in Frage. Er hat mit herausragenden Diskussionsbeiträgen bei Anfragen Rede und Antwort gestanden und vielen Menschen geholfen, im Bereich des Glaubens auch in den heutigen dunklen Zeiten klar zu sehen. Es war gar nicht so selten, dass er mit einer deutlichen Stellungnahme zeigte, was Sache war und vereinzelt bei Referaten gegebene Unschärfen klärte. Im „Offenen Abendforum", bei dem Anfragen zu allen nur möglichen Themen aus den Bereichen Kirche und Glaube gestellt werden konnten, war vor allem er der begehrteste Ansprechpartner, da er nie auswich, sondern stets offen und klar zu allen Problemen Stellung nahm. Krenn hat auch sehr häufig bei den Akademiegottesdiensten

[7] K. Krenn, Das genuine Jesus- und Kirchenbild und seine heutigen Verzerrungen, in: F. Breid (Hg.), Die Kirchenkrise, Steyr 1996, 222.

gepredigt, mitunter musste er auch einspringen, wenn im letzten Moment ein Bischof, der vorher als Prediger und Zelebrant zugesagt hatte, aus Gesundheitsgründen ausfiel, da bewusst immer nur Bischöfe oder Kardinäle als Zelebranten eingeladen wurden.

Durch Bischof Krenns gute Kontakte zu vielen herausragenden Persönlichkeiten in Kirche und Welt gelang es nicht selten, auch überaus prominente Referenten für die Akademie zu gewinnen. Dass der persönliche Freund des verstorbenen Papstes Johannes Paul II., Marian Kardinal Jaworski von Lemberg als Referent kam, ist Krenns persönliches Verdienst. So steht hinter so vielem Wegweisendem der Akademie direkt und indirekt die Persönlichkeit von Bischof Dr. Kurt Krenn. Wenn in letzter Zeit häufig junge aufsteigende Professoren aus Niederösterreich (St. Pölten, Heiligenkreuz, St. Josefs-Gemeinschaft) referierten, so ist dies ebenso Krenns Verdienst und zugleich eine die Zukunft der Akademie sichernde Weichenstellung.

Unter allen Sommerakademien des Linzer Priesterkreises sind wohl drei am bedeutendsten, zwei von ihnen, denke ich, werden im eigentlichen Sinne in die Kirchengeschichte eingehen, da sie besonders qualifiziert waren. Die erste Akademie, die aus meiner Sicht besonders bedeutsam ist, war die erste zum so drängenden Komplex der „Neuevangelisierung", wo gerade das Referat von Bischof Krenn einen Höhepunkt darstellte; die zweite, sehr bedeutende Akademie, die wohl in die Annalen der Kirchengeschichte eingehen wird, war jene über „Gottes Schöpfung", die 1994 stattgefunden hat. Das entscheidende Referat dieser Akademie war jenes des „Makromolekül-Experten" schlechthin, Professor Vollmert, der sein letztes großes öffentliches Referat ghalten hat. Er ist kurz nach dieser Akademie verstorben.

Vollmert legt vor allem dar, dass allein schon aus Gründen der Wahrscheinlichkeitsrechnung eine „Selbstorganisation des Universums" einfach nicht möglich ist; das System des totalen Evolutionismus ist damit klar widerlegt. Vollmert sagt diesbezüglich: „Im Rahmen einer streng wissenschaftlichen Argumentation verbleibend, kann man auf die Frage: ‚Wie ist das Leben entstanden?' nur antworten: ‚Wie das Leben entstanden ist, wissen wir nicht; wir wissen nur, wie es nicht entstanden ist; nicht durch

Selbstorganisation, nicht durch Mutation und Selektion,– nicht durch molekulare Zufallsereignisse, nicht spontan, nicht von selbst.'"[8]

Bewusst übersteigt Vollmert dann die Grenze rein naturwissenschaftlichen Denkens und sagt: „Wenn das aber nun einerseits so ist, dass DNA und folglich auch die Lebewesen nicht von selbst entstehen konnten, Lebewesen und ihre DNA aber ohne Zweifel da sind (eine Sachverhaltsevidenz wie die, dass es Sonne, Planeten, Mond und Sterne gibt), und wenn es andrerseits unserer elementaren menschlichen Alltagserfahrung entspricht, dass alle Maschinen, Apparate, Bauwerke, Fabriken, Kunstwerke und synthetischen Gewebe nicht von selbst entstehen, sondern der schöpferischen Phantasie, der intelligent geplanten Konstruktion und der

[8] B. Vollmert, Entstehung des Lebens: Schöpfung oder Evolution?, in: F. Breid (Hg.), Gottes Schöpfung, Steyr 1994, 92.

konstruktionsgerechten Ausführung – kurzum der schöpferischen Tätigkeit des Menschen ihr Dasein verdanken, was liegt dann näher als der Gedanke einer intelligenten Planung auch bei der Frage nach der Entstehung der Lebewesen und ihrer DNA – nachdem sich erwiesen hat, dass eine Entstehung durch Selbstorganisation nicht möglich ist.“[9]

Die bedeutendste aller Akademien war wohl jene zum Thema: „Die heilige Liturgie“ im Jahre 1997, an deren Planung wiederum Bischof Dr. Krenn entscheidenden Anteil hatte. Kardinal Ratzinger, jetzt Papst Benedikt XVI., schrieb dazu ein wegweisendes Grußwort, in dem er Leitlinien aufzeigt, die gewiss in seinem Pontifikat noch zum Tragen kommen werden.

Er schreibt darin: „Liturgie ist zuerst Opus Dei, und dies im einfachen Sinn. Sie ist unser Zugehen auf Gott, sie ist Verherrlichung des lebendigen Gottes. Deshalb ist der entscheidende Gesichtspunkt in der Liturgie nicht, ob sie uns gefällt, sondern dass sie Gott gefalle, für ihn *wohlgefällig* und *annehmbar* sei (vgl. Röm. 12,1; 15,16). Die Blickrichtung der Liturgie ist Gott. Es geht nicht darum, pastorale oder sonstige Effekte zu erreichen, die werden – wenn Liturgie recht geschieht, d.h. wenn das Zuerst Gottes geachtet wird – von ihm *dreingegeben*. Wenn diese primäre Ausrichtung auf Gott unseren Gestaltungswünschen untergeordnet wird, ist Liturgie im Kern erkrankt. Liturgie ist der Ort, wo wir unsere Anthropozentrik aufgeben, unsere pastoralen Wünsche zurückstellen und uns ganz dem lebendigen Gott zuwenden müssen, der leider auch in so vielen theologischen Überlegungen nahezu abwesend ist. Aber nur wenn wir wieder lernen, ihn wichtiger zu nehmen als uns selbst, ihn überhaupt als wirkend und antwortend anzuerkennen, werden wir wieder frei und neu.“[10] Eindringlich betont Kardinal Ratzinger in diesem Vorwort auch, dass die Liturgie nicht zum Macher-Experiment entarten darf: „Liturgie, die Selbstdarstellung einer Gruppe würde, ist eine Karikatur von Liturgie. Die Gleichheit und die Freiheit aller ist in der Liturgie gerade dadurch und nur dadurch gewährleistet, dass niemand sie selber macht, weder Spezialisten noch Behörden, weder der Zelebrant noch ein Liturgiekreis, sondern dass alle sie aus der Einheit der ganzen Kirche empfangen und durch sie in diese

---

[9] Ebd., 105.

[10] Grußwort von Kardinal Ratzinger, in: F. Breid, (Hg.), Die heilige Liturgie, Steyr 1977, 9f.

Einheit und so in die Einheit mit dem trinitarischen Gott selbst eintreten. Diese Gottgemeinschaft kann sich niemand selber geben, wir können sie nur geschenkt erhalten; wo wir sie nicht empfangen, wird Liturgie zum leeren Spiel."[11]

Bedeutende Beiträge zu dieser Akademie erbrachten auch der ebenfalls leider schon verstorbene Kardinal Scheffczyk, der weltweit anerkannte Philosoph Robert Spaemann, Professor Brian W. Herrsion aus Puerto Rico und vor allem Alfons Maria Kardinal Stickler.

Kardinal Stickler war gedrängt worden, Peritus für die Konzilskomission für die Liturgie zu werden, und hatte ihr als solcher Zeit ihres Bestehens angehört. Sein Referat ist teilweise eine klare Anklage dagegen, was in der weiteren Entwicklung der Liturgie geschah und in keiner Weise in Einklang mit dem steht, was eigentlich das Konzil in seinen Texten beschlossen hatte. So sagt Kardinal Stickler dazu: „Sie können nun aber auch meine Verwunderung verstehen, als ich bei der Kenntnisnahme der endgültigen Ausgabe des neuen Missale Romanum feststellen musste, dass dessen Inhalt in vielem nicht den mir wohlbekannten Konzilstexten entsprach, vieles verändert, erweitert, ja direkt gegen die Konzilsverfügungen war."[12]

Einige wesentliche Kritikpunkte von Kardinal Stickler seien genannt. So nennt er die Verschiebung von der Opferhandlung zum eucharistischen Mahl, wozu er sagt: „Damit ist schon eine wesentliche andere Umfunktionierung grundgelegt: an die Stelle des vom geweihten Priester als alter Christus Gott dargebrachten Opfers tritt die Mahlgemeinschaft der versammelten Gläubigen unter dem Vorsitz des Priesters. ... Diese Umfunktionierung des Herzstückes des Messopfers erhielt ihre Bestätigung und Aktivierung durch die Zelebration versus populum, eine vorher verbotene Praxis und Umkehrung der Gesamttradition der Zelebration nach Osten, wo der Priester nicht der Konterpart des Volkes war, sondern dessen Spitze und Führer hin zu Christus, unter dem Symbol der im Osten aufgehenden Sonne."[13] Ebenso scharf greift Stickler die Fehlentwicklung bei der „actuosa participatio" an, aus der eine Geschäftigkeit im heiligsten Augenblick

[11] Ebd., 11.

[12] A. Stickler (Hg.), Erinnerungen und Erfahrungen eines Konzilsperitus der Liturgiekomission, in: F. Breid (Hg.), Die heilige Liturgie, Steyr 1977, 161.

[13] Ebd., 172.

geworden ist. Schwerwiegend ist nach ihm auch das Verschwinden der lateinischen Kultsprache, was in keiner Weise in der Absicht des Konzils selbst gelegen hatte. Sehr eindringlich kritisiert Stickler auch den dreijährigen Kirchenjahreszyklus. „In der Konzilskonstitution ist nirgends die Rede von der Einführung eines dreijährigen Kirchenjahrzyklus. Durch ihn hat sich die Reformkomission einer Sünde gegen die Natur schuldig gemacht. Diese kommt für alle Bedürfnisse des Wechsels mit einem Sonnenjahr aus. Anstatt beim Jahreszyklus des liturgischen Jahres zu bleiben, und der Bereicherung der Lesungen durch so viele und so vielseitige Auswahlsammlungen als man wollte gerecht zu werden, ohne den Ablauf des einen natürlichen Jahreszyklus in der Leseordnung aufzulösen, hat man die alte Leseordnung zerstört und eine neue eingeführt, mit ihrer Bücherlast und ihren Bücherspesen, in der so viele Texte als möglich untergebracht werden konnten, nicht nur aus den kirchlichen sondern – und hier nach freier Auswahl wie vielfach praktiziert – auch aus der profanen Welt. ... Oder man schaltete pastoral missliebige Reminiszenzen – oft von grundlegend theologisch- moralischer Bedeutung – aus. Ich führe als klassisches Beispiel den Paulustext aus 1 Kor 11, 27–29 an: hier wurde beim Einsetzungsbericht der Eucharistie die abschließende Mahnung des Apostels über die schweren Folgen des unwürdigen Empfanges konstant weggelassen, sogar am Fest des Corpus Domini, wo das pastoral so notwendig wäre bei dem heutigen Herdenempfang ohne Beichte und ohne Ehrfurcht.“[14] Stickler schließt mit der Hoffnung, dass es zu einem gesunden Wiederaufbau der alten Ordnung in neuem Kleide kommen werde.

Die *„Internationale Theologische Sommerakademie“* des *„Linzer Priesterkreises“* hatte zwei Persönlichkeiten, die sie in ihrer Planung, ihrer Abwicklung und ihren Referaten prägten: Kardinal Scheffczyk, der von Anfang an dabei war, und Bischof Krenn. Ohne diese beiden großen Denker und treuen Söhne der Kirche wäre die Planung und Veranstaltung von nunmehr schon 17 Sommerakademien nicht möglich gewesen, die ihrerseits für viele Menschen eine wichtige Bestärkung im Glauben gebracht haben.

[14] Ebd., 181f.

# Es geht um den Menschen

*Karl Winkler*

Am Stefanitag des Jahres 1954 fuhren wir, fünf Seminaristen aus dem Linzer Priesterseminar, mit der Mühlkreisbahn nach Hause. Bei der Ankunft am Bahnhof Neufelden wurden wir von einem plötzlichen Wintereinbruch überrascht. Die Busverbindung in unsere Wohnorte fiel aus. Wir erklommen mit unserem Gepäck über den steilen Steig die Anhöhe des Ortes Neufelden. Vergeblich suchten wir andere Transportmöglichkeiten aufzutreiben. So blieb uns nichts anderes übrig, als den Fußmarsch anzutreten; in Halbschuhen und der gewöhnlichen Straßenkleidung stapften wir los. Schließlich hatten wir auch Altenfelden erreicht, bei dichtem Schneefall ging es durch die Waldpassagen des Panholzes. Kleidung und Schuhwerk waren längst zur Gänze durchnässt. Dennoch waren wir in guter Stimmung und sangen Weihnachtslieder. Hinunter ins Tal der kleinen Mühl war es wieder leichter voran zu kommen. Aber dann kam noch eine 3 km lange Strecke ständig bergauf, es ging zwei Schritte vor und einen zurück, bis wir endlich um 2 Uhr nachts in Lembach angekommen waren.

Wir zwei Lembacher, Erwin Ecker und ich, hatten es ja nun geschafft, die beiden Pfarrkirchner, Erwin Hein und Karl Draxler, gingen weiter, auf halbem Weg gaben sie auf, bei einer bekannten Familie (im Haus Fenkschmiede) wurde ihnen Unterkunft gewährt. Kurt Krenn blieb den Rest der Nacht bei uns. Es schneite die ganze Nacht hindurch, am Morgen setzte Tauwetter ein, die Wegverhältnisse wurden noch schlechter, selbst für ein Pferdefuhrwerk waren sie zu schwierig. Kurt Krenn musste schließlich zu Fuß den strapazvollen Fußmarsch nach Oberkappel antreten. Die Strecke Lembach–Oberkappel ist gut so lang wie Neufelden–Lembach.

Ich habe dieses Erlebnis aus unserer gemeinsamen Studienzeit erzählt, weil es mir, im Nachhinein betrachtet, wie eine Art Vorbedeutung für unsere späteren Jahre als Weggefährten vorkommt. Unsere Studienwege gingen in der Folge auseinander; beide standen wir schon einige Jahre im Beruf, Kurt Krenn als Theologieprofessor, ich als Jurist bei der oö. Landesregierung, als uns die Verbundenheit mit unserer engeren Heimat, dem Oberen Mühlviertel, wieder zusammenführte.

Mit Gleichgesinnten gründeten wir Ende der Sechzigerjahre die Aktionsgemeinschaft Oberes Mühlviertel, abgekürzt AKOM genannt. Zielsetzung war: für eine benachteiligte Region Verbesserungen der Infrastruktur zu erreichen. Es ging um Straßen, Brücken, Schulen, ein Krankenhaus und immer um Betriebe und Arbeitsplätze. In der Intensivphase gab es ein dichtes Arbeitsprogramm: es bestand unter anderem in der Organisation und Abwicklung öffentlicher Veranstaltungen und Aktionen zu den jeweils aktuellen Themen und Forderungen der Region, sowie im Vorsprechen bei Regierungsmitgliedern, Ministerien etc. Ungeheuer viel Kleinarbeit war hierzu notwendig. In oft kurzfristig angesetzten Sitzungen und Besprechungen im kleineren oder größeren Kreis wurden Inhalt und Vorgangsweise festgelegt. Nach dem Motto „zwei Schritte vor und einen zurück" kamen wir voran.

Mit Franz Breid (damals Kaplan in Sarleinsbach) und Kurt Krenn (Theologieprofessor in Regensburg) gehörten der AKOM auch zwei Priester an. Dieser Umstand war sehr bedeutsam für die geistige Grundlage und das Profil der AKOM. In der Jubiläumsschrift „10 Jahre AKOM – Vom Passivraum zum Hoffnungsgebiet" kam dies deutlich zum Ausdruck. Der brillante Beitrag von Kurt Krenn stand unter dem Thema: „Es geht um die Menschen". Darin zeichnet er, wie das sonst nirgends zu finden ist, den Typus des Oberen Mühlviertlers und prägt den Begriff der „ländlichen Mitmenschlichkeit". Ich halte es für angebracht, daraus zu zitieren:

„Es ist gar nicht einfach, das besondere Wertsystem des ländlichen Menschen zu fassen. Es verhält sich ähnlich wie bei der Frage, was denn eigentlich „Gesundheit" sei; was „Gesundheit" ist, weiß man viel besser erst dann, wenn man krank ist. Vielleicht ist über das Wertsystem des ländlichen Menschen jene Grundaussage am treffendsten: Überall dort, wo sich Großbereich des städtischen Lebens so genannte Strukturen, Systeme, anonyme Automatismen und Abhängigkeiten gebildet haben, lässt sich im ländlichen Bereich immer noch ein Mensch, ein Verantwortlicher, eine Bezugsperson, eine Vertrauensperson, ein Nachbar, ein Familienmitglied finden. Das Interesse der Menschen aneinander ist im ländlichen Raum noch nicht erloschen, man hat die fatale Überschätzung der Privatsphäre noch nicht zu jener Unmenschlichkeit vorangetrieben, dass man vom Tod des Nachbarn erst durch unerträglichen Leichengeruch in der Wohnung nebenan erfährt. Die Wertstruktur des ländlichen Zusammenlebens zeigt sich (sie muss nicht einfach darin bestehen) im unverkürzten Interesse am Mitmenschen: Jeder kennt fast jeden, man nimmt Geschicke, Erfolge, Misserfolge, Geburt und Tod, Alter und Krankheit, Fehler und Vorzüge der Mitmenschen zur Kenntnis. Man grüßt einander, man beschimpft einander, man kann einander begegnen in der Kirche, im Gasthaus, im Verein oder bei Tratsch und Klatsch. Man kontrolliert einander, man versucht den anderen zu überzeugen, man ärgert oder freut sich über den anderen, man konkurriert in vielen Dingen miteinander. Solche Weisen der Mitmenschlichkeit bringen keineswegs immer das Paradies auf Erden. Es ist schon lange in Mode vor allem der aufgeklärten Literaten, die spezifische Mitmenschlichkeit im ländlichen Bereich als dörfliche Muffigkeit, als fortgesetzte Lebenslüge und als moralische Heuchlerei anzuklagen; gar manches dabei hat seinen triftigen Grund.

Dennoch muss man mit Entschiedenheit festhalten, dass das Interesse des Menschen am Mitmenschen durch nichts ersetzt werden kann. Solange das ungebrochene Interesse am Mitmenschen besteht, wird der Mitmensch nicht zum bloßen Gegenstand und nicht zum bloßen Instrument, so dass das einzige Kriterium des Mitmenschen nicht einfach seine Nützlichkeit oder Nicht-Nützlichkeit ist. Es ist allerdings einer der eher unbewussten Irrtümer unserer Zeit, diese Mitmenschlichkeit sei machbar, konstruierbar und planbar nach den Maßstäben des gegenseitigen Nutzens: Man meint, es seien nur die richtigen ökonomischen, soziologischen und psychologischen Verhältnisse herzustellen, dann werde sich das Interesse aus Mitmenschlichkeit gleichsam von selbst einstellen. Man meint, entscheidend sei heute nur die humane Moralität der „Taten", der geschaffenen Verhältnisse, der von außen an den Menschen herangetragenen Lebensbedingungen. Doch das Interesse am Mitmenschen und die

Menschlichkeit sind damit noch nicht konstruiert; es braucht mehr: Zur humanen Moralität der äußeren Verhältnisse muss die Moralität des Gedankens, der Weltanschauung, des sittlichen Interesses an Gut und Böse (nicht nur an Nützlich und Nicht – Nützlich) hinzukommen. Das heißt, die ungebrochene Mitmenschlichkeit hat einen unkonstruierbaren Kern, der aus dem Gewissen um Gut und Böse wirkt."

Als Mann der Tat stand Kurt Krenn gleichsam auf der Grundlage dieses Gedankengutes der Initiative zur Gründung des „Sozialsprengels Südwestliches Mühlviertel" kräftig zur Seite: Als wir 1982 für die öffentliche Präsentation des Sozialsprengels Südwestliches Mühlviertel einen originellen aber doch einfachen und plakativen Titel suchten, war er es, der ihn uns vorschlagen konnte: „Hilfe vom Nächsten" hieß er und traf genau das Anliegen.

Es war nicht so bekannt, dass sich nicht wenige Menschen seiner engeren Heimat in ihren Nöten an Prof. Kurt Krenn wandten in der Erwartung, er wird schon helfen oder ein erfolgreicher Fürsprecher sein können. Sich darauf einzulassen, heißt sehr häufig, das Risiko der Enttäuschung in Kauf zu nehmen, weil es bei den Betroffenen häufig an der Einsicht über die realen Möglichkeiten einer wirksamen Hilfe mangelt.

So gesehen wurde die Ehrenbürgerschaft seiner Heimatgemeinde Oberkappel beileibe nicht einem Bürger der Gemeinde verliehen, der als Professor aus dem elfenbeinernen Turm der Wissenschaft auf die Niederungen des gewöhnlichen Lebens herabschaut, sondern einem, der sich selbst dorthin begibt, um den Mitmenschen nahe zu sein.

Hochwürdigster Herr Bischof, lieber Freund Kurt, wir wissen, dass Dir die Verbundenheit mit Deiner engeren Heimat immer viel bedeutet hat und auch jetzt nicht weniger wichtig ist. Als Freund und Weggefährte möchte ich Dir (auch im Namen derer, die hier nicht zu Wort kommen) den aufrichtigen Dank und Vergelt's Gott für diese Verbundenheit und Dein Wirken bei uns zum Ausdruck bringen, und damit auch die allerbesten Glückwünsche zu Deinem Siebziger!

Gottes Segen und überreiche Gnade.

# Begegnungen mit Bischof Kurt Krenn

*Alfred Sammer*

Als Univ.- Prof. Dr. Kurt Krenn in Wien Weihbischof wurde – mit dem speziellen Bereich der Kultur –, war ich an der Akademie der Bildenden Künste Rektoratsdirektor und zugleich auch Präsident der Österreichischen Gesellschaft für Christliche Kunst (die in Wien im Jahre 1909 gegründet wurde).

Für mich als Katholik war es selbstverständlich, dass ich dem neuen Bischof gratulierte und meine Mitarbeit vor allem auf dem Sektor der Bildenden Künste anbot. So erhielt ich auch eine persönliche Einladung zur Bischofsweihe in St. Stephan, wo ich als Lektor tätig sein durfte. Beim anschließenden Empfang im Erzbischöflichen Palais kam ich mit Exzellenz Krenn ins Gespräch und wurde dabei ermuntert, den neuen erstmals mit den Agenden der Kultur betrauten Bischof bei Bedarf zu unterstützen.

Bald ergaben sich Zusammenkünfte sowohl im Erzbischöflichen Palais als auch in meiner Dienstwohnung an der Wiener Kunstakademie. Sie fanden immer im gemütlichen und oft auch geselligen Rahmen statt, wie z.B. auch in Oberkappel – der oberösterreichischen Heimat des Bischofs – bei seiner Mutter, den Schwestern, den Brüdern, dem Schwager und seinen Neffen. Da erlebte ich unmittelbar seinen tiefen Familiensinn, der nicht selten auch durch seine selbstlose Bescheidenheit in tatkräftiger Unterstützung mündete. Denn dem Bischof waren persönliche Bedürfnisse oder gar Luxus absolut fremd. Er hatte z.B. für seine eigene Wohnung in der Wollzeile in Wien fast nichts ausgegeben, und ich erinnerte ihn öfter, dass er wenigstens mit ein paar Bildern oder Gegenständen seine spartanische Wohnung einrichten möge.

Das menschliche Gespräch und das Aufgreifen von aktuellen Sachthemen oder Vorgängen im kirchlichen Leben und seine unerschütterliche

Treue zum Primat des Papstes kam immer wieder zum Vorschein – verbunden mit den unabänderlichen Glaubensaussagen der christlichen Religion. Diese Themen waren für mich von großem Interesse, da ich schon anfing, an der Wiener Universität Theologie zu studieren.

An der Wiener Kunstakademie machte ich den Bischof für Kultur mit so manchen Künstlern persönlich bekannt. Obwohl Exzellenz keine gezielten Vorlieben für diesen oder jenen Bereich der Bildenden Künste verspürte, ließ er sich interessiert und im geduldigen Hinhören in diesen speziellen Bereich der Kreativität des Menschen einführen.

Bei einem Galeriebesuch entspann sich z.B. ein persönlicher Gedankenaustausch im Gespräch mit Arnulf Rainer, der dem Bischof sehr erfreut einen signierten Katalog überreichte, wie etwa auch mit dem Aktionskünstler Hermann Nitsch, der nach einer heftigen, aber anscheinend fruchtbaren Debatte den Bischof nach einem gemeinsam geleerten Glas Naturweines gar persönlich nach Hause brachte.

Mit dem Rektor der Akademie und Professor für Graphik, Maximilian Melcher, ergaben sich nicht nur Gespräche über Kunst, Religion und Weltanschauung, sondern ein von Wertschätzung und Humor getragenes freundschaftliches Verhältnis, was bis zum persönlichen Besuch beim schon totkranken Professor durch den Bischof führte. Auch etliche Ausstellungen, die ich als Präsident der Österreichischen Gesellschaft für Christliche Kunst veranstaltete, fanden stets das rege Interesse und auch so manche tatkräftige Unterstützung des Bischofs. So berief mich Exzellenz nicht nur in den neugeschaffenen Kunstrat der Erzdiözese Wien, sondern auch im Falle seiner Abwesenheit zum stellvertretenden Leiter der diesbezüglichen Konferenzen im Wiener Bischofshaus.

Als dann meine theologischen Studien allmählich zum Abschluss kamen, und ich schon knapp vor meiner letzten Prüfung stand, durfte ich Exzellenz auf seiner ersten Visitationsfahrt ins Weinviertel als Zeremoniär begleiten. Der Bischof staunte über meine geographischen Kenntnisse dieses heimeligen Gebietes von Niederösterreich. Ganz nahe konnte ich so erleben, wie der Bischof ohne jegliche Abgehobenheit und Distanz die Menschen der verschiedenen Markt- und Dorfgemeinden in ungezwungenen persönlichen Gesprächen erreichen konnte. In der Nähe von Gaweinsthal besuchte er z.B. ohne Programm die Aufstellungszeremonie eines Maibaumes genauso wie ein geselliges Beisammensein der Dorfbevölkerung in einem Weinkeller oder den Kameradenkreis der Freiwilligen Feuerwehr im Rahmen eines mit viel Liebe und Freude von den Frauen arrangierten Buffets, das er zum Leidwesen der vielen Menschen wegen eines Telefonates aus Wien vorzeitig verlassen musste.

Ich erinnere mich auch an einen ganz unkomplizierter Schulbesuch in Hohenruppersdorf im Kontakt mit den interessierten Lehrern und den Kindern. Vorher hatte ein kräftiger Männerchor den Bischof bei der Dreifaltigkeitssäule mit dem alten und innigen Lied „Heut' ist der Tag des Herrn" begrüßt. Der Bischof war selbst überall tief beeindruckt, was auch auf die umstehenden Menschen ausstrahlte.

Dies waren nur ein paar Begenheiten, die ich mit dem Bischof erlebte und die mich auf meinem geistlichen Weg gestärkt haben. Die absolute Festigkeit im Glauben und die bedingungslose Treue zum Nachfolger des hl. Petrus sind zusätzliche Eigenschaften eines Kirchenmannes der Jahrtausendwende, die viele zum Nachdenken, Einlenken aber auch zu ehrlichen und vorurteilslosen Diskussionen anregten. Man erlebte oft die unerschütterliche Überzeugung des Bischofs. Er hatte etwas zu verkündigen, woran man sich reiben konnte, und manche mussten es. Wenn dies auch manchmal als unbeugsame Härte aussah, so war Bischof Krenn letztlich im Innersten immer ein selbstloser und milder Mensch. Er hatte ein oft grenzenloses Vertrauen und Verständnis für seine unmittelbaren Mitarbeiter und musste vielleicht deshalb so manche Enttäuschung und unverdiente Intrige einstecken, was er aber letztlich stets mit der ihm eigenen Gelassenheit wegstecken konnte. Der Bischof stand als Zeitgenosse der nachkonziliaren Periode immer im Zentrum des Geschehens, wo die Positionen der sogenannten Konservativen und Progressiven mit Leidenschaft bis dato vertreten werden, und so mancher ziemlich leichtfertig als Fundamentalist oder Kirchenrevolutionär abgestempelt wird.

# Wallfahrt zum Fatimaheiligtum Dross

*Konrad Panstingl*

Als Pfarrassistent in der Fatima-Wallfahrtskirche Droß hatte ich auch die Aufgabe, die Monatswallfahrten und Fatimafeiern zu organisieren, sie vorzubereiten und dafür auch die monatlichen Wallfahrtsleiter einzuladen. Als Dr. Kurt Krenn am 26. April 1987 zum Bischof geweiht und zum Auxiliarbischof für Wien ernannt wurde, war für mich klar, dass ich den Neugeweihten für die Leitung einer Monatswallfahrt nach Droß einladen würde. Vorher hatten schon der Erzbischof von Wien, Kardinal Dr. Hans Hermann Groër, und die Wiener Weihbischöfe, Dr. Helmuth Krätzl, Florian Kuntner und Karl Moser, Fatimafeiern in Droß geleitet.

Seine Exzellenz, Weihbischof Dr. Kurt Krenn, hat die Einladung angenommen und am 13. Jänner 1989 die Feier geleitet. Damit war Droß die erste Pfarre in der Diözese St. Pölten, die der Wiener Auxiliarbischof Dr. Kurt Krenn besucht hat. Damals ahnte noch niemand, dass er einmal Diözesanbischof von St. Pölten werden würde.

Als dann 1991 Bischof Dr. Kurt Krenn die Diözese St. Pölten übernahm, war er für die Droßer Pfarrangehörigen und die vielen Fatimafreunde kein Unbekannter. Groß war die Freude, als bereits am 13. Mai 1992 der neue Diözesanbischof erneut zur Fatimafeier nach Droß kam.

Insgesamt hat Diözesanbischof Dr. Kurt Krenn in der Zeit von 1991 bis 2004 fünfmal das Fatimaheiligtum Droß besucht und Wallfahrten geleitet. Ein besonderer Höhepunkt war dabei der 13. Mai 1997 („80 Jahre Fatima"). Bei dieser Fatimafeier hat Seine Exzellenz den Marienpark, der rund um die Wallfahrtskirche erbaut wurde, eingeweiht. Stationen, die in diesen Park zu besuchen sind, erinnern an die Erscheinungen der Gottesmutter in Paris (1830), La Salette (1846), Lourdes (1858), Fatima (1917) und Syrakus (1953). In der Mitte der Anlage erhebt sich ein großes Kreuz, das die Pilger einladen soll, sich von der Gottesmutter zu ihrem Sohn führen zu lassen. Denn bei allen Privatoffenbarungen, die von der Kirche anerkannt sind, geht es letztlich immer darum, dass uns Maria an der Hand nehmen und zu Jesus führen will und uns aufträgt: „Was er euch sagt, das tut!" (Vgl. Joh 2,5)

Aber auch die Eröffnung des Heiligen Jahres 2000 – Droß war auch eine Ablasskirche im Jubeljahr – hat Bischof Dr. Kurt Krenn im Rahmen der Monatswallfahrt am 13. Dezember 1999 in Droß durchgeführt. Für das Fatimaheiligtum der Diözese war das eine besondere Auszeichnung.

Aber nicht nur die Tatsache, dass Bischof Dr. Kurt Krenn Fatimafeiern und Monatswallfahrten in Droß geleitet hat, zeigt seine tiefe Verbundenheit mit der Botschaft von Fatima. Es war ihm ein großes Anliegen, dass die Anliegen der Gottesmutter von Fatima und die damit verbundene Spiritualität weitergegeben werden. Als der Heilige Vater Johannes Paul II. am 13. Mai 2000 die kleinen Seherkinder Francisco Marto und Jacinta Marto seliggesprochen hat, da habe ich mich in der Folge an Seine Exzellenz gewandt und mit ihm darüber gesprochen, ob es nicht gut wäre, wenn wir in Droß – dem Fatimaheiligtum unserer Diözese – einen Ort schaffen würden, wo die seligen Seherkinder von Fatima als Vorbilder und als Fürsprecher für unsere Zeit den Menschen besonders vorgestellt werden. Bischof Dr. Krenn war sofort davon beeindruckt und hat mir Mut gemacht, in dieser Richtung aktiv zu werden. So kam es, dass bereits am 8. September 2000 Bischof Serafim de Sousa Ferreira e Silva den Spatenstich für den Bau einer Kapelle zu Ehren der seligen Kinder vorgenommen hat. Und am 20. Februar 2001, bei der ersten Feier des Festes der seligen Kinder in Fatima, hat Bischof Serafim zwei Statuen der Seligen für das Fatimaheiligtum Droß geweiht. Diese beiden Statuen stehen nun in der Fatima-Wallfahrtskirche, da leider durch missliche Umstände die Kapelle zu Ehren der beiden Seligen noch immer nicht gebaut werden konnte.

Als nach meinem Abgang von der Pfarre Droß als Pfarrassistent Wallfahrer an mich herantraten, ob ich nicht bereit wäre, wenigstens die Pilgerreisen nach Fatima und anderen großen Heiligtümern der katholischen Kirche weiter fortzusetzen, gründete ich einen weltlichen Verein mit dem Namen „Fatima-Apostolat-Pilgerreisen" mit der Zielsetzung, Pilgerreisen zu organisieren und durchzuführen. Das Interesse war sehr groß, und so umfasst diese Vereinigung fast 600 Mitglieder. In diesem Verein wurde überlegt, was man denn dafür tun könne, dass das Fatimaheiligtum Droß auch zum Heiligtum der seligen Kinder von Fatima wird, vor allem, dass die Kapelle zu Ehren der Seligen im Marienpark errichtet wird. Einige Mitglieder waren der Meinung, der Verein solle diese Angelegenheit in die Hand nehmen und aus dem Verein solle eine kirchliche Vereinigung unter der Oberaufsicht des Diözesanbischofs werden. Dieser Vorschlag fand bei den Vereinsmitgliedern volle Zustimmung. So ging ich, als Obmann dieses Vereines, zu Seiner Exzellenz und trug ihm das Anliegen vor. Der hochwürdigste Herr Bischof war sofort für diese Weiterführung und versprach, dafür zu sorgen, dass entsprechende Statuten erstellt werden. Er machte mir Mut für dieses Vorhaben. Würden doch durch diese kirchliche Vereinigung die Inhalte der Botschaft von Fatima für die ganze Diözese noch mehr Gewicht bekommen und für die Seelsorge hilfreich sein.

Sooft ich in dieser Angelegenheit zum Bischof kam, fand ich bei ihm ein offenes Ohr. Dafür bin ich meinem damaligen Vorgesetzen zu größtem Dank verpflichtet.

Ab 1. Oktober 1998 war ich auch Direktor des Schulamtes der Diözese St. Pölten. Darüber möchte ich jetzt nichts im Detail ausführen, nur soviel soll erwähnt werden, dass ich mir keinen idealeren Vorgesetzten hätte wünschen können. Bischof Dr. Krenn hatte für mich immer Zeit. Ich konnte ihm meine Sorgen vortragen und ihm mein Herz ausschütten, und er hat mich immer wieder bestärkt und mir Mut gemacht. Es war eine sehr gute Zusammenarbeit, und Seine Exzellenz hatte größtes Verständnis für die Anliegen des Religionsunterrichtes und des Privatschulwesens. Dafür möchte ich ausdrücklich „Vergelt's Gott!" sagen.

# Bischof Kurt Krenn und die Gefängnispastoral

*Johann Hadrbolec*

Die Seelsorge im Gefängnis hat eine uralte Tradition und es ist der Priester, der seit alten Zeiten im Gefängnis den Gefangenen Beistand leistet und sich in den Gefängnissen um Trost und geistliche Hilfe bemüht. Vermutlich schon von Anbeginn des Christentums gab es diese Bemühungen, den Gefangenen geistlichen Beistand zu leisten und schon im Jahr 325 wurde beim Konzil von Nicäa festgelegt, dass die Seelsorge im Gefängnis mit großer Tatkraft wahrzunehmen ist und 549 wurde von der Synode in Orleans beschlossen, dass die Gefangenen jeden Sonntag vom Archidiakon zu besuchen sind und ihnen geistliche Betreuung zukommen soll.

Im Laufe der Jahrhunderte hat sich am Stellenwert der seelsorgerischen Betreuung in den Gefängnissen nichts geändert, denn nach wie vor geht es um Menschen in einer besonders schwierigen Lebenssituation, die trotz ihrer oft großen Schuld der Hilfe und Anteilnahme bedürfen. Gerade weil viele von den strafrechtlich Verurteilten großes Unrecht getan und oft eine lange Zeit der Irrungen und des Fehlverhaltens hinter sich haben, bedürfen sie nicht nur der Tröstungen in religiöser Hinsicht und des geistlichen Zuspruchs, sie sollen durch den Seelsorger auch eine Betreuung dahingehend erfahren, dass es selbst in den schwierigsten Lebenslagen immer wieder Wege zur Umkehr und zu einer besseren Gestaltung des weiteren Lebensweges gibt. In diesem Sinn umfasst die Gefängnisseelsorge nicht nur den engeren Kreis der kultischen Handlungen, sondern auch den Bereich der karitativen und diakonischen Betreuung, den wir als festen Bestandteil in der kirchlichen Sozialarbeit kennen. Gerade in Gefängnissen ist es für den Seelsorger die besondere Aufgabe, jene Strafgefangenen, denen es oftmals kein echtes Anliegen ist, Gottesdienste zu besuchen und geistlichen Beistand vermittelt zu bekommen, die vielmehr eine distanzierte Position zur Religion haben oder die ihre Religiosität verdrängen, aus diesen Lebenslagen abzuholen und weiterzuführen. Diese seelsorgerische Aufgabe ist deshalb wichtig, weil vielfach gemachte Erfahrungen zeigen, dass dem Glauben fern stehende Gefangene zumeist in ihrem tieferen Inneren die Suche nach dem Religiösen in sich tragen, oft ohne es selbst nach Jahren der Haft erkennen zu können, und diese Gefühle oftmals auch bei solchen Gefangenen zu finden sind, deren Lebensweg die längste Zeit einen mehr als negativen Verlauf genommen hat.

Die Seelsorge im Gefängnis spannt sich in einem großen Bogen, sie wurzelt in alten christlichen Traditionen, erfährt heute eine staatsrechtliche Regelung in Konkordaten, hat verfassungsrechtliche Grundlagen, in denen die freie Religionsausübung festgeschrieben ist und findet übernationale Festlegungen in den Menschenrechten, wenn man an den Anspruch jedermanns auf Gedanken-, Gewissens- und Religionsfreiheit sowie an das Recht des Menschen denkt, seine Religion einzeln oder in Gemeinschaft auszuüben. Unterstrichen werden diese Tradition und grundrechtlichen Festlegungen in Österreich noch dadurch, dass der Seelsorge im Gefängnis in der gesetzlichen Grundlage für den Strafvollzug ein eigener Abschnitt gewidmet ist, und der Anstaltsseelsorger in diesem Bundesgesetz „Über den Vollzug von Freiheitsstrafen" als Fachdienst besonderen Ranges ausdrücklich erwähnt wird.

Von diesen Grundlagen her wird heute die Seelsorge im Gefängnis bestimmt, und der Aufgabenbereich der Gefangenenseelsorge umfasst daher nicht nur den eigentlichen Strafvollzugsalltag, sondern viele andere Bereiche, die das Leben des gefangenen Menschen mitbestimmen. Ohne auf das Fundament der Religion und Theologie zu verzichten, zielt die seelsorgerische Betreuung im Strafvollzug auf die ganze Person und deren soziales Umfeld im Rahmen der Menschenrechte ab.

Mit dem Amtsantritt von Diözesanbischof Prof. Dr. Kurt Krenn, der dem aus Altersgründen emeritierten Diözesanbischof Dr. Franz Zak nachfolgte, begann ein neuer Abschnitt für die Gefangenenseelsorge in der Diözese St. Pölten. Zum Gebiet der Diözese gehören drei Gefängniseinrichtungen, nämlich die Justizanstalt in der Landeshauptstadt St. Pölten sowie die Justizanstalten Krems und Stein. Bei den Justizanstalten St. Pölten und Krems handelt es sich um Gerichtshofgefängnisse, wo die Haft an Untersuchungshäftlingen und kürzere Freiheitsstrafen vollzogen werden. Die Justizanstalt Stein, im Gebiet der Stadt Krems gelegen, ist die größte Strafvollzugsanstalt in Österreich und erstreckt sich auch auf mehrere Außenstellen. In dieser Anstalt befinden sich Insassen, die zu langen Freiheitsstrafen verurteilt wurden, eine große Zahl von Personen, die lebenslange Freiheitsstrafen zu verbüßen haben und Gefangene, die als besonders gefährlich gelten oder Persönlichkeitsstörungen aufweisen. Insgesamt werden in diesen drei Justizanstalten zwischen 1.100 und 1.200 Gefangene angehalten. Neben der Betreuung der Insassen mit evangelischem Religionsbekenntnis oder moslemischen Glaubens liegt der große Schwerpunkt der seelsorgerischen Betreuung im Bereich der römisch-katholischen Kirche.

Deshalb hat man von der Leitung der Justizanstalt Stein bald nach der am 15. September 1991, am Fest der Sieben Schmerzen Mariens, erfolgten Amtseinführung von Bischof Dr. Krenn den Kontakt zu diesem gesucht, um das besondere Interesse der Justizverwaltung an der weiteren Unterstützung der Belange der Gefangenenseelsorge durch den neuen Diözesanbischof zu bekunden. Die gleichen Initiativen wurden von den Leitern der Justizanstalten St. Pölten und Krems gesetzt.

Im Zusammenhang mit der Justizanstalt Stein gilt es insofern eine Besonderheit zu erwähnen, als diese als eine der wenigen Justizanstalten Österreichs einen hauptamtlich tätigen Seelsorger besitzt, und im Rahmen dieser Anstalt die Organisation einer Personalpfarre zu erkennen ist. Dieser Umstand brachte es auch mit sich, dass sich der damals in der Justizanstalt Stein tätige Anstaltsseelsorger den Bemühungen der Anstaltsleitung um die weitere Unterstützung der Gefängnisseelsorge durch den neuen Bischof nicht nur nachhaltig angeschlossen hat, sondern dem Bischof auch über seine schon bislang sehr umfangreiche Seelsorgearbeit in der Anstalt, die er in zeitgemäßer Form und über Messfeiern, Andachten und Beichtgespräche weit hinausgehend gestaltet, unmittelbar berichten konnte.

Das Ansinnen der Anstaltsleiter und Seelsorger um Unterstützung der Seelsorge in den Justizanstalten fand beim neuen Diözesanbischof sofort Gehör und sein Versprechen, sich in besonderer Form um die Gefangenenseelsorge kümmern zu wollen, hat er während seiner gesamten Amtszeit weit mehr erfüllt, als dies vom Oberhirten einer Diözese, die nicht zu den kleinsten des Landes zählt, zu erwarten war. In besonderer Form galt die bischöfliche Fürsorge den Insassen der Justizanstalt Stein, wo eine große und mehr als schwierige Personengruppe ihre Haftstrafen verbüßt.

Schon wenige Monate nach der Übernahme der Diözese besuchte der Bischof die Justizanstalten St. Pölten und Stein und feierte mit den Gefangenen den Weihnachtsgottesdienst. Ohne zu zögern entsprach der Bischof der Bitte, in der Justizanstalt Stein den Weihnachtsgottesdienst zu zelebrieren, obwohl zu dieser Zeit Unruhe unter den Insassen herrschte und dem Bischof zu verstehen gegeben wurde, dass zur Weihnachtszeit in den Gefängnissen im Allgemeinen und zu diesem Zeitpunkt in der Justizanstalt Stein im Besonderen eine kritische Stimmung zu verzeichnen ist. Gut in Erinnerung war auch noch die versuchte Geiselnahme von Diözesanbischof Aichern durch Strafgefangene im Rahmen eines weihnachtlichen Gottesdienstes in der Justizanstalt Garsten bei Steyr, eine sehr gefährliche Aktion, die nur durch das schnelle Eingreifen des Sicherheitsdienstes im Keim erstickt werden konnte.

Dass Besuche in Gefängnissen mit schwierigen Insassen, wie in der Justizanstalt Stein für einen Bischof nicht unproblematisch sind, zeigte sich auch im darauf folgenden Jahr, wo wegen der Gefahr revoltenähnlicher Unruhen Bischof Dr. Krenn gebeten werden musste, von der Zelebration des Weihnachtsgottesdienstes Abstand zu nehmen. Die Entscheidung, ein solches Ersuchen an den Bischof zu richten, wurde im Bundesministerium für Justiz getroffen, der Bischof selbst ist aber bereit gewesen, auch in einer Gefahrensituation seine Aufgaben als geistlicher Oberhirte wahrzunehmen und hätte den Gottesdienst in der Anstalt abgehalten.

Diese Haltung des Bischofs, auch unter schwierigen Umständen und selbst unter für ihn gefährlichen Bedingungen auf die Menschen zuzugehen und an ihrem Schicksal Anteil zu nehmen, die in den Justizanstalten seiner Diözese ihre Strafen verbüßen, zeigte sich in den Jahren seiner Amtszeit in vielfacher Weise und hat ihm die Anerkennung und die Zuneigung der Insassen eingebracht. Der Diözesanbischof lebte jedem vom Strafvollzug Betroffenen und an diesem Beteiligten vor, als Hirte für alle da sein zu wollen. Er repräsentierte nicht nur sein kirchliches Amt, obwohl dies ebenfalls von den Strafgefangenen erwartet wurde, er sprach zu ihnen auch in einer Art und mit Worten, die von diesen nicht nur gut verstanden wurden, sondern auch auf fruchtbaren Boden gefallen sind. Von Anfang an ist deshalb dem Bischof großer Respekt von den Gefangenen entgegengebracht worden, und bei nicht wenigen von ihnen spürte man sogar echte Zuneigung. Vielleicht war der wesentliche Grund dafür darin zu sehen, dass der Bischof die Insassen durchaus an ihr Gewissen mahnte, sie zur Einsicht und zu einem Neubeginn aufforderte, dabei aber nie Zuversicht und menschliches Verständnis vermissen ließ.

Dem Bischof war es aber nicht nur wichtig, den Strafgefangenen seine Anteilnahme zu zeigen und sein Interesse an ihnen spüren zu lassen, im gleichen Maße war es ihm ein Anliegen, die Tätigkeit der Strafvollzugsbediensteten anerkennend zu erwähnen. Bei vielen Gelegenheiten im Laufe der Jahre betonte er, wie wichtig ihm die Betreuungs- und Sicherheitsaufgaben erscheinen und hat auf die große Verantwortung hingewiesen, die Justizwachebeamte und Fachdienste in den Justizanstalten zu tragen haben. In dieser Form der Pastoral zeigte sich nicht nur die bischöfliche Sorge um den Strafvollzugsbereich im engeren Sinn, bezogen auf die strafgerichtlich verurteilten Menschen mit ihren Nöten, sondern darüber hinausgehend sein Interesse an allen Bereichen, die mit der Organisation des Strafvollzuges zusammenhängen und letztlich waren in seinen Ansprachen, Handlungen und Entscheidungen immer Hinweise auf die Grundordnung der Gesellschaft sowie die entscheidenden Grundlagen für ein gutes menschliches Zusammenleben zu erkennen.

Es war deshalb nicht überraschend, dass in der vom Bischof gestalteten Atmosphäre in den Justizanstalten viele Tätigkeiten mit einem religiösen Bezug oder im unmittelbaren seelsorgerischen Zusammenhang neu entstanden sind oder sich weiter entwickelten, wenn sie bisher schon ausgeübt wurden. Ermunterte der Bischof doch die Gefangenen, die Anstaltsseelsorger und die Strafvollzugsbediensteten immer wieder, in ihren Bemühungen um das Gute fort zu fahren, sich mit Glaubensfragen zu beschäftigen und sich sozial und nützlich zu betätigen. Vor allem in der größten Justizanstalt seiner Diözese, der Strafvollzugsanstalt Stein, war es dem Oberhirten wichtig, zu allen Bemühungen dieser Art anzuspornen und das umfangreiche Spektrum dieser Anstaltstätigkeiten in seinen breiten bischöflichen

Aufgabenbereich mit einzubeziehen. Immer wieder hat er sich auch selbst für einzelne Bemühungen zur Verfügung gestellt, um sichtbare Zeichen zu setzen oder die Anstaltsseelsorge betreffende Entscheidungen an sich gezogen, weil sie ihm ein persönliches Anliegen gewesen sind. Durch diese Haltung des Bischofs wurde sowohl der Seelsorge in einem Randbereich der Gesellschaft große Aufmerksamkeit zuteil als auch dem gesamten Strafvollzug das Interesse des Bischofs vermittelt. Die vom Bischof ausgehenden Impulse waren mannigfaltiger Art. Sie bezogen sich auf die Verkündigung der Glaubensbotschaft und auf viele kleine Dinge, die nur ansatzweise aufgezählt werden können. Es sollen deshalb in der Folge verschiedene Beispiele aus den einzelnen Bereichen angeführt werden, wo die Anstaltseelsorge unmittelbar ihre Wirkung entfaltete oder die mit religiösen Überlegungen im Zusammenhang zu sehen sind.

Solche Beispiele sind der Kirchendienst in den Justizanstalten, wo Strafgefangene als Ministranten und Mesner beschäftigt sowie mit anderen Tätigkeiten befasst sind oder Glaubensgesprächsgruppen, wo sich interessierte Insassen mit Glaubensfragen beschäftigen, ebenso aber auch über ihre persönlichen Problemlagen austauschen können. Von besonderer Bedeutung ist hier der vom spanischen Ordenspriester Pater Josef Garcia-Cascales 1969 in verschiedenen österreichischen Justizanstalten eingeführte Cursillo, wo in jährlich sich wiederholenden Programmen eine Glaubensvertiefung kombiniert mit Gedanken zur Lebenshilfe im Gefängnis angestrebt wird. Diese Gesprächsgruppen werden von einem Seelsorger oder von ehrenamtlichen Mitarbeitern geleitet und helfen vielen Insassen, eine Neuorientierung zu finden und die Zeit des Strafvollzuges sinnvoll zu gestalten.

Da Betreuung im Strafvollzug sehr wichtig ist, ist die seelsorgerische Betreuung im Alltag des Gefängnisses immer wieder von neuem anzustreben und auszugestalten. Ein schönes Beispiel dafür ist die Tätigkeit eines Benediktinermönchs, der neben seinen Aufgaben im Kloster die seelsorgerische Betreuung von kranken Strafgefangenen in den Justizanstalten Stein und Krems sowie in der Geschlossenen Station im Krankenhaus Krems übernommen hat. Hier ist auch die Sterbebegleitung zu erwähnen, die von diesem Ordensmann wahrgenommen wird. Seine Beweggründe für diese Tätigkeiten sind einerseits eine Unterstützung des Anstaltsseelsorgers, in erster Linie ist es ihm aber ein persönliches Anliegen, kranke Gefangene in dieser Zeit ihres Lebensweges zu begleiten.

Religiös motivierte Bemühungen findet man auch in musischen Bereichen. So pflegt der in der Justizanstalt Stein bestehende Männerchor geistliche Lieder und beteiligt sich an kirchlichen Messfeiern. Da die Darbietungen von guter Qualität sind, gibt es nicht nur CD-Aufnahmen von Konzerten, sondern auch Auftritte in Rundfunksendern, wobei in diesem Zusammenhang Radio Maria erwähnt werden soll, ein Sender mit religiöser Ausrichtung. Noch umfangreicher pflegt eine Gruppe von Musikern geistliche Musik, die sich als Musikgruppe „Gloriam *Dei*" auf die Gestaltung von Messfeiern spezialisiert hat. Diese Gruppe spielt nicht nur in der Anstaltskirche der Justizanstalt Stein regelmäßig bei den Sonntagsmessen, sondern wird auch von den umliegenden Pfarren eingeladen, an Messfeiern mitzuwirken.

Ebenfalls in der Justizanstalt Stein besteht eine Anstaltszeitung mit einer grundsätzlich religiösen Ausrichtung. Schon im Titel der Zeitung „Aktuell – Glauben im Gefängnis" kommt die Blattlinie zum Ausdruck, die sich im ersten Teil ihrer Ausgaben religiösen Themen widmet, daneben auch aktuelle Nachrichten vom Anstaltsgeschehen enthält. Die presserechtliche Verantwortung ist dem geistlichen Rektor der Justizanstalt übertragen, die Redaktion setzt sich aus Strafgefangenen zusammen.

Schließlich soll noch die Pflege der Ikonenmalerei erwähnt werden, die nach alten Vorbildern und in der originalen Mal- und Vergoldertechnik erfolgt. Auch dabei bemüht sich die Seelsorge, den Strafgefangenen im Rahmen ihrer künstlerischen Beschäftigung Glaubenswerte zu vermitteln. Deshalb werden die Ikonenmalkurse durch den Seelsorger speziell begleitet, und in Form von Andachtsstunden sowie der Segnung der fertig gestellten Ikonen versucht man, geistliche Werte und religiöse Empfindungen in nachhaltigerer Weise zu vermitteln.

Im Stile der antiken Ikonenmaltechnik wurde von Strafgefangenen das bischöfliche Wappen im Großformat geschaffen und nach dem Amtsantritt von Diözesanbischof Dr. Krenn in der Anstaltskirche der Justizanstalt Stein angebracht. Ebenso im Stile dieser Malerei wurde von Gefangenen eine weitere Ausfertigung seines Wappens hergestellt und dem Bischof als Geschenk überreicht. Diese Art von Präsenten wurde im Laufe der Jahre vielen Persönlichkeiten, wie zum Beispiel dem Bundesminister für Justiz oder dem Landeshauptmann von Niederösterreich gewidmet. Ersterer erhielt eine Mariendarstellung, der Landeshauptmann die Darstellung des Heiligen Leopolds, des Landespatrons. Das eindruckvollste Ereignis in diesem Zusammenhang war die Herstellung einer Ikone für Papst Johannes Paul II., dem diese anlässlich seines Pastoralbesuches in St. Pölten am 20. Juni 1998 überreicht werden konnte. Hier ist ausschließlich dem Bischof zu danken, dass er unter den zehn Gabenträgern bei der Papstmesse einen Strafgefangenen und einen Justizwachebeamten berufen hat, die dem Heiligen Vater die Ikone persönlich übergeben konnten. Es bedarf keiner weiteren Erwähnung, dass dieses Ereignis große Signalwirkung in den Justizanstalten hatte, wurden doch die Insassen bereits über die Vorbereitungen zu diesem besonderen Ereignis informiert und wussten davon, dass die Gabenträger aus dem Justizbereich stellvertretend für alle Strafgefangene und Justizbedienstete vor den Papst treten durften.

Kunsthandwerkliche und künstlerische Tätigkeiten mit religiösem Bezug wurden von den Strafgefangenen anlässlich der Renovierung von Kapelleneinrichtungen, Bildstöcken, Kreuzigungsgruppen und anderen Gegenständen durchgeführt und zumeist ebenfalls von den Anstaltsseelsorgern betreut.

Zuletzt sei noch ein Beispiel für die Ökumene beschrieben: In der Stadt Krems befindet sich ein jüdischer Friedhof, der sich viele Jahre in einem ungepflegten Zustand befunden hat. Aus Anlass des Gedenkens im Jahr 1995 an das Massaker von Stein, bei dem im April 1945 insgesamt 386 Gefangene und drei Beamte durch SS-Schergen getötet wurden, beschloss die Stadtverwaltung, die Pflege des jüdischen Friedhofs in die Wege zu leiten und überantwortete diese Schülern mehrerer Kremser Schulklassen, die aber bald das Interesse daran verloren haben. Die Justizanstalt Stein bot sich daraufhin an, die Pflege der Begräbnisstätte zu übernehmen und so wurde mit Strafgefangenen, die sich freiwillig dazu bereit erklärten, eine Patenschaft für die Pflege des jüdischen Friedhofs ins Leben gerufen. Um ein Wort Johannes Paul II. zu verwenden, waren diese von Christen durchgeführte Arbeiten für die Instandhaltung des Friedhofs und die Grabpflege Tätigkeiten im Gedenken an „unsere älteren Brüder" und es haben im Zuge dieser Patenschaft Besuche mehrerer Gruppen von Strafgefangenen

in der Israelitischen Kultusgemeinde in Wien stattgefunden. Auf diese Weise konnte Gefängnisinsassen nicht nur die jüngere Geschichte unseres Landes nahe gebracht werden, man hat sich mit dem tieferen Sinn des Totengedenkens befasst, es wurden religiöse Betrachtungen angestellt, und man konnte soziale Verhaltensweisen üben.

Im Laufe der Amtszeit von Bischof Dr. Krenn war in der Justizanstalt Stein auch in Bezug auf Gebäude und Räumlichkeiten für religiöse Zwecke eine rege Bau- und Renovierungsphase zu verzeichnen, wobei neben dem Bundesdenkmalamt auch das diözesane Bauamt an den Renovierungsarbeiten beteiligt war.

Neben der vollständigen Renovierung sowie der teilweisen Neuausstattung der Hauptkirche „Zum guten Hirten" und dem Bau einer Wochentagskapelle, wurden noch zahlreiche andere Vorhaben umgesetzt. Groß waren zum Beispiel die Anstrengungen, den ursprünglichen Zustand der Alten Klosterkirche wieder herzustellen. Dieser dreischiffige Kirchenbau war einer der wenigen baulichen Reste, die von dem ursprünglich auf dem Areal der Justizanstalt Stein bestehenden Kloster der Redemptoristinnen erhalten geblieben waren. Das Sakralgebäude war längst zweckentfremdet und durch den Einbau von Zwischendecken und die Errichtung eines Theater- und Kinosaales anderen Verwendungszwecken zugeführt worden. Mit einem beachtlichen finanziellen Aufwand konnte der sakrale Bau renoviert und in seiner ursprünglichen Form wieder hergestellt werden. Mit Rücksicht auf eine erhaltenswerte Tradition und nicht zuletzt in dem Bemühen, geistliche Werte zu pflegen, hat man von der geplanten Gebäudebezeichnung „Multikulturelles Zentrum" Abstand genommen und anstelle dessen die Bezeichnung „Alte Klosterkirche" gewählt.

In der Außenstelle „Meidling im Tal" wurde in den Jahren 1995 bis 2001 eine Kapelle errichtet, um für Messfeiern und Andachten mit den Gefangenen einen ausschließlich diesen Zwecken gewidmeten Sakralraum zur Verfügung zu haben. Zuvor wurden Gottesdienste in einem Mehrzweckraum abgehalten. Eine langjährige Bauzeit war deshalb erforderlich, weil zum Zwecke der Wiedererrichtung einer früher bereits vorhandenen Kapelle mit Altar und Reliquienstein die Renovierung eines ganzen Gebäudetraktes sowie von Zugängen, umfangreiche Trockenlegungsarbeiten und die Sanierung eines 600 qm großen Hofbereiches mit dem Bau einer neuen Kanalisation und neuer Abwasserleitungen durchzuführen waren.

Nach Fertigstellung der neuen Kapelle wurde diese im Einvernehmen mit dem zuständigen Pfarrer in Paudorf auch für die Bevölkerung der Pfarre zugänglich gemacht und damit eine Art religiöses Band zwischen dem Justizbereich und den Ortsbewohnern geknüpft.

Für die Außenstelle Oberfucha wurde in der Amtszeit des Bischofs die Planung für eine Erweiterung der dort bestehenden Anstaltskapelle, die Schaffung einer Sakristei und anderer Nebenräume abgeschlossen.

Bei den angeführten Bau- und Renovierungsarbeiten waren neben den Fachunternehmen in zum Teil ausschließlicher Weise Strafgefangene tätig und haben wesentlich mit dazu beigetragen, bessere Voraussetzungen für die Seelsorgearbeit zu schaffen. Darüber hinaus haben sie ihr handwerkliches und künstlerisches Geschick an religiösen Gegenständen entfalten können und gute Werke getan.

Diese Arbeiten und Beschäftigungen waren im Laufe der Jahre auch immer wieder Themen in den einzelnen Insassen-Gesprächsgruppen und waren vielfach Anlass dafür, konstruktive Planungs- und Arbeitsgruppen mit den Strafgefangenen zu den jeweiligen Aufgabenstellungen zu bilden.

Einen wichtigen Markstein im Kirchenjahr haben für die Justizanstalten die jährlichen Einladungen des Bischofs zum Gründonnerstagsmahl dargestellt. An diesem Tag hat der Bischof Vertreter karitativer Organisationen, sozialer Einrichtungen, Hilfsbedürftige und Angehörige von Randgruppen zu einem Essen in das Bistumsgebäude eingeladen und diesen Menschen dadurch seine Verbundenheit und die Anteilnahme an ihrem Schicksal bekundet. Auch bei diesen Gelegenheiten war es dem Bischof ein Anliegen, inhaftierten Personen, deren Seelsorgern und Betreuern seine verständnisvolle Verbundenheit zu zeigen, indem er jedes Jahr Vertreter aus diesem Personenkreis dazu eingeladen hat. Während die erste dieser Einladungen eine breite und geteilte Aufnahme in den Medien fand und selbst bei den Justizbehörden Irritationen hervorrief, haben sich die Einladungen danach rasch zu einem wichtigen seelsorgerischen Fixpunkt und zu einem besonders in die Justizanstalten ausstrahlenden christlichen Zeichen entwickelt.

Im Laufe der vielen Jahre war der Bischof immer bereit, zu helfen und hatte für zahlreiche Anliegen der Justizverwaltung stets ein offenes Ohr. Er hatte nicht nur die Bedeutung der Gefangenenseelsorge dadurch unterstrichen, dass er für diese Belange einen Bischofsvikar ernannt hat, an den man sich jederzeit mit allen die Seelsorge im Strafvollzug betreffenden Fragen wenden kann und der aber auch selbst viele Aufgaben in der Gefängnispastoral wahrnimmt. Trotz dieser diözesanen Regelung für die Gefangenenseelsorge durften sich Anstaltsseelsorger und Gefängnisleitungen jederzeit auch an den Bischof selbst wenden und konnten sicher sein, aufmerksames Gehör zu finden. Ein Beispiel soll auch in diesem Zusammenhang genannt werden: Als die Justizwache der Justizanstalt Stein eine Korpsfahne erhalten hat, sollte diese gesegnet werden. Es war der Wunsch der Bediensteten, den Bischof um diese Fahnensegnung zu bitten, wohl wissend, dass es einem Diözesanbischof in der Fülle seiner Aufgaben und Verpflichtungen nicht so leicht möglich ist, die Zusage zur Vornahme eines solchen Aktes eher nebensächlicher Art zu geben. Wie bei anderen Gelegenheiten hat auch hier der Bischof dem Ersuchen entsprochen und die Segnung der Korpsfahne in der Justizanstalt Stein persönlich vorgenommen. Eine bischöfliche Handlung, für die die Justizwachebeamten der Justizanstalt besonders dankbar waren und die diesen Dank durch die Übergabe eines Geschenkes an den Bischof unterstrichen haben.

Der Bischof war es auch, der im Laufe der Jahre verschiedenen Vollzugsbediensteten, die sich Verdienste um die Seelsorge in den Justizanstalten erworben haben, diözesane Ehrenzeichen verliehen hat und im Vatikan die Verleihung einer päpstlichen Auszeichnung an den Leiter der Justizanstalt Stein vorgeschlagen hat. In allen Fällen hat sich der Bischof die Überreichung der Auszeichnung selbst vorbehalten und diese Zeremonien für die Geehrten sehr eindrucksvoll gestaltet.

Diese persönlichen Gesten und die bei vielen anderen Gelegenheiten gezeigte Anerkennung der im Strafvollzug geleisteten Arbeit unterschieden sich nicht nur von der sonst häufig festzustellenden ambivalenten Beurteilung des Strafvollzugsgeschehens durch Außenstehende, sondern waren auch ein großer Ansporn dafür, sich weiterhin für die Umsetzung christlicher Werthaltungen in einem sehr schwierigen Buß- und Lebensbereich einzusetzen, wie dies der Strafvollzug darstellt.

Das Wirken des Diözesanbischofs im Rahmen der Gefangenenseelsorge war von einem ganzheitlichen Denken getragen und es war ihm sicher immer bewusst, dass es in einem solchen Spannungsfeld und in der von einem besonderen Machtgefüge umfassten Gefängniswelt für die Anstaltsseelsorger nicht leicht ist, ihre geistlich-spirituelle Tätigkeit zu entfalten. Deshalb hat sich der Bischof immer wieder in die Seelsorgearbeit persönlich eingebracht und selbst nebensächlich erscheinende seelsorgerische Akzente unterstützt oder selbst gesetzt. Den Gefangenen Möglichkeiten zu geben, ihre Gottesbeziehung zu vertiefen, war stets das Anliegen des Bischofs, und wenn in der Botschaft des Heiligen Vaters vom 9. Juli 2000 zur Feier des Heiligen Jahres 2000 in den Gefängnissen dieser zur Schaffung solcher Möglichkeiten aufruft, an die Herzen der Gefangenen appelliert, ihnen Hoffnung und Vergebung durch Christus verheißt, so war das Handeln des Bischofs in all den Jahren seiner Tätigkeit von genau diesen Bemühungen getragen.

Es war dem Bischof ein klares und ständiges Anliegen, die großen Grundfragen, die sich auf das Wesen der Sünde beziehen, mit dem gesetzlich festgelegten Grundsatzprogramm des Strafvollzugs in Beziehung zu setzen. Auch in diesem Kontext können päpstliche Aussagen herangezogen werden, wenn man sich die Erklärungen von Johannes Paul II. bei seinem ersten Pastoralbesuch in Österreich im Jahr 1983 in Erinnerung ruft. Damals hat der Papst vom Wesen der Sünde gesprochen und erklärt, dass die Sünde eine persönliche und soziale Dimension besitzt. Sie lastet auf dem Gewissen des Einzelnen, geht aber zu Lasten der Gemeinschaft. In der Dunkelheit des in Sünde gefallenen Menschen gibt es aber das Licht der Hoffnung und die Möglichkeit des Aufbruchs zur besseren Einsicht. Man kann nun durchaus die Meinung vertreten, dass der Inhalt dieser Aussagen in den Kernregelungen „Über die Zwecke des Strafvollzuges", nämlich im Strafvollzugsgesetz, zu finden ist, wenn man die grundsätzlichen Funktionen der Spezial- und Generalprävention analysiert. Geht es dabei doch auch um das Erkennen der persönlichen Schuld durch den Täter, um sein Hinführen zur besseren Einsicht sowie um den Schutz der Allgemeinheit und um die Verantwortung des Staates um dieselbe. Wer soll hier nicht Leitbild sein und in erster Linie dem Täter helfen, diese Einsicht zu finden und darauf aufbauend Hoffnung und Zuversicht zu entwickeln, wenn nicht der Seelsorger in der Justizanstalt und wie wichtig erscheint dabei die besondere Aufmerksamkeit des Bischofs, die er der Anstaltsseelsorge zuwendet.

Deshalb hatte der Bischof auch volles Verständnis für das Ersuchen der Anstaltsleitung, nach dem Abgang des hauptamtlichen Seelsorgers in der Justizanstalt Stein diese Stelle trotz Priestermangels wieder mit einem Priester zu besetzen. Soll doch in jedem Fall in der großen Justizanstalt Stein mit ihrer schwierigen Population die Seelsorge nicht diakonisch-sozial sondern in der geistlich-spirituellen umfassenden Form installiert bleiben.

Für die Obsorge und Fürsorge, die der Bischof unter seinem Hirtenstab der Gefängnispastoral in seiner Diözese so reich gewidmet hat, sei diesem aus vollem Herzen gedankt.

# Der Mensch hat ein Recht auf die Wahrheit – und ein Recht auf Gott

## Worum es Kurt Krenn als Theologe und Bischof geht: Des Menschen Fragen finden in Gott ihre Antwort

*Stephan Baier*

Weder seine Bewunderer noch seine Gegner – und beider Zahl ist groß – werden bestreiten, dass Kurt Krenn eine überaus erstaunliche, beeindruckende und doch immer wieder überraschende Persönlichkeit ist. Da ich ihn 1984 in Regensburg als Professor an der Katholisch-Theologischen Fakultät der Universität Regensburg kennenlernen durfte, überraschten mich die Reaktionen auf seine Ernennung zum Weihbischof – von beidem erfuhr ich während eines Studienjahres in Rom – allerdings weit mehr. Die Vorwürfe, die über Kurt Krenn gleich einem Gewitter herniederprasselten, schienen so gar nicht zu dem nachdenklichen, tiefsinnigen, stets gesprächsbereiten, intellektuellen Philosophen zu passen, den ich in Regensburg kennengelernt hatte.

Seit 1994 in Österreich lebend, noch dazu als Journalist tätig, hat mich das Unbehagen, hier werde jemand weit unter seinem Wert gehandelt und geschlagen, nicht verlassen. Wenn ich in diesem Beitrag versuche, die allseits bekannten Vorwürfe und Vorbehalte einmal links – meinentwegen auch rechts – liegen zu lassen, um einen in Österreich weitgehend unentdeckten Kurt Krenn vorzustellen, dann lasse ich dabei bewusst Fragen offen: Etwa die Frage, wessen Schuld es ist, dass Kurt Krenn als Theologe und Philosoph in seinem Heimatland kaum wahrgenommen wurde; woran es liegt, dass sich ein Klischee, ein Zerrbild dieses Priesters, Theologen und Bischofs über fast zwei Jahrzehnte halten konnte; oder warum seine theologischen Wortmeldungen von einem breiteren Publikum einfach nicht zur Kenntnis genommen wurden.

Die Fragen nach dem Historischen (ob er sich geändert hat oder einfach verzerrt wahrgenommen wurde oder beides) und nach dem Psychologischen (ob der Charakter eines Menschen wie ein Eisberg ist, der je nach den Umständen einmal diese, dann aber jene Seite zeigt), interessieren an dieser Stelle nicht. Auch möchte ich keine Bilanz seiner Bischofsjahre ziehen: dafür ist es einerseits zu spät, andererseits zu früh. Hier möchte ich lediglich den Scheinwerfer auf den Theologen Kurt Krenn richten; unter bewusster Konzentration auf meist Übersehenes, unter bewusster Weglassung aller fremden Wertungen, die sich selbst rechtfertigen müssen. Alle angeführten Zitate stammen von ihm selbst und sind belegbar.

## I. Die Wahrheitsfrage

Ein anregender Abend in Regensburg, 12. Mai 1986: Bei einer Veranstaltung über „Freimaurerei und katholische Kirche“ referieren drei Personen, die die Freimaurerei zu vertreten haben, ausführlich ihre Ressentiments gegen die Kirche. Der Moderator war der Meinung, dass die Kirche ohnedies bekannt sei und nicht vorgestellt werden müsse, während die Herren Freimaurer ihren Verein 20 Minuten lang monologisch präsentieren sollen. Dann leitet der Moderator zum kontroversen Teil über: „Dem Professor Krenn wird es sicher schon den Magen umgedreht haben“, witzelt der Diskussionsleiter. Kurt Krenn lacht: „Ich hab einen guten Magen, den dreht´s mir so schnell nicht um.“ Selbstironie siegt. Er hat die Lacher auf seiner Seite.

Was von dem Abend bleibt, ist aber weniger die überlegene Selbstironie des katholischen Professors, sondern seine Zuspitzung auf die Frage: „*Was ist der Mensch? Was ist Gott? Was ist die Wahrheit?*“ Der Versuchung, der Überfülle historischer Bewertungen der Gegenseite seine eigene entgegen zu setzen, erliegt er nicht einen Moment. Die Grundfragen nach dem Menschen und seiner Wahrheitsfähigkeit, nach Gott und unserer Beziehung zu ihm – das sind die Fagen, um die das philosophische Denken des Kurt Krenn kreist. Wenn er sie an diesem Abend stellte, obwohl er wusste, dass die Freimaurer gerade darauf keine Antwort geben wollen oder können, dann nicht in provokativer Absicht.

Die Wahrheit ist im ursprünglichen Wortsinn nicht eine relative, sondern stets eine absolute, also losgelöst von Bedingungen. Die Wahrheit ist erkennbar und mitteilbar. Dafür hatte Professor Krenn in seinen Regensburger Metaphysik-Vorlesungen eine zutiefst theologische Begründung: „Gott kann nicht täuschen oder getäuscht werden. Gott kann nicht unwahrhaftig sein oder sich unwahrhaftig mitteilen." Für die Theologie, so war er überzeugt, ist die Möglichkeit einer Vernunfterkenntnis Gottes existenznotwendig.

In diesem Sinn waren Krenns Vorlesungen, die stets einen großen Hörsaal füllten, nicht vom Faktischen der Philosophiegeschichte geprägt, sondern von den Fragen und der Erkenntnissuche der großen Denker: Augustinus, Thomas von Aquin, Duns Scotus, Wilhelm Ockham, Bonaventura, Martin Luther, Descartes, Spinoza, Kant, Hegel oder Ludwig Wittgenstein. Ihr Gott-Suchen, mehr noch ihr Denken der Wirklichkeit Gottes war das Mittel zu dem Zweck, die Studierenden selbst zu einem metaphysischen Denken anzuleiten.

Insbesondere mit Thomas von Aquin machte Kurt Krenn seine Studenten vertraut. Wer durch diese Schule ging, musste die Wirklichkeit des Glaubens und der Vernunft auf einen Nenner bringen, konnte die Rede über Gott nicht mehr gänzlich der Bedürfnishaftigkeit und Emotionalität des Menschen ausliefern: „Es gibt keine doppelte Wahrheit. Die Wahrheit ist eine und kann sich nicht widersprechen", lese ich in meinen alten Vorlesungsskripten. Oder: „Der Gott Abrahams, Isaaks und Jakobs ist auch der Gott der Philosophen ... Die Vernunft kann über die \`theologia negativa\` hinaus Wahres über Gott aussagen." Und: „Der Mensch ist nicht Schöpfer, sondern Entdecker der Wahrheit. Der Mensch hat eine Teilhabe zur Wahrheit."

Die Auflösung überzeitlicher, geoffenbarter oder vernunftmäßig erkannter Wahrheit in einem Brei von Meinungen, die scheinbar gleichwertig und gleich gültig nebeneinander Wert oder Wertschätzung beanspruchen, wurde spätestens mit der Ernennung zum Weihbischof in Wien auch zu seinem Kirchen-Thema: „Jedermann hält sich heute für kompetent, Kirche und Religion nach Belieben zu thematisieren; selbst die Unkundigsten stellen ihre Meinungen dazu gleichrangig neben die offiziellen Aussagen der Kirche, so dass ein bunter Markt besteht, in dem alles als `Meinung` und nichts mehr als die Lehre der Wahrheit gilt."[1] Dabei ging es ihm ausdrücklich nicht um Kritik von außerhalb der Kirche, sondern um „Spaltungsgefahren" und den „Bruch mit der Lehridentität der Kirche".

Die Fähigkeit des Menschen „zum Wissen, das Wahrheit braucht" hängt aber eng zusammen mit der Tatsache, dass der Mensch ein Gewissen hat, „das Gut und Böse unterscheidet, Erlaubtes und Unerlaubtes kennt, das Gute zu tun und Böses zu meiden gebietet"[2].

## II. Die Frage nach dem Menschen

Die Wahrheitsfrage stellt sich der Vernunft des Menschen und sie muss um des Menschen willen auch eine Antwort finden. In einem Interview, das ich Anfang 1989 mit dem damaligen Weihbischof Krenn in Wien führen konnte, sagte er: „Der Mensch hat ein Recht auf die Wahrheit, und der Mensch hat ein Recht auf Gott."[3] Nicht aus Besserwisserei, welche ja auch in sich begründet oder unbegründet sein kann, sondern aus der Überzeugung, dass der Mensch aufgrund seiner Würde ein Recht auf die Wahrheit hat, konnte Kurt Krenn dort nicht schweigen, wo er Menschen Unwahrhaftes tun oder sagen sah, wo er den Irrtum wähnte und die Verdunklung der geoffenbarten Wahrheit.

In einem Vortrag, den er auf Einladung des damaligen Professors und späteren Kardinals Marian Jaworski an der Universität Lublin hielt, deutete er diesen Zusammenhang in der Anthropologie Papst Johannes Pauls II.: „Für Johannes Paul II. besteht jeder Mensch in seinem bloßen Dasein als Mensch in einer Wahrheit und in einer Zielhaftigkeit, die sich kein Mensch aus seiner eigenen Leistung, aus seiner Umwelt oder aus seiner

[1] K. Krenn, Katholische Kirche in Europa: Die Gemeinschaft im Handeln bedarf der Einheit in der Glaubenslehre. Vortrag in Nizza am 26. September 1990, online http://hippolytus.net/kirche_europa_nice.htm .

[2] K. Krenn, Das Prinzip Person in Kirche und Hierarchie. Festvortrag für Bischof Josef Stimpfle am 29.10.1988 in Augsburg, in: Forum Katholische Theologie 5 (1989) 51–65, hier 55.

[3] Das Interview erschien in „Neuer Tag" (Weiden), „Regensburger Bistumsblatt" (Regensburg) und „Paneuropa Deutschland" (München). Hier zit. nach „Regensburger Bistumsblatt", 19.3.1989, 14.

Geschichte selbst verleihen kann. Der Mensch steht als Mensch von Anfang an in einer Wahrheit, für die der Mensch von sich aus niemals genügend Ursachen aufbringen kann, der Mensch kann sich darin in seiner Geschichte niemals selbst einholen oder gar entscheidend verändern."[4] So sei der Grundauftrag des Menschen und der Welt nicht, etwas zu tun, sondern „die Wahrheit des Menschen" zu erfüllen. Ohne die marxistische Utopie beim Namen zu nennen, aber im Kontext für jedermann verstehbar, fügte Kurt Krenn hinzu: „Der ‚wahre Mensch' und nicht irgendein ausgedachter utopischer Zustand ist des Menschen beste Zukunft, der Mensch in der Erfüllung seiner Wahrheit als Gottes Ebenbild ist der Sinn der Geschichte." Hier bringe der Papst den „Deus Redemptor" wieder mit dem „Deus Creator" zusammen: „Das Werk der Erlösung bezieht sich wieder zuinnerst auf das Werk der Schöpfung als eine Wahrheit und Erfüllung der Schöpfung."

Weil die „unübertreffliche und gottgeschenkte Würde"[5] des Menschen in der Schöpfungstat Gottes ihren Ursprung hat, kann sie keinem Menschen abgesprochen werden: Wahres Menschsein ist nicht Ergebnis eines Tuns, einer Fähigkeit oder eines Talents, sondern jedem Menschen als gnadenhaftes Geschenk des Schöpfergottes wesentlich eigen. Wie aber kann der Mensch die ihm eigene Wahrheit erkennen? „Es wäre ein fataler Glaubensirrtum und eine Absurdität des Lebens, wollten wir ohne Gott und ohne den Erlöser dem Menschen das Geheimnis des Menschen erhellen… man kann über den Menschen noch so sehr nachdenken und forschen, ohne das Licht von Christus auf den Menschen wird sich nichts Gnadenhaftes kundtun, was wir dem Menschen versprechen können ..."[6] Krenn verbindet mit der „Würde" der Person mehr als gewöhnlich in politischen Deklarationen und Verfassungen aufscheint, nämlich: „Menschenrechte, Freiheit, Glaube, Kultur, Wissen und Denken, Seelenheil, Unsterblichkeit, Liebe und Gottesschau"[7].

---

[4] K. Krenn, Vortrag an der Katholischen Universität Lublin, in: Theologisches 15 (1985) 6328.

[5] K. Krenn, Söhne im Sohn. Zum allgemeinen Heilswillen Gottes, in: Diplomatie im Dienst der Seelsorge. Festschrift zum 75. Geburtstag von Nuntius Erzbischof Donato Squicciarini, hg. v. E. Kapellari und H. Schambeck, Graz – Wien – Köln 2002, 107.

[6] Ebd., 102f.

[7] Ebd., 108.

Der Mensch hat ein „Recht auf die Wahrheit", weil er von der Schöpfung her „auf Gott hingeordnet und einer natürlichen Gotteserkenntnis fähig ist"[8]. Die Kirche dient dem Menschen, indem sie ihm Christus vor Augen stellt, in dem sich dem Menschen die Wahrheit des Menschen zeigt. Die Kirche lehrt, so dürfen wir Bischof Krenn wohl verstehen, die Menschen ihre eigene Gottfähigkeit zu erkennen und daraus zu leben. Weil aber der Heilswille Gottes und sein Heilswirken allen Menschen zugedacht ist[9], hat die Kirche auch die Verpflichtung, niemandem gegenüber die Wahrheit des Menschen, seine auf Gott ausgerichtete Berufung, zu verschweigen.

Ein Jahrzehnt später meinte Krenn in einem Vortrag: „Als von Gott geschaffenes Abbild steht der Mensch bereits in einer Wahrheit, die von jedem Menschen bereits eine Übereinstimmung mit dem Göttlichen weiß… Der Mensch darf sich von Anfang an in der ganzen Wahrheit seines Mensch-Seins fortbewegen, um in Liebe, Glauben, Kultur, Politik, Arbeit, Leben, Leiden und Sterben die gottgewollte Geschichte des Menschen zu gestalten. Wenn alles, was den Menschen betrifft, eine Kundgabe Gottes der Wahrheit über den Menschen ist, dann darf sich der Mensch den Vorgaben Gottes anvertrauen."[10] Die „Gottesfähigkeit des Menschen" sei eine Vorgabe Gottes selbst, ein „Ineinandertreten von Schöpfung und Erlösung im selben Menschen".

Die Wahrheit über die Herkunft des Menschen – geschaffen als Abbild des Schöpfers – und die Wahrheit über die Zukunft des Menschen gehören zusammen: „Es gibt vieles im Leben des Menschen, das absurd und umsonst wäre, wäre alles mit dem Tod zu Ende ... Wollen wir den sterblichen Menschen in seiner Unsterblichkeit begreifen, kann uns dabei nur die Wirklichkeit Gottes, des Schöpfers und Erlösers, helfen. Denn nach seinem Bild und Gleichnis schuf Gott den Menschen; und aus der Gefangenschaft in Sünde und Tod kann nur Gott den Menschen erlösen und in jene Wahrheit einsetzen, dass er Gottes Bild und Gleichnis ist ... Je mehr

[8] Ebd., 104.

[9] K. Krenn, Gemeinsamkeit der Würde – Verschiedenheit des Dienstes. Zur theologischen Rationalität des Unterschiedes von Priester und Laie, in: J. Liminski u.a., Die Stunde des Laien. Laie und Priester 20 Jahre nach dem Konzil, St. Ottilien 1987, 107–145, hier 129f.

[10] K. Krenn, Das genuine Jesus- und Kirchenbild und seine heutigen Verzerrungen. Vortrag bei der Theologischen Sommerakademie in Aigen am 27. August 1996, online http://hippolytus.net/aigen96.htm .

wir die Spuren Gottes im Menschen wahrnehmen und begreifen, desto mehr wissen wir über das, was nicht unter den Bedingungen des Todes steht, sondern aus dem göttlichen Ursprung des Menschen Gültigkeit und Dauer hat."[11]

Kurt Krenn ist davon überzeugt, dass nur die volle Wahrheit über den Menschen diesem Einsicht in seine Bestimmung für das ewige Leben gibt. Damit aber handelt der gegen die Würde des Menschen, welcher ihm diese Wahrheit vorenthält, etwa weil er im Spiel der Meinungen nicht als vorlaut, arrogant oder intolerant gelten will, weil er als gesellschaftlich verträglich oder modern angesehen sein will. Dem Menschen seine Wahrheit zu sagen, ihm die Augen für seine Würde als Mensch zu öffnen und ihm Christus zu zeigen als den, der dem Menschen das Menschsein offenbart, ist Kurt Krenns erstes Anliegen. Darin sieht er die Sendung der Kirche.

## III. Die Frage nach Gott

Im Gegensatz zu vielen seiner Professoren-Kollegen zog der Professor Krenn das „Reden über Gott" stets dem „Reden über das Reden über Gott" vor. Die Wirklichkeit Gottes und die Geschöpflichkeit des Menschen waren seine zentralen Themen. Der dreifaltige Gott habe als Schöpfer alles Seienden und jeder einzelnen Menschenseele mit jedem Menschen eine „certa intentio", eine bestimmte Absicht. Darum könne jeder Mensch seine Notwendigkeit auf ein Gedachtsein und Gewolltsein von Gott zurückführen. Insofern etwas von Gott gedacht ist, ist es auch wahr. Insofern es von Gott gewollt ist, ist es auch gut. So ist aus der Personhaftigkeit des Schöpfergottes alle geschaffene Wirklichkeit durchdrungen von Wahrheit und Gutheit.

Das gibt sowohl Einsicht als auch Trost: Wir haben als Menschen einen Bezug zum denkenden, erkennenden, liebenden Gott. Er, der uns in Abbildlichkeit zu sich geschaffen hat, will auch gesucht und erkannt werden. Weil alles Geschaffene – trotz der immer größeren Unähnlichkeit –

[11] K. Krenn, Gottes Abbild im Nichts?, in: U. Zöller (Hg.), Die Zukunft unseres Lebens. Antworten auf den Tod, Aschaffenburg 1991, 86–90, hier 88.

auch eine Ähnlichkeit zum Schöpfer hat, kann der Mensch Gott aus den geschaffenen Dingen erkennen. Diese Aussage der natürlichen Gotteserkenntnis, dogmatisiert vom Ersten Vatikanum, war für Professor Krenn grundlegend.

Die Vernunft kann etwas über Gott erkennen und aussagen. Kurt Krenn zeigte sich stets überzeugt, „dass die Krisen in Kirche und Theologie von heute engstens mit der Frage aller Fragen zusammenhängen, mit der Frage nach der Wirklichkeit Gottes“[12]. In einem Interview, das ich im März 2003 mit Bischof Krenn in St. Pölten führte, betonte er noch einmal, was ihm wirklich wichtig sei: Den Menschen „die wirkliche Wirklichkeit Gottes“ zu sagen. Diese Theozentrik macht den Menschen aber nicht kleiner, sondern größer, denn sie sagt über den Menschen etwas aus, was auf keine andere Weise über ihn erforscht oder erkannt werden kann, nämlich dass seine Größe und seine Würde von Gott gegeben – und deshalb unverlierbar, unwandelbar, unzerstörbar, unveräußerbar ist.

## IV. Die Theologie

Aus dem beschriebenen Gottes- und Menschenbild heraus kritisierte Krenn, es gebe in der Kirche Versuche, „gewisse soziologische Strukturen ohne das theologische Grundverhältnis zwischen Gott und dem personal berufenen Menschen zu entwickeln“. Doch mit der „Verneinung des metaphysischen Personseins des Menschen“ trete auch eine „Entfremdung von der Wirklichkeit Gottes“ ein. Die Anthropologie von Papst Johannes Paul II. erinnere die Theologie an ihre fehlende Mitte: „Die Theologie ist heute zutiefst gefährdet, sich als eine Doktrin der soziologischen Plausibilität zu legitimieren.“[13]

Immer wieder kritisierte Krenn den Einbruch des säkularisierten Denkens in die Theologie. Einer Theologie, die sich in Disziplinen aufspalten lasse und mit nur linguistischen, historischen, kulturwissenschaftlichen oder psychologischen Methoden arbeite, drohe die eigene Mitte verloren

---

[12] K. Krenn, Gemeinsamkeit der Würde, a.a.O., 107.

[13] K. Krenn, Vortrag an der Katholischen Universität Lublin, a.a.O., 6331.

zu gehen: „Will die Theologie eine eigenständige Wissenschaft und nicht nur die Summe von einzelnen religionswissenschaftlichen Bemühungen sein, muss die Wirklichkeit Gottes also Gegenstand und begriffliches Movens aller theologischen Disziplinen sein. Die Wiederkehr Gottes in der Theologie ist das Gebot der Stunde.“[14] Die Theologie müsse sich darum der Gottesfrage nicht nur als Anfangsfrage, sondern als „durchgehender Struktur aller Einzelfragen“ stellen.

Die Metaphysik solle im Studienprogramm der Theologie den ihr gebührenden Platz erhalten, denn durch die Metaphysik bewahre die Theologie „ihr Proprium als eigenständige Wissenschaft“. Mehr noch: „Metaphysik in der Theologie bedeutet die ständige Erinnerung, dass sowohl die glaubende als auch die denkende Vernunft auf dieselbe Einheit, auf dieselbe Wahrheit und auf denselben Ursprung verpflichtet sind: Für den denkenden Menschen ist der Widerspruch aufzulösen, ist eine ‚doppelte‘ Wahrheit des Erkennens und Glaubens keine Wahrheit, liegt im Ursprung und nicht im infinitiven Regress von Erklärungen die wahre Sicht der Wirklichkeit.“[15]

## V. Die Kirche

Angesichts des kämpferischen, leninistischen Atheismus wie auch des westlichen, konsumistischen Atheismus warnte Krenn vor der Versuchung, die Kirche „gleichsam ‚neben‘ der Gottesfrage als Organisation, als soziale Bewegung oder als kultureller oder politischer Partner“ auftreten zu lassen. „Die Gottesfrage ist die Wesens- und Identitätsfrage der Kirche als Kirche.“ Sie auszuklammern würde der Kirche ihre Identität rauben und sie dem Zwang ausliefern, „sich weltlich als soziale, politische, ökonomische, kulturelle Macht zu etablieren und zu behaupten; die Kirche hätte in diesem Fall nicht mehr die selbstverständliche Bereitschaft, inmitten einer Welt der vielfachen Interessen und Interessengleichgewichte die immer wieder

---

[14] K. Krenn, Glaube und Kirche heute, Kleinzell 1989, 1.

[15] K. Krenn, Die wissenschaftliche Ausbildung des Priesters von heute (Vortrag im Wiener Priesterseminar am 26.1.1990), in: K. Krenn / E. Möde, Priesterausbildung und Tiefenpsychologie, München 1990, 24.

innovative Kraft der Liebe, der reinen Wahrheit, der selbstlosen Moralität, der unberechenbaren Hoffnung und des vertrauenstiftenden Glaubens zu entfalten".

Dies alles aber hat sie nicht um ihrer selbst willen, sondern um des Menschen willen zu leisten: „Die Kirche schuldet der Würde des Menschen die Bildung des Gewissens; und diese unverzichtbare Aufgabe erfüllen die göttliche Offenbarung und das Lehramt der Kirche."[16] Ihre von Christus gestiftete Sendung zum Dienst an den Menschen und ihrer Würde hat auch Konsequenzen für die Struktur des Kirchlichen: „In der Kirche Christi geht es um Gott und den Menschen ... Und die Kirche Christi, das Volk Gottes, würde sich völlig missverstehen, wollten die Gläubigen sagen: Wir sind Kirche, unser Entschluss begründet die Gemeinschaft der Kirche, wir schaffen Recht und Ordnung als die Basis, die Wahrheit und Praxis bestimmt. Gegen alle Basisdemokratie in der Kirche lehrt das II. Vatikanum die Kirche als das von der Einheit des Vaters und des Sohnes und des Heiligen Geistes her geeinte Volk."[17]

Die Kirche als das Volk Gottes ist aber auch nicht als Summe von Ortskirchen oder Gemeinden, sondern – jenseits der Frage ihrer jeweiligen inneren Verfasstheit – aus einer ursprünglichen Einheit heraus zu denken: „Es liegt im Wesen der Kirche, zuerst die universale Kirche auf der ganzen Welt für alle Menschen zu sein ... Auch wenn mit dem II. Vatikanischen Konzil eine gewisse Stärkung der örtlichen Gegebenheiten sowie der kulturellen und regionalen Besonderheiten erfolgte, war der Vorrang der ‚Gesamtkirche' vor jedweder ‚Teilkirche' niemals in Frage gestellt. Denn die Gesamtkirche bemisst die Teilkirche in ihrem Wesentlichen, denn nur die Gemeinschaft in der Lehre des Glaubens und die hierarchische Gemeinschaft legitimieren eine Teilkirche, d.h. eben als eine Verwirklichung der Gesamtkirche."[18] Nur „in der ganzheitlichen Identität der Gesamtkirche" könne die örtliche Teilkirche wirklich Kirche sein.

---

[16] K. Krenn, Ein Offener Brief an die Unterzeichner der „Kölner Erklärung", in: Wiener Kirchenzeitung, 5.2.1989, 11.

[17] K. Krenn, Das genuine Jesus- und Kirchenbild, a.a.O.

[18] K. Krenn, Katholische Kirche in Europa, a.a.O.

## VI. Priestertum und Bischofsamt

Den Priester sieht Kurt Krenn nicht als Gemeindemanager oder als Animateur der Gläubigen, sondern als Glaubenslehrer: „Er hat das Wort Gottes zu verkündigen, er hat es auszulegen und anzuwenden; er unterrichtet den Glauben, in der geistigen Auseinandersetzung mit der Welt muss er Theologe sein, er prägt und gestaltet das Beten, das immer auch Ausdruck von Glaubenslehre ist; sein pastorales Handeln muss von der Wahrheit des Glaubens bestimmt sein."[19]

In einem Vortrag über den Unterschied von Priester und Laien betonte er vor allem anderen die Gemeinsamkeit in der Würde, welche aber in Gott, nicht in einem irdischen Konses seine Wurzel hat: „Die allen Menschen gemeinsame ‚Würde' liegt aller emanzipatorischen Gleichheit voraus und kann durch eine sozial gemachte Gleichheit weder begründet noch gesichert werden ... Die gemeinsame Würde der Menschen, die das eigentliche Menschsein ausmacht, bewahrt die Freiheit zu Verschiedenheit und zu einer je besonderen Geschichte eines jeden Menschen." Das Verhältnis zwischen Priester und Laie sei geprägt von „gemeinsamer Würde und Verschiedenheit der Dienste"[20].

Wenn der Mensch tatsächlich ein Recht auf die Wahrheit hat, dann hat die Kirche – als Gottes Volk – die Pflicht, die Wahrheit sichtbar, erkennbar und bekennbar zu halten. Die Last dieser Verantwortung ruht in besonderer Weise auf den Bischöfen: „Die Wahrheit ist Personen anvertraut, die in der Fülle des Weihesakraments das Prägemal als rechtmäßig bestellte Bischöfe erhalten haben. Für jeden Bischof ist es eine unabdingbare und persönliche Verantwortung, den ganzen Glauben zu lehren, zu verkündigen, zu verteidigen und zu entfalten. Und jede Form von lehrender Gemeinschaft der Bischöfe kann nur aus Personen bestehen, die, jede für sich, das Ganze und Unverfälschte des Glaubens verantworten."[21]

---

[19] K. Krenn, Vortrag im Wiener Priesterseminar, a.a.O., 27.

[20] K. Krenn, Gemeinsamkeit der Würde, a.a.O., 134f.

[21] K. Krenn, Das Prinzip Person, a.a.O., 64.

Das Amt des Bischofs entzieht sich nach Krenns Auffassung einer rein funktionalen Deutung, sondern ist „vorgeschichtlich im heilsökonomischen Trinitarischen konstituiert", ist also göttliche Gabe und Einsetzung. Das hat für die Geweihten auch konkrete Auswirkungen: „Die Gläubigen und die Geweihten wissen, dass das heilsvermittelnde Tun weder in der Leistung noch in der Fähigkeit noch im persönlichen Namen der Geweihten geschieht. So muss die erste Mühe der Geweihten, vor allem der Bischöfe, darin liegen, die Konstitution ihres Amtes in der christologischen und trinitarischen Dimension zu bewahrheiten." Den Bischöfen sei es anvertraut, alle Völker zu lehren: „Sie sind mit der Autorität Christi ausgerüstete Lehrer, die dem ihnen anvertrauten Volk die Botschaft zum Glauben und zur Anwendung auf das sittliche Leben verkündigen und im Licht des Heiligen Geistes erklären".[22]

## VII. Die pastorale Orientierung

Ein Freund, der im weitesten Sinn in der PR-Branche tätig ist und beruflich mit der Kirche nicht viel zu tun hat, sagte mir, er halte Bischof Krenn für weise. Er habe nämlich in einem Satz zum Kirchenvolks-Begehren eine umfassende Antwort auf diese Strömung gegeben: „Du sollst nicht begehren!" Beim ersten Hinhören banal klingend, verberge sich hier der grundlegende Unterschied: Die Haltung des Gläubigen ist nicht die des Begehrens, insofern stimmt auch die Anspielung auf die Formulierung des Dekalogs. In einer Kritik des „Kirchenvolks-Begehrens" hat Krenn dies so zum Ausdruck gebracht: „Die Begehrenden fordern Reformen in der Kirche und Veränderung von Strukturen; sie klagen die Kirche an, reden von ihren Leiden durch die Kirche, wollen Druck von der Basis her erzeugen. Kein Wort der Begehrenden jedoch von eigener Bekehrung, von eigener Schuldeinsicht, von Opfer und Hingabe an Gott. In der Kirche hat

[22] K. Krenn, "Wer sie hört, hört Christus, und wer sie verachtet, verachtet Christus und ihn, der Christus gesandt hat". Gedanken zu Weihe und Amt des Bischofs, in: E. Kleindienst / G. Schmuttermayr (Hg.), Kirche im Kommen. Festschrift für Bischof Josef Stimpfle, Frankfurt – Berlin 1991, 531–552, hier 549.

es noch nie eine Erneuerung ohne die persönliche Bekehrung des einzelnen Gläubigen gegeben."[23]

Das Kirchenvolks-Begehren könne sich in seinen Forderungen nicht auf das II.Vatikanum berufen; im Gegenteil: „Korrektur und Klärung" könne das Begehren aus der Glaubenslehre des Konzils finden. „Das Grundgefühl des Glaubens kann nicht die Begierde nach Veränderung zu Lasten des Unveränderlichen und Ewigen aus dem göttlichen Ursprung sein; denn der Glaube ist im Ursprünglichen und nicht im Empirischen beheimatet."[24]

Ganz im Gegensatz zu mancher medialer Bewertung seines bischöflichen Wirkens habe ich als journalistischer Beobachter den heutigen Alt-

[23] K. Krenn, Das genuine Jesus- und Kirchenbild, a.a.O.
[24] Ebd.

Bischof von St.Pölten selten als Stratege und fast nie als Taktiker wahrgenommen. Ich erlebte ihn aber oft als sehr spontanen Seelsorger, der auf die Person einging, die ihm gerade gegenüber trat. Wie er sich schon als Professor für seine Studenten Zeit nahm, ihnen auch für Fragen und geistigen Austausch jenseits des Vorlesungsstoffs zur Verfügung stand, so schaute er auch als Bischof in der Begegnung mit Menschen, die an ihn herantraten, nicht auf die Uhr.

Besonders beeindruckt hat mich eine Begegnung im Stephansdom am 11.4.1994. Ich war mit Bischof Krenn nach dem Requiem für den verstorbenen Bischof Kuntner verabredet und wartete vor dem Ausgang der Domsakristei auf ihn. Alle Bischöfe kamen heraus, einer nach dem anderen verließ raschen Schritts den Dom, manchmal hier und da jemanden grüßend. Als letzter, ganz langsam, kam auch Bischof Krenn. Ein Ehepaar ging auf ihn zu. Er plauderte in größter Ruhe, ungeachtet der Verabredung, die ich mit ihm hatte. Ich wartete eine Weile, näherte mich dann langsam an, um nicht vergessen zu werden. Mir fiel ein Jugendlicher, vielleicht 13 oder 14 Jahre alt, auf, der offensichtlich etwas schüchtern auf den Bischof wartete. Als das Ehepaar weiterging, fasste sich der Bub ein Herz und sprach Krenn an. Der Bischof erkundigte sich nach seinem Religionslehrer und nach seinen Schulinteressen, spürte aber wohl auch, dass der Jugendliche etwas auf dem Herzen hatte. „Was willst Du denn später einmal werden?“, fragte Krenn. „Ich will Priester werden“, war die Antwort. Jetzt war es raus! Das Gespräch ging noch eine Weile hin und her, der Bub war nun sichtlich lockerer. Zum Abschied sagte der Bischof: „Du kannst mich jederzeit anrufen und besuchen. Für einen wie Dich hab ich immer Zeit.“

Ich weiß nicht, ob dieser Bub, der mittlerweile ja ein Erwachsener sein muss, wirklich Priester wurde. Ich weiß auch nicht, ob er Bischof Krenn tatsächlich irgendwann einmal anrief oder gar besuchte. Ganz sicher aber hat ihm in diesem Moment die Zusage eines Bischofs, er habe für einen wie ihn „immer Zeit“ gut getan und Kraft gegeben. – Solche Gesten menschlicher Nähe, seelsorglicher Zuwendung habe ich bei Krenn – in seiner Professorenzeit wie später als Bischof – mehrfach beobachten können. Er kannte auch nach flüchtigen Begegnungen oft familiäre Zusammenhänge und die so genannten kleinen Sorgen von so genannten kleinen Menschen.

Auch das ist, neben dem theologischen und philosophischen Denken, eine oft übersehene Seite des Kurt Krenn.

## VIII. Vom Sinn des Seins

Es ist nicht anzunehmen, dass viele Kurt Krenns römische Dissertation gelesen haben, noch dass dieses Werk aus dem Jahr 1962, das ich 1987 in der Libreria der Päpstlichen Universität Gregoriana in Rom erstehen konnte, zum Bestseller geeignet wäre. Die Conclusio dieser sicher nicht leicht zu lesenden Arbeit über den „Sinn des Seins in der Befindlichkeit der Partizipation beim hl. Thomas von Aquin" würde allerdings einen tieferen Einblick in das theologische und philosophische Denken Krenns geben als die wenigen in diesem Aufsatz mehr schlecht als recht gelungenen Andeutungen.

Hier schrieb der damals 25jährige: „*Alle Erkenntnislehre mit aller transzen*dentalen Befähigung unseres Intellekts, alle praedikamentale und transzendentale Metaphysik, alle Unvermitteltheit Gottes, alle Begründung der Kreatur in Gott – alles geistiges Gut des hl. Thomas von Aquin, das ich zu deuten versuchte.

Eine Antwort jedoch muss ich noch für Thomas geben, die das Sein nicht ausschließlich im Bereich von Vermittlung und Differenz aufgehen lässt. Diese Antwort lässt uns erst die Freiheit Gottes, die Personalität der Geistgeschöpfe, die Begründung aller Analogie und Sinnhaftigkeit im personalen Geistwesen letztlich verstehen. Das Sein der Kreatur und das subsistierende Sein Gottes bedeutet für die Spekulation des Thomas alles.

Darf ich jedoch nun für Thomas gewissermaßen die beschließende Antwort geben, die unser Sein zur Vermittlung und Mitte des Vollzuges des Wahren und Guten als frei und personal strukturierten Beschluss Gottes erklärt? Das Sein ist Sinn."[25]

[25] K. Krenn, Vermittlung und Differenz? Vom Sinn des Seins in der Befindlichkeit der Partizipation beim hl. Thomas von Aquin, Analecta Gregoriana (Cura Pontificae Universitatis Gregorianae edita), Vol. 121. Series Facultatis Philosophicae: sectio B, n.10, Libreria Editrice dell´ Università Gregoriana, Roma 1962, 316.

# Der Glanz der Wahrheit

*Renée Brenninkmeijer*

Aus dem Strahlen der Sonne löste sich eine Taube. Sie schien wie in Feuer getaucht, und ihre sanften Flügelschläge hinterließen die Spuren des Trostes. Wie an jedem Morgen weckte sie das Ohr des Fischers und rief unwiderstehlich, hinauszufahren und die Netze zum Fang auszuwerfen. Auf ihr Wort hin wagte er sich unermüdlich auf das weite Meer hinaus. Oft mühte er sich bis spät in die Nacht hinein, die Augen fest auf den Stern gerichtet, der über dem Mond funkelte. Stürme und hohe Wellen waren dem Fischer vertraut, und die Taube verließ ihn nicht und stärkte ihn, das Steuer fest in den Händen zu halten und nicht vom Kurs abzuweichen. Wie oft dachte er dabei an den Fischer von Rom und folgte selbst dem Ruf, über das Wasser zu gehen. Eines Tages jedoch hielten die Menschen am Ufer vergeblich nach dem heimkehrenden Schiff Ausschau. Man erzählte sich, der Fischer habe Schiffbruch erlitten, und viele gingen nach Hause. Aber wer zum Himmel aufschaute und die leuchtende Taube über dem Wasser kreisen sah, erinnerte sich an jene Nacht, in der alles verloren schien – bis das herrliche Licht des Sieges erstrahlte. Die Taube sah den Fischer, der auf dem Meer trieb, den Holzbalken fest umklammernd. Sie erkannte den Baum, desgleichen kein Wald hervorbringt, und dessen strahlendes Holz die Dunkelheit vertreibt. Als er das andere Ufer erreichte und der Fischer an Land ging, sah er am Boden ein Kohlenfeuer und darauf Fisch und Brot. Und er wusste, wer es war, der ihn von neuem rief- denn ein Glanz umgab IHN, den er immer geliebt, und der ihn immer angezogen hatte: Der Glanz der WAHRHEIT ...

Die Zisterzienserinnen der Maria Hjerte Abbedi / Dänemark

# Ein Mann des Geistes und des Herzens

*Michael Dinhobl*

Große Aufregung herrschte in Österreich über die Ernennung eines neuen Weihbischofs für die Erzdiözese Wien. Ein weithin unbekannter Universitätsprofessor aus Regensburg lässt die Wogen in Österreichs Kirche und in den Medien hoch gehen. Ich war damals Student an der TU Wien. Als Mitglied einer Studentenverbindung habe ich dort den Antrag gestellt, dem neuen Weihbischof und Bischofsvikar für Kunst, Kultur und Wissenschaft ein Glückwunschschreiben zu übermitteln. Mein Antrag hat damals, 1987, keine Mehrheit gefunden.

1989 habe ich dann Bischof Krenn näher kennen gelernt. Als Sekretär des damaligen Erzbischofs von Wien, Kardinal Dr. Hans Hermann Groër, bewohnte ich die Wohnung ein Stockwerk unter ihm, und ich hatte die Möglichkeit dem so umstrittenen Bischof fast täglich zu begegnen. Ein liebenswürdiger, in seiner Lebensführung sehr bescheidener Mann, ein interessanter Gesprächspartner, der sehr aufmerksam die Geschehnisse in Kirche und Welt verfolgte und zu analysieren wusste.

Im September 1997, als Dr. Krenn schon zum Diözesanbischof von St. Pölten ernannt worden war, lud er mich ein, als Pressereferent der Diözese nach St. Pölten zu kommen. Von da an habe ich sein Denken, Wirken und Handeln sehr nahe miterleben dürfen.

Die Einschätzung, die nach außen hin kolportiert und kundgetan wurde, konnte ich mit dem, was die Person des Bischofs ausmacht, aus nächster Nähe beobachten und vergleichen. Der so streng scheinende Kirchenmann war im Umgang mit den ihm anvertrauten Menschen ein sehr liebenswürdiger, wohlwollender und großzügiger Mann. Seine innere Ausgeglichenheit und Festigkeit gestattete es ihm, auf jede kleinliche Besserwisserei, die manche Vorgesetzte zur Festigung ihrer Autorität benötigen, zu

verzichten. Wohlwollend, niemals ungehalten, so gestaltete sich sein Umgang mit seinen Mitarbeitern. Auch seine Großzügigkeit, freie Entscheidungen der Mitarbeiter betreffend, war für viele, die ihn nicht näher kannten, kaum nachvollziehbar. So unnachgiebig er die Lehre der Katholischen Kirche zu vertreten wusste, so nachsichtig und verständnisvoll gestaltete sich sein Umgang mit seinen Mitmenschen. Oft klagten Mitarbeiter anderer Bischöfe, die sich der menschenfreundlichen Abteilung zuordnen ließen, über gar nicht so freundliche Umgangsformen.
Im Gegensatz dazu war von Bischof Krenn, trotz der vielen Angriffe auf seine Person, nicht selten bei der morgendlichen Besprechung, an der die Mitarbeiter des bischöflichen Sekretariates mit dem dazu gehörenden Sekretariatshund Flocus teilnahmen, zu hören: „Ich sündige lieber durch zu große Milde als durch zu große Strenge."

Jeder, der Bischof Krenn kennt, weiß, dass seine liebste Tageszeit die späten Abendstunden sind, und so ergab es sich, dass wir abends unsere Tagesbesprechung hielten und auch gemeinsam Nachrichten und Sportberichterstattungen verfolgten. Dabei erstaunten mich immer sein Wissen und seine sehr begründeten Analysen. Nicht das Urteil aus dem Gefühl heraus, sondern aus der Argumentation leitete ihn. Keine Kleinigkeit entging ihm, fast jede Person war ihm bekannt. Begebenheiten, auch wenn sie noch so lange zurück lagen, waren ihm präsent und trugen so zu einer argumentativ begründeten Beurteilung bei.

So außergewöhnlich die gesamte Amtszeit von Bischof Krenn zu sehen ist, so außergewöhnlich war auch sein Ausscheiden aus seinem Amt. Unzählige Male wurde der Rücktritt oder die Abberufung von Bischof Krenn gefordert. Es war für viele fast schon ein Sport zu versuchen, den als Fels Wahrgenommenen zu stürzen. Seine stereotype Antwort dazu war immer: „Wenn der Papst will, dass ich gehe, dann gehe ich, wohin immer er auch will."

Hier will ich mir erlauben, auch die übernatürliche Dimension, ohne die unser Glaube nichts wäre, zu bemühen. Aus menschlicher Sicht ist kaum zu erwarten, dass ein Bischof vom Papst aufgefordert wird, sein Amt zurück zu legen. Geschweige denn ein Bischof, der sich in ganz besonderer Weise als treuer Helfer des Papstes und unermüdlicher Verteidiger der Lehre der Kirche verdient gemacht hat. Gott hat mit Kurt Krenn einen zuverlässigen und gehorsamen Zeugen für seine Kirche in die Welt geschickt, der seine Treue immer gelebt hat. Gott hat ihn aber auch beim Wort genommen und sein gegebenes Versprechen eingefordert, um damit sein Zeugnis noch größer werden zu lassen. Und dieses Zeugnis wird auch heute von so manchen noch nicht verstanden.

# Der Sportbischof

*Leo Strasser*

Dem Bischof sag ich's aber! Die Kirche soll doch die Frauen um Himmels willen nicht dauernd links liegen lassen!" Also sprach meine Angetraute, damals Präsidentin des Österreichischen Leichtathletik-Verbandes, vor einer Sport-Gala im Linzer Brucknerhaus.

Eine Debatte? Mitnichten. Die beiden kamen ins Gespräch, ja sogar in vielen Überlegungen auf einen gemeinsamen Nenner. Als Bischof Krenn dabei auf den Zentimeter genau die heute noch gültige Weltrekordmarke von 2.09 m im Hochsprung der Bulgarin Stefka Kostadinova herunterleierte, war die Erika Strasser baff.

*Im Himmelreich Nr. 1*
Einmal kam der Bischof in den Himmel. Himmelreich Nr. 1 hieß nämlich auf dem Rohrberg bei St. Valentin jener Ort, wo sich der hochwürdigste Gast aus St. Pölten auf einer Pressekonferenz wie selbstverständlich ins Trikot des Linzer Gugl-Meetings zwängte. Werbung für eine Veranstaltung: „Warum denn net? I muaß nur einipassen."

Ja, und den Fußball traf er bei einem Spielchen auf dem Kleinfeld auch. Dabei zuschauend verriet Didi Constantini, für kurze Zeit Nachfolger Ernst Happels, warum er gar so ein begeisterter Fan des Sportbischofs geworden war. „Ich verstehe nicht, warum man Sie nicht zum Teamchef gemacht hat," hatte ihm Kurt Krenn einmal gestanden.

*Einen Golfer „geschockt"*
Andererseits schockte Seine Exzellenz seinen Mühlviertler Landsmann Hans Pum, einen fanatischen Golfspieler vor dem Herrn, mit der giftigen Bemerkung: „Golf ist doch kein Sport!" Wie konservativ man eigentlich auch im Sport sein kann ...

Ein anderes Mal brauchte ihn der österreichische Alpinchef Pum aber nicht zweimal bitten, zum Schifest nach Schladming zu kommen. Wissend, dort viel besser hinzupassen als ins angeblich angeberische Kitzbühel, wurde der Bischof inmitten der Begeisterten bald Stammgast. Zu einer „Gala-Nacht des Sports" nach Linz zu fahren, „musste" er absagen: „Ich habe schon einen Fixtermin beim ORF in Wien." Ein sportliches Ereignis ohne den Sportbischof? Mitnichten! Binnen kurzer Zeit war die Sache geregelt. „Für ein Interview habt ihr ja auch in Linz ein Studio", wusste der Bischof einen Ausweg. So gut wie mit dem Krenn kann man sich mit kaum jemand anderem unterhalten, fanden Nationalratspräsident Heinz Fischer in Wien und Präsident Fritz Hochmair in Linz. Ja, bei der traditionellen Weihnachtsfeier auf dem Küniglberg stand er auch noch als Altbischof auf der Einladungsliste des ORF-Sportchefs Elmar Oberhauser.

*Die „Heilige" und der Papst*

Alle Jahre wieder bat man den Sportbischof im Linzer Brucknerhaus während der Sport-Gala zum Torwandschießen. Zweimal gewann er dabei mit seiner „Mannschaft", mit Theresia Kiesl und Klaus Lindenberger. Und mindestens soviel wert wie eine Medaille im Schwimmen war es für Vera Lischka, einen Kurt Krenn interviewen zu dürfen. Vom Bischof eingefädelt, kam es auch zu einer Audienz auf dem Petersplatz in Rom. Nach Hans Pum, dem Vorarlberger Skistar Rainer Salzgeber und oberösterreichischen Sportjournalisten vernahm Papst Johannes Paul II.: „Und das ist Vera, unsere Europameisterin." Als ihr der Papst ein Kreuzzeichen auf die Stirn zeichnete, überraschte er sie mit den Worten „die Heilige". Wieso das? Nun, „die Heilige" heißt auf slawisch „Vera".

*Ein Boxer aus Oberkappel*

Auf dem kleinen Fußballfeld im „Himmelreich Nr. 1" hatte der Sportbischof gar nichts dagegen, dass er im Boxkampf mit Vera Lischka aus Pichling und Österreichs schnellster Läuferin Karin Mayr aus St. Valentin fotografiert wurde. Schließlich war ein kleiner Faustkämpfer namens Kurt Krenn aus dem mühlviertlerischen Oberkappel im Linzer Limonikeller in die Schule des späteren Olympia-Betreuers Joe Kaspar gegangen. Noch Jahre danach flocht der Bischof von St. Pölten seinem damaligen Trainer voll Stolz Lorbeeren: „Der Herr Kaspar war mein Trainer."

# THEOLOGIE UND PHILOSOPHIE

# Das Gewissen – normierte Norm des Handelns

Joachim Kardinal Meisner

Das Thema „Gewissen“ etwa vor Parlamentariern zu behandeln, hat eine besondere Brisanz und führt zugleich in die grundlegende Fragestellung ein.[1] Es ist üblich geworden, bei Journalisten und auch bei Politikern immer von der Bedeutung der Gewissensentscheidung zu sprechen, wenn bei den Debatten irgendeine Vorgabe – etwa Fraktionszwang – nicht gegeben ist. Bekanntlich heißt es im Artikel 38 des Grundgesetzes der Bundesrepublik Deutschland von den Abgeordneten des Deutschen Bundestages: „Sie sind Vertreter des ganzen Volkes, an Aufträge und Weisungen nicht gebunden und nur ihrem Gewissen unterworfen.“ Das heißt aber, immer dann, wenn so genannter Fraktionszwang gegeben ist, müssen die einzelnen Abgeordneten gegebenenfalls gegen ihr Gewissen reden und stimmen, oder nimmt man an, dass dann in solchen Fragen das Gewissen des Einzelnen immer mit der Parteimeinung übereinstimmt? Kann man Gewissensentscheidungen ggf. auf der Seite lassen? Und was ist überhaupt das Gewissen des Einzelnen? Es wirkt in manchen Darlegungen geradezu wie ein absolutes und nicht zu hinterfragendes Argument, wenn jemand feststellt: „Das ist mein Gewissensurteil“ oder „Das kann ich mit meinem Gewissen nicht vereinbaren“. Übrigens hat die Frage der Gewissensentscheidung ja in der Diskussion um die Wehrdienstverweigerung in der Bundesrepublik Deutschland von Anfang an eine Rolle gespielt.

[1] Der Beitrag geht im wesentlichen zurück auf die Ansprache von Joachim Kardinal Meisner zum Empfang des Diözesanrates am 23. Januar 2005.

2. Man kann in der gesamten Problematik nicht weiterkommen, wenn man sich nicht zunächst einmal der Frage stellt, was eigentlich mit Gewissen gemeint ist. Für Christen heißt das immer, zu fragen, ob uns im Wort Gottes Antwort auf solche Fragen gegeben wird. Für die heute allgemein übliche Betonung des Gewissensanspruchs und der Gewissensfreiheit ist es eigentümlich, in der Heiligen Schrift nur sehr wenige Hinweise zum Begriff „Gewissen" zu finden. Und auch die große mittelalterliche geistige Bemühung um philosophische und theologische Durchdringung des christlichen Glaubens hat keine systematische Darlegung dessen, was wir unter „Gewissen" verstehen. Es war offensichtlich so selbstverständlich, dass man es nicht gegenüber irrtümlichen Meinungen verdeutlichen musste.

Das Wort selbst weist den Weg. Das griechische Wort „syn-eidesis" und die lateinische Übersetzung „con-scientia" machen deutlich, dass es sich um eine Form der Erkenntnis, um eine besondere Art des Wissens, handelt. Das griechische „syn-eidesis" meint Bewusstsein von Gut und Böse des eigenen Tuns, während das lateinische „con-scientia" Mitwissen meint, und zwar persönliches Wissen des Menschen mit dem Wissen der Normen, die sich aus dem Sein der Dinge und der göttlichen Offenbarung (Gebote) ergeben. Auch im Deutschen hat hier die Vorsilbe „ge" verstärkende, erhöhende Bedeutung. Das wird klar, wenn zum Vergleich: horchen – gehorchen, vor allem aber hören und gehören analysiert wird. Die Erkenntnis im Gewissen ist von solcher Art, dass sie zur Stellungnahme zwingt. Nicht nur das theoretische Wissen ist hier gemeint, sondern ein Erkennen, das zum Anerkennen drängt und Konsequenzen im Handeln nötig macht.

3. Die Anlage des Gewissens ist ähnlich wie die des Verstandes oder des Gefühles als Reaktionsmöglichkeit gegeben. Der Verstand kann zwischen „wahr" und „falsch" unterscheiden, das Gefühl zwischen „schön" und „hässlich" und das Gewissen zwischen „gut" und „böse". Gewissensurteile sind deshalb nicht mit einer Waage zu vergleichen, deren Wiegefläche dann einen taxierten Gewichtsanzeiger in Aktion bringt, sondern mit einer alten Apothekerwaage, die – mit zwei Waagschalen ausgerüstet – die Gewichtsfeststellung einer Sache nur möglich macht, wenn auf der anderen Seite Gewichtssteine aufgelegt werden. Übrigens trägt ja in vielen Fällen die Gestalt der personifizierten Gerechtigkeit eine solche Waage in der Hand. In der einen Waagschale befindet sich die anstehende Hand-

lung oder Entscheidung, die das Gewissen zu beurteilen hat. In der anderen Waagschale nun beinhaltet sie die dem Gewissen vorgegebenen Normen, Gesetze, Weisungen und ethischen Grundsätze. Die Waage ist erst dann ausgeglichen, wenn beide Waagschalen einander entsprechen, wenn die zu treffende Entscheidung mit der vorgegebenen Norm übereinstimmt. Norm und Gewissen sind deshalb keine Gegensätze, sondern komplementäre Größen. Das Gewissen ist vielmehr eine „norma normata", also eine normierte Norm. Den heute weit verbreiteten Irrtum, das Gewissen könne selbst kreativ sein, aus sich selbst Normen setzen und sich damit über vorgegebene Normen hinwegsetzen, hat Papst Johannes Paul II. in seiner Enzyklika „Veritatis splendor" ausdrücklich zurückgewiesen.[2]

Das Gewissen schafft also aus sich selbst keine Normen, sondern macht die vorgegebene Norm zu einer den Menschen verpflichtenden Norm. Das Gewissen bildet darum einerseits den Gegensatz zur Selbstbestimmung. Doch diesen Normen zu folgen, bedeutet andererseits aber auch nicht, sich einer „Fremdbestimmung" zu unterwerfen. Die Normen von außen haben eine Entsprechung im Inneren des Menschen. Das II. Vatikanische Konzil drückt dies so aus: „Im Inneren des Gewissens entdeckt der Mensch ein Gesetz, das er sich nicht selbst gegeben hat, sondern dem er gehorchen muss, und dessen Stimme ihn immer zur Liebe und zum Tun des Guten und zum Meiden des Bösen anruft ..."[3] Die Normen nun konkretisieren, was Gut und Böse im Hinblick auf bestimmte Handlungen bedeutet. Ihnen zu folgen ist daher keine Fremdbestimmung, sondern Hilfe zu wahrer Selbstbestimmung und damit zugleich der Weg zu echter Selbstverwirklichung.

Vom christlichen Glauben her ist darum klar zu erkennen, dass die von außen kommenden Normen sich mit den dem Menschen schon von Gott ins Herz eingepflanzten Weisungen zum Gewissensurteil verbinden. Insofern ist der Raum des Gewissens das „Heiligtum des Menschen".[4] Und das Konzil betont in dem bereits zitierten Dokument weiter: „Der Mensch hat

---

[2] Vgl. Johannes Paul II., Enzyklika „Veritatis splendor" (= VS) über einige grundlegende Fragen der kirchlichen Morallehre vom 6. August 1993 (Verlautbarungen des Apostolischen Stuhls 111), Nr. 56.

[3] II. Vatikanisches Konzil, Pastorale Konstitution über die Kirche in der Welt von heute „Gaudium et spes" (= GS), Nr. 16.

[4] Vgl. VS 54.

ein Gesetz, das von Gott seinem Herzen eingeschrieben ist, dem zu gehorchen eben seine Würde ist und dem gemäß er gerichtet werden wird."[5]

Der hier geschilderte Zusammenhang sollte nochmals anhand eines Vergleiches verdeutlicht werden. Im demokratischen Staat wird unterschieden zwischen der Legislativen und der Judikativen. Letztere ist auf erste angewiesen und bezieht von ihr alle notwendigen Vorgaben. Grundlagen für eine Gerechtigkeit schaffende Gerichtsbarkeit sind Gesetze und Normen. Ohne diese würde jede richterliche Entscheidung letztlich zu einem Willkürakt. Übertragen auf das Gewissen bedeutet dies: Die Legislative verhält sich zur Judikativen wie die Normen zum Gewissen. Ohne verpflichtende Normen würde der Sinn des Gewissens sich in sein Gegenteil verkehren, statt zur Quelle guter Handlungen würde es zur Instanz der Willkür verkommen.

Das Gewissen ist von daher verpflichtet, sich zu bilden, so wie auch der Richter verpflichtet ist, sich in den Gesetzen gut auszukennen. Es stimmt zwar, dass das Gewissen auch dann seine Würde nicht verliert, wenn es aus unüberwindlicher Unkenntnis irrt. Doch gilt es hier zu bedenken, was das II. Vatikanische Konzil in diesem Zusammenhang sagt: „Das kann man aber nicht sagen, wenn der Mensch sich zu wenig um die Suche nach dem Wahren und Guten kümmert, und das Gewissen aus der Gewohnheit der Sünde fast blind wird."[6] Wer sein Gewissen nicht bildet, handelt grob fahrlässig und setzt die Würde seines Gewissens aufs Spiel. Die sorgfältige Suche nach der Wahrheit ist daher eine Gewissenspflicht!

4. Woher kommen nun die Normen, die den Menschen verpflichten? Mit dem christlichen Glauben ist die normgebende Autorität des Wortes Gottes für den Gewissensbereich eindeutig festgestellt. Negativ ausgedrückt heißt es im Römerbrief des hl. Paulus (14,23): „Alles, was nicht aus Glauben geschieht, ist Sünde". Der große Kirchenschriftsteller des dritten Jahrhunderts, Origenes, hat es mit dem Begriff „Gesetz" so dargelegt: „Wenn jemand das Gesetz genau bedenkt und beachtet, das von ihm Aufgetragene erforscht und das Verbotene überdenkt, dann erkennt er, dass die Sünde darin besteht, dass man außer acht lässt, was zu tun ist und dem nicht ausweicht, was verboten ist."

[5] GS 16.
[6] GS 16.

Damit ist ein weit verbreiteter Grundirrtum zurückgewiesen, den schon der berühmte Konvertit und Kardinal Newman im 19. Jahrhundert zurückgewiesen hat: „Das Gewissen hat Rechte, weil es Pflichten hat; allein in unserer Zeit besteht bei einem großen Teil des Volkes das wahre Gewissensrecht und die wahre Gewissensfreiheit darin... sich um einen Gesetzgeber und Richter gar nicht zu kümmern und von unsichtbaren Verpflichtungen unabhängig zu sein ... Das Gewissen ist ein ernster Mahner; allein in unserem Jahrhundert ist es durch ein Nachbild ersetzt worden, von welchem die früheren 18 Jahrhunderte niemals hörten und welches sie auch nie fälschlich für das Gewissen hätten halten können, wenn sie davon gehört hätten. Das ist das Recht der Selbstbestimmung."[7] Geradezu überdeutlich erklärt Newman in diesem Zusammenhang: „Ein Katholik opfert seine Ansicht dem durch die Kirche Gottes erklärten Worte Gottes."[8]

5. Die Botschaft des Christentums – und darin ist es eins mit der ganzen vormodernen Menschheit – lautet: Im Sein des Menschen liegt ein Sollen. Die Dinge haben nicht nur ein Vorhandensein, sondern ein Dasein. Von diesem Dasein geht eine Botschaft, ein Anruf aus. Und der Mensch ist mit Vernunft ausgestattet, um diese Botschaft zu vernehmen und sein Handeln danach auszurichten. Der Mensch erfindet die Moral nicht selbst aus Zweckmäßigkeitsberechnungen, sondern er findet sie im Wesen der Dinge vor. Menschliche Vernunft beruht auf der Fähigkeit, diese Botschaft der Dinge zu vernehmen und danach sein Handeln auszurichten.

Das Gesetz Israels – als Glaubensnorm – zum Beispiel verband den Kosmos mit der Geschichte und war so Ausdruck der Wahrheit des Menschen wie der Wahrheit der Welt überhaupt. Damit verband sich die Überzeugung von den objektiven Werten, die sich im Sein der Welt aussagen, der Glaube, dass es Haltungen gibt, die der Botschaft der Schöpfung entsprechend wahr und darum gut sind, und dass es ebenso andere Haltungen gibt, die dem Dasein widersprechen und darum immer falsch sind, dass der Wille des Schöpfers darin den Menschen ruft, und dass im Einklang seines Willens mit dem Willen Gottes sein eigens Wesen recht und gut wird. Dafür ist dem Menschen das Gewissen gegeben.

---

[7] John Henry Newman, Offener Brief an den Herzog von Norfolk, deutsche Übersetzung 1875, 75.

[8] Ebd., 168.

Das Gewissen ist also eine „norma normata", d.h. eine Norm, die durch die Wirklichkeit und die Gebote Gottes normiert wird. Es gibt kein Gewissen ohne diese vorausgehende Norm. Die Wahrheit Gottes in der Wirklichkeit der Schöpfung und in den Geboten wird für das menschliche Zusammenleben durch das Gewissen aktualisiert. Darum ist Gewissensbildung für den Europäer in dieser geschichtlichen Stunde eine absolute Priorität und nicht so sehr der Euro.

6. Es gehört zur Eigenart des Christlichen, dass die Überzeugung nicht im abgeschlossenen Raum der subjektiven Innerlichkeit und damit des eigenen Gewissens verbleiben darf, sondern dass die Christen grundsätzlich zum missionarischen Auftrag verpflichtet sind. „Wer mit dem Herzen glaubt und mit dem Mund bekennt, wird Gerechtigkeit und Heil erlangen" (Röm 10,10), sagt Paulus im Römerbrief. Es liegt in der Dimension der Menschwerdung Gottes, dass alles Innere sich nach Außen verleiblichen muss und dass alles Äußere innerlich abgedeckt sein muss. Das gilt in besonderer Weise für Verhaltensweisen, die aus dem Gewissen heraus geschehen. So heißt es in der Bergpredigt: „So soll euer Licht vor den Menschen leuchten, damit sie eure guten Werke sehen und euren Vater im Himmel preisen." (Mt 5,16). Darin liegt eine besondere Verpflichtung für den Politiker, den Parlamentarier. Sicher kann es sein, dass der Christ, zumal der katholische Christ, mit seiner Gewissensüberzeugung nicht im parlamentarischen Abstimmungsgang zum Ziel kommt, dass damit seine erkannten Grundsätze nicht mehrheitsfähig sind. Er hat auf jeden Fall aber die Pflicht, deutlich zu machen, was sein Gewissen ihm vorschreibt.

7. Es sei noch einmal darauf verwiesen, dass der Christ mit den Vorgaben des Wortes Gottes, die gerade auch für unsere Gewissensbildung entscheidend sind, in der öffentlichen Diskussion um die vielfach vermissten Werte einen Beitrag leisten kann, der von niemandem sonst erbracht werden kann. Denn nur die Christusgläubigen haben eben den lebendigen Zugang zu dem, der von sich gesagt hat: „Ich bin der Weg und die Wahrheit und das Leben" (Joh 14,6). Letztlich kann das Gewissen nur richtig funktionieren, wenn der Christ (der Mensch) einen persönlichen Christusbezug lebt. „Wenn ihr mich liebt, werdet ihr meine Gebote halten" (Joh 14,15).

Die jetzige Situation Europas hat sich in alarmierender Weise in den Auseinandersetzungen um den europäischen Philosophen und Politiker

Buttiglione gezeigt. Den Ausgang dieses Streites hat Buttiglione selbst kommentiert mit den Worten: „Wir haben eine Schlacht im abendländisch christlichen Kampf verloren.“ Und: „Ich fürchte um die Meinungsfreiheit in Europa.“[9] Sein Hinweis, dass praktizierte Homosexualität Sünde ist, wie es die Bibel ausdrücklich formuliert, und dass eine der wichtigsten Aufgaben einer Frau das Muttersein bedeutet, reichten aus, um eine Beliebigkeitsmentalität auf den Plan zu rufen, die Buttiglione die Politikfähigkeit abgesprochen hat. Das Christentum respektiert die weltanschauliche Neutralität des Staates. Es kann aber in keiner Weise hinnehmen, dass von Politikern verlangt werde, ihre christlichen Grundhaltungen zu verbergen. Obwohl alle Welt weiß, dass Buttiglione sich seit Jahrzehnten für den europäischen Einigungsprozess eingesetzt hat, wurde ihm jetzt, und zwar aus keinem anderen Grund als wegen seiner auf der Lehre der katholischen Kirche beruhenden ethischen Vorstellungen, die Eignung für ein wichtiges Amt innerhalb der Europäischen Union abgesprochen. Dieser Vorgang ist deshalb so wichtig und erschütternd, weil er gleichsam wie ein Seismograph die geistige Situation Europas wiedergibt.

In dieser Situation ist nicht Resignation angebracht, sondern – um der Welt willen – Bereitschaft zum Zeugnis. Christen sind zutiefst überzeugt, dass Jesus Christus mit seinem Evangelium die Lösung der Probleme der Gegenwart ist. Aus der Kenntnis seiner Botschaft heraus und in der Kraft seiner Gnade sind Christen bevollmächtigt, täglich ihren positiven Beitrag für das Wohl der Menschen in Europa und der Welt zu leisten.

In diesem Jahr wurde Europa der Weltjugendtag geschenkt, der mit seinem Motto „Wir sind gekommen, um IHN anzubeten“ den Weg für die Bewältigung gegenwärtiger Aufgaben zeigt. Anbetung bedeutet, die vertikale Linie menschlichen Daseins weit auszuziehen, bis hin zum Herzen Gottes. Damit wird dann die Minuslinie, die Horizontale gegenwärtiger Weltwirklichkeit, durchkreuzt, sodass dann aus dem Minus das Plus werden kann. Das Kreuz ist das Plus gewordene Minus der Welt durch den Einsatz Gottes. Darum sind Christen berufen, Plusmenschen zu sein, die die Welt positiv verändern dürfen.

---

[9] Cicero. Magazin für politische Kultur, Dezember 2004.

# „Credo in unam sanctam catholicam et apostolicam Ecclesiam"

## Zum Aufweis der wahren Kirche in relativistischer Zeit

*Leo Kardinal Scheffczyk †*

In den hier dargebotenen Überlegungen geht es um das Verständnis der Kirche Christi, wie es im 10. Artikel des Nicaeno-Constantinopolitanischen Glaubensbekenntnisses ausgedrückt wird. Das Wesen der Kirche wird hier mit vier Eigenschaften ausgestattet gedacht, welche ihr Inneres auch nach außen in Erscheinung treten lassen sollen. Man hat diese Eigenschaften später in der katholischen Theologie und Kirche als „Merkmale" („Notae") bezeichnet. Über die Bedeutung dieses Wortwandels wird später noch zu sprechen sein.

Das Bekenntnis zu dieser Kirche mit den vier Eigenschaften wird bis heute in der Christenheit noch weithin einheitlich gesprochen, auch wenn in manchen evangelischen wie katholischen Gemeinden das Eigenschaftswort „katholisch" durch „christlich" ersetzt wird, was offensichtlich eine Sinnänderung darstellt. Das läßt die Frage aufkommen, ob nicht auch die anderen Eigenschaftsbestimmungen einer Sinnverschiebung unterworfen worden sind.

Dass diese Möglichkeit nicht gänzlich auszuschließen ist, zeigt die Kritik – bei Katholiken wie bei Protestanten – an der letzten Erklärung der Glaubenskongregation „Dominus Iesus", die im Grunde von zweien dieser Eigenschaften handelt: nämlich von der Einheit oder Einzigkeit der Kirche Christi und von ihrer Universalität, d.h. ihrer Katholizität[1]. Aber

[1] Vgl. Kongregation für Glaubenslehre, Erklärung „Dominus Iesus" über die Einzigkeit und die Heilsuniversalität Jesu Christi und der Kirche vom 6. August 2000 (Verlautbarungen des Apostolischen Stuhls 148).

auch die Momente des „Apostolischen“ und des „Heiligseins“ sind in den zwei genannten Eigenschaften in gewisser Weise eingeschlossen. Es läßt sich zeigen, dass die genannten Eigenschaften nicht beziehungslos und starr nebeneinander stehen, sondern dass sie ineinander übergehen und einander durchdringen. So kann die Kirche z. B. nur deshalb als die *eine* ausgewiesen werden, weil sie apostolischen Ursprungs und eben apostolisch ist. Aber das apostolische Moment, das ja die Sendung an die ganze Welt in sich schließt, berührt sich auch schon mit dem Universalen und Katholischen.

Aus dieser Verbundenheit wie doch auch aus der verbleibenden Eigenständigkeit der Momente ergibt sich vieles an Sinn wie auch an Kritik dieser genannten Eigenschaften oder Eigenheiten. Bevor man aber auf ihren Sinn wie auch auf die mitlaufende Kritik an ihnen zu sprechen kommt, sei eine kurze geschichtliche Entwicklung dieser Begriffe vorausgeschickt, welche ein gewisses Vorverständnis für ihren Inhalt anbahnen kann, das nachfolgend deutlicher herausgehoben werden soll.

## I. Das Vorverständnis aus der Geschichte

Zuerst ist hier das Apostolische Glaubensbekenntnis in Betracht zu ziehen, das sich nach heutiger Erkenntnis in verschiedenen Vorformen entwickelte, deren älteste wohl aus dem Anfang des dritten Jahrhunderts stammt. Sie ist uns von dem römischen Presbyter Hippolyt († 235) überliefert[2]. In dieser Form wie auch in der etwa 150 Jahre jüngeren Form bei Ambrosius v. Mailand († 397) ist das Bekenntnis zur Kirche nur mit der Kennzeichnung „heilig“ ausgestattet[3]. Es scheint demnach, dass der christlichen Frühzeit das „Heiligsein“ der Kirche vor allem bedeutsam erschien und als Wesenseigenschaft hervorgehoben wurde. Der hl. Augustinus hat in seinem Buch „De fide et symbolo“ aber schon das Kennwort „katholisch“ stehen[4].

---

[2] H. Denzinger / P. Hünermann (Hg.), Kompendium der Glaubensbekenntnisse und kirchlichen Lehrentscheidungen / Enchiridion symbolorum , definitionum et declarationum de rebus fidei et morum (= DH), Freiburg – Basel – Wien [40]2000, Nr. 10.

[3] DH 13.

[4] C. Eichenseer, Das Symbolum Apostolicum beim Heiligen Augustinus, St. Ottilien 1960, 357.

Unabhängig von dieser Entwicklung führte das sogenannte Nicaeno-Constantinopolitanum von 381, das das Apostolicum in sich aufnahm, schon alle vier Kennzeichnungen der Kirche miteinander auf. Es wurde als das gemeinsame Bekenntnis des Morgen- und Abendlandes angenommen und erhielt seine reichere Ausstattung bezüglich der vier Eigenschaften nicht zuletzt von der lebendigen morgenländischen Theologie.

Über den Grund der offenbar langsam vor sich gehenden Hinzufügung der Eigenschaften zur „heiligen" Kirche könnte man langwierige Überlegungen anstellen. Auf eine zusammenfassende kurze Erklärung gebracht, darf man sagen, dass das Heiligsein der Kirche sich ursprünglich aus dem lebendigen Umgang mit den heiligen Dingen, den Sakramenten, ergab, aber auch aus dem Bewußtsein des Lebens in einer Persongemeinschaft der Heiligen, in der „communio sanctorum", die ja auch im Apostolicum sofort nach der Kirche genannt wird. Von den anderen Eigentümlichkeiten ist zunächst zu sagen, dass sie als Inhalte und Worte den Gläubigen, der Theologie und der Kirche bekannt waren, lange bevor sie in eines der Glaubensbekenntnisse aufgenommen wurden. So war u. a. im Abendland der im dritten Jahrhundert lebende Bischof Cyprian v. Karthago († 258) ein wortgewaltiger Vertreter der Einheit der Kirche. Aber die Aufnahme dieser Eigenschaft in das Glaubensbekenntnis erfolgte offenbar erst unter dem gefahrvollen Einfluß der Schismen und Häresien, die es notwendig erscheinen ließen, diese Bezeichnung auch in das Glaubensbekenntnis aufzunehmen.

Während die Begriffe „eins" und „heilig" schon in der Hl. Schrift vorkommen, ist das Wort „katholisch" für die Kirche erstmals bei dem Märtyrerbischof Ignatius v. Antiochien († um 110) in einem seiner Briefe bezeugt, in der ausdrucksvollen Wendung: „Dort, wo der Bischof auftritt, soll die Gemeinde sein, wie da, wo Jesus Christus ist, die katholische Kirche ist."[5] Das Katholische, das „kath'olon", ist das „dem Ganzen entsprechende". Es wird in Richtung auf eine äußere wie innere Universalität der Kirche hin ausgesagt und zwar bezeichnenderweise in der Verbindung mit Christus, welcher schon nach Ignatius als das Urbild dieser Universalität zu gelten hat. Dieses Beiwort hatte seinen Grund in dem schon von Beginn an

---

5 Ignatius von Antiochien, Ad Smyrn. 8,2.

in den zerstreuten christlichen Gemeinden aufkommenden Bewußtsein, eine Gemeinschaft von universalem Ausmaß zu bilden, was der damaligen heidnischen Welt als etwas Unerhörtes galt. Der Heide Celsus sagte in der Auseinandersetzung mit dem Apologeten Origenes auf eine entsprechende Behauptung des Origenes: „Wer dies glaubt, weiß nichts“[6].

So wundert es nicht, dass die Christen diese einzigartige Errungenschaft, die umso deutlicher hervortrat, je mehr sich das Christentum ausbreitete, auch in das Glaubensbekenntnis aufnahmen und zwar auch wieder in Gegenrichtung zu den Häresien, wie auch wiederum zu den eigenen sektiererischen Abspaltungen, die sich auf diese Eigenschaft nicht berufen konnten. Etwas von der lebendigen Verwurzelung dieser Beziehung im damaligen christlichen Bewußtsein belegt die Episode vom Sterbelager des hl. Augustinus, der, auf die Möglichkeit der Vernichtung der Kirche durch die Vandalen angesprochen, zur Antwort gab: „Ist denn Afrika die Welt?!“.

Auch die Herkunft von den Aposteln war der jungen Kirche vertraut, vor allem aufgrund der Aussagen der Evangelien wie des Missions- und Taufbefehls Mt 28,18, aber auch aufgrund der Pastoralbriefe des hl. Paulus, wo die Amtsnachfolge der Apostel zu ihren Schülern hin und zu deren Nachfolgern schon deutlich ausgewiesen war. Als aber im zweiten Jahrhundert die Auseinandersetzung mit der sogenannten Gnosis aufkam, einer synkretistisch ausgerichteten Weisheitslehre, die damals den höchsten Stand der Wissenschaftlichkeit verkörperte und damit - ähnlich wie heute – den Anspruch des Christentums innerlich auszuhöhlen suchte, war es der Bischof Irenäus v. Lyon († um 202), der die Worte des Apostels mit ihrer inhaltlichen Bedeutung ausstattete und den apostolischen Ursprung wie die apostolische Nachfolge oder Sukzession als grundlegende Lehre von der Kirche ausarbeitete[7]. Von daher war es wiederum verständlich, dass bei der von vielen Neuerungen geschüttelten jungen Kirche auch diese Eigenschaft als Ausweis der Echtheit, ja, der Christusursprünglichkeit der Kirche in das Glaubensbekenntnis einging.

Im Blick auf diese Ursprungsverhältnisse läßt sich ein erstes Verständnis des Inhaltes dieser Bezeichnungen und ihrer Einfügung ins Glaubens-

---

[6] Origenes, Contra Celsum, VIII 72.

[7] Irenäus, Adv. Haer., III 3,2.

bekenntnis gewinnen. Aber das ist noch nicht die genaue theologische Bedeutung dieser Begriffe. Diese ergab sich erst aus dem Umstand, dass die Theologie sich dieser vier Kennzeichen annahm und sie in der Lehre von der Kirche als wesentliche Merkmale der Kirche beanspruchte und genauer ausarbeitete. Diese theologische Fassung und lehrhafte Vertiefung der Bezeichnungen geschah aber erst in der Reformationszeit, da der katholischen Kirche die Selbstkennzeichnung als der wahren Kirche besonders notwendig erschien. Von hier an datiert erst die eigentliche theologische Bedeutung der vier Eigenschaften.

## II. Die theologische Bedeutung

Dass hier etwas relativ Neues geschah, läßt sich aus dem merkwürdigen Umstand ablesen, dass man sich seit dieser Zeit bemühte, noch mehr solcher Wahrheits- und Echtheitsmerkmale der Kirche ausfindig zu machen, um möglichst viel an Überzeugungskraft zu gewinnen. So führte man auch eine noch größere Zahl von Eigenschaften auf, welche aber die Autorität der im offiziellen Glaubensbekenntnis gründenden Vierzahl nicht erreichen konnte. Zu dieser Zeit ereignete sich auch erst der ideengeschichtlich folgenreiche Übergang von dem Verständnis und Gebrauch dieser Begriffe als Eigenschaften der Kirche zum Verständnis derselben als Merkmalen, als nach außen gerichteten Kennzeichen zur Abgrenzung von anderen Gemeinschaften, zumal von denen der Reformation. Die alte wie die mittelalterliche Kirche benutzten diese Eigenschaftswörter gleichsam noch vorkritisch als aus dem gläubigen Selbstbewußtsein kommende Kennzeichnungen des eigenen Wesens. Nun aber wurden sie in den Rang von Kennzeichen oder Merkmalen oder „Noten" zur reflexiven Betonung des Eigenen wie auch zur Abgrenzung von anderen Gemeinschaften gleichsam „konfessionell" verwandt und genutzt.

Das erschien umso erfolgversprechender, als die Reformatoren zwar mit der alten Kirche das Glaubensbekenntnis beteten, aber bezeichnenderweise diesen theologischen Schritt nicht mitmachten, in dem aus einfachen Eigenschaften spezifische, nach außen gewendete Kennzeichen und sachliche Unterscheidungsmerkmale wurden. Gelegentlich freilich machte auch Luther von diesen Eigenschaften Gebrauch, wenn er in der Schrift „Von den Konzilien und Kirchen"[8] sieben solcher Merkmale aufzählt, womit er z. B. auch das Psallieren in der Muttersprache und die Verfolgungen aufzählt. Aber diese beiden Eigenschaften, die dem bleibenden Wesen der Kirche doch verhältnismäßig äußerlich erscheinen, standen bei ihm an letzter Stelle. Was ihm und der Reformation im ganzen für die wahre Kirche, die nur von ihr anspruchshaft vertreten wurde, nahelag, war die Betonung der zwei erstgenannten und danach immer neu wiederholten Eigenschaften, nämlich: die rechte Predigt des Wortes und die rechte Verwaltung der Sakramente.

Aber bei einer Besinnung auf diese beiden von Luther hauptsächlich vertretenen Eigenschaften wird deutlich, dass es keine äußerlich sichtbaren Zeichen und Merkmale für die wahre Kirche sein können. Es handelt sich hier nicht um die äußeren Merkmale für die innere Wahrheit und Wahrhaftigkeit dieser Vorgänge. Ein von außen kommender Betrachter, zumal ein Ungläubiger, könnte an den Fakten und Vorgängen als solchen niemals ihre Rechtheit und Wahrhaftigkeit ersehen. Dazu müssten neue äußere Kriterien herangezogen werden, die Luther nicht beibringt, im Grunde gar nicht beibringen will. Er vertritt nämlich mit der Reformation ein vorzugsweise innerliches, wesentlich unsichtbares Kirchenverständnis, für das der Glaube ausschlaggebend ist, der als wahrer Glaube äußerlich und sichtbar nicht ausgemacht werden kann. Deshalb hat das evangelische Christentum die theologische Lehre von den Merkmalen der Kirche auch nicht förmlich weiterentwickelt. Es hat sie als im Glauben erfahrbare Eigenschaften weiter anerkannt, wie die Übung des Glaubensbekenntnisses beweist, aber es hat sie nicht als sichtbare und empirisch faßbare äußere Kriterien für die Wahrheit der Kirche angesetzt, weil das seinem spiritualistischen Grundzug widerstrebte. Wenn die evangelische Theologie dann faktisch trotzdem vor allem in der Polemik oder heute im ökumenischen Gespräch diese Merkmale doch gelegentlich übernahm, dann verwandte sie die Notae in einem anderen Sinne, nämlich auch wieder in einem vergeistigten, wie sich bald zeigen läßt.

---

[8] Martin Luther, Von den Konzilien und Kirchen, in: Weimarer Ausgabe 50, 628–642.

Das soll keine Kritik am evangelischen Christentum sein, sondern die Feststellung seiner Eigentümlichkeit. Dass keine Kritik gemeint ist, wird noch deutlicher, wenn man gleich auch die Schwierigkeiten, die mit der katholischen Lehre gegeben sind oder gegeben zu sein scheinen, mitbedenkt und erwähnt. Es soll sich bei den Kennzeichen um äußerlich in Erscheinung tretende, sichtbare, unterscheidende Merkmale handeln. Der dieser Forderung zugrundeliegende Grundsatz heißt: Das Merkmal muss leichter erkennbar sein als die Kirche selbst und als ihr Wesen. Es muss deshalb allen Gläubigen, besonders auch den entfernten, wegen seiner Deutlichkeit mit Einprägsamkeit erkennbar sein, vor allem, weil es auch mit einer Dauerhaftigkeit und einem allzeitigen Vorhandensein in der Kirche verbunden sein soll.

Aus diesen Forderungen an die vier Kennzeichen ergeben sich sofort auch praktische Fragen, etwa hinsichtlich der Heiligkeit, wo gefragt werden kann: War die Kirche etwa zur Zeit der Renaissance-Päpste und deren unsittlichen Lebenswandel wirklich heilig? Oder kann sie seit der morgenländischen Kirchenspaltung von 1054 und der abendländischen Spaltung der Reformation noch als *eine* erkannt und gesehen werden? Auf diese Schwierigkeiten muss man zu sprechen kommen. Sie betreffen den Beweis oder den Beweisgang für das Vorhandensein der vier Kennzeichen.

Bevor dieser angegangen wird, ist aber nun noch genauer als in der geschichtlichen Vorerinnerung der theologische Gehalt der vier Kennzeichen auszulegen, der verständlicherweise in der Geschichte auch gewisse Bedeutungsschwankungen erfahren hat. Aber schon hier läßt sich ein Wesensmoment herausheben, das zunächst für die Einheit besagt: Die Kirche Christi ist daran zu erkennen, dass sie innerlich eine Einheit darstellt und äußerlich als die einzige von Christus gegründete Kirche zu erkennen ist. Das läßt sich beispielhaft an den Zeugnissen der Urkirche erweisen, die zum Ausdruck bringen, dass die Gläubigen nach Apg 4,32 „ein Herz und eine Seele waren“; sie wird weiter begründet durch die Lehre und Praxis des Apostels Paulus, der im Epheserbrief (als Beispiel für viele) die Feststellung trifft: „Ein Leib und ein Geist, wie euch durch eure Berufung auch eine gemeinsame Hoffnung gegeben wurde, ein Herr, ein Glaube, eine Taufe, ein Gott und Vater aller“ (Eph 4,4–6).

Dieser inneren Einheit entspricht geradezu naturgemäß die äußere Einzigkeit. Sie ist begründbar aufgrund der biblischen Tatsache, dass Christus nur eine Kirche gegründet hat (Mt 16,16–19). Diese auch historisch erfaßbare Tatsache ist aber auch aus einem inneren Grund erweisbar, nämlich aus dem Gegenargument, das besagt: Dass Christus mehrere Kirchen begründet habe, ist nicht nur historisch unerweisbar, sondern wäre in sich sinnlos und widersprüchlich. Bezeichnenderweise hat auch keiner der liberalen Theologen je so etwas behauptet. Der kritische Einwand verlief auf einem anderen Weg und zwar so, dass Christus überhaupt keine Kirche gegründet habe, sondern allenfalls an eine gewisse Fortsetzung seiner Lehre dachte, deren Ausformung und Konstitution dann aber durchaus vielgestaltig hätte ausfallen können. Damit war aber die Christusverbundenheit aufgegeben und die Kirche zu einer religiösen Gesellschaft von vielen Denominationen entartet.

Natürlich meldet sich vor allem gegen die innere Einheit, die Glauben, Sitte und auch Liturgie umfaßt (wenn auch diesbezüglich substantiell gleiche Riten geduldet wurden) sofort der Einwand der in der Geschichte aufgebrochenen Spaltungen an. Hier ist aber zunächst das Selbstverständnis der Kirche zu beachten, welche die Spaltungen nie zum Grund nahm, an ihrer Einheit zu zweifeln, sondern sie den Spaltungen bewußt entgegenhielt. Es ist aber hier auch die natürliche Erkenntnis heranzuführen, dass die Abspaltung von einem Organismus nie eine Auflösung der Einheit dieses körperhaften Gebildes darstellt, sondern immer nur eine Abtrennung der Glieder von ihm. Solange der Organismus nicht selbst stirbt, kann ihm durch Verlust von Gliedern zwar Schaden zugefügt, aber ihm die innerwesentliche Einheit nicht genommen werden.

Wenn man schon bei der Einheit auf die Gründung durch Christus und auf den lebendigen Christusbezug der Kirche zurückgehen musste, so ist das bei dem zweiten Kennzeichen, der Heiligkeit, auch und erst recht notwendig; denn Heiligkeit, Heiligsein ist die eigentlich göttliche Wertkategorie der Religionen. Die Kirche Jesu Christi hat diese Wertkategorie von sich seit den Ursprüngen behauptet, nicht nur, weil sie sich von Christus gegründet weiß, sondern weil sie mit Christus dem Haupt eine einzigartige Lebensverbindung eingegangen und mit dem von Christus ausgehenden Heiligen Geist beseelt ist. Es ist das eine seinsmäßige und ontische Heiligkeit.

Man könnte freilich an dieser Stelle einwenden, dass sich diese ontische innere Heiligkeit schwer als äußeres Merkmal gebrauchen lasse, weil die Geisterfülltheit wiederum eine Glaubensangelegenheit und ein rein inneres Phänomen darstelle. Aber die katholische Kirche denkt aufgrund ihrer positiven Einstellung zu allem Geschöpflichen und Sinnenhaften hier anders. Sie erklärt: Das ontische Heiligsein der Kirche dringt bereits auch in die sichtbare Welt ein. So ist die Kirche heilig in dem sichtbaren heiligen Sakrament, im hörbaren Wort der Schrift, im empirisch greifbaren gottgestifteten Amt wie auch in den im Heiligen Geist immer neu auftretenden Charismen, die dem denkenden Menschen nicht als gewöhnliche menschliche Leistungen begreifbar sind und deshalb auf einen Ursprung im Heiligen Geist zurückweisen.

Darüber hinaus hat die Kirche aber erkannt, dass der eigentlich äußere Ausweis der Heiligkeit, der sie zu einem ausgezeichneten Merkmal macht, vor allem auch in der moralischen Heiligkeit ihrer Glieder zum Vorschein gelangt. Deshalb hat die Kirche nie verfehlt, auch moralische Heiligkeit bezüglich ihrer Glieder anzuerkennen und zu beanspruchen. Der Grund dafür war wiederum in Christus gelegen, der der Kirche die Verheißung gab, aber auch die Anforderung an sie ergehen ließ, dass sie „geheiligt sei" in der Wahrheit (vgl. Joh 17,17f). Die moralische Heiligkeit erscheint heute von der faktisch unchristlichen Gesellschaft wegen der vielen geschichtlichen Fehlhaltungen der Kirche besonders angegriffen, aber doch nur deshalb, weil man sich um ein realistisches Verständnis einer aus Menschen gebildeten Kirche nicht mehr bemüht und dieses gänzlich verloren hat. Die Kirche dagegen hat immer darum gewußt und es auch bekannt, dass sie als aus fehlbaren Menschen bestehende Gemeinde eine Kirche von Sündern darstellt und im Kampf mit der Sünde steht, für welchen Kampf sie sogar ein eigenes Sakrament von Christus her empfangen hat. Dazu hat sie immer auch noch den Hinweis gegeben, dass die moralische Heiligkeit sich vor allem in den Gliedern verwirklicht und sichtbar wird, die ein heroisches Leben des Heiligseins führen.

Mit Bezug auf die äußere Begründbarkeit und Einsichtigkeit hat das Kennzeichen der Katholizität die geringsten Schwierigkeiten zu gewärtigen. Es besagt ja die an sich zumal heute nicht zu übersehende Tatsache, dass die Kirche eine äußere Universalität verwirklicht, indem sie in der ganzen Welt verbreitet ist, aber auch innerlich in bezug auf ihre Wahrheit, ihre Lehre und ihr Leben für alle Menschen bestimmt ist. Obgleich die innere Universalität und Katholizität naturgemäß weniger leicht feststellbar ist, so kann sie doch in etwa auch äußerlich nachgewiesen werden und zwar für jeden, der die Mühe auf sich nimmt, von ihren Urkunden, von ihren schriftlichen und mündlichen Traditionen, aber auch von ihren gegenwärtigen Lebensäußerungen Kenntnis zu nehmen.

Da wird der Geist der Allgemeinheit, Katholizität, deutlich erkennbar und am Gegensatz etwa zu den Naturreligionen wie auch zu den National- oder Kulturreligionen, die auf bestimmte örtliche Bereiche begrenzt sind, erkennbar. Die weltweite Berufung der Kirche, aber auch ihre weltweite Ausdehnung, ist der Kirche schon von Christus mit auf den Weg gegeben worden (Mt 24,14; Lk 24,4f). Gegen den hier möglichen Einwand, dass Christus ursprünglich einen jüdischen Partikularismus vertreten hätte (Mt 15,24f), lassen sich überzeugende biblische Gegengründe vorbringen (wie Joh 4,7ff; Mt 28,16ff). Im übrigen ist dieses Kennzeichen das zwischen katholischen und evangelischen Christen am wenigsten strittige.

Das läßt sich nun aber von der vierten Nota wiederum nicht sagen, die in einer besonders subtilen Weise zwischen Katholiken und Protestanten umstritten ist, aber weniger in bezug auf die Tatsache als solche, als vielmehr bezüglich der Modalität oder der Gestaltung des Faktischen. Wesentlich besagt die Apostolizität, die, wie schon angedeutet wurde, in der Einzigkeit und Heiligkeit miteingeschlossen gedacht werden muss, dass die Kirche zunächst von den von Christus berufenen Aposteln nicht nur ihren Ausgang genommen hat, sondern dass sie auch in ihrer Gestalt wie in ihrem Geist in einer dauernden Verbindung mit den Aposteln steht.

Der Ausgang von den Aposteln und die Übertragung ihres Amtes durch die sakramentale Weihe besagt die sogenannte „apostolicitas materialis"; entscheidend ist die „apostolicitas formalis", das ist der Eintritt in die hierarchische Einheit der Kirche mit dauernder Glaubens- und Lebensgemeinschaft (auch mit dem Nachfolger Petri). Sie bestätigt in konkreter Weise den Tatbestand, dass sich der Episkopat auf die Apostel zurückführen läßt, wenn auch nicht jeder einzelne Bischof faktisch die Rückführung auf einen Apostel genealogisch leisten kann. Der Garant dieser Apostolizität ist Christus selbst in seinem Wort: „Wie mich der Vater gesandt hat, so sende ich euch" (Joh 20,21). Ein früher nachneutestamentlicher Zeuge dafür ist der erste Klemensbrief mit dem Satz: „Christus ist von Gott gesandt, die Apostel von Christus. Diese setzten nach vorangegangener Prüfung im Geiste die Erstlingsfrüchte ihrer Predigt ein, die Bischöfe und Diakone."[9]

Diese Überzeugung ist in der katholischen Kirche in Wort und Tat weitertradiert, von der Reformation aber unterbrochen worden. Dies geschah nicht, wie manche Interpreten auf katholischer wie evangelischer Seite sagen, aus einer Notlage heraus, sondern in bewußter Hintanstellung der sakramentalen Weihe. Luther wollte, dass die Bischöfe von den Gemeinden eingesetzt würden, oder er zog es vor, wie im Fall des Nikolaus von Amsdorf, dem Gewählten selbst die Hände aufzulegen.[10] Dabei gab man den Gedanken und die Berufung auf eine apostolische Sukzession nicht gänzlich auf, verlegte diese aber, wiederum wesentlich spirituell und ohne äußeres Zeichen, in die Nachfolgeschaft im wahren Glauben.

Schwieriger als die inhaltliche Auslegung und kritische Sicherung der Kennzeichen der Kirche ist, zumal heute, ihre Vermittlung und ihre überzeugende Geltendmachung vor einer nachchristlichen pluralistischen und relativistischen Welt. Darüber ist in einem dritten Gedanken zu sprechen, der die Vermittlung des Anspruchs dieser vier Merkmale vor dieser heutigen Welt zum Gegenstand hat.

## III. Zur Behauptung der Kennzeichen in der relativistischen Welt.

Wenn man sich auch nur momenthaft mit den im Glaubensbekenntnis enthaltenen und von der katholischen Theologie ausgearbeiteten Kennzeichen der wahren Kirche abgibt, wird man ihren außergewöhnlichen Anspruch nicht verkennen. Mit ihm behauptet die Kirche vor den Augen der z.T. halb-gläubigen Christenheit und der ungläubigen Welt nichts

[9] Vgl. 1 Clemens 42.

[10] Vgl. E. Iserloh, Martin Luther und der Aufbruch der Reformation (1517–1525), in: H. Jedin (Hg.), Handbuch der Kirchengeschichte, Freiburg – Basel – Wien 1962–1979, Bd IV, 294 f.

Geringeres, als dass sie aufgrund des lebendigen und organischen Einsseins mit Christus die „einzige Kirche Christi ist", welche „den einzigen 'ganzen Christus' bildet"[11]. Das ist ein vom evangelischen Christentum deutlich verschiedenes Kirchenbild und Kirchenverständnis. Für dieses hat der stark ökumenisch interessierte evangelische Theologe E. Schlink ein bei aller Unterschiedenheit der reformatorischen Richtungen repräsentatives Bild entworfen. Es ist der modernen Kosmologie entnommen und besagt, dass alle christlichen Gemeinschaften „gleichsam wie Planeten um Christus als die Sonne kreisen und von ihm Licht empfangen"[12]. Die Einheit besteht nur in der Beziehung zu Christus, konkret im Glauben an ihn. Nach diesem Bild kann sich keine sogenannte Kirche gegenüber der anderen als bevorrechtet ansehen, erst recht nicht als mit Christus eins betrachten, wie es die katholische Kirche behauptet. Ihr Anspruch ist sogar im Verhältnis zum christlich-evangelischen Denken ein einzigartiger und herausfordernder. Wie herausfordernd und abschreckend muss er dann erst auf seiten der nichtchristlichen Religionen und der heute verbreiteten Zivilreligiosität wirken. Er widerspricht der Grundauffassng des philosophischen Relativismus und Pluralismus.

Aber die katholische Kirche fühlt sich an diesen Anspruch kraft ihrer Tradition und ihres Glaubens nicht nur gebunden, sondern sie lebt auch der Überzeugung, dass dieser Anspruch vermittels der vier Kennzeichen auch nach außen vor der Welt ausgewiesen werden und sichtbar zur Erscheinung gebracht werden kann und zwar trotz der empirischen Einspruchmöglichkeiten bezüglich jedes der vier Kennzeichen. Es scheint dennoch so, dass man, realistisch denkend, diesen Anspruch zurücknehmen muss, sei es, dass man ihn auf die Gläubigen begrenzt, sei es, dass man ihn als Realität zurücknimmt und unter den Notae reine Ideale versteht. Aber dem ist entgegenzuhalten, dass die Kirche diese Merkmale, auch wenn sie selbstverständlich erst von den Gläubigen vollkommen zu erkennen und anzunehmen sind, als nach außen gerichtete Kennzeichen für alle Menschen versteht und sie nicht als Ideale ansieht, sondern als wahre Realitäten.

---

[11] Kongregation für die Glaubenslehre, Dominus Iesus, 16.

[12] E. Schlink, Ökumenische Dogmatik, Göttingen 1983, 696.

Wie ist dann aber, so ist zuletzt zu fragen, die Möglichkeit ihrer Wirksamkeit auf andere, auf Nichtchristen oder auf Christen im ökumenischen Gespräch zu begründen oder plausibel zu machen? Sind sie Nicht-Glaubenden oder Nicht-katholisch-Glaubenden zu vermitteln und nahezubringen? Hier ist freilich ein Zugeständnis zu machen, das aber nicht als förmliche Einschränkung der Behauptung von der Wirkkraft der Kennzeichen zu verstehen ist. Es ist zu zeigen, dass die Merkmale zwar nach wie vor allen Menschen zugänglich sind, dass ihre Wahrnehmung aber doch an gewisse innere, moralische Voraussetzungen und personale Dispositionen auf seiten der Empfänger dieser Zeichen gebunden ist. Zu solchen Dispositionen wären zu zählen: eine grundsätzliche religiöse Ausrichtung und Geneigtheit bei den betreffenden Menschen, ein Streben nach der Wahrheit und eine gewisse Sehnsucht nach der Einheit aller Menschen in der göttlichen Wahrheit. Neben diesen inneren Voraussetzungen und Dispositionen ist auch das Erfordernis der äußeren Belehrung und Beweisführung durch die Theologie und Kirche ernst zu nehmen. Dabei ist die Theologie der Überzeugung, dass ein solcher Beweis auf geschichtlichem und philosophischem Wege geführt werden kann, wonach die Kirche sich kraft der Notae von anderen religiösen Gemeinschaften deutlich unterscheidet. Dieser Beweis führt nicht schon zur Annahme der Notae und d.h. zum Glauben an die eine Kirche Christi, er kann und soll nur dazu führen, dieser Merkmale als Zeichen ansichtig zu werden, die weiter auf das innere Geheimnis der Kirche verweisen, für das eine Entscheidung im Glauben notwendig ist.

Schließlich stellt sich für die Beantwortung der Frage nach der Wirksamkeit dieser Merkmale und nach ihrer Vermittelbarkeit an die Menschen eine letzte Antwort zur Verfügung. Sie will und darf von der Realität dieser Zeichen nichts zurücknehmen. Sie muss aber all dem über die Realität der Merkmale Gesagten hinzufügen: Es handelt sich nicht um statische Kennzeichen und Merkmale, die rein mechanisch an eine äußere Institution geheftet sind wie Reklameschilder oder Leuchtzeichen an die Front von hochragenden Häusern. Es handelt sich um lebendige und dynamische Zeichen, deren Dynamik von der Gemeinschaft lebendigen Glaubens und d.h. gläubiger Menschen kommt. Die Entbindung der Kraft und Wirksamkeit, die diesen Menschen innewaltet, ist auch von der lebendigen Bezeugung der Gläubigen abhängig. Wenn also die Kirche als eine, als heilige, als universale und apostolische zeichenhaft aufscheinen soll, dann hängt das auch von dem Licht und von der Kraft ab, welche die Gläubigen in diese Zeichen einbringen. Diese Feststellung vom dynamischen Charakter der Notae zwingt aber auch zu dem negativen Umkehrschluß, der besagt: Wenn die Gläubigen diese Zeichen nicht mit Leben erfüllen, dann bleiben sie in gewisser Hinsicht blaß und stumpf und unerhellt; dann können sie die ihnen zugedachte Wirkkraft nicht entfalten. Deshalb könnte es durchaus sein, dass z. B. die katholische Kirche gegenwärtig im Abendland diese Zeichen nur mehr wenig zum Leuchten bringt, was ein bedauernswerter Mangel wäre. Grundsätzlich könnte aber auch er die Anwesenheit und Wirkkraft dieser Zeichen nicht gänzlich aufheben.

## Sacrum und christliche Seinsphilosophie

*Marian Kardinal Jaworski*

Nach Ansicht von Bischof Kurt Krenn bildet die Frage nach Gott die Haupt- und Grundfrage aller Fragen, die sich der Mensch stellt. Warum? Er selbst gibt uns die Antwort. So schreibt er im Buch „*Worte auf dem Weg*": „Alle Fragen, die Kirche, Welt und das Dasein des Menschen betreffen, können ohne Gott nicht beantwortet werden: Ist Gott nicht wirklich und anwesend, können wir nicht begreifen, was die Kirche ist; ohne Gott wäre auch Jesus Christus nicht der Sohn Gottes, sondern ein ärgerlicher Prophet; ohne Gott wären die Sakramente nur äußerliche Worte und Gesten, die nichts im Menschen verändern; ohne Gott wäre die Heilige Schrift nur ein interessanter Text, nicht aber das Wort Gottes; ohne Gott wäre unser Glaube nur die Projektion unserer Sehnsucht; ohne Gott wäre der Mensch nicht Person mit Würde, Einmaligkeit und Unsterblichkeit der Seele, sondern nur ein Lebewesen wie ein Tier; ohne Gott wäre das Gewissen des Menschen nicht die Stimme zum Tun des Guten und zum Meiden des Bösen, sondern Selbstherrlichkeit und Selbstbestätigung."[1]

Als Philosoph und Theologe hat Bischof Krenn sich stets bemüht, auf verschiedene Weise dazu beizutragen, die Wahrheit über Gott ans Licht zu bringen. Der Erkenntnis von Ihm – mittels Philosophie und Metaphysik – hat er viel Aufmerksamkeit gewidmet. Die Erkenntnis Gottes verstandesgemäß, philosophisch, ist die Antwort auf den *intellectus quaerens fidem*. In Anlehnung an diese Philosophie spricht die Theologie, die auf ihr gründet, von der Wirklichkeit Gottes, der sich dem Menschen geoffenbart

---

1 K. Krenn, Worte auf dem Weg. Gedanken eines Hirten der Kirche, hg. v. W. Schmid, Kleinhain 1997, 15.

hat. An dieser Stelle ist es unmöglich den Ertrag des philosophisch-theologischen Denkens von Bischof Kurt Krenn zusammenzufassen. Es ist aber nicht unmöglich, seine Gedanken anzuerkennen und deren absolute Treue und Übereinstimmung mit der Lehre der Kirche auszudrücken.

Ein Zeichen unserer Hochachtung und vollen Bewunderung für die wissenschaftliche Arbeit von Bischof Krenn ist der folgende Beitrag: *Sacrum – und christliche Seinsphilosophie,* den wir für diese ihm gewidmete Festschrift verfassten.[2]

## Sacrum – und christliche Seinsphilosophie

Die Kategorie des *Sacrum* nimmt für sich einen besonderen Platz in der philosophischen Reflexion der Neuzeit und der Gegenwart ein. Sie verdankt ihn neben solchen Denkern wie Rudolf Otto, Max Scheler, Mircea Eliade, Romano Guardini auch anderen.

Mit der Kategorie des *Sacrum* ist die Religionsphilosophie, die versucht, sie zu untersuchen, eng verbunden. Sie tut dies aus phänomenologischer Sichtweise und interpretiert sie auch im Rahmen eines bestimmten philosophischen Systems.[3] Diese phänomenologische Sichtweise kann man Rudolf Otto, Max Scheler, Mircea Eliade und auch Romano Guardini (vom Kreis der Religionsphilosophen etwas unterschätzt) als größte Errungenschaften zuschreiben.

Das Interesse an der Kategorie des *Sacrum* in der gegenwärtigen Philosophie ist – wie ich es schon oben betont habe – auch in ihrer Systeminterpretation zum Ausdruck gekommen. Wenn die einen, ohne nach ihrer endgültigen Erklärung zu fragen, bei der phänomenologischen Beschrei-

---

[2] Der vorliegende Beitrag zum Thema *Sacrum – und christliche Seinsphilosophie* ist die erweiterte Fassung des Vortrags auf der 4. Plenarsitzung der Päpstlichen Universität des hl. Thomas, die der Phänomenologie, der Philosophie, der Theologie, der Mystik und der Kultur des *Sacrum* gewidmet war und vom 24. bis 26. Juni 2005 im Vatikan stattfand. Die Genese der Behandlung dieses Themas war wie folgt. 2004 hat man auf der Sitzung der Päpstlichen Universität des hl. Thomas über die Themenwahl für ihre Plenarsitzung im Jahre 2005 diskutiert. Der Verfasser hat damals das Thema des *Sacrum* als Grundproblem der Religionsphilosophie vorgeschlagen, was zu einer erweiterten Reflexion im Kreis der Mitglieder der Päpstlichen Universität des hl. Thomas führen sollte. Der Vorschlag wurde gern angenommen.

[3] Vgl. R. Schäffler, *Religionsphilosophie*, Freiburg–München 1983.

bung als Erlebnis geblieben sind, haben die anderen vom Standpunkt der Unerkennbarkeit des Wesens der Dinge aus sie unter dem Einfluss von Kant für eine apriorische Kategorie der Vernunft gehalten (Rudolf Otto).

Man muss sagen, dass mit der Kategorie des *Sacrum* die Seinsphilosophen, vor allem die Thomisten, nicht fertig werden konnten. Nachdem ich die Umfrage:„*Dlaczego wierzę, wątpię i odchodzę*" (*Warum ich glaube, zweifle und weggehe*), „Znak" (1966), bearbeitet hatte, schrieb Prof. P. Innocenty Bocheński OP aus Freiburg (Schweiz), im Rahmen der Gratulation zu dieser Untersuchung, dass er meine Ansicht zur Problematik des *Sacrum* als separater Kategorie nicht teilte. Einen ähnlichen Standpunkt vertreten u.a. Prof. P. Albert Krąpiec OP und andere Thomisten.

Man kann die Frage stellen, warum das so ist. Ich meine, dass es dafür einige Gründe gibt, u.a. eine verengte Erfahrungskonzeption der traditionellen Thomisten, in bedeutendem Maße „reistisch",[4] das Festhalten am Wortlaut der Philosophie von Aristoteles, aber auch das Fehlen der Öffnung auf das Sein hin – auf die Wirklichkeit, die Dietrich von Hildebrand für die Grundaufgabe eines Philosophen hält. Die Geschichtlichkeit, in der wir leben, bedingt stets eine neue Seinserfahrung und die Entwicklung der Philosophie.

---

4 In der Stellungnahme für „Tygodnik Powszechny" 31 (1977), Nr. 46, 17: „Über das Kommen zur Wahrheit. Von den Problemen der zeitgenössischen Theologie", habe ich in der Auseinandersetzung mit Prof. Stefan Świerzawski festgestellt: „Heute also, wenn wir sogar die Auffassung des Problems von dem vom hl. Thomas dargestellten Dasein Gottes behalten – die zeitgenössische Entwicklung der philosophischen Reflexion und die Konzeption der Wissenschaft berücksichtigend –, nehmen wir nicht nur eine kritische Stellung gegenüber dem bis vor kurzem aufrechterhaltenen Charakter von präzisen Beweisen der Wege zu Gott ein, sondern es werden auch neue Ausgangspunkte für diese Problematik eingenommen. Vor allem stellen wir die Frage: Was bildet in der Erfahrungsweite unserer Existenz ein Zeichen in Richtung auf Gott? Wenn man auf diese Weise die Problematik betrachtet, verzichtet man nicht auf die Metaphysik, sondern man bereichert die metaphysische Theologie. Die traditionelle Metaphysik, die ihre Begriffe in Anlehnung an das Modell der Welt der Dinge gestaltet, hat Gott in Sachkategorien erfasst, ohne Platz für die Freiheit und Geschichtlichkeit des Menschen zu lassen. Und eine neue Einstellung bildet bessere Möglichkeiten für das Lösen der Problematik von den ‚Wegen' zu Gott, und auch der Problematik seines Wesens. Wir denken dabei nicht, dass das die Abkehr vom Geist der Philosophie des hl. Thomas wäre. Nur halten wir uns nicht an den Wortlaut ‚der fünf Wege'. Die ‚fünf Wege' sind nicht ein für allemal bestimmt, sind nicht die einzigen Wege zu Gott, die sein Dasein rationell nachweisen sollen. Auch hier ist die Äußerung des Paulus, dass ‚der Buchstabe tötet, der Geist aber lebendig macht', wichtig." In: M. Jaworski, Wybór pism filozoficznych (Auswahl philosophischer Schriften), Episteme 28, Olecko 2003, 291.

Étienne Gilson hat das Problem der Religionsphilosophie, das ich für das Grundproblem halte, sehr tiefgehend und ergreifend betrachtet. Das Christentum ist keine Philosophie! Es ist aber eine neue Erfahrung der Welt. Der Philosoph darf diese Erfahrung und das, was sie mitbringt, nicht unbeachtet lassen. Daher entsteht eine Philosophie, die im Vergleich zur heidnischen griechischen Philosophie qualitativ anders ist: die christliche Philosophie.[5]

Sind wir aber nicht auf halbem Wege stehen geblieben und haben wir uns doch nicht ganz von der weltlichen Philosophie – um nicht zu sagen, von der heidnischen – befreit? Haben wir die Einladung unter anderem der neuzeitlichen und zeitgenössischen Geschichte des Denkens der Menschheit wahrgenommen, was das *Sacrum* im Rahmen der Erfahrung dessen ist, was da ist?

Die Denker, die sich bemüht haben, den Inhalt des *Sacrum* zu bestimmen, haben auf scine verschiedenen Aspekte oder Merkmale hingewiesen, abhängig von dem philosophischen Standpunkt, von dem sie sie betrachtet haben. Einige von ihren Ansichten schließen einander aus. Oft ergänzen sie sich aber auch. Für Rudolf Otto charakterisiert sich „*das Heilige*" – wie wir es kennen – durch das Erlebnis der erschreckenden Furcht, der Angst, aber auch der Faszination und der Begeisterung (*mysterium tremendum et fascinosum*). Er identifiziert das Heilige auch mit dem, was göttlich, ganz anders (*das ganz Andere*) ist. Er hat die metaphysischen Grundlagen dieses Erlebnisses nicht untersucht.

Für Max Scheler charakterisiert das *Sacrum* das, was göttlich hinsichtlich des Wertes ist. Es ist eigentlich der Überwert, und alle anderen Werte sind im Verhältnis dazu weltliche Werte. Das bringt besondere Verpflichtungen mit sich. Die Heiligkeit als Wert steht dem Sein Gottes zu. Das ist ein realer, ein wirklicher Wert.[6]

---

[5] Vgl. K. Szałata, Filozofia chrześcijańska. Na marginesie wielkiej debaty (Die christliche Philosophie. Am Rande der großen Debatte), Warszawa 2004.

[6] Max Scheler hat das phänomenologische Verfahren anders als Edmund Husserl begriffen. Es ging nicht um die Analyse des Bewusstseins auf verschiedenen Ebenen, die die unmittelbaren Angaben konstituiert und ihre alleinige Basis bildet. Scheler hat gemeint, dass das, was uns unmittelbar gegeben ist, eine Wirklichkeit bildet, die von ihr unabhängig ist. Daher war die Erfahrung des *Sacrum* bei Scheler die Erfahrung eines spezifischen wirklichen und im Verhältnis zu den anderen weltlichen Werten ganz anderen Wertes.

Romano Guardini ist der Meinung, dass das Heilige, das wir in der Welt erfahren und das uns als etwas absolut anderes erscheint, das Sein ist, das Sinn und Wert hat. Die in ihm enthaltene Beurteilung des Wertes zeugt von einer besonderen Entschlossenheit. Von diesem Element sind so wichtige Dinge abhängig, dass es den Menschen zum Konflikt mit allen anderen Werten veranlassen und seine Überlegenheit ihnen gegenüber zeigen kann.[7]

Wenn man das Verständnis „des Heiligen" von Guardini mit jenem von R. Otto und M. Scheler vergleicht, ist festzustellen, dass der Inhalt des Begriffes „das Heilige" bei Guardini anders als bei diesen Denkern ist. Er verbindet in gewissem Grade die Konzeptionen beider und unterscheidet sich gleichzeitig von ihnen. Guardini folgt Rudolf Otto dahingehend, als er das seiende „Anderssein" von dem, was im Verhältnis zur Wirklichkeit der Welt „heilig" ist, betont, und so wie Scheler in „dem Heiligen" den Wert sieht, der seine Überlegenheit vor allen anderen Werten zeigen kann. Wenn es um das Verhältnis des Menschen zu „dem Heiligen" geht, betont er nicht nur – wie das Otto tut – seine Merkmale als *mysterium tremendum et fascinosum*, sondern vor allem seine heiligende und erlösende Wirkung. Eben deswegen reagiert der Mensch laut Guardini auf „das Heilige" mit einem besonderen Verehrungsakt.

Wichtiger als das ist aber die Tatsache, dass Guardini – seinen Ansichten über die religiöse Erfahrung entsprechend, die schon oben beachtet wurden – gar nicht damit einverstanden ist, dass die Erfahrung „des Heiligen" das rein subjektive Erlebnis, das nur aus dem Bereich seines subjektiven Lebens in den objektiven Bereich rückwirkt – wie Otto meint – sein wird, sondern er hält es für den Empfang der Wirkung einer gewissen objektiven Wirklichkeit.[8] Beachtenswert ist vor allem der spätere, die Beziehungen zwischen der Welt und dem *Sacrum* betreffende Standpunkt Guardinis, der eine tiefergehende Untersuchung erfordern würde. Ich kann

---

[7] M. Jaworski, Religijne poznanie Boga według Romano Guardini (Religiöse Erkenntnis Gottes nach Romano Guardini), in: ders., Wybór pism filozoficznych, Olecko 2003, 11–162.

[8] Vgl. R. Guardini, Die Offenbarung, ihr Wesen und ihre Formen, Würzburg 1940; Religiöse Erfahrung und Glaube, in: Die Schildgenossen XIII (1934) 283–306. Der Artikel wurde auch veröffentlicht in: ders., Unterscheidung des Christlichen. Gesammelte Studien 1925–1963, Mainz 1963, 307–339.

ihn hier nur aufzeigen. Die Welt ist nicht nur „weltlich” – schreibt Guardini –, sondern im direkten Sinn auch „heilig“. Sie ist sowohl das, was man gewöhnlich mit dem Namen „Natur” bezeichnet, als auch etwas „ganz anderes” (*das Andere*). Das, was wir in der religiösen Erfahrung erfassen, ist also gewissermaßen eine andere, umgekehrte Seite von demselben Ganzen, nämlich von der Welt, deren eine Seite „irdisch” und deren andere „überirdisch” ist, sie ist eine spezifische „Qualität“, ein „Wert“, ein „Dasein“, das in der Außenwelt neben der Determination auftritt.[9]

Romano Guardini stellte in Bezug auf die Problematik der religiösen Erfahrung (*Religion und Offenbarung*), sinngemäß die Frage: *Und vielleicht ist der Inhalt der religiösen Erfahrung selbst nur eine andere Seite „der Welt“? Vielleicht ist er ihr geheimnisvoller Bereich, ihr verheimlichter Bereich, ihr „innerliches Außerdasein“?*[10]

Ich meine, dass wir anhand dessen, was schon gesagt wurde, eine begründete Option wählen können. Das Heilige, das zum Mittelpunkt der philosophischen Reflexion wurde, charakterisiert sich in der Erfahrung des Menschen in der Welt als Wirklichkeit der Über-Werte. Und das Grundbewusstsein des Menschen im Verlauf der Jahrhunderte ermöglicht nicht, sie als Krankheit der Menschheit oder der vergangenen Periode zu betrachten. Die Untersuchungen von Mircea Eliade deuten klar darauf hin, dass eine solche Erfahrung den Menschen aller Zeiten charakterisiert. Vor der philosophischen und vor allem metaphysischen Reflexion steht also die Aufgabe ihrer endgültigen Untersuchung, die Verifikation im Rahmen der komplexen Vision des Seins.

Stellen wir uns folgendem Problem: Wenn man der Erfahrung des *Sacrum* Wirklichkeit zuschreibt und die realistische Phänomenologie annimmt, dass das, was gegeben ist, sich mit dem Sein trifft, entsteht die Grundfrage, welchen Seinscharakter man dem *Sacrum* zugestehen soll.

---

[9] Vgl. R. Guardini, Religiöse Erfahrung und Glaube, a.a.O., 295; oder in: ders., Unterscheidung des Christlichen, a.a.O., 329f.

[10] Und „das Andere” der eigentlichen Offenbarung charakterisiert Romano Guardini auf folgende Weise: „Das Andere der Offenbarung hingegen ist ein Anderssein nicht nur stärker, sondern schlechthin definitiver Art. Hier wird nicht nur das innerweltlich-dialektische, sondern das richtende, die Welt als Ganzes in ihre Schranken weisende und in ihrer Verfallenheit enthüllende ‚Eigentlich-Andere‘ des lebendigen Gottes deutlich” (Religiöse Erfahrung und Glaube, a.a.O., 295; oder in: Unterscheidung des Christlichen, a.a.O., 330).

Man sollte sich mit dem Standpunkt von Romano Guardini zur Frage der Beziehungen von der „irdischen" und „überirdischen" Welt beschäftigen und – von der Seite der Seinsphilosophie – präzisieren, was es bedeutet, dass die Welt nicht nur „weltlich", sondern auch im direkten Sinn „heilig" ist.

Sollte man nicht, in Anknüpfung an Guardini, die Frage stellen: Das Seiende ist wahr, gut und schön, aber ist es nicht auch „heilig"? Kann man von der Partizipation der Wirklichkeit der Welt am *Sacrum* sprechen und, wenn ja, in welchem Grade? Und was ist „das Heilige", das *Sacrum* par excellence?

Beim Lösen dieses Problems kann uns auch die Lehre von der natürlichen Offenbarung behilflich sein. Könnte uns die nur „weltliche" Wirklichkeit etwas über Gott sagen? Ist es nicht so, dass wir, wenn wir in der Welt „etwas mehr" als das „*Sacrum*" erfahren, „diesen, der sich uns offenbart", kennen lernen? Besonders das Erfahren der Grenze dieser Welt, was R. Guardini beschreibt, der Grenze, die etwas spezifisch Verschiedenes ist von dem, was in ihrem Inneren liegt, führt zur Erfahrung,[11] an die Martin Heidegger erinnert,[12] dank der das Wort „Gott" eine entsprechende Bedeutung gewinnt.[13]

Und daher ist die nächste fundamentale Frage: Ist die Erfahrung des *Sacrum* nur das Problem „der Religionsphilosophie"? Bildet sie nicht den Grund der religiösen Metaphysik, in diesem Sinne, dass es uns von der vollständigeren Größe der Erfahrung der Wirklichkeit – der Erfahrung des *Sacrum* – berichtet und uns dann zum *Sacrum* par excellence führt? Nämlich immer, wenn man verschiedene Bereiche der Existenz (des Seins) erfasst hat, kann man der Frage nach der endgültigen Grundlage, nach dem, was per se ist, nicht entgehen.

Die Konstruktion einer solchen Metaphysik der Gottes-Philosophie würde bedeuten, dass sie uns vom göttlichen Gott berichten wird! Sie würde auch den fundamentalen Vorwurf zurückweisen, dass der Gott einer

---

[11] Vgl. R. Guardini, Religion und Offenbarung, Würzburg 1958, 78–79.

[12] Vgl. M. Heidegger, Holzwege, Frankfurt am Main 1950, 200–294.

[13] Vgl. M. Jaworski, Doświadczenie religijne w ujęciu fenomenologii czynu (Religiöse Erfahrung in der Konzeption der Phänomenologie des Tuns), in: Studia z filozofii Boga, religii i człowieka 2 (2002) 273.

gewissen Philosophie ein Gott ist, auf den man keine religiösen Einstellungen beziehen kann.[14]

Auf diese Weise würde aber vor allem auch das Problem der christlichen Metaphysik des Westens und ihr theologisches Darstellen von Gott aufgegriffen werden. Inwiefern ist sie eine christliche Metaphysik des Westens? Ob und in welchem Grade ist der philosophisch-theologische christliche Gedanke keine pure griechische Ontologie oder in welchem Grade hat die De-Hellenisierung des philosophischen Denkens bei christlichen Denkern stattgefunden? Die Antwort auf diese Frage bildet heute eine vordringliche Aufgabe für christliche Denker.[15]

Ich bin der Meinung, dass man zu den Grundfragen der Metaphysik, warum eher etwas ist statt nichts, und ihnen ähnlichen Fragen, Fragen hinzufügen soll, die von den fundamentalen Erfahrungen des Menschen herrühren: die Frage nach dem Sinn des menschlichen Daseins, die Frage nach den moralischen Verpflichtungen, die aus der Erfahrung der Begegnung mit einem anderen Menschen (vgl. Emmanuel Lévinas) entsteht, und vor allem die Frage nach der vollständigen Ausarbeitung dessen, was das *Sacrum* ist.

*Aus dem Polnischen übersetzt von Jan Flis.*

[14] Vgl. M. Heidegger, G. Marcel, P. Ricoeur, A. Dondeyne. Vgl. M. Jaworski, Bóg a metafizyka (Gott und Metaphysik), in: Studia z filozofii Boga, religii i człowieka 2 (2002) 206.

[15] Vgl. M. Jaworski, Współczesne formy negacji teologii naturalnej (Aktuelle Formen der Negation der natürlichen Theologie), in: Studia z filozofii Boga, religii i człowieka 2(2002) 249.

# Maria – Mater Salvatoris

## Zur essentiellen und existentiellen Aufgabe Marias im göttlichen Erlösungswerk

*Erzbischof Wolfgang Haas*

### I. Einführende Erwägungen

„Christus und Maria sind nicht Vergangenes, über das wir mutmaßen müssten. Christus und Maria sind Gegenwart, die kein Ende hat; in dieser Gegenwart steht und entfaltet sich der Glaube der Kirche ... Wenn es um Jesus Christus und Maria geht, sind wir in diese Gegenwart auch selbst eingebunden."[1] Diese Worte eines treuen Hirten der Kirche belegen eine wohlbekannte Feststellung über ihn: Leere Geschwätzigkeit ist seine Sache nicht. Jeder wirkliche Hirte in der katholischen Kirche ist aufgefordert und herausgefordert, gelegen oder ungelegen durch seine autoritative apostolische Verkündigung die Wahrheit über Gott und über den Menschen zu bezeugen – die unverkürzte Offenbarungs- und Heilswahrheit, die nicht selten nach dem Geschmack des Zeitgeistes kosmetisch behandelt, ideologisch eingehandelt, intellektuell misshandelt und diplomatisch verhandelt wird. Im „Dialog-Geschäft" findet man nicht nur Rechtsbeugung, sondern auch Wahrheitsbeugung. Es gibt nämlich eine Dialog-Strategie, die es gerade darauf abgesehen hat. Jeder Bibelleser weiß, dass der erste in der Heiligen Schrift beschriebene Dialog derjenige der bösen Schlange mit Eva ist[2] – also ein teuflisches

---

[1] So Bischof Dr. Kurt Krenn 1990 in einem Vortrag in Wien, in: K. Krenn, Worte auf dem Weg. Gedanken eines Hirten der Kirche, hg. v. W. Schmid, Kleinhain 1997, 181.

[2] Gen 3,1–6.

Zwiegespräch. Unter diesem Vorzeichen steht seit dem Sündenfall des Menschen jeder Dialog. Unter diesem erbsündlichen Vorbehalt muss jeder Dialog betrachtet werden. Denn dieser ist ständig bedroht von Irrtum, Lüge, Täuschung, Hinterlist, Verwirrung, Hochmut, Rechthaberei. Er ist und bleibt gefährdet durch den „Mörder von Anfang an", durch den „Vater der Lüge"[3], durch den Feind des Menschen, durch den Gegenspieler der Wahrheit. Die Rehabilitierung des wahrheitsgetreuen und somit göttlichen Dialogs geschieht durch die neue Eva – durch Marias Zwiegespräch mit dem Erzengel Gabriel bei der Verkündigung der Frohbotschaft.[4] Dieser heilbringende Dialog zwischen der Jungfrau und dem Boten Gottes hallt in der Kirche beständig wider beim Angelus-Gebet. Der marianische Dialog, der in der Freiheit der Kinder Gottes geschieht und auf der echten Demut, auf der vollkommenen Hingabe und auf dem lauteren Gehorsam beruht, ist das Modell eines jeden wahren Dialogs.

Aus bischöflichem Mund kommt die beherzigenswerte Aussage: „Die Gesinnung Christi gegenüber Maria ist heute nichts anderes als das Schicksal der Kirche mit seinem Haupt, mit Christus dem Erlöser. Je besser wir heute in das Geheimnis der Kirche Einlass finden, desto besser begreifen wir das Ganze und immer Gegenwärtige der Gesinnung Christi gegenüber Maria. Weil aber zur Gegenwart Christi und Marias die Kirche gehört, deswegen sind auch wir in dieses immer gegenwärtige Gefüge der reinen Liebe einbezogen. Auch wenn wir als sündige Menschen nicht in der Fülle der Gnade und Heiligkeit stehen, auch wenn die Gnade Gottes jedem Verdienst unsererseits zuvorkommen muss, auch wenn wir glauben und nicht schauen, auch wenn Erbsünde und persönliche Sünde uns am Mitvollzug der reinen Liebe hindern – entlässt uns Gott nicht mehr aus jener Gegenwart des Heiligen Geistes, die das Grundgefüge der Kirche ist und in Christus und Maria schon ihre unüberbietbare Erfüllung hat."[5]

Sowohl in der lehramtlichen Verkündigung der Kirche wie auch in der theologischen Reflexion über die entsprechenden Dogmen, ebenso im gottesdienstlichen Leben, in der Frömmigkeitspraxis und in den verschie-

---

[3] Joh 8,44.

[4] Lk 1,26–38.

[5] K. Krenn, a.a.O., 181.

denen Ausdrucksformen christlicher Kunst nimmt eine Frau einen ausserordentlichen Platz ein; von ihr heißt es im Lukasevanglium: „Nomen virginis Maria" – „Der Name der Jungfrau war Maria"[6]. Maria, die in vielen Zusammenhängen „Unsere Liebe Frau" genannt wird, steht in innigster Beziehung zum fleischgewordenen Logos[7], dem Erlöser des Menschengeschlechtes. In der Lauretanischen Litanei rufen wir sie an als „Mutter des Erlösers" (als „Mutter des Heilbringers", als „Mutter des Heilandes", als „Mutter des Retters"): MARIA – MATER SALVATORIS. Durch das Wirken des Heiligen Geistes hat die Jungfrau den eingeborenen Sohn Gottes empfangen und zur Welt gebracht; ihm wurde der Name Jesus gegeben: Retter und Heiland.[8] Dieses Ereignis – das bedeutendste in der Weltgeschichte überhaupt – ist in der „Fülle der Zeiten"[9] geschehen. Durch dieses einzigartige und unwiederholbare Geschehen kam die zweite göttliche Person, der Erlöser Jesus Christus, auf unsere Erde, um den Menschen in seine Nachfolge zu berufen, so dass sich sein Leben irgendwie in einem jeden wiederholt, der dem Herrn nachfolgt und ihn nachahmt. Kein Geschöpf ist ihm aber ähnlicher und keines steht ihm näher als seine eigene Mutter, so dass auch ihr Leben sich in einem jeden von uns wiederholt. In der Tat wird jeder Getaufte von Gott zu einer bestimmten Aufgabe im Werk der Erlösung berufen – eine Aufgabe, die sich ihm im Laufe des Lebens nach und nach offenbart und der er mit Hilfe der Gnade freiwillentlich entsprechen soll, und zwar bis zur gänzlichen Gleichförmigkeit mit Christus. Diese Gleichförmigkeit jedoch ist nur demjenigen möglich, der in der Stunde der Prüfung treu bleibt und unter dem Kreuz ausharrt. Es gibt kein Ostern ohne Karfreitag! So war es auch im Leben Marias, wobei ihre Verbindung mit Christus und dessen Aufgabe eine Innigkeit erreichte, wie sie nur zwischen Mutter und Kind bestehen kann. Auf diesem Hintergrund bitten wir den Herrn: „Hilf uns, nach dem Beispiel ihres Glaubens und ihrer Liebe so zu leben, dass auch wir dem

---

[6] Lk 1,27.

[7] Joh 1,1–18; Vers 14: „Und das Wort ist Fleisch geworden und hat unter uns gewohnt, und wir haben seine Herrlichkeit gesehen, die Herrlichkeit des einzigen Sohnes vom Vater, voll Gnade und Wahrheit."

[8] Vgl. Mt 1,18–25.

[9] Gal 4,4.

Werk der Erlösung dienen.“[10] Im gläubigen Christen ist stets das Verlangen wach, Maria – die Mutter Gottes und unsere Mutter – immer besser kennen und lieben zu lernen. Der Christ ist gewissermaßen von Anfang an aufgeweckt für die Frage: Wie sieht die Kirche Marias anziehende Gestalt und vor allem ihre Aufgabe?

## II. Maria in der Lehre und im Leben der Kirche

Das Zweite Vatikanische Konzil hat sich in seiner Konstitution über die Kirche „Lumen gentium“ im achten Kapitel mit der Person und mit der Sendung der Gottesmutter Maria im göttlichen Heilsplan befasst. Nur schon der Titel dieses Kapitels deutet auf die Verankerung der Mariologie in der Christologie und in der Ekklesiologie hin: De Beata Maria Virgine Deipara in mysterio Christi et Ecclesiae. “Die Jungfrau Maria, die auf die Botschaft des Engels Gottes Wort in ihrem Herzen und in ihrem Leib empfing und der Welt das Leben brachte, wird als wahre Mutter Gottes und des Erlösers anerkannt und geehrt. Im Hinblick auf die Verdienste ihres Sohnes auf erhabenere Weise erlöst und mit ihm in enger und unauflöslicher Verbindung geeint, ist sie mit dieser höchsten Aufgabe und Würde beschenkt, die Mutter des Sohnes Gottes und daher die bevorzugt geliebte Tochter des Vaters und das Heiligtum des Heiligen Geistes zu sein. Durch dieses hervorragende Gnadengeschenk hat sie bei weitem den Vorrang vor allen anderen himmlischen und irdischen Kreaturen. Zugleich aber findet sie sich mit allen erlösungsbedürftigen Menschen in der Nachkommenschaft Adams verbunden, ja „sie ist sogar Mutter der Glieder (Christi), ... denn sie hat in Liebe mitgewirkt, dass die Gläubigen in der Kirche geboren würden, die dieses Hauptes Glieder sind.“[11] Daher wird sie auch als überragendes und völlig einzigartiges Glied der Kirche wie auch als ihr Typus und klarstes Urbild im Glauben und in der Liebe gegrüßt, und die katholische Kirche verehrt sie, vom Heiligen Geist belehrt, in kindlicher Liebe als geliebte Mutter.”[12]

---

[10] Schlussgebet aus dem ersten Commune-Text für die Marienmessen.

[11] Hl. Augustinus, De Sacra Virginitate, 6, in: PL 40, 399.

[12] Zweites Vatikanisches Konzil, Dogmatische Konstitution über die Kirche „Lumen gentium“ (= LG), Nr. 53.

Eine geistliche Vertiefung in das Geheimnis der besonderen Aufgabe Marias im Heilsplan Gottes kommt nicht umhin, beim Geheimnis der göttlichen *Trinität* selbst anzusetzen. Die göttliche Vorsehung beherrscht nämlich die ganze Geschichte der Menschheit. Wo die Sünde herrschte, erwiesen sich Gottes Gnade und Erbarmen überreich. Der Dreifaltige Gott ließ sein Ebenbild auch nach dem Sündenfall nicht im Stich; er verließ den sündigen Menschen nicht, sondern versprach ihm sogar einen Erlöser. Gott spricht zur teuflichen Schlange: „Feindschaft setze ich zwischen dich und die Frau, zwischen deinen Nachwuchs und ihren Nachwuchs. Er trifft dich am Kopf und du triffst ihn an der Ferse."[13] Diese geheimnisvolle biblische Aussage am Anfang der Menschheitsgeschichte, die sich zur Unheilsgeschichte zu verkehren begann, deutet zugleich eine Heilsgeschichte an und wird so gewissermassen zum Protoevangelium. Und an diesem Anfang der Heilsgeschichte war Maria schon im Plane Gottes vorgesehen als die Mutter dessen, welcher der Retter sein sollte, der Anfang der neuen Schöpfung. Dies ist der Ausgangspunkt jeglicher Erwägung über Maria: das göttliche Vorhaben mit ihr – ein Vorhaben, welches, wie das Lehramt oft wiederholt hat, sie mit der Person des Erlösers, des fleischgewordenen Wortes Gottes, verbindet; sie wurde vorherbestimmt „uno eodemque decreto", also durch ein- und denselben göttlichen Heilsbeschluss, in dem gewissermassen Christus und Maria in eins fallen. „Der unaussprechliche Gott ... hat von Anfang an und vor den Zeiten seinem Einziggeborenen Sohn eine Mutter erwählt und bestimmt, aus der er Fleisch geworden, in der seligen Fülle der Zeiten geboren werden sollte, und ihr eine solch große Liebe vor allen Geschöpfen erwiesen, dass er sich in jener einen mit geneigtestem Wohlwollen gefiel. Deswegen überhäufte er sie noch weit vor allen Engelgeistern und allen Heiligen mit der aus dem Schatz der Göttlichkeit genommenen Fülle aller himmlischen Gnadengaben so wunderbar, dass sie, von gar allem Makel der Sünde immer frei und ganz schön und vollkommen, eine solche Fülle an Unschuld und Heiligkeit zu erkennen gab, wie man sie sich unter Gott in keiner Weise größer vorstellen kann und wie sie außer Gott niemand in Gedanken erfassen kann. – Es ziemte sich freilich auch durchaus, dass sie stets vom

---

[13] Gen 3,15.

Glanze vollkommenster Heiligkeit geschmückt erstrahlte und, sogar vom Makel der Urschuld selbst völlig frei, den herrlichsten Triumph über die alte Schlange davontrug, die so verehrungswürdige Mutter, der Gott, der Vater, seinen einzigen Sohn, den er, aus seinem Herzen ihm gleich gezeugt, wie sich selbst liebt, so zu geben beschloss, dass er natürlicherweise ein und derselbe gemeinsame Sohn Gottes, des Vaters, und der Jungfrau sei, und die der Sohn selbst sich substanzhaft zur Mutter zu machen erwählte, und von der der Heilige Geist wollte und erwirkte, dass jener empfangen und geboren wurde, von dem er selbst hervorgeht."[14]

In der Geschichte Israels bereitete Gott die Ankunft des Erlösers und gleichzeitig diejenige seiner Mutter vor; er ließ sie durch die Propheten verkünden.[15] Als Maria dann heranwuchs, nahm sie nach und nach die Anregungen des Heiligen Geistes auf und ließ sich von ihnen formen. Dieser geistliche Weg freilich ist uns nicht bis in seine Einzelheiten überliefert worden; er bleibt für uns weitgehend ins Geheimnis entzogen. Doch eines ist sicher: Die vollständige Treue Marias dem Willen Gottes gegenüber ist unbestreitbar. In dieser Situation findet das entscheidende Ereignis im Leben der Jungfrau Maria statt: die Verkündigung ihrer Gottesmutterschaft durch den Erzengel Gabriel. Maria glaubt dem göttlichen Wort[16] und gibt sich diesem hin: „Ecce ancilla Domini. Fiat mihi secundum verbum tuum." – „Siehe, ich bin die Magd des Herrn. Mir geschehe nach deinem Wort."[17] So antwortet sie bewusst und gläubig auf die Botschaft des Engels. Maria ist nicht lediglich ein passives Gegenüber zum göttlichen Wirken, sie vereint vielmehr ihren Willen mit dem Willen Gottes. Indem sie die Gnade annimmt, stellt sie ihre ganze Person dem Werk, das Gott vollbringen will, zur Verfügung.

Derselbe Glaube und dieselbe Entschlossenheit zur Hingabe prägen alle ihre Handlungen, sei dies in Bethlehem, in Ägypten, in Jerusalem, in Nazareth oder sonstwo, sei dies durch die Pflege des Jesuskindes, durch die liebevolle Begleitung und Betrachtung des Wachstums und Erwach-

---

[14] Papst Pius IX., Definitionsbulle "Ineffabilis Deus" vom 8. Dezember 1854, in: DH 2800–2801.

[15] Vgl. Jes 7,14.

[16] Bei der Begegnung im Bergland von Judäa sagt Elisabeth über Maria: „Selig ist die, die geglaubt hat, dass sich erfüllt, was der Herr ihr sagen ließ" (Lk 1,45).

[17] Lk 1,38.

senwerdens ihres göttlichen Sohnes oder sonstwie. Als Jesus dann sein öffentliches Wirken beginnt, folgt sie ihm so, wie der Heilige Geist es ihr jeweils eingibt: manchmal ganz aus der Nähe, aktiv eingreifend wie bei der Hochzeit in Kana[18], manchmal von einer gewissen Distanz aus, gewissermaßen sich mit dem Echo seiner Predigten begnügend und sich damit durch Gebet in Glaube, Hoffnung und Liebe verbindend; sie bewahrt die Ereignisse im Leben ihres Sohnes im Herzen und betrachtet sie, um sich dadurch gänzlich mit dem zu identifizieren, was Gott ihr nach und nach offenbart. Sie stößt dabei auch immer wieder auf das Geheimnis des Kreuzes, namentlich wenn ihr Sohn von jener „Stunde" spricht, die noch nicht gekommen ist.[19] „So ging auch die selige Jungfrau den Pilgerweg des Glaubens. Ihre Vereinigung mit dem Sohn hielt sie in Treue bis zum Kreuz, wo sie nicht ohne göttliche Absicht stand (vgl. Joh 19,25), heftig mit ihrem Eingeborenen litt und sich mit seinem Opfer in mütterlichem Geist verband, indem sie der Darbringung des Schlachtopfers, das sie geboren hatte, liebevoll zustimmte. Und schließlich wurde sie von Christus Jesus selbst, als er am Kreuz starb, dem Jünger zur Mutter gegeben mit den Worten: Frau, siehe da dein Sohn (vgl. Joh 19,26 –27)."[20] Und sie hat „diesen heilbringenden Auftrag nicht aufgegeben, sondern fährt durch ihre vielfältige Fürbitte fort, uns die Gaben des ewigen Heils zu erwirken. In ihrer mütterlichen Liebe trägt sie Sorge für die Brüder ihres Sohnes, die noch auf der Pilgerschaft sind und in Gefahren und Bedrängnissen weilen, bis sie zur seligen Heimat gelangen. Deshalb wird die selige Jungfrau in der Kirche unter dem Titel der Fürsprecherin, der Helferin, des Beistandes und der Mittlerin angerufen. Das aber ist so zu verstehen, dass es der Würde und Wirksamkeit Christi, des einzigen Mittlers, nichts abträgt und nichts hinzufügt."[21]

So offenbart uns der authentische christliche Glaube Gestalt und Sendung Marias. Hierin ist die ganze Realität der Privilegien enthalten, mit der Gott die selige Jungfrau Maria ausgestattet hat. Jedes wahre Marienkind hat in gewisser Weise an diesen Vorzügen der Gottesmutter teil, womit einmal

---

[18] Joh 2,1–11.

[19] Joh 2,4.

[20] LG 58.

[21] LG 62.

mehr deutlich wird, dass die essentiellen marianischen Dogmen von existentieller Bedeutung sind. Alle Gnadenvorzüge, die Gott der auserwählten Jungfrau gewährt hat, gestalten Maria zum vollkommensten Geschöpf, das je aus den Händen Gottes hervorgegangen ist, und zwar um Christi willen. „Indem sie Christus empfing, gebar und nährte, im Tempel dem Vater darstellte und mit ihrem am Kreuz sterbenden Sohn litt, hat sie beim Werk des Erlösers in durchaus einzigartiger Weise in Gehorsam, Glaube, Hoffnung und brennender Liebe mitgewirkt zur Wiederherstellung des übernatürlichen Lebens der Seelen. Deshalb ist sie uns in der Ordnung der Gnade Mutter."[22] Es ist wichtig, sich bewusst zu machen, dass die marianischen Dogmen ein besonderer Prüfstein für das vollumfängliche Verständnis des ganzen Christusgeheimnisses sind. Maria steht in innigster Beziehung zum Leben und Wirken Jesu Christi. Ihr Leben und Wirken ist ein Leben und Wirken um des göttlichen Sohnes willen. Daher hat Mariologie auch mit dem Thema der Rechtfertigung als aktueller und nicht nur eschatologischer Gabe zu tun. Sie kann an der Gestalt Marias aufzeigen, dass Rechtfertigung jetzt schon von Gott dem Christentum gewährte und nicht nur versprochene Gerechtigkeit ist; dass Freiheit eine aktive Hineinnahme des Menschen in das Werk der Erlösung besagt und – durch die Gnade aktualisiert – zur Mitarbeit am Werk Gottes befähigt; dass die Kirche nicht einfach nur eine Gemeinschaft von Gläubigen, welche die Wiederkunft Christi (Parusie) erwarten, sondern als solche Werkzeug Christi ist, um selber in der Geschichte aktiv gegenwärtig zu sein – priesterlicher Leib, der an der Aufgabe Christi teilnimmt; dass Gott nicht einfach der „ganz Andere" ist, also dem Menschen fremd und unerreichbar, sondern Schöpfer, der durch seine Allmacht in den von ihm selber zum Sein erweckten Wirklichkeiten wirksam gegenwärtig ist, und Vater, der die Menschen zur Gemeinschaft und zum Dialog mit ihm ruft: „Ruhe aus in der Gotteskindschaft! Gott ist Vater – dein Vater! Zart und unerschöpflich ist seine Liebe. Nenne Ihn oft Vater und sage Ihm unter vier Augen, dass du Ihn liebst, sehr, sehr liebst! Sage Ihm, dass du zutiefst die Ehre empfindest, sein Sohn, seine Tochter zu sein, und dass du daraus deine ganze

[22] LG 61.

Kraft schöpfst."[23] Mit all diesen Glaubenswahrheiten steht die Wahrheit Marias auf die eine oder andere Weise, doch immer sehr eng, in Beziehung. Deswegen können wir das marianische Thema nur erfassen, wenn wir sie beachten; und umgekehrt hilft uns dieses Thema, uns in die anderen zu vertiefen. So verstehen wir auch noch besser, wenn Papst Johannes Paul II. schreibt: „Die Mutter des Erlösers hat im Heilsplan eine ganz besondere Stellung; denn „als die Zeit erfüllt war, sandte Gott seinen Sohn, geboren von einer Frau und dem Gesetz unterstellt, damit er die freikaufe, die unter dem Gesetze stehen, und damit wir die Sohnschaft erlangen. Weil ihr aber Söhne seid, sandte Gott den Geist seines Sohnes in unser Herz, den Geist, der ruft: Abba, Vater" (Gal 4,4–6). – Mit diesen Worten des Apostels Paulus, die das II. Vatikanische Konzil am Beginn seiner Darlegungen über die selige Jungfrau Maria aufgreift, möchte auch ich meine Erwägungen über die Bedeutung Marias im Geheimnis Christi und über ihre aktive und beispielhafte Gegenwart im Leben der Kirche einleiten. Diese Worte feiern ja in einem gemeinsamen Lobpreis die Liebe des Vaters, die Sendung des Sohnes, das Geschenk des Geistes, die Frau, aus der der Erlöser geboren wurde, unsere göttliche Sohnschaft, und dies im Geheimnis der „Fülle der Zeit".[24]

Die trinitarische Einbindung des Mariengeheimnisses ist die entscheidende Grundlage für die Bestimmung der essentiellen und existentiellen Aufgabe Marias im göttlichen Erlösungswerk. Die Menschwerdung Gottes geschieht eben nicht anders als durch die von Gott selber vorherbestimmte und auserwählte Jungfrau Maria. Aus ihr nimmt die zweite göttliche Person menschliche Natur an und erhebt gleichzeitig diese zur Teilhabe an der göttlichen Natur. Das ist das größte Liebesgeheimnis, das es je gegeben hat und geben wird. Es ist „sacrum commercium" – „heiliger Tausch", der sich im wunderbaren Zusammenwirken von Gott und Mensch, von der göttlichen Dreifaltigkeit und der Jungfrau Maria vollzogen hat und sich im Schoß der Kirche ständig neu vollzieht; denn durch die Kirche und ihr Heilswirken erhalten die Gläubigen Anteil am göttlichen Leben. Die

---

[23] Hl. Josemaría Escrivá, Im Feuer der Schmiede, Köln $^{2}$1989, Nr. 331, S. 88.

[24] Johannes Paul II., Enzyklika „Redemptoris Mater" über die selige Jungfrau Maria im Leben der pilgernden Kirche (= RM) vom 25. März 1987, Nr. 1.

Kirche übernimmt somit die marianische Aufgabe der Vermittlung und ist damit grundlegend marianisch – essentiell und existentiell, so wie sie grundlegend eucharistisch und petrinisch ist – essentiell und existentiell. Wer Maria liebt, liebt die Kirche; wer die Kirche liebt, liebt Maria. „Spontan und wie selbstverständlich fühlen wir uns zur Mutter Gottes hingezogen, die auch unsere Mutter ist. Wir möchten ihr wie einem lebendigen Menschen begegnen: denn über sie hat der Tod nicht triumphiert, sie ist vielmehr mit Leib und Seele bei Gott dem Vater, bei seinem Sohn und beim Heiligen Geist. – Um die Rolle Mariens im christlichen Leben zu begreifen, um uns zu ihr hingezogen zu fühlen, um mit kindlicher Zuneigung ihre Gegenwart zu suchen, bedarf es keiner langen Überlegungen, auch wenn das Geheimnis ihrer göttlichen Mutterschaft so tief und reich ist, dass wir niemals genug darüber nachdenken können."[25] De Maria numquam satis![26]

## III. Maria und das Werk der Erlösung

Die zentrale Frage lautet: Wieso und auf welche Art nimmt Maria teil am Werk der Erlösung? Nimmt sie daran überhaupt teil? Diese Frage verweist jeweils auf das größte Privileg Marias, auf welches alle anderen Gnadenvorzüge hingeordnet sind und dem sie alle entstammen: ihre *göttliche Mutterschaft* – ihre *Gottesmutterschaft*. „Mutterschaft" ist leicht verständlich: Es ist die Beziehung der Frau zum Kind, das sie empfangen und geboren hat. Die Bezeichnung „göttlich" beziehungsweise „Gottes-" hingegen löst zunächst einmal Erstaunen und Verwunderung aus und wirft die berechtigte Frage auf: Wie kann Gott das Kind einer Frau sein? Und doch hält der katholische Glaube beziehungsweise die katholische Theologie fest an dieser Glaubenswahrheit, ohne deswegen den Schleier, der sie umhüllt, ganz lüften zu können und zu wollen. Gleichzeitig wird aber deutlich die Verwechslung mit einem Mythos oder die Übernahme einer heidnischen

---

[25] Hl. Josemaría Escrivá de Balaguer, Christus begegnen. Homilien, Köln 1974, Nr. 142, S. 321.

[26] „Über Maria niemals genug" – Dieses Wort wird bekanntlich dem hl. Bernhard von Clairvaux zugeschrieben.

Vorstellung abgelehnt. Maria ist und bleibt Mensch; sie ist keine Göttin, auch wenn sie in Wahrheit Gottesmutter ist und so genannt wird.

Schon im Alten Testament erscheint die den verkündeten Messias begleitende Frau als Mutter, Königin, Tochter Zions – angefangen vom Protoevangelium bis zum Propheten Micha. Eine deutliche Aussage über die göttliche Mutterschaft beziehungsweise Gottesmutterschaft ist jedoch nicht zu finden; denn diese wird erst durch die volle Offenbarung des Christusgeheimnisses erkennbar sein. Der Ausdruck „Mutter Gottes" ist biblisch als solcher nicht belegbar; wohl aber spricht der Evangelist Lukas von der „Mutter des Herrn"[27], wobei dies nach hebräischer Denk- und Sprechart eigentlich „Mutter Gottes" besagt. Abgesehen davon kann es nicht genügen, nur auf bestimmte Titel zu schauen; wichtig ist der Inhalt, den sie uns vermitteln. Mit allen Theologen betont der hl. Thomas von Aquin immer wieder die Beziehung zwischen Christus und seiner Mutter: Ist der Sohn, der aus Maria geboren wurde, wahrer Gott, so ist Maria wahre Mutter Gottes. Die patristische Tradition und das Lehramt der ersten ökumenischen Konzilien erwähnen diese Tatsache immer wieder, und zwar schon vor dem Konzil von Ephesus (431). Die Gegner des Ausdrucks „Theotokos" (= Deipara, Deigenitrix / Gottesgebärerin, Muttergottes) unterlagen dem Irrtum eines christologischen Dualismus, wonach Christus in zwei Personen geteilt wäre. Wird die Realidentität zwischen dem Eingeborenen des Vaters und demjenigen, der zu unserer Rettung in diese Welt kam und Fleisch annahm, Mensch wurde und gelitten hat, auferstand und in den Himmel auffuhr, bejaht, so kann und muss auch die göttliche Mutterschaft beziehungsweise Gottesmutterschaft bejaht werden. Die Zeugung Christi und die Mutterschaft Marias sind jungfräulich wunderbar, weil der Heilige Geist übernatürlich das bewirkt hat, was in der natürlichen Ordnung der Mann beiträgt. Dann aber entwickelt sich alles nach dem natürlichen Ablauf, und zwar so, wie jede Mutter Mutter des ganzen Subjektes ist, das sie unter ihrem Herzen trägt. Die unsterbliche Seele hingegen kann auch im kreatürlichen Bereich keine Mutter hervorbringen; sie ist direkt von Gott dem Menschenkind im Mutterschoß einerschaffen. Das lässt schon im natürlichen Bereich der menschlichen Zeugung

---

[27] Lk 1,43.

und Empfängnis verstehen, dass es immer um ein unmittelbares Eingreifen Gottes geht, wenn ein Mensch entsteht. Maria aber ist wahrhaft Mutter Gottes, weil sie unter ihrem Herzen den Gottmenschen Jesus Christus trägt, nachdem in ihrem Schoß eine einzigartige übernatürliche Zeugung stattfand, nämlich diejenige durch den Heiligen Geist selbst, ohne jegliches Zutun eines Mannes. Durch das Geschenk der menschlichen Natur trägt Maria wesentlich zur hypostatischen Union bei, also zur unauflöslichen Einheit der menschlichen und göttlichen Natur in der Person Jesu Christi. Sie ist es, welche die ganze Verantwortung einer bewussten Mutterschaft auf sich nehmen muss, die sich aus dem Geheimnis der Menschwerdung Gottes ergibt.

Und da stellt sich sogleich die Frage: Kannte Maria wirklich das Geheimnis, das in ihr vollzogen wurde? Hier geht es nicht um ein naturwissenschaftliches Erkennen und somit um die rationale Auflösung eines Rätsels oder um die neugierige Enthüllung eines Geheimnisses. Es geht bei Maria vielmehr um eine Glaubenseinsicht, die das Geheimnis nicht kleiner, sondern nur noch größer erscheinen lässt. Der Evangelist Lukas berichtet uns gerade von der Geheimnishaftigkeit des Verkündigungsereignisses; denn diese steht gerade hinter der sehr verständlichen Frage Marias: „Wie soll das geschehen, da ich keinen Mann erkenne?“[28] Die Antwort des Engels bietet Maria Aufschluss über das göttliche Geschehen: „Der Heilige Geist wird über dich kommen, und die Kraft des Höchsten wird dich überschatten. Deshalb wird auch das Kind heilig und Sohn Gottes genannt werden.“[29] Hinter diesem Wort verbirgt sich das, was zurecht als göttliche Mutterschaft beziehungsweise Gottesmutterschaft bezeichnet wird. Maria war also durchaus in die Lage versetzt, in vollem Bewusstsein und in voller Verantwortung ihre Gottesmutterschaft anzunehmen. Diese anfängliche Erkenntnis verhinderte jedoch keineswegs einen Fortschritt im Verständnis des Geheimnisses; aber es ist nicht ein Verständnis im Sinne eines Schrittes vom Unbekannten zum Bekannten, sondern im Sinne eines geistigen Vorganges, der das von Gott Geoffenbarte immer mehr erkennen ließ und immer mehr zu einer Identifikation damit

---

[28] Lk 1,34.

[29] Lk 1,35.

führte. Daher konnte der hl. Augustinus den Gedanken äußern, dass Maria ihre mütterliche Verwandtschaft allein nichts genützt hätte, wenn sie Christus nicht zuerst und noch mehr in ihrem Herzen als in ihrem Schoß empfangen hätte.

Hier kann und soll der gläubige Mensch wiederum an die eigene Situation denken; denn jeder Christ kann Christus durch den Glauben in seinem Herzen geboren sein lassen.[30] Ein Verweilen beim erstrangigen Gnadenvorzug der jungfräulichen göttlichen Mutterschaft beziehungsweise Gottesmutterschaft Marias ist somit aus Gründen der essentiellen und existentiellen Aufgabe der seligen Jungfrau im Erlösungswerk angezeigt und ermöglicht es leicht, die soteriologische Ausrichtung der Gottesmutterschaft zu verstehen. Marias Mutterschaft ist eine Mutterschaft für uns; sie gebiert der Welt unseren Erlöser und wirkt so unverzichtbar am Erlösungswerk mit. Das Geheimnis ihrer Mutterschaft ist immer auch das Geheimnis der Menschwerdung Gottes; das Geheimnis der Menschwerdung Gottes ist immer auch das Geheimnis der Gottesmutterschaft Marias.

Alle Gnadenvorzüge Marias stehen in innerstem Zusammenhang mit ihrer Gottesmutterschaft und zugleich in engster Verbindung mit dem Erlösungswerk. Die *Unbefleckte Empfängnis* besagt ihr Bewahrtsein vor jeder Sünde, namentlich vor der Erbsünde; sie erlaubt ihr, unangefochten und unverletzbar den Kopf der Schlange zu zertreten; sie leuchtet schon als verborgene Wahrheit im Gruß des Engels Gabriel auf, der Maria „voll der Gnade" nennt.[31] Maria, ohne Erbsünde empfangen, ist grundsätzlich auch frei von all deren Folgen; doch – wie Christus – nimmt sie einige davon auf sich (z.B. Leiden) gemäß dem göttlichen Plan für ihre miterlösende Aufgabe. Christus ist von Natur aus ohne Sünde, Maria ist es durch besondere Gnade. Der ganz vollkommene Erlöser erfordert eine ganz besondere und vollkommene Vorerlöstheit seiner Mutter. Es gibt eine unverkennbare Verschränkung zwischen der Miterlöserschaft und der unbefleckten Empfängnis. Maria ist die unbefleckte Miterlöserin, und sie ist die miterlösende Unbefleckte. Die „neue Eva" besass sozusagen das gnadenhaft

---

[30] Diese Auffassung finden wir etwa schon bei Origenes, aber auch später bei Angelus Silesius (Johannes Scheffler) in seinem Werk „Cherubinischer Wandersmann".

[31] Vgl. Lk 1,28; dazu auch Lk 1,30.

geschenkte Anrecht, von Leiden und Tod sowie von anderen Folgen der Erbsünde befreit zu sein, doch „oeconomica ratione" – aus heilsökonomischen beziehungsweise heilsmittlerischen Gründen – konnte sie auf ihr Anrecht verzichten und mit Christus die miterlösenden Ziele anstreben, die Gott für sie in seinem Heilsplan bestimmt hatte.

Auch die schon erwähnte *Verkündigung* wirft Licht auf die Heilssendung Marias; denn dabei kommt ihre freiwillentliche Annahme zur Geltung, wenn sie sagt: „Siehe, ich bin die Magd des Herrn. Mir geschehe nach deinem Wort."[32] Es ist die persönliche Antwort auf den einzigartigen Ruf des Herrn, auf die spezifische Berufung durch Gott. Und diese Antwort ist unmittelbar: Fiat – Es geschehe. Sie verlangt keine Zeit zum Überlegen; es gibt nach der Aufklärung der Frohbotschaft durch den Engel nicht einen Augenblick des Zweifelns oder des Zögerns: Vorbehaltlos gibt die selige Jungfrau sich dem Willen Gottes hin. Und im gleichen Augenblick nimmt das Wort aus ihr Fleisch an. Maria hat durch dieses Ereignis vollends ihre Berufung entdeckt. Von jedem von uns erwartet der Herr, so wie er es von seiner Mutter her erleben durfte, eine Entsprechung zu seiner Liebe, die Treue zu dem von Gott vorgeschlagenen und dann von uns eingeschlagenen guten Weg. Auch darin ist Maria uns ein vortreffliches Beispiel. Die Verkündigungsgeschichte zeigt deutlich die willentliche Teilnahme Marias am Heilswirken Gottes, die so auf ganz besondere Weise ins Werk der Erlösung eingefügt wird. Es ist nicht ein zusammenhangloses Ereignis in der Heilsgeschichte, sondern die Fortsetzung und der Gipfel einer ganzen Reihe göttlicher Eingriffe im Verlaufe derselben.

Auch die *Heimsuchung*, der Besuch Marias bei Elisabeth im Bergland von Judäa[33], besitzt mehr als nur historischen Wert, sondern enthält vor allem eine theologische Bedeutung. Elisabeth richtet an Maria lobende Worte; sie nennt sie die „Gebenedeite unter den Frauen"; sie ist erstaunt darüber, dass ihr die Gnade zuteil wird, dass die Mutter ihres Herrn zu ihr kommt und dass das Kind vor Freude in ihrem Schoß frohlockt, sobald Marias Gruß an ihr Ohr dringt. Die selige Jungfrau wird also deutlich als jene erkannt, die in ihrem Schoß den Messias trägt.

---

[32] Lk 1,38.

[33] Lk 1,39–56.

Ein weiterer hochbedeutsamer Vorzug Marias ist ihre *Jungfräulichkeit*. Gerade diese Tatsache, die mehr als nur leibliche Integrität besagt und somit auch auf eine geistige Verfasstheit hinweist, löst als Zeichen der Gegenwart des Reiches Gottes Ehrfurcht, Bewunderung, Erstaunen und respektvolle Zurückhaltung aus, die jedem Glaubensgeheimnis gebühren. Die Jungfräulichkeit Marias ist so innerlich und innig mit ihrer göttlichen Mutterschaft beziehungsweise Gottesmutterschaft verbunden, dass man sie nicht voneinander trennen kann. Wenn Gott der Vater sich im Sohn der menschlichen Natur schenken will und dabei eine ihm gegenüber stehende Natur zur Mutterschaft erwählt, kann nichts anderes als eine jungfräuliche Mutterschaft die Folge sein. Denn es ist reine Initiative Gottes, die kein männliches Zutun braucht. Gott ist Geist – kreativer, prokreativer, „generativer" Geist.

Die *leibliche Aufnahme Marias in den Himmel* wird in der Heiligen Schrift dort angetönt, wo die Vereinigung Marias mit dem Triumph Christi über Sünde und Tod prophezeit wird. In diesem Zusammenhang vertreten die meisten Theologen (namentlich im Bereich der sogenannten Westkirche) einen wahren Tod der Muttergottes; durch die mütterliche Gnade Marias nimmt diese so teil an den Geheimnissen des Lebens, des Leidens und des Todes Christi. Als Erlöste ist ihre Gnade die Gnade des Erlösers, die sie ihm gleichförmig macht und durch den Tod zur Herrlichkeit der Auferstehung führt. Weil Maria als Miterlöserin in ihren Taten der Erlösung entsprechend handelt, schließt dies durchaus auch den Opfertod gewissermaßen als Verlängerung des Leidens auf Kalvaria und die Auferstehung ein. Jedenfalls steht ein wirklicher Tod Marias nicht im Gegensatz zur Glaubensaussage, dass ihr Leib die Verwesung nicht schauen sollte.[34] Gott ist es ohne weiteres möglich, Maria auch nach einem natürlichen Tod mit Leib und Seele in den Himmel aufzunehmen. Somit ist nicht nur eine Entschlafung (dormitio) denkbar. Die dogmatische Definition der verbindlichen Glaubenslehre von der leiblichen Aufnahme Marias in den Himmel lautet: „Deshalb hat es die erhabene Mutter Gottes, mit Jesus von aller Ewigkeit her ‚durch ein und denselben Ratschluss' der Vor-

[34] Vgl. Präfation am Hochfest der Aufnahme Mariens in den Himmel: „Denn ihr Leib, der den Urheber des Lebens geboren hat, sollte die Verwesung nicht schauen."

herbestimmung auf geheimnisvolle Weise verbunden, unbefleckt in ihrer Empfängnis, in ihrer göttlichen Mutterschaft völlig unversehrte Jungfrau, die edle Gefährtin des göttlichen Erlösers, der den völligen Triumph über die Sünde und ihre Folgen davongetragen hat, schließlich als höchste Krone ihrer Vorrechte erlangt, dass sie von der Verwesung des Grabes unversehrt bewahrt wurde und dass sie, wie schon ihr Sohn, nach dem völligen Sieg über den Tod mit Leib und Seele zur erhabenen Herrlichkeit des Himmels emporgehoben wurde, wo sie zur Rechten eben dieses ihres Sohnes, des unsterblichen Königs der Zeiten (vgl. 1 Tim 1,17) als Königin erstrahlen sollte ... Zur Ehre des Allmächtigen Gottes, welcher der Jungfrau Maria sein besonderes Wohlwollen schenkte, zur Ehre seines Sohnes, des unsterblichen Königs der Zeiten und Siegers über Sünde und Tod, zur Vermehrung der Herrlichkeit seiner erhabenen Mutter und zur Freude und Begeisterung der ganzen Kirche, kraft der Autorität unseres Herrn Jesus Christus, der seligen Apostel Petrus und Paulus und Unserer eigenen, verkünden, erklären und definieren Wir deshalb: Es ist von Gott geoffenbarte Glaubenslehre, dass die Unbefleckte Gottesgebärerin und immerwährende Jungfrau Maria nach Vollendung des irdischen Lebenslaufes mit Leib und Seele in die himmlische Herrlichkeit aufgenommen wurde.“[35]

## IV. Geistige Mutterschaft durch Vermittlung und Miterlösung

Die Aufgabe Marias in der Heilsökonomie ist von der christlichen Tradition mit einer Fülle von Ausdrücken bezeichnet worden: Geistige beziehungsweise Geistliche Mutterschaft, Miterlösung, Mittlerschaft, Fürsprache, Beistand, Schutz. Die Gottesmutterschaft weist zwei Aspekte auf: die eigentliche göttliche Mutterschaft in Bezug auf die Person Jesu Christi, der wahrer Gott und wahrer Mensch ist; die *geistige* beziehungsweise *geistliche Mutterschaft*, die eine Mutterschaft der Gnade ist, welche Maria in tiefster Weise mit der Kirche verbindet und darin mit der Gewährung der erlösenden Gnade an die Kinder Gottes, die durch die Taufe in den mysti-

[35] Pius XII., Apostolische Konstitution „Munificentissimus Deus" vom 1. November 1950, in: DH 3902–3903.

schen Leib Christi eingegliedert wurden. „Maria ist ganz eng verbunden mit dem allergrößten Liebeserweis Gottes: mit der Menschwerdung des Wortes, das sich uns gleichmachte und unser Elend und unsere Sünden auf sich nahm. Dem göttlichen Auftrag getreu, zu dessen Erfüllung sie erschaffen wurde, diente und dient Maria den Menschen, die alle dazu berufen sind, Brüder Jesu, ihres Sohnes, zu sein. So ist die Mutter Gottes jetzt auch wirklich Mutter der Menschen. – So ist es, denn so wollte es der Herr. Und der Heilige Geist ließ es für alle Zeiten und Geschlechter festhalten: *Es standen aber bei dem Kreuze Jesu seine Mutter und die Schwester seiner Mutter, Maria (die Frau des Kleophas) und Maria Magdalena. Als Jesus nun die Mutter und den Jünger, den Er liebte, dastehen sah, sagte Er zur Mutter: ‚Frau, da ist dein Sohn!' Dann sagte Er zu dem Jünger: ‚Da ist deine Mutter.' Und von jener Stunde an nahm sie der Jünger zu sich.* Johannes, dem Lieblingsjünger Jesu, wird Maria anvertraut; er nimmt sie in sein Haus und in sein Leben auf. Die geistlichen Schriftsteller wollten in den Worten des Evangeliums eine Einladung an alle Christen sehen, Maria gleichfalls in unser Leben aufzunehmen. Man braucht kaum diese Erklärung zu geben, denn es besteht kein Zweifel daran: Maria will, dass wir zu ihr flehen, uns voll Vertrauen an sie wenden, sie als unsere Mutter anrufen und sie bitten, *sich als unsere Mutter zu erweisen.*"[36] Die geistige Mutterschaft bedeutet, dass Maria Mutter der Menschen und besonders der Christen ist und dass sie Mutter der Kirche ist. Als „Gabe" an Johannes[37] ist Maria „Gabe" an die Kirche. Als Mutter der Menschen wird sie schon in frühen Jahrhunderten bezeichnet, ist sie doch als neue Eva Mutter aller in Gott Lebenden. Der Titel „Mutter der Kirche" wurde von Papst Paul VI. während des Zweiten Vatikanischen Konzils feierlich verkündet und sodann in die Lauretanische Litanei eingefügt. Von manchen als eine Neuigkeit empfunden, ist dies eigentlich nur eine Bestätigung ihrer göttlichen Mutterschaft, und zwar auf die ganze kirchliche Gemeinschaft bezogen: „... und die katholische Kirche verehrt sie, vom Heiligen Geist belehrt, in kindlicher Liebe als geliebte Mutter."[38] Die Kommentare zur erschütternden Szene auf

[36] Hl. Josemaría Escrivá de Balaguer, Christus begegnen, a.a.O., Nr. 140, S. 317 –318.

[37] Vgl. Joh 19,25–27.

[38] LG 53

Golgotha sind schon in früher Zeit im geistlichen Leben der Kirche gegenwärtig. Auf dem Kalvarienberg, auf dem Christus seine Mutter Maria, die am Fuße des Kreuzes stand[39], zur Mutter des Apostels Johannes – Typus seiner Jünger – erklärte, erhob er sie zur Mutter eines jeden Christen. Schon diese Bezeichnung ihrer geistigen Mutterschaft ist ein klarer Hinweis darauf, ja geradezu ein Beweis dafür, dass in der Ökonomie der Gnade eine tatsächliche marianische Mitarbeit existiert.

Wie wird nun diese Mutterschaft verwirklicht? Worin besteht sie? Darauf antworten die anderen schon erwähnten Titel: Mittlerin (mediatrix), Fürsprecherin (advocata), Helferin (auxiliatrix), Miterlöserin (coredemptrix). Der Begriff *Mittlerin* ist der weitestgefasste: Alles, was wir an Hoffnung, an Gnade, an Erlösung in uns finden, stammt von derjenigen, die – mit reichen Gütern erfüllt – in den Himmel aufgenommen wurde. Sie wird sogar „Mittlerin aller Gnaden“ genannt. Bei diesem Titel befürchtet die Kirche keineswegs eine Verminderung der einen und einzigartigen Mittlerschaft Christi; denn die göttliche Mutterschaft selber bedeutet schon eine wirkliche Vermittlung, die logischerweise der einzigen Mittlerschaft Christi nicht widersprechen kann. Christus, der einzige Mittler zwischen Gott und den Menschen, geht aus Maria, der Mutter, hervor. Der Mittler selbst hat also in Maria gewissermassen eine Vermittlung. Die Frage besteht also nicht darin, ob es eine geistige Mutterschaft und eine marianische Vermittlung überhaupt gibt, sondern vielmehr darin, welcher Art diese sind. Die mütterliche Mittlerschaft Marias ist auf gnadenhafte Weise eine Voraussetzung und zugleich Teilhabe an der einen und einzigen Mittlerschaft Christi. Die Bezeichnungen „Fürsprecherin“ und „Miterlöserin“ geben eine Antwort auf die letztgenannte Frage. Der erste Titel besagt, dass Maria, in den Himmel aufgenommen, an der An- und Zuwendung des Erlösungswerkes teilnimmt; denn durch ihr Fürbitte wirkt sie mit an der Verteilung beziehungsweise Zuteilung der durch Christus am Kreuz erworbenen Verdienste. „Heilige Maria, *Regina apostolorum*, Königin aller, die sich danach sehnen, die Liebe deines Sohnes bekannt zu machen: bitte du, die so gut unsere Erbärmlichkeit versteht, um Vergebung für unser Leben: für das, was in uns hätte Glut sein können und nur Asche war;

---

[39] Der lateinische Ausdruck „stabat“ zeigt in gewisser Weise noch deutlicher Marias Starkmut.

für das Licht, das nicht mehr leuchtet; für das Salz, das schal geworden ist. Mutter Gottes, du allmächtige Fürsprecherin: gib uns mit der Vergebung die Kraft eines Lebens ganz aus dem Glauben und aus der Liebe, damit wir den anderen den Glauben an Christus bringen können."[40]

Der Titel *Miterlöserin* stellt die Aufgabe Marias im Erlösungswerk als Mitwirkung an der Erlösung selbst dar und ist deswegen zunächst nicht so einfach zu erläutern. Ist eine Aufgabe Marias möglich, die eine Teilnahme an der von Christus am Kreuz vollbrachten erlösenden Tat bedeuten würde? Steht dies nicht im Widerspruch mit grundlegenden Wahrheiten wie mit der Einzigkeit des Erlösers, wie mit der Universalität der Erlösung, wie mit der Göttlichkeit der Erlösung? Und wenn schon, worin besteht diese Aufgabe? Sowohl die Heilige Schrift wie die kirchliche Tradition stellen Maria als auf einzigartige Weise in der Heilsgeschichte mitwirkend dar. Im Protoevangelium[41] wird nicht nur der Nachkomme der Frau verkündigt, sondern auch die Frau selber, der eine besondere Aufgabe zugewiesen wird. In der Väterzeit (Patristik) sah man bald in Maria die neue Eva und die in der Genesis erwähnte Frau. Die dortige Textstelle, die Prophezeiung des Immanuel[42], diejenige des Propheten Micha über die Jungfrau, die gebären soll[43], und vor allem die symbolische und messianische Aussage über die „Tochter Zion"[44] müssen so gelesen werden, wie es die Kirche tut: in der Einheit beider Testamente. Darin deckt uns die Heilige Schrift ihren ganzen Reichtum auf und öffnet unser Herz für die Erkenntnis der Aufgabe der Mutter des Erlösers im Heilsplan Gottes auf immer klarere und eindeutigere Weise. Gewiss ist es nicht immer leicht, alle Dimensionen des marianischen Geheimnisses bei der Jungfrau von Nazareth im Hinblick auf die allgemeine Gestalt der „mit dem Messias verbundenen Frau", die immer wieder in den alttestamentlichen Texten erscheint, wiederzufinden. Es ist aber gerade das Neue Testament, das – die bisherige

---

[40] Hl. Josemaría Escrivá de Balaguer, Christus begegnen, a.a.O., Nr. 175, S. 396.

[41] Gen 3,15.

[42] Jes 7,14.

[43] Vgl. Mich 5,1–5.

[44] LG 55: „Mit ihr als der erhabenen Tochter Sion ist schließlich nach langer Erwartung der Verheißung die Zeit erfüllt und die neue Heilsökonomie begonnen, als der Sohn Gottes die Menschennatur aus ihr annahm, um durch die Mysterien seines Fleisches den Menschen von der Sünde zu befreien."

Offenbarung ergänzend und zugleich überbietend – uns eine historische Gestalt enthüllt, die auf einmalige und unübersehbare Art mit dem Messias und dessen Heilswerk verbunden ist.

Chronologisch betrachtet (soweit dies exegetisch überhaupt feststellbar ist), wird uns eine erste Textstelle vom Apostel Paulus dargeboten, die sogar eine bemerkenswerte Feierlichkeit ausstrahlt: „Als aber die Zeit erfüllt war, sandte Gott seinen Sohn, geboren von einer Frau und dem Gesetz unterstellt, damit er die freikaufe, die unter dem Gesetz stehen, und damit wir die Sohnschaft erlangen. Weil ihr aber Söhne seid, sandte Gott den Geist seines Sohnes in unser Herz, den Geist, der ruft: Abba, Vater."[45] Diese paulinische Aussage – in Verbindung gebracht mit den anderen Stellen, wo Christus und Adam in einen inneren Bezug gesetzt werden[46] – führt uns dazu, in Maria die neue Eva zu sehen. Maria hat das Geheimnis der Menschwerdung nicht unbewusst oder im Traum erlebt, sondern in völliger Wachheit und in der Aufgewecktheit eines bewussten Dialogs mit dem himmlischen Botschafter. Gott unterwirft die Verwirklichung des Geheimnisses seiner Menschwerdung gleichsam dem Risiko der freien Annahme durch ein Geschöpf. Maria hätte in ihrer menschlichen Freiheit sich auch der Berufung durch Gott verweigern können; denn Gott zwingt nicht und zwingt niemanden. Er kann jedoch den menschlichen Willen durch eine besondere wirksame Gnade stärken, um die freie Annahme seines Heilswillens zu erlangen und so auf geordnete Weise seine Ziele zu erreichen. In der katholischen Glaubenslehre wird das Geheimnis der Menschwerdung Gottes so zum Grundmuster für dasjenige aller Menschen, die eingeladen sind, das Heil zu erlangen. Maria ist als die Vorerlöste die vollkommenste Erlöste, die frei das ihr angebotene Geheimnis annimmt, und zwar nicht in einer vagen Passivität, sondern durch ein „hochaktives" *fiat*, also voller Entschlossenheit und voller Inbrunst, mit absolutem Verantwortungssinn und in absolutem Gehorsam. Es ist die herrlichste Mitarbeit, die ein menschliches Geschöpf dem fleischgewordenen Wort anbieten konnte. Diese Aufgabe der Messias-Mutter wird vom Evangelisten Lukas durch die Schilderung einer bedeutungsvollen Begegnung

[45] Gal 4,4–6.

[46] Vgl. Röm 5,12–21; 1 Kor 15,42–50:

kraftvoll ausgedrückt, und zwar in einem messianischen und eschatologischen Horizont. Es heißt: „Und Simeon segnete sie und sagte zu Maria, der Mutter Jesu: Dieser ist dazu bestimmt, dass in Israel viele durch ihn zu Fall kommen und viele aufgerichtet werden, und er wird ein Zeichen sein, dem widersprochen wird. Dadurch sollen die Gedanken vieler Menschen offenbar werden. Dir selbst aber wird ein Schwert durch die Seele dringen.“[47] Das „Schwert“ des messianischen Widerspruchs, das auf Golgotha die größte Schärfe erreicht, wird gleichzeitig den Messias und das Herz seiner Mutter durchbohren; und nur so werden auch die Geheimnisse der menschlichen Herzen offenbar. Auch das, was der Evangelist Johannes bezeugt, ist von außerordentlicher Kraft. Maria, die an der Hochzeit zu Kana[48] teilnimmt, verwendet bei ihrem Sohn nicht nur eine fürbittende und damit ganz mütterliche Macht, als ob es sich um eine rein häusliche und familiäre Angelegenheit handelte; ihre Gegenwart und ihr Aktivwerden dienen vielmehr dazu, Christus in „seine Stunde“ einzuführen, beziehungsweise ihn dazu zu veranlassen, von dieser „seiner Stunde“ zu sprechen. Maria löst so die Sensibilität für den Weg aus, der Jesus zum Kreuz führen wird. Der Sohn spricht seine Mutter gleichsam mit dem distanzierenden Hoheitstitel „Frau“ an. Dieser Anrede eignet ein besonderer Bedeutungsgehalt. Die verschiedenen Stellen, an welchen das Wort „Frau“ eine verbindende Funktion mit dem Messias anzeigt, sind untereinander verbunden und eignen sich schließlich in vollem Sinne nur für Maria; so offenbart sich die Frau des Protoevangeliums[49] in der Frau der Geheimen Offenbarung[50], und die Frau in Kana[51] bereitet die vollständige Offenbarung der Frau am Fuße des Kreuzes[52] vor. Die Mitwirkung Marias an der Erlösung ist also authentisch biblisch. Auch in nachbiblischer Zeit, also in der frühen Kirche und in der Väterzeit, wird Maria so gesehen, dass sie ins Werk der Wiederherstellung des Menschengeschlechtes nach dem ewigen Heilsplan Gottes einbezogen ist. Ebenso können wir einem Gedanken

---

47 Lk 2,34–35.
48 Joh 2,1–12.
49 Gen 3,15.
50 Offb 12.
51 Joh 2,4.
52 Joh 19,26.

des hl. Thomas von Aquin gut folgen, wonach es die Funktion des Mittlers ist, zwei Extreme zu vereinen, was sich auf vollkommene Weise nur auf Christus beziehen lässt, der die Menschen mit Gott versöhnte. Nichts aber hindert uns daran, andere in gewisser Weise Mittler zu nennen, insofern sie an der Vereinigung der Menschen mit Gott auf anordnende oder amtliche Art mitarbeiten. Auch die Päpste haben diesen Gedanken der Miterlösung durch Maria immer wieder bekräftigt.

Papst Johannes Paul II. hat der *mütterlichen Vermittlung Marias* im Erlösungswerk Christi eine besondere Aufmerksamkeit geschenkt.[53] Er äußert unter anderem: „Die mütterliche Mittlerschaft der Magd des Herrn hat mit dem Erlösertod ihres Sohnes eine universale Dimension erlangt, weil das Werk der Erlösung alle Menschen umfasst. So zeigt sich auf besondere Weise die Wirksamkeit der einen und universalen Mittlerschaft Christi ‚zwischen Gott und den Menschen'. Die Mitwirkung Marias nimmt in ihrer untergeordneten Art teil am allumfassenden Charakter der Mittlerschaft des Erlösers, des einen Mittlers."[54] Die theologische Aufbereitung dieses spezifischen Themas ist gewiss nicht leicht, darf aber auch ihrer Komplexität wegen nicht unterbleiben. Das Zweite Vatikanische Konzil ist mit seinen Aussagen im achten Kapitel seiner Dogmatischen Konstitution über die Kirche „Lumen gentium" wegweisend, beschränkt sich aber auf eine geordnete Zusammenfassung der kirchlichen Lehre über die jungfräuliche Gottesmutter Maria im Geheimnis Christi und der Kirche. Es will nicht alle noch nicht ganz geklärten Probleme lösen, sondern insbesondere die Aufgabe Marias im Mysterium des fleischgewordenen Ewigen Wortes Gottes und seines Mystischen Leibes beleuchten.[55] Zum besseren Verständnis der Miterlöserschaft Marias lesen wird dort: „So ist die Adamstochter Maria, dem Wort Gottes zustimmend, Mutter Jesu geworden. Sie umfing den Heilswillen Gottes mit ganzem Herzen und von Sünde unbehindert und gab sich als Magd des Herrn ganz der Person und dem Werk ihres Sohnes hin und diente so unter ihm und mit ihm in der Gnade des allmächtigen Gottes dem Geheimnis der Erlösung. Mit Recht also

---

[53] Vgl. RM 38–50.
[54] RM 40.
[55] LG 54.

sind die heiligen Väter der Überzeugung, dass Maria nicht bloß passiv von Gott benutzt wurde, sondern in freiem Glauben und gehorsam zum Heil der Menschen mitgewirkt hat."[56] Der konziliare Text erläutert weiter diese Mitarbeit Marias in allen Erlösungstaten des Lebens Christi und sagt über dessen Tod Folgendes: „Ihre Vereinigung mit dem Sohn hielt sie in Treue bis zum Kreuz, wo sie nicht ohne göttliche Absicht stand (vgl. Joh 19,25), heftig mit ihrem Eingeborenen litt und sich mit seinem Opfer in mütterlichem Geist verband, indem sie der Darbringung des Schlachtopfers, das sie geboren hatte, liebevoll zustimmte. Und schließlich wurde sie von Christus Jesus selbst, als er am Kreuz starb, dem Jünger zur Mutter gegeben mit den Worten: Frau, siehe da dein Sohn (vgl. Joh 19,26–27)."[57] Dieser Text wurde hier schon in anderem Zusammenhang erwähnt, soll nun aber in Verbindung mit einer weiteren Darlegung des Konzils betrachtet werden: „Die selige Jungfrau, die von Ewigkeit her zusammen mit der Menschwerdung des göttlichen Wortes als Mutter Gottes vorherbestimmt wurde, war nach dem Ratschluss der göttlichen Vorsehung hier auf Erden die erhabene Mutter des göttlichen Erlösers, in einzigartiger Weise vor anderen seine großmütige Gefährtin und die demütige Magd des Herrn. Indem sie Christus empfing, gebar und nährte, im Tempel dem Vater darstellte und mit ihrem am Kreuz sterbenden Sohn litt, hat sie beim Werk des Erlösers in durchaus einzigartiger Weise in Gehorsam, Glaube, Hoffnung und brennender Liebe mitgewirkt zur Wiederherstellung des übernatürlichen Lebens der Seelen. Deshalb ist sie in der Ordnung der Gnade Mutter."[58]

Die in der Gnadenordnung bestehende Mutterschaft ist jene geistige Mutterschaft Marias, die auch nach ihrer Aufnahme in den Himmel weiterdauert. Die seit langem in der Kirche für Maria gebräuchlichen Titel „Fürsprecherin", „Helferin", „Beistand" und „Mittlerin" sind so zu verstehen, „dass es der Würde und Wirksamkeit Christi, des einzigen Mittlers, nichts abträgt und nichts hinzufügt. – Keine Kreatur nämlich kann mit dem menschgewordenen Wort und Erlöser jemals in einer Reihe aufge-

[56] LG 56.
[57] LG 58.
[58] LG 61.

zählt werden. Wie vielmehr am Priestertum Christi in verschiedener Weise einerseits die Amtspriester, andererseits das gläubige Volk teilnehmen und wie die eine Gutheit Gottes auf die Geschöpfe in verschiedener Weise wirklich ausgegossen wird, so schließt auch die Einzigkeit der Mittlerschaft des Erlösers im geschöpflichen Bereich eine unterschiedliche Teilnahme an der einzigen Quelle in der Mitwirkung nicht aus, sondern erweckt sie. – Eine solche untergeordnete Aufgabe Marias zu bekennen, zögert die Kirche nicht, sie erfährt sie auch ständig und legt sie den Gläubigen ans Herz, damit sie unter diesem mütterlichen Schutz dem Mittler und Erlöser inniger anhangen."[59] Die konziliare Lehre über Maria lässt deutlich hervortreten, dass unter diesen Anteilnahmen an der einzigen Mittlerschaft Christi diejenige Marias einen einzigartigen Vorrang und eine einmalige Vortrefflichkeit hat. Von ihr wird gesagt, dass sie über allen Geschöpfen steht durch die einzigartigen Gaben, die sie geschenkt bekommen hat[60]; dass sie ein einzigartiges und vortreffliches Glied der Kirche ist[61]; dass ihre Gemeinschaft mit Christus als diejenige der Mutter mit dem göttlichen Erlöser einzigartig alle anderen überragt[62]; dass Maria im Geheimnis der Kirche allen anderen Geschöpfen auf unübertreffbare und einzigartige Weise vorangeht[63]; dass sie deshalb von der Kirche gerechterweise mit einem besonderen Kult geehrt wird[64]. Die Gnade, mit welcher Maria ihre Einwilligung zur Menschwerdung Gottes und damit zum göttlichen Erlösungswerk gibt, ist gleichzeitig ihre besondere Begnadung, die sie aufgrund der Verdienste Jesu Christi empfangen hat. In demselben Augenblick (und zwar in zeitlicher, nicht ursächlicher Gleichzeitigkeit), in dem die erlösende Gnade passiv von Maria empfangen wird, verwandelt

---

59 LG 62.
60 Vgl. LG 53.
61 Vgl. LG 53.
62 Vgl. LG 61.
63 Vgl. LG 63.
64 Vgl. LG 66; vgl. dazu auch Paul VI., Enzyklika „Christi Matri" vom 15. September 1966; ders., Apostolisches Schreiben „Signum magnum" vom 13. Mai 1967; ders., Apostolisches Schreiben „Marialis cultus" vom 2. Februar 1974, worin die Grundlagen und Kriterien jener besonderen Verehrung dargelegt werden, welche der Mutter Jesu Christi in der Kirche gebührt, und die verschiedenen Formen der Marienfrömmigkeit in der Liturgie, im religiösen Brauchtum und im privaten Bereich empfohlen werden, insoweit sie dem Geist des katholischen Glaubens entsprechen.

sie sich aktiv in erlösende Gnade für alle, denen das Erlösungswerk zuteil wird und die an ihm teilnehmen. Im Werk des hl. Thomas von Aquin finden wir den Gedanken, dass es zweckentsprechend gewesen ist, dass Maria die Empfängnis Christi in ihr angekündigt werde, damit dadurch angezeigt würde, „es bestehe eine gewisse geistige Ehe zwischen dem Sohne Gottes und der menschlichen Natur, weshalb durch die Verkündigung die Zustimmung der Jungfrau an Stelle der ganzen menschlichen Natur erfordert wurde.“[65]

## V. Maria als Zeichen des Trostes und der Befreiung

Jede Betrachtung der essentiellen Aufgabe Marias im Erlösungswerk wird sogleich mit deren existentieller Bedeutung konfrontiert. Damit sind wir bei uns Christen selber angelangt, so dass vom Katholiken mit Fug und Recht gesagt werden kann, er sei gerade auch deshalb katholisch, weil er marianisch ist, und er könne gar nicht wirklich katholisch sein, wenn er nicht marianisch ist. Darin verbirgt sich die unsagbare Freude über das Geschenk, das uns Gott durch Christi Mutter gemacht hat, indem sie unsere Mutter geworden ist. „Gott ist es, der uns Maria gegeben hat, und wir haben kein Recht, sie von uns zu weisen; vielmehr müssen wir uns in Liebe und Freude an sie wenden.“[66] Gerade in unserer bewegten, ja aufgewühlten Zeit, die aber wohl weder besser noch schlechter als andere Zeiten ist und die wir als die von Gott uns zugedachte Zeit bewusst annehmen sollen, gerade in dieser unserer Zeit, in der doch so viele moralische Übel und so viel religiöse Verwirrung und Verirrung den Menschen zu vernichten drohen, ist es unumgänglich, die Augen auf Maria, auf unseren Morgenstern, zu richten, um uns mit derjenigen von ganzem Herzen zu verbinden, die in der Mitte unseres Glaubens und in der Mitte unserer Kirche bei ihrem göttlichen Sohn Jesus Christus steht. Sie ist uns zur Hilfe gegeben, und ihre Hilfe versagt nie. „Die Zeichen der Zeit zeigen an, dass wir uns inmitten eines heftigen Kampfes zwischen Gut und Böse befinden, zwischen

[65] Hl. Thomas von Aquin, STh III q.30 a.1.

[66] Hl. Josemaría Escrivá de Balaguer, Christus begegnen, a.a.O., Nr. 142, S. 323.

der Bejahung und der Leugnung Gottes, der Leugnung seiner Gegenwart in der Welt und des Heils, das in ihm seinen Anfang und sein Ende hat."[67] Diese Zeichen verweisen auf jene „Frau", die wir vom Kreuz herab zu unserer Mutter erhalten haben und auf deren wirksamen Beistand wir in allen gefahrvollen Zeiten vertrauen dürfen. Sie befreit uns durch ihre mütterliche Mittlerschaft von den vielfältigen Ängsten, die durch mannigfache Lebens- und Seelenbedrohungen entstehen, und bietet uns den wahren *Trost* an, der ihr eigener Sohn Jesus Christus ist. Maria verehren „bedeutet Trost und Jubel, die die Seele erfüllen; denn in dem Maße, wie die Marienverehrung eine tiefe und vollständige Glaubenshingabe verlangt, befreit sie uns von uns selbst und lässt uns unsere Hoffnung auf den Herrn setzen. ... Gerade weil Maria Mutter ist, lernen wir, wenn wir sie verehren, wie Kinder zu sein; lernen wir, wirklich und ohne Maß zu lieben, einfach zu sein und frei von Problemen, die ihren Grund in einem Egoismus haben, der uns nur an uns selbst denken lässt; lernen wir, froh zu sein im Bewußtsein, dass nichts unsere Hoffnung zerstören kann. Der Weg, der uns zur vollkommenen Liebe zu Gott führt, beginnt mit einer vertrauensvollen Liebe zu Maria."[68]

So wird auch deutlich, dass Maria nicht nur Trösterin, sondern auch Befreierin ist. Sie ist in der Tat zuständig für die notwendige, weil die menschliche Not wendende *Befreiung* von uns selbst, d.h. von unserem selbstsüchtigen Ich, in dessen Atmosphäre nicht nur wir selber den Atem verlieren können, sondern auch so mancher Mitmensch zu ersticken droht. Bezüglich des ewigen Heiles ist für den Menschen die Sünde eigentlich das einzige wirkliche Übel. Die Sünde ist die einzige Sklaverei oder die einzige Macht, die den Menschen tatsächlich unfrei werden lässt. In der tiefen Sehnsucht jedes Menschen nach Freiheit ist ja immer der Wille inbegriffen, „sich dem Abhängigkeitsverhältnis des Dieners gegenüber seinem Herrn oder vielmehr des Sohnes gegenüber seinem Vater zu entziehen. Durch die Sünde beabsichtigt der Mensch, sich von Gott zu befreien. In Wirklichkeit aber macht er sich zum Sklaven. Denn wenn er Gott zu-

[67] Johannes Paul II., Predigt beim Gottesdienst in Santa Maria Maggiore am Hochfest der ohne Erbsünde empfangenen Jungfrau und Gottesmutter Maria, 8. Dezember 1981, Nr. 5.

[68] Hl. Josemaría Escrivá de Balaguer, Christus begegnen, a.a.O., Nr. 143, S. 324 f.

rückweist, zerstört er den Elan seiner Sehnsucht nach dem Unendlichen und seiner Berufung zur Teilnahme am göttlichen Leben. Deswegen ist sein Herz der Unruhe preisgegeben."[69] – „Die Freiheit, die uns durch Christus im Heiligen Geist gebracht worden ist, hat uns die Fähigkeit zurückgegeben, die uns die Sünde geraubt hatte, nämlich Gott über alles zu lieben und in Gemeinschaft mit ihm zu leben. – Wir sind befreit von der ungeordneten Liebe zu uns selbst, der Quelle für die Missachtung des Nächsten und für gewalttätige Beziehungen unter den Menschen."[70] Im Gesang des Magnificat[71] wird Maria gewissermassen zur Verkünderin der wahren Befreiung durch Gott, wobei dies freilich nichts für eine politische Instrumentalisierung dieses göttlichen Tuns hergibt. „Im Licht des Glaubens versteht man nämlich, wie sehr die Heilsgeschichte die Geschichte der Befreiung vom Bösen in seiner radikalsten Form sowie die Einführung der Menschheit in die wahre Freiheit der Kinder Gottes ist. Ganz von Gott abhängig und durch ihren Glauben ganz auf ihn hingeordnet, ist Maria an der Seite ihres Sohnes das vollkommenste Bild der Freiheit und der Befreiung der Menschheit und des Kosmos. Auf Maria muss die Kirche, deren Mutter und Vorbild sie ist, schauen, um den Sinn ihrer Sendung in ihrem vollen Umfang zu verstehen. – Es ist äußerst bemerkenswert, dass der Glaubenssinn der Armen zur selben Zeit, da er das Geheimnis des erlösenden Kreuzes klar erkennt, sie zu einer starken Liebe und zu einem unumstößlichen Vertrauen zur Mutter des Sohnes Gottes führt, die in zahlreichen Heiligtümern verehrt wird."[72]

---

[69] Kongregation für die Glaubenslehre, Instruktion über die christliche Freiheit und die Befreiung vom 22. März 1986, Nr. 40.

[70] Ebd., Nr. 53.

[71] Lk 1,46–55.

[72] Kongregation für die Glaubenslehre, Instruktion über die christliche Freiheit und die Befreiung, Nr. 97.

## VI. Besinnliche Schlussgedanken

Verglichen mit den Ketten der Sünde sind die Bande, die uns Gottes Willen auferlegt, leicht und sanft; denn es sind Bande der Liebe. Und letztlich ist es nur die Liebe, die frei macht. „Für das Leben Mariens gibt es nur eine Erklärung: ihre Liebe. Eine Liebe bis zum Letzten, bis zum völligen Sich-selbst-vergessen; zufrieden dort, wo Gott sie haben wollte, erfüllte sie feinfühlig seinen Willen. So kommt es, dass selbst unscheinbare Gesten bei ihr niemals leer, sondern stets voll Inhalt sind. Maria, unsere Mutter, ist für uns Beispiel und Weg. Wir müssen versuchen, so zu sein wie sie, in den konkreten Umständen, die nach dem Willen Gottes unser Leben ausmachen.“[73] In der Freiheit der Liebe wollte und will Jesus der heilige Gefangene in unseren Tabernakeln sein, mit seiner Gottheit und Menschheit, mit seiner Seele und mit seinem Leib, den Maria ihm bereitet hat.

Papst Benedikt XVI. bezeichnet in seiner tiefsinnigen Betrachtung über die christliche Liebe die Heiligen als „die wahren Lichtträger der Geschichte, weil sie Menschen des Glaubens, der Hoffnung und der Liebe sind.“[74] Er fügt sodann hinzu: „Herausragend unter den Heiligen ist Maria, die Mutter des Herrn, Spiegel aller Heiligkeit ... Maria ist eine Liebende. Wie könnte es anders sein? Als Glaubende und im Glauben mit Gottes Gedanken denkend, mit Gottes Willen wollend kann sie nur eine Liebende sein. Wir ahnen es an den leisen Gebärden, von denen uns die Kindheitsgeschichten aus dem Evangelium erzählen. Wir sehen es in der Diskretion, mit der sie in Kana die Not der Brautleute wahrnimmt und zu Jesus trägt. Wir sehen es in der Demut, mit der sie die Zurückstellung in der Zeit des öffentlichen Lebens annimmt – wissend, dass der Sohn nun eine neue Familie gründen muss und dass die Stunde der Mutter erst wieder sein wird im Augenblick des Kreuzes, der ja die wahre Stunde Jesu ist (vgl. Joh 2,4; 13,1). Dann, wenn die Jünger geflohen sind, wird sie es sein, die

---

[73] Hl. Josemaría Escrivá de Balaguer, Christus begegnen, a.a.O., Nr. 148, S. 332.

[74] Benedikt XVI., Enzyklika „Deus caritas est“ über die christliche Liebe vom 25. Dezember 2005, Nr. 40.

unter dem Kreuz steht (vgl. Joh 19,25 –27); und später, in der Stunde von Pfingsten, werden die Jünger sich um sie scharen in der Erwartung des Heiligen Geistes (vgl. Apg 1,14).“[75] Und: „Zum Leben der Heiligen gehört nicht bloß ihre irdische Biographie, sondern ihr Leben und Wirken von Gott her nach ihrem Tod. In den Heiligen wird es sichtbar: Wer zu Gott geht, geht nicht weg von den Menschen, sondern wird ihnen erst wirklich nahe. Nirgends sehen wir das mehr als an Maria ... Maria ist in der Tat zur Mutter aller Glaubenden geworden. Zu ihrer mütterlichen Güte wie zu ihrer jungfräulichen Reinheit und Schönheit kommen die Menschen aller Zeiten und aller Erdteile in ihren Nöten und ihren Hoffnungen, in ihren Freuden und Leiden, in ihren Einsamkeiten wie in der Gemeinschaft. Und immer erfahren sie das Geschenk ihrer Güte, erfahren sie die unerschöpfliche Liebe, die sie aus dem Grund ihres Herzens austeilt.“[76]

Er, welcher mit bischöflicher Autorität gesagt hat: „Christus und Maria sind nicht Vergangenes, über das wir mutmaßen müssten. Christus und Maria sind Gegenwart, die kein Ende hat; in dieser Gegenwart steht und entfaltet sich der Glaube der Kirche ...“[77], hat uns ein Wort geschenkt, das nicht verklingen darf: „Wo Maria Mitte und Maß der Kirche ist, dort ist der wahre Glaube ungefährdet, dort, wo Maria Maß und Mitte ist, dort findet die Jugend ihre Heiligkeit und Reinheit. Und wo Maria Maß und Mitte ist, dort gedeihen Treue und Liebe in Ehe und Familie. Wo Maria die Mitte ist, dort ist jeder Mensch im Herzen dessen geborgen, den sie geboren hat – in Jesus Christus.“[78]

---

[75] Ebd., Nr. 41.

[76] Ebd., Nr. 42.

[77] Bischof Kurt Krenn 1990 in einem Vortrag in Wien, in: Worte auf dem Weg, a.a.O., 181.

[78] Bischof Kurt Krenn in seiner Predigt in Maria Roggendorf am 4. Dezember 1988, in: Worte auf dem Weg, a.a.O., 180.

# O salutaris hostia – Kreuz und Eucharistie

## Eine Predigt, die nicht gehalten wurde

*Erzbischof em. Georg Eder*

O *salutaris hostia, quae coeli pandis ostium – O heilbringende Hostie, du öffnest uns das Tor des Himmels*, so heißt es in einem Fronleichnamshymnus des hl. Thomas von Aquin (Verbum supernum). Jetzt, am Ende des Jahres der Eucharistie, konzentriere ich meinen Blick noch einmal ganz konkret auf die weiße Hostie. Das allein aber genügt nicht: Ich muss gleichzeitig mein Auge auf das Kreuz, meinen Blick auf den Gekreuzigten richten. Nur durch den Crucifixus kann ich in etwa das Geheimnis der Eucharistie, das Mysterium des Glaubens erfassen. Kreuz und Hostie, Kreuz und Eucharistie, diese beiden sind miteinander verbunden, ja sie sind eins, eine reale Wesenheit, eine substanzielle Einheit. O salutaris hostia.

### I. Was ist die heilige Eucharistie?

Auf diese Frage gibt es viele Antworten, die zwar richtig sind, aber nie das Ganze erfassen. Die Eucharistie: das Letzte Abendmahl, der Neue Bund, der Leib / das Blut Christi, das Opfer Christi, das lebendige Brot, die Memoria, das Denkmal des Todes Christi, die heilige Hostie. Und dieser Begriff kommt der Wirklichkeit am nächsten: die heilige Hostie. Hostia heißt Schlachtopfer. „O Lamm Gottes unschuldig, am Stamm des Kreuzes geschlachtet" (GL 470). Da erinnern wir uns sofort an das Lamm in der Apokalypse. Das Lamm steht auf dem Berg Sion, es sieht aus wie geschlachtet, es hat eine Todeswunde und lebt doch (vgl. weiter unten). Und noch ein Begriff ist zu nennen: Mysterium fidei – das Geheimnis des Glaubens, nicht nur ein Geheimnis unter anderen.

## II. Das Letzte Abendmahl

Im Abendmahlssaal ist durch die beiden Jünger Petrus und Johannes alles hergerichtet. Das geschlachtete und gebratene Paschalamm liegt auf dem Tisch, daneben die ungesäuerten Brote und die Krüge mit Wein, aus denen die Segensbecher gefüllt werden. Am Abend kommt Jesus mit seinen Jüngern, um das zu tun, was das mosaische Gesetz vorschrieb, und was er selber mit Sicherheit jedes Jahr gefeiert hat.

Aber nachdem diese Feier beendet ist, bleiben die Jünger noch sitzen. Und nun geschieht etwas ganz Neues. Lesen wir aus dem Evangelium des hl. Lukas: „Mit großer Sehnsucht habe ich danach verlangt, dieses Paschalamm mit euch zu essen, bevor ich leide“ (Lk 22,15). „Und er nahm den Kelch (mit Wein), sprach das Dankgebet und sagte: Nehmt den Wein, und verteilt ihn untereinander. Denn ich sage euch, ich werde nicht mehr von der Frucht des Weinstocks trinken, bis das Reich Gottes kommt.“ Und jetzt müsste Lukas innehalten, denn jetzt beginnt das ganz Neue. Lukas fährt aber ohne Unterbrechung fort: „Und er nahm das Brot, sprach das Dankgebet, brach das Brot und reichte es ihnen mit den Worten: Das ist mein Leib, der für euch hingegeben wird. Tut dies zu meinem Gedächtnis! Ebenso nahm er nach dem Mahl den Kelch und sagte: Dieser Kelch ist der Neue Bund in meinem Blut, das für euch vergossen wird“ (Lk 22,18–20).

Was soll nun das bedeuten? Dass ein anderes Lamm an die Stelle des Paschalammes getreten ist. Jesus selber ist das Lamm, das nun geschlachtet wird. Wann? Morgen, in ein paar Stunden. Er aber hat jetzt schon, beim Letzten Abendmahl, seinen Leib hingegeben und sein Blut vergossen. Und sofort, nach dem Lobgesang, geht er hinauf zum Ölberg, um seine blutige Opferung zu beginnen. In weniger als zwölf Stunden wird alles vollbracht sein.

## III. Abendmahl und Kreuzigung

Sie umfasst beides: das Abendmahl und das Kreuzesopfer. Es ist ein einziger göttlicher Akt. Romano Guardini, der große, freilich schon fast vergessene Theologe in München, getraute sich eine Antwort zu geben: „Was ist die Eucharistie? Christus in seiner Hingegebenheit. Das Leiden und Sterben des Herrn in seiner ewigen Wirklichkeit." Was Gott sagt und tut, ist unvergänglich, ist ewig. Was wir Menschen tun, ist vergänglich. Kreuz und Abendmahl sind eines, sind eine Wirklichkeit, sind eine Einheit, sie sind das Gleiche, dasselbe. Wenn der Priester nach den Wandlungsworten Hostie und Kelch emporhebt, ist das für uns wieder Gegenwart, was der Herr damals im Abendmahlssaal und auf Golgotha getan hat. „Das ist mein Leib, der für euch hingegeben wird; das ist mein Blut, das für euch vergossen wird."

Ich denke an den Film „The Passion of the Christ". Er zeigt die Hostie, das „Schlachtopfer", ganz nahe beim Kreuz. Und Mel Gibson hat es selbst gesagt: „Ja, ich wollte zeigen, dass beides das Gleiche, ja dasselbe ist." Was ist die Eucharistie also? „Christus in seiner Hingegebenheit. Das Leiden und Sterben des Herrn in seiner ewigen Wirklichkeit". Abendmahl und Kreuz sind ewige Wirklichkeit. Ich sage es so: Die Eucharistie ist das Kreuzesopfer Christi in der Form, im Zeichen des Mahles. Wir dürfen das Mahl nicht überbetonen; auch wer nicht kommuniziert, ist Teilnehmer am Opfer Christi. Und wer die Hostie, den geopferten Leib des Herrn anbetet, ist auch dabei und steht unter dem Kreuz Christi. Unnachahmlich fasst diese Wahrheit der eucharistische Hymnus „Ave verum" zusammen:

*Ave verum corpus*
*natum de Maria Virgine,*
*vere passum immolatum*
*in cruce pro homine.*
*Cuius latus perforatum*
*unda fluxit et sanguine.*
*Esto nobis praegustatum*
*mortis in examine.*

*Heiliger Leib, sei uns gegrüßet,*
*den Maria uns gebar,*
*der am Kreuze für uns Menschen*
*Opfer der Versöhnung war.*
*Aus der Wunde seines Herzens*
*Blut und Wasser floss im Tod.*
*Jesus, sei uns Trank und Speise*
*in des Lebens letzter Not.*

## IV. Eucharistie und Kreuz: Das Lamm Gottes

Beim Letzten Abendmahl wurde zweimal ein Lamm geschlachtet und gegessen. Zuerst das ägyptische Paschalamm und danach das „wahre Osterlamm". In der Offenbarung des Johannes wird das Lamm zum dominierenden Bild. Johannes sieht zwischen dem Thron und den vier Lebewesen ein Lamm stehen, das aussieht wie geschlachtet. Nur dieses Lamm kann die sieben Siegel des Buches öffnen, das die Endereignisse der Welt- und Menschengeschichte enthält. Alle Wesen im Himmel fallen vor dem Lamm nieder, und sie singen alle das neue Lied: „Würdig bist du, das Buch zu nehmen und seine Siegel zu öffnen; denn du wurdest geschlachtet und hast mit deinem Blut Menschen für Gott erworben ..." (vgl. Offb 5,6–10).

Die Kirche hat das Bild des geschlachteten Lammes in die Liturgie hereingenommen. Schon im Gloria singen wir: „Herr und Gott, Lamm Gottes, Sohn des Vaters. Du nimmst hinweg die Sünde der Welt ..." Und beim Brechen des Brotes beten wir gleich dreimal: „Lamm Gottes, du nimmst hinweg ..."

## V. Die Eucharistie – das eine und einzige Opfer

„Christus ist nicht (gekommen), um sich selbst viele Male zu opfern, (denn er ist nicht) wie der Hohepriester, der jedes Jahr mit fremdem Blut in das Heiligtum hineingeht; sonst hätte er viele Male seit Erschaffung der Welt leiden müssen. Jetzt aber ist er am Ende der Zeiten ein einziges Mal erschienen, um durch sein Opfer die Sünde zu tilgen ... er wurde ein einziges Mal geopfert, um die Sünden vieler hinwegzunehmen" (Hebr 9,25.26.28).

Dieses einzige und einmalige Opfer Christi ist eingegangen in die Eucharistie. „Das Opfer Christi und das Opfer der Eucharistie sind ein einziges Opfer." Das sagte wirkungsvoll bereits der hl. Johannes Chrysostomus: Wir opfern immer das gleiche Lamm, und nicht heute das eine und morgen ein anderes, sondern immer dasselbe. Aus diesem Grund ist das Opfer immer nur eines ... Auch heute bringen wir jenes Opferlamm dar, das damals geopfert worden ist und das sich niemals verzehren wird."[1] Dem braucht man nichts hinzuzufügen; notwendig ist nur der Glaube.

## VI. Kreuz und Eucharistie

Wenn dem so ist, dass Kreuz und Eucharistie eine unzerstörbare Einheit sind, dann gehört das Kreuz, der Crucifixus, unmittelbar und unverzichtbar zum christlichen Altar. Ja, ich behaupte, dass erst das Kreuz den Altartisch zum christlichen Altar macht. Aber wo ist das Kreuz heute zu finden? Irgendwo. Erinnern wir uns: Einst hing bei den cancelli, beim Eingang in das Presbyterium, ein lebensgroßes und manchmal übergroßes Kreuz über dem Altar – das Lettnerkreuz.

Es kann nicht genug beklagt werden, dass infolge der Richtungsänderung des Zelebrationsaltares das Kreuz am Altar fast völlig verschwunden ist. Benedikt XVI. sagte einmal: „Der Blick auf den Gekreuzigten ist die Voraussetzung für die rechte Feier der Eucharistie; er lehrt uns erst, was es wirklich heißt, Eucharistie zu feiern." Es wäre dringend notwendig, das Kreuz wieder an den Altar zu bringen.

Wie wir alle wissen, wurde bei der (nachkonziliaren) Eucharistie der Opfergedanke weitgehend zurückgedrängt. Das gemeinsame Mahl wurde über Gebühr herausgestellt. Es ist aber unschwer zu erkennen, dass die heilige Kommunion nur ein Zeichen eines Mahles ist. Ich sage noch einmal: Die Eucharistie ist das Opfer Christi, in der Form, im Zeichen eines Mahles. An diesem (Kreuzes-)Opfer nehmen auch jene teil, die nicht zur heiligen Kommunion gehen. Und es besteht kein Zweifel, dass auch sie an den Gnaden des Kreuzesopfers partizipieren. Wir selber sollten vielmehr zur Opfergabe werden. Im 3. Hochgebet sprechen wir: „Er (Christus) mache uns auf immer zu einer Gabe, die dir wohlgefällt." Hierher gehört auch das Wort des hl. Paulus (Röm 12,1): „Angesichts des Erbarmens Gottes ermahne ich euch, meine Brüder, euch selbst (corpora vestra!) als

[1] Johannes Paul II., Enzyklika „Ecclesia de Eucharistia" über die Eucharistie in ihrem Verhältnis zur Kirche vom 29. April 2003, Nr. 12, mit Zitat aus: Johannes Chrysostomus, In Epistolam ad Hebraeos homiliae, 17, 3.

lebendiges und heiliges Opfer darzubringen, das Gott gefällt; das ist für euch der wahre und angemessene Gottesdienst."

Ein Exkurs noch zur Liturgie. Die Eucharistiefeier ist gewissermaßen die Aufrichtung, die Erhöhung des Kreuzes Christi. Darum ist es höchst angemessen, wenn beim Einzug zur Eucharistie ein Kreuz mitgetragen und dann nächst dem Altar aufgestellt wird. Eine Kreuzerhöhung also. Und sie könnte ein Teil der Eucharistiefeier werden.

Die Eucharistie und das Kreuz. Schauen wir noch einmal auf das Lamm, das wie geschlachtet aussieht. Dieses Lamm wird auch bei der Eucharistiefeier geschlachtet und geopfert. Es ist ein ewiges Opfer, weil es Gott selbst ist, der opfert. Und wir werden hineingezogen in das heilige Opfer, das Christus gegenwärtig setzt. Sehr schön bringt dies die Präfation des Herz-Jesu-Festes zum Ausdruck: „Aus seiner geöffneten Seite strömen Blut und Wasser, aus seinem durchbohrten Herzen entspringen die Sakramente der Kirche. Das Herz des Erlösers steht offen für alle, damit wir freudig schöpfen aus den Quellen des Heiles."

Eucharistie und Kreuz. Alle die alten Opfer hatten ihren Sinn verloren angesichts des neuen Opfers, des Lammes. Denn auf dem Berg Zion steht das Lamm mit seiner Todeswunde. „Seht das Lamm Gottes!" Von diesem Opfer des Lammes lebt die Kirche, und jedem von uns ist es gegeben, auch davon zu leben. Es ist jedem gegeben, davon zu leben, damit wir am Ende unseres Lebens das ewige Leben empfangen.

# Trinitarischer Glaube versus starren Monotheismus

## Zu einem aktuellen interreligiösen Thema

*Anton Ziegenaus*

### I. Der Trinitätsglaube im Widerstreit

Der Trinitätsglaube ist das Unterscheidend-Christliche im Vergleich zu anderen Religionen und die Mitte christlicher Existenz. Am Eintritt in das Glaubensleben steht die Taufe auf den dreifaltigen Gott, die ohne diesen Bezug als ungültig erklärt wird. Im Namen des dreifaltigen Gottes wird der Sünder im Bußsakrament von seinen Sünden losgesprochen. In der Eucharistie wird im Heiligen Geist die Hingabe des Sohnes an den Vater vergegenwärtigt und „durch ihn und mit ihm und in ihm wird Gott, dem allmächtigen Vater in der Einheit des Heiligen Geistes alle Herrlichkeit und Ehre jetzt und in Ewigkeit“ dargebracht. Die Liturgie beginnt „im Namen des Vaters ...“ und die Gebete schließen mit einer trinitarischen Schlussformel. Das Glaubensbekenntnis weist eine trinitarische Struktur auf. Die Psalmen und Hymnen des Breviers schließen mit einer Doxologie an den Dreifaltigen.

Angesichts dieser zentralen Bedeutung der Trinitätslehre könnte man annehmen, die Christen müssten davon geprägt und durchdrungen sein. Wer jedoch einen durchschnittlichen Katholiken, der am Glaubensleben der Kirche teilnimmt, nach Inhalt und Bedeutung der Dreifaltigkeit fragt, erhält zur Antwort meistens nur den Hinweis auf die Geheimnishaftigkeit dieses Dogmas. Das Mysterium logicum von „Eins und Drei“ sei Ausdruck der Unbegreiflichkeit Gottes, die zu bejahen sei. Ferner würde eine solche Befragung das mangelnde trinitarische Unterscheidungsvermögen vieler zutage fördern: Die Anreden „Gott", „Vater", „Herr", „Jesus Christus" lassen sich nach häufiger Auffassung beliebig auswechseln. So scheuen sich Priester, über dieses Geheimnis zu predigen und verdecken ihre Unsicherheit lieber durch Schweigen oder durch die spöttischen Bemerkungen, dass sie schon in den Dogmatikvorlesungen mit den innergöttlichen Hervorgängen und Relationen nichts anfangen konnten.

Wenn aber der Glaubensvollzug die Teilnahme am dreipersonalen Leben Gottes, die in der Taufe eröffnet wird, nicht mehr als Grundlage seiner Hoffnung versteht, darf man sich nicht wundern, dass Theologen diese Wahrheit als bedeutungslos und überflüssig für den heutigen Menschen streichen. Zur Begründung dieses Schrittes wird noch vorgebracht, dem modernen Menschen bereite schon die Existenz Gottes viele Schwierigkeiten, die nicht zusätzlich durch eine Trinitätslehre vergrößert werden sollten. Gerade der Atheismus, der durch den Niedergang der Herrschaft des Kommunismus nicht geschwunden sei, verlange eine Konzentration auf das Wesentliche und eine Allianz der Religionen.

Eine solche Allianz sei aber nur durch ein Abstehen vom Trinitätsdogma möglich. Dem Zukunftsziel einer Vereinigung aller Religionen sei es zu opfern. Dann beheben sich die Differenzen mit dem Islam. In der Sure 112 des Korans steht nämlich: „Gott ist der einzige und ewige Gott. Er zeugt nicht und ist nicht gezeugt, und kein Wesen ist ihm gleich." Diese Formulierung könnte sich gegen die Definition des Konzils von Nikaia richten (der Sohn ist „gezeugt" und „gleichen Wesens" mit dem Vater) und von einem Arianer stammen. Manchen heutigen Theologen gilt nun Jesus Christus nicht mehr als der ewige Sohn des Vaters, sondern als der unüberbietbare, endgültige Platzhalter Gottes.[1] „Der Ein-Gott-Glaube ist Juden, Christen und auch Moslems" gemeinsam. Alle Aussagen über Gottessohnschaft, Vorausexistenz, Schöpfungsmittlerschaft und Menschwerdung sind nach H. Küng mythologische oder halbmythologische Formen der Zeit.[2] Der Trinitätsglaube, zentral in der Lehre der Kirche, wird also von Christen aus verschiedenen Gründen nicht mehr voll vertreten

[1] Vgl. H. Küng, Christsein, München – Zürich 1974, 286f.

[2] Vgl. ebd., 438f.

und als Anleihe beim Mythos erklärt. Zudem sei er ein Hindernis im religiösen Dialog mit dem Islam.

Auch im Hinblick auf das Judentum zeigt sich die diakritische Funktion der ewigen Gottessohnschaft. Nach Schalom Ben-Chorin[3] könne sich das Judentum durchaus mit der Gestalt Jesu anfreunden und ihn „heimholen", etwa als dritte Autorität neben den pharisäischen Richtungen von Hillel und Schamai, wobei Jesus auf die Verinnerlichung des Gesetzes und auf das Moment der Liebe abgezielt habe. Jedoch lehnt Schalom Ben-Chorin entschieden die christliche „Übermalung" Jesu ab: Er ist nicht der Christus, der Messias, „nicht der einzige Gerechte des stellvertretenden Sühneleidens, denn ihrer sind viele" und vor allem nicht der Sohn Gottes. Bekannt ist die Formulierung: Der Glaube Jesu (sein bedingungsloser Glaube, das Vertrauen auf Gott, den Vater, seine Demütigung unter den Willen Gottes) einigt uns (= Juden und Christen), aber der Glaube an Jesus (= Gottes Sohn) trennt uns. Damit wird wiederum die Gottheit Christi bzw. die Trinität als Differenzpunkt zwischen Juden und Christen betrachtet, der zugunsten der Einheit fallen zu lassen sei.

## II. Die Besinnung auf die Trinität als Specificum Christianum

Beim Trinitätsglauben handelt es sich nicht um eine philosophische Spekulation, sondern um die wesentliche Frage: Wer ist Jesus Christus? Dabei darf nicht übersehen werden, dass auch das Christentum keiner Drei-Gottes-Lehre huldigt: Das Nizänisch-Konstantinopolitanische Glaubensbekenntnis weist zwar eine trinitarische Gliederung auf, beginnt aber mit einem monotheistischen Bekenntnis: „Wir glauben an den einen Gott, den Vater, den Allmächtigen".

Die Einzigkeit Gottes wurde in der Geistesgeschichte schon sehr früh als Ergebnis metaphysischer Überlegungen erkannt: Die vorsokratischen Denker vertraten gegen den Polytheismus der Volksfrömmigkeit die Einzigkeit des Urgrunds. Keiner der großen Philosophen, weder Platon noch Aristoteles, weder die Stoa noch Plotin lehrten eine Mehrzahl von Göttern.

---

[3] S. Ben-Chorin, Jesus im Judentum, Wuppertal 1970.

Die Gottesbeweise, wie immer sie strukturiert waren, gelangten nie zu einer Mehrheit von Gottheiten.

Im Fall einer Vielzahl von Göttern ergibt sich unter ihnen die Gefahr eines inneren Zwiespalts und Zerwürfnisses: Im trojanischen Krieg kämpften sie auf verschiedenen Seiten. Die Götter werden wie titanenhafte Menschen gesehen, mit ihren Gegnerschaften. Zu wem soll man da beten? Dem einen Gott, zumal wenn er noch wie im Judentum als Schöpfer erkannt wird, kommt die Herrschaft über die ganze Welt und über alle Menschen zu, die er als sein Abbild (vgl. Gen 1,26f) geschaffen hat.

Das Überlegenheitsgefühl der Juden gegenüber dem heidnischen Polytheismus beruhte auf dem Bewusstsein, dass es nur einen einzigen Gott gebe, der Israel erwählt hat. Gott ist der Schöpfer des Alls: „Froh leuchten die Sterne auf ihren Posten; er ruft sie, und sie sprechen: Hier sind wir. Sie leuchten mit Freude für den, der sie schuf. Das ist unser Gott; keiner gilt neben ihm" (Bar 3,34). Der gläubige Jude soll immer bedenken: „Höre Israel: Der Herr ist unser Gott, der Herr allein! Du sollst den Herrn, deinen Gott, aus ganzem Herzen, aus ganzer Seele und mit all deiner Kraft lieben" (Dtn 6,4f). Aus ganzem Herzen lieben kann man nur einen Einzigen.

Jesus hat diesen Monotheismus nicht aufgegeben, sondern übernommen, wie Mk 12,29ff zeigt: „Jesus antwortete: Das erste Gebot ist: Höre Israel! Der Herr, unser Gott, ist der einzige Herr (Dtn 6,4f)". Auch Paulus bekennt sich zur Einzigkeit Gottes: „Was das Essen von Götzenopferfleisch betrifft, so wissen wir, dass kein Götze in der Welt existiert, und dass es keinen Gott gibt außer dem einen" (1 Kor 8,4). Gott ist einer und er allein ist Gott.

Doch ist die Annahme ein Irrtum, Jesus hätte nun die jüdische Gottesvorstellung auf ihren Kern hin reinigen, aber nicht auf eine ganz neue Weise vertiefen wollen. Zwar nennt er sich nie Gott, aber er handelt wie einer der Gott ist: Er vergibt Sünden – was nur Gott zusteht (vgl. Mk 2,7), – nimmt eine alle Propheten und sogar Moses überbietende Autorität in Anspruch (vgl. Mk 10,4ff; Mt 5,27ff) und erklärt die Nachfolge seiner Person für wichtiger als Besitz, familiäre Bindungen und sogar als das eigene Leben (vgl. Mk 10,21ff; 8,34ff). Einen solchen absoluten Anspruch kann nur Gott erheben. Nach Ostern haben die Jünger den Auferstandenen aufgrund seines Handelns und Anspruches folgerichtig den Titel Kyrios (Herr) zuerkannt. „Für uns existiert nur ein einziger Gott, der Vater, aus dem alles ist und für den wir sind, und ein einziger Herr, Jesus Christus, durch den alles ist und wir durch ihn" (1 Kor 8,6). Daraus ergibt sich: Das Gottes-Prädikat wurde Jesus zwar selten (Röm 9,5; Joh 1,1; 20,28; 1 Joh 5,20; Tit 2,13) beigelegt, aber neben dem einzigen Gott tritt (schon mit dem historischen Jesus einsetzend) eine andere, ungeschaffene präexistente (bereits im vorpaulinischen Hymnus belegbar: Phil 2,6ff) Größe, der einzige Herr, dem göttliche Verehrung und Anbetung (vgl. Phil 2,10; Mt 28,17; Hebr 1,6; Joh 5,22f; Offb 7,10) erwiesen wird.

Obwohl hier dem Kyrios eine gottgleiche Stellung zuerkannt wird, spricht die Schrift nie von zwei Göttern. Das Bekenntnis: „ein einziger Gott, der Vater" und „ein einziger Herr, Jesus Christus", drängt jedoch von sich auf eine Abklärung, wie die Einzigkeit Gottes bzw. des Herrn miteinander zu vereinbaren sind. Eine Lösung bietet die Vater-Sohn-Relation: Mt 11,27 („Alles ist mir übergeben von meinem Vater. Niemand kennt den Sohn als der Vater, und auch den Vater kennt niemand als der Sohn, und wem es der Sohn offenbaren will") ist ein vielleicht vorösterliches, auf alle Fälle sehr frühes Logion, das die Sohnesbezeichnung als Ausdruck exklusiver Innigkeit und Gemeinschaft und als Voraussetzung für eine volle Offenbarung versteht. Die Stelle erinnert an Joh 1,18.

Der Heilige Geist ist das österliche Geschenk, die Erlösungsgabe, die der Vater als Antwort auf die Erlösungstat Christi sendet. Nach Joh 20,22 wird der Heilige Geist am Ostertag verliehen. Nach Paulus ist er der „Geist Gottes", der das Innerste Gottes kennt (vgl. 1 Kor 2,10ff) und der „Geist Christi" (Röm 8,9; Phil 1,19). Lukas betont die Bedeutung des Heiligen Geistes, indem er den Pfingsttag eigens hervorhebt. Der Heilige Geist hat die Aufgabe, die Menschen mit ihren verschiedenen Begabungen und in den unterschiedlichen Lagen auf Christus hin zu führen, und bewirkt auf diese Weise die Sohnschaft vor dem Vater (vgl. Röm 8,14ff; Gal 4,6) und aktualisiert jeweils das Werk Christi, indem er die Initiative der Apostel am Pfingsttag, zur Taufe des Äthiopiers, des Heiden Cornelius, zur Aussendung des Paulus und Barnabas ergreift (Apg 2,14; 8,29; 10,44; 13,2; 15,28); er schließt das Geheimnis des Kreuzes auf (1 Kor 2,13ff), er führt zur „vollen Wahrheit" hin, „verherrlicht" Jesus (d.h. zeigt, wer Jesus eigentlich ist), der Heilige Geist ist der „andere Beistand, der an die Werke

Jesu erinnert und lehrt, was die Jünger „jetzt noch nicht ertragen können" (Joh 14,16.20; 16,12ff).

Verschiedenheit und Einheit vom Vater, Sohn und Heiligem Geist werden erst deutlich, wenn man die triadischen Formeln (Mt 28,19; Röm 8,14ff; 15,15f; 15,30; 2 Kor 1,21f; 13,13; Gal 4,6, Eph 2,18.22; 3,14ff; 1 Petr 1,2) und Bilder (bei der Taufe Jesu!) betrachtet. Im Neuen Testament finden sich etwa 50 Stellen, in denen Vater, Sohn und Geist (die jeweils ein Gott, ein Herr, ein Geist sind: 1 Kor 12,4ff; Eph 4,3ff) in einem Atemzug genannt werden.

Das Trinitätsdogma ist kein Produkt metaphysischer Spekulation: Es entspringt der geschichtlichen Sendung und Offenbarung des Sohnes (als Sohn des Vaters) und des Heiligen Geistes. Darin liegt das Neue gegenüber den streng monotheistischen Religionen wie Islam und Judentum. Das Spezifisch-Christliche ist die Trinität. Die Konzilien von Nikaia (325) und Konstantinopel (381) haben die wahre Gottheit des Sohnes und des Geistes gegen ihre Subordination aus soteriologischen und offenbarungstheologischen Gründen gelehrt. Damit ist gemeint: In die Gemeinschaft mit Gott kann nur bringen, wer selbst Gott ist, also der Sohn mit dem Vater und der Heilige Geist mit dem Sohn (vgl. Gal 4,6; Röm 8,14ff); wenn der Sohn dem Vater untergeordnet und selber ein Geschöpf ist, wenn er den Vater nicht ganz kennt, wie es Arius im 4. Jahrhundert gelehrt hat, und der Heilige Geist dem Sohn untergeordnet ist, können sie nicht zur „Höhe" des Sohnes bzw. des Vaters „emporheben" und jeweils die Funktion der Offenbarer voll erfüllen. Nach Mt 11,27 (ähnlich Joh 1,18) kennt niemand den Vater als der Sohn und wem es der Sohn offenbaren will.

## III. Starrer und trinitarischer Monotheismus: Ein Vergleich

Was besagt die Dreifaltigkeit im Vergleich mit dem starren Monotheismus? Die Dreifaltigkeit ist einmal Ausdruck für die Göttlichkeit Gottes. Zur Erläuterung sei zunächst ein Blick auf die großen Denker der Antike geworfen. Sie sahen in Gott ein unpersönliches Prinzip, d.h. einen sich immer gleich bleibenden, für das Zustandekommen der kosmischen Wirklichkeit denknotwendigen Ursprung, die arché. Das biblische Gottesbild des Alten Testaments ist dagegen personal: Gott handelt aus freier Entscheidung, beruft Abraham oder David, befreit oder bestraft Israel, vergibt Schuld. In freier Macht, ohne inneren oder äußeren Zwang hat er die Welt geschaffen, und zwar aus Nichts (vgl. 2 Makk 7,28). Gott ist kein Extrakt der Welt und nicht ihr inneres Ordnungsprinzip (wie der Logos Heraklits, das Weltpneuma der Stoa, der unbewegte Beweger des Aristotels), sondern eine in Freiheit die Welt setzende Person.

Ein solches Verständnis entspricht mehr der Göttlichkeit Gottes (weil die Person über einem Es steht), zeigt aber noch Momente, die diese pleromatische, reiche Gottesvorstellung noch trüben können. Das Problem sei an einer Frage verdeutlicht: Was tat Gott „vor" der Erschaffung der Welt? Wen sollte er lieben? Ein einsamer Gott, zwar Person, aber im Auszeichnenden der personalen Akte der Liebe und des Schenkens unterbunden, könnte leicht den Eindruck von einem unbefreiten, brütenden, unheimlichen Wesen erwecken (wie im Märchen der einsame Mann im tiefen Wald); ihm kann man kein rechtes Vertrauen schenken. Oder aber er bräuchte die Welt zur Überwindung seiner Einsamkeit. Bei diesem – biblisch gesehen – Rückschritt wäre Gott von der Welt abhängig und auf sie angewiesen. Sein Gegenüber wäre kein ebenbürtiges Du und auch die Liebe zu ihm könnte ihn nicht erfüllen – wie auch ein Tier nicht vollwertiger Partner des Menschen sein kann –, außer Gott (der doch der Schöpfer ist!) stünde auf dem Niveau der Schöpfung. Seit Hegel, der bezeichnenderweise keine immanente Trinität kennt, und die Welt als das Andere Gottes versteht, ist in der Theologie tatsächlich vom Werden des geschichtlichen Gottes die Rede. Aber ein werdender Gott ist nicht vollendet und entspricht keineswegs der Vorstellung von einem allmächtigen Schöpfer, der jederzeit den Jüngsten Tag mit der allgemeinen Auferweckung und der Neuschöpfung herbeiführen könnte.

Wer aber Gott Freiheit und Personalität zuerkennt, soll bedenken, dass dieser Theismus die Vorstellung von einem übermächtigen Gott erzeugen kann, die vom Menschen als Einengung empfunden wird. P. Tillich lehnt deswegen den Theismus ab: „Er (= Gott) wird als ein Selbst gesehen, das eine Welt hat, als ein Ich, das auf ein Du bezogen ist, als eine Ursache, die von ihrer Wirkung getrennt ist ... er ist an die Subjekt-Objekt-Struktur der Realität gebunden, er ist für uns als Subjekt ein Objekt. Zugleich sind wir Objekte für ihn als Subjekt. ... Gott als ein Subjekt macht mich zu einem Objekt, das nichts ist als Objekt. Er beraubt mich meiner Subjektivität, weil er allmächtig und allwissend ist. Ich revoltiere und versuche, *ihn* zu einem Objekt *zu* machen ... Gott erscheint als der unbesiegbare Tyrann, das Wesen, demgegenüber alle anderen Wesen ohne Freiheit und Subjektivität sind ... Das ist der Gott, von dem Nietzsche sagte, er müsse getötet werden, weil niemand ertragen kann, dass er zu einem bloßen Objekt absoluten Wissens und absoluter Herrschaft gemacht wird."[4] Auch J. P. Sartre und E. Bloch leugnen der Freiheit des Menschen wegen die Existenz Gottes. Gott, der im Sinn des starren Monotheismus eine Person ist, erweckt im Menschen möglicherweise das Gefühl totaler Abhängigkeit, noch dazu, wenn dieses einsame Wesen als unerfüllt verstanden wird. Der Ps 138 kann durchaus das Empfinden ohnmächtigen Ausgeliefertseins hervorrufen. Ebenso Stellen des Deuterojesaia, der die Einzigkeit Gottes als des Schöpfers kräftig unterstreicht und dabei auch die Kleinheit des Menschen bewusst macht: „Ich bin der Herr, und sonst gibt es keinen; einen Gott außer mir gibt es nicht! ... Vom Aufgang der Sonne bis zu ihrem Untergang soll man erkennen, dass es keinen gibt außer mir. Ich bin der Herr, und sonst keiner! Das Licht bilde ich und erschaffe die Finsternis; ich bewirke das Heil und schaffe das Unheil! Ich, der Herr, bin es, der all dieses bewirkt" (Jes 45,5ff). Wer diese Äußerungen überdenkt, kann die Frage verstehen, ob sich nicht hinter der neuzeitlichen Gottvergessenheit die Reserven die Menschen gegenüber einem einzigen personalen übermächtigen Gott verbergen bzw. ob sie nicht Zeichen eines mangelnden trinitarischen Bewusstseins sind.

Versteht man nämlich Gott als trinitarisch, verlieren diese Einwände an Gewicht. Der ewige Sohn ist das ebenbürtige Du des Vaters. Beide verbindet ewige Liebe: „... Du hast mich geliebt vor Grundlegung der Welt" (Joh 17,24) sagt Jesus zu seinem Vater. Diese Liebe empfindet Jesus als „Herrlichkeit": „Und nun verherrliche mich du, Vater, bei dir mit der Herrlichkeit, die ich hatte, ehe die Welt war" (Joh 17,5). Gott ist in sich liebes- und dialogfähig und keineswegs der unheimliche deus solitarius. Deshalb bedarf er der Welt nicht als Partner und kann sie aus freier Liebe erschaffen

---

[4] P. Tillich, der Mut zum Sein, Stuttgart [5]1964, 133.

und erlösen (während ein der Welt bedürftiger Gott in etwa erst durch sie erlöst würde). Im Heiligen Geist wird die Liebe zwischen Vater und Sohn voll geschenkt, empfangen und erwidert.

Das bei einem starren Monotheismus drohende Empfinden eines Herr-Knecht-Verhältnisses kann leicht einen Emanzipationsdrang des Menschen auslösen, der zur grundsätzlichen Ablehnung Gottes führen kann. Doch ein tieferes Bedenken der ökonomischen Trinität hilft, das Gespür der ausgelieferten Unmittelbarkeit des Menschen vor Gott zu überwinden: „Denn die vom Geist Gottes geleitet werden, sie sind Söhne Gottes. Ihr habt ja nicht den Geist der Knechtschaft empfangen, um euch von neuem zu fürchten, sondern den Geist der Kindschaft, in dem wir rufen: Abba, Vater! Eben dieser Geist bezeugt es unserem Geist, dass wir Kinder Gottes sind. Sind wir aber Kinder, auch Erben, Erben Gottes und Miterben Christi, sofern wir mit ihm leiden, um mit ihm auch verherrlicht zu werden“ (Röm 8,14ff). Der Sklave durfte in der Antike nicht ungerufen zu seinem Herrn gehen, nur das Kind. Der Christ ist aber „vorherbestimmt zur Kindschaft vor ihm (= Gott, dem Vater unserem Herrn Jesu Christus) durch Jesus Christus“ (Eph 1,3ff) und darf Gott mit dem vertraulichen „Abba“ ansprechen. „Durch ihn (= Christus) haben wir beide (= Juden und Heiden) „Zutritt in dem einen Geist zum Vater“ (Eph 2,18). Der Heilige Geist führt den Knecht zur Sohnschaft, lässt im Menschen Jesus von Nazareth Gottes Sohn erkennen, auch im Gekreuzigten; so verbunden mit dem Sohn dürfen wir mit ihm Gott „Abba“, lieben guten Vater nennen.

Es lässt sich leicht vorstellen, dass ein solcher einziger, aber nicht einsamer Gott „Liebe“ ist (1Joh 4,8; 16) und in dieser ewigen trinitarischen Liebe die Welt erschaffen und erlösen und zur Gemeinschaft mit sich rufen kann. Ein in diesem Sinn „freier“, nicht in „schwacher Eifersucht“ auf sich bedachter Gott kann dem Menschen, gerade wenn er sündigt, mehr Freiheit einräumen, als wenn er selbst unbedingt menschlicher Liebe bedürfte.

Das Unzulängliche des starren Monotheismus zeigt sich einmal im Fehlen des Vaternamens. Der Titel „Vater“ für Gott wird im Alten Testament mit auffallender Zurückhaltung gebraucht (2 Sam 7,14; Ps 89,27); Israel wird zwar auch „Sohn Jahwes“ genannt (Ex 4,22; Ps 89,28), aber im Allgemeinen treten die gebieterischen majestätischen Züge Gottes in den Vordergrund. Jene Innigkeit, die Jesus mit der Abba-Anrede, die der Kindersprache entnommen ist, zum Ausdruck bringt, fehlt. Bei Jesus ist die Anrede nicht im metaphorischen Sinn gemeint, sondern von realistischen, so dass diese Sicht den strengen jüdischen Monotheismus gesprengt hat. Diese Abba-Anrede drückt das innig-vertraute Verhältnis Jesu zu seinem Vater aus, will aber keineswegs die Erhabenheit Gottes vor den Menschen nivellieren, denn Jesus unterscheidet zwischen „meinem Vater" und „eurem Vater" (vgl. Joh 20,17), d.h.: Jesus steht auf anderer Weise zum Vater als die Jünger. Die Jünger haben aber diese für Jesus eigene auffällige Anrede festgehalten und das aramäische Wort auch im griechischen Neuen Testament überliefert (vgl. Mk 14,36) und waren sich bewusst, trotz der Unterschiede zusammen mit Jesus als dem Sohn als Mitsöhne Gott auch wie ihr Meister als Abba-Vater anrufen zu dürfen (vgl. Röm 8,16; Gal 4,6). So gelangen auch die Gläubigen über den Sohn in eine neuartige Nähe zum Vater.

Auch die Menschwerdung ist für einen strengen Monotheismus nicht denkbar. Die Erlösung kann deshalb höchstens in der Überlassung irgendwelcher Erlösungsgaben geschehen, wie Landbesitz, langes Leben, Befreiung von Knechtschaft, aber weniger in der Verwirklichung von Liebe und Gemeinschaft. Ein deus solitarius kann nicht in sich Liebe und personales Mitsein sein.

Im Islam ist Allah nicht nur der einzige Gott, sondern dies auch in einer Ausschließlichkeit, dass es zu keiner inneren Beziehung zu einem Geschöpf kommen kann. Er wird noch weniger als im Alten Testament Vater genannt, ja die angeführte Sure 112 sagt ausdrücklich, dass Gott der einzige und ewige Gott ist, nicht zeugt und nicht gezeugt ist und kein Wesen ihm gleich ist. Was für den Christen die Teilnahme am innertrinitarischen Leben ausmacht, im Gegenübersein der Allmacht des Vaters, im Mit-uns-Sein des Sohnes und im In-uns-Sein des Heiligen Geistes, wird vom Islam der Polytheismus verdächtigt. So verbreitet ein Monotheismus mehr Kühle und gesetzhafte Strenge als eine liebend offene Beziehung.

Weil die Mittlergestalt nicht Gott und Mensch zugleich ist, wie es der christliche Glaube sieht, kann Gott nie in die Menschheit eintreten und diese nie mit Gott verbunden werden. Es bleibt letztlich eine Distanz. Auch die Barmherzigkeit Gottes, die im Koran immer wieder genannt wird, hebt letztlich eine Ungesetzlichkeit auf, beseitigt aber nicht die Schuld, indem sie durch ein personales Geschehen zwischen Gott und den Menschen nachgelassen wird. Der Islam kennt auch das heilsbedeutsame Leiden Christi nicht. „Die ‚Härte' der Gottesvorstellung im Judentum und im Islam liegt also im starren Monotheismus und in der Nichtkenntnis des Trinitätsgeheimnisses“[5].

## IV. Der trinitarische Monotheismus

Der trinitarische Monotheismus unterscheidet sich klar vom Tritheismus. Der christliche Glaube bekennt sich zur Einzigkeit Gottes (Credo in unum deum!), und zwar in seinem Wesen, im Ineinander-Sein der göttlichen Personen (vgl. Joh 10,38; 14,9ff; 17,21: in Bezug auf Vater und Sohn; 1 Kor 2,10ff in Bezug auf Gott [Vater] und Geist) und in ihrer Liebe, dem Heiligen Geist.

Die monotheistischen Postulate werden dabei vom Vater abgedeckt. Nach 1 Kor 8,6 („es existiert für uns nur ein einziger Gott, der Vater, aus dem alles ist und für den wir sind“) ist der Vater der Ursprung alles innergöttlichen und außergöttlichen Seins und auch der Zielpunkt alles Strebens. Der Vater zeugt den Sohn und bringt mit ihm zusammen den Heiligen Geist hervor. In der Liturgie der Kirche ist der Vater der letztlich Angebetete und Gebetene und der Spender aller Gaben. Alle Anbetung und Verherrlichung gilt dem Vater und erhält dadurch ihre kraftvolle Wirkung, dass dies durch den Sohn im Heiligen Geist geschieht. Der Fromme wird in seinem Beten und Lieben nicht auf verschiedene Zielrichtungen hin zerrissen, wie es beim Polytheismus und noch mehr beim Dualismus der Fall ist.

Dieser eine Gott, der Vater, ist aber nie einsam, sondern nie ohne Sohn. Zum Selbstsein des Vaters gehört das Mitsein des Sohnes als ein Du gleicher Seinshöhe und Seinsfülle (sonst wäre die Liebe entwürdigend). Der Vater ist bestimmt durch das Zeugen, das Sprechen und das reiche Schenken, der Sohn oder das Wort ist bestimmt durch das Gezeugtsein, das

[5] L. Scheffczyk, Trinität: das Specificum Christianum, in: ders., Schwerpunkte des Glaubens, Einsiedeln 1977, 171.

Empfangen, das Hören. Ist der Vater „reich", so der Sohn „arm" (weil er nicht von sich aus, sondern vom Vater her und auf ihn hin ist). Wegen dieses Seins vom Vater her und auf ihn hin ist die Menschwerdung für den Sohn konvenient, denn auch dem Menschen als Geschöpf eignet diese Existenz vom Schöpfer her und auf ihn zu. Solche Korrelate wie Gebender – Empfangender Schenkender – sich verdankender, Sprechender – Hörender scheinen sich nicht mit dem neuzeitlichen Emanzipations- und Gleichheitsdenken zu vertragen, aber sie leiten sich von der Vater-Sohn-Beziehung und von der Überlegung ab, dass dem göttlichen Geben immer auch ein gleichartiges Empfangen entsprechen muss. Damit diese Verschiedenheit die Vater-Sohn-Beziehung nicht „stört", wird sie personal bejaht und bekräftigt durch die Person des Heiligen Geistes, der „das sich in Erkenntnis und Liebe ereignende Selbstsein und Mitsein des einen oder des anderen"[6] in ihrer Einheit besiegelt. Das Band der Liebe, der Heilige Geist umgreift und durchdringt diese Beziehung.

Der trinitarische Monotheismus kann den starren Monotheismus des Islam und auch des Judentums von den Schwierigkeiten eines Unitarismus befreien. Die Christen sollten daher ihren Glauben an das trinitarische Sein des einen Gottes nicht als Last empfinden und das Eigene verschweigen, sondern als Hilfe in den interreligiösen Dialog einbringen.

---

[6] L. Scheffczyk, a.a.O., 169.

# Etappen einer Christologie des „Sohnesbewusstseins" Jesu

## Von der liberalen Leben-Jesu-Forschung bis zur Destruktion der Konzilschristologie bei John Hick

*Michael Stickelbroeck*

Es wurde immer wieder versucht, die Christologie unter den Voraussetzungen der neuzeitlichen Bewusstseinsphilosophie zu rekonstruieren. Wenig Rechenschaft gab man sich dabei über die eigenen philosophischen Prämissen, die das menschliche Ich-Bewusstsein zum Ansatzpunkt jeder geistigen Erkenntnis machen. Viele Autoren identifizieren seit der Mitte des vorletzten Jahrhunderts das psychologische Ich-Bewusstsein Jesu mit seiner Person. Dabei hat bereits das dritte Konzil von Konstantinopel 680/81 mit seiner Zurückweisung des Monotheletismus die relative Eigenständigkeit des menschlichen Ichs Jesu und seines menschlichen Selbstbewusstseins als Zentrum seiner sinnlichen Erkenntnis, seines Wollens und Leidens betont. Damit wehrte es zugleich schon einer reinen Psychologisierung seines Personseins.

Eine ganze Epoche der Leben-Jesu-Forschung von Raimarus bis Wrede hatte versucht, Biographien über Jesus von Nazaret zu erstellen, denen darum zu tun war, die psychologische Genese des menschlichen Selbstbewusstseins Jesu, das den verschiedenen historischen und sozialen Bedingungen unterworfen war, nachzuzeichnen. Dieser Versuch einer Ableitung der Person-Identität Jesu aus der Genese seiner psychologischen Selbsterfahrung wirkt noch nach bis in die späte liberale Theologie (A. Ritschl, A. v. Harnack) und deren heutige Ausläufer (M. Wiles, J. Hick, u.a.).

## I. Die Leben-Jesu-Forschung und ihr Scheitern

Ausgangspunkt für die Leben-Jesu-Forschung ist die Frage, ob denn der Jesus der Evangelien, der Herr der Gemeinde, wohl derselbe ist wie der Zimmermannssohn aus Nazareth. In einem von G. E. Lessing 1778 herausgegebenen Manuskript „Vom Zwecke Jesu und seiner Jünger"[1] vertritt Hermann Samuel Reimarus die These, dass zwischen den Zielen Jesu und denen der Apostel zu unterscheiden sei: Das von Jesus verkündigte Reich Gottes müsse auf dem Hintergrund der jüdischen Tradition und Erwartungen begriffen werden, d.h. Jesus halte sich für den politischen Messias, der das Reich Davids wiederherstellen und darin als König herrschen wolle. Einen neuen Glauben zu verkünden, liege ihm fern.

Nach seinem schmählichen Tod am Kreuz, der diese Hoffnungen zerstört, sehen sich auch seine der Arbeit und dem Broterwerb entwöhnten Jünger vor das Nichts gestellt. Als sie nach dem Tod Jesu sicher feststellen können, dass der Hohe Rat zu keinen Repressalien gegen sie ausholt, treten sie erneut ans Tageslicht und beschließen, ihre Predigt wieder aufzunehmen. Sie beginnen, den Glauben zu verbreiten, dass Jesus doch der Messias war, nicht wie die Juden ihn zu kennen meinten, sondern wie er bei Daniel beschrieben wird: als der Menschensohn, der nach kurzer Zeit auf den Wolken des Himmels wiederkehren werde. Um diesen Glauben zu festigen, stehlen sie den Leichnam Jesu 50 Tage nach seiner Kreuzigung aus dem Grab und verbreiten die Nachricht, er sie auferstanden und werde bald wiederkehren.

Hier wird die Faktizität der Auferstehung bestritten, und der Glaube auf eine subjektive Befindlichkeit der Jünger zurückgeführt, weil das weltanschauliche Vorurteil eines deistischen Gottesverständnisses und der mechanistischen Naturgesetzlichkeit die Auferstehung als einen mirakulösen Naturvorgang erscheinen lassen musste. Dies konnte in der Fachwelt nicht ohne Widerspruch bleiben: Hier setzt die kritische Erforschung des historischen Jesus ein, die Raimarus' Phantasiekonstrukt bald in Vergessenheit

[1] G. E. Lessing, Fragmente eines Wolfenbüttler Unbekannten, 1778.

geraten lässt, bis sie in den 20er Jahr des vergangen Jahrhunderts durch den Wiener Philologen Robert Eisler eine Wiederbelebung erfuhren.[2] Gegen die von Reimarus und Lessing vertretene Richtung traten Autoren auf, die Albert Schweitzer als Repräsentanten „des unausgebildeten Rationalismus“ bezeichnet hat. Das von ihnen kreierte neue literarische Genre ist „die Geschichte des Lebens Jesu“, die von nun an in immer neuen Abwandlungen Gestalt gewinnt. Darin wird ein latenter Semirationalismus bestimmend: die Wunder Jesu finden eine natürliche, vernünftige Erklärung. Für diese Art der Schriftauslegung stehen Namen wie Johann Jakob Hess, Franz Reinhard, Johan G. Herder.

Erst Heinrich Paulus rechnet definitiv mit den Wundern Jesu ab.[3] Die wunderbaren Taten Jesu stellen lediglich für die damaligen Menschen unerklärliche Ereignisse dar, die sie mangels einer Erkenntnis der Zweitursachen einem direkten Eingreifen Gottes zuschreiben. Viele dieser von Paulus aufgebrachten mehr oder minder gezwungenen Erklärungen führen in den liberalen Schriftkommentaren des 19. und 20. Jahrhunderts ein hartnäckiges Weiterleben. Einen weiteren Schritt vollzieht Karl August Hase, der es ganz irrelevant findet, ob Jesus von Gott aus dem Scheintod auferweckt worden ist.[4] Besondere Bedeutung kommt in der Leben-Jesu-Forschung des 19. Jahrhunderts David Friedrich Strauss zu. Unter dem Einfluß von Hegels Religionsphilosophie führt er den Begriff „Mythos“ in die Evangelienforschung ein. Nach seinem Dafürhalten bestehen die Evangelien aus einer Reihe von Mythen, d.h. von Erzählungen, die religiöse und philosophische Weisheitslehren einer bestimmten Zeit enthalten. In ihnen findet sich, um eine einzelne Person zentriert, ein Netzwerk von fiktiven Geschichten, das die Volksphantasie gewoben hat. Die Evangelien sind keine historische Wiedergabe des Lebens Jesu, sondern eine kreative *commemoratio* der Idee, die seine Person für die Menschheit ins Leben gerufen hat, der Gottmenschlichkeit, die das Ziel der gesamten Menschheit ist und als solche von jedem einzelnen realisiert werden muss. Diese Idee ist das „Ewig-Wirkliche“ an Jesus. Es ist diese Einsicht allein, die

---

2 Vgl. R. Eisler, Jesous basileus ou basileusas (Der König Jesus, der nicht König wurde).

3 Vgl. H. Paulus, Das Leben Jesu als Grundlage einer reinen Geschichte des Urchristentums, Heidelberg 1828.

4 Vgl. A. Schweitzer, Geschichte der Leben-Jesu-Forschung, Tübingen $^{2}$1921, 59–63.

sich für Strauss jeder Kritik entzieht. Verantwortlich für die reiche Mythenbildung rund um Jesu Person sind sowohl die Messiaserwartung jener Zeit als auch der nachhaltige Eindruck, den er mit seiner Persönlichkeit bei den Zeitgenossen hinterlassen hat. Darum liegt der historische Jesus in den synoptischen Evangelien – Johannes nimmt einen anderen Platz ein – unter einer dicken Schicht von Mythen begraben. Aufgrund der historischen Unzuverlässigkeit der Evangelien ist es für Strauss nicht möglich, das Leben Jesu aus ihnen so zu rekonstruieren, dass dem Konstrukt ein sicherer Wahrheitswert zukommt. Es komme für den Leser darauf an, sich den überzeitlichen philosophischen Gedankeninhalt zu eigen zu machen, den die Mythen in ihrer Weise enthalten. Die Rahmenbedingungen, von denen her Strauß an das Geheimnis Jesu Christi herangeht, sind von vornherein verengend und einschränkend, so dass die Evangelien als Glaubenszeugnisse gar nicht mehr in den Blick kommen. Dass Strauß' Untersuchungen jeder Quellenkritik ermangeln, wurde bald entdeckt und führte zur Entstehung von verschiedenen Studien, die sich mit dem Entstehungsprozess der Evangelien befassen. Im Zuge dieser Entwicklung entwickelt Ferdinand Christian Baur seine Tendenztheorie. Die Tübinger Schule, der er angehörte, verfolgt die Absicht, eine Antwort auf die Frage zu finden, wie die Evangelien entstanden seien. Um die Person Jesu geht es dabei kaum. Gegenstand des Interesses ist der Ursprung des Christentums, für den die Rolle des Paulus höher veranschlagt wird als die des Meisters selbst.[5]

Seit den 60er Jahren des vorletzten Jahrhunderts überwiegt die liberale Strömung in der Theologie. Formgebend wirkt darin das von vielen internalisierte Dogma: Der Christus des Glaubens ist nicht derselbe wie der historische Jesus.[6] Man ging dazu über, das vierte Evangelium als unhistorisch und aus dem zweiten Jahrhundert stammendes Werk zu betrachten. Es sei eine „völlig wertlose Geschichtsquelle".[7] Wie nimmt sich der wirkliche, historische Jesus unter diesen Vorgaben aus? Die hervorstechendste Vision dieses Jesus begegnet uns in dem berühmten Werk „Das Wesen

[5] Vgl. F. C. Baur, Paulus, der Apostel Jesu Christi, Tübingen 1845.

[6] Vgl. H. Zahrnt, Es begann mit Jesus von Nazareth, Stuttgart 1960, 37–39.

[7] Vgl. ebd.

des Christentums“ von Adolf v. Harnack[8], in dem dieses von allen zeitgebundenen Elementen befreit werden sollte.

Harnack eliminiert zuerst das erlösende Opfer des Kreuzestodes Jesu und seine Auferstehung, die nicht zu diesem „Wesen“ gehörten. Das „reine Evangelium“, wie es Harnack mit allen Liberalen annimmt, beschreibt uns, nachdem es aller verfremdenden (dogmatischen) Elemente entkleidet wurde, einen nur predigenden, unterweisenden Jesus, der vom Reich Gottes gesprochen, Gott als den Vater aller Menschen gelehrt und eine höhere Gerechtigkeit verkündet hat. Darin allein bestand der Inhalt der Sendung Jesu. „Das Dogma ist in seiner Conception und in seinem Ausbau ein Werk des griechischen Geistes auf dem Boden des Evangeliums.“[9] Es kommt für Harnack darauf an, sich die Lehre Jesu zu eigen zu machen, nicht darauf, christologische Fragen über seine Person zu stellen. Alle Spekulationen über seinen Tod und seine Auferstehung seien von späterem Datum.

Es stellt sich auch die Frage, ob Jesus selbst nicht ein ganz unmessianisches Selbstbewusstsein besessen hat, und ob nicht die Jünger von ihrem Osterglauben her messianische Prädikate auf ihn als verkündigenden Jesus projiziert haben. William Wrede wirft im Anschluß an das auffällige Schweigegebot Jesu im Markus-Evangelium genau dieses Problem auf: Verrät das Schweigegebot an jene, die von der Messianität Jesu sprechen, nicht den Widerspruch zwischen dem historischen Jesus mit seinem unmessianischen Verhalten und der nachträglichen nachösterlichen Interpretation?[10]

Wenn wir zu einer Beurteilung der liberalen Leben-Jesu-Forschung gelangen wollen, dann kann sie trotz Würdigung der Bibelforschung nur negativ ausfallen. Die Leben-Jesu-Forschung musste mit dem Ziel, den geschichtlichen Jesus darzustellen, scheitern. So musste schon A. Schweitzer den Bankrott dieser Forschung konstatieren.[11]

---

[8] A. v. Harnack, Das Wesen des Christentums, Leipzig 1920.

[9] A. v. Harnack, Lehrbuch der Dogmengeschichte I. Die Entstehung des kirchlichen Dogmas, 1885, Darmstadt 1980, 20.

[10] Vgl. W. Wrede, Das Messiasgeheimnis in den Evangelien (1901), Göttingen [3]1963.

[11] Vgl. A. Schweitzer, a.a.O., 631–632.

Das Scheitern hatte folgende Gründe: Auch das Markusevangelium und die von der Forschung vorausgesetzte Quellenschrift (Q) bieten keine biographisch-neutrale Beschreibung des Lebens Jesu; sie sind vielmehr bereits durch den Glauben an ihn geprägt. Auch theologisch musste diese Richtung im Sand verlaufen, denn man wollte den Glauben aus der Geschichte begründen, und der mit den Methoden der Geschichtswissenschaft herausgearbeitete historische Jesus wurde sogleich zum Objekt des Glaubens: Historische Wissenschaft sollte den zeitgemäßen Glauben dieser Epoche fundieren. Dies musste dazu führen, dass man immer wieder unreflektiert sein eigenes geistliches Leben, seine eigene zeitbedingte Theologie auf den historischen Jesus projizierte: „So fand jede folgende Epoche der Theologie ihre Gedanken in Jesus, und anders konnte sie ihn nicht beleben. Und nicht nur die Epochen fanden sich in ihm wieder: jeder einzelne schuf ihn nach seiner eigenen Persönlichkeit.“[12]

Die divergierendsten Jesusbilder sind das Produkt dieser Zeit. Sie bleiben bestimmt durch den neohumanistischen Mythos des 19. Jahrhunderts. In den meisten Werken begegnet man Jesus als Religionsstifter und sittliches Vorbild, als der Größte und Höchste unter den Weisen, die Träger von Offenbarung sind und die Menschen zu den großen Werken des Guten, Wahren und Schönen aufrufen. Hier gedeihen die unübersehbaren Inkonsequenzen. Die größte davon ist die behauptete radikale Gebundenheit an Jesus: Wenn es doch nur darum geht, was er gepredigt hat, warum kann seine Lehre dann nicht ohne den Lehrer tradiert werden?

Der Fehler bestand darin, die Gestalt Jesu ins 19. Jahrhundert zu versetzen, um ihn auf diese Weise zu modernisieren – ein Unternehmen, das schon Schweitzer als unmöglich betrachtete: „Jesus läßt sich nicht modernisieren.“ Was zum eigenen Glauben und zur eigenen Überzeugung passte, anerkannte man als echt, d.h. als historisch, was dem nicht entsprach, verwarf man als spätere Überlieferung.

„Die Rationalisten schildern Jesus als Moralprediger, die Idealisten als Inbegriff der Humanität, die Ästheten preisen ihn als den genialen Künstler der Rede, die Sozialisten als den Armenfreund und sozialen Reformer und die ungezählten Pseudo-Wissenschaftler machen aus ihm eine Roman-

---

[12] A. Schweitzer, a.a.O., 632.

figur. Jesus wird modernisiert. Diese Leben Jesu sind lauter Wunschbilder. Das Ergebnis ist, dass jede Epoche, jede Theologie, jeder Autor in der Persönlichkeit Jesu das eigene Ideal wieder findet.“[13]

## II. Die Neuauflage des alten Rationalismus bei Gustav Mensching

Die aus dem Rationalismus eines Lessing und Strauß erwachsenen Thesen erleben eine Neuauflage in der unter dem Begriff „Modernismus“ verhandelten Bewegung, die sich gerade in Deutschland zu Anfang des letzten Jahrhunderts Geltung verschaffte. In ihnen tritt die ihrer Grundtendenz nach gleichartige Auffassung über das Zustandekommen des dogmatischen Glaubens der Kirche hervor. So vertritt Gustav Mensching in seinem Buch „Der Katholizismus – Sein Stirb und Werde“ den Primat einer bewusstseinsmäßigen Erfahrung vor jedem dogmatischen Glauben: Das religiöse Erleben ist ihm sachlich immer das Erste. Dabei ist das, was in dem Erleben erfasst wird, diffus und unbestimmt und letztlich in allen Religionen im Wesentlichen das Gleiche. Es ist ein ungeschichtliches und nicht-rationales Gewahrwerden einer absoluten göttlichen Wirklichkeit. Erst eine nachträgliche, durch philosophische Systeme (das griechische Seinsdenken im Fall des Christentums) veranlasste Rationalisierung führe zu propositionalen Formulierungen, in denen der „Glaube“, der die Absolutheit des vorrationalen Erlebnisses zementiere, ein dogmatisches Gepräge erhalte. Ein solcher Glaube müsse nach dem Abdanken der rationalen Metaphysik notwendig in eine Krise geraten, deren Ausweg nur darin bestehen kann, das Dogma hinter sich zu lassen und in jener irrationalen Schicht, die nur der religiösen Erfahrung zugänglich ist, heimisch zu werden. Der Preis, um den die Religion gerettet werden soll, ist die Dispensierung von der Ratio.[14]

---

[13] J. Jeremias, Der gegenwärtige Stand der Debatte um das Problem des historischen Jesus, in: H. Ristow / K. Matthiae, Der historische Jesus und der kerygmatische Christus. Beiträge zum Christusverständnis in Forschung und Verkündigung, Berlin 1942, 14.

[14] Dies ist das große Thema, das die Enzyklika „Fides et Ratio“ (1998) Johannes Pauls II. aufgreift.

Für Mensching wie später für J. Hick, von dem noch die Rede sein soll, ist es typisch, nicht zwischen dem religiösen Erlebnis „des ursprünglichen Offenbarungsträgers und dem des Hörenden" zu unterscheiden, wird doch auch bei Hick das unterscheidend Christliche durch das aktuale Bewusstsein Jesu konstituiert, das prinzipiell auch von anderen Subjekten erreicht werden kann. Bei beiden Autoren wird der Inhalt des Glaubens, der auf göttlicher Offenbarung beruhen soll, vom Erlebnis als einem transzendentalen religiösen Apriori festgelegt. Diese Position führt aber in eine Aporie: So kann sich Offenbarung im eigentlichen Sinn – als in menschlicher Sprache ergehende Mitteilung des Gotteswortes – überhaupt nicht mehr *ereignen*. Was Karl Rahner treffend in der kritischen Besprechung des Buches von Mensching feststellt, trifft ebensogut die Offenbarungstheorie der heutigen Pluralisten, die in ihren Prämissen nicht über Mensching hinausgeht: „In Wirklichkeit aber kommt die Botschaft Christi in menschlicher, wenn auch vorwissenschaftlicher Begrifflichkeit, in eindeutig geprägten Worten für Verstand und Vernunft und Gefühl, und hinter ihnen liegt nicht unser religiöses Erlebnis, sondern die objektive Sache selbst, die sie allererst sehen lässt, wenn anders Gott uns etwas soll offenbaren können, was nicht schon immer in unserer religiösen Anlage impliziert (mitgegeben) war, und er nicht jedem sich privat offenbart, was die Geschichtlichkeit der christlichen Offenbarung aufheben würde."[15] Es kann dann nur noch um eine Privatoffenbarung gehen, die total an die eigene Subjektivität zurückgebunden bleibt: „Für eine solche haben dann die ursprünglichen Offenbarungsträger höchstens die Bedeutung des Anlasses, des pädagogischen Anreizes, des produktiven Urbildes. Damit ist dann gegeben, dass der Glaubensinhalt notwenig zusammenschrumpft auf das gegenständliche Korrelat (Gegen- bzw. Ergänzungsstück) eines von sich her material (inhaltlich) bestimmten Apriori ... der religiösen Anlage des Menschen selbst."[16]

Was bleibt, ist eine religiöse Grunderfahrung des Absoluten, wie sie Jesus Christus in einer besonders intensiven Weise gegeben war. Sie ist auch

[15] Vgl. K. Rahner, Neuer Modernismus? Zu dem Buch: Der Katholizismus. Sein Stirb und Werde (hg. von G. Mensching), in: ders., Sämtliche Werke, Bd. 4, Freiburg 1997, 313–323, hier: 318f.

[16] Vgl. ebd.

das Raster einer Verhältnisbestimmung der Weltreligionen untereinander. Die Christologie wird bereits bei Mensching in dieses Raster hineingepresst. Diese Tendenz, die Christologie auf das menschliche Bewusstsein zurückzunehmen, findet sich heute in den verschiedenen pluralistischen Theorien wieder.

## III. Jesus — der Avatar Gottes bei John Hick

Das Christentum droht heute in einem offenen Meer der allgemeinen Religiosität ohne Markierung und Dogma zu verschwimmen. Einen Versuch, die christliche Offenbarung vom breiten religionsgeschichtlichen Spektrum her relativierend zu vereinnahmen, stellt die pluralistische Religionstheologie eines John Hick dar. Diese Art der Beschäftigung mit dem, was christliche Religion ausmacht, wird getragen von Skepsis und Agnostizismus gegenüber der Fähigkeit des Menschen, über bloß subjektiv Erfahrbares hinauszukommen. Was bleibt, ist das in seine Endlichkeit zementierte Bewusstsein im Gegenüber zur absoluten Transzendenz eines Numinosum. Diese Vorgaben haben maßgeblich die Rezeptionsmuster geprägt, mit denen Hick die kirchliche Christologie in seinem Sinne umdeutet.

Die ganze Kritik Hicks an der klassischen Christologie bewegt sich im Verstehensrahmen der Frage nach dem empirischen Ich-Bewusstsein Jesu.[17]

---

[17] Vgl. zu diesem Problemkreis den gedanklichen Duktus der Kapitel 5–6 in J. Hicks *The Metaphor of God Incarnate*, in denen die unvermeidlichen Aporien der Zwei-Naturen-Lehre in aller Ausführlichkeit vorgeführt werden, die sich dann ergeben, wenn „Person" nur in kontinuierlichen Bewußtseinsakten besteht bzw. das gesamte Wirklichkeitsverständnis auf das subjektive bewußtseinsmäßige Erleben oder die Erfahrung der Identität des Selbstbewußtseins eingeengt wird. Mit einem nur *psychologischen Personbegriff* (Person = selbstbewußtes Ich) wird man in der Christologie immer in einer aporetischen Situation bleiben, aus der kein noch so angestrengtes Bemühen der Logik einen Ausweg bieten kann. Hick setzt sich in seiner Argumentation vor allem intensiv mit Th. Morris auseinander, der in seinem Buch *The logic of God Incarnate* dem gleichen Schema verhaftet bleibt. Morris versucht allerdings, die traditionelle Christologie durch eine „two-mind-Christologie" für ein modernes Verständnis aufzuarbeiten. Dass Hick sich ausschließlich in diesem eingeengten Verstehenshorizont bewegt, zeigt schon sein Frageansatz, der sich etwa in folgenden Formulierungen niederschlägt: „I can see two rather different possibilities. One involves a mutual relationship and interaction between the two minds, divine and human. That is to say, at certain times and to a certain degree the human mind of Jesus became conscious of being an object of awareness of the later encompassing con-

Die von Hick vorgetragenen Überlegungen zeigen eines sehr deutlich: Wenn man nur vom Bewusstsein handelt, bleibt man immer bei den Eigenschaften (qualities; patristisch: idia)[18] stehen und kommt nie zur Hypostase. Unter dieser Voraussetzung kann die Frage immer nur lauten: Was ist das Besondere an Jesu *Bewusstsein*. Worin unterscheidet er sich in der Innenwahrnehmung von allen anderen?
Das Hauptdilemma stellt sich angesichts der behaupteten Einheit von Gott und Mensch in der Person Christi auf dem Hintergrund seines Personbegriffs, nach dem personale Identität aus der Relation von Bewusstseinsströmen resultiert, auf diese Weise dar: Wenn Jesus mit dem Logos Gottes identisch ist, was ja bedeutet, dass er die präexistente *omniscientia* Gottes besitzt und gleichzeitig damit ein begrenztes menschliches Wissen und Selbstbewusstsein, dann kann er nicht *eine* Person sein.

So wird der kirchliche Glaube an die Person Jesu Christi auf dem Weg verschiedenster Beweisgänge, deren Prämisse ein aktualer psychologischer Personbegriff ist, in seiner klassischen Form des kirchlichen Dogmas von Hick ad absurdum geführt. Trotzdem bleibt eine lebensrelevante Bedeutung Jesu bestehen: Ihm kommt im Glaubensdenken seiner Anhänger eine entscheidende Funktion für den ethisch-praktischen Lebensvollzug zu.[19] Dabei ist es wohl nicht so sehr die *Person*, sondern „Jesus" als Katalysator religiöser Erfahrungen mit dem Gott der absoluten Liebe, der für das aufbereitete religiöse Sinnangebot in Frage kommen dürfte. Als prophetischer Hinweis auf Gott, den liebenden Vater, ist Jesus für Hick sogar „Mittler", wenn auch nicht der definitive und bei weitem nicht der einzige Mittler zum Zustand einer Heilserfahrung, die dem Menschen in diesem

sciousness of God the Son ..." Vgl. J. Hick, The Metaphor of God Incarnate. Christology in a Pluralistic Age, Louisville 1993, 52; vgl. ebd., 53: „Another possible way of spelling out a limited access of the human to the divine mind is in terms not of occasional consciousness-consciousness interaction but of occasional consciousness-consciousness unity. That is to say, from time to time and perhaps with varying degrees of clarity, the human mind of Jesus became conscious of its identity with the divine mind of God the Son. In these moments Jesus was consciously divine ..." Vgl. ebd., 64; vgl. ebd., 67.

[18] Vgl. ebd., 76: „Thus for God's moral qualities to become fully embodied in a human being, that human being would have to possess those qualities to the unlimited divine extent. But this does not seem possible. The characteristics of a finite human person can only be finite."

[19] Vgl. ebd., 79: „The metaphor of self-emptying thus serves the practical purpose of guiding us rightly in our own lives by pointing us away from self-centredness towards a radical recentring in God ..."

Leben gewährt werden kann. „Mittler" ist Jesus insofern, als er dem Menschen die heilshafte Gegenwart Gottes nahe bringt.[20]

Hick versperrt sich den Weg zu einer Christologie, die die seinshafte Beziehung von Jesus als Sohn zu seinem Vater, wurzelnd in der inneren Selbstmitteilung und Selbstunterscheidung Gottes in Betracht zieht. Dies hängt vornehmlich mit seinem Gottesbegriff zusammen. Deshalb muss er die Glaubensaussagen über Jesus, den Sohn Gottes, in seine metaphorische Bedeutungstheorie einpassen – ein Vorgang, bei dem alle Aussagen über das Sein Jesu auf seine Funktion für eine genau umrissene Klasse von Menschen zurückgenommen werden. Was die Kirche von Jesus, dem Christus, glaubt, kann nur eine metaphorische, nicht aber eine eigentliche Wahrheit sein. Welches ist dann aber der Sinn des christologischen Bekenntnisses?

In seiner Offenheit für Gott konnte Jesus vom Geist Gottes bewegt werden. Er ist der vom göttlichen Geist inspirierte Mann Gottes.[21] Dabei geht es nicht um den Heiligen Geist als einer eigenen Hypostase in Gott. „Geist" bezeichnet nicht einen hypostatischen Träger der göttlichen Natur, sondern die unbestimmte göttliche Monade im allgemeinen. Man könnte auch von der göttlichen „Gegenwart"[22] sprechen, die sich deshalb durch Jesu Wort und Handeln vermittelt, weil er sich dieser Gegenwart in besonderer Verantwortlichkeit geöffnet hat.[23]

---

[20] Vgl. ebd. Hier wäre allerdings zu fragen: Wie weit geht diese Mittlerschaft? Hick distanziert sich ausdrücklich von der Vorstellung einer Heilsmittlerschaft im eigentlichen Sinn. Wenn es keinen entscheidenden „Bruch" im Verhältnis des Menschen zu Gott gibt, ja wenn endliche Geistgeschöpfe nicht erst in die Gemeinschaft mit Gott vermittelt werden müssen, weil es irgendwie immer schon ein Zusammen von Gott und Mensch innerhalb derselben Wirklichkeit gibt, dann scheint eine reale Heilsmittlerschaft unnötig. Vgl. ebd., 127: „There is no suggestion of the need for a mediator between ourselves and God or for an atoning death to enable God to forgive." Es gibt kein rettendes Eingreifen Gottes durch einen Heilsmittler und kein Heilsdrama. Damit ist aber die Rolle Jesu in Hinblick auf das Heil des Menschen nicht mehr klar. Vgl. dazu G. Gäde, Viele Religionen – ein Wort Gottes. Einspruch gegen Hicks pluralistische Religionstheologie, Gütersloh 1998, 224.

[21] Hick beruft sich hier auf den anglikanischen Neutestamentler Geoffrey Lampe, der eine solche Inspirationschristologie als Alternative zu einer Zwei-Naturen-Lehre vorgestellt hat. Lampe versucht, in seiner Christologie ohne die hypostatische Union auszukommen. Vgl. ders., God as Spirit, Oxford 1977.

[22] Vgl. J. Hick, Jesus an the World Religions, in: ders. (Hg.), The Myth of God Incarnate, Philadelphia 1977, 167–185, hier: 172.

[23] Vgl. ders., Metaphor, 105; vgl. auch ebd., 79.

In der Begegnung mit Jesus machen Menschen die Erfahrung einer verdichteten Gegenwart Gottes. Und dies hat seinen Grund einfach darin, dass er selbst eine exzeptionelle Erfahrung dieser transzendenten Gegenwart Gottes hatte, für die er sich mehr als andere öffnete. Man könnt nun meinen, Hick vertrete die auch in der Hl. Schrift bezeugte wirkliche Aktionseinheit[24] von Gott und Jesus in dessen geschichtlichem Handeln. Indes muss man sich den Hintergrund der Gotteslehre Hicks vergegenwärtigen, nach der es kein geschichtliches Heilshandeln Gottes gibt. Alle Aussagen über Gottes Eingreifen in die Geschicke des Volkes Israel sind selbst nur metaphorischer Art.[25]

Fragt man nach der Relevanz der Gestalt Jesu und seiner Verkündigung für den Menschen im pluralistischen Zeitalter, so würde Hick antworten, dass Leben und Lehre Jesu keineswegs eine relative, sondern sogar eine *universale Bedeutung* haben, insofern sie für die praktische Lebensbewältigung tauglich sind.[26] Entsprechend der pragmatischen Absicherung von Wahrheit in seiner metaphorischen Bedeutungstheorie ist es gerade diese hier angesprochene Relevanz Jesu für den Umgang mit den Schwierigkeiten des Lebens, die nicht nur einzelne Momente der Gesinnung Jesu, sondern den ganzen Jesus-Mythos „wahr" macht.[27]

Was Jesus tat, wie er lebte und was er verkündete, hat seine Wurzel indes in seiner Beziehung zu dem Gott, den er „seinen Vater" nannte, und auf den er sich immer wieder maßgeblich bezog. Diese Rückbeziehung auf Gott gibt denn auch der christlichen Glaubensgemeinschaft die innere Berechti-

---

[24] Vgl. auch ebd., 52: „Not only was he ... overwhelmingly conscious of the reality and presence of God, but he was in an active relationship in which he prayed to God, heard God's voice, and responded in his actions to God's will for him."

[25] Vgl. ebd., 42: „In the Hebrew tradition the significance of a personally or communally remembered event or encounterend person was readily expressed in metaphorical and mythic terms. ... Indeed the entire biblical language about God and God's manifestations in the world is very largely metaphorical."

[26] Hier macht sich wieder eine funktionale Religionsbegründung geltend. Vgl. ebd., 26: „... Jesus, whose immensely powerful God-consciousness made God, and God's demanding but liberating claim upon men and women, intensely and startlingly real. He did not intend to found a continuing church or a new religion, and he was mistaken in his expectation of an early end to ordinary human history. Nevertheless he was so transparently open to the divine presence that his life and teaching have a universal significance which can still help to guide our lives today."

[27] Vgl. ders., Jesus, 178.

gung, den Sohn-Gottes-Mythos zu etablieren, der allerdings nur innerhalb der Grenzen des christlichen Sprachspiels sinnvoll bleibt.[28]

Für Hick brachte die frühe Phase der Jüngerschaft aufgrund der Erfahrungen, die Menschen mit dem lebenden Jesus gemacht hatten, diesen Mythos „Jesus als Sohn Gottes" hervor. Damit sollte das besondere Verhältnis, die Nähe zu Gott, dessen Diener und Prophet er war, unterstrichen werden. Wer für den Willen Gottes ganz offen ist, durch den kann Gott handeln.[29]

Die Nähe und Freundschaft Jesu zu Gott ist eine Relation zwischen einem geschöpflichen Bewusstsein und dem transzendenten Gott. Weil Jesus mehr als die anderen für Gottes Willen und Liebe offen ist, kann er Sohn Gottes genannt werden, und die Gemeinschaft mit diesem Gott vermitteln. [30]

Warum, so könnte man fragen, kann die Beziehung Jesu zu Gott ihren Grund nicht in einer inneren personalen Differenz in Gott haben, der sich mit Jesus als seinem Sohn identifiziert? Warum muss die Relation Gottes zu Jesus eine geschöpfliche Wirklichkeit als ihren Terminus haben? Hierauf würde Hick antworten: Weil es keine innertrinitarische Differenz oder ewige Mitteilung im Wort geben kann. Es wird jeweils schon vorausgesetzt, was er mit seinen Analysen zeigen will. Damit bewegt er sich in einem logischen Zirkel.

Sein Gottesbegriff lässt keine reale personale Relationalität in Gott zu. Für eine wirkliche Inkarnation, bei der Gott sich nicht nur auf ein geschaffenes Gegenüber bezieht, sondern eine geschaffene Wirklichkeit in das ewige Gegenüber von Vater und Sohn hineinnimmt, ist im pluralistischen System Hicks kein Platz. Ein innertrinitarischer Ansatz der Menschwerdung ist a priori ausgeschlossen.

---

[28] „The original metaphor of incarnation can express the distinctively Christian response to Jesus as mediating God's saving presence. This response was embodied in a life of common discipleship, thereby creating the Christian community. And the son of God metaphor is part of the private, idiosyncratic family speech of this community."

[29] Vgl. ebd., 45.

[30] Vgl. ebd., 43: „And in Paul's writings God and God's Son cannot be said to be co-equal, as the Persons of the Holy Trinity were later declared to be. The notion of Jesus as God's Son is indeed pretrinitarian."

Wenn Hick den Vaternamen Gottes in eine Reihe mit solchen Namen stellt, die in ihrer Definition immer einen unvollkommenen Gehalt einschließen und deswegen nie im eigentlichen Sinn von Gott prädiziert werden können, dann macht er ernst mit seinem pluralistischen Ansatz, demzufolge es keine eigentliche Offenbarung als Selbst-Erschließung Gottes gibt. Gott kann den Menschen in der Geschichte nie als der nahekommen, der er ist. Gerade die Frage nach den Namen Gottes weist auf den unüberbrückbaren Graben zwischen dem Bewußtsein Jesu – als konstitutiv für seine Relation zum „Vater" – und dem unmitteilbaren transzendenten Mysterium: Im Christusereignis liegt für Hick keine über das AT oder andere Religionen hinausgehende Offenbarung.[31]

Jesus ist nach der Anschauung Hicks der bloße Katalysator menschlicher Selbstranszendenz auf die Erfahrung eines immer entzogenen Absolutums. Er ist der Avatar Gottes – eine Bezeichnung, die aus dem Indischen kommt: *Avatara* (wörtl.: der Herabsteigende) bezeichnet im Hinduismus einen Gott, der die Gestalt eines Menschen oder Tieres annimmt.[32]

Damit deutet sich eine große Nähe der pluralistischen Position zu den erfahrungszentrierten mystischen Einheitsreligionen des Ostens an. In ihnen ist die ungegenständliche, bildlose Erfahrung des Mystikers die einzig verbindliche letzte Wirklichkeit im Bereich des Religiösen. Die mystischen

---

[31] Vgl. B. Forte, Das Christentum als Weltreligion und sein Verhältnis zu den Religionen, in: G. L. Müller, Einzigkeit und Universalität Jesu Christi. Im Dialog mit den Weltreligionen, Einsiedeln 2001, 267–281, hier: 277: „Man kann also annehmen, daß die nicht-christlichen Religionen authentische Elemente der göttlichen Selbstmitteilung enthalten, die allerdings für die Jünger Christi nur erkennbar sind in Anbetracht der Tatsache, daß die Offenbarung sich in Ihm erfüllt hat. Die heiligen Schriften dieser Religionen für das ‚Wort Gottes' zu halten und sie damit den Biblischen Schriften gleichzustellen, wäre allerdings nicht gerechtfertigt ... Elemente von ‚Gottes Wort' können in ihren Worten zu finden sein, doch sind sie immer mit rein historischen und kontingenten Elementen vermischt, die einen Widerstand oder sogar einen Gegensatz zum Licht der göttlichen Wahrheit, die befreit und rettet, darstellen. Es ist also ... an das Kriterium zu erinnern, durch das sie (sc. Die göttliche Selbstmitteilung) erkannt und erschlossen werden kann: Das Fundament ist die Theologie des Reiches Gottes und das Kriterium, an das sie sich hält, ist die unverzichtbare Einzigartigkeit der Offenbarung, die sich in Jesus Christus erfüllt hat."

[32] Es gibt zwei Arten von Avataras: den durch eine Frau geborenen und den elternlosen Anupadaka. Der indische Gott Vishnu hat zehn Avataras, von denen seine Reinkarnationen in Krishna und Rama am bekanntesten sind. In der Theosophie bezeichnet Avatara allgemein die Inkarnation des Göttlichen. Daneben gibt es noch die Shakti-Avesha-Avataras, das sind große Gottgeweihte, die von einer bestimmten Kraft (Shakti) Gottes erfüllt sind, um in seinem Dienst eine bestimmte Mission zu erfüllen. Avatara bezieht sich immer auf Gottes Selbst oder seine Kraft, die sich in einem besonderen gottgeweihten Selbst (Atman) verkörpert.

Religionen treten ebenfalls mit universalem Anspruch auf. Das liegt daran, dass die Erfahrung eben die letzte Instanz in Sachen Religion ist. „Diese Einstellung ... ist der Weg, der in vielfältigen Abwandlungen den einheitlichen Hintergrund der asiatischen Hochreligionen bildet.“[33] Es ist bedenkenswert, dass es heute in der Pluralistischen Theologie der Religionen einen deutlichen Rekurs auf die religiösen Traditionen Asiens gibt.

[33] Vgl. J. Ratzinger, Glaube, Wahrheit, Toleranz. Das Christentum und die Weltreligionen, Freiburg/Basel/Wien 2003, 28.

# Papst Johannes Paul II. in Sorge um das Sakrament der Busse

## Das Apostolische Schreiben „Misericordia Dei" vom 7. April 2002 über einige Aspekte der Feier des Sakramentes der Busse

*Gerhard Fahrnberger*

Wenn der verstorbene Heilige Vater Johannes Paul II. persönlich zum Ausleger kirchenrechtlicher Bestimmungen in dem von ihm erlassenen Gesetzbuch der Katholischen Kirche, dem Codex Iuris Canonici von 1983, geworden ist, dann muss es sich um eine sehr wichtige Angelegenheit handeln. Am 7. April 2002 hatte Papst Johannes Paul II. das Apostolische Schreiben „Misericordia Dei" über einige Aspekte der Feier des Sakramentes der Buße erlassen. So bald nach dem Jubeljahr der Jahrtausendwende veröffentlicht, ist es kein pessimistisches Dokument. Während der verstorbene Heilige Vater im Jahre 1984 im Nachsynodalen Schreiben „Reconciliatio et paenitentia" noch darum bitten musste, dass die Hirten der Kirche mit aller Anstrengung gegen die Krise des Sündenbewusstseins angehen müssen, konnte er zur Jahrtausendwende feststellen, dass das Jubiläumsjahr 2000 besonders von einer Rückkehr zur sakramentalen Buße geprägt war. Diese ermutigende Botschaft darf nicht unterschlagen werden. „Wenn viele Gläubige, darunter auch zahlreiche Jugendliche, dieses Sakrament fruchtbar empfangen haben, dann muss wahrscheinlich die Kirche mehr Vertrauen, mehr Phantasie und einen längeren Atem haben, um das Bußsakrament in der Verkündigung vorzulegen und seine Wertschätzung zu fördern."[1]

[1] Johannes Paul II., Apostolisches Schreiben „Misericordia Dei", als Motu Proprio erlassen, über einige Aspekte der Feier des Sakramentes der Buße vom 7. April 2002 (Verlautbarungen des Apostolischen Stuhles 153), S. 4. Dabei handelt es sich um ein Zitat aus dem Apostolischen

Dies ist auch eine Forderung echter Nächstenliebe und wahrer pastoraler Gerechtigkeit, ein Grundrecht der Gläubigen (can. 213 und can. 843 § 1 CIC). Der Papst erinnert konkret auch daran, dass jeder Gläubige, der die erforderliche innere Einstellung mitbringt, das Recht hat, persönlich die Gabe des Bußsakramentes zu empfangen. Persönlich heißt, von der alten Sprachwurzel des Wortes her, mit zugewandtem Antlitz. Wenn es um Schuld und Versagen geht, können wir uns nicht selber „am Schopf aus dem Wasser ziehen, in das wir gestürzt sind"; einem anderen müssen wir uns zuwenden; ein anderer muss unsere Not sehen, beurteilen können; er muss uns sagen können, wie andere uns sehen, wie die Gemeinschaft uns und unser Leben sieht. Nur dann ist Erkenntnis der Schuld, Reue, Buße und Aufarbeitung möglich. Gott der Herr ist unser Richter; sein Sohn Jesus Christus unser Maß; nur wenn wir uns an diesem Maß ausrichten, können wir auch einander Maßstab des richtigen Verhaltens werden. Papst Johannes Paul II. greift in diesem Zusammenhang auf die Lehre des Konzils von Trient vom richterlichen Charakter des Geschehens im Bußsakrament zurück, nachdem es „nach göttlichem Recht notwendig sei, die Todsünden samt und sonders zu bekennen", außer bei Unmöglichkeit.[2] Das Sakrament der Buße konnte in seiner langen und bemerkenswerten Geschichte verschiedene Gestalten annehmen, von der öffentlichen Exkommunikationsbuße der frühen Kirche bis zur Seelenführung der nach Vollkommenheit strebenden Gläubigen mit der Hilfe eines oft strengen und fordernden Beichtvaters. Immer hatte die Lossprechung als Akt der Versöhnung hoheitlichen Charakter; immer war sie kirchenamtliches Binden und Lösen, bis heute. Der Beichtvater ist immer auch Richter; er muss entscheiden, ob er jemanden von der das Gewissen belastenden Schuld lossprechen kann, weil die Bekehrung als Voraussetzung geschehen ist; oder ob der Beichtende an seine Schuld gebunden bleiben muss, weil er mit der sie bedingenden Sünde noch nicht gebrochen hat. Darum muss die Sünde als Ursache der Gewissensbelastung auch ausgesprochen werden, damit sie beurteilt und bewertet werden kann. Nach den Worten des

---

Schreiben „Novo Millennio Ineunte" zum Abschluss des Großen Jubiläums des Jahres 2000 vom 6. Januar 2001 (Verlautbarungen des Apostolischen Stuhls 150), Nr. 37.

[2] Ökumenisches Konzil von Trient, 14. Sitzung. Über das Sakrament der Buße, Kap. 4; ebd., can. 7, in: DH 1676; 1707.

Papstes sah die Kirche schon immer einen wesentlichen Zusammenhang zwischen dem Urteil, das den Priestern in diesem Sakrament als Aufgabe anvertraut ist, und der Notwendigkeit, dass die Büßer die eigenen Sünden bekennen, außer bei Unmöglichkeit. Das vollständige Bekenntnis der schweren Sünden ist nach göttlichem Recht, von der Wesensstruktur des Bußsakramentes her, grundlegender Bestandteil der Beichte, und ist gerade darum nicht der freien Verfügbarkeit der Hirten anheim gestellt. Das vollständige Bekenntnis der schweren Sünden ist eine Konstante, die in allen geschichtlichen Ausformungen und in den verschiedenen „Stilrichtungen" der heutigen Beichtpraxis unverzichtbar ist. Der Papst behält sogar das Urteil über das Vorliegen der Unmöglichkeit eines persönlichen Sündenbekenntnisses der kirchlichen Autorität vor; sie gibt die Entscheidungskriterien an, nach denen eine echte Unmöglichkeit, die Sünden zu bekennen, von anderen Situationen zu unterscheiden ist, in denen diese Unmöglichkeit nur scheinbar vorliegt oder jedenfalls überwindbar ist.

Natürlich ist dem Papst nicht verborgen geblieben, dass selbst ein gesetzlich geregeltes und in den Bedingungen der Zulässigkeit genau umschriebenes Angebot einer „kollektiven Absolution" für die Gläubigen mit eher oberflächlicher Einstellung eine Versuchung darstellen kann, sich den Belastungen einer guten persönlichen Beichte zu entziehen. Die persönliche Beichte erfordert viel Demut, Fähigkeit zu einer offenen und von jeder Beschönigung freien Beurteilung seiner selbst vor dem Beichtvater, vor einem konkreten Menschen. Die persönliche Beichte verlangt die Reife, dass jemand das „Nachtgesicht" seiner Person, seines Lebens und Handelns zu zeichnen vermag und es in Worten auch auszusprechen imstande ist. Nur durch diese demütige Leistung, die auch ein Werk der Gnade ist, wird der Mensch in der Tiefe geheilt durch die Begegnung mit dem Herrn, der verzeiht. Vielleicht ist es gut, dass das Apostolische Schreiben „Misericordia Dei" später gekommen ist, nach dem Abflauen gewisser Animositäten gegen die Einzelbeichte in den Jahren nach dem II. Vatikanischen Konzil. Gute Beichtväter sind jetzt wieder gefragt; und die Generalabsolution kann wiederum ihren ursprünglichen Stellenwert einnehmen, den sie von Anfang an hatte, als letzten Erweis der Barmherzigkeit Gottes in Lebensgefahr und Krisensituationen, in denen eine persönliche Beichte nicht oder nicht mehr möglich ist.

Was die Darstellung der Lehre über das Bußsakrament betrifft, die der rechtlichen Normierung zugrunde liegt, verweist Papst Johannes Paul II. auf die Darstellung im Katechismus der Katholischen Kirche.[3]

## Die Bestimmungen Papst Johannes Pauls II. über den verantwortlichen Gebrauch der Generalabsolution.

Papst Johannes Paul II. nahm die Normsetzung mit Strenge und Entschiedenheit vor, im Wissen um seine oberste Verantwortung auch für das Bußsakrament und wegen der Heilsbedeutung der echten Bekehrung. Die einfache und verständliche Erläuterung der Weisungen folgt der Gliederung des Dokuments.

1. Die erste Gruppe der Normen nimmt alle Hirten in Pflicht; die Oberhirten für die rechte Lehre, und die Seelsorgsverantwortlichen für das ausreichende Angebot an Beichtgelegenheit.

a) Alle Oberhirten, für Teilkirchen und Ordensgemeinschaften, haben die Spender des Bußsakraments an das grundlegende Gesetz der Kirche zu erinnern, das die Anwendung der katholischen Lehre sicherstellt, an die Weisung des can. 960 CIC, dass das persönliche und vollständige Bekenntnis und die Lossprechung der einzige und ordentliche Weg sind, auf dem ein Gläubiger, der sich einer schweren Sünde bewusst ist, mit Gott und der Kirche versöhnt wird. Allein physische oder moralische Unmöglichkeit entschuldigen; in diesem Fall kann die Versöhnung auf andere Weise erlangt werden.

Die Disziplin der Kirche hält treu an der Lehre des Konzils von Trient fest und betrachtet die persönliche Beichte als die einzige ordentliche Form, als die Regelform der Feier des Bußsakramentes. Im Bekenntnis vor dem Spender ist der Gläubige verpflichtet, in wahrheitsgetreuer und vollständiger Weise alle schweren Sünden zu bekennen, die er seit der Taufe oder der letzten Beichte begangen hat und von denen er noch nicht losgesprochen worden ist, an die er sich nach einer genauen Gewissenserforschung erinnern kann. Das Konzil von Trient als Erfordernis göttlichen

[3] Katechismus der Katholischen Kirche, Nr. 980–987; 1114–1134; 1420–1498.

Rechts dar, weil es der Herr selber bei der Einsetzung bestimmt hat (DH 1679). Nur eine physische, gleichsam naturgesetzlich bedingte Unmöglichkeit (schwere Krankheit, Endphase des Lebens) oder eine moralische Unmöglichkeit (z.B. schwere psychische Behinderung) gelten als Entschuldigungsgründe.

In den letzten Jahren fand, in Übereinstimmung mit der alten Tradition der Kirche, auch die gemeinschaftliche Seite des Bußsakraments größere Beachtung. Freilich darf man dabei nicht vergessen, dass die Bekehrung ein innerer Akt des Menschen ist, bei dem er sich durch niemanden vertreten lassen kann, auch nicht durch die kirchliche Gemeinschaft. Die Kirche verteidigt darum die Einzelbeichte als ein Recht der Seele. Es ist das Recht auf eine persönliche Begegnung des Menschen mit dem auferstandenen Herrn, der vergibt. Es ist das Recht Christi selbst gegenüber dem erlösten Menschen. Es ist sein Recht, sich mit jedem von uns in diesem Schlüsselmoment des Lebens der Seele zu treffen, den Bekehrung und Vergebung darstellen.[4]

b) Alle Hirten mit Seelsorgsdiensten tragen Verantwortung, dass die Beichten ihrer Gläubigen, die in vernünftiger Weise darum bitten, auch gehört werden. Außerdem muss den Gläubigen an festgesetzten Tagen und Stunden, die ihnen genehm sind, Beichtgelegenheit geboten werden (can. 986 § 1 CIC). Die Festschreibung der Beichtgelegenheit entspricht dem Grundrecht der Gläubigen auf die geistlichen Güter (can. 213 CIC) und der Sorgfaltspflicht der Seelsorger in der Dienstausübung. Außerdem wird die Beichtbereitschaft gefördert.

2. Der nächste Punkt ist sehr konkret und bestimmt die Verantwortlichkeiten für eine bestmögliche Festlegung der Beichtzeiten. Die Beichtgelegenheit muss den Gläubigen in der günstigsten Weise geboten werden, angepasst an die konkrete Lebenssituation der Menschen. Für die Seelsorgsverantwortlichen, die Ortsordinarien, Pfarrer und Kirchenrektoren, besteht eine periodische Überprüfungspflicht. Einige konkrete Empfehlungen werden gegeben, wie die sichtbare Anwesenheit der Beichtväter während der vorgesehenen Zeiten; die Anpassung dieser Zeiten an die konkrete Lebenssituation der Gläubigen. Deutlich hingewiesen wird aber

---

[4] Vgl. Codice di diritto canonico commentato, Milano 2001, zu can. 960 CIC, 784f.

auch auf die besondere Bereitschaft, vor den Messfeiern Beichtgelegenheit zu geben, aber auch, sofern Priester zur Verfügung stehen, während der Messe. Bewährte Erfahrungen werden in Erinnerung gerufen.[5]

Die konkreten Weisungen über die Beichtgelegenheit verdeutlichen die allgemeine Regel von can. 986 § 1 CIC, nach dem für alle Priester mit Seelsorgsverpflichtung Verfügbarkeit geboten ist, wenn Gläubige um das Sakrament der Buße in vernünftiger Weise bitten. Außerdem ist das Angebot fester Beichtzeiten Pflicht. Nach can. 986 § 2 CIC ist in dringender Notlage jeder Beichtvater zum Beichthören verpflichtet.

3. Der Papst missbilligt im dritten Punkt deutlich jede selektive Form des Bekenntnisses. Die Beichte darf sich nicht auf ein allgemeines oder auf ein Bekenntnis nur einer oder mehrerer für gewichtig gehaltener Sünden beschränken. Andererseits ist die Beichte lässlicher Sünden empfohlen, weil sie der Berufung aller Gläubigen Rechnung trägt (can. 988 CIC). Nicht umsonst empfiehlt das kanonische Recht die häufige Beichte besonders den Klerikern, Ordensleuten und den Angehörigen der Institute des geweihten Lebens (cann. 276 § 2, 664, 719 § 3 CIC).

4. Die Absolution mehrerer Pönitenten ohne vorangehende Einzelbeichte (cann. 961–964 CIC).

Den Kern des Apostolischen Schreibens „Misericordia Dei" des verstorbenen Papstes Johannes Paul II. über einige Aspekte der Feier des Bußsakraments bilden die Bestimmungen über die Absolution mehrerer Pönitenten gleichzeitig und ohne vorausgehende Einzelbeichte (Generalabsolution), in den Punkten 4–8. Sie legen die Vorschriften des Kirchlichen Gesetzbuches einschärfend aus (cann. 961–963 CIC).

Fest steht, dass die Absolution mehrerer Pönitenten gleichzeitig und ohne vorausgehende Einzelbeichte Ausnahmecharakter hat, wie es das Nachsynodale Apostolische Schreiben Reconciliatio et Paenitentia vom 2. Dezember 1984 schon ausgesprochen hatte (Nr. 32), und dass diese Absolution in allgemeiner Weise nur in den beiden Extremsituationen des Lebens erteilt werden kann:

[5] Vgl. Kongregation für den Gottesdienst und die Sakramentenordnung, Responsa ad proposita, in: Notitiae 37 (2001) 259f.

1. In Todesgefahr, wenn zugleich für einen oder mehrere Priester die Zeit nicht ausreicht, um die Bekenntnisse der Beichtwilligen zu hören.

2. Bei schwerer Notlage, d.h., wenn unter Berücksichtigung der Zahl der Pönitenten nicht genügend Beichtväter vorhanden sind, um die Bekenntnisse der einzelnen innerhalb angemessener Zeit ordnungsgemäß zu hören, so dass die Beichtwilligen ohne eigene Schuld gezwungen wären, die sakramentale Gnade oder die Heilige Kommunion längere Zeit zu entbehren. Einschränkend wird aber hinzugefügt, dass der Engpass an Beichtvätern auf Grund eines großen Andranges, wie es an hohen Feiertagen oder bei Wallfahrten vorkommen kann, nicht als schwere Notlage gilt. (Vgl. can. 961 § 1 CIC). Eine weitergehende Interpretation würde die rechtliche Umschreibung der Generalabsolution unzulässig erweitern. Erläuternd kann hinzugefügt werden, dass die heute gesetzlich festgeschriebene Form der Absolution mehrerer Pönitenten in Zusammenhang steht mit den Römischen Sondergewährungen zur Zeit der beiden Weltkriege im 20. Jahrhundert, als die oberste kirchliche Autorität angesichts der Lebensgefahr der Soldaten im Einsatz und dann auch der Zivilbevölkerung unter der Drohung der Luftangriffe die Möglichkeit der sakramentalen Lossprechung ohne vorherige Einzelbeichte erlaubt hatte.[6] Ein persönliches Bekenntnis, das sich sicher viele damals gewünscht hätten, war nicht immer möglich. Gerade in Lebensgefahr kann mit Gottes Gnade jeder Mensch seinen Weg zu Reue und Umkehr finden. Darum soll beichtwilligen Gläubigen, die ihr persönliches Bekenntnis auf Grund der widrigen Gegebenheiten nicht mehr ablegen können, die Möglichkeit einer sakramentalen Lossprechung in der außergewöhnlichen gemeinsamen Form offen stehen.

Der Ausdruck „schwere Notlage" wird im päpstlichen Schreiben eingehend präzisiert:

[6] Zur Übersicht über die Regelungen der Generalabsolution in den päpstlichen Dokumenten des 20. Jahrhunderts: A. Migliavacca, L`assoluzione collettiva: un caso eccezionale, in: E. Miragoli (Ed.), Il sacramento della penitenza, Milano 1999, 275–299. Vgl. Johannes Paul II., Apostolisches Schreiben „Reconciliatio et Paenitentia" vom 2. Dezember 1984, in: AAS 77 (1985) 185–275; Nr. 32, in: ebd., 267–269; Nr. 33, in: ebd., 269–271.
Die Regelungen im deutschen Sprachraum: vgl. J. Listl / H. Schmitz (Hg.), Handbuch des katholischen Kirchenrechts, 2. Auflage, Regensburg 1999, 844–846.

a) Die Bedingungen gehen nicht von der subjektiven Gewissensnot der Beichtwilligen aus, sondern von Ausnahmesituationen, die objektiv gegeben sein müssen, z.B. in ganzen Regionen, in Missionsgebieten, in der Diaspora, wo der Priester nur einmal oder wenige Male im Jahr vorbeikommen kann, wenn wetterbedingte oder kriegsähnliche Verhältnisse oder andere Umstände es gestatten. Bei der schweren Notlage muss es sich um regionale und strukturelle Behinderungen handeln. Die strenge Auslegung ist berechtigt, setzt doch can. 960 CIC als Entschuldigungsgrund für das persönliche Bekenntnis physische oder moralische Unmöglichkeit voraus. Die Gesamtsituation der pastoralen Organisation der Diözese und die Zugangsmöglichkeit der Gläubigen sind zu beachten.

b) Darum dürfen beide Voraussetzungen in can. 961 § 2 CIC nicht voneinander getrennt werden. Die Wartezeit auf die Beichtgelegenheit und die Zeit für die Beichte müssen angesichts der Gesamtsituation der Pönitenten und der pastoralen Organisation der Diözese beurteilt werden. Berücksichtigung finden muss auch die Zugangsmöglichkeit der Gläubigen zum Bußsakrament. Der rein individuelle Gesichtspunkt rückt in den Hintergrund.

c) Die ausreichende Beichtzeit für den einzelnen Pönitenten muss gleichfalls an den objektiven Möglichkeiten gemessen werden. Die Zeit für eine gültige und würdige Spendung genügt; ein längeres Seelsorgsgespräch kann auf einen günstigeren Termin verschoben werden.

d) Die Zumutbarkeit der Zeit der Entbehrung der sakramentalen Gnade darf den Begriff der physischen und moralischen Unmöglichkeit nicht verzerrend einschränken, als läge bereits bei einer Frist unter einem Monat die geforderte längere Entbehrung vor.

Hier darf wohl ergänzend hingewiesen werden, dass die vollkommene Reue und das ehrliche Verlangen nach dem Bußsakrament eine sündentilgende Kraft besitzen.

e) Mit Recht wird darauf verwiesen, dass bewusstes Entstehenlassen oder gar Herbeiführen einer scheinbaren schweren Notlage unzulässig ist. Solches wäre ein Zeichen fehlender Reue und Umkehrbereitschaft. Das wäre kein Weg zur Vergebung.

Den Abschluss des Apostolischen Schreibens „Misericordia Dei" Papst Johannes Pauls II. über einige Aspekte der Feier des Sakramentes der Buße vom 7. April 2002 bildet die klare Festlegung der rechtlichen Verantwortlichkeiten. Es sind die Punkte 5, 6, 7 und 8 in der fortlaufenden Zählung im Dokument.

Das Urteil über das Gegebensein der Voraussetzungen für die gemeinsame Absolution nach can. 961 § 2 steht nicht dem Beichtvater, sondern dem Diözesanbischof zu, der an Hand der von der Bischofskonferenz bestimmten Kriterien über das Gegebensein der Notfälle urteilen kann.

Auch die Bischofskonferenzen können im Licht des vorliegenden Motu Proprio Normen über die Notwendigkeit der Generalabsolution erlassen; die geplanten Regelungen sind aber vorher der Kongregation für den Gottesdienst und die Sakramentenordnung vorzulegen. Ebenso besteht für die Diözesanbischöfe der jeweiligen Bischofskonferenzen Meldepflicht, ob in ihrem Verantwortungsbereich Fälle von schwerer Notlage aufgetreten sind.

Klar wird auch die erforderliche persönliche Disposition des Pönitenten in den Einzelheiten beschrieben, gemäß der gesetzlichen Normen: Für den Empfang der Generalabsolution ist der Vorsatz des Pönitenten, die schwere Sünde, die er jetzt nicht bekennen kann, in der Einzelbeichte zu bekennen, eine Bedingung der Gültigkeit (can. 962 § 1 CIC). Selbst in Todesgefahr soll der Beichtende nach Möglichkeit zu einem Akt der vollkommenen Reue vor der Lossprechung ermuntert werden (can. 962 § 2 CIC). Gewohnheitssünder ohne ehrlichen Änderungswillen können die Lossprechung nicht gültig empfangen.

Unabhängig von der österlichen Beichtpflicht hat der Empfänger einer Generalabsolution die Pflicht zu einer persönlichen Beichte bei nächstmöglicher Gelegenheit (can. 963 CIC).

Der Hochwürdigste Herr Altbischof von St. Pölten, Seine Exzellenz Prof. Dr. Kurt Krenn, sieht den Wert von Bußfeiern und Bußandachten gerade in der Hinführung zur Einzelbeichte. Er hält aber fest: Der Weg der Versöhnung mit Gott führt über die persönliche Beichte des einzelnen Gläubigen. Nur in ganz besonderen Notfällen kann die sakramentale Generalabsolution an mehrere Gläubige erteilt werden; aber auch für eine solche Generalabsolution bleibt die Pflicht des Gläubigen bestehen, schwere Sünden zu gebotener Zeit in der Einzelbeichte zu bekennen. Eine schwere Notlage für Generalabsolutionen besteht nach dem Urteil des Diözesanbischofs (vgl. can. 961 CIC) in unserer Diözese nicht. Bußfeiern, die ohne besondere Notlage mit Generalabsolution ohne Einzelbeichte vollzogen werden, stellen daher einen ernsten Verstoß gegen die kirchliche Bußordnung dar. Mit solchen Generalabsolutionen ohne Einzelbeichte wird auch nicht die jährliche Beichtpflicht für die begangenen schweren Sünden erfüllt, da die Kirche dafür das aufrichtige Bekenntnis (can. 989 CIC) vorschreibt. Die für die Absolution notwendige Befugnis durch den Diözesanbischof kann bei unerlaubten Generalabsolutionen nicht als gegeben vorausgesetzt werden.[7] Diese früheren Weisungen sind immer noch geltendes diözesanes Recht. Den erläuterten später ergangenen Weisungen Papst Johannes Pauls II. über den rechten Gebrauch der Generalabsolution im Apostolischen Schreiben „Misericordia Dei" vom 7. April 2002 entsprechen sie voll, in Inhalt und Geist.

[7] Vgl. Kurt Krenn, Fastenhirtenbrief, 1. März 1992, in: St. Pöltner Diözesanblatt, Nr. 4, 1. März 1992, 23ff.

# Gott und das Leid

## Die Theodizeefrage als Herausforderung der Theologie

*Josef Kreiml*

Der Papst kann zwar den Krieg verdammen, aber er kann kein Erdbeben verurteilen." Diese zugespitzte Bemerkung hat der Turiner Philosoph Norberto Bobbio in einem Gespräch mit der Wochenzeitung „DIE ZEIT" gemacht.[1] Kriege und Erdbeben – damit sind die beiden zentralen Problemkreise der Theodizeefrage benannt: die moralischen Übel und die natürlichen Übel. Wie kann man in einer Welt, in der Menschen unsäglich leiden müssen, an einen gütigen und allmächtigen Schöpfergott glauben? Die große Zeit des theologischen Disputs über die Theodizeefrage liegt heute keineswegs hinter uns. Dies beweist u. a. die beträchtliche Anzahl neuerer Publikationen zu dieser Thematik.[2] Johann

---

[1] In: DIE ZEIT Nr. 1 / 29.12.1999, 41f, hier 42. – Beim folgenden Beitrag handelt es sich um die überarbeitete Fassung meiner Antrittsvorlesung, die ich bei der Thomas-Akademie am 28. Januar 2004 an der Philosophisch-Theologischen Hochschule der Diözese St. Pölten gehalten habe. Der Jubilar, Bischof Prof. Dr. Kurt Krenn, hat mich 2003 als Professor für Fundamentaltheologie und Dozent für Ökumenische Theologie an die Hochschule berufen. Bereits als junger Theologiestudent an der Katholisch-Theologischen Fakultät der Universität Regensburg (ab dem Wintersemester 1977/78) hörte ich beim damaligen Prof. Krenn philosophische Vorlesungen. Später schrieb ich bei ihm meine Diplomarbeit über Karl Rahners „Geist in Welt". Bischof Krenn war 1988 – damals bereits Weihbischof in Wien – auch Erstgutachter meiner Dissertation über die Spätphilosophie Schellings.

[2] Vgl. W. Beinert (Hg.), Gott – ratlos vor dem Bösen? (QD 177) Freiburg 1999; E.-M. Faber (Hg.), Warum? Der Glaube vor dem Leiden (Schriftenreihe der Theologischen Hochschule Chur, 2), Freiburg/Schweiz 2003; G. Fuchs (Hg.), Angesichts des Leids an Gott glauben? Zur Theologie der Klage, Frankfurt a. M. 1996; W. Groß / K.-J. Kuschel, „Ich schaffe Finsternis und Unheil!" Ist Gott verantwortlich für das Übel? Mainz 1992; I. Kant, Über das Misslingen aller philosophischen Versuche in der Theedizee (1791), in: Kants Werke, Bd. 8, Berlin 1923, 253–271; W. Oelmüller (Hg.), Leiden (Kolloquium Religion und Philosophie, 3), Paderborn 1986; ders.

Baptist Metz behauptet sogar, die Theodizeefrage sei zum Schicksalsort der Gottesfrage geworden.[3] Eines ist jedenfalls klar: Eine Theologie, die sensibel ist für die Leiderfahrungen der Menschen, „geht nicht von Grenzphänomenen, sondern von der Mitte und Tiefe des Menschseins aus".[4]

In der Vergangenheit sind die unterschiedlichsten Ansätze einer Theodizee intensiv diskutiert worden. So hat sich z. B. Gerd Neuhaus in seiner Habilitationsschrift mit den Theodizee-Entwürfen bei Rahner, Pannenberg, Küng, Moltmann und Jüngel auseinandergesetzt.[5] Vor einiger Zeit hat Armin Kreiner mit einem eigenen Diskussionsbeitrag zur Theodizeefrage eine neue Debatte ausgelöst.[6] Diesem Entwurf soll heute unsere besondere Aufmerksamkeit gelten. Ziel meiner Ausführungen wird es sein, die Grundoptionen dieses Ansatzes kritisch zu beleuchten.

Der atheistisch gesinnte Rechtsphilosoph Norbert Hoerster hat den Entwurf des Münchener Fundamentaltheologen auffallend positiv gewürdigt: Mit Kreiner stellt sich – so Hoerster – erstmals seit Jahrzehnten ein deutscher Theologe dem Theodizeeproblem mit einer Strategie, die sich nicht so leicht ad absurdum führen lässt. Kreiner wirke dem schlechten Ruf, in den seine theologische Disziplin aufgrund einer weitverbreiteten „Pastoralrhetorik" unter denkenden Menschen geraten ist, entgegen. Aufgrund seiner argumentativen „Offenheit und Klarheit" stelle Kreiners Entwurf für Gläubige und Ungläubige eine „erhebliche Herausforderung" dar. Mit seinem Plädoyer für die *free will defense* bewege sich Kreiner „auf der Höhe analytischen Philosophierens". Freilich kommt Hoerster insge-

---

(Hg.), Theodizee – Gott vor Gericht? München 1990; E. Stump, Die göttliche Vorsehung und das Böse. Überlegungen zur Theodizee im Anschluss an Thomas von Aquin (FHSS, 8), Frankfurt a. M. 1989; H. Wagner (Hg.), Mit Gott streiten. Neue Zugänge zum Theodizee-Problem (QD 169), Freiburg ²1998.

[3] Vgl. etwa J. B. Metz, Die Rede von Gott angesichts der Leidensgeschichte der Welt, in: StdZ 210 (1992) 311–320; ders. (Hg.), „Landschaft aus Schreien". Zur Dramatik der Theodizeefrage, Mainz 1995; ders. / J. Reikerstorfer, Theologie als Theodizee – Beobachtungen zu einer aktuellen Diskussion, in: ThRv 95 (1999) 179–188; J. B. Metz, Memoria Passionis. Ein provozierendes Gedächtnis in pluralistischer Gesellschaft, hg. v. J. Reikerstorfer, Freiburg 2006.

[4] W. Kasper, Der Gott Jesu Christi, Mainz ³1995, 199–205, hier 202.

[5] [5] Vgl. G. Neuhaus, Theodizee – Abbruch oder Anstoß des Glaubens, Freiburg 1993. – Auch auf das neuere Werk dieses Autors sei verwiesen: G. Neuhaus, Frömmigkeit der Theologie. Zur Logik der offenen Theodizeefrage (QD 202), Freiburg 2003.

[6] A. Kreiner, Gott im Leid. Zur Stichhaltigkeit der Theodizee-Argumente (QD 168), Freiburg 1997. – Vgl. jetzt auch A. Kreiner, Gott im Leid. Zur Stichhaltigkeit der Theodizee-Argumente. Erweiterte Neuausgabe, Freiburg 2005. Zitiert wird im folgenden nach der Ausgabe 1997.

samt zu dem Ergebnis, dass Kreiners Antwort „letztlich nicht überzeugen kann".[7] Neuhaus wendet gegen Kreiner, der in seinem Entwurf v.a. Positionen angloamerikanischer Provenienz zum Leuchten bringen will, ein, dass die deutschsprachige Theologie in der Wahrnehmung theodizeerelevanter Fragen „keineswegs sosehr mit leeren Händen"[8] dasteht, wie Kreiner es glauben macht.

## I. Kreiners Theodizee-Entwurf: Kritische Darstellung und Anfragen

### 1) Der Versuch, über die „reductio in mysterium" hinauszukommen

Unter dem Titel „reductio in mysterium" subsumiert Kreiner alle Positionen, die zumindest die vorläufige theoretische Unlösbarkeit des Theodizeeproblems behaupten, dabei aber am theistischen Bekenntnis festhalten. Exemplarisch hat diese Position Karl Rahner formuliert, wonach die Unbegreiflichkeit des Leids ein Moment der Unbegreiflichkeit Gottes selbst ist.[9] Das Faktum des Leids stellt demnach für das christliche Bekenntnis ein Geheimnis dar, dessen Sinn sich vom menschlichen Standpunkt aus nicht ergründen lässt. In der Regel geht die „reductio in mysterium" mit der Hoffnung einher, dass Gott dem Menschen im Eschaton seine Gründe für die Zulassung der Übel zu verstehen geben wird. In geradezu klassischer Weise hat diese Hoffnung Romano Guardini zum Ausdruck gebracht: Er will sich im letzten Gericht nicht nur Fragen stellen lassen. Vielmehr will er auch selbst Fragen an Gott richten, und hofft, dann Antwort zu erhalten auf die Frage, die weder Schrift noch Dogma, weder

---

[7] Vgl. N. Hoerster, Rez. von: A. Kreiner, Gott im Leid. Zur Stichhaltigkeit der Theodizee-Argumente, Freiburg 1997, in: FAZ Nr. 85 / 11.04.1998, 8; auch G. M. Hoff, Ist die „reductio in mysterium" irrational? Zu A. Kreiners Quaestio Disputata, in: ZKTh 121 (1999) 159–176. – Als positives Beispiel einer pastoralen Rede über die Theodizee vgl. O. Fuchs, Neue Wege einer eschatologischen Pastoral, in: ThQ 179 (1999) 260–288.

[8] G. Neuhaus, Rez. von: A. Kreiner, Gott und das Leid, Paderborn 1994, in: ThRv 92 (1996) 130–136, hier 136.

[9] Vgl. K. Rahner, Warum lässt Gott uns leiden? In: ders., Schriften zur Theologie, Bd. 14, Zürich u. a. 1980, 450–466, hier 463; auch ders, Die menschliche Sinnfrage vor dem absoluten Geheimnis Gottes (1977), in: ders., Schriften zur Theologie, Bd. 13, Zürich u. a. 1978, 111–128.

Lehramt noch Theologie beantworten können, nämlich die Frage: Warum, o Gott, die fürchterlichen Umwege zum Heil? Warum das Leid der Unschuldigen? Warum die Schuld? – Einer mit der „reductio in mysterium" verbundenen vorläufigen Theologie des Schweigens korrespondiert die Hoffnung auf die Beantwortung der Frage nach dem Warum des Leidens durch Gott selbst am Ende der Geschichte.

Kreiner konzediert, dass die sog. „reductio in mysterium" eine „logisch durchaus konsistente Position" formuliert. Die These von der vorläufigen Unerkennbarkeit der Gründe Gottes für die Zulassung des Leids stellt gleichsam den „letzten Ausweg" des theistischen Apologeten dar. Kreiner selbst ist freilich der Überzeugung, dass die weitere Suche nach Gründen der Leidzulassung durch einen allmächtigen und gütigen Gott nicht „a priori aussichtslos"[10] ist. Angesichts der immensen Relevanz der Leidthematik wäre die Weigerung, sich um eine weitere Erhellung prinzipiell einsehbarer Gründe zu bemühen, nicht zu rechtfertigen.

### 2) Der Versuch, die Essentials der augustinischen Erbsündenlehre auf die innergeschichtliche Ebene zu transponieren

In seiner „Quaestio" setzt sich Kreiner intensiv mit der augustinischen Erbsündenlehre auseinander, in der jegliches Übel als Sünde bzw. als Strafe für die Sünde verstanden wird. Im Zentrum dieser Lehre steht eine Art „Vergeltungslogik", die die Verantwortung für den leidverursachenden Zustand der Welt dem Versagen des paradiesischen Menschen anlastet. Das Leid – als Folge gerechter Strafe verstanden – bildet nach diesem Erklärungsmodell keinen Einwand gegen den Glauben an einen sittlich vollkommenen Gott. Selbst in säkularisierten Kontexten ist diese Sichtweise (Leid als Sündenstrafe verstanden) sehr verbreitet. In der Konsequenz dieses Verständnisses stellt sich das Theodizeeproblem „nur noch"[11] als Frage nach dem Leid der Unschuldigen. Man kann zwei Spielarten dieser sog. Vergeltungslogik unterscheiden, nämlich a) eine individuelle Vergel-

---

[10] Vgl. A. Kreiner, Gott im Leid, a.a.O., 70 f.

[11] Ebd., 143.

tungslogik und b) eine kollektive Vergeltungslogik (wie sie in der christlichen Erbsündenlehre formuliert ist).

a) Das Scheitern der individuellen Vergeltungslogik

Schon im Alten Testament werden – angesichts des Leidens des gerechten Ijob – „radikale Zweifel“[12] an der individuellen Vergeltungslogik laut. In der Einsicht, dass es Sündern gut gehen kann, während Gerechte leiden müssen (vgl. Koh 8,14; 9,2 f; Ps 73), ist der „massivste Einwand“ gegen die individuelle Vergeltungslogik zu sehen. Vollends widerlegt wird diese Logik durch die Tatsache, dass sogar schuldunfähige Kinder leiden müssen. In diesem Zusammenhang kann auch auf lehramtliche Texte verwiesen werden: In der Bulle „Ex omnibus afflictionibus“ (1572) des Papstes Pius` V. wird der Michael Bajus zugeschriebene Satz verurteilt, alle „Drangsale der Gerechten ... (seien) ganz und gar Strafen für ihre eigenen Sünden“ (vgl. DH 1972). Ein ähnliches Urteil ist in der Konstitution „Unigenitus Dei Filius“ aus dem Jahr 1713 (vgl. DH 2470) zu finden. Als Reaktion auf die offensichtlichen Ungereimtheiten der individuellen Vergeltungslogik hat man in der Theologiegeschichte nach anderen Interpretationen Ausschau gehalten: Das Leid wurde gedeutet 1) als erzieherisches Mittel Gottes (vgl. Spr 3,12: „Wen der Herr liebt, den züchtigt er ...“), 2) als Mittel zur Erprobung des Glaubensgehorsams, 3) als der Läuterung des Sünders dienlich. 4) Auch mit dem postmortalen Ausgleich für auf Erden erlittenes Unrecht wurde vielfach argumentiert.[13]

*b) Kreiners Kritik der augustinischen Erbsündenlehre*

Die beiden wichtigsten Pole, zu denen sich die theologisch-dogmatische Deutung des Leidproblems entfaltete, bilden die Erbsünden- und Erlösungslehre. Die klassische neutestamentliche Belegstelle für die Erbsündenlehre ist in Röm 5,12 („Durch einen einzigen Menschen kam die Sünde in die Welt und durch die Sünde der Tod zu allen Menschen, weil alle sündigten.“) zu sehen. Der Tod und die Leidensfähigkeit des Menschen

[12] Ebd., 146.

[13] Vgl. C. Carretto, Warum, Herr? Erfahrungen der Hoffnung über das Geheimnis des Leids, Freiburg 1986.

werden nach dieser Glaubenslehre nicht nur als *Folge der Ursünde*, sondern auch als *Strafe für die Ursünde* gesehen. Herman Schell hat im zweiten Band seiner „Dogmatik" von 1890 geradezu von einer „Theodizee der Erbsünde" gesprochen.[14] Bei Augustinus fungiert – neben der Universalität des Todes – das Faktum, dass Kinder leiden müssen, als „schlagendes Argument"[15] für die Gegebenheit der Erbsünde.

*Das Problem der Gerechtigkeit?*

Die kollektive Vergeltungslogik der augustinischen Erbsündenlehre basiert – so Kreiner – auf einem „problematischen Gerechtigkeitsverständnis", das nicht erst dem moralischen Empfinden der Moderne widerspricht. „In höchstem Maße ungerecht wäre insbesondere eine ewige Höllenstrafe aufgrund von Sünden, die von anderen begangen wurden".[16] Augustinus ist sich der Brisanz dieser Problematik durchaus bewusst gewesen. Deshalb klingt bei ihm eine Theodizee an, die jenseits der Logik von Sünde und Vergeltung angesiedelt ist. Nach „De libero arbitrio" III, 56 sind Unwissenheit und Unvermögen nicht mehr als Sündenstrafen zu verstehen, sondern als Voraussetzung und Mahnung zu Fortschritt und Vervollkommnung der Seele.

*Historische und logische Probleme der Erbsündenlehre?*

Neben diesem Problem der Gerechtigkeit wirft – so die These Kreiners – insbesondere die mythologische Einkleidung der traditionellen Erbsündenlehre „weitere historische und logische Probleme"[17] auf. Damit spricht Kreiner das Problem an, wie die klassische Erbsündenlehre mit Ergebnis-

---

[14] Zum Verständnis der Erbsünde vgl. S. Wiedenhofer, Die Lehre der Kirche von der Erbsünde. Geschichtliche Entwicklung und heutiges Verständnis, in: ders. (Hg.), Erbsünde – was ist das? Regensburg 1999, 35–65; auch P. Gahn, Erbsünde oder besser: Vorpersonale Unheilssituation, in: AnzSS 109 (2000) 133. – Zur Frage „Gott und das Böse" vgl. K. Kienzler, Es bleibt das mysterium iniquitatis, in: AnzSS 108 (1999) 498; auch M. Deselaers, Und Sie hatten nie Gewissensbisse? Die Biographie von Rudolf Höß, Kommandant von Auschwitz, und die Frage nach seiner Verantwortung vor Gott und den Menschen, Leipzig 1997, 233–409. – Aus christentumskritischer Sicht äußert sich zum Problem „Erbsünde und Erblast" F. M. Wuketits, Warum uns das Böse fasziniert. Die Natur des Bösen und die Illusionen der Moral, Stuttgart 1999, 199–242.

[15] A. Kreiner, Gott im Leid, a.a.O., 153.

[16] Ebd., 158.

[17] Ebd., 160.

sen der modernen Wissenschaften kongruent gemacht werden kann (vgl. z.B. das Problem Mono- bzw. Polygenismus). Ich weise in diesem Zusammenhang nur darauf hin, dass in der neueren Theologie ein sozialontologisches Verständnis der Erbsünde vorherrschend ist.[18]

Kreiner stellt in seiner Augustinus-Kritik zwar fest, dass sich die Erbsündenlehre „im Lichte der modernen menschheitsgeschichtlichen Erkenntnisse neu interpretieren"[19] lässt. Das entscheidende Manko seines Buches besteht aber darin, dass er der neueren hermeneutischen Diskussion über die Erbsündenlehre keine Aufmerksamkeit schenkt. Vielmehr weist er die gesamte Erbsündenlehre – mit Bezug auf seinen Gewährsmann John Hick – pauschal und undifferenziert zurück. Kreiners Position bezüglich der Erbsündenlehre basiert auf einer seltsamen Inkonsequenz. Der „entscheidende Einwand" gegen die Erbsündenlehre besteht – so Kreiner – darin, dass auf der Ebene dieses Erklärungsmodells dem Schöpfergott „letzten Endes auch die Verantwortung für die Sünde zufallen würde".[20] Gleichzeitig versieht er – an anderer Stelle – diese Bewertung mit der Einschränkung, „zumindest"[21] die Versuchbarkeit des paradiesischen Menschen fiele als gravierender Mangel auf den Schöpfer selbst zurück.

Kreiner verweist in diesem Zusammenhang zwar auf den amerikanischen Theologen Bruce R. Reichenbach, der John Hick im Hinblick auf die Erbsündenlehre „mehrere Missverständnisse"[22] vorwirft und gegen diesen pluralistischen Religionstheologen – m.E. mit vollem Recht – einwendet, die Versuchbarkeit des ersten Menschenpaares widerspreche „nicht der ursprünglichen Güte Gottes". Die Freiheit des Geschöpfes impliziert nämlich die Versuchbarkeit. Kreiner dispensiert sich davon, diese überzeugende Erwiderung Reichenbachs zu diskutieren. Stattdessen folgt er Hick völlig kritiklos, wenn er folgende Behauptung aufstellt: „In jedem Fall trägt Gott auch die Verantwortung ... für den paradiesischen Sündenfall".[23] Diese generelle Frontstellung gegen die Erbsündenlehre scheint mir

---

[18] Vgl. W. Kasper, Negativität und Böses, in: CGG, Teilbd. 9, Freiburg, $^{2}$1981, 176–201, hier 184.

[19] A. Kreiner, Gott im Leid, a.a.O., 160.

[20] Ebd., 161.

[21] Ebd., 160.

[22] Vgl. B. R. Reichenbach, Evil and a Good God, New York 1982.

[23] A. Kreiner, Gott im Leid, a.a.O., 162.

in der Tradition eines problematischen Rationalismus zu stehen. Eine Interpretation, die die moralische „Schuld" für die Versuchbarkeit des paradiesischen Menschen Gott zuschieben will, ist theologisch unhaltbar. Dies zeigt sich bereits an der bloßen Tatsache, dass Kreiner selbst im Rahmen seiner eigenen *free will defense* (Verteidigung der Theorie vom freien Willen des Menschen) die Möglichkeit, dass der Mensch böse Handlungen begehen kann, dem Schöpfergott gerade nicht in theodizeerelevanter Weise als „Schuld" anrechnen wird. Die entscheidende Inkonsequenz in Kreiners Theodizee-Entwurf besteht also darin, dass er die Erbsündenlehre mit einem Argument verwirft, auf das er sich in seiner eigenen Theorie später stützen muss und stützen wird.

c) Das positive Anliegen: Der Rückgriff auf voraugustinische Traditionen

Die zentrale Intention von Kreiners Kritik der Erbsündenlehre besteht in dem Versuch, die Essentials dieser Lehre auf die innergeschichtliche Ebene zu transponieren. Dabei will er auf voraugustinische Traditionen zurückgreifen. Die Frage, warum Gott den Menschen als ein Wesen erschaffen hat, das sündigen kann, haben schon die christlichen Theologen der ersten Jahrhunderte mit dem Hinweis auf den hohen Wert der menschlichen Willensfreiheit beantwortet (vgl. Augustinus, De civitate Dei XII, 6 f / XIII, 14) Augustinus hat sich – so Kreiners Analyse – durch eine „radikale Deutung" der Erbsündenlehre immer entschlossener auf eine Lösung versteift, in der die Willensfreiheit „eigentlich nur mehr in der paradiesischen Ouvertüre eine Rolle spielt", während in seiner Interpretation des infralapsarischen, geschichtlichen Menschen „eindeutig das Vergeltungsschema dominiert" (Leid als Strafe). Kreiner wendet sich – mit durchaus diskussionswürdigen Gründen – gegen eine extreme „Theodizee der Erbsünde", in der sich die Logik der Strafe zunehmend verselbständigt hat. Er sieht in der Freiheit des geschichtlichen Menschen einen eminenten Wert, „der die Möglichkeit der Sünde wie auch deren Zulassung durch Gott rechtfertigt"[24]. Dabei will Kreiner vermeiden, dass die Willensfreiheit ausschließlich als unabdingbare Voraussetzung der paradiesischen Ursünde begriffen wird. Unter Hintanstellung des Strafgedankens deutet der Münchener

---

[24] Ebd., 163.

Fundamentaltheologe die Willensfreiheit als jenen zentralen Wert, dessen Realisierung – neben Sekundärwerten – „unausweichlich auch das Risiko von Leid zur Folge hat".[25]

### 3) Das Argument der Willensfreiheit: Die Durchführung des Transponierungsversuches

Die Willensfreiheit stellt einen grundlegenden anthropologischen Wert dar, der für das Selbstverständnis des Menschen als eines sittlichen Wesens konstitutiv ist. Sie ermöglicht das personale Sein des Menschen. Im Kontext der Evolution von Lebensformen ermöglicht sie eine qualitativ neue Daseinsstufe. Die Realisierung einer ethisch signifikanten Willensfreiheit setzt einen Freiheitsspielraum voraus, der dem Menschen auch die Möglichkeit eröffnet, anderen Lebewesen Leid zufügen zu können. In einer leidfreien Welt wären ethische Kategorien ebenso sinnlos wie in einer durchgängig determinierten Welt. Wenn Gott freie Wesen schaffen will, ist er – aus logischen Gründen – gezwungen, auch das Risiko moralischer Übel in Kauf zu nehmen. Mit der Erschaffung freier Wesen verfolgt Gott das Ziel, dass sich der Mensch zu einem sittlichen Wesen entwickeln kann.

Die entscheidende Einsicht der traditionellen Erbsündenlehre besteht nach Kreiner in der Erkenntnis, dass zur Grunddisposition menschlichen Verhaltens unmoralische Neigungen gehören, denen der Mensch aufgrund moralischer Einsichten widerstehen kann.[26] Kreiner versteht die sittliche Verderbtheit des Menschen, seine Inklination zur Sünde, nicht als gerechte Strafe für einen historisch gedachten Sündenfall, sondern als Disposition der menschlichen Natur, die sich aus animalischen Anfängen entwickelt hat. Die Verantwortung für diese Disposition zum Negativen falle unmittelbar auf Gott zurück, sofern er für die Beschaffenheit der menschlichen Natur verantwortlich ist. Der Ausfall der Erbsündenlehre bei Kreiner wirkt sich hier fatal aus. Er hat zur Folge, dass die Verantwortung für die menschliche Neigung zum Bösen Gott in die Schuhe geschoben wird. Während die klassische Erbsündenlehre die Disposition zum

[25] Ebd.

[26] Vgl. ebd., 230.

Bösen als Folge der Erbsünde interpretiert, versteht Kreiner die Neigung des Menschen zum Bösen als Element der von Gott geschaffenen menschlichen Natur. Angesichts böser Inklinationen erhalten gute Handlungen einen ungleich höheren ethischen Stellenwert. Insofern sieht Kreiner in den negativen Neigungen des Menschen den „Ermöglichungsgrund" zur Ausbildung sittlicher Tugenden. Mit dieser Position kommt Kreiner dem Versuch Teilhard de Chardins sehr nahe, der das Böse ebenfalls als unvermeidliches Nebenprodukt der Evolution verstehen wollte.[27] Diese konzeptionelle Parallele zu Teilhard de Chardin wird von Kreiner aber mit keinem Wort erwähnt.

a) „Theodizee der Seelenbildung": der personale Reifungsprozess des Menschen

Kreiner übernimmt von John Hick, der als Vertreter der pluralistischen Religionstheologie bekannt geworden ist, die These, wonach in der Seelenbildung (Hick spricht von „soul-making" bzw. „person-making") das „Telos des menschlichen Daseins"[28] liegt. Das Ziel des individuellen Menschenlebens besteht demnach in einem eschatologischen Zustand, der durch einen langwierigen – moralischen und spirituellen – Reifungsprozess herbeigeführt werden soll. Das Endziel dieses Entwicklungsprozesses ist die von Gott intendierte personale Vollendung des Menschen.

b) Das Leid als Preis der Freiheit und der Liebe

Die *free will defense* läuft letzten Endes auf die „Schlüsselfrage" hinaus, ob die Erschaffung freier Wesen den Preis wert war, der in Form zahlloser Leiden zu bezahlen ist. Kreiner übernimmt hier die Position Greshakes, der die Überzeugung vertritt, das Leid sei der Preis der Freiheit und somit der Preis der Liebe. Liebe setzt notwendig Freiheit voraus. „Liebe ohne Leid wäre wie ein hölzernes Eisen."[29] Das hier im Kontext der Theodizeefrage vorgebrachte Argument der Willensfreiheit beruht also auf Wertprioritäten, die ein integrales Element des Bekenntnisses zum Gott der jüdisch-christlichen Offenbarung bilden, der den Menschen erschaffen hat, um mit ihm

[27] Vgl. W. Kasper, Der Gott Jesu Christi, a.a.O., 199–205.

[28] A. Kreiner, Gott im Leid, a.a.O., 237.

[29] G. Greshake, Der Preis der Liebe. Besinnung über das Leid, Freiburg [7]1988, 46; vgl. auch W. Kasper, Negativität und Böses, a.a.O., 189.

in eine Relation gegenseitiger Liebe zu treten. Das Ziel der Realisierung der menschlichen Willensfreiheit kann freilich nicht jedes Risiko und jedes Ausmaß an Leid rechtfertigen. Es ist ein Ausmaß an Leid denkbar, das die *free will defense* zum Scheitern verurteilen würde. So wäre z.B. die Existenz freier Wesen, die einander grenzenloses Leid zufügen können, mit dieser Theorie nicht zu rechtfertigen. Der Oxforder Religionsphilosoph Richard Swinburne betont in diesem Zusammenhang, dass der Tod des Menschen gleichsam Gottes „Sicherheitsschranke" („safety barrier") gegen die Möglichkeit grenzenloser Leidzufügung ist. Der Tod setzt dem Ausmaß des Leids, dem Menschen ausgesetzt sein können, eine definitive Grenze.

c) Kritische Anfrage: Welches Gewicht kommt der göttlichen Gnade zu?

Welche Überzeugungskraft kann – so ist kritisch zu fragen – die *free will defense* im Kontext der Theodizeefrage beanspruchen? M.E. scheitert dieses

Konzept letztlich aus theologischen Gründen. Die Aporie, in die Kreiner gerät, besteht darin, dass er im Rahmen seines Argumentes eine Vorstellung von der eschatologischen Vollendung des Menschen entwickelt, in der der Mensch nicht mehr auf die Gnade und Barmherzigkeit Gottes angewiesen ist. An diesem Punkt gerät das Argument der Willensfreiheit in eine Sackgasse: In der Tatsache, dass die *free will defense* für die gnadenhafte Rechtfertigung des Menschen kaum noch einen Platz lässt, ist der gravierendste Einwand gegen diese Theorie zu sehen. Das Konzept der *free will defense* läuft in letzter Konsequenz auf die „Selbsterlösung" des Menschen hinaus.

Wenn Gottes Wille auf die personale Vervollkommnung des Menschen hinzielt, dann ist – so Kreiner – nüchtern festzustellen, dass die meisten Menschen zum Zeitpunkt ihres Todes dieses spirituelle Ziel nicht erreicht haben. Soweit kann man durchaus zustimmen. Zu meinem Erstaunen findet sich in Kreiners „Quaestio" dann aber folgender Satz: „... der naheliegende Versuch, im Hinblick auf die postmortale Vollendung auf die Wirksamkeit von Gottes Gnade und Barmherzigkeit zu vertrauen, ... droht ... das gesamte Argument (der *free will defense*; J.K.) zu unterminieren".[30] Die Logik des Argumentes, auf das sich Kreiner – mit John Hick und anderen – stützt, läuft unweigerlich auf eine höchst problematische Werkgerechtigkeit hinaus. Für den Primat der Gnade, auf den uns die Reformation aufmerksam gemacht hat, bleibt hier absolut kein Platz mehr. Kreiner veranschaulicht seine merkwürdige Infragestellung der Angewiesenheit des Menschen auf die göttliche Barmherzigkeit am Beispiel des Todes eines Kleinkindes, das noch nicht zum Freiheitsgebrauch gekommen ist: „Würde beispielsweise die spirituelle Entwicklung eines Kleinkindes, das kurz nach seiner Geburt stirbt, nach seinem Tod durch die Gnade Gottes zu seiner personalen Vollendung geführt, so fände nicht nur kein freier und personaler Reifungsprozess statt. Ein solcher Prozess würde sich letzten Endes als völlig überflüssig erweisen. Wenn göttliche Gnade menschliche Freiheit prinzipiell ersetzen, statt ermöglichen und unterstützen soll, lässt sich der instrumentelle Wert der Willensfreiheit nicht mehr als Konstitutivum des Prozesses personaler Reifung behaupten"[31].

[30] A. Kreiner, Gott im Leid, a.a.O., 270.
[31] Ebd.

Die Frage nach dem Schicksal verstorbener Kleinkinder lässt Kreiner hier völlig offen. Zweifelsohne ist der personale Reifungsprozess im Verhältnis des Menschen zu Gott von eminenter Bedeutung. Soweit kann man Kreiner vorbehaltlos zustimmen. Für theologisch verfehlt halte ich jedoch seine Position, wonach es problematisch sei, zu glauben, Gott würde einem Kind, das in einem Alter stirbt, in dem es noch nicht zu einer freien und personalen Entscheidung fähig ist, gnadenhaft die Vollendung schenken. Wieso sollte Gott im Falle des verstorbenen Kleinkindes, der in anthropologischer Hinsicht freilich einen Grenzfall darstellt, die heilsrelevante Freiheitsentscheidung des Menschen nicht durch einen Akt der Gnade ersetzen können? Kreiner scheint diese Möglichkeit auf das Basis seiner Argumentation zumindest zu bezweifeln, wenn nicht gar auszuschließen. Damit dürfte hinreichend klar geworden sein, in welche theologische Aporie das Konzept der *free will defense* am Ende führt. Kreiners – auf Hick gestützte – Argumentation gerät in bedenkliche Nähe zu einem Selbsterlösungskonzept. Für die „individuelle Weiterentwicklung über die Grenzen des irdischen Daseins hinaus“[32] postuliert Hick – durchaus folgerichtig – eine modifizierte Version der Reinkarnationslehre, die ihrerseits wiederum vom Verdienstgedanken beherrscht wird. Zur Erläuterung sei noch angemerkt, dass John Hick die Kantische Konzeption der Glückswürdigkeit des Menschen zugrundelegt, wonach das höchste Gut in der Verbindung von Sittlichkeit und Glückseligkeit besteht.[33]

Walter Kasper weist in diesem Zusammenhang mit Recht darauf hin, dass die neuzeitliche Idee von der Autonomie des Menschen – radikal zu Ende gedacht – die Idee eines Mittlers und damit eine Erlösung, die nicht Selbsterlösung und Selbstbefreiung des Menschen ist, grundsätzlich ausschließt. Die Hoffnung auf Erlösung und Befreiung durch Gott scheint in dieser Perspektive des neuzeitlichen Autonomiekonzepts die Freiheit des Menschen zu unterdrücken, seinen Einsatz zu entwerten, ja den Menschen zu reiner Passivität zu verurteilen.[34]

---

[32] Ebd., 271.

[33] Vgl. ebd., 238.318; auch I. Kant, Kritik der praktischen Vernunft, A 193–223. Kreiner bezieht sich ausdrücklich auf Kants Religionsschrift, A 45.

[34] Vgl. W. Kasper, Der Gott Jesu Christi, a.a.O., 199–205.

Damit wurde das – im Kontext der Theodizeeproblematik vorgetragene – Argument der Willensfreiheit hinreichend detailliert diskutiert und kritisiert. Im Hinblick auf die natürlichen Übel unternimmt Kreiner in seinem Buch den Versuch, die *free will defense* zu „erweitern“. Dieser Fragekomplex soll im Folgenden in aller Kürze aufgegriffen werden.

### 4) Das Problem der natürlichen Übel

#### a) Die Naturgesetze als leidverursachende Faktoren

Heute besteht kein Anlass mehr, etwa eine Flutkatastrophe als intentionales Handeln Gottes zu interpretieren. Das mit einem epochalen Umbruch verbundene neuzeitliche Weltverständnis hat zu der Erkenntnis geführt, dass solche leidvollen Ereignisse durch Naturgesetze verursacht werden. Da ein wunderbares Eingreifen des allmächtigen Gottes „definitionsgemäß ein seltenes und niemals zu erwartendes Ereignis“[35] darstellt, transformiert sich die Frage nach den natürlichen Übeln zur Frage, warum Gott die Welt mit den gegebenen Naturgesetzen geschaffen hat.

#### b) Regularität als Voraussetzung von Moralität

Kreiner vertritt in diesem Zusammenhang die These, dass der Mensch von einer sittlich relevanten Willensfreiheit nur in einer Welt Gebrauch machen kann, in der die Konsequenzen seiner Handlungen für ihn grundsätzlich absehbar sind. Somit setzt die Aktualisierung einer ethisch signifikanten Willensfreiheit die Wirksamkeit von Naturgesetzen voraus.

#### c) Kreiners Kritik der theodizeerelevanten Optimierungsvorschläge bezüglich der Naturgesetze

Auch unter der Annahme, dass die Naturgesetze und damit auch mögliche natürliche Übel die Voraussetzung für die Realisierung bestimmter Werte darstellen, bleibt als Einwand immer noch die Frage, ob diese Funktion der Naturgesetze nicht mit einer wesentlich geringeren Intensität an Leiderzeugung zu erreichen wäre. Auf dem Hintergrund dieses Ein-

[35] A. Kreiner, Gott im Leid, a.a.O., 337.

wandes wurden von verschiedenen Seiten sog. „Optimierungsvorschläge“ im Hinblick auf die Naturgesetze unterbreitet. In seiner Kritik dieser Optimierungsvorschläge betont Kreiner, dass unsere konkrete Welt kein Konglomerat einzelner, voneinander unabhängiger Elemente ist. Die physikalischen Merkmale eines Universums sind „nicht beliebig kombinierbar“.[36] In einem einheitlich beschreibbaren Universum bilden die Naturgesetze „ein Netz eng miteinander verflochtener und genauestens aufeinander abgestimmter Regelmäßigkeiten, in dem jede lokale Veränderung weitreichende Auswirkungen auf das Ganze nach sich zöge“[37]. Eine Welt ohne maligne Tumore würde „gravierende Veränderungen in der physikalischen, chemischen und biologischen Struktur des Universums voraussetzen“[38].

Biogenese und Anthropogenese waren nur in einem Universum möglich, das exakt bestimmte Naturkonstanten aufwies. Post factum erscheint diese physikalische Feinabstimmung wie eine Kette extrem unwahrscheinlicher Zufälle, deren Zusammenwirken „förmlich nach einer Erklärung schreit“[39]. In diesem Zusammenhang erlebt das teleologische Argument (vgl. das – im Kontext einer theistischen Hypothese entwickelte – anthropische Prinzip) heute eine völlig unerwartete Renaissance. Kreiner kommt zu der Überzeugung, dass theodizeerelevante Optimierungsvorschläge hinsichtlich der Naturgesetze nicht nur auf marginale Verbesserungen, sondern „auf die Forderung nach einer schlechthin anderen Welt“[40] hinauslaufen, deren etwaige konkrete Beschaffenheit die menschliche Vorstellungskraft weit übersteigen würde.

### d) Das Leid der Tiere

Die Frage nach dem Leid der Tiere stellt eines der hartnäckigsten Probleme aller Theodizeen dar. Das Leid der Tiere darf dabei nicht „heruntergespielt“ werden. Kreiner argumentiert im Blick auf diese Frage in Richtung eines dynamisch-evolutiven Modells: D.h. der Mensch kann seine „anima-

[36] Ebd., 368.
[37] Ebd., 371.
[38] Ebd., 372.
[39] Ebd., 373.
[40] Ebd., 378.

lischen Ursprünge“, also sein evolutives Erbe, nicht abschütteln. Wenn der Mensch entstehen sollte, mussten vorher Tiere existieren. Nach Kreiners Überzeugung reicht sein Argument der Willensfreiheit dazu aus, die prima facie hohe Plausibilität des anti-theistischen Einwands zu erschüttern, wonach ein gütiger und allmächtiger Gott eine weniger leidvolle Welt erschaffen hätte. Gegenüber einer atheistischen Position muss eine Theodizee die Existenz Gottes nicht argumentativ beweisen. Sie hat ihre Aufgabe bereits dann erfüllt, wenn sie die vermeintliche Widersprüchlichkeit des theistischen Bekenntnisses als „nur scheinbar“[41] aufzeigen kann.

## II. Eine Teheologie des Kreuzes als Alternative

Johann Baptist Metz und Johann Reikerstorfer haben Kreiners Entwurf mit massiver Polemik überzogen. Seine Theodizee basiere auf einer „geschichtslosen Rationalität“[42] bzw. auf einem sterilen Vernunftbegriff. In Kreiners rationalistisch anmutendem Entschuldigungskonzept fehlt die Rückfrage an Gott, die Gott selber klagend in die Verantwortung nimmt. Nicht nur Leiderfahrungen werden dafür in einer erinnerungsresistenten Vernunftsprache instrumentalisiert, auch Gott wird in eine „Allgemeinheit“ gezwungen, die ihn nicht mehr als den Gott der Gebete und Klagen erkennen lässt.

Ähnlich argumentiert Walter Kasper: War der Gesprächspartner der neuzeitlichen Theologie im Grunde der aufgeklärte Ungläubige, so müsse der Gesprächspartner einer heutigen Theologie der leidende Mensch sein, der Unheilssituationen konkret erfährt. Kasper fordert den Respekt vor dem Leiden des einzelnen Menschen, der nicht irgendein Fall des Allgemeinen ist. Hoffnung angesichts der Verzweiflung ist nur von der Erlösung her möglich. Die Frage nach dem Gott für die Leidenden ist die Frage nach dem Mit-Leid Gottes, nach der Identifikation Gottes mit dem Leiden und Sterben des Menschen. Die angesichts des Bösen und des Leidens gestellte Gottesfrage kann nur christologisch als *theologia crucis* beantwor-

[41] Ebd., 379.
[42] J.B. Metz / J. Reikerstorfer, Theologie als Theodizee, a.a.O., 181.

tet werden. Hinweise auf eine abstrakte kosmische Ordnung bleiben unbefriedigend.[43] Peter Henrici hat mit Recht festgestellt, die „einzig wahre Theodizee" bestehe in der Rechtfertigung des Leids „auf Grund des von Gott selbst getragenen Leids". Die Passion Jesu verleiht jedem Leiden einen Sinn, indem sie es „zum Ort ... der Nachfolge Christi" und zum „Ort wirklicher Gottesbegegnung" macht.[44]

Eine Theologie des Kreuzes zeigt, dass Gott auf die Frage nach dem Leid mit dem Einsatz seines eigenen Sohnes antwortet. Die Antwort Gottes auf die Leidfrage besteht nicht in einer „Erklärung" des Leids, sondern im wirklichen Mit-Leiden Christi. Was das bedeutet, können wir vor den großen Bildern des Gekreuzigten und vor den Pietà-Bildern lernen. Vor solchen Bildern hat das Leid ungezählter Menschen eine Verwandlung erfahren, weil sie erkannten, dass im Innersten ihrer Leiden Gott selber gegenwärtig ist. Solche Erfahrung hat den Menschen Trost gegeben und in ihnen die Liebe zu den Leidenden gestärkt. Der Gekreuzigte hat das Leiden aus der Welt nicht weggenommen. Vielmehr hat er durch sein Kreuz die Menschen verändert, ihr Herz den Leidenden zugekehrt. Im Blick auf das Kreuz Christi ist die Ehrfurcht vor dem Menschen gewachsen, jene Ehrfurcht, die der heidnischen Humanität fehlt, und die erlischt, wo der Glaube an den Gekreuzigten verschwindet. Das Kreuz und die Auferstehung Christi geben dem Leben einen tiefen Ernst und eine unerschütterliche Hoffnung. Das Kreuz ist die Form jener göttlichen Liebe, die den Menschen ganz angenommen hat und daher auch in seine Schuld und in seinen Tod hinabgestiegen ist. Sie wurde als grenzenlose Liebe „Opfer", die den Menschen durch die Nacht seiner Sünde hindurch zum Vater zurückträgt. Seit Golgotha kennen wir – so Joseph Ratzinger – eine „neue Art des Leidens": jene Liebe, die die Welt verwandelt.[45]

---

[43] Vgl. W. Kasper, Der Gott Jesu Christi, a.a.O., 199–205.

[44] Vgl. P. Henrici, Von der Ungereimtheit, Gott zu rechtfertigen, in: M. M. Olivetti (Hg.), Teodicea oggi? Padua 1988, 675–681; auch ders., Der „Tod Gottes" in der Philosophie, in: IKaZ 32 (2003) 483–491.

[45] Vgl. J. Ratzinger, Die Frage Ijobs, in: ders., Der Gott Jesu Christi. Betrachtungen über den Dreieinigen Gott, München [2]1977, 40–46.

# Der Relativismus als Kernproblem der gegenwärtigen Glaubenskrise

*Ignaz Steinwender*

## I. Zum Thema Relativismus

In seiner Ansprache in der „Missa pro eligendo Pontifice" unmittelbar vor dem Konklave am 18. April 2005 sprach der damalige Dekan des Kardinalskollegiums Joseph Kardinal Ratzinger unter anderem von der entstehenden „Diktatur des Relativismus, die nichts als endgültig anerkennt". Mit dieser Aussage hat der jetzige Papst das Kernproblem der heutigen Krise, nämlich den Relativismus, angesprochen. Gleichzeitig hat er damit angedeutet, dass die Gefahr bestehe, dass sich dieser Relativismus mehr und mehr zu einer Diktatur der heutigen Gesellschaft entwickle.

Im folgenden Beitrag möchte ich versuchen, das Thema des Relativismus kurz zu umreißen, vor allem im Hinblick auf dessen Auswirkung bzw. Präsenz in der Theologie und der pastoralen Praxis der katholischen Kirche, insbesondere Österreichs. Dabei soll auch das geistige Ringen um das künftige Europa kurz angesprochen werden. Es sollte klar sein, dass ein so umfassendes Thema in diesem Rahmen nur in einigen Aspekten behandelt werden kann. Einige Ausführungen übernehme ich hierbei aus einem Vortrag, den ich am 9. November 2003 in Sarajewo gehalten habe.[1] Ich habe dieses Thema nicht zuletzt deshalb gewählt, weil es einen markanten Schwerpunkt des Wirkens von Bischof Krenn betrifft.

[1] Das Thema des Vortrages lautete: „Glaubenszeugnis in einer pluralistischen Wirklichkeit." Der Vortag wurde anlässlich eines Symposiums gehalten, das in Vorbereitung auf den Mitteleuropäischen Katholikentag stattfand.

## II. Formen des Relativismus

Der Relativismus ist ein sehr vielschichtiges Phänomen. Wesensmerkmal des Relativismus ist eine Deutung der Wirklichkeit, die nicht vom Sein der Dinge ausgeht, sondern durch verschiedene Gesichtspunkte bedingt und relativiert wird. Für den Relativisten gibt es keine absolute, im Sein selbst begründete Gültigkeit.[2] Der Relativist verneint im Grunde genommen jeglichen absoluten Wahrheitsanspruch und leugnet damit implizit die Wahrheitsfähigkeit des Menschen. Im Hinblick darauf, von welchem Gesichtspunkt aus „Wahrheit" relativiert wird, unterscheidet man verschiedene Formen des Relativismus. Einige sollen hier angeführt werden. Im „Lexikon für Theologie und Kirche" werden drei Hauptgruppen des Relativismus angeführt.[3]

Die erste Gruppe relativistischer Theorien wird definiert in ihrer Abhängigkeit von bestimmten Eigenheiten des erkennenden Subjekts. Dazu gehören der Psychologismus (Abhängigkeit von psychologischen Ursachen, die beim Zustandekommen eines Urteils wirksam sind), der Historizismus (Abhängigkeit von den geschichtlichen Bedingtheiten), der Soziologismus (Abhängigkeit von gesellschaftlichen Situationen).

Eine zweite Gruppe relativistischer Theorien beinhaltet die Beschränkung menschlicher Erkenntnisfähigkeit auf bestimmte Objektbereiche wie auf die Erscheinung (Phänomenalismus, Kritizismus), auf die sinnlich erkennbaren Objekte (Sensualismus), auf die durch Erfahrung erkennbaren Sachverhalte (Empirismus, Positivismus), auf das Einzelne unter Ausschluss des Allgemeinen (Nominalismus) sowie auf die Gegebenheiten des Bewusstseins (Idealismus, Immanentismus).

Die dritte Gruppe relativistischer Theorien macht die Wahrheit von einem mit ihr zu erreichenden Ziel abhängig: Demzufolge bedeutet Wahrheit Nützlichkeit (Pragmatismus, Utilitarismus), die auch aus dem Bedürf-

---

[2] Dem Relativismus zufolge kann daher „dasselbe, vom selben in derselben Hinsicht ausgesagt, für das eine Subjekt wahr, für das andere falsch sein": vgl. W. Czapiewki, Relativismus, in: [2]LThK, Bd 8 (1963) 1159f.

[3] Vgl. ebd., 1159.

nis der Anpassung an die Umwelt entstehen kann (Biologismus, Evolutionismus, Instrumentalismus).

## III. Der Relativismus im erkenntnistheoretischen Bereich – Hauptursache für einen Bewusstseinswandel

Der Relativismus führt als erkenntnistheoretische Position zur Leugnung absolut gültiger Prinzipien. Dies hat Auswirkungen auf die Philosophie. In der Ethik führt dies zur Ablehnung der allgemein verbindlichen Sittenordnung, in der Rechtsphilosophie hat dies die Ablehnung des Naturrechtes zur Folge, und für die Religionsphilosophie bedeutet die relativistische Tendenz die Ablehnung des Wahrheitsanspruchs der Religion. Der erkenntnistheoretische Relativismus geht vor allem auf Kant zurück, der die Erkennbarkeit metaphysischer Wahrheiten, eines „Dings an sich", bestritten hat. Kant hat dadurch die Wahrheitsfähigkeit des Menschen im metaphysischen Bereich geleugnet.

Nach den Worten von Joseph Kardinal Ratzinger (nunmehr Benedikt XVI.) ist der seit Kant immer mehr in die Theologie und Ethik eindringende Relativismus „zum zentralen Problem für den Glauben in unserer Stunde geworden."[4] Nach ihm erscheint der Relativismus nicht nur als „Resignation vor der Unermesslichkeit der Wahrheit, sondern definiert sich auch positiv von den Begriffen der Toleranz, der dialogischen Erkenntnis und der Freiheit her." Dabei hält der jetzige Papst fest, dass dieser Relativismus im politischen Bereich weitgehend berechtigt sei. Das Problem sei jedoch, dass dieser auf das Feld der Religion und der Ethik angewandt werde.[5] Der Relativismus kann wohl als bedeutender Faktor für eine neue Bewusstseinslage gesehen werden, die Kardinal Ratzinger 2003 in einem auf die katholische Kirche Deutschlands bezogenen Interview beschreibt:[6] Während es bis zur Aufklärung und darüber hinaus noch eine gewisse Evidenz gegeben hatte, dass die Welt einen Schöpfergeist spiegle

---

[4] Vgl. J. Ratzinger, Glaube – Wahrheit – Toleranz. Das Christentum und die Weltreligionen, Freiburg [2]2003, 95.

[5] Vgl. ebd.

[6] Vgl. Die Tagespost, Nr. 118, 4. Oktober 2003, 5 f.

und dass Gott „in der Bibel selber zu uns spricht ... uns hier sein Antlitz enthüllt und ... in Christus auf uns zutritt", habe sich dies „nach und nach seit der Aufklärung gewendet, sodass das Weltbild heute umgekehrt sei. Statt der kollektiven Grundvoraussetzung, irgendwie in den Glauben einzustimmen, sei heute alles materiell erklärbar. Die Hypothese Gott werde nicht mehr gebraucht, die Evolution sei gleichsam die neue Gottheit. Die Bibel sei uns „gleichsam aus der Hand gerissen worden als ein Produkt, dessen Entstehung man historisch erklären" könne.[7] In dieser neuen Bewusstseinslage, in der das, „was man für Wissenschaft" halte, als neue Autorität auftrete, sei es „viel schwerer, Gottes gewahr zu werden und vor allen Dingen auch dem Gott in der Bibel, dem Gott in Jesus Christus anzuhangen, ihm zuzustimmen und in der Kirche die lebendige Gemeinschaft des Glaubens zu sehen."

Johannes Paul II. beklagte in seinem nachsynodalen Apostolischen Schreiben *Ecclesia in Europa* einen „praktischen Agnostizismus" und eine „religiöse Gleichgültigkeit" sowie ein Überhandnehmen des Säkularismus.[8] Das Vergessen Gottes habe „zum Niedergang des Menschen" geführt. In diesem Kontext sei „ein großer Freiraum für die Entwicklung des Nihilismus im philosophischen Bereich, des Relativismus im erkenntnistheoretischen und moralischen Bereich, des Pragmatismus und sogar des zynischen Hedonismus in der Gestaltung des Alltagslebens entstanden."[9]

## IV. Krisenerscheinungen in der katholischen Kirche nach dem II. Vatikanischen Konzil

Nach dem Zweiten Vatikanischen Konzil gab es in der katholischen Kirche gewisse Krisenerscheinungen, die sich besonders stark im deutschsprachigen Raum manifestierten und nicht unwesentlich durch relativistische Tendenzen verursacht wurden. Auf diese soll im nächsten Punkt

[7] Ebd.

[8] Vgl. Johannes Paul II., Nachsynodales Apostolisches Schreiben „Ecclesia in Europa" zum Thema „Jesus Christus, der in seiner Kirche lebt – Quelle der Hoffnung für Europa" vom 28. Juni 2003 (Verlautbarungen des Apostolischen Stuhls 161), Nr. 7.

[9] Vgl. ebd., Nr. 9.

kurz eingegangen werden. Hier sei noch voraus bemerkt, dass die Tendenzen, die diese Entwicklungen mitverursacht haben, keineswegs vom Konzil intendiert waren, sondern einerseits auf einer falschen Auslegung[10] des Konzils beruhten, andererseits aber auch auf das Hereinwirken gesellschaftlicher Strömungen in die Kirche zurückzuführen waren.

Die fast irrationale Aufbruchsstimmung nach dem II. Vatikanischen Konzil[11] führte im Westen nicht zu einem wirklichen Aufschwung, sondern zu einem teils drastischen Rückgang in verschiedenen Bereichen. Nach einer anfänglichen Welle der Begeisterung trat bald ein starker Rückgang von Berufungen ein, viele Kleriker und Ordensleute verließen ihren Beruf, Gläubige kehrten der Kirche den Rücken, die kirchliche Praxis nahm ab, die Glaubenssubstanz schwand drastisch.

Statt der notwendigen Öffnung der Kirche zur Welt im Sinne des vom Konzil beabsichtigten Durchdringens der Welt in der Form der vom Konzil festgestellten Berufung der Laien zum „Apostolat in der Welt" nach der „Art des Sauerteigs" im Sinne einer „Durchdringung und Vervollkommnung der zeitlichen Ordnung mit dem Geist des Evangeliums"[12] fand ein Rückzug vieler Laien aus der harten Wirklichkeit der Welt (Politik, Wirtschaft, Presse, Wissenschaft etc.) „in die geschützte Sakristei" statt. Diese Klerikalisierung der Laien ging Hand in Hand mit einer Verweltlichung des Klerus. Statt einer Durchformung der Welt mit dem Sauerteig des Evangeliums gab es eine gegenteilige Tendenz. Die Kirche war Verweltlichungstendenzen ausgesetzt. Die Anpassung an die Welt wurde plötzlich zu einem Maßstab für eine so genannte Fortschrittlichkeit der Kirche. Bekenner des Glaubens waren nicht mehr gefragt. Die Kirche hatte keine Feinde mehr. Man entdeckte die Feinde innerhalb der Kirche. Die Mahner, die Kritiker dieses Aufbruches, die Glaubenszeugen wurden innerkirchlich als konser-

---

[10] Benedikt XVI. sprach am 22. Dezember 2005 anlässlich des Weihnachtsempfangs für die Kardinäle und Mitarbeiter der Kurie von einer „Hermeneutik der Diskontinuität und des Bruches", in der es darum gehe, dass man nicht den Konzilstexten, sondern ihrem Geist folgen solle und das Konzil als eine Art verfassungsgebende Versammlung betrachte, die eine alte Verfassung außer Kraft setzte und eine neue schaffe. Diese Hermeneutik habe Verwirrung gestiftet, während die „Hermeneutik der Reform" Früchte getragen habe.

[11] Hier spielten auch gesellschaftliche Einflüsse wie die 68er-Bewegung eine nicht unerhebliche Rolle für manche Fehlentwicklungen.

[12] Vgl. II. Vatikanisches Konzil, Dekret über das Laienapostolat „Apostolicam actuositatem", Nr. 2.

vativ, rückständig und letztlich auch als Verhinderer des Fortschritts bekämpft und zu Außenseitern gestempelt.[13] Bekennermut wurde nun jenen attestiert, die in Dissens zum Lehramt der Kirche gingen. Theologen wie Hans Küng wurden wegen ihrer vom Lehramt abweichenden Lehren und dem folgenden römischen Lehrverbot von der öffentlichen Meinung geradezu zu Helden gemacht. Theologen, Priester und kirchliche Gremien öffneten sich immer mehr für den Zeitgeist. Statt einer tiefgreifenden, kritischen Auseinandersetzung mit den Denkströmungen der Zeit gab es vielfach einen Verlust der katholischen Identität, der sich nicht selten mit einer Anbiederung an herrschende Denkströmungen verband.

An die Stelle der Konfrontation mit dem Zeitgeist, die die Kirche in der ganzen Geschichte begleitet hat, traten immer mehr innerkirchliche Auseinandersetzungen.[14] In dieser verordneten Aufbruchseuphorie, wo kaum jemand „im Ghetto" bleiben wollte, war man im Westen weitgehend blind für die Nöte der verfolgten Christen im Osten.[15] Die Befreiungstheologie, die marxistisch inspiriert war und letztlich auch eine Facette des Relativismus widerspiegelte[16], erfuhr in den 80er-Jahren auf den Theologischen

[13] Einer dieser prophetischen Mahner war der Philosoph Dietrich von Hildebrand, der bereits vor dem Anschluss Österreichs an Hitlerdeutschland in der Analyse und publizistischen Bekämpfung des Nationalsozialismus weltanschauliche und philosophische Klarsicht bewiesen hatte. Hildebrand analysierte nachkonziliare Entwicklungen und philosophische Fehlhaltungen, die zu einer irrigen Auslegung von Konzilstexten führten (vgl. Das trojanische Pferd in der Stadt Gottes, Regensburg 1968; Der verwüstete Weinberg, Regensburg 1973).

[14] Dies geschah, wie Manfred Lütz psychologisierend aufzeigt, auch im Hinblick auf den 450 Jahre dauernden interkonfessionellen Konflikt zwischen Katholiken und Protestanten: „Die Kritik an der anderen Konfession brach abrupt ab. Sie ist nun de facto unter Tabu gestellt und widerspricht in beiden Konfessionen der political correctness ... Aber mit gleicher Heftigkeit und auch Verachtung ... überzieht man heute den innerkirchlichen Gegner. Von daher betrachtet, hat sich also nur die Front, die früher zwischen den Konfessionen lag, in die Mitte der Konfessionen verlagert" (Der blockierte Riese. Psycho-Analyse der katholischen Kirche, Augsburg 1999, 26).

[15] Die Christenverfolgungen im Osten wurden nur in konservativen Kreisen registriert und bedauert.

[16] Viele Formen der Befreiungstheologie waren marxistisch inspiriert und relativistisch in dem Sinne, als sie versucht waren, „das Evangelium vom Heil auf ein irdisches Evangelium zu reduzieren." Die von Joseph Ratzinger verantwortete offizielle kirchliche Kritik sprach von einem „historizistischen Immanentismus", der bestrebt sei, „das Reich Gottes und sein Werden mit der menschlichen Befreuungsbewegung zu identifizieren und aus der Geschichte das Subjekt ihrer eigenen Entwicklung als Prozess der Selbsterlösung des Menschen durch den Klassenkampf zu machen: vgl. Kongregation für die Glaubenslehre, Instruktion „Libertatis nuntius" über einige Aspekte der „Theologie der Befreiung" vom 6. August 1984 (Verlautbarungen des Apostolischen Stuhls 57), VI 5 und IX 3.

Universitäten im Westen geradezu Hochkonjunktur. Erst nach dem Zerfall des Kommunismus im Osten schwand die Bedeutung der Befreiungstheologie – nicht zuletzt durch das Wirken von Papst Johannes Paul II. und den Einsatz des damaligen Präfekten der Glaubenskongregation, Kardinal Joseph Ratzinger.[17]

## V. Der Relativismus in der Theologie und die Folgen für Christologie, Kirchenverständnis, Mission, Apostolat, Liturgie und Priesterausbildung

Diese vorhin kurz angedeuteten Entwicklungen haben einen wesentlichen Grund im Eindringen des Relativismus in die Theologie mit den Folgen in verschiedenen Bereichen der Lehre und der Pastoral. Die Theologie, sagt Marcello Pera, ist „die letzte Bastion", in die der Relativismus eingedrungen ist[18], auch durch eine einseitige und verfälschende Auslegung des Konzils. Hier sollen nur einige Problembereiche kurz aufgezeigt werden.

### 1) Der Relativismus in der Gottesfrage – die Rücknahme der Christologie

Die relativistische Tendenz findet sich besonders in der sogenannten pluralistischen Theologie der Religionen, die sich schon seit den fünfziger Jahren entfaltete und mittlerweile „voll ins Zentrum des christlichen Bewusstseins" gerückt ist, stellte Joseph Kardinal Ratzinger fest.[19]

[17] Bedeutend in diesem Zusammenhang war die weitere Instruktion der Kongregation für die Glaubenslehre über die christliche Freiheit und die Befreiung mit dem Titel „Libertatis conscientia" vom 22. März 1986 (Verlautbarungen des Apostolischen Stuhls 70). Ganz geschwunden ist die marxistische Befreiungstheologie bis heute noch nicht. Manchmal verbindet sie sich mit der jetzt hoch im Kurs stehenden pluralistischen Theologie (vgl. J. Ratzinger, Glaube – Wahrheit – Toleranz. Das Christentum und die Weltreligionen, Freiburg [2]2003, 96).

[18] Vgl. M. Pera / J. Ratzinger, Ohne Wurzeln. Der Relativismus und die Krise der europäischen Kultur, Augsburg 2005, 33.

[19] Ratzinger schrieb, dass die pluralistische Theologie im Hinblick auf „die Wucht ihrer Problematik wie der Präsenz in den verschiedenen Kulturräumen" eine der Befreiungstheologie der 1980er-Jahre vergleichbar zukommende Stellung einnehme: vgl. Glaube – Wahrheit – Toleranz., a.a.O., 95–96.

Als Folge davon sieht er eine Rücknahme der Christologie. Jesus werde bewusst „zu einem der religiösen Genies unter anderen relativiert. Das Absolute bzw. den Absoluten selbst kann es in der Geschichte nicht geben, nur Modelle, nur Idealgestalten, die uns auf das ganz Andere ausrichten, das in der Geschichte eben als solches nicht zu fassen ist." Es ist klar, dass mit dieser Rücknahme der Christologie „Kirche, Dogma, Sakramente gleichfalls ihre Unbedingtheit verlieren müssen".

### 2) Die Verdunkelung des Kirchenbewusstseins

Durch diese relativistische Sicht wird, in Verbindung mit anderen Entwicklungen in der Gesellschaft, das Kirchenbewusstsein verdunkelt. Die christliche Religion wird zu einer Religion neben anderen. Die übernatürliche Wirklichkeit der Kirche als eine „mit himmlischen Gaben ausgestatte Gemeinschaft"[20] wird nicht mehr gesehen. Es erscheint nicht mehr plausibel, dass die Kirche die Wahrheit vermittelt, dass Gott in ihr und durch sie wirkt. Die Kirche als eine komplexe Wirklichkeit wird auseinandergerissen.[21] Auf Grund dieser Sichtweisen wird die Kirche kaum mehr als *Mysterium salutis* verstanden. Sie wird oft mit rein menschlichen Institutionen auf eine Stufe gestellt. Es gilt selbst bei Katholiken als anstößig, das Kirchenbild des II. Vatikanums zu vertreten, wonach Christus durch die Kirche seine „Wahrheit und Gnade auf alle ausgießt."[22] Damit wird auch die Glaubwürdigkeit und die Zeugniskraft der Kirche relativiert. Man nimmt in eklektischer Weise Brauchbares und Nützliches vom Glauben der Kirche an, sofern es einem einleuchtet oder dem eigenen Lebensstil nicht zuwiderläuft, aber es ist nicht mehr das Wort Gottes, das durch die Kirche die Herausforderung bildet, den Willen Gottes anzunehmen und zu tun. Kirche wird kaum mehr als Ort der Gottesbegegnung gesehen. Ihre Sakramentalität als „Zeichen und Werkzeug für die innigste Vereinigung mit

[20] Vgl. II. Vatikanisches Konzil, Dogmatische Konstitution über die Kirche „Lumen gentium" (= LG), Nr. 8.

[21] In LG 8 heißt es, dass die irdische Kirche und die mit himmlischen Gaben beschenkte Kirche als eine einzige komplexe Wirklichkeit zu betrachten sei und nicht als zwei verschiedene Größen.

[22] Vgl. LG 8.

Gott und für die Einheit des Menschengeschlechtes“[23] wird nicht mehr erkannt oder wenigstens relativiert.

### 3) Die Schwächung des missionarischen Bewusstseins

Der vorherrschende Relativismus hat das missionarische Bewusstsein der Kirche geschwächt. Die Bekehrung Andersgläubiger gilt nicht mehr als erstrebenswert. Bis in weite Kreise der Katholiken ist die Meinung vorherrschend, es sei nicht Auftrag des Christen, andere vom Evangelium zu überzeugen. Vielmehr sei es besser, jemand sei ein guter Muslime oder ein guter Hindu. Die Missionsgeschichte des Christentums wird heute oft durch die Ansicht diskreditiert, die Christen hätten beispielsweise die Einwohner in Südamerika in ihrem Glauben belassen sollen, bis hin zu der Ansicht, die Verbreitung des Evangeliums sei geradezu ein Unheil in der Geschichte gewesen. Abgesehen von der Problematik, dass hier oft die guten Absichten und Handlungen der Missionare und die teilweise unrühmlichen Taten von Eroberern undifferenziert vermengt werden, ist auch noch darauf hinzuweisen, dass es eine ähnliche Idee der Verurteilung der Christianisierung in nationalsozialistischen Kreisen gab. Hier wurde die Christianisierung des Abendlandes durch die Ansicht, das edle Germanentum sei durch das jüdisch beeinflusste Christentum zerstört oder gemindert worden, verunglimpft.

Wie weit das relativistische Verständnis im Dialog mit anderen Religionen führen kann, konnte ein katholischer Geistlicher in Österreich, der im Katechumenat für muslimische Taufbewerber engagiert ist und auf wachsendes Interesse stößt, erfahren. Er hatte große Mühe, eine katholische Pfarrkirche für die Abhaltung der Taufe von Muslimen zu finden, weil katholische Pfarrer – offenbar aus einem „interreligiös-pluralistischen Verständnis“ – nur schwer zu überzeugen waren, eine Kirche für eine Taufe zur Verfügung zu stellen.

[23] Vgl. LG 1.

### 4) Minderung des apostolischen Bewusstseins

Hand in Hand mit dem Schwinden des missionarischen Bewusstseins geht auch die Schwächung des Apostolates. Immer weniger erscheint das Apostolat der Christen in der Welt wichtig. Man will lieber im unverbindlichen Rahmen bleiben. In diesem relativistischen, entchristlichten Milieu wird Apostolat nicht mehr als notwendig gesehen, da die geistige Not nicht mehr gesehen wird. Apostolat wird vielfach abgelöst durch einen falsch verstandenen Dialog um seiner selbst willen, der nicht mehr die Überzeugung des Anderen zum Ziel hat. Diese Haltung fördert die fortschreitende Paganisierung.

### 5) Die Defizite in der Sakramentenpastoral

Die relativistische Grundbefindlichkeit wirkt sich besonders auf die Sakramentenpastoral aus. Immer mehr Leute begehren zwar den Empfang der Sakramente, wollen aber nicht mehr aus dieser Kraftquelle leben. Sie feiern nicht mehr den Glauben, sondern konsumieren ein Fest. Die Sakramente werden auf diese Weise degradiert. Dem vielgebrauchten Slogan „Jesus ja, Kirche nein“ könnte man heute den Slogan „Jesus nein, Kirche ja“ bzw. „Sakrament ja, Glaube nein“ beifügen. Bei liturgischen Feiern tritt Gott immer mehr aus dem Zentrum. Die feiernde Gemeinde tritt an der Stelle Gottes in den Mittelpunkt. Die Verbindlichkeit liturgischer Normen wird vielfach missachtet und das Heilige im Kult profanisiert. Liturgische Feiern werden Menschenwerk, der Priester zum bloßen Zeremonienmeister reduziert. Die Gläubigen werden zu Akteuren, die sich selbst ein Fest machen oder zu Konsumenten von erbauenden Feiern werden. Gott ist immer weniger wirklich in der Liturgie.

### 6) Folgen des Relativismus für die Priesterausbildung

Die Priesterausbildung, die den künftigen Priester zum authentischen Glaubenszeugen befähigen sollte, befindet sich in einer Krise. Sie sollte den künftigen Priester u. a. „nach dem Vorbild unseres Herrn Jesus Christus ...

zu wahren Seelenhirten" formen.[24] Die Krise der Priesterausbildung zeigt sich vor allem darin, dass eine wirkliche Formung von Persönlichkeiten offensichtlich nicht mehr angestrebt wird. Die Ausbildung zielt nicht vorrangig darauf ab, Bekenner des Glaubens zu erziehen, sondern es werden eher Anpassungsfähigkeiten gefördert, die eine Neigung zum Konformismus verstärken. Damit werden die Alumnen darauf vorbereitet, in einem zunehmend relativistischen Milieu angepasst zu wirken, ohne zu „polarisieren" oder auch nur herauszufordern. Statt profilierter Glaubenszeugen wird ein zum Konformismus neigendes identitätsloses Mitläufertum gefördert, das dann positiv mit Gemeinschafts-, Dialog- oder Kommunikationsfähigkeit beschrieben wird. Ungeachtet dieser Defizite in der Leitung vieler Seminare gibt es eine Trendwende bei den Priesterstudenten, die bereits etwa vor zwei Jahrzehnten eingesetzt hat und die auch in anderen Ländern zu beobachten ist.[25]

### 7) Die Folgen des Relativismus in der Ethik

Besonders schlug sich die relativistische Tendenz in der Ethik nieder. Diese führte zur Leugnung der Naturrechtslehre der katholischen Kirche. Dadurch konnte auch der moderne Freiheitsbegriff entstehen, der letztlich, wie Ratzinger schrieb, ein Freisein vom „Von-sein, vom Für-sein und vom Mit-sein" bedeute. Dieses radikale Freiheitsverständnis gipfelt letztlich in die Verneinung Gottes und ist eine „Rebellion gegen das Menschsein".[26]

Die Nichtanerkennung der Naturrechtslehre wurde besonders deutlich im Dissens gegen die Lehre der Kirche über „Humanae vitae", der selbst innerhalb der katholischen Kirche weite Kreise umfasste und bis hinauf zu manchen Bischofskonferenzen reichte.[27] Man berief sich auf das Gewis-

---

[24] Vgl. II. Vatikanisches Konzil, Dekret über die Ausbildung der Priester „Optatam totius", Nr. 4.

[25] Man könnte diese Trendwende in etwa umschreiben mit mehr Hinwendung zu einer vertieften Spiritualität, gründlicherem Studium und einer besonderen Treue zum Lehramt.

[26] Vgl. J. Ratzinger, Glaube – Wahrheit – Toleranz, a.a.O., 200.

[27] Als Beispiel seien hier die „Maria Troster Erklärung" der Österreichischen Bischöfe und die „Königsteiner Erklärung" der Deutschen Bischöfe vom 30. August 1968 angeführt, derzufolge den Gläubigen die Möglichkeit eingeräumt wurde, in Ausnahmefällen eine Gewissensentscheidung gegen die Norm von „Humanae vitae" zu treffen. Leo Kardinal Scheffczyk merkte dazu an: „Was die Hirten hier noch als Ausnahmefall bei einzelnen konzedieren zu müssen glaubten, wurde vom Gottesvolk zur allgemein gültigen Norm erhoben und veranlasste in der Folge den Ein-

sen gegen die Lehre der Kirche und öffnete dadurch das Tor dafür, auch in anderen ethischen Fragen das autonome Gewissen gegen die Morallehre der Kirche setzen zu können. Damit war ein Damm gebrochen.

Der Apostolische Nuntius in Österreich, Erzbischof Mario Cagna, beklagte bereits im Jänner 1985 in einem Bericht an den damaligen Staatssekretär Agostino Kardinal Casaroli den Unterricht im Fach Moraltheologie in einigen Fakultäten Österreichs, der „immer mehr im Gegensatz zur kirchlichen Lehre" stehe und „relativistisch, subjektivistisch und konsequenzialistisch" sei.[28] Nuntius Cagna erwähnte besonders den Moraltheologen Hans Rotter SJ, der die Äußerungen des Lehramtes auf das Niveau „diskussionswürdiger Meinungen" herabdrücke.

## VI. Früchte in der nachkonziliaren Entwicklung

Neben diesen Krisenerscheinungen gab es auch viele gute Früchte in der nachkonziliaren Entwicklung. Papst Benedikt XVI. sprach kürzlich von einer „Hermeneutik der Reform"[29], die die „Erneuerung des Subjekts Kirche ... unter Wahrung der Kontinuität" bedeute und Früchte getragen habe und weiterhin trage. Vor allem sind geistliche Früchte dort festzustellen, wo eine Einheit mit dem Papst gelebt wird und eine auf der „gesunden Lehre" beruhende katholische Identität da ist. Besonders fruchtbar scheinen die von Papst Johannes Paul II. initiierten und von Benedikt XVI. fortgesetzten Weltjugendtage zu sein, die auch in Europa besondere Entwicklungen ausgelöst haben. Der Weltjugendtag in Köln im Jahre 2005, bei dem eine Million Menschen zugegen waren, war ein solches deutliches Signal und markiert möglicherweise einen Wendepunkt im deutschsprachigen Raum.

bruch der sexuellen Revolution in die Kirche, die ihre Auswirkungen bis zum heutigen Tag zeitigt und bis in die Jugendpastoral hineinreicht." Vgl. Kirche auf dem Weg in die Sezession, in: Theologisches 29 (1999) 581–593, sowie in: Medizin und Ideologie, Informationsblatt der Europäischen Ärzteaktion, 23. Jg., Ausgabe 1/2001, 25–32.

[28] Vgl. Relazione finale della missione di Mons. Mario Cagna 1976–1985, verfaßt im Januar 1985, in: A. Melloni, M. Guasco (Hg.), Un diplomatico vaticano fra dopoguerra e dialogo. Mons. Mario Cagna (1911–1986), Bologna 2003, 359–377.

[29] Vgl. Benedikt XVI., Ansprache an die Kardinäle und Mitarbeiter der Kurie am 22. Dezember 2005.

Besondere geistliche Früchte sind erkennbar im Entstehen und Aufblühen von neuen Bewegungen innerhalb der Kirche, die eine gewisse jugendliche Dynamik haben und vermehrt Berufungen hervorbringen. Diese Bewegungen zeichnen sich durch besondere Papst- und Kirchentreue, eucharistische Frömmigkeit, Wertschätzung des Bußsakramentes und eine tiefe Marienverehrung aus. Sie legen zumeist auch besonderen Wert auf die Katechese. Ein weiteres Hoffnungszeichen ist die (oben) schon angesprochene Trendwende bei jungen Priesterseminaristen. Auch unter Laien gibt es zahlreiche Aufbrüche, bei denen das Bekenntnis zum unverfälschten Glauben und das Apostolat in der Welt eine zentrale Rolle spielt.

## VII. Wahrheitserkenntnis und Relativismus in Bezug auf Dialog und Toleranz

Da sich relativistische Tendenzen vor allem in einem problematischen Verständnis von Dialog und Toleranz manifestieren, sei dieser Problembereich hier kurz angeführt. Wir Christen sind gerufen, „jedem Rede und Antwort zu stehen, der nach der Hoffnung fragt, die uns erfüllt[30], denn „Gott will, dass alle Menschen gerettet werden und zur Erkenntnis der Wahrheit gelangen."[31] Dies setzt voraus, dass es Wahrheit und Erkennbarkeit von Wahrheit gibt, aber auch dass es Menschen gibt, die von der Wahrheit überzeugt sind. Ohne Bejahung der Wahrheitsfrage und ohne feste Überzeugung kann es kein Zeugnis geben.[32]

Gerade der heute weit verbreitete Relativismus begegnet dem Wahrheitsanspruch im religiösen Bereich und dem Überzeugtsein davon mit dem Vorwurf der Intoleranz, d.h. der Unduldsamkeit gegenüber Andersdenkenden. Wahrheitsansprüche, so sagt man, dienten dazu, andere zu unterdrücken. In der Überzeugtheit von Wahrheiten liege die Gefahr von Fundamentalismus und Fanatisierung.

---

[30] Vgl. 1 Petr. 3,15.

[31] Vgl. 1 Tim 2,4.

[32] Vgl. Joh 5,33: „Ihr habt Johannes geschickt, und er hat für die Wahrheit Zeugnis abgelegt."

Durch den postmodernen Relativismus aller Standpunkte ist eine Atmosphäre entstanden, die sich durch eine Aversion gegenüber absoluten Wahrheitsansprüchen auszeichnet. Es gehört geradezu zur Höflichkeit des Dialogisierens, zur interkulturellen correctness, eigene Wahrheitsansprüche zurückzunehmen. Die Meinung, dass alle Religionen nur verschiedene, prinzipiell jedoch gleich taugliche und damit auch gleich-gültige Wege zum Ziel seien, ist im Westen fast Allgemeingut geworden. Die schon erwähnte pluralistische Religionstheologie unterstellt dem christlichen Wahrheitsanspruch eine unberechtigte Anmaßung und Selbstüberschätzung und lässt christliche Verkündigung als Ideologie erscheinen, die sich allen Menschen aufzwingen wolle. Christliche Mission wird als Imperialismus verdammt. Dies wird scheinbar bestätigt durch die Auffassung, wer Wahrheitsansprüche stellt, der gefährde den Dialog.

Demgegenüber sei festgehalten: Das Überzeugtsein von Wahrheit oder die Ansicht, dass es Wahrheit gibt, die auch erkannt werden könne, ist Voraussetzung für jeden echten Dialog. Es gehört geradezu zur Würde des Menschen, Wahrheit zu erkennen. Abt Marian Eleganti OSB stellte bei den Salzburger Hochschulwochen 2003 fest: „Dialog" als Inbegriff eines relativistischen Credos, das von vornherein und prinzipiell keinem Mitredenden „mehr" Wahrheit zugesteht als dem anderen, macht genau diesen Dialog überflüssig und sinnlos, wenn er nicht überhaupt das Ende einer ernsthaften Suche nach Wahrheit, auch der religiösen, bedeutet. Ja, es stellt sich die Frage: Kann man überhaupt einer Religion anhangen, von deren Wahrheit (ja sogar Überlegenheit), man nicht wirklich überzeugt ist (denn sonst müsste man sie ja ehrlicherweise aufgeben oder wechseln)?"[33]

Es gehört zum Wesen der Religion, dass man sie für wahr hält und von ihr überzeugt ist. Hier muss auch erwähnt werden, dass die Vertreter des postmodernen Relativismus inkonsequent sind, da sie ihren relativistischen Standpunkt ebenfalls mit großer Überzeugungskraft vortragen und dafür letztlich auch den Wahrheitsanspruch stellen.[34] Der wah-

[33] Vgl. M. Eleganti, Überzeugung und Toleranz. Vortrag bei den Salzburger Hochschulwochen, 4./5. August 2003, Manuskript, 7.

[34] Roger Scuton sagt: „Derjenige, der Ihnen sagt, dass es die Wahrheit nicht gibt, fordert Sie auf, ihm nicht zu glauben. Also tun Sie es auch nicht." Vgl. Modern Philosophy, London 1999, zitiert bei M. Eleganti, Überzeugung und Toleranz, a.a.O., 4.

re Dialog setzt daher einen eigenen Standpunkt voraus und impliziert die Wahrheitssuche und auch den Willen, zu überzeugen. Nicht das Suchen an sich, das Suchen um des Suchens Willen, sondern die Offenheit für neue Erkenntnis und das Streben nach Erkenntnisgewinn soll Bestandteil des Dialoges sein. Zur Haltung des Dialogs gehört nach Bischof Adriaan van Luyn von Rotterdam neben dem respektvollen Zuhören, dem verständlichen Reden, dem glaubwürdigen Handeln und dem tätigen Dienen das fest entschlossene Bezeugen.[35]

In der Geschichte der Kirche gab es auch Missbräuche im Umgang mit bzw. in der Verbreitung der Wahrheit, wo der Freiheit von Menschen Gewalt angetan wurde. Diese Missbräuche liegen jedoch nicht in der Tatsache des Wahrheitsanspruches selbst, sondern in der Form, wie dieser vertreten wurde. Abt Marian Eleganti stellte fest, dass die „Fanatisierung im Bereich des Religiösen" ihre Wurzeln „nicht im logisch notwendigen oder genuinen Wahrheitsanspruch einer Religion" habe, sondern „in der Psychologie, Soziologie und Ethik des betreffenden Menschen, die auch anders bzw. positiver verlaufen könnten, würde die Religion nicht für die eigenen Zwecke missbraucht." Wichtig ist in diesem Zusammenhang die Unterscheidung zwischen Wahrheitsansprüchen und der Durchsetzung von Wahrheitsansprüchen. Wer Wahrheitsansprüche stelle, müsse deshalb nicht automatisch die Durchsetzung mit fraglichen Mitteln betreiben. Toleranz besteht eben nicht in der Rücknahme des Wahrheitsanspruches, sondern in der Beschränkung des absoluten Geltungsanspruches. Hier wäre natürlich die Frage zu behandeln, wieweit beim Islam der Wahrheitsanspruch mit unbedingter Durchsetzung verbunden wird, etwa bei der Verpflichtung zum „Heiligen Krieg" oder der Einführung der „Scharia" in islamischen Ländern.[36] Diese Thematik kann hier jedoch nicht ausführlicher behandelt werden. Es bedürfte dazu eines eigenen Referates. Abt Eleganti verweist dann daraufhin, dass sich auch auf der Seite des Wahr-

---

[35] Vgl. A.H. van Luyn, Der Dialog mit Nicht-Gläubigen in einer säkularisierten und indifferenten Kultur. Eine Betrachtung aus westeuropäischer Sicht, Vortrag anlässlich des Jahresempfanges der Diözese Augsburg am 7. Oktober 2003, verlautbart durch die Pressestelle der Diözese Augsburg.

[36] Der Islam kennt nicht das Naturrecht und anerkennt deshalb nur bedingt die Menschenrechte. Eine positive Wertschätzung anderer Religionen und damit verbunden eine Verpflichtung zum Dialog, wie dies die katholische Kirche im II. Vatikanischen Konzil formuliert hat, kennt der Islam nicht in der Form.

heitsrelativismus und Religionspluralismus eine „erstaunlich lebendige, offensive Propaganda für die eigene Sicht der ‚Wahrheit'" finde, die „genauso überzeugt vorgetragen" werde wie manches religiöse Bekenntnis.[37] Der Relativismus, so Abt Eleganti, verhalte sich in seinem Anspruch auf allgemeine Geltung „nicht weniger absolutistisch", sei aber diesbezüglich – im Gegensatz zu den Religionen – „selbstwidersprüchlich und weniger ehrlich". Die Herrschaft über Andersdenkende beginne „nicht mit Glaubensüberzeugungen als solche", zu denen Eleganti auch die relativistische zählt, sondern „mit dem äußeren Zwang gegen Andersdenkende bzw. -gläubige, mit dem Druck auf ihre Existenz, ihr Denken und Handeln."[38] Abt Marian erwähnt in diesem Zusammenhang auch jene „subtilen Formen von Intoleranz und Druck, welche die allgemeine Meinung oder die political correctness ausüben können."[39]

Die katholische Kirche hält an der Wahrheitsfähigkeit des Menschen fest und lehnt den Relativismus in Glaubensfragen ab. Sie anerkennt in anderen Religionen Wahres und Heiliges und tritt für den Dialog unter den Religionen ein.[40] Die katholische Kirche hat in der Vergangenheit mehr Resistenz gegenüber totalitären Systemen (z.B. gegen den Kommunismus und den Nationalsozialismus) gezeigt als andere Konfessionen. Dies hängt u.a. auch damit zusammen, dass die katholische Kirche durch das Papsttum und die besondere hierarchische Verfasstheit sowie das Lehramt und ihre innere dogmatische Festigkeit eine größere Unabhängigkeit gegenüber weltlichen Mächten hat. Die Kirche anerkennt die Autonomie der Sachbereiche, also einen gewissen „Relativismus" in politischen, gesellschaftlichen und kulturellen Bereichen und ist daher nicht auf bestimmte

---

[37] Vgl. M. Eleganti, Überzeugung und Toleranz., a.a.O., 8–9.

[38] Vgl. ebd., 9.

[39] In diesem Zusammenhang könnten man den enormen Druck anführen, der heute gerade in westlichen Ländern von Medien auf Bischöfe ausgeübt wird, die moderne Tabus wie Abtreibung, Homosexualität usw. in ihrer Verkündigung aufzugreifen wagen. Es kann grundsätzlich gesagt werden: Wenn ein Christ heute die Lehre der Kirche ohne Abstriche vertritt, wird er über kurz oder lang Schwierigkeiten bekommen. Die pluralistische Gesellschaft hat ihre neuen Tabus, deren Verletzung mit öffentlicher Ausgrenzung und Diffamierung (hiefür gibt es die Totschlagkeulen wie „Fundamentalist", „Konservativer", „Fanatiker" usw.) bestraft wird.

[40] Vgl. II. Vatikanisches Konzil, Erklärung über das Verhältnis der Kirche zu den nichtchristlichen Religionen „Nostra aetate", Nr. 2f.

politische Formen festgelegt. Sie kann den Wahrheitsanspruch Christi mit Überzeugung vertreten und mit Dialog und Toleranz verbinden.

## VIII. Die Diktatur des Relativismus

Im letzten Teil möchte ich nochmals das Wort Benedikts XVI. von der Diktatur des Relativismus aufgreifen. Max Scheler hat einmal im Zusammenhang mit einer Spekulation über das Wesen der Philosophie die Formulierung gebraucht: „Immer ist der Relativist ja der Absolutist des Relativen."[41] Damit ist ausgedrückt, dass der, welcher im philosophischen Bereich ein absolut Seiendes nicht kennt, dazu neigt, relativ Seiendes zu verabsolutieren. In der Theologie bedeutet dies: Wer Gott aus seinem Leben verdrängt, der braucht einen Götzen. Wo in theologisch-philosophischer Hinsicht die Wahrheitsfähigkeit des Menschen anerkennt wird, dort können gesellschaftliche Wirklichkeiten in ihrer Relativität gesehen werden. Ein fruchtbarer Pluralismus wird dann lebbar.

Wo Absolutisten des Relativen ihre Anschauung mit einem Geltungsanspruch verbinden, dort zeichnet sich die Diktatur des Relativismus ab. Hier seien nur einige Entwicklungen in diese Richtung aufgezeigt.

Eine Form ist z.B. der schrankenlose Individualismus und der Hedonismus, die sich oft mit einer Einstellung verbindet, die, wie Benedikt XVI. in seiner Ansprache beim Beginn des Konklaves sagte, „nichts als endgültig anerkennt und als letztes Maß nur das eigene Ich und seine Gelüste gelten lässt." Hier wird der Mensch der Maßlosigkeit zum Sklaven seiner Triebe und Neigungen; er ist dann dem Diktat der Mode ausgeliefert und wird von den Wellen der Meinungen hin- und hergerissen.

Ein Beispiel für eine beginnende Diktatur des Relativismus ist die abnehmende Bereitschaft, das menschliche Leben zu schützen. Bis vor wenigen Jahrzehnten war in den demokratischen westlichen Staaten das Lebensrecht des Menschen von der Geburt bis zum natürlichen Tod auch strafrechtlich geschützt. Dann hat man, von einem falsch verstandenen

---

[41] Vgl. M. Scheler, Vom Ewigen im Menschen, in: Gesammelte Werke, Bd. 5, hg. v. M. Scheler Bern [5]1968.

Recht der Frau ausgehend, die Straffreiheit des Schwangerschaftsabbruches gesetzlich beschlossen. Der nächste Schritt war dann die Rede vom Recht auf Abtreibung. Mittlerweile ist es soweit, dass beispielsweise in Wien Lebensschützer, die vor Abtreibungskliniken stehen, um zu beten, gewaltsam von der Polizei entfernt werden können. In diesem Fall führte die relativistische Sicht von der Bestrafung der Täter zum rechtlichen Schutz der Täter vor den Lebensschützern. Hier wird eine Facette der Diktatur des Relativismus sichtbar. Die logische Konsequenz aus dieser Entwicklung wird die Legalisierung der Euthanasie sein, wie dies in einigen Staaten bereits üblich ist, sowie Grenzüberschreitungen bei der Gentechnik.

## IX. Das Ringen um die Seele Europas

Der Relativismus in seinen verschiedenen Schattierungen begünstigt den seit der französischen Revolution stets wachsenden und heute in Europa bereits mehrheitsfähigen Laizismus. Dieser jegliche Offenbarung ablehnende Laizismus mit seiner ausgeprägten Gleichheitsideologie lässt befürchten, dass die Freiheit der Religionsausübung zusehends beschnitten werden wird. Religion wird hier „in den Grenzen der säkularen Vernunft des laizistischen Staates“ definiert und „die als Toleranz getarnte Staatsideologie“[42] dogmatisiert, wie Stefan Baier ausführt. Der Fall Buttiglione hat schon gezeigt, dass ein Politiker wegen seiner katholischen Überzeugung in moralischen Fragen wie der Ehe und der Homosexualität für ein Ministeramt in der EU untragbar erschien und von der laizistischen Mehrheit abgelehnt wurde. Der zunehmende Laizismus lässt verschiedene Beschränkungen der Meinungs- und der Religionsfreiheit erwarten. Vor allem könnte dies künftig unter Ausweitung des sogenannten Diskriminierungsverbotes geschehen. Der jetzige Papst hielt fest, dass eine „aufgeklärte Ideologie der Freiheit“ zu einem Dogmatismus führt, der sich „zusehends als freiheitsfeindlich erweist.“[43] Der italienische EU-Abgeord-

[42] Vgl. S. Baier, in: Die Tagespost Nr. 106, 6. Sept. 2003, 9.

[43] Vgl. M. Pera / J. Ratzinger, Ohne Wurzeln, a.a.O., 70 f. Joseph Ratzinger (Benedikt XVI.) äußert darin die Befürchtung, dass man bald nicht mehr werde sagen dürfen, dass „Homosexualität, wie die katholische Kirche lehrt, eine objektive Ordnungsstörung im Aufbau der mensch-

nete und gegenwärtige Vizepräsident des EU-Parlamentes Mario Mauro hat erst kürzlich bei einer Pressekonferenz in Straßburg darauf hingewiesen, dass das EU-Parlament in der Vergangenheit den Vatikan viel häufiger kritisiert habe als Verletzungen der Religionsfreiheit in Staaten wie China, Kuba oder Saudi-Arabien. Mario Mauro forderte einen ernsthafteren Einsatz für die Religionsfreiheit und beklagte, dass Massen von Gläubigen auf dem „Altar der politischen Korrektheit" geopfert würden und enorme Verletzungen der Religionsfreiheit vom EU-Parlament verschwiegen würden.[44]

Hier wird deutlich, dass die katholische Kirche offenbar das größte Hindernis darstellt für die angestrebte Verwirklichung eines laizistischen Europas, einer künftigen Diktatur des Relativismus. Das Eindringen relativistischer Tendenzen in Theologie und Pastoral schwächen diese Bollwerksfunktion der Kirche. Europa steht in einem Ringen um seine Seele. Dies ist nicht ein Ringen zwischen verschiedenen religiösen Kulturen, sondern zwischen einem laizistischen Modell mit der „radikalen Emanzipation des Menschen von Gott" und der vorwiegend von christlichen Wurzeln inspirierten Kultur.

## X. Anmerkungen zum Wirken von Exzellenz Krenn

Wenn man das Wirken von Exzellenz Krenn als Weihbischof von Wien und als Diözesanbischof von St. Pölten und dabei vor allem seine regelmäßige und überdurchschnittliche Präsenz in den Medien betrachtet, dann kann man feststellen, wie er stets mit großer Beharrlichkeit und in überzeugender Weise für die christliche Wahrheit und gegen den Zeitgeist des Relativismus eingetreten ist. Sein spekulativer Geist verband sich mit einem herzlichen, geradezu volkstümlichen Zugang zu den einfachen Leuten. Er nützte alle Möglichkeiten, die sich ihm boten, um mit der ihm eigenen Schlagfertigkeit und Brillanz beispielsweise die Wahrheits- und

---

lichen Existenz bedeutet". Er weist auch darauf hin, dass die Überzeugung der katholischen Kirche, nicht das Recht zu haben, Frauen zu Priestern zu weihen, schon jetzt von manchen „als unvereinbar mit dem Geist der Europäischen Verfassung erklärt" werde.

[44] Vgl. Katholische Nachrichtenagentur Deutschlands, Pressekonferenz v. 17. Jänner 2006.

die Gottesfrage öffentlich zu thematisieren. Nicht selten wurde er von deutschen Fernsehstationen zu Diskussionen eingeladen, weil sonst kein Bischof zu finden war, der sich in die „Arena“ wagte, um sich vor laufender Kamera mit prominenten Kirchenkritikern auseinanderzusetzen. Mit seinen oft bewusst provokanten und scharfsinnigen Wortmeldungen hat Exzellenz Krenn weltanschauliche Gegner herausgefordert und friedliebende katholische Mitläufer verärgert. In seiner Sensibilität gegenüber der Totalität der öffentlichen Meinung hat er oft ganz bewusst den Dogmen des Zeitgeistes widersprochen, dem Druck standgehalten und die Last des Widerspruchs getragen. Bischof Krenn wurde von einfachen Gläubigen geliebt, hatte erstaunlich viel Sympathie bei Fernstehenden und stieß auf Wertschätzung bei intellektuellen Kontrahenten. Vom zeitgeistigen innerkirchlichen Establishment wurde er gehasst. Viele davon haben seinen Abgang als Bischof mit großer Erleichterung und Freude kommentiert, ohne sich zu fragen: „Wer kann den überwinden, dessen Sieg die Niederlage zur Voraussetzung hat?“

Ich möchte mit einem Zitat aus der Silvesterpredigt 1999 von Exzellenz Krenn schließen: „Zu allen Zeiten wird der Mensch gegen die Wahrheit versucht. Wie oft wird die Wahrheit vertauscht mit der Macht des Stärkeren, mit dem Diktat einer Partei, mit der öffentlichen Meinung, mit Erfolg, Gewinn und Nützlichkeit. Auch weder das Althergebrachte noch das Moderne sind ausreichende Wahrheitsgründe. Die Naturwissenschaft und auch die Humanwissenschaften entsagen heute immer deutlicher einem Totalitarismus, der schlechthin alles beschreiben und erklären möchte. Die falschen Götzen der Vernunft werden jene Ideen sein, die von einem Welthumanismus, einer Weltreligion träumen; es werden die Formeln von absolut harmonischen und guten Menschen angeboten. Sind solche Ideen denn nicht gut und wohltätig? Sie haben einen Fehler: Es bleibt kein Platz für einen personalen Gott, der uns liebt, der uns die Wahrheit offenbart, der uns von Tod und Sünde erlösen kann.“[45]

---

[45] K. Krenn, Worte auf dem Weg. Gedanken eines Hirten der Kirche, hg. v. W. Schmid, Kleinhain 1999, 27.

# Für eine logisch kohärente und ethisch eindeutige Prozedur der Rechtsetzung im Bereich des Schutzes menschlichen Lebens

*Tadeusz Styczeń SDS*

Eine der wesentlichen Aufgaben, die die Enzyklika *Evangelium vitae* zahlreichen Gremien von Menschen stellt, die um die Respektierung des Lebensrechts für jedes menschliche Wesen „als vorrangiges Recht"[1] in der heutigen Welt besorgt sind, besteht darin, allen für die rechtspolitische Ordnung verantwortlichen Personen sowohl im Rahmen der einzelnen Staaten als auch in den internationalen Institutionen und Gemeinschaften bewußt zu machen, was aus dem Staat als Gesetzgeber wird, wenn er mit einem Akt gesetzten Rechts diejenigen, die getötet werden, jeglichen Rechtsschutzes beraubt, um mit demselben Akt diejenigen zu schützen, ja sogar zu unterstützen, die sie töten.

Bekanntlich wurde die Enzyklika *Evangelium vitae* nicht in der Situation eines ethisch-kulturellen Vakuums veröffentlicht, sondern in der Situation eines ethisch-kulturellen Kollapses, zu dem die in fast allen demokratischen Staaten Europas und der Welt angenommenen Akte der Legalisierung der Abtreibung geführt haben. Das Wesen dieser Krise ist genau das, was ich oben erwähnt habe: Mit einem Akt des vom Staat gesetzten Rechts werden die Personen von jeglichem staatlichen Rechtsschutz ausgeschlossen, die – als Unschuldige – getötet werden, während mit demselben Akt gleichzeitig diejenigen, von denen sie getötet werden, vor allen Strafsanktionen geschützt, ja sogar aus staatlichen Mitteln unterstützt werden. In

[1] Johannes Paul II., Recht auf Leben von der Empfängnis bis zum natürlichen Tod. Ansprache vor den Teilnehmern der Vollversammlung der Päpstlichen Akademie für das Leben am 27. Februar 2002, Nr. 6, in: Osservatore Romano dt., 22. März 2002, 7.

seiner Diagnose dieser Situation in der erwähnten Enzyklika verwendet Papst Johannes Paul II. dafür die Bezeichnung „Kultur des Todes”[2].

In der Enzyklika *Evangelium vitae* verweist der Heilige Vater auf vier – wechselseitig voneinander abhängige – Gründe für die von ihm vollzogene Diagnose. Er unterstreicht, dass wir es hier mit vier Aspekten eines prinzipiellen Widerspruches zu tun haben, d.h. mit einem logischen Absurdum mit tragischen moralisch-politischen Folgen. Der Akt der Legalisierung der Abtreibung, der in den meisten demokratischen Gesellschaften stattfindet, muss doch erkannt werden:

1. als Akt eines von der demokratischen Mehrheit der Bürger unter dem Deckmantel eines Aktes gesetzten *Rechts* verübten Unrechts;
2. als Akt eines vom *Staat als Gesetzgeber* gegen sich selbst gerichteten Staatsstreiches, der die Gleichheit aller vor dem Recht negiert; infolgedessen entsteht eine liberal-demokratische Form des totalitären Staates, der die Gewaltanwendung der Mehrheit gegen die Minderheit akzeptiert;
3. als ein Akt moralischen Selbstmordes des *Bürgers* – sowohl des Wählers als auch seines Abgeordneten in den gesetzgebenden Körperschaften des Staates – als Mittäter eines so absurden politischen Aktes; und schließlich
4. als ein Akt moralischen Selbstmordes des Bürgers als *Person*, die mit diesem Akt eine Spaltung im eigenen Innern als einem vernünftig freien „Ich” verursacht.[3]

---

[2] Johannes Paul II., Enzyklika „Evangelium vitae“ über den Wert und die Unantastarkeit des menschlichen Lebens vom 25. März 1995, Nr. 28. Vorher schrieb der Papst, dass „sich eine neue kulturelle Situation abzeichnet und verfestigt, die den Verbrechen gegen das Leben einen bisher unbekannten und womöglich noch widerwärtigeren Aspekt verleiht und neue ernste Sorgen auslöst: Breite Schichten der öffentlichen Meinung rechtfertigen manche Verbrechen gegen das Leben im Namen der Rechte der individuellen Freiheit und beanspruchen unter diesem Vorwand nicht nur Straffreiheit für derartige Verbrechen, sondern sogar die Genehmigung des Staates, sie in absoluter Freiheit und unter kostenloser Beteiligung des staatlichen Gesundheitswesens durchzuführen” (Nr. 4).

[3] Hier die betreffende Stelle der Enzyklika „Evangelium vitae“: „Das geschieht denn auch in der Tat im eigentlich politisch-staatlichen Bereich: Das ursprüngliche, unveräußerliche Recht auf Leben wird auf Grund einer Parlamentsabstimmung oder des Willens eines – sei es auch mehrheitlichen – Teiles der Bevölkerung in Frage gestellt oder verneint. Es ist das unheilvolle Ergebnis eines unangefochten herrschenden Relativismus: das ‚Recht‘ hört auf Recht zu sein, weil es sich nicht mehr fest auf die unantastbare Würde der Person gründet, sondern dem Willen des Stärkeren unterworfen wird. Auf diese Weise beschreitet die Demokratie ungeachtet ihrer Regeln den Weg eines substantiellen Totalitarismus. Der Staat ist nicht mehr das ‚gemeinsame

Aufgrund dieser Diagnose verweist Johannes Paul II. auf die Verpflichtung, politisch-legislative Schritte zu unternehmen, die für alle Ungeborenen den ihnen als Menschen gebührenden rechtlichen Schutz ihres Lebens wiederherstellen, um dem Staat selbst seine schließlich daraus resultierende Würde wiederzugeben, dass er – als Staat von Menschen für Menschen – immer nur dann er selbst bleibt, wenn er im Dienste der Würde ausnahmslos jedes Menschen steht.[4]

Trotz dieses so klaren Standpunktes des Papstes und seiner negativen moralischen Beurteilung des die Tötung Ungeborener (sowie die Euthanasie) legalisierenden Rechts meinen manche, dass auf der Ebene der konkreten Anwendungen eine Aufhebung des sittlichen Prinzips zulässig sei, das Johannes Paul II. – indem er ein Dokument von so hohem

Haus', in dem alle nach den Prinzipien wesentlicher Gleichheit leben können, sondern er verwandelt sich in einen tyrannischen Staat, der sich anmaßt, im Namen einer allgemeinen Nützlichkeit – die in Wirklichkeit nichts anderes als das Interesse einiger weniger ist – über das Leben der Schwächsten und Schutzlosesten, vom ungeborenen Kind bis zum alten Menschen, verfügen zu können. Alles geschieht scheinbar ganz auf dem Boden der Legalität, zumindest wenn über die Gesetze zur Freigabe der Abtreibung und der Euthanasie nach den sogenannten demokratischen Regeln abgestimmt wird. In Wahrheit stehen wir lediglich einem tragischen Schein von Legalität gegenüber, und das demokratische Ideal, das es tatsächlich ist, wenn es denn die Würde jeder menschlichen Person anerkennt und schützt, wird in seinen Grundlagen selbst verraten ... Wenn diese Zustände eintreten, sind bereits jene Dynamismen ausgelöst, die zum Zerfall eines echten menschlichen Zusammenlebens und zur Zersetzung der staatlichen Realität führen" (Nr. 20). Siehe auch meine vertiefte Analyse dieser Situation unter dem Titel „Ethics as the Theory of Natural Law Facing the 'Law Against Life'", in: E. Sgreccia / T. Styczeń SDS u.a. (Hg.), Medicine ad Law: For or Against Life?, Città del Vaticano 1999, 217–237; sowie: Aksjologiczne podstawy kultury politycznej (Axiologische Grundlagen der politischen Kultur), in: R. Rubinkiewicz SDB / S. Zięba (Hg.), Sacrum i kultura. Chrześcijańskie korzenie przyszłości. Lublin 15–17 września 2000 r. (Sacrum und Kultur. Die christlichen Wurzeln der Zukunft. Lublin, 15.–17. September 2000), Towarzystwo Naukowe KUL, Lublin 2000, 167–185.

[4] An dieser Stelle sei daran erinnert, dass Johannes Paul II., der zweimal vor Parlamenten demokratischer Staaten redete – 1999 in Polen und 2002 in Italien – gerade im Zusammenhang mit der mangelnden Achtung für das Leben ungeborener Kinder dabei die bereits aus den Enzykliken „Centesimus annus" (Nr. 46) und „Veritatis splendor" (Nr. 101) bekannte Formulierung vom „hinterhältigen Totalitarismus" verwendet hat. Vgl. Johannes Paul II., Razem tworzyć wspólne dobro Ojczyzny (Zusammen das Gemeinwohl des Vaterlandes schaffen). Rede vor dem Parlament der Republik Polen, Warschau, 11. Juni 1999, in: L'Osservatore Romano, polnische Ausgabe, 20 (1999), Nr. 8, S. 54; L'Osservatore Romano dt., Nr. 29–30, S. 13; ders., Die christliche Berufung Italiens und Europas. Rede an die italienischen Parlamentarier, Rom, 14. November 2002, in: L'Osservatore Romano dt., 32. Jg., Nr. 47, 22. November 2002, 7–8.

doktrinellem Rang veröffentlichte – doch eben als semper et pro semper, d.h. ohne jegliche Ausnahme geltend aufzeigt.[5]

Deshalb muss eine entsprechende Strategie erarbeitet werden, die einen Wiedergewinn der „verlorenen Gebiete" zum Ziel hat, d.h. ein Streben nach Wiederherstellung des vollen Rechtsschutzes für die ungeborenen Kinder, die ihn entbehren müssen, und zwar auf eine Weise, die diesem sittlichen Prinzip volle Genüge tut.

Eben diese Frage einer entsprechenden Strategie zur Wiedergewinnung der „verlorenen Gebiete" wurde im letzten Abschnitt von Nr. 73 der Enzyklika *Evangelium vitae* ausführlich behandelt. Die in diesem Absatz der Enzyklika enthaltenen Thesen bedürfen einer präzisen Interpretation sowie einer logisch korrekten Übertragung in Regeln des Handelns. Diese Interpretation muss die übergeordnete Forderung der Enzyklika berücksichtigen, die die Annahme aller von der Theorie des ethischen Proportionalismus suggerierten Lösungen ganz eindeutig ausschließt, weil dieser sie letztendlich auf Kalkulationen zurückführt, wieviel Menschen geopfert werden dürfen, um andere zu retten.

Selbstverständlich bedeutet die Verwirklichung der Pflicht zur Wiederherstellung des rechtlichen Schutzes des menschlichen Lebens vor der Geburt in *ordine intentionis* den Willen, *ausnahmslos alle* Menschen mit der ihnen allen gleichermaßen gebührenden Legislativfürsorge von Seiten des Staates zu erfassen. Diese Haltung findet im Standpunkt des amerikanischen Menschenrechtskämpfers – das Lebensrecht für Ungeborene immer eingeschlossen – Richard J. Neuhaus ihren Ausdruck, der mehrfach betont hat, dass die Verteidiger des Lebens nicht eher ruhen dürfen,

---

[5] Dieser Standpunkt kommt in der ungewöhnlich feierlichen Formulierung der Lehre der Kirche in dieser Frage zum Ausdruck, die derjenigen nahekommt, die das Lehramt gewöhnlich im Falle einer Verkündigung von Glaubenswahrheiten mit dogmatischem Charakter zu verwenden pflegte. Vgl. entsprechend Nr. 62 (Schwangerschaftsabbruch) und Nr. 65 (Euthanasie) der Enzyklika „Evangelium vitae". Zum Thema des doktrinellen Ranges der in dieser Enzyklika enthaltenen Lehre von der Unantastbarkeit menschlichen Lebens siehe: S. Nagy, Problem stopnia teologicznej pewności nauki encykliki „Evangelium vitae" (Das Problem des Grades theologischer Gewißheit der Lehre der Enzyklika „Evangelium vitae"), in: Johannes Paul II., „Evangelium vitae". Tekst i komentarze („Evangelium vitae". Text und Kommentare), hg. v. T. Styczeń SDS / J. Nagórny, Redakcja Wydawnictw KUL, Lublin 1997, 237–245.

solange auch nur ein ungeborenes Kind den Schutz des angeborenen Rechts auf Leben durch das vom Staat gesetzte Recht entbehrt.[6]

In der Strategie des parlamentarischen Kampfes um die Verwirklichung dieses Ziels, d.h. in *ordine executionis*, würde es allerdings schwerfallen, die konkrete, reale Situation nicht in Betracht zu ziehen, in der sich die Verteidiger des Lebensrechts des Menschen vom Augenblick der Empfängnis an befinden. Einerseits scheint es eher illusorisch zu sein, dass in Abstimmungen über einen Antrag auf Rechtsschutz aller nasciturorum heute ein Consensus der Mehrheit der Parlamentsmitglieder erreicht werden könnte. Andererseits ist ebenso offensichtlich, dass der Parlamentarier nicht die Chance vergeuden darf, wenigstens eine Kategorie der nasciturorum, denen der rechtliche Schutz ihres Lebens bisher verweigert wurde, zu retten. Der von ihm unternommene Versuch zur Rückeroberung des „verlorenen Gebiets" darf selbstverständlich nicht dahin führen, dass man in die Falle des Konsequentialismus-Proportionalismus gerät, d.h. dass man einer Art von Versteigerung – wieviel für wieviel? – seine Zustimmung gibt, die doch menschliche Wesen zum Gegenstand hätte, welche vom Augenblick ihrer Empfängnis an Personen sind (man kann höchstens noch hinzufügen: Personen im embryonalen Schlafzustand, einem Zustand, der der Situation eines jeden Menschen während seiner Nachtruhe sehr ähnlich ist).

Die Verbesserung eines ungerechten Gesetzes, das die Abtreibung legalisiert, ist möglich, ohne in die Falle der proportionalistischen Opferung einer Kategorie von Ungeborenen zugunsten des Schutzes anderer zu tappen, aber immer nur dann, wenn der zur Abstimmung gestellte Antrag auf Schutz des Lebens der Ungeborenen alle einzelnen Kategorien dieser umfaßt, d.h. *distributiv*, also der Reihe nach jede Kategorie der diesen Schutz bisher entbehrenden nasciturorum erfasst (z.B. Kinder, die aufgrund sogenannter sozialer Indikation oder auch aus mit den Umständen ihrer Zeugung zusammenhängenden Gründen von diesem Rechtsschutz ausgeschlossen sind).

---

[6] Siehe R. J. Neuhaus, Abortion and a Nation at War, in: First Things, Oktober 1992, 9–13. Siehe auch die von einer Gruppe amerikanischer Intellektueller – u.a. auch von R. J. Neuhaus – unterzeichnete Erklärung: „A New American Compact: Caring about Women, Caring for the Unborn", in: The New York Times, 14. Juli 1992.

In dem zur Abstimmung vorgelegten Antrag dürfen die verschiedenen Gruppen ungeborener Kinder nicht sofort *kollektiv* miteinander verbunden werden, indem den einen von ihnen ein Recht auf Leben zugestanden wird, während dieses Recht zugleich anderen verweigert wird. Mit anderen Worten: Der Parlamentarier *darf nie* an einer Abstimmung über einen Antrag teilnehmen, dessen Formulierung von ihm erfordern würde, eine in sich selbst widersprüchliche Feststellung zu äußern: ein gleichzeitiges „Ja" und „Nein" zum Leben, was ihm zwar die Möglichkeit geben würde, eine Kategorie der nasciturorum rechtlich zu schützen, aber immer nur um den Preis einer Verweigerung dieses Rechts für deren andere Kategorien. Wenn man diese Spur weiter verfolgt, muss festgestellt werden, dass der Parlamentarier an der Abstimmung über einen Antrag auf Rechtsschutz des Lebens dann, wenn dieser Antrag in seinem ganzen Umfang in sich *logisch* kohärent ist, nicht nur teilnehmen darf, sondern auch unbedingt teilnehmen muss. Nur ein solcher – in formaler Hinsicht korrekt konstruierter – Antrag garantiert dem Parlamentarier, dass seine Stimme in Sachen Lebensschutz auch im *ethischen* Sinne eindeutig ist.

Ich will unterstreichen, dass die Klärung der Zweifel, die im Zusammenhang mit der Interpretation von Nr. 73 der Enzyklika *Evangelium vitae* entstanden sind, von der logischen Analyse des Prozesses jeglicher Entscheidungsfindung her angegangen werden muss. Denn dies ist eine Bedingung sine qua non ihrer *Rationalität* im Verhältnis zu ihrem *Gegenstand.* Dieser Gegenstand darf nicht so ausgedrückt werden, dass die Formel seiner Erfassung einen inneren Widerspruch enthält (in sich birgt). Einer solchen Formel gegenüber wäre nämlich niemand imstande, einen rationalen Standpunkt einzunehmen. Deshalb muss sie schon wegen ihrer mangelnden logischen Kohärenz verworfen werden, weil diese es unmöglich macht, die einzelnen Standpunkte nach dem Prinzip ihrer gegenseitigen Opposition zu unterscheiden, was die Möglichkeit eines sachlichen Streites der Partner ausschließt. Der Parlamentarier, der in derselben Abstimmung das Lebensrecht des gezeugten Kindes affirmiert und dieses Recht zugleich negiert, fällt – auch wenn seine Negation nur einen einzigen Fall betreffen würde – einem Irrtum zum Opfer, den sich der Mensch als rationales Wesen nicht erlauben darf und auf den die Logik im sogenannten Gesetz des Duns Scotus verweist: ex con- tradicto (falso) quodlibet: $(p \cdot \sim p) \rightarrow q$.

Die Verbindung einander widersprechender Vorschläge zum Schutz des Rechts der menschlichen Person auf Leben (die aus der Annahme entgegengesetzter Standpunkte in dieser Frage durch die einzelnen Parlamentarier resultieren) zu einem summarischen, kollektiv formulierten Antrag führt in der Praxis dazu, dass die einen diese Gesetzesvorlage ablehnen, weil sie ihnen nicht freizügig genug ist, während die anderen denselben Vorschlag als nicht restriktiv genug ebenfalls verwerfen. Das ist übrigens der Grund dafür, dass die Befürworter einer Einschränkung des liberalen Gesetzes (p) und die Befürworter seiner weiteren Liberalisierung (~ p) im Jahre 1993 in Polen zu ihrem Erstaunen bemerken mussten, dass sie genauso abstimmten, d.h. dass sie miteinander übereinstimmten (q), obwohl sie im Rahmen der parlamentarischen Diskussion die ganze Zeit miteinander gestritten hatten und zutiefst davon überzeugt waren, völlig entgegengesetzte Standpunkte zu repräsentieren! Diese Verwirrung hatte rein logischen Charakter, und man hätte es gerade aus logischen – gleichsam vor-ethischen – Gründen gar nicht dazu kommen lassen dürfen, d.h. im Namen der Achtung vor der Redlichkeit des Streits und der gegenseitigen Achtung der streitenden Parteien. Die Redigierung einer solchen Formulierung und die Zustimmung der Streitpartner, diese dann zur Abstimmung vorzulegen, bedeutete eine logische Kompromittierung für sie alle.[7]

---

[7] Wenn der konkrete Parlamentarier sich darüber nicht völlig im klaren ist, können wir versuchen, ihn moralisch zu rechtfertigen, indem wir Abaelards „nocens sed innocens" zitieren. Die Situation ändert sich aber, wenn ein Philosoph bzw. Moraltheologe das ethische Handeln der Parlamentarier in der inkriminierten Angelegenheit analysiert. Mit Brand Blanshard zitieren wir hier eine Äußerung von McTaggart: „Noch niemand hat die Gesetze der Logik gebrochen, aber diese Gesetze haben schon manchen gebrochen", was Blanshard so kommentiert: „Originalität um jeden Preis wäre in diesem Falle kein Heldentum, sondern Selbstmord. ... Genauso verhält es sich offensichtlich auf dem Gebiet der Ethik. Ein vernünftiges Vorgehen erfordert, dass man sich Einschränkungen auferlegt" (vgl. B. Blanshard, Czy ludzie mogą być rozumni? (Können die Menschen vernünftig sein?), in: Filozofia amerykańska. Wybór rozpraw i szkiców historycznych (Amerikanische Philosophie. Eine Auswahl von Abhandlungen und historischen Skizzen), polnische Übersetzung v. J. Krzywicki, East Europe Institute, Boston University Press, Boston 1958, 120 f). Dem können die überaus beredte Warnung Bertrand Russells hinzufügen, auch wenn diese in Form eines scherzhaften Beispiels der Infragestellung des Prinzips vom ausgeschlossenen Widerspruch ausgedrückt wurde:
„– Wenn man, vom Widerspruch ausgehend, alles beweisen kann, dann beweisen Sie mir doch bitte, dass Sie, Herr Betrand Russell, der Papst sind.
– Sagt Ihnen als Prämisse ein solcher arithmetischer Widerspruch zu: ‚2 + 2 = 5'?
– Bitte sehr.
– Dann subtrahiere ich jetzt also auf beiden Seiten dieser Gleichung jeweils drei. Ich erhalte...
– Dass eins gleich zwei ist.

Wenn somit die Formel, die es dem Abstimmenden aus rein logischen Gründen unmöglich macht, ihr gegenüber einen rationalen Standpunkt einzunehmen, nicht verworfen oder rechtzeitig den Kriterien der Logik gemäß umformuliert wird, um den Parlamentariern zu ermöglichen, nach dem Prinzip der logischen Gliederung entgegengesetzte Standpunkte einzunehmen, sondern trotzdem zur Abstimmung vorgelegt wird, dann setzt sie (als casus perplexus) jeden Teilnehmer an dieser Abstimmung der Gefahr aus, dass er – in der Absicht, wenigstens das Leben einiger Unschuldiger zu retten – mit seiner eigenen Stimme (oder Unterschrift) zum Mitautor eines Gesetzes wird, demzufolge es erlaubt sein wird, andere Unschuldige zu töten. Wenn sich das auf Parlamentarier bezieht, dann trifft dies um so mehr auf die Moraltheologen und Philosophen zu, die in diesem Fall den Gedanken des Autors der Enzyklika *Evangelium vitae* angemessen interpretieren wollen.

Aus der oben dargelegten Analyse ergibt sich die Schlußfolgerung, dass nach erfolgter Abstimmung auf *distributive* Weise – die nacheinander die verschiedenen Kategorien der nasciturorum betrifft – eine summarische, *kollektive* Abstimmung über das gesamte Gesetz nicht nur *überflüssig*, sondern schon aus *logischen* Gründen geradezu *unzulässig* ist.[8] In dem Falle also, wenn die Prozedur eine solche summarische Abstimmung vorsehen würde, müsste daher ein formaler Antrag gestellt werden, auf diese zu verzichten und das Resultat der früher durchgeführten Abstimmungen, in denen jeder Abgeordnete ja die Möglichkeit hatte, einen in logischer Hinsicht kohärenten und damit ethisch klaren Standpunkt einzunehmen – d.h. er konnte in jedem Fall das Lebensrecht der Ungeborenen verteidigen –, als bindend anzuerkennen. Denn die summarische Abstimmung über das Projekt eines Gesetzes, das auch nur einen einzigen Ungeborenen vom Rechtsschutz ausschließen würde, erlaubt dem Abtreibungsgegner nicht, einen rationalen Standpunkt einzunehmen.

– Offensichtlich. Und da der Papst und ich zwei verschiedene Personen sind, sind wir in einer Situation, wo zwei gleich eins ist, ein und dieselbe Person."
Zitiert nach: W. Marciszewski, Sztuka dyskutowania (Die Kunst des Diskutierens), Wydawnictwo Aleph, Warszawa 1994, 252.

[8] Siehe dazu: T. Kotarbiński, Kurs logiki dla prawników (Logikkurs für Juristen), Państwowe Wydawnictwo Naukowe, Warszawa 1963, insbesondere Kapitel 12, 121–129.

Die eigentliche Quelle des Gewissenskonflikts, dem der Parlamentarier in der Situation der analysierten Abstimmung ausgesetzt ist, ist dann kein moralisches Dilemma, sondern die prinzipielle Ursache der Schwierigkeiten besteht im logischen Irrtum der Autoren der demokratischen Legislationsprozeduren, die summarische Abstimmungen über alle vom Parlament verabschiedeten Gesetzesvorlagen fordern, ohne Rücksicht auf ihren Gegenstand. In dem hier analysierten Fall muss immer in Betracht gezogen werden, dass das Leben, um das es hier geht, das Leben einer menschlichen Person ist.

Denn der Mensch ist ein personales Wesen.

*Aus dem Polnischen übersetzt von Herbert Ulrich.*

# Das sittliche Leben des Christen im Spannungsfeld von Konkupiszenz und Gnade

*Josef Spindelböck*

Bereits der Titel dieses Beitrags zeigt an, dass es darin um einen besonderen Aspekt des christlichen Lebens geht, nämlich um das, was wir das *sittliche Leben* nennen. Der Glaube an Jesus Christus muss Frucht bringen in Werken der Liebe. Nach den Worten des Apostels Paulus kommt es ja „in Christus Jesus ... nicht darauf an, beschnitten oder unbeschnitten zu sein, sondern darauf, den Glauben zu haben, der in der Liebe wirksam ist."[1]

Dieses Leben gemäß dem *Doppelgebot der Gottes- und Nächstenliebe,* welches alle anderen Gebote in sich enthält[2], steht unter einer heilsgeschichtlichen Spannung zwischen dem „Schon" und dem „Noch nicht": Wir sind durch das österliche Opfer Christi bereits „auf einmalige, vollkommene und endgültige Weise" erlöst[3] und haben Anteil daran durch die Gnade Christi. Dennoch steht die letzte Verwirklichung als eschatologische Erfüllung und Vollendung noch aus. Dies bedingt für den an Jesus Christus glaubenden Menschen eine Situation des geistlichen „Kampfes" und der Bewährung, welche mit dem Hinweis auf den theologischen Begriff der „Konkupiszenz" angesprochen wird.

So gilt es, sich zuerst einer wesentlichen Frage zuzuwenden:

---

1 Gal 5,6.

2 „Die Liebe tut dem Nächsten nichts Böses. Also ist die Liebe die Erfüllung des Gesetzes." – Röm 13,10. Vgl. Mt 22,34–40.

3 Katechismus der Katholischen Kirche. Kompendium (= KKK.Komp), München–Vatikan 2005, Nr. 122.

## I. Was bedeutet es, ein Christ zu sein bzw. als Christ zu leben?

Diese Frage besitzt eine theoretische und eine praktische Dimension. Aus dogmatischer Sicht und in Einklang mit dem Selbstverständnis der Kirche Christi durch die Jahrhunderte, welche nach den Worten des II. Vatikanischen Konzils „in dieser Welt als Gesellschaft verfasst und geordnet" ist und die „verwirklicht ist in der katholischen Kirche, die vom Nachfolger Petri und von den Bischöfen in Gemeinschaft mit ihm geleitet wird"[4], gehört zum Christ-Sein die *Zugehörigkeit zu Jesus Christus,* dem Herrn und Erlöser der Menschen.

Weil Christus der „Gesalbte" des Vaters ist, ist auch der „Christ" gesalbt durch das Geschenk des Heiligen Geistes, das ihm in Taufe (und Firmung) zuteil geworden ist. In der Apostelgeschichte heißt es zum Ursprung dieses Wortes: „In Antiochia nannte man die Jünger zum ersten Mal Christen."[5] Ein Christ ist demnach jemand, der Jesus Christus dem Herrn im Glauben verbunden ist und ihm im Leben nachfolgt. Man kann sagen: Ein Christ oder eine Christin ist *ein Jünger* bzw. *eine Jüngerin Christi.* „Jünger" zu sein heißt beim Meister in die Schule zu gehen. Es drückt sich darin das nicht nur theoretische, sondern auch praktische Lehrverhältnis aus, wie es im jüdischen Bereich im Verhältnis eines Rabbi zu seinen Schülern gegeben war, wie es immer wieder auch bei Philosophen der Fall gewesen ist und auch im nichtchristlichen Bereich bei großen Persönlichkeiten anderer Religionen vorkommt.

Da aber Jesus Christus, der Herr, einzigartig ist, was im Bekenntnis des Apostels Petrus zum Ausdruck kommt[6], muss auch die Nachfolge Christi als des Sohnes des lebendigen Gottes etwas sein, das in seiner letzten Tiefe nicht mit den üblichen Kategorien der Schüler- und Jüngerschaft erfasst werden kann. Das Wesen der Nachfolge Christi erschließt sich nur dem

---

[4] Vgl. II. Vatikanisches Konzil, Lumen gentium, Nr. 8; siehe dazu: Kongregation für die Glaubenslehre, Erklärung „Dominus Iesus" über die Einzigkeit und die Heilsuniversalität Jesu Christi und der Kirche, 6. August 2000, Nr. 16.

[5] Apg 11,26; vgl. Apg 26,28 und 1 Petr 4,16.

[6] „Simon Petrus antwortete: Du bist der Messias, der Sohn des lebendigen Gottes!" – Mt 16,16.

Glaubenden. Es gibt keinen „neutralen" Standpunkt von außen, von dem aus man – ohne selber im Herzen Stellung zu nehmen – sich über Person, Werk und Sendung Jesu Christi ein Urteil bilden könnte. An ihm scheiden sich die Geister.[7] Nur wer darum im Vollsinn glaubt, ja glauben darf, wird auch „begreifen", was es heißt, Christus nachzufolgen. Die Nachfolge Christi wird dann aber als etwas Existenzielles erfahren, das die ganze Person ergreift und umfasst; insbesondere müssen *Glaube und Leben eine Einheit* bilden. Der Christ ist jener, der Jesus Christus, dem menschgewordenen Sohn Gottes, nachfolgt und sich bemüht, täglich das Kreuz mit ihm zu tragen[8], bis auch er Anteil erhält an der Herrlichkeit der Auferstehung.

## II. Der heilsgeschichtliche „Ort" des Christseins: „sub gratia"

Der Apostel Paulus hat auf seinen Missionsreisen und in seinen Briefen wiederholt klargestellt, dass das Heil Gottes in Jesus Christus zu allen Menschen gelangen soll, zu Juden und Heiden.[9] Denn Christus „ist unser Friede. Er vereinigte die beiden Teile [Juden und Heiden] und riss durch sein Sterben die trennende Wand der Feindschaft nieder. Er hob das Gesetz samt seinen Geboten und Forderungen auf, um die zwei in seiner Person zu dem einen neuen Menschen zu machen. Er stiftete Frieden und versöhnte die beiden durch das Kreuz mit Gott in einem einzigen Leib. Er hat in seiner Person die Feindschaft getötet."[10]

[7] „Wer nicht für mich ist, der ist gegen mich; wer nicht mit mir sammelt, der zerstreut." – Lk 11,23; vgl. Lk 2,34.

[8] „Wer nicht sein Kreuz trägt und mir nachfolgt, der kann nicht mein Jünger sein." – Lk 14,27. „Indem Jesus seine Jünger aufruft, ihr Kreuz auf sich zu nehmen und ihm nachzufolgen (Mt 16,24), will er diejenigen, denen sein Erlösungsopfer zuerst zugute kommt, mit diesem Opfer vereinigen." – KKK.Komp 123.

[9] „Wir dagegen verkündigen Christus als den Gekreuzigten: für Juden ein empörendes Ärgernis, für Heiden eine Torheit, für die Berufenen aber, Juden wie Griechen, Christus, Gottes Kraft und Gottes Weisheit." – 1 Kor 1,23–24.

[10] Eph 2,14–16.

Mit dem Kommen Christi in der „Fülle der Zeit“[11] ist die „Zeit der Gnade“[12] gekommen, in der als Frucht des Todes und der Auferstehung Christi die Menschen aller Völker und Zeiten eingeladen sind, kraft Glaube und Taufe einzutreten in die Kirche Christi, in die Gemeinschaft jener, die an Jesus Christus glauben.[13] Paulus schreibt daher im Römerbrief: „Die Sünde soll nicht über euch herrschen; denn ihr steht *nicht unter dem Gesetz, sondern unter der Gnade.*“[14]

Der berühmte „Verduner Altar“ im Stift Klosterneuburg mit seinen 51 Emailtafeln lässt drei heilsgeschichtliche Epochen erkennen. Die oberste Zone der Anordnung stellt die Zeit „vor dem Gesetz“ dar *(„ante legem“,* d.h. von Adam bis Mose), die unterste Zone die Zeit „unter dem Gesetz“ *(„sub lege“,* d.h. zwischen Mose und Christus) und die mittlere Zone die Zeit „unter der Gnade“ *(„sub gratia“,* also das christliche Zeitalter).

*In der Gnade Gottes* zu stehen, bedeutet teilhaben zu dürfen am göttlichen Leben. Dieses ist verborgen anwesend im Herzen der Getauften, wenn sie die ihnen geschenkten göttlichen Tugenden von Glaube, Hoffnung und Liebe bewahren und zur Entfaltung bringen; das göttliche Leben vollendet sich in der Schau der Herrlichkeit Gottes, wenn jener Mensch, der in der Gnade Gottes stirbt, auf ewig Anteil erhält an der Liebe und dem Leben des dreieinigen Gottes.[15]

---

[11] Vgl. Gal 4,4 f: „Als aber die Zeit erfüllt war, sandte Gott seinen Sohn, geboren von einer Frau und dem Gesetz unterstellt, damit er die freikaufe, die unter dem Gesetz stehen, und damit wir die Sohnschaft erlangen.“

[12] Vgl. Lk 19,44; 2 Kor 6,2.

[13] „Da trat Jesus auf sie zu und sagte zu ihnen: Mir ist alle Macht gegeben im Himmel und auf der Erde. Darum geht zu allen Völkern, und macht alle Menschen zu meinen Jüngern; tauft sie auf den Namen des Vaters und des Sohnes und des Heiligen Geistes, und lehrt sie, alles zu befolgen, was ich euch geboten habe. Seid gewiss: Ich bin bei euch alle Tage bis zum Ende der Welt.“ – Mt 28,18–20.

[14] Röm 6,14: „Peccatum enim vobis non dominabitur; non enim *sub lege* estis, sed *sub gratia.*“

[15] In der heiligmachenden Gnade verwirklicht sich das Geschenk der *Gotteskindschaft:* „Seht, wie groß die Liebe ist, die der Vater uns geschenkt hat: Wir heißen Kinder Gottes, und wir sind es. Die Welt erkennt uns nicht, weil sie ihn nicht erkannt hat. Liebe Brüder, jetzt sind wir Kinder Gottes. Aber was wir sein werden, ist noch nicht offenbar geworden. Wir wissen, dass wir ihm ähnlich sein werden, wenn er offenbar wird; denn wir werden ihn sehen, wie er ist.“ – 1 Joh 3,1–2.

## III. Die Erbsünde und ihre Folgen

An dieser Stelle ist es nötig, auf jenes unheilvolle „Erbe" Bezug zu nehmen, das wir als Kinder Adams mittragen, von dem uns aber Jesus Christus, der „neue Adam", erlöst hat. Obwohl der Mensch als Mann und Frau von Gott in *ursprünglicher Heiligkeit und Gerechtigkeit* geschaffen wurde, verlor er seine Gottverbundenheit durch eigene Schuld, welche in der Weise einer bleibenden Ermangelung eben dieser von Gott gewirkten Gerechtigkeit auf alle Menschen überging (ausgenommen Jesus Christus, den Erlöser, und seine Mutter Maria): „Durch einen einzigen Menschen kam die Sünde in die Welt und durch die Sünde der Tod, und auf diese Weise gelangte der Tod zu allen Menschen, weil alle sündigten."[16]

Auf die Frage, worin denn die erste Sünde des Menschen bestanden hat, antwortet uns die Kirche: „Vom Teufel versucht, ließ der Mensch in seinem Herzen das Vertrauen zu seinem Schöpfer sterben. Im Ungehorsam gegen ihn wollte er ‚wie Gott' sein (Gen 3,5), aber ohne Gott und nicht Gott gemäß. Damit verloren Adam und Eva sogleich für sich und für alle ihre Nachkommen die ursprüngliche Gnade der Heiligkeit und Gerechtigkeit."[17]

Somit ist die „Erbsünde, in der alle Menschen geboren werden, ... der Zustand des Mangels an der ursprünglichen Heiligkeit und Gerechtigkeit. Sie ist eine Sünde, die wir ‚miterhalten', nicht aber ‚begangen' haben. Sie ist ein Zustand von Geburt an, nicht eine persönliche Tat. Wegen der Einheit des Ursprungs aller Menschen überträgt sie sich auf die Nachkommen Adams mit der menschlichen Natur, ‚nicht durch Nachahmung, sondern durch Fortpflanzung'. Diese Weitergabe ist ein Geheimnis, das wir nicht völlig verstehen können."[18]

Das *Wesen der Erbsünde* ist von ihren *Folgen* zu unterscheiden: „Infolge der Erbsünde ist die menschliche Natur zwar nicht durch und durch

---

[16] Vgl. Röm 5,12–21.

[17] KKK.Komp 75.

[18] KKK.Komp 76; vgl. Katechismus der Katholischen Kirche. Neuübersetzung aufgrund der Editio typica Latina (= KKK), München–Rom 2003, Nr. 417.

verdorben, aber in ihren natürlichen Kräften verletzt, der Unwissenheit, dem Leiden und der Herrschaft des Todes unterworfen und zur Sünde geneigt. Diese Neigung heißt *Konkupiszenz*."[19]

Eindrucksvoll beschreibt der hl. Paulus dieses dem Gebot Gottes widerstreitende „Gesetz der Sünde" in seinen Gliedern: „Ich tue nicht das, was ich will, sondern das, was ich hasse. Wenn ich aber das tue, was ich nicht will, erkenne ich an, dass das Gesetz gut ist. Dann aber bin nicht mehr ich es, der so handelt, sondern die in mir wohnende Sünde. Ich weiss, dass in mir, das heißt in meinem Fleisch, nichts Gutes wohnt; das Wollen ist bei mir vorhanden, aber ich vermag das Gute nicht zu verwirklichen. Denn ich tue nicht das Gute, das ich will, sondern das Böse, das ich nicht will. Wenn ich aber das tue, was ich nicht will, dann bin nicht mehr ich es, der so handelt, sondern die in mir wohnende Sünde. Ich stoße also auf das Gesetz, dass in mir das Böse vorhanden ist, obwohl ich das Gute tun will. Denn in meinem Innern freue ich mich am Gesetz Gottes, ich sehe aber ein anderes Gesetz in meinen Gliedern, das mit dem Gesetz meiner Vernunft im Streit liegt und mich gefangen hält im Gesetz der Sünde, von dem meine Glieder beherrscht werden. Ich unglücklicher Mensch! Wer wird mich aus diesem dem Tod verfallenen Leib erretten? Dank sei Gott durch Jesus Christus, unseren Herrn!"[20]

In säkularer Perspektive könnte man die Konkupiszenz als das bestimmen, „was den Menschen daran hindert, das zu sein, was er als Mensch sein könnte. Genauer: Vor dem Hintergrund dessen, was er sein könnte, wird ihm seine tatsächliche Verfassung zu einem Rätsel. Er fühlt sich sich selbst entfremdet und innerlich zerrissen."[21] Die Konkupiszenz oder Begierlichkeit ist nach Karl Rahner „das spontane Begehren des Menschen, insofern es der Freiheitsentscheidung des Menschen vorausgeht und gegen diese beharrt."[22]

---

[19] KKK.Komp 77; vgl. KKK 418.

[20] Röm 7,15–25a; vgl. den ganzen Kontext in Röm 7,7–25.

[21] M. Kluge, Die moraltheologische Relevanz der Konkupiszenz. Überlegungen auf der Grundlage der theologischen Anthropologie Wolfhart Pannenbergs (Diplomarbeit an der Katholisch-Theologischen Fakultät der Universität München), 1992, Vorwort, online unter http://www.martinkluge.de/theologie/diplommk.html .

[22] Zum theologischen Begriff der Konkupiszenz, in: K. Rahner, Schriften zur Theologie I, Einsiedeln–Zürich–Köln 19583, 390. Zur grundsätzlichen Problematik vgl. B. Stoeckle, Die Lehre von

## IV. Erlösung und geistlicher Kampf

Wovon hat uns also Jesus Christus, der Sohn Gottes, erlöst? Er ist Mensch geworden und für uns am Kreuz gestorben, um uns von der Macht der Sünde und des Todes zu befreien. „Durch seinen Tod hat er unseren Tod vernichtet und durch seine Auferstehung das Leben neu geschaffen.“[23] In der Taufe ist uns die ursprüngliche *Heiligkeit und Gerechtigkeit wieder geschenkt.* Wir heißen Kinder Gottes und sind es. Somit ist die *Schuld Adams wirklich aufgehoben,* und dem Menschen, der gläubig umkehrt zum Herrn, werden in den Sakramenten der Taufe und der Buße auch die persönlichen Sünden vergeben.

Was bleibt, sind freilich gewisse Folgen der Sünde, sowohl der persönlichen Sünden wie auch der Erbsünde. Als Antwort auf die Frage, warum uns Gott diese Straffolgen der Sünde nicht einfach erlässt und uns ein für allemal davon befreit, darf der gläubige Christ einen *heilsgeschichtlichen Sinn* dafür annehmen. Das Leben des Christen ist der Ort der Bewährung kraft jener Gnade der Erlösung, die ihm zuteil geworden ist. Es gilt, jeden Tag das Gute zu wirken und den „geistlichen Kampf“ zu bestehen. Dabei haben wir „nicht gegen Menschen aus Fleisch und Blut zu kämpfen, sondern gegen die Fürsten und Gewalten, gegen die Beherrscher dieser finsteren Welt, gegen die bösen Geister des himmlischen Bereichs.“[24] Tatsächlich hat „durch die Sünde der Stammeltern ... der Teufel eine gewisse Herrschaft über den Menschen erlangt, obwohl der Mensch frei bleibt.“[25]

Wenn selbst Jesus Christus vom Teufel in Versuchung geführt wurde[26] (nicht aus Notwendigkeit, sondern aus Solidarität mit den vielfach

der erbsündlichen Konkupiszenz in ihrer Bedeutung für das christliche Leibethos, Ettal 1954. Vgl. auch E. Schockenhoff, Konkupiszenz, in: ³LThK, Bd 6 (Freiburg u.a. 1997), 271–274, der insbesondere herausstellt, dass die Konkupiszenz zwar eine durch die Sünde Adams und ihre fortdauernde Wirksamkeit bedingte „im Menschen waltende Diastase zwischen Vernunft und Sinnlichkeit“ darstelle, diese aber dennoch „nicht als prinzipieller Antagonismus zwischen zwei gleichberechtigten Urmächten“ verstanden werden dürfe (ebd., 272).

[23] Osterpräfation I im Römischen Messbuch.

[24] Eph 6,12.

[25] KKK 407.

[26] Vgl. Mt 4,1–11; Mk 1,12 f; Lk 4,1–13.

versuchten Menschen), dann darf der Jünger, der ihm nachfolgt, für sich nichts anderes erwarten, als dem Meister widerfahren ist.[27] „Hier muss sich die Standhaftigkeit der Heiligen bewähren, die an den Geboten Gottes und an der Treue zu Jesus festhalten."[28]

## V. Versuchung und Sünde

Vom Bösen bedrängt zu werden, heißt noch nicht zu sündigen. Nur für Akte und Handlungen, die bewusst und mit Freiheit geschehen, ist der Mensch verantwortlich. Dies gilt im Guten wie im Bösen. Eine Sünde kommt daher nur dann zustande, wenn der Mensch darum weiß, dass etwas böse ist und er sich dennoch dafür entscheidet. Das Wesen der Versuchung besteht darin, dass der Mensch irgendeine Verlockung zum Bösen erfährt und verspürt, die ihn zur Stellungnahme in Freiheit herausfordert. Erst wenn der Mensch dem Bösen innerlich zustimmt, sündigt er. Wer in der Versuchung standhält, wird die Krone des Lebens erlangen. Im Jakobusbrief heißt es dazu: „Glücklich der Mann, der in der Versuchung standhält. Denn wenn er sich bewährt, wird er den Kranz des Lebens erhalten, der denen verheißen ist, die Gott lieben. Keiner, der in Versuchung gerät, soll sagen: Ich werde von Gott in Versuchung geführt. Denn Gott kann nicht in die Versuchung kommen, Böses zu tun, und er führt auch selbst niemand in Versuchung. Jeder wird von seiner eigenen Begierde [concupiscentia], die ihn lockt und fängt, in Versuchung geführt. Wenn die Begierde dann schwanger geworden ist, bringt sie die Sünde zur Welt; ist die Sünde reif geworden, bringt sie den Tod hervor."[29]

Es gibt nach klassischer theologischer Lehre eine dreifache Quelle der Versuchung, wo jeweils unsere erbsündlich bedingte Neigung zum Bösen mit betroffen ist. Versuchungen können kommen 1. vom Versucher (Satan, Teufel), 2. von anderen Menschen (Ärgernis, Verführung, schlechtes Milieu), 3. aus dem eigenen Menschsein (Hochmut und Begehrlichkeit).

---

[27] „Ein Jünger steht nicht über seinem Meister und ein Sklave nicht über seinem Herrn." – Mt 10,24.

[28] Offb 14,12.

[29] Jak 1,12–15.

In jedem Fall gilt, dass wir den Versuchungen mit der Gnade Gottes nicht hilflos ausgeliefert sind, sondern ihnen kraft der Erlösung durch Jesus Christus widerstehen können und sollen.[30]

Es ist also *nicht Gott, der uns in Versuchung führt.*[31] Er lässt jedoch zu, dass wir auf vielfache Weise im Guten erprobt werden und uns auch in der Versuchung bewähren müssen. Der Glaubende darf die Zuversicht haben, dass Gottes unseren Fall in die Sünde nicht will und – sofern wir mit seiner Gnade mitwirken – auch nicht zulässt: „Noch ist keine Versuchung über euch gekommen, die den Menschen überfordert. Gott ist treu; er wird nicht zulassen, dass ihr über eure Kraft hinaus versucht werdet. Er wird euch in der Versuchung einen Ausweg schaffen, so dass ihr sie bestehen könnt.“[32] Freilich kann dies nur dann gelingen, wenn der Mensch demütig ist und nicht auf die eigene Kraft vertraut: „Wer also zu stehen meint, der gebe acht, dass er nicht fällt.“[33]

## VI. Maria als Höchstfall erlösten Menschseins

Was aber ist uns als Erlöste verheißen, wenn wir im Glauben treu bleiben und in der Liebe und ihren Werken ausharren bis ans Ende? Wir werden nach dem Tod und einer möglichen Läuterung im Purgatorium (Fegefeuer) zur seligen Schau Gottes gelangen und dort endgültig befreit sein von der Sünde und auch von der Möglichkeit zu sündigen. Dabei wird uns die Freiheit nicht genommen, sondern sie kommt zur ihrer letzten Erfüllung in der Liebe. In der Auferstehung wird auch der Leib einbezogen sein in die vollkommene Übereinstimmung der Seele mit dem Willen Gottes,

---

[30] Vgl. R. Hofmann, Versuchung. II. Moraltheologisch, in: ²LThK, Bd 10 (Freiburg/Br. 1965), 745–747; P. Fonk, Versuchung. II. Theologisch-ethisch, in: ³LThK, Bd 10 (Freiburg u.a. 2001), 738 f.

[31] Wenn wir im "Vaterunser“ beten: „Und führe uns nicht in Versuchung“, so heißt dies der eigentlichen Bedeutung nach so viel wie: „Lass uns nicht in Versuchung geraten!“ bzw. „Lass uns in ihr nicht erliegen!“ Vgl. KKK 2846. Im Vaterunser betet der Jünger, dass Gott ihn nicht in eine Versuchung hineingeraten lasse, „in der seine Jüngerschaft auf dem Spiel steht und damit der Abfall droht.“ – J. Gnilka, Das Matthäusevangelium. I. Teil (Herders theologischer Kommentar zum Neuen Testament), Freiburg u.a. ³1993, 226.

[32] 1 Kor 10,13.

[33] 1 Kor 10,12.

sodass es die Konkupiszenz als innere Selbstentzweiung und Entfremdung des Menschen nicht mehr geben wird.

Ist das alles nur Zukunft oder hat es sich schon verwirklicht? Wir denken an die Heiligen des Himmels, die Gott im Himmel mit ihrer unsterblichen Seele bereits schauen dürfen von Angesicht zu Angesicht; freilich wird Gott auch ihren Leib erst am Ende der Zeit auferwecken.[34] Und doch gibt es – neben der heiligsten Menschheit unseres Erlösers – einen Menschen, in dem all dies bereits in letzter Vollendung verwirklicht ist: Die selige Jungfrau Maria ist „ganz heilig und schon mit Leib und Seele verherrlicht".[35] Als Angehörige des pilgernden Gottesvolkes auf Erden ist uns daher in der seligen Jungfrau Maria ein Zeichen der Hoffnung und des Trostes gegeben.[36] Die Erlösungsgnade Christi hat sich in Maria schon in urbildlicher Vollendung verwirklicht. In ihr zeigt sich, wie erlöstes Menschsein in seiner Vollgestalt aussehen soll. Maria ist in ihrem gnadenhaften Freisein von der Erbsünde und jeder persönlichen Sünde sowie auch von der Konkupiszenz geradezu *„die Wirklichkeit, das Gelingen des erlösten Menschseins"* und hält damit „die Wahrheit des erlösten Menschseins für alle Menschen in der gebührenden Wirklichkeit ... *Maria ist die Wirklichkeit des wahren Menschseins,* dessen Unüberbietbarkeit der Erlöser in seiner Erlösung kundtut."[37]

*Wer auf Maria blickt* und im Gebet und Vertrauen seinen Weg geht, braucht den geistlichen Kampf gegen die Sünde und das Böse nicht zu fürchten, sondern wird sich darin mit der Gnade Gottes bewähren. Er *wird* schließlich *teilhaben am Ostersieg Christi,* des Erlösers. Denn der Sohn der Jungfrau trifft die Schlange am Kopf und überwindet für immer alles Böse.[38]

---

[34] Vgl. KKK.Komp 131 und 203–206.

[35] KKK.Komp 199.

[36] In Maria, der „eschatologischen Ikone der Kirche" (KKK.Komp 199), sehen die Gläubigen „ein Bild und eine Vorwegnahme der Auferstehung, die sie erwarten, und sie rufen sie an als Fürsprecherin, Helferin, Beistand und Mittlerin." – KKK.Komp 197.

[37] K. Krenn, Des Menschen Gotteserkenntnis und Gotteserfahrung als theologisches Paradigma Mariens, in: A. Coreth / I. Fux (Hg.), Servitium Pietatis. Festschrift für Hans Hermann Kardinal Groër zum 70. Geburtstag, Maria Roggendorf 1989, 68–88, hier 88.

[38] Vgl. Gen 3,15.

# Gewissen und kirchliches Lehramt

*Ernst Burkhart*

Die folgenden Darlegungen sind identisch mit einem Referat vor der Katholischen Hochschulgemeinde Wien, das am 10. März 1988 gehalten, in den folgenden Monaten mehrfach vor verschiedenen Auditorien wiederholt und schließlich in der vorliegenden Fassung unpubliziert ad acta gelegt worden ist. Die Behandlung des Themas war von einigen Studenten angeregt worden. In ihm wird in etwa sichtbar, mit welcher Art von geistigen Auseinandersetzungen sich die von Auxiliarbischof Prof. Dr. Kurt Krenn im September 1987 in Wien neu organisierte Universitätsseelsorge mit seinem Ansporn zu befassen hatte. Die naturgemäß zum Teil situationsbedingten Beispiele und Zitate wurden in der hier vorliegenden (unveränderten) Letztversion belassen, weil sie den realen „zeitgeschichtlichen" Hintergrund der damaligen Auseinandersetzungen erkennen lassen.
Obwohl seither wichtige einschlägige Aussagen des Lehramtes hinzugekommen sind, auf die man heute Bezug nehmen müsste – man denke nur an die Enzyklika „Veritatis splendor"(1993) oder an die Apostolische Konstitution "Ad tuendam fidem" (1998) –, bewahrt das Thema angesichts des vielfach persistenten innerkatholischen Dissenses seine Aktualität, und der Verfasser sieht keinen Anlass, sich von seinen damaligen Aussagen zu distanzieren. Sie stehen in engem Zusammenhang mit dem Wirken von Bischof Krenn.

Die Aktualität unseres Themas ist offensichtlich. Vor wenigen Wochen etwa berichteten die Zeitungen von der Einleitung eines Ausschlussverfahrens gegen zwei US-amerikanische Ordensschwestern, die nicht bereit sind, der Aufforderung des Heiligen Stuhles Folge zu leisten und ihre Unterschrift zurückzuziehen, mit der sie sich in einer bezahlten Anzeige in den „New York Times" zugunsten der Abtreibungsgesetzgebung verwendet hatten. Die beiden Nonnen weigern sich, wie ihr Orden erklärt hat, „die authentische Lehre der Katholischen Kirche zur Abtreibung anzuerkennen"[1]. Und der Präfekt der zuständigen vatikanischen Kongregation für die Ordensleute, Kardinal Jerôme Hamer, hat zu der von den Unterzeichnern der Annonce geltend gemachten

[1] Kathpress, 10.2.1988.

Gewissensfreiheit bemerkt, dass die Katholiken verpflichtet seien, die Morallehre der Kirche zu beachten. Gewissensfreiheit könne nicht dazu herangezogen werden, einen Widerspruch zur klaren und maßgebenden Lehre der Kirche in Sachen Abtreibung zu rechtfertigen[2].

Bekannt ist auch der Konflikt, der im Zusammenhang mit der Instruktion „Donum vitae" über die Achtung vor dem beginnenden menschlichen Leben und über die Würde der Fortpflanzung[3] dadurch entstanden ist, dass einzelne katholische Spitäler sich dem moralischen Verbot der „In-vitro-fertilisation" durch die Kirche nicht beugen und ihre laufenden Programme nicht abbrechen wollen.

Noch aktueller und sozusagen alltäglicher erweist sich unser Thema, wenn wir es auf das Faktum beziehen, dass sehr viele Katholiken in notorischem Gegensatz zur kirchlichen Sittenlehre leben – denken wir an voreheliche Beziehungen oder an den Ehemissbrauch in seinen verschiedenen Formen – und sich dabei auf ihr Gewissen berufen, das ihnen die Erlaubtheit ihres Verhaltens bestätigt bzw. ihnen angeblich die Sicherheit gibt, dass sie dadurch höchstens lässlich sündigen, also vom Sakramentenempfang nicht ausgeschlossen sind.

Unüberhörbar war deshalb auch das Medienecho auf die Ansprache des Papstes an die österreichischen Bischöfe bei ihrem letzten „Ad-limina"-Besuch in Rom. Sie hat in erster Linie Aufsehen erregt, weil sie den unmissverständlichen Hinweis enthielt: „Ihr dürft keinen Zweifel am Recht des Papstes zur freien Ernennung der Bischöfe aufkommen lassen"[4]. Sie ist aber auch deshalb als so einschneidend empfunden worden, weil der Streitpunkt *Bischofsernennungen* offensichtlich in einem unübersehbaren Zusammenhang mit den Lehrentscheiden der Kirche in Moralfragen steht. Bezugnehmend auf die Enzyklika „Humanae vitae" (1968)[5] und auf das die Bischofssynode 1980 auswertende Apostolische Schreiben „Familiaris

---

2 Vgl. ebd.

3 Kongregation für die Glaubenslehre, Instruktion „Donum vitae" über die Achtung vor dem beginnenden menschlichen Leben und die Würde der Fortpflanzung. Antworten auf einige aktuelle Fragen vom 10. März 1987 (Verlautbarungen des Heiligen Stuhles 74).

4 Johannes Paul II., Ansprache beim „Ad-limina"-Besuch der österreichischen Bischöfe am 19.6.1987, Nr. 4, in: Kathpress-Sonderpublikation 87/7.

5 Paul VI. Enzyklika „Humanae vitae" über die rechte Ordnung der Weitergabe menschlichen Lebens vom 25. Juli 1968, lat. in: AAS 60 (1968) 481–503.

consortio"[6] sprach der Papst von einer „verbindlichen" Darstellung der wesentlichen Maßstäbe für Förderung und Formung der christlichen Familie und erklärte: „An der Gültigkeit der dort dargestellten sittlichen Ordnung darf kein Zweifel gelassen werden."[7]

Die Worte des Papstes haben denn auch die Österreichische Bischofskonferenz veranlasst, ihre Erklärung zur Ehe-Enzyklika Paulus VI. neu zu überdenken und ihre „Fortschreibung" anzukündigen[8]. Dies ist für unser Thema insofern von Belang, als die sogenannte „Maria-Troster-Erklärung" der österreichischen Bischöfe[9] vom September 1968 an ihrer pastoraltheologischen Schlüsselstelle im Hinblick auf die Bindung des Gewissens an das vom Lehramt ausgelegte göttliche Gesetz folgende Bemerkung enthält: „Da in der Enzyklika kein unfehlbares Glaubensurteil vorliegt, ist der Fall denkbar, dass jemand meint, das lehramtliche Urteil der Kirche nicht annehmen zu können. Auf diese Frage ist zu antworten: Wer auf diesem Gebiet fachkundig ist und durch ernste Prüfung, aber nicht durch affektive Übereilung zu dieser abweichenden Überzeugung gekommen ist, darf ihr zunächst folgen. Er verfehlt sich nicht, wenn er bereit ist, seine Untersuchung fortzusetzen und der Kirche im übrigen Ehrfurcht und Treue entgegenzubringen. – Klar bleibt jedoch, dass er in einem solchen Fall nicht berechtigt ist, mit dieser seiner Meinung unter seinen Glaubensbrüdern Verwirrung zu stiften."[10]

Niemand kann übersehen, dass es eine Reihe von Konflikten gibt, die für die Katholiken aus der Tatsache entstehen, dass die Kirche Lehren vorträgt – nicht nur in Moralfragen übrigens, sondern auch in Glaubensdingen –, die mit dem Lebensgefühl, den Wertvorstellungen und dem tatsächlichen Verhalten einer relativ großen Zahl von Personen kontrastieren, die sich dennoch als Glieder dieser Kirche verstehen, ja nicht selten als besonders

---

6 Johannes Paul II., Apostolisches Schreiben „Familiaris consortio" über die Aufgaben der christlichen Familie in der Welt von heute vom 22. November 1981, lat. in: AAS 74 (1982) 81–191.

7 Johannes Paul II., Ad-limina-Ansprache vom 19.6.1987, Nr. 6, a.a.O.

8 Vgl. Kathpress, 5.11.1987.

9 Erklärung der österr. Bischöfe zur Ehe-Enzyklika („Maria-Troster-Erklärung") vom 22. September 1968, in: Wiener Diözesanblatt 10/1968.

10 „Maria-Troster-Erklärung", II, a.a.O. Am 30.3.1988 ist bekanntlich eine neuerliche Erklärung der ÖBK vorgelegt worden, die freilich diesen Passus nicht ausdrücklich korrigiert. Immerhin hat sich der Heilige Vater Johannes Paul II. in seiner Salzburger Ansprache an die österreichischen Bischöfe am 24.6.1988 „mit dankbarer Anerkennung" auf diese Erklärung bezogen.

verantwortliche und engagierte. Diese Konflikte sind übrigens vielfältig. Sie ergeben sich nicht nur für den einen oder anderen Gläubigen, der von der Lehre der Kirche abweicht; sie ergeben sich auch für die Bischöfe, die ja als Lehrer des Glaubens vor Gott für die ihnen anvertraute Herde eine heilige und unaufgebbare Verantwortung tragen[11]; und sie ergeben sich für jene, die im libertinistischen Trubel der säkularisierten Gesellschaft nach sittlichem Halt und klarer Lebensorientierung suchen und dort, wo sie diese zu finden hoffen – in der von Christus gestifteten und vom Heiligen Geist geleiteten katholischen Kirche –, dem Zweifel, der Uneinigkeit, der Kontestation und dem offenen Zwist begegnen.

Die Lösung dieser Spannungen zwischen Gewissen und Lehramt kann verantwortlich nicht an der Oberfläche gesucht werden, etwa in einem trotzigen Aushalten des Konfliktes oder in der Verniedlichung der bestehenden Polarisierungen, im Aufkündigen der Treue zur Kirche oder im Versuch, sie von innen her zu verändern. Auch die Forderung nach einem Pluralismus der Meinungen kann dort nicht ernsthaft erhoben werden, wo die Zulassung einer solchen Auffassungsvielfalt gleichbedeutend wäre mit der Preisgabe der von der Kirche zu hütenden göttlichen Wahrheit. Denn als Katholiken können wir nur vorbehaltlos bejahen, was das I. Vatikanische Konzil 1870 gelehrt hat: „Die Glaubenslehre, die Gott geoffenbart hat, ist nicht wie eine philosophische Erkenntnis dem menschlichen Geist zur Vervollständigung vorgelegt, sondern als göttlicher Schatz der Braut Christi übergeben, damit sie sie treu bewahre und unfehlbar erkläre. Daher ist auch der Sinn der heiligen Dogmen für immer festzuhalten, den die heilige Mutter Kirche einmal erklärt hat, und niemals darf von diesem Sinn unter dem Vorwand und im Namen einer höheren Erkenntnis abgewichen werden.“[12]

Wir wollen versuchen, in vier Schritten aufzuzeigen, wie unser Problem grundsätzlich gelöst werden müsste. Zuerst soll die große Bedeutung des Gewissens im Ganzen des Glaubens dargestellt und begründet werden. Dann wäre zu zeigen, wie dieser unser Glaube wesentlich *kirch-*

---

[11] Vgl. II. Vatikanisches Konzil, Dogmatische Konstitution über die Kirche „Lumen gentium" (= LG), Nr. 27.

[12] I. Vatikanisches Konzil, Dogmatische Konstitution „Dei Filius" (= DF), Kap. 4, in: DS 3020.

*licher* Glaube ist, also nur aus der Kirche geschöpft und innerhalb ihrer lebendigen Gemeinschaft gelebt werden kann. Drittens wird untersucht werden müssen, wie weit das kirchliche Lehramt (das ja nur *ein* Element der Gesamtgestalt der Kirche ist) in seinen Aussagen für das Gewissen des Einzelnen bindend ist. Und viertens soll den Ursachen für die bestehenden Konflikte zwischen Gewissen und Lehramt nachgegangen werden, um ihre Bereinigung zu erleichtern.

## I. Gewissen und Glaube

Die Hochschätzung des Gewissens in der gesamten katholischen Glaubensüberlieferung ist unbestreitbar. Sie tritt ganz besonders in der Lehre vom unüberwindlichen Gewissensirrtum zutage[13], wie wir noch sehen werden. Der Mensch beurteilt seine konkreten Taten laufend nach ihrem sittlichen Wert oder Unwert. Es gibt niemanden, der nicht ein solches moralisches „Mit-Wissen" – das bedeutet ja das lateinische „con-scientia" von der Wortwurzel her – bei seinem Tun erleben würde. Und gerade dieses mehr oder minder laufend ergehende Urteil über die sittliche Qualifikation meines Handelns – das ist mir verboten oder geboten, erlaubt oder angeraten – nennen wir Gewissen.

Nun ist klar, dass das Gewissen irren kann. Es gibt Personen, die eine Sekte für die wahre, von Gott geoffenbarte Religion halten und sich daher, weil es ihr Gewissen so befiehlt – als Zeugen Jehovas etwa – weigern, eine Bluttransfusion an ihrem neugeborenen Kind vornehmen zu lassen, obwohl das Baby dann sicher sterben wird. Es kommt vor, dass jemand davon überzeugt ist, dass er eine Rechnung längst bezahlt hat, und daher die Klagsandrohung des Rechtsanwaltes ignoriert, während in Wirklichkeit aufgrund eines Versehens der Buchhaltung der geschuldete Betrag immer noch aushaftet. Alle haben wir dann und wann eingesehen, dass wir schuldhaft gehandelt haben, obwohl wir zuvor unser Verhalten als korrekt betrachtet hatten.

[13] Vgl. II. Vatikanisches Konzil, Pastorale Konstitution über die Kirche in der Welt von heute „Gaudium et spes" (= GS), Nr. 16.

Aus diesen einfachen und verschiedenartigen Beispielen läßt sich bereits erkennen, dass das Gewissen – wie der Buchtitel eines österreichischen Theologen suggeriert[14] – in einer bestimmten Hinsicht tatsächlich „oberste Norm sittlichen Handelns" ist, in anderer Hinsicht aber nicht. Das Gewissen *ist* oberste Norm sittlichen Handelns, weil ich die Übereinstimmung oder Nichtübereinstimmung meines Handelns mit dem Gesetz Gottes auf keinem anderen Weg erkennen kann als durch mein Gewissen. Was ich im Gewissen als Gottes Willen erkenne, das bindet mich in letzter Verantwortung. Keine andere Instanz kann da an die Stelle meines Gewissens treten. Andererseits ergibt sich aber aus dem Gesagten bereits, dass das Gewissen zwar *unmittelbare Norm* für mein sittliches Handeln ist, aber nicht *letzte Norm* sein kann; besteht doch seine Aufgabe und seine spontane Funktion gerade darin, die Beziehung meines Tuns zu den objektiven, also letztlich göttlichen Sittennormen zu entdecken, mit denen es im Einklang stehen muss, wenn ich nicht schuldig werden soll. Das Gewissen produziert also nicht die sittlichen Normen. Es gleicht nicht dem Parlament, das die Gesetze beschließt, sondern eher dem Richter, der sie auf die ihm jeweils vorgelegte Causa anwendet. Klassisch hat man diesen Gedanken so formuliert: das göttliche Gesetz ist die „norma remota" der Sittlichkeit; das Gewissen die „norma proxima".

„Das Gewissen ist" – so lehrt ganz in diesem traditionellen Sinne das II. Vatikanum – „die verborgenste Mitte und das Heiligtum im Menschen, wo er allein ist mit Gott, dessen Stimme in diesem seinem Innersten zu hören ist. Im Gewissen erkennt man in wunderbarer Weise jenes Gesetz, das in der Liebe zu Gott und dem Nächsten seine Erfüllung hat."[15]

„Alles, was nicht aus Überzeugung geschieht, ist Sünde" (Röm 14,23). So beschließt der hl. Paulus seine Anweisungen zu einem sehr komplexen Problem der frühesten Christenheit, das sich für die bekehrten Juden in der Übergangsphase der Lösung von der Bindung an das mosaische Gesetz ergab (vgl. Röm 14; 1 Kor 8). Die einen hielten sich – aufgrund einer gewissen Ängstlichkeit ihres Gewissens – noch an die alten Speiseverbote; die anderen, fortgeschritteneren, die schon zur christlichen Freiheit des

[14] Vgl. A. Laun, Das Gewissen. Oberste Norm sittlichen Handelns, Innsbruck 1984.

[15] GS 16.

Geistes gelangt waren, wußten sich vom „Joch des Gesetzes" entbunden (vgl. Apg 15,10). Aber Paulus weist sie an, das Gewissen der Schwächeren nicht zu belasten: „Wenn ihr euch auf diese Weise gegen eure Brüder versündigt und ihr schwaches Gewissen verletzt, versündigt ihr euch gegen Christus. Wenn darum eine Speise meinem Bruder zum Anstoß wird, will ich überhaupt kein Fleisch mehr essen, um meinem Bruder keinen Anstoß zu geben" (1 Kor 8,12 f.).

Hier zeigt sich in einer konkreten Frage, was ganz allgemein für die christliche Lehre vom Gewissen zu gelten hat: der Mensch ist an sein Gewissen gebunden (wenn es gebietet oder verbietet), selbst wenn dieses im Irrtum ist – freilich nur solange und insofern der Irrtum als solcher subjektiv schuldlos und nicht erkennbar ist, also ein sogenannter „unüberwindlicher Gewissensirrtum" vorliegt.

Das bedeutet unter anderem, dass eine objektiv böse Tat – z. B. die Verbreitung der Lehren der Zeugen Jehovas oder die Weigerung, die vermeintlich schon beglichene Rechnung nochmals zu bezahlen –, wenn sie in gutem Glauben vollzogen wird, den Betreffenden nicht schuldig macht. Trotzdem ist diese subjektiv schuldlose Tat objektiv schlecht, denn sie vermehrt die sittliche Unordnung auf der Welt: die Menschheit wäre sozusagen insgesamt gerechter daran, wäre diese Tat nicht gesetzt worden. Man kann sich also nicht mit einem moralischen Subjektivismus zufriedengeben. Das Gewissen hat sich an der Wahrheit zu orientieren, der Mensch muss sich ein rechtes und sicheres Gewissen bilden; und es ist – ganz allgemein gesprochen – jedenfalls erstrebenswert, dem Menschen zu helfen, seinen Irrtum „in re morali" zu überwinden. Deshalb zählt man von alters her zu den geistlichen Werken der Barmherzigkeit an erster Stelle die folgenden drei: „Die Sünder zurechtweisen; die Unwissenden belehren; den Zweifelnden recht raten."

Aus diesen beiden Prinzipien – Achtung vor der Würde des irrigen Gewissens und Bindung des Gewissens an die objektive Sittenordnung – leitet sich auch die kirchliche Lehre von der Freiheit der Gewissen und insbesondere von der Religionsfreiheit ab. Wir wollen sie schematisch kurz skizzieren, indem wir uns im wesentlichen an die Aussagen der Konzilserklärung über die Religionsfreiheit[16] halten:

---

[16] II. Vatikanisches Konzil, Erklärung über die Religionsfreiheit „Dignitatis humanae" (= DH).

1) Es ist davon auszugehen, „dass die höchste Norm des menschlichen Lebens das göttliche Gesetz selber ist, das ewige, objektive und universale, durch das Gott nach dem Ratschluss seiner Weisheit und Liebe die ganze Welt und die Wege der Menschengemeinschaft ordnet, leitet und regiert. Gott macht den Menschen seines Gesetzes teilhaftig, so dass der Mensch unter der sanften Führung der göttlichen Vorsehung die unveränderliche Wahrheit mehr und mehr zu erkennen vermag. Deshalb hat ein jeder die Pflicht und also auch das Recht, die Wahrheit im Bereich der Religion zu suchen, um sich in Klugheit unter Anwendung geeigneter Mittel und Wege rechte und wahre Gewissensurteile zu bilden.“[17]

2) „Nun aber werden die Gebote des göttlichen Gesetzes vom Menschen durch die Vermittlung seines Gewissens erkannt und anerkannt; ihm muss er in seinem gesamten Tun in Treue folgen, damit er zu Gott, seinem Ziel gelange. Er darf also nicht gezwungen werden, gegen sein Gewissen zu handeln. Er darf aber auch nicht daran gehindert werden, gemäß seinem Gewissen zu handeln, besonders im Bereich der Religion.“[18]

3) Dieses Recht auf Achtung des Gewissens und insbesondere auf Freiheit von Zwang seitens des Staates hinsichtlich der Religionsausübung im Rahmen der öffentlichen Ordnung läßt „die überlieferte katholische Lehre von der moralischen Pflicht des Menschen und der Gesellschaften gegenüber der wahren Religion und der einzigen Kirche Christi unangetastet.“[19]

4) Nach dieser überlieferten Lehre gilt: „Gott selbst hat dem Menschengeschlecht Kenntnis gegeben von dem Weg, auf dem die Menschen, ihm dienend, in Christus erlöst und selig werden können. Diese einzige wahre Religion, so glauben wir, ist verwirklicht in der katholischen, apostolischen Kirche, die von Jesus dem Herrn den Auftrag erhalten hat, sie unter allen Menschen zu verbreiten. Er sprach ja zu den Aposteln: ‚Gehet hin und lehret alle Völker, taufet sie im Namen des Vaters und des Sohnes und des Heiligen Geistes, und lehret sie alles halten, was ich euch geboten habe‘ (Mt 28,19–20). Alle Menschen sind ihrerseits verpflichtet, die Wahrheit,

---

[17] DH 3A.
[18] DH 3C.
[19] DH 1.

besonders in dem was Gott und seine Kirche angeht, zu suchen und die erkannte Wahrheit aufzunehmen und zu bewahren."[20]

5) „Daher ist die Lage derjenigen, die durch das himmlische Licht den Anschluss an die katholische Wahrheit gefunden haben, keineswegs die gleiche mit denen, die, Menschenmeinungen folgend, einer falschen Religion anhängen. Diejenigen nämlich, die einmal den Glauben unter dem katholischen Lehramt angenommen haben, können niemals einen gerechten Grund haben, ihren Glauben zu ändern oder in Zweifel zu ziehen."[21]

## II. Glaube und Kirche

Die Hochschätzung des Gewissens beruht, wie wir gesehen haben, auf seiner Hinordnung auf die Wahrheit, deren Besitz letztlich die Vollendung des Menschen bedeutet: „Das ist das ewige Leben: dich, den einzigen wahren Gott zu erkennen und Jesus Christus, den du gesandt hast" (Jo 17,3). Diese Wahrheit überragt die Erkenntniskapazität des Menschengeistes. Sie ist nicht Resultat unserer Verstandesbemühungen, sondern Gabe Gottes, Geschenk von oben: übernatürliche Offenbarung, die im Glauben angenommen wird.

Die Heilige Schrift und die Lehre der Kirche sehen diesen Glauben als eine Gnade. Die Zustimmung zu den von Gott geoffenbarten Wahrheiten erfolgt ja nicht "wegen der natürlichen Vernunfteinsicht in den inneren Wahrheitsgehalt des Gegenstandes, sondern aufgrund der Autorität des offenbarenden Gottes selbst, der sich nicht irren und andere täuschen kann."[22] Ihm überantwortet sich der Mensch im Glauben aus freien Stücken, indem er sich ihm mit Verstand und Willen voll unterwirft und seiner Offenbarung willig zustimmt[23]. „Dieser Glaube", ergänzt das II. Vatikanum, „kann nicht vollzogen werden ohne die zuvorkommende und helfende Gnade Gottes und ohne den inneren Beistand des Heiligen Geistes,

---

[20] Ebd.

[21] DF, Kap. 3, in: DS 3014.

[22] DF, Kap. 3, in: DS 3008.

[23] Vgl. II. Vatikanisches Konzil, Dogmatische Konstitution über die göttliche Offenbarung „Dei Verbum" (= DV), Nr. 5.

der das Herz bewegen und Gott zuwenden, die Augen des Verstandes öffnen und es jedem leicht machen muss, der Wahrheit zuzustimmen und zu glauben."[24]

Der Glaube ist also ein dem einzelnen gewährtes göttliches Gnadengeschenk. Er ist aber eben deshalb auch ein inhaltlich klar bestimmter Glaube. Dem Glauben als persönliche Tugend ("fides *qua creditur*") entspricht der Glaube als Lehrinhalt („fides *quae* creditur"). Nicht das Fürwahrhalten irgendwelcher Meinungen ist schon „Glaube" im christlichen Sinn, sondern das unerschütterliche Stehen in der von Gott geoffenbarten Wahrheit. Diese ist als eine die natürlichen Fähigkeiten des Menschen absolut übersteigende Wahrheit nie durch unsere menschlichen Begriffe voll erfaßbar, aber sie ist deshalb nicht unbenennbar, unaussagbar, hat sich Gott selbst doch in der Bibel unserer menschlichen Sprache bedient, um das Unsagbare seines Mysteriums sagbar und dem Menschengeist zugänglich zu machen. Wenn ich daher beispielsweise behaupte: „Kraft der durch den Priester in der Messe gesprochenen Konsekrationsworte werden Brot und Wein ‚vere, realiter et substantialiter'[25] in den Leib und das Blut unseres Herrn Jesus Christus verwandelt", habe ich nicht die ganze Wahrheit über das eucharistische Mysterium artikuliert, aber ich habe Wahres gesagt. Entgegengesetzte Behauptungen sind falsch, etwa dass auch ein Laie diese Wesensverwandlung vollziehen kann oder dass sich gar keine Verwandlung, sondern bloß eine symbolische Umdeutung ereignet und dgl. mehr.

Die Feststellung dieser inhaltlichen Bestimmtheit des Glaubens kann nicht dem Gutdünken des Einzelnen anheimgestellt sein; es reicht auch nicht aus – wie die unaufhaltsame Aufsplitterung des Protestantismus aufgrund der Annahme des „sola-scriptura"-Prinzips gezeigt hat –, die Bibel als einzige und letzte Glaubensnorm anzunehmen. Wer sagt uns denn, dass die nach allgemeiner Überzeugung zu ihr zählenden Schriften wirklich das Wort Gottes enthalten? Die Bibel selbst kann das nicht tun. Es bedarf einer anderen Instanz, welche die göttliche Offenbarung als solche erkennbar macht, bewahrt, vor Entstellung schützt und bis ans Ende der Zeiten lebendig verkündet.

---

[24] DV 5.

[25] Konzil von Trient, sess. XIII, in: DS 1636, 1651.

Auch wenn diese grundlegenden Zusammenhänge hier nur allzu kurz angedeutet werden konnten, sehen wir bereits deutlich genug, dass diese Instanz die Kirche sein muss. Bei jeder Taufe sagt der Spender nach dem gemeinsamen Gebet des Credo: „Sie haben sich eben zum Glauben der Kirche bekannt. In diesem Glauben empfängt (Ihr Sohn – Ihre Tochter) N. nun die Taufe."[26]

Der Glaube ist nicht irgendein Glaube, sondern der Glaube der Kirche. Ihr hat Christus die durch ihn vollendete und mit dem Tod des letzten Apostels abgeschlossene öffentliche Offenbarung anvertraut, die sich wie ein Quell in den Strömen der mündlichen Überlieferung und der Heiligen Schrift[27] über die Welt ergießt. „Die Heilige Überlieferung und die Heilige Schrift bilden den einen der Kirche überlassenen heiligen Schatz des Wortes Gottes. Voller Anhänglichkeit an ihn verharrt das ganze heilige Volk, mit seinen Hirten vereint, ständig in der Lehre und Gemeinschaft der Apostel (vgl. Apg 2,42 griech.), so dass im Festhalten am überlieferten Glauben, in seiner Verwirklichung und seinem Bekenntnis ein einzigartiger Einklang herrscht zwischen Vorstehern und Gläubigen."[28]

Soziologisch ist völlig klar: Wir sind im Glauben erzogen worden durch die Kirche. Nicht durch die Schrift allein (die die meisten Christen nur sehr unzureichend kennen), nicht durch das Lehramt allein (dessen Äußerungen noch viel weniger aus unmittelbarer Kenntnis allgemein bekannt sind), sondern durch das Atmen und Wachsen dieses lebendigen Organismus, den wir Kirche nennen und der sich mit den Methoden der Soziologie nicht in seiner innersten Wirklichkeit erfassen lässt. Das Beispiel der gläubigen Eltern, Geschwister und Freunde, das Familiengebet, der Religionsunterricht, die Mitfeier der Liturgie im Kreis des Kirchenjahres, die religiösen Volksbräuche usw. – all das hat in seinem lebendigen Ineinander unseren Glauben zur Entfaltung gelangen lassen als den Glauben der Kirche, die unbeschadet der Irrtümer und Verfehlungen ihrer einzelnen Glieder die in Schrift und Tradition vorliegende Offenbarung von Generation zu Generation kraft des Beistandes des Heiligen Geistes irrtumslos bewahrt.

---

[26] Die Feier der Kindertaufe, 67.

[27] Vgl. DV 9.

[28] DV 10.

## III. Kirche, Lehramt und Gewissen

Schon aus dieser knappen Analyse der Beziehungen zwischen Glaube und Kirche ergibt sich, dass unter „Kirche" keineswegs in reduktionistischer Interpretation allein die Hierarchie zu verstehen ist. Die Ekklesiologie des II. Vatikanischen Konzils bewahrt uns vor einer solchen Verkürzung des Geheimnisses der Kirche, indem es diese als Mystischen Leib Christi und als gegliedertes Volk Gottes beschreibt. Zu den Wesenselementen der sichtbar verfassten Kirche gehören nicht nur Papst und Bischöfe als Nachfolger der Apostel, sondern v.a. auch die gläubigen Laien, die auf spezifische, sozusagen unmittelbar weltbezogene Weise an den „tria munera Christi" teilhaben – seinem Priester-, Propheten- und Königsamt[29] – und so unersetzlich einbezogen sind in die Heilssendung der ganzen Kirche, als von Christus selbst durch die Taufe und Firmung dazu bestellt[30].

„Das Geheimnis der Kirche wird in ihrer Gründung offenbar"[31], sagt das Konzil. Es bezieht sich dabei auf das gesamte Wirken Christi, das gleichsam zur Gänze auf die Stiftung der Kirche ausgerichtet war, besonders aber auf die Ausgießung des Heiligen Geistes am Pfingsttag, durch welche die Gründung der Kirche ihre Vollendung findet. Erinnern wir uns an den Bericht der Apostelgeschichte (vgl. Apg 2,1–42) über diese Offenbarung des Geheimnisses der Kirche. Die Apostel waren im Jerusalemer Obergemach versammelt und „verharrten dort einmütig im Gebet, zusammen mit den Frauen und mit Maria, der Mutter Jesu, und mit seinen Brüdern" (Apg 1,14). „Ist dieser erste Kern der Urkirche nicht bereits Abbild des Volkes Gottes, wie es sich heute aufbaut aus den Nachfolgern der Apostel und aus den Laienchristen, Frauen und Männern?"[32] „Da kam plötzlich vom Himmel her ein Brausen, wie wenn ein heftiger Sturm daherfährt und erfüllte das ganze Haus, in dem sie waren" (Apg 2,2). Feuer-

[29] Vgl. LG 34–36.
[30] Vgl. LG 36.
[31] LG 5.
[32] Johannes Paul II., Predigt im Wiener Stephansdom, 12.9.1983, Nr. 3, in: Verlautbarungen des Heiligen Stuhles, Nr. 50.

zungen ließen sich auf ihre Häupter nieder, und „alle wurden vom Heiligen Geist erfüllt und begannen, in fremden Sprachen zu reden, wie der Geist es ihnen eingab" (Apg 2,4).

Aber nicht nur die junge im Abendmahlsaal versammelte Kirche – Klerus und Laien sozusagen – erfahren das Wirken des Heiligen Geistes. Jerusalem ist voll von Pilgern „aus allen Völkern unter dem Himmel. Als sich das Getöse erhob, strömte die Menge zusammen und war ganz bestürzt; denn jeder hörte sie in seiner Sprache reden ... Alle gerieten außer sich und waren ratlos. Die einen sagten: Was hat das zu bedeuten? Andere aber sprachen: Sie sind vom süßen Wein betrunken" (Apg 2,5–6.12–13).

Der Heilige Geist, so könnte man diese Ereignisse der Geburtsstunde der Kirche charakterisieren, macht die Braut Christi zum „Wahrzeichen unter den Völkern" (Jes 11,12)[33], und er führt die Völker zu ihr: Gott signalisiert gleichsam, welche die Aufgabe der Kirche durch die Zeiten sein soll. Und er offenbart die innerste Struktur dieses ihres fortdauernden Heilswirkens noch genauer. Denn es wird uns berichtet: „Da trat Petrus auf, zusammen mit den Elf; er erhob seine Stimme und begann zu reden" (Apg 2,14). Hier wird erkennbar, was immer so sein soll und konstitutiv für die Kirche ist: „Fides ex auditu, auditus autem per verbum Christi" (Röm 10,17). Es gibt in der Kirche ein von Christus eingesetztes Lehramt des Petrus und der übrigen Apostel, des Papstes und der Bischöfe, das authentisch (d.h. mit der Autorität und im Sinne Christi) die göttliche Offenbarung verkündet, getreu der Verheißung des Herrn: „Wer euch hört, der hört mich, und wer euch ablehnt, der lehnt mich ab; wer aber mich ablehnt, der lehnt den ab, der mich gesandt hat" (Lk 10,17).

Petrus hält seine erste Predigt: von der Erfüllung der Verheißungen der Propheten an Jesus Christus, den Gott von den Toten auferweckt und verherrlicht hat und der nun den Geist ausgießt. „Mit Gewissheit erkenne also das ganze Haus Israel", so schließt er: „Gott hat ihn zum Herrn und Messias gemacht, diesen Jesus, den ihr gekreuzigt habt" (Apg 2,36).

Und nun zeigt sich an der Reaktion der Zuhörer, die das Wort des Petrus „mitten ins Herz" (Apg 2,37) trifft, dass die Botschaft Christi, die uns durch die kirchliche Verkündigung sozusagen spekulativ in die höchsten

---

[33] Vgl. DF, Kap. 3, in: DS 3013.

göttlichen Geheimnisse hineinführt, ganz unmittelbare praktische Konsequenzen fordert: Nachfolge, Hingabe, Gehorsam. „Sie sagten zu Petrus und den übrigen Aposteln: Was sollen wir tun, Brüder?“ (Apg 2,37). Und sie hören die Weisung des Petrus: „Kehrt um, und jeder von euch lasse sich auf den Namen Jesu Christi taufen zur Vergebung der Sünden; dann werdet ihr die Gabe des Heiligen Geistes empfangen“ (Apg 2,38).

Wer vom Wort Gottes getroffen wird, richtet also die Frage an die Kirche: „Was soll ich tun?“ Er wendet sich an Petrus und die Elf, er bittet um Orientierung für sein Gewissen durch das Lehramt. Und die Aufgabe des Lehramtes ist es, diese Orientierung zu geben, die immer auch eine moralische ist, weil der Glaube die Hingabe der ganzen Person an Christus fordert, die Bekehrung, das völlige Neuwerden des Lebens, das sein Maß an Jesus Christus nimmt und seine Kraft schöpft aus den Gnadenschätzen der Kirche.

So gesehen, kommt ein Konflikt zwischen lehramtlichen Direktiven und persönlichem Gewissen für den Christen eigentlich gar nicht in Betracht. „Die nun, die sein Wort annahmen, ließen sich taufen .... Sie hielten an der Lehre der Apostel fest und an der Gemeinschaft, am Brechen des Brotes und an den Gebeten“ (Apg 2,41 f.). Wer Christ wird, tritt ein in die Gemeinschaft der Kirche und unterwirft sich ihren Lehren, weil er ihre göttliche Sendung im Glauben erfasst und sich dankbar zum Heil führen lässt. Sein Gewissen öffnet sich bereitwillig und dankbar jener höchsten Wahrheit, welche die Kirche ihm zur Ausrichtung seines Lebens nach Gottes Willen verkündet.

Liegt in dieser Unterwerfung des Verstandes unter eine Autorität nicht Erniedrigung, Entmündigung, geistige Unterjochung des Menschen? Klagt man die Kirche nicht zu Recht an – wir zitieren hier das Dokument der Kongregation für die Glaubenslehre über Befreiung und christliche Freiheit – „durch sich selbst ein Hindernis auf dem Weg der Befreiung darzustellen?“[34] Man sagt, heißt es dort weiter, „ihr hierarchischer Aufbau stehe im Gegensatz zur Freiheit des Denkens. Gewiss hat es Irrtümer in der Beurteilung oder schwerwiegende Unterlassungen gegeben, für die die Chris-

[34] Instruktion der Kongregation für die Glaubenslehre über die christliche Freiheit und Befreiung „Libertatis conscientia“ vom 22. März 1986, Nr. 20, in: Verlautbarungen des Heiligen Stuhles, Nr. 70.

ten im Laufe der Jahrhunderte verantwortlich gewesen sind. Solche Einwände aber missverstehen die wahre Natur der Dinge ... Die Freiheit des Denkens als Bedingung für die Suche nach der Wahrheit in allen Bereichen des menschlichen Wissens bedeutet nicht, dass sich der menschliche Verstand dem Licht der göttlichen Offenbarung verschließen muss, deren Glaubensschatz Christus seiner Kirche anvertraut hat. Indem sich der geschaffene Verstand der göttlichen Wahrheit öffnet, erreicht er eine Blüte und Vollkommenheit, die eine überragende Form von Freiheit darstellen."[35]

## IV. Konflikte: Ursachen und Bewältigung

Wenn das alles so klar ist – woher dann die zahlreichen Konflikte? Wieso dieses Klima der Auflehnung gegen die Morallehre der Kirche, insbesondere in den diversen Fragen, die das 5. und 6. Gebot betreffen? Warum diese oft so tief sitzende Aversion gegen die sittlichen Forderungen, die die Kirche im Namen Christi erhebt?

Paulus schreibt an die Thessalonicher: „Darum danken wir Gott unablässig dafür, dass ihr das Wort Gottes, das ihr durch unsere Verkündigung empfangen habt, nicht als Menschenwort, sondern – was es in Wahrheit ist – als Gottes Wort angenommen habt; und jetzt ist es in euch, den Gläubigen wirksam" (1 Thess 2,13). Warum verstehen das heute so viele Christen nicht mehr?

Zwei Gründe erklären, wie uns scheint, warum das Wort der Kirche von vielen heute nicht als Wort Gottes angenommen wird und in ihrem Leben keine Wirksamkeit zeitigt. Wir können sie den beiden geistigen Vermögen des Menschen zuordnen: dem *Verstand* und dem *Willen*.

Zuerst, was den Verstand betrifft. Wir sagten schon, dass die göttliche Offenbarung zwar im Glauben angenommen werden muss, dass der Glaube aber nicht gegen die Vernunft steht. Was man überhaupt nicht begreift, könnte man nicht für wahr halten, könnte gar nicht Gegenstand des Glaubens sein. Der Verstand des Gläubigen fühlt sich darüber hinaus aus vielerlei Gründen gedrängt, soweit er es vermag, tiefer in die Glaubenswahr-

[35] Ebd.

heiten einzudringen und ihre Beziehungen zu seinen sonstigen Einsichten und zur Gestaltung seines Lebens zu ergründen. Fehlt dieses Bemühen einer „fides quaerens intellectum“ oder wird es irregeleitet, dann ergibt sich – besonders für den Intelektuellen – die Gefahr eines Auseinanderdriftens von Glauben und Weltanschauung. Da der Mensch aber ohne eine logische Einheit seiner Überzeugungen auf die Dauer nicht leben kann, nimmt er dann früher oder später, statt seine Weltanschauung mit dem Glauben in Einklang zu bringen, an seinem Glauben den notwendigen Retuschen vor, damit dieser mit seiner Weltsicht übereinstimmt.

Nun ist das religiöse Bildungsdefizit der jüngeren Generation der heutigen Katholiken wenigstens in Mitteleuropa aus verschiedenen Gründen so groß, dass ihnen manche fundamentalen Glaubenswahrheiten nicht ausreichend bekannt sind, z.B. die in diesem Referat zum Teil angedeutete Lehre von der göttlichen Offenbarung, von Schrift und Tradition und v.a. die Lehre von der Kirche. Viele begreifen daher auch nicht mehr – nie wurden sie wohl darüber unterwiesen –, dass die Kirche in ihrer Verkündigung nur *Hüterin* des Evangeliums ist, dass sie *unter* diesem und nicht *über* diesem steht und daher dort nicht „permissiv” oder „liberal” sein kann, wo das Gebot Gottes dies ausschließt. Gerade gewisse Gegner der päpstlichen Lehrautorität möchten dem Papst Rechte einräumen, die er nicht hat und nicht haben kann: nämlich sich an Gottes Stelle zu setzen und von seinen Geboten zu dispensieren.

Wer diese dogmatischen Binsenweisheiten dagegen einigermaßen begreift, weiß, dass die Kirche – nicht aufgrund formalistischer Legitimitätsüberlegungen, sondern kraft ihrer Sendung als unfehlbare Bewahrerin, Künderin und Auslegerin der Frohbotschaft – von einer einmal universal gelebten bzw. verkündeten, die Offenbarung betreffenden Lehre nicht mehr abweichen *darf*. Dass sie es nicht tun *wird*, garantiert der ihr von Christus verliehene Beistand, der Heilige Geist: „Er wird euch alles lehren und euch an alles erinnern, was ich euch gesagt habe“ (Joh 14,26). Sie *kann* aber eine solche Abänderung ihrer Lehren auch gar nicht in Betracht ziehen, weil sie sich damit selbst ad absurdum führen würde. Was einmal wahr gewesen ist, kann nicht mit einem Mal falsch sein. Disziplinäre Maßnahmen können geändert, liturgische Vorschriften aufgehoben und Fastengesetze gemildert werden, auch die Verpflichtung zum Priesterzölibat

könnte – zumindest theoretisch – fallen, usw. Aber Jesus Christus ist entweder wahrer Gott und wahrer Mensch zugleich, oder er ist es nicht. Und wenn der Ehemissbrauch nach gesamtkirchlicher, auf der Schrift gründender Überzeugung zuinnerst und objektiv schwer sündhaft ist, dann bleibt er das für alle Zeiten, unabhängig vom Verständnis, auf das diese sittliche Norm in einer bestimmten kulturellen Situation stößt, und von der Akzeptanz, die sie findet oder nicht findet.

Bedenkt man diese relativ simplen Tatsachen, die für das Selbstverständnis der Kirche absolut grundlegend und unaufgebbar sind, dann ist es – vom *Verstand* her – kein Problem, die Gewissensverpflichtung des gläubigen Katholiken zur Annahme lehramtlicher Entscheidungen zu akzeptieren, wie sie das II. Vatikanum formuliert hat: „Die Bischöfe, die in Gemeinschaft mit dem römischen Bischof lehren, sind von allen als Zeugen der göttlichen und katholischen Wahrheit zu verehren. Die Gläubigen müssen mit einem im Namen Christi vorgetragenen Spruch ihres Bischofs in Glaubens- und Sittensachen übereinkommen und ihm mit religiös gegründetem Gehorsam anhangen. Dieser religiöse Gehorsam des Willens und Verstandes ist in besonderer Weise dem authentischen Lehramt des Bischofs von Rom, auch wenn er nicht kraft höchster Lehrautorität spricht, zu leisten; nämlich so, dass sein oberstes Lehramt ehrfürchtig anerkannt und den von ihm vorgetragenen Urteilen aufrichtige Anhänglichkeit gezollt wird, entsprechend der von ihm kundgetanen Auffassung und Absicht. Diese läßt sich vornehmlich erkennen aus der Art der Dokumente, der Häufigkeit der Vorlage ein und derselben Lehre, und der Sprechweise.“[36]

Man kann diesen Ausführungen der Kirchenkonstitution des Konzils in unserem Zusammenhang mit Nutzen noch eine bekannte Aussage Papst Pius XII. hinzufügen: „Es stimmt allerdings, dass die Päpste den Theologen im allgemeinen die Freiheit lassen bezüglich jener Streitfra-

[36] LG 25. In seiner Ansprache an die Österreichische Bischofskonferenz vom 24.6.1988 zitiert der Papst in Nr. 8 diesen Konzilstext und liefert anschließend so etwas wie eine authentische Interpretation der „Fortschreibung" der „Maria-Troster-Erklärung": „Ihr selbst habt in der genannten Erklärung gegenüber mißbräuchlichen Formen der Berufung auf das Gewissen deutlich gemacht, was dies z.B. im Hinblick auf die Enzyklika ‚Humanae vitae' und das Apostolische Schreiben ‚Familiaris consortio' für das Leben der Christen konkret bedeutet" (vgl. Osservatore Romano dt., 1.7.1988).

gen, worüber die Gelehrten von Ruf verschiedener Meinung sind; die Geschichte lehrt jedoch, dass mehrere Fragen, die vormals der freien Erörterung unterstanden, späterhin gar keine Erörterung mehr zulassen können. Ebensowenig darf man annehmen, was in den Enzykliken vorgelegt werde, fordere an sich keine Zustimmung, da die Päpste in diesen Schreiben nicht die höchste Gewalt ihres Lehramtes ausüben, von dem das bekannte Wort gilt ‚Wer euch hört, der hört mich' (Lk 10,16); sehr häufig gehört das, was die Enzykliken lehren und einschärfen, schon anderwärtig zum katholischen Lehrgut. Wenn die Päpste in ihren Akten über eine bislang umstrittene Frage ein ausdrückliches Urteil fällen, dann ist es für alle klar, dass diese nach der Absicht und dem Willen der Päpste nicht mehr der freien Erörterung der Theologen unterliegen kann."[37]

Um so weniger können diese Fragen dann aber Diskussionsgegenstand der Gläubigen sein, denen es u.a. an der notwendigen Fachkompetenz gebricht. Was die konfliktbeladenen Themen unserer Tage anbelangt, scheint klar zu sein, dass in den meisten Punkten (voreheliche Beziehungen, Masturbation, Homosexualität, Abtreibung, Empfängnisverhütung, Ausschluss wiederverheirateter Geschiedener von den Sakramenten usw.) die kirchliche Lehre so oft und mit solchem Nachdruck vorgelegt wurde – nicht nur von einem, sondern von mehreren Päpsten, von Synoden und Bischofskonferenzen –, dass sie längst als irreformabel gelten muss und folglich das Gewissen bindet, unabhängig davon, ob sie von den Theologen allgemein bereits als unfehlbar angesehen wird oder nicht. Ein Rekurs vom Lehramt an das Gewissen ist in den erwähnten Fragen jedenfalls längst ausgeschlossen.

Was ist zu tun, damit sich die Katholiken dem Spruch des Lehramtes beugen? Genügt die „Glaubensaufklärung", wie wir sie hier etwa versuchen, um Konflikte zwischen Lehramt und Gewissen aus der Welt zu schaffen? Das ist sehr fraglich. Denn zur Einsicht des *Verstandes* muss auch die Bereitschaft des *Willens* treten. Und der Wille kann, wenn er nur intensiv genug an bestimmten Scheingütern hängt, die Einsicht des Verstandes behindern und letztlich unterbinden. Und diese Fesselung des Verstandes

---

[37] Pius XII., Enzyklika „Humani generis" über einige falsche Ansichten, die die Grundlagen der katholischen Lehre zu untergraben drohen, vom 12. August 1950, in: DS 3885.

wird zweifellos durch das herrschende Lebensgefühl, durch Modetrends und die eigene Schwäche bedeutend gefördert.

Die Predigt Christi begann mit dem Aufruf zur Buße, ohne die es keinen Zugang zu den Geheimnissen des nahenden Himmelreiches gibt. Und deutlich genug ist – um andere ähnliche Äußerungen des Neuen Testamentes zu diesen Grundvoraussetzungen christlicher Sittlichkeit zu übergehen – das Wort des Jakobus: „Ihr Ehebrecher, wisst ihr nicht, dass Freundschaft mit der Welt Feindschaft mit Gott ist? Wer also Freund der Welt sein will, der wird zum Feind Gottes" (Jak 4,4).

Das Wort Christi, das von der Kirche durch das Lehramt verkündet wird, kann in den Gläubigen nur soweit wirksam werden (vgl. 1 Thess 2,13), als diese Bereitschaft zur Umkehr einsetzt. Die Stimme des Petrus muss uns wie am Pfingsttag wieder „mitten ins Herz" treffen, damit der einzelne sein Gewissen an der durch das kirchliche Lehramt sicher vermittelten göttlichen Wahrheit ausrichtet und auch die Entschlusskraft findet, um die anderen in Liebe zu dieser Wahrheit hinzugeleiten.

Gerade dazu sind wir aufgerufen, gemäß den Worten des Heiligen Vaters an die Bischöfe unseres Landes: „Angesichts der um sich greifenden Glaubenslosigkeit und Säkularisierung in der heutigen Welt, die das Leben und Wirken der Kirche zunehmend erschweren und es dadurch geradezu herausfordern, ist jeder Christ und die ganze kirchliche Gemeinschaft zu einem um so überzeugenderen Zeugnis für Christus und seine Frohe Botschaft aufgerufen. Aber auch hier gilt für die Glaubwürdigkeit dieses Zeugnisses gegenüber der Welt als Voraussetzung die Forderung nach einer Einmütigkeit, die sich vom Ganzen her und auf das Ganze hin versteht, jener wahrhaften theologischen Einheit, um die der Herr am Abend vor seinem Leiden gebetet hat: ‚Alle sollen eins sein: Wie Du, Vater, in mir bist und ich in Dir bin, sollen sie eins sein, damit die Welt glaubt, dass Du mich gesandt hast'" (Joh 17,21)[38]

[38] Johannes Paul II., Ad-limina-Ansprache, 19.6.1987, Nr. 3, a.a.O.

# Zu den Bemühungen von Weihbischof Kurt Krenn um eine Korrektur der Mariatroster Erklärung von 1968

*Wolfgang Waldstein*

Im Jahre 1987 hat der damalige Weihbischof für Wien Prof. Dr. Kurt Krenn erstmals an einem „Ad-limina"-Besuch der österreichischen Bischöfe teilgenommen. Er wurde dadurch Zeuge der wichtigen Aussagen von Papst Johannes Paul II. in seiner Ansprache an die Bischöfe. Die Ansprache ist im Ganzen noch immer höchst lesens- und beherzigenswert und könnte sehr gut zur Gewissenserforschung dienen. Sie macht sehr klar, in welchem Verhältnis das, was der Papst den österreichischen Bischöfen ans Herz gelegt hat, zu dem steht, was nachher und bis heute geschah. Ich kann hier natürlich nicht auf alle Themen eingehen, die in der Ansprache behandelt sind. Im Zusammenhang mit den Bemühungen des damaligen Weihbischofs Dr. Krenn um eine Korrektur der Mariatroster Erklärung von 1968 kann ich nur den Absatz der Ansprache wiedergeben, der diese unmittelbar betrifft. Er lautet: „In eine besonders schwere Verantwortung nimmt Euch Euer Dienst an der Einheit des Glaubens, zumal in einer Zeit, ‚in der man die gesunde Lehre nicht erträgt, sondern sich nach eigenen Wünschen immer neue Lehrer sucht, die den Ohren schmeicheln' (2 Tim 4,3). Die Förderung und Formung der christlichen Familien ist und bleibt Grundlage aller weiteren pastoralen Arbeit. Die wesentlichen Maßstäbe dafür sind in dem auf der Bischofssynode von 1980 fußenden Apostolischen Schreiben ‚Familiaris consortio' verbindlich dargestellt, das zu den Fragen der Sexual- und Ehemoral die von Paul VI. in der Enzyklika ‚Humanae vitae' von der ganzen Tradition des Glaubens gefällten Entscheide aufnimmt und entfaltet. An der Gültigkeit der dort dargestellten sittlichen Ordnungen darf kein Zweifel gelassen werden. Wenn im ersten

Augenblick der Veröffentlichung der Enzyklika noch eine gewisse Ratlosigkeit verständlich war, die sich auch in manchen bischöflichen Erklärungen niedergeschlagen hat, so hat der Fortgang der Entwicklung die prophetische Kühnheit der aus der Weisheit des Glaubens geschöpften Weisung Pauls VI. immer eindringlicher bestätigt. Immer deutlicher zeigt sich, dass es unsinnig ist, etwa die Abtreibung durch Fördern der Kontrazeption überwinden zu wollen. Die Einladung zur Kontrazeption als einer vermeintlich ‚gefahrlosen' Weise des Umgangs der Geschlechter miteinander ist nicht nur eine verkappte Leugnung der sittlichen Freiheit des Menschen. Sie fördert ein entpersonalisiertes, rein auf den Augenblick gerichtetes Verständnis der Sexualität und fördert damit letztlich wieder jene Mentalität, aus der die Abtreibung stammt und von der sie dauernd genährt wird. Im übrigen ist Euch gewiß nicht unbekannt, dass bei neueren Mitteln die Übergänge zwischen Kontrazeption und Abtreibung weithin fließend geworden sind."[1]

Im Hinblick auf diese klaren Worte des Papstes hat sich Weihbischof Krenn darum bemüht, eine der Aufforderung des Papstes entsprechende Erklärung der Österreichischen Bischofskonferenz zustandezubringen. Zur Vorbereitung hat er Vertrauenspersonen um die Ausarbeitung eines Entwurfes einer solchen Erklärung ersucht. Der Verfasser eines ersten Entwurfes war Weihbischof Krenn durch Publikationen zu den Fragen bekannt.[2] Der Entwurf ist wohl zu breit ausgefallen. Der Grund dafür dürfte wohl gewesen sein, dem Weihbischof Material zur Verfügung zu stellen, aus dem er dann selbst auswählen kann. Wie Weihbischof Krenn den Entwurf dann letztlich selbst behandelt und modifiziert hat, ist mir nicht bekannt. Mir ist nur der ihm zugegangene Entwurf bekannt, für den sich Weihbischof Krenn sehr dankbar gezeigt hat. Bekannt ist mir aber die Tatsache, dass der vom damaligen Weihbischof Krenn in der Bischofskonferenz im März 1988 vorgelegte Entwurf keine Chance auf Annahme hatte. Es kostete Weihbischof Krenn vielmehr große Mühe, überhaupt eine Erklärung zu erreichen, die irgendwie der Aufforderung des Papstes entspricht.

---

1 Johannes Paul II., Ansprache beim Ad-limina-Besuch der österreichischen Bischöfe am 19. Juni 1987, Nr. 5, in: L' Osservatore Romano dt., 26. Juni 1987, 9 f.

2 Der Verfasser war Dr. Ernst Wenisch, der sich große Verdienste im Bereich der kirchlichen Bildungsarbeit erworben hatte; er ist inzwischen verstorben.

Sie kam schließlich zustande als „Erklärung der Österreichischen Bischofskonferenz – Enzyklika ‚Humanae vitae' und Apostolisches Schreiben ‚Familiaris consortio'"[3]. In dieser Erklärung sagen die Bischöfe betreffend die Mariatroster Erklärung unter anderem: „Einige Stellen dieser Erklärung wurden freilich missdeutet, was zu einer bedenklichen Entwicklung in der Praxis geführt hat. Es konnte nicht die Absicht dieser Erklärung sein, den damals beschriebenen Fall einer von ‚Humanae vitae' abweichenden Überzeugung [vgl. Mariatroster Erklärung] als eine allgemeine Erlaubnis zur Anwendung aller empfängnisverhütenden Mittel deuten zu lassen."

Dann geht die Erklärung auf die Notwendigkeit der Gewissensbildung ein. Mit Bezugnahme auf Gaudium et spes 16 wird folgende Aussage aus der Mariatroster Erklärung wiederholt: „Die Bildung des Gewissensurteils ist abhängig vom Gesetz Gottes, das bei der konkreten Urteilsbildung nicht übersehen werden darf. Und weil nun Gottes Gesetz auf tausenderlei verschiedene Umstände und Lebensverhältnisse angewendet werden muss, so spricht hier auch die Kirche in ihrem Lehramt ein bestimmendes und klärendes Wort, das der Verwirklichung unseres wahren Menschentums dient. Diese Hilfe des Gesetzes Gottes und des Lehramtes der Kirche für seine eigene Lebensgestaltung wird nur der erfahren, der sich um immer bessere Erfassung dieser Normen bemüht und sich eine ständige Bildung seines Gewissens angelegen sein lässt." Ferner wird folgende Aussage aus dem Apostolischen Schreiben „Familiaris consortio" zitiert: „Auch auf dem Gebiet der Ehemoral handelt die Kirche als Lehrerin und Mutter ...[4] es[5] ist die eine Kirche, die zugleich Lehrerin und Mutter ist. Deswegen hört die Kirche niemals auf, aufzurufen und zu ermutigen, die eventuellen ehelichen Schwierigkeiten zu lösen, ohne je die Wahrheit zu verfälschen oder zu beeinträchtigen. Sie ist nämlich davon überzeugt, dass es zwischen dem göttlichen Gesetz, das Leben weiterzugeben, und jenem,

---

3 Veröffentlicht in: Verordnungsblatt der Erzdiözese Salzburg 71 (1988) 54–58.

4 In der Erklärung ist hier zunächst nur der 1. Satz von FC 33 zitiert. Dann sind die Absätze 2 und 3 ausgelassen. Im Absatz 2 stehen aber die wichtigen Aussagen: „Als Lehrerin wird sie nicht müde, die sittliche Norm zu verkünden, welche die verantwortliche Weitergabe des Lebens bestimmen muss. Diese Norm ist nicht von der Kirche geschaffen und nicht ihrem Gutdünken überlassen." Auch die folgenden Aussagen sind natürlich wichtig.

5 Der hier zitierte Abs. 4 beginnt mit dem Wort „Aber", das im Zitat ausgelassen ist, daher „es" mit kleinem „e".

die echte Liebe zu fördern, keinen wirklichen Widerspruch geben kann. Darum muss die konkrete pastorale Führung der Kirche stets mit ihrer Lehre verbunden sein und darf niemals von ihr getrennt werden. Ich wiederhole deshalb mit derselben Überzeugung die Worte meines Vorgängers: ‚in keinem Punkte Abstriche an der Heilslehre Christi zu machen, ist hohe Form seelsorglicher Liebe.'"[6]

In der Folgezeit hat man jedoch wenig über diese Erklärung gehört. Sie ist faktisch totgeschwiegen worden. Was von dieser Erklärung an Wirkung ausgegangen ist, hat Kardinal König in einem groß aufgezogenen Fernsehinterview im August 1994 feierlich klargestellt. Auf die Frage des Interviewers, ob nun die Mariatroster Erklärung noch gelte oder nicht, antwortete Kardinal König dezidiert: „Selbstverständlich gilt sie." Ich kann mich an die weiteren Worte nicht genau erinnern, aber Kardinal König sagte auch, dass bei den vielen Begegnungen mit dem Papst dieser zu ihm nie etwas gegen die Mariatroster Erklärung gesagt hätte. Kardinal König hatte offenbar die Ansprache des Papstes beim Ad-limina-Besuch 1987 ebensowenig zur Kenntnis genommen wie die Erklärung der ÖBK vom März 1988. Dies trifft jedoch leider nicht nur für ihn zu.

Der Leidensweg, den Bischof Krenn seit seiner Ernennung zum Weihbischof für Wien gehen musste, hängt wesentlich damit zusammen, dass er das tat, wozu er als Bischof verpflichtet war, nämlich die Wahrheit der Lehre der Kirche, „ob es gelegen oder ungelegen sei" (2 Tim 4,2), im Sinne der Ermahnung des Papstes zu verkünden. Das hat man nicht vertragen, das hat gestört. Weil im Falle der Mariatroster Erklärung auch die Erklärung, die er für richtig gehalten hätte, in der ÖBK nicht durchzubringen war, erscheint es mir richtig, als Zeugnis seiner Bemühungen den Text jenes Entwurfes im Wortlaut zu veröffentlichen, den er als Vorbereitung für eine Erklärung der ÖBK erbeten hatte. Es ist sicher nicht der Wortlaut jenes Entwurfes, den er dann schließlich selbst vorgelegt hat. Er war jedoch mit dem ihm zur Verfügung gestellten Entwurf, soweit mir dies bekannt ist, weitgehend einverstanden. Daher wird der Text jedenfalls grundsätzlich dem entsprechen, was er, wenn auch wohl modifiziert, selbst der Bischofskonferenz vorgelegt hat. Weil ich eine Kopie des Entwurfes zur Verfügung

---

[6] Alles in Nr. 2 der Erklärung der österreichische Bischöfe vom 29. März 1988.

habe, kam mir der Gedanke, dass gerade eine Festschrift für Bischof Krenn der geeignete Ort wäre, diesen Text zu veröffentlichen. Bischof Krenn hat mir dazu telefonisch die Erlaubnis gegeben.

Wenn man diesen Text heute liest, dann wird klar, was in den nunmehr bald 40 Jahren seit der Mariatroster Erklärung nicht geschehen ist. Die so ernste Ermahnung durch Papst Johannes Paul II. vermochte nicht die notwendige Umkehr zu bewirken. Im Gegenteil. Selbst die 1988 mühsam zustandegebrachte Erklärung zur Korrektur der Mariatroster Erklärung ist durch die medial höchst wirksame Aussage von Kardinal König im Jahre 1994, die von anderen wiederholt wurde, praktisch gegenstandslos gemacht worden. Die Folgen des von der Lehre der Kirche „abweichenden" Weges auf diesem Gebiet sind zwar schon längst manifest, aber sie werden offenbar einfach ignoriert. Sie flammten nur dort auf, wo jemand wie Bischof Krenn sich bemühte, die Lehre der Kirche zur Geltung zu bringen. Was aber bedeutet dies für den katholischen Glauben in Österreich? Wenn es, wie Papst Benedikt XVI. in seiner Ansprache an die österreichischen Bischöfe am 5. November 2005 sagte, notwendig ist, „zur gebotenen Stunde die Dinge in aller Sachlichkeit und ohne Schönfärberei beim Namen zu nennen"[7], so wird man wohl sagen müssen: Die Ablehnung der katholischen Lehre von einem großen Teil der Bevölkerung kann nichts anderes bedeuten als die „schmerzliche Tatsache", dass Österreich in Wahrheit weithin nicht mehr katholisch ist. Besonders schmerzlich ist die Tatsache, dass gerade die von der katholischen Kirche eingerichteten Eheseminare nach meinen eigenen Erfahrungen wohl ganz allgemein – hoffentlich mit Ausnahmen – die in der Mariatroster Erklärung angesprochene „abweichende Überzeugung" verbreitet haben. Nach schon vor längerer Zeit veröffentlichten Statistiken wurde erklärt, dass 80 % der nominellen Katholiken die Lehre von „Humanae vitae" nicht annehmen. Daraus wurde aber nicht der Schluss gezogen, dass dies eine Katastrophe für den katholischen Glauben in Österreich ist. Vielmehr wurde es als Argument dafür angesehen, dass die Kirche gegen eine solche Zahl von „Gläubigen" diese Lehre nicht aufrecht erhalten könne.

---

[7] Benedikt XVI., Ansprache an die österreichischen Bischöfe beim Ad-limina-Besuch am 5. November 2005, in: L' Osservatore Romano dt., 11. November 2005, 6.

Der für Bischof Krenn 1987 erarbeitete Text würde jetzt wohl etwas anders formuliert werden. In der Substanz kann er jedoch auch heute dazu beitragen, zu erkennen, was geschehen hätte müssen und was nicht geschehen ist. Er muss hier zur Dokumentation natürlich unverändert so wiedergegeben werden, wie er 1987 geschrieben wurde. Ich habe nur gelegentlich Fußnoten beigefügt. Der Text selbst lautet folgendermaßen:

## Entwurf

Nach der Veröffentlichung der Enzyklika „Humanae vitae" (= HV) 1968 haben sich die österreichischen Bischöfe in der damaligen Lage veranlasst gesehen, „ein ernstes und klärendes Wort zu sagen", von dem sie hofften, „dass es eine Hilfe sein wird". In den seither verflossenen zwanzig Jahren haben jedoch zahlreiche weitere Untersuchungen der mit dieser Enzyklika zusammenhängenden Fragen umfassende neue Erkenntnisse erbracht. Die Bischofssynode von 1980 hat diese Fragen ebenso wie die neuen Erkenntnisse erörtert. Die Ergebnisse dieser Beratungen sind im Apostolischen Schreiben „Familiaris consortio" (= FC) von Papst Johannes Paul II. vorgelegt worden. Damit ist die bereits vom Konzil betonte „Würde der Ehe und Familie (Gaudium et spes = GS 47 – 52) in der Erfüllung ihrer christlichen Berufung vertieft entfaltet worden. Die Aussagen der österreichischen Bischöfe zum hohen „Leitbild der Ehe", das bereits in „Humanae vitae" gezeichnet wurde, sind jedoch in der Folgezeit kaum zur Geltung gekommen. Auch ihr Hinweis auf die Aussage des Konzils über die Bedeutung, die „dem authentischen Lehramt des Bischofs von Rom" (Kirchenkonstitution Lumen gentium = LG 25) in diesen Fragen zukommt, ist so gut wie unbeachtet geblieben. Dies hat dazu geführt, dass gewisse in der damaligen Situation getroffene Aussagen die ganze Aufmerksamkeit auf sich gezogen haben und zudem einseitig und extensiv ausgelegt wurden. Sie wurden zunehmend dahin verstanden, als hätten die österreichischen Bischöfe gegen „Humanae vitae" eine allgemeine Erlaubnis gegeben, „in der Geburtenregelung Wege zu beschreiten, die das Lehramt in Auslegung des göttlichen Gesetzes verbietet" (GS 51). Deswegen sehen sich die österreichischen Bischöfe nunmehr veranlasst, neuerlich

„ein ernstes und klärendes Wort zu sagen", das den christlichen Ehepaaren Hilfe bieten möchte, ihrer hohen Berufung im Leben der sakramentalen Gemeinschaft besser zu entsprechen. Dazu möchten wir auf die seit 1968 neu gewonnenen Erkenntnisse und vor allem auf die umfassende Lehre von „Familiaris consortio" hinweisen, womit ein wahres Programm für die christliche Familie in einer Umwelt aufgezeigt wurde, die stark entchristlicht und von weltlichem Geist beherrscht ist.

## I. Die Ehe und Familie in der heutigen Welt

Mit dieser Überschrift hat das Konzil folgende grundlegende Aussage eingeleitet: „Das Heil der Person sowie der menschlichen und christlichen Gesellschaft ist zuinnerst mit einem Wohlergehen der Ehe- und Familiengemeinschaft verbunden" (GS 47). Daher kommt der richtigen Erfüllung der „Aufgaben der christlichen Familie" (FC 3. Teil, 17 – 64) eine nicht zu überschätzende Bedeutung zu. Bereits das Konzil hat unterstrichen, dass „die christlichen Ehegatten in den Pflichten und der Würde ihres Standes durch ein eigenes Sakrament gestärkt und gleichsam geweiht" werden. Nur in „der Kraft dieses Sakramentes" können „sie ihre Aufgabe in Ehe und Familie" erfüllen (GS 48). Auf der Grundlage der Aussagen des Konzils und der gesamten Lehre der Kirche betont der Heilige Vater: „Die allgemeine Berufung zur Heiligkeit gilt auch den christlichen Gatten und Eltern" (FC 56; vgl. LG 5. Kap.). Ja, die christliche Familie „ist dem Geheimnis der Kirche so tief eingefügt, dass sie auf ihre Art an deren Heilssendung teilnimmt" (FC 49). Sie „ist dazu berufen, aktiv und verantwortlich an der Sendung der Kirche mit einem besonderen und eigenen Beitrag teilzunehmen, indem sie sich selber mit ihrem Sein und Handeln als innige Liebes- und Lebensgemeinschaft in den Dienst an Kirche und Gesellschaft stellt" (FC 50). Es ist daher den österreichischen Bischöfen ein großes Anliegen, dass den christlichen Ehegatten die Lehren des Konzils, von „Humanae vitae" und „Familiaris consortio" wirklich nahegebracht und bei allen sich bietenden Gelegenheiten besprochen und erklärt werden, damit diese großen Hilfen für das Leben der christlichen Familien fruchtbar gemacht werden können.

### 1) Vorbereitung auf die Ehe

Dies gilt besonders für „die Vorbereitung der jungen Menschen auf die Ehe und das Familienleben", die heute notwendiger „als je zuvor ist" (FC 66). Unterstrichen wird diese Notwendigkeit durch die tiefgreifenden Veränderungen im sozialen Gefüge fast aller modernen Staaten ebenso wie in der geistigen Haltung. „Viele negative Erscheinungen, die heute im Leben der Familien zu beklagen sind, haben ihre Wurzel darin, dass die Jugendlichen in den neuartigen Situationen nicht nur die rechte Wertordnung aus dem Auge verlieren, sondern auch nicht wissen, wie sie die neuen Schwierigkeiten anpacken und überwinden können, weil sie keine sicheren Verhaltensnormen mehr besitzen. ..." (FC 66). Dazu kommt eine weitgehende Entfremdung vom Glauben der Kirche. „Darum muss die Kirche bessere und intensivere Programme zur Ehevorbereitung entwickeln und fördern, um die Schwierigkeiten möglichst zu beseitigen, mit denen so viele Ehen zu ringen haben, vor allem aber auch, um die Bildung und das Heranreifen von geglückten Ehen positiv zu unterstützen" (FC 66).

In „Familiaris consortio" wird die Ehevorbereitung „als ein stufenweiser, stetiger Prozess" dargelegt, der „drei Hauptsstufen" umfasst: „die entferntere, die nähere und die unmittelbare Vorbereitung".

„Die entferntere Vorbereitung beginnt schon in der Kindheit mit einer klugen Familienerziehung", die auch „eine gediegene geistige und katechetische Bildung" einschließt. Die „nähere Vorbereitung" umfaßt „vom geeigneten Alter an ... mit Hilfe einer angemessenen Katechese wie in einem Katechumenat eine mehr ins einzelne gehende Vorbereitung auf die Sakramente ... Eine solche erneute Glaubensunterweisung für alle, die sich auf eine christliche Ehe vorbereiten, ist unbedingt notwendig, damit dieses Sakrament mit der rechten moralischen und geistigen Einstellung gefeiert und gelebt wird. Die religiöse Formung der jungen Leute muss ... durch eine Vorbereitung auf ein Leben zu zweit ergänzt werden, welches die Ehe als eine personale Beziehung von Mann und Frau darstellt, die ständig weiterentwickelt werden muss, und so dazu anregt, die Fragen ehelicher Sexualität und verantwortlicher Elternschaft zu vertiefen, zusammen mit den damit verbundenen Grundkenntnissen von Medizin und Biologie, welche ferner als Voraussetzung für ein gutes Familienleben richtige Methoden der Kindererziehung vermittelt" (FC 66) ebenso wie praktische Kenntnisse für die Gründung und Führung des gemeinsamen Haushalts. „Die unmittelbare Vorbereitung auf die Feier des Ehesakraments soll in den letzten Monaten ... vor der Trauung stattfinden" (FC 66). Die von den österreichischen Bischöfen im Sinne dieses Auftrages eingeführten Eheseminare müssen jedoch wirklich die Lehren des Konzils und vor allem von „Familiaris consortio" gewissenhaft vermitteln. Hier darf auf die Erfahrungen hingewiesen werden, die in diesem Zusammenhang in Polen gemacht wurden, wo die Ehevorbereitung und Familienberatung vorbildlich an der Lehre von „Humanae vitae" und Familiaris consortio" orientiert ist: „Die Unterweisung beginnt grundsätzlich nie mit biologischen oder sonstigen sachlichen Instruktionen, sondern mit den zentralen Themen einer dem Unterrichtsgegenstand angemessenen Theologie der Ehe. Hierher gehört vor allem die einzigartige Würde der ehelichen Berufung zur Elternschaft, die nach der Lehre der Kirche und insbesondere des letzten Konzils (GS 50, 51) unmittelbare Teilnahme am Schöpfungs- und Heilswerk Gottes bedeutet. Die Erfahrung lehrt, dass vor solchem Hintergrund auch die mit dieser Berufung verknüpften sittlichen Forderungen oft überraschend schnell in einem ganz anderen Licht gesehen und akzeptiert werden."[8]

### 2) Zu den Erziehungsaufgaben der Familie – Grundwerte, Sexualerziehung

Wir möchten hier wiedergeben und nachdrücklich unterstreichen, was der Papst dazu in „Familiaris consortio" näher ausgeführt hat:

„Trotz der Schwierigkeiten in der Erziehung, die heute oft noch drückender geworden sind, müssen die Eltern mit Vertrauen und Mut die Kinder zu den Grundwerten des menschlichen Lebens heranbilden" (FC 37 Abs. 1).

„Die Erziehung zur Liebe als Hingabe seiner selbst ist auch die unerlässliche Voraussetzung für die Eltern in ihrer Aufgabe, den Kindern eine klare und taktvolle Geschlechtserziehung zu vermitteln. Angesichts einer

---

[8] Vgl. L. Mońko SJ, Organisation des kirchlichen Unterrichts über Empfängnisregelung in Polen, in: E. Wenisch (Hg.), Elternschaft und Menschenwürde, Zur Problematik der Empfängnisregelung, Vallendar-Schönstatt 1984, 357 f.

Kultur, die in weiten Kreisen die menschliche Geschlechtlichkeit „banalisiert", weil sie diese in verkürzter und verarmter Weise interpretiert und lebt, indem sie sie einzig mit dem Leib und dem egoistisch verstandenen Vergnügen in Verbindung setzt, muss der erzieherische Dienst der Eltern entschieden auf eine Kultur der Geschlechtlichkeit hinzielen, die wahrhaft und voll menschlich ist; ...

Die Geschlechtserziehung, Grundrecht und -pflicht der Eltern, muss immer unter ihrer sorgsamen Leitung erfolgen, sei es zu Hause, sei es in den von ihnen für ihre Kinder gewählten Bildungsstätten, deren Kontrolle ihnen zusteht. ...

Aufgrund der engen Verbindung zwischen der geschlechtlichen Dimension der Person und ihren ethischen Werten muss die Erziehung der Kinder dazu führen, die sittlichen Normen als notwendige und wertvolle Garantie für ein verantwortliches persönliches Wachsen in der menschlichen Geschlechtlichkeit zu erkennen und zu schätzen.

Deshalb wendet sich die Kirche entschieden gegen eine gewisse, vielfach verbreitete Art sexueller Information; losgelöst von sittlichen Grundsätzen, ist sie nichts anderes als eine Einführung in die Erfahrung des Vergnügens und ein Anreiz, der den Kindern – schon in den Jahren der Unschuld – ihre Unbefangenheit nimmt und den Weg des Lasters öffnet (alles FC 37).

### 3) Der Verkündigungsauftrag der christlichen Familie

„In dem Maße, wie die christliche Familie das Evangelium annimmt und im Glauben reift, wird sie zu einer verkündigenden Gemeinschaft. Paul VI. hat hierzu gesagt: „Die Familie muss wie die Kirche ein Raum sein, wo die Frohbotschaft weitergegeben wird und überzeugend aufleuchtet. Im Schoß einer Familie, die sich dieser Sendung bewusst ist, verkünden alle Familienmitglieder das Evangelium und empfangen es zugleich voneinander. Die Eltern vermitteln nicht nur ihren Kindern die Frohbotschaft, sondern auch die Kinder können diese ihren Eltern in besonderer Lebendigkeit wiederschenken. Eine solche Familie wirkt verkündigend auch auf viele andere Familien und auf die gesamte Umwelt, in der sie lebt." (FC 52 mit Hinweis auf Evangelii nuntiandi 71).

Johannes Paul II. hebt in diesem Zusammenhang hervor, dass „die Evangelisierung in Zukunft zu einem großen Teil von der „Hauskirche" abhängen" wird. „Diese apostolische Sendung der Familie wurzelt in der Taufe und empfängt durch die sakramentale Gnade der Ehe neue Kraft, die heutige Gesellschaft nach den Absichten Gottes zu heiligen und zu verändern" (FC 52 Abs. 2). Im Hinblick auf bestimmte Situationen, „welche die Kirche mancherorts mit Bedauern vorfindet", betont der Papst mit einem Zitat aus „Catechesi tradendae" 68: „Dort, wo eine antireligiöse Gesetzgebung jede andere Form der Glaubenserziehung zu verhindern sucht oder wo verbreiteter Unglaube oder eine uferlose Verweltlichung ein wirkliches Wachstum im Glauben praktisch unmöglich machen, bleibt die sogenannte Hauskirche der einzige Ort, an dem Kinder und Jugendliche eine echte Glaubensunterweisung erhalten können" (FC 52 Abs. 4).

### 4) Das Sakrament der Ehe und die Berufung zur Heiligkeit; Einheit und Unauflöslichkeit

Im Kapitel der Kirchenkonstitution über die „allgemeine Berufung zur Heiligkeit" hat das Zweite Vaticanum auch der christlichen Ehe und Familie einige Leitlinien gegeben: „Die christlichen Eheleute und Eltern müssen auf ihrem eigenen Weg in treuer Liebe das ganze Leben hindurch einander in der Gnade Halt und Stütze[9] sein und die von Gott in Liebe empfangenen Kinder mit den christlichen Lehren und den Tugenden des Evangeliums erfüllen. So geben sie allen das Beispiel einer unermüdlichen und großmütigen Liebe, sie bauen die Brüderlichkeit der christlichen Liebe auf, sind Zeugen und Mitarbeiter der fruchtbaren Mutter Kirche, zum Zeichen und in Teilnahme jener Liebe, in der Christus seine Braut geliebt und sich für sie hingegeben hat" (LG 41 Abs. 5).

Die Pastoralkonstitution über die Kirche in der Welt von heute greift die „Heiligkeit von Ehe und Familie" nochmals auf und sagt: „Die innige

---

[9] So die Übersetzung in: ²LThK, Das Zweite Vatikanische Konzil I, Freiburg 1966, 297. Das ist zweifellos richtig für das Wort „sustineant" in diesem Kontext. Das stimmt auch mit einem wichtigen Ehezweck zusammen, der im Codex von 1917 im can. 1013 § 1 angeführt ist, das *mutuum* adiutorium, die gegenseitige Hilfe. Andere Übersetzungen dagegen übersetzen das „sustineant" mit „ertragen", als ginge es in der Ehe nur darum sich zu ertragen.

Gemeinschaft des Ehelebens und der ehelichen Liebe, vom Schöpfer begründet und mit einer eigenen Gesetzlichkeit versehen, wird durch den ehelichen Vertrag, das heißt durch eine unwiderrufliche gegenseitige Zustimmung gestiftet. So entsteht durch menschliches Tun, in dem sich die Eheleute einander hingeben und annehmen, ein nach göttlicher Anordnung fester Stand, auch vor der Gesellschaft. Dieses heilige Band unterliegt im Hinblick auf das Wohl der Eheleute und der Nachkommenschaft sowie auf das Wohl der Gesellschaft nicht menschlicher Willkür. ... Diese innige Vereinigung als gegenseitiges Sichschenken zweier Personen wie auch das Wohl der Kinder verlangen die ganze Treue der Ehegatten und fordern ihre unauflösliche Einheit" (GS 48 Abs. 1). Unter Hinweis auf die immerwährende Tradition der Kirche, die durch das Zweite Vaticanum bekräftigt wurde, hebt Papst Johannes Paul II. in „Familiaris consortio" die Unauflöslichkeit der Ehe besonders hervor: „Es ist eine Grundpflicht der Kirche, mit Nachdruck – wie es die Väter der Synode getan haben – die Lehre von der Unauflöslichkeit der Ehe erneut zu betonen. Denen, die es in unseren Tagen für schwierig oder geradezu unmöglich halten, sich für das ganze Leben an einen Menschen zu binden, und denen, die sich von einer kulturellen Strömung mitreißen lassen, die die Unauflöslichkeit der Ehe ablehnt und die Verpflichtung der Gatten zur Treue offen verlacht, muss sie die Frohbotschaft von der Endgültigkeit jener ehelichen Liebe einprägen, die ihr Fundament und ihre Kraft in Jesus Christus hat" (FC 20 Abs. 2).

### 5) Wiederverheiratete Geschiedene

Die heute auch innerhalb der Kirche so lebhaft diskutierte Frage, ob Geschiedene, die wieder geheiratet haben, zur hl. Kommunion zugelassen werden können, muss auf dem Hintergrund der Gottgestiftetheit, Sakramentalität, Einheit und Unauflöslichkeit der Ehe ebenso wie vor der Bedeutung der sakramentalen Gegenwart Christi in den eucharistischen Gestalten von Brot und Wein gesehen werden. Der Heilige Vater widmet diesem Thema ein ausführliches Kapitel seines Apostolischen Schreibens (FC 84). Er betont den Heilsauftrag der Kirche auch gegenüber jenen „Getauften ..., die eine neue Verbindung gesucht haben, obwohl sie durch das sakramentale Eheband schon mit einem Partner verbunden sind". Sie dürfe diese Menschen „nicht sich selbst überlassen". Er unterscheidet verschiedene typische Fälle, und zwar „ob jemand trotz aufrichtigen Bemühens, die frühere Ehe zu retten, völlig zu Unrecht verlassen wurde oder ob jemand eine kirchlich gültige Ehe durch eigene schwere Schuld zerstört hat. Wieder andere sind eine neue Verbindung eingegangen im Hinblick auf die Erziehung der Kinder und haben manchmal die subjektive Gewissensüberzeugung, dass die frühere, unheilbar zerstörte Ehe niemals gültig war". Sich dieser Menschen anzunehmen und ihnen beizustehen, „damit sie sich nicht als von der Kirche getrennt betrachten, da sie als Getaufte an ihrem Leben teilnehmen können, ja dazu verpflichtet sind", bezeichnet der Papst als eine wichtige Aufgabe der Hirten und der ganzen Gemeinschaft der Gläubigen. Der Papst nennt eine Reihe pastoraler Hilfen, durch welche die wiederverheirateten Geschiedenen so weit wie möglich am Leben der Kirche teilnehmen können. Was aber nicht möglich ist, sagt Johannes Paul II. mit unmissverständlicher Klarheit: „Die Kirche bekräftigt jedoch ihre auf die Heilige Schrift gestützte Praxis, wiederverheiratete Geschiedene nicht zum eucharistischen Mahl zuzulassen. Sie können nicht zugelassen werden; denn ihr Lebensstand und ihre Lebensverhältnisse stehen im objektiven Widerspruch zu jenem Bund der Liebe zwischen Christus und der Kirche, den die Eucharistie sichtbar gegenwärtig macht. Darüber hinaus gibt es noch einen besonderen Grund pastoraler Natur: Ließe man solche Menschen zur Eucharistie zu, bewirkte dies bei den Gläubigen hinsichtlich der Lehre der Kirche über die Unauflöslichkeit der Ehe Irrtum und Verwirrung" (FC 84 Abs. 4).

Auch das Bußsakrament, „das den Weg zum Sakrament der Eucharistie öffnet, kann nur denen gewährt werden, welche die Verletzung des Zeichens des Bundes mit Christus und der Treue zu ihm bereut und die aufrichtige Bereitschaft zu einem Leben haben, das nicht mehr im Widerspruch zur Unauflöslichkeit der Ehe steht". Partner, die „aus ernsthaften Gründen – zum Beispiel wegen der Erziehung der Kinder – der Verpflichtung zur Trennung nicht nachkommen können", müssen „sich verpflichten, völlig enthaltsam zu leben" (FC 84 Abs. 5 mit Hinweis auf die Homilie zum Abschluss der Bischofssynode 1980).

Der Heilige Vater schärft schließlich – „wegen der erforderlichen Achtung vor dem Sakrament der Ehe, vor den Eheleuten und ihren Angehörigen und gegenüber der Gemeinschaft der Gläubigen" das Verbot „für den Geistlichen" ein, „aus welchem Grund auch immer, sei er auch pastoraler Natur, für Geschiedene, die sich wiederverheiraten, irgendwelche liturgischen Handlungen vorzunehmen. Sie würden ja den Eindruck einer neuen sakramental gültigen Eheschließung erwecken und daher zu Irrtümern hinsichtlich der Unauflöslichkeit der gültig geschlossenen Ehe führen (FC 84 Abs. 6). Er fügt aber hinzu: „Durch diese Haltung bekennt die Kirche ihre eigene Treue zu Christus und seiner Wahrheit; zugleich wendet sie sich mit mütterlichem Herzen diesen ihren Söhnen und Töchtern zu; vor allem denen, die ohne ihre Schuld von ihrem rechtmäßigen Gatten verlassen wurden" (FC 84 Abs. 7). Schließlich bringt der Heilige Vater das feste Vertrauen der Kirche zum Ausdruck, „dass auch diejenigen, die sich vom Gebot des Herrn entfernt haben und noch in einer solchen Situation leben, von Gott die Gnade der Umkehr und des Heils erhalten können, wenn sie ausdauernd geblieben sind in Gebet, Buße und Liebe" (FC 84 Abs. 8).

## II. Die sittliche Norm, welche die verantwortliche Weitergabe des Lebens bestimmen muss

Die österreichischen Bischöfe haben bereits 1968 im Zusammenhang mit der „Frage nach dem verpflichtenden Charakter der Enzyklika" „Humanae vitae" auf die maßgebliche Aussage des Zweiten Vatikanischen Konzils in der Kirchenkonstitution Art. 25 hingewiesen: „Die Gläubigen[10] müssen mit einem im Namen Christi vorgetragenen Spruch ihres Bischofs in Glaubens- und Sittensachen übereinkommen und ihm mit religiös gegründetem Gehorsam anhangen. Dieser religiöse Gehorsam des Willens und Verstandes ist in besonderer Weise dem authentischen Lehramt des Bischofs von Rom, auch wenn er nicht kraft höchster Lehrautorität spricht,

---

[10] Das im Originaltext nachfolgende Wort „aber" ist in der Erklärung ohne Kennzeichnung ausgelassen.

zu leisten; nämlich so, dass sein oberstes Lehramt ehrfürchtig anerkannt und den von ihm vorgetragenen Urteilen aufrichtige Anhänglichkeit gezollt wird." Im Zusammenhang mit „Humanae vitae" kommt auch noch das weitere dort genannte Kriterium hinzu, nämlich das „der Häufigkeit der Vorlage ein und derselben Lehre". Als Ergebnis der Beratungen der Bischofssynode von 1980 hat Johannes Paul II. inzwischen festgestellt: „Auch auf dem Gebiet der Ehemoral handelt die Kirche als Lehrerin und Mutter. Als Lehrerin wird sie nicht müde, die sittliche Norm zu verkünden, welche die verantwortliche Weitergabe des Lebens bestimmen muss. Diese Norm ist nicht von der Kirche geschaffen und nicht ihrem Gutdünken überlassen. Im Gehorsam gegen die Wahrheit, die Christus ist, interpretiert die Kirche die sittliche Norm und legt sie allen Menschen guten Willens vor, ohne ihren Anspruch auf Radikalität und Vollkommenheit zu verbergen" (FC 33).

Wir möchten daher in Erinnerung rufen, was die Bischöfe bereits 1968 gesagt haben: „Das kirchliche Leramt will den Gläubigen auf dem oft so schwierigen Lebensweg eine echte Hilfe sein. Nicht immer wissen wir von uns aus, was wir zu tun und was wir zu lassen haben. Auch unser Gewissen sagt uns von sich aus nicht alles. Es geht also um die rechte Gewissensbildung. Die kirchliche Autorität hilft uns, dazu zu kommen. Ohne diese Hilfe werden sehr oft nicht das Gewissen, sondern in willkürlicher Weise Neigung und Trieb entscheiden.

Das zuständige kirchliche Lehramt erstreckt sich nicht nur auf die übernatürliche Offenbarung, sondern auch auf natürliche Wahrheiten, weil das Licht der Offenbarung auch auf diese fällt, sie bestätigt und verdeutlicht. Der Gott der Offenbarung ist auch der Gott der Schöpfung.

Daraus folgt: Es gibt Gewissensfreiheit, – aber nicht Freiheit der Gewissensbildung. Das heißt: Die Bildung des Gewissensurteils ist abhängig vom Gesetz Gottes, das bei der konkreten Urteilsbildung nicht übersehen werden darf. Und weil nun Gottes Gesetz auf tausenderlei verschiedene Umstände und Lebensverhältnisse angewendet werden muss, so spricht hier auch die Kirche in ihrem Lehramt ein bestimmendes und klärendes Wort, das der Verwirklichung unseres wahren Menschentums dient.

Diese Hilfe des Gesetzes Gottes und des Lehramtes der Kirche für seine eigene Lebensgestaltung wird nur der erfahren, der sich um immer bessere

Erfassung dieser Normen bemüht und sich eine ständige Bildung seines Gewissens angelegen sein läßt" (Mariatroster Erklärung II).

Im Jahre 1968 herrschte jedoch weltweit eine überaus starke Erwartungshaltung, dass die Kirche in der Frage der Empfägnisregelung ihr Urteil ändern werde. Als die Enzyklika „Humanae vitae" dieser Erwartung nicht entsprach, kam es unter Führung fast aller katholischen Moraltheologen der Welt zu einer nahezu einhelligen Ablehnung des von der Enzyklika vorgetragenen Urteils. In dieser Lage glaubten die österreichischen Bischöfe ebenso wie die vieler anderer Länder, jenen, die meinten, „das lehramtliche Urteil der Kirche nicht annehmen zu können", eine Zeit weiterer Prüfung einräumen zu sollen. Daher sagten die Bischöfe damals: „Wer auf diesem Gebiet fachkundig ist und durch ernste Prüfung, aber nicht durch affektive Übereilung zu dieser abweichenden Überzeugung gekommen ist, darf ihr zunächst folgen. Er verfehlt sich nicht, wenn er bereit ist, seine Untersuchung fortzusetzen und der Kirche im übrigen Ehrfurcht und Treue entgegenzubringen." Die Bischöfe fügten damals aber eine wesentliche Einschränkung bei: „Klar bleibt jedoch, dass er in einem solchen Fall nicht berechtigt ist, mit dieser seiner Meinung unter seinen Glaubensbrüdern Verwirrung zu stiften."

In den seither verflossenen zwanzig Jahren ist längst klar geworden, dass diese Aussagen als allgemeine Erlaubnis zur Anwendung aller empfängnisverhütenden Mittel gedeutet wurde. Die im letzten Satz ausgesprochene Einschränkung ist geradezu in ihr Gegenteil gekehrt worden. Die abweichende Meinung ist zur herrschenden geworden, während denen, die an der Lehre der Kirche festhalten wollen, der Vorwurf gemacht wurde, sie stifteten Verwirrung. In dieser Lage ist es unerlässlich, klarzustellen, dass die Zeit des „Zunächst" durch die seither erfolgen Untersuchungen und lehramtlichen Entscheidungen als beendet gelten muss. Der Heilige Vater hat beim „Ad-limina"-Besuch festgestellt: „Wenn im ersten Augenblick der Veröffentlichung der Enzyklika noch eine gewisse Ratlosigkeit verständlich war, die sich auch in manchen bischöflichen Erklärungen niedergeschlagen hat, so hat der Fortgang der Entwicklung die prophetische Kühnheit der aus der Weisheit des Glaubens geschöpften Weisung Pauls VI. immer deutlicher bestätigt."

In vielen Fällen, in denen die Menschen zunächst geglaubt haben, es handle sich um große Fortschritte zum Wohle der Menschheit, hat sich inzwischen herausgestellt, dass die angenommenen Fortschritte ihre die Menschheit in ihrer Existenz bedrohenden Kehrseiten haben. Die Kirche hat sich dagegen immer, auch gegen starke Strömungen des Zeitgeistes, um das wahre Wohl der Menschen bemüht, das nur in der Übereinstimmung mit der göttlichen Schöpfungsordnung gefunden werden kann. Deshalb geht die Kirche auch von der Überzeugung aus, „dass es zwischen dem göttlichen Gesetz, das Leben weiterzugeben, und jenem, die echte Liebe zu fördern, keinen wirklichen Widerspruch geben kann. Darum muss die konkrete pastorale Führung der Kirche stets mit ihrer Lehre verbunden sein und darf niemals von ihr getrennt werden. Ich wiederhole deshalb mit derselben Überzeugung die Worte meines Vorgängers: ‚in keinem Punkt Abstriche an der Heilslehre Christi zu machen, ist hohe Form seelsorglicher Liebe'" (FC 33).

Was Papst Paul VI. über „Unerlaubte Wege der Geburtenregelung" in Übereinstimmung mit dem Konzil (GS 51) „erneut erklärt" hat (HV 14), hat Johannes Paul II. in „Familiaris consortio" bekräftigt, indem er folgendes herausstellt: „Im Licht der Erfahrung so vieler Ehepaare und der Ergebnisse der verschiedenen Humanwissenschaften kann und muss die Theologie den anthropologischen und gleichzeitig moralischen Unterschied erarbeiten und vertiefen, der zwischen der Empfängnisverhütung und dem Rückgriff auf die Zeitwahl besteht. Es handelt sich um einen Unterschied, der größer und tiefer ist, als man gewöhnlich meint, und der letzten Endes mit zwei sich gegenseitig ausschließenden Vorstellungen von Person und menschlicher Sexualität verknüpft ist" (FC 32).

Zwei Ur-Motive stehen hinter diesen Urteilen des kirchlichen Lehramtes. Einerseits ist es die Sorge um den Menschen und seine Würde, die Johannes Paul II. veranlasst, auf den „Charakter der Ganzhingabe" besonders hinzuweisen. „Während die geschlechtliche Vereinigung ihrer ganzen Natur nach ein vorbehaltloses Sich-Schenken der Gatten zum Ausdruck bringt, wird sie durch die Empfängnisverhütung zu einer objektiv widersprüchlichen Gebärde, zu einem Sich-nicht-ganz-Schenken. So kommt zur aktiven Zurückweisung der Offenheit für das Leben auch eine Verfälschung der inneren Wahrheit ehelicher Liebe, die ja zur Hingabe in personaler Ganzheit berufen ist" (FC 32 Abs.4). Andererseits ist es vor allem die Ehrfurcht vor Gott selbst als dem Schöpfer und Ursprung des menschlichen Lebens. Dass es bei der Geisteshaltung, die hinter der Entscheidung für die Antikonzeption steht, tatsächlich darum geht, Gott nicht mehr als den Schöpfer menschlichen Lebens anzuerkennen, hat der bekannte österreichische Gynäkologe Hugo Husslein 1981 mit aller Deutlichkeit ausgesprochen, wenn er sagt: „Der göttliche schöpferische Akt des Zeugens neuen menschlichen Lebens ist kein göttlicher Schöpfungsakt mehr. Der Mensch hat diesen schöpferischen Akt in die eigene Hand genommen und wird, wie es den Anschein hat, ihn wohl nie mehr aus der Hand geben" (Die Furche v. 18.3.1981, 15). Gegenüber dieser mit der ganzen christlichen Botschaft unvereinbaren Meinung, die heute leider weit verbreitet ist, hat Johannes Paul II. die theologischen Gründe, welche die Kontrazeption als „zutiefst unerlaubt" dartun, in einer Ansprache im Jahre 1983 folgendermaßen klargestellt: „Am Anfang jeder menschlichen Person steht ein Schöpfungsakt Gottes: kein Mensch kommt zufällig zum Leben; er ist immer das Endziel der schöpferischen Liebe Gottes. Aus dieser grundlegenden Glaubens- und Verstandeswahrheit ergibt sich, dass die der menschlichen Sexualität eingeschriebene Zeugungsfähigkeit – in ihrer tiefsten Wahrheit – ein Zusammenwirken mit der Schöpfungskraft Gottes ist. (In der deutschsprachigen Ausgabe fehlt folgender Satz des italienischen Originaltextes: „Daraus ergibt sich ferner, dass Mann und Frau über diese Fähigkeit nicht eigenmächtig und willkürlich verfügen können, sondern dass sie berufen sind, in und mit dieser Fähigkeit an der schöpferischen Entscheidung Gottes teilzunehmen.") Wenn daher die Ehegatten durch Empfängnisverhütung ihrem ehelichen Geschlechtsleben die Möglichkeit, neues Leben zu zeugen, nehmen, maßen sie sich eine Macht an, die allein Gott zusteht: die Macht in letzter Instanz über die Geburt eines Menschen zu entscheiden. Sie maßen sich an, nicht mehr Mitwirkende an der Schöpfungskraft Gottes zu sein, sondern selbst in letzter Instanz über menschliches Leben zu entscheiden. So gesehen, muss die Empfängnisverhütung objektiv als zutiefst unerlaubt beurteilt werden, so dass sie niemals und mit keiner Begründung gerechtfertigt werden kann. Wird das Gegenteil gedacht oder ausgesprochen, so heißt das, es könne im menschlichen Leben Situationen geben, in denen es erlaubt sei, Gott nicht mehr als

Gott anzuerkennen“ (Ansprache von Johannes Paul II. am 17. Sept. 1983; L'Osservatore Romano dt., 30.9.1983, 4). Damit ist klargestellt, dass zwischen der Entscheidung hinsichtlich der Lehre der Kirche in dieser Frage und dem gesamten Glaubensverständnis ein unlösbarer Zusammenhang besteht. Die „Weitergabe des Glaubens“ lässt sich von der dem göttlichen Gesetz konformen Haltung in der „Weitergabe des Lebens“ in Wahrheit nicht lösen. Hält man – durch Methoden der künstlichen Empfängnisverhütung – Gott von diesem zentralen Lebensbereich fern, so entschwindet seine Majestät und Herrlichkeit ebenso wie seine wahre Liebe auch aus dem übernatürlichen Glauben. Man wird schließlich unfähig zur Weitergabe des wahren Glaubens der Katholischen Kirche. Dies macht deutlich, dass die dem göttlichen Gesetz konforme Haltung in der Frage der Empfängnisregelung in erster Linie eine Frage des Ersten Gebotes ist, und nicht, wie dies meist angenommen wird, eine Frage des Sechsten oder Fünften Gebotes, auch wenn sie natürlich auch diese Gebote unmittelbar berührt. In erster Linie geht es aber um die Frage der religio, der allerursprünglichsten Gottesbeziehung des Menschen.

Das Zweite Vaticanum hatte diese Zusammenhänge bereits mit voller Klarheit in dem in seiner Dichte als „klassisch“ zu bezeichnenden Text des ersten Kapitels im zweiten Hauptteil der Pastoralkonstitution über die Kirche in der Welt von heute ausgeführt (GS 47–52). Dieser Text hat bisher bei weitem noch nicht die gebührende Beachtung gefunden. Ganz unbegründet sind auch alle Behauptungen, die einen Gegensatz zwischen dem Konzil und „Humanae vitae“ in dieser Frage konstruieren wollen. Wer die Aussagen des Konzils und die von „Humanae vitae“ unvoreingenommen vergleicht, wird feststellen müssen, dass „Humanae vitae“ in völliger Übereinstimmung mit dem Konzil dessen Aussagen weiter konkretisiert. Das Konzil hat bereits auf die „objektiven Kriterien“ hingewiesen, „die sich aus der Natur der menschlichen Person und ihrer Akte ergeben. Diese Kriterien wahren den ganzen Sinn gegenseitiger Hingabe und der Erzeugung von Nachkommenschaft zusammen mit wahrer Liebe“. Das Konzil sagt dann weiter: „Das kann nicht geschehen ohne ernstliche Pflege der Tugend ehelicher Keuschheit. Von diesen Prinzipien her ist es Kindern der Kirche nicht erlaubt, in der Geburtenregelung Wege zu beschreiten, die das Lehramt in Auslegung des göttlichen Gesetzes verbietet“ (GS 51 Abs. 3; vgl. auch FC 33 Abs. 7).

Dies alles ist nur vollziehbar, wenn der Mensch sein letztes Ziel nicht in dieser Welt sieht. Wenn das letzte Ziel in dieser Welt wäre, dann würde gelten, was schon der Apostel Paulus mit dem Propheten Isaias als Folge aufzeigt: „dann ‚lasst uns essen und trinken, denn morgen sind wir tot'" (1 Kor 15, 32). Deswegen hat bereits das Konzil in diesem Zusammenhang auf die ewige Zielbestimmung des Menschen mit folgenden Worten hingewiesen: „Mögen alle daran denken: Das menschliche Leben und die Aufgabe, es weiterzuvermitteln, kann nicht nur auf diese Zeit eingeengt und deshalb auch nicht nur von daher bemessen und verstanden werden; vielmehr ist immer die ewige Bestimmung des Menschen zu beachten" (GS 51 Abs. 4). So stellt auch die Enzyklika „Humanae vitae" fest: für die christlichen Eheleute „wie für jeden ‚ist die Pforte eng und der Weg schmal, der zum Leben führt'" (mit Hinweis auf Matth. 7, 14). Dann sagt die Enzyklika weiter: „Doch muss die Hoffnung auf dieses Leben ihren Weg erhellen, während sie sich mutig anstrengen, in Besonnenheit, Gerechtigkeit und Frömmigkeit in der heutigen Zeit zu leben, wohl wissend, dass die Gestalt dieser Welt vergeht" (HV 25 Abs. 3 mit Hinweis auf 1 Kor. 7, 31). Paul VI. wollte damit gerade nicht „die bisweilen großen Schwierigkeiten verschweigen, die mit dem Leben der christlichen Eheleute verbunden sind" (HV 25 Abs. 3). In „Familiaris consortio" ist der Gedanke noch deutlicher aufgegriffen, wenn der Heilige Vater dort sagt: „Die Kirche kennt den Weg, auf dem die Familie zum Kern ihrer Wahrheit gelangen kann. Diesen Weg, den die Kirche in der Schule Christi und der im Licht des Heiligen Geistes gedeuteten Geschichte gelernt hat, zwingt die Kirche niemandem auf; sie fühlt sich aber unabweisbar dazu gedrängt, ihn ohne Furcht, ja sogar mit starkem und hoffnungsvollem Vertrauen allen anzubieten, wenn ihr auch bewusst ist, dass die Frohe Botschaft das Wort vom Kreuz enthält. Aber es ist gerade das Kreuz, das die Familie zur Fülle ihres Wesens und ihrer Liebe reifen lässt" (FC 86 Abs. 8; vgl. auch 34 Abs. 5).

In einer weithin säkularisierten Welt, in der die „Denkart der diesseitigen Welt" längst „auch im Inneren der Kirche selbst um sich" gegriffen hat (Paul VI., Enzyklika „Ecclesiam suam", S. 10 der deutschen Ausgabe Paulus Verlag Recklinghausen 1964) und in das Denken und Handeln der Christen eingedrungen ist, stößt ein göttliches Gebot, das im Hinblick auf „die ewige Bestimmung des Menschen" gegeben ist, weithin auf Unverständnis. Auch für dieses Gesetz gilt jedoch, und dies in ganz vorzüglicher Weise, was der Herr selbst sagt: „Meine Lehre ist nicht von mir, sondern von dem, der mich gesandt hat. Wer gewillt ist, dessen Willen zu tun, der wird erkennen, ob diese Lehre aus Gott ist" (Joh 7, 16 f). Diese innere Erfahrung bezeugen in oft ergreifender Weise Eheleute, die – nicht selten nach verkehrten Wegen der Empfängnisverhütung – sich für die Einhaltung des göttlichen Gesetzes entschlossen haben. Die Früchte sind unerwartet: Vertiefte eheliche Liebe, Harmonie in der Familie, Entfaltung des moralisch-religiösen Lebens, Friede des Gewissens, Leben in der Gnade Gottes (vgl. das oben zitierte Buch Elternschaft und Menschenwürde, 371–392).

Das aus der reichen Erfahrung der Kirche und aus der Weisheit des Glaubens gespeiste Wissen schlägt sich in der folgenden Mahnung von „Humanae vitae" nieder: „Die Eheleute mögen daher die notwendigen Anstrengungen auf sich nehmen, im Innern aufgerichtet und gestärkt vom Glauben und von der Hoffnung, welche „nicht enttäuscht, denn die Liebe Gottes ist ausgegossen in unsere Herzen durch den Heiligen Geist, der uns gegeben worden ist" (Röm. 5, 5). Sie mögen in inständigem Gebet die Hilfe Gottes erflehen; vor allem mögen sie in der Eucharistie aus der Quelle der Gnade und Liebe schöpfen" (HV 25 Abs. 4). Die Enzyklika fügt jedoch noch eine Aussage bei, die den Weg zur Annahme der Frucht der Erlösung weist. Weil diese Aussage in der seinerzeitigen Erklärung der österreichischen Bischöfe ausgefallen und der Zusammenhang der vorausgehenden nicht richtig wiedergegeben war, sei sie hier besonders betont. Sie ist auch inzwischen durch das Apostolische Schreiben im Anschluss an die Bischofssynode von 1983 „Reconciliatio et paenitentia" (Versöhnung und Buße", L'Osservatore Romano dt., 21.12.1984, I–XIII) ausführlich entfaltet worden. Dort wird der wichtige Satz ausgesprochen: „In jedem Falle aber fördert die Kirche nur eine Versöhnung in der Wahrheit, weil sie sehr wohl weiß, dass weder Versöhnung noch Einheit außerhalb oder gegen die Wahrheit möglich sind" (Nr. 9 Abs. 6). In „Humanae vitae" sagt der Papst den Eheleuten: „Und wenn sie sich wieder in Sünden verstricken sollten, so seien sie nicht entmutigt, sondern mögen in Demut und Beharrlichkeit ihre Zuflucht zur Barmherzigkeit Gottes nehmen, die sich ihnen im Bußsakrament öffnet" (HV 25 Abs. 4). „Die Wiederversöhnung im Sakrament der Buße“ aber ist es, die „den Weg zum Sakrament der Eucharistie öffnet“ (vgl. FC 84 Abs. 5).

## III. Praktische Richtlinien

In der Entwicklung seit der Enzyklika „Humanae vitae“ ist eine Situation entstanden, in welcher der seinerzeitige Aufruf des Papstes an die Priester längst nicht mehr annehmbar erscheint. Um aber der vom Konzil in der Kirchenkonstitution nachdrücklich bekräftigten Verpflichtung der Bischöfe nachzukommen, „den Glauben fruchtbar werden“ zu lassen und „die ihrer Herde drohenden Irrtümer wachsam“ abzuhalten (LG 25 Abs. 1; vgl. auch Christus Dominus 11 – 14), können wir diesen Aufruf auf dem Hintergrund all dessen, was bisher gesagt wurde, nur mit der inständigen Bitte wiederholen, ihn wirklich ernst zu nehmen. Der Papst sagte damals:

„Liebe Priester, geliebte Söhne! Durch eure Berufung seid ihr die Berater und geistlichen Führer der einzelnen Gläubigen und der Familien. An euch wenden Wir uns vertrauensvoll. Eure erste Aufgabe ist es – dies gilt vor allem für diejenigen, die Moraltheologie lehren –, ohne Zweideutigkeit die Lehre der Kirche über die Ehe darzulegen. In der Ausübung eures Amtes sollt ihr die ersten sein, die das Beispiel eines inneren und äußeren loyalen Gehorsams gegenüber dem Lehramt der Kirche geben. Dieser Gehorsam verpflichtet, wie ihr wohl wisst, nicht nur wegen der angeführten Beweise und Gründe, sondern vielmehr wegen der Erleuchtung des Heiligen Geistes, mit der in besonderer Weise die Hirten der Kirche zur klaren Auslegung der Wahrheit begnadet sind. Ihr wisst auch, dass es von höchster Wichtigkeit ist, dass um des Herzensfriedens und der Einheit des christlichen Volkes willen alle auf dem Gebiet der Glaubens- und Sittenlehre auf das kirchliche Lehramt hören und die gleiche Sprache sprechen sollen. Daher legen Wir euch von ganzem Herzen erneut den eindringlichen Mahnruf des großen Völkerapostels Paulus nahe: ‚Ich beschwöre euch, meine Brüder, beim Namen unseres Herrn Jesus Christus, seid alle untereinander einig. Lasst keine Spaltungen unter euch aufkommen, sondern seid eines Sinnes und einer Meinung.‘ (Vgl. 1 Kor. 1, 10)“ (HV 28; vgl. FC 34 Abs. 6). **

Wie schon bemerkt, hielten die österreichischen Bischöfe es in der Situation von 1968 selbst für möglich, zunächst einer von der Enzyklika „Humanae vitae" „abweichenden Überzeugung" zu folgen. Wir wissen, dass viele Priester, vor allem viele Moraltheologen, in sicher subjektiv bester Absicht und in der Meinung, damit den Menschen wirklich helfen zu können, tatsächlich einer solchen „abweichenden Überzeugung" gefolgt sind. Wie ebenfalls bereits bemerkt, ist diese „abweichende Überzeugung" inzwischen weithin zur herrschenden geworden. In dieser Lage wird der Weg zur inneren Bejahung der Lehre der Kirche nur mit großherzigem Vertrauen auf Gottes Hilfe zu ebnen sein. Es wird einer sicher nicht leichten Umkehr bedürfen. Die Frucht einer solchen Umkehr wird aber die wahre „Einheit des christlichen Volkes" sein und der Beginn jener Erneuerung des kirchlichen Lebens, die das Konzil angestrebt hat und in der es es auch zur Befolgung der allgemeinen Berufung zur Heiligkeit (LG 39 – 42) kommen kann. Im Bewußtsein der schweren Verantwortung, in die uns unser „Dienst an der Einheit des Glaubens" nimmt, zumal in einer Zeit, „in der man die gesunde Lehre nicht erträgt, sondern sich nach eigenen Wünschen immer neue Lehrer sucht, die den Ohren schmeicheln' (2 Tim 4,3)" (Johannes Paul II. Ansprache zum „Ad-limina"-Besuch der österr. Bischöfe 1987), bitten wir die Priester ebenso wie alle Menschen guten Willens, mit uns diesen neuen Anfang mit Gottes Hilfe zu wagen. Viele werden sich dazu wahrscheinlich zunächst nicht imstande oder bereit fühlen. Sie mögen bedenken, dass es nicht unmenschliche Härte, Blindheit gegenüber ihren Schwierigkeiten oder gar „sturer Legalismus" ist, wodurch wir zu diesem Aufruf zur Umkehr veranlasst werden. Wir sind es vielmehr der Wahrheit und dem wahren Wohl der Menschen schuldig, auch wenn viele das heute nicht so zu sehen vermögen. Wir möchten daher wiederholen, was Paul VI. in „Humanae vitae" betont hat: „Es ist eine hervorragende Form der Liebe zu den unsterblichen Seelen, wenn man in keiner Weise Abstriche an der heilsamen Lehre Christi macht. Dies jedoch muss immer von Geduld und Liebe begleitet sein, für die der Herr selbst in seinem Umgang mit den Menschen ein Beispiel gegeben hat. Daher sprechen wir „mit Vertrauen, ..., fest überzeugt, dass der Geist Gottes, der dem Lehramt der Kirche bei der Vorlage der Glaubenswahrheiten beisteht, die

Herzen der Gläubigen innerlich erleuchtet und sie einlädt, ihre Zustimmung zu geben" (HV 29).

Diese Zustimmung könnte gewiss dadurch sehr erleichtert werden, dass alle Katholiken die einschlägigen Texte des Konzils sowie „Humanae vitae" und Familiaris consortio" wirklich lesen und die dargelegten Gründe bereiten Herzens erwägen. Daher wiederholen wir die bereits 1968 gegebene, damals auf „Humanae vitae" allein bezogene Empfehlung, diese Texte aufmerksam zu lesen. Um dies leichter zu machen, werden sie in einer leicht zugänglichen Ausgabe neu veröffentlicht.

Besonders wichtig wird es sein, bei den Eheseminaren diese Lehre den jungen Menschen unverkürzt vorzulegen. Nur auf einem solchen Fundament kann eine christliche Ehe wirklich aufgebaut werden. Sonst kommt es zunächst zur Selbsttäuschung und bei den ersten Schwierigkeiten zur Enttäuschung und zum Bruch der Ehe mit allen beklagenswerten schädlichen Folgen, die immer deutlicher um sich greifen. Den katholischen Eheleuten kann aber auch auf vielerlei Weise eine begleitende Hilfe zuteil werden. Ihnen diese zu leisten, bitten wir alle Priester und alle, die an der Ehevorbereitung und Eheberatung beteiligt sind, ganz besonders inständig. Dabei könnten ihnen die Aussagen des Konzils ebenso wie die Texte von „Humanae vitae" und „Familiaris consortio" in geeigneter Weise nahegebracht, abschnittsweise besprochen und so immer mehr fruchtbar gemacht werden. Besonders empfehlenswert erscheint es, dabei auch die angeführten Texte der Hl. Schrift in die Besprechung einzubeziehen. Wenn alle in dieser Weise vertrauensvoll zusammenwirken, wird Gottes Güte zum Wohle der christlichen Familien, und darüber hinaus zum Wohle der Kirche Österreichs und des ganzen österreichischen Volkes die Frucht einer wahren Umkehr schenken. Die schweren Übel, die unsere Gesellschaft bedrohen, haben eine solche Umkehr umso dringlicher gemacht. Die österreichischen Bischöfe haben diese Übel bereits als „Todeskeime in unserer Gesellschaft" bezeichnet. Daher müssen wir auch zu diesem Problem etwas sagen.

## IV. Todeskeime in unserer Gesellschaft

Die Freigabe der Tötung ungeborener Kinder gehört ohne Zweifel zu den schlimmsten Übeln unserer Zeit. Das Zweite Vaticanum hat unmissveständlich erklärt: „Es ist ... das Leben von der Empfägnis an mit höchster Sorgfalt zu schützen. Abtreibung und Tötung des Kindes sind verabscheuungswürdige Verbrechen" (GS 51 Abs. 3). Sie bleiben es auch dann, wenn ein Staat sie nicht mehr mit Strafe bedroht. Wie die Bischöfe bereits 1968 erklärt haben, ist „jede Art direkter Schwangerschaftsunterbrechung ausnahmslos unter schwerer Sünde verboten" (Mariatroster Erklärung III Abs. 5). Dieser Tatsache kommt im Hinblick auf die neuere Entwicklung besondere Bedeutung zu, durch die „bei neueren Mitteln die Übergänge zwischen Kontrazeption und Abtreibung weithin fließend geworden sind" (Johannes Paul II., Ansprache an die österr. Bischöfe). Darüberhinaus bleibt die ungeheuerliche Tatsache bestehen, dass den ungeborenen Kindern mit der sogenannten „Fristenlösung" der Rechtsschutz für die ersten drei Monate ab der Empfängnis entzogen wurde und sie der völlig freien Tötung preisgegeben wurden. Dies hatte zur Folge, dass in Österreich seit der Einführung der „Fristenlösung" nach vorsichtigen Schätzungen bereits weit über eine Million ungeborener Kinder straflos, wenn auch rechtswidrig getötet worden sind. In der ganzen Welt sind es etwas 54 Millionen jährlich (SN vom 30.12.1987, 1). In weiterer Folge werden ungeborene Kinder für wissenschaftliche Zwecke oder zur „Weiterverarbeitung" freigegeben. Wir dürfen uns nicht durch Schweigen an diesem himmelschreienden Unrecht mitschuldig machen, und es darf nicht mehr hingenommen werden.

Ein anderes schweres Übel ist die Krankheit Aids. Eine ihrer Wurzeln ist ohne Zweifel die sexuelle Zügellosigkeit. Dieser wird heute auf verschiedenste Weise Vorschub geleistet, nicht zuletzt durch untragbare Formen der sogenannten „Sexualerziehung". Die derzeit von staatlichen Stellen betriebene Aufklärung gegen Aids läßt die ethisch-moralische Dimension völlig außer acht. Katholische Organisationen, zunächst in Tirol, sodann auch die Katholische Aktion Österreichs, haben sich bereits entschieden gegen diese Art der „Aufklärung" gewendet und gefordert, diese Kampagne einzustellen und ein neues Konzept zu erarbeiten. Als besonders anstößig wird dabei mit Recht bezeichnet „die Werbung für den Gebrauch von Präservativen als Verhütungsmittel gegen Aids". Es wird darauf hingewiesen, dass diese Art der Werbung nicht nur eine Geschmacklosigkeit ist, sondern geradezu eine Verhöhnung des christlichen Grundwertes der Ehe als dauerhafte Zweierbeziehung sowie des verantwortlichen Umgangs mit dem Wert der menschlichen Sexualität darstellt. Eine solche Werbung ist in der Tat Ausdruck einer Geisteshaltung, die den Partner zum Objekt eigener Lustbefriedigung degradiert und ihn damit entmenschlicht. Überdies ist die Art von Aufklärung ein schärfstens abzulehnender Affront gegen das Bemühen, Kinder und Jugendliche zu einer verantwortungsbewusst gelebten Sexualität zu erziehen. Schließlich musste festgestellt werden: „Unter dem Deckmantel wertfreier Aufklärung werden ideologische Ziele verfolgt" (vgl. SN vom 19.12.1987, 7; eingehend dazu H. Schoeck, Kinderverstörung. Die mißbrauchte Kindheit, Umschulung auf eine andere Republik, 1987).

Mit alledem hängen die wachsenden Scheidungsziffern zusammen, die von der öffentlichen Tendenz der staatlichen Gesetzgebung gefördert werden, das freie Zusammenleben von Paaren gegenüber der ehelichen Gemeinschaft zu begünstigen. Dazu kommt die völlig unkontrollierbare Zunahme der Frühabtreibungen durch die neue Entwicklung der hormonellen Antikonzeption und der expansiven Anwendung frühabtreibender „Methoden". Dies hat, von allen anderen ethischen und religiösen Gesichtspunkten abgesehen, die Folge, dass nach dem statistischen Befund in absehbarer Zeit 35 % Erwerbstätige für etwa 65 % noch nicht oder nicht mehr Erwerbstätige werden sorgen müssen. Schon jetzt klingt bei den Auseinandersetzungen um die Pensionsreform die Frage nach dem „Generationenvertrag" an, wonach zunächst die ältere Generation für die Kinder, ihre Erziehung und Ausbildung sorgt, während die Herangewachsenen – gleichsam als Gegenleistung – durch ihre Wertschöpfung die Finanzierung der Pensionen ermöglichen. Es ist ganz klar, dass bei einem „Umkippen" der Alterspyramide die Pensionslasten kaum mehr finanzierbar werden. Dann wird sich mit innerer Logik die Frage nach der Euthanasie mit aller Schärfe einstellen.

Diese „Todeskeime“ sind nicht zu übersehen. Sie sind auch durch die staatliche Politik gegenüber Ehe und Familie gefördert worden. Dieser im Grunde für die Gesellschaft geradezu selbstmörderischen Politik hat das Zweite Vaticanum mit folgendem Appell entgegenzuwirken versucht: „Die staatliche Gewalt möge es als ihre heilige Aufgabe betrachten, die wahre Eigenart von Ehe und Familie anzuerkennen, zu hüten und zu fördern, die öffentliche Moral zu schützen und den häuslichen Wohlstand zu begünstigen. Das Recht der Eltern auf Erzeugung der Nachkommenschaft und auf Erziehung in der Familie ist zu sichern.“ Das Konzil begründet diesen Appell mit der – heute oft belächelten und kritisierten – Feststellung: „So ist die Familie, in der verschiedene Generationen zusammenleben und sich gegenseitig helfen, um zu größerer Weisheit zu gelangen und die Rechte der einzelnen Personen mit den anderen Notwendigkeiten des gesellschaftlichen Lebens zu vereinbaren, *das Fundament der Gesellschaft*“[11] (GS 52 Abs. 2; vgl. FC 42).

Wir haben bereits darauf hingewiesen, welche Bedeutung die Kirche der Ehe und Familie bei ihrer Teilnahme „am Leben und der Sendung der Kirche“ zumisst. Als „‚Kirche im Kleinen‘ (*Ecclesia domestica* – Hauskirche)“ stellt sie „in ihrer Weise ein lebendiges Bild und eine Vergegenwärtigung des Geheimnisses der Kirche in der Zeit“ (FC 49) dar. Daher muss im „Hause Gottes“ mit einer umfassenden Erneuerung von Ehe und Familie begonnen werden. Nur so können jene Kräfte herangebildet und gestärkt werden, die gegen die negativen Tendenzen das positive Bild der Familie wieder zur Geltung zu bringen vermögen. Dazu gehört auch der in einer demokatischen Gesellschaft erforderliche entschlossene Kampf um eine Rechtsordnung, die der Würde und der Rolle von Ehe und Familie in unserer Gesellschaft und ihrer Bedeutung für die staatliche Gemeinschaft gerecht wird. Vor allem gehört dazu auch der Kampf um einen uneingeschränkten Rechtsschutz des Lebens „von der Empfängnis an“. Dabei bietet auch die Instruktion der Kongregation für die Glaubenslehre über die Achtung vor dem beginnenden menschlichen Leben und die Würde der Fortpflanzung vom 10. März 1987 wichtige Hilfen und Richtlinien, die wir besonders sorgfältiger Beachtung empfehlen.

---

[11] Hervorhebung nur im Entwurf, nicht im Originaltext.

Um der vor uns liegenden Aufgabe entsprechen zu können, werden neue Bildungs- und Ausbildungsformen zu entwickeln sein. Eine Genesung von Ehe und Familie an den tiefsten Wurzeln wird großen Einsatz erfordern. Gesunde Familien werden jedoch, gestützt auf die Hilfe der göttlichen Vorsehung, immer mehr zu *Lebenskeimen*[12] in unserer Gesellschaft, was sie ihrem Wesen nach in jeder Gesellschaft sind. Wir möchten an dieser Stelle auch allen jenen ganz besonders danken, die sich bereits bisher, oft unter großen Schwierigkeiten und Opfern, um ein Ehe- und Familienleben in Übereinstimmung mit der kirchlichen Lehre bemüht haben. Sie haben Zeugnis dafür gegeben, dass ein solches Leben auch unter den heutigen Bedingungen möglich ist, und noch mehr: „warum man das Opfer nicht aus dem Familienleben verbannen kann, sondern vielmehr mit bereitem Herzen annehmen muss, soll die eheliche Liebe sich vertiefen und Quelle inniger Freude werden" (FC 34 Abs. 5).[13] Auch all jenen Priestern und Laien, die den Familien bei diesem Bemühen geholfen haben und deswegen nicht selten geradezu Verfolgungen von anders denkenden Mitchristen zu erdulden hatten[14], möchten wir sehr danken und sie in ihrem Einsatz ermutigen. Um aber nun die nötige Einheit herbeizuführen, rufen wir das ganze „Volk Gottes" auf, die Priester und Diakone, die Mitglieder der Orden und der religiösen Gemeinschaften, die Kleriker und die Laien jeglichen Standes, vor allem auch die ärztlichen Berater, an der Erneuerung des Ehe- und Familienlebens im Sinne der kirchlichen Lehre mit uns gemeinsam und mit Gottes Hilfe nach besten Kräften mitzuwirken. Dies wird gleichzeitig die Familien in die Lage versetzen, ihren

---

[12] Im Original durch Sperrung hervorgehoben.

[13] Ich möchte mir hier doch erlauben, aus der Erfahrung von 53 Ehejahren zu sagen, dass die Aussage von FC 34 keine Theorie ist, sondern eine Wahrheit, die wir seit langer Zeit zunehmend und gerade im Alter besonders mit größter Dankbarkeit und Freude bestätigt finden konnten. Das können wohl übrigens alle Ehepaare bestätigen, die sich darum bemüht haben, nach der Lehre der Kirche zu leben.

[14] Das war schon damals keine Übertreibung. Ein Priester, der in seinen Exerzitien wagte, die Geltung der Enzyklika „Humanae vitae" zu lehren, wurde von seinem Orden mit der Begründung praktisch ausgeschlossen, dass er „nicht in Einheit mit dem Bischof" lehrt. Er hielt sich zur „Gemeinschaft mit dem römischen Bischof" verpflichtet. Und nur die „Bischöfe, die in Gemeinschaft mit dem römischen Bischof lehren, sind von allen als Zeugen der göttlichen und katholischen Wahrheit zu verehren" (LG 25).

unverzichtbaren Beitrag zur Erneuerung des kirchlichen und des gesellschaftlichen Lebens zu leisten.

Das Konzil hatte mit Nachdruck betont, „dass alle Christgläubigen jeglichen Standes oder Ranges zur Fülle des christlichen Lebens und zur vollkommenen Liebe berufen sind". Daran knüpft das Konzil die Fesstellung: „Durch diese Heiligkeit wird auch in der irdischen Gesellschaft eine menschlichere Weise zu leben gefördert" (LG 40 Abs. 2). Möge eine großherzige Antwort auf diese große Berufung jene Erneuerung im kirchlichen Leben Österreichs einleiten, die das Konzil angestrebt hatte.

## Nachwort zum Entwurf

Nach der Wiedergabe dieses vom damaligen Weihbischof Prof. Dr. Kurt Krenn erbetenen Entwurfes für eine Erklärung der Österreichischen Bischofskonferenz drängt sich die Frage auf, wo die österreichische Kirche heute stehen könnte, wenn die Bischofskonferenz damals sich dazu hätte durchringen können, die Ermahnungen des Papstes wirklich ernst zunehmen. Weihbischof Krenn hatte sie aufrichtig verstanden und deswegen die nötige Umkehr angestrebt, zu der es jedoch nicht kommen konnte. Heute steht die Kirche in Österreich noch mehr vor den „vielen kleinen und großen missionarischen Maßnahmen, die wir setzen müssen, um eine ‚Trendwende' herbeizuführen".[15] Wird es diesmal zu der 1988 nicht erreichbaren „*Trendwende*" kommen? Für die Kirche Österreichs kann man nur hoffen, dass es mit Gottes Hilfe, um die inständig gebetet werden muss, diesmal doch gelingt. Allerdings muss man wohl fast ‚contra spem' hoffen, wenn, wie es den Anschein hat, die österreichischen Bischöfe die positive Beurteilung der Lage der Kirche in Österreich teilen, die das ‚Profil' vom 14. November 2005 bietet, und zwar unter dem Titel: „Warum der Papst irrt". Wenn der Zustand der Kirche in Österreich den Vorstellungen des ‚Profil' entspricht, müsste das die Bischöfe eigentlich aufschrecken und sie erst recht von der Notwendigkeit der vom Papst eingemahnten „*Trendwende*" überzeugen.

---

[15] Ansprache von Papst Benedikt XVI. am 5. November 2005 an die österreichischen Bischöfe.

# Die Enzyklika „Humanae vitae“ als prophetische Weisung und Segen

*Johannes Enichlmayr*

Zwanzig Jahre nach dem Erscheinen von *Humanae vitae* wurde in Rom 1988 vom Opus Dei ein großer Kongress veranstaltet. Auch wenn seit dem Erscheinen dieses päpstlichen Schreibens 20 Jahre vergangen waren, schieden sich daran immer noch die Geister. Letztlich ging es auch um die Treue zum Papst, zum kirchlichen Lehramt und zur Weitergabe des menschlichen Lebens. Schon allein die Tatsache, dass das Opus Dei diesen Kongress veranstaltet hat, zeigt, wie wenig manch anderen in der Kirche daran lag, *Humanae vitae* erneut in den Mittelpunkt eines Kongresses zu stellen. Es gab im Deutschen Sprachraum die Erklärung von Königstein (Deutschland) und die von Maria Trost (Österreich), welche die Modernen von den Anhängern des Lehramtes trennten. Es ging beim Kongress besonders auch um das christliche Menschenbild, um die christliche Anthropologie und um die Metaphysik, Themen und Schwerpunkte, die Bischof Dr. Kurt Krenn und Papst Johannes Paul II. stark verbanden.

*Humanae vitae* ist bis in unsere Tage eine „Schlüsselfrage“ für die Einstellung des Menschen zur personalen Liebe und für die Weitergabe des Lebens. Heute werden die „Schattenseiten der künstlichen Manipulation in Abtreibung, Euthanasie und der vielfältigen Gen- Manipulation“ immer mehr sichtbar. Mit der Veröffentlichung von *Humanae vitae* war eine ganz wichtige „Weichenstellung“ eingetreten. Hätte es diese Enzyklika nicht gegeben, so könnten gar nicht wenige sagen: In einer entscheidenden Weichenstellung der Werte hat auch die Kirche „irgendwo wieder versagt“. Nun, Gott sei Dank, dem ist nicht so!

Vom damaligen Weihbischof der Erzdiözese Wien, Exzellenz Dr. Kurt Krenn, wurde ich persönlich eingeladen, an diesem Kongress teilzunehmen. Bei meiner Habilitierung im Fach Pastoraltheologie an der Katholischen Universität in Lublin im Jahre 1991 war Bischof Dr. Kurt Krenn als Gastprofessor eingeladen und auch einer der prüfenden Universitätslehrer. Dieser Beitrag zur Festschrift soll ein kleines Dankeschön für beides sein.

## I. Die prophetischen Kernaussagen von Humanae vitae

*Humanae vitae* ist das päpstliche Lehrschreiben von Papst Paul VI., das am 25. Juli 1968 erschienen ist, und den Titel trägt: „Über die rechte Ordnung der Weitergabe menschlichen Lebens“.[1] Es befasst sich mit der Frage, wie Mann und Frau als Ehepaar in der Weitergabe des menschlichen Lebens *freie und bewusste Mitarbeiter des Schöpfergottes sein können.*

### 1) Neue Problemstellungen in den Sechziger Jahren

Die Veränderungen in der Kultur und in der Katholischen Kirche (II. Vatikanisches Konzil) sind bedeutsam für damals und besonders für die Zukunft. Zunächst handelt es sich um die rasche Bevölkerungszunahme: Viele befürchteten damals, dass die Weltbevölkerung schneller zunehmen werde, als die zur Verfügung stehende Nahrung es erlaube. Dadurch wachse die Not in vielen Familien und in den Entwicklungsländern. Das könne staatliche Regierungen leicht dazu drängen, diese Gefahr mit radikalen Maßnahmen zu bekämpfen. Dazu erschwerten nicht nur Arbeits- und Wohnverhältnisse, sondern auch gesteigerte Ansprüche wirtschaftlicher Art die menschlichen Lebensbedingungen und im Hinblick auf die Erziehung und den Unterricht der Jugend könne ein angemessener Unterhalt für eine größere Zahl von Kindern nicht gefunden werden.

Damals gab es auch einen gewissen Wandel in der Auffassung von der Persönlichkeit der Frau und ihrer Aufgabe in der menschlichen Gesell-

[1] Paul VI., Enzyklika „Humanae vitae“ (= HV) vom 25. Juli 1968, lat. in: AAS 60 (1968) 481–503.

schaft, ebenso in der Auffassung vom Wert der Gattenliebe in der Ehe und in der Beurteilung des ehelichen Verkehrs im Hinblick auf diese Liebe zueinander. Diesen Wandel wollte die Kirche nicht gleichsam von oben herab, sondern im Einklang mit der modernen Wissenschaft und Forschung vollziehen.[2]

*Paul VI. schreibt in HV:* „Im Bewusstsein dieser gleichen Aufgabe haben Wir den von Unserem Vorgänger Johannes XXIII. im März 1963 eingesetzten Ausschuss bestätigt und erweitert. Ihm gehörten außer vielen Gelehrten aus den betreffenden Fachgebieten auch Ehepaare an. Dieser Ausschuss sollte Gutachten einholen über die Fragen, die das eheliche Leben und vor allem die sittlich geordnete Geburtenregelung aufwirft. Er sollte darüber hinaus die Ergebnisse seiner Studien so vorlegen, dass das kirchliche Lehramt eine den Erwartungen nicht nur der Gläubigen, sondern auch der übrigen Welt entsprechende Antwort geben könnte. Das Forschungsergebnis der Sachkundigen und die Gutachten vieler Brüder im Bischofsamt, die sie teils aus eigenem Antrieb einsandten, die teils von Uns erbeten waren, erlaubten Uns, dieses vielseitige Problem von allen Seiten aus sorgfältiger zu bedenken.“[3]

### 2) Personale, eheliche Liebe im christlichen Sinn

Wir wollen den Text von HV unmittelbar zu uns sprechen lassen: „An erster Stelle müssen wir sie als *vollmenschliche Liebe* sehen: das heißt als sinnenhaftig und geistig zugleich. Sie entspringt darum nicht nur dem Trieb und der Leidenschaft, sondern auch und vor allem einem Entscheid des freien Willens, der darauf hindrängt, in Freud und Leid des Alltags durchzuhalten, ja dadurch stärker zu werden. So werden dann die Gatten ein Herz und eine Seele und kommen gemeinsam zu ihrer menschlichen Vollendung. Weiterhin ist es Liebe, *die aufs Ganze geht*, jene besondere Form personaler Freundschaft, in der die Gatten alles großherzig miteinander teilen, weder unberechtigte Vorbehalte machen, noch ihren eigenen Vorteil suchen. Wer seinen Gatten wirklich liebt, liebt ihn um seiner selbst

---

[2] Vgl. HV 2.

[3] HV 5.

willen, nicht nur dessentwegen, was er von ihm empfängt. Es ist seine Freude, dass er ihn durch seine Ganzhingabe bereichern darf.

Die Liebe der Gatten ist zudem *treu und ausschließlich* bis zum Ende des Lebens, so wie sie Braut und Bräutigam an jenem Tag verstanden, da sie sich frei und klar bewusst durch das gegenseitige eheliche Jawort aneinander gebunden haben. Niemand kann behaupten, dass die Treue der Gatten – mag sie auch bisweilen schwer werden – unmöglich ist. Das Gegenteil ist der Fall: Zu allen Zeiten hatte sie reiche Verdienste. Beispiele dafür sind sehr viele Ehepaare im Lauf der Jahrhunderte. Treue entspricht nicht nur dem Wesen der Ehe, sie ist darüber hinaus eine Quelle innigen, dauernden Glücks. Diese Liebe ist schließlich *fruchtbar*, da sie nicht ganz in der ehelichen Vereinigung aufgeht, sondern darüber hinaus fortzudauern strebt und neues Leben wecken will: *Ehe und eheliche Liebe sind ihrem Wesen nach auf die Zeugung und Erziehung von Nachkommenschaft ausgerichtet. Kinder sind gewiss die vorzüglichste Gabe für die Ehe und tragen zum Wohl der Eltern selbst sehr bei.*“[4]

### 3) Verantwortliche Elternschaft

„Deshalb fordert die Liebe von den Ehegatten, dass sie ihre Aufgabe verantworteter Elternschaft richtig erkennen. Diese Aufgabe, auf die man heute mit gutem Recht ganz besonderen Wert legt, muss darum richtig verstanden werden. Sie muss aber unter verschiedenen berechtigten, miteinander zusammenhängenden Gesichtspunkten betrachtet werden. Was zunächst die biologischen Vorgänge angeht, bedeutet verantwortete Elternschaft die Kenntnis und die Beachtung der mit ihnen zusammenhängenden Funktionen. So vermag der Mensch in seinen Fortpflanzungskräften die biologischen Gesetze zu entdecken, die zur menschlichen Person gehören.“[5]

„Daraus folgt, dass sie bei der Aufgabe, das Leben weiterzugeben, keineswegs ihrer Willkür folgen dürfen, gleichsam als hinge die Bestimmung der sittlich gangbaren Wege von ihrem eigenen und freien Ermessen ab. Sie sind vielmehr verpflichtet, ihr Verhalten auf den göttlichen Schöpfungsplan

---

[4] HV 9.
[5] HV 10.

auszurichten, der einerseits im Wesen der Ehe selbst und ihrer Akte zum Ausdruck kommt und den anderseits die beständige Lehre der Kirche kundtut."[6]

### 4) Achtung vor dem Wesen und der Zielsetzung des ehelichen Aktes

Ferner heißt es in HV: „*Jene Akte, die eine intime und keusche Vereinigung der Gatten darstellen und die das menschliche Leben weitertragen, sind, wie das letzte Konzil betont hat, zu achten und zu ehren.* Sie bleiben auch sittlich erlaubt bei vorauszusehender Unfruchtbarkeit, wenn deren Ursache keineswegs im Willen der Gatten liegt. Denn die Bestimmung dieser Akte, die die Verbundenheit der Gatten zum Ausdruck bringen und stärken, bleibt bestehen. Wie die Erfahrung lehrt, geht tatsächlich nicht aus jedem ehelichen Verkehr neues Leben hervor. Gott hat ja die natürlichen Gesetze und Zeiten der Fruchtbarkeit in seiner Weisheit so gefügt, dass diese schon von selbst Abstände in der Aufeinanderfolge der Geburten schaffen. Indem die Kirche die Menschen zur Beobachtung des von ihr in beständiger Lehre ausgelegten natürlichen Sittengesetzes anhält, lehrt sie nun, *dass jeder eheliche Akt von sich aus auf die Erzeugung menschlichen Lebens hingeordnet bleiben muss.*"[7]

### 5) Untrennbarkeit von liebender Vereinigung und Fortpflanzung

Die Kernaussage von HV lautet: „*Diese vom kirchlichen Lehramt oft dargelegte Lehre gründet in einer von Gott bestimmten unlösbaren Verknüpfung der beiden Sinngehalte – liebende Vereinigung und Fortpflanzung –, die beide dem ehelichen Akt innewohnen. Diese Verknüpfung darf der Mensch nicht eigenmächtig auflösen.*

*Seiner innersten Struktur nach befähigt der eheliche Akt, indem er den Gatten und die Gattin aufs engste miteinander vereint, zugleich zur Zeugung neuen Lebens, entsprechend den Gesetzen, die in der Natur des Mannes und der Frau eingeschrieben sind. Wenn die beiden wesentlichen Gesichtspunkte*

---

[6] Ebd.

[7] HV 11.

*der liebenden Vereinigung und der Fortpflanzung beachtet werden, behält der Verkehr in der Ehe voll und ganz den Sinngehalt gegenseitiger und wahrer Liebe und seine Hinordnung auf die erhabene Aufgabe der Elternschaft, zu der der Mensch berufen ist. Unserer Meinung nach sind die Menschen durchaus imstande, die Vernunftgemäßheit dieser Lehre zu erfassen.*"[8]

Zur Begründung dieser Auffassung:

Es geht letztlich um die Treue zum Schöpfungsplan Gottes. „Wer das Geschenk ehelicher Liebe genießt und sich dabei an die Gesetze der Zeugung hält, der verhält sich nicht, als wäre er Herr über die Quellen des Lebens, sondern er stellt sich vielmehr in den Dienst des auf den Schöpfer zurückgehenden Planes. Wie nämlich der Mensch ganz allgemein keine unbeschränkte Verfügungsmacht über seinen Körper hat, so im besonderen auch nicht über die Zeugungskräfte als solche, sind doch diese ihrer innersten Natur nach auf die Weckung menschlichen Lebens angelegt, dessen Ursprung Gott ist. *Das menschliche Leben muss allen etwas Heiliges sein, mahnt Unser Vorgänger Johannes XXIII., denn es verlangt von seinem ersten Aufkeimen an das schöpferische Eingreifen Gottes.*"[9]

#### 6) Unerlaubte und erlaubte Wege

Jede Handlung ist „verwerflich, die entweder in Voraussicht oder während des Vollzugs des ehelichen Aktes oder im Anschluss an ihn beim Ablauf seine natürlichen Auswirkungen darauf abstellt, die Fortpflanzung zu verhindern, sei es als Ziel, sei es als Mittel zum Ziel."[10]

„Die Kirche bleibt sich und ihrer Lehre treu, wenn sie einerseits die Berücksichtigung der empfängnisfreien Zeiten durch die Gatten für erlaubt hält, andererseits den Gebrauch direkt empfängnisverhütender Mittel als immer unerlaubt verwirft – auch wenn für diese andere Praxis immer wieder ehrbare und schwerwiegende Gründe angeführt werden. Tatsächlich handelt es sich um zwei ganz unterschiedliche Verhaltensweisen: Bei der ersten machen die Eheleute von einer naturgegebenen Möglichkeit recht-

---

[8] HV 12.

[9] HV 13.

[10] HV 14.

mäßig Gebrauch, bei der anderen dagegen hindern sie den Zeugungsvorgang bei seinem natürlichen Ablauf."[11] Soweit die Enzyklika *Humanae vitae.* Wir wollten aber auch den Zeitpunkt des Erscheinens nicht übersehen.

## II. Das Jahr 1968 als vielfacher Wendepunkt zur falsch verstandenen Freiheit

Nach dem Ende des 2. Weltkrieges und nach dem Aufblühen des Wirtschaftswunders in Österreich und Deutschland war so etwas wie ein *neues unbändiges Lebensgefühl* erwacht. Es waren über 20 Jahre seit dem Krieg vergangen, und das Leid war bei der jungen Generation beinahe vergessen. Die Wissenschaft und die Technik machten immer größere Fortschritte. Es war die Pille auf den Markt gekommen, und gar manche waren glücklich, nun den *Geschlechtsverkehr ohne Folgen genießen zu dürfen.* Vielleicht unterstützte auch die aufblühende Pharmaindustrie durch eine entsprechende Werbung alle diese Tendenzen und Lebensgefühle?

Auch die Kirche hat im II. Vatikanischen Konzil die Weichen für die Zukunft gestellt. Die fortschrittlichen Kräfte hatten hier weitgehend das Sagen, und nicht viele wagten es, sich ihnen entgegenzustellen.

Es stellt sich ausgesprochen oder unausgesprochen bei nicht wenigen die Frage: *Darf der Mensch heute schon alles tun, was er kann?* Die 68er-Generation stellte vor allem an den Universitäten jede Autorität in Frage. Auch die Kirche gehörte zur Autorität und es blies ihr ein kalter Wind ins Gesicht. Zum Teil hatte der Papst vieles von seiner monarchischen Autorität den Bischöfen bzw. den Bischofskonferenzen übertragen. Das war sicher ein Schritt in die richtige Richtung.

---

[11] HV 16.

## III. Die kirchliche Situation vor dem Erscheinen von Humanae vitae (1968).

### 1) Verantwortete Elternschaft und Lehramt im II. Vatikanischen Konzil

Es wird in der Pastoralen Konstitution über die Kirche in der Welt von heute sehr klar die Bedeutung des Lehramtes für Ehe, Familie und Nachkommenschaft herausgestellt:

„Deshalb sind auch die dem ehelichen Leben eigenen Akte, die entsprechend der wahren menschlichen Würde gestaltet sind, zu achten und zu ehren. Wo es sich um den Ausgleich zwischen ehelicher Liebe und verantwortlicher Weitergabe des Lebens handelt, hängt die sittliche Qualität der Handlungsweise nicht allein von der guten Absicht und Bewertung der Motive ab. Sie hängt auch von objektiven Kriterien ab, die sich aus dem Wesen der menschlichen Person und ihrer Akte ergeben und die sowohl den vollen Sinn gegenseitiger Hingabe als auch den einer wirklich humanen Zeugung in echter Liebe wahren. Das ist nicht möglich ohne aufrichtigen Willen zur Übung der Tugend ehelicher Keuschheit. *Von diesen Prinzipien her ist es den Kindern der Kirche nicht erlaubt, in der Geburtenregelung Wege zu beschreiten, die das Lehramt in Auslegung des göttlichen Gesetzes verwirft.*“[12]

Zur ehelichen Fruchtbarkeit heißt es:

„In ihrem ganzen Verhalten seien sich die christlichen Gatten bewusst, dass sie nicht nach eigener Willkür vorgehen können. Sie müssen sich vielmehr leiten lassen von einem Gewissen, das sich auszurichten hat am göttlichen Gesetz. *Sie müssen hören auf das Lehramt der Kirche, das dieses göttliche Gesetz im Licht des Evangeliums authentisch auslegt.* Dieses göttliche Gesetz zeigt die ganze Bedeutung der ehelichen Liebe, schützt sie und drängt zu ihrer wahrhaft menschlichen Vollendung. So verherrlichen christliche Eheleute in Vertrauen auf die göttliche Vorsehung und Opfergesinnung den Schöpfer und streben zur Vollkommenheit in Christus, in-

---

[12] II. Vatikanisches Konzil, Pastorale Konstitution über die Kirche in der Welt von heute „Gaudium et spes“ (= GS), Nr. 51.

dem sie in hochherziger menschlicher und christlicher Verantwortlichkeit Kindern das Leben schenken."[13]

Nachdem die Kompetenz des Lehramtes so klar verlangt wird, warum hat dies später nicht die entsprechende Beachtung gefunden?

Nach dem II. Vatikanischen Konzil wurde im Auftrag von Papst Paul VI. eine Kommission eingerichtet, die sich in besonderer Weise mit der Frage der *verantworteten Elternschaft* beschäftigte. Es wurden dem Vernehmen nach zwei Standpunkte vertreten, die dem Papst vorgelegt wurden. Der

---

[13] GS 50.

Standpunkt der Majorität bestand mehr darin, den modernen Menschen entgegenzukommen und diesen intimen Akt der Zeugung- auch wenn er manipuliert ist- vollständig dem Gewissen zu überlassen.

Eine Minderheit vertrat diese Ansicht nicht, zumal man noch nicht wisse, wie sich dies für die Weitergabe des menschlichen Lebens letztlich und auf längere Sicht auswirken würde. Es dürften noch gewichtige wissenschaftliche Fakten und medizinische Erkenntnisse dazugekommen sein, die es Paul VI. leichter machten, sich dem Vorschlag der Minderheit anzuschließen.

### 2) Warum kam es besonders in den deutschsprachigen Ländern zu einer so massiven Abwehr dieser Enzyklika?

Die Zeit vor dem Erscheinen der Enzyklika HV ist von einem gewaltigen Umbruch gekennzeichnet, sowohl innerhalb, als auch außerhalb der Kirche. In der ersten Hälfte des 20. Jahrhunderts konnte Romano Guardini den hoffnungsfrohen Satz prägen: „Die Kirche erwacht in den Seelen." Dennoch, die Kirche war damals noch klar Mutter und Lehrmeisterin, wie auch der Titel einer Enzyklika von Papst Johannes XXIII. aus dem Jahr 1961 lautete. Im heutigen Pluralismus scheint dies nicht mehr so sicher zu sein.

Dennoch sind die späteren 60er Jahre geprägt von einem „antirömischen Affekt", wie der große Theologe des 20. Jh., Hans Urs von Balthasar, eines seiner Bücher benannte. Eine Analyse dieser Zeit vorzunehmen ist nicht einfach. Tatsache ist, dass sich in den deutschsprachigen Ländern eine Tendenz unter den Moraltheologen entwickelt hat, die Lehre der Kirche sehr kritisch zu hinterfragen.

### 3) Elisabeth Rötzer berichtet nun aus der Zeitgeschichte ihres Vaters Dr. Josef Rötzer:

„In der Vorbereitungszeit auf das Erscheinen der Enzyklika war mein Vater bei verschiedensten Veranstaltungen der Katholischen Deutschen Ärzte in Zusammenarbeit mit Moraltheologen eingeladen. Der große Bruch kam bei einer Studientagung im Januar 1967 in Bad Godesberg. Anwesend waren fast alle Lehrstuhlinhaber der Moraltheologie und maßgebliche Vertreter der Katholischen Deutschen Ärzte.

Im Arbeitskreis mit den Ärzten war es meinem Vater gelungen, eine Einigung unter den Ärzten zu erreichen, dass der Weg der Natürlichen Empfängnisregelung (NER) aus medizinischer Sicht der beste sei. Er ist ja ohne schädliche Nebenwirkungen und führt zu keinen medizinischen Problemen. Wenn es gelingt, Mitarbeiter auszubilden und in Pfarren Beratungsstellen aufzubauen, wird dieser Weg für immer mehr Ehepaare lebbar werden.

Im Plenum wurde diese Einigung zerstört durch den ausgesprochenen Leitsatz der Moraltheologen unter Führung von Prof. Franz Böckle, der sinngemäß lautete: ‚*Wenn wir wollen, dass die Lehre der Kirche lebbar ist, müssten wir den Vorschlag von Rötzer aufgreifen; da wir aber der Meinung sind, dass die Lehre geändert gehört, wollen wir, dass die Ehepaare einen anderen Weg wählen. Wir müssen sie sogar dazu ermutigen, und wenn dann die Ehepaare die Lehre nicht mehr leben, muss die Kirche ihre Lehre ändern.*'

Die Teilnehmer dieses Kongresses 1967 verfassten einen Brief nach Rom mit der Aufforderung die Lehre der Kirche zu ändern. Mein Vater war der einzige bei dieser Veranstaltung, der diesen Brief nicht unterschrieben hat. Die Folge war, dass er zu keiner weiteren Veranstaltungen eingeladen wurde. Bildungshäuser blieben für seine Kurse verschlossen, und Widerstände sind bis heute geblieben."

Der Sturm gegen *Humanae vitae* war groß und ist es auch heute noch. Aber alles menschlich Gute ist oft gleich am Beginn sehr angefeindet worden. Es scheint dies geradezu ein Markenzeichen für dessen Echtheit zu sein. Wer daran glaubt, dass Gott den Menschen gleich an Anfang nach seinem Ebenbild geschaffen hat, der wird von Gott auch für seine Bemühungen um eine gute Ehe und Familie reich beschenkt werden. In diesem Sinn konnte Papst Paul VI. gar nicht anders sprechen und entscheiden, als den natürlichen Weg der ehelichen Begegnung aufzuzeigen, anstatt einer künstlichen Manipulation das Wort zu reden.

Vielleicht wird diese mutige und klare Entscheidung von Papst Paul VI. erst in Zukunft als richtig erkannt und gewürdigt werden. Prophetisch ist sie aber heute schon.

# Damit Ehe heute gelingen kann

## Ein Beitrag zur Ehevorbereitung der Katholischen Kirche

*Helmut Prader*

Die Vorbereitung auf das Sakrament der Ehe hat durch die Initiativen des verstorbenen Papstes Johannes Paul II. und auf Grund der Veröffentlichung einiger wichtiger lehramtlicher Dokumente in den letzten Jahrzehnten vermehrte Aufmerksamkeit erfahren. Ein besonderes Zeichen dieses großen Interesses der Kirche für Ehe und Familie war die im Herbst 1980 zu diesem Thema abgehaltene Bischofssynode in Rom. Daraus erwuchsen der Kirche zwei wesentliche Früchte: zum einen das postsynodale Schreiben „*Familiaris Consortio*“[1] und zum andern die Gründung des *Institutes Johannes Paul II. zu Studien über Ehe und Familie* an der Lateranuniversität.

In diesem Beitrag soll versucht werden, einige Themen aufzuzeigen, die aus der Sicht der Katholischen Kirche für die Ehevorbereitung als besonders wichtig anzusehen sind, wobei vor allem auf jenes maßgebliche Schreiben Bezug genommen wird, das am 13. Mai 1996 vom Päpstlichen Rat für die Familie unter dem Titel „Die Vorbereitung auf das Sakrament der Ehe“ herausgegeben wurde.[2]

---

[1] Johannes Paul II., Postsynodales Schreiben „Familiaris Consortio“ (= FC) über die Aufgaben der christlichen Familie in der Welt von heute vom 22. November 1981, online http://www.stjosef.at/dokumente/familiaris_consortio.htm .

[2] Vgl. Päpstlicher Rat für die Familie, Die Vorbereitung auf das Sakrament der Ehe (= VSE) vom 13. Mai 1996, online http://www.vatican.va/roman_curia/pontifical_councils/family/documents/rc_pc_family_doc_13051996_preparation-for-marriage_ge.html ; sowie: Päpstlicher Rat für die Familie, Menschliche Sexualität: Wahrheit und Bedeutung. Orientierungshilfen zur Erziehug in der Familie vom 8. Dezember 1995, online http://www.vatican.va/roman_curia/pontifical_councils/family/documents/rc_pc_family_doc_08121995_human-sexuality_ge.html .

## I. Vorbereitung auf die Ehe und Ehevorbereitungskurs

Wie alle Sakramente einer Einführung bedürfen, so verlangt auch das Ehesakrament eine entsprechende Vorbereitung, die unter den heute gegebenen Umständen von der Kirche geradezu als unabdingbare Notwendigkeit erkannt wird: „Die Vorbereitung auf die Ehe, auf das Ehe- und Familienleben, ist für das Wohl der Kirche von besonderer Bedeutung, da das Sakrament der Ehe für die ganze christliche Gemeinschaft einen großen Wert darstellt. Dies gilt an erster Stelle für die Gatten, deren Entscheidung derart ist, dass sie weder unvorbereitet noch überhastet getroffen werden darf.“[3]

Wenn die Kirche von einer „Vorbereitung auf die Ehe“ spricht, ist zunächst grundsätzlich zu sagen, dass damit erstens eine umfassende Formung und Reifung der Person gemeint ist, die mit der elterlichen Erziehung beginnend sich über Kindheit und Jugend bis in die Brautzeit erstrecken sollte und sich somit nicht nur auf einen wenige Wochen vor der Hochzeit besuchten Kurs beschränken kann; und zweitens müsste gelten, dass ein Ehevorbereitungskurs neben einer zusammenfassenden Wissensvermittlung auch eine letzte Entscheidungshilfe sein sollte, um ein Paar vor einem möglicherweise „unvorbereiteten oder überhasteten“ Akt zu bewahren.

Da heute in den meisten Fällen bereits im Vorfeld entscheidende Schritte gesetzt werden, ist ein Kurs kurz vor der Heirat oft schon zu spät, um noch eine wirkliche *Vor*-bereitung zu ermöglichen. Dadurch haben die angebotenen kirchlichen Ehevorbereitungskurse bestenfalls die Chance, dem Brautpaar bewusst zu machen, was das Sakrament der Ehe überhaupt bedeutet, was es bewirkt, und welche Konsequenzen sich daraus für sie ergeben. Dass mit der Eheschließung die Offenheit für Kinder verbunden sein muss, ist generell bekannt. Anders ist es dagegen, wenn es um die Frage der Unauflöslichkeit einer sakramental gültig geschlossenen Ehe geht. Hier herrscht neben der Unwissenheit oft auch eine gewisse Gleich-

[3] VSE 1.

gültigkeit, die zugleich verbunden ist mit einer Selbstüberschätzung der eigenen Kräfte.

Derzeit enden beinahe 50% der Zivil-Ehen vor dem Scheidungsrichter, bei sakramental geschlossenen Ehen liegt die Scheidungsrate bei etwa 35%. Nachdem viele der Betroffenen nicht alleine bleiben und eine neue Bindung eingehen, ergeben sich daraus nicht nur die bekannten Probleme für die bereits vorhandenen Kinder, sondern auch vielfältige Schwierigkeiten im Hinblick auf einen weiteren Sakramentenempfang. Die Kirche kennt zwar im Notfall die Trennung von Tisch und Bett, aber keine Scheidung. Das Band der Ehe kann nur durch den Tod gelöst werden. Wenn daher die Ehevorbereitung nur auf einen Kurs unmittelbar vor der Eheschließung beschränkt bleibt, darf man davon nicht allzuviel erwarten.

## II. Die Ausgangssituation bei einem Ehevorbereitungskurs

Da heute unter den Katholiken neben der Beichte auch die Ehe zu den „vergessenen" Sakramenten gehört, ist es grundsätzlich begrüßenswert, wenn Brautpaare eine kirchliche Eheschließung anstreben. Andererseits aber erfüllen viele Paare nicht die Voraussetzungen, die die Kirche an Brautleute stellt. Ein Zusammenleben auf Probe oder nur zivil geschlossene Ehen sind gemäß der Lehre der katholischen Kirche ein Leben in schwerer Sünde, wofür allerdings selbst bei bekennenden Katholiken das Bewusstsein vielfach fehlt. So besteht einerseits das Bemühen um eine kurzfristig zu schaffende Disposition der Bewerber für die Hochzeit und andererseits die oft nicht unbegründete Sorge um die Gültigkeit der angestrebten Ehe.

### Das Profil der Teilnehmer

- Manche Paare kommen aus einer tief religiösen Überzeugung. Sie stellen aber eher die Ausnahme dar. Es sind dies Paare, die meist eine gute Beheimatung in ihrer Pfarrei, speziell aber in einer religiösen Gruppe oder Gemeinschaft haben[4] und deshalb anstelle der Diözesan-Kurse die dort angebotenen Ehevorbereitungen in Anspruch nehmen.

---

[4] Z.B. die Schönstatt-Bewegung, die Legio Mariens oder in Deutschland die Jugend 2000.

▹ Die meisten Brautpaare kommen nicht freiwillig zum Kurs, sondern weil es vom zuständigen Priester verlangt wird.

▹ Von einer tatsächlichen Entscheidungsfreiheit kann nur bedingt gesprochen werden. Denn die wesentlichen Entscheidungen sind zum Zeitpunkt der Kursteilnahme bereits gefallen: Es stehen die Kirche fest und der Termin, Gasthaus und Musik sind bestellt, Trauungsringe und Brautkleid gekauft, und oft haben beide bereits gemeinsam ein Haus gebaut oder eine Wohnung erworben.

▹ Die Teilnehmer bereiten sich nicht auf etwas wirklich Neues vor. Viele von ihnen leben schon über Jahre zusammen.

▹ Manche Paare heiraten, nachdem die Familienplanung abgeschlossen ist. In Österreich kommen 36% der Kinder nichtehelich zur Welt.

▹ Die Hochzeit wird als großes Fest gesehen, in dessen Rahmen eine kirchliche Trauung zur Verschönerung des Anlasses gut dazu passt. Zum Beginn des Festes trifft man sich in der Kirche. Da die Kirche eine lange und gute Tradition im Feiern von Festen hat, ist mit der kirchlichen Trauung schon einmal ein gelungener Anfang gesichert. Bezeichnenderweise werden besonders jene Kirchen als Trauungskirchen gewünscht, die sich entweder durch ihre künstlerische Ausstattung – je barocker um so besser – oder durch ihre reizvolle landschaftliche Lage auszeichnen.

▹ Vor allem im ländlichen Raum wird die kirchliche Hochzeit – gemeinsam mit Taufe, Erstkommunion und Firmung – oft als letzter Rest einer katholischen Tradition gesehen, in die „man" sich einfügt. Durchaus werden Paare auch von den eigenen Familien unter Druck gesetzt, vereinzelt kommen finanzielle Anreize hinzu.

▹ Manche Paare leben bereits über Jahre zusammen und befinden sich in einer ersten tiefen Krise. Aus einem beinahe magischen Sakramentenverständnis heraus wird die kirchliche Trauung als eine letzte Möglichkeit gesehen, um durch den Segen Gottes vielleicht der Krise zu entkommen. So manche dieser Paare sind aber bereits nach kurzer Zeit dennoch geschieden.

▹ Es kommen Paare mit der Einstellung zum Kurs, dass diese Art der Vorbereitung für sie ohnehin überflüssig sei, weil es hier nichts mehr zum Dazulernen gäbe.

➢ Es kommt durchaus vor, dass Paare deshalb heiraten, weil einer der beiden, meist die Frau, darauf besteht. Der Partner willigt dann eben ein, um dem anderen einen Gefallen zu erweisen.
➢ Ein gewisser Teil der Paare kommt bereits mit einer großen Angst vor einem möglichen Scheitern ihrer kommenden Ehe, weil sie selber vielleicht einer zerrütteten oder gescheiterten Familie entstammen.
➢ Eventuell wird deshalb geheiratet, weil das (älteste) Kind nun zur Erstkommunion kommt. Deshalb soll auch die eigene Situation „bereinigt" werden.

## III. Was kann und soll die Kirche tun?

Wenn man diese unterschiedlichen Teilnehmerprofile und Motivationen berücksichtigt, stellt sich die Frage, welche Konsequenzen daraus für die Kirche zu ziehen sind: Soll sie ihr „Angebot" anpassen? Soll sie bloß Brauchtumspflege betreiben? Oder soll sie auf Kurse verzichten? Soll den Paaren von einer kirchlichen Trauung abgeraten bzw. manchen von ihnen die Trauung gar verweigert werden? Die Fragen sind nicht unberechtigt. Doch gilt auch hier das Wort des Herrn vom „geknickten Rohr" und vom „glimmenden Docht" (vgl. Mt 12,20). Und so ist es gut, dass trotz (oder gerade wegen) dieser Ausgangssituation auch weiterhin Kurse angeboten werden, um auch den Schwachen Halt zu bieten und ihnen vielleicht etwas mitzugeben auf den Weg. Dennoch bleibt die Ehevorbereitung weiterhin eine Herausforderung für die Kirche.

### 1) Familienerziehung

Nachdem sich die unmittelbare Vorbereitung kurz vor der Hochzeit vielfach bereits als zu spät erweist, muss dem Vorfeld ein größeres Augenmerk geschenkt werden, d.h. der Vorbereitung in Kindheit und Jugendzeit. Schon Papst Johannes Paul II. hat in *Familiaris Consortio* darauf hingewiesen und von einem stufenweisen, stetigen Prozess gesprochen, der als *entferntere Vorbereitung* bereits in der frühen Kindheit mit einer klugen Familienerziehung beginnen und dann später in der Jugenderziehung in angemessener Weise weitergeführt werden müsse.[5] Hier liegt eine tatsächliche Chance, die es zu wahren, zu unterstützen und zu fördern gilt.

### 2) Nähere Vorbereitung

Der ideale Zeitpunkt für einen ersten Kurs bzw. eine gezielte katechetische Unterweisung wäre, wenn sich zwei junge Menschen gerade kennen- und liebengelernt haben; vor diesem Zeitpunkt fehlt meist die nötige Ernsthaftigkeit. Zugleich wäre dies für sie eine Ermutigung, ihr Beisammensein nicht vom Sog der allgemeinen Strömungen bestimmen zu lassen (die einer wirklichen Entscheidung keinen Raum mehr geben), sondern als Zeit der Prüfung zu begreifen, ob man zusammen passt und ob man selbst die Voraussetzungen mitbringt, die für eine Ehe erforderlich sind.

#### a) Freundschaft und bräutliche Liebe

Eine Freundschaft zwischen Mann und Frau, die auf das mögliche Ziel einer Ehe ausgerichtet ist, unterscheidet sich wesentlich von anderen Freundschaften. Der andere ist nicht ein Freund unter Freunden, sondern hebt sich davon ab. Es ist eine andere Art der Zuneigung, die beide verbindet. Freundschaften können zeitgleich mehrfach bestehen, denn eine Freundschaft zu einem bestimmten Menschen schließt nicht weitere Freundschaften aus. Die besondere Form der bräutlichen Liebe aber verlangt die Ausschließlichkeit; sie ist eine exklusive Liebe, die unteilbar ist und deshalb zeitgleich nur einem einzigen Menschen zukommen kann.

Diese einzigartige (bräutliche) Liebe bringt es mit sich, dass man sich dem geliebten Du gegenüber in einer Weise öffnet und ihm Einblick in die eigene Seele gewährt, wie dies anderen Freunden gegenüber nie gewährt würde. Das bedeutet aber: Je weiter ich mich einer anderen Person öffne, je mehr ich von mir selber preisgebe, umso mehr werde ich auch verletzbar. Liebe verlangt immer Vertrauen und schenkt immer Vertrauen. Sie glaubt

[5] Vgl.. FC 66. Vgl. auch die Aussagen des Päpstlichen Rates für die Familie: „Die entferntere Vorbereitung umfasst die frühe Kindheit, das Kindesalter und die Jugendzeit und erfolgt hauptsächlich in der Familie, aber auch in der Schule und in den Ausbildungsgruppen, die sich in dieser Hinsicht als wertvolle Hilfen erweisen können." (VSE 22). In *Gaudium et Spes* 49 wird gesagt, dass „Jugendliche über die Würde, die Aufgabe und den Vollzug der ehelichen Liebe rechtzeitig und in geeigneter Weise unterrichtet werden" sollten.

und hofft. Wenn aber dieses Vertrauen missbraucht wird, sind die Verletzungen groß: Je tiefer eine solche Freundschaft war, umso schmerzhafter sind die Wunden, die nach einer Trennung zurück bleiben.

In einer bräutlichen Freundschaft, die als Ziel eine mögliche Eheschließung hat, darf deshalb auch nichts überstürzt werden. Es bedarf einer kontinuierlichen Reifung und Vorbereitung der einzelnen Personen selbst, wie auch ihres gemeinsamen Umganges und ihrer sie verbindenden Liebe.

b) Bindungsscheu

Viele junge Menschen sind heute in ihrem Verwandten- oder Freundeskreis mit Verheirateten konfrontiert, die sich in Schwierigkeiten befinden, Krisen erleben oder sich scheiden lassen wollen. Die Angst, auch selber in ähnlicher Weise zu scheitern, ist groß. Zudem besteht der verbreitete Verdacht, dass eine Bindung den Verlust der eigenen Freiheit bedeutet. Angesichts dieser Tatsache ist es nicht verwunderlich, wenn viele Paare nicht mehr den Mut haben, einander das Ja-Wort zu geben.

Hier liegt die große Aufgabe der Eltern und der Jugendkatecheten, nämlich aufzuzeigen, dass sich Geborgenheit und Liebe eben nicht in Unverbindlichkeit erweist, sondern in der Gewissheit ihres Bleibens. Darum sucht Liebe immer Dauer und Beständigkeit – und damit Bindung. Denn Liebe bindet sich, ver-bindet sich.

## 3) Das Licht der Wahrheit schützt die Liebe

Wir müssen den jungen Leuten etwas von der Schönheit und Größe der Liebe aufzeigen, die Gott selbst ist und an der teilzuhaben er den Menschen berufen hat. Und zugleich gilt es, die Wahrheit zu erschließen, dass die Ehe nicht nur eine Neigung ist oder bloß als eine menschliche Institution gesehen werden kann, sondern zutiefst im Willen des Schöpfers gründet und ein Abglanz seines innergöttlichen Geheimnisses ist. Die Berufung zur Ehe ist eingeschrieben in die Natur des Mannes und der Frau, so wie sie aus den Händen des Schöpfers hervorgegangen sind: „Es ist nicht gut, dass der Mensch allein bleibt. Ich will ihm eine Hilfe machen, die ihm entspricht" (vgl. Gen 2,18). Es ist Gott selbst, der Mann und Frau erschuf, der ihnen dann den Auftrag zur Fruchtbarkeit gab (vgl. Gen. 1,28) und ihre Vereinigung geheiligt und zu einem Sakrament erhoben hat.

Daraus wird deutlich, dass die Eheleute nicht alleingelassen sind und dass sie der Kraft des Sakramentes und der Gnade trauen dürfen, denn „das Sakrament verbindet die Eheleute mit der sich verschenkenden Liebe Christi, des Bräutigams der Kirche."[6] Die Freundschaft und Liebe Gottes zu den Menschen, die im Blut des Gottessohnes am Kreuz als endgültiger und unlösbarer Bund besiegelt wurde – das ist der einzige Grund, dass es auch Freundschaft und Liebe unter den Menschen gibt und geben kann. Und das ist auch der Grund dafür, warum die Treue, die Mann und Frau bei ihrer Eheschließung einander versprechen, bleibend ist. Ihre Treue ist ein Abbild der Treue Gottes zu uns. So wie Gott den Bund mit uns Menschen nie mehr aufkündigen wird, so kann auch eine gültige Ehe nie aufgelöst werden.

a) Auch ich bin nicht vollkommen

Jeder wünscht sich das ideale und perfekte Du. Aus diesem Wunschdenken heraus werden nur allzuleicht die Fehler des anderen übersehen. Man will sie gar nicht wahrhaben und schon gar nicht akzeptieren. Dennoch hat jeder, wie er auch Talente und seine guten Eigenschaften hat, seine Fehler und seine schlechten Neigungen. Wenn zwei junge Menschen einander kennen- und lieben lernen, kommen zwei Personen zusammen, die jeweils ihre positiven wie auch negativen Seiten in diese Verbindung mitbringen. Dies führt zu beglückenden Erfahrungen, aber ebenso zu Spannungen und Problemen. Kein Mensch kann dem anderen ganz genügen. Und niemand ist die Verwirklichung des geheimen Ideals. Was jemand aber selber nicht erfüllen kann, das darf er auch von einem anderen nicht erwarten. So wie niemand perfekt ist, so kann auch in einer Beziehung sich niemand vom anderen erwarten, dem makellosen Traum des Lebens zu begegnen. Vielmehr muss die Frage lauten: Bin ich mit dem anderen so einverstanden, wie er nun einmal ist? Bin ich auch bereit, ihn so anzunehmen? Aber auch: was mute ich mit mir dem anderen zu? Das sind Grundfragen ehelicher Liebe.

---

[6] Vgl. VSE 9.

b) Ein solides Grundwissen

In der Jugendseelsorge ist die Vermittlung eines soliden medizinischen Wissens über die Abläufe im Zyklus der Frau und eine fundierte Sexualaufklärung ein wichtiger Punkt. Papst Johannes Paul II. schreibt: „Zu den notwendigen Voraussetzungen zählt aber auch die Kenntnis des Körpers und der Zyklen seiner Fruchtbarkeit. In diesem Sinn muss alles getan werden, dass alle Eheleute und vorher schon die Jugendlichen mit Hilfe einer klaren, rechtzeitigen und soliden Information durch Ehepaare, Ärzte und sonstige Fachleute zu einer solchen Kenntnis gelangen können. Diese Kenntnis muss dann in eine Erziehung zur Selbstbeherrschung einmünden: Von hier aus ergibt sich die absolute Notwendigkeit der Tugend der Keuschheit und der ständigen Erziehung zu ihr. In christlicher Sicht besagt Keuschheit keineswegs eine Verdrängung oder Missachtung der menschlichen Geschlechtlichkeit; sie bedeutet vielmehr eine geistige Kraft, die die Liebe gegen die Gefahren von Egoismus und Aggressivität zu schützen und zu ihrer vollen Entfaltung zu führen versteht."[7]

Es ist Aufgabe sowohl der Ehevorbereitung wie auch in entsprechender Form der Jugendseelsorge, über die Bedeutung und Wirkweise der Natürlichen Empfängnisregelung eine solide Information zu vermitteln. Bei dieser Vermittlung des medizinischen Wissens geht es nicht (wie leider in vielen Fällen einer wertneutralen Sexualerziehung) um einen indirekten Anreiz zur Erprobung; vielmehr soll dies eine Hilfe sein für junge Frauen, um die Abläufe im eigenen Körper zu verstehen und die Zeichen der Fruchtbarkeit besser deuten zu können. Dabei ist es durchaus ratsam, dass auch junge Männer sich dieses Wissen aneignen, wodurch sie auch der Frau gegenüber mehr Verständnis aufbringen können. Denn in der Ehe darf die Verantwortung bezüglich der Zahl der Kinder und der verantwortlichen Elternschaft nicht nur auf den Schultern der Frau lasten. Die natürliche Empfängnisregelung (NER) ist ein Weg, der beide Eheleute in die Pflicht nimmt und der auch nur dann verwirklicht werden kann, wenn beide damit einverstanden sind. Damit untrennbar verbunden ist

---

[7] FC 33.

übrigens eine solide Vermittlung der wesentlichen Inhalte der Enzyklika „Humanae Vitae“.[8]

c) Bindung und persönliche Reife

Vielfach werden Beziehungen zu früh und in zu jungem Alter eingegangen. Nicht selten passiert es dann, dass jemand aus einer Ehe nach fünf oder zehn Jahren ausbricht, um noch etwas zu erleben, um nachzuholen, was in der Jugend scheinbar versäumt wurde. Dabei wäre gerade die Jugendzeit dazu da, um sich in Freiheit als Persönlichkeit entwickeln zu können, vor allem im Hinblick auf jene menschlichen Werte, die für eine spätere Ehe und Familie unverzichtbar sind, wie etwa: die Fähigkeit, allein zu sein, Geduld zu haben, warten zu können, Verzicht zu üben, Selbstbeherrschung, Treue, Aufrichtigkeit usw. Es ist auch nicht ratsam, sich in der Verlobungszeit in eine Zweisamkeit zurückzuziehen, fern jeden Umgangs mit anderen. Ganz im Gegenteil soll ein verlobtes Paar diese Zeit auch ganz besonders dafür nützen, den Freundeskreis des jeweils anderen kennen zu lernen. Der Freundeskreis, den jemand hat, ist in gewisser Weise wie ein Spiegel seiner selbst.

Bei der Hochzeit müssen die Brautleute einzeln folgende Frage beantworten: „Sind Sie hierher gekommen, um nach reiflicher Überlegung und aus freiem Entschluss mit Ihrer Braut/Ihrem Bräutigam den Bund der Ehe zu schließen?“

Es ist leicht, „Ja“ zu sagen, wo das Wort nichts gilt oder wo es nur mich betrifft. Doch hier geht es um eine Entscheidung, die hineingreift in das Leben anderer. Daher bedarf die Antwort auch einer persönliche Reife. Ist diese Reife bei beiden wirklich vorhanden? Reife setzt einen Prozess voraus und spricht gegen jede übereilte Entscheidung. Schließlich geht es um eine Bindung für das ganze Leben.

Jede freie Entscheidung wird zugleich eingeschränkt von dem, worauf verzichtet wird. Das Ja-Wort zum geliebten Du ist zugleich ein freiwilliger Verzicht auf einen gewissen Teil meiner persönlichen Freiheit. Wo es aber aus Liebe zu einem anderen geschieht, wird aus Verzicht Gewinn.

---

[8] Enzyklika „Humanae Vitae“ über die rechte Ordnung der Weitergabe menschlichen Lebens vom 25. Juli 1968, online http://stjosef.at/dokumente/humanae_vitae.htm .

e) „Vor-eheliche“ Vereinigung?

Das erste bewusst gesetzte geschlechtliche Erlebnis führt zu einer besonderen Bindung und Prägung, und zwar für die Frau mehr als für den Mann. Zugleich verringert sich damit der Spielraum für ein wirkliches Prüfen und Kennenlernen des anderen. Denn durch vorehelichen Geschlechtsverkehr wird bereits eine Vorentscheidung getroffen, die eine tatsächliche freie Entscheidung massiv beeinflusst. Das körperliche Einswerden bedeutet, sich dem anderen ganz zu öffnen und zu schenken. Das Sich-Hingeben ist zugleich ein Sich-Ausliefern – der Güte des anderen, aber auch der Treulosigkeit, dem Verrat, dem Missbrauch. Daher benötigt gerade die gelebte Sexualität die größtmögliche Geborgenheit und Sicherheit. Dieser Schutz ist aber nur gegeben durch das bedingungslose, öffentliche und verbindliche Ja zum anderen, das nichts mehr zurücknimmt. Vorehelicher Geschlechtsverkehr bedeutet dagegen: Ich sage zwar ja zu deinem Körper, aber ich sage noch kein endgültiges Ja zu dir als Person, sondern ich behalte mir den Ausstieg vor. So etwas nannte Papst Johannes Paul II. einmal ein bloßes „Lieben auf Probe“. Aber so wie man nicht auf Probe leben und nicht auf Probe sterben kann, so wenig kann man auch auf Probe lieben.[9] Es klingt verführerisch, sich einzureden: Wenn es zu größeren Schwierigkeiten in der Beziehung kommt, so bleibt mir immer noch die Möglichkeit, ein Nein zum anderen zu sagen, denn letztlich habe ich noch nichts versprochen. Auch wenn es vielfach unbewusst geschieht, so liegt darin doch die Gefahr, den anderen letztlich auszunützen. Dazu kommt noch, dass dort, wo sich das Ja nicht binden will, sondern bewusst den Ausweg und den Fluchtweg offen hält, keine Wahrhaftigkeit vorhanden ist. So muss sich also jeder in dieser Situation der vorehelichen Beziehung ehrlich die Frage stellen: Werde *ich* geliebt, oder doch mehr mein Körper? Ist mein Tun Wahrheit oder Schein?

---

[9] „Volle Geschlechtsgemeinschaft zwischen Mann und Frau hat darum ihren legitimen Ort allein innerhalb der ausschließlichen und endgültigen personalen Treuebindung in der Ehe. Die Endgültigkeit der ehelichen Treue, die heute vielen nicht mehr verständlich erscheinen will, ist ebenfalls ein Ausdruck der unbedingten Würde des Menschen. Man kann nicht nur auf Probe leben, man kann nicht nur auf Probe sterben. Man kann nicht nur auf Probe lieben, nur auf Probe und Zeit einen Menschen annehmen.“ Johannes Paul II., Predigt in Köln am 15. November 1980, Nr. 5.

Denn Liebe bedeutet nicht, einfach nachzugeben, sondern verlangt Rücksichtnahme und Verzicht. Druck auszuüben wäre eine Missachtung der Person und ihrer Würde, umgekehrt aber wäre falsches Mitleid ebenso ein Weg, der nicht der Liebe dient.

Dieses Gespür dafür ist jungen Leuten durchaus zu vermitteln und wird von ihnen meistens auch verstanden. Gewiss: Manche Eltern gehen soweit, der Tochter mit 14 oder 15 Jahren die Pille zu besorgen, um eine mögliche Schwangerschaft zu vermeiden, womit aber im selben Atemzug die voreheliche Sexualität als selbstverständlich und als etwas ganz Normales akzeptiert wird. Wenn ein Paar hingegen versucht, dem Zeitgeist Widerstand zu leisten, wird es vielleicht oft belächelt oder gar verspottet – aber es wird auch geachtet werden. Es ist daher die Aufgabe der Verantwortlichen und aller Seelsorger, die jungen Menschen zu ermutigen und ihnen jene Hilfen anzubieten, die es ihnen möglich machen, auch in unserer schwierigen Zeit das Ideal zu leben.

### 4) Fragen vor der Eheschließung

Im folgenden werden einige wichtige Fragen aufgelistet, die in der Zeit des Kennenlernens und der Vorbereitung auf eine Eheschließung besprochen werden müssten:

a) Fragen allgemeiner Art

➢ Was verbindet uns am meisten? Was ist das Besondere daran, dass gerade wir zusammengefunden haben? Was ist das Anziehende in unserer Beziehung?
➢ Wie gehen wir mit Problemen um? Wurde in unseren Familien offen über Probleme gesprochen? Durften wir alles sagen und fragen? Wo und wie fühlt einer sich beim anderen verstanden und wo nicht?
➢ Wer hat in unserer eigenen Familie leichter den ersten Schritt zur Versöhnung gemacht, der Vater oder die Mutter?
➢ Wie wurden in unseren eigenen Familien die Feste gefeiert: Weihnachten, Geburtstage, Hochzeitstag ...? Welche Kultur des Feierns wollen wir selber entwickeln und pflegen?
➢ Welche Erwartungen haben wir an das erste Ehejahr?

- Was bedeuten Kinder für den jeweils anderen? Wie viele Kinder wollen wir in etwa einmal haben? Wie stellen wir uns die gemeinsame Kindererziehung vor?
- Wie soll unsere gemeinsame Geldverwaltung aussehen?
- Wie verstehen wir uns mit den künftigen Schwiegereltern, wie soll der weitere Kontakt aussehen? Gerade die Konflikte zwischen den Generationen sind nicht selten Anlass dafür, dass es zu Problemen und Streitigkeiten bei Ehepaaren kommt. So gut und wichtig Mehrgenerationenhaushalte wären, so selten funktionieren sie.
- Welche Kultur und Tradition des ehelichen Gespräches soll bei uns entwickelt werden? Wie gehen wir damit um, wenn es zu Problemen und Streit kommt?
- Was verbindet uns am meisten, was trennt uns am meisten?
- Wo liegen unsere größten Probleme, und warum werden diese Themen von uns gemieden?
- Wo fühle ich mich vom anderen verstanden und wo nicht?
- Welche Bedeutung hat für uns das christliche Eheleben, die Sonntagsmesse, das gemeinsame Gebet, die christliche Erziehung der Kinder?

Dies sind Fragen, die unbedingt schon vor einer möglichen Eheschließung klar zur Sprache gebracht werden müssen.

b) Fragen, die den gemeinsamen Glauben betreffen

Ein besonderes Anliegen aus kirchlicher Sicht liegt aufgrund der heutigen Situation bei der Frage nach dem gelebten Glauben. Dabei darf man ruhig den Grundsatz anwenden: Was vor der Eheschließung nicht praktiziert wurde, wird meist erst recht nicht funktionieren, wenn man einmal verheiratet ist.

Wenn der Glaube nicht im alltäglichen Leben integriert ist, wird er bei Schwierigkeiten nicht hindurch tragen und weiterhelfen können. Das Gebet und das Glaubensleben braucht speziell in der Familie eine richtig verstandene Ritualisierung, d.h., das gemeinsame Gebet und der Besuch der Sonntagsmesse müssen in einer christlichen Ehe eine Selbstverständlichkeit sein. Es wird auf Dauer nicht durchzuhalten sein, wenn ein Teil immer wieder den anderen zur religiösen Praxis drängen muss. Erst die richtige Form der Ritualisierung führt dazu, dass etwa das Gebet oder

der Messbesuch nicht jedes Mal begründet werden muss und eine Rechtfertigung nötig hat.

Solche Rituale müssen schon festgelegt und gelebt werden, bevor der Bund der Ehe eingegangen wird. Denn nach der Hochzeit wird sich selten diesbezüglich etwas zum Besseren wenden oder gar von selbst ergeben!

Die uneinheitliche Haltung bezüglich der gemeinsamen religiösen Praxis wirkt sich besonders in der Kindererziehung aus. Es ist heute für jedes gläubige, praktizierende Elternpaar schwierig, die Kinder im Glauben zu erziehen. Vielen Eltern gelingt es trotz der eigenen Glaubensüberzeugung und Glaubenspraxis nicht, die Bedeutsamkeit des religiösen Lebens den Kindern und Jugendlichen zu vermitteln. Umso schwieriger aber wird es, wenn der eine Elternteil in diesen Fragen alleine dasteht oder gar vom anderen belächelt wird. So tolerant kann der eine Elternteil dem anderen gegenüber gar nicht sein, dass gerade in der religiösen Erziehung der Kinder nicht massive Probleme entstehen werden.

Das Intimste, das wir in uns hüten, ist nicht die Beziehung zu einem anderen Menschen, sondern die persönliche Beziehung zu Gott. Wenn aber ein Paar in der Lage ist, gemeinsam diese Beziehung zu Gott zu pflegen und aufzubauen, dann sollte es nichts geben, worüber die Partner nicht miteinander auch reden könnten. Ziel einer Eheschließung zwischen Katholiken muss es sein, eine Art „Kirche im Kleinen" zu bilden. In lehramtlichen Schreiben wird dafür der Ausdruck „Hauskirche" verwendet.

### 5) Fragen, mit denen sich jeder beschäftigen sollte

Abschließend seien ein paar Fragen angeführt, mit denen sich jeder beschäftigen muss, der eine Ehe eingehen will. Die Fragen sind der Einfachheit halber aus dem Blickwinkel einer jungen Frau gestellt, wobei diese Fragen ebenso für die Männer gelten.

- Frage 1: Kann ich mir vorstellen, mit diesem Mann auch in 30, 40 Jahren noch verheiratet zu sein?
- Frage 2: Kann ich mir vorstellen, dass dieser Mann der Vater meiner Kinder werden soll?
- Frage 3: Bin ich überzeugt, dass wir gemeinsam in Fragen des Glaubens und der religiösen Erziehung der Kinder an einem Strang ziehen werden?

- Frage 4: Bin ich überzeugt, dass mir dieser Mann alles verzeihen wird, wenn ich einen schweren Fehler begehe, den Fehler aber bereue?
- Frage 5: Bin ich überzeugt, dass ich immer wichtiger sein werde, als sein Freundeskreis, seine Herkunftsfamilie oder seine Hobbies?
- Frage 6: Wie geht er mit seiner Mutter um? Wenn er nicht gut ist zu ihr, kann ich nicht erwarten, dass er mich einmal besser behandeln wird.
- Frage 7: Hat er grundsätzlich eine gewisse Achtung und Ehrfurcht vor der Frau als Person, vor ihrem Leib und ihrer Seele?

Wenn auch nur eine dieser Fragen mit einem Nein beantwortet werden muss, so ist dringend von einer Hochzeit abzuraten. Sollten Zweifel zu einzelnen Fragen bestehen, so ist dringender Klärungsbedarf gegeben.

## Resümee

Die Kirche hat in der Vorbereitung auf die Ehe eine sehr lange Erfahrung, die es gerade in Zeiten von hohen Scheidungszahlen zu nützen gilt. Es geht in der Ehevorbereitung darum, ein Grundwissen zu vermitteln, was Ehe bedeutet und aufzuzeigen, was sie festigt und trägt, damit eine Ehe gelingen kann. Auch dann (oder gerade dann), wenn die Voraussetzungen oft nur sehr mangelhaft sind, ist es notwendig, dass Gottes Plan für Ehe und Familie in seiner ganzen Klarheit und Wahrheit den heiratswilligen Brautpaaren einmal zusammenfassend zu Gehör gebracht wird und ihnen damit auch die Möglichkeit geboten wird, ihre Entscheidung vielleicht noch einmal im Licht des Evangeliums neu zu bedenken.

Es wäre falsch, wollte man den veränderten Gegebenheiten dadurch Rechnung tragen, dass man etwa von der Unauflöslichkeit der Ehe Abstand nimmt. Das Wesen einer sakramental gültigen Ehe ist unveränderbar. Es muss aber den veränderten Verhältnissen dahingehend begegnet werden, dass deutlicher herausgestellt wird, was für das Gelingen einer Ehe wichtig ist. Jede Zeit hat ihre Herausforderungen und Probleme. Die gesellschaftlichen Veränderungen machen es nicht leichter, eine gute Ehe zu führen. Umso intensiver muss daher das Bemühen um eine gute Vorbereitung sein, damit es auch in unserer Zeit gelingt, gute und heiligmäßige Ehen zu schließen und Familien zu bilden.

# Wertgesicherte Spiritualität

*Rudolf Weiler*

## I. Einstieg und begriffliche Vorbemerkungen:

Am 30. Juni 2003 fasste Papst Johannes Paul II. im Apostolischen Schreiben „Ecclesia in Europa“ die Beratungen der Europäischen Bischofssynode, die Ende 1999, in Rom stattgefunden hatte, zusammen. Seine besondere Sorge galt dem absoluten ethischen Pluralismus in der Sicht dieser Versammlung bei der Suche nach Sinn und Werten unter den europäischen Völkern beim Eintritt in das 3. Jahrtausend. In der Folge wird der Relativismus und die Krise der europäischen Kultur mit der Frage nach den Wurzeln Europas mit dem Christentum erneut treffend thematisiert[1] Kardinal Joseph Ratzinger spricht dann erneut in der *Missa pro eligendo papa* im Frühjahr 2005 von einer „Diktatur des Relativismus“ vor den Kardinälen, die ihn dann zum Papst Benedikt XVI. wählen sollten.

Diese Gefahr – verbunden mit Antimetaphysik und positivistischen Scientismus, fortschreitender Säkularisierung und Neuheidentum – hat Kurt Krenn bereits als Priester und Professor, dann als Apostelnachfolger und Diözesanbischof lange Zeit früher schon eindrucksvoll immer aufgezeigt und dargestellt. Er hielt fest, es sei dem Menschen möglich, mit der Kraft des Verstandes Wahrheit zu erkennen, mit Hilfe des Gewissens ebenso Einsicht in Gut und Böse für seine Lebensführung zu gewinnen. Auch in vielen öffentlichen Diskussionen stellte er sich dem Vorwurf, er halte noch an Wahrheitserkenntnis fest und trete für Wahrheit gegen den

[1] Vgl. M. Pera / J. Ratzinger, Ohne Wurzeln, Der Relativismus und die Krise der europäischen Kultur, Augsburg 2005.

Zeitgeist ein. Er stand gegen den vordringenden Unglauben, gegen den Verfall der guten Sitten, mit allen Folgen für die christliche Glaubenspraxis. Unermüdlich trat er stets für die Rechte der Kirche im öffentlichen Leben ein. Wie oft fehlte es da an Unterstützung für ihn von zuständigen Verantwortlichen, selbst von verantwortlichen Kreisen in der Öffentlichkeit, auch von kirchennahen und kirchlichen Kreisen!

Kurt Krenn hat zum Beispiel in einer Initiative bei der Niederösterreichischen Landesakademie vor wenigen Jahren Gespräche über Grundwerte angeregt, an der der Verfasser teilgenommen hat. Das geht aus dem Vorwort der nachfolgenden Publikation des Symposiums unter Verweis auf Krenns Einführung hervor: Über den Menschen gibt es nur eine Wahrheit. Mit dieser müssten heute alle konfrontiert werden. Dazu braucht es Mut und Verstand, um sich gegen den Zeitgeist mit seinen Veränderungen durchzusetzen. Um sich im postmodernen Stimmengewirr Gehör zu verschaffen, sei selbst Provokation ein geeignetes Mittel für Wahrheit über Mensch und Gott einzutreten. Daran sei dankbar erinnert wie ebenso auf die weiteren Beiträgen verschiedener Teilnehmer an der Veranstaltung verwiesen.[2]

Der Relativismus im Bereich der Grundwerte erfasste besonders bereits in Folge der Aufklärung auch die Wahrheitsfrage in der Sicht der Religionen. Ein falsches Toleranzverständnis relativierte auch die Gottesfrage für den Menschen und die Menschheit zu einer Leerformel, zur rein privaten Anschauung im „laizistisch" absolut verstandenen Staat und seines Verhältnisses zur Religion. Die Frage nach dem Wesen des Menschen, wer er ist, wird selbst in vielen Philosophien der Gegenwart ausschließlich positivistisch und subjektivistisch-pragmatistisch beantwortet. Die Kräfte seines Geistes, seiner Seele, bleiben auf die erfahrbare Welt beschränkt. Das Spirituelle erreicht folglich keinesfalls die Transzendenz. Unsterblichkeit wird demnach zur Utopie, utopisch ist folglich die Suche nach Gott, nach Wahrheit und Geist jenseits der irdischen Wirklichkeit und Welt. Wer demgemäß Kurt Krenns Anthropologie und Philosophie neben seinen Büchern kurz und klar kennen lernen möchte, dem sei

[2] Siehe P. Kampits / J.M. Schnarrer (Hg.), Spannungsfelder praktischer Philosophie. Expertenreferate und Statements zur Ethik und ihrer Begründung NÖ Landesakademie, St. Pölten 2004, 8.

ein Blick auf Artikel empfohlen, die er für das Katholische Soziallexikon (1980) verfasst hatte.[3]

Das Religiöse im Menschen bleibt aber Tatsache menschlicher Erfahrung wie das Bewusstsein um unveräußerliche Grundwerte des Lebens des Menschen als Kultur- und Geistwesen. Der aktuelle „boom mit Spiritualität" hingegen kann die Fragen danach nicht beantworten. Grundwerte bleiben mit der religiösen Frage nach dem wahren Gott wesentlich verbunden! Die Frage bleibt allein die, wie sich Gott als höchstes Wesen, dem Menschen wirklich offenbart, ob in natürlicher Weise allein über das Licht des Verstandes und des Gewissens oder auch noch in übernatürlicher Offenbarung, eben in Jesus Christus und seiner Kirche.

Für beide Zugänge zu Gott – damit auch zum spirituell-religiösen Menschen- und Gesellschaftsbild – gilt es, die Frage des Zuganges zu den Folgen jeweils für die menschliche Kultur zu beantworten. Das führt zur Entscheidung über die Autonomie des Menschen in den Gesetzmäßigkeiten seines Lebens. Ist er absolut autonom in Freiheit gestellt oder ist seine Autonomie relativ zu verstehen, nämlich verbunden mit Theonomie. Die Auseinandersetzung zwischen *Autonomie oder/und Theonomie* wird zur Frage der Geltung der Grundfragen menschlichen Lebens, der Lebenswerte im Diesseits und Jenseits. Woher nimmt der Mensch für seine Wertorientierung in Wahrheit den Ausgang und damit auch das Urteil über die wahren spirituellen Werte?

Mit seinem Beitrag zu „Spiritualismus" im oben zitierten Lexikon hat Kurt Krenn darauf hingewiesen, selbst im philosophischen Sprachgebrauch exstiere keine Eindeutigkeit des Wortes „Spiritualismus". Geistigkeit als Wort eröffne im Gebrauch alle möglichen Optionen. Eine „Verstehbarkeit aller Wirklichkeit aus dem *Geistigen* als der obersten und alleinigen Bedingung" werde in vielen Optionen gar nicht gesehen. Damit fiele der Sinnbezug für „das Geistige (oder den Geist) um Bleibenden in der Veränderung, zum einen in der Vielheit, zum Einfachen unter dem Zusammengesetzten, zum Wesentlichen gegenüber dem bloß Erscheinenden". Die Bedeutung des geistigen Bewusstseins für den Menschen und die Menschen geht

---

[3] Katholisches Soziallexikon, hg. v. A. Klose / W. Mantl / V. Zsifkovits, Innsbruck [2]1980. Die Beiträge Krenns behandeln (mit Angaben der Spalten): Anthropologie (70–74), Mensch (1770–1776), Menschenwürde (1798–1803), Philosophie (2113–2123), Spiritualismus (2849–2852).

daher, so kann der Verfasser mit Kurt Krenn folgern, unter der Vielfalt des Begriffsgebrauchs vom „Spirituellen" heute vielfach verloren!

Dies ist mein Einstieg in die Probleme von heute, wenn von der *Wertsicherung* menschlicher Spiritualität gesprochen werden soll. Das sei unter dem Begriff *wertegesicherte Spiritualität* zur Begründung des Ausganges von der dem Menschsein entsprechenden *Kultur der Spiritualität* verstanden. Unsere Frage lautet: *absolut autonom verstandener Mensch oder freier Mensch, unter dem Gesetz seiner sittlichen Natur?*

Hinter den Fragen, wer bin ich, woher komme ich, steht auch die Frage, woher kommen meine Freiheit und meine sittliche Pflicht? Verdrängt wird diese Frage vom absolut gedachten Säkularismus unserer Zeit und von der Kulturentwicklung vor allem in der postmodernen westeuropäischen Gesellschaft, von deren vorherrschend praktischem Atheismus und Neuheidentum. Jedoch, kann es völlige Freiheit des Menschen geben, die ihn absoluter Autonomie überlassen sieht, auch nach seiner Sittlichkeit und demnach in der Ethik und deren heute aktuellen Richtungen? Gibt es Moral einfach nach Wahl, ist auch keine Moral unter den Menschen möglich? Auf Spiritualität als Ware auf dem freien Markt angewendet: freie Wahl nach Wunsch/Belieben; je nach dem ob man und welche Spiritualität oder wie viel man davon jeweils hat, gibt es darauf überhaupt eine Antwort? Wie autonom ist dabei dann der Mensch?

Die Lösung der Frage um Autonomie des Menschen, die mit Theonomie nach dem Naturrecht und letztlich mit dem göttlichen Gesetzgeber zusammenhängt, überschreitet den Grenzbereich der Philosophie. Dies zeigt ein Blick in die Geschichte, aktuell auf die Richtungen in der Ethik heute, im Ringen um Gründe für sittliche Richtigkeit und Wahrheit im Menschenleben. Die conditio humana lässt im Bereich der Sitten dem einzelnen Menschen und der Menschheit keine absolute, sondern nur relative Autonomie in der Frage nach Freiheit und Gewissensfreiheit in philosophischer Begründung zu. In jeder menschlichen Kultur und Gesellschaft[4]

[4] Ein treffendes aktuelles Beispiel findet sich im Artikel von M. Siemons in der FAZ (Feuilleton vom 10.01.2006) unter dem Titel: Die Rückkehr des Meisters – In China gelangt der Konfuzianismus zu neuer Blüte. Hier wird die Rückkehr der Schule der konfuzianischen Alltäglichkeit in die kulturellen Bedürfnisse der chinesischen Gesellschaft berichtet. Dies dient als Leitbild für eine „harmonische Gesellschaft" auf einer Wertgrundlage entgegen dem kommunistischen Paradigma des Klassenkampfes.

stellt sich mit der Ordnungsfrage die Normen- und Gesetzesproblematik, die mit der wachsenden Höhe und Dichte des kulturellen Lebens sogar immer vielfältiger und komplizierter wird.

Damit erhebt sich die fundamentale Frage nach der Grundnorm und nach ihrem materialen Ursprung als Wertfrage, letztlich die fundamentale Frage nach der Natur des Menschen und seines Rechts. Der Zugang zur sittlichen Ordnung liegt beim subjektiven Einzelgewissen des Menschen im Falle der im Gewissen zu treffenden Entscheidung als einem jeweils schöpferischen und in so ferne auch relativ autonomen Akt menschlicher Kultur. Das Vorliegen der Gewissenfreiheit bedingt dabei aber sowohl die Möglichkeit eines irrigen, als auch eines wahren Gewissens, je nachdem, ob die sittliche Ordnung in der Urteilsentscheidung richtig getroffen und danach eingehalten worden ist. Nicht das subjektive Urteil entscheidet über die Wahrheit, sondern die Wertgrundlage des Urteils, die die sittlich gut und richtig gelebte Sittlichkeit bestimmt. Das sind die jedem Menschen in den kulturellen Lebensformen persönlich vorgegebenen Werte, die sein Leben als Ideal bestimmen. Daraus lassen sich Konstanten des menschlichen Verhaltens erkennen, die in der Menschheit zu systematischen Theorieansätzen dann entwickelt worden sind und immer neu entwickelt werden. Die klassische traditionelle Naturrechtsethik geht hier von existentiellen Zwecken als innere Erfahrungsgrundlage aus, als primäres Naturrecht und damit als Basis des angewandten Naturrechts dann im Gewissensurteil.[5]

Der Wertbegriff ist zuerst in der Wirtschaftswissenschaft gebraucht worden und ist erst gut über hundert Jahre auch in der Philosophie heimisch geworden, etwa in der Wertphilosophie. In Verbindung mit dem sittlichen Bewusstsein ist daher die Analyse eines Werterlebnisses als dem Bewusstsein als unmittelbar und ursprünglich gegeben dem neuzeitlichen Denken offenbar nicht leicht zugänglich. Auch bei den Grundformen der Werte herrscht nicht allgemeine Übereinstimmung, auch nicht über die klassische Dreiteilung des Wahren, Guten und Schönen von Erkennt-

---

[5] Vgl. J. Messner, Das Naturrecht, Berlin 1984, 42. Ethische Strömungen der Gegenwart, wie die Diskursethik, versuchen ohne sittliches Wahrheitsfundament auszukommen. Sie entbehren damit eines letzten Fundaments für Wahrheit und Sittlichkeit; in unserem Zusammenhang für die spirituellen Werte!

nis-, Sittlichkeits- und Schönheitswerten oder von logischen, ethischen oder ästhetischen Werten. Von religiösen Werten oder Werten des Heiligen wird noch viel weniger einheitlich gesprochen. Die wirtschaftlichen Werte, die sich im Geld und nach Nutzen auf dem Gütermarkt verwenden lassen, dominieren hingegen die Verwendung des Wertbegriffs vom Nutzengedanken her.

In der Erneuerung der klassischen Naturrechtsethik (Aristoteles) hat Johannes Messner aber im Ausgang von „Sittlichen Tatsachen" über das Wertbewußtsein in Verbindung mit den Hauptrichtungen der Wertethik in seinem Werk Kulturethik[6] den *Wertbegriff von der Werterfahrung des Menschen* her dargelegt. Er ist im sittlichen und religiösen Bereich zuinnerst verbunden und eröffnet dem Menschen den Zugang zur Erkenntnis eines ihn über sich hinaus weisenden Sinnes des Lebens und lässt ihn dadurch die seinem Leben gesetzte Ordnung erkennen.

Die heute in selbst kirchlichen Kreisen nördlich der Alpen bestehende Feindlichkeit gegen den Begriff „Naturrecht" geht zum Teil auf die Verwechslung mit dem Naturrecht der Aufklärung zurück[7], aber auch auf Zweifel an der Lehrkompetenz der letzten Päpste in Aussagen zum natürlichen Sittengesetz und zur Sozialethik.[8] Die Verkündigung der Menschen- und Bürgerrechte, so in der Französischen Revolution, ließ rationalistisch die Begründung dieser Rechte letztlich offen. Es fehlte der Ausgang vom Menschsein, auch in metaphysischer Sicht, und von seiner geschöpflichen Natur also Menschenwürde unter Bezug auf die Frage von Autonomie oder Theonomie!

## II. Die Suche nach Sinn und Spiritualität – Eine existentielle Frage, besonders auch in der Wirtschaft!

Die Suche nach Spiritualität mit Wertbezug soll nach an einem aktuellen Fallbeispiel verdeutlicht werden. Michael Tomaschek ist vor kurzem als

---

[6] Vgl. J. Messner, Kulturethik, Neudruck Wien 2001, 84–112.

[7] Siehe J. Robin, Der Ursprung des Staates. Die naturrechtlich-rechtsphilosophische Legitimität von Staat und Staatsgewalt im Deutschland des 18. und 19. Jahrhunderts, Tübingen 2005.

[8] Siehe W. Freistetter / A. Klose / R. Weiler (Hg.), Naturrecht als Herausforderung, Wien 2005.

Herausgeber mit der Publikation eines von ihm betreuten Symposiums hervorgetreten zum Thema „Management & Spiritualität, Sinn und Werte in der globalen Wirtschaft“[9] mit verschiedenen Autoren. Im Editorial schreibt er zum Titel „Management & Spiritualität was uns dabei wesentlich sein könnte“, er wollte mit dem Symposium „eine Plattform eröffnen für Menschen, die in letzter Zeit immer öfter, das Gefühl haben, dass in unserer gesellschaftlichen und speziell wirtschaftlichen Entwicklung irgendetwas nicht mehr nachvollziehbar sei ... Der zunehmende Ethikboom und die Problematik der weltweiten Suche nach Reglements, die es interkulturell noch nicht gibt, lassen die Eigen (-) Verantwortung im Trend der Individualisierung immer gefragter werden. Dabei steigt der Druck auf den Einzelnen immer mehr, bei scheinbar sinkender Einflussnahme.“[10]

Konrad Paul Liessmann trug einleitend als erster Referent, angefragt als Philosoph, über „Sinn und Werte der Ökonomie“ vor[11]. Er nannte einleitend kurz den antiken griechischen Begriff von Ökonomie und kam sogleich zum Kapitalismus der Neuzeit. Er ist, „so könnte man sagen, selbst zu einem globalen Sinnsystem geworden, das in letzter Instanz entscheidet, was und wie viel die Dinge und die Menschen wert sind“. Über den Wert entscheiden der Markt und das Tauschmittel Geld. Als Kronzeuge wird von ihm Karl Marx angeführt! Die moderne Marktwirtschaft habe „die Bereiche der Moral und den Raum des Heiligen kolonisiert“. Nicht zuletzt den Begriff des Wertes ließe sich das demonstrieren. Die Wertphilosophie Mitte des 19. Jahrhunderts erwähnt er zwar. In der Nationalökonomie habe der Begriff Wert aber nun seinen präzisen Sinn. Für den Philosophen (und Ethiker?) gibt es keine Alternative zur „universellen Immanenz von Markt, Profit und Konsum“, höchstens die Forderung die Ökonomie auf ihren eigenen Bereich in der Gesellschaft –„als absoluten Primat“ - zu beschränken[12].

---

[9] Michael Tomaschek (Hg.), Management & Spiritualität: Sinn und Werte in der globalen Wirtschaft, Bielefeld 2005.

[10] Ebd., 8–14, hier 9, 13, 14.

[11] Ebd,, 16–31, hier 17, 23, 31.

[12] In der Sprache des Philosophen wird hier deutlich, wie der philsophische und der praktische Materialismus zum absoluten Säkularismus führe. Begriff und Wert des Heiligen geht verloren. Damit sind Geist und Geistigkeit für Mensch und Gesellschaft in unserer Zeit zu inhaltslosen Formeln geworden.

Der Herausgeber Michael Tomaschek kommt im Schlussgespräch des zitierten Bandes „Was leitet mich, wenn ich leite“[13] zu einem anderen Ergebnis. Er spricht vom Menschen und einer inneren geheimnisvollen Quelle, die ihn speise und orientiere könne. Hier erschließt sich für den Leser die Hoffnung, mit der Tomascheck seinen einleitenden Beitrag eröffnet hat: „Doch das Qualitätsbewusstsein und die Rückbesinnung auf wesentliche Güter und Dienstleistungen lassen die Hoffnung aufkommen, dass auch der nächste Schritt zu einer ganzheitlichen Sichtweise, die Spiritualität, ethisches Handeln und Nachhaltigkeit umfasst, möglich wird.“

Aus der zitierten Publikation des Symposiums sei noch der Beitrag eines Referenten und Ethikers zustimmend angeführt, André Habisch, der zum „Unternehmergeist in der Bürgergesellschaft Modelle wertorientierter Führung im 21. Jahrhundert“ den Wertgedanken mit ethischer Orientierung eingebracht hat. Er betrachtet den „makrosozialen Transformationsprozess“ der Gegenart und nimmt Bezug auf die Sozialwissenschaften, deren Aufgabe in Zukunft sei, zur Wertorientierung beizutragen![14] Nach Habisch betrifft die Herausforderung letztlich die Politik, dass es gelingt, „ihre ethischen Institutionen auch in zeitgemäße Handlungskonzepte und Organisationsformen hinein zu übersetzen“.

Zusammenfassend bedeuten *Spirituelle Werte* über den Kreis von Wirtschaftsfachleuten im Gespräch mit den Geisteswissenschaften gewiss heute eine besondere Herausforderung. Es sei dem Verfasser diese Beitrags, der sich durch Publikationen auch als Wirtschaftsethiker, unter Anwendung des traditionellen klassischen Naturrechts betrachten darf[15], gestattet, eine aktuelle Bemerkung zu machen: Der Wertgedanke findet heute in der EU bereits zunehmende Beachtung, nachdem es nach ihrer Gründung als Wirtschaftseinheit gegenwärtig seine politische Verfassung zu entwickeln im Begriffe ist. Wie heißt es dazu in der vorbereiteten Präambel des europäischen Verfassungsvertrages? Der französische Text unterscheidet sich von der vereinfachenden deutschen Fassung. Es gibt zweierlei Wortlaute. Das Französische lässt den Bezug auf das kulturelle Erbe des europäischen

---

[13] Ebd., 256–268, hier 263.

[14] Ebd., 222–231, hier 231.

[15] Vgl. R. Weiler (Hg.), Die Wiederkehr des Naturrechts und die Neuevangelisierung Europas, Wien 2005.

Humanismus und den Wertgedanken im Blick auf die Personwürde des Menschen immerhin deutlicher hervortreten als das Deutsche!

„... les valeur qui fondent l´humanisme: égalité des êtres, la liberté, le respect de la raison. ... S´inspirant des héritage cultures, religieux et humanistes de l´Europe dant les valeurs ... sa perception du role central, de la personne humaine et ses droits inviolables et inaliénables, ainsi que du respect du droit."

Die deutsche Fassung nennt einfach parallel „fortschreitende Entwicklung von Werten" auf dem Kontinent, die den Humanismus begründeten, nämlich die „Gleichheit der Wesen, die Freiheit, die Achtung vor der Vernunft". Schöpfend aus dem kulturellen und humanistischenen Erbe Europas hätten sich dann universelle Werte entwickelt. Damit wird der Wertbegriff aber im deutschen Text sichtlich relativiert![16]

Als Naturrechtsethiker geht der Verfasser vom *Wertbewusstsein* im Menschen aus. Werte haben im menschlichen Gehirn und seinen Zellen als Denkapparat Platz als körperlicher physiologischer Vorgang, sie sind jedoch universale Wirklichkeiten des Geistes des Menschen.

Wenn ich das Naturrecht nun, z. B. in der Wirtschaftsethik, im sittlichen Urteile anwende, komme ich ebenso letztlich als Fundament zu geistigen Werten, auch zu solchen des Guten und solchen des Bösen oder auch zu Unwerten. Wirtschaftliche Sachwerte kann ich von der Sicht auf spirituelle Bedeutung für das Menschsein, nämlich für die Humanität, mit meinem Gewissen nach gut und böse unterscheiden. Es kommt im Verlauf der Urteilsfindung zu Analysen und zur Erkenntnis und Prüfung der Sachrichtigkeit der Vorgänge durch Erfahrung im sozialwirtschaftlichen Ablauf der Handlungen im Bezug auf gut und böse. Wirtschaftliche Sachrichtigkeit wird zum Kriterium für sittliches Handeln in der Wirtschaftsgesellschaft, also zu sittlich Gutem oder, wenn es unrichtig ist, eben zu Bösem..

So kommt es letztlich auf den *Sinnbezug* des sozialwirtschaftlichen Verhaltens der Menschen als Nachfragende und/oder Produzenten an im Umgang mit den knappen Mitteln zur Deckung ihres Lebens- und Kulturbedarfs gemäß ihrer Natur. Wirtschaftliche Ziele sind gemäß der Men-

---

[16] Siehe J. v. Stackelberg. Zweierlei Wortlaut. Zur Präambel des europäischen Verfassunsvertrags., in: FAZ vom 20. 10. 2004.

schenwürde zu erreichen und zu sichern, „ist doch der Mensch Urheber, Mittelpunkt und Ziel der Wirtschaft" (nach einem Wort des Zweiten Vatikanischen Konzils (Gaudium et spes, Nr. 63).

## Die Suche nach Sinn und Spiritualität im allgemeinen Verständnis und in Religion und Kirche

Sinnsuche und Spiritualität nehmen in unserer Gesellschaft heute zu, ebenso die Distanzierung großer Teile der europäischen Gesellschaft von traditioneller Religion und der Kirche oder den christlichen Kirchen. Religionsboom trotz „Entkirchlichung", sind das nicht Zeichen für neue Spiritualität statt Religion? Für das traditionelle Christentum bedeutet das Krise, aber auch Chance, Chance nämlich für die Selbstbestimmung jedes Menschen in der Wahrheitssuche bei religiösen Fragen und damit dann in spirituellen Fragen. Es besteht kein gesellschaftlicher Zwang mehr zu Kirchenzugehörigkeit, man ist freiwillig Christ auf Grund persönlicher Entscheidung. Dabei spielt aber der „Markt zur Befriedigung spiritueller und/oder religiöser Sehnsüchte" mit; so abrufbar wie auch Angebote im Internet!

a) Spiritualität hat viele Bedeutungen:

Spirituell kommt aus dem Lateinischen, heißt geistig oder geistlich. Das Wort Spiritualität – in der französischen Sprache entwickelt – bezeichnet zunächst „spirituelle Lebensform". Demnach sind Menschen gemeint, deren Leben vom „Geist" bestimmt wird. Spiritualität wendet sich gegen den „Ungeist", gegen Erfahrungen, die aus konkretem Verhalten im Leben eines Menschen erwachsen.[17]

Dieser Begriff war für die abendländisch-europäische Geistesgeschichte in der Bestimmung des Menschen und seines Wesens, seiner Natur entscheidend. Er zeigt die Transzendenz der Körperlichkeit, der physischen Natur des Menschen in dreifacher Weise[18]: in seiner Geburt, seinem sexuellen Verhalten verbunden mit Reproduktion, bis zu seinem Sterben. Der

[17] Vgl. Praktisches Lexikon der Spiritualität, hg. v. C. Schütz, Freiburg 1988, Artikel „Spiritualität", 1130–1280.

[18] Vgl. B. Clack, Sex and Death, A Repraisal of Human Mortality, Oxford 2002.

Mensch wird durch den Geist in all diesem seinem Verhalten geöffnet. Es ist mit Bewußtsein verbunden, mit Gefühl und mit Vernunft. Der Geist steht damit immer für Transzendenz des Menschen und seines Lebens![19]

b) Spirituelle Lebensführung, mit Religion verbunden:

Welche Grundhaltung entspricht also der spirituellen Lebensführung? Die Frage ist, ob wir aus dem Geist und im Geist leben, also menschenwürdig! Kant hat es mit drei Fragen des Menschen in der Philosophie ausgedrückt: Was kann ich wissen, was darf ich hoffen, was ist der Mensch?

Mit Menschenwürde und dem entsprechendem Leben im Geist ist die Hinordnung des Geistes noch nicht beantwortet. Auf dieser Grundlage kommen wir erst zur Sinnfrage, damit auch zur Frage nach dem letzten Ziel der Spiritualität, nämlich ihrer Hingabe, letztlich freilich auf Gott. Das heißt Hingabe des fragenden und suchenden Menschen an Gott und seine Sache. Leben im Geist ist mehr als Frömmigkeit und Religiösität. Für den Christen wird der Geist zum Geist Gottes. Dann wird christliche Spiritualität zur Aufgabe letztlich in diesem Geist. Als Geschöpf Gottes gilt es dann, mehr Mensch durch Glaube, Hoffnung und Liebe zu werden.

Spiritualität führt also den Menschen auf die Spur, nach einem letzten Ziel und nach Sinn des Lebens zu fragen. Die Frage nach Gott führt zunächst zur Religion als Sinnfrage und Hingabe daran. Auf dem „Markt zur Befriedigung der spirituellen Sehnsüchte" treten heute aber viele Organisationen auf. Die Lösung kommt vom Vertrauen auf die Existenz Gottes und auf die anderen Menschen, die mir solidarisch zur Seite stehen. Das hat allein christliche Gemeinschaft, die Kirche als Glaubensgemeinschaft, unter Berufung auf den in Jesus Christus sich übernatürlich offenbarenden Gott anzubieten.[20]

---

[19] Das II. Vatikanische Konzil lehrt in der Pastoralkonstitution über die Kirche in der Welt von heute „Gaudium et spes" zur Würde der menschlichen Person (Nr. 14 und 15): „In Leib und Seele einer, vereint der Mensch durch seine Leiblichkeit die Elemente der stofflichen Welt in sich ... Wenn er seinen Vorrang vor den körperlichen Dingen bejaht, ... Wenn er daher die Geistigkeit und Unsterblichkeit seiner Seele bejaht ... erreicht er ... die tiefe Wahrheit der Wirklichkeit. In Teilnahme am Licht des göttlichen Geistes urteilt der Mensch richtig, dass er durch seine Vernunft die Dingwelt überragt."

[20] Vgl. den Besprechungsaufsatz von H. Beck, Spirituelle Lebenshilfe (Besprechungsaufsatz), in: Zeitschrift für Ganzheitsforschung NF, 49 (2005) 149–152.

Mit der Frage nach Spiritualität kommt die Gottesfrage ins Zentrum der Aktualität heute. Es beginnt mit der Wiederkehr der Bedeutung der Menschenwürde und der menschlichen Werte. Es geht um die Grundwerte menschlichen Lebens im Werte-Wandel. Ohne spirituelle Werte wird es nicht gehen, mehr noch: „ganz ohne Gott", ohne den Wert des allheiligen Gottes, wird es nicht gehen! Dagegen steht aktuell der Trend dieser Welt und Zeit zur Säkularisierung, ja zum Säkularismus. Dieser ist auch selbst nach der französischen Verfassung – anfangs des 20. Jahrhunderts verlangte er die strikte politische Trennung von Kirche/Religion und Staat – in Wirklichkeit absolut gar nicht durchsetzbar gegen das Recht zur Religionsfreiheit gemäß der Allgemeinen Erklärung der Menschenrechte!

In unserer westlichen Welt erleben wir – charakteristisch für die Postmoderne – diesen Zerfall der Werte und des Begriffs von Religion einerseits. Andererseits erleben wir die Wiederkehr von Religion und Spiritualität auf den Markt der Meinungen. Wird in diesem Transformationsprozess die Religion und das Christentum überleben? Wird der schon eröffnete „Selbstbedienungsladen für Spiritualitäten" Religion in Zukunft ersetzen können?

c) Spiritualität und Religion in der „öffentlichen Meinung"?

Österreichische Publikationen zur Pastoralsoziologie von Paul M. Zulehner und Regina Polak zum „Megatrend Religion" können im Zusammenhang mit Werteforschung unter dem Titel „Kehrt die Religion wieder?" Auskunft zu geben versuchen.

Nach diesen Untersuchungen ist Österreich nach wie vor ein religiöses Land: Mehr als zwei Drittel der Österreicher bezeichnen sich als religiöse Menschen. Das Wiedererwachen der Religiosität ist überraschenderweise in allen europäischen Großstädten zu beobachten. Vielmehr gilt: Je moderner eine Zivilisation ist, umso religiöser wird sie.

Wer offiziell ohne religiöses Bekenntnis ist, ist deshalb noch lange nicht unreligiös. Man spricht also heute von „neuen Religiositäten". Nach wie vor gibt es mit 27 Prozent die Gruppe der Christen in Österreich, die ihre traditionelle Gewohnheit religiös beibehalten und bekennen. Sie sehen ihre Zukunft im christlichen Glauben, sie sind überzeugt, dass ihr Leben durch die Auferstehung letzten Sinn bekommt.

Dazu kommen mit 32 Prozent die „*Religionskomponisten*". Sie spielen ihre ureigene spirituelle Musik.. Sie übernehmen durchaus auch einzelne Positionen aus dem Christentum. Ihre Religiositäten sind die Folge des Verschwindens der Religion in die private Innerlichkeit.

Dann gibt es mit 30 Prozent die „*naturalistischen Humanisten*". Sie finden Gott in der Natur.

Als „*Atheist*" bezeichnet sich in Österreich kaum jemand. Aber es gibt eine 13 Prozent große Gruppe von Atheisierenden, die ihr Leben nicht auf einen Gott setzt sondern eher zweifelt. Für sie ist mit dem Tod alles aus, der Sinn des Lebens liegt im Leben selbst.

Mit dem Wandel der Religiosität geht eine neue Suche nach Wegen im Leben der Gesellschaft und im persönlichen Streben vor sich.

Die Wertvorstellungen vieler Menschen sind bei uns vom Geist des Christentums durchaus geprägt. Das gilt auch für die Jugendlichen, die zwar kritischer sind, aber sich auch umgekehrt intensiv nach Spiritualität sehnen. Sie zeichnen sich vor allem durch hohe solidarische Ethik aus und können kreativ für den Glauben angesprochen werden.

Es wird für Religiosität immer Institutionen geben. Also braucht es Kirche, die intelligent und mit Respekt vor der Freiheit und Autonomie der Menschen Räume und Zeiten anbietet, sich auf die Suchenden einlässt und ihre Schatzkisten öffnet. Sie hat lebendige Zukunft vor sich. Soweit unsere oben genannten Pastoralsoziologen und Pastoraltheologen.

Bei dem oben von Michael Tomaschek berichteten Symposium zur Spiritualität waren am ersten Tag auch Vertreter von Kirchen und Religion vom Begriff eingeladen. Ein katholischer Mönch, ein evangelischer Leiter der Diakonie, eine jüdische Professorin, ein offizieller Vertreter der islamischischen Glaubensgemeinschaft in Österreich und eine bekennende Buddhistin sprachen zum Thema aus Sicht ihrer Religion. Der Verfasser war als Sozial- und Wirtschaftsethiker eingeladen und konnte durch seine Sicht auf die geschöpfliche Natur des Menschen den Gottesbegriff eben auch in Verbindung mit der in Christus erfolgten übernatürlichen Offenbarung Gottes für den Begriff Spiritualität auf Gott hin offen halten. Allein die Buddhistin hatte für die gute und sinnvolle Lebensauffassung eine nur innerweltliche Spiritualität im Blick auf die Seelenwanderung und das Karma anzubieten. Sie gab für den christlichen Podiumsteilnehmern zu, sie war nämlich Christin früher, sie hätten einen leichteren Zugang zu spirituellem Leben.

Für die Offenbarungsreligionen gab es von ihren Glaubensquellen aus jeweils den einen gemeinsamen Zugang auf Gott hin, dann aber verschiedene, aus ihrer geschichtlichen Tradition gewachsene Übung und Formen der Spiritualität im Vergleich und zur Auswahl aus dem Angebot des Marktes von individuell geübten oder verstandnen Spiritualitäten heute. Als in der Diskussion der Hinweis auf Mystik und mystische Phänomene erfolgte, wurde deutlich, dass hier im heutigen Sprachgebrauch Zugang und Öffnung des Menschen durch Mystik auf Gott hin weniger bewusst zu sein scheint und stärker die rein innerweltlichen Phänomene angestrebt werden. Eigentlich zeige sich hier die Individualisierung des Religiösen und der Werteverlust im Spirituellen! Hier gewinnt die Wahrheitsfrage über den Menschen und seine philosophischen und theologischen, bzw. religiös-sittlichen Einsichten hohe Bedeutung. Damit steht auch wieder Kurt Krenns entscheidender Beitrag als Philosoph und Bischof zu diesen Fragen vor Augen.

d) Spiritualität und Mystik:

Beim oben genannten Symposium im Jahr 2004 war es in einem Arbeitskreis von Religionsvertretern, dem der Verfasser beigewohnt hatte, zu beobachten, dass die im Podium sitzenden Experten, mit Ausnahme des katholischen Sprechers, eines Mönches, mit dem Begriff Mystik sehr verschiedene Inhalte verbanden.

Das Religiöse in der Menschheit ist mit Formen des Mystischen und Geheimnisvollen verbunden. Es verwirklicht sich in Bezug auf Mysterien oder Aussagen unter Wertbezug auf das Göttliche oder eben auf Gott So wird es zur Wahrheitsfrage in der Religion!

In der heutigen materialistischen Zeitströmung mit Zerfall der Werte verwundert es nicht, dass in Beziehung auf Religion und auf Gott als Ziel – Spiritualität mit Mystik verbunden – zur Ersatzerscheinung herabsinken kann. Hier wird der Beitrag von Kurt Krenn im oben zitierten Katholischen Soziallexikon unter dem Titel „Spiritualismus“[21] wertvolle Auskunft geben.

---

[21] K. Krenn, Spiritualismus, a.a.O., 2849–2852.

Von der Wortbedeutung, lat. Spiritus, stehe das Geistige, in der Wirklichkeit der Geist im Vordergrund gegenüber dem Materialismus. Heute wird aber im Phänomenalen die Mystik entzaubert und vom Nicht-Geistigen dominiert. Die Vereinigung mit dem Göttlichen , letztlich mit dem personalen Gott ist nicht mehr das Ziel des spirituellen Menschen. Verschiedene esoterische Mittel und Praktiken treten an die Stelle mystischer Vereinigung mit Gott bis eben zu Formen des Spiritismus und Okkultismus. Das Angebot im Laden der Esoterik oder Spiritualität, mit „Mystik" verbrämt, braucht sich nicht als humanen und religiösen Wert mehr auszuweisen, es wird zum spiritualistischen Phänomen.

e) Ausblick auf den Zusammenhang von Spiritualität und sozialer Gerechtigkeit

Die Zuwendung zur Spiritualität hat im Bewusstsein der Menschen und hier besonders der jüngeren in unserer westlichen Gesellschaft eine Zuwendung auch auf Fragen der sozialen Gerechtigkeit und der Umwelt, ihrer Pflege und Erhaltung, gebracht. Zuerst war die Forderung nach sozialer Gerechtigkeit bei uns durch die „Arbeiterfrage" öffentlich bewusst geworden, dann weltweit die „Frage der Entwicklungsländer" im Gefolge des Kolonialismus. Zuletzt wurde die „Friedensfrage", angesichts drohender Massenvernichtungswaffen in Kriegen, auch zur Gerechtigkeitsfrage in der Menschheit.

Neu sind heute die Fragen der technologischen Revolutionen: Kommunikationstechnologie, die Biotechnologie mit Eingriffen in die Keimzelle bis zur Genmanipulation, die Folgen der Globalisierung usw.. Den technischen Manipulationsmöglichkeiten scheinen heute keine Grenzen mehr gesetzt. Wer kann das noch kontrollieren? Hilft die Zuwendung zu Innerlichkeit und Spiritualität? Ist es nicht letztlich Zuwendung zu den Grundwerten, damit auch zum Religiösen im Menschsein?

Woher sollen wir die nötigen solidarischen Kräfte nehmen? Aus dem Markt der Meinungen oder aus einem gemeinsamen sittlichen Bewusstsein um universelle Verantwortung? Kommt das sittliche Bewusstsein nicht aus dem Inneren, aus dem Geist des Menschen, der ein Fundament für alle im sittlichen Gewissen findet? Wird das aber ohne Schöpfer, ohne Geist Gottes gehen?

Es geht um die Grundlage des Wissens um das menschliche Grundgesetz, das natürliche Sittengesetz von universeller Bedeutung. Kann man Gottesliebe und Nächstenliebe hier trennen? Wodurch sollen die „Zehn Gebote" der Bibel ersetzt werden? Immer wieder werden solche Gebote neu zu formulieren versucht. Ethische Kommissionen – oder sollen auch „Spirituelle Kommissionen" dazu kommen? – treten zu Abstimmungen zusammen, um der Politik zu helfen; Mehrheitsbeschlüsse gefällig?

f) Grundwerte sozialer Spiritualität:

Da steht an der Spitze der Einsicht des Menschen in seine *solidarische* Verbundenheit mit den Mitmenschen das *Gemeinwohl* als Zweck der Gesellschaft. Es ist die Voraussetzung und Bedingung zur Ermöglichung des guten menschenwürdigen Lebens aller nach ihren wesentlichen Lebensbedürfnissen und nach ihrem möglichen eigenen Beitrag für die Gemeinschaft. Wir sprechen heute sehr oft schon vom *Subsidiaritätsprinzip* in Verbindung mit dem Gemeinwohl. Die andere Seite des Gemeinwohls bedeutet seinen Ansatz von unten, bei der Selbsthilfe und beim eigenen Beitrag der Glieder der Gesellschaft für das Gemeinwohl.

Diese Einsicht setzt die Erkenntnis von der *Personwürde* jedes Menschen und seiner Rechte und Pflichten voraus. Personalität bedeutet Individualität *und* Sozialität jedes Menschen, sein Bewußtsein und Leben als Einzelner und als Gesellschaftswesen. Das ergibt die universellen Menschenrechte, Würde und Anerkennung derselben für jeden Menschen. Mit der Personwürde sind die Grundwerte des menschlichen Lebens umschrieben! Spiritualität als Weg nach Innen und von Innen heraus. Im Ringen um Reform und Entwicklung stehen wir heute überall im persönlichen und im gesellschaftlichen – auch kirchlichen – Leben in der großen Spannung zwischen Management und Spiritualität. Beide Wirklichkeiten stehen in Spannung, aber sie dürfen nicht einseitig gesehen und betont werden. Sonst verplanen wir den Geist, statt dass wir ihn anrufen und annehmen von Innen her, von unserem Geist, der verbunden ist mit dem Geist Gottes, dem Heiligen Geist.[22]

---

[22] Vgl. dazu K. Koch, Bereit zum Innersten, Für eine Kirche, die das Geheimnis lebt, Freiburg 2003.

Mit Verstandeskraft und mit der Glaubenskraft sollte es in die Zukunft gehen im Zeichen des Heils, für mich persönlich und für die Welt.

Mit diesem Ausblick ins Allgemeine und Organisatorische soll aber erneut auf die persönliche Inspiration hingewiesen werden. Jeder Weg muss begangen werden. Der Weg nach Innen fordert Bereitschaft zum Spirituellen. Die Anlage kann durch Außeneinflüsse verschlossen sein. Das Bild vom „Außen geleiteten Menschen" steht dafür. Es gilt, *den Weg in die Stille*, mit *Hilfen für eine wertgesicherte Spiritualität neu zu eröffnen!*

# Das Wort „heilig“ und seine Derivate in den „Mystagogischen Katechesen“ von Jerusalem

*Pius Maurer*

Während der Bischof alles einzeln deutet und berichtet, sind die Stimmen der begeisterten Zuhörer so laut, dass ihre Stimmen sogar weit draußen vor der Kirche zu hören sind. Er enthüllt ihnen nämlich alle Mysterien so, dass keiner von dem unberührt bleiben kann, was er derart erklärt hört.[1]

Die Pilgerin Egeria präsentiert mit dieser Mitteilung die Mystagogischen Katechesen (*myst. cat.*), wie sie gegen Ende des 4. Jahrhunderts[2] während der Osteroktav in Jerusalem zu erleben waren. Bei diesen Ansprachen in katechetischer Form ging es darum, den Neugetauften, aber auch den übrigen Christen, die vielfältige Symbolik der Liturgie von der Taufnacht zu deuten.

Traditionellerweise werden die fünf an uns gekommenen Mystagogischen Katechesen aus dem 4. Jahrhundert Cyrill von Jerusalem († 386/387)[3] zugeschrieben. Um 313 geboren, war er von 348/350 bis 386/387 Bischof in Jerusalem. Im Zusammenhang mit den arianischen Streitigkeiten musste er dreimal in Verbannung gehen. Es besteht wissenschaftlicher Konsens darüber, dass er Autor der achtzehn ihm zugeschriebenen Katechesen und einer Prokatechese ist, die er alle in der Fastenzeit 348

[1] Egeria, Itinerarium 47,2, in: G. Röwekamp (Hg.), Übersetzung, in: Egeria. Itinerarium. Reisebericht (FC 20), Freiburg ²2000, 303.

[2] Vgl. G. Röwekamp, Einleitung in: Egeria, FC 20, 29.

[3] Zu Leben und Werk Cyrills: B. Altaner / A. Stuiber, Patrologie. Leben, Schriften und Lehre der Kirchenväter, Freiburg 1978, 312f; G. Bardy, Cyrille de Jérusalem (saint), in: DSp 2,2, Paris 1953, 2683–2687; A. Paulin, Saint Cyrille de Jérusalem catéchète (LO 29), Paris 1959, 19–44; A. Piédagnel (Hg.), Einleitung in: Cyrille de Jérusalem. Catéchèses mystagogiques (SCh 126bis), Paris ²1988, 9–17; G. Röwekamp (Hg.), Einleitung, in: Cyrill von Jerusalem. Mystagogicae Catecheses. Mystagogische Katechesen (FC 7), Freiburg 1992, 8; E.J. Yarnold, Cyrillus von Jerusalem, in: TRE 8, Berlin–New York 1981, 261–266.

oder 350 für die Täuflinge der kommenden Osternacht gehalten hat.[4] Die fünf Mystagogischen Katechesen hingegen werden vor allem aus inhaltlichen Gründen für etwa dreißig bis vierzig Jahre jünger gehalten.[5] Seit dem Aufsatz von W. J. Swaans[6] wird von vielen Forschern die Autorenschaft der fünf Mystagogischen Katechesen dem Johannes von Jerusalem († 417)[7] zugesprochen. Dieser war Mönch in Jerusalem und wurde nach dem Tod des Cyrill dessen Nachfolger im Bischofsamt. Möglicherweise erhielten die Mystagogischen Katechesen zwar zur Zeit des Johannes von Jerusalem ihre endgültige Fassung, gehen in ihrem Kern aber auf das katechetische Wirken Cyrills zurück.[8]

## I. Allgemeine Charakteristik der mystagogischen Katechesen von Jerusalem

Die Mystagogischen Katechesen von Jerusalem sind eines der bekanntesten Werke der griechischen Patristik, das in viele Sprachen übersetzt wurde. In diesem Artikel zitiere ich es nach der Übersetzung von G. Röwekamp, die in der Reihe Fontes Christiani (FC) parallel zum griechischen Text von A. Piédagnel aus der Reihe Sources chrétienne (SCh) abgedruckt ist.[9] Fast alle hier verwendeten Abkürzungen sind bei S. M. Schwertner[10] zu finden.

Die Mystagogischen Katechesen legen in einer einfachen, bildhaften Sprache die theologische Bedeutung der liturgischen Riten des Initiationsmysteriums aus. Mit emotionalen rhetorischen Mitteln versucht der

---

[4] Vgl. G. Röwekamp, Einleitung in: Cyrill, FC 7, 8.

[5] Vgl. G. Kretschmar, Die frühe Geschichte der Jerusalemer Liturgie, in: JLH 2 (1956) 22–46; A. Piédagnel, Anhang, in: Cyrille, SCh 126[bis], 186f; G. Röwekamp, Einleitung in: Cyrill, FC 7, 8–15; W.J., Swaans, À propos des ‚Catéchèses Mystagogiques' attribuées à S. Cyrille de Jérusalem, in: Muséon 55 (1942) 1–43.

[6] Vgl. W.J. Swaans, À propos, a.a.O., 1–43.

[7] Zu Leben und Werk des Johannes von Jerusalem: A. Piédagnel, Einleitung, in: Cyrille, SCh 126[bis], 75–78; G. Röwekamp, Einleitung in: Cyrill, FC 7, 8f; D. Stiernon, Jean de Jérusalem, in: DSp 8, Paris 1974, 565–574.

[8] Vgl. A. Piédagnel, Anhang, in: Cyrille, SCh 126[bis], 186f.

[9] A. Piédagnel, Cyrille, SCh 126[bis]; G. Röwekammp, Cyrill, FC 7.

[10] S.M. Schwertner (Hg.), TRE. Abkürzungsverzeichnis, Berlin $^{2}$1994.

Mystagoge, die Riten als großartige, heilshafte Momente darzustellen, die das Leben der Menschen angehen. Mit seinen Ausrufen drückt er tiefes Staunen aus. Er vermittelt Dynamik mit rhetorischen Fragesätzen und unterstützt das konkrete Betroffensein der Gläubigem mit der direkten Anrede und durch deutliche Imperative.

Der Mystagoge möchte in seinen Ausführungen seinen Zuhörern klar machen, dass das von Jesus zu dessen Lebzeiten gewirkte Heil auch in der Gegenwart erlangt werden kann. Durch die liturgisch-symbolische Nachahmung von heilshaften Momenten zur Zeit Jesu könne das Heil in der Liturgie vergegenwärtigt werden.[11] Im Zusammenhang einer solchen *liturgischen Theologie*[12] verwendet er relativ häufig, nämlich 59 Mal, das Wort *heilig* (ἅγιος). Außerdem sind in dem Werk elf Mal Formen des Verbes *heiligen* (ἁγιάζειν) zu finden. Jeweils einmal werden die Nomina *Heiligtum* (ἁγίασμα), *Heiligkeit* (ἁγιότης)und *Heiligung* (ἁγιασμός) gebraucht. Insgesamt haben wir es in den Mystagogischen Katechesen also mit 73 Stellen zu tun, an denen es um das Heilige geht.

## II. Die Heiligkeit Gottes

Heiligkeit von Natur aus kommt beim Mystagogen von Jerusalem nur Gott zu. *Von Natur aus heilig* ist der *Name Gottes* (*myst. cat.* 5,12), der eine Bezeichnung für Gott selbst ist.[13] Bei der Erklärung der damals im Kommunionritus geläufigen Akklamation *Einer ist heilig, einer ist Herr, Jesus Christus* macht der Mystagoge deutlich, dass Jesus *von Natur aus heilig* ist (*myst. cat.* 5,19). Das Dreimal-Heilig des Sanctus (*myst. cat.* 5,6), in dem Gott Sebaot mit dem Ruf der Seraphim aus Jes 6,3 gefeiert wird, drückt wohl dieselbe Dichtheit von Heiligkeit aus. Der Mystagoge fordert seine Zuhörer auf, vor dem Sanctus von den alltäglichen Gedanken und Sorgen zu lassen und an die großen Gaben Gottes zu denken (*myst. cat.* 5,5).

---

[11] G. Röwekamp, Einleitung, in: Cyrill, FC 7, 75–78.

[12] G. Röwekamp, Einleitung, in: Cyrill, FC 7, 57; E. Mazza, La mistagogia. Le catechesi liturgiche della fine del quarto secolo e il loro metodo, BEL.S 46, Roma ²1996, 19.

[13] G. Stemberger, Gottesnamen. Altes Testament und Judentum, in: ³LThK 4 (1995) 936–938, bes. 937.

Er nennt jene Stunde der Anaphora, die vom Sanctus eröffnet wird, *unheimlich* (φρικωδέστατος; *myst. cat.* 5,4), wobei dieses Wort in seiner griechischen Bedeutung nicht Angst, sondern vielmehr eine durchaus beglückende Atmosphäre des ehrführchtigen Schauers vermitteln will.[14] Weil zudem Gott im Kontext der Mystagogischen Katechesen als *mächtig* (δυνατός *myst. cat.* 2,8) und mehrmals unter wenigen Abständen als *menschenliebend* (φιλάνθρωπος Θεός; *myst. cat.* 5,4.7.10) bezeichnet wird, kann davon ausgegangen werden, dass die Vorstellung über Gott und auch der Inhalt des Gottesprädikats *heilig* den Wortfeldern von Ehrfurcht, Macht und vor allem Menschenliebe nahe kommen.

Der Name *Heiliger Geist* als Bezeichnung des Geistes Gottes ist zur Zeit der Mystagogischen Katechesen bereits ein fixer theologischer Ausdruck, der freilich schon auf Mt 28,19 zurückgeht. Spätestens ab dem Konzil von Konstantinopel (381), bei dem dem Heiligen Geist dieselbe Verehrung wie dem Vater und dem Sohn zugesprochen wurde, ist der Heilige Geist auf breiter Ebene der christlichen Welt als dritte göttliche Person anerkannt. In den Mystagogischen Katechesen, die wohl nicht in großer zeitlicher Distanz zum Konzils von Konstantinopel abgefasst worden sind, ist insgesamt 22 Mal vom Heiligen Geist die Rede. Der Heilige Geist wird in den Mystagogischen Katechesen als sehr dynamische Wirklichkeit erkennbar. Seine wirkmächtige Rolle zeigt sich vor allem bei der postbaptismalen Salbung (sie entspricht der Firmung) und im Zusammenhang der Eucharistie. Bei der postbaptismalen Salbung *wird die Seele mit dem heiligen und Leben spendenden Geist geheiligt* (*myst. cat.* 3,3). Diese Salbung verleihe eine *Rüstung des Heiligen Geistes* (*myst. cat.* 3,4; Eph 6,14), wirke *lehrend* (διδακτικόν; *myst. cat.* 3,7), sei *geistlicher Schutz* (πνευηατικόν σώματος φλακτήριον; *myst. cat.* 3,7), und *Heilmittel für die Seele* (ψυχῆς σωτήριον; *myst. cat.* 3,7). Der Mystagoge von Jerusalem ist erster Zeuge einer konsekratorischen Geist-Epiklese[15], indem er deutlich macht, dass

[14] J. Daniélou, Le Καιρός de la messe d'après les Homélies sur l'Incompréhensible de saint Jean Chrysostome, in: F.X. Arnold / B. Fischer (Hg.), Die Messe in der Glaubensverkündigung. Kerygmatische Fragen, Freiburg 1950, 71–78, bes. 74; G.W.H. Lampe (Hg.), A Patristic Greek Lexicon, Oxford 1961, 1490; G. Röwekamp, Einleitung in: Cyrill, FC 7, 49.

[15] A. Gerhards, Epiklese , in: ³LThK 3 (1995) 715f, bes. 716; R. Taft, From logos to spirit. On the early history of the epiclesis, in: A. Heinz / H. Rennings (Hg.), Gratias agamus. Studien zum eucharistischen Hochgebet. Für Balthasar Fischer, Freiburg 1992, 489–502, bes. 498.

die *Anrufung* (ἐπίκλησις) des Heiligen Geistes die Wandlung des Brotes in den Leib Christi bewirke (*myst. cat.* 3,3). Summarisch beschreibt der Mystagoge die Wirksamkeit des Heiligen Geistes bei der Erklärung zur Wandlung der eucharistischen Gaben in *myst. cat.* 5,7: *denn alles, was der Heilige Geist berührt, wird geheiligt und verwandelt.*

## III. Heilige Orte, Handlungen und materielle Elemente

Das *Allerheiligste* (τὰ ἅγια τῶν ἁγίων; *myst. cat.* 1,11) bezeichnet in der Septuaginta (LXX) den *durch einen Vorhang vom übrigen Heiligtum abgetrennten heiligsten Bereich der Stifshütte (Ex 26,31ff) bzw. des Jerusalemer Tempels (1 Kön 6,16.19ff).*[16] Es gilt im Alten Testament als besonderer Ort der Präsenz Gottes und als die Stätte, an der sich Himmel und Erde berühren[17]. Wenn der Mystagoge unmittelbar vor der Deutung der christlichen Initiationsfeiern diese Riten im übertragenen Sinn Allerheiligstes nennt (*myst. cat.* 1,11), so will er damit wohl andeuten, dass die christliche Initiationsliturgie der besondere Ort der Präsenz Gottes ist.

Heilig sind für den Mystagogen daher auch das *Bad der Wiedergeburt* (*myst. cat.* 1,10), dh. die Taufe, und die postbaptismale Salbung (*myst. cat.* 3,5.7), aber auch die konkrete Taufstelle, d.h. der Taufbrunnen (*myst. cat.* 2,4), und die Materie der postbaptismalen Salbung, das Myron (*myst. cat.* 3,3.7). In *myst. cat.* 3,3 grenzt der Mystagoge das *heilige Myron* ausdrücklich vom *Einfachen* (ψιλόν) und *Gewöhnlichen* (κοινόν) ab.

Der Kontrast zwischen *heilig* (ἅγιος) und *gewöhnlich* (κοινός) wird auch deutlich, wenn der Mystagoge den *heiligen Kuss* (*myst. cat.* 5,3) – so nennt er den liturgischen Friedenkuss – bewusst vom Kuss unterscheidet, den sich gewöhnliche (κοινοί) Freunde am Marktplatz geben. Der heilige Kuss ist vorwiegend ein Zeichen für das geistliche Verbundenwerden und für das Verbannen allen Nachtragens. Der Mystagoge bezieht den Ausdruck *heiliger Kuss* ausdrücklich auf Röm 16,16 und 1 Kor 16,20 (*myst. cat.* 5,3). Die Heiligkeit des Friedenskusses begründet er damit, dass dieser

[16] O. Hofius, Allerheiligstes. Biblisch, in: $^{3}$LThK 1 (1993) 407.

[17] Ebd.

Kuss eine *Versöhnung* (*myst. cat.* 5,3) sei. Heiligkeit hat hier eine moralische Facette, die mit dem christlichen Gebot zur Versöhnung (Mt 5,24) eng verbunden ist.

Eine Gegenüberstellung zwischen dem Gewöhnlichen und dem Heiligen gibt es auch in eucharistischem Zusammenhang. Das gewöhnliche Brot ist ganz anders als das heilige Brot, welches für die Seele bestimmt ist (*myst. cat.* 5,15). Der Mystagoge nennt auch die *Mysterien* (*myst. cat.* 5,20) der Eucharistie und den *Leib des Herrn* (*myst. cat.* 5,21) heilig. In *myst. cat.* 5,9 bezeichnet er das eucharistische Opfer in einem Atemzug als heilig und *unheimlich* (φρικωδέστατος); er drückt damit die Nähe des Terminus *heilig* zur Atmosphäre des ehrfürchtigen Schauers aus.

## IV. Heilige Personen

In sehr unterschiedlicher Weise bezeichnet der Mystagoge Personen als heilig. In *myst. cat.* 1,6 bei der Zitierung von Ps 119,37 nennt er den Psalmisten einen Heiligen.

Mit den *Heiligen* von *myst,cat.* 2,3 sind wohl die Priester gemeint, die als wirkmächtige Repräsentanten Christi den präbaptismalen Exorzismus vornehmen und dabei die Katechumenen anhauchen.

Der Begriff *Heiligtum* (ἁγίασμα; *myst. cat.* 4,7) spielt an das alttestamentliche Diadem des Aaron an, auf dem geschrieben stand: *Heiligtum des Herrn* (Ἁγίασμα κυρίου)[18]. Der gesalbte Christ ist gemäß *myst. cat.* 4,7 so wie Aaron ein bezeichnetes Heiligtum Gottes. In Verbindung mit LXX Ex 28,36 ist der Ausdruck *Heiligtum Gottes* weniger in der Bedeutung von einem Tempel oder einer Wohnung Gottes[19] gemeint als im Sinn von *dem Herrn geweiht.*[20]

Das Gebet für die Entschlafenen während des Eucharistischen Hochgebets in *myst. cat.* 5,9 schließt auch *die heiligen Väter und Bischöfe und überhaupt alle vor uns Entschlafenen* ein. Das Adjektiv *heilig* bezeichnet

---

[18] LXX Ex 28,36.

[19] 1 Kor 3,16f; 6,19; 2 Kor 6,16; Eph 2,21f.

[20] A. Piédagnel, Anm. 4, in: Cyrille, SCh 126$^{bis}$, 141.

hier die verstorbenen Menschen, für die das Gebet in Anwesenheit des Opfers großen Nutzen bringen kann.

In *myst. cat.* 5,17 führt der Mystagoge die Verse von LXX Ps 65,10–12 auf die *unversehrten Heiligen* zurück und bezeichnet damit Menschen, auf die der Psalm 65 zurückgeht. Auffallend ist in *myst. cat.* 5,19 die besondere Häufung des Wortes *heilig*:

*Danach sagt der Bischof: „Das Heilige den Heiligen.“ Heilig sind die vorliegenden (Gaben), auf die der Heilige Geist herabgekommen ist. Heilig seid auch ihr, die ihr des Heiligen Geistes gewürdigt worden seid. Das Heilige entspricht also den Heiligen. Dann sagt ihr: „Einer ist heilig, einer ist Herr, Jesus Christus.“ Denn wirklich heilig, von Natur aus heilig, ist einer. Wir (dagegen) sind, wenn wir heilig sind, es nicht von Natur aus, sondern durch Teilhabe, Übung und Gebet.*

Ausgehend von den damals üblichen Akklamationen im Rahmen des Kommunionritus, in denen das Wort *heilig* die zentrale Rolle spielt, erklärt der Mystagoge, wie der Mensch heilig werden kann: durch Teilhabe, Übung und Gebet. Während die Mystagogischen Katechesen nicht näher darauf eingehen, wie Heiligkeit durch *Übung* (ἄσκησιος) oder durch Gebet erlangt werden kann, verwenden sie die dem Begriff der *Teilhabe* (metoch,) vom Inhalt ähnlichen Ausdrücke *teilhabend* (μέτοχος; *myst. cat.* 3,1.2), *Anteil* (κοινωνία; *myst. cat.* 2,3.5.7; 4,7; 5,20.23) und *anteilhabend* (κοινωνός; *myst. cat.* 2,3.7; 4,3; 5,6) mehrmals und geben ihnen eine wichtige Funktion im Rahmen der theologischen Erklärung der Liturgie. In der liturgischen Feier können die Menschen durch rituelle Nachahmung der heilshaften Momente zur Erdenzeit Christi *Teilhaber Christi* (μέτοχοι τοῦ Χριστου; *myst. cat.* 3,1.2) werden und dadurch in eine enge Verbindung zu ihm gelangen. Bei der Feier der präbaptismalen Salbung (hier ist die Katechumenensalbung gemeint) bekommt der Mensch *Anteil* am *guten Ölbaum Jesus Christus* (*myst. cat.* 2,3) und an der *Lebenskraft Christi* (*myst. cat.* 2,3). In *myst. cat.* 4,3 heißt es sogar, dass die Gläubigen durch die Eucharistie *der göttlichen Natur* Christi *teilhaftig* (2 Petr 1,4) werden. Höchstwahrscheinlich deutet der Mystagoge mit jenen Stellen, in denen er über das Teilhaben an Christus spricht, an, wie der Mensch *durch Teilhabe heilig* (*myst. cat.* 5,19) werden kann.

## V. Dynamische Heiligkeit

Die Dynamik des Heiligkeitsbegriffes wird ausgedrückt vor allem durch das Verb *heiligen* (ἁγιάζειν), das achtmal in den Mystagogischen Katechesen vorkommt. Die meisten Stellen mit diesem Verb stehen im Zusammenhang mit den eucharistischen Gaben (*myst. cat.* 4,5; 5,21f). Während der Eucharistiefeier kommt es außerdem noch durch die geistlichen Hymnen (*myst. cat.* 5,7) und durch die erste Vaterunser-Bitte zur Heiligung von Personen (*myst. cat.* 5,12). Zur Erklärung der Heiligung durch die geistlichen Hymnen erwähnt der Mystagoge auch, dass die Gläubigen durch das Singen des Sanctus Anteil bekommen am Gesang der überweltlichen Heere (*myst. cat.* 5,6).

Die Heiligung der Seele bei der postbaptismalen Salbung (*myst. cat.* 3,3) erläutert der Mystagoge mit seiner Beschreibung der Salbung an den einzelnen Körperstellen (*myst. cat.* 3,4). Der Gesalbte spiegle die Herrlichkeit des Herrn wider und erlange die Fähigkeit, das Evangelium innerlich anzunehmen. Er werde gleichsam zum Wohlgeruch Christi und erhalte Kraft, gegen den Teufel anzukämpfen (*myst. cat.* 3,4).

Die Heiligung der Augen mit dem Leib Christi und die Heiligung von Stirn, Augen und den übrigen Sinnen mit dem Blut Christi gemäß *myst. cat.* 5,21f stellen einen Dämonen abwehrenden, schützenden Segensgestus dar.[21]

In *myst. cat.* 5,23 ist das Verb *heiligen* Bestandteil des von 1 Thess 5,23 zitierten Segenswunsches. Der Mystagoge spricht den Gläubigen dabei eine allumfassende Heiligung zu, durch die sie bei der Ankunft Christi heil bewahrt werden sollen. Letzte Ursache der Heiligung ist immer Gott selbst, wie in derselben Stelle angedeutet wird.

Die Dynamik der Heiligkeit und ihre Bewegungsrichtung wird im Bild vom Erstling veranschaulicht, dessen sich der Mystagoge in *myst. cat.* 3,6 bedient. Dort heißt es:

---

[21] F.J. Dölger, Das Segnen der Sinne mit der Eucharistie. Eine altchristliche Kommunionsitte, in: AuC 3 (1932) 231–244, bes. 239–244.

*... Er ist wirklich der Erstling* (ἀπαρχη)[22], *und ihr seid der Teig. Wenn aber der Erstling* (ἀπαρχη)22 *heilig ist, dann wird die Heiligkeit natürlich auch auf den ganzen Teig übergehen.*

Das Bild vom Erstling und dem Teig wird so wie das Nomen *Heiligkeit* (ἁγιόης) innerhalb der Mystagogischen Katechesen nur einmal, nämlich in *myst. cat.* 3,6, erwähnt. Aus dem Kontext geht hervor, dass mit dem *Erstling* Jesus Christus gemeint ist. In *myst. cat.* 3,6 ist Christus jener, der mit Heiligem Geist gesalbt ist und von dem das Heil der Gläubigen ausgeht. Das Bild von der Duchsäuerung des ganzen Teiges durch ein wenig Sauerteig stammt aus 1 Kor 5,6 und Gal 5,9, ist aber in *myst. cat.* 3,6 mit einem neuen Kontext an die Heiligkeit Jesu Christi angewandt. Christus wird auch in 1 Kor 15,20 *Erstling* genannt. Das Wort *Teig* (*myst. cat.* 3,6) meint in Röm 11,16 die einzelnen Glieder Israels[23]. In Verbindung zu Röm 11,16 kann es sich in *myst. cat.* 3,6 nur auf die zu Christus gehörende Gemeinschaft, nämlich auf die Kirche, beziehen. Wird das Bild von *myst. cat.* 3,6 gedeutet, kann festgehalten werden, dass von Christus, der von Natur aus heilig ist, die Heiligkeit auf den ganzen Teig, die Kirche, übergeht. Es geht hier um einen ekklesialen Aspekt der Heiligung, der im ganzen Werk der Mystagogischen Katechesen stets im Hintergrund vorhanden ist. Es sind die *Kinder der Kirche* (*myst. cat.* 1,1), an die die Mystagogischen Katechesen gerichtet sind und die immer wieder in ermunternden und auffordernden Imperativen vom Mystagogen angesprochen werden.

## VI. Resümee

Gerade das Bild vom Erstling verdeutlicht, wie die Heiligkeit in den Mystagogischen Katechesen zwar zunächst Christus zukommt, aber in keiner Statik verbleibt, sondern dynamisch auf die Menschen übergehen kann. Diese erleben den dreimal heiligen Gott als wirkmächtig, machtvoll, beglückend-schaurig und menschenfreundlich. Heilig werden sie in der Liturgie durch Teilhabe an Christus und an seinen Heilsmomenten. Die

---

22 G. Röwekamp übersetzt hier ἀπαρχή, als *Erstlingsbrot*, in: Cyrill, FC 7, 131.

23 H. Schlier, Der Römerbrief (HThK 6), Freiburg 1977, 332.

liturgischen Riten sind heilig, weil sie die großartigen Momente darstellen, in denen der Heilige Geist heiligend auf die Menschen wirkt. Mit Gewöhnlichem haben diese Riten nichts gemein. Die Heiligkeit eines Menschen äußert sich in Versöhntheit mit den anderen (*myst. cat.* 5,3), in Schutz vor Bösem (*myst. cat.* 5,21f), in Lebenskraft (*myst. cat.* 2,3), im Annehmen des Evangeliums (*myst. cat.* 3,4), in geistlichem Wohlgeruch (*myst. cat.* 3,4), in enger Christus-Bezogenheit (*myst. cat.* 3,1.2) und im Anteil an der göttlichen Natur (*myst. cat.* 4,3).

# Personale Eigenverantwortung des Diözesanbischofs und kollegiale Mitverantwortung der Bischofskonferenz – ein Widerspruch?

*Reinhard Knittel*

Die gemeinsamen Beratungen der österreichischen Bischofskonferenz sind für jeden österreichischen Bischof mittlerweile selbstverständlicher Standard einer von kollegialer Gesinnung geprägten Ausübung seines Hirtenamtes. Auch der durch diese Festschrift Geehrte stellte diese Gesinnung in seinem mehr als achtzehnjährigen Wirken zunächst als Auxiliarbischof und dann als Diözesanbischof als Mitglied der Österreichischen Bischofskonferenz unter Beweis. So mancher durchaus eigenständige Standpunkt allerdings, vor allem in mehr strategischen Fragen, war für die anderen Mitglieder der Bischofskonferenz vielleicht vordergründig nicht immer angenehm und leicht nachvollziehbar, konnte aber indirekt und auf lange Sicht auch Anstoß und Ausgangspunkt für einen sachlich verantwortbaren Konsens der Bischöfe werden, der sich nicht einfach auf dem kleinsten gemeinsamen Nenner bewegte. Gerade diese ehrliche Konfrontation im Kreis der Mitbischöfe, sofern sie dem gemeinsamen Anliegen, dem Wohl der Kirche in der Bischofkonferenz repräsentierten Teilkirchen, die ihrerseits wiederum in Lehre und Disziplin die Einheit und Gemeinschaft mit dem römischen Papst und der Gesamtkirche wahren, zeichnet ein ernstzunehmendes kirchliches Beratungs- und Beschlussgremium aus, das die Bischofskonferenz ihrer Definition nach ja sein will. Der nun folgende Beitrag versucht die Beziehungswirklichkeit Bischofskollegium – einzelner Diözesanbischof[1] – Bischofskonferenz

---

[1] Unter dem Begriff „Diözesanbischof" werden all jene subsumiert, die als Bischöfe mit der ih-

ekklesiologisch zu begründen und gleichzeitig die Grenzen aufzuzeigen, die zwischen den Gliedern dieser Beziehungswirklichkeit eingehalten werden müssen und die auch der kirchliche Gesetzgeber festlegt, damit sie in ihrem Miteinander und Ineinander als eine adäquate Umlegung des Wesens der kirchlichen Communio auf die Ebene der hierarchischen Gemeinschaft der Bischöfe erscheinen kann. Im Mittelpunkt des Interesses aber steht bei diesem Beitrag das kirchliche Institut der Bischofskonferenz, das seinerseits nur dann in seiner authentischen Sinngebung verstanden werden kann, wenn es um seine Grenzen weiß, die es im Bezug zum Bischofskollegium einerseits und zur Leitungsvollmacht des einzelnen Diözesanbischofs andererseits einhalten muss. Auf dieser Grundlage müssen auch eventuelle Spannungen und Probleme zwischen personaler Eigenverantwortung der einzelnen Hirten und kollegialer Mitverantwortung im Raum der jeweiligen Bischofskonferenz gesehen und gelöst werden.

## I. Geschichtliches zur Österreichischen Bischofskonferenz

Es wäre ein historischer Irrtum, wollte man die Existenz der österreichischen Bischofskonferenz an das zweite Vatikanische Konzil und dessen Folgezeit binden.

Gerade im deutschsprachigen Raum reichen die sogenannten Bischofskonferenzen ja bis in die Mitte des 19. Jahrhunderts zurück.[2] Sie waren zunächst in Deutschland 1848 und dann in Österreich 1849 als Zeichen des durch die Revolution neu eröffneten Freiraums für das kirchliche Leben

---

nen eigenen Hirtengewalt einer Diözese vorstehen, oder jene, die ihnen vom kirchlichen Recht her gleichgestellt werden (vgl. can. 368 und can. 450, § 1). In der österreichischen Bischofskonferenz betrifft diese rechtliche Gleichstellung den *Abbas nullius* der Abtei Mehrerau–Wettingen, der in der Regel kein Bischof ist.

[2] Zur Geschichte der österreichischen Bischofskonferenz vgl. M. Kronthaler, Festvortrag anläßlich des Festaktes zum 150-Jahr-Jubiläum der Österreichischen Bischofskonferenz am 26. März 1999 im Erzbischöflichen Palais in Wien zum Thema „Werden und Wandel der Österreichischen Bischofskonferenz. Eine historische Skizze anläßlich des 150-Jahr-Jubiläums"; in: Festschrift 150 Jahre Österreichische Bischofskonferenz 1849–1999, hg. v. Sekretariat der Österreichischen Bischofskonferenz, Wien 1999; P. Leisching, Die Bischofskonferenz. Beiträge zu ihrer Rechtsgeschichte, mit besonderer Berücksichtigung ihrer Entwicklung in Österreich (Wiener rechtsgeschichtliche Arbeiten, Bd. VII), Wien–München 1963.

der nachjosephinischen Zeit zu sehen und dienten zunächst als Plattform des Interessenaustausches über sogenannte Kultusangelegenheiten mit der jeweiligen Zivilregierung. Damit war aber noch keine permanente Form der Konferenz in Entstehung gekommen, sondern nur eine *ad hoc* einberufene Versammlung, die zudem von staatlicher Seite initiiert und programmiert war. Erst im Jahr 1885 wurden daraus regelmäßige, jährlich stattfindende Generalversammlungen des gesamten cisleithanischen Episkopates. Papst Leo XIII. forderte schließlich in seinem Apostolischen Schreiben an die Bischöfe Österreichs *In ipso supremi Pontificatus* vom 3. März 1891 die jährliche Abhaltung bischöflicher Konferenzen. Dabei lobt und bekräftigt er die sich entwickelnde regelmäßige Gepflogenheit der Zusammenkünfte in Österreich, die ja bereits seit einigen Jahren von den Bischöfen praktiziert worden war. Auch über die großen Zusammenbruchsjahre 1918 und 1945 hinweg konnte sich das Institut der Österreichischen Bischofskonferenz, wenngleich unter geänderten politischen Verhältnissen und Rahmenbedingungen, halten. Gerade in den schwierigen Verfolgungsjahren der Kirche von 1938 bis 1945 sollte sich der Wert des gemeinsamen Austauschs und der gemeinsamen Beschlussfassung des Episkopates erweisen.

Auf dieser bewährten Grundlage konnte dann das zweite Vatikanum und die daran anschließende kirchliche Gesetzgebung das endgültige Profil der Bischofskonferenzen vor dem Hintergrund einer vertieften Ekklesiologie der hierarchischen Communio ausarbeiten und vom allgemeinen Recht der Kirche her festlegen.

## II. Die Bischofskonferenzen – nur eine Frage kirchlicher Praxisgestaltung oder auch eine ekklesiologische Grösse?

Im Jahre 1985, also zwanzig Jahre nach dem Abschluss des Zweiten Vatikanischen Konzils, erregte ein zunächst in italienischer Sprache in Druck gelangtes Interview mit dem damaligen Präfekten der römischen Glaubenskongregation großes Aufsehen.[3] In diesem Interview zeigte J. Ratzinger

[3] Der italienische Originaltext des Interviews findet sich in: V. Messori, Rapporto sulla fede, Turin 1985.

Licht und Schatten der nachkonziliaren kirchlichen Lage auf. Dabei kam er auch auf ein Paradoxon zwischen der eigentlichen Intention des Zweiten Vatikanischen Konzils und der tatsächlichen nachkonziliaren Umsetzungspraxis zu sprechen, das das Bischofsamt betraf. Denn es war ja erklärte Absicht des Zweiten Vatikanischen Konzils, das in der kirchlichen Struktur *iure divino* eingestiftete Bischofsamt in seiner vitalen Bedeutung für das Leben der Kirche zu stärken und so das Werk des Ersten Vatikanischen Konzils, das umständebedingt nur den päpstlichen Primat dogmatisch letztverbindlich absichern konnte, kontinuierlich fortzuführen und so zu bereichern, keinesfalls aber sich dazu in Gegensatz zu stellen.[4] J. Ratzinger sieht nun in der nachkonziliaren Praxis eine gegenläufige und paradoxe Tendenz zu dieser Absicht des Konzils der Stärkung des Bischofsamtes in der Kirche, bedingt durch die Tatsache der Einfügung der Hirten in die mit großem Enthusiasmus geförderten und bürokratisch entsprechend ausgebauten Bischofskonferenzen, wodurch, wie er sagt, die Absicht des Konzils eher gemindert oder sogar ganz aufgehoben worden sei.[5]

In diesem Zusammenhang erklärt der damalige Kardinal hinsichtlich der näheren ekklesialen Natur der Bischofskonferenzen: „Wir dürfen dabei nicht vergessen, dass die Bischofskonferenzen keine theologische Basis haben, dass sie kein Teil der unveräußerlichen Struktur der Kirche sind, wie sie von Christus gewollt wurde: sie besitzen nur eine praktische, konkrete Funktion.“[6]

Die Bischofskonferenzen seien also nur funktionale Strukturen, ohne ekklesiologische Verankerung und Begründung im *Mysterium Ecclesiae*? Diesen, durch den Interviewstil bedingt, sehr pointierten Worten des Kar-

---

[4] So etwa erklärt das Konzil in LG 18, also am Beginn des 3. Kapitels über die hierarchische Verfassung der Kirche, insbesondere das Bischofsamt, ausdrücklich: „Diese Heilige Synode setzt den Weg des ersten Vatikanischen Konzils fort ...“ Im Hinblick auf die Lehre vom päpstlichen Primat lehrt das Konzil ebenso in LG 18, dass die Heilige Synode diese Lehre den Gläubigen abermals fest zu glauben vorlegt. Dann aber setzt der Text folgerichtig fort: „Das damals Begonnene fortführend, hat sie (d.h. die Heilige Synode) sich entschlossen, nun die Lehre von den Bischöfen, den Nachfolgern der Apostel, die mit dem Nachfolger Petri, dem Stellvertreter Christi und sichtbaren Haupt der ganzen Kirche, zusammen das Haus des lebendigen Gottes leiten, vor allen zu bekennen und zu erklären.“ In all diesen Textpassagen kommt der Gedanke der Kontinuität, nicht des Bruches mit der Lehre des Ersten Vatikanischen Konzils, zum Ausdruck.

[5] Vgl.V. Messori, Rapporto, a.a.O., 59–60.

[6] Ebd., 60.

dinals, die für den Leser fast eine Art Abwertung der Bischofskonferenzen insinuieren können, folgten dann aber Versuche von lehramtlicher Seite, eine weitere, ekklesiologisch und kanonistisch solide Klärung zur Natur der Bischofskonferenzen in Gang zu setzen. Aber auch war man bemüht, die vereinzelt entstandenen Missverständnisse und Abirrungen in der Praxis der Bischofkonferenzen näher zu sehen und, wenn möglich, zu klären.

## III. Kirchenamtliche Revision verschiedener Mängel und Fehler in der Praxis der Bischofskonferenzen

Mit dem Jahr 1985, in dem auch das genannte Interview mit dem seinerzeitigen Kardinal J. Ratzinger erschien, beginnt nun ein Prozeß der kritischen Revision des Selbstverständnisses und der praktischen Arbeitsweise der Bischofskonferenzen. Dabei war das Bemühen sichtbar, einerseits den Duktus der Wertschätzung der Opportunität der Bischofskonferenzen, aber auch der praktischen Ergebnisse und ihres Nutzens für die Kirche beizubehalten, wie er seit der konziliaren Grundlegung in den offiziellen römischen Äußerungen durchwegs und ausschließlich anklang.[7] Andererseits aber wurden nun auch erstmals Fehler und Mängel deutlicher benannt. Ein erster Anlass für diesen Prozess der Revision verschiedener Mängel und Fehler war die Bischofsynode anlässlich des zwanzigjährigen Jubiläums des Abschlusses des Zweiten Vatikanischen Konzils im Jahr

---

[7] So etwa betonen die Konzilsdokumente zunächst nur die Angemessenheit und den fruchtbaren Nutzen der Bischofskonferenzen, unter den gegenwärtigen Bedingungen zum gemeinsamen Wohl mehrerer Teilkirchen beizutragen, siehe LG 23, CD 37, bzw. sie regen auch deren Gründung an, wo sie bisher noch nicht bestehen, vgl. CD 37. Eine nähere theologische Grundlegung im Hinblick auf das Bischofsamt in seiner personalen und kollegialen Natur fehlt hier. Papst Paul VI. gab nun diesen konziliaren Anregungen in seinem am 6. August 1966 erlassenen „Motu proprio Ecclesiae Sanctae" erstmals eine deutlichere kanonistische Basis, indem er die Errichtung von Bischofskonferenzen anordnete dort, wo sie bisher noch nicht bestanden (vgl. AAS 58 [1966], 773–774). Auch das Direktorium der römischen Bischofskongregation „Ecclesiae imago" vom 22. Februar 1973 gibt dem Wunsch und der Hoffnung Ausdruck, dass die Bischofskonferenzen einen wertvollen Beitrag zur Umsetzung der kollegialen Gesinnung leisten und damit den Geist der Communio stärken. Der für die lateinische Kirche verbindliche CIC 1983 gibt nun in den cann. 447–459 eine ausführliche Gesetzgebung zu den Bischofskonferenzen, wo nach einer kurzen Beschreibung des Instituts und dessen Zielsetzung (can. 447) die Normen zur näheren Zusammensetzung, Errichtung bzw. Auflösung, Arbeitsweise und Kompetenz der Konferenzen folgen.

1985, in welcher nun auch offiziell „Licht" und „Schatten" der Konzilsrezeption benannt werden sollten und wo in der Schlussbotschaft der Synodenväter zu den behandelten Einzelthemen auch erstmals die vor dem Hintergrund eines gewissen ungesunden Übergewichts der Bischofskonferenzen verständliche Erinnerung an die „unveräußerliche Verantwortung jedes Bischofs gegenüber der Universalkirche und seiner Teilkirche" betont wird.[8]

In zweifacher Richtung werden nun kirchenamtliche Klärungen zum Institut der Bischofskonferenz beigebracht: einmal, beginnend mit den Erörterungen der römischen Theologenkommission, wo eine Art Überbewertung der Stellung der Bischofskonferenzen im Hinblick auf den bischöflichen Kollegialitätsgedanken zurückgewiesen wird[9], dann aber dort, wo es um die Wahrung der personalen Ausübung der Hirtengewalt des Diözesanbischofs über seine Diözese gegen eine Tendenz der ungebührlichen Vereinnahmung und Nivellierung dieser Autorität durch die Konferenz geht.[10] Einen Abschluß dieser Bemühungen muss im *Motu proprio Apostolos suos* Papst Johannes' Pauls II. vom 21. Mai 1998 gesehen werden, das nun rechtlich-autoritativ die Grenzen der Bischofskonferenzen im Hinblick auf die Hirtenvollmacht des einzelnen Diözesanbischofs über seine Teilkirche zieht und die Selbstbescheidung der Konferenz im Hinblick auf ihren Bezug zum Bischofskollegium fordert. Diese Grenzziehung bildet aber nun auch die Voraussetzung dafür, eine positive, ekklesiologisch begründete Klärung und Darstellung der Natur der Bischofskonferenz zu geben.

---

[8] Vgl. Relatio finalis „Ecclesia sub verbo Dei" (7.12.1985), II. C, Nr. 5 (zit. nach EV 9, 1805).

[9] Zum erstenmal tritt dieses Thema ausführlich im 1985 erschienenen Dokument „Themata selecta de ecclesiologia" der „Commissio Theologica Internationalis" auf (vgl. EV, Bd. 9, 1717–1718). Dann wieder im „Instrumentum laboris" der Bischofskongregation für die Bischofssynode 1987 (vgl. EV 10, 1861) und in „Apostolos suos", Nr. 8–13.

[10] Hier ist das schon genannte „Instrumentum laboris" sehr deutlich, wo die konkreten Anzeichen einer Nivellierung der personalen Ausübung der Hirtengewalt des Diözesanbischofs vor dem Hintergrund des wachsenden Einflusses der Bischofskonferenzen genannt werden, vgl. EV 10, 1881; aber auch im nachfolgenden „Motu proprio" wird nur summarisch und kurz auf das Problem des Verhältnisses zwischen Bischofkonferenz und Einzelbischöfe hingewiesen, vgl. Apostolos suos, Nr. 6.

## IV. Die ekklesiologische Rückverankerung des Instituts der Bischofskonferenzen

Bei aller richtigen Betonung des Faktums, dass das Institut der Bischofskonferenzen von keinen dogmatischen Prinzipien unmittelbar bestimmt und gestaltet wird, sondern „nur“ eine Einrichtung des positiven kirchlichen Rechtes darstellt, darf gleichwohl nicht übersehen werden, dass es dennoch eine Rückverankerung der Bischofskonferenzen im dogmatischen Wesen und in der davon bestimmten Struktur der Kirche im entfernteren Sinn gibt und geben muss. Denn sonst wären die Bischofskonferenzen zu Recht als ein der Kirche künstlich eingefügter Fremdkörper anzusehen, dem folgegemäß eine bleibende Unverträglichkeit mit dem sichtbaren Gefüge der Kirche zu eigen wäre. Dabei muss nämlich bedacht werden, dass selbst das sichtbare und juridische Gefüge der Kirche, soweit es sich nicht auf die Stiftung Jesu Christi bzw. auf apostolischen Ursprung rückbeziehen kann, bei allen möglichen Anleihen aus den sozialen Strukturgefügen weltlicher Art, stets vom theologisch-übernatürlichen Wesen der Kirche geprägt bleibt und so nie nur profanen Spielregeln und Modellen folgt, sondern als wesentlich *sui generis* gelten muss.

1. Eine theologisch solide Rückverankerung der Bischofskonferenzen wird zunächst bei der personalen und zugleich kollegialen Dimension des Bischofsamtes ansetzen und diese ernst nehmen müssen. Allerdings weisen auch diese beiden unverzichtbaren Dimensionen des Bischofsamtes ihrerseits wiederum auf den letzten Daseinsgrund und auf die höchste Zielsetzung des Bischofsamtes, ja der Kirche überhaupt, zurück: die kirchliche Communio, als Einheit und Gemeinschaft der ganzen Kirche, die übernatürlich in der *communio Trinitatis* begründet ist, die sich dann aber bis in die juridisch-sichtbare Verfassung der Kirche hinein verlängert. Alle Ebenen des kirchlichen Lebens sind also nach diesem Prinzip der Communio differenziert gestaltet, bis hinein in deren rechtliche Verfassung.[11] Dies gilt natürlich auch für jene Gemeinschaft, die das Zweite

[11] Vgl. NEP 2.

Vatikanum *communio hierarchica* nennt[12], als Communio eben, die zwischen Haupt und Gliedern des Bischofskollegiums besteht und die ihrerseits wesentliche Bedingung der Einheit der kirchlichen Communio.[13] Somit ist die gemeinsame Zugehörigkeit der Bischöfe zum einen und unteilbaren *corpus episcoporum* und das daraus folgende Bewusstsein bis hin zu rechtlich relevanten Handlungen als Kollegium nur die adäquate Umlegung der kirchlichen Communio auf die Ebene des Verhältnisses zwischen Papst und Bischöfen und der Bischöfe untereinander in der hierarchischen Gemeinschaft des Bischofskollegiums.[14]

2. Nun aber will die Lehre vom Bischofskollegium, das als analoge Weiterführung des Apostelkollegiums mit Petrus an der Spitze verstanden werden muss, wie dies auch in LG und dessen präzisen Differenzierungen gut nachgewiesen werden kann[15], keineswegs eine Verdrängung oder einen Ersatz der personalen Leitungsstruktur der Gesamt- und Teilkirche (Papst, Diözesanbischof) durch neue, kollektive Strukturen (Bischofskollegium, Bischofssynode, Bischofskonferenzen) darstellen. Abgesehen davon, dass ohne diese personalen Leitungsstrukturen (Papst, Bischöfe als personale Träger der heiligen Vollmachten) die Kirche ihrem Wesen nach nicht mehr die Kirche Jesu Christi wäre, muss bedacht werden, dass die genannten kollektiven Strukturen nur in Einheit und Verbindung mit den personalen Trägern der Leitungsvollmacht gedacht und tätig werden können. Dies gilt in besonderer Weise da, wo es um die Ausübung der heiligen Vollmacht geht. So etwa ist das Bischofskollegium nur in Verbindung mit seinem Haupt, dem römischen Papst, überhaupt existent und kollegial tätig. Ja selbst die Bischofskonferenzen sind stets an die einzelnen Diözesanbischöfe und deren personale Autorität und Verantwortung, die sie im Rahmen der Konferenz ausüben, rückgebunden. Auch daran sieht

---

[12] Vgl. LG 21; NEP 2.

[13] Dies wird auch im „Instrumentum laboris" (vgl. EV 10, 1845) als theologische Grundlage angenommen.

[14] Es wäre ein Irrtum zu meinen, dass die Lehre vom Apostel- bzw. Bischofskollegium eine „Neuerfindung" des Zweiten Vatikanischen Konzils gewesen sei. Denn abgesehen von den gelebten Zeugnissen der Kirchengeschichte (vor allem in den ökumenischen Konzilien), lassen sich auch in der vorkonziliaren Ekklesiologie Zeugnisse für die kollegiale Ausübung der höchsten und universalen Gewalt finden, wenngleich der Stellenwert dieser Lehre noch eher diskret und in seiner Bedeutung unentwickelt erscheint, vgl. etwa C. Journet, L'Église du Verbe Incarné, Bd. 1. Paris, 1943, 530 ff.

[15] So in LG 19 und vor allem in NEP 1, 3–4.

man also, wie personale und kollektive Strukturen in der Communio der Hirten der Kirche zusammenwirken müssen.

3. Das Bischofskollegium bildet nun den konstitutiven Kern der hierarchischen Communio der Hirten der Kirche. Denn es ist, im Unterschied zu den Bischofssynoden und zu den Bischofskonferenzen, kein nachträglich eingerichteter und insofern beliebig kirchenrechtlich festsetzbarer Zusammenschluss von Bischöfen. Das Bischofskollegium in Nachfolge des Apostelkollegiums gehört vielmehr göttlichen Rechtes zur unveränderlichen Struktur der Kirche. Jeder gültig und rechtmäßig geweihte Bischof wird deshalb durch die Weihe selbst und die hierarchische Gemeinschaft mit Haupt und Gliedern des Kollegiums zum Teil des Kollegiums der Bischöfe, nicht aber durch nachträglichen oder beliebigen Beitritt. Demgegenüber wird aber ein Bischof erst durch nachträgliche und kirchenrechtlich festgesetzte Eingliederung zum Teil einer bestimmten Bischofskonferenz. Diese Urverschränkung von personaler und kollegialer Dimension des Bischofsamtes im Bischofskollegium lässt sich vom Wesen des Bischofsamtes her ableiten, das ja kirchliches Dienstamt ist, das dementsprechend seiner Natur und Sinngebung nach dem Wohl der kirchlichen Communio dienen muss. In diesem weiteren Sinn muss auch gesagt werden, dass jeder persönliche Hoheitsakt eines Diözesanbischofs über seine Diözese immer schon „implizit kollegial" zu nennen ist.[16] Die bischöflichen Vollmachten sind deswegen auch nie allein persönlichem oder eigenwilligem Gutdünken des Hirten überlassen oder ausschließlich auf die eigene Teilkirche und deren Bedürfnisse hin zu reduzieren, sondern sie reichen in die Communio der ganzen Kirche hinein.[17]

4. Wie schon aus den vorangegangenen Überlegungen sichtbar geworden ist, gibt es also eine differenzierte Ausgestaltung der kollegialen Einheit und Wirksamkeit zwischen Papst und Bischöfen, aber auch der Bischöfe untereinander, von jeweils verschiedener Dichte.[18] Neben den eigentlichen rechtlich relevanten Handlungen des Bischofskollegiums als solchem und in Ausübung seiner höchsten Vollmacht über die Universalkirche (*ac-*

---

[16] Vgl. Instrumentum laboris, in: EV 10, 1864–1865.

[17] Vgl. LG 11.

[18] Vgl. LG 22–23.

*tio collegialis*), wie etwa im Rahmen der ökumenischen Konzilien, oder wenn der Papst die Bischöfe zu einer solchen Handlung ruft oder wenigstens eine gemeinsame Handlung von Papst und Bischöfen als kollegiale betrachtet und annimmt, gibt es auch ein rechtlich nicht relevantes und doch für die Einheit der Kirche wichtiges Communio-Bewußtsein der einzelnen Bischöfe im weiteren Sinn, das eben aus ihrer Eingliederung in das Bischofskollegium resultiert. Es ist getragen vom Grundtenor des kollegialen Geistes (*affectus collegialis*), der sich in der Offenheit und Sorge (*sollicitudo*) jedes Einzelbischofs für die gesamte Kirche, aber auch für die anderen Teilkirchen ausdrücken muss. Diese kollegiale Sorge oder Mitverantwortung bedeutet nun aber keinerlei Anmaßung hoheitlicher Rechte über andere Teilkirchen oder über die Gesamtkirche, was ja zu einer Minderung der personalen Rechte der jeweiligen Hirten führen müsste. Sie liegt vielmehr auf der Ebene einer inneren, die Einheit der Kirche im Auge habenden Sorge und Anteilnahme am Wohl der ganzen Kirche und am Wohl der anderen Teilkirchen. Auch die Einrichtung und Arbeitsweise der Bischofskonferenzen muss auf der Grundlage des *affectus collegialis* der Bischöfe angesetzt werden, wodurch es, zumindest prinzipiell gesehen, niemals zu einer hoheitlichen Einmischung der Konferenz oder der anderen Mitbischöfe in die personale Amtsautorität eines Diözesanbischofs kommen kann. Nur in jenen Fällen, die vom Recht her vorgesehen sind, können die Einzelhirten durch gemeinsame Entscheidungen der Konferenz rechtlich gebunden werden.

5. Bei aller Wahrung der personalen Leitungsvollmacht des jeweiligen Diözesanbischofs muss also doch bedacht werden, dass es gewisse Reservationen von der freien und vollen Ausübung der Hirtenautorität des Diözesanbischofs zugunsten der höheren Autorität im Rechtsgefüge der Kirche stets gab und immer noch gibt. Dies ist eine Forderung der hierarchischen Communio und lässt die ekklesiale Priorität der Gesamtkirche vor den Teilkirchen, aber auch deren Ineinander sichtbar und greifbar werden. Im Falle der Bischofskonferenzen betrifft dies jenen Bereich, in dem der Bischofskonferenz eine Entscheidungskompetenz nach Maßgabe des Rechtes verliehen wird, die alle Mitglieder und deren Teilkirchen binden. Während es vor der Einrichtung der Kompetenzen der Bischofskonferenzen also nur eine Reservation zugunsten des Apostolischen Stuhles

gab, wird in der geltenden Rechtsordnung auch den Bischofskonferenzen ein gewisses „Reservationsrecht" eingeräumt, durch das die personalen Vollmachten der einzelnen Bischöfe, die der Bischofskonferenz angehören, in gewissen, vom Recht genau benannten Fällen, zugunsten der Konferenzentscheidung gebunden und eingeschränkt werden.

6. Wenn man nun die „kollegiale" Gesinnung der Bischöfe, die aus ihrer Eingliederung in das Bischofskollegium stammt, ernst nimmt und gleichzeitig davon ausgeht, dass die Bischofskonferenzen an sich kein Träger hoheitlicher Rechte über die in ihr verbundenen Diözesen, mit Ausnahme der vom Recht her bestimmten Reservationen, darstellt, scheint es klar zu sein, dass es zwischen der personalen Amtsausübung des Einzelbischofs über die ihm anvertraute Teilkirche und einer gestuften kollegialen Mitverantwortung im Rahmen der Bischofskonferenzen keine grundsätzliche oder prinzipielle Unverträglichkeit geben kann.[19] Eventuell auftretende Schwierigkeiten im Miteinander von personaler Eigenverantwortung und kollegialer Mitverantwortung können demgemäß nur praktischer oder konkreter Art sein, indem eben das authentische Beziehungsverhältnis von personaler Amtsausübung und kollegialer Mitverantwortung gestört erscheint. Als konkrete Formen des kollegialen Sinns der Bischöfe als Glieder des einen und unteilbaren *Corpus episcoporum* galten schon seit jeher der gegenseitige Austausch und die gegenseitige Beratung, aber auch gemeinsame Beschlussfassung und Entscheidung, wie etwa in den *ad* hoc einberufenen Partikularkonzilien. Dazu treten unter den heutigen Verhältnissen eben auch die permanent und stabil errichteten Bischofskonferenzen als Ausdruck des kollegialen Geistes im Episkopat, der gleichsam die „Seele der Zusammenarbeit der Bischöfe in regionaler, nationaler und internationaler Hinsicht darstellt"[20].

Zusammenfassung

Aus den eben gemachten Erwägungen folgt also, dass das Institut der Bischofskonferenzen nicht einfach nur funktional als organisatorische

---

[19] Vgl. Instrumentum laboris, in: EV 10, 1866, wo die Einheit von personaler und kollegialer Dimension als „konstitutiv" für Sein und Wirken des Bischofs bezeichnet wird.

[20] Vgl. Apostolos suos, Nr. 12; Ecclesia sub Verbo Dei, II, C, Nr. 5, in: EV 9, 1805.

Struktur in sich gesehen werden kann, sondern dass dieses sehr wohl, abgesehen von allen pastoralen Opportunitätsgründen für deren Einrichtung, eine implizit ekklesiologische Größe darstellt, auch wenn es nur kirchlichen Rechtes ist und demgemäß nicht zur dogmatisch unverzichtbaren Ausstattung der Kirche Jesu Christi gehört. Vor diesem Hintergrund allerdings ergibt sich auch klar die Positionierung des Instituts der Bischofskonferenz im Hinblick auf ihre „kollegiale" Dimension und auf die personale Autorität der Diözesanbischöfe, die Mitglieder der Bischofskonferenz sind.

## V. Grenzen der kollegialen Mitverantwortung in den Bischofskonferenzen

Aus der Analyse der Stellung der Bischofskonferenzen zur vorgängigen Wirklichkeit des gesamtkirchlichen Bischofskollegiums und der Beziehung des einzelnen Diözesanbischofs zu ihm, müssen einige klare Grenzlinien gezogen werden:

1. Eine erste Grenze besteht darin, wie auch die schon erwähnte lehramtliche Klärung bis zu *Apostolos suos* ergibt, dass die Bischofskonferenzen nicht das Bischofskollegium als solches darstellen oder die höchste Autorität des Bischofskollegiums ausschöpfen können.[21] Das Bischofskollegium seinerseits betrifft nämlich den gesamten *corpus episcoporum* mit dessen Haupt, dem römischen Papst, nicht aber die nachträgliche Summierung oder Föderation einiger über eine Teilkirche als Hirten gesetzter Bischöfe, wie im Fall der Bischofskonferenzen. Während diese nur eine kontingente Struktur des kirchlichen Rechtes darstellen, bildet das Bischofskollegium ein dazu vorgängiges und absolut unverzichtbares Strukturelement der Kirche göttlichen Rechtes, das das Ineinander von Gesamtkirche und Teilkirchen begründet und bestimmt. Die Bischofskonferenz stellt demgegenüber also nur eine sekundäre Form der gemeinschaftlichen bischöflichen Ausübung einiger Hirtenaufgaben für mehrere Teilkirchen nach Maßgabe des kirchlichen Rechtes und nach Kriterien der pastoralen Nützlich-

[21] Vgl. Apostolos suos, Nr. 10–13; Instrumentum laboris, in: EV 10, 1879.

keit dar, die getragen ist von der bischöflichen Autorität ihrer Mitglieder, die in kollegialem Geist zusammenwirken.

Darum ist es auch ungenau, ja verwechslungsfördernd, in undifferenzierter Weise einfachhin von einer „kollegialen" Ausübung der Hirtenautorität im Rahmen der Bischofskonferenzen zu sprechen. Bestenfalls kann dies – wie die römische Theologenkommission zu Recht festhält[22] – nur analog und theologisch im uneigentlichen Sinn geschehen, da es sich bei den Bischofskonferenzen ja nur um eine von kollegialem Geist getragene partielle und eingeschränkte Weise von kollegialer Struktur handelt.

2. Eine zweite wichtige Grenze für die Kompetenz der Bischofskonferenzen betrifft die Wahrung der personalen Autorität des jeweiligen Diözesanbischofs im Rahmen der Bischofskonferenz. Denn in jeder Teilkirche ist, wie schon gesagt wurde, der Einzelbischof Hirte mit ordentlicher, unmittelbarer und eigenberechtigter Gewalt, und indem er seine eigene Teilkirche recht leitet, trägt er auch zum Wohl der ganzen Kirche bei[23]. Die Bischöfe als einzelne und in personaler Weise bleiben also göttlichen Rechtes die ordentlichen, unmittelbaren und eigentlichen Hirten ihrer Teilkirchen[24], an deren Stelle, abgesehen von den vom Recht her bestimmten Fällen, niemals die jeweilige Bischofskonferenz treten kann und darf[25]. Aber auch der jeweilige Diözesanbischof seinerseits darf nicht alibimäßig auf die Ausübung seiner heiligen Vollmacht in seiner Diözese zugunsten der Konferenz verzichten oder diese an sie bequemlichkeitshalber delegieren.[26] Ebensowenig darf es keine über die Maßgabe des Rechtes hinausgehende Einschränkung oder Minderung der Hirtenautorität des Einzelbischofs über seine Diözese durch eine Art „Konkurrenz- oder Parallelregierung" der Konferenz geben, genausowenig wie eine Behinderung des unmittelbaren Bezugs des jeweiligen Bischofs zum Apostolischen Stuhl.[27] Vielmehr ist es Aufgabe der Bischofskonferenzen, den Einzelbischöfen durch die Erfüllung einiger gemeinsamer Aufgaben wirksam zu helfen

---

[22] Vgl. Themata selecta, Nr. 5, in: EV 9, 1717.

[23] Vgl. LG 23.

[24] Vgl. CIC, can. 381, § 1.

[25] Vgl. Apostolos suos, Nr. 24; Instrumentum laboris, in: EV 10, 1880.

[26] Vgl. Apostolos suos, Nr. 20.

[27] Vgl. ebd., 24.

und die praktische Übereinstimmung in diesen Aufgaben im Interesse der überdiözesanen Einheit zu fördern und zu garantieren.[28]

Diese Grenzziehungen zugunsten der Wahrung der personalen Autorität des Diözesanbischofs, wie sie schließlich in *Apostolos suos* präsentiert wurden, müssen, wie gesagt, vor dem Hintergrund einiger konkreter Probleme und Mängel gesehen werden, die im *Instrumentum laboris* detaillierter zur Sprache kommen[29], wenn dort etwa angeführt wird, dass sich die Gefahr zeigt, dass die Bischofskonferenzen sich, anstatt in erster Linie als Beratungsgremium der Bischöfe tätig zu sein, in bürokratische Entscheidungsinstanzen verwandeln, durch die die Einzelbischöfe zu bloßen Ausführenden degradiert würden. Dann aber, dass sich mitunter die Tendenz zeige, die psychologische Freiheit der Einzelbischöfe durch die Konferenz ungebührend einzuengen. Hier ist wohl an ein gewisses „Mitläufertum" der einzelnen Hirten gedacht, bedingt durch einen, wenigstens psychologisch wahrnehmbaren, kollektiven Druck der Konferenz oder der Meinungsführer in der Konferenz.

Auch im Fall einer bloß beratenden Tätigkeit der Bischofskonferenzen, bei der es ja keine rechtlich bindende Entscheidung für den einzelnen Bischof geben kann, ist nicht auszuschließen, dass sich dennoch der Fall eines ungebührlichen psychologischen Drucks auf den einzelnen zeigen kann, der die personale Autorität des Diözesanbischofs über seine Teilkirche ungebührlich einschränkt.

3. Eine Frage, die sich hinsichtlich der Beschlussfassungen der Bischofskonferenzen auch stellt, ist die, ob in solchen Fällen nur jene Hirten ein entscheidendes Stimmrecht genießen sollten, die auch tatsächlich Träger der jurisdiktionellen Vollmacht über ihre Teilkirche sind (Diözesanbischöfe und Gleichgestellte), während hingegen die Auxiliar- und Titularbischöfe, denen diese Vollmacht der Leitung einer Teilkirche ja fehlt, davon ausgeschlossen sein sollten. Der CIC äußert sich zurückhaltend und differenziert. Einerseits bejaht er das beschließende Stimmrecht *ipso iure* für die ersteren, wobei er auch die eventuell vorhandenen Koadiutorbischöfe hinzuzählt, während er dies für die letzteren je nach den Statuten

[28] Vgl. Instrumentum laboris, 1878.

[29] Vgl. ebd., 1881.

der jeweiligen Bischofskonferenz geregelt sehen will.[30] Die eventuell an der Bischofskonferenz teilnehmenden emeritierten Bischöfe besitzen nur beratendes Stimmrecht,[31] ebenso liegt die Präferenz des CIC im Falle der Zugehörigkeit von Ordinarien anderer Riten, außer es wird in den Statuten der jeweiligen Bischofskonferenz anders geregelt.[32] Eine Ausnahme bildet jedoch die Beschlussfassung hinsichtlich der Statuten der Bischofskonferenz, für die nur die Hirten mit eigener Jurisdiktionsgewalt und die Koadiutorbischöfe, mit Ausnahme der Ordinarien fremder Riten, entscheidendes Stimmrecht haben.[33] In *Apostolos suos* wird zusätzlich darauf hingewiesen, dass man in den Statuten der Bischofskonferenz der Tatsache Rechnung tragen müsse, dass im Fall einer starken Präsenz von Auxiliar- bzw. Titularbischöfen in einer Konferenz deren stimmenmäßiges Gewicht bei Abstimmungen nicht die pastorale Leitung der Diözesanbischöfe ungebührlich beeinträchtige.[34] Ebenso wird dort das allein beratende Stimmrecht der emeritierten Bischöfe in allen Abstimmungen festgelegt.

Da die rechtlich verbindlichen Entscheidungen der Konferenz ja die einzelnen Teilkirchen verpflichtend betreffen und da die diesbezügliche Kompetenz der Konferenz keinen autonomen Rechtstitel darstellt, sondern sich als Reservation aus der Fülle der bischöflichen Jurisdiktion darstellt, würde es von daher eher konvenient erscheinen, das beschließende Stimmrecht generell jenen Mitgliedern der Konferenz vorzubehalten, die als Hirten Träger der ordentlichen, unmittelbaren und eigenberechtigten Gewalt über ihre Teilkirche sind.[35] In sich fragwürdig werden dann aber die Bestimmungen des Codex, wenn in can. 454, § 2, das beschließende Stimmrecht für die Beschlussfassung oder Abänderung der Statuten doch wieder nur den Diözesanbischöfen bzw. den Koadiutorbischöfen vorbehalten wird. Denn gerade in der Angelegenheit der Statuten, die ja keine

---

[30] Vgl. can. 454, § 2.

[31] Vgl. Apostolos suos, Nr. 17.

[32] Vgl. can. 450, § 1.

[33] Vgl. can. 454, § 2.

[34] Vgl. Apostolos suos, Nr. 17.

[35] Auch das derzeit gültige Statut der Österreichischen Bischofskonferenz sieht in § 7, 1, b alle bischöflichen Mitglieder der Konferenz als beschlußberechtigt, mit Ausnahme der nur ernannten, aber noch nicht geweihten Mitglieder oder jener, die noch nicht Besitz ihres Amtes genommen haben, vgl. Statut d. ÖBIKO, § 3, 2.

unmittelbar bindende Rechtswirkung für die einzelnen Teilkirchen besitzt, scheint ein Ausschluß der Auxiliar- bzw. Titularbischöfe sachlich weniger begründbar zu sein.

4. Im Zusammenhang mit der Verhältnisbestimmung zwischen Einzelbischöfen und Konferenz klären die lehramtlichen Dokumente die Frage, in welchem Ausmaß die Bischofskonferenzen das an sich personale und bischöfliche *munus magisterii* gemeinsam ausüben können. Hier muss wohl gelten, dass die Bischofskonferenzen als solche nicht im ursprünglichen und eigentlichen Sinn Instanz des Lehramtes genannt werden können,[36] sondern eben nur im abgeleiteten und uneigentlichen Sinn, insofern nämlich, als die darin versammelten Bischöfe gemeinsam ihr an sich personales bischöfliches Lehramt in Einheit mit dem Haupt und den anderen Gliedern des Kollegiums ausüben. Somit aber sind gemeinsame Beschlüsse der Konferenz in Lehrfragen als Ausdruck des authentischen und für die Teilkirchen der Konferenz verbindlichen Lehramtes möglich, die aber nur mit einstimmigem Beschluss als authentisches Lehramt der Konferenz selbst präsentiert werden dürfen, außer der Apostolische Stuhl gewährt einer bloß qualifizierten Mehrheitsentscheidung der Konferenz (mit ⅔ der beschlussfähigen Stimmen) die nötige Überprüfung (*recognitio*).

5. Analog dazu wird auch die kirchenrechtlich zugestandene Kompetenz der Bischofskonferenz, um allgemeine Dekrete im Sinn partikulärer Gesetzgebung namens der Konferenz zu erlassen, vom kirchlichen Recht geregelt. Diese Kompetenz ist ebenso nur auf jene Fälle eingeschränkt, die ihr vom allgemeinen Recht oder durch ein besonderes Mandat des Apostolischen Stuhles aus eigenem Antrieb oder durch Bitte der Konferenz bewil-

---

[36] So etwa die Position im „Instrumentum laboris" (in: EV 10, 1888), wo verneint wird, dass die Bischofskonferenzen als solche und im eigentlichen Sinn Subjekte des *munus magisterii* oder lehrhafte Instanz zu nennen sind. Zeichen dafür sei, dass die Bischofskonferenzen sich eben nur dann, wie es das allgemeine Recht vorsieht, mit Lehrfragen befassen, wenn es die enge Verknüpfung von Pastoral und Lehre erfordert (etwa im Bereich der Katechese). Anders, ohne diese Differenzierungen, beurteilt die lehramtliche Autorität der Bischofskonferenzen J. Listl, Plenarkonzil und Bischofskonferenz, in: J. Listl/H. Schmitz (Hg.), Handbuch des katholischen Kirchenrechts, Regensburg ²1999, 406, mit Berufung auf can. 753 CIC. In Apostolos suos, 21, wird ebenfalls can. 753 CIC als Grundlage zitiert, wobei aber gesagt wird, dass die in den Konferenzen miteinander verbundene Ausübung des Hirtenamtes auch die Lehrfunktion betreffe, womit also, zwar ohne nähere Klärung der Frage, wieder eher an die gemeinsame Ausübung der an sich personalen Lehrautorität der jeweiligen Hirten als formeller Grundlage der Lehrautorität der Bischofskonferenz gedacht ist.

ligt worden ist.[37] Weiters sind für die Beschlussfassung allgemeiner Dekrete der Konferenz wenigstens ⅔ der beschlussfähigen Stimmen der Konferenz ebenso notwendig wie die nachträgliche Überprüfung des Apostolischen Stuhles und die Promulgation des betreffenden Aktes der Gesetzgebung durch die Konferenz.[38] Darüber hinaus jedoch bleibt die Kompetenz des Einzelbischofs unangetastet, und niemand kann in seinem Namen handeln oder sprechen, außer es gibt einen allgemeinen, freien Konsens dazu, der von jedem einzelnen mitgetragen ist.[39] Gerade die letzteren Bestimmungen des kirchlichen Rechtes suchen die personale Verantwortung und Autorität des einzelnen Bischofs über seine Teilkirche vor einem kollektiven Übergewicht der Konferenzen, dem der einzelne nicht immer gewachsen ist, zu wahren.[40] Ebenso wird mit dieser Einschränkung klargestellt, dass keine „Kollektivregierung" der Konferenz an die Stelle des personal handelnden Hirten und Hauptes seiner Teilkirche treten kann und darf.

## VI. Fazit der Untersuchung

Die Bischofskonferenzen gehören zweifellos zu jenen Einrichtungen, die im Gefolge des Zweiten Vatikanischen Konzils die äußere Gestalt der lateinischen Kirche im Zwischenbereich zwischen dem Apostolischen Stuhl und dem Einzelbistum maßgeblich prägen, auch und gerade was die zugewiesenen Kompetenzen der Konferenzen betreffen. Dennoch machen die Bestimmungen des kirchlichen Rechtes zu den Kompetenzen der Bischofskonferenzen eindeutig klar, dass der einzelne Bischof in personaler Weise Träger seiner heiligen Vollmachten als Hirte und Lehrer der ihm anvertrauten Teilkirche ist und bleibt. Dieses Zutrauen zeichnet die

---

[37] Vgl. can. 455, § 1.

[38] Vgl. can. 455, § 2.

[39] Vgl. can. 455, § 4. Das Statut der ÖBIKO sieht vor, dass auch in den Materien, in denen an sich die Kompetenz des jeweiligen Diözesanbischofs bestehen bleibt, eine Abstimmung der Konferenz möglich ist, die allerdings einstimmig erfolgen muss, um alle Teilkirchen der Konferenz binden zu können, vgl. Statut der ÖBIKO, § 7, 1, f. Diese Möglichkeit wird vom allgemeinen Recht nicht vorgesehen, könnte aber indirekt die Freiheit der Einzelhirten in dieser Materie ungebührlich präjudizieren.

[40] Vgl. J. Listl, Plenarkonzil und Bischofskonferenz, a.a.O., 404.

kirchliche Verfassung aus, und ihr Grund reicht bis in die normativ vorgegebene Struktur der Kirche, wie sie aus dem Gründerwillen Jesu Christi und der apostolischen Urkirche eruierbar ist. Die Bischofskonferenzen hingegen sind bloß zusätzliche, auf der Ebene des kirchlichen Rechtes angesiedelte Institutionen der lokalen Zusammenfügungen von Teilkirchen, wie sie unter den heutigen Bedingungen als Möglichkeiten des Austausches der Bischöfe und einer besseren Übereinstimmung im kirchlichen Leben eines weiteren Raumes hilfreich sein können.[41] Sie sind getragen vom kollegialen Geist der Bischöfe, der sie ja als Glieder des einen und unteilbaren Kollegiums beseelen muss. Ihre Zielsetzung ist pastoral zu nennen, da sie einerseits der gegenseitigen Beratung der Hirten in pastoralen Fragen dienen, andererseits aber auch eine rechtlich eingeschränkte Entscheidungskompetenz in einer gemeinsamen Ausübung der Hirtengewalt über die jeweiligen Teilkirchen der Bischofskonferenz besitzen, somit also eine eigene, wenngleich aus der Summe der bischöflichen Vollmachten der in ihnen vereinigten Hirten abgeleiteten, Gesetzgebungs-, Verwaltungs- und Rechtsprechungsvollmacht.[42] Niemals aber dürfen diese Konferenzen zu Vehikeln eines subtilen oder offenen Drucks auf die Ausübung des Hirtenamtes der einzelnen Hirten über ihre Teilkirchen werden, ebensowenig aber dürfen die einzelnen Hirten die Institution der Bischofskonferenz zum „Feigenblatt" einer Tendenz der „Anonymisierung" der Ausübung ihrer eigenen Verantwortlichkeit mißbrauchen, die die persönliche Mühe der eigenen, personalen Ausübung der Hirtenautorität billig auslöst.

Schon von daher müssen, heute mitunter beliebte Vergleiche mit demokratischen Gremial- und Kollektivstrukturen, wenn überhaupt, als nur sehr eingeschränkt möglich und bloß äußerlich-funktional zutreffend bezeichnet werden. Dem tiefsten Wesen der *communio hierarchica*, vom Bischofskollegium bis hin zu den Bischofskonferenzen, können solche Vergleiche nicht wirklich dienen. Dabei handelt es sich nicht, wie mitunter vorgeworfen wird, um ein kirchliches „Demokratiedefizit", das ehebaldigst behoben werden sollte, sondern um das Zeugnis der adäquaten Kohärenz

---

[41] Vgl. ebd., 400.

[42] Vgl. ebd.

mit jenen Vorgaben der Kirche, die nicht gestaltbar und veränderbar sind, weil sie aus dem Erbe Jesu Christi und der Apostel stammen.

Die vereinzelten negativen Erfahrungen mit Bischofskonferenzen, gerade in Nationen und Kontinenten, in denen die Demokratie immer mehr eine alles bestimmende, ja totalitäre Weise der Gestaltung aller Lebensbereiche ohne Ausnahme zu werden scheint, weisen auf ein säkulares Verständnis der Bischofskonferenzen hin, das diese als Kopie dieser demokratisch-parlamentarischen Muster ansieht. Durch dieses defiziente Verständnis muss es aber zu Störungen und Problemen in der Wirksamkeit der Bischofskonferenzen zum pastoralen Wohl der Kirche, ja zu einem offenen Konflikt zwischen personalem und kollegialem Zusammenwirken kommen. Nur ein Verständnis der Bischofskonferenzen, das sich nicht von einem kurzsichtigen Rückgriff auf demokratisch-parlamentarische Parameter leiten lässt, sondern das sie im Licht des dogmatischen Wesens der Kirche und in ihrer davon bestimmte Struktur, ihrem Sinnziel, ihrer Lebens- und Wirkweise, konfiguriert sieht, wird den gewünschten Erfolg dieser kirchlichen Einrichtung garantieren: eine fruchtbare gemeinsame Arbeit in kollegialem Geist und zum Nutzen der Kirche. Dabei kann uns in Österreich die lange und bewährte Tradition der Bischofskonferenz ebenso hilfreich sein wie die nüchterne Zurückhaltung im Aufbau bürokratischer Strukturen der Konferenz, die letztlich ja, wie die Erfahrung zeigt, kein automatisches Mehr an fruchtbarem Wirken der Konferenz garantieren.

Letztendlich aber hängt die reale Qualität der Wirksamkeit einer Bischofkonferenz immer von deren einzelnen Mitgliedern ab: denn nur Hirten, die ihre Hirtenautorität in der eigenen Teilkirche mutig und wachsam ausüben und die zudem in Einheit mit Papst und Weltkirche empfinden und handeln, bilden auch Bischofskonferenzen, die mehr sind als bürokratische Strukturen, gespeist aus Kompromissgeist und Verantwortungsschwäche, nämlich glaubwürdiges Zeichen diskreter kollegialer Mitverantwortung für die anderen Teilkirchen in ihrem Gebiet, damit aber auch nicht unwesentlich Orientierung und Halt der Gläubigen.

# Pastoraltheologische Konsequenzen aus dem Subjekt-Sein des Volkes Gottes

*Peter Hofer*

## I. Kirche an der Schwelle zum dritten Jahrtausend

Die Kirche steht an der Schwelle zum dritten Jahrtausend. Zumal in Europa, dem einstigen christlichen Abendland, stehen wir in einem Umbruch der christlichen Tradition, von dessen Ausmaß sich viele noch gar keine Vorstellung machen. Es scheint, dass sich die Decke des Säkularismus immer fester über unseren Köpfen schließt. In dem eisernen Dreieck von Familie, Beruf und Freizeit scheint für Gott kaum noch Platz zu sein.

Seit je befallen den Menschen beim Überschreiten einer entscheidenden Schwelle tiefsitzende Angst und Unsicherheit. Und auch innerhalb der Kirche werden die Stimmen derer lauter und allgegenwärtiger, die ihre Angst vor der Zukunft umsetzen in eine unfruchtbare Sehnsucht nach dem Gewesenen.

Immer wenn ich von solchen horrorschwarzen Prognosen und düsteren Prophezeiungen genug habe, greife ich zur Bibel. Sie gewährt mir Ausblick, Horizont, Alternative.

Beim Propheten Joël (3,1–2) kündigt Gott durch seinen Zeugen in der Form eines feierlichen Versprechens für das Ende der Zeit folgendes an: Gott wird von seiner eigenen Lebensmacht, von seinem Geist mitteilen; das heißt, von dem, was an Leben, Gutsein, Wahrheit, Liebe und Gerechtigkeit in ihm ist. Er wird es *allen* geben: den Jungen und Alten, den Männern und Frauen, den Freien und den Sklaven. Also soll durch diese Selbstmitteilung Gottes eine neue Geistgemeinschaft entstehen, über alle natürlichen und künstlichen Grenzen hinweg. Ausdrücklich sagt der

Prophet: *Alle* werden am Geist der *Wahrheit* teilhaben; *alle* werden Propheten sein.

Die Kirche des Neuen Testaments bekennt durch den Mund ihres ersten Sprechers Petrus: dieses Versprechen ist erfüllt. Gott hat durch Jesus seinen Lebens- und Wahrheitsgeist mitgeteilt. Nun haben wir nach dem Gesetz dieser Gabe zu leben (Apg 2,14–19). Dies ist auch der zentrale Inhalt der Botschaft Jesu: die Menschen zu verlocken, in kindlichem Vertrauen eines Erwachsenen in die Nähe Gottes sein Dasein anzunehmen und zu leben. „Kirche ist zeichenhaft und zeugnishaft das Heute der schöpferischen, befreienden und vollendenden Nähe Gottes."[1]

Ob das tatsächlich geschehen ist, ob die Kirche wirklich von dieser Anwesenheit des Gottes-Geistes in allen ihren Gliedern lebt, dazu müsste eine lange, oft blutige, bis in unsere Tage verworrene Geschichte erzählt werden. Die überspringe ich bis in unsere Tage. Da hat es ein „neues Pfingsten" gegeben, eine Explosion des Hl. Geistes, das Zweite Vatikanische Konzil. Seine – bisher weithin ausgebliebene – Rezeption und seine nachwirkende Schubkraft – es hat als Konzil der Wende seine Botschaft in erster Linie an die Kirche der Zukunft gerichtet – könnte uns aus der gegenwärtigen Lethargie erheben und enthält Hoffnungsimpulse erster Ordnung.

Was ist nun die Botschaft, die Verheißung des Konzils für unsere Kirche? Mit einem Wort: sie will ihr in Gestalt des dialogischen Prinzips einen neuen Geist einhauchen. Der Begriff „Subjekt" oder „Subjektwerdung" wird dafür in kirchenamtlichen Dokumenten nicht verwendet, dafür findet er sich gehäuft in theologischen Beiträgen, insbesondere im Gefolge des Zweiten Vatikanums: da ist die Rede von der Kirche als dem wahren Subjekt des Credo[2], von ihrer „fortschreitenden Selbstentdeckung als aktives Subjekt in der Heilsökonomie"[3], vom „Volk Gottes als aktivem Glau-

---

[1] S. Wiedenhofer, Grundprobleme des katholischen Kirchenverständnisses im Übergang zu einer neuen epochalen Gestalt des Glaubens, in: C. Amery / J.B. Metz u.a., Sind die Kirchen am Ende?, Regensburg 1995, 129–157, hier 144.

[2] Internationale Theologenkommission, Die Einheit des Glaubens und der theologische Pluralismus, Einsiedeln 1973, 32 und 36.

[3] Vgl. H.J. Pottmeyer, Kontinuität in der Ekklesiologie des II. Vatikanums, in: G. Alberigo u.a. (Hg.), Kirche im Wandel, Düsseldorf 1982, 89–110. Vgl. dazu auch H.M. Legrand, Die Entwicklung der Kirchen als verantwortliche Subjekte, in: ebd., 141–174.

benssubjekt in der Kirche"[4], „Das II. Vatikanische Konzil: Wiederentdeckung des gemeinsamen Subjektseins der Kirche"[5], vom Subjektcharakter der Gemeinden[6], der Laien[7] oder der Basisgruppen in der Kirche. Letztlich ist „die Rede von der Kirche/Gemeinde als Subjekt nichts anderes als die theologische Auslegung der kirchlichen 'communio' im neuzeitlichen Problemkontext", resümiert S. Wiedenhofer.[8]

## II. Einige Stichworte zur Subjekt-Werdung des Volkes Gottes

a) Es geht nicht darum, dass Kirche/Gemeinde durch allerlei Kraftanstrengung ihre in unserer Welt bezweifelte Relevanz unter Beweis stellt. Erste Aufgabe christlicher Kirche/Gemeinde ist, der Welt den in Christus offenbaren Gott darzubieten als die der ganzen Welt zugute kommende Gabe, als den Ursprung aller Lebendigkeit, als das Leben und Seligkeit gewährende Lebensmittel. Gott allein gibt diese Gabe, unmittelbar, nicht irgendein Geschöpf, nicht eine Institution. Deshalb nennt das II. Vatikanum die Kirche „universelles Heilssakrament" (LG 1): nicht nur das Amt oder die von ihm gespendeten Sakramente, sondern die gesamte Kirche hat sakramentalen Charakter.[9] Sie ist Bild und Gleichnis der göttlichen „Communio" und dazu berufen und befähigt, unter den Menschen Communio zu stiften, sowohl durch ihre eigene Gestalt wie auch im Dienst an der universalen Versöhnung der Menschheit und der ganzen Schöpfung.

---

[4] Ch. Duquoc, Das Volk Gottes als aktives Glaubenssubjekt in der Kirche, in: Conc 21 (1985) 281–287, hier 281; vgl. J.B. Metz, Glaube in Geschichte und Gesellschaft. Studien zu einer praktischen Fundamentaltheologie, Mainz 1977, 120–135; H. Vorgrimler, Das Subjekt der Kirche, Argumente angesichts der Herausforderung der Dritten Welt, in: EvTh 41 (1981) 325–334.

[5] M. Kehl, Die Kirche, Eine katholische Ekklesiologie, Würzburg $^{2}$1993, 366–384.

[6] J. Ratzinger / H. Maier, Demokratie in der Kirche. Möglichkeiten, Grenzen, Gefahren, Limburg 1970, 7–46, hier 38f.

[7] H.-J. Görtz, Das kirchliche Handeln des Laien, in: ThPh 66 (1991) 177–191, hier 179.

[8] S. Wiedenhofer, Die Kirche als „Subjekt" oder „Person", in: W. Baier u.a. (Hg.), Weisheit Gottes – Weisheit der Welt (FS J. Ratzinger) II, St. Ottilien 1987, 999–1020.

[9] Vgl. nur W. Beinert, Das neue Gottesvolk als Sakrament des Heiles, in: MySal IV/1, 287–307; W. Kasper, Die Kirche als universales Heilssakrament, in: E. Klinger / K. Wittstadt (Hg.), Glaube im Prozess, Freiburg i. Br. 1984, 221–339.

Subjektwerdung heißt also zunächst, dass die Kirche/Gemeinde nicht nur passive Empfängerin der Heilsgaben und des Wortes Gottes ist, sondern dass ihr im Heilsgeschehen eine eigene Aktivität zukommt. Freilich hat dieses Subjektsein Dienst-Charakter: Sie ist nicht Subjekt von eigenen Gnaden und durch eigenes Vermögen, sondern das ihr übergeordnete Subjekt bleibt Jesus Christus.[10]

Dies allein hat schon pastorale Konsequenzen: es bedeutet den Verzicht auf selbstgestrickte Erfolgsrezepte und eingängige Slogans. Es ist der Versuch, in der im Alltag verborgenenen Wirklichkeit und in der ausdrücklichen Verkündigung der Gemeinde mit Gott zu rechnen: „Dies hat der Herr vollbracht; vor unseren Augen geschah dieses Wunder!“ (Ps 118,23).

b) Gott gibt die Gabe, sein eigenes Lebensprinzip, *allen*, die sie annehmen wollen. Aus ihr wird die Gemeinschaft der Glaubenden, die Kirche, die Gemeinde. Grundlage ist die religiöse Wahrheitsfähigkeit aller Gläubigen. Der Papst vermöchte kein verständliches Wort zu den Christen zu sagen, wäre der Geist der Wahrheit nicht schon in diesen. Es gibt keinen autonomen, exklusiven Geistbesitz, weder im kollektiven Sinn, als besäße ihn die Kirche in der Art einer totalen Volksdemokratie, noch im individuellen Sinn, als wäre die ewige, lebend machende Wahrheit Gottes exklusive Habe einer singulären Person. Der Hl. Geist ist in der Kirche nicht hierarchisch verteilt. Das Volk Gottes hat nicht mehr bloß eine passiv-rezeptive Rolle, sondern ihm kommt „bei der Artikulation und Entfaltung des Glaubens eine eigene Rolle zu“ und eine Handlungskompetenz, es kann und darf sich zunehmend „als Subjekt der Theologie, des Handelns und des Entscheidens begreifen“[11], d.h. Teilhabe aller Getauften und Glaubenden an der königlichen, prophetischen und priesterlichen Sendung Jesu Christi (LG 9–13; SC 14), „wahre Gleichheit“ aller Glaubenden vor den hierarchischen Unterschieden[12].

---

[10] Vgl. S. Pemsel-Maier, Differenzierte Subjektwerdung im Volke Gottes, in: D. Wiederkehr (Hg.), Der Glaubenssinn des Gottesvolkes – Konkurrent oder Partner des Lehramts?, Freiburg i. Br. 1994, 161–181, hier 163.

[11] Ebd., 167.

[12] Dass es nicht gelungen ist, die Communio-Ekklesiologie mit den hierarchischen Elementen des Kirchenverständnisses zu integrieren, ist eine der Ursachen für die nachkonziliaren Konflikte. Vgl. H.J. Pottmeyer, Die zwiespältige Ekklesiologie des Zweiten Vatikanums - Ursache nachkonziliarer Konflikte, in: TThZ 92 (1983) 272–283.

Im gesellschaftlichen Horizont der Öffentlichkeit tritt Kirche heute ins allgemeine Bewußtsein eher als respektable Großorganisation und als religiöser Dienstleistungsbetrieb denn als Gemeinschaft im Glauben. Demgegenüber steht die Gemeinde als „kommunikativer Lebensraum des Glaubens", in dem Konsens freilich nicht aufgrund des freien Spiels der Meinungen als kleinster gemeinsamer Nenner entsteht, sondern als gemeinsame Zustimmung zu der Vorgabe der Glaubensverkündigung. Die Notwendigkeit des besonderen Amtes wird dadurch nicht erledigt, sondern liegt gerade im Zeugnis für den in allen wirkenden Geist Gottes.

c) Der christliche Glaube beginnt nicht heute am Nullpunkt, sondern wir stehen auf den Schultern vieler Glaubensmütter und Glaubensväter. Dieser Dialog mit der Tradition ist ungemein befreiend, sofern man erkennen kann, was der Hl. Geist in diesen zweitausend Jahren alles gewirkt hat. (Die sog. „Traditionalisten", die sich so gern auf „die Tradition" berufen, leiden nicht daran, dass sie zuviel, sondern zuwenig Tradition haben. Sie verwechseln Tradition mit ihren Kindheitserinnerungen. Sie sind für den Fortschritt, insofern er auf der Stelle tritt.)

Es gilt, im mühsamen und notwendigen Geschäft der Entzifferung der Geschichte Gottes mit den Menschen zu der Freiheit zu finden, zu der uns das Neue Testament ermächtigt und verpflichtet, – „einer kreativen Freiheit, die sich nur im Glauben an Jesus, den Christus, und in der Auseinandersetzung mit der Welt heute verwirklichen lässt"[13] – und unter den heutigen Voraussetzungen nach Mitteln und Wegen zu suchen, „damit die ‚Sache Jesu' in unserer Zeit Gestalt annehme, damit sich Kirche heute und morgen verwirklichen kann"[14].

Das Subjekt-sein des Volkes Gottes ist erst anerkannt, wenn das Gottesvolk nicht sprachlos bleibt, sondern seine Erfahrungen und Auffassungen von Leben und Sterben im Zugang zu Gott und in Gemeinschaft mit seinem Jesus auch sprachlich – in und außerhalb der Liturgie – zum Ausdruck bringen kann. Christen sind nicht „Eigenbrötler", sondern stärken

[13] H.J. Venetz, Die vielgestaltige Kirche und der eine Christus, Die Gemeinde im Spannungsfeld von Jesu Anspruch und konkreter Praxis, in: Kirche auf dem Weg ins Jahr 2000, Pastoraltheologische Informationen 4, hg. vom Beirat der Konferenz der deutschsprachigen Pastoraltheologen, Frankfurt a. M. 1984, 29–55, hier 54.

[14] Ebd., 54.

sich durch gegenseitige Teilhabe und Teilgabe am Brot des Glaubens und am Wort der Hoffnung. So finden sich dann viele Spielleute Gottes, die das neue Lied vom Leben singen.

d) Nachfolge heißt, in die Leidens- und Todeswelt der Menschen unserer Zeit und unseres Lebensraumes hinabzusteigen. Nur dort stellt sich realistisch und radikal die Frage nach dem Glauben an das Gutsein des Lebens, nach der Hoffnung auf eine noch lebensvolle Zukunft, nach dem Geliebtsein in einer ausbeutenden und lieblosen Welt. Ohne eine an Jesus orientierte Praxis hängt der Glaube an Christus „in der Luft" von lediglich in der Verkündigung behaupteter und in der Liturgie gefeierter Menschenfreundlichkeit Gottes: als ob letztere nicht auch mit der Menschenfreundlichkeit der Menschen zu tun hätte.

Nur wenn die Gemeinde als religiöse communio lebt, in der alle zum Subjekt geworden sind, d.h. in der sich eine Identität ausbildet, die nicht einfach von oben lebt, sondern aus der religiösen Erfahrung der Menschen selbst entsteht, wird sie der Versuchung der Rollenübernahme entgehen können, die ihr die Gesellschaft zu gerne zugesteht und zuweisen möchte: die Wunden des Sozialsystems zu verbinden und ansonsten alles, was von oben kommt, als gottgewollt darzustellen.

So werden Gemeinden in dem Maß zu einem Ort der lebendigen Erinnerung und der gelebten Hoffnung, als sie Gemeinden werden, d.h. Räume, in denen Menschen sich in Gottes Namen konkret, wechselseitig und verbindlich aufeinander einlassen. Das, was in der Optik der Welt klein, unbedeutend, einflusslos und unwichtig ist, ist im Glauben als der Raum zu sehen, in dem verborgen Gottes Herrschaft unter uns anbricht.

Nun ist es höchste Zeit, aus dieser bleibenden Vorgabe, dass sich Kirche/Gemeinde im Anschluss an das Zweite Vatikanische Konzil als „ein christliches Sozialmodell 'herrschaftsfreier' und unterstützender Kommunikation (lat. communio)" von Subjekten versteht, Konsequenzen zu ziehen.[15]

An zwei elementaren Handlungsfeldern wird dies mehr angedeutet als ausgeführt:

---

[15] Vgl. dazu M. Kehl, Wohin geht die Kirche?, Eine Zeitdiagnose, Freiburg im Br. 1996, 115f.

1. an der *Seelsorge* (ich verwende diesen Begriff, der für mich einen guten, verläßlichen Klang hat, für den unverzichtbaren und gegenwärtig arg vernachlässigten Bereich der wegbegleitenden Gemeinschaft mit Einzelnen);

2. am *Gemeinde-Aufbau,* an der Begleitung gemeindebildender Prozesse durch haupt- und ehrenamtliche pastorale Mitarbeiter.

Ein 3. Bereich, der der *Diözesankirche* als Gemeinschaft aller Gemeinden mit der Bischofskirche und die *Gesamtkirche* als Gemeinschaft aller Ortskirchen, muss ausgespart werden, aus Platzmangel, nicht weil er nicht wichtig wäre! Im Gegenteil: die Glaubwürdigkeit des konziliaren Neuansatzes steht hier auf dem Spiel.

## III. Pastoral(theologisch)e Konsequenzen aus dem Subjekt-Sein des Volkes Gottes

### 1) Kirche für die einzelnen – Kirche aus den einzelnen

Bei der Aufmerksamkeit für den einzelnen muss alles beginnen.[16] Und zwar aus einem doppelten Grund:

E*rstens* besteht die charakteristische Not des Menschen in der sogenannten freien Welt darin, dass er als einzelner austauschbar geworden ist, nichts gilt, genau um die Chance der Freiheit und Selbstverwirklichung betrogen wird, die ihm diese Gesellschaft verspricht.

Am Beispiel der in den Medien allgegenwärtigen Talk-Shows sei es verdeutlicht: Da lädt der triumphierende Mittelstand, verkörpert durch die Schiejocks oder Russwurms oder Schreinemackers, Namenlose aus der Unterschicht ein. Die wiederum spielen mit, weil sie glauben, ausgerechnet in der Talkshow, die sie zum Objekt macht, seien sie das Subjekt, also das Wesen, um das sich alles dreht. Wie ein Drogenhund schnuppert der Interviewer am Opfer herum nach verwertbaren Gefühlen. Das Setting

[16] Vgl. R. Zerfaß, Biographie und Seelsorge, in: Trierer Theologische Zeitschrift, 97 (1988) 262–287. Er formuliert als These: „Wir müssen die Würde und den unvertretbaren Weg des einzelnen in den Mittelpunkt der theologischen Reflexion rücken und neu lernen, dass christliche Gemeinden vor allem anderen Räume sein wollen, in denen Menschen Mensch werden, d.h. ihren individuellen Lebensweg, ihre Berufung entdecken und leben dürfen" (273).

der Show jedoch verwandelt am laufenden Band die Lebensgeschichten der Namenlosen in Schauergeschichten für Voyeure, und die bekannten Talkmaster und Talkmasterinnen verdienen an bizarr gewordenen Indiskretionen ihre goldenen Nasen. Die „klassenkämpferische“ Funktion einer solchen Unternehmung ist folgende: Sie verarbeitet soziales Elend, indem sie es entwertet, also zur beliebigen, austauschbaren, gleichgültig machenden Unterhaltung umfunktioniert. Sie entpolitisiert die Sozialpolitik. Eine ähnliche gesellschaftliche Bedrohung von Identität besteht auch auf Weltebene: „Das leise Verschwinden des Subjekts, der Tod des einzelnen in den anonymen Zwängen und Strukturen einer Welt, die von fühlloser Rationalität konstruiert ist und die deshalb Identitätsmüdigkeit und Erinnerungslosigkeit, Bewußtlosigkeit der Seele verbreitet“[17].

*Zweitens* sind wir gerade als katholische Christen von Kindheit an darauf programmiert, den einzelnen/die einzelne von vornherein dem Ganzen unterzuordnen, seine/ihre Freiheit sofort zum Wohl des Ganzen zu vereinnahmen und, wenn das nicht gelingt, als unbotmäßigen Egoismus zu verdächtigen. So gehen wir auch mit den biblischen Bildern vom „Leib“ (vgl. 1 Kor 12,12–30; Röm 12,4) und vom „Haus“ bzw. „Bau“ (1 Kor 3,9; vgl. 1 Thess 5,11f) um. Paulus deutet das in der zeitgenössischen Popularphilosophie häufig für die Ein- bzw. Unterordnung der Einzelnen um des Ganzen willen gebrauchte Bild kühn um auf das lebendige Ineinander vieler verschiedener Akteure. Gerade die „schwächeren“ Teile des Organismus bedürfen des Schutzes gegenüber den „Über-Christen“. Die homiletische Auslegung, die darauf abzielt, der einzelne sei ja „nur“(!) ein „Glied“ und nur ein „Stein“, kann sich jedenfalls nicht auf Paulus berufen, denn er gebraucht diese Bilder – auch wenn ihm die Ausdeutung der Bilder im rhetorischen Eifer manchmal etwas schief gerät – gerade nicht um die Unterordnung des einzelnen unter das Ganze zu illustrieren, sondern um die wechselseitige Bedeutung der Glieder füreinander, und um die Erbauung dieses Hauses aus den Steinen auf dem einen Fundament und Grundstein, der Jesus Christus heißt, aufzuzeigen.

Wo in einer christlichen Gemeinde keine Kraft und keine Zeit mehr bleibt für das zeitraubende Einzelgespräch, für die absichtslose und

---

[17] J.B. Metz, Glaube in Geschichte und Gesellschaft, a.a.O., 135.

liebende Begleitung des einzelnen Notleidenden, für die Kontaktnahme, bei der nicht sofort etwas – ein neuer „Mitarbeiter" – herausschaut, für Gespräche, die nicht als Termin im Pfarrblatt veröffentlicht werden und die Statistik der pfarrlichen Aktivitäten nicht auffetten, für das zähe Ringen mit einem armen und verzweifelten Menschen, mit einem suchenden Thomas unserer Tage, mit einem Wort: wo man sich des einzelnen schämt, ist dies ein Faustschlag ins Gesicht des lebenden Christus, der uns anschaut aus dem Antlitz des armen und geschundenen Bruders und der vergessenen Schwester. Pfarrgemeinderäte und Pfarrer und Bischöfe, die in die Rubrik geschäftiger und unerreichbarer Unternehmer und Manager gerückt sind, können kein Zeugnis ablegen von Gott, der das Leben ist, der den Menschen ins Leben ruft. Kriterium dieses Lebens ist, ob es spannender, lustvoller, liebenswerter, dichter, bedeutungsschwerer und heiliger wird auf der nach oben wie unten offenen Richterskala.

„Jede(r) ist ein Sonderfall" – allerdings mit einem Fragezeichen hintendran – ist der Titel einer Untersuchung des Fachbereichs Praktische Theologie an der Universität Tübingen zur Individualisierung der religiösen Lebensformen. Könnte man das, was wir sehr schnell als dekadent oder orientierungslos verleumden, nicht auch als die logische Konsequenz dessen verstehen, was wir seit Jahren in einem wahren katechetischen und homiletischen Trommelfeuer als „mündiges Christsein" eingefordert haben?[18] Mündiges Christsein kann sich auch ganz anders entwickeln, als wir Kirchenleute und Pastoralstrategen es uns vorstellen. Wer meint, mündiges Christsein könne sich nur als lineare Verlängerung dessen darstellen, was immer schon gesagt und getan wurde, hat noch nicht verstanden, was Subjekt-Werdung bedeutet. Es zeigt sich vielmehr als selbständiges Handeln und Entscheiden, als autonomes Denken, auch abseits der ausgetretenen Pfade des bisher Üblichen. Welche schöpferische Kraft würden die Kirchen gewinnen, wenn sie sich positiv auf die religiöse Neugier, die biographische Offenheit und die Lebenszugewandtheit der Menschen einließen!

Was könnte das konkret bedeuten?

---

[18] Vgl. U. Baumann u.a., Seelsorgliche Gesprächsführung, Ein Lernprogramm, Düsseldorf 1996, 26.

*1. Beispiel: Begleitung an Lebenswenden*

Es bedarf einer großen Sensibilität und eines geduldigen Hinblicks, um aus den oft unbeholfenen Andeutungen und den unfrisierten Impressionen die Spuren eines Lebens – die „Freude und Hoffnung, die Angst und Trauer“ – wahrzunehmen. Ohne liebevolle Annäherung im Gespräch, ohne eigene In-Frage-Stellung durch mitgefühltes und mitgetragenes fremdes Schicksal, ohne den Mut zur Berührung und zum Sich-anrühren-lassen wird das helfende und (er)lösende Wort nicht geschenkt. Erst Einfühlen mit Echtheit und Achtung macht es möglich, dass auch Enttäuschungen und Verwundungen, Sperriges und sogar Peinliches ausgesprochen werden kann.

Wie unterschiedlich die Situationen und die Hilfen sein mögen: immer geht es darum, dass die Betroffenen wieder Subjekte der eigenen Lebensgeschichte werden. „Der Seelsorger/die Seelsorgerin ist jemand, der sich auf Biographien verstehen muss, d.h. auf den Beistand in der Entscheidung, ob die neue Lebenschance, die sich da plötzlich als mögliches Lebensrisiko entlarvt, noch in die bisherige Lebensgeschichte integriert werden kann.“[19] Es steht außer Frage, dass sich Seelsorge, wenn sie überhaupt dem Menschen in der Gegenwart gerecht werden will, in diesem Sinne als beratende, lebensbegleitende, die Individualität ernstnehmende Seelsorge verstehen muss; dass in der Kirche/Gemeinde Namen und Gesichter zählen, nicht nur potentielle Mitarbeiter.

*2. Beispiel: Taufgespräch*

Das Taufgespräch ist der klassische Ort für eine Gesprächssituation, in der die Eltern eines Kindes wie erwachsene Menschen behandelt werden müssen, deren persönliche Überzeugungen, Vorstellungen und Entscheidungen in Dingen des Glaubens genauso ernst genommen werden wie ihre Bedenken und kritischen Vorbehalte gegenüber der Kirche. Die Chance, dass dieses Gespräch gelingt, besteht nur, wenn der Seelsorger/die Seelsorgerin sich nicht als bedrohender Oberlehrer missversteht, der den Taufeltern moralisch ‘einheizen’ oder sie gar mit der Drohung der Verweigerung des Sakramentes in die Knie zwingen will. Vielmehr sollen

[19] So R. Zerfaß, Biographie und Seelsorge, a.a.O., 266.

Eltern und Seelsorger zu Verbündeten werden, die sich gemeinsam darum bemühen, die Zukunft des Kindes „festzumachen im 'wahren' Gott“[20].

*3. Beispiel: Ehepastoral*

Nicht eine Theologie für Eheleute und für Familien ist nötig, sondern eine Theologie der Ehe und der Familie, die von realer Ehe- und Familienerfahrung ausgeht, „nach religiös und theologisch Relevantem fragt und aus diesem Interesse theologische Aussagen zu formulieren versucht“[21], von den Erfahrungen, dass selbst in dem, was wir aus Liebe tun, oft noch ein Stück Egoismus ist, von den Erfahrungen einer Ehe, einer Familie, die nicht immer lächelnd am Frühstückstisch sitzt, weil „Teekanne“ alle Probleme löst, sondern die auch Mühen der Hausaufgaben und den Kummer der schlechten Schulnoten kennt und nicht bloß den Feiertag, die auch weiß, wie man mühsam durch die Prosazeilen des Lebens kriecht, wenn die Macht der Gewohnheit das Spiel der Liebe zum Ritual der Gewöhnlichkeit deformieren will.

Auch hierin sind die vorsichtigen Aussagen des II. Vatikanischen Konzils nicht eingeholt, ist die Einbahn der Kompetenz – von oben nach unten – nicht aufgehoben: „Christus, der große Prophet ... erfüllt bis zur vollen Offenbarung der Herrlichkeit sein prophetisches Amt nicht nur durch die Hierarchie, die in seinem Namen und in seiner Vollmacht lehrt, sondern auch durch die Laien. Sie bestellt er deshalb zu Zeugen und rüstet sie mit dem Glaubenssinn und der Gnade des Wortes aus, damit die Kraft des Evangeliums im alltäglichen Familien- und Gesellschaftsleben aufleuchte.“[22] Wenn das Wort vom prophetischen Zeugenamt der Laien mehr sein soll als eine pathetische Floskel, dann muss ihnen auch innerhalb der Kirche aufrichtig zugehört werden, sei es gelegen oder ungelegen, was sie sagen. Es ist höchste Zeit, das lösbare Problem zu lösen: Wie kann in der Glaubensgemeinschaft Kirche das Gespräch über die Ehe ge-

---

[20] P.M. Zulehner, Heirat, Geburt, Tod, Eine Pastoral zu den Lebenswenden, Wien 1987, 166.

[21] G. und X. Pfister-Schölch, Elemente einer Theologie der Familie, in: Diakonia 23 (1992) 250–256, hier 251.

[22] II. Vatikanisches Konzil, Dogmatische Konstitution über die Kirche „Lumen gentium“, Nr. 35; vgl. auch Nr. 12.

führt werden, so, dass alle Kompetenzträger nach dem Maß ihrer Zuständigkeit zu Wort kommen?

Die theologische Ehelehre redet viel von den Zielwerten, von Einheit, Harmonie und Frieden und übersieht meist, was doch so alt ist, wie die menschliche Gesellschaft: dass zu einer Ehe Konflikte gehören, Spannungen, auch Scheitern und Zerbrechen, die Härte des Miteinanderlebens, das oft ein Gegeneinanderstehen sein muss, der Kampf zweier Menschen um ihr je eigenes und ihr gemeinsames Leben.

Die theologische Besinnung darf sich dieser Mühen nicht schämen. Die Auseinandersetzung damit gehört nicht nur in die Problemanalyse, sondern auch in die theologische Reflexion. Hier, wo Menschen mehr als irgendwo zwischen Glück und Mißglücken, zwischen Erfüllung und Verzweiflung gestellt, in jedem Fall über ihr „Menschenmögliches" hinaus gefordert, wirklich Suchende, nicht selten Geschlagene sind, muss christliche Ehetheologie sich bewähren.

Der Weg der Liebe, den sie als Mann und Frau miteinander gehen, ist der Weg der Selbstverwirklichung, der Hingabe, der Erfüllung. Hierin vertieft und verstärkt, deutet und ent-täuscht die christliche Glaubensbotschaft die Lebenserfahrung: das Wissen, dass der Mensch von Gott unbedingt angenommen ist, die Verlockung, sich auf die von Gott ausgehende Bewegung der Liebe einzulassen; die Erfahrung der Gefährlichkeit und des Schmerzes des Sich-Schenkens, aber auch die Hoffnung, dass Liebe stärker ist der Tod (vgl. Hld 8,6).[23]

### 2) Gemeinde als Weggemeinschaft, Lerngemeinschaft und Gesprächsgemeinschaft

Wenn wir die Würde und die Freiheit, die Gott einem jeden von uns zugedacht hat und den unvertretbaren Weg des einzelnen, sein Subjekt-sein in den Mittelpunkt der theologischen Reflexion und des pastoralen Bemühens rücken, so müssen wir auch neu lernen, dass christliche Gemeinden „vor allem anderen Räume sein wollen, in denen Menschen Mensch

---

[23] Vgl. J. Ratzinger, Einführung in das Christentum, Vorlesungen über das Apostolische Glaubensbekenntnis, München 1968, 249f.

werden, d.h. ihren individuellen Lebensweg, ihre Berufung entdecken und leben dürfen“[24].

Diese Einsicht, die das II. Vatikanum auch lehramtlich zum Ausdruck gebracht hat (GS 3,2; 10,1f.; 11,1; 22,1; 25,1.3), muss sich innerkirchlich erst mühsam durchsetzen. Die Unfähigkeit, mit der geistgewirkten Pluralität in der Kirche angemessen umzugehen[25], liegt wie ein Schatten auf dem Zeugnis der Kirche in der Welt von heute und erzeugt innerkirchlich Resignation und Frustration.

*1. Gemeinde als Weggemeinschaft*

Menschen, die denselben Weg gehen, finden rasch zueinander und werden Weggefährten. Bei einer solchen Weggenossenschaft – und ich transponiere jetzt das Bild in meine Heimat: ins Hochgebirge – reicht die Luft nicht für lange Sätze und geflügelte Distinktionen, schnoddrige Schulmeisterei erledigt sich von selber, wenn man miteinander im Seil hängt, sondern es wird ein Mitgehen, das die Mühsal des Weges mitträgt. Ohne Bild gesprochen: es ist eine Weggenossenschaft mit dem Zeitgenossen in einer Welt der trostlosen Zukunftsaussichten, mit den Erfahrungen des Daseins, die den Geist und das Herz finster, müde und verzweifelt machen, mit dem Zerbröseln des Daseins in alltäglicher Skepsis, das billige Auf-Sich-Beruhen-Lassen der schweigend unendlichen Frage.

„Begleiten“ heißt das Stichwort und das meint nicht, ständig seine Mitmenschen zu bevormunden. Begleiten heißt, mit den Situationen, so weich und so achtsam umgehen, dass sie freisetzen können, was jenseits aller vorgefassten Ideen von Gott her in ihnen steckt, „was kein Auge gesehen und kein Ohr gehört, was keines Menschen Herz je ersonnen hat, was aber Gott denen bereitet hat, die ihn lieben“ (1 Kor 2,9).

*2. Gemeinde als Lerngemeinschaft*

Derart viele Theologen wie heute gab es noch nie in der Christentumsgeschichte. Diese Hoch-Zeit steht im Widerspruch zu Klagen, unsere Gene-

---

[24] R. Zerfaß, Biographie und Seelsorge, a.a.O., 273.

[25] Einheit und Vielfalt in der katholischen Kirche, Dokumentation des Pastoraltheologenkongresses in Wien 1985, in: Pastoraltheologische Informationen 5 (1985) 215–350.

ration sei in Glaubensfragen so ungebildet wie keine zuvor. Während sich ein gewichtiger Kreis mit religiösem Wissen versorgt und sich sogenannte Laien in theologisch-wissenschaftlichen Bereichen ebensogut oder längst besser qualifizieren als Geistliche, herrscht in breiten Schichten der Bevölkerung völlige Ignoranz. Dort werden antireligiöse und antikirchliche Vorurteile von gestern und vorgestern weitergepflegt ohne jede Scham, sich zu blamieren. Fast kein Kabarett lässt es sich entgehen, mit der Karikatur der Auslegung einer Bibelstelle billige Lacherfolge einzuheimsen. Dieser religiöse Bildungsnotstand ist eine Schande für eine Gesellschaft, die ansonsten ein allgemein hohes Bildungsniveau erreicht hat. Einst reichten gemeinsame öffentliche Riten aus. Kollektive liturgische Feiern, christliches Brauchtum, Sonntagsschule und Katechismus regten im „Volk" ein gewisses Maß an religiöser und spiritueller Wachheit an. Heute jedoch gilt unter den verschärften Bildungs-Bedingungen mehr noch als früher: der Glaube aller braucht den Intellekt, den Verstand und daher Theologie.

Dem religiösen Analphabetismus ist mit jenem Bildungsanspruch entgegenzutreten, der sonst als völlig selbstverständlich gilt. So surfen schon Kinder durchs Internet; von Jesus jedoch haben viele nicht die geringste Vorstellung. Nachgeholte Aufklärung heißt dann aber auch: Hervortreten aus selbstverschuldeter religiöser Unmündigheit. Der Mut, sich seines Verstandes zu bedienen, braucht die moderne Theologie, die eine kulturell-öffentliche Aufgabe ist und daher zu Recht an staatlichen Fakultäten erforscht, gelehrt und gefördert wird.

### *3. Gemeinde als Gesprächsgemeinschaft*

Nichts in unserer Gegenwart ist wohl schrecklicher zu sehen und tiefer zu beklagen als die fast allerorten um sich greifende, ja systematisch durchgeführte Zerstörung der Sprache. Manche Deutschlehrer beklagen, dass ihnen ihre Schüler vorkämen wie Fremdsprachler, die im Unterricht offenbar nur bis zur dreißigsten Lektion der deutschen Sprache gelangt seien. Reden wir nicht permanent am anderen vorbei, vermeiden wir nicht, ihn mit Worten zu berühren und sprechen vom Wetter, von den Preisen, von der Gesundheit, von der Ernährung, von der Kleidung, von allem, nur nicht von uns selber und dem anderen?

Welche Sprache sprechen wir heute in unserer verwalteten, verwissenschaftlichten, technologisch irregeführten Gesellschaft, die sich entweder an Daten, Statistiken, Marktgesetzen orientiert oder sich in Depressionen, Ideologien, Heilslehren flüchtet? Statt sich um sinnliche Anschauungen zu bemühen, drücken viele Zeitgenossen nur die Begriffsknöpfe, was wiederum ein Abbild der Denkschlamperei in unseren Köpfen ist. Was nehmen wir durch unsere Sprache noch wahr – und was verdrängen wir kunstlos und auf eine deprimierende Weise durch eine entzauberte, von Widerständen gereinigte, überraschungslose und verdürftigte Sprache? Kennen wir die Sprache der Weinenden, der Gebrochenen, der Sterbenden mitten im Leben? Oder haben wir uns schon hinlänglich abgeschottet gegenüber einer Sprachwelt, die uns zutiefst erschüttern könnte, und die wir nicht durch 'Gefühlsarbeit' bewältigen können? Erleben wir auch noch unsere Sprachunfähigkeit, oder haben wir alles benannt, den letzten Winkel unserer Erfahrung ausgekundschaftet?

Kommunikationstrainings haben in den letzten Jahrzehnten Erfahrungen über den möglichen Zuwachs an Hör- und Sprechfähigkeit gebracht. Gemeinden, die früher nur das stumme Zuhören gelernt hatten, sind zu „redenden Gemeinden“ geworden. Haben wir Menschen in dem nun schon zu Ende gegangenen 20. Jahrhundert etwas nötiger als dieses „Ephata!“, dass es uns erreicht in den Verbissenheiten, in den selbstgebauten Mauern und gigantischen Türmen, in den Katastrophenängsten, die unsere Welt kennzeichnen? Nicht nur die Ohren und die Zunge sind angesprochen, sondern der ganze Mensch. Es ist geschehen damals, dass sich die Ohren des Taubstummen auftaten und seine Zunge sich löste und die Botschaft einer erfüllten Verheißung wahr wurde: „Den Tauben gab er das Gehör und den Stummen die Sprache“ (Jes 35,5).

# Die Frage – Platzhalter des Ewigen unter Menschen?

*Wolfgang Treitler*

## I. Transparenz der späteren Jahre

In Israel hat sich ein Übermaß menschlicher Weisheit angesammelt. Ihre Wurzeln trieb und treibt sie hin bis zum namenlosen Ewigen. Was an Menschenkenntnis sich entwickeln konnte, das spielte vor einem unschaubaren Hintergrund, der sich Israel als der Einzige eingetragen hat, auf den es wirklich ankommt, auf den wirklich gehofft, von dem her allein gelebt werden konnte. Daher muss in Israel jeder Mensch des Tags und der Nacht, während der Arbeit und am Shabbat des Herrn gedenken (Dtn 6, 4–12), damit er nicht vergisst, wer ihn leben lässt.

Wer auf diese Weise in die reifen, späteren Jahre kommt, hat, wenn er besonnen durch seine Jahre gegangen ist, an dieser Weisheit teilnehmen können. Daher mahnt Jesus Sirach auch – ganz im Gegenzug zu heute, da das Junge, Dynamische deshalb gilt, weil es jung und dynamisch ist, also bloß seiner Form wegen, aufgrund seines Designs, seiner scheinbar attraktiven Darstellung – daher also mahnt Jesus Sirach die Jungen eindringlich, sich nicht über die Generation der Vorgänger zu erheben: „Mein Sohn, wenn dein Vater alt ist, nimm dich seiner an, und betrübe ihn nicht, solange er lebt" (Sir 3,12).

Keinesfalls bedeutet das, dem Vater, dem Vorderen die Stellung der Unfehlbarkeit zuzuweisen; das wäre biblisch eine Anmaßung, die durch die vergehenden Zeiten – kollektiv und individuell – ohnedies als Trugbild verfällt. Jesus Sirach blickt empathisch auf den Vorderen, auf den Vater – und wohl auch mit den Augen einer sicheren Ahnung: Die gewesenen Jahrzehnte bergen ein Geheimnis, das nur hin und wieder aufblitzt, vielleicht dem Vater selbst fremd; doch manchmal schafft es sich Transparenz, manchmal sogar ein Wort. Wenn der Schwindel der eigenen Unsterblichkeitsträume verblasst[1], dann wird die eigene Existenz vielleicht zum ersten Mal durchsichtig auf ihr Abgrund-Geheimnis[2], das sie befreit. Kein An-sich-Festhalten mehr, keine verbissene Selbstbehauptung, die die Haltung der Demut mit Tugend verwechselt[3], keine Autosuggestion von Dauer und Endlosigkeit des Eigenen – das alles kann der Vater, der Vordere die Nachkommenden schon dadurch lehren, dass er klarer unter dem Siegel der Zeit lebt und ihren Takt deutlicher hört als die Nachkommenden.

Wie einst in der Kindheit, deren Versprechen ein Mensch wohl Zeit seines Leben sucht[4], so mag es auch in den späteren Jahren wieder sein, wenn Feinsinn nicht erstickt worden ist, wenn – biblisch gesprochen – Gebet und Kontemplation leitend geblieben sind: Die Lebenswelt ist dünnwandiger geworden, der Wille zur Tat gedämpfter, das Wissen zweideutiger, die Worte klarer, die Hoffnung bittend, die Fragen größer, tiefer, höher, breiter, das Schweigen heimlicher. Vielleicht liegt die Kunst eines Vorderen darin, die großen Fragen, die Kinderfragen wieder zu entdecken, die er ein Leben lang überspielt und verspielt haben mag. Und vielleicht liegt die Kunst eines in die Jahre gekommenen Denkers, eines echten Philosophen darin, der Verwunderung, dem „Urmotiv aller Weisheit“[5], fragend und schließlich schweigend sich zu ergeben und sie nicht mehr zu zerstören durch zügig und gekonnt antwortendes Wissen, diesen blendenden Spiegel des großen Selbst. Wenn nach jüdischer Auffassung der

---

1 Der jüdisch-österreichische Literat Stefan Zweig vermerkte bereits als Vierundvierzigjähriger eine „Alterkrise, verbunden mit einer allzu großen (meinem Alter ungemäßen) Klarheit – ich beschwindle mich nicht mit Unsterblichkeiträumen, weiß, wie relativ die ganze Literatur ist, die ich machen kann, glaube nicht an die Menschheit, freue mich an zu wenigem. ... Und dann sind unsere Kriegsnerven eben doch nicht mehr ganz reparabel, der Pessimismus reicht tief unter die Haut.“ (Briefe an Freunde, hg. v. R. Friedenthal, Frankfurt/Main 1978, 161).

2 J. Werbick, Vom Wagnis des Christseins. Wie glaubwürdig ist der Glaube?, München 1995, 227.

3 Ganz klar weist der hl. Benedikt die Demut nicht als Tugend aus, sondern als eine Haltung, in die der aufrichtige Mensch, wie er vor Gott zu leben versucht, von selbst hineingerät (vgl. P. Neugschwandtner, Demut. Das VII. Kapitel der Benediktusregel als innerer und äußerer Weg des Menschen zur Gottes- und Nächstenliebe, Kirchstetten 2003, 126–128).

4 E. Bloch, Das Prinzip Hoffnung. Dritter Band, Frankfurt/Main [8]1982, 1628.

5 F. Werfel, Die schwarze Messe. Romanfragment, in: ders., Die schwarze Messe. Erzählungen, Frankfurt/Main 1992, 159–213, hier 212.

Mensch drei Jahre braucht, um reden, aber siebzig, um schwiegen zu lernen[6], so lässt sich das auch bezüglich des Fragens verstehen – jedoch mit dem großen Unterschied, dass der Mensch zu Beginn fragt und fragt und fragt, ehe ihn brauchbare Antworten in Systeme zwängen, die Ordnung schaffen. In der Suche nach der Kindheit erwacht dann auch die menschliche Sehnsucht zu fragen, zu fragen, damit der enge Zauberkreis der Welt des Wissens sich wieder öffnet und Geheimnishaftes über ihm zu dämmern beginnt. Die Frage eines jeden Lebensalters besteht dann darin: Hat man noch Kraft zu diesem Wiederbeginn? Und hat man Mut genug, diese Kraft noch einmal in sich aufkommen zu lassen? Hat man noch Willen genug, die Größe der Frage als Platzhalter fürs Geheimnis der Wirklichkeit, als Platzhalter Gottes wahr sein zu lassen? Oder verkriecht man sich, schwach und müd und misstrauisch, hinter die Kulissen der gesprochenen Aussagen und wird deren mitunter verführerisches Werkzeug?

Die These, wie sie diesem kleinen Beitrag zu Grunde liegt, heißt darum – als These durchaus paradox bezüglich ihres Zentrums, der Frage: *Die Fragen, die dem Menschen wesentlich sind, weisen ihn zugleich auch ans göttliche Geheimnis; denn sie halten menschliches Leben auf dieses Geheimnis hin offen und verhindern deshalb, dass der Kosmos der Antworten menschliches Leben lähmt und schließlich erstickt. Daher sind sie als Zentrum menschlichen Denkens nicht nur zu schützen, sondern haben ein theologisches Recht darauf, hervorzubrechen, unkontrolliert, nicht domestiziert, frei bezeugend den geheimnishaften Gott.*

## II. Frage als Schein

Was diese These zunächst behauptet, wurde und wird faktisch weithin widerlegt. Die billigste und wohl auch häufigste Widerlegung findet die Frage in dem, was als Frage sich tarnt: die *rhetorische Frage*. Sie trägt viele Kennzeichen, die der Frage direkt widerstreitet.

---

[6] Vgl. E. Wiesel, Geschichten gegen die Melancholie. Die Weisheit der chassidischen Meister. Aus dem Französischen von H. Bücker, Freiburg–Basel–Wien [4]1997, 115; ders., ... und das Meer wird nicht voll. Autobiographie 1969–1996. Aus dem Französischen von H. Fock und S. Müller, Hamburg 1997, 133.

*Zum einen* bildet ihr unmittelbarer Zusammenhang mit der in ihr faktisch schon mitgeteilten Antwort ihren *Scheincharakter* aus. Wer rhetorisch fragt, fragt nach nichts und gewiss nicht nach etwas, das er noch nicht wüsste. Das findet oftmals seine Anwendung im Lehrberuf.

*Zum zweiten* aber wird, wenn man darüber hinausgeht, in der rhetorischen Frage ein spezifischer *Machtgestus* liegen. Denn die Macht der rhetorischen Frage bricht genau und bedrohlich aus dem Wissen des scheinbar Fragenden. Der Drohcharakter dieses Wissens steigert sich durch seine Formverfremdung. Unter dem Krummbogen des Fragezeichens getarnt, fährt hier ein Wissen auf, das einen Graben zwischen dem scheinbar Fragenden und dem scheinbar Befragten aufreißt. Deshalb hierarchisiert die rhetorische Frage jede Relation. In ihr fragt der Mächtige den Ohnmächtigen, der Starke den Schwachen, der Große den Kleinen, der Wissende den Dummen.

Damit fungiert *drittens* die rhetorische Frage entweder als *Instrument der Mahnung*, wenn sie noch in helfender Absicht gestellt wird; hier vermag sie sich bis zum Befehl zu steigern. – Oder sie wird darüber hinaus zu einem Dolch, der gegen den Befragten gerichtet wird, vielleicht auch auf ihn zufährt, in jedem Fall aber ihn durch diesen rhetorischen Gestus *brüskiert und bloßstellt*. Rhetorische Fragen dieser Gesittung beschämen, demütigen, zerstören den offenen Raum, der jeder Frage noch eingeschrieben wäre, sie sind totalitär wie Definitionen, die jeden Zweifel auslöschen, aber auch – und das ist ihre Kehrseite – das Lebendige seinem Ende zutreiben[7], spielen subtil das Machtspiel aus, in dem die latente Drohung sich immer noch durchs Fragezeichen verhüllt, aber im zweideutigen Schimmer von Demütigung und scheinbarer Frage gleichzeitig schon klar zu verstehen ist.

*Viertens* schließlich fällt durch die rhetorische Frage ein *ethisch misanthropisches Motiv* ein. Wer die kompromittierende Macht der rhetorischen Frage besitzt, erhöht sich selbst und erniedrigt den Anderen in moralischer Hinsicht – eine Umwertung des Gesangs der Hanna (1 Sam 2,1–11) und Marias (Lk 1,46–55). In der Bloßstellung und Demütigung soll zugleich die ethische Disqualifikation des Befragten sichtbar werden: Er ist nicht

[7] Das ist wohl der Wortsinn von De-fini-tion.

nur dumm, sondern auch moralisch schlecht, weil scheinbar willentlich uneinsichtig. Dem rhetorisch Fragenden fällt die Selbststilisierung des Rechthabens und Rechtseins zu – formal allein schon durch die Stilmöglichkeit und den Stilvollzug seiner Frage –, dem Befragten bleibt der kümmerliche Rest seiner Gesichtsröte und des gesenkten, beschämten Blicks, in dem ihm vom Oppressor die Anerkennung abgezwungen wird.

## III. Frage nach Wissen

Mitunter anders steht es mit Wissensfragen. Wenn es um Wissen hier geht, so nicht in empirischer Hinsicht, sondern in spekulativ-philosophischer, Wissen als *Episteme*, nicht als *Doxa* (unter die auch das empirische Wissen fällt).[8] Doch zeigt sich auch hier, dass der Eigenwert der Fragen funktional liquidiert wird: Am Anfang mag und wird sie oftmals stehen; ihr Ziel liegt nicht in ihrer Differenzierung, schon gar nicht in ihrer Bewahrung, Umschreibung, Vertiefung, sondern in ihrer Aufhebung ins Wissen.

Klassisch entfaltet hat sich das bei *Hegel*, der nach eigenem Anspruch die Philosophie selbst endgültig erfasst und damit an ihr Ende gebracht hat[9]. Was als dialektische Methode sich entfaltet und alles in sich verwindet, hebt die Frage auf, sofern sie überhaupt vorkommt. Überblickt man Hegels Denken ein wenig, so fällt auf, dass bei ihm die Frage so sehr fehlt wie bei Heidegger der Witz. Bei Heidegger gibt es keine Zeile, die einem die Stirnfurchen der Sorge und die blanke Angst der Geworfenheit vertreibt – überall dunkle Schickung und nur sparsame, fahle Lichtungen. Alles drückt sich hier im unheimlichen Seinsernst herum, die Sprache besonders, die bei Heidegger zu einer Hermetik findet, die in ihrem Sprachgestus fast autistisch und in jedem Fall wie auf langsamer Flucht wirkt (so dass der Fliehende nicht erwischt wird). In ihrer Redundanz klappert sie

---

[8] Diese Differenz wird in Platons Höhlengleichnis vorausgesetzt und interpretiert, wie er es im *Siebenten Buch* seiner Schrift *Der Staat* aufgezeichnet hat: Platon, Der Staat (Politeia). Übersetzt und hg. von K. Vretska, Stuttgart 1991, 327–363.

[9] Vgl. G.W.F. Hegel, Werke 3. Phänomenologie des Geistes, Frankfurt/Main 1970, 575–591; ders., Werke 6. Wissenschaft der Logik II. Erster Teil. Die objektive Logik. Zweites Buch. Zweiter Teil. Die subjektive Logik, Frankfurt/Main 1969, 548–573.

und verrät nichts mehr, weist auf nichts mehr als auf sich selbst. Hegels Denken ist am Ende jenseits von Wahrheit und Mensch, gewiss jenseits des Witzes, der beide bezeugt[10]. Den Witz kannte Hegel[11]; deshalb ist sein Denken alles in allem wesentlich humaner. Doch die Frage hat er verloren, indem er sie dialektisch aufgerieben hat. In seiner Philosophie geistert absolutes Wissen herum, das an seiner Fraglosigkeit seinen formalen Ausweis findet. Allein an den Beginn seiner *Wissenschaft der Logik* stellt er eine Frage: „Womit *muss* der Anfang der Wissenschaft gemacht werden?“[12] Diese einzige große Frage in Hegels Werk hat die Jahre von der ersten Auflage 1812 weg bis an Hegels Lebensende 1831 überstanden; doch im ersten Teil seiner *Enzyklopädie der philosophischen Wissenschaften im Grundrisse*[13] von 1830, die das gleiche Thema der Logik verarbeitet, fällt sie aus. Das hat nicht nur in der Absolutheit dieses Denkens seinen Grund, sondern davor noch in der Vorgabe, die ohne neuplatonische Motive nicht denkbar ist, dass nämlich Vernunft und Wirklichkeit in wechselseitiger Identität[14] stehen. Da bleibt freilich nichts offen. Damit erhält auch die Frage, womit der Anfang gemacht werden *müsse*, ihre Deutung: Sie ist Frage, die in ihrer Form bereits den Zwang und die Totalität, nicht aber die Offenheit mit sich führt – das *Müssen* dominiert sie – und damit eine Vorgabe setzt im Sinn einer Voraus-Setzung oder Behauptung, die durch den spekulativen Weg als nicht bloß geltend, sondern als absolut gültig erwiesen werden muss. Diese Frage zielt nicht bloß auf Wissen, sondern ist an sich schon und einschlussweise absolutes Wissen. Das unausweichliche Müssen wirft den totalitären Charakter bereits auf, der die dialektische Verwindung alles Widerstrebenden und Widerstehenden antreiben und hin-

---

[10] Vgl. dazu J. Pritz, Zur literarischen Form des Schrifttums Anton Günthers, in: A. Günther. Späte Schriften. Lentigos und Peregrins Briefwechsel und Anti-Avarese. Mit Anhang von J. Pritz, hg. v. J. Reikerstorfer, Wien–München 1978, 197–226.

[11] Vgl. etwa G.W.F. Hegel, Aphorismen aus Hegels Wastebook (1803–06), in: ders., Werke 2. Jenaer Schriften (1801–1807), Frankfurt/Main 1970, 540–567; ders., Werke 9. Enzyklopädie der philosophischen Wissenschaften im Grundrisse (1830). Zweiter Teil. Die Naturphilosophie. Mit den mündliche Zusätzen, Frankfurt/Main 1970, 99 und 279.

[12] G.W.F. Hegel, Werke 5. Wissenschaft der Logik I. Erster Teil. Die objektive Logik. Erstes Buch, Frankfurt/Main 1969, 65; Hervorhebung W.T.

[13] G.W.F. Hegel, Werke 8. Enzyklopädie der philosophischen Wissenschaften im Grundrisse (1830). Erster Teil. Die Wissenschaft der Logik. Mit den mündlichen Zusätzen, Frankfurt/Main 1970, 181.

[14] Ebd., 47.

treiben wird bis ins Absolute. – Um den in die Jahre gekommenen Hegel braucht man sich nicht zu sorgen, er ist nicht zu beschämen: Sein Panzer des Begriffs wurde – umgekehrt – zur Beschämung aller derer, die ihm gegenüber noch Vorbehalte formulierten.

Sein kongenialer Mitdenker der frühen Jahre und späterer Gegner *Schelling*, der sich erst nach Hegels Tod wieder maßgeblich in den philosophischen Diskurs warf, hielt als knapp 70jähriger eine Vorlesung zur *Philosophie der Offenbarung*. In der ersten Vorlesung tauchen einige Fragen auf, deren abgründigste diejenige ist, die sich mit dem Menschen verbindet. „Gerade Er, der Mensch, treibt mich zur letzten verzweiflungsvollen Frage: warum ist überhaupt etwas? Warum ist nicht nichts?“[15]

Diese Frage hat die Kraft der Überwindung aller Sicherheiten. Blank vor Entsetzen der eigenen Hinfälligkeit, blickt später ein Literat, Franz Werfel, auf dieselbe geistige Erfahrung und begreift etwas „von der unbegreiflichen Gnade“, die das ganze „Kartenhaus“[16] irgendwie zusammenhält. Ihm, dem Dichter, gibt sich keine andere als eine biblisch-religiöse Auskunft, die keine Antwort ist, sondern Satz, Auskunft einer unbegreiflichen, unglaublichen Hoffnung. Was, wenn diese Gnade sich entzieht? Was, wenn sie erlischt, wenn ihr Licht sich verdunkelt? Und vor allem: Warum erhält die Gnade das alles? Wozu erhält sie das alles? Wofür die immer wieder aufkommenden Fristen menschlichen Daseins, sein Kommen, Leben, Vergehen? Was oder wer hilft über Zweifel und Verzweiflung hinweg, wie sie in diesem sichtbar Fragilen, vielleicht sogar Absurden das Hoffen bestreiten, als wäre es nur noch eine utopische Blase der Einbildung?

Schelling, der in früheren Tagen unter dem Einfluss der Romantik eine Nähe zum literarischen Gestus und seiner Feinfühligkeit, auch zu seinem überbordenden Pathos kannte[17], kehrt sich doch wieder an den Glauben an die Erkenntnis der Philosophie, die – darin bleibt er Hegel verwandt

---

[15] F.W.J. v. Schelling, Erstes Buch. Einleitung in die Philosophie der Offenbarung oder Begründung der positiven Philosophie (Berliner Vorlesung, vermutlich Wintersemester 1842/43), in: ders., Schriften 1842–1852. Erster Teilband, Frankfurt/Main 1985 (= Ausgewählte Schriften 5), 603–776, hier 609.

[16] F. Werfel, Theologumena, in: „Leben heißt, sich mitteilen“. Betrachtungen, Reden, Aphorismen, Frankfurt/Main 1992, 185–291, hier 208.

[17] Vgl. dazu F.W.J. v. Schelling, Entwurf zur Fortsetzung des Gesprächs „Clara“. Der Frühling, in: ders., Schriften 1807–1834, Frankfurt/Main 1985, 207–212.

– die durch ihre Frage geschlagene Wunde auch wieder heilt[18], wenn er schreibt: „Dass es nun einen Wissenschaft gebe, die auf diese Fragen antworte, uns jener Verzweiflung entreiße, ist unstreitig ein dringendes, ja ein nothwendiges Verlangen, ein Verlangen, nicht dieses oder jenes Individuums, sondern der menschlichen Natur selbst. Und welche andere Wissenschaft sollte die seyn, die dieß vermag, wenn es nicht die Philosophie ist? (Die) Philosophie ist die an sich und zu jeder Zeit begehrenswertheste Wissenschaft, weil durch sie sogar alles andere Wissen erst seinen höchsten Bezug und seinen letzten Halt bekommt. Kann ich jene letzte Frage nicht beantworten, so sinkt alles andere für mich in den Abgrund eines bodenlosen Nichts."[19] Doch Schelling kann es und zeigt es in den nachfolgenden Vorlesungen, wie dieses Vermögen der Philosophie vonstatten geht. Also welche andere Wissenschaft als die Philosophie sollte das vermögen? In dieser wohl nur noch rhetorischen Frage löst Schelling die Abgrundfrage nach dem grundlosen Grund des (menschlichen) Daseins geschickt auf. Die Erschütterung ist gebannt, die Frage löst sich auf, der spekulative Zauber generiert Wissen, das absichert.

## IV. Quaestio semper maior?

Diesen steilen Gestus ermöglichte ein Denken, das nicht zufällig die Schwelle zweier Zeiten markierte: Ihm voraus lag eine Aufklärung, die meist um ihre religiöse Herkunft noch wusste und das Beste davon der Vernunft retten wollte. Sie versuchte zu sondern, was nicht zusammen gehört, und Differenzen zu benennen, nicht zuletzt auch die Differenz von Denken und Wirklichkeit; das brachte ihr von Hegel den Vorwurf der Abstraktheit[20] ein. Nach dem Idealismus aber entfaltete sich eine riesige Welle von Negationen, die das erdachte und fraglose Totum zerbrach und in

---

[18] G.W.F. Hegel, Werke 8, a.a.O., 88.

[19] F.W.J. v. Schelling, Erstes Buch. Einleitung in die Philosophie der Offenbarung oder Begründung der positiven Philosophie (Berliner Vorlesung, vermutlich Wintersemester 1842/43); ders., System der gesammten Philosophie und der Naturphilosophie insbesondere, in: Schriften 1842–1852. Erster Teilband, Frankfurt/Main 1985 (= Ausgewählte Schriften 5), 603–776, hier 609 f.

[20] G.W.F. Hegel, Werke 3, a.a.O., 426–431.

ganz unterschiedliche Richtungen verstreute. So lässt sich dieser Idealismus als der Gipfel und die Übersteigerung einer geistesgeschichtlichen Tendenz lesen, die ganz andere, bescheidenere Motive mit sich bringen konnte, wenngleich diese stets durch Motive des Absoluten in Religion und Wissen bedroht waren. Was der Idealismus zusammenband, war prometheisch und totalitär: Raub am Göttlichen, geistig legitimiert dadurch, dass die großen Fragen abgedrängt wurden.

Anders liegt das bei *Thomas von Aquin* vor. Er kam von Aristoteles her, von dem er über die Vermittlung Alberts des Großen die Methode philosophischer Sezierkunst erlernt hat. Werkzeug dieser Kunst waren die feingliedrigen Fragen. Seine *Summa theologica* läuft über eine Unzahl von Fragen und Antworten; die Antworten verlieren bei ihm genau dann ihre Einsinnigkeit, durch die sich die Frage(n) aufhöben, wenn er direkt ans göttliche Mysterium und seine Wirklichkeit gerät. Schon der Anfang seiner Summa schillert: Theologie gilt ihm zwar als Wissenschaft, und zwar als eine einheitliche Wissenschaft[21]; und doch hat sie spekulative und praktische Momente in sich[22], die in formaler Hinsicht strenge Einheit nicht denken und vollziehen lassen; diese ergibt sich allein durch ihren göttlichen Bezug: Damit aber erhebt sie sich zu Gott hin[23], von dem her sie denkt: als „Weisheit im überragenden Sinn“[24].

Doch genau hier erhebt sich das Problem, weil der Gottesbezug keineswegs allein spekulativ zu vermitteln ist. Die Frage, wer Gott ist, hat ihre Grenze daran, dass wir von Gott nicht wissen können, wer er in seinem absoluten Wesen ist.[25] Das ist vernunfthaft nicht streng zu erschließen, sondern weist an den Glauben. Daher kennt Thomas von Aquin auch verschiedene reflexive Wege, die Gott verstehbar machen können, und weiß doch zugleich, dass die Prädikation von etwas als Gott nicht mehr spekulativ zwingend gedacht werden kann, sondern dass diese Prädikation ein

[21] STh q.1 a.3.
[22] STh q.1 a.5.
[23] STh q.1 a.2.
[24] STh q.1 a.6.
[25] STh q.1 a.7.

Nomen[26] voraussetzt, das in religiöser Tradition gegeben ist. Die Frage also: *Gibt es einen Gott?* weist weiter als das, was gedacht werden kann.

Was später dann die Neuscholastik daraus gemacht haben wird, ist Ereignis einer Abdichtung christlichen Wissens gegen alle denkbaren Einsprüche. Die Fragen verschwinden. So fragt J. B. Heinrich nicht mehr, was der Gegenstand von Theologie sei und ob Theologie einheitlich sei, sondern für ihn gelten „Gegenstand und Einheit der Theologie"[27] als ausgemacht. Nicht mehr die Frage treibt das Denken an, schon gar nicht die bittere Frage nach der Errettung, Erlösung, Versöhnung; neuscholastisch treibt man auf einem glatten Meer dahin; die Dramatik, die da und dort noch auftaucht, ist künstlich, die Fragen, die sich noch regen, sind kraftlos und leer, es ist, als stünde man, ganz ohne die dialektischen Pirouetten Hegels, schon unmittelbar *ante portam caeli.*

Thomas kannte und achtete die Fragen, fast so sehr, dass er ihr Gewicht über das der (philosophischen) Antworten stellte wie im Gottesargument. Mindestens das macht seine Geltung bis heute aus, die Geltung eines bewegten Denkens vor dem unendlichen Geheimnis, das wir Gott nennen.

Davon kann auch Philosophie das Ihre wissen, wie an *Wilhelm Weischedel* einsichtig wird. Sein Denken entfaltet sich als Denken entlang der Kraft der großen Fragen – und unter ihnen zählt die Gottesfrage wohl zu größten und schwersten, die den Menschen zugefallen ist. Weischedel durchwandert in seiner Philosophischen Theologie die gesamte Europäische Denkgeschichte und erfasst an jeder ihrer großen Gestalten die Aporien des unausweisbaren Wissens. Was gewusst und gedacht wird, das muss befragt werden, weil seine Gültigkeit nie so einsichtig ist, wie es das Wissen vorgibt. Daher entdeckt Weischedel die Frage als das, was sich durch die Denkgeschichte zieht – entgegen dem, was man ihr vorderhand zuerkennt.

Fraglichkeit gehört zum Denken unmittelbar, Fraglichkeit, die sich nicht mehr auflöst, sondern mit jedem Gedanken unausweichlich wird, Fraglichkeit, die sich vertieft und verschärft. Fraglichkeit gehört zum Menschen, Fraglichkeit gehört zur Wirklichkeit im Ganzen. *Quaestio semper maior.*

---

[26] STh q.2 a.3.

[27] J.B. Heinrich, Dogmatische Theologie, 1. Band, Mainz 1873, 36–41.

Sie ist schwankendes Fundament alles Wirklichen und Erkennbaren. Für das philosophische Gottdenken heißt das: „Gott muss ... ganz und allein von dem einzig Verbleibenden, der Fraglichkeit der Wirklichkeit, her betrachtet werden. Geschieht das aber, dann kann er nichts anderes als das Vonwoher der radikalen Fraglichkeit, des Schwebens aller Wirklichkeit zwischen Sein und Nichtsein, zwischen Sinn und Sinnlosigkeit, sein."[28]

Wieder taucht das Kartenhaus auf im Schweben zwischen Sein und Nichts[29] – und mit ihm wohl auch die philosophische Relevanz des literarischen Wortes, das dem „Geschehenscharakter des Verbums"[30] weit eher entspricht als die nominale Semantik der Wissenschaftssprache, die stillstellt und festhält, um fassen und begreifen zu können. In der Fraglichkeit von allem wird nach Weischedel geschehnishaft der Grund aller Fraglichkeit als ihr Vonwoher präsent.[31]

In dieser Philosophie hat die Frage eine Würde gefunden, die ihr in Europas Geistesgeschichte fast immer vorenthalten wurde – und die sie einmal in vielleicht noch schärferer Form gehabt hatte, als Philosophie noch jung und schneidig war und man sie noch auf Marktplätzen betrieben hat: im Griechenland des *Sokrates*.

Sokrates dachte fragend. Seine Fragen bohrten sich in die scheinsicheren Fundamente der Wissenden und enttarnten, was sich als Wissen ausgab: Unbelehrbarkeit und falsche Meinung[32] offenbarten sich so; und machte einer auch Zugeständnisse wie Kritias, so war dadurch doch Wahrheit nicht herauszufinden[33], sondern die Unwahrheit eines Wissens, das sich auf den Nutzen und den damit verbundenen Vorteil bezog.[34]

Wer solcherart die Geltung unterlief, konnte Tausende Male sich aufs Gewissen berufen und versichern, er müsse ihm entsprechen und

---

[28] W. Weischedel, Der Gott der Philosophen. Grundlegung einer Philosophischen Theologie im Zeitalter des Nihilismus. Band 2: Abgrenzung und Grundlegung, München 1979, 217.

[29] Ebd., 233 und 236 f.

[30] Ebd., 220.

[31] Ebd., 228.

[32] Platon, Protagoras. Griechisch/deutsch. Übersetzt und kommentiert v. H.-W. Krautz, Stuttgart 1987, 131.

[33] Platon, Charmides. Griechisch und deutsch. Übersetzt und hg. v. E. Martens, Stuttgart 1977, 77.

[34] Ebd., 73–75.

standhalten.[35] Und er mag „Übergang und Übersiedlung der Seele“[36] als Reise an den wahren Ort preisen, an dem er „auf die wahren Richter trifft“[37]: „ich könnte die Leute dort ständig prüfen und ausfragen – wie die hiesigen –, wer von ihnen weise ist und wer sich dafür hält, ohne es zu sein. ... Gewiß aber bringen die Leute dort deswegen niemanden um. Sie sind ja auch sonst besser dran als die hiesigen und außerdem für alle weitere Zeit unsterblich, wenn zutrifft, was über sie berichtet wird.“[38] Das Urteil, den Becher zu leeren bis zur Neige, wird er sich dadurch nicht ersparen.

An Sokrates wird die Kraft der Fragen deutlich, und zwar in zweifacher Hinsicht: *Zum einen* offenbart sie die übertünchte Schwäche menschlicher Rede und Sicherheit. *Zum andern* lehrt sie – vielleicht das einzige Mal in der Geschichte der Philosophie bis zu Wilhelm Weischedel – das getrübte Glück der Fragenden: Sie wissen kaum Affirmatives, doch sie trägt eine Hoffnung, die noch gesagt werden kann und auf Befreiung vom Zwang zielt. In den Fragen des Sokrates lebt Emanzipatorisches, das Platon noch mitnahm, Aristoteles aber kaum noch kannte. In diesen Fragen sollten die Schatten in den Erkenntnishöhlen durchschaut werden, die zwar Leben stabilisieren mögen, doch das um den Preis der Unwahrheit vollbringen.

Was in dieser Frische Griechenlands entdeckt worden ist, hatte Ironie und Tragik an seiner Seite. Sokrates' Fragen sollten befreien, und doch brachten sie ihm schließlich den Tod. Da tat sich ein Abgrund der Menschen auf: Mit trüben Augen starrten sie lieber auf die Schatten, als dass sie mit hellem Geist deren fiktiven Charakter durchschauten; lieber wurden sie taub vom verführerischen Gesang der Sirenen, als dass sie hellhörig werden wollten für die Fragen, durch die der Mensch zum Mitmenschen kommt und zum Menschen wird. Diese Tragik des Sokrates, die Tragik des Menschen unter blinden und tauben Mitmenschen, kennt der biblische Glaube nicht weniger – und sie wird noch dadurch trauriger, dass sie zu einer Tragik geworden ist vor dem Gott, der nicht definieren und festhalten, sondern freigeben und erlösen wollte.

---

[35] Platon, Apologie des Sokrates. Griechisch/deutsch. Übersetzt und hg. v. M. Fuhrmann, Stuttgart 1992, 45.

[36] Ebd., 85.

[37] Ebd., 85 u. 87.

[38] Ebd., 87.

## V. Prophetisches Fragen

Prophetisches Fragen hat seine eigene Herkunft. Es fragt vom Abgrund her, aus dem alles kommt, in den alles einziehen wird und der über allem, was ist, helllicht schwebt, vom Abgrund des absoluten und ewigen Geheimnisses. Kein Zufall, dass dieses Geheimnis sich in die Geschichte Israels als zentrale Botschaft eingeschrieben hat: Der Engel Michael, Bote des ewigen Geheimnisses, beringt dieses in seinem Namen als Frage herbei: *Wer ist wie Gott?*[39]

Diese Frage hat prophetischen Charakter. Denn diese erweist sich – *erstens* – als mächtiger als all die Antworten, die sich im Lauf der biblischen, philosophischen und sonstigen Geistesgeschichte der Menschheit angesammelt haben. In all den Jahrhunderten erhielt sie sich die mächtig auftönende Frische ihres Anfangs – mehr noch: Jede Antwort auf diese Frage hat die Majestät und Erhabenheit des ewigen Geheimnisses Gottes weiter und weiter vertieft. Denn jede Antwort provozierte von neuem die Frage als Korrektur des Gewussten, als Zurückweisung des vorgeblich göttlichen Wissens und seiner Leistung in den beschränkten und bedingten Bereich menschlichen Nachdenkens.

*Zweitens* verbietet sie, die Frage und damit Gott zu vergessen, weil man ihn als solchen niemals wissen kann. Damit zielt prophetisches Fragen also auf einen dritten Weg zwischen Wissen, das in sich das Gewusste aufhebt und verwahrt, bewältigt und überwältigt, und Nichtwissen, das eine leere, unbekannte Stelle markiert, die nichts ist und darum zur Leugnung Gottes werden wird[40]. Diese prophetische Frage erinnert Gott in seinem *kabod* über alles Wissen und alle Negation Gottes hinaus, es zerreißt immer wieder die Vorhänge, die menschliche Schattenwelten einhüllen und einschläfern.

---

[39] Vgl. dazu W. Treitler, Auf Wanderschaft. Betrachtungen zum biblischen Glauben, Kirchstetten ²2005, 7–53 und 281–286.

[40] Vgl. U.H.J. Körtner, Vom Schweigen Gottes. Ein Kapitel negativer Theologie, in: FZPhTh 46 (1999) 445–460.

*Drittens* wird mit dieser Frage auch der erste und letzte Bezugspunkt menschlichen Hoffens, Glaubens, Liebens, menschlichen Glücks und Leidens, menschlicher Geburt und Sterbens, der Jugend und des Alterns aufgerufen. Daher auch hat die biblische Tradition eine offene Beziehung erzählt zwischen dem ewigen Geheimnis und den Menschen, die in sein Licht geraten sind. Daher auch konkretisiert sich diese prophetische Frage in der Frage: *Wer ist wie der Gott Abrahams, Isaaks und Jakobs, der Gott der Väter?* Nichts und niemand kommt ihm gleich – so sagt es in diesem Gefälle Ps 113.

So wird es auch nachvollziehbar, dass *de profundis* (Ps 130,1) Menschen aller biblischen Zeiten ihre Fragen auf Gott geworfen haben, mit ihren Fragen nach Gott geschrieen haben, als keine Wege mehr sichtbar waren. Die vielleicht tiefste unter ihnen, die in Israel gewagt worden und von Jesus am Karfreitag wieder aufgenommen worden ist, ist die: „Mein Gott, mein Gott, warum hast du mich verlassen?" (Ps 22,2) Da fragt niemand rhetorisch nach dem allgegenwärtigen Gott; da fragt niemand theatralisch nach einem Gott, der er an sich selbst ist. Da wird in Augenblicken, da Leben ausgeschüttet wird und verrinnt ins Vergessen, das Unglaubliche gewagt, die Erhabenheit Gottes zu befragen, voller Vorwurf, voller angstvollem Vorbehalt, weil sie jetzt als Todesdrohung erscheint: Niemand hält das Werk der Lebenszerstörung auf, nicht einmal der erhabene Ewige, von dem gepriesen wird, er sei Schöpfer des Lebendigen, nicht des Toten (Mt 22,32). Warum? Warum? Grund-Frage, die am Karfreitag niemand beantworten konnte.

Vor Jesus hat nicht minder schwere Fragen der Prophet Jeremia gestellt aus der Tiefe der Schuttkegel, die in Jerusalem nach Nebukadnezars Zerstörungswerk übrig geblieben sind. Warum das? Warum die Zerstörung? Warum so viele Tote? Warum tote Kinder? Und Jeremia verzweifelt einmal an seiner eigenen Existenz, die so viel geschaut und gehört hatte und all das nicht mehr ertragen kann, wünscht sich ans Ende des Lebens, verflucht den Tag seiner Geburt – und kommt doch von Gott nicht los (Jer 20,7–18). Es war gewiss kein Zufall, dass man Jesus für den wiedergekehrten Jeremia halten konnte (Mt 16,14), eine in die Tiefe biblischer Tradition einweisende Vermutung, die im Christentum leider überhaupt keine Rolle gespielt hat.

## VI. Am Ende der Worte?

Heutigentags hat sich das Problem noch einmal zugespitzt. Jene großen Fragen sind weithin verschwunden. Wer stellt sie noch? Es ist, als hätten sowohl die Religiösen als auch die religiösen Ignoranten ihre zweideutige Lehre gezogen: Auf wen träfe solches Fragen noch? Für die einen scheint es, als ob alles gelaufen wäre, die Fragen nach dem verlassenden Gott überholt wären und die Zeit zwischen dem *factum redemptionis* und der Parusie eine nicht mehr sehr wesentliche Zwischenzeit darstellte. Die Andern haben sich längst schon an die triviale Empirie gewöhnt und alles, was darüber hinaus noch aufgerufen würde, als Hinterwelt endgültig verabschiedet. In ihrer gespenstischen Wiederkehr verschiedener Esoterikvarianten[41] verdient sie allein noch ästhetische oder therapeutische Beachtung.

Beide Positionen aber dürften übersehen haben, dass die Krise tiefer reicht. Denn vielleicht haben die großen Fragen heute weniger Kraft, weil wir zum einen vor der Last der individuellen und kollektiven Geschichten resignieren, sie abdrängen – und das am besten so, dass alles historisiert wird –, zum andern aber die Worte selbst siech geworden sind. Dagegen hilft es nicht, sie stets zu wiederholen und in der Wiederholung zu beschwören, als wären sie ein Mantra, das seine Geltung aus sich erzeugte. Es hilft eher, bei den Literaten in die Schule zu gehen, bei den Künstlern des Wortes, die feinsinnig genug sind, das Geschick der Worte nachzuvollziehen.

Franz Kafka hat einmal geklagt, dass die Worte, die er schreibt, nicht zueinander passen und selbst die Konsonanten sich blechern aneinander reiben[42]; nach der Judenvernichtung wirft Elie Wiesel in seinem neuesten Roman *The Time of the Uprooted* einen traurigen Blick auf die Welt der Worte: Mitunter ist die Verbindung zweier Worte so wichtig und zugleich so schwierig wie die zweier Menschen, weil diese Verbindung nur

---

[41] H.-J. Höhn, Gegen-Mythen. Religionsproduktive Tendenzen der Gegenwart, Freiburg/Breisgau 1994 (= QD 154).

[42] F. Kafka, Tagebücher. Bd. 1: 1909–1912. In der Fassung der Handschrift, Frankfurt/Main 1994, 103.

über den Hiatus des Schweigens sich einstellen kann.[43] Und selbst wenn das (fallweise) gelingt – wie lang hat das Bestand? Gamaliel, der Protagonist des Romans, hat es erkannt: „What's more, each word has its own destiny. Words are born by chance, grow up, and die, drained of their blood, then can be reborn a century later, in some other place, for better or for worse, offering hope to some and sorrow to others."[44]

Kein Wort steht mehr für sich, sondern ist zweideutig und undeutlich geworden durch die Geschichten, die es akkumuliert hat. Deutschsprachige Christen wissen das: Der Klang des Wortes *Heil* ist nach den Heil-Rufen schrecklich verzerrt; er klingt nach Selektion, nach Ausstoßung, nach Vernichtung – nach dem genauen Gegenteil dessen, was das Wort einstmals deutete. Zudem hat es seine Beweglichkeit verloren: An die Stelle des Prozesses, durch den ein Mensch wieder hoch kommt, heraus aus Krankheit, Verfall, Verzweiflung, ist eine abstrakte Zuständlichkeit getreten, die über allen Geschichten und Geschicken schwebt. Es ist wahr: Durch die Verwandlung der beweglichen Worte, vor allem der Zeitworte zum Begriff sterben sie alle langsam vor sich hin und sagen irgendwann einmal nichts mehr.[45] Dann werden sie archiviert in Begriffssammlungen und Wörterbüchern[46], die genau den Grabsteinen und ihren unbeweglichen Inschriften entsprechen. Oder abgetragene, längst nicht mehr lebendig ausgesprochene Worte[47] werden weiter gesammelt in einer toten Sprache, die nur noch ein enger Kreis mühsam erlernen kann und die vor allem mit einem Wortschatz ausgestattet ist, dem die Zeiten nach ihrer Lebendigkeit fremd bleiben müssen. So ist es dem Latein geschehen: Hieronymus hatte einstmals die hebräischen und griechischen Texte der Heiligen Schriften in die lateinische Sprache übertragen, in die damalige *vox populi*. Was er tat, brachte keine elitäre Sprachform hervor, deren Fremdheit die Schriften des Ersten und Zweiten Testaments mit der Aura eines Mysteriums umgab; was er tat, brachte die *Vulgata* hervor, die dem gewöhnlichen Volkshaufen angemessene Übertragung.

---

[43] Vgl. E. Wiesel, The Time of the Uprooted. A Novel. Translated by D. Hapgood, New York 2005, 226.
[44] Ebd., 226.
[45] Ebd., 241.
[46] Ebd., 17.
[47] Ebd., 188.

Über die Fremdheit toter Worte und Sprachen hinaus aber brechen aus manchen Worten und Sätzen massive Erfahrungen hervor, die ihren Sinn ganz verkehren: Sprache wird, selbst als lebendige, nicht mehr befreien, sondern schafft Verbindung zum Tod; das ist der dunkle Zusammenhang, der zwischen der Sprache und der Todesdrohung aufzufinden ist. So lässt Elie Wiesel in seinem jüngsten Roman einen alten Mann sagen: „what concerns me is language – that is, language in relation to electroshock treatment."[48] Das ist falsche Sprache am falschen Ort und in falscher Zeit, lebende Sprache, die den Tod kündet und vor ihm den Leib des Menschen malträtiert. Elie Wiesel weiß aus Eigenem, wovon hier die Rede ist. Bis heute trägt sein Leib die Kennmale der Todesdrohung.

## VII. Und die Gottesfrage?

Christliches und jüdisches Bekenntnis weiß, dass der Mensch verloren ist, wenn er in Zirkeln seiner Selbstgespräche und Selbstdefinitionen verbleibt. Dieses Wissen wird in der Geschichte vom glücklichen und dann tragischen Anfang der Menschen immer wieder erzählt. In ihrem Rahmen taucht eine Gottesfrage auf, die unvermutet Gottesfrage im eminenten Sinn ist, im Sinn des *genetivus subiectivus*: Frage Gottes, Frage in Gottes Mund. Gottesfrage als Gottes Frage nach dem Menschen, nach seinem Ort: „Adam, wo bist du?" (Gen 3,9). Gott fragt den Menschen nicht, weil er, Gott, nicht wüsste, wohin sich der Mensch verkrochen hat, nachdem ihm die Scham durch alle Knochen gestiegen ist. Gott fragt den Menschen, damit der Mensch durch diese Frage, die von außen ihm zukommt, sich nicht mehr vormachen kann, er frage sich doch nur selbst. Unausweichlich ist diese Frage, weil ein Anderer, ein Erhabener, der ewige Gott dem zeitlichen Menschen sie stellt. Hier hört man die ursprüngliche Gottesfrage, die allen philosophischen und theologischen Nachfragen nach Gott (*genetivus obiectivus*) voraus liegt. Ohne diese Gottesfrage, die Gott stellt, wäre der Mensch niemals imstande, Gott nach Gott zu fragen. Hier hört man auch, wie diese Frage gestellt wird: als Frage, die den Menschen herauslocken

---

[48] Ebd., 69.

oder, wenn es sein muss, herauszwingen soll aus dem Gezweig, in dem er sich kindisch und unwahr versteckt. Diese fundamentale Gottesfrage ist Gericht und Versprechen in einem – und beides tendiert auf Erlösung und Befreiung, auf Versöhnung und Rettung. Darin liegt die unendliche Größe dieser Gottesfrage.

Alle nachträglich vom Menschen aus entworfene Gottesfrage, wie sie in wissenschaftlichem Interesse gestellt wird, bleibt nur so lange dieser ursprünglichen Gottesfrage nahe, als in ihr das Erschrecken und das Glück dieser ersten Gottesfrage noch nachtönen. Wo sie hingegen deswegen auftaucht, um in zwingender Theorie das Wort Gott an einen Systemplatz zu setzen, da erstirbt auch dieses Wort Gott und wird lexikalisch und definitorisch entsorgt. Wenn sie aber – im Gestus alles menschlichen Fragens, das Befreiung und Errettung erhofft – als echte Frage bis hin zur Dramatik der Frage *Mein Gott, mein Gott, warum hast du mich verlassen?* aufbricht, da wird dem befreienden Grundzug der Frage noch getraut und Gott um Gott gebeten[49], Gott an Gott erinnert. Im äußersten Rhythmus der zwei Gottesfragen: *Adam, wo bist du?* und *Mein Gott, mein Gott, warum hast du mich verlassen?* spannt sich die Gottesfrage auf, bezieht sich auf alle menschlichen Tragödien und Komödien und hält sie alle auf Gott hin offen[50].

Dafür aber sind die menschlichen Wege offen zu gehen und ihre höchst widersprüchlichen Erfahrungen zu erinnern, ohne Glättung, ohne ideologische Verzerrung, ohne den Stil der Überwindung von allem, der in die Jugend gehört, aber in den späteren Jahren zur Farce wird. Wer in die Jahre gekommen ist, in denen die Sicherheiten von gestern hinschwinden, und die großen Fragen Gottes und der Menschen sich freimachen, der wird zum eindringlichen Lehrer der Jungen und bereitet sie aufs menschliche Leben vor, das seine Zeiten und Fristen, seine Möglichkeiten, Wirklichkeiten, Größe und Schwächen kennt. Eindringlich ist er als Vorbild, redend, fragend, schweigend. Deshalb hat Jesus Sirach Recht, wenn er sich gegen die Überhebung der Jungen über die Älteren wendet. „Mein Sohn,

---

[49] J.B. Metz, Die Rede von Gott angesichts der Leidensgeschichte der Welt, in: StZ 210 (1992) 311–320, bes. 320.

[50] F. Werfel, Jacobowsky und der Oberst. Komödie einer Tragödie in drei Akten, Frankfurt/Main 1995, 158 f.

wenn dein Vater alt ist, nimm dich seiner an, und betrübe ihn nicht, solange er lebt" (Sir 3,12). Denn die Transparenz des Lebensalters des Vaters hat diesen weiser gemacht, als es die jugendliche Kraft vermuten lässt. Die Weisheit liegt in den großen Fragen, in denen das meiste vom einstmals Gewussten aufgelöst, befreit, erlöst ist.

Und dann mag eine Zeit kommen, in der die großen Fragen endlich dorthin weisen, woher sie gekommen sind: in das ewige Geheimnis, das eher im Schweigen als im Wort wohnt. Wenn das Schweigen als Hiatus zwischen Worten aufgekommen ist, der es oft so schwer macht, sie in sinnhafter Weise mitsammen zu verbinden, so kann das Schweigen schließlich als Siegel der Weisheit sich einstellen. Das wäre dann das große Ziel eines siebzigjährigen Laufes, in dem man schweigen gelernt hat, wie es in der Talmudischen Tradition heißt[51], Schweigen, in dem das ewige Geheimnis sich mithaucht. Jesus Sirach hat es gewusst: „Mancher schweigt, weil er keine Antwort weiß, mancher schweigt, weil er die rechte Zeit beachtet" (Sir 20,6).[52]

---

[51] E. Wiesel, Geschichten gegen die Melancholie, a.a.O., 115.

[52] Vgl. dazu auch Petrus von Blois, Aus einer Predigt zum Advent. Das dreifache Schweigen, in: Monastisches Lektionar. Für die Benediktiner des deutschen Sprachgebietes. Authentische Ausgabe für den liturgischen Gebrauch. Erster Band. Erste Jahresreihe. Erster Teilband: Advent bis Pfingsten, St. Ottilien 1981, 19 f.

# Nachfolge des Lehrers

## Leitmotiv des Kirchenmodells im Markusevangelium

*Jan Flis*

Im Neuen Testament (NT) fehlt eine systematische Ekklesiologie im herkömmlichen Sinn. Die Schriften des NTs überliefern dazu – wie bei anderen theologischen Themen auch – vielmehr eine Sammlung von Anschauungen, Bildern und Motiven. Man muss auch sehen, dass diese Sammlung sowohl die kirchenstiftende Tätigkeit Jesu als auch die verschiedenen Etappen der Verwirklichung der Kirche in ihren konkreten Gemeinden widerspiegelt („Kirche im Werden").[1] Gegenstand dieses Beitrags ist das Markusevangelium (MkEv). Zuerst werden einige einführende Gedanken dargelegt (A). Anschließend erfolgt die Darstellung des Leitmotivs der proekklesialen Tätigkeit Jesu, das auch zum Hauptmotiv der Kirche bei Markus wurde (B). Den Abschluss bildet die Präsentation eines interessanten und gleichzeitig originellen Kirchenmodells als Zusammenfassung der Ekklesiologie des MkEvs (C).

### I. Einführende Gedanken

Sowohl in vielen vor allem älteren Kommentaren als auch in einigen Theologien des NTs und sogar in Monographien über die Kirche kann man erkennen, dass die Informationen über die Kirche im MkEv vernachlässigt,

[1] So lautet der Titel des Buches von J. Hainz (Hg.), Kirche im Werden, Studien zum Thema Amt und Gemeinde im Neuen Testament, München–Paderborn–Wien 1976; vgl. auch K. Kertelge, Die Wirklichkeit der Kirche im Neuen Testament, in: W. Kern / H.J. Pottmeyer / M. Seckler (Hg), Handbuch der Fundamentaltheologie, 3. Traktat Kirche, Freiburg – Basel – Wien 1986, 100.

ja manchmal sogar überhaupt nicht wahrgenommen wurden.[2] Rechtfertigen könnte man eine derartige Handlungsweise aufgrund der Tatsache, dass in diesem Evangelium der Terminus technicus ἐκκλησία fehlt.[3] Außerdem vermisst man im MkEv noch andere sog. ekklesiale Begriffe, wie z.B. ἅγοι (die Heiligen), κλητοί, (die Berufenen) oder ὁ λαὸς τοῦ θεοῦ (Volk Gottes).[4]

Ebenso förderten die in der Exegese häufig verwendeten Methoden der Form-, Traditions- und Redaktionskritik indirekt eine derartige Haltung. Man nahm an, dass Markus im Prinzip fast nur ein Sammler von Informationen war. Seine Rolle wurde auf die Festigung, d.h. auf die Überlieferung der erhaltenen Tradition, beschränkt.[5] Das führte u.a. zur Behauptung: Markus imponiert als Theologe eigentlich nicht. Man dachte, dass außer dem so genannten Messiasgeheimnis in seinem Evangelium keine interessanten theologischen Inhalte zu finden seien. Zu diesen unterschätzten Themen zählte jahrelang auch die Lehre über die Kirche.

In den letzten Jahrzehnten trat allerdings eine Änderung der Situation ein. So wurden einige beachtenswerte Monographien über die Redaktionsarbeit des Markus veröffentlicht.[6] Dank der konsequenteren Anwendung der Redaktionskritik entdeckte man, dass auch im ältesten Evangelium originelle und interessante theologische Inhalte zu finden sind. Ein gutes Beispiel dafür ist die Lehre über die Kirche.[7] Im Rahmen dieses Artikels ist es unmöglich, alle „ekklesialen" Texte und die ganze Lehre über

---

[2] Vgl. z.B. R. Schnackenburg, Neutestamentliche Theologie. Der Stand der Forschung, Leipzig 1963; W. Beilner, Kirche nach dem Neuen Testament, Salzburg 1995; J. Roloff, Die Kirche im Neuen Testament (NTD Ergänzungsreihe 10), Göttingen 1993.

[3] Dieser Begriff fehlt auch in anderen Evangelien. ἐκκλησία kommt dreimal in den Evangelien vor (Mt 16,18 und 18,17).

[4] J. Schmid, Das Evangelium nach Markus (RNT II), Leipzig [5]1966, 282f; W. Bracht, Jüngerschaft und Nachfolge. Zur Gemeindesituation im Markusevangelium, in: J. Hainz (Hg.), Kirche im Werden, 144; H. Langkammer, Ewangelia według św. Marka (Evangelium nach dem hl. Markus) (PNT III,2), Warszawa 1977, 333.

[5] R. Pesch, Das Markusevangelium, I. Kommentar zu Kap. 1,1–8,26 (HThK II,1), Freiburg–Basel–Wien [5]1976, 15f, Anm. 1.

[6] Z.B. K. Kertelge, Die Wunder Jesu im Markusevangelium. Eine redaktionsgeschichtliche Untersuchung (StANT 23), München 1970. Ein Überblick der neueren Veröffentlichungen fndet sich in: T. Söding (Hg.), Der Evangelist als Theologe. Studien zum Markusevangelium (SBS 163), Stuttgart 1995, 11f.

[7] J. Gnilka, Neutestamentliche Theologie. Ein Überblick (NEB. NT Erg.-Bd. I), Würzburg 1989, 39f.

die Kirche von Mk zu besprechen. Die Aussage von R. Schnackenburg: *„Die Kirche im NT ist überall anwesend – auch dort, wo sie nicht in Begriffen und Bildern greifbar wird. Die neutestamentlichen Schriften sind aus ihrem Schoß hervorgegangen und zeugen insgesamt von ihrem Dasein und Leben"*[8] unterstreicht dies. Insofern auch im MkEv die Kirche überall anwesend ist, scheint es unabdingbar, den Gegenstand dieser Untersuchung einzugrenzen. Die hier angestellten Überlegungen werden sich nur auf jene Texte beziehen, die als „kirchliche" einfach zu identifizieren sind und mit dem Kirchenmodell des MkEvs in Verbindung stehen.

Der Evangelist Markus fasste in seiner Redaktionsarbeit die Tradition über die Worte und Taten Jesu zusammen. Seine Arbeit war allerdings nicht hermetisch abgegrenzt vom „Sitz im Leben". Sein Werk wurde doch in der Urkirche redigiert und zuerst für diese Gemeinde, in der das MkEv entstanden ist, geschrieben. Wo und für wen aber hat Markus sein Evangelium verfasst? Leider schreibt Markus, der für den Schöpfer der literarischen Gattung des Evangeliums gehalten wird,[9] weder, in welcher kirchlichen Gemeinde er sein Werk verfasst, noch, wer die ersten Adressaten seines Werkes sind. Die heutigen Versuche, diese Rätsel mit Hilfe außerbiblischer Dokumente und biblischer Zeugnisse zu lösen, enden in mehr oder weniger wahrscheinlichen Hypothesen, die bemüht sind, das MkEv in einen historisch-geographischen Rahmen zu stellen.

Man nimmt heute an, dass Mk chronologisch gesehen das älteste Evangelium ist. Es wurde höchstwahrscheinlich einige Jahre vor der Zerstörung Jerusalems (70 n. Chr.) verfasst. Wenn es um den Entstehungsort geht, kann man verschiedene Möglichkeiten in Betracht ziehen: Die Vermutungen, dass es in irgendeiner galiläischen (W. Marxen) oder östlichen Kirchengemeinde (M. Karnetzki, J. Schreiber, G. Kümmel) entstanden ist, scheinen wenig wahrscheinlich zu sein. Als am wahrscheinlichsten gilt heute die Hypothese, dass die Kirchengemeinde in Rom den „Sitz im Leben"

---

[8] R. Schnackenburg, Die Kirche im Neuen Testament. Ihre Wirklichkeit und theologische Deutung. Ihr Wesen und Geheimnis, Leipzig 1966, 9.

[9] J. Kudasiewicz, Ewangelie synoptyczne – dzisiaj (Synoptische Evangelien – heute), Warszawa 1986, 65; J. Ernst, Markus. Ein theologisches Portrait, Düsseldorf 1987, 20; anders sieht dieses Problem H. Frankemölle, Evangelium – Begriff und Gattung. Ein Forschungsbericht (SBB 15), Stuttgart 1988, 212–214.

für das älteste Evangelium darstellte.[10] Diese Gemeinde beeinflusste direkt oder indirekt den Inhalt des MkEvs. Infolgedessen kann man sagen, dass die Kirche in Rom in diesem Werk ihre Widerspiegelung findet.

Wenn man heute dieses Bild der Kirche finden und analysieren möchte, schlägt man methodisch eine entgegensetzte Richtung ein. Nach einer genauen Untersuchung dieser Problematik lässt sich behaupten, dass die Kirche aus dem MkEv sowohl äußerlich als auch innerlich universal war.[11] Jeder durfte und sollte Mitglied dieser Kirche werden. Die Abstammung – jüdisch oder heidnisch – spielte keine Rolle. Niemand konnte sich außerdem in dieser Kirche vernachlässigt oder unbeachtet fühlen. Die Kirche verbreitete sich in drei wichtige Dimensionen:
1) Personale Dimension, d.h. die Vertiefung des eigenen Glaubens – die individuelle Tätigkeit „ad intra",
2) Dimension der Dienstbereitschaft, d.h. die aktive Liebe zur Kirche und allen ihren Mitgliedern – die soziale Tätigkeit „ad intra",
3) Universal-missionarische Dimension, d.h. die Verkündigung an alle Völker – die Tätigkeit „ad extra".[12]

Zusammenfassend ist festzuhalten, dass überall in dieser Kirche der Satz aus dem „Evangelium von Jesus Christus" (1,1) galt: „Wer glaubt und sich taufen lässt, wird gerettet; wer aber nicht glaubt, wird verdammt werden" (16,16).

## II. Leitmotiv des Krichenmodells

Wie schon eingangs erwähnt, gibt es im MkEv keinen Terminus technicus ἐκκλησία. Statt dessen kann man aber Begriffe finden, die das Phänomen

[10] Clemens von Alexandrien, Hieronymus, Eusebius, Ephräm; J. Radermakers, La bonne nouvelle de Jésus selon saint Marc, 2. Lecture continue, Bruxelles 1974, 19; R. Pesch, Das Markusevangelium (HThK II,1) 12f; J. Gnilka, Das Evangelium nach Markus (EKK II), Zürich 1978, 33f; M. Limbeck, Markus-Evangelium (SKKNT II), Stuttgart [5]1993, 10.

[11] H. Lubsczyk, Kyrios Jesus. Beobachtungen und Gedanken zum Schluss des Markusevangeliums, in: R. Schnackenburg, J. Ernst, J. Wanke (Hg.), Die Kirche des Anfangs (FS H.Schürmann), Leipzig 1977, 172.

[12] Mehr darüber in: J. Flis, Myśl eklezjalna w Ewangelii według św. Marka (Das ekklesiale Denken nach dem MkEv), in: Scriptura Sacra 3 (1999) 3, 153–158.

der Kirche deuten, es indirekt benennen oder auf einige seiner Motive hinweisen.

Der erste dieser ekklesialen Termini ist der Begriff „Jünger" (μαθητής). Markus lässt sich dadurch charakterisieren, dass er relativ oft (42 mal) den Begriff „Jünger" benutzt.[13] Besonders charakteristisch für ihn ist der Ausdruck: οἱ μαθηταὶ αὐτοῦ (seine Jünger),[14] der üblicherweise Jünger Jesu bedeutet. Diese Formel kommt im NT 108 mal vor, jedoch ausschließlich in den Evangelien und in der Apg. Markus verwendet diesen Ausdruck vergleichsweise am öftesten, nämlich 31 mal (2,15f.23; 3,7.9; 5,31; 6,1.35.41.45; 7,2.17; 8,4.6.10.27.33f; 9,28.31; 10,23.46; 11,1.14; 12,43; 13,1; 14,12f.32; 16,7 und 6,29: „Jünger von Johannes").

Markus gebraucht aber auch gern andere Begriffe im Zusammenhang mit „Schule", die man als „Scholartermini" bezeichnen könnte, wie z.B. διδάσκαλος oder Ῥαββί (Lehrer). Man findet bei Mk insgesamt 17 dieser Ausdrücke (13 Belege von διδάσκαλος und 4 von Ῥαββί), jedoch machen die Verse mit diesen beiden Termini im MkEv 2,5% des Gesamttextes aus, bei Mt 1,59%, bei Lk 1,39% und bei Joh 0,91%. Bei den anderen Schriften des NT findet man insgesamt nur 28 Stellen (Apg: 1, Röm: 3, 1 Kor: 2, Eph: 2, Kol: 1, 1Tim: 9, 2 Tim: 4, Tit: 4, Hebr: 1 und Jak: 1). Ein weiterer erwähnenswerter Begriff ist διδαχή (Lehre). Im NT kommt er 30 mal vor, davon am häufigsten im MkEv (5 mal) und außerdem hat die Apg 4, Mt 3, Joh 3, Offb 3, Röm 2, 1 Kor 2, Hebr 2, 2 Joh 2, Lk 1, 2 Tim 1 und Tit 1 Beleg(e).

Schon zu Beginn der irdischen Tätigkeit Jesu, die auf die Verwirklichung des Gottesreiches gerichtet war, beruft Jesus Jünger. Die Ersten waren: Simon und Andreas, Jakobus und Johannes (1,16–20). An dieser Stelle ist hervorzuheben, dass nicht die Jüngerkandidaten ihren Lehrer wählen – so wie dies in rabbinischen Schulen üblich war –, sondern Jesus als

---

[13] Das Substantiv wird im NT 261 Mal verwendet, in den Evangelien (Mk: 46, Mt: 72, Lk: 37, Joh: 78) und in der Apg: 28, vgl. P. Nepper-Christensen, μαθητής, EWNT II, 916; H. Lubsczyk, Kyrios Jesus, a.a.O., 158f; W. Trilling, Zur Entstehung des Zwölferkreises. Eine geschichtliche Überlegung, in: R. Schnackenburg / J. Ernst / J. Wanke (Hg.), Die Kirche des Anfangs (FS H. Schürmann), Leipzig 1977, 204–207.

[14] Zum Vergleich: Joh mit 32 Belegen – alle 27 Verse, Mt mit 28 Belegen – alle 38 V., Lk mit 6 Belegen – alle 72 V., und Apg mit einem Beleg – alle 1000 V.

Lehrer[15] selbst auswählt und damit beruft.[16] Jesus kommt als ein Unbekannter vorbei und beruft selbst (V.16a.19a).

Er wird also eindeutig als der Erste, der entscheidet, dargestellt. Er beruft ohne spezielle Gesten, sondern nur durch sein Wort, d.h. mit seiner ergreifenden Autorität (V.17.20a). Die Antwort der Berufenen sollte absolutes Vertrauen und die Unterordnung gegenüber dem, was Jesus sagt (proekklesiale Tätigkeit), sein. Die Schilderung der Reaktion der Berufenen beginnt Markus mit dem beliebten „sofort" (εὐθὺς) (V.18a).[17]

Direkt nach der Berufung der ersten Jünger beschreibt Markus die konkrete Wirksamkeit Jesu, nämlich den sog. „ersten Tag": die Lehre in Kafarnaum, die Heilung der Schwiegermutter des Simon und eines Besessenen und das Summarium (1,21–34). Im ganzen Abschnitt ist Jesus selbst derjenige, der konsequent aus Eigeninitiative handelt.[18] Er sagt zu den ersten Berufenen: „Ich will euch zu Menschenfischern machen" (V.17). Indem er diese Aussage explizit festhält, betont der Evangelist, dass die Auserwählten und Berufenen als Jünger Jesu sein Werk in Zukunft fortsetzen werden.[19]

Dieser proekklesialen Blickrichtung bleibt Markus im Verlauf seines Evangeliums treu. Er bedient sich der erwiesenen Begebenheiten während der irdischen Tätigkeit Jesu – seiner ekklesialen Absicht entsprechend – und interpretiert sie als Paränese für seine Kirche. In der Tatsache, dass „es viele waren, die ihm folgten" (2,15) – wie aus seiner Redaktionsarbeit hervorgeht – scheint man seine Kirche und konkret ihre Mitglieder sehen zu können. Diese πολλοὶ („viele") unterscheidet Markus deutlich von

---

[15] Das Substantiv διδάσκαλος kommt statistisch am häufigsten in Mk (durchschnittlich alle 57 Verse) vor, außerdem in Mt (89 V.), Lk (72 V.), Joh (110 V.) und in den übrigen Schriften des NT noch seltener. Der hebräische Titel Ῥαββί (ῥαββουνί) kommt nur 17 mal im NT vor, davon am häufigsten bei Joh (9), Mk (4) und Mt (4).

[16] M. Limbeck, Markus-Evangelium, a.a.O., 30f; G. Fischer, M. Hasitschka, Auf dein Wort hin. Berufung und Nachfolge in der Bibel, Innsbruck - Wien 1995, 99–101; J. Warzecha, Idźcie i wy. Z zagadnień biblijnej teologii apostolstwa (Geht ihr! Von den Problemen einer biblischen Theologie des Apostolates), Ząbki 1996, 59; W. Kirchschläger, Die Anfänge der Kirche. Eine biblische Rückbesinnung, Graz - Wien - Köln 1990, 124.

[17] W. Pöhlmann, εὐθὺς, in: EWNT II, 196.

[18] J. Radermakers, La bonne nouvelle, a.a.O., 78–80.

[19] L. Cerfaux, Jésus aux origines de la tradition. Matériaux pour l'histoire évangélique, Desclée de Brouwer 1968, 80f; J. Ernst, Markus, 99–101; J. Gnilka, Jesus von Nazaret. Botschaft und Geschichte, Freiburg i.Br. 1993, 168f; J. Roloff, Die Kirche im Neuen Testament, a.a.O., 39.

der Menge (ὄχλος), die sich um Jesus drängte (Mk 3,7; 5,24).[20] Jesus nachzufolgen bedeutet etwas anderes als das, was das Volk üblicherweise tut. Es meint, ihn als „den Ersten" nachzuahmen, so zu handeln wie er. Das stellt für Markus ein Grundmotiv sowohl für die Ortskirche als auch für die universelle Kirche dar. Wenn diese „Nachfolge Jesu" fehlt, besteht die Kirche nach Markus eigentlich nicht mehr. Daran erinnert der Evangelist oftmals in seinem Evangelium und er gibt verschiedene konkrete Beispiele. Einige davon sind positiv und lobenswert, wie u.a. die Berufung der ersten Jünger (Mk 1,16–20), die Berufung des Levi (2,14) und die Heilung des Bartimäus (10,52),[21] andere wiederum sind negativ und ermahnend, wie z.B. die Haltung des reichen Jünglings (10,21f), die Flucht der Jünger (14,50) oder der Widerspruch des Petrus nach der Ankündigung des Leidens (8,32).

Zuvor erfolgte mit der Berufung der ersten Jünger bereits die Besprechung eines positiven Beispiels. Nun folgt die Erörterung eines negativen Verhaltens. In dieser Szene geht es um die schärfste und dramatischste Aussage, die an Petrus gerichtet war:῞Υπαγε ὀπίσω μου, σατανᾶ „Geh weg von mir, Satan!" (8,33). Diese strenge Ermahnung für den Ersten in der Kirche, für denjenigen, der „die Menschen fischen" soll, geschieht, weil dieser die Absicht Jesu nicht bejahen will. Der Widerspruch des Petrus zeigt, dass er einen anderen Weg sucht als jenen, den Jesus geplant hat. Diese Suche nach „anderen Weg", den der Satan gewählt hat,[22] kommt aber für die Kirche nicht in Frage. Die Aussage:῞Υπαγε ὀπίσω μου steht im totalen Gegensatz zu dem, was Jesus sucht und erwartet: die sofortige und absolute Nachfolge. Jene, die wahrhaft Jünger Jesu werden wollen, sind auch zur Nachfolge berufen.

Charakteristisch für das MkEv ist auch die deutlich gekennzeichnete Gegenüberstellung der Jünger und der Menge. Das wurde vor allem

[20] G. Schneider, ἀκολουθέω, in: EWNT I, 121f.

[21] Bartimäus als Symbol, der auf den Leitgedanken des MkEvs hinweist. Für Markus repräsentiert der Geheilte die schwachen Jünger in der Nachfolge Jesu. Vgl. J. Ernst, Markus, a.a.O., 99; vgl. J. Warzecha, Idźcie i wy, a.a.O., 71.

[22] J. Flis, Jezus a demony na tle antydemonicznych praktyk starożytnego Wschodu (Jesus und die Dämonen im Vergleich mit den antidämonischen Praktiken der altorientalischen Umwelt), Lublin 1990, 92; R. Pesch, Das Markusevangelium, II. Kommentar zu Kap. 8,27–16,20 (HThK II,2), Freiburg–Basel–Wien [4]1991, 54–56.

in der Leidensgeschichte (vgl. 14,43; 15,8.11.15) und auch in den Informationen über die Lehren Jesu (vgl. 3,9; 5,27ff, 6,45; 7,1; 8,1f; 8,34; 9,14ff; 10,46) betont. Die Jünger sind im Vergleich zum Volk oft begünstigt. Sie können Fragen stellen und Erklärungen verlangen. Sie können alles, was Jesus sagt und tut, besser hören und sehen. Möglicherweise soll die Betonung dieser zuvor geschilderten Begünstigung der Jünger eine Erinnerung für die Kirche darstellen, dass sich auch ihre Mitglieder ähnlich bevorzugt fühlen dürfen. Sie erfahren auch durch ihren Glauben an Jesus und sein Heilswerk stets eine Bevorzugung.[23]

Aus der Gruppe der Jünger, die im Vergleich zum Volk eine Sonderstellung inne hatte, wurde die Gruppe der Zwölf nochmals besonders favorisiert.[24] Mk berichtet von ihrer Ernennung (3,13–19) mit Hilfe von zwei Finalsätzen (3,14f), die mit der Konjunktion ἵνα – „dass, damit" eingeleitet werden. Der Verfasser schreibt, dass Jesus die Zwölf dazu ernennt, „dass sie bei ihm sein sollten und dass er sie aussandte, zu predigen und die bösen Geister auszutreiben". Die Übersetzung von ἵνα ὦσιν μετ᾿ αὐτοῦ in Vers 14 – „dass er sie bei sich haben wollte" – betont jedoch die Dynamik der Verbundenheit, die sich zwischen den beiden Subjekten Jesus und den Zwölf verwirklicht, viel zu wenig.[25] Möglicherweise kann man an dieser Stelle sogar eine besondere Vereinigung der Zwölf mit Jesus als ihrem Lehrer erkennen. Diese außergewöhnlich enge Verbundenheit mit Jesus ist aber weder für die Zwölf noch für die Kirche selbst das Ziel. Es ist nur ein gutes Fundament und der Ausgangspunkt für die Verkündigung des Evangeliums.[26] Deutlich drückt das der Anfang des zweiten Finalsatzes: ἵνα ἀποστέλλῃ αὐτοὺς – „um sie zu senden" aus. Markus erinnert seine

---

[23] W. Bracht, Jüngerschaft und Nachfolge, a.a.O., 162–164.

[24] Das Zahlwort δώδεκα für die Benennung des Zwölferkreises kommt 31 Mal im NT vor. Markus verwendet es besonders oft, d.h. 11 mal, Mt: 7; Lk: 7; Joh: 4; Apg: 1 und 1 Kor: 1.

[25] G. Fischer, M. Hasitschka, Auf dein Wort hin, 103; G. Schmahl, Die erste Bestimmung der Zwölf im Marksevangelium, in: R. Kampling, T. Söding (Hg.), Ekklesiologie des Neuen Testaments (FS K. Kertelge), Freiburg i. Br. 1996, 134f; J. Roloff, Die Kirche im Neuen Testament, a.a.O., 36f; W. Kirchschläger, Die Anfänge der Kirche, a.a.O., 126f.

[26] J. Roloff, Apostolat – Verkündigung – Kirche. Ursprung, Inhalt und Funktion des kirchlichen Apostelamtes nach Paulus, Lukas und den Pastoralbriefen, Gütersloh 1965, 147; L. Cefaux, Jésus aux origines de la tradition, 23f; H. Lubsczyk, Kyrios Jesus, a.a.O., 158f; J. Gnilka, Was heißt „Kirche" nach den synoptischen Evangelien?, in: H. Althaus (Hg.), Kirche. Ursprung und Gegenwart, Freiburg i. Br. 1984, 25f; H. Langkammer, Nowy Testament o Kościele, Wrocław 1995, 57; J. Warzecha, Idźcie i wy, a.a.O., 65.

Kirche daran, dass man erst dann richtig wirken, d.h. „predigen und die bösen Geister austreiben" (vgl. V. 14f) kann, wenn man zuvor „ganz mit Jesus ist".[27]

Ohne genauer auf exegetische Details einzugehen, ist hier zu erkennen, dass Jesus sein neues Volk, das von seinen neu bestimmten zwölf Vertretern repräsentiert wird, auf den Berg ruft.[28] Wie damals auf dem Sinai, als Jahwe den Bund mit seinem Volk schloss, was „dort gleichsam eine erste Sammlung, eine Prä-ἐκκλησία, darstellte", so ruft jetzt auch Jesus „auf einem Berg die Zwölf zu sich, die er erwählt hatte, und sie kamen zu ihm" (vgl. Mk 3,13).

Die Wahl der Zwölf wird zu einer bedeutenden Etappe der Stiftung des neuen Gottesvolkes, der Kirche. Am Sinai bildete Gott das Volk aus zwölf Stämmen Israels (vgl. Ex 24,4; Dtn 1,23; Jos 3,12), und nun erwählt der historische Jesus und der kerygmatische Sohn Gottes die neuen Zwölf (ἐποίησεν δώδεκα).[29] Diese Initiative geht wieder deutlich von Jesus aus.[30] Das wird durch die zweimalige Verwendung des Verbs „tun, machen" – ἐποίησεν (3,14.16) im Aorist betont. Einige beachtenswerte Handschriften, wahrscheinlich aus der Post-Pascha-Tradition (Lk 6,13), fügten an dieser Stelle die Worte „welche er auch Apostel nannte" – οὓς καὶ ἀποστόλους ὠνόμασεν ein.[31] Überdies kann man in diesem Text einige Züge erkennen, die sowohl auf ihre mögliche Vor-Pascha-Herkunft als auch auf ihre Post-Pascha-Reinterpretation hinweisen. Für die erste Möglichkeit spricht

---

[27] J. Roloff, Apostolat – Verkündigung – Kirche, a.a.O., 145–148; H. Lubsczyk, Kyrios Jesus, a.a.O., 158f; W. Kirchschläger, Die Anfänge der Kirche, a.a.O., 126.

[28] Im Wort προσκαεῖται (προσκαλέομαι) kann man das Hauptwort ἐκκλησία voraussetzen, das von εκκαλέω oder καλέω abstammt. Hier kann man eine etymologische Verknüpfung des griechischen καλέω und hebr. קוֹל (Stimme) Jahwe sehen. „Gott hat beim Sinai einen Bund mit seinem Volk geschlossen, d.h. sein Volk zusammengerufen. Dort hat die erste Versammlung als eine Prä-ἐκκλησία stattgefunden. Das wurde zu einem Prä-Fundament für die zukünftige Kirche.", vgl. J. Flis, Modele Kościoła w Pismach Narracyjnych Nowego Testamentu (Kirchenmodelle in den narrativen Schriften des NT), Lublin 1999, 96.

[29] W. Kirchschläger, Die Anfänge der Kirche, a.a.O., 126f; R. P. Meye, Jesus and the Twelve, Grands Rapids 1968, 192–205.

[30] W. Grundmann, Das Evangelium nach Markus (ThHK II), Berlin 51971, 80; J. Kudasiewicz, Początek Ewangelii, a.a.O., 108; J. Roloff, Die Kirche im Neuen Testament, a.a.O., 36f.

[31] U.a.: ℵ, B, S, C*; J. Dupont, Le nom d'apôtres a-t-il été donné aux Douze par Jésus?, in: L'Orient chrétien 1 (1956) 443–448; J. Rademakers, La bonne nouvelle, a.a.O., 121.

die Erwähnung von Judas als einem der Zwölf. Für die zweite Möglichkeit spricht aber die Betonung des Verrates des Judas.

Zu beachten ist außerdem die Beschreibung der Aussendung der Zwölf (6,7–13). Markus leitet die Aussendung mit dem schon von ihm bekannten ekklesialen Wort „rief zu" – προσκαλεῖται ein.[32] Jesus sendet die Zwölf „je zwei" (V.7a) und stellt noch die erforderliche Ausstattung zur Verfügung und gibt notwendige Instruktionen (V.7b–11). Markus schreibt weiter: „Die Zwölf machten sich auf den Weg und riefen die Menschen zur Umkehr auf. Sie trieben viele Dämonen aus und salbten viele Kranke mit Öl und heilten sie" (V.12f). Damit ist zum ersten Mal auf diese Weise das Ziel von der Berufung einer Gruppe verwirklicht, das in Mk 3,14f angekündigt wurde. An dieser Stelle entscheiden wir nicht, ob das noch vor der Auferstehung – als eine Art „Missionsgeneralprobe"[33] – oder nachher geschehen ist. Auf jeden Fall war dieser Text für die Urkirche von großer Bedeutung. Er erinnerte an die Tatsache, dass das Mit-Jesus-Sein zum Zeugnis durch die die Mission begleitenden Taten führen soll.

Bei Mk sind die Zwölf auch besondere Empfänger der Unterweisungen Jesu (4,10; 9,35; 10,32.41), einer neuen Lehre mit Vollmacht (1,27), Zeugen seiner Wunder (5,25.42;6,43), Anwesende bei der Leidensgeschichte (11,11; 14,10.17.20.43). Außerdem kann man ihre Anwesenheit in fast allen anderen Situationen und Kontexten annehmen, auch wenn das nicht deutlich betont wird.

Die Gruppe der Zwölf kann allerdings nicht bis zum Ende in diesem „Sein-mit-Jesus" bleiben, obwohl sie ihm so nahe war. Das Leidens- und Todesdrama übersteigt ihre natürlichen Kräfte. Alle Jünger verlassen ihren Lehrer und fliehen (14,50). Eine Ausnahme bildet hier vielleicht ein nur mit einem Leinengewand bekleideter Jünger, der etwas länger bei Jesus bleibt und ihm somit nachfolgt. Etwas später flieht aber auch er (14,52). Auch Petrus, der – trotz seiner früheren Versprechungen – nur „von Ferne (ἀπὸ μαρόθεν) Jesus nachfolgt" (14,54), verleugnet ihn im entscheidenden Moment und bekennt sich auch der Magd gegenüber nicht zu ihm (14,69).

[32] Vgl. Anm. 28.

[33] K. Stock, Theologie der Mission bei Markus, in: K. Kertelge (Hg.), Mission im Neuen Testament (QD 93), Freiburg 1982, 138f.

Nach der Auferstehung sollen sich jedoch die Zwölf wieder mit Jesus, der vor ihnen nach Galiläa kam, treffen. Eben dorthin sollen die Jünger mit Petrus wieder gehen, diesmal schon nach dem Auferstandenen (16,7).[34] Wir begegnen hier nochmals dem Motiv der „Nachfolge" des Lehrers. Diesmal stehen wir aber dem Höhepunkt dieses Motivs gegenüber. Früher wurde es während der irdischen Tätigkeit Jesu konsequent durch die dreimalige Todes- und Auferstehungsankündigung (8,31f; 9,31; 10,33f) vorbereitet. Das betraf stets das „unreife" Verhalten der Zwölf, und deren Ursache waren das Missverständnis (8,32f), der Streit um den Vorrang der Söhne des Zebedäus (9,32–35; 10,35–45). Diese Perikopen zeigen die Feder des Markus. Der Verfasser des ältesten Evangeliums stellt konsequent Jesus als einen dar, der die Zwölf und damit auch die Kirche an die Notwendigkeit der Verbindung ihres Schicksals mit dem Schicksal Jesu erinnert. Die Jünger verhalten sich – gemäß Markus – nur dann richtig, wenn sie ihrem Lehrer treu nachfolgen[35]. Das Schicksal Jesu soll zum freiwillig gewählten Schicksal „seiner Jünger" werden. Man darf nicht einmal den Tod, den man als Höhepunkt der Nachfolge des Lehrers durch seine wahren Jünger bezeichnen kann, ausschließen.[36]

Das Gegenteil dieser richtigen und empfehlenswerten Haltung bildet das Verhalten des Judas.[37] Dieser, der auch „ein Jünger Jesu" war und der bevorzugten Gruppe der Zwölf angehörte, verzichtete auf die Nachahmung des Weges Jesu und „ging hin (ἀπῆλθεν) zu den Hohenpriestern, dass er ihn an sie verriete" (14,10).[38]

Neben den schon vorgestellten ekklesialen Begriffen wie „Jünger" oder „Zwölf" nehmen die Namen „Simon" oder „Petrus" einen wichtigen Platz im MkEv ein. Schon eine einfache Statistik belegt die besondere Bedeu-

---

[34] J. Radermakers, La bonne nouvelle, a.a.O., 417.

[35] G. Kittel, ἀκολουθέω, in: TWNT I, 214.

[36] T. Söding, Die Nachfolgeforderung Jesu im Markusevangelium, in: TThZ 94 (1985) 305f; M. Limbeck, Markus-Evangelium, 11–13; G. Schmahl, Die erste Bestimmung der Zwölf, a.a.O., 136f.

[37] J. Rinke, Kerygma und Autopsie: der christologische Disput als Spiegel johanneischer Gemeindetheologie, Freiburg i. Br. 1997, 310f.

[38] J. Schneider, ἔρχομαι, in: TWNT II, 673; R. Pesch, Das Markusevangelium (HThK II,2), 337–339; G. Schmahl, Die erste Bestimmung der Zwölf, a.a.O., 137; Judas ist der „Anti-Lieblingsjünger Jesu", in: J. Rinke, Kerygma und Autopsie, 310–312.

tung dieser Namen.[39] In der Geschichte der Exegese gab es sogar Behauptungen, dass man das MkEv als „Evangelium des Petrus“ bezeichnen könne, da Petrus eine sehr große Rolle in diesem Evangelium spiele.[40] Den Namen „Petrus“ treffen wir im MkEv in folgenden 15 Szenen an:

I. Berufung der ersten Jünger (1,16–20);
II. Heilung der Schwiegermutter des Petrus (1,29–31);
III. Simon: „Alle suchen dich!“ (1,35–39);
IV. Berufung der Zwölf (3,13–19);
V. Auferweckung der Tochter des Jairus (5,35–43)
VI. Bekenntnis des Petrus (8,27–30);
VII. Widerspruch des Petrus bei der Leidensankündigung (8,31–33);
VIII. Zeugen der Verklärung Jesu (9,2–8);
IX. Besitzverzicht der Jünger (10,28–31);
X. Äußerung vom verdorrten Feigenbaum (11,20–25);
XI. Frage nach dem Zeitpunkt der Tempelzerstörung (13,3–37);
XII. Ankündigung der Verleugnung des Petrus (14,29–31);
XIII. Versagen in Getsemani und Wort an Petrus (14,32–42);
XIV. Nachfolge und Verleugnung des Petrus (14,53f, 66–72);
XV. Aufforderung zur Mitteilung an Petrus (16,7).[41]

In diesen 15 Bildern sehen wir, dass Petrus konkurrenzlos der wichtigste Jünger Jesu ist. Er ist der Erste im Zwölferkreis und einer der drei Sonderjünger (5,35–43; 9,2–8; 14,32–42). Als Sprecher der Jünger stellt er Fragen, gibt Antworten, äußert seine persönliche Meinung oder macht Bemerkungen. Am bedeutendsten tritt er als Erster unter den Jüngern bei seinem Messiasbekenntnis (8,27–30) auf.[42]

---

[39] Das Nomen kommt im MkEv 20 Mal (3,16; 5,37; 8,29.32f; 9,2.5; 10,28; 11,21; 13,3; 14,29.33.37.5 4.66f.70.72; 16,7) und sechsmal als Σίμων (1,16.29f.36; 3,16; 14,37) vor. Zum Vergleich: im Neuen Testament kommt es 156 mal vor (Mt: 23, Lk: 18, Joh: 32, Apg: 54; dazu noch einige Male in Gal und 2 Petr).

[40] A. Robert / A. Feuillet (Hg.), Einleitung in die Heilige Schrift, Bd. II: Neues Testament, Wien – Freiburg – Basel 1964, 202.

[41] Vgl. P. Dschulnigg, Petrus im Neuen Testament, Stuttgart 1996, 9–25.

[42] W. Kirchschläger, Die Anfänge der Kirche, a.a.O., 107–111; O. Cullmann, Πέτρος/Κηφᾶς, in: TWNT VI, 99–112.

In der Annahme, dass der Anfang des ältesten Evangeliums (V.1–15)[43] und sein kanonisches Ende (V.16.8–20) eine Art Rahmen des Evangeliums vom Sohn Gottes bilden, kann man sagen, dass Petrus genau im Zentrum des ganzen Evangeliums steht. Im Mittelpunkt steht doch die außerordentliche Perikope der Verklärung (VIII), in der Petrus als Erster von den drei Jüngern das göttliche Geheimnis des Meisters erfährt.

Beachtenswert ist außerdem ein interessantes Detail: Markus verschweigt einige Dinge, die für die Güte des Petrus sprechen bzw. zu seinem Ansehen beitragen würden. So erwähnt Markus mit keinem Wort die Primatsankündigung (Mt 16,17–19), obwohl er das Glaubensbekenntnis des Petrus zitiert (VI), oder er schreibt nichts über die Erledigung der Steuer für Jesus (Mt 17,27f). Im Gegensatz dazu beschreibt er jedoch vieles, was eigentlich gegen Petrus spricht, genau (VII, VIII, XIII, XIV).

Wenn man also im MkEv in der Darstellung des Petrus auch einige Schattenseiten erkennt, kann man dies einfach damit erklären, dass die Grundlage für Markus möglicherweise persönliche Aussagen des Petrus bilden. Dieser zögerte nicht, sich zu den „dunklen" Momenten zu bekennen, obwohl er zum Ersten unter den Zwölf und auf diese Weise in der Kirche werden würde. Wie Paulus schreibt, dass er selbst es nicht wert sei, Apostel zu heißen, weil „er die Kirche verfolgt hat" (1Kor 15,9f), so verkündigt Petrus in Mk konsequent, dass er es nicht wert sei, „der Erste" in der Kirche zu sein, da er Jesus bei der Vorbereitung auf seine spezielle Rolle in der Kirche enttäuscht hat. Trotzdem erwählt aber der Auferstandene Petrus wieder (16,7), damit er dort das neue „Sein-mit-Jesus" beginnt und es dann durch die Verkündigung des Evangeliums in der ganzen Welt fortsetzt (16,15). Dadurch erfüllt er seine Mission, die schon bei der Berufung durch die Ankündigung des „Werdens zu Menschenfischern" genannt wurde (1,17b).

In den beiden umrahmenden Szenen (I. und XV.) kann man zwei überlagernde Chiasmen erkennen, die sowohl die Deutung des Petrus in der Urkirche als auch das Leitmotiv der Botschaft der Ekklesiologie nach dem MkEv deutlich präsentieren.

---

[43] R. Pesch, Simon-Petrus. Geschichte und geschichtliche Bedeutung des ersten Jüngers Jesu Christi, Stuttgart 1980, 138–140, J. Blank, Vom Urchristentum zur Kirche, a.a.O., 104–109.

1. Chiasmus

| | A | B |
|---|---|---|
| 1,16: | Als Jesus am See **entlang ging,** | sah er ***Simon*** ... |
| | B' | A' |
| 16,7: | sagt seinen Jüngern, vor allem ***Petrus***: | Er **geht** euch voraus… |

2. Chiasmus

| | A | B |
|---|---|---|
| 1,16: | Als Jesus ..., sah er ***Simon*** | und **Andreas**, |
| | B' | A' |
| 16,7: | sagt seinen **Jüngern,** | vor allem ***Petrus***: |

Der erste Chiasmus bildet den Aufruf zur Nachfolge des Lehrers. Jesus geht (παράγων – vorbeigehend, entlang gehend: 1,16a) voran und beruft mit seinem autoritativen Wort „Folgt mir nach!". Die kirchenstiftende Tätigkeit Jesu, die zuerst in der Berufung des Petrus und mit ihm der drei ersten Jünger erkennbar war, setzt sich fort in der Aufforderung an seine Jünger, aber vor allem an Petrus, zu verkünden, dass der Auferstandene vorausgehe und seine Jünger (Kirche) in Galiläa erwarte.

Das klingt nach einer Bestätigung, wonach Petrus den ersten Platz unter den Jüngern (in der Kirche) einnimmt. Nach der Auferstehung Jesu sagen die Frauen, dass der Auferstandene „vor den Jüngern nach Galiläa geht (προάγει)" (vgl. 17,7b) und er fordert auf, „ihm wieder nachzufolgen". Simon wurde als Erster unter den berufenen Jüngern (1,16b) und als Letzter der im MkEv namentlich angeführten Menschen genannt. Der eine Arm des Chiasmus verweist auf Jesus, der sowohl in der irdischen (A) als auch in der nach-paschalen (A') Tätigkeit kirchenstiftend wirkt. Der andere Arm verweist auf Simon als den Ersten „seiner" berufenen Jünger (B) und dann auf Petrus, der nun beim neuen Namen genannt wird, und dem die Frauen über die Auferstehung berichten (B') dürfen.

Im zweiten Chiasmus weist ein Arm auf Simon als den Ersten unter den berufenen Jüngern (C) hin und als den Letzten, den man informieren soll (C'). Der andere Arm weist zuerst auf die anderen Berufenen (D) hin: auf Andreas (auch Johannes und Jakobus), als „späteren“ Jünger Jesu, und dann auf „seine Jünger“ (D’), die noch vor Petrus von der Auferstehung des Lehrers hören sollen.

Am Ende kann man sagen, dass in diesen beiden Chiasmen Petrus als derjenige dargestellt wird, der mit einer ekklesialen Klammer das älteste Evangelium und die ganze Kirche, für die das Evangelium geschrieben wurde, umfasst. Die Aufforderung zur Nachfolge, die zuerst von Jesus am See Genezareth getätigt wurde (1,17), ist auch in der Botschaft der Frauen an die Jünger enthalten: „Er geht euch voraus nach Galiläa; dort werdet ihr ihn sehen, wie er es euch gesagt hat“ (16,7).

Die Gestalt des Petrus bei Mk kann als „Existenz” voll von inneren Gegensätzen bezeichnet werden.[44] Das Spektrum seines Verhaltens ist wirklich breit: von richtigen und zutreffenden Antworten über falsche bis hin zur Verleugnung; von schönen und hochtrabenden Erklärungen bis hin zu Tränen ehrlichsten Leids.

Dieser „Erste und Letzte” unter den Menschen ist also – nicht nur wegen der Chronologie oder der literarischen Konzeption des Evangeliums – zweifellos eine sehr wichtige Person für das Evangelium selbst, aber auch für seinen Sitz im Leben.[45] Nach unseren Analysen kann man feststellen, dass Simon-Petrus wirklich im Mittelpunkt des ältesten Evangeliums steht. Man kann wohl auch behaupten – obwohl das Thema des Werkes von Markus als „das Evangelium des Sohnes Gottes” ein christologisches ist –, dass alles auch um Petrus kreist, der der Erste unter den Jüngern Jesu, unter den Zwölf und den drei oder vier Jüngern mit Sonderstellung und damit auch in der Urkirche ist.

Das Leitmotiv des Kirchenbildes bei Markus ist die Nachfolge Jesu[46] – des Lehrers jener, die seine Jünger wurden. Die Tätigkeit Jesu wird im MkEv konsequent als kirchenbildend dargestellt. Jesus ist bei den Anfängen der Kirche dabei. Er beruft die Jünger und macht die Zwölf[47] und Pe-

[44] P. Dschulnigg, Petrus im Neuen Testament, a.a.O., 28–30.

[45] R. Pesch, Simon–Petrus. Geschichte und geschichtliche Bedeutung des ersten Jüngers Jesu Christi, Stuttgart 1980, 138–140, J. Blank, Vom Urchristentum zur Kirche, a.a.O., 104–109.

[46] Mehr darüber schreibt: H. D. Betz, Nachfolge und Nachahmung Jesu Christi im Neuen Testament, Tübingen 1967; vgl. W. Bracht, Jüngerschaft und Nachfolge, a.a.O., 150–152; R. Schnackenburg, Die Person Jesu Christi, a.a.O., 55–58.

[47] H. Lubsczyk, Kyrios Jesus, a.a.O., 159.

trus zu seinen Auserwählten. In diesen Jüngern, die mit einer gewissen Markus-Prädilektion als „seine Jünger" bezeichnet werden, soll man die Kirche von Markus sehen. Diese Kirche wurde – zuerst von Jesus, dann vom Verfasser des Evangeliums – zur Nachfolge ihres Lehrers und Meisters aufgerufen. „Jesus nachfolgen" ist die Antwort auf die Gnade der Berufung durch Jesus. Die Anwesenheit bei Jesus als „Sein-mit-ihm" bereitet die zukünftige Missionierung vor.[48] Das Beispiel des wahren Jüngers und des Ersten in der Kirche ist – laut Mk – Petrus. Obwohl ihm verschiedene Schicksale in diesem Jünger-Werden widerfahren, verbleibt er schließlich doch „in der Nachfolge seines Lehrers". Den Gegensatz dazu bildet das Verhalten des Judas, der einen anderen Weg gegangen ist. Das war sein Fehler und hatte tragische Folgen. Die konsequente Betonung der Nachfolge des Lehrers in der Ekklesiologie von Markus kann man als paränetische Erinnerung und Ermahnung für die Urkirche bezeichnen, in der das älteste Evangelium entstanden ist. Sie bleibt auch für die Kirche immer aktuell.

## III. Zusammenfassendes Kirchenmodell

Aufgrund bisheriger Forschungen kann man sagen, dass das älteste Evangelium ein interessantes Bild der Kirche zeichnet und deren Elemente und Motive oft und wirklich überall darstellt. Man kann behaupten, dass wir gerade diesem Evangelium das erste Modell der Kirche verdanken.

Die Lehre des Markus über die Kirche knüpft vermutlich an die Situation der Urgemeinde in Rom unmittelbar vor dem Jahre 70 n. Chr. an. Diese Kirche war ohne Zweifel universell – sowohl innerlich als auch äußerlich.[49] Die Abstammung – jüdisch oder heidnisch – war bedeutungslos. Niemand konnte sich in der Gemeinde vernachlässigt fühlen. Die Kirche charakterisiert sich besonders durch den Aufruf zur Vertiefung des Glau-

[48] J. Ernst, Markus, a.a.O., 107–109; R. Pesch, Das Markusevangelium (HThK II,2), 452f; J. Roloff, Die Kirche im Neuen Testament, a.a.O., 36.

[49] H. Lubsczyk, Kyrios Jesus, a.a.O., 172.

bens bei den Kirchenmitgliedern und den Appell zur missionarischen Verkündigung des Glaubens „in aller Welt".

Das Modell der Kirche im MkEv hat noch keine klare und „immer gültige" organisatorische Struktur. Man kann aber Vorbereitungen dazu in einigen kirchenbildenden Motiven annehmen:

- Jesus, der Lehrer, als der Erste in der ekklesialen Tätigkeit,
- die Auswahl und Berufung der Jünger Jesu,
- die besondere Bedeutung der Berufung und Sendung der Zwölf ,[50]
- die Vormachtstellung des Petrus[51] im Evangelium und in der Kirche,
- die Notwendigkeit der Bereitschaft zum Dienst in der Kirche,[52]
- das Motiv der Nachfolge des Meisters der ganzen Kirche,
- die Gegenüberstellung der Haltungen der Menge und der Kirche.

Nach dem MkEv bilden alle „seine Jünger" (μαθηταὶ αὐτου) die Kirche. Den Zwölferkreis (δώδεκα) kann man als Kern der Kirche bezeichnen. Er wurde von Jesus selbst speziell auserwählt, und Simon-Petrus wurde zum Ersten in diesem Kreis und damit in der Kirche bestimmt. Alle (Jünger, Zwölferkreis, Petrus) sind als Mitglieder einer besonderen Schule zu verstehen. Diese Schule war nur rein äußerlich mit den rabbinischen Wanderschulen vergleichbar. Jesus, als Lehrer, geht als Erster voran und erwartet nicht nur, dass man bildhaft hinter ihm her geht, sondern er ruft von Beginn: ακολούθει μοι – „Folge mir nach!" bis zum Ende oftmals zur Nachfolge auf. Die Akzeptanz des Aufrufs des Lehrers zur Nachfolge soll die ganze Kirche charakterisieren. Jeder soll sich persönlich und bewusst für die Nachfolge des Lehrers entscheiden.[53] Jesus hat seine Jünger auserwählt, damit sie als „seine Kirche" später das fortsetzen, was er als Lehrer schon begonnen hat. Die richtige Antwort auf die Gnade der Berufung zum Mitglied der Gruppe der „Jünger Jesu" – der Kirche – ist zuerst das

---

[50] K. Kertelge, Gemeinde und Amt im Neuen Testament, 131; K. Kertelge, Offene Fragen zum Thema „Geistliches Amt" und das neutestamentliche Verständnis von der „repraesentatio Christi", in: R. Schnackenburg / J. Ernst / J. Wanke (Hg.), Die Kirche des Anfangs (FS H. Schürmann), Leipzig, 1977, 588f.

[51] H. Frankemölle, Evangelium – Begriff und Gattung, a.a.O., 191f.

[52] W. Kirchschläger, Die Anfänge der Kirche, a.a.O., 96f.

[53] W. Bracht, Jüngerschaft und Nachfolge, a.a.O., 160–162; G. Kittel, ἀκολουθέω, a.a.O., 214f; M. Hengel, Nachfolge und Charisma (BZNW 34), Berlin 1968, 16; R. Pesch, Das Markusevangelium (HThK II,2), 59–62; J. Roloff, Die Kirche im Neuen Testament, a.a.O., 39–44.

„Sein-mit-Jesus“ und dann das Verkünden „des Evangeliums an alle Geschöpfe“ (16,15).[54]

Die Ersten „seiner Jünger“ haben treu die von Jesus, dem Meister und Lehrer, gestellte Aufgabe erfüllt: Sie „predigten an allen Orten, und der Herr wirkte mit ihnen“ (16,20). Das Ergebnis dieses Wirkens war die Verbreitung des Glaubens an Jesus als Sohn Gottes. Das war die Verwirklichung dessen, was in der Beschreibung der Berufung des ersten Jüngers mit den Worten: „Ich werde euch zu Menschenfischern machen“ (1,17) angekündigt worden war.

Die Kirche der „Jünger Jesu” im MkEv ist sich der Tatsache bewusst, dass die Nachfolge Jesu auch das Leitmotiv des kirchlichen Lebens ist. Nicht die als charakteristisch für die Menge erwähnte Neugierde entscheidet über die Zugehörigkeit zur Kirche, sondern der authentische Glaube.[55] Dieser Glaube führt zur Nachfolge, die sich am besten im Dienst ausdrückt. Wenn allerdings solch eine Haltung fehlt, verliert die Kirche ihre Identität. Die Mitglieder der kirchlichen „Schule” dürfen keinen anderen Weg wählen. Es gilt letztendlich nur ein Weg, nämlich die treue Nachfolge des Lehrers, der seine Kirche geradlinig führt. Es hat also den Anschein, dass man von einem scholarisch-linearen Modell der Kirche im MkEv sprechen kann. Diese Kirche hört stets auf den Ruf: „Folget mir nach!“, und so folgt sie ihrem Meister in ihrer schon fast 2000-jährigen Geschichte nach.

---

[54] H. Lubsczyk, Kyrios Jesus, a.a.O., 159; J. Roloff, Die Kirche im Neuen Testament, a.a.O., 36.

[55] Über Bedeutung des Glaubens für Jünger schreibt H. Lubsczyk, Kyrios Jesus, a.a.O., 161–166; K. Kertelge, Die Wirklichkeit der Kirche im Neuen Testament, a.a.O., 116f.

# Der Gute Hirte – die verbindliche Perspektive für den kirchlichen Amtsträger

*Fritz Weidmann*

## Autorität weder im Chaos noch durch Unterdrückung

In einem seiner Bücher legt Bischof Reinhold Stecher der Autorität folgende Worte in den Mund: „Wer mich einfach ablehnt, schafft Chaoten. Und wer mich übertreibt, schafft Lakaien. Es geht immer um das rechte Maß ... Ich wage zu sagen, dass in der Frage der Autorität eine Wende von Außen nach Innen stattfindet, so dass also nicht nur Amt, Stellung, Familie, Position, Eingebundensein in das Netzwerk der Macht maßgebend sind, sondern eben persönliche Qualitäten, ohne die ich mich auf Dauer nicht halten kann."[1]

Diese Worte treffen zu in den profanen Bereichen von Bildung und Erziehung sowie von Politik und Berufsalltag. Sie scheinen aber auch nicht weniger gültig im Blick auf Machtstrukturen und -ausübung sowie auch auf das seelsorgliche Handeln der kirchlichen Amtsträger zu sein. Es trifft zu, dass die Ablehnung von Autorität in der Kirche zu Chaos und zur Beliebigkeit führen dürfte. Und es trifft ebenso zu, dass überzogenes Autoritätsgehabe in der Ausübung des Amtes zu Lakaien und unmündigen Menschen führen kann, die sich im Glauben nicht befreit, sondern als unterdrückt und fremdbestimmt erfahren.

Einerseits wird aus der Ablehnung von Autoritätsanspruch und -ausübung die Utopie einer herrschafts- und autoritätsfreien Kommunikation beschworen, was zur Folge hat, dass Leitung und Führung in der Kirche sehr erschwert und mitunter unmöglich werden. Das Durchsetzen auch von notwendigen Entscheidungsprozessen leidet darunter in erheblichem

---

[1] R. Stecher, Werte im Wellengang, Innsbruck–Wien 2000, 54.

Maße. – Andererseits besteht die Gefahr, dass sich Autorität verselbständigt, zum Selbstzweck entartet, der Selbstdarstellung der Amtsträger untergeordnet wird und dadurch Menschen am Gängelband führt. Die freie Zustimmung zur Verbindlichkeit des Glaubens und kirchlicher Normen ist damit nicht selten gefährdet.

### Die dienende Autorität des kirchlichen Amtes

Gerade in unserer Zeit, in der wir uns auf eine dienende und geschwisterliche Kirche rückbesinnen, ist das Autoritätsproblem in ihr beziehungsweise das Ausüben von Autorität durch das kirchliche Amt von nicht unerheblicher Bedeutung.

Von den Amtsträgern und Autoritäten in der Kirche erwarten die Menschen heute mehr denn je einen „behutsamen Umgang" mit der Autorität. Sie erwarten vor allem auch, dass sich Autorität und deren Ausübung durch kirchliche Amtsträger als glaubwürdig erweisen. Solches wird jedoch nur dann realisierbar werden, wenn die Inhaber der kirchlichen Ämter sich auf den fußwaschenden Herrn verwiesen und rückgebunden verstehen.

In dieser Perspektive hat die in der Kirche ausgeübte Autorität dann wesentlich von der Brüderlichkeit beziehungsweise Geschwisterlichkeit der einzelnen untereinander und mit dem Herrn bestimmt zu sein. Sie definiert und realisiert sich demnach nicht vorrangig vom Schema der Über- und Unterordnung her, sondern vor allem als eine Gemeinschaft wesenhaft Gleichgestellter, in der die übergeordnete Autorität Christi, des eigentlichen „Lehrers" und Meisters, zum Tragen kommt und durchscheint.

Autorität ist sicherlich untrennbar mit dem kirchlichen Amt, mit dessen Verständnis, dessen Strukturen und dessen Ausübung verbunden. Sie verliert jedoch an Gewicht und Überzeugungskraft, wenn sie nicht für Wesentliches und Substanzielles eingefordert, sondern allzu oft auch für Peripheres strapaziert wird. Autorität hat zu überzeugen und zu argumentieren. Und sie baut Beziehungen zwischen den Menschen auf, indem sie immer ihrem dienenden Charakter für diese verpflichtet ist.

Was der frühere Patriarch von Venedig Albino Luciani und unvergessene spätere Papst Johannes Paul I. in einem (fiktiven) Brief an den Evangelisten Lukas bezüglich der Ausübung des Bischofsamtes ausführt, das hat auch heute seine Gültigkeit für das Verständnis von Autorität durch den Inhaber des Bischofsamtes wie auch durch jeden Inhaber eines Amtes in der Kirche: „Er (d.h. der Bischof, F.W.) weiß sehr gut, dass die Ausübung jeder Autorität ein Dienst ist und in der Haltung des Dienens ausgeübt werden muss. Er hat die Worte des heiligen Petrus vor Augen: ‚Handelt als wahre, freie Menschen, die sich der Freiheit nicht als Deckmantel für die Bosheit bedienen, sondern die echte Diener Gottes sind' (1 Petr 2,16). Diese Worte schließen die so genannte ‚Macht' aus und fordern eine Autorität, die die Freiheit fördert; sie wollen nicht einen unterwürfigen Gehorsam, sondern einen Gehorsam, der erwachsen ist, aktiv und verantwortlich."[2]

Autorität ist für die Kirche und ihr seelsorgliches Handeln ein notwendiger Bezugspunkt. Allerdings ist sie unter diesem Aspekt des Dienens im und durch das Amt nicht nur Strukturprinzip für kirchliches Handeln in der Welt und an den Menschen, sondern auch Kriterium für die Bewertung dieses Handelns.

Alle Formen von Autoritätsanspruch durch kirchliche Amtsträger stehen demzufolge in unaufhörlichem Bezug zur Autorität Jesu und dessen Anspruch. Und von hierher ist kirchlicher Autoritätsanspruch auch als grundsätzlich kritisierbar zu sehen. Ja, in dem Rückbezug auf und in der Legitimation durch Christus ist der Maßstab für die Kritisierbarkeit kirchlicher Autoritäspraxis mitgegeben.

Deshalb hat jeder Amtsträger in der Kirche vom Diakon über den Priester bis hin zum Bischof und zum Papst das ihm anvertraute Amt in einer Weise auszuüben, dass die in diesem beanspruchte Autorität auf die Macht und die Ohnmacht des Herrn hin transparent wird. Jedweder Autoritätsanspruch in der Kirche hat gewissermaßen unter dem Vorbehalt der heilsgeschichtlichen Rolle Johannes des Täufers zu stehen, der seine Jünger dem erwarteten Messias mit den Worten zuführte: „Ich bin nicht der Messias, sondern nur ein Gesandter, der ihm vorausgeht ... Er muss wachsen, ich aber muss kleiner werden" (Joh 3,28 f).

[2] A. Luciani, Ihr ergebener Albino Luciani. Briefe an Persönlichkeiten, München–Zürich–Wien 1978, 200.

Der die Autorität in der Kirche Ausübende muss vor dem Herrn, der allein die Autorität ist, kleiner werden, muss hinter diesem zurücktreten, muss abnehmen, damit dieser und dessen Autorität in der Kirche und in der Welt wachsen: „Illum oportet crescere – me autem minui."

Das Verhältnis von Autorität und geistlich-kirchlichem Dienstamt ist von Christus her zu sehen und zu definieren. Und „für Christus ist Autorität gleich Dienst".[3] Diese Sicht war in vergangenen Epochen der Kirche von nicht unerheblicher Bedeutung für den seelsorglichen Dienst an den Menschen. Und sie wird über die Gegenwart hinaus maßgeblich und entscheidend dafür sein, wie Kirche die Menschen anzusprechen, ihnen dienend nahe zu sein und wie sie ihnen ein überzeugendes Bild von sich zu vermitteln vermag. Hiervon wird es dann auch wesentlich abhängen, ob die Menschen sich mit der Kirche zu identifizieren vermögen.

## Autorität im Bildmotiv des liebkosenden Hirten

Ein Beitrag zum Verhältnis von Autorität des Amtes und seinem Verständnis als (Hirten-) Dienst lässt sich ausschnitthaft den beiden abgebildeten Mosaiken entnehmen, von denen sich das eine in San Vitale und das andere im Mausoleum der Galla Placidia in Ravenna findet.

Das erstgenannte Mosaik stellt einen jugendlichen Mose beim Hüten der Schafe seines Schwiegervaters Jitro dar (Bild 1). Es ist wie die anderen Mosaikzyklen von San Vitale von dem für die ravennatische Kirche bedeutenden Erzbischof Maximian (546–556) in Auftrag gegeben worden. – Auf dem zweitgenannten Mosaik (Bild 2) bietet sich dem Betrachtenden ein jugendlicher Christus-Victor dar, der ebenfalls seine Schafe hütet. Dieses weithin bekannte Bild ist wie die übrigen Mosaiken im Mausoleum der Galla Placidia durch die theologische Bildung des herausragenden Metropoliten und weströmischen Kirchengelehrten Petrus Chrysologus (426–450) inspiriert, der ein Freund und Ratgeber der Augusta Galla Placidia, der Tochter Theodosius I. (389–450), war.

Bei beiden Bildern fällt die Geste des Hirten auf, der seine Schafe streichelt, beziehungsweise diese am Unterkiefer krault und liebkost.

---

[3] A. Luciani, Ihr ergebener, a.a.O., 70.

Bild 1: Mose als Hirte, San Vitale, Ravenna, 6. Jahrhundert

Bild 2: Christus-Victor als Hirte, Grabmal der Galla Placidia, Ravenna, 5. Jahrhundert

Bild 3: Seine Tiere liebkosender Hirte, Domus dei Tappeti di Pietra, Ravenna, Ende 4. Jahrhundert

Von Mose wird im Buch Exodus erzählt, dass er die Herde seines Schwiegervaters Jitro, des Priesters von Midian, hütete, da er sich auf der Flucht wegen eines durch ihn erschlagenen ägyptischen Aufsehers befand, der einen hebräischen Stammesbruder bei der Fronarbeit geschlagen hatte (vgl. Ex 2,11f; 3,1). Auf dem abgebildeten Mosaik ist Mose als junger Mann zu erkennen, der mit seiner Rechten ein zu ihm aufblickendes Schaf streichelt. Hierbei gilt scheinbar sein versonnener und in sich gekehrter Blick weniger dem Schaf als vielmehr dem Betrachter dieses Bildes. Diese Geste und das Streicheln fließen geradezu zu einem Zeichen der Zugehörigkeit, der Fürsorge und des Liebkosens zusammen. Hirt und Lamm werden dabei in naher Bezogenheit, im Vertrautsein und in gegenseitiger Verwiesenheit gesehen.

Auf dem zweiten Bild, das auf der Innenseite über der Eingangspforte des Mausoleums der Galla Placidia auf den Besucher herableuchtet, ist Christus vorrangig als Sieger und Erlöser dargestellt. Er trägt kaiserliche Kleidung, worauf nicht zuletzt die beiden Streifen seiner Tunika hinweisen. Als königlichem Herrn ist ihm das Kreuz als Zepter zum Zeichen seines göttlichen Königtums beigegeben. Außerdem ist er bartlos und in jugendlicher Gestalt dargestellt, wodurch die katholische (= orthodoxe) entgegen der arianischen Glaubensauffassung zum Ausdruck gebracht werden soll, dass Christus der Herr über Zeit, Geschichte und Ewigkeit ist. In dieser Eigenschaft und Funktion stellt er in der Ewigkeit, d.h. im Paradies der geretteten und gestreichelten Lämmer, den ursprünglichen Zustand des Menschen vor dem Sündenfall wieder her.

Wenn auch dieses Bild von den Kunsthistorikern vorrangig dem Motiv des Christus-Victor zugerechnet wird, so ist es doch aufgrund der Lämmer, die diese Szene bestimmen, und auch wegen des dargestellten Streichelns des Schafes ebenso dem Motiv des „Guten Hirten“ zuzurechnen.

Diese Annahme wird zudem durch ein Bodenmosaik gestützt, das erst vor etwa eineinhalb Jahrzehnten bei Ausgrabungen ebenfalls in Ravenna in der Villa dei Tapetti (in der Via D'Azeglio) entdeckt wurde. Es findet sich neben anderen Bodenmosaiken (z.B. den vier Jahreszeiten) in einem Privathaus und wird auf das 6. Jahrhundert datiert. Auf ihm ist ein Hirte mit Schafen in einer bukolischen Umgebung mit Bäumen, Pflanzen, Vögeln und einer Panflöte zu erkennen (vgl. Bild 3). Auffallend ist auch bei dieser Hirtendarstellung, dass der Hirte mit seiner Rechten ein Schaf wie auf dem Mose- und Christus-Victor-Mosaik streichelt und liebkost. Ob dieses Hirtenmotiv auf Christus als den Guten Hirten verweist oder allgemein nur eine profane Hirtenszene illustriert, gilt als bislang nicht mit letzter Sicherheit geklärt. Doch verdeutlicht auch dieses Bodenmosaik, dass das Motiv des seine Schafe streichelnden und liebkosenden Hirten einen gebräuchlichen Topos der profanen wie auch der christlichen Kunstgestaltung der damaligen Zeit darstellt.

## Die streichelnde Hand – ein Realsymbol für Gott

Unabhängig hiervon scheint dann allen drei Mosaiken gemeinsam zu sein, dass durch das Streicheln und Liebkosen der Schafe eine besondere Beziehung des Hirten zu diesen zum Ausdruck gebracht werden soll. Und in diesem Aussagezusammenhang scheint die Hand des Hirten jeweils noch in besonderer Weise aussageträchtig zu sein.

Die Hand ist zunächst nicht nur ein „Urwort“, sondern als solches ein „ganz-menschliches“ (Karl Rahner). Sie symbolisiert im zwischenmenschlichen Bereich Halt, Hilfe, Angenommen-Sein, Geborgen-Sein, Schutz, Liebkosen, Nähe und Treue ebenso wie sie auch Führung und notfalls auch Strafen beziehungsweise ein Zurück-Holen zum Ausdruck bringen kann. In diesen Funktionen hebt sie auf die innersten Strebungen und das Wesen einer Person in deren Verhältnis zu anderen Personen und Lebewesen ab.

Vor solch symbolträchtigem Hintergrund nimmt es nicht wunder, wenn die Hand zum Realsymbol Gottes in dessen Beziehung zum Menschen wird. Und folgerichtig stellt die Hand, die aus den Wolken herausreicht, in der christlichen Kunst wohl das frühest bekannte Symbol und Zeichen für Gott „den Vater des Himmels und der Erde" dar. Sie verdeutlicht das Wohltaten spendende, das führende, das rettende, das befreiende, das Treue und Liebe erweisende, aber auch das strafende und auf den rechten Weg zurückholende Handeln Gottes am Menschen.

Diese Schutz, Führung und Geborgenheit gebende Hand des Vaters wird in der Hand des Sohnes aufgenommen, wie es durch das Mosaik des Christus-Victor verkündet wird (vgl. Bild 2). Es ist die Hand des Guten Hirten, der im Blick auf die ihm anvertrauten Schafe sagen kann, dass er ihnen „ewiges Leben" geben wird und dass sie deshalb „niemals zugrunde gehen" werden, weil niemand sie seiner Hand entreißen kann (vgl. Joh 10,28f).

**„Bei euch soll es nicht so sein!"**

Und somit können diese Bilder vom Hirten, der die ihm anvertrauten Schafe streichelt, im Blick auf die Ausübung des geistlichen Amtes und die durch diese beanspruchte Autorität nachhaltig aussageträchtig werden.

Das geistliche Amt ist seinem Wesen und seinem Ursprung nach – wie oben erwähnt – ein Dienstamt. Und daran hat sich jede in seiner Ausübung zu Tage tretende kirchliche Autorität messen zu lassen. Es ist als Dienst in einer Weise legitimiert, dass diese Bestimmung niemand in Abrede stellen oder annullieren kann, denn der Herr selbst hat das Amt in seiner Kirche unmissverständlich auf das Dienen festgelegt und bestimmt.

Angesichts eines Streites unter seinen Jüngern über das Verhältnis von Herrschen und Dienen, von falsch verstandener und angemessener Autoritätsausübung, hat Jesus ihnen ins Stammbuch geschrieben: „Die Könige herrschen über ihre Völker, und die Mächtigen lassen sich Wohltäter nennen. Bei euch aber soll es nicht so sein, sondern der Größte unter euch soll werden wie der Kleinste, und der Führende soll werden wie der Dienende" (Lk 22,25f).

Und im Blick auf eine missbräuchlich beanspruchte und überzogene Autorität durch die Schriftgelehrten und Pharisäer, die vermeintlich religiös kompetenten Instanzen der damaligen Zeit, schärft Jesus seinen Jüngern den Dienstcharakter ihrer Sendung mit den Worten ein: „Ihr sollt euch nicht Rabbi nennen lassen, denn nur einer ist euer Meister, ihr alle aber seid Brüder. Auch sollt ihr niemand auf Erden euren Vater nennen, denn nur einer ist euer Vater, der im Himmel. Auch sollt ihr euch nicht Lehrer nennen lassen, denn nur einer ist euer Lehrer, Christus. Der Größte von euch soll euer Diener sein ..." (Mt 23,9ff).

In diesen Worten scheinen alle bisher gängigen Vorstellungen von Autorität auf den Kopf gestellt zu sein. Nicht das Herausgehobensein kraft einer Stellung, nicht das Qualifiziertsein kraft theologischer Kompetenz und Ausbildung und auch nicht der Anspruch auf geistig-geistliche Größe zählen, sondern allein die Bereitschaft zum Dienen ist entscheidend.

Werden wie der Kleinste und Geringste, den Führungs- und Leitungsanspruch im dienenden Tun realisieren und sich stets bewusst sein, dass über allem der eigentliche Lehrer steht, den es durch die Verkündigung und durch das seelsorgliche Handeln den Menschen nahe zu bringen gilt, das ist der Auftrag dessen an seine Jünger, der im entscheidenden Augenblick seines Lebens die Waschschüssel nahm, um seinen Jüngern wie ein Sklave die Füße zu waschen (vgl. Joh 13,5).

Mit dem Auftrag an seine Jünger, sich als Diener und nicht als Herren des Glaubens zu wissen, und durch das ergreifende Zeichen der Fußwaschung hat der Herr ein Zeichen für die Kirche und für alle, die sich als seine Jünger im Amt wie auch als schlichte Gläubige verstehen, gesetzt: Er will eine dienende Autorität in der Kirche. Und er will eine Seelsorge, die sich immer wieder neu dieser diakonischen Sendung verpflichtet weiß.

Somit geht von diesen Bildern des streichelnden Hirten auch heute noch eine Botschaft aus, die auf den Willen und den Auftrag des Herrn verweist: „Bei euch soll es nicht so sein!" – „... soll werden wie der Kleinste ..." – „... soll euer Diener sein ..."

Die in der Kirche ausgeübte Autorität muss daher wesentlich von gelebter Brüderlichkeit und Schwesterlichkeit geprägt sein und darf nicht durch Machtausübung von oben nach unten, wie auch immer diese dogmatisch oder spirituell verbrämt sein mag, definiert werden. Sie vollzieht sich unter Menschen, die durch die Taufe wesenhaft gleichgestellt sind und für die die Autorität des Herrn, des „Meisters" und „Lehrers" der Kirche, den letzten Bezugspunkt ihres Glaubens darstellt. Vom Herrn her ist die Messlatte zu gewinnen, die an alle in der Kirche ausgeübte und durch sie beanspruchte Autorität anzulegen ist!

### Haftpunkte für die Autoritätsausübung im kirchlichen Amt

Für die Praxis seelsorglichen Handelns und für die Ausübung des Amtes in der Kirche kristallisieren sich im Blick auf Autoritätsanspruch und -beziehungen dann u.a. folgende Einsichten und mit diesen verbundene Konsequenzen heraus.

➢ Mühen um Plausibilität

Zum einen ist es notwendig, den Bezug von beanspruchter Autorität und abverlangtem Gehorsam zu bedenken. Gerade hinsichtlich der Inhaber eines kirchlichen Dienstamtes ist dies immer wieder belangvoll. Ein erhobener Autoritätsanspruch sollte stets einsichtig sein. Der im Gehorsam Stehende und Eingeforderte wird diesen in aller Regel nur dann als einen ethisch angemessenen und verantworteten Akt in rechter Weise leisten, wenn ihm möglichst plausibel gemacht wird, dass der zu erbringende Gehorsam in einem positiven und sinnstiftenden Zusammenhang steht. Das bedeutet, dass ein positiver und notwendiger Lebenszusammenhang mit der Kirche und über diese mit der Sendung durch Jesus Christus erkennbar und einsichtig werden muss. Wo dies nicht deutlich genug wird, besteht immer die Gefahr, dass Autorität und der durch diese eingeforderter Gehorsam als ein Fremdkörper erachtet werden, der als lebensbehindernd und als nicht lebensfördernd empfunden wird.

➢ Bezug zum Wesentlichen

Zum anderen wird der Autorität in der Kirche auch dann kaum ein Dienst erwiesen, wenn sie „überstrapaziert“ wird und mitunter – wie es scheint – für alles und jedes „herhalten“ muss. Es gilt, wie für jede Inanspruchnahme von Autorität, dass diese nach Möglichkeit nur für Wesentliches und Zentrales eingefordert werden sollte. Hierzu zählen beispielsweise Kernfragen des christlichen Glaubens, das auf dem jüdisch-christlichen basierende Menschenbild und auf der Offenbarung gründende ethische Vorgaben sowie Verhaltensnormen und Disziplin, die die kirchliche Ordnung in zentraler Weise betreffen.

Sollten nämlich durch Autoritätsbeanspruchung Gründendes des christlichen Glaubens und Peripheres wie auch persönliche Belange des die Autorität beanspruchenden und einfordernden Amtsträgers vermischt und überstrapaziert werden, dann wird Autorität delegitimiert. Dann verliert sie an Überzeugungskraft. Dann hängt Autorität der Ruch des Missbrauchs an. Ebenso wenig sollten notwendige Autoritätsausübungen und Leitungsanspruch mit autoritativem Fordern durchzusetzen versucht werden.

- Kommunikationsfähigkeit und -bereitschaft

Der in wirklicher Autorität Handelnde versucht, zu überzeugen und Mitarbeiter/Innen für die Sache, um die es geht, zu gewinnen. Voraussetzung hierfür sind Qualitäten beziehungsweise Qualifikationen, die beim Amtsträger Autorität begründen und entstehen lassen. Ohne diese werden Autorität beziehungsweise auf dieser aufbauendes seelsorgliches Handeln kaum angemessen zu verwirklichen sein. Hierzu zählen theologisch-kirchliche Kompetenz, gelebte Menschlichkeit und Identität aus dem Glauben ebenso wie persönliche Erfahrungsbreite, Kommunikationsfähigkeit und Kooperationsbereitschaft. Als nicht weniger wesentlich hierfür sind auch ein Einfühlungsvermögen in die Mitmenschen (Empathie), Verstehensbereitschaft, Zuwendungsfähigkeit (Sympathie) sowie Güte und die Bereitschaft zur Milde gegenüber den Mitmenschen zu erachten.

Solchem Verhalten korrespondieren keinesfalls eine indifferente Verschwommenheit und ein standpunktloser Relativismus in Sachen des Glaubens. Wo es nämlich um den Wahrheitsanspruch des Evangeliums geht, da sind durchaus Entschiedenheit und mögliche Eindeutigkeit, vor allem auch im persönlichen Glaubensvollzug, gefordert und unaufgebbar. Wenn Autorität im Blick auf den Glauben angebracht ist und verständnisvoll und einfühlend eingefordert wird, dann muss dies jedoch längst nicht bedeuten, dass Kirche auf den Stand eines von Laissez-faire bestimmten Zusammenschlusses, einer zum Nulltarif zu habenden Mitgliedschaft oder einer „religiösen Wohlfühlorganisation“ abgedriftet ist, wenngleich sich die Menschen, die sich als Gemeinschaft der Glaubenden in der Kirche zusammengehörend wissen, in ihrer Kirche durchaus wohl fühlen möchten. Die Kirche und die in ihr beheimateten Gemeinschaften bedürfen einer Leitung und Autorität – doch in einem Maße, dass die Menschen sich in der Kirche geborgen und zu Hause fühlen. Und dies sehr zu Recht! Denn sie suchen in der Kirche immer auch die sie persönlich treffenden Erfahrungen des Angenommenseins angesichts der vielfach erlebten Entfremdung, des Geborgenseins in der oft so belastenden Ungeborgenheit mit dem einhergehenden Bruch von bergenden Menschen und Traditionen, des Geliebtwerdens in der Lieblosigkeit der in unserer Gesellschaft vorherrschenden Ausgrenzungstendenzen und Hartherzigkeit. Sie erwarten ... Daher ist es durchaus missverständlich bis ärgerlich, wenn der durch die Menschen an die Kirche herangetragene Anspruch eines „Wohlfühlens" – aus welchen Gründen auch immer – negativ besetzt sein sollte. Der Aussage des Bildes vom liebkosenden Hirten dürfte eine solche Einstellung kaum entsprechen. Kirche mag zwar keine „religiöse Wohlfühlorganisation" sein, sie sollte aber eine Gemeinschaft bilden, in der sich die Menschen wohlfühlen können und dürfen.

➢ Von Humor bestimmte Selbstbeurteilung

Wer Autorität in Anspruch nimmt und sich auf sie beruft, der sollte sich stets auch seiner eigenen Schwächen, Fehler und Defizite bewusst sein. In aller Regel gibt es nämlich keine Unfehlbarkeit im seelsorglichen Handeln. Wer einen wachen und geschärften Blick für sich selbst besitzt beziehungsweise bewahrt hat und wer sich selbst und das ihm anvertraute Amt nicht zum Maßstab alles Denkens und Verhaltens macht, der wird immer wieder erkennen dürfen, dass er selbst in seiner Amtsführung hinter dem Sollen zurückbleibt. Die Differenz zwischen Anspruch und Realität, zwischen Verwirklichungssehnsucht und tatsächlichem Sein bleibt leider oft schmerzlich bestehen.

In dieser Situation scheint das vor Jahren von dem Religionssoziologen Peter L. Berger eingebrachte „Argument des Humors" bedenkenswert zu sein. Dies bedeutet, in einer gewissen Vielschichtigkeit die eigene Person in den Blick zu nehmen. Näherhin geht es darum, im Humor als einer Art realistischen Selbstsicht und Weltbetrachtung wissend und lächelnd die eigenen Schwächen und Grenzen zur Kenntnis zu nehmen und zu transzendieren.[4] Der in einem kirchlichen Leitungsamt Stehende wird unter dem „Argument des Humors" einerseits sich selbst mit

[4] Vgl. zum Argument des Humors P. L. Berger, Auf den Spuren der Engel, Die moderne Gesellschaft und die Wiederentdeckung der Transzendenz, Frankfurt 1971, 100–108.

seinen Fehlern und Schwächen bewusster zur Kenntnis nehmen und er wird andererseits auch mit einer gewissen Gelassenheit die tatsächlichen oder vermeintlichen Schwächen und Defizite anderer zur Kenntnis nehmen. Vor solchem Hintergrund wird er sich, was zu vermuten steht und was der Alltag oft bestätigt, nicht unüberlegt zu Reaktionen verleiten lassen, die aus späterer Sicht bedauernswerterweise nur noch unter großen Schwierigkeiten, wenn überhaupt, rückgängig zu machen sind.

Das Argument des Humors kann dazu verhelfen, sich selbst nicht immer und überall im Zentrum zu sehen und von der notwendigen Milde im pastoralen Handeln bestimmt zu werden.

Über den seligen Papst Johannes XXIII. wird berichtet, dass er einem Bischof, der bei seinem Besuch im Vatikan ihm, dem Papst, das Erdrückende und Belastende in der seelsorglichen Verantwortung seines Amtes geklagt habe, dahingehend geantwortet habe. Er habe vor kurzem einen Albtraum wegen der schweren Bürde und Verantwortung seines hohen Amtes gehabt. Im Traum nämlich habe ihm die Erkenntnis zugesetzt, dass er seinem Amt als Papst nicht in erforderlicher Weise gewachsen sei und entsprechen könne. Da sei ihm der Herr im Traum erschienen und habe ihm gesagt: „Angelo, nimm Dich nicht so wichtig!"

Diese Episode mag ein wenig verdeutlichen, was mit dem Argument des Humors im Blick auf Autorität gemeint sein könnte: sich selbst nicht in überzogener Weise im Amt zu sehen, darum zu wissen, dass man selbst an seinen eigenen Verwundungen trägt und aus solcher Selbsterkenntnis dann auch das notwendige Maß an Milde und Verstehen in die Amtsführung einzubringen hat. Ohne die wird eine Amtsführung statt im Miteinander allzu leicht in ein Gegeneinander abgleiten. Das wissend lächelnde Transzendieren der eigenen Schwächen, des eigenen Ungenügens und der eigenen Grenzen vermag die eigene Person und deren Bedeutsamkeit realitätsnah im richtigen Licht erscheinen zu lassen.

### Ideal- oder Realutopie?

In einem solchen Erwartungshorizont zeichnen sich die oben genannten Haftpunkte ab, denen Menschen entsprechen sollten, die sich in ein Leitungsamt in der Kirche berufen wissen. Diese Haftpunkte und Qualifikationen erstrecken sich dann keinesfalls auf eine überzogene Idealutopie. Sie sind durchaus als Vorgabe für eine Realutopie im Blick auf seelsorgliches Handeln zu sehen. Der aufgezeigte Erwartungshorizont ist also nicht ortlos (= utopisch), sondern er ist auf den Willen des Herrn hin geortet, der sich im Bild vom „Guten Hirten“ selbst ausgesagt und sich uns in dessen Dienst zugesagt hat. Dieser spiegelt und realisiert sich im Selbstvollzug einer menschennahen und dienenden Kirche, wie sie nach dem Willen des Herrn von diesem gestiftet worden ist.

Und folglich geht es bei der Autoritätsausübung und der dieser korrespondierenden Inanspruchnahme von Macht nicht um eine unreflektierte Übernahme von Manager-Führungsstilen aus der Wirtschaft. Es geht nicht um eine Nachahmung von Supervisoren auf Beratungsebene. Und es geht auch nicht um das amateurhafte und dilettantische Anmaßen der Funktion eines Therapeuten.

Vielmehr darf die Kirche in ihren Amtsträgern nur da Autorität beanspruchen, wo sie sich strikt auf den Willen des Herrn rückgebunden weiß, von dem her letztlich all ihre Autorität die Verbindlichkeit erhält. Vor dem Herrn und seinem Urteil wird einmal alle in der Kirche beanspruchte und ausgeübte Autorität beurteilt werden und bestehen müssen. Somit korrespondiert dieser Autoritätsausübung stets auch die Bereitschaft zum Ablegen von Rechenschaft. In Anspruch genommene Autorität wird einmal vor dem richtenden Herrn der Kirche zu legitimieren sein!

Deshalb widersprechen jeder in der Kirche ausgeübten Autorität überzogener Ehrgeiz, Missbrauch des kirchlichen Amtes, die Befriedigung persönlicher Eitelkeit, Rechthaberei, Selbstzelebration, das Spinnen von Intrigen, das Auskosten von Macht, Beratungsresistenz auf bessere Einsicht hin sowie eine unkritische Selbstüberschätzung.

### Communio als Füreinander

Autoritätsanspruch und -ausübung kommen somit in einer Kirche zum Tragen, in der Bischöfe, Priester, Diakone, haupt- und nebenamtlich Tätige sowie die Gläubigen eine Gemeinschaft bilden, die mit Gott durch Jesus Christus im Heiligen Geist verbunden ist. In ihr geht es bei aller Notwendigkeit eines ordnend strukturierten Miteinander, das auf Autorität verwiesen ist, vor allem um ein dienendes Füreinander, das am Beispiel des Da-Seins Jesu für die Menschen ausgerichtet ist.

Es geht um die communio Gottes mit den Menschen und dieser miteinander in der Kirche. Diese Gemeinschaft wird vor allem da erfahrbar werden, wo Menschen vergebend und liebend füreinander eintreten, wo sie selbstkritisch ihre eigene Haltung gegenüber anderen zu überprüfen und gegebenenfalls umzukehren bereit sind, wo sie um ihr Zurückbleiben hinter dem Willen Gottes wissen und wo sie sich im letzten der Autorität Gottes unterstellen, da sie um das Wort des Herrn wissen, dass „nur einer" ihr „Meister" ist (Mt 23,8), nämlich Gott. Ihm kommt die letztverbindliche und eigentliche Autorität zu. Und alle von Menschen gerade auch in der Kirche reklamierte Autorität hat ihre Wurzel und ihre Letztbegründung in Gott.

Und deshalb haben das Miteinander und das Leben in der Kirche, von der Pfarrgemeinde über die Ortskirche bis auf die Ebene der Weltkirche, von jener Autorität geprägt zu sein, die sich in der Gesinnung des Guten Hirten zeitigt. In dieser Gemeinschaft werden aus der Kraft des Heiligen Geistes Friede, Gerechtigkeit, Freude, Geduld, Güte, Treue, Milde (vgl. Gal 5,22) erfahrbar werden. Diese Gaben werden aber insbesondere da der Kirche geschenkt werden, wo die Menschen sich der Autorität des Herrn verpflichtet wissen, die im Motiv des seine Schafe streichelnden und liebkosenden Hirten ihren gültigen Ausdruck gefunden hat.

Autorität, die von diesen Gaben des Geistes Gottes bestimmt ist, wird niemals eine tote und überholte, sondern immer wieder neu eine schöpferische und lebendige Vergegenwärtigung des Ursprungs sein, wofür der „Gute Hirte" als nicht überholbares Bild steht.

### Nachtrag

Als ein Beispiel solcher Hirtensorge, durch die Güte, Zuwendung und Wohlwollen erfahrbar wurden, sei eine „Episode" angeführt, die sich am Rande der Vorbereitung zur Erstkommunion ereignete. Ein Vater hatte sie vor einigen Jahren mit seinem Jüngsten erlebt und erzählt: Wie üblich waren die Erstkommunionkinder am Nachmittag vor dem Erstkommuniontag zum Empfang des Bußsakramentes eingeladen worden. Neben einem zweiten Seelsorger aus der Nachbargemeinde stand auch der Priester, der die Kinder auf das Sakrament der Eucharistie vorbereitet hatte, als Beichtvater zur Verfügung. Er war ein älterer, grundgütiger, in der Schlichtheit der Glaubensverkündigung überzeugender und für die Anliegen der Kinder und Jugendlichen stets aufgeschlossener Priester.

Als der Vater mit seinem Sohn nach dem Empfang des Bußsakramentes auf dem Nach-Hause-Weg war, kam zwischen beiden das Gespräch darauf, wie es denn so bei der „Beichte" gewesen sei und ob sich der Sohn nun erleichtert auf den bevorstehenden Tag der Erstkommunion freue. Dessen Antwort war ebenso eindeutig wie auch tiefgründig und überraschend. Sie lautete: „Ja, es war gut! Ich habe gemeint, beim Beichten mit dem lieben Gott zu sprechen!"

Vielleicht mag mancher denken, dass diese Antwort nicht unbedingt dem heutigentags diskutierten Problemstand und Horizont religiöser Sozialisation entspreche. Doch, religiöse Sozialisation angesichts einer pluralen, postmodernen und multikulturellen Gesellschaft hin oder her. Diese Antwort des jungen Menschen ließ auf jeden Fall etwas deutlich werden: Hier durfte ein junger Mensch im Beichtgespräch etwas von der Güte, der Menschenfreundlichkeit und der Geborgenheit gebenden Hand des „streichelnden Hirten" erfahren, die ein stets neu aussageträchtiges Bild für die den Menschen umwerbende und ihn Geborgenheit erfahren lassende Liebe Gottes ist.

Ein kirchlicher Amtsträger, der auf solche Weise den Menschen Gott nahe zu bringen versucht, darf sich in der Tradition und Sendung des „Guten Hirten" wissen, der Gottes Nähe, Güte und Liebe den ihm anvertrauten Menschen zu erschließen und nahe zu bringen vermag.

# Mariologie und Metaphysik

## Zu Heinrich M. Kösters Übernahme der thomistischen „Akt und Potenz-Lehre“

*Stefan Hartmann*

Die Kraft zu einem echt metaphysischen Denken ist der christlichen Theologie und Philosophie in ihrer Breite unter der Dominanz humanwissenschaftlicher oder bibelexegetischer Fragestellungen weitgehend verloren gegangen. Hinzu kam die auch innerchristliche Nachwirkung des von *I. Kant* und *M. Heidegger* in je eigener Weise verkündeten „Endes“ der Metaphysik[1]. Auf diese Entwicklung hat inzwischen auch das kirchliche Lehramt reagiert. Am Schluss seiner bedeutenden Enzyklika „*Fides et ratio*“ (1998) zur christlichen Philosophie stellte Papst *Johannes Paul II.* als Postulat auf: „Erforderlich ist eine Philosophie von wahrhaft metaphysischer Tragweite; sie muß imstande sein, das empirisch Gegebene zu transzendieren, um bei ihrer Suche nach der Wahrheit zu etwas Absolutem, letztem und Grundlegendem zu gelangen.“[2] Dabei darf die Metaphysik nicht als „Alternative zur Anthropologie gesehen werden, gestattet es doch gerade die Metaphysik, dem Begriff von der Würde der Person, die auf ihrer geistigen Verfasstheit fußt, eine Grundlage zu geben. Besonders die Person stellt einen bevorzugten Bereich dar für die Begegnung mit dem Sein und daher mit dem metaphysischen Den-

---

[1] Vgl. dazu das erhellende Büchlein von W. Pannenberg, Metaphysik und Gottesgedanke, Göttingen 1988, sowie das Werk von G. Siewerth, Das Schicksal der Metaphysik von Thomas zu Heidegger, Freiburg i. Br. $^{3}$2003.

[2] FR 83. Vgl. K. Wallner (Hg.), Denken und Glauben. Perspektiven zu „Fides et Ratio“ (HKSR 9), Heiligenkreuz 2000; J. Ratzinger, Glaube, Wahrheit und Kultur. Reflexionen im Anschluß an die Enzyklika „Fides et ratio“, in: Ders., Glaube – Wahrheit – Toleranz. Das Christentum und die Weltreligionen, Freiburg i. Br. 2003, 148–169.

ken“[3]. Auch die Theologie bedarf des metaphysischen Horizontes, um über die bloße Analyse religiöser Erfahrungen hinauszugelangen. Nur so kann sie es dem „intellectus fidei“ ermöglichen, „den universalen und transzendenten Wert der geoffenbarten Wahrheit auf kohärente Weise zum Ausdruck zu bringen“[4]. Als konkrete antimetaphysische Hindernisse und Gefahren benennt und charakterisiert die Enzyklika die „heute besonders verbreiteten Denkrichtungen“ des Eklektizismus, Historizismus, Szientismus, Pragmatismus und („postmodernen“) Nihilismus[5].

In seinem Grundwerk „Die Magd des Herrn“[6] hat der pallottinische Mariologe *Heinrich M. Köster* (1911–1993)[7] diese Dringlichkeit vorausgeahnt und einen Vorschlag für eine Anwendung metaphysischen Denkens auf personal-anthropologische Realitäten im Zusammenhang der Mariologie[8] unterbreitet. Schon im Vorwort zur ersten Auflage (1947) wird zur Klärung der mariologischen Fragen auf die Philosophie des hl. Thomas verwiesen und seinen „großartigen und tiefsinnigen Gedanken der Polarität von Potenz und Akt, der das Kernstück seiner Metaphysik darstellt und in unzählbaren Anwendungen sein Denken beherrscht“[9]. Noch mehr als mit dem Ansatz bei der heilsgeschichtlichen Bundestheologie hat Köster in seinem Marienbuch mit der Übernahme der scholastischen „Akt und Potenz-Lehre“ als Erläuterungsmodell für das Gott-Mensch-Verhältnis und das Verhältnis Marias zu Christus Aufsehen erregt und zur Kritik heraus-

---

[3] FR 83.

[4] Ebd.

[5] Vgl. FR 86–91.

[6] H. M. Köster, Die Magd des Herrn, Limburg 1947; $^{2}$1954 (= MdH 1; MdH 2). „Wenige Publikationen auf mariologischem Gebiet haben so viele Diskussionen hervorgerufen wie das Buch „Die Magd des Herrn“ von H. M. Köster“ (C. A. de Ridder, Maria als Miterlöserin?, Göttingen 1965, 108).

[7] Zu Person und Werk vgl. F. Courth SAC, Heinrich Maria Köster (1911–1993). Forscher und Künder Mariens, in: Marianum 55 (1993) 429–443; S. Hartmann, Art. Köster, Heinrich Maria, in: BBKL XXVII (2006). Eine erste Dissertation verfasste der polnische Pallottiner A. K. Zielinski, Maria – Königin der Apostel. Die Bedeutung Mariens nach den Schriften des Pallottiner-Theologen Heinrich Maria Köster für das Katholische Apostolat und die Neuevangelisierung in Lateinamerika, Frankfurt a. M. 2000 (vgl. Rez. von L. Scheffczyk in FKTh 20 [2004] 224f).

[8] Zur Mariologie insgesamt: J. Card. Ratzinger, H. U. v. Balthasar, Maria. Kirche im Ursprung, 4. erw. Aufl. Freiburg i. Br. 1997; A. Ziegenaus, Maria in der Heilsgeschichte. Mariologie (Kath. Dogmatik Bd. V), Aachen 1998; L. Scheffczyk, Maria. Mutter und Gefährtin Christi, Augsburg 2003. Zur Mariologie des hl. Thomas vgl. D. Berger, Die Gottesmutter und die Kirche bei Thomas von Aquin, in: Sedes Sapientiae. Mariologisches Jahrbuch 8 (2004) 2, 117–134.

[9] MdH 1, 7.

gefordert – von *K. Rahner* früher umfassender Rezension „Probleme heutiger Mariologie" (1948)[10] bis hin zu *H. U. v. Balthasars* drittem Band der „Theodramatik" (1980)[11]. Da Maria für Köster als „Spitze der erlösungsbedürftigen Menschheit" gegenüber Gott die Menschheit (und dann auch die Kirche) vertritt[12], blieb die Frage nach der dann „mittlerisch"[13] genannten Stellvertretung Christi vor allem für *K. Rahner* ein Problem, das er mit dem Platonismus- und Monophysitismusvorwurf[14] gegenüber Köster zum Ausdruck brachte, da Christus nicht nur ein göttlich-erlöserisches Gegenüber der Menschheit, sondern auch ihr sie gegenüber Gott-Vater vertretendes Haupt sei. Köster möchte jedoch zu seinem bundestheologischen Offenbarungsbild aus der Heilsgeschichte eine metaphysische Vergleichskategorie aufstellen, die ihm das Zueinander und die Eigenständigkeit der göttlich-menschlichen Polaritäten zwischen Christus und Maria vor allem im Erlösungsgeschehen später besser verstehen hilft. Den göttlichen Personcharakter Christi auch in seiner Menschheit wahrend will er spekulativ für Mariens Heilsrolle einen anthropologischen „freien Raum" schaffen, bei dem ihm das metaphysische Bild von Akt und Potenz eine Hilfe ist. Bereits in MdH 1 bemerkte er allerdings, „dass die Anwendung dieser metaphysischen Kategorie auf den religiösen Bereich nur analog sein kann"[15]. Die Wahl der aristotelisch-thomistischen Kategorie ist nicht

[10] Abgedruckt in K. Rahner, Maria, Mutter des Herrn. Mariologische Studien. Bearbeitet von Regina Pacis Meyer, Freiburg i. Br. 2004 (SW 9), 681–703. Die Kontroverse Rahners mit Köster greift auch auf L. Scheffczyk, Mariologie und Anthropologie. Zur Marienlehre Karl Rahners, in: D. Berger (Hg.), Karl Rahner: Kritische Annäherungen, Siegburg 2004, 299–313.

[11] H.U. v. Balthasar, Theodramatik III. Die Handlung, Einsiedeln 1980, 329f. Balthasar kritisiert in einer etwas eigenartigen Dialektik zunächst mit Rahner Kösters mariologische These (329), um ihr anschließend mit Augustin und Thomas eine „teilweise Rehabilitation" (330) zuzusprechen. Jedoch bleibt „deren Verteilung des göttlichen und menschlichen Anteils daran als ‚Akt' und ‚Potenz' unzureichend, weil die gewiss einzuräumende ‚Potentialität' Marias keine passive oder materielle ist, sondern den höchsten Akt der Kreatur Gott gegenüber darstellt: die entschlossene und für sich selbst verantwortliche Bereitschaft zum Willen Gottes mit all seinen Folgen" (330). Hier würde Köster gewiss nicht widersprechen. Zu Balthasars Mariologie vgl. H. Steinhauer, Maria als dramatische Person bei Hans Urs von Balthasar. Zum marianischen Prinzip seines Denkens, Innsbruck 2001 (STS 17).

[12] Vgl. A. Ziegenaus, Art. Stellvertretung (der Menschheit durch Maria), in: Marienlexikon (hg. von R. Bäumer und L. Scheffczyk), Bd. VI, St. Ottilien 1994, 292; ders., Der Sohn Gottes: In der Geschichte empfangen von Maria, der Unbefleckten Jungfrau, in: FKTh 20 (2004) 257–266 (bes. 258–260).

[13] MdH 2, 102.

[14] K. Rahner, a.a.O. (Anm. 9), 688; 702 („Hyperplatonismus").

[15] MdH 1, 102; MdH 2, 88, Anm. 31 verweist darauf gegen „unzutreffende Gutachten" der ersten Auflage.

Eigenwilligkeit[16], sondern „ein auch der klassischen Theologie ganz vertrauter Gedanke“[17], weil es „ein Uranliegen nicht nur der Metaphysik im engeren Sinne sondern jeder Wissenschaft (ist), in der Vielheit die Einheit zu suchen“[18] In der differenzierteren zweiten Auflage (MdH 2) nennt er das Potenz-Akt-Verhältnis ein „philosophisches Symbol“[19], das für ihn ein hermeneutisches Kriterium seiner Systematik bildet.

Zur Eigenart der aristotelisch-thomistischen Lehre von Akt und Potenz

In „Unus Mediator“[20], seiner zum Buch gewordenen Antwort auf *K. Rahner*[21] und andere Kritiker, bemerkt Köster: „Wenn wir in soteriologischen und mariologischen Fragen jetzt oder in früheren Schriften die Potenz-Akt-Lehre der Scholastik heranzogen, haben wir damit unsere Position nicht an eine begrenzte und bestimmte Schulrichtung gebunden. Wir haben lediglich Sachverhalte, die auch unabhängig davon gültig bleiben, in dieser bekannten Begriffssprache ausgedrückt.“[22] Auch ist Köster die innertheologische Problematik des Gedankens, dem er sich nichtsdestoweniger anvertraut, durchaus bekannt[23]. Der Zentrallehre des klassischen („strengen“) Thomismus verleiht er durch seine mariologische und bundestheologische Anwendung aber seinerseits eine neue Lebendigkeit und Farbe. Thomismus[24] ist in diesem Zusammenhang nicht unmittelbar die „thomanisch“[25] zu nennende Lehre des hl. *Thomas von Aquin* selbst, sondern de-

---

[16] Eine „gewisse Eigenwilligkeit, die der Aufnahme seiner Ideen nicht förderlich sein wird“ hält J. Beumer [Schol 20–24 (1949) 433] in einer Rez. Köster mit Bezug auf seine „Verwertung des Potenz-Akt-Verhältnisses“ vor. Vgl. UM, 244, Anm. 5.

[17] UM, 246, Anm.5.

[18] Ebd.

[19] MdH 2, 86.

[20] H. M. Köster, Unus Mediator. Gedanken zur marianischen Frage, Limburg 1950 (= UM).

[21] Vgl. dessen nun anerkennendere Rezension von UM in SW 9 (a.a.O.), 733–745.

[22] UM, 252.

[23] In MdH 1, 8, Anm. 1 wird verwiesen auf L. Fuetscher, Akt und Potenz. Eine kritische Auseinandersetzung mit dem neueren Thomismus, Innsbruck 1933, der die jesuitisch-suarezianische Sicht gegen die dominikanisch-thomistische Position von G.M. Manser (Das Wesen des Thomismus, Freiburg Schweiz 1932; 3. Aufl. Freiburg Schweiz 1949) vertritt.

[24] Vgl. K. Obenauer, Art. Thomismus, in: ³LThK, X (2000), 1517–1522.

[25] So der Vorschlag von M. Seckler, Das Heil in der Geschichte. Geschichtstheologisches Denken bei Thomas von Aquin, München 1963, 12, Anm. 1. J. Pieper, Unaustrinkbares Licht. Das negative Element in der Weltsicht des Thomas von Aquin, München ²1963, 84ff spricht von „’Thomismus’ als Haltung“.

ren spätere Systematisierung durch den Schulthomismus römischer Prägung. Dieser soll aber nicht in einen Gegensatz zu seinem Namensgeber oder gar unter Ideologieverdacht gestellt werden – wie es Vertreter des Transzendentalthomismus (u.a. *J. Maréchal* und *K. Rahner*) gelegentlich taten[26]. Gerade dem „Thomismus strikter Observanz"[27], der seine Wurzeln in der Neuscholastik des 19. Jahrhunderts besitzt und bei dem die Lehre von Akt und Potenz besonders im Zentrum steht, kann nach einer Phase der Ignorierung wieder eine besonders aktuelle Nähe zum Anliegen des Aquinaten zugesagt werden – gerade in Überwindung subjektivistisch-emotionaler und relativistischer Theologumena. Einer seiner maßgeblichen Vertreter, der Fribourger Dominikaner *G. M. Manser*, formulierte den Leitsatz: „In der scharf logischen, konsequenten Durch- und Weiterbildung der aristotelischen Lehre von Potenz und Akt erblicken wir das innerste Wesen, den Kernpunkt des Thomismus."[28] Die später heiliggesprochene Karmelitin und Märtyrerin *E. Stein* knüpfte in ihrer Thomismus und Phänomenologie zueinander vermittelnden Habilitationsschrift „Potenz und Akt" daran an: „Der Gegensatz von Potenz und Akt hängt mit den letzten Fragen des Seins zusammen. Die Erörterung dieser Begriffe führt sofort ins Herz der Thomistischen Philosophie."[29] In der scholastischen Sichtweise wird Gott als reine Aktualität, als „actus purus", gedacht, die Schöpfung ihm gegenüber dagegen als Potenzialität, gleichsam „tabula rasa". Der Akt ist also – prior et potior – der Potenz vorgeordnet und überlegen, gerade auch für Thomas selbst[30]. *D. Berger* formulierte in seinem Werk über „Leitmotive der thomistischen Synthese" entsprechend im Anschluss an *R. Garrigou-Lagrange*: „Alle Geschöpfe, zusammenge-

---

[26] Vgl. D. Berger, Thomismus. Große Leitmotive der thomistischen Synthese und ihre Aktualität für die Gegenwart, Köln 2001, 20–32.

[27] Vgl. ebd., 5. Den „strengen Thomismus" vertraten im 20. Jahrhundert vor allem die Dominikaner Gallus M. Manser (1866–1950) und Reginald Garrigou-Lagrange (1877–1964).

[28] G.M. Manser, a.a.O. , 100.

[29] E. Stein, Potenz und Akt. Studien zu einer Philosophie des Seins. Bearbeitet und mit einer Einführung versehen von H. R. Sepp (Werke, Bd. 18), Freiburg i. Br. 1998, 7. Vgl. in unserem Zusammenhang auch M. Röbel, Metaphysik der Hingabe. Die Marienverehrung der hl. Edith Stein, in: Sedes Sapientiae. Mariologisches Jahrbuch 6 (2002) 69–83.

[30] Vgl. In de Trin. Boet. V, 4c (Th. v. Aquin, In Librum Boethii De Trinitate. Quaestiones Quinta et Sexta, hg. von P. Wyser, Löwen 1948, 47f). Dazu und zur Frage der Schöpfung *ex nihilo* die ins Gespräch mit Hegel führende erhellende Untersuchung von K. L. Schmitz, Das Geschenk des Seins. Die Schöpfung, Freiburg i. Br. 1995, bes. 115–153.

setzt aus Akt und Potenz, sind vollständig und schlechthin von ihrem Schöpfer abhängig, während umgekehrt Gott, als reiner Akt, in keinerlei Abhängigkeitsverhältnis zu seiner Schöpfung steht."[31] Diese Differenz, zu der noch die „Realdistinktion" von Sein und Wesenheit hinzukommt, bildet den Grundbestand des Thomismus und wurde vom kirchlichem Lehramt 1914 in vierundzwanzig „Thesen" als „sichere Leitnorm" des philosophisch-theologischen Denkens aufgestellt. Die ersten zwei dieser Thesen der thomistischen Philosophie lauten: „1. Potenz und Akt teilen das Seiende so ein, dass alles, was ist entweder reiner Akt ist oder notwendig aus Potenz und Akt als den ersten und inneren Prinzipien zusammenwächst" (DH 3601); „2. Der Akt wird als Vollkommenheit nur durch die Potenz begrenzt, die die Fähigkeit zur Vollkommenheit ist. Daher existiert der Akt in der Ordnung, in der er rein ist, nur als unbegrenzter und einziger; wo er aber begrenzt und vielfältig ist, gerät er in eine wahre Zusammensetzung mit der Potenz" (DH 3602). Damit setzt sich das gesamte geschaffene Seiende – also auch die reinen Geister, denen die Zusammensetzung aus Materie und Form mangelt – aus Akt und Potenz, aus Seinswirklichkeit und realer Seinsmöglichkeit als seinen innersten und ersten Prinzipien zusammen. Der Akt wird dabei durch die Potenz als das rezeptiv-passive Prinzip aufgenommen und begrenzt[32]. Die Potenz bildet eine Mitte zwischen dem Sein im Vollzug und dem Abgrund des Nichts: „Die Potenz ist als solche nichts anderes als Hinordnung und Aufnahmebereitschaft zur Wirklichkeit, zum Akt, aus sich aber noch nicht die Wirklichkeit" (Sth Ia, q 77, a 3). Diese abstrakt-metaphysische Lehre[33] wird nun von Köster nicht nur referentiell übernommen, sondern eigenständig durch-

---

[31] D. Berger, a.a.O., 137. Vgl. dazu das harte Wort des Herrn an die hl. Katherina von Siena: „Meine Tochter, weißt du, wer du bist und wer ich bin? Es gibt kein seligeres Glück, als dies zu wissen. Du bist die, die nichts ist. Ich bin der, der ist. Bist du von diesem Wissen lebendig durchdrungen, kann dir der Böse nichts anhaben, und allen seinen Schlingen wirst du unversehrt entschlüpfen" (Raimund von Capua, Das Leben der hl. Katherina von Siena. Legenda maior, hg. v. A. Schenker, Düsseldorf 1965, 75).

[32] „Nullus enim actus invenitur finiri, nisi per potentiam, quae est vis receptive" (Th.Aquinas, Comp. I, 18).

[33] Vgl. auch grundsätzlich dazu L. Elders, Die Metaphysik des Thomas von Aquin in historischer Perspektive. I. Teil: Das ens commune, Salzburg 1984, 123–133, sowie deren knappe Erläuterung bei R. Heinzmann, Thomas von Aquin. Eine Einführung in sein Denken, Stuttgart Berlin Köln 1994, 39–44; mit ausdrücklicher Bezugnahme auf naturwissenschaftliche Sichtweisen: J. Endres, Die Potenz-Akt-Lehre heute, in: Divus Thomas 27 (1949) 17–280.

drungen und umfassend auf das polar-personale Bundesgeschehen in der Heilsgeschichte angewandt. Dazu gehören sowohl das Gott-Mensch-Verhältnis und die Stellung Mariens vor Christi Erlösungsakt[34], als auch die Beziehung von Laien und Priestern bei der Spendung der Sakramente[35]. Eine Applikation findet die Akt-Potenz-Lehre schließlich auch im sogenannten „Hylemorphismus" der aristotelischen Metaphysik, der das Werden und Vergehen aller aus Form und Materie zusammengesetzten wandelbaren Substanzen erklären will. Der forma (morphe) entspricht dabei der Akt, der materia (hyle) die Potenz. In den Worten Kösters, die die bereits angesprochene Abhängigkeit von der jeweiligen „Disposition" noch verstärken, wird dies als „Gesetz" so ausgedrückt: „Akt und Form setzen nicht nur Potenz und Materie einfachhin voraus, sondern der Verwirklichungsgrad jener entspricht auch getreu dem Dispositionsgrade dieser. Ob Form und Akt reich und voll, oder kümmerlich, schwächlich und dürftig ausfallen, hängt ab von der Verfassung der entgegenstehenden Empfänglichkeit; ob sie weit oder beengt, frei oder gehemmt, entfaltet oder gebunden ist (forma fit secundum capacitatem materiae)."[36]

Die Sicht des „religiösen Aktes"

Vorrangig findet die Lehre von Akt und Potenz bei Köster unter fortwährender Fokussierung auf die Mariengestalt Anwendung in der Beschreibung dessen, was er den „religiösen Akt"[37] nennt: „Was die lebendige Sprache der Offenbarung den Gottesbund nennt, nennt die Theologie den religiösen Akt."[38] Die aus der Bundestheologie stammenden Grundzüge von Personalität und Polarität sind auch hier beteiligt: „Der religiöse Akt schafft ein Gegenüber und eine Beziehung von Gott und Mensch. Er vollzieht sich als Begegnung und Einigungsvorgang von letzter Innigkeit, deren Eigenart zerstört würde, wenn da nicht Zweie wären, die in ihm zueinander treten. Es ist nicht mehr Gott noch Mensch für sich, sondern sie verbinden sich einander zur Wechselwirkung und Gemeinsamkeit eines ein-

[34] MdH 1, 254–355.
[35] MdH 1, 412–454.
[36] MdH 1, 101.
[37] MdH 1, 95–105. MdH 2, 63–67; 232–262: „Maria und der religiöse Akt (Gnadenlehre)".
[38] MdH 1, 95.

zigen Lebens."[39] Dabei ist der Mensch im religiösen Akt Armut und Frage, Gott aber Fülle und Antwort; er ist „Werthunger", Empfänglichkeit und Sehnsucht, Gott dagegen „Wertsättigung", Erfüllung und Stillung. „Gott ist der Hohe, der Mensch der Niedrige"[40], und der Metaphysiker „erkennt hier, gleichsam an der Nahtstelle zwischen Schöpfer und Schöpfung wieder, was ihm als Grundbestimmtheit der Dinge innerhalb der Schöpfung vielfältig bekannt ist: die Zusammensetzung aus Potenz und Akt"[41].

Im Verhältnis von Akt und Potenz stellt daher der Akt die schenkende, prägende und bestimmende Komponente. Damit korrespondieren Offenheit und Empfänglichkeit auf der Seite der Potenz. Schon jede menschlich-personale Begegnung setzt in ähnlicher Weise eine gewisse Ungleichheit der Partner voraus. Dabei ist in der Beziehung zwischen Gott und Mensch die Polarität extrem groß. Gott ist der in einzigartiger Weise Schenkende, der Mensch der Empfangende. Die Anwendung der metaphysischen Kategorie von Akt und Potenz auf den religiösen Bereich kann aber nur analog sein. Köster erläutert dies so: „Gott ist im Sein schlechthin souverän. So kann es nicht Sinn dieser Vorstellung (von Akt und Potenz; S.H.) sein, Gott als natürliches Teilglied einer Verbindung zu deuten oder als den einen Pol einer natürlichen Gegensatzbeziehung mit dem Menschen und so mit der Schöpfung auf eine Ebene zu rücken. Die Gottverbindung, wie sie die Offenbarung meint, ist dem Menschen völlig übernatürlich und bildet nicht den Erfüllungsabschluss einer in sein Wesen eingeborenen Artanlage. Seine Befähigung zu ihr ist keine potentia naturalis, sondern oboedientialis."[42] Bei aller Differenz und Unterschiedenheit bedingen Akt und Potenz sich gegenseitig, sind Korrelative und können nur miteinander eine höhere Ganzheit bilden. Ihr Gegensatz ist so, „dass seine Glieder sich bedingen und rufen. (...) Sie bauen das Sein durch gegenseitige Selbstschenkung

---

[39] MdH 1, 96.

[40] Ebd.

[41] MdH 1, 97.

[42] MdH 1, 102. Man könnte hier auch die gegen eine Lehrmeinung *Joachim v. Fiores* gerichtete Analogieformel des IV. Laterankonzils (1215) vorbringen, wonach „zwischen Schöpfer und Geschöpf eine noch so große Ähnlichkeit nicht angemerkt werden kann, dass zwischen ihnen eine je immer größere Unähnlichkeit nicht angemerkt werden muß" (DH 806; Übersetzung nach E. Przywara).

und Hingabe“[43]. In der Begegnung zwischen Gott und Mensch entsteht so ein wechselseitig-polares Verhältnis. In diesem korrelativen Prozeß ist die „Disposition“ der Potenz ein wesentlich mitbestimmendes Element für die in der Begegnung des religiösen Aktes zu erlangende Einigung: „Wie die Potenz zu ihrem Akte steht, richtet sich nach der Art ihres Seins; über die Art ihrer Aktbegegnung entscheidet die eigene Wesensstruktur (quidquid recipitur, per modum recipientis recipitur). (...) Je mehr eine Potenz selbst bereits in irgend einer Ordnung Sein ist, desto mehr Lebendigkeits- und Tätigkeitszüge gehen in die Aktbegegnung ein.“[44] Die höchste Form erreicht sie dann beim mit Freiheit, Erkenntnis und Lebendigkeit begabten Menschen. Die metaphysische Rezeptivität der Potenz dem Akt gegenüber ist aber beim Menschen in der Begegnung mit Gott nicht gleichzusetzen mit völliger Passivität: „Das Zueinander beherrscht das klare Gesetz, dass die Begegnung von der Potenz her mitbestimmt wird: der Mensch unterwirft und fügt sich Gott nicht mechanisch und tot, sondern unter dem Einsatz seiner höchsten Lebendigkeit, mit erkenntniswachem Bewusstsein, mit beseligter Liebe und Willigkeit.“[45] *M. Levermann* formuliert dazu sehr schön und treffend: „Empfangen ist kein passives Geschehenlassen, sondern kooperative Annahme dessen, was geschenkt wird.“[46] Damit wird auch deutlich, dass – wie der Akt durch die Potenz begrenzt wird – auch der Schenkungswille Gottes an der Aufnahmefähigkeit und -willigkeit des Menschen seine Grenze findet. Nur so wird die Logik eines freien Bundes von Gegenseitigkeiten geachtet, in dem der Mensch die Formkraft Gottes auf sein Leben auch abschütteln kann – was in jeder Sünde als „Bundesbruch“ geschieht. Aber auch in der vollkommenen Einung bleiben Gott und Mensch – anders als sonst Akt und Potenz bei ihrer Einigung in gegenseitiger Beschränkung und Exklusivität (etwa bei Ehe) – vollendete Sonderwesen. „Gott bleibt, wie tief er sich einem Geist

---

[43] MdH 1, 98.

[44] MdH 1, 101.

[45] MdH 1, 102. So werden auch beim Erkenntnisvorgang die Gegenstände zwar nicht hervorgebracht, sondern entgegengenommen, „nicht aber rein passiv, sondern durch einen tätigen Erkenntnisvorgang“ (ebd. 101).

[46] M. Levermann, Die Mitwirkung Marias im Heilsgeschehen und ihre Relevanz für den Menschen als altera Maria. Der Beitrag von H. M. Köster in seiner Studie „Die Magd des Herrn“, Diplomarbeit Philosophisch-Theologische Hochschule Vallendar 2001, 34.

mitteilt, unbegrenzt vielen außer ihm offen."[47] Dem Charakter der Potenz als Ermöglichungsgrund einer Einung entspricht, dass sie eine dazu passende natürliche Anlage dem Akt gegenüber besitzt, kraft derer sie ihn aufnehmen und fruchtbar werden lassen kann. Die Begegnung des Menschen (als Potenz) mit Gott (als Akt) ist dabei aber – wie auch die christliche Gnadenlehre zeigt – ungeschuldet und nicht von der Natur prädestiniert. Dennoch ist der Mensch auf Gott hin geschaffen und zum Wesen seiner Person gehört jene Ansprechbarkeit und Offenheit, die ihre letzte Erfüllung nur in und durch Gott findet. Zusammenfassend lässt sich mit Köster der religiöse Akt zwischen Gott und Mensch als Höchstfall dessen sehen, was mit dem Begriffspaar von Akt und Potenz an Verbindungen gedeutet werden kann. „Die Potenz vor ihrem Akt ist vor allem dann das tiefste Symbol des Menschen vor Gott. (...) Sie ist gegenüber ihrem Akt das Tiefe, das sich unterwirft; das in sich selbst Unerfüllte, Unselige und Unbefriedigte, das einem höheren Wert sich ehrfürchtig beugt, in ihm selig wird und Frieden findet. Sie ist das Bild nicht nur der Liebe, die über sich hinaus und von sich fortstrebt, sondern auch der Demut, die sich selbst im Angesicht eines Überlegenen gering nimmt."[48] Genau an diesem Punkt wird mit Verweis auf ihren Titel „Magd des Herrn" und den Gehalt des Magnifikat nun die Gestalt der Gottesmutter als versinnbildlichte Potenz eingeführt: „Es hat ... von jeher eine geheime Anziehungskraft der Mariengestalt darin gelegen, dass sie von dem Empfindungsgehalt dieser geschöpflichen Demutshaltung vor Gott gleichsam getränkt erschien, in einem Grade, dass sie darin zum großen Bild menschlicher Unterwerfung unter Gott überhaupt aufwuchs."[49] Sie ist gleichsam die archetypische „Hörerin des Wortes", in der (in Anlehnung an *K. Rahners* religionsphilosophisches Grundwerk „Hörer des Wortes") die „Ontologie der potentia oboedentialis" konkret und „kategorial" geworden ist. Indem Köster diese geschöpfliche Gehorsamsfähigkeit Mariens so betont, kann er auch ökumenisch überzeugen und ist nahe bei der Auslegung ih-

---

[47] MdH 1, 103.
[48] MdH 1, 234.
[49] MdH 1, 235.

rer Gestalt im Magnifikat-Kommentar *M. Luthers*[50]. Im Zuge der „Niedrigkeit“ (Lk 1,48) begegnet der Mensch Gott und verleiht dem religiösen Akt somit Potenzcharakter. Die Potenz darf sich nicht in „Gleichwertigkeit“ selbst Form- oder Aktcharakter anmaßen und sich so in sich selbst verschließen. Daher bedarf sie der geschöpflichen Demut und der Reinheit, die sich allen widergöttlichen Formen versagt. Die Potenz steht somit unter einem doppelten Gesetz: „sie wird vom Akt zugleich beschränkt und vervollkommnet; wodurch der religiöse Akt noch die dunkle Note der Kreuzigung und die lichte der Verklärung erhält“[51]. All das lässt sich mit Köster an Maria von ihrem Jawort in Nazareth bis zum Ausharren unter dem Kreuz exemplifizieren und veranschaulichen. Zusammen mit ihrem dogmatischen Bild können auch die Züge der personalen Polarität gegenüber Christus als dem allein wirkursächlichen Erlöser in der mariologischen Systematik aufscheinen. Sicher hat die von Köster durch die von ihm auf dem mariologischen Kongress in Lourdes (1958) vorgebrachte Unterscheidung von „christotypischer“ und „ekklesiotypischer“ Mariologie die „ekklesiologische Wende“ in der Mariologie des II. Vatikanums (LG 8) mit vorbereitet. Dies führte zunächst zu einer „Absorption“ (*J. Ratzinger*) der Mariologie in die Ekklesiologie und damit zu einem Verblassen der Mariengestalt überhaupt. Das von Köster begonnene, nach dem II. Vatikanum aber von ihm leider nicht mehr weitergeführte, polar-dialogische, bundestheologische und die Kategorien der Metaphysik einbeziehende Bedenken der Rolle Mariens in der Heilsgeschichte könnte ihrer Profilierung und ihrer Integration in das Gesamtbild der Dogmatik (und nicht bloß der Ekklesiologie) wieder neuen Anstoß geben.

[50] Das Magnifikat – verdeutscht und ausgelegt durch D. Martin Luther. Mit einer Einführung von Helmut Riedlinger, Freiburg i. Br. 1982. Vgl. W. Layh, Luthers Verständnis von Maria anhand seiner Magnifikatauslegung von 1521, in: EphMar 50 (2000) 107–140; J.A. Steiger, Nulla femina Dir gleich. Luthers Marienfrömmigkeit und die christologischen Implikate seiner Mariologie, in: Ders., Fünf Zentralthemen der Theologie Luthers und seiner Erben. Communicatio – Imago – Figura – Maria – Exempla, Leiden–Boston–Köln 2002, 219–249.

[51] MdH 2, 232.

# Dass wir den Übergang bestehen

## Begleitung von Trauernden in pastoraler Sicht

*Konrad Baumgartner*

### I. Lasst meine Trauer mit mir gehen!

Die aus Oberbayern stammende Lehrerin, Chorleiterin und Komponistin von religiösen Liedern, Kathi Stimmer-Salzeder[1], hat zum Thema „Begleitung von Trauernden" ein Lied getextet und komponiert, das in überzeugender Weise das Phänomen der Trauer und grundlegende Hinweise für das Verhalten gegenüber Trauernden benennt. Es trägt den Titel: „Lasst meine Trauer mit mir gehen"[2] und hat folgende Text- und Tongestalt:

*1.* *Es hat mich ein dunkles, ein Leid überfallen,*
*eine Welle von Weh hat den Atem gehemmt.*
*so geh´ ich ganz anders nun unter euch allen:*
*der Schmerz wie ein Bruder zur Seite,*
*und wie eine Schwester die Trauer.*

*KV:* *Lasst meine Trauer mit mir gehen,*
*sie braucht ihre Zeit und ihren Raum.*
*Könnt ihr den Schmerz in mir verstehn?*
*Ich fasse ihn selber kaum.*
*Ich fasse ihn selber kaum.*

---

[1] Geb. 1957 in Aschau am Inn, vgl. ihre „musikalischen Lebensstufen", in: dies., Lied der Hoffnung 3, Aschau $^{3}$1992, 253.

[2] Lied der Hoffnung 3, Nr. 178. (Das Lied ist auch auf CD erschienen: Zu beziehen bei Kathi Salzeder, Lärchenstr. 22, D-84544 Aschau am Inn.)

2. *Ich bin wie zerrissen,*
*kein Ganzes, Gesundes –*
*eine Quelle der Qual*
*ist wie Krankheit in mir.*
*So steh´ ich ganz anders nun unter euch allen:*
*Mein Bruder, der Schmerz, mir zur Seite,*
*und nah meine Schwester, die Trauer. KV: ...*

Wie in einer Ouvertüre zu unserem Thema sind in diesem Lied wichtige Motive der Trauer und der Traueraufgaben erkennbar. Der Verlust eines Menschen durch den Tod bedeutet für die betroffenen Angehörigen und alle dem Verstorbenen Nahestehenden fast immer eine schmerzhafte „Krisensituation, in der ... ein Stück persönlicher und sozialer Welt zusammenbricht. Je näher einem die oder der Verstorbene steht, desto größer ist die Krisensituation."[3] *Stimmer-Salzeder* schreibt vom unbestimmten „Dunklen", vom „Leid", das wie ein Überfall hereingebrochen ist, von der inneren Zerrissenheit: „kein Ganzes, Gesundes". Die Trauer ist „eine Quelle der Qual", wie „eine Krankheit", ein tiefgehender, alles verändernder „Schmerz", den der Trauernde „kaum fassen" kann. Die Auswirkungen auf die Psyche, aber auch auf den Körper sind unüberhörbar: „den Atem gehemmt" hat diese „Welle von Weh". Der Trauernde erlebt sich verändert in seiner Umgebung: „so steh ich, so geh ich ganz anders nun unter euch allen". Zwischen den Trauernden und seinen Mitmenschen sind „Bruder Schmerz" und „Schwester Trauer" als neue Geschwister getreten, die dem Trauernden zur Seite sind: als leidvolle und zugleich notwendende Begleiter. Trauer und Schmerz müssen zugelassen, angenommen werden, wie neue Mitglieder in einer Familie. Wer sie ignoriert, sie nicht wahrhaben will, sie nicht ernst nimmt, sie verdrängt, bewältigt die Trauer nicht. Diese braucht „ihre Zeit und ihren Raum": Trauerzeit ist angesagt, will durchlebt und gestaltet sein.

---

[3] Die deutschen Bischöfe, Unsere Sorge um die Toten und die Hinterbliebenen. Bestattungskultur und Begleitung von Trauernden aus christlicher Sicht, Bonn 1994, 48; vgl. auch: Tote begraben und Trauernde trösten. Bestattungskultur im Wandel aus katholischer Sicht, 20. Juni 2005, Bonn 2005 (Die Deutschen Bischöfe 81); Rahmenordnung der Diözese Innsbruck zur Begräbniskultur, hg. vom Generalvikariat der Diözese Innsbruck, 2005.

Auch Räume und Orte braucht die Trauer, damit sie bewältigt werden kann. Und so ergeht der Appell des Trauernden an die Mitmenschen: Lasst mich trauern, respektiert meine Trauer, und: helft mir trauern! Habt Verständnis für den Schmerz in mir, fühlt euch in mich ein und sagt mir, dass ihr mit mir fühlt! Lasst mich trauern und lasst mich nicht allein in der Trauer!

Einander beistehen: im Leben und beim Sterben, einander begleiten: im Schmerz und in der Trauer – in menschlicher Solidarität und in christlicher Diakonie. So bestehen Schwerkranke und Sterbende, so bestehen Trauernde den „Übergang": vom Leben zum Tod und vom Tod zum Leben. Zu diesem Bestehen verhelfen grundlegend auch die „Rites de passage"[4] – im christlichen Verständnis die liturgischen und sakramentlichen Feiern der Trennung und des Abschieds – und die deutenden und sinngebenden Worte und Symbolhandlungen, welche die Situation der Sterbenden, der Verstorbenen und der Hinterbliebenen im Lichte der christlichen Botschaft erhellen, als Trost und Mahnung zugleich.

In all dem aber ist die non-verbale und verbale Zuwendung zu den Sterbenden und den Trauernden in personaler Begegnung und im helfenden und beratenden Gespräch, für uns Christen durchwirkt von der Hoffnung der Auferstehung, Mittelpunkt der Begleitung. So hoffen wir, dass wir selbst und unsere Mitmenschen „den Übergang bestehen zum Pascha, das kein Ende kennt."[5]

Im Folgenden soll die Begleitung von Trauernden aus pastoraler Sicht näher bedacht werden. Pastoral meint dabei das Gesamt des kirchlichen Handelns, das sich in den Grundvollzügen der Diakonie (Leben und Glauben ermöglichen), der Verkündigung (Leben und Glauben zusprechen), der Feier der Liturgie und der Sakramente (Leben und Glauben feiern) und des Aufbaus von Kirche in Gemeinden und Gemeinschaften (Weggemeinschaft im Leben und Glauben) im Horizont der Herrschaft Gottes[6]

---

[4] Vgl. M. Ott, Art. Rites de passage, in: ³LThK 8 (Freiburg 1999) 1203 f: „Der Mensch erfährt eine Veränderung des Orts, des Zustands, des sozialen Status oder des Alters in der typischen Abfolge von Trennung, Umwandlung und Wiedereingliederung ... R. helfen bei der Bewältigung zentraler Lebenskrisen und sind deswegen auch Ausdruck einer religiösen Grunderfahrung."

[5] Vgl. den Hymnus zur Vesper der Feier des Stundengebetes in der Fastenzeit: „Nun ist sie da, die rechte Zeit ..."

[6] Vgl. E. Feifel, Art. Herrschaft Gottes, IV. Prakt.-theol., in: ³LThK 5 (Freiburg 1996) 37 f.

entfaltet. Alle Pastoral aber vollzieht sich zwischen den Brennpunkten „Situation der Menschen“ und „Botschaft des Evangeliums“. Daraus ergibt sich die Zweiteilung unseres Themas.

## II. Die Situation von Trauernden

### 1) Zur Psychologie der Trauer

„Unter Trauer verstehen wir charakteristische Empfindungen nach dem Verlust (meist Tod) eines Menschen oder eines emotional wichtigen Objekts, gekennzeichnet durch bedrückende bis qualvolle Auseinandersetzungen mit dem Ereignis und der Vergangenheit.“[7] Konkret auf den Verlust eines (geliebten) Menschen bezogen können wir sagen: Trauer umfasst „diejenigen psychischen Reaktionen, die nach dem Verlust eines nahestehenden Menschen durch dessen Tod eintreten können.“[8] S. Freud[9] hat als erster Tod und Trauer zum Gegenstand seiner psychologischen Forschungen und Publikationen gemacht. Sein Verständnis von Trauer als Reaktion auf den Verlust einer geliebten Person oder eines Ideals mit den Merkmalen „tiefe schmerzliche Verstimmung“, „Abzug des Interesses von der Außenwelt“, „Verlust der Liebesfähigkeit“ und „Einschränkung des Leistungsvermögens“ ist grundlegend geworden für alle späteren Trauer-Theorien. Besonders wichtig ist bei Freud der Begriff der Trauerarbeit: Trauern ist kein passiver Prozess, sondern erfordert aktives psychisches Handeln des Individuums.[10]

---

[7] J. J. Bojanovsky, Verwitwete. Ihre gesundheitlichen und sozialen Probleme, Weinheim 1986, 14.

[8] R. Jerneizig / U. Schubert, Der letzte Abschied. Ratgeber für Trauernde, Göttingen 1991, 73. – Die Deutung der Trauer im Sinn von „psychischen Reaktionen“ macht verständlich, dass Trauer heute vorrangig Gegenstand der wissenschaftlichen Psychologie, aber auch von psychologisch ausgerichteten Kursen geworden ist. Die früher dominierenden Zugänge zur Trauer durch Philosophie und Theologie sind dadurch zurückgetreten und werden z.T. bewusst ausgeklammert, zum Schaden einer ganzheitlichen Trauerforschung, Trauertherapie bzw. Trauerbegleitung, wie sie z.B. im Projekt des Lehrstuhls Pastoraltheologie an der Universität Regensburg verwirklicht wird. – Den Mitarbeitern dieses Projektes, Thomas Schnelzer und Wolfgang Holzschuh, verdanke ich wichtige Aspekte und Formulierungen der folgenden Ausführungen.

[9] Vgl. v. a. S. Freud, Trauer und Melancholie, in: Gesammelte Werke 10, Frankfurt/Main [7]1981.

[10] Vgl. J. Bowlby, Verlust. Trauer und Depression, Frankfurt/Main 1994; G. L. Engel, Is grief a disease? in: Psychosomatic Medicine 23 (1961) 18-22.

Weil dazu aber der Trauernde oft allein nicht (genug) fähig ist, bedarf er der Unterstützung und der Begleitung durch seine Umwelt.

Die starke gefühlsmäßige Ausdrucksgestalt der Trauer erklärt sich nach J. Bowlby aus dem Zerbrechen von emotionalen Bindungen an den Menschen, der einem durch den Tod genommen ist. Und G. Engel führt diese Überlegungen fort, wenn er angesichts der lebenswichtigen Bedeutung von zwischenmenschlichen Bindungen darauf verweist: der Verlust eines geliebten Menschen führt wie eine körperliche Verwundung zu einem Trauma, das der Heilung im Prozess der Trauer bedarf.[11] Solche Traumata betreffen den somatischen Bereich: sie äußern sich in Atemlosigkeit, Brustbeklemmung oder zugeschnürter Kehle; im affektiven Bereich zeigen sich z. B. Traurigkeit, Aggression, Zorn, Todessehnsucht, Schuldgefühle und Selbstanklagen, Angst, Einsamkeit, Betäubung oder Abgestumpftheit; in kognitiver Hinsicht äußert sich Trauer im Nicht-Wahrhaben-Wollen, in Verwirrung, in Konzentrationsschwäche, in intensiver Beschäftigung mit dem Verstorbenen, in Illusionen und Halluzinationen. Schlafstörungen und Appetitstörungen, Geistesabwesenheit, Träume vom Verstorbenen, Meiden von Orten der Erinnerung, Bei-sich-Tragen von Erinnerungsgegenständen, Suchen und Rufen nach dem Verstorbenen; rastlose Überaktivität oder Zwangshandlungen betreffend den Handlungsbereich; Gefühle der Fremdheit gegenüber der Umgebung, Abkapselung und sozialer Rückzug kennzeichnen die Trauer im Bereich der Mitmenschen.

Diese Trauerreaktionen haben unterschiedliche Intensitäten: je nach der Stärke oder der Sicherheit der Bindung oder auch ihrer Ambivalenz, der Todesart oder auch je nach der Verarbeitung früherer Trauererfahrungen, je nach der Stärke der Persönlichkeit oder der körperlichen Konstitution, je nach zusätzlichen Belastungen oder der unterschiedlichen Reaktion der Mitmenschen, je nach der Kraft der in der jeweiligen Kultur angebotenen Trauerrituale – und: je nach dem Potential der Hoffnung des christlichen Glaubens.

Die verschiedenen Phasen-Modelle des Trauerprozesses stellen die gleichförmigen Anteile der Trauer heraus; so werden sie den individu-

---

[11] V. Kast schreibt dazu: „Es ist in der Tat emotionale Schwerarbeit, die in einem Trauerprozess geleistet werden muss ... (Dieser) ist ein sehr ernst zu nehmender, wichtiger Prozess", in: W. Korff u. a. (Hg.): Lexikon der Bioethik 3 (Gütersloh 1998) 599-602, hier: 602.

ellen und vielfältigen Weisen des Trauerprozesses kaum gerecht. Denn dieser vollzieht sich eher wellenförmig und gelegentlich auch in sprunghaften Vor- oder Rückschritten. Immerhin können solche Modelle helfen, auf die jeweilige psychische Situation des Trauernden angemessener einzugehen. Am bekanntesten sind die Phasen-Modelle[12] von Y. Spiegel (Schockphase, kontrollierte Phase, regressive und adaptive Phase), von V. Kast (Nicht-Wahrhaben-Wollen, Aufbrechen der Emotionen, neuer Selbst- und Weltbezug) und von J. Bowlby (Betäubung, Sehnsucht und Suche, Desorganisation und Verzweiflung, Reorganisation).

### 2) Zur Trauerberatung und Trauerbegleitung aus psychologischer Sicht

In diesen verschiedenen Phasen der Trauer sind wichtige Aufgaben[13] zu bewältigen: den Verlust als Realität akzeptieren, den Trauerschmerz erfahren, sich anpassen an die Umwelt, in der der Verstorbene fehlt, die gefühlsmäßige Energie abziehen und in eine andere Beziehung investieren.

Im beratenden und begleitenden Trauergespräch geht es um folgende Hilfestellungen: Entsprechend dem Bedürfnis des Trauernden, über den Verstorbenen zu sprechen, wird er eingeladen, über Einzelheiten des Todes und der Bestattung zu reden. So hilft der Berater, die Realität des Verlustes zu vergegenwärtigen. Weitere Hilfen sind das Gewähren und Ermutigen zur Äußerung von Emotionen sowie praktische Hilfen zum Weiterleben ohne den Verstorbenen und zur emotionalen Ablösung von ihm. Dabei ist es wichtig, dass der Trauernde Inhalte und Tempo des Gesprächs bestimmen kann und ihm keine Normen, wie er zu trauern hat, nahe gelegt werden. Wer Trauernde beraten und begleiten soll, der muss über Selbsterfahrung oder Supervision selbst eine angemessene Einstellung zum eigenen Tod und zur eigenen Trauer gefunden haben. Für diese Unterstützung und Begleitung individueller Trauer und besonders zur Weiterführung von steckengebliebener Trauer hat sich die klientenzentrierte Trauerberatung als effektiv erwiesen; sie wurde von den Psychologen R. Jerneizig,

---

[12] Vgl. Y. Spiegel, Der Prozess des Trauerns. München[3] 1977; V. Kast, Trauern. Phasen und Chancen des psychischen Prozesses, Stuttgart 1982; J. Bowlby, Das Glück und die Trauer. Stuttgart 1982.

[13] Vgl. J. Worden, Beratung und Therapie in Trauerfällen, Bern 1987.

A. Langenmayr und U. Schubert entwickelt.[14] Sie basiert auf der klientenzentrierten Gesprächspsychotherapie von C. Rogers, die heute bekanntlich als eine der anerkannten Formen der Gesprächsführung und Beratung gilt.

Ausgehend von den drei Grundhaltungen des Beraters im Gespräch (unbedingte Wertschätzung, Echtheit und Empathie) steht auch im Trauergespräch die Reverbalisierung emotionaler Erlebnisinhalte im Mittelpunkt. Dabei wird auch die Wissensvermittlung über den Trauerprozess durch den Berater eingebracht, um den Trauernden von angstmachenden Erfahrungen und überstark erlebten Gefühlen zu entlasten. Ziel der Beratung ist es, gegen innere und äußere Hindernisse das Vertrauen in die eigene, persönliche Fähigkeit zu trauern zu bestärken und zur Trauerarbeit zu ermutigen.[15] Im Falle des Trauergesprächs dürfen auch angemessen direktive Weisungen angesichts der gegebenen überstarken Belastungen und Beeinträchtigungen des Selbst gegeben werden.

### 3) Begleitung von Trauernden in pastoraler Sicht

Die bisherigen Aussagen über die Situation von Trauernden und eine darauf bezogene Begegnung mit ihnen beziehungsweise ihre Begleitung sind nun im Lichte des christlichen Glaubens zu bedenken, zu ergänzen und zu vertiefen. Dazu gibt das biblisch-christliche Gottes- und Menschenbild die entscheidenden Bezugspunkte.

#### a) Die Relevanz der christlich-kirchlichen Praxis

Die deutschen Bischöfe schreiben in ihrer vielbeachteten Schrift: „Unsere Sorge um die Toten und die Hinterbliebenen. Bestattungskultur und Begleitung von Trauernden aus christlicher Sicht“: „Die Toten zu begraben und die Trauernden zu trösten, diese beiden Dienste gehören nach jüdisch-christlichem Verständnis seit jeher zu den leiblichen und geistlichen Werken der Barmherzigkeit. Über Jahrhunderte hin hat die Kirche, in konfes-

---

[14] Vgl. R. Jerneizig / A. Langenmayr / U. Schubert, Leitfaden zur Trauertherapie und Trauerberatung, Göttingen 1991.

[15] Vgl. M.-F. Bacque, Mut zur Trauer, München 1996.

sionell unterschiedlicher Ausprägung, im Geiste des Alten und Neuen Testamentes den Toten das letzte Geleit gegeben und den Hinterbliebenen in Verkündigung und Liturgie, durch helfenden Beistand und sorgende Begleitung Trauerhilfe geleistet. Sterben und Tod gehörten zum Leben und erhielten ihre Deutung und Sinngebung aus der Hoffnung der Christen, die aus der Zusage von Jesus kommt: 'Ich bin die Auferstehung und das Leben. Wer an mich glaubt, wird leben, auch wenn er stirbt. Und jeder, der lebt und an mich glaubt, wird auf ewig nicht sterben' (Joh 11,25 f).“[16] Das Hoffnungs-Potential des christlichen Auferstehungsglaubens ist also für den Umgang mit Sterbenden, mit Tod und Trauer das entscheidende Kriterium. Daran scheiden sich in Theorie und Praxis der Sterbe- und Trauerbegleitung und hinsichtlich des Umgangs mit den Toten heute die Geister.[17]

Aus vielen Gründen, denen hier nicht näher nachgegangen werden kann, „ist die Bedeutung der Kirchen, der Gemeinden und ihrer Amtspersonen im Bereich der Bestattung und in der Begleitung der Trauernden in den vergangenen Jahren deutlich zurückgegangen, zumindest im großstädtischen Bereich.“[18] Im Gegensatz zu Behauptungen, dass die Praxis der kirchlichen Bestattungs- und Trauerkultur sich wohl kaum oder höchstens nur negativ auf die Bewältigung der Trauer ausgewirkt habe,[19] sind Christen davon überzeugt: „christlicher Glaube und christliche Lebenspraxis (haben) ... für den Umgang mit den Toten und den Hinterbliebenen Entscheidendes für das Mensch-Sein und die Kultur einzubringen“, unbeschadet der immer neu notwendigen kritischen Überprüfung der vorfindlichen Praxis, des Austausches darüber mit anderen Berufsgruppen

---

[16] Unsere Sorge um die Toten, a.a.O., 9.

[17] Aus der Fülle gegenwärtiger Publikationen zu Todes- und Jenseitsvorstellungen heute und zum Verständnis der christlichen Botschaft dazu verweise ich exemplarisch auf: M. Kehl, Und was kommt nach dem Ende? Von Weltuntergang und Vollendung, Wiedergeburt und Auferstehung, Freiburg 1999; W. Beinert, Tod und jenseits des Todes, Regensburg 2000. – Zur veränderten Situation der Bestattungs- und Trauerkultur, vgl. Die deutschen Bischöfe, Unsere Sorge um die Toten, a.a.O., 10–16.

[18] Ebd., 15. – In Berlin z.B. beträgt der Anteil der Bestattungen durch die Kirchen derzeit etwa 10%.

[19] Vgl. die Vorwürfe an die kirchliche Verkündigung bei F. Jehle, Dem Tod ins Gesicht sehen, Zürich 1993, 107–109, sowie von J. Canacakis, Ich begleite dich durch deine Trauer, Stuttgart 1990, 41f. – Im „Lehrbuch der Palliativmedizin“, hgg. von E. Aulbert und D. Zech, Stuttgart 1997, stellen die Autoren R. Smeding und E. Aulbert in Frage, ob religiöse und säkulare „Abschiedsrituale auch für die anschließende weitere Trauerbegleitung hilfreich waren oder sogar therapeutischen Wert besaßen“ (Kap. 7. 10).

und einer verstärkten Aus- und Fortbildung für Sterbe- und Trauerbegleitung im kirchlichen Bereich. Nach wie vor „werden der pastorale Einsatz von Seelsorgern und Gemeinden für eine würdige, persönliche und einfühlende Gestaltung der Bestattungsriten sowie eine helfend-begleitende Trauerpastoral positiv und dankbar wahrgenommen."[20]

b) Der christliche Glaube als wesentliches Moment bei der Bewältigung der Trauer

Wie *B. Grom* eindrücklich darlegt, belegen entsprechende Umfragen, dass vielen von Sterben und Trauer betroffenen Menschen der Glaube beim Trauer- und Anpassungsprozess geholfen hat, vor allem in den ersten Monaten nach einem Verlust und Schicksalsschlag, also in der sog. regressiven Phase der Trauer.[21] „Der Glaube erspart einem Betroffenen nicht den Schmerz und macht die soziale Unterstützung durch verstehende Mitmenschen nicht überflüssig, kann jedoch ihren Trauer- und Anpassungsprozess stützen und begleiten" und vor allem in den zwei Hauptphasen der Trauer, der Phase der Verzweiflung und des Kummers und der Phase der Anpassung und Erholung, entscheidend hilfreich sein: „Der Glaube an ein ewiges Leben kann die Annahme der vom Tod erzwungenen Trennung erleichtern", und „der Glaube an Gottes Zuwendung kann helfen, den Verlust zu ertragen."[22]

In diesen Aussagen wird deutlich: angesichts von Tod und Trauer sind die Hoffung auf die Auferstehung der Toten[23] und das Bild des sich uns zuwendenden Gottes[24] zentrale Inhalte der Trauerbegleitung in der Pastoral:

---

[20] Vgl. Die deutschen Bischöfe, Unsere Sorge um die Toten, a.a.O., 12 und 16.

[21] B. Grom, Religionspsychologie, Göttingen 1992, 155–164, hier: 156.

[22] Ebd., 156–162.

[23] Aussagen wie, dass „die Toten dann bei Gott leben", dass sie „bei Gott im ewigen Licht" und „im ewigen Frieden und in der ewigen Freude" sind, dass es ihnen nun – volksfromm gesagt – „besser geht", vermögen die Hinterbliebenen nur bedingt zu trösten. Denn ihnen fehlt ja der Verstorbene, sie bräuchten seine Gegenwart. Deshalb ist zu betonen, dass die Toten zu den Lebenden weiter in Beziehung stehen, dass sie uns helfend und begleitend zur Seite stehen, dass sie nicht mehr unter den Wunden leiden, die wir ihnen geschlagen haben, dass sie uns nichts mehr nachtragen, dass sie bei Gott für uns eintreten und uns Vorbilder und Fürsprecher sind, dass wir eine neue Beziehung zu ihnen aufnehmen dürfen, dass sie uns zu Begleitern werden, die uns auf das Eigentliche hinweisen. Vgl. A. Grün, Leben aus dem Tod, Münsterschwarzach 1995, 52–56.Vgl. die literarischen Texte, in: U. Baltz – Otto (Hg.), Wir reden leise von der Hoffnung, Zürich–Düsseldorf 1999.

[24] Vgl. die Bedeutung der biblischen Aussagen „Gott wendet uns sein Angesicht zu", „er wendet sich uns zu", „bei ihm haben wir ein Ansehen". Das uns zugewandte Angesicht Gottes bringt

in Liturgie und Verkündigung, in Diakonie und Koinonie. Anders gesagt: das Pascha-Mysterium ist der Dreh- und Angelpunkt dieser Pastoral. Es besagt, dass wir in der Kraft des Glaubens und durch die Eingliederung in Christus in der Feier der Initiation des Leidens, der Auferstehung und der Herrlichkeit des Herrn Jesus Christus teilhaft geworden sind. „Wenn wir Christus gleichgeworden sind in seinem Tod, dann werden wir mit ihm auch in seiner Auferstehung vereinigt sein“ (Röm 6,5).

c) Die Totenliturgie als Feier von Trauer und Hoffnung

Analog zum „transitus domini“, dem „Hinübergehen Jesu aus dieser Welt zum Vater“ (Joh 13,1) begleitet die christliche Gemeinde die ihr Zugehörigen[25] auf ihrem Weg „vom Leben zum Tod zum Leben“: durch den Beistand des Gebetes und der verschiedenen Liturgien, der Sterbe-, der Trauer- und der Bestattungs-Liturgie, sowie des liturgischen Gedenkens über die Bestattung hinaus.

Für die zurückbleibenden Angehörigen und Freunde des Sterbenden bzw. des Verstorbenen bedeuten diese Feiern und die darüber hinausführenden Trauerriten bzw. Trauerbräuche Stütze und Trost, sofern damit nicht nur inhaltsleere Konventionen erfüllt werden.

Die Sterbe-, Trauer- und Bestattungsliturgien wollen im Blick auf die Auferstehungshoffnung das Leben der Toten in Dank und Fürbitte vor Gott bringen, die Angehörigen aber vor unchristlicher Trauer und Verzweiflung bewahren, sie trösten und ihre Hoffnung auf Leben und Gemeinschaft mit den Verstorbenen über den Tod hinaus stärken. Dabei geht es um die Einlösung des Wortes des Apostels Paulus an die Gemeinde von Thessaloniki: „Ihr sollt nicht trauern wie die anderen, die keine Hoffnung

---

Heil und Leben; in der Anschauung Gottes erfüllt sich die eschatologische Gemeinschaft mit Gott als Teilhabe an seinem dreifaltigen Leben. – Vgl. H. F. Fuhs, Art. Angesicht, Biblisch, und M. Kehl, Art. Anschauung Gottes, in: ³LThK 1 (1993) 657f bzw. 706–710.

[25] Dies ist seit den ersten christlichen Jahrhunderten ein Kennzeichen der Christen: die Sorge um Sterbende und Tote. In der heidnischen Umwelt der Antike war diese Aufgabe nur für die Angehörigen vorgesehen. Die heute zunehmende Privatisierung von Sterben, Tod und Bestattung (vgl. die anonymen Bestattungen) schränkt diese Liebespflicht der Gemeinde, ja der Öffentlichkeit überhaupt, ein bzw. verhindert diese; vgl. K. Baumgartner, Bestattungskultur in Deutschland aus katholischer Sicht. Bestattungskultur – Zukunft gestalten, hg. v. K. Gernig, Düsseldorf 2004, 25–37.

haben" (1 Thess 4,13): die Hoffnung darauf, dass „Gott durch Jesus auch die Verstorbenen zusammen mit ihm zur Herrlichkeit führen wird".

Während in den Sterbe- und Begräbnisliturgien vor dem Zweiten Vatikanischen Konzil die Motive von Angst und Hoffnungslosigkeit angesichts des Gerichtes Gottes übermächtig waren und deshalb die Klage und das sühnende Bitten und Handeln der Gläubigen sich in den Vordergrund drängten (vgl. das „Dies irae" im Requiem, das Libera, die Absolution des Verstorbenen, das Bitten- und Stipendien-Wesen). drückt die erneuerte Römische Begräbnisliturgie von 1969 wieder deutlicher den österlichen Sinn des christlichen Todes aus, allerdings mit der Auswirkung, dass Motive des Gerichtes und der Fürbitte zurücktreten, ja ausgeblendet werden, Feiern der Trauer kaum mehr begangen werden, ja die Feier der Bestattung als „Auferstehungs-Feier" gestaltet wird. Zurecht erwarten die Gemeinden und ihre Seelsorger heute differenzierter gestaltete Feiern des Abschieds,[26] der Trauer und der Bestattung[27], die auch den unterschiedlichen Situationen der Verstorbenen und der Hinterbliebenen mehr Rechnung tragen.[28] Dabei ist auch auf die Ausdrucksgestalt der Sprache im Kontext heutiger Lebens- und Welterfahrung wert zu legen.

So soll die Verkündigung der christlichen Botschaft von der Auferstehung der Toten als Hoffnung des christlichen Glaubens im Mittelpunkt

---

[26] Sterben dürfen und „Sich-Verabschieden (-können)" des Schwerkranken bzw. Sterbenden von seinen Angehörigen und vom eigenen Leben („das Zeitliche segnen dürfen") sind entscheidend wichtige Voraussetzungen für das Sterben (-können). Dem individuellen Tod geht bei vielen Menschen heute der „soziale Tod" voraus: der Tod der Beziehungslosigkeit, des Allein-Gelassen-Seins und der Vereinsamung. – Der (ersten) Feier der Verabschiedung („Aussegnung des Toten") im Trauerhaus (zu Hause bzw. im Altenheim oder im Krankenhaus) kommt für die Angehörigen zur Bewusstwerdung des eingetretenen Todes und für die Auslösung der Trauer eine wichtige Funktion zu. Diese Feier sollten Liturgen in jedem Fall vornehmen und sie vor allem auch persönlich gestalten.

[27] K. Richter vermerkt: „Der liturgischen Bewältigung der Trauer dienen nach Eintritt des Todes die Sterbegebete, dann das Totengebet in der Zeit bis zum Begräbnis. Die volksfromme Übung des Toten- (oder 'Sterbe'-) Rosenkranzes bedarf entweder vertiefender Erschließung und Gestaltung oder alternativ neuer Liturgien" (Art. Trauer, V. liturgisch, in: LThK 10, 199f). – Vgl. Gebete des Abschieds. Totengedenken und Totenrosenkranz in der Gemeinde, hg. v. Erzbischöflichen Seelsorgeamt Freiburg, Freiburg 2000.

[28] Vgl. z. B. die Überlegungen von A. Jilek zur „Feier des Verstorbenengedenkens" und zur „Feier der Grablegung", in: Kranksein, Sterben, Auferstehen. 1. Teil, Aufhausen 2000, 26–47; Studienausgabe für die Begräbnisfeier in der Erzdiözese Wien, hg. v. Pastoralamt Wien, Wien 1999; Trauernde trösten – Tote beerdigen, hg. v. J. Bärsch / B. Kowalski, Stuttgart 1997, v.a. 49–108; P. Brenni, Beerdigungsgottesdienste und Gedächtnisfeiern, Luzern 1998; P. Stutz, Gottesdienste feiern mit Trauernden, Luzern 1998.

der kirchlichen Feiern zur Bestattung stehen. Die gesamte liturgische Feier, besonders auch die Lesungen und die Ansprache, sollen davon Zeugnis geben, nicht zu vergessen auch: die non-verbalen Zeichen und Symbole wie die Raumgestaltung der Kirche bzw. der Feierhalle, die Anlage des Friedhofs als Ort von Trauer und Hoffnung, die Gestaltung der Grabdenkmäler und der Schmuck der Gräber, die liturgische und die säkulare Musik, die (liturgische) Kleidung, das würdige Verhalten aller, die von berufswegen mit dem Toten und den Hinterbliebenen zu tun haben. Von großer Bedeutung ist auch die Text- und Symbol-Gestaltung der Todesanzeigen und Trauerbilder.

d) Die Verkündigung angesichts des Todes

Als „Wortführer" und „Vorangeher des Glaubens" verbindet der Prediger die christliche Botschaft mit der Situation des Verstorbenen wie der Hinterbliebenen zur Bestattungspredigt. Er soll sowohl „den Verstorbenen und die besonderen Umstände seines Todes vor Augen haben, aber auch den Angehörigen helfen, ihr Leid und ihre Trauer in der Kraft des christlichen Glaubens zu tragen".[29] Ziele der Bestattungspredigt sind also: Deutung des Lebens des Verstorbenen im Licht des Glaubens und Stärkung der Angehörigen aus der Kraft der christlichen Hoffnung. Zwar sollte sich der Prediger dessen bewusst sein, dass „sich beim Begräbnis außerdem eine Gelegenheit bietet, auch solche Teilnehmer anzusprechen, die dem christlichen Gottesdienst oder sogar dem christlichen Glauben fernstehen"[30], weshalb die Ansprache auch zu ihrem Erfahrungshorizont passen sollte. Doch darin eine „missionarische Chance" zu sehen, diese vielleicht gar noch zu einer Moral- oder Drohpredigt nutzen zu wollen, dürfte eher abwegig sein.[31]

Es geht, so schmerzhaft es für das Rollenverständnis und das Rollenerleben des Liturgen und Prediger zuweilen sein mag, in der Liturgie wie bei der Predigt zur Bestattung um die selbstlose, helfende Zuwendung an

---

[29] Die kirchliche Begräbnisfeier in den katholischen Bistümern des deutschen Sprachgebietes. Einsiedeln u. a.[3] 1977, Nr. 26. – Dieses liturgische Buch ist derzeit in Überarbeitung.

[30] Ebd.

[31] Der protestantische Theologe F. Niebergall meinte dazu, bei den Kasualien würde der Prediger Leute erreichen können, die er „sonst nie vor die Flinte bekommt" (!).

jene, die an Gräbern nach Trost verlangen. Für Menschen, die der Kirche fernstehen, sind Grenzsituationen des Lebens, wie die der Trauer, häufig die einzigen Berührungspunkte mit der Gemeinde oder der Kirche und ihren Diensten. Christlicher Glaube gewinnt für sie in dieser Situation ein konkretes Gesicht. Die Erfahrungen aus solchen Begegnungen prägen oft über lange Zeit das Bild von Glaube und Kirche. Umgekehrt gilt: wenn Trauernde hier Enttäuschungen erleben, wenden sie sich leicht von Glaube und Kirche ab, bis hin zum Austritt aus ihrer Kirche und zum Übertritt in eine andere Glaubensgemeinschaft[32] oder in die Konfessionslosigkeit.

Im Mittelpunkt der Bestattungspredigt „steht die Botschaft von der Überwindung der Todesmacht durch Jesus Christus und von der Auferstehung der Toten ... Als Kasualrede will die Traueransprache das Abschiednehmen erleichtern und Trauernde in einem ganz speziellen Fall trösten ... Die Ansprache wird die Trauer ernst nehmen und zur Sprache bringen. Ihr Ziel ist Trost: sie will Gott bezeugen als den Herrn über Leben und Tod ... Wesentlich für die Wirkung der Traueransprache sind ihre Wahrhaftigkeit und Authentizität, auch in der sprachlichen Gestaltung ... Die Informationen über den Lebensgang können auch direkt in die Ansprache einfließen. In jedem Fall sollten aber die Bezüge zwischen Verkündigung und der Lebensgeschichte deutlich werden."[33] Anders gesagt: die Geschichte eines Menschenlebens soll als Lebensgeschichte vor Gott gedeutet und gewürdigt werden – in Ehrlichkeit und auf Hoffnung hin ausgelegt. Die Rezeption dieser deutenden Auslegung bei den Hörern ist zum einen geprägt von Auswahlmechanismen und Bestätigungserwartungen, aber auch verwoben mit den bereits vorhandenen Mustern von Sinngebung, Glaubensmotiven und Glaubenszweifeln.[34] Die nicht selten ambivalente Emotionalität ist in dieser Situation oft überstark und beherrschend.

---

[32] Es wird glaubwürdig berichtet, dass z.B. die Zeugen Jehovas, über Zeitungsanzeigen informiert, unmittelbar nach Beerdigungen Hausbesuche machen und die Angehörigen darauf dankbar reagieren, bis hin zum Übertritt zu dieser Gemeinschaft oder zur Stiftung von Vermächtnissen.

[33] Evangelische Kirche von Kurhessen-Waldeck, Zeichen der Hoffnung angesichts des Todes, Kassel 2000, 70–74.

[34] Vgl. P. Zimmermann, Der Gottesdienst am Totensonntag. Wahrnehmungen aus der Perspektive der Trauernden, in: Pastoraltheologie 88 (1999) 452–467 (453: „Die Eigenproduktion der Predigthörenden, ihre individuelle Rezeption der Predigt auf dem Hintergrund ihrer aktuellen Situation, ihrer Lebensgeschichten, ihrer Gefühlslagen ... ist als ein notwendiger Aspekt des Kommunikationsgeschehens anzusehen").

Deshalb gilt es hier besonders, „mit den Regungen des menschlichen Herzens sorgfältig um (zu) gehen“[35] .

Rückfragen[36] sowohl emotionaler wie existentieller Art ergeben sich an den Prediger bei der Bestattungsansprache: z. B. Wie gehe ich selbst mit Abschieden um ... Worüber trauere ich? Wie habe ich den Verlust eines Menschen erlebt, der mir nahe stand? Und: wie gehe ich damit um, dass in den meisten Fällen Leute meinen Dienst in Anspruch nehmen, die sonst am Leben der Kirche nicht regelmäßig teilnehmen? Liturgen und Prediger bei der Bestattung haben unterschiedliche Einstellungen: die einen haben eine durchaus positive Sicht von dieser ihrer Aufgabe, die anderen z. T. sehr negative Einstellungen: Widerwillen und Überdruss, Unzufriedenheit mit ihrer Rolle als „Zeremonienmeister“, „Service-Bereithalter“[37] und Ausführorgane der Bestattungsunternehmen.

Schließlich sollte nicht vergessen werden: auch Seelsorger kommen in Trauersituationen, wo sie der helfenden und tröstenden Zuwendung bedürfen. Dann sind nicht nur offizielle „Seelsorger für Seelsorger“ gefragt, sondern im Grunde die Gemeinschaft der Mitchristen und ihre Solidarität mit ihren Seelsorgern und für sie.

e) Begegnung mit Trauernden und ihre Begleitung als diakonische Aufgabe

Liturgie und Verkündigung bilden zwar die Mitte christlicher Trauerarbeit; sie bedürfen jedoch der Stützung und Ergänzung durch die Diakonie: durch Sterbebegleitung, durch einen würdevollen Umgang mit den Toten und durch die einfühlsame und tröstende Begegnung mit den Trauernden bzw. ihre Begleitung durch die Zeit der Trauer. Es geht dabei zunächst um den mitmenschlichen und mitchristlichen Beistand durch Angehörige und Freunde sowie durch Mitchristen in einfühlsamer Zuwendung, im tröstenden Wort und in der helfenden Tat[38] . Im Dasein, Aushalten und

---

[35] Vgl. der so überschriebene Aufsatz von P. Kohl, in: Lebendige Seelsorge 50 (1999) 19–23.

[36] Vgl. ebd., 21.

[37] Vgl. dazu die theologischen Überlegungen von M. Kehl, Kirche als „Dienstleistungsorganisation“?, in: Stimmen der Zeit 218 (2000) 389–400. – Dass auch von Seiten der Bestatter zuweilen massive Kritik am Verhalten von kirchlichen Mitarbeitern im Zusammenhang der Vorbereitung und Durchführung von Bestattungen geübt wird, soll hier ausdrücklich vermerkt werden.

[38] Zwar wird in den Todesanzeigen immer häufiger darum gebeten, man möge „von Beileidsbezeigungen am Grab“ Abstand nehmen – wohl, weil die emotionale Belastung in dieser Situation für

Zuhören, im Reden und im Schweigen soll Trauerhilfe und Trauerbegleitung geschehen.[39]

Für Seelsorgerinnen und Seelsorger ergeben sich Begegnungen mit Trauernden: unmittelbar nach dem Verscheiden zu Hause oder im Krankenhaus, bei der Meldung der Todesnachricht durch den Bestatter und dem daraufhin nötigen Besuch der Angehörigen im Pfarramt, bei einem Hausbesuch zwischen Tod und Bestattung, bei der Bestattung selbst und bei der Teilnahme am Totenmahl, bei einem Besuch im Trauerhaus oder bei einem Telefonanruf dort nach der Bestattung, bei Gedächtnisgottesdiensten für diesen oder mehrere Verstorbene oder auch bei einem Gang über den Friedhof.

Nicht immer können alle diese Möglichkeiten wahrgenommen werden, schon gar nicht von den hauptberuflichen Seelsorgern, allein angesichts der vielen, auch anderen Aufgaben in der Pastoral. Und doch könnte eine Gemeinde im Sinn von Schwerpunktsetzungen sich über solche Kontakte zu Trauernden verständigen und entsprechende Aufgaben z. B. an einen Trauerbesuchsdienst übergeben.[40] Dadurch könnte in den Gemeinden eine neue Trauerkultur entstehen und wachsen; andernfalls werden die Bereiche Sterben, Bestattung und Trauer immer mehr von den Kirchen weg hin zu beruflich und geschäftlich damit befassten Personen oder Institutionen abwandern, zunehmend auch aus dem Bewusstsein und der Solidarität der Lebenden verschwinden.

---

die Trauernden zu groß werden könnte. Doch persönlich-symbolische Gesten der Anteilnahme werden vom Trauernden weiterhin erwartet und wertgeschätzt. Sie sind Ausdruck der Solidarität in Trauer und Hoffnung, besonders in schwerer Trauersituation. Das Verstummen und aus dem Weg gehen der Mitmenschen ist für Trauernde besonders schmerzlich. – Wichtige Informationen geben z. B.: P. Neysters / K. H. Schmitt, Denn sie werden getröstet werden. Das Hausbuch zu Leid und Trauer, Sterben und Tod, München 1993; S. Böhle, Damit die Trauer Worte findet. Gespräche mit Zurückbleibenden nach einem Suizid, Bern 1992.

[39] Vgl. J. Schwermer, Seelsorge an den Lebenswenden. Gespräche bei Heirat, Geburt und Tod, in: I. Baumgartner (Hg.): Handbuch der Pastoralpsychologie, Regensburg 1990, 425–442; B. Stappen, Wie Trauern gelingen kann. Lebensbegleitung über den Tod hinaus, in: J. Müller (Hg.), Von Hoffnung getragen. Begleitung von Sterbenden und Trauernden, Würzburg 1996, 102–112.

[40] Beispiele: Überbringen des Textes der Bestattungsansprache bzw. der Kassette mit Liturgie und Ansprache in der Kirche einige Zeit nach der Bestattung; Einrichtung eines Raumes auf dem Friedhof für Seelsorgegespräche und die regelmäßige Präsenz von Seelsorgerinnen / Seelsorgern dort; mit einem persönlichen Wort versehene Gemeindebriefe zum Jahrestag des Todes oder zu Weihnachten; Schulung von Mitarbeitern für den Trauerbesuchsdienst.

Sowohl für die einzelne Begegnung zwischen Trauernden und ihren Mitmenschen / Mitchristen bzw. den Seelsorgern wie auch für eine länger gehende Trauerbegleitung gelten zunächst die oben vorgestellten Grundsätze und Verhaltensweisen der psychologischen Gesprächsführung: unbedingte Wertschätzung, einfühlsames Zuhören und Reverbalisieren der Emotionen und der in diesen enthaltenen Botschaften, Echtheit des Gesprächspartners. Vielfach werden sich solche Begegnungen weiterentwickeln zu seelsorglichen Trauergesprächen: zum einen, weil im Trauernden allein schon durch die Begegnung mit einem Seelsorger religiöse Erlebnisinhalte geweckt werden und in der Trauersituation ohnehin aufbrechen; zum anderen, weil vom Seelsorger ein wahrnehmendes Verstehen dafür und angemessene Antworten erhofft werden. Außerdem kann der Seelsorger, wenn er in seiner Beziehung echt bleiben will, seine Glaubensüberzeugung nicht aus dem Gespräch heraushalten; er wird seine christliche Lebensdeutung mit ins Spiel bringen. Freilich muss, was der Seelsorger an religiösen Inhalten einbringt, ein gelebter Teil seiner inneren Überzeugung sein.

Offenbarung und Glaube sind also grundsätzlich Kategorien des seelsorglichen Gesprächs: aufruhend und aufbauend auf dem empathischen Mitgehen kommt das Wort von der heilenden Nähe Gottes in Jesus Christus zur Sprache und zur Erfahrung, werden Wege erschlossen hin zum Gebet, zur Feier von Umkehr und Versöhnung, zu einer Neuorientierung des Lebens insgesamt.[41]

f) Trauerbegleitung in der Gruppe und durch sie

Vielerorts sind in den letzten Jahren von den verschiedenen Organisationen, aber auch von den Kirchen, nicht selten auch in Eigeninitiative, Gruppen ins Leben gerufen worden, in denen Betroffene ihre Situation miteinander bedenken und sich gegenseitig Stütze und Hilfe geben bei der Trauerarbeit und im Trauerprozess.[42] Vor allem für besondere und besonders schwere Trauersituationen, wie z. B. der Tod eines Kindes[43]

---

[41] Vgl. H. Faber / E. van der Schoot, Praktikum des seelsorgerlichen Gesprächs, Göttingen $^{5}$1974.

[42] Vgl. J. Kaufmann / Chr. Kreitmeir / M. Wagner, Ein Quell in unserer Wüste. Wegbegleitung in einem Trauerkreis, Würzburg 2000.

[43] Vgl. W. Holzschuh, Die Trauer der Eltern bei Verlust eines Kindes, Würzburg $^{2}$2000.

oder durch Suizid, haben sich diese Trauergruppen gebildet, vielfach als Selbsthilfegruppen. Sie „treffen sich einmal oder mehrmals im Monat in 'offenen' oder 'geschlossenen' Gruppen: offen bedeutet; dass die Teilnahme unverbindlich ist, Neue ... problemlos dazukommen können und hinsichtlich der Todesart nicht unterschieden wird; geschlossene, dass es sich um feste Gruppen mit eventuellem thematischem Schwerpunkt handelt."[44]

Die Begleitung der Gruppen sollte durch einfühlsame und behutsame Moderatoren geschehen, welche die Regeln der Gesprächsführung beherrschen und belastende Situationen auszuhalten vermögen. Die Begleiter sollten für sich selbst die Möglichkeit zur Praxisberatung oder Supervision haben. Auch in einer Gruppe geht jeder selbst seinen Weg durch die Trauer. Die Gruppe schafft zwar Solidarität, sie erspart aber Schmerzen nicht. Ja, sie kann diese sogar verstärkt bewusst machen und zur Erfahrung bringen, dann aber auch um so gründlicher durcharbeiten. Sollte der Gruppenprozess für einzelne Teilnehmer zu belastend werden, so können diese auf Wunsch ausscheiden. Das gegenseitige Einfühlen und Verstehen und das Bezeugen der existentiellen Hoffnung durch die einzelnen Gruppenteilnehmer spielen in einer Trauergruppe eine wichtige Rolle.

Für bewusst lebende Christen bringt diese Gruppenerfahrung als „Weggemeinschaft auf Zeit" zum Ausdruck und zur Erfahrung, was von der Kirche als ganzes gilt: „Freude und Hoffnung, Trauer und Angst der Menschen heute, besonders der Armen und Bedrängten aller Art, sind auch Freude und Hoffnung, Trauer und Angst der Jünger Christi. Und es gibt nichts wahrhaft Menschliches, das nicht in ihrem Herzen seinen Widerhall fände."[45]

### 3. Für eine Pastoral des Trostes

Neuere Ansätze zur Sinngebung der kirchlichen Kasualpraxis gehen davon aus, dass „lebenszyklische Krisen als Anfechtungssituationen wahrgenommen werden, in denen die Trostbedürftigkeit des Menschen exemp-

[44] Ebd., 117. – Vgl. auch M. Müller / M. Schnegg, Unwiederbringlich. Vom Sinn der Trauer, Freiburg 1999.

[45] 2. Vat. Konzil: Pastoralkonstitution über die Kirche in der Welt von heute „Gaudium et spes", Nr. 1. – Vgl. K. Rahner / H. Vorgrimler, Kleines Konzilskompendium, Freiburg 1966, 449.

larisch zum Ausdruck kommt."[46] Mit dem Ziel des Tröstens wird, so diese Überlegungen, das Kasualhandeln der Kirche der Grundsituation des Menschen heute am unmittelbarsten gerecht, die trotz allen Glücks und allen Erfolgs (und allen Spaßes! K. B.) von einer tiefen Trostlosigkeit gekennzeichnet ist. „Im Trost (aber) wird Zuversicht geweckt und Zukunft eröffnet."[47]

Trost als Ziel, gerade auch und vor allem der Trauerpastoral, ist freilich nicht im vordergründigen Sinn zu verstehen, schon gar nicht als Ver-Tröstung: auf das Jenseits oder das Leben nach dem Tod. „Stirb nicht im Warteraum der Zukunft!", meinte deshalb *Harvey Cox*. Wenn Gottes Herrschaft und Reich und die Nachfolge Jesu als Kraft der Verwandlung bereits dieser Welt und dieses Lebens aus dem Tod und der Auferstehung Jesu zu verstehen sind, dann ist der „Gott der Geduld und des Trostes", „der Gott allen Trostes"[48], lebens- und todes- und damit trauerbedeutsam. Trost ist dann allerdings zu verorten in Jesus Christus, und zum Trösten gehört dann wesentlich die Relation zu ihm. Er ist es, der uns für diese Weltzeit den „anderen Beistand" verheißen hat, den Heiligen Geist, mit dessen Trost wir erfüllt werden (vgl. Apg. 9,31) und dessen Trost wir einander weitergeben sollen (vgl. 1 Thess 4,17; Röm 1,12). „Der Gott allen Trostes" ist also der tragende und letzte Grund für die getröstete und die tröstende Existenz des Christen.[49]

„Selig die Trauernden, denn sie werden getröstet werden" (Mt 5,4). Wieso können sie selig gepriesen werden? Weil der Gott des Trostes jetzt schon am Werk ist: helfend und tröstend, zu neuem Leben ermutigend und verhelfend. Ja, noch mehr: weil „geistliche Trauer" in sich „den Keim der Gottesherrschaft trägt und aus ihm das Heil dieser Gottesherrschaft mitten in der Zeit zu einer trostspendenden Frucht heranreifen kann ... Die Trau-

---

[46] W. Schmückle „Ein Mensch braucht Trost" – Zur Aufgabe der Kasualien, in: Theologische Beiträge 26 (1995) 97–107, hier: 105. Verwiesen wird auf die Arbeiten von M. Seitz und R. Schäfer. – Vom „Tröstungshunger" heute spricht J. B. Metz.

[47] Ebd., 105.

[48] Röm 15,4f; 2 Kor 1,3.

[49] Vgl. K. Baumgartner, Trösten als pastorale Aufgabe, in: K. Baumgartner / W. Müller (Hg.), Beraten und Begleiten. Handbuch für das seelsorgliche Gespräch, Freiburg 1990, 238–240, sowie Tröstende Seelsorge, hg. v. . Scheuchenpflug, Würzburg 2005.

er selbst ist schon ein Teil des Reiches Gottes."[50] – Solche „gottgewollte", von Gott und in der gegenseitigen Begleitung „getröstete" Trauer enthält aber auch das prophetisch-kritische Moment[51] der Mahnung: „Kehrt um und glaubt an das Evangelium!" (Mk 1,15). So vollzieht sich prophetische Rede: im Aufbauen und Ermutigen, im Trösten und Mahnen.[52]

Ausbildung für Trauerbegleitung im Sinne des Evangeliums meint deshalb: Trösten lernen![53] Das Trösten gehört zwar zu den Charismen, den geistgeschenkten Gaben Gottes in der Taufe (vgl. Röm 12,8). Wie jedes Charisma aber will auch das Trösten–Können entfaltet, eingeübt und vertieft werden.

Der Beitrag ist die schriftliche Fassung des Vortrags bei der Priesterstudientagung in St. Pölten am 22. Februar 2006. Eine erste Form fand der Artikel bereits in: Liturgischer Dienst 55 (2001) 197–209.

[50] M. Kehl, „Selig die Trauernden, denn sie werden getröstet werden" (Mt 5,4), in: Geist und Leben 73 (2000) 96f.

[51] Gegen eine naive Verallgemeinerung eines rein ausgleichenden Verständnisses von Religion, bei der die Funktion des Trostes inhaltlich verkommt, wendet sich Ch. Schnabl, Trost in einer zerrissenen Welt? Zur Ambivalenz von Religion als Gegenwelt, in: Literarisches Forum der Katholischen Aktion Österreich und Wien (Hg.), „Das wechselnde Rauschen der Blätter tröstet". Sprache des Trostes, Wien 1999, 8–13.

[52] Vgl. 1 Kor 14,3.

[53] Vgl. G. Langenhorst, Trösten lernen? Profil, Geschichte und Praxis von Trost als diakonischer Lehr- und Lernprozess, Ostfildern 2000 (24: „In christlicher Sicht wird das allgemeine Grundverständnis des Getröstet-Seins in Christus Voraussetzung und Grund für das praktische Trösten im Einzelfall").

# LEBENSBILDER

# Papst Johannes Paul II. und die Einheit Europas – Ein Horizont und viele Wege

*Gerhard Maria Wagner*

Von Europa wird in unseren Tagen viel gesprochen. Das vorläufige Scheitern der Verabschiedung einer Europäischen Verfassung, die permanente Budgetkrise, die bevorstehende Ost – Erweiterung, die Diskussion über den Beitritt der Türkei und die EU – Präsidentschaft Österreichs bewegen auch viele Christen in Österreich, zugleich steht die Frage im Raum: „Auf welchen Fundamenten stehen wir, was ist die innerste Seele des alten Kontinents, und ist Europa heute noch christlich?" Kritische Anmerkungen kann man dazu lesen, und so mancher hat sehr grundsätzlich Zweifel ausgesprochen und dann sehr nüchtern eine Bestandsaufnahme der geistigen Situation in Europa versucht. „Wird Europa gottlos?", fragt ausdrücklich P. Anselm Günthör in einer kleinen Broschüre, stellt besorgt die Entchristlichung des Kontinents fest, um dann ebenso entschieden von der Pflicht und den Wegen der Wiederverchristlichung"[1] zu reden. Und der Erzbischof von Prag, Miloslav Kardinal Vlk, stellt im Gespräch mit Rudolf Kucera dieselbe Frage: „Wird Europa heidnisch?"[2] Oder gibt es einen neuen christlichen Frühling seiner Geschichte? Und mit allen, die sich schon ernsthaft mit diesem Thema beschäftigt haben, frage auch ich mich: Gibt es noch so etwas wie eine gemeinsame europäische Kultur, und haben wir noch gemeinsame Werte und Überzeugungen, die uns zusammenführen? Unmissverständlich hat Bischof Krenn, dem ich in meinem priesterlichen Leben persönlich viel verdanke, die Forderung erhoben: „Europa muss ein christliches Europa sein, das

---

1 A. Günthör, Wird Europa gottlos? Entchristlichung und Wiederverchristlichung, Kisslegg 2002.

2 M. Vlk, Wird Europa heidnisch? Ein Gespräch mit Rudolf Kucera, Augsburg 2000.

sich auch dazu bekennt, eine Gemeinschaft zu sein, in deren Mitte Gott wohnt und regiert."[3] Und schließlich sieht Christa Meves große Gefahren, aber auch ihre Verantwortung für die Zukunft, wenn sie fordert: „Europa darf nicht untergehen."[4]

Als Johannes Paul II. am 16. Oktober 1978 von den Kardinälen der Kirche zum Nachfolger des Petrus gewählt wurde, konnte damals niemand erahnen, wie sehr dieses Pontifikat Europa bewegen sollte. Mit der Wahl Johannes Pauls II., der in den vielen Jahren seines Pontifikats sehr viele Reden, Ansprachen und Predigten zum Thema Europa[5] gehalten hat, wurde ein Zeichen gesetzt, das nach und nach deutlich mache, dass ihm das Thema Europa nicht nur ein pastorales, sondern ein persönliches Anliegen gewesen ist, das er gerne aufgriff.[6] Sehr konkret gefasst sind die Äußerungen, mit denen der Papst aus Polen die europäische Integration begleitet hat, und keiner hat Europa so bewegt wie er, und keiner neben ihm hat diesen Kontinent so verändert und geöffnet, denn von Beginn seines Pontifikats an hat Papst Johannes Paul II. keinen Zweifel daran gelassen, dass die katholische Kirche den politischen Einigungsprozess Europas befürwortet und unterstützt und Mut gemacht hat, Europa zu schaffen. So kann die Bedeutung der politischen Wende seit dem Jahr 1989 für die Kirche ohne Papst Johannes Paul II. gar nicht richtig eingeschätzt werden, denn an diese Wende hat zunächst der Papst allein geglaubt, weil er sich mit der Teilung Europas nie abgefunden hatte. Der Zusammenbruch des russischen kommunistischen Imperiums – eine für Europa historische Stunde – hat das Antlitz Europas von Grund auf verändert, eine jahrzehntelange Spaltung ist überwunden, Völker haben Freiheit und Souveränität gefun-

---

3 K. Krenn, Ansprache bei der Jahresschlußandacht im Dom von St. Pölten am Silvestertag 2002, in: Institut für kirchliche Zeitgeschichte (Hg.), Hirtenbriefe 2003 aus Deutschland, Österreich und der Schweiz, Salzburg 2004, 327.

4 C. Meves, Europa darf nicht untergehen. Verantwortung für die Zukunft, Stein/Rhein [7]1997.

5 Vgl. Giovanni Paolo II., Europa. Un magistero tra storia e profezia, Piemme 1991, wo alle Hinweise des Papstes zum Thema Europa bis 1991 gesammelt sind.

6 Kardinal König unterscheidet drei Gruppen von Texten: Texte bei Besuchen in Straßburg vor dem Europaparlament und dem Europäischen Rat, Ansprachen bei seinen drei Pastoralbesuchen mit Blick auf die östliche Welt aus österreichischer Sicht und Texte aus dem Jahrzehnt nach dem Zusammenbruch. – Vgl. F. König, Johannes Paul II. auf dem Weg nach Europa, in: E. Kapellari / H. Schambeck (Hg.), Diplomatie im Dienst der Seelsorge. Festschrift zum 75. Geburtstag von Nuntius Erzbischof Donato Squicciarini, Graz 2002, 216–219.

den, und was sich Anfang 1990 im Osten Europas als historische Wende getan hat, war einfach die Rückkehr nach Europa unter der spirituellen Anleitung des polnischen Papstes in Rom.

Es war dieser Papst, der am Anfang seines Pontifikates den Gläubigen, die auf dem Petersplatz versammelt waren, zugerufen hat: „Öffnet die Tore für Christus!"[7] Wesentlich ist dann die Aussage, die sich in der Antrittsenzyklika seines Pontifikats, Redemptor hominis, findet: „Der Mensch in der vollen Wahrheit seiner Existenz, seines persönlichen und zugleich gemeinschaftsbezogenen und sozialen Seins ... ist der erste Weg, den die Kirche bei der Erfüllung ihres Auftrags beschreiten muss ..."[8] Und 20 Jahre später hat er in Wien seine ursprüngliche Einladung auf den alten Kontinent bezogen und so noch einmal ausgesprochen: „Europa, öffne die Tore für Christus!"[9], getragen und bewegt von der Hoffnung und einer realistischen Sichtweise, „denn europäische Kultur und Kunst, Geschichte und Gegenwart waren und sind noch so sehr vom Christentum geformt, dass es ein völlig entchristlichtes oder gar atheistisches Europa nicht gibt."[10]

### 1) Auf den Spuren des Hl. Paulus

Europa hat eine besondere Bedeutung für die Geschichte der Kirche und für die fortschreitende Ausbreitung der Frohen Botschaft in der Welt, beginnend mit der apostolischen Zeit. So erfüllt uns Dankbarkeit, wenn wir in der Apostelgeschichte im 16. Kapitel von der zweiten Missionsreise des Apostels Paulus lesen, und vom Weg des Völkerapostels nach Europa. Als er mit seinem Mitarbeiter Timotheus in Kleinasien war und wenig Erfolg hatte, hatte Paulus in der Nacht eine Vision, wo ihm ein Mazedonier erschien – er kam von Europa – und ihm sagte: „Komm herüber nach Mazedonien und hilf uns!"[11] Für den Völkerapostel und seine Gefährten war

---

[7] Johannes Paul II., Homilie am 22. Oktober 1978, in: Wort und Weisung im Jahr 1978, Kevelaer 1979, 76.

[8] Johannes Paul II., Enzyklika „Redemptor hominis" vom 4. März 1979, Nr. 14.

[9] Johannes Paul II., „Europa-Rede" am 20. Juni in Wien, in: Der Apostolische Stuhl 1998, 292.

[10] Ebd. „Einmalig und in außerordentlicher Weise" wurde am 24. März 2004 Papst Johannes Paul II. der Karlspreis verliehen, und zwar „in Würdigung seines hervorragenden Wirkens für die Einheit Europas, die Wahrung seiner Werte und die Botschaft des Friedens."

[11] Apg 16,9.

das der Ruf Gottes, die Grenze Kleinasiens zu überschreiten und in Europa das Evangelium zu verkünden. So zog er nach Philippi, Thessalonike, Athen, Korinth und kam schließlich nach Rom. Das war der Anfang von Europa, hier hat die Evangelisierung Europas begonnen. Erst in der Nachfolge von Paulus haben später christliche Missionare die Botschaft des Evangeliums ins Reich der Germanen, nach England, Skandinavien und Russland getragen. Seit Paulus nach einem Traum in Troas, am Westrand Asiens, den Seeweg nach Europa antrat, ist Europa mehr und länger als alle anderen Erdteile durch das Christentum geprägt und sogar beseelt worden. Heute kann man diesen Schrei wieder hören, und Papst Johannes Paul II. hat ihn ganz sicher gehört.

### 2) Eine kleine Chronologie päpstlicher Interventionen für Europa

Schon am 19. Dezember 1978 betonte Papst Johannes Paul II. in seiner Ansprache an die Mitglieder des Rates der Europäischen Bischofskonferenz (CCEE) die Verantwortung für das christliche Europa von morgen. „Es geht um Gedanken, die Europa, sein christliches Erbe und seine christliche Zukunft betreffen.“[12] Und ein Jahr nach seiner Wahl besuchte Johannes Paul II. seine polnische Heimat, und alle warteten gespannt auf seine Botschaft. Am Grab des Hl. Adalbert in Gnesen betonte der erste slawische Papst der Geschichte am 3. Juni 1979 seine spezifische Sendung, „in die große Gemeinschaft der Kirche ein besonderes Verständnis der Worte und Sprachen einzubringen, die immer noch fremd klingen für Ohren, die an romanische, germanische, angelsächsische und keltische Laute gewohnt sind.“[13] Er unterstrich die Einheit des Kontinents und rief den versammelten Gläubigen an einem Pfingstsonntag zu: „Will Christus nicht vielleicht, dass dieser polnische Papst, dieser slawische Papst gerade jetzt die geistige Einheit des christlichen Europas sichtbar macht?“[14] Sehr deutlich wird

[12] Johannes Paul II., Ansprache an die Mitglieder des Rates der Europäischen Bischofskonferenzen vom 19. Dezember 1978, in: Wort und Weisung im Jahr 1978, Kevelaer 1979, 234. Der Rat der Europäischen Bischofskonferenzen besteht aus den Vertretern der zur Zeit 34 katholischen Bischofskonferenzen in Europa und wurde am 23. März 1971 gegründet.

[13] Johannes Paul II., Predigt in der Kathedrale von Gnesen am 3. Juni 1979, in: Verlautbarungen des Apostolischen Stuhls, Nr. 10, 15.

[14] Ebd.

der Papst in seiner Predigt bei der Konzelebration mit den Delegierten des IV. Symposions der europäischen Bischöfe am 20. Juni 1979, wenn er Europa kein gutes Zeugnis ausstellt: „Wohl in keinem anderen Erdteil wie in unserem zeichnen sich mit solcher Klarheit Strömungen ab, die Religion leugnen: die „Gott-ist-tot" – Bewegungen, die programmierte Säkularisierung, der organisierte militante Atheismus."[15] So war es dann in Lourdes, als der Papst am 14. und 15. August 1983 realistisch und doch hoffnungsvoll über die verfolgte Kirche predigte. Ausdrücklich beschäftigte sich Johannes Paul II. mit Europa, als er in Wien auf dem Heldenplatz, am 10. September 1983, anlässlich des Österreichischen Katholikentages die Europa-Vesper hielt und die Christen an ihre gemeinsame Verantwortung für Europa erinnerte.[16] Im Jahre 1985 blickte der Papst aus Polen in seinem Rundschreiben „Slavorum Apostoli" vom 2. Juni zum 1100. Todestag ehrfürchtig auf das Werk der Evangelisierung der beiden Brüder aus Saloniki, Cyrill und Methodius, von deren Charisma er hoffte, es werde „sich in unserer Epoche in neuer Fülle zeigen und neue Früchte tragen."[17] Erwähnenswert ist eine Homilie des Papstes bei der Eucharistiefeier auf dem Domplatz in Speyer am 4. Mai 1987 zum Thema „Europa"[18]. Es war im August 1989, als Johannes Paul II. nach Santiago de Compostela in Spanien aufgebrochen war, um dort am 4. Weltjugendtag am 19. August, zur Jugend über Europa zu sprechen.[19] Am 1. Dezember im selben Jahr bekundete der polnische Papst dem russischen Präsidenten Gorbatschow gegenüber, dass der Heilige Stuhl „mit großem Interesse" den in der UdSSR eingeleiteten Erneuerungsprozess verfolge,[20] und am 22. Dezember 1989

---

[15] Johannes Paul II., Predigt bei der Messe am 20. Juni 1979, in: Wort und Weisung im Jahr 1979, Kevelaer 1980, 207.

[16] Vgl. Der Apostolische Stuhl 1983, 581–588. Überhaupt sind alle drei Pastoralreisen des Papstes nach Österreich für die Europafrage von großer Bedeutung.

[17] Johannes Paul II., Rundschreiben „Slavorum Apostoli" in Erinnerung an das Werk der Evangelisierung der hll. Cyrill und Methodius vor 1100 Jahren vom 2. Juni 1985, in: Der Apostolische Stuhl 1985, 1391.

[18] Vgl. Johannes Paul II., Predigt bei der Messe in Speyer am 4. Mai 1987, in: Der Apostolische Stuhl 1987, 690–697.

[19] Vgl. Johannes Paul II., Ansprache an die Jugend am 19. August 1989 in Santiago de Compostela, in: Der Apostolische Stuhl 1989, 503–513; vgl. F. König, Johannes Paul II. auf dem Weg nach Europa, a.a.O., 215.

[20] Vgl. Der Apostolische Stuhl 1989, 1199.

stellte Johannes Paul II. in seiner Weihnachtsansprache an die Kardinäle und Mitarbeiter der Kurie fest, dass die Völker Europas sich gerufen fühlen, „sich zu vereinigen, um miteinander besser zu leben."[21] Bald darauf war es eine Ansprache an das Diplomatische Corps, wo Papst Wojtyla am 13. Jänner 1990 sagte: „Warschau, Moskau, Budapest, Berlin, Prag, Sofia, Bukarest – um nur die Hauptstädte zu nennen – sind praktisch die Etappen einer Pilgerfahrt zur Freiheit geworden."[22] Dass Europa wieder „mit beiden Lungen atmen" und „seine Muttersprache, das Christentum", neu lernen möge – diesen Wunsch äußerte der Papst bei seiner Ansprache zum Abschluss des Vorsynodalen Symposions europäischer Wissenschaftler im Vatikan am 31. Oktober 1991.[23] Mit den „beiden Lungen" waren das westliche und das östliche Europa, die lateinische und die östliche Tradition gemeint. Bei seinem ersten Besuch in einem ehemals kommunistischen Land nach der Wende hat das Kirchenoberhaupt der katholischen Kirche in der damaligen Tschechoslowakei im April 1990 im mährischen Wallfahrtsort Velehrad die ganze Bedeutung der beiden Heiligen Cyrill und Methodius für Europa aufgezeigt und ebenso eine Sonderversammlung der Bischofssynode für Europa angekündigt, die vom 28. November bis zum 13. Dezember 1991 tagte und ganz von der Frage bestimmt war, wie es in Zukunft mit Europa weitergehen soll.[24] Getragen von der Begeisterung über den Zusammenbruch des Kommunismus fragte man nach Wegen der Neuevangelisierung Europas und betonte im Schlussdokument „Damit wir Zeugen Christi sind, der uns befreit hat" die historische Stunde für den christlichen Glauben Europas. In der Zwischenzeit gab es vom 19.–21. Juni 1998 den dritten Pastoralbesuch des Papstes in Österreich und die berühmte „Europa-Rede" am 20. Juni 1998, die Johannes Paul II. bei der Begegnung mit staatlichen Autoritäten und dem Diplomatischen Corps gehalten hat mit Blick über die Grenzen des Landes hinaus „auf das sich einigende Europa und dessen Einbindung in die Völkerfamilie aller Kon-

---

[21] Johannes Paul II., Weihnachtsansprache an die Mitarbeiter der Römischen Kurie am 22. Dezember 1989, in: ebd., 1237.

[22] Vgl. Johannes Paul II., Ansprache an das Diplomatische Corps am 13. Jänner 1990, in: Der Apostolische Stuhl 1990, 781.

[23] Johannes Paul II., Ansprache beim Symposion europäischer Wissenschaftler am 31. Oktober 1991, in: Der Apostolischer Stuhl 1991, 1313–1314.

[24] Vgl. Der Apostolische Stuhl 1990, 398–401.

tinente."[25] Nun gab es ebenso noch eine zweite Sondersynode für Europa, welche vom 1.–23. Oktober 1999 in Rom zusammentrat, und am 28. Juni 2003 das Apostolische Schreiben „Ecclesia in Europa" ans Licht brachte. Der Papst versteht sein Schreiben, das nüchtern auf die Situation Europas schaut und Einbrüche der Hoffnung für die Kirche in Europa entdeckt, als eine „Verkündigung des Evangeliums der Hoffnung an Europa."[26] Scharf kritisiert hatte Papst Johannes Paul II. die neue Grundrechtecharta der Europäischen Union: „Die Kirche hat die Entstehung dieses Dokuments mit lebendiger Aufmerksamkeit verfolgt. Ich kann meine Enttäuschung nicht verhehlen, dass man in den Wortlaut der Charta nicht einmal einen Bezug auf Gott eingefügt hat."[27] Erst kurz vor seinem Tod erschien sein Buch „Erinnerung und Identität. Gespräche an der Schwelle zwischen den Jahrtausenden",[28] wo der Papst mehrfach auf Europa und seine Evangelisierung zu sprechen kam, die Europa ganz wesentlich geprägt und ihr ein gemeinsames Wertesystem vermittelt hat. Mutig stellte Johannes Paul II. „die vertikale Dimension der Geschichte Europas"[29] heraus, sodass es fortan die Aufgabe von allen ist, die tiefere Seele Europas wieder zu entdecken.

### 3) Österreich und Europa

Die drei Pastoralreisen nach Österreich haben dem Besucher aus Rom mehrmals die Gelegenheit gegeben, Österreich als Brückenland in die Geographie Europas zu integrieren.[30] Zunächst betont der Papst Österreich als „Spiegel und Modell Europas", weil „auf dem Territorium des heutigen kleinen Österreich die Wesenszüge von Kelten und Romanen,

---

[25] Johannes Paul II., „Europa-Rede" am 20. Juni 1998, in: Der Apostolische Stuhl 1998, 291.

[26] Johannes Paul II., Nachsynodales Apostolisches Schreiben „Ecclesia in Europa" zum Thema „Jesus Christus, der in seiner Kirche lebt - Quelle der Hoffnung für Europa" vom 28. Juni 2003, in: Verlautbarungen des Apostolischen Stuhls, Nr. 161, 11.

[27] Osservatore Romano dt. vom 22. Dezember 2000, 7.

[28] Johannes Paul II., Erinnerung und Identität. Gespräche an der Schwelle zwischen den Jahrtausenden, Augsburg 2005.

[29] Ebd., 189–193.

[30] Vgl. Johannes Paul II., „Europa-Rede", in: Der Apostolische Stuhl 1998, 292; Ansprache an den neuen österreichischen Botschafter beim Heiligen Stuhl am 17. Dezember 1988, in: ebd., 1441.

von Germanen und Slawen tief eingegraben und in der Bevölkerung lebendig“[31] sind. Immer schon galt Österreich an der Nahtstelle zwischen Nord und Süd, Ost und West als Brückenland für Europa, sodass das Lob von Johannes Paul II. sehr deutlich ausfällt, wenn er betont: „Österreich bemüht sich, wie in der Vergangenheit auch heute seiner besonderen Verantwortung und Aufgabe im Herzen Europas zu entsprechen. Euer Land setzt sich mit Nachdruck ein für Frieden und Völkerverständigung, für soziale Gerechtigkeit und Förderung der Menschenrechte auf nationaler und internationaler Ebene.“[32] Und der Papst ausdrücklich auf den Osten bezogen: „Euer Land ist mit der Kultur, Geschichte und Zivilisation Europas besonders eng verbunden. In oft einzigartiger Weise war die Kirche in Österreich, vor allem in den vergangenen Jahrzehnten, die Brücke zu den Glaubensbrüdern in Osteuropa. Im nunmehr veränderten Europa wird euer Land eine gewichtige Stimme haben.“[33] Der Papst ist Österreich dankbar, und er spart auch nicht mit Worten der Anerkennung und der Ermutigung darüber „wie es seine europäische und internationale Aufgabe insgesamt wahrnimmt. Wie in der Vergangenheit erfüllt Österreich auch in der Gegenwart vielfach die Funktion des Brückenschlags zwischen den Völkern. Es hat sich immer wieder bemüht, über die eigenen Grenzen hinaus im Bewusstsein der gemeinsamen Aufgaben Europas und dessen Verantwortung in der Völkergemeinschaft seinen Beitrag zur Friedenssicherung und zur Verständigung zwischen den Nationen und Machtblöcken zu leisten.“[34] Bewegend der Wunsch, den Johannes Paul II. am 13. September 1983 vor seinem Abflug in Wien ausgesprochen hat: „Gott möge Österreich zum Segen für ganz Europa machen.“[35]

---

[31] Vgl. Europa-Vesper am 10. September 1983, in: Der Apostolische Stuhl 1983, 582.

[32] Ebd. 585. Immer wieder unterstreicht der Papst die Verantwortung der Bischöfe, vgl. Der Apostolische Stuhl 1992, 1183.

[33] Ebd., 1184. Dabei hebt Johannes Paul II. dankbar das Wirken von Kardinal Franz König hervor.

[34] Der Apostolische Stuhl 1983, 127; vgl. ebd. 1988, 220. Der Papst dankt für die Aufnahme von Flüchtlingen und Hilfesuchenden.

[35] Ebd., 662.

## I. Aus den Quellen des Glaubens

### 1) Die Frage nach den christlichen Wurzeln

Europa lässt sich nicht geographisch definieren, denn es war nie ein eigener Kontinent aufgrund geographischer Gegebenheiten. Europa lässt sich auch nicht durch eine einheitliche Zusammengehörigkeit der Völker bestimmen, denn es ist ein Gemisch unterschiedlicher Völkerschaften und Sprachen. Seine Einheit verdankt dieser Kontinent der Geschichte und der Religion, sodass Europa als kulturelle Einheit gesehen werden muss, geschaffen durch das Christentum.[36] Auf diese Tatsache hat zweifellos auch Papst Johannes Paul II. in seiner Ansprache an die polnischen Bischöfe in Jasna Gora am 5. Juni 1979 Bezug genommen, wenn er meinte: „Ohne Rücksicht auf Unterschiede der Tradition, wie sie im europäischen Raum zwischen seinem östlichen und seinem westlichen Teil bestehen, ist es doch dasselbe Christentum ... Dieses Christentum findet sich an der Wurzel der Geschichte Europas. Dieses Christentum bestimmt seine geistige Herkunft."[37]

Papst Johannes Paul II. ist davon überzeugt, dass der alte Kontinent, der vom Atlantik bis zum Ural und von der Nordsee bis zum Mittelmeer[38] reicht, ohne den christlichen Glauben nicht zu denken ist. Gegen alle Politiker in Europa, die dasselbe nicht wahrhaben wollen, sieht der Papst die Identität Europas bestimmt durch seine jüdisch-christliche Wurzeln, aber auch gegen den EU-Verfassungsvertrag, der zwei Präambeln enthält, die beide die christlichen Wurzeln Europas nicht erwähnen. Wir wissen aber auch, wie sehr sich Papst Johannes Paul II. dafür eingesetzt hat, dass Europa nur es selber bleiben kann, wenn es seine christlichen Wurzeln erkennt. Und im Apostolischen Mahnschreiben, das der Papst ausdrücklich Europa gewidmet hat, sagt er: „Der christliche Glaube hat die Kultur des

[36] Vgl. J. Kardinal Ratzinger, Werte in Zeiten des Umbruchs. Die Herausforderungen der Zukunft bestehen. Freiburg 2005, 68–83.

[37] Johannes Paul II., Ansprache an die polnischen Bischöfe am 5. Juni 1979, in: Verlautbarungen des Apostolischen Stuhls, Nr. 10, 54–55.

[38] Vgl. Europa-Vesper, in: Der Apostolische Stuhl 1983, 582.

Kontinents geformt und sich mit seiner Geschichte so unlösbar verflochten, dass diese gar nicht verständlich wäre, würde man nicht auf die Ereignisse verweisen, die zunächst die große Zeit der Evangelisierung, und dann die langen Jahrhunderte geprägt haben, in denen sich das Christentum – wenn auch in der schmerzlichen Spaltung zwischen Ost und West – als die Religion der Europäer durchgesetzt hat.“[39] Nun darf ja keineswegs der Eindruck entstehen, als würde sich Europa seines christlichen Erbes schämen, die Zukunft bejahen und die Herkunft verneinen.[40] „Um der eigenen Geschichte neuen Schwung zu verleihen, muss es mit schöpferischer Treue jene grundlegenden Werte anerkennen und zurückgewinnen, zu deren Aneignung das Christentum einen entscheidenden Beitrag geleistet hat und die sich in der transzendenten Würde der menschlichen Person, des Wertes der Vernunft, der Freiheit, der Demokratie, des Rechtsstaates und der Unterscheidung zwischen Politik und Religion zusammenfassen lassen.“[41] Bisher hat es Europa versäumt, sich in seiner Verfassung klar zu seiner Geschichte und der christlichen Prägung zu bekennen. So mahnt der Papst aus dem Osten Europa, das mit zwei Lungenflügeln atmen soll, ohne sich zu seinen gemeinsamen Wurzeln zu bekennen, zu denen der christliche Glaube gehört, indem er vom „Verlust des christlichen Gedächtnisses und Erbes“ spricht.[42] Eine Gesellschaft, die nur auf das jetzt Machbare fixiert ist, kann nicht zukunftsfähig sein, weil sie die Quellen, aus denen wir leben, nicht mehr schätzt und so auch wichtige Erfahrungen aus der Geschichte des Glaubens nicht mehr wahrnimmt. Die Bibel gehört nicht nur zum Fundament des Glaubens, sondern auch zu unserer gesamten geistigen Welt in Europa und weit darüber hinaus. Ganz anders die Wirklichkeit, wie sie in „Ecclesia in Europa“ beschrieben wird: „Die europäische Kultur erweckt den Eindruck einer ‚schweigenden Apostasie‘ seitens des satten Menschen, der lebt, als ob es Gott nicht gäbe.“[43] Der christliche Glaube lehrt die Menschen, dass die Quel-

[39] Johannes Paul II., Ecclesia in Europa, Nr. 24. Es sind Worte eines Rufers in der Wüste, der nicht erhört wurde.

[40] Brague R., Europa zwischen Herkunft und Zukunft, in: IKathZ 34 (2005) 213–224.

[41] Johannes Paul II., Ecclesia in Europa, Nr. 109.

[42] Ebd., Nr. 7.

[43] Ebd., Nr. 9.

le wahrer Freiheit nur in der Bindung an die Wahrheit, im Gehorsam gegen Gott besteht. Das Christentum gehört zur Geschichte Europas, und mit dem Christentum, das die Wahrheit des Glaubens nicht verschweigt, hat Europa Zukunft.

### 2) Jesus Christus – Hoffnung für Europa

Europa ist vom Christusglauben geprägt und vom Christentum aus der Taufe gehoben wurden. Durch ihre Treue zu Christus, der den Horizont für die Hoffnung auftut, macht die Kirche Christus selber sichtbar. Christus ist mehr als „ein Mensch für andere", denn er ist das göttliche Wort, das Mensch geworden ist,[44] der wahre Sohn Gottes, der den Menschen durch Kreuz und Auferstehung erlöst hat. So sagte der Papst am 2. Juni 1979 in seiner Rede auf dem Siegesplatz in Warschau zweifellos bedeutende Worte: „Christus kann nicht aus der Geschichte des Menschen ausgeschlossen werden, an keiner Stelle der Erde, auf keinem Längen- und Breitengrad. Christus aus der menschlichen Geschichte auszuschließen, ist ein Anschlag auf den Menschen."[45] Die Kirche und Europa haben einen gemeinsamen Weg zurückgelegt und bleiben von derselben Geschichte geprägt. Jesus Christus, der uns von jeder Knechtschaft[46] befreit und in der Kirche lebt, ist zur Hoffnung für Europa geworden, und „im Kreuz ist Hoffnung für eine christliche Erneuerung Europas"[47], denn das Kreuz ist die Hoffnung des Menschen als Zeichen der Erlösung und Versöhnung. Die tiefste Quelle unserer Kraft zum Menschsein als Mitmensch-Sein ist Jesus Christus, unser Heiland und Erlöser. Diese Welt, die durch die Liebe ins Dasein gerufen wurde und vom Schöpfer am Leben erhalten wird, wird von Christus am Kreuz durch die Macht seines Todes befreit. „Jesus Christus ist unsere Hoffnung", nennt Johannes Paul II. das 1. Kapitel im

---

[44] Vgl. Joh 1,14.

[45] Johannes Paul II., Ansprache auf dem Siegesplatz in Warschau am 2. Juni 1979, in: Verlautbarungen des Apostolischen Stuhls, Nr. 10, 14.

[46] Vgl. Johannes Paul II., Osterbotschaft am 15. April 1990, in: Der Apostolische Stuhl 1990, 878–880.

[47] Der Apostolische Stuhl 1983, 587. „Christen müssen selber die Botschaft des Kreuzes ernst nehmen."

Apostolischen Schreiben „Ecclesia in Europa".[48] Hoffnung, weil er das Geheimnis des dreifaltigen Gottes offenbart und als der Auferstandene immer bei uns ist. Weil viele Menschen in Europa Christus nur oberflächlich kennen oder noch gar nicht, oder nicht wenige die Wahrheit über Jesus Christus, den Sohn Gottes, verwerfen, der sich zu erkennen gab, indem er Mensch wurde, wünscht der Papst nichts mehr, als dass das menschgewordene Wort in Europa Aufnahme finden möge. Hoffnungslosigkeit und Orientierungslosigkeit stellt der Papst im Leben vieler Menschen fest. Wahrscheinlich auch deshalb haben die Erzbischöfe und Bischöfe aus acht mitteleuropäischen Ländern zum ersten Mal zum Thema „Christus – Hoffnung Europas" einen gemeinsamen Hirtenbrief geschrieben,[49] mit dem sie in ihrer Mitverantwortung für Europa zu einem Internationalen Mitteleuropäischen Katholikentag am 22. und 23. Mai 2004 nach Mariazell einladen. Die Bischöfe sehen diese Initiative, dieses Fest zu feiern, in der Ansprache des Heiligen Vaters bei der Vesperfeier für Europa auf dem Heldenplatz in Wien am 10. September 1983. Damals hatte der Papst gesagt: „Die Hoffnung Europas ist das Kreuz Christi. Es ist das Zeichen der versöhnenden, Leid und Tod überwindenden Liebe Gottes zu uns Menschen, Verheißung der Brüderlichkeit aller Menschen und Völker, göttliche Kraftquelle für die beginnende Erneuerung der ganzen Schöpfung."[50] Johannes Paul II. weiß sehr genau, dass im 20. Jahrhundert „vieles unternommen worden ist, um die Welt vom Glauben abzubringen und zu erreichen, dass sie Christus ablehnt. Gegen Ende des Jahrhunderts sind die zerstörerischen Kräfte schwächer geworden, haben jedoch eine große Verwüstung hinterlassen. Es handelt sich um eine Verwüstung der Gewissen mit verheerenden Konsequenzen im Bereich sowohl der persönlichen als auch der familiären Moral sowie im Bereich der Sozialethik."[51] Vor allem braucht Europa eine neue Prägung, denn es muss sich neu von jener Frei-

---

[48] „Fürchte dich nicht! Ich bin der Erste und der Letzte und der Lebendige." (Offb 1,17–18); vgl. 1 Tim 1,1.

[49] Vgl. Institut für Kirchliche Zeitgeschichte (Hg.), Hirtenbriefe 2003 aus Deutschland, Österreich und der Schweiz, Salzburg 2004, 275–283.

[50] Johannes Paul II., Ansprache bei der Europa-Vesper am 10. September 1983, in: Der Apostolische Stuhl 1983, 582.

[51] Johannes Paul II., Erinnerung und Identität, a.a.O., 152.

heit prägen lassen, zu der Jesus Christus uns frei gemacht hat.[52] Mit Recht haben Papst Johannes Paul II. und auch die Bischofssynode für Europa vor einer verkehrten Auffassung der Freiheit gewarnt, die nur vorgibt, den Menschen durch Befreiung von Gott und seinen Geboten zu Freiheit und zum Glück zu führen. Den Verlockungen dieser Freiheit müssen wir uns widersetzen, damit wir jene Freiheit, die uns durch Jesus geschenkt wurde, als Freiheit für Gott und zugleich im Dienst der Menschen leben. Es ist die Freiheit in Christus, die bedeutet da zu sein, um zu lieben und zu dienen. Die Kirche lebt die Friedensbotschaft, die von Christus kommt, und sie stellt uns so hoffnungsvoll das Leben und Wirken von Christus vor Augen. Jesus Christus ist „der Weg, die Wahrheit und das Leben."[53] Die Liebe, die Christus auf die Erde gebracht hat, ist unsere Hoffnung.

### 3) Die Kirche und das Werk der Neuevangelisierung

Die Situation des christlichen Glaubens im allgemeinen und der Kirche in Österreich im Besonderen ist äußerst ernst, und der Kirche ist eine anspruchsvolle und imposante Aufgabe anvertraut, nämlich die einer neuen Evangelisierung, die darin besteht, den Menschen den „unergründlichen Reichtum Christi"[54] zu verkünden. Schon die Ansprache an die Teilnehmer am VI. Symposion der europäischen Bischöfe am 11. Oktober 1985 hatte die Dringlichkeit einer Neuevangelisierung Europas zum Thema. „Wir können auch sagen, Europa, wie es sich in der Folge der komplexen Veränderungen des letzten Jahrhunderts herausgebildet hat, stellt das Christentum und die Kirche vor die radikalste Herausforderung, die die Geschichte bisher gekannt hat."[55] Diese Botschaft richtet der Papst vor allem an jene Länder, die von einer langen, christlich geprägten Tradition und Kultur geprägt sind, wo ebenso eine tiefe und zum Teil wachsende Entfremdung zwischen der christlichen Botschaft und dem allgemeinen Bewusstsein der Menschen festgestellt werden muss. Unter dem Titel „Das

[52] Vgl. Gal 5,1.

[53] Joh 14,6.

[54] Eph 3,8.

[55] Johannes Paul II., Ansprache zum VI. Symposion der europäischen Bischöfe am 11. Oktober 1985, in: Der Apostolische Stuhl 1985, 1548.

Evangelium der Hoffnung verkündigen" beschäftigt sich das dritte Kapitel von „Ecclesia in Europa" vor allem mit der Neuevangelisierung Europas, in dem der Papst der Kirche des alten Kontinents zuruft: „Kirche in Europa, die ‚Neuevangelisierung' ist die Aufgabe, die auf dich wartet. Sieh zu, die Begeisterung für die Verkündigung wieder zu entdecken."[56]

Nun steht es ja außer Zweifel, dass gerade die Verbreitung des christlichen Glaubens dem europäischen Kontinent zur Einheit in der Vielfalt verholfen hat. Es waren die Wege, die die Missionare und Wallfahrer in Europa zurückgelegt haben, um so die Völker Europas auch friedlich miteinander zu verbinden. „Die Glaubensunterweisung ist eine der fundamentalsten Aufgaben der Kirche", so hatte der Papst aus Rom am 3. Juni 1979 in Gnesen betont,[57] und in dem Nachsynodalen Apostolischen Schreiben über die Berufung und Sendung der Laien in Kirche und Welt vom 30. Dezember 1988 sagte der Papst: „Die Stunde fordert eine neue Evangelisierung,"[58] um so die lebendige Weitergabe des Glaubens als eine der wichtigsten Aufgaben der Kirche zu erklären. Nur eine Evangelisierung wird es möglich machen, dass ein reiner und überzeugter Glaube auch vertieft werden kann, damit dann ebenso überkommene Traditionen in eine befreiende Kraft verwandelt werden können.[59]

Nicht nur einige vereinzelte pastorale Initiativen sind dazu gefordert, sondern eine umfassende Neu-Evangelisierung wird immer notwendiger, die bei den einzelnen, bei den Familien und Gemeinden beginnt und die verschütteten Quellen des Glaubens und einer überzeugten Kirchlichkeit neu zum Fließen bringt.[60] Gefordert ist zunächst das erneute Hinhören auf das Evangelium, damit getaufte und gefirmte Christen Christus als die eigentliche Quelle der Hoffnung verkünden. In Seinem Apostolischen Schreiben „Zu Beginn des neuen Jahrtausends" (Novo millennio

---

[56] Johannes Paul II., Ecclesia in Europa, Nr. 45.

[57] Johannes Paul II., Predigt in Gnesen am 3. Juni 1979, in: Verlautbarungen des Apostolischen Stuhls Nr. 10, 20.

[58] Johannes Paul II., Apostolisches Schreiben „Christifideles laici" über Berufung und Sendung der Laien in Kirche und Welt vom 30. Dezember 1988, Nr. 34.

[59] Vgl. Johannes Paul II., Predigt bei der Eucharistiefeier im Dom in Salzburg am 19. Juni 1998, in: Der Apostolische Stuhl 1998, 288.

[60] Johannes Paul II., Ansprache an die Österreichische Bischofskonferenz in Salzburg am 24. Juni 1988, in: Der Apostolische Stuhl 1988, 610.

ineunte) vom 6. Jänner 2001 als Rückblick auf das Heilige Jahr 2000 und als Vorausblick auf die Zukunft schreibt der Papst: „Unzählige Male habe ich in diesen Jahren den Aufruf zur Neuevangelisierung wiederholt. Ich bekräftige ihn jetzt noch einmal ... Wir müssen uns die glühende Leidenschaft des Hl. Paulus zu eigen machen, der ausrief: ‚Weh mir, wenn ich das Evangelium nicht verkünde!' (1 Kor 9,6).“[61] Es geht um eine Begeisterung, die auch in einer säkularisierten Gesellschaft nicht verharmlost oder abgewiesen werden kann. So ist Johannes Paul II. niemals müde geworden, den katholischen Christen das dringende Anliegen der Neuevangelisierung ans Herz zu legen, damit sie aufs Neue auf den Ruf des Evangeliums hören und den Herrn fragen: „Was willst du, dass ich tun soll?“ Der Papst war sich bewusst, dass die Evangelisierung die Sendung der Kirche zum Ausdruck bringt, er wusste aber auch, wie schwierig sich diese Aufgabe in der Praxis darstellt, sodass er schon den deutschen Bischöfen bei ihrem Rombesuch im Jahr 1988 sagen musste: „Schreckt vor dem schwierigen Werk sogar einer Neuevangelisierung eurer Heimat nicht zurück.“[62] Und in der Predigt bei der Konzelebration mit den Delegierten des IV. Symposions der europäischen Bischöfe am 20. Juni 1979 unterstrich der Papst Wojtyla das große Gewicht und die fundamentale Bedeutung der Beschäftigung mit dem Problem der Evangelisierung im Hinblick auf den europäischen Kontinent, um dann sehr deutlich zu sagen: „Das katholische und christliche Europa braucht eine solche Evangelisierung. Es muss sich selbst evangelisieren.“[63] Die Neuevangelisierung, die in diesem neuen Jahrhundert für Europa also besonders gefordert ist, bleibt aber ein leeres Gerede, wenn sich nicht jeder selbst vom Evangelium anrufen lässt zum Wagnis einer totalen Lebenserneuerung und Lebenshingabe. Der Grund der Hoffnung für Europa ist also die Neuevangelisierung, was ebenso bedeutet, Werte wie Frieden, Gerechtigkeit und Solidarität als Kern des Evangeliums neu zu entdecken und sie im Licht Christi tiefer zu verstehen.

[61] Johannes Paul II., Apostolisches Schreiben „Novo Millennio Ineunte“ zum Abschluss des Großen Jubiläums des Jahres 2000 vom 6. Januar 2001, Nr. 40.

[62] Johannes Paul II., Ansprache an die deutschen Bischöfe, in: Der Apostolische Stuhl 1988, 1572.

[63] Johannes Paul II., Predigt bei der Messe am 20. Juni 1979, in: Wort und Weisung im Jahr 1979, 206–207.

Neuevangelisierung bedeutet Mut zur unverkürzten Botschaft des Christentums und Einsatz, die „Schönheit des Evangeliums“[64] aufstrahlen zu lassen: „Damit die Hoffnung wahr und unzerstörbar sei, sollte in der Pastoraltätigkeit in den kommenden Jahren ‚unverkürzte, klare und erneuerte Verkündigung des auferstandenen Jesus Christus, der Auferstehung und des ewigen Lebens‘ (Relatio ante disceptationem, III, 1: L' Osservatore Romano. 3. Oktober 1999, 8) an erster Stelle stehen.“[65] Dringend notwendig ist, „den Übergang von einem durch gesellschaftliche Gewohnheit gestützten, freilich auch schätzenswerten Glauben zu einem persönlichen und reiferen, reflektierten und überzeugten Glauben zu fördern.“[66] Es ist allein der überzeugte Glaube, der „um die Notwendigkeit der Erneuerung in unserer Gesellschaft und der Neu-Evangelisierung“ des alten Kontinents weiß, „damit der europäische Mensch den Sinn für seine grundlegende Würde nicht verliert; damit er nicht den zerstörerischen Mächten des geistigen Todes verfällt, sondern das Leben hat und es in Fülle hat (vgl. Joh 10,10)!“[67] Damit die moderne Gesellschaft durch die Kirche eine Seele bekommt, muss sich die Kirche zum „Nächsten der heutigen Menschen“ machen. In diesem Zusammenhang fordert der Papst „Herolde des Evangeliums“, „Experten im Umgang mit dem Menschen“. Dazu bedarf es neuer Heiliger.[68]

### 4) Von der Würde des Menschen

Der Kern des Christentums besteht im Glauben an die Menschwerdung Gottes und die Selbsthingabe Gottes an den Menschen in Jesus Christus, sodass Johannes Paul II. ganz und gar von Christus ergriffen und davon überzeugt ist, dass der Mensch nur in Christus seine wahre Berufung finden kann. Auf diesem Hintergrund hat das Christentum die Überzeugung von der Person hervorgebracht, dass jeder Mensch eine unantastba-

---

[64] Johannes Paul II., Ecclesia in Europa, Nr. 48.

[65] Ebd.

[66] Ebd., Nr. 49.

[67] Johannes Paul II., Predigt beim Festgottesdienst in Trausdorf am 24. Juni 1988, in: Der Apostolische Stuhl 1988, 605.

[68] Der Apostolische Stuhl 1985, 1555–1556.

re Würde besitzt, die im göttlichen Charakter und Wert des menschlichen Lebens ihre Grundlage hat. Der Papst ist überzeugt, dass das christliche Menschenbild die europäische Kultur und das Leben der Europäer mitgeprägt hat. Deshalb seine Grundsatzerklärung in Wien: „Die Überzeugung von der Gottebenbildlichkeit des Menschen und von seiner Erlösung durch Jesus Christus, den Menschensohn, hat der Wertschätzung der Würde der menschlichen Person, der Achtung ihres Anspruchs auf freie Entfaltung in mitmenschlicher Solidarität ein heilsgeschichtliches Fundament gegeben. So war es auch folgerichtig, dass die Formulierung und Verkündigung der allgemeinen Menschenrechte vom Abendland ausgegangen sind."[69] Der Mensch hat seine Würde, weil Gott ihn selbst als Ebenbild schuf. So ist die Würde des Menschen universal, weil alle Menschen geliebte Geschöpfe des einzigen Gottes sind. Die Würde des Menschen als Ebenbild Gottes steht im Mittelpunkt der Wertüberzeugungen der Kirche und ihres großen Pontifex am Ende des 20. Jahrhunderts, und in den Augen des Papstes ist die Anerkennung der unantastbaren Würde des Menschen das Fundament, auf dem Europa gebaut werden muss. Es gehört zur Aufgabe der Kirche, „eine menschenwürdige Stadt (Welt) zu erbauen", die sich stützt auf die Grundsätze sozialen Zusammenlebens in Gerechtigkeit, Wahrheit, Freiheit und Solidarität.[70]

Nun wissen wir alle um das 20. Jahrhundert, das wie keines sonst von den Menschenrechten gesprochen hat, die Würde des Menschen aber mit Füßen getreten hat. Menschenverachtende Ideologien haben Kriege, Vertreibungen, „ethnische Säuberungen" über die Völker gebracht, sodass die Bischöfe Mitteleuropas darüber klagen, dass Europa „leider auch Geburtsstätte der verhängnisvollen Ideologien des Nationalismus, des Faschismus und des Kommunismus" gewesen ist.[71] Bei der Europavesper am 10. September 1983 auf dem Heldenplatz spricht der Papst sogar von den „dunklen und schrecklichen Zügen" in der gemeinsamen Geschichte Europas und verschweigt dabei auch nicht die Glaubensspaltungen, die sich innerhalb der Kirche zugetragen haben, wo auch Christen Schuld auf sich

[69] Johannes Paul II., Ansprache bei der Europa-Vesper, in: Apostolischer Stuhl 1983, 583.

[70] Johannes Paul II., Ecclesia in Europa, Nr. 98–99.

[71] Vgl. Hirtenbriefe 2003, a.a.O., 277.

geladen haben.[72] Allein in Gott, so sagt der Papst zu Recht, ist die Quelle der Würde der Person und ihrer grundlegenden Rechte zu finden. Wenn der Mensch sich selber an die Stelle Gottes begibt, sich zum Götzen macht, dann wird menschliches Leben mit Füßen getreten und Grausamkeiten unterschiedlichster Art greifen um sich. Nur durch die Anerkennung des einen wahren Gottes, der durch Jesus Christus liebender Vater aller Menschen geworden ist, kann und muss eine Neubegründung des Humanismus erfolgen. Nur durch diese Neubegründung haben wir die berechtigte Hoffnung, dass ein Europa der Nationen auf der Grundlage von Gerechtigkeit und Frieden begründet werden kann.

### 5) Europäische Heilige

Bei der Eucharistiefeier in Gurk sagte der Papst am 25. Juni 1988 in Anspielung auf die Geschichte Europas: „Unsere Vorfahren und die Völker Europas sind schon vor vielen Jahrhunderten der Einladung Christi gefolgt und sind zu ihm gekommen. Unzählige Menschen haben sich seinem Wort geöffnet und ihr Leben und Sterben nach dem Evangelium ausgerichtet. Die großen Evangelisatoren Europas waren die Heiligen und jedes unserer Völker hat Heilige hervorgebracht: Männer und Frauen, die sich ohne Vorbehalt von Christus haben erfassen und von seinem Licht durchdringen lassen."[73] Unzählige Menschen, die ihr Leben und Sterben nach dem Evangelium ausgerichtet haben, haben seit 2000 Jahren im Glauben an Christus und in der Liebe zur Kirche das Haus Europa mitgebaut und mitgestaltet. Unter ihnen befinden sich sechs heilige Männer und Frauen, die wir als Patrone Europas verehren: Es war schon Papst Papst Paul VI., der am 24. Oktober 1964 dem Mönchsvater Benedikt den Titel „Patron Europas" und „Vater des Abendlandes" verliehen hat. Im nahe gelegenen Subiaco begründete Benedikt zur Zeit des untergehenden römischen Reiches das westliche Mönchtum, das über Jahrhunderte Europa geprägt

[72] Vgl. Johannes Paul II., Ansprache bei der Europa-Vesper, in: Der Apostolische Stuhl 1983, 583–584.

[73] Ebd. 1988, 622.

und eine neue Gestalt gegeben hat.[74] Als der Papst aus Polen am 31. Dezember 1980 die Slawenapostel Cyrill und Method als „Pioniere der Evangelisierung Osteuropas“ dem Hl. Benedikt als Patrone Europas zur Seite stellte, hatte er bereits die Einheit Europas im Blickfeld und die Überwindung der Spaltung des alten Kontinents. Sie sind „für uns Beispiele und zugleich Fürsprecher in den ökumenischen Anstrengungen der Schwesterkirchen des Ostens und des Westens, um durch Dialog und Gebet die sichtbare Einheit in der vollkommenen und umfassenden Einheit wieder zu finden.“[75]

Zu Beginn der Zweiten Sonderversammlung der Bischofssynode für Europa hat Papst Johannes Paul II. am 1. Oktober 1999 drei Frauen zu Schutzpatroninnen Europas erhoben. Mit der Wahl Birgittas von Schweden würdigt der Papst das Apostolat jener Frauen, die in der Familie wirken. Unermüdlich und außergewöhnlich war auch der Einsatz für ein glaubwürdiges Christentum einer Katharina von Siena. Zur dritten Mitpatronin Europas erhebt der Papst die hl. Edith Stein. Sie ist der Prototyp der vom Papst gewünschten Neuevangelisierung und die Hoffnung für all jene in Europa, die das Bewusstsein von der Gegenwart Gottes verloren haben. Eine überzeugte Atheistin wurde in eine heilige Christin, Ordensfrau und Märtyrerin umgewandelt. Mir der Ernennung der drei Frauen bringt der Papst seine Hoffnung zum Ausdruck, dass Europa über das Territoriale hinaus wachse „als Europa des Geistes auf dem Weg seiner besseren Geschichte, die gerade in der Heiligkeit ihren erhabensten Ausdruck findet.“[76] Allem grundgelegt ist das Bewusstsein, dass wir alle zur Heiligkeit berufen sind und in der Realisierung und Umsetzung dieser Berufung in die Tat unseren Teil für ein christliches Europa beitragen. So gehört zur Geschichte Europas und seiner Entfaltung das missionarische Wirken großer Heiliger, die das Antlitz Europas entscheidend geprägt haben.

---

[74] Vgl. Johannes Paul II., Apostolisches Schreiben zur 1500 – Jahrfeier der Geburt des hl. Abtes Benedikt am 11. Juli 1980, in: Wort und Weisung im Jahr 1980, 117.

[75] Johannes Paul II., Slavorum Apostoli, Nr. 27.

[76] Zit. nach Kirche heute 11 (1999) 7.

## II. Gefahren

### 1) Relativismus

Nun haben wir bisher schon deutlich machen können, dass der Schatten einer Wertekrise unser Europa bedroht, und es unserer Zeit an wirklichen Zielsetzungen mangelt, sodass wir vom Relativismus als dem Grundproblem der westlichen Welt reden müssen. Es ist der Mensch, der von Skeptizismus und Relativismus heimgesucht ist, weil er nicht an die grundlegende Würde der Vernunft und an ihre angeborene Fähigkeit zur Erkennung der Wahrheit glaubt. Es ist der Mensch, der sich um seine objektiven Bezugspunkte gebracht und um die Werte beraubt hat, der ergriffen ist von einer diffusen Skepsis hinsichtlich der eigentlichen Grundlagen des Wissens und der Ethik. Es ist der Mensch, der sich oft in seinem Denken ohne Wahrheitsanspruch und in seinen begrenzten Aussichten verschließt und sich mit unsicheren Standpunkten zufrieden gibt, weil der Glaube als private Meinung gesehen wird. Dahinter sieht Papst Johannes Paul II. ein Misstrauen gegenüber der Wahrheit.[77] Es ist der Mensch, ohne Richtung und Ziel, gefangen im Unmittelbaren, den Götzen der Konsumgesellschaft überlassen, gleichgültig moralischen Dimensionen gegenüber.[78] Kardinal Joseph Ratzinger schrieb, der Relativismus sei „in gewisser Hinsicht geradezu die Religion des modernen Menschen geworden."[79] Dazu kommt der ständige Versuch der kirchlichen „Zerstörung von innen"[80]. Sie besteht in der „protestantischen" Haltung vieler Katholiken, die auf ihre „persönliche" Meinung setzen und dabei außer Acht lassen, dass sie in Wirklichkeit keine Meinung haben. Sie tauschen nur den guten Gehorsam gegenüber der Kirche gegen den schlechten Gehorsam gegenüber dem Zeitgeist. Die Kul-

[77] Vgl. Johannes Paul II., Enzyklika "Fides et ratio" über das Verhältnis von Glaube und Vernunft vom 14. September 1988, Nr. 5.

[78] Vgl. Johannes Paul II., Botschaft an die kubanischen Jugendlichen vom 23. Jänner 1998, in: Der Apostolische Stuhl 1998, 208.

[79] J. Ratzinger, Glaube – Wahrheit – Toleranz, Freiburg 2004, 69.

[80] So Kardinal Erdö; vgl. Kirche heute, 3/ 2004, 6.

tur in Westeuropa weist Züge der Gleichgültigkeit[81] auf, die sich im Relativismus zeigt, der sowohl den Bereich der Wahrheit als auch den der Ethik umfasst, sodass schon das Beharren auf der Wahrheit verunsichert bzw. sogar Ängste und Befürchtungen auslöst.[82] Es ist ein Relativismus, der die Gleichrangigkeit der Werte und Gleichwertigkeit der Kulturen predigt, sodass alles „gleich gültig" wird, was insgesamt zur Gleichgültigkeit der Menschen in Gesellschaft und Kirche geführt hat. In seiner Predigt zur Wahl des Papstes in St. Peter am 18. April 2005 sprach der Dekan des Kardinalskollegiums, Kardinal Joseph Ratzinger, von der „heutzutage einzigen zeitgemäßen Haltung", der Diktatur des Relativismus, „die nichts als gültig anerkennt und als letztes Maß nur das eigene Ich und seine Gelüste gelten lässt."[83] So besteht der Verdacht, dass der, der einen klaren Glauben nach dem Credo der Kirche hat, in das Eck des Fundamentalismus verwiesen und der Intoleranz bezichtigt wird.[84] Es ist ein gefährlicher Relativismus, der manche dazu verleitet, das Wohl der Gesellschaft lediglich als die Summe gewisser privater Interessen zu betrachten. Es ist die Anpassung an einen bequemen Relativismus, der „unter dem Deckmantel der Freiheit oder im Namen von „Modeanschauungen" sich breitmacht[85] und uns glauben lässt, dass es nichts gibt, wofür es sich zu kämpfen lohnt.[86]

## 2) Säkularisierung

Weit fortgeschritten scheint auch in Österreich „das Ausmaß der Säkularisierung als Folge von Wohlstand und religiöser Gleichgültigkeit" im Leben des einzelnen, der Familie und vor allem in der Öffentlichkeit.[87] Die

---

[81] Johannes Paul II., Enzyklika „Redemptoris missio" über den Sendungsauftrag des Erlösers vom 7. Dezember 1990, in: Verlautbarungen des Apostolischen Stuhls, Nr. 100, 36.

[82] Vgl. M. Pera, Der Relativismus, das Christentum und der Westen, in: ders. / J. Ratzinger, Ohne Wurzeln. Der Relativismus und die Krise der europäischen Kultur, Augsburg 2005, 47.

[83] J. Kardinal Ratzinger, Predigt am 18. April 2005, in: Verlautbarungen des Apostolischen Stuhls, Nr. 168, 14.

[84] Vgl. M. Pera, Der Relativismus, a.a.O., 35.

[85] Vgl. Johannes Paul II., Ansprache an die Bischöfe Portugals am 11. Februar 1983, in: Der Apostolische Stuhl 1983, 1425.

[86] Vgl. M. Pera, Der Relativismus, a.a.O., 48.

[87] Vgl. Johannes Paul II., Ansprache an die Österreichische Bischofskonferenz in Salzburg am 24. Juni 1988, in: Der Apostolische Stuhl 1988, 610.

Frage, die all dem zugrunde liegt, betrifft die Beziehung zwischen Kirche und Welt, die bis heute für das Leben der Kirche von Bedeutung ist. Die fortgeschrittene Säkularisierung der Gesellschaft zieht die Neigung nach sich, die Grenze zwischen Kirche und Welt zu vermischen, sie erschwert das Leben und Wirken der Kirche und fordert es heraus. Der Geist der Säkularisierung besteht darin, die jetzige und diesseitige Welt zu verabsolutieren und sie für die übernatürliche, endzeitliche Dimension unseres Glaubens zu verschließen.[88] Der Einfluss der Säkularisierung ist für den Papst aus dem Osten evident, denn Europa wird von Strömungen, Ideologien und Bestrebungen durchzogen, die dem Glauben feindselig oder gar gleichgültig gegenüberstehen, wobei Johannes Paul II. betont: „Die Gleichgültigkeit gegenüber dem christlichen Erbe ist ebenso gefährlich wie eine offene Feindseligkeit."[89] Wohlstand und Konsumismus entfremden die Kirche dem Menschen, sodass der Glaube im konkreten Leben des Alltags an Kraft verloren hat. „Der Katholik unserer Zeit führt wohl kaum von vornherein schon und mit Selbstverständlichkeit sein Leben im Angesicht Gottes."[90] Viele Menschen in Europa kennen Christus nur oberflächlich oder noch gar nicht, und viele Menschen leben so, als wenn es Gott nicht gäbe.

Auf diesem Hintergrund müssen wir feststellen, dass es auf europäischer Ebene zunehmend auch um ethische Fragestellungen geht, die einer Antwort bedürfen.

Europa braucht – über die Parteigrenzen hinaus – eine christlich orientierte Politik, die wachrüttelt, wo das Schlimmste passiert und sich ausbreitet: die religiöse Gleichgültigkeit so vieler, auch vieler Christen. Ein Europa ohne Gott führt ins Abseits, sodass der Papst im Apostolischen Schreiben „Ecclesia in Europa" sehr deutlich von der Not spricht, die dort auftritt, wo der christliche Glaube nur „weltlich" ausgelegt und damit ausgehöhlt wird, was ebenso die christliche Moralpraxis zur Disposition stellt. Verirrungen sind an die Stelle jener großen Werte getreten, die die euro-

---

[88] Vgl. Johanns Paul II., Ansprache an die österreichischen Bischöfe am 6. Juli 1982, in: Der Apostolische Stuhl 1982, 1210.

[89] Johannes Paul II., Predigt im Salzburger Dom, in: ebd. 1998. 288.

[90] Johannes Paul II., Ansprache an die österreichischen Bischöfe am 12. September 1983 in Wien, in: ebd. 1983, 631.

päische Kultur weitreichend inspiriert haben, weil Werte vom Evangelium abgetrennt wurden und so ihr tiefstes Wesen verloren haben.[91] Schonungslos ist die Analyse des Bischofs von Rom, wenn er betont: „Als die Mauer zu bröckeln begann, und der Eiserne Vorhang fiel, schien die Trennungslinie zweier Welten der Vergangenheit anzugehören. Dennoch sind seither manche Euphorien verflogen, und viele Hoffnungen wurden enttäuscht. Denn es reicht nicht aus, dem Menschen nur mit materiellen Gütern die Hände zu füllen, wenn sein Herz dabei leer bleibt und keinen Sinn entdeckt."[92]

Wie stellt sich also das Bild des „säkularisierten" europäischen Menschen dar? Es ist der Mensch, der so sehr mit dem Aufbau der „irdischen Stadt" beschäftigt ist, dass er die „Stadt Gottes" aus den Augen verloren hat. Wir leben in einem Europa, das den „Tod Gottes" erklärt und den „Tod des Menschen" als Person und transzendenten Wert verkündet hat."[93] Es ist der Mensch, der vor der Freiheit flieht, um sich dem Konformismus zu überlassen. Es ist jener Mensch, der einsam geworden ist, der von vielfältigen seelischen Unbehagen bedroht ist, der den Tod beiseite schieben will und in erschreckendem Maß die Hoffnung verliert, weil er den transzendenten Bezug dem Zeitgeist aufgeopfert hat. Das ist Europa, und das ist der Mensch, dem wir heute das Evangelium schuldig sind. Unsere ganze Aufmerksamkeit erfordert die Säkularisierung und dazu viel pastorale Liebe in verschiedenen Bereichen, sodass ich von einer liebenden Aufmerksamkeit dem Menschen gegenüber sprechen möchte, den man um Gott gebracht hat.

### 2.3 Allein aus wirtschaftlichen Interessen

In Europa sind Mauern eingebrochen, Systeme, ohne Gott geschaffen, die den Osten vom Westen getrennt haben, sind in sich zusammengestürzt, und die Einigung Europas bekommt immer deutlichere Umrisse. Was zunächst als anfängliche Begeisterung über die neue Zuwendung zu den

[91] Johannes Paul II., Ecclesia in Europa, Nr. 47.
[92] Johannes Paul II., „Europa-Rede", in: Der Apostolische Stuhl 1998, 291.
[93] Vgl. ebd. 1985, 1554.

großen Konstanten des christlichen Erbes betrachtet wurde, hat sich nunmehr – nachdem die Frage nach den geistigen Grundlagen ausgeklammert wurde – fast allein unter wirtschaftlichen Aspekten vollzogen, sodass zu Recht von einem „Absinken der europäischen Idee in eine bloß ökonomische Arithmetik"[94] gesprochen werden muss. Politiker sehen nur den Euro und nicht das, was Europa wirklich zu Europa gemacht hat. Immer wieder meldet Johannes Paul II. „ernste Zweifel an der Gültigkeit des Kapitalismus" an und stellt fest, dass die Kirche trotz ihrer entschiedenen Verurteilung des „Sozialismus" sich „immer mehr von der kapitalistischen Ideologie distanziert und sie für schwere soziale Ungerechtigkeiten verantwortlich gemacht" hat.[95] So wichtig eine gesunde Wirtschaft für unser Europa ist, so wichtig die Bemühung um Fortschritt in Wissenschaft und Technik ist, so wenig dürfen die ethische Grundwerte übersehen werden, damit das, was als Fortschritt angepriesen wird, nicht zur Bedrohung für den Menschen wird. Die europäische Einigung darf nicht bloß als wirtschaftlicher Vorgang verstanden werden, und die wirtschaftliche Gemeinschaft der europäischen Staaten braucht dringend die Grundlage gemeinsamer Werte. Von einem „Weltdorf" spricht der Papst, wenn er die Welt sich entwickeln sieht, um dann aber auch klar darauf aufmerksam zu machen, dass die Globalisierung der ökonomischen Prozesse ebenso die „Globalisierung an Solidarität" bedeuten soll.[96] Es geht also nicht um einen sinnentleerten Kapitalismus, es geht ebenso um die Globalisierung der Nächstenliebe. Anders läuft Europa Gefahr, vor allem von wirtschaftlichen Interessen und vom Konsummaterialismus, der die Menschen von Gott und voneinander trennt, beherrscht zu werden. So hat der frühere Präsident der Europäischen Kommission Jacques Delors das berühmte Wort geprägt, dass Europa eine Seele braucht: „Wenn es in den nächsten Jahren nicht gelingt, Europa eine Spiritualität, einen Sinn

---

[94] J. Kardinal Ratzinger, Wendezeit für Europa? Diagnosen und Prognosen zur Lage von Kirche und Welt, Einsiedeln 1991, 84.

[95] Vgl. Johannes Paul II., Ansprache bei der Begegnung mit der Welt der Kultur in Riga am 9. September 1993, in: Der Apostolische Stuhl 1993, 633 – 634; vgl. ebenso Enzyklika „Centesimus annus" vom 1. Mai 1991, Nr. 42. Vom „maßlosen Gewinnstreben" und vom „zügellosen konsumistischen Verlangen nach Besitz und Genuss" warnt Johannes Paul II. bei einer Predigt auf der Spanientour am 14. Juni 1993, in: Der Apostolische Stuhl 1993, 474.

[96] Johannes Paul II., „Europa-Rede", in: Der Apostolische Stuhl 1998, 293.

zu geben, dann wird es seine Geburt nicht überleben. Denn mit juristischem Geschick oder wirtschaftlichem Know – how allein ist Europa zum Scheitern verurteilt."[97] Nur die Seele vermag „die Wirtschaft in den Dienst des Gemeinwohls zu stellen, die Politik zu einem Ort verantwortlicher und weiter blickender Entscheidungen zu machen, das soziale Leben zum Raum für die Förderung der Institutionen von der Familie bis zu den Vereinigungen zu machen, die das lebendige Gewebe der neuen europäischen Gemeinschaft darstellen."[98] Europa als reine Wirtschaftsgemeinschaft reicht nicht aus, weil Menschen keinen Halt mehr in einer Gesellschaft finden, die sich nur mehr über materielle Werte definiert. Besonders im Zeitalter der Globalisierung, die von einem unkontrollierten Kapitalismus gekennzeichnet ist, tritt die Sendung Europas für die Menschheitsfamilie noch deutlicher hervor. Europa wächst heute immer rascher zu einer wirtschaftlichen und politischen Einheit zusammen, an der auch die Völker Mittel- und Osteuropas teilhaben. Die geistigen Grundlagen und die fundamentalen Werte dieser neuen europäischen Wirklichkeit bleiben bislang allerdings noch weithin undeutlich und hinter manchen Idealen zurück. Mangelnder Konsens führt bei den Menschen zu Skepsis, Unsicherheit und Misstrauen.

## III. Herausforderungen in unserer Zeit

### 1) Die Bedeutung der Familie

In seinem Apostolischen Schreiben „Familiaris Consortio" unter dem Thema „Über die Aufgaben der christlichen Familie in der Welt von heute" greift der Papst, dem die Familie wahrlich ein „Herzensanliegen" ist, auf, was auf der Bischofssynode in Rom vom 26. September bis 25. Oktober 1980 zu diesem zentralen Thema erarbeitet worden war.[99] Demnach sind Ehen und Familien die natürliche Grundlage und die unentbehr-

---

[97] Vgl. Kirche heute, 3/2004, 5; vgl. Hirtenbriefe 2003, a.a.O., 280, wo die mitteleuropäischen Bischöfe ebenso „ein Mehr an Seele" fordern.

[98] Instrumentum laboris der Zweiten Sonderversammlung für Europa, Nr. 53.

[99] Johannes Paul II., Apostolisches Schreiben „Familiaris consortio" (= FC) vom 22. November 1981, in: Verlautbarungen des Apostolischen Stuhls, Nr. 33.

lichen Bausteine der Gesellschaft und der Kirche; sie sind ein Geschenk der göttlichen Liebe, das den Menschen schützt.[100] Von der Historie her erscheint die europäische Identität ganz wesentlich von Ehe und Familie bestimmt, und das große Thema Europas heißt auch heute tatsächlich Familie, und zwar die Familie, die in der Beziehung zwischen Mann und Frau gründet und Kinder bejaht.[101] Die Rede ist von der monogamen Ehe, die als grundlegende Ordnungsgestalt des Verhältnisses von Mann und Frau und zugleich als Zelle staatlicher Gemeinschaftsbildung[102] vom biblischen Glauben her geformt worden ist. Ungeachtet all dessen wird der politische Kampf gegen Ehe und Familie sogar aggressiv geführt, und „Ehe und Familie sind heute in Gefahr. Darunter leiden so viele Menschen: die Eheleute und noch mehr die Kinder, letztlich aber die ganze Gesellschaft."[103] Es sind Konflikte und Spannungen zwischen dem, wie das Evangelium die Familie vorzeichnet und dem, wie die Gesellschaft die Familie heute sieht. Kann Europa wirklich Europa sein ohne die Grundzelle seines sozialen Aufbaus, der Familie? Schon die erste Sondersynode für Europa im Jahre 1991 hat der Familie eine besondere Aufgabe beim Aufbau eines neuen Europas zugewiesen, „denn sie ist eine Einrichtung des Schöpfers und ein Baustein für Kirche und Gesellschaft."[104] Die Grundrechtscharta redet vom Recht auf Ehe, spricht aber keineswegs einen Schutz für diese Institution aus, die ganz wesentlich in unseren Tagen durch die Aushöhlung der Unauflöslichkeit und das Zusammenleben von Mann und Frau „ohne jegliches anerkanntes institutionelles Band"[105] gefährdet ist. Dazu kommt das Begehren homosexueller Lebensgemeinschaften, die eine Rechtsform fordern, die mehr oder weniger der Ehe gleichgestellt werden soll, was ebenso Ausdruck eines moralischen Verfall des alten Kontinents und ein Ver-

---

[100] Vgl. Johannes Paul II., Predigt bei der Eröffnugsmesse der 5. Vollversammlung der Bischofssynode am 26. September 1980, in: Wort und Weisung im Jahr 1980, 138–141; Ansprache zum Abschluss der Bischofssynode am 23. Oktober, in: ebd., 157–164. Familiaris consortio, Nr. 3, spricht von Ehe und Familie als „einem kostbaren Gut".

[101] Vgl. FC 14.

[102] FC 42 spricht von der Familie als „Grund- und Lebenszelle".

[103] Johannes Paul II., Predigt im Donaupark am 11. September 1983, in: Der Apostolische Stuhl 1983, 602.

[104] Damit wir Zeugen Christi sind, der uns befreit hat, in: Verlautbarungen des Apostolischen Stuhls 103, 1992, 30.

[105] FC 81.

rat am kulturellen Erbe Europas bedeutet,[106] weil der Wert und die Rolle der legitimen Familie, die auf der Ehe gründet, verdunkelt wird. All diesen gefährlichen Tendenzen zum Trotz fordert der Papst, dass die Leistungen der Familien für die Zukunft unserer Gesellschaft anzuerkennen sind und die Hilfen für sie weiter ausgebaut werden müssen. „Im Hinblick auf eine neue Evangelisierung muss die Familienpastoral zweifellos unter die Prioritäten eingereiht werden."[107] Subjektivismus und Individualismus, denen es nur um die Suche nach der eigenen egoistischen „Selbstverwirklichung" geht, haben es offensichtlich geschafft, die Ehe ihrer innersten und natürlichen Bedeutung und ihres Wesens zu berauben.

### 2) Gegen die Bedrohung des menschlichen Lebens

In der „Europa – Rede" am 20. Juni 1998, die der Papst in Wien gehalten hat, hat Johannes Paul II. einen Themenkreis angesprochen, der ihm sehr am Herzen lag: nämlich der Aufbau einer „Kultur des Lebens", die Johannes Paul II. gegen eine „Kultur des Todes" setzen wollte. Gegen die „Kultur des Todes" setzt der Papst das Leben, das er an seinem Anfang genauso bedroht sieht wie an seinem Ende. Konkret sagte er: „Da werde ich nicht müde, den unbedingten Schutz des menschlichen Lebens vom Augenblick seiner Empfängnis an bis zum natürlichen Tod einzufordern. Die Zulassung des Schwangerschaftsabbruchs während der Frist der ersten drei Monate, wie sie in Österreich gilt, bleibt eine blutende Wunde in meinem Herzen."[108]

Nun fehlen in Europa tatsächlich die Kinder, und die geringe Zahl der Kinder in unseren Ländern ist eines der größten Probleme Europas,[109]

---

[106] Vgl. KKK 2357–2359. Im Angelus am 20. Februar 1994 wendet sich der Papst gegen den Beschluss des Europäischen Parlaments, die homosexuelle Praxis zu billigen. Vgl. Der Apostolische Stuhl 1994, 37.

[107] Der Apostolische Stuhl 1985, 1553.

[108] Johannes Paul II., Europa-Rede vom 20. Juni 1998, in: Der Apostolische Stuhl 1998, 294. Schon am 30. März 1995 hat Papst Johannes Paul II. die Enzyklika „Evangelium vitae" – „Das Evangelium des Lebens" veröffentlicht, die als ein leidenschaftlicher Appell für das Leben und gegen eine „Kultur des Todes" gesehen werden muss. – Vgl. Verlautbarungen des Apostolischen Stuhls, Nr. 120, vgl. besonders Nr. 58.

[109] Stephan Baier sieht in seinem Buch „Kinderlos" unser „Europa in der demographischen Falle", Aachen 2004.

sodass sich der Geburtenrückgang und die Überalterung der Bevölkerung längst nicht mehr leugnen lassen. Die Würde des menschlichen Lebens ist von Anfang an bis zum Ende zu achten. Abtreibung, aktive Sterbehilfe[110] und medizinische Experimente mit Embryonen[111] widersprechen der Menschenwürde. Niemals darf in einem Europa der Zukunft die Ehrfurcht vor dem heiligsten Wert, nämlich den des menschlichen Lebens fehlen. Mit dem Papst sind auch wir überzeugt, dass auch im Leben einer Gesellschaft Wesentliches zugrunde geht, wo es die Ehrfurcht vor dem Leben nicht mehr gibt. Dienst der Kirche an Europa ist es auch, die menschliche Würde und die menschliche Freiheit inmitten der raschen wirtschaftlichen und gesellschaftlichen Veränderung zur Geltung zu bringen. Gemeinsam müssen wir auftreten, um gegen eine Absolutsetzung des Habens zu protestieren, die der Entfaltung des menschlichen Seins immer weniger Raum lässt. Der Papst spricht von einer „Niederlage des Menschen", über die Europa wird nachdenken müssen.[112] Was zu tun ist, sagt der Papst immer wieder auf der ganzen Welt den Bischöfen: „Angesichts der erschreckend hohen Zahl der Abtreibungen und der zunehmenden unerlaubten Praktiken so genannter ‚Sterbehilfen' muss noch deutlicher Gott als der alleinige Herr über Leben und Tod verkündet werden." [113] Es ist das Ja zum Leben, das die Christen aus der Mitte ihres Glaubens in Zukunft noch deutlicher sprechen müssen.

### 3) Seelsorge in der Pfarrgemeinde

Von einem „Kontinent der Verwüstung" sprach der Papst, wenn er vom Europa des 20. Jahrhunderts sprach, und von der gebotenen Dringlichkeit der Kirche im Leben einer Pfarrgemeinde,[114] und im Apostolischen Schreiben „Ecclesia in Europa" unterstreicht Johannes Paul II. die Bedeu-

---

[110] Vgl. Johannes Paul II., Evangelium vitae, Nr. 64–65.

[111] Ebd., Nr. 43, wo der Papst ebenso den Embryonenschutz fordert.

[112] Der Apostolische Stuhl 1985, 1553.

[113] Johannes Paul II., Ansprache an die dt. Bischofskonferenz am 30. April 1987, in: ebd. 1987, 612; vgl. Ansprache an die Teilnehmer des 7. Symposiums der europäischen Bischöfe am 17. Oktober 1989, in: ebd. 1989, 1093–1098, wo der Papst von der Geburt und dem Tod als eine Herausforderung für die Kirche gesprochen hat.

[114] Johannes Paul II., Erinnerung und Identität, a.a.O., 152.

tung der Pfarrgemeinden, wenn er sagt: „In Europa, und zwar in den postkommunistischen Ländern ebenso wie im Westen, kommt der Pfarrei, obschon sie ständiger Erneuerung bedarf, weiterhin eine eigene unverzichtbare Aufgabe zu, die sie immer noch wahrnimmt und die im pastoralen und kirchlichen Bereich von großer Aktualität ist.“[115] Der Papst spricht vom „Ort echter Humanisierung und Sozialisation“ und sieht die Pfarre nach wie vor in der ausgezeichneten Lage, „den Gläubigen den Raum für eine christliche Lebensführung zu bieten.“[116] Er betrachtet die Pfarrgemeinden als „Übungsplätze für gemeinschaftliches Miteinander“[117], aber auch als jenen Ort, wo die Eucharistie gefeiert wird, das Sakrament der Liebe, die Zusammenfassung und Vergegenwärtigung aller Heilswerke Gottes, der Mittelpunkt und Höhepunkt des christlichen und kirchlichen Lebens.[118] Die Eucharistie muss zum Herzen unserer Pfarrgemeinden werden, zum Ort der Anbetung, denn nur vom eucharistischen Kult kann sich Kultur erneuern, wie sie sich im Umgang der Christen in einer Pfarrgemeinde ereignet. Sollten uns die Schwierigkeiten, die es heute in jeder Pfarrgemeinde gibt, eher von der Evangelisierung abhalten, sodass wir uns selbstgenügsam zurückziehen und eher einigeln? Selbstverständlich kann man sich an das Althergebrachte klammern und defensiv Seelsorge treiben und von vornherein neue Wege der Seelsorge ausschließen. Aber ist das wirklich gut? Natürlich wird die Veränderung allein der Methoden nicht wirklich das Ersehnte bringen, sondern erst recht die Glaubenserneuerung des Einzelnen, sodass wir von der Selbstevangelisierung im Leben einer Pfarrgemeinde sprechen müssen.[119] Orte, Gruppen, Bewegungen und Gemeinden werden gebraucht, in denen Menschen mit einem entschiedenen Willen zum Leben aus dem Glauben zusammenkommen. Wer im Glauben verankert ist, wird hinausgehen bis an die Grenzen der Kirche und der Pfarrgemeinde. Erst dort gibt es viele verborgene Anknüpfungsmöglichkeiten zu einem Gespräch über eine Sinnfindung aus dem Glauben. Als ein wichtiges Element der Seelsorge erachte ich dabei den

---

[115] Johannes Paul II., Ecclesia in Europa, Nr. 15.

[116] Vgl. ebd.

[117] Ebd., Nr. 85.

[118] Vgl. ebd., Nr. 75, ebenso Lorch, 25. Juni 1988, in: Der Apostolische Stuhl 1988, 617.

[119] Vgl. Der Apostolische Stuhl 1988, 212.

seelsorglichen Hausbesuch, den die Kirche den Seelsorgern sehr ans Herz legt,[120] der es mir möglich macht, allen Menschen, d.h. auch den kritisch Aggressiven, den Gleichgültigen und den Suchenden zu begegnen. Alle diese muss die Kirche im Auge haben, denn nur so können reife katholische Pfarrgemeinden aufgebaut werden, wo Menschen im Glauben und in der Liebe wachsen können.

### 4) Katechese

„Seid stets bereit, jedem Rede und Antwort zu stehen, der nach der Hoffnung fragt, die euch erfüllt."[121] Diese Worte beschreiben die Zielsetzung für die Katechese in der katholischen Kirche, diesen Auftrag als Aufforderung zur argumentativen Darlegung des Glaubens und zur rationalen Verantwortung der Glaubensentscheidung. Es ist das Mensch gewordene Wort Gottes, das die Geheimnisse der Liebe Gottes und die übernatürliche Berufung des Menschen offenbart, und so die Katechese ausmacht, die zur Entdeckung und Förderung dieser Berufung eines jedes Menschen verhilft und so die Identität des Glaubenden begründen hilft, die im Dienst an der Welt und dem Menschen zum Ausdruck kommt. [122] Immer wieder sieht der Papst den „Katechismus der Katholischen Kirche" als die „Magna Charta der Katechese in aller Welt"[123] als wichtige Einübung in ein vertieftes Glaubenswissen. Weil es um die unverkürzte Lehre und die Festigung im Glauben geht, muss der heranwachsenden Generation der unverfälschte Glaube in klaren Glaubenssätzen und unter Anwendung von guten Methoden verkündet werden, damit Religion wieder zur Lebenshilfe werden kann. „Es geht nicht so sehr darum, etwas Neues zu erfinden und zu tun, sondern darum, das Gewohnte und bereits Bewährte in einem neuen Geist, eben im Geist der Hoffnung, zu tun und diesen den anderen mitzuteilen."[124] Es geht um eine wirksame Erwachsenenkateche-

[120] Vgl. CIC can. 529.

[121] 1 Petr 3,15.

[122] Vgl. Johannes Paul II., Ansprache an den Internationalen Rat für die Katechese am 15. April 1983, in: Der Apostolische Stuhl 1983, 898.

[123] Der Apostolische Stuhl 1992, 1187.

[124] Johannes Paul II., Ansprache an die österreichischen Bischöfe zum Ad-limina-Besuch am 6. Juli 1982, in: Der Apostolische Stuhl 1982, 1211; vgl. Nachsynodales Apostolisches Schreiben „Cate-

se, die die „hauptsächliche Form der Katechese" ist.[125] Zunächst ist es der überzeugte Glaube, der die Erwachsenen in Europa prägen muss, damit auch die nachwachsenden Generationen zu einem persönlichen Glauben finden können. „Die wirksamsten Zeugen Jesu Christi sind immer diejenigen, die den betreffenden Menschen besonders nahe stehen: durch Verwandtschaft, durch den geringen Altersunterschied, durch gemeinsames Leben in der Gemeinde und andere persönliche Bande."[126] Da denkt der Papst besonders an die Eltern und bezeichnet sie als die „ersten Katecheten ihrer Kinder".[127] Ermutigende Worte für alle im Dienst der Kirche findet Johannes Paul II., wenn er sagt: „Seid davon überzeugt, dass all euer Wirken im Laienapostolat letztlich im Dienst der Verkündigung der Frohen Botschaft Jesu Christi steht. Dies trifft in einer besonderen Weise für diejenigen zu, die unmittelbar im Dienst der Glaubensvermittlung stehen. Ich denke dabei an den Religionsunterricht in der Schule und auch an alle anderen Arten von Glaubensunterweisung, besonders in der Vorbereitung auf Taufe und Firmung, auf Buße und Kommunion und auf die Ehe."[128] Etwas betont der Papst auch, was ebenso nicht vergessen werden darf: „Es geht nicht nur darum, den Glauben unverfälscht zu bewahren, sondern auch darum, ihn so zu vermitteln, dass die Herzen von der Frohen Botschaft entzündet werden und die Menschen erkennen, wie ihr Leben dadurch Klarheit und Kraft erhält für eine lebendige Verbundenheit mit Gott und auch für den Dienst an ihren Mitmenschen und eine christliche Gestaltung der Gesellschaft."[129]

### 5) Christlicher Humanismus konkret

Jesus Christus ist der Sohn Gottes, der wahre Mensch, der das Maß des wahren Humanismus ist. So war es das Christentum, das jenen gewaltigen

---

chesi tradendae" (= CT) über die Katechese in unserer Zeit vom 16. Oktober 1979, 37.

[125] CT 45.

[126] Johannes Paul II., Ansprache an die Bischöfe in Salzburg am 24. Juni 1988, in: Der Apostolische Stuhl 1988, 612.

[127] Johannes Paul II., Ansprache zum Laienapostolat in Wien, in: ebd. 1983, 621.

[128] Ebd., 620.

[129] Johannes Paul II., Ansprache an die Österreichische Bischofskonferenz, in: ebd., 611.

Integrationsprozess vollbracht hat, der Europa seine christlich – humanistische Prägung gab. Durch Jesus Christus ist uns auch heute die Macht einer unbegrenzten Liebe Gottes geschenkt und dadurch auch die Forderung geradezu selbstverständlich: „Geht hinaus in alle Welt und verkündet allen Menschen diese Botschaft."[130] Als sehr dringlich sieht der Papst die „geistige Hilfe", „um den weiteren Aufbau demokratischer Strukturen und deren Festigung voranzutreiben und eine Kultur der Politik im Sinne rechtsstaatlicher Verhältnisse zu fördern. In diesem Bemühen bietet die Kirche als Orientierung ihre Soziallehre an, in der die Sorge und Verantwortung für den ihr von Christus anvertrauten Menschen im Mittelpunkt steht: „Es handelt sich nicht um einen ‚abstrakten' Menschen, sondern um den realen, ‚konkreten' und ‚geschichtlichen' Menschen", den die Kirche nicht verlassen darf. (Centesimus annus, Nr. 53)"[131] Auf die Solidarität in Europa verweisen die Bischöfe aus Mitteleuropa in ihrem gemeinsamen Hirtenbrief, wenn sie ausdrücklich betonen: „Als Menschen sind wir Mitmenschen. Unsere christliche Sorge gilt allen Menschen mit ihren Freuden und Leiden, mit ihren Hoffnungen und Ängsten. Sie sind trotz aller Unterschiede und Gegensätze unsere Brüder und Schwestern, weil Gott für uns alle Vater ist."[132] Ebenso klar umreißt der Papst aus dem Osten die Aufgabe für die Baumeister Europas, „aus einer westeuropäischen Wohlstandsinsel eine gesamteuropäische Zone der Freiheit, der Gerechtigkeit und des Friedens zu schaffen. Materielle Opfer werden für die wohlhabenderen Länder unvermeidlich sein, um das unmenschliche Wohlstandsgefälle innerhalb Europas allmählich abzuflachen."[133] Von einer „Zivilisation der Liebe" sprach Johannes Paul II. in seiner Predigt in Augsburg am 3. Mai 1987 und davon, dass sie von der Kirche zu Recht erwartet wird,[134] weil der Mensch der „Weg der Kirche"[135] ist. Ein undifferenzierter Humanismus ist nicht ausreichend, „wenn es keine transzen-

[130] Mt 28,19.

[131] Johannes Paul II., „Europa-Rede", in: Der Apostolische Stuhl 1998, 293.

[132] Gemeinsame Hirtenbriefe zum Mitteleuropäischen Katholikentag, in: Hirtenbriefe 2004, 202.

[133] Johannes Paul II., „Europa-Rede", in: Der Apostolische Stuhl 1998, 292–293; vgl. ebd. 1985, 1552.

[134] Vgl. Der Apostolische Stuhl 1987, 677.

[135] Johannes Paul II., Redemptor hominis, Nr. 14.

dente Wahrheit gibt, der gehorchend der Mensch zu seiner vollen Identität gelangt." Ebenso „gibt es dann kein sicheres Prinzip, das gerechte Beziehungen zwischen den Menschen gewährleistet."[136] Es ist der Mensch, der nach Gottes Bild geschaffen ist.

### 6) Zeugnis der Christen

Glaubenslosigkeit und Säkularisierung in Europa vor Augen, die das Leben und Wirken der Kirche zunehmend erschweren, fordert der Papst von jedem Christen und der ganzen kirchlichen Gemeinschaft das Zeugnis für Christus und seine Frohe Botschaft,[137] denn der Glaube ist zu wenig, wenn er nicht gelebt wird. Christen haben die Aufgabe, den Menschen in Europa Christus zu zeigen, für Gott und die wahre Größe des Menschen und die gottgewollte Ordnung in allen Lebensbereichen Zeugnis abzulegen und in Übereinstimmung mit dem Evangelium zu leben.[138] Und viele stellen sich die Frage: Wie wird es weitergehen mit der Kirche und dem Glauben in Europa? Was können wir angesichts der religiösen Gleichgültigkeit so vieler – auch vieler Katholiken – tun? Uns, die wir Christen im 21. Jahrhundert sind, fordert der Heilige Vater auf, keine Mühe zu scheuen, uns für ein gläubiges und menschenwürdiges Europa einzusetzen. Dass in Europa das Christentum immer mehr von neuheidnischen und esoterischen Lehren verdrängt wird, macht erst recht ein mutiges und engagiertes Zeugnis aller Christen der verschiedenen Nationen und die uneingeschränkte Verkündigung des Evangeliums als Frohbotschaft für das Europa von heute so nötig. Die geistige Einheit Europas wird auch in Zukunft nicht ohne Christen denkbar sein, sodass erst recht das Selbstbewusstsein der Christen gefordert ist. Damit Christen ein glaubwürdiges Zeugnis für ihre Werte ablegen können, ist es unabdingbar, bei aller Verschiedenheit die innere Einheit aller Christen äußerlich sichtbar zu machen. In diesem Sinne schreibt

[136] Johannes Paul II., Centesimus annus, Nr. 14.

[137] Vgl. Johannes Paul II., Ansprache an die österreichischen Bischöfe zum Ad-limina-Besuch am 19. Juni 1987. in: Der Apostolische Stuhl 1987, 1983; ebenso in Wien, 11. September 1983, Ansprache an die Bischöfe, in: ebd. 1983, 630.

[138] Vgl. Johannes Paul II., Ansprache an die deutsche Bischofskonferenz am 30. April 1987, in: ebd. 1987, 612.

der Papst: „Europa, das dabei ist, sich als ‚Union' aufzubauen, drängt auch die Christen zur Einheit, damit sie wahre Zeugen der Hoffnung seien."[139] Sehr deutlich sagen es auch die Bischöfe aus den acht Ländern Mitteleuropas in ihrem Hirtenbrief am 22. Mai 2004: „Versteckt euren Glauben nicht! Bleibt nicht am Rand des Weges in die gemeinsame Zukunft stehen! Geht mit, denkt mit, redet mit, arbeitet mit, sucht Allianzen mit allen Menschen guten Willens! Jeder von euch kann dazu etwas Kostbares beitragen."[140] Als Christen sollen wir Zeugen der Liebe Gottes zu den Menschen sein und inmitten einer zerrissenen Welt Zeichen der Versöhnung setzen. Doch es gelingt uns nur unvollkommen, dem Auftrag Jesu „Liebt einander!" (Joh 15,17) gerecht zu werden. Dies gilt im persönlichen Miteinander ebenso wie im Zusammenleben der Völker. Auch in Europa sind materieller Wohlstand, soziale Unsicherheit und sogar bedrückende Armut nicht weit voneinander entfernt. Das gemeinsame christliche Zeugnis erfordert Demut und Geduld, aber auch Mut. Die von Papst Johannes Paul II. gestellte Aufgabe, Europa neu zu evangelisieren, weckt neue Hoffnung: sich neu besinnen, die Mutlosigkeit, Resignation und Trauer überwinden, die so manche beklagen – das vermögen wir Christen doch. Bei der Predigt beim Gottesdienst auf dem Heldenplatz in Wien am 21. Juni 1998 sagte der Papst: „Die Kirche von heute braucht keine Teilzeitkatholiken, sondern Vollblutchristen."[141] Daraus ergeben sich nochmals einige Fragen: Sind wir von unserem Glauben ebenso überzeugt? – Sind wir unseres Glaubens so froh, dass es uns drängt, ihn anderen weiterzugeben? – Oder schleppen wir ihn, müde geworden, wie eine Last einfach weiter mit uns herum? – Vertreten wir nicht sehr oft eine Toleranz, die nicht einem inneren Glühen für die Wahrheit entspringt, sondern praktisch auf eine Gleichgültigkeit gegenüber der Wahrheit hinausläuft? Ist uns nicht missionarischer Schwung weitgehend abhanden gekommen? Fehlt es uns nicht an Zivilcourage, für die Wahrheit Jesu Christi Zeugnis abzulegen? Wenn

---

[139] Johannes Paul II., Ecclesia in Europa, Nr. 118. Johannes Paul II. spricht vom „Heimweh nach der Einheit". – Vgl. Ansprache zum Angelus am 13. Oktober 1985, in: Der Apostolische Stuhl 1985, 217; vgl. J. Lustiger, Europa und die Ökumene, in: IKathZ 34 (2005) 247 – 254.

[140] Hirtenbriefe 2004, 203.

[141] Johannes Paul II., Predigt beim Gottesdienst am Heldenplatz am 21. Juni 1998, in: Der Apostolische Stuhl 1998, 303.

wir unserem Glauben mehr zutrauen, werden wir auch in der geistigen Auseinandersetzung wieder mutiger. Wir müssen geistig offensiver werden und dürfen uns nicht ständig in die Defensive und ins Abseits drängen lassen. „Ohne das Wirken und Zeugnis der Laien kann das Evangelium niemals das gesamte menschliche Leben durchdringen und in das ganze Leben der Gesellschaft hineingetragen werden."[142] Kardinal Ratzinger sagte in einem Vortrag in Subiaco am 1. April 2004: „Das, was wir in diesem Moment der Geschichte vor allem brauchen, sind Menschen, die durch den erleuchteten und gelebten Glauben Gott in dieser Welt glaubwürdig machen. Nur durch Menschen, die von Gott berührt sind, kann Gott zu den Menschen zurückkehren: Menschen mit dem Blick auf Gott, die von dort die wahre Menschheit lernen."[143]

### 7) Europa – Chance oder Gefahr[144]

Wenn heute von Europa viel gesprochen wird, dann verbinden sich natürlich mit dem Gedanken an Europa nicht nur Hoffnungen und Erwartungen, sondern auch Ängste und Sorgen. Die Zukunft des Menschen und der Welt ist bedroht, weil zu Beginn des dritten Jahrtausends die Würde des Menschen noch mehr in Gefahr ist. So stehen wir vor der Frage: Was kann und soll Europa sein und wie soll es weitergehen? Werden wir imstande sein, Gegeninitiativen zu setzen, die eine neue Identität des alten Kontinents möglich machen? Gibt es dafür Hoffnung? Bischof Egon Kapellari hat in einem Vortrag über Europa an den altchristlichen Brief an Diognet erinnert und betont, dass Christen zwar mit dieser Welt leben, aber sie auch kritisieren und ihr einen Weg zeigen, der die Welt übersteigt.[145] Was kann uns helfen, wenn nicht die Transzendenz? Ich glaube nicht an eine Heilung Europas ohne religiöse Erneuerung, und die Kirche hat dafür ein unerschöpfliches Potential. Wir wünschen uns ein neues Europa: ein gutes Haus für alle gegen jede Verflachung der Seelen. Gewiss

---

[142] Der Apostolische Stuhl 1985, 1558; vgl. ebd. 1990, 920.

[143] J. Ratzinger, Europa in der Krise der Kulturen, in: M. Pera /J. Ratzinger, Ohne Wurzeln, a.a.O., 82–83.

[144] J. Ratzinger, Wendezeit, Einsiedeln 1991, 82–104.

[145] E. Kapellari, Begegnungen unterwegs, Graz 2003, 274.

muss Europa noch einen weiten Weg zurücklegen, um seine Sendung für die Welt erfüllen zu können, und Europa darf den Mut nicht verlieren, denn sein Weg in die Zukunft besteht darin, das Antlitz Christi[146] wieder zu suchen und in den Blick zu nehmen. Nur so werden die Völker Europas die göttliche Würde des Menschen neu entdecken und die Rechte der Person von der Empfängnis bis zum natürlichen Tod verteidigen. Es war ein slawischer Papst, der dieses neue Europa längst als Vision hatte, und auch wir haben immer wieder gute Gründe, um über Europa in Vision nachzudenken. Vom Christentum sagt man, dass es die größte Revolution war, die von Menschen jemals in Bewegung gesetzt wurde, und Johannes Paul II. zählt ganz gewiss als Baumeister eines vereinten Europas zu den Protagonisten des 20. Jahrhunderts, denn immer wieder zeigt er Perspektiven, wenn er sagt: „Die Verschiedenheit der östlichen und westlichen Traditionen wird die Kultur Europas bereichern sowie durch deren Bewahrung und gegenseitige Ausleuchtung als Grundlage für die ersehnte geistige Erneuerung dienen. Deswegen sollte vielleicht weniger von einer ‚Osterweiterung' als vielmehr von einer ‚Europäisierung' des gesamten Kontinents die Rede sein."[147] Überzeugt ist der Papst aus dem Osten, dass ein besseres Europa nicht „ohne oder gegen die Christen, noch ohne oder gegen Christus gebaut werden kann"[148], sodass niemals religiöse Neutralität noch religiöse Keimfreiheit Europa retten können. Der Hinweis auf Gott in der Verfassung würde wohl bewusst machen, dass es Grenzen der menschlichen Macht gibt, weil nicht alles dem Belieben des Menschen überlassen ist. Der Papst aus Rom spricht bei seiner Ansprache an die Politiker in der Wiener Hofburg am 23. Juni 1988 von einem „schöpferischen Erneuerungsprozess" für ein einiges Europa, den der Kontinent dringend braucht,[149] wo die Kirche einen ganz wesentlichen Beitrag zum friedlichen Miteinander der Nationen leisten kann. Wir haben das Glück, in einer außergewöhnlichen Zeit der Geschichte zu leben und nichts, was die Menschen bewegt, darf Christen gleichgültig sein. Das neue Europa ist uns deshalb Chance und Herausforderung, uns in dieser Zeit unserem

[146] Vgl. Johannes Paul II., Novo millennio ineunte, Nr. 22.

[147] Johannes Paul II., „Europa-Rede", in: Der Apostolische Stuhl 1998, 292.

[148] Hirtenbriefe 2004, a.a.O., 203.

[149] Johannes Paul II., Ansprache am 23. Juni 1988, in: Der Apostolische Stuhl 1988, 595.

Auftrag zu stellen. „Wir müssen überzeugt sein vom Vorrang der Ethik gegenüber der Technik, vom Primat der Person gegenüber den Sachen, von der Überlegenheit des Geistes gegenüber der Materie.“[150] Um das zu verwirklichen, braucht es christliche Männer und Frauen, die sich heute in der Politik verantwortungsvoll engagieren. Unser Sendungsauftrag ist es, „eine gespaltene und zerrissene Welt zu heilen, zu versöhnen, zu einigen und so eine Gesellschaft im Zeichen der Liebe aufzubauen ... Die ganze Welt muss mehr und mehr zu einer versöhnten Völkergemeinschaft werden.“[151] Europa, das in Zukunft noch mehr auf die ganze Welt zugehen muss,[152] ist ohne den moralischen Einfluss der Kirche nicht wirklich lebensfähig, denn der Staat lebt von Voraussetzungen und Kräften, die er selber nicht hervorbringen kann. Deshalb bin ich persönlich überzeugt, dass ohne den Gedanken des Unbedingten Europa wieder nur geographisch erkennbar bleibt, ohne das Bekenntnis zu Gott der Anfang für das Ende eines gemeinsamen Europas bereits gekommen ist. Die Gefahr ist groß, wenn der große Horizont des Christlichen nicht ins Auge gefasst wird. Dann wird es nicht die vielen Wege, sondern nur die große Ausweglosigkeit geben. Nicht nur für den neuen Papst Benedikt XVI., der als Kardinal schon viel über Europa und das Christentum geschrieben hat, und unseren Bischof Ludwig Schwarz, der als Salesianer in Rom ganz gewiss Europa auch sehr gut kennen gelernt hat, sondern für uns alle bleibt noch viel zu tun. Um Erfüllung und Verantwortung wird es in Zukunft wohl für uns alle gehen müssen, damit wir Gabe und Aufgabe gemeinsam erkennen. Was Johannes Paul II. zu Europa sagte, wird ein verpflichtendes Erbe für die Christen bleiben, sodass der gemeinsame Reichtum als gemeinsame Verantwortung für die Welt verstanden werden muss.

[150] Johannes Paul II., Redemptor hominis, Nr. 14.
[151] Botschaft der Bischofssynode vom 25. Oktober 1983, in: Der Apostolische Stuhl 1983, 1622.
[152] Ratzinger betont die Bedeutung der Entwicklungshilfe. Vgl. ders., Wendezeit, a.a.O., 84.

# Georg Michael Wittmann (1760–1833)

## Ein heiligmässiger „Kantianer" auf dem Bischofsstuhl des heiligen Wolfgang?

*Gerhard B. Winkler*

Der Jubilar wurde 1975 auf dem Lehrstuhl für Christliche Philosophie im Fachbereich Systematische Theologie der Vierten Bayerischen Landesuniversität zu Regensburg berufen. Sein Vorgänger, der Oberpfälzer Josef Schmucker, war ein bekannter Experte für das vor-kritische Schrifttum Immanuel Kants. Das bedeutet, dass Professor Krenn, der sich des uneingeschränkten Vertrauens seines bedeutenden Vorgängers erfreuen konnte, auf eine gediegene Tradition philosophischen Denkens und philosophischer Vermittlung in Regensburg zurückzugreifen vermochte. Das Fach erfreute sich traditionell solchen Ansehens, dass die Philosophen an der Theologischen Fakultät mit vollen Hörsälen rechnen konnten. Prof. Krenn konnte dieses Potential voll ausschöpfen. Die Lehrveranstaltungen waren auch von Hörern anderer Fakultäten frequentiert, auch von solchen, die nach Antworten in den wichtigen Lebensfragen suchten. Davon konnte man damals auch an anderen Fakultäten nur träumen. Als ich einmal einen „Spartakisten" fragte, warum er in Krenns anspruchsvolle Vorlesungen ginge, sagte er, weil man bei ihm „wüsste, wie man dran sei". Denn die Klarheit der Begriffe war immer seine Stärke gewesen. Man sollte bei solch erfreulichen Lokaltraditionen keine voreiligen Schlüsse ziehen. Auf alle Fälle empfiehlt es sich, nicht monokausal zu argumentieren. Bekannt ist, dass sich bei Oberpfälzern Menschen mit einer spekulativen Ader häufiger als anderswo finden, die ihrerseits dankbar sind, entsprechend verstanden zu werden.

Nach dem einleitend Gesagten darf es meines Erachtens ein Kirchenhistoriker und ehemaliger Amtsgenosse aus der Regensburger Zeit doch wagen, einen Beitrag aus seinem Fach in einer philosophischen Festschrift zu Ehren eines Philosophen anzubieten. Diese ist ja einem Alt-Bischof gewidmet, der gleichzeitig immer noch emeritierter „Ordinarius" an jener Stelle ist, an der einst Albertus Magnus (†1280) gewirkt hat und die Lehrkanzel dieses großen Philosophen immer noch hoch geschätzt wird. Ich habe mir zu diesem Zweck den Regensburger Bischof Wittmann gewählt, über den ich kürzlich eine Biographie vorlegen durfte.[1] Mancher Leser wird nicht wissen, dass der heiligmäßige Armenapostel, Priesterbildner, Erzieher, Bibelübersetzer und Hebräist Georg Michael Wittmann, zuletzt Weihbischof, Generalvikar und dann Bischof von Regensburg, auch in den Schriften des großen Königsbergers gut bewandert war. Auch mir war das zunächst nicht bekannt. Trotzdem gab es Kenner der Materie, die Wittmann zu den gründlichsten und objektivsten Kantexperten seiner Zeit rechneten, ja ihn sogar in der Nähe der südwestdeutschen Neukantianer, nämlich der „badischen Schule", etwa eines Wilhelm Windelband (†1915) und Heinrich Rickert (†1936) ansiedelten.[2] Begründet hatte schon Wittmann selbst diese Möglichkeit der Interpretation, indem er zwischen der methodischen Erkenntnistheorie (der „transzendentalen Logik") und der Metaphysik in den Schriften Kants unterschied. Wittmann las und exzerpierte Kant l'art pour l'art aus Wissbegier – nach der Devise, man wisse nie, wozu man das Gelesene einmal brauchen könne. Gleichzeitig war er Seelsorger und Bischof, dem es um die Überwindung der Kirchenkrise nach der „Säkularisation" so ging wie einer Generation, die mit den Trümmern eines Bombenkrieges zu Rande kommen musste. In der Glaubensvermittlung ging es ihm gezielt um die Klarheit der Begriffe zur glaubensmäßigen Stabilisierung zunächst des künftigen Klerus und der in der Glaubensunterweisung Tätigen. Das sei gesagt, um zu zeigen, dass das Thema angemessen ist und für den Anlass passt.

---

1 Vgl. G.B. Winkler, Georg Michael Wittmann (1760–1833), Bischof von Regensburg. Zwischen Revolution und Restauration (= Wittmann), Regensburg 2005, 96–103.

2 Vgl. Bischöfliches Konsistorialarchiv Regensburg (= BKR) Abt., CMW, K 10,41 (1956); Anton Anwander, Georg Michael Wittmanns literarische Tagebücher, in: Seele 22 (1946) 217–222; Wittmann, a.a.O, 98.

## I.

Eingangs muss noch die Quellenlage zu unserem Thema gestreift werden. Diese ist an sich immer noch hervorragend, was Korrespondenz, amtliches Schrifttum und den literarischen Nachlass betrifft. Andererseits fehlen Tagebücher, die noch von früheren Autoren eingesehen werden konnten, aber seit einigen Jahrzehnten verschollen sind. Der Forscher vermisst auch die Exemplare der alten Kantausgaben, die Wittmann besaß und von denen wir wissen, dass sie der Leser mit Randbemerkungen versah. Auch die Exzerpte, die er sich durchwegs anzulegen pflegte, sind unwiderbringlich verloren. Wir wissen aus Wittmanns Berichten und den Äußerungen seiner Zeitgenossen, dass das gesamte Privatarchiv und die private Büchersammlung des Seminarregens Wittmann vernichtet wurde, als Napoleon am 23. Juli 1809 mit seinen Haubitzen völlig sinnlos das altehrwürdige St. Peter-Mittelmünster zusammen mit 100 anderen Gebäuden in Brand schoss, um nebenbei 2000 kriegsgeschädigte Obdachlose zurückzulassen.[3]

Zur Begriffserklärung sei vorausgeschickt, dass „Kantianer" um 1800, da Wittmann Bibelwissenschaften, das Hebräische und die orientalischen Hilfssprachen lehrte, primär nicht als „Schulenbezeichnung", sondern polemisch verwendet wurde. Als „Kantianer" galten jene Theologen, die den christlichen Offenbarungsbegriff gegen den rationalistischen des englischen Empiristen John Locke (1632–1704) eingetauscht hatten. Es waren jene, für die also „Offenbarung" nur eine quantitative Steigerung der menschlichen Vernunftleistung, jedoch keine qualitativ neue Selbstmitteilung Gottes darstellte, die heilsgeschichtlich an seine Berufenen erging. Das heißt: Wittmann hätte sich selbst nie als „Kantianer" bezeichnet, wohl aber hätten dies die „Neologen" in Landshut und München wie die Professoren Jakob Salat (†1851), Sebastian Mutschelle, Matthäus Fingerlos und andere getan.[4]

---

[3] Vgl. Wittmann, a.a.O., 75 f.

[4] „Wittmann und der aufgeklärte Zeitgeist"; „Wittmann und der Glaubensgeist der Priester", in: Wittmann, a.a.O., 91–95, 94; 173–176, 173: Synodalvortrag, Zulassungsbedingungen für den Klerus (1830).

## II.

Zunächst wollen wir das biographische Umfeld beleuchten, auf dem auch Wittmanns „Philosophie" im engeren und weiteren Sinn zu verstehen ist. Als Sohn eines Oberpfälzer Unternehmers und Eisenhammer-Herrn wuchs er in einem gastlichen Haus auf, in dem auch viele Geistliche verkehrten. Er muss schon als Kind ein nachdenklicher Zuhörer gewesen sein. Vor allem machten die Jesuiten als seine Lehrer, Erzieher und Seelsorger in Amberg auf ihn einen bleibenden Eindruck. Seine Frömmigkeit blieb zeitlebens von seiner Mitgliedschaft in der Marianischen Kongregation geprägt. Er verehrte vor allem seinen dortigen Lehrer P. Joseph Kugler SJ (das Vorbild auch seiner jungen Mannesjahre als Seelenführer, Seminargründer und Regens) so sehr, dass er sich mit dem Gedanken trug, auch selber einmal in den Orden des hl. Ignatius einzutreten. Die Faszination war geistlich und intellektuell zugleich. Umso bestürzender erlebte der 13jährige Jesuitenschüler die Aufhebung der Gesellschaft Jesu (1773). Aus diesem Kindheitstrauma mag sich seine lebenslange „Obsession" erklären, die Weltpriester müssten spirituell und apostolisch die Lücken füllen, die durch die Vernichtung der Orden gerissen worden waren. P. Kugler wurde sein Vorgänger im neugegründeten Priesterseminar des ehemaligen Jesuitenkollegs St. Peter-Mittelmünster und sein erster „Schutzengel" aus der Gesellschaft Jesu.

Als kur-pfälzischer Stipendiat studierte er hochdistinguiert in Heidelberg (1778–1782), wo er schon nach einem Jahr das Doktorat der Philosophie erwarb. Er verzichtete auf eine theologische Doktorpromotion, weil er die erforderlichen Gebühren von 200 Gulden dafür nicht aufbringen konnte oder wollte. Dem Vorbild der Heidelberger Lazaristen, die der Kurfürst aus Frankreich an Stelle der Jesuiten gerufen hatte, verdankte der strebsame Alumne das spirituelle und apostolische Ideal, als „armer Landpfarrer" nach den evangelischen Räten zu leben. Diese Rechnung schien fünf Jahre lang aufzugehen. Aber da kam seinen idealistischen Plänen die Kant-Lektüre und wohl auch der „Kantianismus" in die

Quere. Deshalb musste ihm ein zweiter Schutzengel aus dem Jesuitenorden geschenkt werden.

Als ihn sein Vater in Pleystein an seine erste Hilfspriesterstelle in Kemnath bei Fuhrn bringen sollte, wollte der dortige Pfarrer von ihm nichts wissen, indem er Vater und Sohn zunächst ins benachbarte Wirtshaus wies.[5] Dieser beharrte auf seiner bischöflichen Beauftragung. Er war aber in Kemnath, ohne es zu wissen, auf P. Benedikt Stattler SJ (†1797), den ehemaligen renommierten Lehrer Michael Sailers in Ingolstadt gestoßen, den künftigen Verfasser des berühmten dreibändigen „Anti-Kant“[6]. Das wurde meines Wissens bislang in der Forschung nicht beachtet. Bekannt ist nur, dass sich der junge Vikar mit dem rauborstigen „Pfarrer“ bald eines hervorragenden Einvernehmens erfreute. Außerdem ist bekannt, dass Wittmann in seiner fünfjährigen Vikarszeit fleißig die frisch erschienenen Schriften Kants las und einzig klagte, dass es auf dem Lande schwer sei, an die Bücher heranzukommen. Seinen Vater bat er später einmal um einen Vorschuss aus seinem zu erwartenden Erbe, weil Bücher sehr kostspielig wären. Dieser empfahl ihm, sich möglichst bald um eine Pfarrei umzusehen, damit er mit einem besseren Einkommen rechnen könne.[7]

Wittmann muss in dieser Zeit und später als Professor und Subregens (1788–1802) die erschienenen Hauptschriften Kants gelesen haben: die „Kritik der reinen (1781) und der praktischen Vernunft (1788)“, die religionskritische Schrift „Religion innerhalb der Gränzen der Vernunft“ (1793) und die Abhandlung „Zum ewigen Frieden“ (1795). Der junge Subregens und Professor wurde wegen seiner Beschäftigung mit Kant auch im Regensburger Ordinariat gemeldet. Der Sachverhalt war folgender: Sein jüngerer Schüler und Kollege Johann Sebastian Job hatte am Regensburger Lyzeum Philosophie und vor allem Logik zu dozieren. Dieser fand die herkömmlichen Unterlagen von Christian Wolff (†1754) und übrigens auch von Benedikt Stattler (†1797) nicht mehr ausreichend und wollte für die

---

[5] Vgl. R. Mittermüller, Leben und Wirken des frommen Bischofes Michael Wittmann von Regensburg, Landshut 1859, 22.

[6] B. Stattler, Anti=Kant, Bd. 1; Anti=Kant, Bd. 2; Anhang zum Anti=Kant in einer Widerlegung der Kantischen Grundlegung zur Metaphysik der Sitten, Bd. 3, München 1788.

[7] Vgl. BKR Abt., CMW, „Bischof Wittmann ‚Rupert Mittermüller, Materialien und Texte‘“, II, 1–107, 53r; Wittmann, a.a.O., 96.

Vorlesungsarbeit auf die Schriften Kants zurückgreifen. Wittmann hielt ihm offensichtlich ein „Privatissimum", weil er einfach so belesen war, allem Anschein nach aber keine allgemein zugängliche Vorlesung, die ja seiner Dienstbeschreibung nicht entsprochen hätte. Sein Regens Martin Gräf verklagte ihn deshalb 1794, und Wittmann wäre um ein Haar degradiert worden (um wieder „ein armer Landpfarrer" zu werden), wenn er nicht durch seine Gelassenheit und Demut den damaligen Domdekan, den späteren Dompropst und „Statthalter" Benedikt Joseph Grafen von Thurn und Valsassina, beeindruckt hätte.[8] Wittmann vertrat damals die Auffassung, dass die erkenntnistheoretischen und logischen Schriften Kants durchaus in der Theologenausbildung verwendet werden könnten, solange man die christlichen Glaubensinhalte nicht durch die „Metaphysik" Kants ersetzen wolle. Job durfte übrigens nicht mehr nach Kant vortragen und wirkte später als Hofkaplan und Prinzenerzieher bei der Kaiserin Karoline in Wien. Auch wurde er nebenbei zum eigentlichen Gründer von Wittmanns „Armen Schulschwestern von Unserer Lieben Frau" (1834), einem missionsgeschichtlich nicht unbedeutenden Ereignis. Wittmann hielt sich aus dem akademischen Streit um Kant heraus, indem er sagte, dieser gehe die Zuständigen, das heißt vor allem die Vertreter des Faches Philosophie an. Dabei wolle er nur aufmerksam beobachten.[9]

## III.

Aus den Jahren 1798 ff. ist ein lateinisch gehaltener Briefwechsel mit François-Xavièr de Feller in Augsburg erhalten, aus dem hervorgeht, dass die beiden Korrespondenten Kanttexte („libelli") auszutauschen pflegten.[10] In den Briefen äußerte er das Verlangen, den hochbegabten, aus den

---

[8] Vgl. R. Mittermüller, Wittmann, a.a.O., 38: Höflichkeit des Domdekans, Isolation; 48f: Rolle des Domdekans Graf Thun.

[9] Wittmann, a.a.O., 96–103, 98: Er betätige sich als „tranquillus spectator". Die „Sinnlichkeitslehre" Kants halte er für keine Häresie. Er könne derzeit keine „Kantiana" schicken, weil das Seminar mit verwundeten Österreichern gefüllt sei: vgl. BZAR, Sammlung Witmann, 46–52, 50 (1798–1806) (14. April 1799).

[10] Vgl. BZAR, Sammlung Wittmann, 46–52, 50 (1798–1806): 7. Juli 1798; Wittmann, a.a.O., 97; 197.

österreichischen Niederlanden in Brüssel stammenden Exjesuiten (1735–1802), Polyhistor und Kontroverstheologen doch in der Nähe zu haben. Er sei schon jetzt für Regensburg sehr hilfreich gewesen. Feller hatte sich nach seiner Flucht vor den französischen Revolutionsheeren (1794) aus Brüssel zunächst nach Paderborn und dann nach Bartenstein im Schwäbischen begeben, um schließlich bei einer Reihe katholischer Reichsfürsten als angesehener Berater in Schulfragen tätig zu sein. Die Korrespondenz entwickelte sich zwischen Augsburg und Regensburg. Auf Wittmanns Haltung zu Kant dürfte der erheblich ältere Gelehrte einen gewissen, wenn auch vielleicht nur „bestätigenden" Einfluss ausgeübt zu haben. Wittmann scheint jetzt die Gefährlichkeit der Kantrezeption für Gesellschaft und Kirche erkannt zu haben. Jetzt, am 7. Juli 1798, schreibt er unversehens von „geheimen, dem Christentum feindseligen Machenschaften", über die aber der „Löwe Judas", das Lamm von Offb 5,5, siegen werde. Er spricht von der Gefährdung der Seelen durch Unglauben. Er bemerkt auch, dass Kants Transzedentalphilosophie nicht lange überdauern werde, wenn er nicht einen Nachfolger fände, der sein Werk von Grund auf revidieren würde.[11] Ob er dabei an Johann Gottlieb Fichte (†1814) dachte, den er einmal in seiner Zölibatsschrift (1804) als Kritiker der „Vulgäraufklärung" zitierte[12], ist momentan nicht zu belegen.

Dieser Feller sollte nun als dritter Exjesuit 1798 als „Schutzengel" im Leben Wittmanns wirken. Der Polyhistor und berühmte Kontroverstheologe vermochte 1798 beim ungnädigen Fürstbischof Joseph Konrad Freiherrn von Schroffenberg (†1803) unerwartet zu intervenieren und bewahrte Wittmann dadurch vor Schlimmerem. Die Sache kam so: Der Bischof war einer der wenigen unter den geistlichen Fürsten der Reichskirche, der die Gefahr der Säkularisation deutlich voraussah. Er wollte dem kommenden Elend durch einen 36 Seiten langen Hirtenbrief (vom 20. Mai 1798) begegnen.[13] Er meinte, man müsse der konkreten Bedrohung durch das revolutionäre Frankreich nun durch einen gesteigerten Patriotismus be-

[11] Vgl. BZAR, Sammlung Wittmann, 46–52, 50 (1798–1806): 14. April 1799: P. Francois Xavier de Feller; Wittmann, a.a.O., 97.

[12] Vgl. Wittmann, a.a.O., 213, 293 (Anhang V: Inhaltsangabe)

[13] Die gedruckte Textausgabe unter dem Titel „Regensburger Hirtenbrief" (1798): BKR, Abt, CMW, K 3, Adjuncta 1–100, Beilage 18, CMW, K 4, Adjuncta 101–131, Beilage 134 a.

gegnen. Die föderalistische Reichsverfassung dürfe auf keinen Fall durch revolutionäre Umtriebe zerstört werden, denn sie entspreche der „Natur" der Deutschen; sie dürfe daher nicht gewaltsam verändert werden. Er verstieg sich zu der Übertreibung, dass die Vaterlandsliebe der Inbegriff des christlichen Liebesgebotes insgesamt sei.[14] Dabei vergaß er, auf die eigentlich christliche Offenbarung einzugehen. Sein Elaborat erweckt den Eindruck, als habe er sich in seiner Diktion völlig an jenen Teil von Klerus und Volk gewandt, denen die neuentdeckte „Vernunft" ohnedies mehr galt als das christliche Mysterium. Er begnügte sich mit einem, wenn auch ehrlich gemeinten moralischen Appell. Das nannte nun Wittmann „Kantianismus", weil sich eben Immanuel Kant die Offenbarungskritik und den Deismus aus der rationalistischen Aufklärungsphilosophie zu eigen gemacht hatte, um sie adaptiert seinem System einzuordnen. Außerdem bezogen sich vor allem „Neologen", das heißt aufgeklärte Kleriker und Professoren, auf Kant.[15] Wittmann spielte wieder mit der „Degradierung" und packte bereits seine Koffer für den Posten eines „Supernumerarius" in der ländlichen Oberpfalz, genau seinen jugendlichen Idealen aus der Heidelberger Zeit entsprechend.

Schroffenberg fühlte sich wirklich verkannt und ungerecht behandelt. Denn seine Absicht war gut und seine Maßnahmen ehrenhaft. Obendrein hatte er schon kurz zuvor ungute Erfahrungen mit glaubenseifrigen Professoren gemacht, welche die allzu kantfreundlichen Veröffentlichungen im „Würzburger gelehrten Anzeiger" Nr. 36 und 37 (29. Oktober 1793) angeprangert hatten. Er hatte sich seinem dortigen Amtsbruder Fürstbischof Franz Ludwig von Erthal (†1795) gegenüber zu entschuldigen. Dieser schrieb nämlich empört, Würzburg sei schon allein in der Lage, für Ordnung in Glaubensdingen zu sorgen. Außerdem pflege er die alte Gewohnheit der klassische Diplomatie beizubehalten, nur auf gleicher Ebene zu verhandeln. Ein kleiner Professor und Subregens wäre demnach für ihn kein ebenbürtiger Partner gewesen. Diese Kontroverse hatte Joseph Konrad von Schroffenberg noch im Ohr. Es war nicht ganz abwegig, in

---

[14] Wittmann, a.a.O., 43; 71; 101.

[15] Eingabe zum Hirtenbrief (21. Juni 1798), in: BKR, Abt., CMW, K 3, Adjuncta 1–100, Beilage 19, 1–8. Kritik des Hirtenbriefs, in: BKR Abt., Wittmann Akten zu 1798, f. 52r–55r.

Wittmanns Zurechtweisung den Geist der „Figaros“ der Revolutionszeit zu vermuten, durch den man die bestehende Weltordnung bedroht sah.

Der Fürstbischof zeigte ihm offen seine Ungnade. Wittmann seinerseits wusste keinen Ausweg aus der Affäre, weil nach seiner Meinung auch ein Widerruf nicht in Frage kam. Da wurde er unversehens zu einem fürstlichen Mahl eingeladen, als ob nichts vorgefallen sei. Der Fürst beförderte dazu noch den rebellischen „Figaro“, indem er ihn kurz vor seinem Tod zum neuen Seminarregens machte.

## IV.

François Xavier de Feller hatte Fürsprache eingelegt. Von diesem hieß es, durch seine großen Enzyklopädien seien die Buchhändler reich geworden.[16] Er selber sei aber eine arme Kirchenmaus geblieben. So war er in seinen letzten Lebensjahren noch dankbar, dass ihm Bischof von Schroffenberg das Gastrecht und das Gnadenbrot gewährte. Wir wissen nicht, ob der Fürstbischof von seinem deistischen „Kantianismus“ abgerückt ist und Wittmanns Vorhaltungen eingesehen hat. Aber es hat hier den Anschein, dass der „Gastfreund“ aus der entmachteten „Gesellschaft Jesu“ und Wittmann, der „professorale Prophet“, an einem kleinen Bekehrungswerk mitgewirkt haben.

Wenn man den Gang der Dinge nach den Katastrophen von 1803, 1809, 1810, 1813/1814–1817 verfolgt, muss man Wittmann völlig Recht geben. Die Schäden der Säkularisation, der Kampfhandlungen Napoleons, des kriegsbedingten Elends und der zähen Kämpfe um die Wiederherstellung eines geordneten kirchlichen Lebens erforderten solche Anstrengungen, dass man sagen muss, die 36 Seiten Schroffenbergs seien völlig überflüssig gewesen. Wie das Rad der Geschichte wieder herumgedreht werden konnte, das zeigte Wittmann durch Glaubenstreue und legendäre Geduld. Er heilte die physischen, die intellektuellen und die geistlichen Wunden durch ein Viertel Jahrhundert rastlosen Apostolats, durch geistliche Nacht-

[16] Dictionarium (6 Bde.), Journal historique et littéraire (60 Bde.) als „Fundgruben der Gelehrsamkeit, kritischen Scharfsinns und Vertrautheit mit den Strömungen der Zeit“: Wittmann, a.a.O., 97.

wachen, durch seinen Mut, wie er sein Leben, wiederholt sterbenskrank, für die Armen riskierte, durch Predigt, Beichte, Unterricht und durch die ständige Diakonie in Lazaretten, Waisenhäusern, Altenasylen und Höhlen des Lasters. Davon hatte Kant nur eine schwache Ahnung, wenn er doppelsinnig sagte, „man müsse das Denken aufgeben, wenn man glauben wolle". Er hatte immerhin eingesehen, dass er seinem treuen Diener Lampe mit dem „Kategorischen Imperativ" Steine statt Brot gereicht hatte, mit denen der „gottselige" Mensch nichts anzufangen wusste.

Zu diesem Thema schrieb Wittmann einmal, die „transzendentale Sittenlehre" Immanuel Kants mit ihrer „autonomen" Normenfindung und dem „kategorischen Imperativ" könne nur für Atheisten als Wegweisung dienen, nicht für gläubige Christen.[17] In der „autonomen Sittlichkeit" sah er als Seelsorger ein Grundübel seiner Zeit. Kant hatte den Auszug aus der selbstverschuldeten Unmündigkeit als Ideal der „Aufklärung" gefordert.[18] Auch Wittmann kannte seinen „Exodus" wie jeder gläubige Israelit. Aber ihm diente der „Auszug aus Ägypten" als Zug zum Gottesberg, um dort das Volk Gottes offen und frei für die Gottesbotschaft und Gottesweisung zu machen. Nach seiner Auffassung hatten die Jakobiner der Revolution diese eigentliche Freiheit der Kinder Gottes trotz des Zauberwortes „liberté" verloren. In seinen schlichten „Beilagen" zum „Beichtbüchlein", einem klassischen Alterswerk unmittelbar vor seinem Tod, schrieb er indirekt eine Abrechnung mit dem Freiheitsbegriff der Französische Revolution und wohl auch mit dem von Immanuel Kant. Er stellte der „liberté", die er zur „Libertinage" entartet sah, die Kunst des Hörens im Sinn eines umfassenden Verständnisses des „Vierten Gebotes" gegenüber.[19] Darin erkannte er das Heilmittel für seine Zeit. Der Leser gestatte zum Abschluss ein Eigenzitat:

„Wittmann war unversehens zum Vorkämpfer gegen die philosophischen Irrtümer der Zeit geworden, weil er deren Auswirkung für das Gottes- und

[17] Zur Ethik Kants: „Ersetzung der revolutionären Freiheitsidee durch den wahren ‚Exodus'" in den Scholien zum „Beichtbüchlein" (Confessarius pro aetate juvenili, Sulzbach 1832), in: Wittmann, a.a.O., 239 ff.

[18] I. Kant, Beantwortung der Frage: Was ist Aufklärung, in: Was ist Aufklärung? Beiträge aus der Berlinischen Monatsschrift, hg. v.. N. Hinske, Darmstadt 1973, 452–465.

[19] Vgl. die „Beilagen (Scholien)", in: Wittmann, a.a.O., 91f; 239–241; 330–332 (Anhang XX: Inhaltsangaben): Familie-, Kirchen-, Staatsgehorsam.

Menschenbild der Christen, für den Charakter der jüdisch-christlichen Offenbarungsgeschichte, das Schriftverständnis und die Ekklesiologie erkannt hatte. Er hatte mit Klarheit erfasst, dass im Rahmen der Philosophie Kants ein mit den Menschen kommunizierender Bundesgott undenkbar wird; dass daher bei ihm die inspirierten Schriften den Charakter eines wirklichen Gotteswortes verlören; dass so ‚Kirche', sakramental verstanden, nicht mehr die Braut des Lammes, das himmlische Jerusalem oder das Zelt Gottes auf Erden sein konnte."[20]

Diese Erkenntnisse wurden für seinen „Kantianismus" maßgeblich. Deshalb wählte er als Exeget und Bibelübersetzter die „philosophia christiana" als Alternative – wie schon der hl. Klemens von Alexandrien († 215), der große Origenes († 254), der schwierige Tertullian († um 230), der hl. Kirchenvater Hieronymus († 420) und schließlich der unvergessliche Erasmus von Rotterdam († 1536).

---

[20] Wittmann, a.a.O., 101.

# Joseph Fessler und Franz Joseph Rudigier im Revolutionsjahr 1848 – ein Briefwechsel

*Walter Brandmüller*

In den Verfassern der hier edierten und kommentierten Briefe[1] begegnen uns zwei enge Freunde, die sich durch die gemeinsame Herkunft aus dem alemannischen Vorarlberg wie auch durch den gleichen Bildungsgang verbunden wussten. Dieser führte sie nach den Gymnasialstudien erst nach Brixen und dann nach Wien. In Brixen war nach der 1822 erfolgten Auflösung der Innsbrucker theologischen Fakultät eine bischöfliche theologische Lehranstalt errichtet worden, die sich unter den Fürstbischöfen Franz von Lodron und Bernhard Galura alsbald zu einem gleichermaßen wissenschaftlich respektablen wie der kirchlichen Lehre und Gesinnung verpflichteten Zentrum der Priesterausbildung entwickelte.[2] Rudigier[3] wie Feßler[4] studierten dort und wurden dort zum Priester

---

[1] Es handelt sich um einen Brief Feßlers an Rudigier vom 28. 4. 1848, der sich im Diözesanarchiv Linz Bi-A15, Sch. 4 Fasz. 5b befindet, der Antwortbrief Rudigiers an Feßler vom 9. 9. 48 befindet sich im Diözesanarchiv St. Pölten, Nachlaß Feßler. Den Leitern beider Archive, Frau Dr. Würtinger und Herrn Dr. Aigner, sei für freundliche Hilfe vielmals gedankt.

[2] J. Gelmi, Die Beziehungen zu Tirol, in: R. Zinnhobler (Hg.), Bischof Franz Joseph Rudigier und seine Zeit, Linz 1987, 23–29, hier 24–28. Zu Lodron ders., Die Brixener Bischöfe in der Geschichte Tirols, Bozen 1984, 215–226; J. Baur, Das Brixener Priesterseminar, Brixen 1975. Das Priesterseminar zu Brixen gilt als das „geistige Zentrum des Antijosephinismus", und dessen Schüler „bildeten den Kern einer neuen Generation des österreichischen Klerus, der die Verbindung mit dem Staat weitgehend lösen wollte" (H. Rumpler, Eine Chance für Mitteleuropa. Bürgerliche Emanzipation und Staatsverfall in der Habsburgermonarchie, in: Österreichische Geschichte 1804–1918, hg. v. H. Wolfram, Wien 1997, 343; vgl. P. Leisching, Die römisch-katholische Kirche in Cisleithanien, in: A. Wandruschka – P. Urbanitsch, Die Habsburgermonarchie 1848–1918, IV Wien 1–247, hier: 15–22.

[3] R. Zinnhobler, Rudigier, in: E. Gatz (Hg.), Die Bischöfe der deutschsprachigen Länder 1785/1803 bis 1945 (= Gatz), Berlin 1983, 634–636, und der in Anm. 2 genannte Sammelband.

[4] F. Schragl, Feßler, in: Gatz 184–187; ders., Geschichte der Diözese St. Pölten, St. Pölten 1985, 151–154.

geweiht, Rudigier 1835, Feßler zwei Jahre nach ihm. Beide setzten ihre Studien in Wien fort, wo sie in die von Jakob Frint 1816 gegründete „K. u. K. Höhere Bildungsanstalt für Weltpriester zum hl. Augustinus“ – Frintaneum genannt – eintraten. Hier besuchten sie Vorlesungen an der Wiener theologischen Fakultät, aber auch hausinterne Lehrveranstaltungen.[5] Wiederum folgte Feßler im Abstand von zwei Jahren Rudigier nach.

Durch ihren Aufenthalt im Frintaneum kamen beide Freunde in Kontakt mit der klerikalen Elite der Monarchie. Aus der Anstalt gingen im Laufe der Jahre mehr als tausend Absolventen hervor, von denen die meisten bald führende Stellungen einnahmen. Etwa hundert von ihnen wurden Bischöfe, darunter Rudigier und Feßler.[6]

Die meisten der in unseren Briefen erwähnten österreichischen Kleriker stammten aus diesem Umkreis und waren miteinander befreundet. Eine besonders enge Freundschaft verband die drei künftigen Bischöfe Rudigier, Feßler und Gasser.[7]

Rudigier wurde nun, nachdem er von 1839 an in Brixen Kirchengeschichte und Kirchenrecht gelehrt hatte, 1845 an das Frintaneum zurückberufen, um das Amt des „Spiritualdirektors“ zu übernehmen. In dieser Eigenschaft oblag ihm die religiös-charakterliche Bildung der Institutsmitglieder. Überdies war mit seinem Amt auch das eines Hofkaplans verbunden, womit ihm der Zugang zu den Kreisen des Kaiserhofes offenstand.[8] Hier in Wien – und aus der Perspektive des Hofes – erlebte und sah Rudigier auch die Märzereignisse und ihre Folgen[9], von hier schreibt er auch seinen Brief an Feßler vom 9. September 1848.

Feßler hingegen befand sich zum Zeitpunkt der Absendung seines Briefes an Rudigier vom 28. April noch in Brixen, wo er, wie zuvor sein Freund, Kirchenrecht und Kirchengeschichte lehrte. Nach seiner Wahl in das Paulskirchenparlament[10] begab er sich nach Frankfurt, wo ihn

---

[5] J. Weißensteiner, Die Jahre in Wien, in: Zinnhobler, Bischof 30–31 (mit Lit.).

[6] Ebd.; vgl. E. Hosp, Zwischen Aufklärung und katholischer Reform. Jakob Frint, Bischof von St. Pölten, Gründer des Frintaneums in Wien, Wien–München 1962.

[7] J. Gelmi, Gasser, in: Gatz, 233–236.

[8] J. Weißensteiner, Die Jahre in Wien, a.a.O., 31–39.

[9] H. Rumpler, Eine Chance für Mitteleuropa, a.a.O., 261–286.

[10] Den Anstoß zu seiner Kandidatur hatte der Vorarlberger Kreishauptmann Johann Ebner Ritter von Roferstein gegeben. Dieser informierte Feßler über den Ausgang der Wahlen vom 8. Mai

Rudigiers Brief vom 9. September erreichte. Ihrer Natur nach sind beide sehr private Briefe zweier enger Freunde und Gesinnungsgenossen. Der Umstand, dass beide in ihren späteren Jahren als Bischöfe eine herausragende Rolle spielen sollten und Feßler sogar als Sekretär des 1. Vatikanischen Konzils besondere Bedeutung erlangte, sichert ihren beiden Briefen zunächst und zumindest einen gewissen biographischen Wert.

Über die großen Ereignisse dieses bewegten Jahres ist zweifellos aus den Briefen weit geringerer Aufschluß zu erwarten. Ihr eigentlicher Quellenwert dürfte sich vielmehr – im Sinne einer Microstoria – dann erschließen, wenn wir an die Briefe die Frage stellen, wie zwei jüngere, vielversprechende Priester und Theologen die sich in ihrem Umfeld ereignenden Umwälzungen wahrgenommen und interpretiert haben.

## I

Wenden wir uns zunächst Feßlers Brief zu. Hier begegnet dem Leser ein Lehrer der Theologie, der, offenbar mit der Abfassung eines Werkes über Augustinus beschäftigt, durch die politischen Ereignisse in seiner Arbeit unterbrochen wird. Soweit zu sehen, ist ein solches Werk aus Feßlers Feder niemals erschienen. Die revolutionäre Unruhe scheint in der Tat auf die Brixener Theologiestudenten in solchem Maße übergegriffen zu haben, dass deren Professoren genug zu tun hatten, um die Ordnung im Seminar aufrecht zu erhalten.[11]

---

in einem undatierten Brief: „Herr Stülz bekam von 108 Stimmen im I. Scrutinium 58 Stimmen als Abgeordneter, Dr. Schmid 41, die übrigen verworfen. Euer Hochwürden als I. Ersazmann [!] aus 107 Stimmen 59, Dr. Schmid 40. Herr Custos Bergmann im I. Scrutinium als II. Ersazmann aus 102 Stimmen 60, Dr. Schmid 38. Da nun Herr Jodok Stülz in der traurigen Voraussetzung, die Wähler und Wähler in Frankfurt würden ihm als Mönch das Predicat der Selbstständigkeit ganz bestimmt absprechen, sich dieser Schmach nicht bloß stellen, folglich keine Wahl, die auf ihn fiele, annehmen zu wollen erklärt hat, so müssen nun Euer Hochwürden in den sauren Apfel beißen, und den deutschen-polnischen Landtag besuchen. Die liberale Partei in Vorarlberg schimpft laut, dass die Wälder- und [Bregenzerwälder]bauern so dumm waren, einen Pf-[affen!] zu wählen!!! So weit haben wirs schon mit der Aufklärung gebracht ..." (DA St. Pölten, Nachlaß Feßler). Vgl. die Aufzeichnungen Fessler betreffend in: Ebner-Tagebuch 1848 transcritiert von J. Wegscheider, ed. G. u. R. Tiefenthaler, Feldkirch 1998, 58f, 73.

Zu den Vorgängen vgl. B. Bilgeri, Geschichte Vorarlbergs IV, Wien-Köln-Graz 1982, 307–314.

11 Zu den revolutionären Vorgängen vgl. E. Niederhauser, 1848 – Sturm im Habsburgerreich, Wien 1990, 40–51; L. Höbelt, 1848 – Österreich und die deutsche Revolution, Wien-München 1998.

Nun war auch im Veneto und in der Lombardei der Aufstand gegen die österreichische Herrschaft ausgebrochen.[12] Hatte sich Venedig am 17. März erhoben, so folgte die Mailänder Bevölkerung und vertrieb die Österreicher aus ihrer Stadt. Carlo Alberto von Piemont-Sardinien stellte sich an die Spitze des Aufstands und erklärte Österreich am 24. März den Krieg – Radetzky musste sich in das Festungsviereck Verona, Mantua, Peschiera und Legnago zurückziehen. Sollte nun dem bedrängten österreichischen Heer Verstärkung zugeführt werden, so konnte dies nur mehr über das Etschtal geschehen. Damit kam Tirol entscheidende strategische Bedeutung zu.[13]

So kam es, dass auch Brixen von den Ereignissen berührt wurde, als sich die Anfang April in Wien gebildete Kompanie Tiroler und Vorarlberger Studenten unter ihrem Hauptmann Adolf Pichler am 14. April in Richtung Tirol in Marsch setzte.

Das für Tirol und Vorarlberg zuständige Gubernium zu Innsbruck, das die Studenten als „brutale Barrikadenmänner“ ansah, leitete deren Marsch über Graz, Klagenfurt und Lienz nach Brixen, wo diese in den Tagen vor Abfassung von Feßlers Brief ankamen. Am 27. April traf auch noch die Innsbrucker Studentenkompagnie ein, die in Brixen einen Rasttag einlegte.[14] „Fast täglich ziehen hier Kompagnien durch“, schreibt Feßler, und Fürstbischof Galura wurde stets um den Segen für die Soldaten gebeten. Die Studentenkompagnien – also doch nicht gar so „brutale Barrikadenmänner“ – baten um eine hl. Messe im Dom, die der Fürstbischof gerne zelebrierte. Im übrigen beherbergte er in der Hofburg den berühmten Pater Haspinger, der, einst Kampfgefährte Andreas Hofers, nunmehr mit 72 Jahren als „Feldpater“ mit den Studenten zog.

Es ist schwer auszumachen, welcher Art die Unruhe war, die sie alle erfasst hatte. Möglicherweise vermischten sich tatsächlich revolutionäre Elemente mit anti-italienischer, nationaler Begeisterung. All dies ist wohl

---

[12] J. Fontana, Von der Restauration bis zur Revolution 1814–1848, in: Geschichte des Landes Tirol II, Bozen-Innsbruck-Wien 1986, 693–698.

[13] Ebd., 699.

[14] Ebd., 701.

selbst an den Professoren des Brixener Priesterseminars nicht spurlos vorübergegangen.[15]

Hinzu kam noch die bevorstehende Wahl für die Frankfurter Nationalversammlung, die gleichfalls in Tirol Wellen schlug. Was in dem katholischen Land zusätzlich Verwirrung stiftete, waren die Nachrichten über die Haltung von Papst Pius IX. zum österreichisch-italienischen Krieg. Hatte Pius IX. am 24. März ein päpstliches Truppenkontingent unter General Giovanni Durando in Marsch gesetzt, lediglich um die Nordgrenze des Kirchenstaates zu sichern, so war Durando, ein Piemontese, doch entschlossen, sich nicht mit reiner Defensive zu begnügen. Er wollte vielmehr den Papst auf der Seite Piemonts in den Krieg gegen Österreich hineinziehen. Entsprechende österreichfeindliche Erklärungen, die Durando verbreiten ließ, wiesen in diese Richtung. Damit handelte er gegen den Willen des Papstes, auf den nun das Odium fiel, der Oberste Hirte der Kirche wolle gegen das katholische Österreich Krieg führen.

Der Gedanke, dergestalt vom Papst gleichsam verstoßen zu werden, rief unter den österreichischen Katholiken[16], die sich in einem schwer lösbaren Loyalitätskonflikt sahen, nicht geringe Aufregung hervor. In dieser Situation gelang es – offenbar wirkte Feßler hierbei maßgeblich mit –, durch eine massenhaft verbreitete Flugschrift die Gemüter zu beruhigen. Das war im übrigen auch aus nationalem Interesse geboten, hätten doch ultramontan orientierte Kreise ernstlich gezögert, sich an einem Krieg gegen den Papst zu beteiligen.[17]

Für eine eingehendere Stimmungsanalyse verweist Feßler in seinem Brief auf einen Artikel in der Allgemeinen Zeitung vom 25. April, als dessen Verfasser er – fälschlich – einen „bayerischen protestantischen Professor Ludhardt“ nennt. In Wahrheit hieß er Lutteroth und war kaum ein „bayerischer Professor“, sondern wohl mit dem deutschstämmigen, in Paris lebenden Schriftsteller und Dichter dieses Namens identisch.

---

[15] Darauf scheint sich Feßlers Bemerkung zu beziehen, “Metzler und Steger, vielleicht auch Stadler, dürften kaum haltbar seyn“ – es ist von „Änderungen“ „in unserer Theologie“ die Rede (vgl. Fessler Brief, Anm. 21).

[16] Vgl. J. Fontana, Von der Restauration bis zur Revolution, a.a.O., 704.

[17] Einzelheiten zu Pius‘ IX. Haltung bieten E. E. Y. Hales, Papst Pius IX. Politik und Religion, Graz – Wien – Köln 1957, 98–105; G. Martina, Pio IX (1846–1850) = Miscellanea Historiae Pontificiae 38, Roma 1974, 229–244; R. de Mattel, Pio IX, Casale Monferrato 2000, 47–51.

Dessen „Gastfreund“ und „Bruder Martinus“ genannte Gesprächspartner waren – so Feßler, der dies wohl von den Betroffenen erfahren hatte – die Innsbrucker Professoren Schenach (Gastfreund) und Flir (Bruder Martinus).

Ihnen zufolge waren die Tiroler keineswegs bereit, für die Ansprüche Wiens auf die italienischen Besitzungen zu Felde zu ziehen. Ja, die Heimat zu verteidigen, sei man wohl bereit. Aber die sah man noch lange nicht bedroht. Insbesondere „Bruder Martinus“ zeigte offen Verständnis für die italienischen Unabhängigkeitsbestrebungen. Interessant auch, dass die Beobachtungen Lutteroths mit Feßlers Einschätzung übereinstimmen: „Dagegen kann man bald ein anderes Argument hören: Der Papst hilft den Wälschen, also muß der Krieg des Kaisers ein ungerechter seyn; gegen den Papst ziehen wir nicht.“ Lutteroth fügte hinzu: „Nur im Unterinnthal zieht man hie und da den entgegengesetzten Schluß: Also taugt der Papst nichts. Aber das ist eine Seltenheit im frommen Tirol.“

Inbesondere aber stellt der Artikelschreiber fest, dass die Tiroler an dem, was „draußen“ – also in Deutschland – vor sich geht, kaum interessiert waren. An Revolution dachte man nicht.

Feßler erweist sich in diesem Brief als kaisertreuer Österreicher, der sowohl dem italienischen Risorgimento als auch den liberalen, revolutionären Bestrebungen entschieden ablehnend gegenübersteht. Von ihnen befürchtet er gar den „Einsturz des ganzen sozialen und politischen Gebäudes“.

In diesem Lichte sieht der Brixener Professor auch seine widerstrebend angenommene Rolle als Abgeordneter der Frankfurter Nationalversammlung. Er machte sich hinsichtlich irgendwelcher Möglichkeiten der Einflußnahme auf das dortige Geschehen keinerlei Illusionen. Er glaubte nicht, „dass ein guter katholischer Christ dortfalls irgendetwas ausrichte.“ Immerhin meinte Feßler, die Abgeordneten „über die wahre Gesinnung in Tirol und Vorarlberg“ aufklären zu können und dazu beizutragen, dass nicht „höchst zweideutige und völlig radikale Deputierte nach Frankfurt gelangten.“

Dementsprechend ist Feßler – von zwei völlig unbedeutenden Wortmeldungen abgesehen – im Parlament nie als Redner aufgetreten.[18] Seine Tätigkeit beschränkte sich auf die Berichterstattung an Ebner von Roferstein und an das Medium, das seine Korrespondenzen veröffentlichte.

II

Den zweiten hier abgedruckten Brief schrieb Rudigier am 9. September aus Wien an den noch in Frankfurt weilenden Feßler. In Wien herrschten seit dem Rücktritt des Fürsten Metternich Mitte März revolutionäre Zustände. Am 25. April war die kurzlebige, von dem Minister Franz von Pittersdorf ausgearbeitete „Oktroyierte Verfassung" in Kraft gesetzt worden, und im Sommer verfügte drastische Lohnkürzungen hatten am 19. August zu einem Arbeiter-Aufstand geführt. Die Nationalgarde, die einst Seite an Seite mit den Arbeitern den Sturz Metternichs herbeigeführt hatte, hatte auf die einstigen Bundesgenossen das Feuer eröffnet. Zweiundzwanzig Tote und fast dreihundert Verletzte waren die Opfer. Weit davon entfernt, damit Ruhe geschaffen zu haben, führte diese Gewaltanwendung in den Tagen vom 11.–13. September zu neuen revolutionären Demonstrationen.

Es ist einigermaßen erstaunlich, dass in Rudigiers Brief all das keinerlei Erwähnung findet. Lediglich die Vorgänge in Ungarn finden sein Interesse. Aber auch diese nur insofern, als sie die Fortexistenz des Frintaneums betreffen. Die Ungarische Regierung hatte nämlich angekündigt, dem Institut die seither gewährten finanziellen Zuwendungen vom 1. November an zu entziehen. Nachdem aber zu erwarten stand, dass der Kaiser Gesetzesvorschläge, die ihm eine ungarische Deputation zur Genehmigung unterbreiten wollte, nicht anzunehmen gesonnen war, meinte Rudigier wohl, dass mit dem Ministerium auch dessen gegen das Frintaneum gerichtete Pläne zu Fall kommen würden.

---

18 Reden für die deutsche Nation 1848/1849. Stenographischer Bericht über die Verhandlungen der deutschen constituirenden Nationalversammlung zu Frankfurt am Main. Neu vorgelegt und mit einer Einführung versehen von Christoph Stoll, I München 1979, 72, 210. Außerdem wurde Feßler in den „Ausschuss für die Prioritätsfrage hinsichtlich der vorliegenden Anträge" gewählt (ebd., 89).

Indes war Rudigiers Einschätzung der ungarischen Situation doch viel zu optimistisch. Hatte er gemeint, die Armee des kaisertreuen kroatischen Banus und Generals Jellačič werde leichtes Spiel mit den revolutionären Truppen Kossuths haben, so erlag er damit einer Fehleinschätzung. Es war Kossuth, der Jellačič bei Schwechat schlug, während es diesem erst im Oktober gelang, der Revolution in Wien Herr zu werden.

Rudigiers Mitteilungen und Meinungen über politische Vorgänge selbst von solcher Tragweite treten jedoch in seinem Brief deutlich in den Hintergrund.

Was ihn vielmehr beschäftigte, ist der theologische Lehrbetrieb, die Priesterausbildung, der Fortbestand des Frintaneums und die akademische Personalpolitik. Dies nicht zuletzt im Hinblick auf seine eigene berufliche Laufbahn, die wie jene des Frintaneums in Frage gestellt war. In dieser Situation schien es Galura, Feigerle, Zenner und anderen angebracht, Rudigier zu raten, sich um die freigewordene Propstei Innichen zu bewerben, was dieser dann auch tat[19].

Vergleicht man die eher distanzierte Beobachtung der politischen Umbrüche seiner Tage mit dem energischen kirchenpolitischen Handeln des Bischofs Rudigier der späteren Jahre, so kann man eine erstaunliche Entwicklung konstatieren. Diese mag nicht nur in einem persönlichen Reifeprozeß ihren Grund haben, auch das politische Umfeld der Nachrevolutionszeit, der „Neoabsolutismus" der fünfziger und sechziger Jahre des Jahrhunderts mögen dazu beigetragen haben.

Was aus den beiden hier publizierten Briefen ebenso ersichtlich wird, ist die Bedeutung der anfangs genannten Priesterausbildungsstätten Brixen und Wien für die Schaffung und die Bedeutung einer zahlenmäßig nicht einmal geringen klerikalen Elite, innerhalb derer die Tiroler, die ehemaligen Brixener Studenten, für die kirchliche Erneuerung Österreichs besondere Bedeutung erlangt haben.

---

[19] Vgl. zu den genannten Namen und Ereignissen die Anmerkungen zu Rudigiers Brief.

Feßler an Rudigier, 28. April 1848

*Theuerster Freund!*
*Ich will dir nun lieber einige Zeilen fragmentarisch schreiben als dich noch länger auf deine Schreiben vom 11. Februar und vom 8. dieses Monats*[20] *auf eine ordentliche Antwort warten lassen. Denn zu einer solchen komme ich gar nicht mehr. Früher zögerte ich mit der Antwort, weil ich Dir gern die Vollendung des hl. Augustinus*[21] *berichtet hätte. Seit dem 19. März bis heute habe ich aber lediglich nichts mehr arbeiten können. Die Mühe, unsere Theologen in Ruhe und Ordnung zu erhalten, was uns auch bis jetzt gottlob wohl gelungen ist, obwohl in den letzten Tagen das Tiroler Studenten-Korps*[22] *aus Wien durchzog, gestern die Innsbrucker Studenten-Kompagnie*[23] *hier ankam, heute aber hier Rasttag hält (mit Georg Schenach als Feldpater*[24]*); Ferners die Konsistorial-Sitzungen wobei Gasser*[25] *und ich jetzt meistens beigezogen werden, um die Erlasse an Klerus und Volk zu berathen und auszuarbeiten, welche jetzt so häufig theils zur Erhaltung der Ruhe und auch theils zur Aufklärung <S. 2> irriger, durch Emissäre der Umsturzparthei und andere böswillige Leute im Lande verbreiteter Ansichten, theils zur Landesvertheidigung notwendig sind, und dergleichen lassen mir ordentlicher Weise gar keinen freien Augenblick übrig. Nun bin ich auch noch vom Kreishauptmann Ebner*[26] *aufgefordert, als Wahlkandidat für Frankfurt aufzutreten*[27]*, und habe auch bereits für den Fall, dass ich gewählt werde, die Annahme der Wahl zugesichert, nicht als wenn ich hoffte, dass ein guter katholischer*

[20] Nach Auskunft von Herrn Archivdirektor Dr. Thomas Aigner, St. Pölten, ist keiner der beiden erwähnten Briefe im dortigen Diözesanarchiv zu finden.

[21] Offenbar arbeitete Feßler an einem allerdings nie erschienenen Werk über Augustinus. Vgl. Schriftenverzeichnis bei Schragl, Feßler, in: Gatz, 187.

[22] Hierzu Einleitung.

[23] Vgl. Einleitung.

[24] Georg Schenach (1810–1859) war seit 1843 Professor d. Philosophie in Innsbruck, seit 1857 in Wien – „ein Priester und Lehrer von ausgezeichnetem Ruf" (C. v. Wurzbach, Biographisches Lexikon des Kaisertums Österreich, Wien 1856–1891, 29, 197–198).

[25] Vincenz Gasser (1809–1879), seit 1836 Professor für Altes Testament, 1849 für Dogmatik am Seminar von Brixen, 1856 Fürstbischof dortselbst. Bedeutend wurde sein Beitrag zum I. Vatikanischen Konzil – entschiedener Gegner des österreichischen Staatskirchentums und enger Verbündeter und Freund von Rudigier und Feßler (Gatz, 233–236).

[26] Vgl. Einleitung.

[27] Vgl. Einleitung.

*Christ dortfalls irgendwas ausrichte, sondern nur damit die Leute dort draußen über die wahre Gesinnung in Tirol und Vorarlberg aufgeklärt werden, und nicht, wie der Herr Kreishauptmann sehr besorgt, höchst zweideutige und völlig radikale Deputierte nach Frankfurt gelangen. Ich bin übrigens sowohl im oberen als auch im unteren Vorarlberg als Deputierter vorgeschlagen, mit wieviel Aussicht auf Erfolg, kann ich noch nicht sagen. Gehen würde ich äußerst ungern. Ich bitte dieses auch Herrn Canonicus Zenner*[28] *mitzutheilen, und wenn es leicht seyn kann, Seine und Deine Ansicht darüber mir mitzutheilen. <S. 3>*

*Was soll ich Dir über die Stimmung des Landes mittheilen. In Tirol ist sie gut, die liberale Parthei eher im Abnehmen, als im Zunehmen begriffen; Selbst Dr. Schuler*[29] *neigt sich stark zur konservativen Parthei und will vom Jesuiten-Austreiben nichts mehr wissen. Sollte es von einigen Tollköpfen versucht werden, dass sie, welche immer und immer die Freiheit im Munde führen, gegen Ligorianer*[30] *und Jesuiten Gewalt brauchen wollten, so würden allen Nachrichten zufolge die Bauern um Innsbruck zum Schutz der bedrohten Mönche sich erheben und ein gewaltsamer Conflikt erfolgen. Das Volk hängt fest an seiner Religion; selbst in dieser Gegend, wo doch die Bauern so gedrückt sind, ist bis jetzt Alles vollkommen ruhig geblieben, und einige Versuche, die Bauern gegen die Herren aufzustacheln, sind an dem gesunden Sinn des Volkes gescheitert. In diesem Volk ist ein tüchtiger Kern.*

*Die Nachrichten von der Haltung des Papstes im italienischen Krieg*[31]*, die schnell unter das Volk geworfen wurden, drohten einen Augenblick die Leute hier zu Land zu verwirren, eine hier gedruckte, in Tausenden von Exemplaren über das ganze Land verbreitete Berichtigung hat treffliche Wirkung hervorgebracht. Die Leute sind nun zum Kampf gegen die Wälschen*[32] *be-*

---

[28] Franz Xaver Zenner (1794–1861). „Einer jener seltenen ehrwürdigen Priester, die nur durch die Heiligkeit ihres Wandels und gänzliche Anspruchslosigkeit ihres Wesens ein Vorbild bleiben für alle Zeiten." 1820 Dr. theol. Wien, 1826 Direktor des Klerikalseminars, 1847 Hofrat, 1850 Weihbischof (vgl. C. v. Wurzbach, Biographisches Lexikon des Kaisertums Österreich, a.a.O., 39, 322–323).

[29] Dr. Johannes Schuler, „Vater des Tiroler Liberalismus, vollzog eine Kehrtwendung und schloß sich in Frankfurt den Rechten an" (Fontana, 708).

[30] Gemeint sind die Mitglieder des vom Hl. Alfonso de' Liguori gegründeten Redemptistenordens (CSSR).

[31] Vgl. Einleitung.

[32] Gemeint sind die Italiener.

*reit; fast täglich ziehen hier Kompagnien durch, die jedesmal den Bischof*[33] *um seinen Segen bitten, den er ihnen auch allemal bereitwillig und mit einer kleinen Predigt ertheilt. Die Studenten-Kompagnien (sowohl die Wiener als Innbrucker) haben ihn um eine heilige Messe in der Domkirche gebeten, die er ihnen auch las. Haspinger*[34] *war beim Fürst-Bischof einlogiert. Politisch zeigt sich nicht viele Theilnahme, die Leute verstehen natürlich von allen diesen Dingen ganz wenig. Willst Du über Tirol Mehreres wissen, so lies die Augsburger Allgemeine Zeitung vom 25. April Beilage*[35]*, wo ein größerer Artikel über Tirolische Verhältnisse vorkommt, von dem bayerischen protestantischen Professor Ludhart*[36]*, der kürzlich hier durchreiste und nun in diesem Artikel vertrauliche Mittheilungen indiskret ausplaudert. Der Gastfreund in diesem Artikel ist Prof. Georg Schenach*[37]*, Bruder Martinus aber Prof. Flir.*[38] *In Vorarlberg ist, besonders im unteren Theil, die Stimmung sehr schlecht, auch in Feldkirch durch die Fabrik-Inhaber und Arbeiter; überhaupt werden die Zustände von Tag zu Tag mit Riesenschritten schlimmer; ich bin auf den völligen Einsturz des ganzen sozialen und politischen Gebäudes gefaßt (so v. Ebner).*

*Meine ehrfurchtsvolle Verehrung an Herrn Canonicus Zenner*[39]*, sowie an Deine Herren Collegen.*

---

[33] Fürstbischof Berhard Galura (1764–1856), seit 1829 Fürstbischof von Brixen (J. Gelmi, in: Gatz, 229–231; ders., Geschichte der Kirche in Tirol, Innsbruck 2001, 296–300).

[34] Gemeint ist in der Tat der Kampfgenosse Andreas Hofers, Joachim Haspinger (1776–1858). Seit 1802 Kapuziner, 1810 Seelsorgstätigkeit in der Diözese Wien. Im Jahre 1848 zog er – 72 Jahre alt – mit der Wiener Studentenkompagnie ins Feld (ÖBL II 203f.).

[35] Der Artikel ist mit „Vierzehn Tage in Tirol" überschrieben und in der Allgemeinen Zeitung vom 25. April 1848, Beilage Nr. 116, S. 1850–1852 erschienen. Im Redaktionsexemplar der AZ ist als Verfasser von Hand am Rande ein Professor Luttheroth aus München angegeben (Frdl. Auskunft von Herrn Dr. Fischer, Deutsches Literaturarchiv Marbach). Ein Professor dieses Namens ist allerdings (laut frdl. Auskunft des Universitätsarchivs München) in München nicht nachzuweisen. Gemeint ist darum wohl der in Leipzig geborene und in Paris lebende Schriftsteller und Dichter Askanius Heinrich Theodor Lutteroth gemeint (BBKL 5, 486–487).

[36] Gemeint ist Lutteroth, vgl. Anm. 16.

[37] Vgl. Anm. 5.

[38] Alois Kasimir Flir (1805–1859), seit 1835 Professor der Klassischen Philologie und Aesthetik in Innsbruck, Rektor von S. Maria dell'Anima in Rom 1853–1859 (J. Schmidlin, Geschichte der deutschen Nationalkirche in Rom S. Maria dell'Anima, Freiburg i. B. 1906, 741–761; ÖBL I 330).

[39] Vgl. Anm. 9.

*In unserer Theologie dürften vielleicht (unter uns gesagt) auch Änderungen bevorstehen. Metzler und Steger, vielleicht auch Stadler, dürften kaum haltbar seyn, wenn schon in den höchsten Regionen die Sache noch nicht zur Sprache kam.*[40]

*Brixen, 28. April 1848*
*Dein Freund Joseph Feßler*

*N. in der Schweiz sieht es nach wiederholten Briefen, die ich daher von besonnenen Männern erhielt, ganz elend aus; das katholische Volk niedergetreten – alle Klöster der Aufhebung ganz nahe – eine völlige Schreckensherrschaft in den katholischen Gebietstheilen. Mons. xxx*[41] *spielt gemäß einem mir im Vertrauen mitgetheilten offiziellen Dokument an die Tagsatzung vom 9. April eine sehr zweideutige Rolle.*

---

auf S. 2 Rand:

*Die Frage wegen Lehr- und Lern(?)freiheit fängt an auch uns zu berühren und zwar von unten herauf – wie mag es wohl mit den bischöflichen Lehranstalten gehen?*
*N. Collega Gasser ist Wahlkandidat für den I. Wahlbezirk im Pusterthal. Flir ist ebenfalls Wahlkandidat für den I. Wahlbezirk im Oberinnthal.*

*Grüße von Hofmann*[42], *Prof. Schenach*[43], *Gasser etc.*

---

40 Allem Anschein nach sind die Professoren Franz Stadler, Johann Steger und Jodok Mätzler gemeint (*Schematismus Brixen*, 9f.).

41 Nicht ermittelt: Es gab derzeit keinen schweizerischen Bischof oder Generalvikar mit Namen Luque. Allenfalls ein Churer Domkapitular?

42 Vermutlich Joseph Anton Vincenz Hofmann (1800–1863) seit 1846 Konsistorialrat, Prof. der Moraltheologie und Pädagogogik in Brixen, dort 1854 Domkapitular (ÖBL II 382).

43 Vgl. Anm. 5.

Rudigier, Wien, 9. September 1848

*Mein theurer Freund!*
*Es ist dir ohne Zweifel unerklärlich, warum ich dein Schreiben v. 28. April d. Js. bis jetzt unbeantwortet ließ. Es ist auch mir unerklärlich; es ließe sich wohl Einiges zu meiner Entschuldigung anführen, z.B. meine lange Ungewißheit über meine künftige Bestimmung u. dgl., doch ich will lieber gleich an deine Großmuth appellieren, als mich entschuldigen, und hoffe um so mehr Nachsicht, als ich genug gestraft bin für meine Nachläßigkeit dadurch, dass ich von Frankfurt keine Briefe erhielt. Heute aber will ich schreiben, nicht nur um die lang versäumte Pflicht zu erfüllen, sondern auch um noch aus Wien u. nach Frankfurt an dich schreiben zu können, aus einer Europäischen Großstadt, die in der Geschichte des Jahres 1848 so merkwürdig geworden, in eine andere Europäische Großstadt, die in diesem Jahre nicht minder – zu einem Deputirten muß ich sagen, noch mehr – merkwürdig geworden; denn es ist heute einer der letzten Tage meines Aufenthaltes in Wien, u. nach Bergmanns*[44] *Bericht dürfte der Tag, an dem dieses Schreiben dich findet, einer der letzten deines Aufenthaltes in Frankfurt sein. Du mußt bald wieder in dem bescheidenen Brixen wohnen, u. ich werde meine Wohnung in dem noch bescheideneren Innichen aufschlagen.*

*Empfange nachträglich meinen Glückwunsch zu der Wahl nach Frankfurt. Die Zeitungen haben in den Artikeln aus Frankfurt Deiner selten gedacht, indessen weiß ich doch, dass du dort viel gewirkt hast. Gott segne dieses Wirken, u. eben so die Bemühungen unserer Freunde Gasser und Flir, u. aller Freunde der guten Sache.*

*Am 11. oder 12. dieses denke ich über Innichen, Brixen, Innsbruck nach Vorarlberg zu gehen, u. nach einem kurzen Aufenthalt dortselbst meinen neuen Posten, die Propstei Innichen, die mir am 2. vorigen Monats ver-* <S. 2> *liehen wurde, anzutreten.*[45] *Du weißt beiläufig, wie es kam, dass ich um diese Pfründe kompetirte. Unser guter Fürstbischof lud mich zu dieser Competenz*

[44] Josef Bergmann (1796–1872) war 1828 Custos der Ambraser Sammlungen 1831–1844 Lehrer der Söhne Erzherzog Albrechts, dann 1848 Abgeordneter in Frankfurt (ÖBL I 74).

[45] Zu Innichen bestand ein Kanonikerstift, das neben dem Propst drei residierende Kanoniker und zwei Kooperatoren umfaßte. Vgl. E. Kühebacher, Die Hofmark Innichen, Innichen 1969, 102–105.

*ein, da er hörte, dass der Fortbestand des Institutes durch die Ereignisse der Zeit gefährdet sei, der Herr Abt Feigerle[46] u. meine Collegen, so wie Zenner[47], ermunterten mich, dieser Einladung zu folgen, u. so war mein Entschluß bald gefaßt, ich konnte nicht zweifeln, dass Gott mich in Innichen haben wolle, oder dass er wenigstens meine Bewerbung um Innichen wolle. Darum kompetirte ich. Noch bevor ich das Bittgesuch eingereicht hatte, ließ der verehrte Canonicus mich durch unsern theuern Gasser fragen, ob ich nicht geneigt wäre, die Pastoralkanzel in Brixen anzunehmen, falls Collega Stadler[48] nach Innichen befördert würde. Abt Feigerle hielt meine Rückkehr auf eine Brixner Professur nicht für verträglich mit der Ehre der Hofkapelle u. des, wenigstens jetzt noch nicht aufgehobenen Institutes, u. sagte, eine solche Rückkehr würde auch dem Kaiser auffallen u. unangenehm sein. Ich konnte daher, zumahl sich Zenner auch gegen diesen Vorschlag aussprach, nichts Anderes antworten, als dass ich bereit sei, diese Kanzel anzunehmen, wen(n) der Bischof mich auf dieselbe rufe[49], sonst aber nicht. Ich konnte dabei ganz unberührt lassen, ob ich die Bedenklichkeit Feigerles für gegründet halte, ob ich Lust u. Tüchtigkeit für die Pastoralkanzel habe; eben so, dass ich in Brixen glücklich war, u. hoffentlich bei Euch, meinem alten, hochwerthen Freunden, wieder glücklich sein würde, dass ich nahmentlich Gassers freundschaftlichen Zuspruch, womit er mich zur eventuellen Annahme dieses Antrages ermunterte, sehr zu würdigen wisse, dass ferner, wenn ich lediglich meine Neigung zu Rathe ziehen würde, gar nicht Vieles mich nach Innichen ziehe, hingegen Vieles mich davon zurückhalte etc. Das u. Anderes konnte ich angesichts der entscheidenden Momente, die mich zum Kompetiren bestimmten, unberührt lassen. Ich bitte dich, du wollest den lieben Gasser diese meine Äuße- <S. 3> rung mittheilen.*

---

[46] Ignaz Feigerle (1795–1863). 1818 Priester, Studium Wien (Frintaneum), 1828 erster Rektor der neuen Universität Olmütz, 1830 Prof. d. Pastoraltheologie Wien, 1831 Hofkaplan und enger Vertrauter der kaiserlichen Familie. 1840 Burgpfarrer und Titularabt von Págrany, Direktor d. Frintaneums, 1848 Dr. h.c. Prag,, 1851 Bischof von St. Pölten. Als solcher religiöser Erneuerer des Bistums, unmittelbarer Vorgänger Feßlers (F. Schragl, in: Gatz, 182–184; ÖBL I 291; BBKL 20, 480–481).

[47] Siehe oben (Anm. 8 zu Brief 1).

[48] Franz Stadler († 1865), seit 1824 Prof. d. Pastoraltheologie, Katechetik und Methodik in Brixen (Schematismus der Geistlichkeit der Diözese Brixen 1848, Brixen 1948, 9).

[49] Im Original unterstrichen.

*Auch bitte ich dich u. ihn, dass Ihr mich in Eurer theuren Freundschaft bewahret, u. mich in meiner Abgeschiedenheit bisweilen mit einem Brieflein tröstet, bitte auch, u. zwar inständig, um Euer Gebeth. Es fällt meinem Herzen schwer, Wien und die vielen Edeln, die ich hier kennen gelernt, das Institut*[50]*, die Wissenschaft u. ihre Freunde u. ihre Hülfsmittel zu verlassen, u. an einen Ort zu ziehen, wo ich keine einzige Seele kenne, wo ich in einem neuen Beruf leben u. wirken soll, mit dessen Obliegenheiten ich bisher großen Theils nicht vertraut bin, wo Schwierigkeiten jeder Art mir entgegen treten werden. Nur der Gedanke, dass Gott mich hinrufe, tröstet u. stärket mich in gewissen Stunden beim Gedanken an Innichen.*

*Und nun wäre noch Vieles zu schreiben, aber es fehlt mir die Zeit, daher wenigstens etwas. Mehreres mündlich – in Vorarlberg oder Brixen. Das Institut steht noch. Seit dem März ist indessen kein neuer Priester in dasselbe eingetreten, zum Theil wohl wegen der beständigen Unruhen in Wien, u. das Ungarische Ministerium hat erklärt, dass es vom 1. November an nichts mehr ins Institut zahle. Der Fortbestand dieser theuren Anstalt, die gerade jetzt sehr wichtig werden könnte, ist also sehr gefährdet, besonders wen(n) man den Horror unseres reformlustigen u. unbesonnenen Unterrichtsministeriums*[51] *gegen die Convikte dazu nimmt. Jedoch als gewiß ist die Auflösung derselben noch nicht anzusehen: Feigerle hat gegen das Dekret des Ungarischen Ministeriums Vorstellungen beim Kaiser gemacht, u. zudem ist dieses Ministerium wohl nur mehr ephemer. Aller Wahrscheinlichkeit nach wird nächster Tage in Ungarn die Republik, u. Kossuth in derselben als Diktator proklamirt werden, da der Kaiser die Gesetzvorschläge, die ihm gestern durch eine feierliche Deputation zur Sanktion unterbreitet werden sollten, nicht sanktioniren zu können erklärt, u. die Deputation, die diesen Willen des Kaisers privatim vernahm, so nach gar keine Audienz begehrte. Kossuth wird aber wohl nur wenige Tage Diktator sein: der ritterliche Banus Jelacic*[52]

---

50 Gemeint ist das Frintaneum.

51 Doblhoff-Dier, Anton Freiherr von (1800–1872); Führender liberaler Politiker, 1848 Handels-, Innen- und Kultusminister (Rücktritt 12. 10. 1848); 1849–58 Gesandter in Den Haag; ab 1867 Mitglied des Herrenhauses, dessen Vizepräsident er 1869 wurde. K. Fink, A. von Doblhoff-Dier, Dissertation, Wien 1948; ÖBL I 189; NDB, IV, 5f.

52 Graf Josip Jellačić von Bužim (1801–1859), 1848 Feldmarschalleutnant und Oberkommandierender in Kroatien, Vertreter der kroatischen Unabhängigkeitsbewegung (von Ungarn!), mit dessen Hilfe die Wiener Revolution niedergeschlagen wurde (J. Krnjevic, The Croates in 1848,

*ist bereits auf ungarischem Boden mit einer kampflustigen u. tapferen Armee <S. 4> von 120.000 Mann, denen Kossuth nur ein kleines Häuflein Soldaten, deren viele noch dazu ganz unverläßlich sind, entgegenstellen kann; zudem wird Kossuth in seiner eigenen Nation ganz gewiß auch viele Gegner finden – nach menschlicher Voraussicht ist er verloren, u. in Ungarn werden die Dinge eine ganz andere Wendung nehmen.*[53] *Der s. g. (?) Minister des Äußern Graf Esterhazy*[54] *hat abgedankt, Batthyani*[55] *läßt seine Frau nach Wien kommen, wo er seit einiger Zeit war, u. wie es scheint, noch bleiben will. Erzherzog Stephan*[56] *soll nach Kromorn geflohen sein, Preßburg ist voll flüchtiger Frauen aus Pesth etc. etc. Der Sturz des Wiener Ministeriums u. die Einsetzung eines Ministeriums Löhner*[57]*, worauf Kossuth in den letzten Tagen hingearbeitet u. gehofft haben soll, ist nicht erfolgt.*

*Gegen die Absicht des Unterrichtsministeriums, das Seminarleben der Theologen auf ein Jahr zu beschränken, hat der Erzbischof von Olmütz*[58]*, der überhaupt in dieser ernsten Zeitenwende ein lebendiges bischöfliches Bewußtsein an den Tag legt (was man leider von unserem Wiener Erzbischof*[59] *gar nicht sagen kann), kräftig protestirt. In Salzburg ist gegenwärtig ein kirch-*

---

in: Slavonic and Eastern Europe Review, Dez. 1948, 106–114. ÖBL III 99f.; A. Sked, The Decline and Fall of the Habsburg Empire: 1815–1918, New York 1989).

[53] Siehe oben.

[54] Fürst Paul Anton Esterhazy (1785–1866), 1807 Gesandter in Dresden, 1815–1842 Botschafter in London, 1848 Außenminister im Kabinett Batthyány, 1848 pensioniert (ÖBL I 269).

[55] Graf Lajos (Ludwig) Batthyány (1806–1849) bemühte sich als Präsident des Ungarischen Ministeriums um Aufrechterhaltung der politischen Einheit Ungarns und Österreichs. Wegen Mißerfolgs Rücktritt, 1849 zum Tod verurteilt (ÖBL I 53).

[56] Erzherzog Stephan Viktor (1817–1867) war 1847 zum erblichen Obergespan des Komitats Pest, und vom ungarischen Reichstag zum Palatin des Landes und königl. Statthalter gewählt worden. Nach Ausbruch der Revolution um Vermittlung zwischen dem revolutionären Ungarn und dem Wiener Hof bemüht, ernennt er Lajos Batthyány zum Ministerpräsidenten. Am 25. September 1848 – also kurz nach dem Datum des Rudigier-Briefes – Abdankung und Ungnade des Wiener Hofes (B. Hamann, Die Habsburger. Ein biographisches Lexikon, Wien ³1988, 424f.).

[57] Ludwig Löhner 1812–1852 (ÖBL 23, 295).

[58] Maximilian Joseph Gottfried Frh. v. Sommerau-Beckh (1729–1853) kämpft als Ulanenoberleutnant 1788–1791 gegen die Türken, dann 1797 Priester, 1827 Dompropst von Olmütz, 1837 dort Erzbischof, 1850 Kardinal. Hervorragender sozial engagierter Oberhirte (A. Zelenka, Die Wappen der böhmischen und mährischen Bischöfe, Regensburg 1979, 256f.).

[59] Vinzenz Eduard Milde (1777–1853). 1823 Bischof von Leitmeritz, 1832 Fürsterzbischof von Wien. Anerkannter Fachmann für Pädagogik und Katechetik, sehr um Einvernehmen mit dem Hof bemüht, ebenso um gute Priesterausbildung, war der Situation des Revolutionsjahres nicht gewachsen (E. Gatz, in: Gatz, 508–511).

*licher Congreß*[60]*: der Fürstbischof von Trient*[61] *ist persönlich dort anwesend, der von Brixen (durch Habtmann*[62]*), Olmütz, Grätz u. vielleicht auch noch andere sind dort vertreten. Vielleicht protestiren auch diese gegen die genannte u. noch so manche andere unkirchliche Maßregel des neuen u. etwa auch des alten Regimes. Vom Wiener Reichstag läßt sich für die Kirche nichts Gutes erwarten, wenn die Bischöfe nicht mit aller Entschiedenheit ihr Amt handeln.*

*Als künftiger Gouverneur von Tirol wird in den Zeitungen Graf Chorinsky*[63] *von gut unterrichteten Leuten aber einer von diesen dreien bezeichnet: entweder Bürgermeister v. Klebelsberg*[64]*, oder Dr. Fischer*[65]*, bisher Advokat in Salzburg, seit Kurzem Ministerialrath in Wien, gegenwärtig als Ministerialkommissär in Tirol verweilend – oder endlich dein Mitdeputirter Dr. Schuler.*[66] *Von meinem collega Häusle*[67] *könnte ich dieses Mahl viel schreiben. Er ist in kirchlicher u. politischer Beziehung sehr thätig, u. nachgerade eine der Celebritäten Wiens. Er wirkt viel im Katholikenverein, verkehrt sehr viel <S. 5> mit den Deputirten des Reichstages, besonders denen aus Tirol et cetera. Er ist dringend eingeladen worden die geistliche Referentenstelle beim Innsbrucker Gubernium anzunehmen, hat indessen abgelehnt, u. somit bleibt, wenigst einstweilen Probst*[68] *auf seiner Stelle; er ist vor einigen Tagen*

[60] Fürsterzbischof Friedrich von Schwarzenberg hatte eine Konferenz der Bischöfe seiner Kirchenprovinz für die Zeit vom 31. August bis 14. September nach Salzburg einberufen, auf der insbes. Schulfragen diskutiert und Freiheitsrechte für die Kirche gefordert wurden (E. Gatz, in: Gatz, 686–692).

[61] Johann Nepomuk Tschiderer (1777–1860), 1831 Generalvikar und 1832 auch Weihbischof für Feldkirch, 1834 Fürstbischof von Brixen (E. Gatz, in: Gatz, 765–767; BBKL 17, 1280f.).

[62] Wohl Georg Habtmann, seit 1832 Regens des Priesterseminars (Schematismus Brixen 1848, 10).

[63] Graf Gustav Ignaz Chorinsky (1806–1873), von 1850–1860 Statthalter in Krain, 1860–1862 in Mähren, 1849 und 1862–1868 in Niederösterreich (AEIOU-Österreich-Lexikon).

[64] Hieronymus von Klebelsberg zu Thumburg (1800–1862), Jurist, 1838–1850 Bürgermeister von Innsbruck, später Landeshauptmann von Tirol, engagierter Katholik (ÖBL III 373f.).

[65] Dr. iur. Alois Fischer (1796–1883), vor 1848 Advokat an der K. u. K Obersten Justizstelle in Salzburg, 1848 dort Abgeordneter und Ministerialrat, Hofkommisar in Tirol, Statthalter in Oberösterreich (ÖBL I 319f.).

[66] Dr. iur. Johann Schuler (1800–1859), Archivar in Innsbruck, Schriftsteller, 1848 gemäßigt liberaler Abgeordneter in Frankfurt, 1849 Prof. D. Rechtsphilosophie in Innsbruck (ÖBL XI 318). Vgl. auch Anm. 20.

[67] Johann Michael Häusle (1809–1867), 1836–1838 Prof. d. Kirchengeschichte Brixen, 1838 Hofkaplan und 2. Studiendirektor am Frintaneum, 1848/49 eifriger Verfechter der Pressefreiheit, des katholischen Charakters der Universität Wien und der katholischen Reform Österreichs. Vielfache literarisch-publizistische Tätigkeit, Mitglied des Gemeinderats Wien (ÖBL II 139; BBKL II 456).

[68] Jakob Probst (1791–1870), Theologe, Historiker. Prof. für Altes Testament in Innsbruck, für Neues Testament in Graz, ab 1837 Gubernialrat am Gubernium für Tirol und Vorarlberg (ÖBL VII 287f.).

*in die hiesige theologische Fakultät eingetreten., u. unmittelbar darauf mit Scheiner*[69] *zum Deputirten der hiesigen theologischen Fakultät nach Jena*[70] *gewählt worden – endlich hat er Hoffnung, die Kanzel der Fundamentaltheologie u. der theologischen Encyclopädie zu erhalten, wenn eine solche wirklich, wie es Antrag ist, kreirt wird – einsweilen will er mit dem Beginn des nächsten Schuljahres diese Gegenstände als Privatdozent an der Universität vorzutragen anfangen (: Er erklärte mir jedoch, dass er, wenn unser Gasser sich um diese Kanzel bewerbe, von der Bewerbung abstehen werde; auf Gasser sind hier viele Augen gerichtet :). – Die Moral ist noch nicht besetzt; vielleicht bekömmt der Piarist Ehrlich*[71] *dieselbe. Einige Professoren haben an dich und Gasser gedacht, da sie über die Besetzung der Kanzel Rath hielten; auch meiner Wenigkeit wurde gedacht, u. ich weiß nicht, was geschehen wäre, wenn nicht Innichen dazwischen gekommen wäre. (Kaerle*[72] *kompetirt auch um diese Kanzel, erhält sie indessen wahrscheinlich nicht). – Scheiner arbeitet im Unterrichtsministerium, einsweilen jedoch ohne einen neuen Titel, u. ohne die Professur aufzugeben. – Wie es mit den bischöflichen Lehranstalten der Theologie gehen werde, wusste er mir nicht zu sagen. Mir scheint, dass sie gewiß fortbestehen werden: ungewisser ist, ob derselbe Lehrplan, wie für die Universitäten, für sie vorgeschrieben werden wird.*

*Nun muß ich packen u. dann noch an einige Orte Abschied zu nehmen gehen. Vale. Grüße mir herzlich unsere Freunde in Frankfurt. Mit Sehnsucht dem Wiedersehen entgegensehend Tuissimus Rudigier*

*<Postscript> P.S. Columbus*[73]*, Feigerle, Zenner, meine Collegen etc. sagen dir alles Gute. Der Deutschkatholizismus*[74] *macht hier wenig Glück: Wien zeigt sich besser, als ich zu hoffen gewagt hätte. – So eben höre ich, dass die ungarische Deputation heute dennoch Audienz erhalte.*

---

[69] Josef Scheiner (1798–1867), Theologe, 1833 Prof. für Altes Testament in Wien (ÖBL X 68).

[70] Näheres war nicht zu erfahren.

[71] Johann Nepomuk Ehrlich (1810–1864), später Prof. in Graz (ÖBL I 230).

[72] Joseph Kaerle (1802–1860), 1832 Dr. theol., Prof. in Brixen, 1836 Prof. in Wien (ÖBL III 168f.).

[73] Joseph Columbus, Studiendirektor am Frintaneum, dann 1847 Domkapitular zu Wien. E. KOVÁCS, Geheime Notizen des Joseph Columbus 1843–1848 (= Wiener Beiträge zu Theologie 39) Wien 1971.

[74] G. Hadres, Der Deutschkatholizismus in Österreich (ungedr. Dissertation) Wien 1960, wo allerdings von Anfangserfolgen in Wien die Rede ist.

# Wesensschau und Christusnachfolge Gedanken zum Werk von Gertrud von le Fort

*Gudrun Trausmuth*

Dass Gertrud von le Fort (1876–1971) zu den großen Gestalten deutschsprachiger Literatur des 20. Jahrhunderts gehört, ist heute keine überflüssige Feststellung. Die Dichterin, deren Werk einmal beträchtliche Auflagenhöhen erreichte[1], ist – einmal in die Schublade „christliche Literatur" gesteckt – heute fast vergessen. Aber nicht nur von der Literaturwissenschaft, von Verlagen und Buchhandlungen, sondern auch in christlichen Kreisen wird sie kaum mehr gekannt, geschweige denn gelesen. Zu Unrecht, denn le Forts Texte sind literarisch brilliant, zeugen von tiefster Menschenkenntnis und sind von einer Geistlichkeit, die Lektüre zu Exerzitien werden lässt. „Wesensschau und Christusnachfolge" kann man formulieren, will man das Zentrum des Schreibens le Forts benennen. Im Folgenden seien einige Motive oder epische Grundbewegungen ausgeführt, in denen sich diese beiden großen Linien der Literatur le Forts konkretisieren.

## I. Gestalten der Innerlichkeit

Die spirituelle Atmosphäre im Werk Gertrud von le Forts ist geprägt von einer großen Gelassenheit und Unaufgeregtheit. Bei aller Klarheit des Bekenntnisses und der Unverwechselbarkeit ihrer religiösen Weltanschauung liegt der Dichterin le Fort jede Penetranz fern. Charakteristisch die

[1] Vgl. G. Kranz, Gertrud von le Fort. Leben und Werk in Daten, Bildern und Zeugnissen, 3. aktual. Aufl., Frankfurt/M.–Leipzig 1995, 32.

für positiv dargestellte Religiosität in ihren Texten ist die Haltung einer für sich selbst sprechenden, tiefen innerlichen Geistlichkeit, die in ihrer Natürlichkeit unübersehbar ist, sich aber auch keinesfalls aufdrängt.

Le Fort betont stets die freie Entscheidung der Person, wenn sie auch von einer natürlichen Sehnsucht der menschlichen Seele nach Gott ausgeht. In Gestalt der Tante Edelgart in „Der römische Brunnen" wird dieses Motiv der Entscheidungsfreiheit von le Fort dramatisch auf die Spitze getrieben, wenn sie den erschütternden Kampf zwischen Hingabe und äußerster Versagung Christus gegenüber zeigt.

Die großen Gestalten in le Forts Werk leben aus ihrer tiefen Innerlichkeit heraus. Hier zeigt sich oft bei ihrer Position und ihren Lebensumständen nach schwachen Frauen ein Adel der Seele, den die Nähe zu Christus, oft zu Christus dem Gekreuzigten, verleiht. Man denke etwa an die Gestalt der Dienerin Jeanette in „Das Schweißtuch der Veronika" (1928)[2] oder an Frau Bake, die kleine, mädchenhafte und auf ganz eigene Art starke Frau des Pastors in „Die Magdeburgische Hochzeit" (1938). Auffallend ist zudem, dass dem Gläubigen im Werk le Forts häufig eine große Eindrucksfähigkeit eigen ist, die sich mit einem Zug des intuitiven Erkennens paart, der an Hellsichtigkeit oder Seelenschau grenzt, so etwa im Falle der Gestalt der jungen Veronika in „Der Römische Brunnen".

## II. Metaphysik des Historischen

Le Forts Hinstreben zum Wesentlichen zeigt sich auch in ihrer starken Neigung, historisches Geschehen in ihrem literarischen Werk zu verarbeiten. Sind es nicht konkrete Ereignisse oder historische Gestalten, so Stimmungen und „Zeitgeist" bestimmter geschichtlicher Perioden, die sie verdichtet.

Le Fort lehnt historisches Erzählen als bloße Schilderung bestimmter historisch-politscher Geschehnisse ab: *„Etwas anderes aber ist es, wenn es sich um überzeitliche Probleme handelt – in solchen Fällen zerstiebt der Staub der Archive. Denn das Wandelbare betrifft ja zumeist nur das Vordergründige:*

[2] Zweiteiliger Roman, bestehend aus „Der römische Brunnen" und „Der Kranz der Engel".

*der Mensch als solcher bleibt sich im wesentlichen immer gleich, das ist die Wahrheit, die sich gerade dem historisch Wissenden erschütternd aufdrängt. Ja, man darf hier sogar sagen, dass zuweilen die menschlichen Probleme der eigenen Zeit klarer gesehen werden, wenn man gleichsam einen Schritt zurücktritt.*“[3]

Der Dichterin geht es darum, vor dem historischen Hintergrund das Wesen des Menschen aufleuchten zu lassen, jene Wahrheit über alles Menschliche, die überzeitlich ist und den ewigen Sinn allen Seins betrifft. Das einzelne Historische offenbart ihren Texten auf diese Weise immer neu und in immer anderer Nuancierung das hinter der sichtbaren Wirklichkeit bestehende Wesentliche: „*Er [der christliche Dichter, d. V.] hält das Bewußtsein offen für die Aufgabe, in der Wirklichkeitsgestalt der geschichtlichen Stunde die Wesensgestalt alles Geschichtlichen aufzudecken, die einzelne menschliche Existenz in Beziehung zu setzen und in Beziehung zu halten zu den Sinnzielen, ohne die sie in endgültiger Heillosigkeit versinkt.*“[4]

Zugleich, wie Theoderich Kampmann ausführt, werden bedeutsame historische Geschehnisse und Gestalten durch le Forts erzählende Formung „zu Modellfällen natürlich-menschlicher Existenz und übernatürlich-gläubiger Weltüberholung“[5].

Was le Forts große Anliegen beim historischen Erzählen sind, führt ein Schreiben an Reinhold Schneider, der ebenfalls die historische Erzählung bevorzugt, vor Augen: „*Was ich am meisten an Ihrem Werk bewundere, ist die Fähigkeit, vergangene Zeit unserer eigenen zuzuordnen, nicht durch Lebendigmachen einstigen Lebens – obwohl Sie ja auch dieses meisterhaft verstehen –, sondern durch die Beziehung auf die letzte menschliche Bestimmung und ewige Berufung.*“[6]

Neben der schon angeführten metaphysischen Dimension, möchte le Fort im Historischen aber auch die Gegenwart aufleuchten lassen und

---

3 G. v. le Fort, Über den historischen Roman, in: dies., Woran ich glaube und andere Aufsätze, Zürich 1968, 101.

4 F. Kienecker, „Blinkzeichen vom Hochsitz der Heiligen“? Gertrud von le Fort am Ende des Jahrhunderts, in: L. Bossle / J. Pottier (Hg.), Christliche Literatur im Aufbruch. Im Zeichen Gertrud von le Forts. Festschrift für Eugen Biser, Würzburg 1990, 121f.

5 Th. Kampmann, Das verhüllte Dreigestirn. Werner Bergengruen, Gertrud von le Fort. Reinhold Schneider, Paderborn 1973, 62.

6 G. v. le Fort, Trost im Untergang. Brief an Reinhold Schneider vom 19. 4.1953, in: H. Bach (Hg.), Dichtung ist eine Form der Liebe. Begegnung mit Gertrud von le Fort und ihrem Werk. Zum 100. Geburtstag am 11. Oktober 1976, München 1976, 14.

deuten. In der Rückspiegelung aktueller Probleme und Gestalten in die Vergangenheit könne sie diese „von der allzu bedrängenden Nähe gelöst, reiner und ruhiger formen"[7]. Die Wendung in die Vergangenheit bedeutet für die Dichterin demnach keineswegs Eskapismus, sondern vielmehr Erkenntnisgewinn durch Distanz: *„Ich habe das Historische nie als eine Flucht aus der eigenen Zeit empfunden, sondern als den Abstand, von dem aus man die eigene Zeit schärfer erkennt, so wie man die charakteristischen Linien eines Gebirges nur aus einiger Entfernung wahrnimmt."*[8]

Le Fort, die in ihrer langen Lebenszeit (1876–1971) Zeugin der großen Umbrüche und Verbrechen des 20. Jahrhunderts wurde, weist ausdrücklich darauf hin, dass „unter der oft historischen Einkleidung" ihrer Dichtung „überall die Spuren der schicksalsschweren Zeit" erkennbar seien, in die ihr Leben gestellt war.[9]

Als Beispiel sei hier nur die – im übrigen als spannendes Gegenstück zu Bertold Brechts „Leben des Galilei"(1943) zu lesende – Novelle „Am Tor des Himmels" (1954) angeführt: Le Fort spannt hier das Motiv des Glaubensverlustes mit dem Aufstieg der Naturwissenschaften zusammen und zeigt die Aktualität der Frage, indem sie den Rahmen der Galilei-Erzählung in der Nachkriegszeit spielen lässt und den Bau der Atombombe thematisiert.

Die Dichterin, der Lauheit in Glaubensfragen gänzlich unverdächtig, plädiert aus einem grenzenlosen Vertrauen in die Heilspläne Gottes in ihrem Werk immer wieder für Gelassenheit. Ist es diese schwer zu erkämpfende Vertrauenshaltung, die in der „Magdeburgischen Hochzeit" als einzige Lösung der inneren Konflikte der Protagonisten aufleuchtet, so begegnet sie dem Leser erneut in der obengenannte Erzählung „Am Tor des Himmels", wenn der gläubige Schüler Galileis, bemüht, seinen Meister zu verteidigen, dem ratlosen Kardinal und Präsidenten des Inquisitionstribunals die Frage stellt: *„Halten Sie es nicht für möglich, Eminenz", sagte ich,*

[7] G. v. le Fort, Zu Georges Bernanos' ‚Die begnadete Angst', in: Aufzeichnungen und Erinnerungen, Einsiedeln–Zürich–Köln 1951, 84.

[8] G. v. le Fort, Autobiographische Skizzen, in: dies., Woran ich glaube und andere Aufsätze, a.a.O., 78.

[9] G. v. le Fort, Autobiographische Skizzen, a.a.O., 74, mit Bezug auf das Jahr 1968.

*„dass man die Geschicke des Glaubens ganz einfach Gott anheim geben sollte? – selbst wenn die Gefahren der Welt ihn zu verschlingen drohen?“*[10]

## III. Offenbarung des „erlösenden Erbarmens“

Le Forts Protagonisten sind keine Glaubenshelden, sondern oft Schwache, Angefochtene, innerlich Versagende. – „Die ganze Fragwürdigkeit und Abgründigkeit des Menschen kennen und dennoch lieben“[11], das ist das Credo der Dichterin. Für le Fort erweist sich Dichtung gerade in ihrem Hang zum Schwachen und Angefochtenen als Trägerin eines naturhaft christlichen Kerns: *„Kein Zweifel, das Geglückte, das Unangefochtene, das Heilgebliebene, also das wohlgeratene und erfreuliche Geschick reicht dem Dichter wenig Möglichkeiten dar – Sieger im Lebenskampf, Sieger der Weltgeschichte lassen die Muse kalt. ... Dies bedeutet nichts anderes, als dass im Reich der Dichtung eine Umkehr der sonst in der Welt herrschenden Wertungen und Gesetze stattfindet – eine souveräne Umwertung. Sie liegt in derselben Richtung wie die, welche das Christentum vollzogen hat. Denn dieses, auf eine ganz einfache Formel gebracht, bedeutet doch die Anerkennung einer weithin gescheiterten und verlorenen Welt und zugleich die große erlösende Gottesliebe zu dieser gescheiterten und verlorenen. Oder noch schlichter: die Erscheinung Christi besagt, dass von Gott her ein für allemal ein Strich unter den Menschen des reinen Erfolgs einerseits und die Welt der reinen Gerechtigkeit und Vergeltung andererseits gezogen und das erlösende Erbarmen auf den Thron erhoben wurde.“*[12]

Das gütige Licht auf den Menschen, durch das le Forts Texte so sehr geprägt sind, zeigt sich gerade am negativen Ende des Spektrums ihrer Figuren, wenn sie den „dämonische[n] Mensch[en]“[13] darstellt: In detaillierter psychologischer Zeichnung, willenstark, manipulativ, in seiner geistigen Entwicklung auf dem Weg zum Nationalsozialismus, tritt er dem

[10] G. v. le Fort, Am Tor des Himmels, in: Die Tochter Jephthas und andere Erzählungen, Frankfurt/M. 1989, 191.

[11] G. v. le Fort, Unser Weg durch die Nacht. Worte an meine Schweizer Freunde, Wiesbaden 1950, 18.

[12] G. v. le Fort, Vom Wesen christlicher Dichtung, in: Woran ich glaube und andere Aufsätze, a.a.O., 90f.

[13] vgl. N. Heinen, Gertrud von le Fort. Einführung in Leben, Kunst und Gedankenwelt der Dichterin, 2. vollst. erneuerte Aufl., Luxembourg 1960, 98f.

Leser in Gestalt des Enzio im Roman „Der Kranz der Engel" entgegegen; plastisch ausgeführt, todbringend und tyrannisch, in Gestalt des Obristen Falkenberg in „Die Magdeburgische Hochzeit". Und doch ist selbst die dunkleste Gestalt, der schwedische Obrist, mit erbarmendem Blick umfasst, der sich ein Urteil über das letzte Schicksal Falkenbergs versagt.

Dieser erbarmende Blick ist nicht nur konstitutives Moment der Erzähl*haltung*, sondern auch wiederkehrendes Erzähl*element*. Als Beispiel sei die Erzählung „Die Tochter Farinatas" (1950) genannt, wo die kleine Bice den verzweifelten und zornigen Guido Novello, der ihr Gewalt antun möchte, durch ihr Erbarmen („... – ein Erbarmen ohnegleichen überkam sie", 90) besiegt und zur Umkehr führt. Wenn die betreffende Szene mit dem Satz kommentiert ist: „Denn der Zerstörungswille dieser Welt zerschellt nur am Erbarmen und einzig an ihm" (91), so klingt damit ein Motto der Texte le Forts auf.

In der Erzählung „Die Frau des Pilatus" (1955), lässt die Dichterin die Leidensgeschichte von einer Sklavin Claudias, der Frau des Pilatus, erzählen. In diesem Text offenbart le Fort Christus selbst als Grund und Quelle des Erbarmens. Christi Barmherzigkeit tut sich in der Erzähltung in dem Blick kund, mit dem der Gefolterte seine Peiniger anschaut: *„Er war mit den Fetzen eines roten Soldatenmantels bekleidet und trug ein Geflecht von Dornen um das blutende Haupt. Aber das eigentlich Erschütternde seines Anblicks war, dass dieser Erbarmungswürdige aussah, als ob er mit der ganzen Welt Erbarmen habe, sogar mit dem Prokurator, seinem Richter – ja sogar mit ihm! Dieses Erbarmen verschlang das ganze Gesicht des Verurteilten – und wenn mein Leben davon abhinge, ich vermöchte nicht das Geringste davon auszusagen als eben, dass es diesen Ausdruck eines unbegrenzten, geradezu unfaßlichen Erbarmens trug, ..."*[14]

Ist le Forts Werk als ganzes Verkündigung des erlösenden Erbarmens Christi, so findet sich in der angeführten Erzählung gleichsam die ausdrückliche Benennung.

Bei allem Wissen um die Untiefen des Menschenherzens und die Grenzenlosigkeit des menschlichen Leidens, strahlt aus den Erzählungen und Romanen le Forts eine großzügige Liebe zum Menschen und ein geprüf-

[14] G. v. le Fort, Die Frau des Pilatus, a.a.O., 222.

ter, aber im letzten bestehender Optimismus. Alles menschliche Geschehen erkennt sie als in die Heilstat Christi verwoben und besitzt eine unerschütterliche Überzeugung von der unbesiegbaren Barmherzigkeit Christi: *„Sie predigt nicht, sie versucht kaum, eine Lehre zu verkünden, sie erzählt – erzählt von menschlicher Verstrickung und den labyrinthischen Wegen der Seele, sie dringt bis in die Tiefenschächte der Schuld und des Leidens, sie schenkt keine leichte Erlösung und keinen billigen Trost – der Himmel, um den sie weiß, erscheint nicht in sanfter Verklärung, die Gnade, die sie ruft, ergibt sich nur dem Schmerzbereiten, die hohen Mächte, die sie beschwört, sind von strenger, fordernder Gewalt. Und doch hebt sich aus jedem ihrer Dichtwerke, den episch gefesselten und den hymnisch gelösten, die frohe Botschaft, das Evangelium der Überwindung.“*[15]

## IV. Die Botschaft vom Kreuz

Wesentlich für le Forts Werk ist die Begegnung mit dem Kreuz – jeder ihrer Texte verkündet, dass Christusnachfolge zentral das Kreuz miteinschließt. Immer neu gestaltet le Fort die menschliche Fassungslosigkeit, aber auch Hingebungsfähigkeit angesichts des Kreuzes und stellt es als eigentlichen Ort des Christen dar: *„... – der Christ steht immer auf verlorenem Posten“, erwiderte der Pater fröhlich, „ und so ist es auch ganz in der Ordnung: auf verlorenem Posten stehen, das heißt dort stehen, wo auch Christus hier auf Erden stand. Gefährlich wird die Sache erst, wenn man als Christ die Fahne dieser Welt ergreift, um sich zu retten.“*[16]

Konsequent vollendet le Fort die christologische Dimension in ihrem Werk dahingehend, dass dem Kreuz, der tiefsten, ausweglosesten Nacht, die Auferstehung, eine völlige Umkehrung allen Geschehens folgt: *„Es grenzt ans Wunderbare, wie unsere Dichterin ein Mal ums andere die große Verwandlung gestaltet und beschreibt, die Verwandlung der Niederlage in den Sieg, des Todes in die Auferstehung und der Passion in die Herrlichkeit. Und*

---

15 C. Zuckmayer, Für Gertrud von le Fort zum 90. Geburtstag, in: H. Bach (Hg.), Dichtung ist eine Form der Liebe, a.a.O., 10.

16 G. v. le Fort, Der Turm der Beständigkeit, in: Die Tochter Jephthas und andere Erzählungen, a.a.O., 276.

*hintergrunds [sic!] deutet sich allemal das Geheimnis Christi an, das Pascha Domini.*"[17]

Dieser Umschlag, der sich in allen Werken le Forts nachweisen ließe, bleibt äußerlich oft die demütigendste und grausamste Niederlage (z.B. „Die Magdeburgische Hochzeit"), Leid (z.B. „Der Turm der Beständigkeit", 1957) und Tod (z.B. „Das Gericht des Meeres", 1943). Die abgrundtiefe Einsamkeit der leidenden Gestalten bei le Fort ist aber „letztlich nichts anderes [ist] als die Teilhabe an der Gottverlassenheit Christi am Kreuz, eine Teilhabe, die von der Liebe bis in den Tod durchgestanden wird und gerade darin Siegerin bleibt."[18]

Das Geheimnis des Kreuzes ist so tief eingelassen in das Werk le Forts, dass man in Analogie zum letzten Werk der von le Fort äußerst geschätzten Edith Stein (hl. Sr. Teresia Benedicta a Cruce OCD)[19], in Bezug auf das Gesamt der Texte le Forts von einer „literatura crucis" sprechen könnte, verkündet sie doch immer wieder, dass im Kreuz das Heil liegt: „*'Sieg im Untergang', schärfer ‚Untergang als Sieg' heißt das kühne, im Johannesevangelium (wo die Stunde des Leidens Stunde der Verherrlichung genannt wird, 12, 23f) gründende Lieblingsparadox der Dichterin.*"[20]

Der Dichtung le Forts eignet das metaphysische Wagnis, alles auf seinen letzten Sinn und sein letztes Ziel hin zu beziehen, von dem aus es ein radikal anderes Gewicht bekommt, die Kühnheit, im 20. Jahrhundert die menschliche Existenz als gehalten und geliebt zu zeigen, die Gnade, aus dem lebendigen Glauben an Christus den Bezug zwischen Endlichem und Ewigem erfahrbar machen zu können: „*Es ist eben konsequente, ins Dichterische übersetzte analogia entis, ..., eine ‚Durchlässigkeit' der sinnlichen Welt für die ‚ganz andere' und doch wieder faßbare Wirklichkeit des Geistes und der Übernatur.*"[21]

Christi misericordia pax nostra!

---

[17] Th. Kampmann, Das verhüllte Dreigestirn, a.a.O., 68f.

[18] A. Focke, Gertrud von le Fort. Gesamtschau und Grundlagen ihrer Dichtung, Graz–Wien–Köln 1960, 436.

[19] E. Stein, Kreuzeswissenschaft. Studie über Joannes a Cruce (Edith Steins Werke, Bd. I), hg. von L. Gelber / R. Leuven OCD, Freiburg–Basel–Wien [3]1983.

[20] N. Heinen, Gertrud von le Fort, a.a.O., 164.

[21] A. Focke, Gertrud von le Fort, a.a.O., 349.

# Tagebuchaufzeichnungen eines Wiener Juden (1848–1850)

## Chance und Auftrag, den Verlust der Nachbarschaft von Christen und Juden vor dem Vergessen zu bewahren

*Gottfried Glaßner*

Der Aufmerksamkeit von Herrn Karl Bachner im Altstoffsammelzentrum Bad Zell in Oberösterreich ist es zu verdanken, dass ein einzigartiges Dokument der Geschichte des Judentums in Wien nicht den Weg der Altpapierverwertung ging, sondern der Nachwelt erhalten blieb und hier erstmals einer breiteren Öffentlichkeit vorgestellt werden kann. Er hatte Anfang März 2003 dem Müllberg einen unscheinbaren Pappband entnommen, dessen Schrift ihm völlig fremd war. Auch die Lehrerin Martha Kern, der er das seltsame Buch zeigte, konnte nicht weiterhelfen. Über ihre Bekanntschaft mit Frau Siglinde Penn, deren Sohn, Mag. Armin Penn, am Melker Stiftsgymnasium unterrichtet, gelangte es schließlich nach Melk und in meine Hände. Sobald ich erkannte, dass man es hier mit einem in hebräischer Kursive geschriebenen Tagebuch für die Zeit vom 27. August 1848 bis 31. Mai 1850 zu tun hat, suchte ich nach Hinweisen über Herkunft und Fundumstände. Aber seit der „Auffindung" waren bereits einige Wochen vergangen, und der übrige Teil des Nachlasses, aus dem der Band entnommen worden war – nach Auskunft von Herrn Bachner gab es weitere 7–8 solche Bände –, war längst zur Altpapierverwertung nach Linz abtransportiert. Zum Herkunftsort lässt sich nur sagen, dass er im Einzugsbereich des Altstoffsammelzentrums Bad Zell im östlichen Mühlviertel liegen muss. Da die Finder auf alle Besitzansprüche verzichteten, wurde die Handschrift der Handschriftensammlung der Melker Stiftsbibliothek einverleibt und erhielt die Signatur 1516.

Nach der (provisorischen) Transkription[1] der immerhin 368 eng beschriebenen Seiten des Tagebuchs, die etwa ein Jahr in Anspruch nahm, wandte ich mich auf Anraten von Univ.-Prof. Dr. Ernst Bruckmüller an Frau Dr. Martha Keil, Vorstand des Instituts für Geschichte der Juden in Österreich in der ehemaligen St. Pöltner Synagoge.[2] Ich hatte mich mit wachsender Begeisterung mit den Tagebucheintragungen des – noch nicht identifizierten – jüdischen Autors beschäftigt. Auch Frau Dr. Keil zeigte sich von dem „Fund" begeistert und lotete sogleich die Möglichkeiten einer wissenschaftlichen Edition aus, die im Rahmen eines Forschungsprojekts unter Leitung von Mag. Wolfgang Gasser ab Herbst 2006 in Angriff genommen wird. Ich möchte an dieser Stelle dem Institut sehr herzlich für das Entgegenkommen danken und hoffe, dass dieser erste kleine Einblick dazu angetan ist, Appetit auf das Ganze zu machen.

Es muss ausdrücklich betont werden, dass die Tür nur einen winzigen Spalt breit geöffnet wird und das, was man durch diesen Spalt zu sehen bekommt, lange nicht alles ist, was sich hinter dieser Tür verbirgt. Andererseits kann ein kleiner Lichtstrahl, der in einen dunklen Raum dringt, die Szenerie recht gut ausleuchten, so dass der Blick ins Innere doch lohnt. Wir haben es mit Tagebuchaufzeichnungen zu tun, die manche Rückschlüsse über die Person des Autors zulassen, darüber, wie er denkt und fühlt, wie er die Tagesereignisse in der großen Welt der Politik und in der kleinen Welt der Bekannten, Arbeitskollegen und Glaubensgenossen erlebt. Dass wir seinen Namen und damit die weitere Lebensgeschichte (noch) nicht kennen und sein Tagebuch (vorläufig) die einzige Quelle über einen zudem relativ kurzen Lebensabschnitt darstellt, muss kein Nachteil sein. Das Bild,

---

[1] Die von den Juden für die Schreibung des Jiddischen verwendete Orthographie bringt, wenn sie wie hier im Tagebuch für die Schreibung des Hochdeutschen (mit einzelnen hebräischen und mundartlichen Ausdrücken) verwendet wird, manche Unschärfen mit sich, die in der Transkription um der besseren Lesbarkeit willen unberücksichtigt bleiben. In aller Regel ist der Text gut lesbar und der Sinn klar. Es finden sich nur ganz wenige Streichungen und Korrekturen. Offensichtliche Schreibversehen und Auslassungen sind selten. Detailfragen zur Form und Orthographie der hier zitierten Textpassagen bleiben im Hinblick auf die geplante kritisch kommentierte Edition ausgespart.

[2] Zur Geschichte der vernichteten jüdischen Gemeinde St. Pölten und zum Aufgabenbereich des 1988 gegründeten Instituts für Geschichte der Juden in Österreich siehe die anlässlich der Renovierung der Zeremonienhalle im Jahr 2000 vom Institut herausgegebene Broschüre „Geschichte wieder herstellen? St. Pöltens jüdische Vergangenheit".

das ich mir vom Nachbarn mache, den ich tagtäglich treffe und von dessen Lebensgewohnheiten ich manches mitbekomme, mag seine Persönlichkeit besser einfangen als das, was „man" sonst über ihn weiß und was vielleicht in langen Lexikonartikeln und ausführlichen Biographien über ihn zu lesen ist. Das unbefangene und unvoreingenommene Zugehen auf einen Menschen, das aufmerksame Hinhören auf das, was er mir zu sagen hat, und das sorgfältig abwägende Registrieren seiner Gesten und Äußerungen ist eine Kunst, die je neu eingeübt werden muss. Gerade Konfliktsituationen und Brüche, wie sie die Ära des Jubilars als Bischof der Diözese St. Pölten begleitet haben, bringen es mit sich, dass Voreingenommenheiten und Vorurteile Hochkonjunktur haben – und der Mensch auf der Strecke bleibt. So mag das unbefangene und doch zugleich selbstkritisch zurückhaltende und repektvolle Zugehen auf einen Menschen, dessen Persönlichkeit sich uns in seiner literarischen Hinterlassenschaft in Form von Tagebuchaufzeichnungen immerhin ein Stück weit erschließt, gerade auch in einer Festschrift ihren Platz haben, die einer Persönlichkeit gewidmet ist, an der sich die Gemüter erhitzt und die Geister geschieden haben.

## I. Zur problematischen Nachbarschaft von Christen und Juden

Nun gibt es aus christlicher Perspektive kein besseres „Lernobjekt" für die Kunst des unbefangenen Zugehens auf den Menschen als einen Angehörigen des jüdischen Volkes. Denn gerade im Verhältnis zu den Juden haben sich in der Geschichte der Christenheit die absonderlichsten Vorurteile festgesetzt und den Blick auf den Menschen als Bruder und Nachbarn verstellt. Erst die Erkenntnis, dass die Schoa, die generalstabsmäßig betriebene Vernichtung des Judentums durch die nationalsozialistischen Machthaber, gerade auch auf dem Boden der von christlicher Seite über Jahrhunderte hinweg praktizierten Ausgrenzungspolitik und eines tief im christlichen Selbstverständnis verankerten Antijudaismus gewachsen ist, brachte im 20. Jahrhundert die Wende. Was die Väter des Zweiten Vatikanischen Konzils – nach einer „wechselvollen, ja dramatischen Entstehungsgeschichte"[3] – in Artikel 4 von *Nostra Aetate* als „Haltung" *(habitudo)* der Kirche zum Judentum definiert haben, geht auf den ausdrücklichen Wunsch von Papst Johannes XXIII. zurück, der in seiner Funktion als apostolischer Delegat in Bulgarien und der Türkei mit eigenen Augen das Leid des jüdischen Volkes gesehen und Tausende Juden vor der Deportation bewahrt hat. Er war es, der 1960 mit der Änderung der Karfreitagsbitten ein wichtiges Signal zu jener Reinigung des Gewissens und der Sprache setzte, die dann das Konzilsdokument als vorrangige Aufgabe der Kirche festschrieb: Äußerungen, die diskriminierenden Vorurteilen gegen Juden Vorschub leisten, stehen im Widerspruch zum Wesen und zur Sendung der Kirche! Polemische Aussagen gegen das Judentum in den neutestamentlichen Schriften bezeugen den schmerzvollen Ablösungsprozess des Christentums von seiner jüdischen Wurzel und dürfen nicht zur Verfestigung judenfeindlicher Klischees missbraucht werden.[4]

Am nachhaltigsten und eindrucksvollsten dokumentiert sich der epochale Wandel der Haltung der Kirche gegenüber den Juden im Pontifikat Johannes Pauls II. Am 13. April 1986 besuchte er die Synagoge in Rom, am 30. Dezember 1993 nahm der Apostolische Stuhl diplomatische Beziehungen mit dem Staat Israel auf; die großen Vergebungsbitten am 1. Fastensonntag des Heiligen Jahres 2000 und vor allem der Besuch des Papstes im Heiligen Land, wo er am 23. März in der Holocaust-Gedenkstätte Yad Vashem der Opfer der Schoa gedachte und am 26. März die Vergebungsbitte in einer bewegenden Szene in die Klagemauer legte, bildeten

---

[3] R. A. Siebenrock, Theologischer Kommentar zur Erklärung über die Haltung der Kirche zu den nichtchristlichen Religionen *Nostra Aetate,* in: Herders Theologischer Kommentar zum Zweiten Vatikanischen Konzil, Bd. 3, Freiburg–Basel–Wien 2005, 591–693, hier 596.

[4] Wie von Siebenrock in Herders neuem Theologischen Kommentar zu *Nostra Aetate* herausgearbeitet (a.a.O., 625f., 634f., 661–663), wurde ein anlässlich einer Audienz bei Papst Johannes XXIII. am 13.6.1960 vom jüdischen Historiker Jules M. Isaac (1877–1963) überreichtes Dossier zum Anstoß und zur wichtigsten Grundlage für die Neuorientierung, die dann mit Unterstützung von Kardinal Augustin Bea Eingang in das Konzilsdokument gefunden hat. Die „Lehrsätze" für eine erneuerte christliche Katechese, die Jules Isaac seinem Buch „Jesus und Israel" (Wien–Zürich 1968) als Anhang beigegeben hat, fassen sein Anliegen zusammen und sind anlässlich des 40-Jahr-Jubiläums von *Nostra Aetate* unter dem Titel „Ein Jude verändert das katholische Denken – Jules Isaac" abgedruckt in: Heute in Kirche und Welt. Blätter zur Unterscheidung des Christlichen 5 (2005) Nr. 12, 12. Zur Beurteilung der dramatischen Veränderung der Einstellung der christlichen Kirchen (und der Vorreiterrolle der Katholischen Kirche in dieser Veränderung) siehe aus jüdischer Perspektive: Moshe Aumann, Juden Christen Israel. Nach 2000 Jahren Verfolgung und Feindschaft – ein Neuanfang, Gießen 2005.

den Höhepunkt der Reinigung des Gewissens.[5] Rabbi Melchior, mit dem Papst Johannes Paul II. an der Klagemauer Ps 122 gebetet hatte, sprach aus, was in diesem Augenblick viele Juden in aller Welt empfanden: „Mehr als 2000 Jahre lange haben wir uns gegenseitig umgebracht, das heißt, vor allem wir Juden wurden umgebracht, vertrieben, ausgeraubt. Wir haben nichts miteinander geredet und uns gegenseitig alles Schlechte gewünscht, und dann kommt ein Papst hierher und bittet uns um Vergebung ... Wir beten auf einmal zusammen an der Klagemauer, und er nennt die Juden seine größeren Brüder. Für mich hat jetzt das dritte Jahrtausend begonnen, an diesem Tag. Es ist die beste Perspektive für das jüdische Volk, wir gehen zum ersten Mal auf ein Jahrtausend christlicher Zeitrechnung zu, für das die Christen uns Frieden versprochen haben."[6] Man darf davon ausgehen, dass die Entschlossenheit, mit der Karol Wojtyła eine Änderung der Beziehungen zwischen der katholischen Kirche und den Juden vorangetrieben und wahrhaft prophetische Zeichen der Vergebung gesetzt hat, schon in seiner Kindheit und Jugend grundgelegt wurde, in der Juden seine Nachbarn, Schulkollegen und Freunde waren. Dass Papst Benedikt XVI. diesen Weg mit derselben Entschlossenheit weiterzugehen gedenkt, zeigt sein viel beachteter Besuch in der Kölner Synagoge am 19. August 2005 im Rahmen des XX. Weltjugendtages.[7]

In Österreich wurde ein vom Wipptalgletscher vor zehntausenden Jahren ins Mittelgebirge bei Innsbruck verfrachteter Stein zum Prüfstein für die konkrete Umsetzung der vom Konzil eingeforderten *habitudo* gegenüber den Juden. Zu Beginn des 17. Jahrhunderts war wohl in Konkurrenz zur Verehrung des Simon von Trient ein auf der Ritualmordlegende basierender Kult rund um das „Anderle von Rinn" entstanden, mit Anderle-

---

[5] Vgl. ebd., 668, und R.A. Siebenrock, „Tertio Millennio Adveniente". Zur Dramaturgie des Pontifikats Johannes Pauls II., in: Religion – Literatur – Künste, Bd. 3: Perspektiven einer Begegnung am Beginn des neuen Millenniums (Im Kontext 15), Anif/Salzburg 2001, 66–83.

[6] Zitiert nach Andreas Englisch, Johannes Paul II. Das Geheimnis des Karol Wojtyla. Berlin 2. Aufl. 2004, S. 289. Vgl. dazu auch besonders auch die Kondolenzschreiben jüdischer Führer zum Ableben von Papst Johannes Paul II. In: The Pontifical Council For Promoting Christian Unity. Information Service Nr. 118 (2005/I–II), S.23–24.

[7] Dokumentation der Ansprachen in: Predigten, Ansprachen und Grußworte im Rahmen der Apostolischen Reise von Papst Benedikt XVI. nach Köln anlässlich des XX. Weltjugendtages, 14. September 2005 (Verlautbarungen des Apostolischen Stuhls 169, hg. vom Sekretariat der Deutschen Bischofskonferenz), Bonn 2005, 38–54.

Prozessionen, Anderle-Spiel, Figuren, Bildtafeln und Deckenfresko. Hatte sich die Diözese Trient bereits in den 60er Jahren endgültig von der Verehrung des Simon verabschiedet, so zog man im Tirol der Nachkriegsjahre den sanften Weg vor. Die eher zaghaften Versuche, den Kult zu beenden[8], förderten ein erschreckend reichhaltiges Reservoir an Ressentiments gerade in jenen Kreisen zutage, die auf Bewahrung von Volkskultur und Tradition bedacht waren. Es blieb Bischof Dr. Reinhold Stecher vorbehalten, im Rahmen einer Predigt am 20. Februar 1985 (jährliche Gedenkfeier zum Todestag von Andreas Hofer in der Innsbrucker Hofkirche) die längst fällige Abschaffung des Anderle-Kultes öffentlichkeitswirksam einzufordern und gegen allen Widerstand, aber mit voller Rückendeckung aller kirchlichen Gremien der Diözese und im Einklang mit der Österreichischen Bischofskonferenz in den folgenden Jahren auch konkret durchzuziehen. Von offizieller kirchlicher Seite gab es nur eine kritische Wortmeldung, die allerdings Aufsehen erregte. Sie kam vom damaligen Wiener Weihbischof Dr. Kurt Krenn, der sich in der ORF-Sendung „Im Journal zu Gast" vom 22. August 1987 zum Sprecher all jener machte, die in der Aufrechterhaltung der tief im Volk verwurzelten Verehrung des Anderle keinen Widerspruch zur kirchlichen Lehre sahen und damit den Ursprung dieser Verehrung in der unhaltbaren und die Juden diffamierenden Ritualmordlüge nicht wahrhaben wollten. Die Antwort von Bischof Stecher ließ an Deutlichkeit nichts zu wünschen übrig. Er pochte darauf, dass sich die Kirche mit der Erklärung „‚Sagen wir halt, es waren keine Juden, es waren andere. Das Anderle ist ein unschuldiges Kind, also machen wir einfach weiter' nicht aus einem jahrhundertelang begangenen Unrecht gegenüber einer anderen Religionsgemeinschaft davonstehlen kann. Es steht außer Zweifel: Wenn der Ritualmord fällt, fällt der Grund zur Verehrung als Märtyrer."[9]

[8] Das in den 30er Jahren vom Wiltener Prämonstratenser-Chorherrn Gottfried Schöpf verfasste Theaterstück „Das Anderle von Rinn", das auch nach dem Anschluss 1938 noch aufgeführt wurde, wurde 1945 wieder aufgenommen. Erst Proteste von jüdischer Seite aus dem In- und Ausland führten zum Spielverzicht. 1954 wurde auf Antrag von Bischof Paul Rusch das Fest aus dem Innsbrucker Kalender der Eigenfeste gestrichen, 1961 von Abt Alois Stöger von Stift Wilten die Entfernung der Figuren und Bildtafeln veranlasst. Vgl. Werner Kunzenmann, Das Ende einer Legende, in: Judenstein. Das Ende einer Legende. Dokumentation, hg. v. der Diözese Innsbruck, Innsbruck 1995, 63–111.

[9] In: Kirche. Wochenzeitung des Bistums Innsbruck vom 6. September 1987 (Zitat bei Kunzenmann, a.a.O., 97).

Nun ist der Ritualmordvorwurf gegen die Juden in der Tat nicht einfach eine jener etwas seltsamen, im Grunde aber harmlosen Blüten, wie sie eben auf dem Feld frommen Brauchtums zu sprießen pflegen, sondern er bildete dort, wo er auftauchte, im Mittelalter neben dem Vorwurf der Hostienschändung und der Brunnenvergiftung, in der Neuzeit als Standardvorwurf schlechthin, immer den Auftakt zur Diffamierung der Juden bis hin zu gewaltsamen Übergriffen und der Inszenierung von Pogromen, und immer wieder haben sich Repräsentanten der christlichen Kirchen aktiv an der Verbreitung dieser Vorwürfe beteiligt. Signifikant ist in diesem Zusammenhang die Häufung von Ritualmordvorwürfen und -prozessen in den letzten beiden Jahrzehnten des 19. Jahrhunderts[10], als der Antisemitismus, begünstigt durch die Emanzipation der Juden im Gefolge der Revolution von 1848 und den starken Zuzug in den großen Städten Deutschlands und Österreich-Ungarns[11], zu einer entfesselten politischen Bewegung wurde. Der Prager Professor für Altes Testament, August Rohling, und der Wiener Gemeindepfarrer Joseph Deckert machten in einschlägigen Publikationen ausgiebig Gebrauch von der Ritualmordlegende und stellten die Juden als die Feinde der Christen schlechthin dar. Repräsentanten der christlichsozialen Partei wie Karl Lueger griffen bereitwillig auf solche Klischees zurück, ließ sich doch das bekämpfte System des Liberalismus und Kapitalismus am wirkungsvollsten dadurch angreifen, dass man es als „jüdisch" brandmarkte. Der Antisemitismus war am Vorabend zum 20. Jahrhundert, dem Jahrhundert der Schoa, zur tragenden weltanschaulichen Säule gerade auch unter Gebildeten geworden![12]

---

[10] Vgl. M. Langer, „Blutbegier'ge Judenhunde streichen durch dies fromme Land ..." Ritualmordwahn und Tiroler Volksfrömmigkeit, in: Judenstein. Das Ende einer Legende, a.a.O., 31–62, hier 33. Die „Ritualmordlisten" der antisemitischen Propaganda führen für die Jahre zwischen 1800 und 1890 etwa 80, zwischen 1891 und 1900 ca. 140 und seit 1901 ca. weitere 30 „Fälle" an. Spektakuläre Prozesse, mit denen in den 80er und 90er Jahren die Ritualmordlegende neu belebt wurde, fanden u. a. in Tisza/Eszlàr/Ungarn (1882), Skurz/Westpreußen (1884), Polnà/Böhmen (1899/1900) und in Konitz/Schlesien (1900) statt.

[11] 1848 lebten 5.000 Juden in Wien, 1880 waren es 72.600, im Jahr 1900 bereits 147.000 (vgl. den Überblick über die Entwicklung der jüdischen Bevölkerung in Wien 1848–1988 bei K. Lohrmann, Die Geschichte der Juden in Wien 1782–1938, in: Der Wiener Stadttempel, die Wiener Juden, hg. v. der Israelitischen Kultusgemeinde, Wien 1988, 65–78, hier 78).

[12] Vgl. K. Lohrmann, Die Geschichte der Juden in Wien, a.a.O., 73.

## II. Zum Standort des Tagebuchautors im Kontext des Revolutionsjahres 1848

Die Judenemanzipation war ein wesentlicher Punkt im Gesamtprogramm der Revolution von 1848. Zweifellos haben die Juden von den Errungenschaften der Revolution profitiert, aber es trat auch eine neue Form von Judenfeindschaft in Erscheinung, die schon an den politischen Antisemitismus der 80er Jahre gemahnte. Das Tagebuch dokumentiert beides: Einerseits die Hoffnung auf eine „Erlösung der Juden vom schweren Drucke", andererseits die bittere Enttäuschung über die „entfesselten Leidenschaften ... gegen wehrlose Juden".[13] Dem Autor des Tagebuchs, der zu dieser Zeit zwölf wenig befriedigende Jahre als „Hofmeister" (Hauslehrer) bei begüterten jüdischen Familien hinter sich hat[14], zuletzt bei Familie Straß in der Jägerzeile (heute Praterstraße), bot sich wie vielen Juden die Chance zu einer Karriere als Journalist, zunächst ab Jänner 1849 unter Schwarzer[15] bei der „Österreichischen Zeitung" (die nach dem Verbot im März 1849 durch die Zeitung „Der Wanderer" abgelöst wurde), dann ab Juli 1849 unter Warrens[16] beim „Österreichischen Llyod". Aber bei aller Genugtuung, die ihm der gelungene Einstieg in die Journalistik bereitete, registrierte er sehr aufmerksam die nicht auszurottenden Ressentiments gegen die Juden, die sich vor allem nach der Niederschlagung der Oktober-Unruhen in Wien und der einsetzenden Restauration bemerkbar

[13] So formuliert der Autor S. 6 in seiner Eintragung zum 28.8.1848.

[14] „Von den unglücklichen politischen Verhältnissen auf meine eigenen zurückkommend bemerke ich bloß, dass ich – ob mit Recht oder Unrecht? – mit meiner gegenwärtigen Lage unzufrieden bin. Einen unbedeutenden Gehalt, erbärmliche Kost und dazu die Anforderung, vom frühen Morgen bis Abend alle nur möglichen Wissenschaften zu unterrichten." (9.9.1848, 19) „Das Leben eines Hofmeisters ist unstreitig das elendste, welches es in einem freien Staate geben mag. Ewig an seine Zöglinge gefesselt, läßt es seine Pflicht nur selten zu, Theil an dem öffentlichen Leben zu nehmen." (16.12.1848, 143)

[15] Ernst Schwarzer (1808–1860), Edler von Heldenstamm, österreichischer Politiker und Journalist, wurde 1844 Chefredakteur des „Österreichischen Lloyd" in Triest, musste 1848 als Minister zurücktreten und widmete sich danach dem Wirtschaftsjournalismus.

[16] Eduard (eigentlich Wolf Ahrons) Warrens (1820–1872), kam in jungen Jahren nach Amerika, wo er sich als politischer Publizist betätigte, kehrte als Leiter des „Triester Lloyd" nach Europa zurück und ging 1848 nach Wien, um die Leitung des „Österreichischen Lloyd" zu übernehmen.

machten. Mehrfach kommt er auf Johann Quirin Endlich zu sprechen, der „vielleicht am umfassendsten ... schon vom Juden schlechthin sprach und dieser Phantasiegestalt alles Böse andichtete".[17] So in der Eintragung zum 9.11.1848: „Das ganze Gezücht der conservativen Presse speiet nun Galle und Gift gegen die Juden, die kein Organ zu ihrer Vertheidigung haben. Quirin Endlich ist der tüchtigste unter allen diesen Sudlern, denn er hat zu einer Zeit, wo das Bekenntniß solcher volksfeindlichen und judenfresserischen Tendenzen Gefahr brachte, dieselben nie verleugnet und geduldig allen Hohn und allen Schimpf der radikalen Blätter ertragen." (106) Am 7.12. notiert er: „Quirin Endlich sagt: die Juden haben ein Netz über ganz Deutschland gezogen, und theilen einander Lügenberichte mit, um Östreich im Auslande zu verleumden und die Stimmung Deutschlands nach eigener Willkür zu regeln." (136) Zwar fehlte der judenfeindlichen Agitation noch die Breitenwirkung und war der Antisemitismus noch kein Massenphänomen wie eine Generation später, aber man war als Jude, wie im Tagebuch mehr als deutlich wird, ständig mit diskriminierenden Vorurteilen konfrontiert.

Die geistige Heimat des Autors ist in deutsch-liberalen[18] Kreisen zu suchen, die um den Preis der Assimilation und der Distanzierung von der eigenen Kultur und Tradition für die Errungenschaften der Aufklärung und die „Freiheit" und Gleichberechtigung der Juden eintraten: „Wir Juden müssen frei gleich allen Menschen sein, wenn die Welt nicht neuen Erschütterungen entgegengehen soll. Übrigens beginnt der Name Jude nachgerade nichts anderes als ein leerer Begriff zu werden. Denn die alten Gebräuche, welche den Juden charakterisiren, sind längst zu Grabe

[17] K. Lohrmann, Die Geschichte der Juden in Wien, a.a.O., 69.

[18] Verschiedentlich klingt die für diese Kreise typische Reserviertheit gegenüber national-slawischen bzw. panslawistischen Bestrebungen an, etwa in einer Replik auf die Unionsbestrebungen: „Die Bewegungen des Slawenthumes sind überhaupt lange noch nicht geendet und scheinen sie vorläufig eine religiöse Union anknüpfen zu wollen, um die politische desto sicherer durchzuführen. Der griechische Cultus sagt den Slawen mehr zu, weil der Gottesdienst in slawischer Sprache gehalten wird. Läßt Östreich diese Union zu, so erleben wir dann erst ein slawisches Östreich. Die gegenwärtige Religionsverschiedenheit ist ein mächtigeres Hinderniß als die Dialektverschiedenheit; ist jene einmal gehoben, so sind die größten Hindernisse gehoben. Die Taktik des Slawen geht dahin, vorerst das nationale Bewußtsein zu kräftigen und dem Deutschthume jeden fußbreit Landes abzustreiten." (18.12.1849, 315)

gegangen, um so mehr jetzt, wo die fürchterlichste Gleichgültigkeit gegen religiöse Gebräuche an der Tagesordnung ist." (8.9.1848, 15)

Der wichtigste Ansprechpartner, von dem der Autor stets mit großer Hochachtung spricht und dessen politische Ansichten er offensichtlich teilt, ist der Schriftsteller und Publizist Ignaz Kuranda (1811–1884), der von 1848 bis 1866 in Wien die „Ostdeutsche Post" herausgab. Das Erscheinen der ersten Nummer dieses Blattes hält er am 30.9.1848 (31) ausdrücklich fest. Am 21.12.1848 schreibt er: „Wir haben endlich auch ein Oppositionsblatt in der Zeitung Kurandas, welche bald ein treffliches Organ des besonderen Fortschrittes sein wird." (148) Kurandas „Ostdeutsche Post" und Landsteiners „Presse"[19] sind ihm das Maß aller Dinge in der Journalistik (vgl. 24.12.1848, 152, und 7.1.1849, 166). Am 30.1.1849 notiert er zu Kuranda, dessen Zeitung kurzfristig von der Zensur verboten war und nun erstmals wieder erschien: „Wir haben aus seinen ‚Grenzboten', die vor einem Jahre so schrecklich verpönt waren, sehr viel gelernt." (185) Gemeint ist hier die von Kuranda in Brüssel herausgegebene Zeitung „Die Grenzboten", in der er Artikel publizierte, die in Deutschland und Österreich vor dem März 1848 der Zensur verfallen waren.[20] Als am 19.3.1849 seine eigene Zeitung verboten wurde, war sein erster Weg der zu Kuranda[21], zu dem er „immer eine große Pietät hegte" (27.3.1849, 222). Die Tagebucheintragungen dokumentieren enge Kontakte mit ihm und auch konkrete Angebote Kurandas, für sein Blatt zu arbeiten.[22] Als er im Mai 1850, gegen Ende der erhaltenen Tagebuchaufzeichnungen, beim „Österreichischen Lloyd" gekündigt wurde, hoffte er bei Kuranda unterzukommen und bedauerte bislang, keine Zusage erhalten zu haben (vgl. 14.5.1850, 367).

---

[19] Leopold Landsteiner (1817–1875) gründete 1848 zusammen mit August Zang die „Presse", deren Chefredakteur er wurde.

[20] Vgl. K. Lohrmann, Die Geschichte der Juden in Wien, a.a.O., 69.

[21] „Ich besprach mich sofort mit H. Kuranda, dem vor einiger Zeit ein ähnliches Schicksal begegnet war, und werde trachten unter seinen Auspizien mein einmal begonnenes Handwerk fortzusetzen." (215)

[22] „Kuranda hat mir angeboten für sein Blatt zu arbeiten. Ich bin jedoch zu faul etwas zu machen und unterlasse es lieber." (8.9.1849, 293)

## III. Das dokumentierte Geschehen im Überblick

Die Tagebuchaufzeichnungen setzen Ende August 1848 in einer durch die Ereignisse der März-Revolution mit ihren Folgen ungemein aufgeheizten Atmosphäre ein. Zwar hatte Radetzkys siegreicher Einzug in Mailand die Hoffnungen der Revolutionäre empfindlich gedämpft, aber bis zur Niederschlagung des Aufstands Ende Oktober durch Windischgrätz prägten revolutionäre Farben und Töne das Bild in Wien. Diese stürmische Zeit ist denn auch die im Tagebuch am ausführlichsten dokumentierte: Die fünf Monate bis Ende Jänner 1849 nehmen ebenso viel Platz in Anspruch wie die 16 Monate von Februar 1849 bis Mai 1850, die Eintragungen zu September/Oktober 1848 machen fast ein Viertel des Textes aus. Aufmerksam verfolgt der Autor das politische Geschehen, nimmt immer wieder an Aufläufen und Versammlungen teil, geht in den Reichstag, fängt in seinen Schilderungen sehr gut die aktuelle Stimmung ein, etwa wenn ein Dr. Tausenau, Präsident des „demokratischen Clubs", wieder einmal eine zündende Rede gehalten hat (1.10.1848, 33), bleibt selbst aber immer im Hintergrund und geht bei aller Sympathie für die Anliegen der „Radikalen" deutlich auf Distanz zu ihrem agitatorischen Gehabe. Bezeichnend für seine Haltung ist eine Notiz vom 14.10.: „Um was dreht sich der ganze Kampf, ob Doctor Tausenau oder der gute Kaiser Ferdinand herrschen soll? Da bleibe ich lieber beim Alten und sehe bloß die Macht des Kaisers so begränzt, dass er wohl nicht schaden, dagegen aber viel nützen kann." (48) Am 6.10. „um drei Uhr nimmt die Sache endlich eine sehr ernste Wendung und wäre ich bald als Opfer eines Kampfes geworden ..." (37) Er erlebt auf dem Stephansplatz einen Schusswechsel, wobei auch aus der Stephanskirche geschossen wird, und sieht, wie die Volksmassen sich Seite an Seite mit Grenadieren Richtung „Kriegsgebäude" bewegen. Schleunigst sucht er das Weite. Als er um 7 Uhr am Abend in die festlich beleuchtete Stadt zurückkehrt, kann er ungehindert den Platz betreten, an dem „eine gräßliche That der Volksrache" geschehen. Der Kriegsminister Graf Latour hing da „entsetzlich verstümmelt und die kannibalische Menge erheiterte sich an diesem Anblick und trieb rohe Späße mit ihm ... In der ganzen Bevölkerung herrschte über diese Heldenthat ungeheurer Jubel. Ich kann sie nur verdammen. Seit acht Uhr sitze ich nun zuhause, ohne von der Stadt, wo heftig geschossen wird, Kunde zu haben.“ (38)

Der Lynchmord an Graf Latour am 6.10.1848 war das Signal zum offenen Aufruhr. Die revolutionären Kräfte, allen voran die Studenten, bewaffnen sich und werden durch überlaufende Soldaten verstärkt. Eine Fluchtbewegung setzt ein. Auch die Hausleute des Autors verlassen mit den Kindern fluchtartig die Stadt, was er durchaus auch genießt, insofern er nunmehr von der Last des Unterrichts entbunden ist.[23] So kann er sich vom Haus seines Prinzipals in der Jägerzeile aus ganz auf die sich überstürzenden Ereignisse konzentrieren. Die Schilderungen und Kommentare, die er in den folgenden 30 Tagen auf insgesamt 60 Seiten seinem Tagebuch anvertraut, zählen zum Spannendsten und Interessantesten, das die Handschrift zu bieten hat. Besonders als die Jägerzeile ab 26.10. zum Kampfplatz der unter Windischgrätz und Jellačić gegen das aufständische Wien vorrückenden kaiserlichen Truppen wird, und er sich gewissermaßen im Zentrum des Geschehens befindet, sind die von ihm festgehaltenen Details von unschätzbarem Wert. Nach angstvollen Stunden, die er mit anderen Schutz Suchenden zumeist im Pferdestall seines Prinzipals zubringt, wird am 29.10. um 5 Uhr früh die Barrikade nach siebenstündiger Verteidigung verlassen, und er geht „ein weißes Tuch schwenkend den jubelnd anmarschierenden Grenadieren entgegen“ (78). Mehr als einmal gerät er selbst in brenzliche Situationen. Vor dem Fall Wiens war dic größte Gefahr die, von den Verteidigern zum Waffendienst eingezogen zu werden. Als Wien wieder in der Hand der kaiserlichen Truppen war, musste er auf der Hut sein, nicht als „Student“ in Gewahrsam genommen zu werden, so etwa noch am 29.10. während eines ersten Rundganges nach den Kampfhandlungen in der Jägerzeile: „Der Verdacht Student zu sein reicht schon hin, um in Lebensgefahr zu sein…“ (80, festgehalten um „1 Uhr“!). Und er bekommt auch die Gleichung „Student“ = „Jude“ und damit den Vor-

[23] „Nachdem ich gefrühstückt habe, gehe ich entweder in den Reichstag oder in den Straße herum, um das Volk zu studiren, welches noch immer fürchterlich republikanisch ist. Wenn ich dann ermüdet nach Hause gehe, speise ich zu Mittag, laufe dann wieder herum, schreibe einige Briefe und gehe in den Reichstag. ... mein Tagewerk ist zwar ermüdend aber nicht unangenehm; um so mehr, da ich keine ungezogenen Kinder zu unterrichten brauche und meine jetzige Herrschaft, die mich aber wenigstens füttern muss, nicht vor Augen habe.“ (20.10., 55)

wurf, die Juden stünden hinter den Auswüchsen der Revolution, am eigenen Leib zu spüren. So resümiert er am 1.11. nach einer einschlägigen Begegnung mit einem „Leutnantchen": „Wieviel Blut hätte erspart werden können, wenn die Ereignisse des sechsten October nicht stattgefunden hätten!!! Was nützt es mir jetzt, sie mißbilligt zu haben, da alle Juden in Acht und Bann erklärt worden sind! Denn häufig hört man die Worte: ‚Die Juden sind an allem schuld!'" (87)

Nach der Niederschlagung des Aufstands prägen Soldaten das Straßenbild, im Umfeld des Autors zunächst vor allem Kroaten, deren Vorliebe für „Münze" sprichwörtlich ist.[24] Es kommt zu Plünderungen und Übergriffen. Der Autor fühlt sich angesichts des Ausbruchs roher Gewalt ins „finstere Mittelalter" versetzt.[25] Der „Belagerungszustand" sorgt für reges Leben auf der Bastei, wo Geschütze aufgestellt und Palisaden errichtet werden. Nachdem Kaiser Ferdinand am 2.12. in Olmütz zugunsten seines Neffen Franz Joseph abgedankt hat, stellt man sich in Wien die Scherzfrage, was er denn den Wienern „vermacht" hat. Antwort: „Die Bastei", „weil in der That dieser schöne Spaziergang bald dem Publikum nicht mehr zugänglich sein wird." (8.12., 137) Als im Jänner 1849 wie so oft vor der Donau-Regulierung ein Eisstoß eine Überschwemmung verursacht, die vor allem die Leopoldstadt trifft, notiert er mit hintergründigem Humor: „Wien ist in Bewasserungszustand versetzt..." (21.1.1849, 179) Worüber er sich besonders entsetzt, sind die nicht enden wollenden Hinrichtungen, die eine Atmosphäre von Angst und Schrecken verbreiten. Besonders eindringlich und mit großer Anteilnahme schildert er, wie der Journalist und Schriftsteller Hermann Jellinek (*1822) am 23.11. in den Tod gegangen ist.[26] Die Kaffeehäuser verlieren durch das Spitzelwe-

[24] „'Münze' ist ihr Losungswort, wofür sie aber auch dem Tode kühn entgegen gehen." (1.11., 88)

[25] „Die von den Soldaten verübten Grausamkeiten gränzen ans Fabelhafte und nur die finstern Jahrhunderte des Mittelalters dürften Ähnliches gesehen." (1.11.1848, 87) „Mittelalter" steht im Tagebuch ausschließlich für menschenverachtende, jede Humanität entbehrende Kriegshandlungen.

[26] Seine persönliche Anteilnahme an dem Geschehen wird aus der folgenden Bemerkung deutlich: „Ich bin stolz darauf, dass auch ein Jude so heldenmüthig gestorben für die Freiheit der Völker, für welche er mit der Feder so heldenmüthig gekämpft. Denn nur durch die Waffen des Geistes kann der Jude kämpfen gegen die Unterdrücker." (24.11., 127) Auch die folgende ihm zu Ohren gekommene Episode ist ihm eine Eintragung ins Tagebuch wert: „Kurz vor der Hinrichtung sagte Jellinek zu Becher: ‚Es ist in der That merkwürdig, dass ein Jude und ein Christ

sen ihre Funktion als Umschlagplätze für Neuigkeiten. Auch der Autor verzichtet auf seine geliebte Zeitungslektüre, um sich nicht den Gefahren unbedachter Äußerungen auszusetzen.[27] Am 13.3.1849 notiert er: „Es waren heute gewiß mehr Spitzel auf den Beinen, als Gäste in den Caffeehäusern sein werden." (212) Es gibt nur wenige Nischen, wo sich der Unmut gegen das Regime noch Luft machen kann: das geschriebene Wort (Anschläge, Flugzettel, Zeitungen), Theateraufführungen (ab Februar 1849) und Predigten[28]. Die vor der Niederschlagung des Aufstands beliebteste Form des Protests, die „Katzenmusiken", wurden gewöhnlich im Keim erstickt. So wurden am 18.12.1848 „versuchsweise einige Katzenmusiken einstudirt, konnten jedoch wegen der eindringlichen Beredsamkeit der Dragoner nicht aufgeführt werden" (146).

Nachdem der Jahrestag der Märzrevolution ohne die gefürchteten Unruhen vorüber gegangen war, und Radetzky Ende März 1849 glänzende Siege gegen Piemont errungen hatte, wandelte sich ab April deutlich die Stimmung. Für Wien war die Revolution vorbei, was in der Rückkehr des Kaisers aus Olmütz am 5.5.1849 seinen sichtbaren Ausdruck fand.[29] Jetzt richtete sich das Hauptaugenmerk des Autors auf den Freiheitskampf der

gleichzeitig für eine und dieselbe Idee sterben.'" (128) Jellinek wurde am 23.11. gehängt, sein Freund Alfred Julius Becher (*1803 oder 1804, Musikkritiker, seit März 1848 politisch durch die Herausgabe der Zeitschrift „Der Radikale" exponiert), der Protestant war, wurde am selben Tag standrechtlich erschossen.

[27] „Ich gehe deshalb nie in ein Gast- oder Caffeehaus, um gar nichts zu hören, und dadurch nicht in die Lage zu kommen ein Wort zu sprechen, wofür ich sodann von den Allerweltsspitzeln denuncirt werden kann." (15.2.1849, 196)

[28] Am 18.11.1848 weiß der Autor von einer Predigt Isaak Noah Mannheimers (1793–1865, seit 1824 Talmudlehrer und Prediger im Wiener Stadttempel in der Seitenstettengasse) zu berichten, in der dieser sich „über die Feigheit so vieler Juden" entrüstete, „welche vor den Unterdrückern im Staube kriechen", und eindringlich an die Repressalien erinnerte, denen die Juden vor der Revolution ausgesetzt waren. „Es war die beste Rede, die ich seit langer Zeit gehört und so freisinnig, dass ich mich wunderte, ob sie dem alten Manne nicht darüber zu Leibe gehen werden. Noch müssen die Mächtigen zittern vor dem Worte eines verachteten Juden; denn das Volk lauscht der Rede des Juden gar gerne und bin ich überzeugt, dass M. bei christlichen Zuhörern dieselben Triumphe feiern würde, als er sie heute gefeiert." (120)

[29] Vgl. 243. Zwei Zitate mögen die distanzierte Haltung des Autors zur Person Kaiser Franz Josephs beleuchten, dessen militaristisches Gehabe er des öfteren einer herben Kritik unterzieht: „Während die ganze Monarchie in Flammen steht, so geht der Kaiser auf die Jagd und läßt sich in seinem netten Weidmannsrocke mit dem schmucken Tiroler Hut von den Spaziergehern begaffen." (4.6.1849, 256) „Von unserm Kaiser spricht man jetzt weder Gutes noch Schlechtes und denkt an ihm so wenig, als ob er in China wäre, was jedenfalls ein schlimmes Zeichen ist." (24.1.1850, 335)

Ungarn, über dessen Verlauf er gut unterrichtet ist und zu dem er auch gut bezahlte Korrespondenzen an ausländische Zeitungen abliefert.[30] Nach dem Eingreifen der Russen und der Ablösung des zögerlichen und glücklosen Windischgrätz durch den äußerst brutal vorgehenden Haynau als Oberkommandierenden der kaiserlichen Truppen, war im August 1849 auch an diesem Kriegsschauplatz die Revolution zugunsten des „monarchischen Prinzips" entschieden. Am 13.9. war der Autor Augenzeuge bei der triumphalen Fahrt Radetzkys vom Bahnhof zur Hofburg: „Der Wagen musste langsamen Schrittes fahren und fortwährend erscholl das stürmischste Lebehoch. In der Burg empfing ihn der Kaiser. Abends war die ganze Stadt prachtvoll illuminirt; man sah viele Transparente mit den Bildnissen der Generale und des Kaisers. Als ich den greisen Marschall betrachtete, sah ich, dass er bereits sehr alt ist." (295) An den folgenden Tagen stand Wien ganz im Zeichen des „Radetzky-Taumels" (15.9., 296).

Im weiteren Verlauf steht die Tätigkeit in der Redaktion des „Österreichischen Lloyd" und den daraus resultierenden Bekanntschaften im Vordergrund. Für die abendlichen Zirkel, die sein Chef Warrens veranstaltete und bei denen es darauf ankam, mit möglichst vielen Damen und Herren der Gesellschaft nach genau festgelegten Regeln ins Gespräch zu kommen, mochte er sich allerdings nicht recht erwärmen. Um so intensiver widmete er sich nunmehr seiner Theater-Leidenschaft, zu der ihm der Einstieg in die Journalistik (und das damit verbundene Privileg, zu günstigen Eintrittskarten zu kommen) die Tür geöffnet hatte. Überhaupt scheint nach seinen Schilderungen vor allem im Fasching 1850 das Theater eine Art Droge geworden zu sein, mit der die Wiener die Revolution und die Zwangsmaßnahmen der nachrevolutionären Ära zu vergessen suchten. Ein Eintrag zum 6.3.1850 skizziert in knappen Strichen treffend die Wiener Theaterszene: „Aus Mangel an politischen Stoff komme ich auf die Theater zu sprechen. Der Einfluß Heinrich Laubes ist im Burgtheater sehr

[30] Das geht aus dem Rückblick auf seine journalistische Laufbahn am Ende der erhaltenen Tagebuchaufzeichnungen hervor, wo er auch auf seine Tätigkeit als Korrespondent für die „Augsburger Allgemeine" zu sprechen kommt: „Die ungarische Kriegsepoche war einer solchen Beschäftigung besonders günstig und ein Mensch, der fleißig Neuigkeiten vom Kriegsschauplatze aufzutreiben wusste, konnte Geld verdienen und ich war nicht faul und rannte im Schweiße meines Angesichtes zur Post, um die wichtigen Neuigkeiten noch schnell genug befördern zu können." (12.5.1850, 367)

fühlbar und wurden unter seiner Leitung bisher nur treffliche Sachen gegeben. Der ‚Prophet' ist nun ein Kassastück geworden und lockt natürlich große Massen herbei. Scholz und Nestroy haben sich dagegen ganz überlebt und nützt ihnen alle Anstrengung nichts die Gunst des Publikums zurückzugewinnen." (348) Zu den näheren Umständen der Wiener Uraufführung der Oper „Der Prophet" von Giacomo Meyerbeer (1791–1864) am 28.2. liefert er auf S. 344–347 einen ausführlichen und äußerst amüsanten Augenzeugenbericht. Die Tatsache, dass ausgerechnet eine Jude in Wien als „Held des Tages" gefeiert wird, erfüllt ihn mit nicht geringer Genugtuung: „Wer will es uns Juden verargen, wenn wir uns durch solche Männer geehrt fühlen und mit Hohn auf jene herabblicken, die sich der Emanzipation der Juden widersetzen. Der Jude braucht dem Christen nicht *gleichgestellt* zu werden; in Kunst und Literatur ist er ihm, wo nicht überlegen, doch wenigstens ebenbürtig. Wenn Intelligenz und Wissen einen Menschen zur Menschenwürde erheben, so ist der Jude in der edelsten Bedeutung des Wortes Mensch und kann es ruhig hinnehmen, wenn ihm die Ausübung der Bürgerpflichten von engherzigen Staaten vorenthalten wird." (28.2., 346)

## IV. Juden und Christen – Nachbarn in Glauben und Leben

In einem letzten Abschnitt sollen noch einige Textpassagen herausgegriffen werden, die die Haltung des Autors zur eigenen jüdischen religiösen Tradition und zum Christentum in seinen religiösen Vollzügen beleuchten. Vorweg ist festzuhalten, dass seine diesbezüglichen Äußerungen sehr sachlich und durchaus von einer gewissen Wertschätzung in der einen wie in der anderen Richtung gehalten sind, dass ihm aber, wie er selbst mit Bedauern feststellt, der innere Bezug zum Glauben und zu den Gebräuchen seiner Väter abhanden gekommen ist. Sehr kritisch, ja fast ausfällig wird er nur, wenn er auf die „Börsejuden" zu sprechen kommt. So notiert er etwa im Anschluss an eine Predigt von Mannheimer am 30.12.1848, in der dieser die Konzentration auf die „staatsökonomische" Rolle der Juden als Geldverleiher als Irrweg jüdischer Selbstdefinition anprangerte: „... es hat die Herrlichkeit von einigen jüdischen Häusern dem gesamten Judenthume viel Groll und Haß zugezogen und hat dem jüdischen Wohlstande ebenso wenig genützt als dem christlichen. In der That gibt es gewiß keine verächtlichere Menschengattung als diese mit Recht so geschmähten Börsejuden, die den Mark des Staates aussaugen.“ (158) Über den Katholizismus findet sich, soweit ich sehe, eine einzige generalisierend kritische Aussage, die aber auch nicht auf die Religion als solche zielt, sondern auf den moralischen Anspruch, den die Kirche im gesellschaftlich-politischen Handeln des Papstes und der Hierarchie erhebt: „Dieser Pius der Neunte hat zwar seine Zeit anfangs begriffen, ist jedoch wie alle ängstliche Gemüther selbst erschrocken vor dem Sturme, den er heraufbeschworen, und den er nicht zu zügeln vermochte ... Er hat seine Rolle ausgespielt und ist moralisch tod, so wie denn überhaupt diese veraltete Einrichtung unhaltbar geworden. Für den Katholizismus wäre es ein großer Gewinn, wenn mit dem Kirchenhaupte das ganze Gebäude der Hierarchie zusammenstürzen würde; denn nur dann ist wahre Glaubens- und Gewissensfreiheit möglich, wenn die Bekenner einer Religion von einer andern nicht bevormundet werden.“ (5.12.1848, 135) Abgesehen von der Frage, wie denn die sehr negativ klingenden Urteile über das Papsttum und die Institution Kirche wirklich gemeint sind und inwieweit hinter diesen Werturteilen nicht ein typisch aufklärerisches Pathos zum Vorschein kommt, ist im entschiedenen Eintreten für Glaubens- und Gewissensfreiheit und für Toleranz gegenüber anderen Religionen doch auch jene Vision einer in den *Dialog* mit der Welt tretenden (und die Welt *nicht bevormundenden*) Katholischen Kirche gleichsam prophetisch vorweggenommen, die durch das Charisma eines Papstes Johannes XXIII. und das Zweite Vatikanische Konzil ein Stück weit Wirklichkeit geworden ist!

Das erste jüdische Fest, das in den vom Tagebuch abgedeckten Zeitraum fällt, ist das am 27.9.1848 begangene Neujahrsfest: *„Wir feiern heute unser Neujahrsfest und erinnere ich mich mit Wehmuth der Tage meiner Jugend, wo wir Kinder wenn wir Abend aus dem Gotteshause kamen von dem Vater e.h. gesegnet wurden und dann unser frugales Nachtmahl mit mehr als königlicher Zufriedenheit verzehrten. Er beobachtete mit der genauesten Pünktlichkeit alle die ehrwürdigen Gebräuche des alten Judenthums. So hatten die sogenannten Borches anstatt einer länglichen Form diesmal eine runde. So bekommen wir ein Stückchen Apfel in Honig getaucht und mehre* *ähnliche Gebräuche wurden beobachtet. Doch im Laufe der Zeit sind sie mir gänzlich entfallen. – Meine heutige Feier war natürlich herz- und gemüthlos. Ich ließ zwar meine Schüler einen Wunsch herplaudern und auch einen geschriebenen Wunsch übergeben; doch freuete mich die ganze Geschichte nur sehr wenig." (30)*

Am 1.10. entsetzt er sich darüber, dass die Preßburger Juden trotz des Sabbat zu Schanzarbeiten herangezogen werden (vgl. 32). Am 21.10. notiert er einigermaßen konsterniert, dass ihm das am Vortag gefeierte Fest Simchat Tora („Freude an der Tora") völlig entgangen ist, und entschuldigt sich gleichsam damit, dass „unsre diesjährigen Feiertage in so trauriger Zeit fielen" (58). In der Folgezeit nimmt er immer wieder Bezug auf Gottesdienste, die zu verschiedenen Anlässen abgehalten werden und denen er beiwohnte, so etwa am 23.12. zu Ehren der Thronbesteigung des Kaisers (vgl. 151). Immer wieder kommentiert er die Predigten Mannheimers, die nach der Niederschlagung des Aufstands offenbar besonders an Profil gewannen und großes Echo fanden. Am 10.3.1849 notiert er: „Die Juden feierten heute ein kleines Dankfest zu Ehren der vom Kaiser gewährten Emanzipation, Mannheimer sprach einige treffliche Worte, die wie gewöhnlich ihren Eindruck nicht verfehlten." (210)

Ostern ist jenes Fest, das im Pascha-Fest der Juden wurzelt, und bei dem daher Juden und Christen einander besonders nahe kommen, das aber von seinem neuen Bezugspunkt und Inhalt her, dem Gedenken an Tod und Auferstehung Jesu Christi, zugleich die Trennung der Christen vom jüdischen „Mutterboden" markiert. Es ist nun sehr interessant, wie der Autor in einer gewissen Aufbruchsstimmung nach dem eigentlichen Ende der Revolution im März 1849, von der ganz Wien angesteckt scheint, in einem Atemzug vom christlichen Osterfest und – in außergewöhnlicher Breite und lebendiger Darstellung – von der jüdischen Seder-Feier berichtet, zu der er bei einer reichen jüdischen Familie geladen war. Seine Schilderung sei im Folgenden trotz ihrer Länge im Wortlaut wiedergegeben, da so ihr einzigartiger Charme am besten zur Geltung kommt. Die erwähnten Einzelheiten und Bräuche bedürften wohl mancher Erklärung, was aber den Rahmen dieses Beitrags sprengen würde und deshalb der kritisch kommentierten Edition des Tagebuchs vorbehalten bleiben soll: *„Wien ist nach den vielen Sünden des vergangenen Jahres gewaltig* *fromm geworden; ungeheure Menschenmassen wälzen sich aus den Kirchen, die heute beständig voller Gläubigen sind. Auch die Juden thun diesmal gewaltig fromm. Ich war bei einem reichen Juden geladen und will die Herrlichkeiten der Tafel und des dabei sich zeigenden Reichthumes an Silber in kurzen Worten skizziren. Der Speisesaal war durch zwei kleinere und einer sehr großen mit vielen Lichtern versehenen Lampe beleuchtet. Die zum סדר [Seder] geben bestimmte Schüssel bestand auf einen silbernen Aufsatz, in welchem allerhand silberne Becher angebracht waren. – Nach den üblichen Gebeten wurden in zwei großen silbernen Brodkörben nach jüdischem Gebrauch hartgesottene Eier servirt, die jeder essen muss. Diesen folgten Fischspeisen ebenfalls nach uraltem Brauch, von denen ich ein herzhaftes Stück nahm. Bei jeder Speise, welche wir nun bekamen, wechselten die Gedecke, die aus feinen Porzellantellern bestanden. Die übrigen Sachen hingegen waren aus Silber. Nach diesen Präliminarien folgte nun die jüdische Knödelsuppe, die jedoch köstlicher war, als ich sie je genossen. Die Stelle des Brodes vertraten heute die מצות [Mazzot]. Es erschienen nun in rascher Reihenfolge eingemachte Fleischspeisen und eine wunderliebliche Torte. Wein wurde in vergoldeten großen silbernen Bechern, Wasser hingegen in Gläsern getrunken und mochte jedermann von dem erstern nehmen, soviel er wollte. Die Freigebigkeit eines jüdischen Hausvaters kennt an diesem Abend keine Gränze; denn nach alter frommer Vätersitte sagt er den Spruch: ‚Wer hungrig ist, komme und setze sich essen', und in der That erfüllte mein frommer Wirth diesen Spruch in ausgedehnter Weise. Nebst mehren eingeladenen Familiengliedern saßen auch mehre arme Juden mit uns zu Tische und wurde in der Behandlung derselben nicht der geringste Unterschied gemacht, ganz so wie es die fromme Sitte vorschreibt. Der Hausherr saß mit dem Sterbehäubchen auf dem Kopfe auf einem mit weichen Polstern versehenen Sitz und hat zur Seite die noch schöne stattliche Königin des heutigen Festes in weißem Gewande und in einfach schönem Schmucke, um die Ehre des Hauses zu machen, was ihr auch gelang. Den Schluß der Tafel machte ein Stück dicker מצה [Mazze], Afkuml genannt, welches nach altem Gebrauch, mittlerweile von dem jüngstem Gliede des Hauses gestohlen wurde, weshalb dem kleinen lästigen Dieb vorerst ein Geschenk versprochen werden musste, ehe er sich zur Herausgabe desselben verstand. Nachdem man endlich ein Stückchen dieses Zeugs heruntergewürgt, begannen nun wieder die Gebete. Abenteuer-*

*lich klingende Lieder werden in uralter Melodie gesungen und that sich insbesondere ein kleines Männchen durch besondere Kunstfertigkeit in dieser echt unangenehm klingenden Singweise hervor, womit er jedoch der schleunigen Beendigung ziemlich hindernd in den Weg trat und wir gezwungen waren bis zehn Uhr zuzubringen. Während der Tafel musste ein polnischer Jude eine gelehrte Abhandlung über eine Stelle aus der Bibel lesen*[31]*, die jedoch kein Mensch verstand und glücklicherweise nur kurz war. Bemerken muss ich, dass dem Speisen allerhand wunderliche Gebräuche vorangingen, um sich des Auszugs aus Ägypten zu erinnern. – In frühern Jahren wurden alle diese Observanzen strenge gefeiert; doch hat die neue Zeit gewaltig aufgeräumt und gibt es bereits viele Familien, die sie schon abgelegt haben. In dem Hause meines heutigen Wirthes jedoch blieb nichts vergessen und glaube ich somit meine Schilderung schließen zu dürfen." (6.4.1849, 227f)*

Am folgenden Tag (7.4.) hält er einen sehr bezeichnenden Vergleich zwischen den religiösen Ausdrucksformen des Christentums (katholischer Prägung) und des Judentums fest: „Heute bewunderte ich den Pomp des Katholizismus bei den Umzügen der Geistlichkeit nach der Auferstehung und bestätige die schon oft gemachte Bemerkung, dass dieser Cultus mächtig zu den seinen spreche, aber nicht so viel inniges Wohlbehagen zurückläßt als unsere kindlich-liebenswürdigen jüdischen Gebräuche." (228) Zum Osterfest des folgenden Jahres (29.3.1850) notiert er ähnlich anerkennend: „Die Kirchen konnten heute kaum die Menge der Betenden und Neugierigen fassen und thut es wohl zu sehen, dass die Revolution das religiöse Gefühl im Menschen nicht unterdrücken konnte. Ein Staat, dessen Bürger ohne religiöse moralische Überzeugung dahinleben, entbehrt vieler Wohltaten der Civilisation, weil selbst die Scheu vor dem Gesetze einer religiösen Überzeugung entspringt. Der Katholizismus entfaltet eine blendende Pracht und übt dadurch auf die Fantasie einen mächtigen Zauber." (355) Dass ihn das Gepränge, mit dem man im katholischen Wien die Hochfeste oder auch Gottesdienste zu besonderen Anlässen wie die glückliche Beendigung des Krieges in Ungarn[32] zu begehen verstand,

[31] Ergänzt: „lesen".

[32] Er spricht von einem „großartigen Gottesdienst", der in der Stephanskirche am 2.9.1849 unter Teilnahme vieler Tausender Gläubiger gefeiert wurde (292).

nachhaltig beeindruckte, klingt immer wieder durch. So etwa, wenn er – gewiss aus der Distanz des jüdischen Beobachters – am 7.6.1849 über die Feier des Fronleichnamstages berichtet: *„Am heutigen Frohnleichnahmstage sah ich die ganze Herrlichkeit, welche der katholische Clerus bei solchen Anlässen entfaltete. Eine unabsehbare Schar von Geistlichen aller Waffengattungen wogte in feierlicher Prozession mit Fahnen und Musik durch die Straßen und endlich wieder in die Stephanskirche, wo ich auch den Kaiser sah. Er wurde beim Herausgehen aus der Kirche mit Jubel begrüßt und besitzt in seiner Persönlichkeit ein gewisses Etwas, was den Wienern sehr gut gefällt. Die Straßen waren sehr belebt und waren überall Gerüste angebracht, die für Geld zur Benützung gestellt, ein nicht unbedeutendes Sümmchen abgeworfen haben mögen." (258)*

Er erwähnt, dass am 24.12.1848 „aus Furcht vor Zusammenrottung" keine Mitternachtsmette abgehalten werden durfte (152), und fängt im darauf folgenden Jahr in knappen Worten das besondere Flair des Christtags ein: „Wien ist heute sehr fromm und gottesfürchtig geworden. Die Stadt schien ausgestorben, alle Spaziergänge unbesucht, nur die Kirchen waren ziemlich lebhaft von den geputzten Gläubigen umringt." (25.12.1849, 325)

Wenn man auf dem Hintergrund dieser Schilderungen katholischer Feste die Schilderung des Jom Kippur, des jüdischen Versöhnungstages, am 26.9.1849 liest, mag man durchaus Parallelen bis in die Wortwahl hinein entdecken: *„Alles tod und stille*[33]*. Der Tempel war sehr stark besucht und sah man besonders viele jüdische Militärs aller Waffengattungen. Sogar Offiziere mit Orden. In allen Ständen haben die Juden ihre Vertreter und mit Recht; denn die Intelligenz ist verhältnismäßig unter uns weit mehr vertreten als in ähnlichen Lebensstellungen unter Christen. Es herrscht an einem solchen Tage ein sehr buntes Leben in der Umgegend des Tempels. Zahlreiche Gruppen bilden sich hier und dort. Man spricht von allen möglichen Dingen und hört eine Predigt oder den unvergleichlich schönen Gesang Sulzers*[34]*. Auf diese vergnügliche Weise bringt man den Tag zu. Dieser Tag übt noch immer auf viele Juden einen gewaltigen Zauber und nur die Minderzahl setzt sich über die Gebräuche desselben hinweg." (299)*

---

[33] Diese Aussage bezieht sich im Kontext darauf, dass alle (jüdischen) Geschäfte geschlossen sind.

[34] Salomon Sulzer (1804–1890), seit 1826 Kantor im neuen Wiener Stadttempel.

Nur noch einmal kommt er ausführlicher auf ein jüdisches Fest zu sprechen. Es geht um das Purim-Fest, das am 9.3.1850 „in Prag sowohl als in vielen Landgemeinden ... mit besonderen Glanze gefeiert“ wurde. Aus dieser Einleitung mag man heraushören, dass er sich „auf dem Land“ im Umkreis von Prag befindet, also dort, wo auch seine Herkunft vermutet werden kann. Dort wohnt er „der Aufführung eines im jiddischen Dialekte von jungen Leuten aus den achtbarsten Familien aufgeführten Theaters bei. Es wurde in dem Hause einer reichen Jüdin gegeben und gefiel außerordentlich. Der Dichter geißelte die Thorheiten, den übertriebenen und überspannten Luxus der hiesigen Juden und schonte sich selbst am wenigsten. Ein jüdischer Compositeur hatte die recht hübsche Musik zu den eingeflochtenen Liedern zusammengestellt und die jungen Künstler thaten das ihrige, um die Zuhörer zu unterhalten[35], was ihnen auch gelang.“ (349)

Statt eines Resumees zum heiklen und spannungsgeladenen, aber auch anregenden und bereichernden Miteinander von Juden und Christen, wie es hier anhand der Tagebucheintragungen des unbekannten jüdischen Autors skizziert wurde, möge eine Alltagsepisode diesen Beitrag beschließen, die in der unnachahmlichen Art, wie sie erzählt wird, wohl einprägsamer als jedes Resumee illustriert, welche Lücke die Schoa in unserem Land gerissen hat: *„Es ist ein köstlicher Genuß einen Sonntagnachmittag auf einem Wiener Stellwagen Landpartie zu machen. Zwölf Personen werden hineingepfropft, ohne Rücksicht auf die furchtbare Sonnenhitze zu nehmen. Hat der Kutscher, wie man glaubt, die gehörige Ladung, so wird unter Segel gegangen; aber leider verschwindet die Hoffnung auf eine schnelle Fahrt durch das unbegreiflich langsame Fahren. Plötzlich wird Stille gehalten und ein polnischer Jude mit seiner lieblichen Tochter will einsteigen. Es erheben sich Proteste; endlich macht man sich anheischig die lieblich erröthende Jüdin aufzunehmen aber den Juden mag man durchaus nicht Platz machen. Mit großer Resignation sagt er zu seiner Tochter: ‚Gitele kriech hinein‘ und klettert zum Kutscher auf den Bock, wo er von der Sonnenhitze, die auf seinen schwarzen Talar alle ihre Kraft concentrirt, tüchtig mitgenommen wird.“ (29.7.1849, 277)*

[35] Korrigiert aus „enthalten“.

# KONTUREN DES CHRISTLICHEN

# Religion und Gesellschaft, Kirche und Staat

*Erzbischof Donato Squicciarini †*

An der Schwelle zum dritten Jahrtausend möchte ich mich einem Thema widmen, das heute besondere Aktualität genießt, und über die Beziehungen zwischen Religion und Gesellschaft, von Kirche und Staat sprechen.[1]

## I. Religion und Gesellschaft

Im Allgemeinen erwartet man von „Religion“ die Antwort auf die tiefsten und wichtigsten Fragen, die im Herzen jedes Menschen entstehen. Was ist es um die Geheimnisse des menschlichen Daseins, um den Sinn des Lebens und um die Würde des Menschen, den Sinn des Guten und des Bösen, des Leidens und des Glücks, des Todes und der Ewigkeit?

Jedem Menschen ist – bewusst oder unbewusst – eine natürliche Religiosität zu eigen. Die Religion geht über irdische und zeitliche Realitäten hinaus. Dies trifft auf den einfachen Menschen zu, der der Natur nahe bleibt und ihre Wundertaten bestaunt, und ebenso ist es für den tiefüberlegenden Wissenschaftler der Fall: Je mehr dieser die Gestaltung und die Gesetze der Schöpfung entdeckt, desto mehr wird ihm bewusst, dass in der Natur das ihm Unbekannte das von ihm Erforschte überwiegt. Er erkennt seine Grenzen und wird der unergründlichen Geheimnisse der Schöpfung inne. Wissenschaftler und Dichter können daher mit dem Psalmisten ausrufen: *Herr unser Herrscher, wie gewaltig ist dein Name auf der ganzen Erde; über den Himmel breitest du deine Hoheit aus* (Ps 8,2).

---

[1] Vortrag im Rex-Rotary-Club, Wien, gehalten am 13. Juni 1997 und für den Druck leicht bearbeitet.

Nach der Euphorie einiger Wissenschaftler in der Zeit der großen Entdeckungen sind die Gelehrten der Gegenwart in der Regel sachlicher und realistischer. Es gibt ja keinen Widerspruch zwischen den autonomen irdischen und religiösen Realitäten, zwischen den recht Glaubenden und den suchenden Wissenschaftlern. Glaube und Wissenschaft sind wie zwei Strahlen, die einen gemeinsamen Ursprung haben.

Die Glaubenden sind imstande, die Stimme Gottes in ihrem Gewissen zu vernehmen und die Wundertaten Gottes in der Schöpfung lobpreisend zu betrachten. Der denkende Mensch wird niemals dem religiösen Problem gleichgültig gegenüber stehen, handelt es sich doch um die unsichtbare und geheimnisvolle Wirklichkeit, deren Tiefe der Mensch nie ganz ergründen wird: „*O Tiefe des Reichtums, der Weisheit und der Erkenntnis Gottes! Wie unergründlich sind seine Entscheidungen, wie unerforschlich seine Wege! Denn wer hat die Gedanken des Herrn erkannt? Oder wer ist sein Ratgeber gewesen? Wer hat ihm etwas gegeben, so dass Gott ihm etwas zurückgeben müsste? Denn aus ihm und durch ihn und auf ihn hin ist die ganze Schöpfung*“ (Röm 11,33–36).

So hat jeder das Recht und auch die Pflicht, nach der religiösen Wahrheit zu suchen.

Die Ausübung der Religion wurzelt vor allem in einer inneren und freien Haltung Gott gegenüber. Gott selbst hat dem Menschen die Gabe der Freiheit gegeben, und jede Person hat die dringende Aufgabe, sie gut zu gebrauchen. Sie ist berufen, in ihrer irdischen Existenz eine von Gott bestimmte Rolle zu spielen und gut zu spielen. Wenn der Mensch sich allein auf der Bühne der Welt fühlt, so als ob Gott nicht wäre, ist er in Gefahr zu leben wie einer, der egoistisch gegen seine Mitmenschen kämpft. Thomas Hobbes (1588–1679) hat diese Haltung mit den Worten umschrieben: „Homo homini lupus – ein Mensch ist dem anderen ein Wolf“. Die Folgen sind bekannt: Angst, Furcht, Hoffnungslosigkeit, Verzweiflung. Wenn der Mensch aber auf der Bühne dieser Welt Gott auch als anwesend und als wirkend glaubt, wird er einen liebevollen und barmherzigen Gott entdecken, der jeden Menschen als Kind betrachtet, und so auch begreifen, dass alle untereinander Brüder sind. Diese Gedanken bringt auf seine Weise der Dichter Friedrich von Schiller (1759–1805) in seiner Ode „An die Freude“ zum Ausdruck (Beethoven hat sie durch seine neunte Symphonie weltbekannt gemacht): *Alle Menschen werden Brüder … Über dem Sternenzelt muss ein lieber Vater wohnen.*

In solcher Gläubigkeit kann sich wirklich jeder Mensch frei machen von Angst und Furcht. Dann wird er sich der vertikalen und horizontalen Dimension der Liebe bewusst und kann seine Talente hoffnungsvoll und mit Mut für das Wohl seiner Mitmenschen einsetzen.

Es entspricht dem sozialen Wesen des Menschen, dass er seine Religiosität durch gemeinschaftliche Formen ausdrückt und bekennt. Die menschliche Natur und das Wesen der Religion führen zur Bildung religiöser Gemeinschaften.

Die Gesellschaft, in umfassender Bedeutung gesehen, ist die Gesamtheit der zwischenmenschlichen Beziehungen; in spezifischer Hinsicht ist sie die dauerhafte Verbindung von Personen, die ein gemeinsames Ziel durch Zusammenarbeit erreichen wollen. Jede Gesellschaft braucht Autorität und Rechtsordnung, um das Gemeinwohl zu verwirklichen. Die Gesellschaften können natürliche und übernatürliche Werte vertreten und fördern. Der Ursprung jeder Gesellschaft ist Gott, dessen Abbild der Mensch ist und in dem die Würde des Menschen begründet liegt. In jeder geordneten Gesellschaft sollen die Interessen der einzelnen Personen mit denen der Gesellschaft in Einklang stehen. Die wichtigsten Strukturgrundsätze der Gesellschaft sind Solidarität und Subsidiarität.

In den 80er Jahren (des 20. Jahrhunderts) hat der Präsident der Republik Kamerun, Paul Biya, ein Buch veröffentlicht, das den Titel trägt: „Liberalisme communautaire“. Der Autor, der seine Ausbildung in Frankreich erhalten und die sozialen Probleme Europas der letzten Jahrhunderte kennengelernt hat, gibt den Afrikanern unserer Zeit guten Rat, wie sie die Gefahr der Extremismen – Egoismus, schrankenloser Liberalismus, Kollektivismus und atheistischer Kommunismus – vermeiden können. Gleichzeitig ermutigt er die Verantwortlichen der „Res publica“, die Eigeninitiative und Würde des Einzelmenschen und das Gemeinwohl der verschiedenen Elemente der Gesellschaft in Einklang zu bringen.

Dieser afrikanische Politiker hat meiner Ansicht nach die wesentlichen Elemente der Evolution in der europäischen Gesellschaft erkannt und seine Erfahrung dazu benützt, seine Mitbürgern in Afrika dazu zu veranlassen, dass sie die Entfaltung der sozialen Verhältnisse durch die Erfahrungen in Europa fördern und beschleunigen. Mögen solche Überlegungen helfen, den rechten Weg der Mitte zu finden, sei es in den hochentwickelten Ländern bzw. in den Ländern der Dritten Welt.

## II. Christliches Zeitalter

Nach der Geburt Christi, in der Fülle der Zeit, ist in der Welt die Gemeinschaft der an Christus Glaubenden entstanden, nicht von selbst, sondern von Christus gewollt und gestiftet. Diese Gemeinschaft war anfangs der Zahl nach und geographisch noch sehr begrenzt. Heute ist sie fast überall auf dem Erdball verbreitet und trägt den Namen: „Kirche". In den christlich gewordenen Ländern hat man sodann die Beziehungen zwischen Religion und Gesellschaft als das Verhältnis von „Kirche und Staat" bezeichnet. Man kann sagen, dass die Kirche eine geistliche und gleichzeitig eine sichtbare Realität oder Institution ist, die den Auftrag hat, die Frohe Botschaft Gottes für das Heil der Menschen „bis an die Grenzen der Erde" (vgl. Apg 1,8) zu verkündigen und das Werk der Erlösung fortzuführen.

Der Staat ist eine in der Natur des Menschen grundgelegte Verbindung von Personen, die einem bestimmten Gebiet zugehören, und die das Ziel hat, die Sicherheit, den Frieden, das Gemeinwohl und die Ausbildung seiner Mitglieder zu fördern. Daher sind die Verantwortungsträger des Staates berufen, ihre Autorität auszuüben, um die unantastbaren Menschenrechte zu schützen und die Entfaltung der Staatsbürger, ihre juristische Gleichheit und religiöse Freiheit, die Erziehung der Kinder und der Jugendlichen sowie die Kenntnisse der ethischen, religiösen und moralischen Werte zu fördern. Zumeist galt in antiken Kulturen, dass der Staat selbst die Sakralität in sich trägt und der eigentliche und oberste Hüter der Sakralität ist. Noch in unserer Zeit gilt diese Weltanschauung in verschiedenen Zivilisationen, Staaten und Kulturen.

## III. Unterschiede

Religion und Staat sind nicht identisch, Kirche und Staat von einander verschieden. In diesem Sinn ist schon das Wort Christi zu verstehen: „*So gebt dem Kaiser, was dem Kaiser gehört, und Gott, was Gott gehört!*" (Mt 22,21). Dieses Wort Christi hat sich in fast zweitausend Jahren als fruchtbar erwiesen – trotz menschlicher Mängel und Leidenschaften, trotz mannigfachen Unverständnisses. Unverstand und Missverstehen sind die Nebenerscheinungen bei der Umsetzung von großen Grundsätzen und Idealen in die Tat, für deren Verwirklichung ein intelligenter, weitblickender und großzügiger Einsatz jedes Menschen verlangt ist. Wir wissen es: Der Unterschied zwischen Religion und Staat wurde oft nicht richtig verstanden, von den Machthabern nicht respektiert oder auch bekämpft. Unter diesem Blickwinkel sind die Verfolgungen gegen die Christen am Beginn der Kirchengeschichte seit der Römerzeit zu sehen; sie reichen bis zum heutigen Tag.

Die historischen Wechselfälle zwischen der zivilen und kirchlichen Autorität sind das Ergebnis einerseits des schwierigen Verständnisses des Grundsatzes der Verschiedenheit von Kirche und Staat und andererseits der noch schwierigeren konkreten Anwendung. Die Versuchung oder die Gefahr, die Religion entweder zu ignorieren oder zu bekämpfen, sie für andere Zwecke zu instrumentalisieren, besteht auch in Ländern mit reicher christlicher Tradition. Deswegen – nach fast zweitausend Jahren Christentum – geht die Überlegung über die mögliche Anwendung dieses Unterschiedes in den verschiedenen Situationen noch weiter.

## IV. Laizismus oder Laizität

Seit der Französischen Revolution und seit dem Auftreten des Liberalismus wie auch des Kommunismus werden immer mehr die beiden Wörter „Laizismus" und „Laizität" gebraucht, um die Verschiedenheit der Aufgaben einerseits der Verantwortlichen im religiös-kirchlichen Bereich und andererseits jener für die Leitung der gesellschaftlich-staatlichen Realitäten zu bezeichnen.

Das Wort „Laizismus" findet Verwendung, wenn die Verantwortlichen in der Gesellschaft oder im Staat die Religion oder die Kirche ignorieren, den Wert ihrer Tätigkeit nicht wahrnehmen, die Leistungen von Kirche und Religion nicht schätzen und dann sogar deren Tätigkeit verhindern oder bekämpfen. Jede Zusammenarbeit wird folglich abgelehnt.

Der Begriff „Laizität" bedeutet, dass Kirche und Staat zwar zwei verschiedene Institutionen mit getrennten Kompetenzbereichen, aber jeweils zum Dienst an denselben Menschen bestimmt sind. Dieser Dienst wird fruchtbar, wenn Religion und Gesellschaft bzw. Kirche und Staat einander kennen, wenn sie ihre eigentümlichen Leistungen als einander ergänzend betrachten, ihre eigenen Aufgaben mit gegenseitigem Respekt erfüllen und in den sich überschneidenden Bereichen zusammenarbeiten.

Das II. Vatikanische Konzil hat in seiner Konstitution über die Kirche in der Welt von heute, „Gaudium et spes", dieses Thema unter verschiedenen Aspekten behandelt. Was die politische Gemeinschaft und die Kirche anlangt, lehren die Konzilsväter u.a. das Folgende: „*Sehr wichtig ist besonders in einer pluralistischen Gesellschaft, dass man das Verhältnis zwischen der politischen Gemeinschaft und der Kirche richtig sieht, so dass zwischen dem, was die Christen als Einzelne oder im Verbund im eigenen Namen als Staatsbürger, die von ihrem christlichen Gewissen geleitet werden, und dem, was sie im Namen der Kirche zusammen mit ihren Hirten tun, klar unterschieden wird. Die Kirche, die in keiner Weise hinsichtlich ihrer Aufgabe und Zuständigkeit mit der politischen Gemeinschaft verwechselt werden darf, noch auch an irgendein politisches System gebunden ist, ist zugleich Zeichen und Schutz der Transzendenz der menschlichen Person*" (GS 76).

Über die Themen „Laizismus und Laizität" werden allenthalben, besonders in romanischen Ländern, Tagungen abgehalten; immer öfter sind es auch internationale Treffen, die bestrebt sind, diese Begriffe zu präzisieren und deren Anwendung in der Praxis vorzubereiten.

Im Rahmen dieser Überlegungen kann man auch die Fehler der „Menschen" vor Augen haben, die entweder die Kirche oder auch den Staat in den vergangenen Jahrhunderten geleitet haben. Dadurch könnte eine Versöhnung zwischen Kirche und Staat angebahnt und auch eine bessere Atmosphäre zwischen Kirche und Staat erreicht werden.

Die Verantwortlichen der jüngst entstandenen Staaten sind in besonderer Weise daran interessiert, den Sinn des Unterschiedes kennenzulernen, weil die meisten von ihnen überzeugt sind, dass die Religion ihren Platz in der Gestaltung der Nationen haben soll. Sie wollen noch besser wissen, wie das geschehen kann.

Das richtige Verständnis vom Unterschied zwischen Religion und Staat, zwischen Staat und Kirche, könnte sicher manche Übel unserer Zeit überwinden helfen, wie beispielsweise den Indifferentismus, den Permissivismus, die Sektengefahr und die Ignoranz der ethischen, moralischen und religiösen Werte. Eine dynamische Anwendung des Grundsatzes des Unterschiedes von Staat und Kirche könnte dazu beitragen, den Einsatz aller Menschen in der Überwindung der immer neu entstehenden Probleme in der menschlichen Gesellschaft zu verbessern. Dann würden die verschiedenen Kräfte einander nicht mehr als Gegner betrachten, sondern als Partner, die das Bonum commune der Gesellschaft und des Staates verwirklichen.

Gleichzeitig könnte die gegenseitige Zusammenarbeit zwischen Kirche und Staat viele positive Ergebnisse fördern wie beispielsweise die Orientierung der Jugendlichen durch eine vollständige Ausbildung, die allen Komponenten jedes einzelnen Menschen umfassen sollte – Leib, Seele und Geist; die harmonische Entfaltung der menschlichen Gesellschaft; den Aufbau des Friedens, der das höchste Gut der menschlichen Familie ist; schließlich die Befreiung von Angst, Furcht und Aberglauben, wovon viele betroffen sind. Ein Sprichwort sagt: Wo es keine wirkliche Religion gibt, dort wächst der Aberglaube.[2] Deshalb ist der sachliche und gelassene Dialog „in veritate et caritate", in Wahrheit und Liebe, so notwendig.

Solche Gedanken über „Laizismus" und „Laizität" könnten auch eine bessere Gestaltung der internationalen Organisationen fördern, die besonders nach dem II. Weltkrieg entstanden sind. Diese Organisationen begünstigen die Annäherung der Völker und Nationen, der Staaten und Regionen der ganzen Welt. Die Kommunikationsmittel, die Transportmög-

---

[2] Où il n'y a pas de vraie religion, là pousse la superstition.

lichkeiten, die Produktionsmittel und der wissenschaftliche Fortschritt erleichtern heute die gegenseitige Kenntnis von Menschen aller Kulturen, aller Sprachen, aller Hautfarben, die Prüfung und die Beratung aller Probleme auf verschiedenen Ebenen mit Hilfe der Erfahrungen, die schon gesammelt wurden.

Für den sachlichen und gelassenen Dialog ist es angebracht, nützlich und sehr wichtig, die ethischen, moralischen und geistigen Werte vor Augen zu haben und damit auch Religion und Kirche. Die Kirche hat sich bemüht, diese Werte auf allen Ebenen zu vertreten, auch durch ihre Bischofskonferenzen. Viele Staatsoberhäupter und Politiker wünschen, dass solche Werte wirksam werden, um einen Ausgleich zwischen den Menschen in den sich immer verändernden Verhältnissen ihrer Länder zu erreichen. Dies sei auch bezüglich des Problems der Arbeitslosigkeit gesagt, das heute eine Weltproblem ist, besonders hinsichtlich der Jugend. Die Päpstliche Akademie der Sozialwissenschaften hat das Thema der Arbeitslosigkeit während zweier Sessionen in den Jahren 1996 und 1997 mit anerkannten Fachleuten beraten.

## V. Schluss

Mögen diese Überlegungen dazu beitragen, den Indifferentismus gegenüber Religion und Kirche zu überwinden, den Unterschied zwischen Religion und Gesellschaft, Kirche und Staat richtig zu verstehen und die positiven Aspekte einer sachlichen religiösen Ausbildung wahrzunehmen und zu schätzen. Sie werden helfen können, die großen Vorteile in der Zusammenarbeit für die Entfaltung jedes Menschen und jeder Gesellschaft in der Welt zu sehen und die Bedeutung der Religion zu würdigen, um Kriegen vorzubeugen sowie Versöhnung und Frieden in schwierigen Situationen voranzutreiben.

Die Welt tendiert zur Universalität und daher zur Einheit in der Vielfalt. Trotz der Erscheinungen von Nationalismus, Provinzialismus und ähnlichem besteht in der Tiefe des Menschen die Sehnsucht nach der Einheit der menschlichen Familie, die nur auf Wahrheit und Liebe, auf Gerechtigkeit und verantwortungsvoller Freiheit gegründet werden kann.

Wenn diese Voraussetzungen geschaffen werden, können wir Menschen des zu Ende gehenden zweiten Jahrtausends dazu beitragen, eine humanere Zivilisation voranzubringen, in der der Friede Bestand haben wird.

Papst Johannes Paul II. hat in seiner Ansprache vor Vertretern der UNO am 5. Oktober 1995 über den neuen Frühling des menschlichen Geistes gesprochen, der fähig sein sollte, eine neue Weltordnung zu schaffen und auch neue Hoffnung für das dritte Jahrtausend entstehen zu lassen. Der wissenschaftliche Fortschritt und die damit zusammenhängenden Probleme und Einsichten verlangen nach einem solchen geistigen Frühling.

# Herausforderungen und Wege der katholischen Militärseelsorge in Österreich am Beginn des dritten Jahrtausends

*Militärbischof Christian Werner*

## I. Einleitung

Die Bemühungen der Kirche, Soldaten in ihrem Dienst und ihrem Leben seelsorglich zu betreuen und zu begleiten, haben eine lange Geschichte. Die Militärseelsorge gilt deshalb als die älteste kategoriale Seelsorge der Welt. Die Besonderheiten des Dienstes der Soldaten durch die Jahrhunderte, von den unterschiedlichen persönlichen Lebensumständen bis hin zum politischen, strategischen und militärischen Umfeld haben die Militärseelsorge immer vor schwierige Herausforderungen gestellt. Es geht ja darum, Menschen unter den Bedingungen von Kampf und Krieg, angesichts der Gefahr von Verwundung und Tod und in Situationen, die sie oft an existenzielle Grenzen führen, das Evangelium zu verkünden, ihnen die Sakramente zu spenden und in menschlichen und religiösen Nöten beizustehen. Die Wege und Formen der Militärseelsorge ebenso wie ihre konkrete Organisation richten sich deshalb auch sehr flexibel nach der Situation der Soldaten und darum muss die Militärseelsorge die Aufgabenstellung des Heeres, die politisch-strategischen Rahmenbedingungen, die konkreten Einsatzformen ebenso wie die jeweilige Organisationsform der Streitkräfte sorgfältig beachten und ihre seelsorglichen Wege, die Formen pastoralen Handelns und ihre eigene Organisation darauf abstimmen. Nur so kann gewährleistet werden, dass die Bemühungen der Militärseelsorge jene Menschen, die ihrer Sorge anvertraut sind, auch wirklich dort erreichen, wo sie ihren Dienst tun, und so im konkreten Alltag des militärischen Lebens wirksam werden können.

## II. Eine neue Situation für die Militärseelsorge

Das Österreichische Bundesheer hat gerade in den letzten Jahren außerordentlich tief gehende Veränderungen erlebt. Natürlich wurde das Heer der Zweiten Republik seit seiner Gründung vor nunmehr 50 Jahren immer wieder Reformprozessen unterzogen. Dabei spielten unterschiedliche politische Vorgaben in Österreich selbst eine Rolle, die Analyse der eigenen militärischen Kapazitäten und der konkreten Möglichkeiten, eine glaubwürdige Landesverteidigung aufzubauen, aber auch die internationalen und europäischen politisch-strategischen Rahmenbedingungen. Die Veränderungen der letzten 15 Jahre, seit dem Zusammenbruch der kommunistischen Systeme, haben die politische und militärische Landkarte in Europa und weltweit in einer so radikalen Weise verändert, wie dies seit dem Zweiten Weltkrieg nicht mehr geschehen war. Österreich und sein Heer mussten dieser Lage Rechnung tragen, und so wurde die tiefgehendste Reform des Österreichischen Bundesheeres in seiner ganzen Geschichte eingeleitet.

Die Militärseelsorge kann davon natürlich nicht unberührt bleiben. Bei einem so einschneidenden Reformprozess, wie er derzeit geplant und durchgeführt wird, ergeben sich nicht nur viele berufliche Fragen, sondern zuweilen auch besondere menschliche Probleme. Die veränderte strategische Gesamtorientierung des Heeres verlangt von den Soldaten, aber auch von ihren Familien und Angehörigen, eine ebenso tief gehende Veränderung ihres Berufsbildes, oft bis hin zu einer veränderten persönlichen Lebensplanung. War das Österreichische Bundesheer bis Anfang der 90er Jahre auf dem Auftrag zur Verteidigung eines neutralen Kleinstaates in Europa in der Situation des Kalten Krieges aufgebaut, so hat sich der Auftrag an des Bundesheer inzwischen erweitert: Es geht ganz entscheidend um die Fähigkeit zu Einsätzen im Dienst der Friedenssicherung in europäischer Kooperation und im Blick auf das nahe und weitere internationale politische und geographische Umfeld. Dies bedeutet, dass der österreichische Soldat in Zukunft bereit sein muss, verstärkt an solchen internationalen Einsätzen teilzunehmen, die ihn auch in Regionen führen können, in denen gewaltsame Konflikte im Gange sind, und bei denen er auch in Kampfhandlungen verwickelt werden kann. Den menschlichen, ethischen und religiösen Fragen, die daraus entstehen, wird sich die Militärseelsorge im Interesse der Soldaten in Zukunft intensiv stellen müssen.

Darüber hinaus fügen sich diese Veränderungen in der Welt des Militärs in die allgemeinen gesellschaftlichen, kulturellen und religiösen Entwicklungen der letzten Jahrzehnte ein. Im Vorwort zum neuen Pastoralkonzept der Österreichischen Militärseelsorge[1] vom 14. September 2005 habe ich dies so ausdrückt: „Wir erleben derzeit tief gehende politische und gesellschaftliche Veränderungen in Europa. Diese Entwicklungen, besonders die Erweiterung der Europäischen Union und die Zielsetzung einer gemeinsamen Europäischen Sicherheits- und Verteidigungspolitik, stellen auch für das Österreichische Bundesheer und für die Militärseelsorge entscheidende Herausforderungen dar. Die allgemeine gesellschaftliche, kulturelle und religiöse Situation in Österreich und in ganz Europa verändert sich sehr rasch. Als Militärseelsorger und als in der Militärseelsorge engagierte Laien müssen wir uns dieser neuen Lage stellen, sie analysieren, die Grundlinien und Schwerpunkte unseres pastoralen Handelns überdenken und gemeinsam Antworten auf die aktuellen pastoralen Herausforderungen finden."

In der Situationsanalyse unseres Pastoralkonzepts wird festgehalten, dass auch die Militärseelsorge in ihrer Arbeit mit wachsender Entfremdung vom christlichen Glauben und vom kirchlichen Leben konfrontiert ist, mit vermehrter religiöser Indifferenz und weltanschaulicher Pluralität. Wir sehen die Tatsache, dass viele Menschen die kirchliche Gemeinschaft verlassen, das Ansteigen anderer Religionen sowie Menschen, die ohne religiöse Bindung und Bildung sind.

Oft wird der christliche Glaube durch eine weitgehend selbst geformte Form vager Religiosität ersetzt, die zwar bisweilen christliche Elemente beibehält, diese aber in weitgehend subjektiver Form interpretiert und willkürlich mit Elementen aus anderen Religionen kombiniert. Neben oftmals rudimentären christlichen Elementen im Alltagsleben vieler Menschen sehen wir außerhalb der kirchlichen Gemeinschaft das Anhangen

[1] Pastoralkonzept der röm. kath. Militärseelsorge in Österreich, in: Diözesanblatt des Österreichischen Militärordinariates, Sondernummer, 14. September 2005.

an quasimagische Vorstellungen, eine Rückkehr zu einer Art Naturreligion, die Aufsplitterung in religiöse Sondergemeinschaften, letztlich die Gefahr von Sektenbildungen bis hin zu okkulten Praktiken. Was aus diesem Befund jedoch ebenso entgegentritt, ist ein vermehrtes Bedürfnis nach religiöser Orientierung, eine Sehnsucht nach dem Mystischen. Oft ist diese Sehnsucht jedoch gepaart mit einer expliziten Ablehnung der Antwort des christlichen Glaubens auf die tieferen Fragen der Menschen, sehr oft aus verbreiteten emotionalen Einstellungen heraus, die wenig reflektiert werden. Man gibt sich mit Vorurteilen und klischeehaften Vorstellungen zufrieden, ohne sich der Mühe unterziehen zu wollen, den authentischen Glauben der Kirche kennen zu lernen. Für die Militärseelsorge ist es in dieser Situation von großer Bedeutung, dass sie es in ihrer Arbeit in der Welt des Militärs immer wieder mit Menschen zu tun bekommt, die im zivilen Leben fast keine oder überhaupt keine Berührungspunkte mehr mit Glauben und Leben der Kirche haben. Diese Menschen können so in ihrem dienstlichen Alltag und in besonderer Weise während der unterschiedlichen Einsätze des Bundesheeres, auch im internationalen Bereich, intensivere Kontakte mit Militärseelsorgern und mit christlichen Soldaten haben und so der Kirche in einer neuen und oft ungewohnten Weise begegnen. „Gerade in dieser Situation" – so stellt unser Pastoralkonzept fest – „hat die Militärseelsorge die Chance, über den kirchlichen Bereich hinaus in jene Lebenswelten hineinzuwirken, in denen der Mensch heute lebt und handelt, und Begleitung, Orientierung und Hilfe anzubieten."

Dieser Chance müssen wir uns als Militärseelsorger, vor allem in zukünftigen Einsätzen, besonders bewusst sein und unser pastorales Denken und Tun danach orientieren. Denn diese Chance bringt auch eine größere Verantwortung mit sich, und zwar nicht nur im karitativen Dienst an den Menschen, sondern auch in der lebendigen Vermittlung des Glaubens der Kirche. Und dies ist nicht ohne eine umfassende und wahrheitsgetreue Darlegung der authentischen Glaubenslehre möglich. Auf Grund ihrer besonderen Situation und Aufgabenstellung ist die Militärseelsorge hier in allen Bereichen stark herausgefordert, besonders aber in den Initiativen zur religiösen, menschlichen und ethischen Bildung, die im Österreichischen Bundesheer auch von der Militärseelsorge selbst angeboten werden oder bei denen sie mitwirkt.

## III. Eine besondere Herausforderung: Ethik und Gewissensbildung

Ich möchte nun eine Herausforderung in besonderer Weise hervorheben, nämlich die im moralisch-ethischen Bereich. Die Militärseesorge versteht sich dabei keineswegs als „Wertelieferant" oder als Anstalt zur moralischen Erziehung der Soldaten, vielleicht noch im Dienst militärischer oder politischer Auftraggeber. Dies würde ihrer Sendung als Kirche zuwiderlaufen, die sich auf das Gesamt des Glaubens und des gläubigen Lebens, der Verkündigung, der Feier der Liturgie und der Sakramente bezieht. Aber im Rahmen ihrer Verkündigung und als wesenhafter Teil ihrer Sendung legt die Kirche die grundlegenden Prinzipien der sittlichen Ordnung, wie sie sich aus der Offenbarung und dem Naturrecht ergeben, dar, und muss sie den Menschen immer wieder vermitteln, auch mit der Kraft der natürlichen, grundsätzlich jedem Menschen eigenen Vernunft.

Papst Benedikt XVI. führt dies in seiner Enzyklika „Deus Caritas est" so aus: „Der Glaube hat gewiss sein eigenes Wesen als Begegnung mit dem lebendigen Gott, eine Begegnung, die uns neue Horizonte weit über den eigenen Bereich der Vernunft hinaus eröffnet. Aber er ist zugleich auch eine reinigende Kraft für die Vernunft selbst. Er befreit sie von der Perspektive Gottes her von ihren Verblendungen und hilft ihr deshalb, besser sie selbst zu sein. Er ermöglicht der Vernunft, ihr eigenes Werk besser zu tun und das ihr Eigene besser zu sehen. Genau hier ist der Ort der Katholischen Soziallehre anzusetzen: Sie will nicht der Kirche Macht über den Staat verschaffen; sie will auch nicht Einsichten und Verhaltensweisen, die dem Glauben zugehören, denen aufdrängen, die diesen Glauben nicht teilen. Sie will schlicht zur Reinigung der Vernunft beitragen und dazu helfen, dass das, was recht ist, jetzt und hier erkannt und dann auch durchgeführt werden kann."[2]

[2] Benedikt XVI., Enzyklika „Deus caritas est" über die christliche Liebe vom 25. Dezember 2005 (Verlautbarungen des Apostolischen Stuhls 171).

In diesem Sinn ist die Vermittlung der ethischen Grundprinzipien des Naturrechts selbstverständlicher Teil der Sendung und des Dienstes der Militärseelsorge. Sie bleibt dabei nicht bei einer rein theoretischen Darlegung stehen; Ziel ihrer Bemühungen ist die Bildung des Gewissens der Soldaten, damit sie sich in ihren Entscheidungen an diesen grundlegenden ethischen Prinzipien orientieren können. Dass eine solche Gewissensbildung heute immer dringlicher wird, ist leicht einzusehen. Es genügt, sich an die Erfahrungen der Kriege und der gewaltsamen Konflikte der letzten Zeit zu erinnern, an Fragen um die humanitäre Intervention, das Verhalten von Soldaten in internationalen Einsätzen und in Kampfhandlungen, die Diskussionen um den Schutz der Zivilbevölkerung, um die Behandlung von Gefangenen, den Einsatz bestimmter Kampfmittel und Waffen, bis hin zur gezielten Tötung von Terroristen und das Wiederaufleben von Methoden der Folter im so genannten „Krieg gegen den Terrorismus". All diese Fragen wurden und werden von Experten und in der Öffentlichkeit intensiv und oft kontrovers diskutiert.

Die Militärseelsorge ist dabei, genau so wie die Kirche insgesamt, mit den heute weit verbreiteten Strömungen des ethischen Relativismus und verschiedenen Formen utilitaristischer Ethik konfrontiert. Zwar werden im Korpus des humanitären Völkerrechts, vor allem in den Genfer Konventionen und ihren Zusatzprotokollen, aber auch in anderen internationalen Konventionen, grundlegende Rechtsnormen, die in bewaffneten Konflikten gelten, festgelegt. Die Militärseelsorge macht in dieser Thematik keineswegs dem Rechtsunterricht im Bundesheer Konkurrenz. Worauf es ihr ankommt und wo die Kirche spezifische Kompetenz besitzt, ist die Vermittlung einer Begründung der Menschenwürde und der Menschenrechte, die sich am Naturrecht und an der von Gott geoffenbarten Wahrheit über den Menschen orientiert.

Im besonderen geht es dabei um die für die Morallehre der Kirche zentralen Kapitel über Handlungen, die immer sittlich verboten sind, weil sie „in sich" („intrinsece") böse sind, unabhängig von der Abwägung verschiedener Zwecke oder Güter. Diese kirchliche Lehre wird oft kritisiert und abgelehnt, vor allem im Bereich der Sexualmoral und sogar des Rechtes auf Leben. In den Fragen der militärischen Ethik besteht aber gerade in den medialen und öffentlichen Diskussionen oft die Tendenz, ähnlich zu argumentieren, besonders wenn es um die (direkte und indirekte) Tötung von Zivilpersonen geht, um militärische Ziele zu erreichen. Auch die weit verbreitete Ablehnung des Terrorismus als legitimes Mittel politischen Kampfes weist in dieselbe Richtung. Viele Menschen haben in diesen Fragen offenbar das Gefühl, dass es doch Handlungen gibt, die durch keinen Zweck gerechtfertigt werden können, dass also wenigstens hier der Zweck das Mittel nicht heiligt und nicht heiligen kann. Diese Einsicht – soweit sie besteht – beruht jedoch oft auf einer unsicheren Grundlage, da die ethische Überzeugung doch schwankend ist und sich von bestimmten Argumentationen, z.B. von Notwendigkeiten in Not- und Ausnahmesituationen, leicht beeindrucken lässt. Die verbreitete relativistische und utilitaristische Grundstimmung in ethischen Fragen die in unserer Gesellschaft herrscht, macht sich hier doch stark bemerkbar.

Dies ist auch eine Erfahrung der Militärseelsorge bei ethischen Unterrichten und Diskussionen im Bundesheer. Die Soldaten sind natürlich genau so wie andere Menschen von den herrschenden geistigen Strömungen beeinflusst. Dazu kommt noch ein besonderer Umstand: Die Beachtung humanitärrechtlicher Normen in militärischen Einsätzen, vor allem bei Kampfeinsätzen, erfordert oft die Übernahme eines größeren persönlichen Risikos auf Seiten der Soldaten. Und damit muss man sich erst einmal persönlich und existenziell auseinandersetzen; es ist leicht, in Diskussionen weit entfernt vom Kampfgeschehen die strikte Einhaltung völkerrechtlicher Normen zu fordern, viel fordernder ist die persönliche Aneignung dieser Normen als selbstverständliche Grundlage des soldatischen Berufsethos und der eigenen ethischen Überzeugung, die dann in konkreten Entscheidungen und Handlungen wirksam wird. Gerade zu einer solchen, auf grundlegenden ethischen Prinzipien beruhenden moralischen Identität, möchte die Militärseelsorge die Soldaten hinführen, indem sie sich auf deren Lebensumstände und Fragen einlässt.

Unser Pastoralkonzept hält daher fest: „Für den Soldaten hat sich das Berufsbild durch vermehrte internationale Einsätze gewandelt. Es muss darum mit ständiger personeller Fluktation und Mobilität/Veränderung gerechnet werden. Der Bildung des Soldatenethos und der Gewissensbildung (Tugenden, ethische Normen, humanitäres Völkerrecht etc.) sowie der Friedenserziehung kommt erhöhte Priorität zu. Besonders an der

Verwirklichung des vom II. Vatikanischen Konzil geforderten Soldatenbildes ist zu arbeiten: ‚Wer als Soldat im Dienst des Vaterlandes steht, betrachte sich als Diener der Sicherheit und Freiheit der Völker. Indem er diese Aufgabe recht erfüllt, trägt er wahrhaft zur Festigung des Friedens bei' (Pastoralkonstitution ‚Gaudium et Spes' Nr. 79)."[3]

Die Militärseelsorge hat es also in ihrem Dienst an den Soldaten sehr grundlegend mit der Frage nach der Wahrheit zu tun. Dies kann auch nicht anders sein, da wir Menschen bei all unseren Fragen und bei all unserem Tun mit der Frage nach der Wahrheit konfrontiert werden, sie tritt uns in unserem Leben unabweisbar entgegen, da sie wesenhaft zur Natur des Menschen gehört. Besonders deutlich wird dies gerade im Blick auf die ethischen Fragen des Berufs des Soldaten, geht es hier doch grundlegend um Fragen, die Leben und Existenz von Menschen buchstäblich und direkt betreffen. Spätestens dann, wenn es um Leben und Tod geht, können wir dieser Frage nicht mehr ausweichen.

Im folgenden möchte ich nun die Frage nach der Wahrheit, in ihrer Beziehung zu Fragen der Ethik des Soldaten weiter entfalten. Ich lege dabei einerseits die diesjährige Weltfriedensbotschaft Papst Benedikts XVI. „In der Wahrheit liegt der Friede"[4] und andererseits Aussagen der Enzyklika Johannes Pauls II. „Veritatis splendor"[5] zu Grunde.

## IV. „In der Wahrheit liegt der Friede"

Die Bedeutung der Überlegungen, die uns Papst Benedikt XVI. in seiner ersten Weltfriedensbotschaft vorlegt, kann gerade im Blick auf die religiösen und moralischen Herausforderungen des soldatischen Dienstes heute gar nicht hoch genug eingeschätzt werden. In vielen Diskussionen mit den Soldaten, vor allem wenn es um die ethische Begründung und Rechtfertigung internationaler Einsätze zur Friedenssicherung geht, kommen

[3] Pastoralkonzept, a.a.O., I.

[4] Benedikt XVI., Botschaft zur Feier des Weltfriedenstags (1. Januar 2006): „In der Wahrheit liegt der Friede" (= WF) vom 8. Dezember 2005.

[5] Johannes Paul II., Enzyklika „Veritatis splendor" (= VS) über einige grundlegende Fragen der kirchlichen Morallehre vom 6. August 1993 (Verlautbarungen des Apostolischen Stuhls 111).

die in dieser Botschaft angesprochenen Fragen immer wieder vor. Sind Wahrheit und Friede Gegensätze, weil Stehen zur Wahrheit automatisch Intoleranz und Abwertung des anderen bedeutet? Sind Religionen, vor allem die monotheistischen, überhaupt dazu fähig, zum Frieden beizutragen, oder steht „Religion" nicht an der Wurzel der heutigen Konflikte in der Welt? Und wie steht es mit den kulturellen Verschiedenheiten unter den Menschen? Sind diese nicht unüberbrückbar, so dass man sich besser auf seinen eigenen Kulturkreis, die eigene Nation oder das eigene Land konzentrieren soll und der Einsatz für mehr Gerechtigkeit im internationalen Leben sowieso zum Scheitern verurteilt ist?

Natürlich entspringen Fragen dieser Art auch dem allgemeinen geistigen Klima unserer Zeit und dem, was oft sehr verkürzt in den Medien gesagt wird. Als Militärseelsorger sind wir aber mit diesen Fragen immer wieder konfrontiert, sie werden uns gestellt, und die Menschen haben das Recht auf eine reflektierte Antwort, die aus der Mitte unseres Glaubens und der authentischen Lehre der Kirche kommt. Das erfordert seitens der Militärseelsorge, vor allem von den Seelsorgern, sich besonders um die Bildung und Vertiefung des eigenen Glaubenswissens zu bemühen, aber auch, die Fragen der Soldaten ernst zu nehmen und sich damit auseinander zu setzen.

„In der Wahrheit liegt der Friede": Diese Aussage bringt für Benedikt XVI. „die Überzeugung zum Ausdruck, dass der Mensch, wo und wann immer er sich vom Glanz der Wahrheit erleuchten lässt, fast selbstverständlich den Weg des Friedens einschlägt."[6] Es gibt eine „Wahrheit des Friedens", wie das Zweite Vatikanische Konzil[7] in Erinnerung ruft. Diese „Wahrheit des Friedens" besteht darin, dass Friede nicht bloß das Nichtvorhandensein bewaffneter Konflikte bedeutet, sondern viel umfassender zu denken ist. Friede ist „die Frucht der Ordnung, die ihr göttlicher Gründer selbst in die menschliche Gesellschaft eingestiftet hat", und die von den Menschen im Streben nach immer größerer Gerechtigkeit verwirklicht werden muss.[8] Die dem Frieden eigene Wahrheit gründet also im Plan Gottes selbst, er ist „Ergebnis einer von der Liebe Gottes entworfenen und

[6] WF 3.

[7] II. Vatikanisches Konzil, Pastorale Konstitution über die Kirche in der Welt von heute „Gaudium et spes" (= GS), Nr. 77.

[8] GS 78.

gewollten Ordnung" und besitzt daher „eine ihm innewohnende und unüberwindliche Wahrheit". Zugleich entspricht diese Wahrheit der tiefsten Hoffnung und Sehnsucht des menschlichen Herzens.

Wenn man sich jedoch – so Benedikt XVI. – „nicht mehr an die transzendente Ordnung der Dinge hält und die ‚Grammatik' des Dialogs, das in das Herz des Menschen eingeschriebene allgemeine Sittengesetz, nicht mehr anerkannt, wenn die ganzheitliche Entwicklung der Person und der Schutz ihrer Grundrechte behindert und verhindert wird, wenn viele Völker gezwungen sind, unerträgliche Ungerechtigkeiten und Missverhältnisse zu erleiden, wie kann man dann auf die Verwirklichung jenes Gutes hoffen, das der Friede ist"? Benedikt XVI. greift an dieser Stelle den Begriff des hl. Augustinus aus „De Civitate Dei" auf, nämlich Friede als „tranquillitas ordinis", „Ruhe der Ordnung". Damit ist jene Situation beschrieben, „die es letztlich ermöglicht, die Wahrheit des Menschen vollständig zu achten und zu verwirklichen."[9]

Ausführlich geht Papst Benedikt XVI. auf die Verhinderung des Friedens durch die Lüge ein, die das Leben der Menschen und der Gesellschaft seit dem Sündenfall vergiftet. „Mit der Lüge ist das Drama der Sünde mit ihren perversen Folgen verbunden, die verheerende Auswirkungen im Leben der Einzelnen sowie der Nationen verursacht haben und weiter verursachen."[10] Besonders weist er auf die gnadenlosen Folgen der großen ideologischen Systeme des 20. Jahrhunderts hin: „Man denke nur daran, was im vergangenen Jahrhundert geschehen ist, als irrige ideologische und politische Systeme die Wahrheit planmäßig verfälschten und so zur Ausbeutung einer erschütternden Anzahl von Menschen führten, ja, sogar ganze Familien und Gemeinschaften ausrotteten." Auch heute bilden die „Lügen unserer Zeit" den Rahmen für „bedrohliche Szenerien des Todes in nicht wenigen Regionen der Welt".

Der Friede ist also „eine nicht zu unterdrückende Sehnsucht im Herzen eines jeden Menschen, jenseits aller spezifischen kulturellen Eigenheiten."[11] Angesichts von Einstellungen und Haltungen, aber auch poli-

---

[9] WF 4.
[10] WF 5.
[11] WF 6.

tischen und ideologischen Konzepten, die heute diese weltweite, kulturübergreifende Perspektive des Friedens in den Hintergrund drängen wollen, betont die Soziallehre der Kirche die Einheit des Menschengeschlechts und die universale Dimension des wahren Friedens, der auf der Achtung des allgemeinen Sittengesetzes aufbaut. „Alle Menschen gehören ein und derselben Familie an. Die übertriebene Verherrlichung der eigenen Verschiedenheit steht im Widerspruch zu dieser Grundwahrheit. Man muss das Bewusstsein, durch ein und dasselbe, letztlich transzendente Schicksal vereint zu sein, wiedererlangen, um die eigenen historischen und kulturellen Verschiedenheiten am besten zur Geltung bringen zu können, indem man sich den Angehörigen der anderen Kulturen nicht entgegenstellt, sondern sich mit ihnen abstimmt." Für Benedikt XVI. sind es gerade diese „einfachen Wahrheiten", die den Frieden möglich machen. Sie sind „leicht verständlich, wenn man mit lauteren Absichten auf das eigene Herz hört", und eröffnen auch Wege zum Verzeihen und zur Versöhnung.

In seiner Weltfriedensbotschaft widmet Benedikt XVI. den Soldaten und den ethischen Herausforderungen ihres Dienstes eigene und sehr konkrete Überlegungen. Denn die „Wahrheit des Friedens muss auch dann gelten und ihren heilsamen Lichtglanz entfalten, wenn man sich in der tragischen Situation des Krieges befinden sollte."[12] Er erinnert an die Aussagen des Zweiten Vatikanischen Konzils zum Recht im Krieg[13] und an die Bedeutung des Humanitären Völkerrechts, das von der internationalen Gemeinschaft aufgestellt wurde, „um die verheerenden Folgen des Krieges vor allem für die Zivilbevölkerung so weit wie möglich zu begrenzen." Gerade dieser Bereich des Völkerrechts war dem Heiligen Stuhl seit jeher ein besonderes Anliegen: „Bei vielen Gelegenheiten und auf verschiedene Weise hat der Heilige Stuhl aus der Überzeugung heraus, dass auch im Krieg die Wahrheit des Friedens existiert, seine Unterstützung für dieses Menschenrecht zum Ausdruck gebracht und auf dessen Achtung und schnelle Verwirklichung gedrängt." Das Humanitäre Völkerrecht zu achten, ist Pflicht für alle Völker, besonders in den aktuellen Konflikten und im Blick auf die immer weiterentwickelten Waffensysteme. Ausdrücklich wendet

[12] WF 7.
[13] Vgl. besonders GS 79.

sich Benedikt XVI. den Soldaten zu: „Wie könnte ich an dieser Stelle die vielen Soldaten vergessen, die in heiklen Operationen zur Beilegung der Konflikte und zur Wiederherstellung der zur Verwirklichung des Friedens notwendigen Bedingungen eingesetzt sind?" Er erinnert an das Wirken der Militärordinariate an dieser „anspruchsvollen Front", und ermutigt die Militärbischöfe und die Militärseelsorger dazu, „in jeglicher Situation und Umgebung treue Verkünder der Wahrheit des Friedens zu bleiben".

Sehr klar nimmt Benedikt XVI. zur Herausforderung des Terrorismus sowie des religiösen Fanatismus und Fundamentalismus Stellung. Er sieht terroristische Pläne letztlich von einem „tragischen und erschütternden Nihilismus" inspiriert. Mit den Worten Papst Johannes Paul II.: „Wer durch die Ausführung von Terroranschlägen tötet, hegt Gefühle der Verachtung für die Menschheit und manifestiert Hoffnungslosigkeit gegenüber dem Leben und der Zukunft. Alles kann aus dieser Sicht gehasst und zerstört werden."[14] Im religiösen Fanatismus sieht Benedikt XVI. die Anmaßung am Werk, „anderen die eigene Überzeugung bezüglich der Wahrheit mit Gewalt aufzuzwingen, anstatt sie ihnen als freies Angebot vorzulegen."[15] Wieder zitiert er Johannes Paul II.: „Die Anmaßung, das, was man selbst für die Wahrheit hält, anderen gewaltsam aufzuzwingen, bedeutet, dass dadurch die Würde des Menschen verletzt und schließlich Gott, dessen Abbild er ist, beleidigt wird."[16]

Tiefe Einsichten in das Wesen und die Zusammenhänge von Nihilismus und Fundamentalismus entfaltet Benedikt XVI. in seiner Botschaft zum Weltfriedenstag, die für die Auseinandersetzungen um die Thematik von Gewalt, Fanatismus und Religion außerordentlich hilfreich sind: „Genau betrachtet, stehen der Nihilismus und der Fundamentalismus in einem falschen Verhältnis zur Wahrheit: Die Nihilisten leugnen die Existenz jeglicher Wahrheit, die Fundamentalisten erheben den Anspruch, sie mit Gewalt aufzwingen zu können." Beide Haltungen entstammen zwar unterschiedlichen kulturellen Zusammenhängen, sie stimmen aber überein „in einer gefährlichen Verachtung des Menschen und seines Lebens

[14] Johannes Paul II., Botschaft zur Feier des Weltfriedenstages (1. Januar 2002): „Kein Friede ohne Gerechtigkeit, keine Gerechtikgiet ohne Vergebung" vom 8. Dezember 2001, Nr. 6.

[15] WF 9.

[16] Johannes Paul II., Botschaft zum Weltfriedenstag 2002, Nr. 6.

und – im Endeffekt – Gottes selbst.“ Beide wurzeln letztlich in einer „Verdrehung der vollen Wahrheit Gottes: Der Nihilismus leugnet seine Existenz und seine liebevolle und sorgende Gegenwart in der Geschichte; der fanatische Fundamentalismus verzerrt sein liebevolles und barmherziges Angesicht und setzt an seine Stelle nach eigenem Bild gestaltete Götzen.“ Es sei daher zu wünschen, dass man sich „bei der Analyse der Ursachen des zeitgenössischen Phänomens des Terrorismus außer den Gründen politischen und sozialen Charakters auch die kulturellen, religiösen und ideologischen Motive vor Augen hält.“[17]

Aus dieser Perspektive beleuchtet Benedikt XVI. einige konkrete Herausforderungen und Probleme des Friedens heute und erinnert besonders an die Gefahren der Aufrüstung, speziell im nuklearen Bereich, und ruft u.a. zu einer Erneuerung von Initiativen zur Abrüstung auf.[18] Seinen Aufruf zur Verkündigung des Evangeliums des Friedens muss sich die Militärseelsorge in besonderer Weise zu eigen machen: Der Friede muss, um „authentisch und anhaltend zu sein, auf dem Fels der Wahrheit Gottes und der Wahrheit des Menschen aufgebaut sein“. Denn allein diese Wahrheit „kann die Herzen empfindsam für die Gerechtigkeit machen, sie der Liebe und der Solidarität öffnen und alle ermutigen, für eine wirklich freie und solidarische Menschheit zu arbeiten.“[19]

## V. Das „intrinsece malum“ und die Wahrheit des Menschen

Es geht mir hier nicht darum, die gesamte Lehre Papst Johannes Paul II., wie er sie in seiner Enzyklika „Veritatis splendor“ entwickelt, darzulegen. Ich möchte nur auf einige Aspekte hinweisen, die für die Ethik des Soldaten von Bedeutung sind. Wie schon gesagt, ist die in unserer Gesellschaft vorherrschende ethische Einstellung von unterschiedlichen Formen konsequentialistischer und utilitaristischer Ethiken geprägt, die das Kriterium des sittlich Guten in eine Güterabwägung oder eine Abwägung der gu-

[17] WF 10.
[18] Vgl. WF 13f.
[19] WF 15.

ten oder schlechten Folgen einer Handlung verlegen. Die ethische Bewertung einer Handlung hinge dann einerseits von der subjektiven Absicht des Handelnden ab, andererseits von der Frage, ob die Handlung imstande ist, für alle Betroffenen einen besseren Zustand hervorzubringen oder nicht, Güter zu „maximieren" und Übel zu „minimieren".[20]

In einer solchen Konzeption kann es keine „in sich" sittlich schlechte Handlungen geben, da es immer auf die subjektive Absicht, die Umstände und die Folgen der Handlung ankommt. Nun hat die traditionelle Morallehre der Kirche die Bedeutung dieser Faktoren für die sittliche Beurteilung einer Handlung betont, das entscheidende Kriterium aber immer im „Objekt" der Handlung gesehen, d.h. in jenem „Gegenstand" der Handlung, den der Mensch in seiner Entscheidung frei wählt und mit dem er sich, und dies ist ein entscheidendes Element, in der freien Wahl identifiziert.[21] Denn sittliche Handlungen, die sich in einem Akt freier Wahl vollziehen, entscheiden über die sittliche Qualität der handelnden Person selbst, sie verleihen ihr so etwas wie ein „geistiges Tiefenprofil"[22], über dessen sittliche Qualität der Mensch aber nicht subjektiv verfügen kann. Denn diese Qualität hängt von einer objektiven Wirklichkeit ab, nämlich dem Gegenstand der Handlung, der ja in der freien Entscheidung angezielt und gewählt und durch die Handlung verwirklicht wird.

Für die sittliche Bewertung einer Handlung kommt nun alles darauf an, „ob dieser Gegenstand auf Gott, also den, der allein ‚der Gute' ist, hingeordnet werden kann oder nicht und so die Vollkommenheit der menschlichen Person bewirkt."[23] Gut ist eine Handlung dann, „wenn ihr Gegenstand (Objekt) dem Gut der Person, unter Respektierung der für sie sittlich bedeutsamen Güter, entspricht". Andererseits folgt daraus klar, dass es konkrete Verhaltensweisen gibt, „die zu wählen immer falsch ist, weil ihre Wahl eine Ungeordnetheit des Willens einschließt, das heißt ein sittliches Übel."[24] Denn der konkrete Gegenstand der Handlung kann ja nur gewählt werden, indem genau das, was diesen Gegenstand ausmacht, in der Wahl

---

[20] Vgl. VS 74.

[21] Vgl. VS 78.

[22] Vgl. VS 71.

[23] VS 78.

[24] Katechismus der Katholischen Kirche, Nr. 1761.

bejaht und gewollt wird. Die handelnde Person identifiziert sich so durch ihre freie Willensentscheidung mit der objektiven Qualität des Gegenstandes und wird durch diese Wahl in ihrer sittlichen Qualität bestimmt.

Daher weist Johannes Paul II. klar jene Theorien zurück, die behaupten, *„es sei unmöglich, die bewusste Wahl einiger Verhaltensweisen bzw. konkreter Handlungen nach ihrer Spezies* – ihrem ‚Objekt' – *als sittlich schlecht zu bewerten, ohne die Absicht, mit der diese Wahl vollzogen wurde, oder ohne die Gesamtheit der Folgen jener Handlungen für alle betroffenen Personen zu berücksichtigen.*"[25] Das Kriterium, ob das Objekt einer Handlung auf das wahre Gute der menschlichen Person und auf Gott als letztes Ziel des Menschen hingeordnet werden kann, führt die Vernunft konsequent zur Erkenntnis, „dass es Objekte menschlicher Handlungen gibt, die sich ‚nicht auf Gott hinordnen' lassen, weil sie in radikalem Widerspruch zum Gut der nach seinem Bild geschaffenen Person stehen."[26] Solche Handlungen sind „immer und an und für sich schon schlecht, unabhängig von den weiteren Absichten des Handelnden und den Umständen."

Johannes Paul II. verweist in diesem Zusammenhang auf das Zweite Vatikanische Konzil, das im Blick auf die der menschlichen Person gebührenden Achtung Beispiele solcher Handlungsweisen aufzählt: „Was zum Leben selbst in Gegensatz steht, wie jede Art von Mord, Völkermord, Abtreibung, Euthanasie und auch der freiwillige Selbstmord; was immer die Unantastbarkeit der menschlichen Person verletzt, wie Verstümmelung, körperliche oder seelische Folter und der Versuch, psychischen Zwang auszuüben; was immer die menschliche Würde angreift, wie unmenschliche Lebensbedingungen, willkürliche Verhaftung, Verschleppung, Sklaverei, Prostitution, Mädchenhandel und Handel mit Jugendlichen, sodann auch unwürdige Arbeitsbedingungen, bei denen der Arbeiter als bloßes Erwerbsmittel und nicht als freie und verantwortliche Person behandelt wird; all diese und ähnliche Taten sind an sich schon eine Schande; sie sind eine Zersetzung der menschlichen Kultur, entwürdigen weit mehr jene,

---

[25] VS 79.
[26] VS 80.

die das Unrecht tun, als jene, die es erleiden. Zugleich sind sie in höchstem Maß ein Widerspruch gegen die Ehre des Schöpfers."[27]

Für das konkrete Handeln hat dies nun eine bedeutsame Konsequenz: „Wenn es auch in der Tat zuweilen erlaubt ist, ein sittliches Übel hinzunehmen, in der Absicht, damit ein größeres Unrecht zu verhindern oder ein höheres sittliches gut zu fördern, ist es doch nicht erlaubt, nicht einmal aus sehr schwerwiegenden Gründen, das sittlich Schlechte zu tun, damit daraus das Gute hervorgehe (vgl. *Röm* 3,8), d.h. etwas zum Gegenstand eines positiven Willensaktes zu machen, was an sich Unordnung besagt und daher der menschlichen Person unwürdig ist, auch wenn es in der Absicht geschieht, Güter der Person, der Familie oder der Gesellschaft zu schützen oder zu fördern."[28]

Indem die Kirche an dieser Lehre über die Sittlichkeit menschlichen Handelns und besonders über Existenz in sich schlechter Handlungen festhält, dient sie der Würde und dem wahren Wohl der menschlichen Person. Denn nur so ist eine der subjektiven Willkür entzogene objektive sittliche Ordnung zu begründen, die zwar an den Menschen klare und oft hohe Forderungen stellt, aber gerade dadurch die Würde aller Menschen vor Missachtung und Missbrauch durch welche Macht oder Gewalt auch immer schützt. Für Johannes Paul II. „konzentriert sich ... in dieser Frage gewissermaßen *die Frage nach dem Menschen selbst*, nach seiner *Wahrheit* und den sich daraus ergebenden sittlichen Konsequenzen. Dadurch, dass die Kirche anerkennt und lehrt, dass es konkret bestimmbare menschliche Handlungen gibt, die in sich schon schlecht sind, bleibt sie der vollen Wahrheit über den Menschen treu und achtet und fördert ihn damit in seiner Würde und Berufung."[29]

Diese Lehre hat bedeutsame Konsequenzen auch für die Ethik des Soldaten. Zwar sind im Humanitären Völkerrecht, wie gesagt, viele Rechtsnormen kodifiziert, die u.a. das Verhalten in Kampfhandlungen, den Schutz von Nicht-Kombattanten und der Zivilbevölkerung, von Gefangenen, Verwundeten und Schiffbrüchigen sowie von zivilen Objekten betreffen. Es

[27] GS 72.
[28] Paul VI., Enzyklika "Humanae Vitae" vom 25. Juli 1968, Nr. 14, zit. in:VS 80.
[29] VS 83.

ist so aus leidvoller Erfahrung und im Blick auf den Schutz des Menschen und seiner Würde ein sehr umfassender Rechtskodex entstanden, der viele grundlegende ethische Anliegen aufgenommen hat. Auch für die Militärseelsorger sind diese Dokumente wertvolle Quellen und Hilfen auch in ihrer ethischen Unterweisung der Soldaten. Aber die besten Rechtsnormen können nicht die gelebte ethische Überzeugung ersetzen. Ohne echte Überzeugung werden Rechtsnormen allzu oft nur halbherzig befolgt oder es wird versucht, sie durch tendenziöse Interpretationen abzuschwächen oder sie in bestimmten Situationen für „obsolet" zu erklären.

Die moralische Verkündigung der Militärseelsorge erschöpft sich natürlich nicht in einer Hilfestellung für das Humanitäre Völkerrecht. Wie wir gesehen haben, geht es bei der Frage nach der Wahrheit im sittlichen Bereich um zentrale Inhalte des christlichen Glaubens, letztlich um die Frage nach der Wahrheit des Menschen, die in jener Wahrheit gründet, die Gott selbst ist. Dies ist die tiefste Motivation der Militärseelsorge in ihren Bemühungen, den Soldaten diese Lehre nahe zu bringen.

Dabei stößt man zunächst oft auf Schwierigkeiten und manchmal auf explizite Ablehnung. Es kommt sehr darauf an, wie diese Lehre vermittelt wird. Viele Menschen reagieren ablehnend, wenn von objektiver Wahrheit und absoluter Verpflichtung die Rede ist. Objektiv gültige Normen werden oft als Gefahr für ihre persönliche Freiheit betrachtet. Es geht dann darum, ihnen die Grundeinsicht zu vermitteln, dass gerade eine objektive sittliche Ordnung Garant der wahren Freiheit und der Würde jedes Menschen ist. Einen Ansatz dazu kann die Goldene Regel bieten, also die Perspektive der Gegenseitigkeit: Ich bin verpflichtet, die Würde des anderen zu achten, genauso wie ich in meiner Würde geachtet werden will. Denn was kann Soldaten in den extremen Situationen von Kampf, Verwundung oder Gefangenschaft letztlich wirklich schützen, wenn nicht die ethische Überzeugung der gegnerischen Soldaten, die meine Würde zu achten haben, so wie ich ihre?

Gerade Soldaten bereiten sich auf Situationen vor, in denen ethische Normen leicht unter Druck geraten können, weil die Gewalt eskaliert, weil Menschen verrohen können, weil Angst und Misstrauen rasch „extreme Maßnahmen" erforderlich erscheinen lassen, und weil schließlich die eigene Sicherheit über alles andere geht. Woher beziehen Soldaten dann die moralische Kraft, all dem zu widerstehen und sich trotz aller Schwierigkeiten an den grundlegenden ethischen und humanitärrechtlichen Normen zu orientieren? Die Hilfe, die gerade die Militärseelsorge hier zu leisten berufen ist, besteht sicher nicht nur in einem theoretischen Unterricht, sondern im Beispiel und Zeugnis eines Lebens aus dem Glauben, das sich den oft widrigen und gefahrvollen Umständen der soldatischen Existenz aussetzt, mit ihnen lebt, um so glaubwürdig Wege zum authentischen Menschsein als Soldat aufzeigen zu können.

Eine in der letzten Zeit oft diskutierte Frage ist die der Folter. Es ist eine paradoxe Situation: Als die bekannten Fotografien aus dem Irak in den Medien auftauchten und die Umstände der Vorfälle in Abu Graib und anderswo bekannt wurden, reagierten viele mit Ablehnung und Abscheu. Bei der Diskussion anderer Fälle, etwa der in Deutschland geschehenen Androhung von Folter durch einen Polizeibeamten, um den Aufenthaltsort eines entführten Kindes zu erfahren, war das Verständnis dafür groß, ja von manchen wurde die Anwendung von Folter in einem solchen Fall ebenso leidenschaftlich gut geheißen wie sie im anderen Fall abgelehnt wurde. Immer wieder wurde Unverständnis darüber geäußert, wieso jemand Bedenken haben könnte, in einem solchen Notfall auch extreme Mittel einzusetzen. Der Hinweis, dass innerstaatliche und internationale Rechtsdokumente solche Mittel ausnahmslos verbieten, war nur von geringem Nutzen, solange die dahinter stehende Begründung für diese Regeln nicht einsichtig war. Wenn es jedoch in der Diskussion gelang, den Blick auf die grundlegenden ethischen Fragen der Wahrung der eigenen menschlichen Würde und die Achtung der Würde des anderen gerade in solchen Situationen zu lenken und in ihren Konsequenzen einsichtig zu machen, wurde ein echter Fortschritt auf ein tieferes Verständnis ethischer Verpflichtungen hin möglich. Es geht dabei oft um sehr einfache, grundlegende Einsichten, die sich z.B. ganz im Sinn von „Veritatis splendor“ auf die sittliche Qualifikation der Person selbst durch den Gegenstand ihrer Handlung beziehen können oder auch auf die durch die Goldene Regel und das Liebesgebot vermittelten ethischen Einsichten.

Diese Fragen bleiben für die Militärseelsorge jedenfalls eine große Herausforderung, deren Bedeutung in Zukunft noch größer werden wird, und der sich alle in der Militärseelsorge engagierten Christen, vor allem aber die Militärseelsorger selbst, stellen müssen. Darauf weist auch das

Pastoralkonzept der Österreichischen Militärseelsorge hin, wenn es die „Förderung der Achtung der Person und ihrer Würde" sowie die „Vermittlung eines religiös fundierten Soldatenethos aus christlicher Sicht" zu den entscheidenden Schwerpunkten zukünftiger Entwicklung zählt.

## VI. Ausblick

Papst Johannes Paul II. setzt an den Anfang seiner Enzyklika die Frage, die der reiche Jüngling im 19. Kapitel des Evangeliums nach Matthäus an Jesus stellt: „Meister, was muss ich Gutes tun, um das ewige Leben zu gewinnen?" (Mt 19,16). Diese Frage und die Antwort Jesu ziehen sich als Leitmotiv durch die gesamte Enzyklika. In seiner Antwort verweist Jesus auf Gott als den „einzig Guten", auf das Halten der Gebote und auf das Liebesgebot sowie auf den Weg der Vollkommenheit, der darin besteht, seinen Besitz den Armen zu geben, so einen bleibenden Schatz im Himmel zu haben und dann Jesus nachzufolgen. Man kann durchaus in dieser Szene das Ziel des gesamten pastoralen Dienstes der Kirche sehen. Die Militärseelsorge sucht den Soldaten in ihren besonderen Lebensumständen die Perspektive dieser Frage zu vermitteln. Als Seelsorger sind wir uns bewusst, dass nicht wir selbst die tiefsten und letzten Fragen der Menschen beantworten können. Schließlich heißt es von dem jungen Mann im Evangelium: „Es kam ein Mann zu Jesus und fragte ihn ..." Unser Dienst besteht im Grunde darin, Menschen diese Begegnung mit Jesus zu ermöglichen. Die letzte Klarheit über den Sinn des menschlichen Handelns, der Freiheit und der Verantwortung gewinnen wir – bei aller Bedeutung der Bemühung der Vernunft – im Blick auf die Person Jesu, sein Leben und Wirken, seine Beziehung zu Gott, dem Vater, und seine Liebe zu den Menschen. So können wir in diesem jungen Mann – dessen Name uns unbekannt bleibt – „*jeden Menschen* erkennen, der, bewusst oder unbewusst, *an Christus, den Erlöser des Menschen, herantritt und ihm die moralische Frage stellt.*"[30] Den Soldaten den Weg zu dieser Begegnung zu bereiten, war und ist der tiefste Sinn aller pastoralen Bemühungen der Militärseelsorge.

[30] VS 7.

# DAS „MILLENNIUMSTOR“

*Alois Hörmer*

Auf dem Weg zum Jahr 2000 gab es in der ganzen Kirche eine wichtige Vorbereitungsphase, die vom damaligen Papst Johannes Paul II. sorgfältig geplant und zielorientiert motiviert war: „Während ich die Gläubigen einlade, inständig zum Herrn zu beten, um die bei der Vorbereitung und Feier des nunmehr bevorstehenden Jubeljahres nötige Erleuchtung und Hilfe zu empfangen, fordere ich die verehrten Brüder im Bischofsamt und die ihnen anvertrauten Kirchengemeinden auf, ihr Herz den Eingebungen des Geistes zu öffnen. Er wird es nicht unterlassen, die Herzen zu rühren, damit sie sich anschicken, das große Jubiläumsereignis mit erneuertem Glauben und offenherziger Beteiligung zu feiern.“ So sagte und mahnte der Papst im Apostolischen Schreiben „Tertio Millennio Adveniente“.[1]

## I. DER ANLASS

Bei seinem Besuch am 20. Juni 1998 wurde der Papst in St. Pölten am Domportal von Bischof und Domkapitel begrüßt, und bei seiner Ansprache am Festplatz im neuen Regierungsviertel waren es unter anderem auch die folgenden Kernsätze, die aufhorchen ließen: „Viele unserer Zeitgenossen haben Gott als Vater verloren. Deshalb fehlt ihnen auch die Muttersprache des Glaubens. Helfen wir ihnen, sich in das Alphabet des Glaubens einzulesen, den religiösen Wortschatz wieder kennen zu lernen, so dass ihn jeder versteht. Darauf kann man eine Grammatik des Lebens aufbau-

[1] Johannnes Paul II., Apostolisches Schreiben „Tertio Millennio adveniente“ (= TMA) zur Vorbereitung auf das Jubeljahr 2000 vom 10. November 1994 (Verlautbarungen des Apostolischen Stuhls 119), Nr. 59.

en, die den Menschen hilft, den Plan, den Gott mit ihnen hat im Heiligen Geist, zu buchstabieren. An der Schwelle des dritten Jahrtausend muss der Gedanke wieder neu ins Bewusstsein rücken: „Wie Gott mit jedem einen Plan hat, so hat er für jeden auch eine Sendung. Ihr seid nicht Nachlassverwalter der Vergangenheit, sondern Wegbereiter einer Zukunft, in die der Heilige Geist die Kirche führt.“

Inspiriert und gedrängt von diesen Anrufen zu einer aktiven und wirksamen Feier des Jubiläumsjahres gab Bischof Krenn im September 1998 auch seinen Wunsch nach einer Neugestaltung des Domportals kund. Wie nicht anders zu erwarten, stieß dieser Plan zunächst auf kritische Bedenken, ja strikte Ablehnung. Als Gründe wurden z.B. genannt:

- Das bestehende, zweiflügelige Domportal aus Massivholz aus dem Ende des 19. Jahrhunderts entspreche durchaus dem herkömmlichen Standard und sei auch im guten Zustand.
- Die an ein neu zugestaltendes Portal zu stellenden Qualitätsansprüche würden die Heranziehung eines bedeutenden, erfahrenen Künstlers (Bildhauer) für die Realisierung unbedingt erfordern, der im Weg eines künstlerischen Wettbewerbs ausfindig zu machen wäre.
- Der mit einem so langwierigen Prozess – ikonologischen Programm, Künstlerauswahl, Wettbewerb, Durchführung – verbundene Zeitaufwand stehe bis zum Jubiläumsjahr 2000 nicht mehr zur Verfügung.
- Der finanzielle Aufwand von wahrscheinlich ca. S 1.000.000,– und die zu befürchtende Reaktion der Bevölkerung stünden einem solchen Vorhaben entgegen.

Bischof Krenn hielt trotz dieser Bedenken an seinem Vorhaben fest und beauftragte im Februar 1999 den anerkannten und erfahrenen Künstler Prof. Jakob Kopp aus Linz mit der Planung und Gestaltung des neuen Domportals. Bisherige Arbeiten des Künstlers und Empfehlungen bzw. Gutachten des Denkmalamtes rechtfertigten diese Wahl. Die vorgelegten Entwürfe wurden begutachtet, auf die speziellen Aussageabsichten des Jubiläumsjahres und der Diözese St. Pölten ausgerichtet und darauf hin verändert. In der Kunstgießerei Beck in Nussdorf am Hausberg, Salzburg, wurden die Bildtafeln gegossen, und die Firma Metallbau Riegler, Steyr-O.Ö., besorgte die Montage und Fertigung des Tores. Es ist DI Michael Dinhobl und seinem Bemühen zu danken, dass binnen kurzer Zeit die gesamte Finanzierung des Projekts durch Sponsoren gesichert werden konnte. Die Intensität und Beharrlichkeit, mit denen das Vorhaben eines neuen Domportals gerade zu diesem Zeitpunkt betrieben und verwirklicht wurde, ist nur verständlich auf dem Hintergrund des Großen Jubiläums 2000 und der tiefgründigen Symbolik der „Öffnung der Heiligen Pforte".

## II. Die Symbolik von „Tür - Tor - Pforte"

Eine geöffnete Türe gestattet den Durchgang, das Hineingehen ebenso wie das Hinausgehen; sie ist Ausdruck für die Aufnahmebereitschaft. Eine geschlossene Türe aber verhindert ein Hindurchgehen; sie bringt einen Schutz oder eine Verweigerung zum Ausdruck Eine Stadt behütet den Zugang zu ihr durch ein monumentales, wohl befestigtes Tor, das sie vor den Angriffen der Feinde schützt, die Freunde aber einlässt. Wer innerhalb der Tore weilt, hat Anteil an den Vorrechten der Bewohner. Auf diese Weise verbürgt das Tor die Sicherheit seiner Bürger und ermöglicht ihnen die Schaffung einer Gemeinde. Das Tor ist gewissermaßen mit der Stadt selbst identisch, es bringt ihr Wesen zum Ausdruck Die Übergabe des Schlüssels bedeutet die Übertragung der Vollmacht, Entscheidungen zu treffen.

Jerusalem ist die heilige Stadt mit den alten Toren, denen die besondere Liebe des Bundesgottes gilt, weil er sie selbst gegründet hat. Der Pilger, der sie durchschreitet, macht die Erfahrung der Einheit und des Friedens. Seit sich durch die Schuld der Menschen die Pforte des Paradieses verschlossen hat, vermag der Mensch mit Gott keinen vertrauten Umgang mehr zu pflegen. Doch der Gottesdienst stellt eine Verbindung zwischen den beiden Welten, der göttlichen und der irdischen Welt, her. Der Pilger, der zur heiligen Stadt emporstieg, durchschritt die Tore des Tempels, um sich Gott zu nahen: „Dies ist das Tor zum Herrn, nur Gerechte treten hier ein" (Ps 118,20). Wer diese Tore durchschreitet, aber nicht mehr „das Antlitz Gottes sucht", dem wird der Tempel nicht zum Segen, ja dieser verliert seinen eigentlichen Seinsgrund als „Wohnstatt Gottes". So wird klar, dass der Mensch nicht von sich aus zu Gott vordringen kann, sondern nur rufen kann, Gott selbst möge den Himmel aufreißen und selber herniedersteigen (vgl. Jes 63,19).

Jesus hat die entscheidende Antwort auf diese Menschheitssehnsucht gebracht. Bei seiner Taufe im Jordan hat sich der Himmel geöffnet, er selbst wurde zur wahren Pforte des Himmels, die auf die Erde herab gekommen ist, durch ihn haben die Menschen Zutritt zum Vater Er hat die Schlüssel des Todes und der Unterwelt ergriffen; der Himmel steht für jeden offen, der sich ihm durch den Glauben an Jesus erschließt (vgl. Apg 14,27). Jesus selbst wies der Pforte diese bedeutende symbolische Funktion zu: „Ich bin die Tür; wer durch mich hineingeht, wird gerettet werden“ (Joh 10,9). Diese Identifizierung Christi mit der Pforte führt damit hin zur Symbolik der „Porta Sancta – der Heiligen Pforte“. Sie kündet nun vom Übergang aus der Finsternis zum Licht, von der Sünde zum ewigen Heil. In der Verkündigungsbulle des großen Jubiläums des Jahres 2000 verweist der Heilige Vater Johannes Paul II. besonders auf das Zeichen der „Heiligen Pforte“.[2] Zu ihrer feierlichen Eröffnung in St. Peter in der Heiligen Nacht des Weihnachtsfestes 2000, dem offiziellen Beginn des großen Jubiläums, hat der erneuerte Ritus die tiefen, biblischen, theologischen und pastoralen Aspekte der Feier des Jubiläums zusammengefasst. Dieselben Worte, die in der Osternacht bei der Segnung der Osterkerze gerufen werden, eben diese Worte hat der Papst als Programm und Botschaft des großen Jubiläums aufgegriffen und bei der Öffnung der Heiligen Pforte selbst gerufen: „ Christus heri et hodie, Finis et Principium; Christus Alpha et Omega, Ipsi gloria in saecula“. Gerufen an der offenen Pforte sind diese Worte das Urevangelium, mit dem die Kirche in ihr drittes Jahrtausend eintritt und sich neu auf den Weg macht: Christus ist Herr der Geschichte und in seiner Kirche gegenwärtig bis an das Ende der Zeit (vgl. Hebr 13,8). Das Zeigen des Evangeliumbuches in der Mitte der offenen Pforte durch den Papst selbst unterstreicht die zentrale Stellung Christi als Wort des lebendigen Gottes; dessen Verkündigung ist die Aufgabe der Neuevangelisierung im neuen Jahrtausend.

---

[2] Vgl. Johannes Paul II., Verkündigungsbulle „Incarnationis Mysterium“ des Großen Jubiläums des Jahres 2000 vom 29. November 1998, Nr. 8; vgl. auch TMA 33.

ET INCARNATUS EST
ANNO 2000 SANCTO
LEOPOLD
HIPPOLYT
KOLOMAN
ALTMANN
FLORIAN
SEVERIN

## III. Erläuterungen zum neuen Portal

Die Kirche feierte im Jahre 2000 keine Jahreszahl, sondern ein Ereignis: „Denn uns ist ein Kind geboren, ein Sohn ist uns geschenkt. Die Herrschaft liegt auf seiner Schulter“ (Jes 9,5); sein Name ist Immanuel – Gott mit uns (vgl. Jes 7,14). Ein Großteil der Menschen zählt die Jahre von diesem Ereignis und seiner Botschaft, die Christenheit feiert die Menschwerdung Gottes. Die Bilder und Inschriften des Tores sollen auf diesen tieferen Grund hin verweisen.

**Oberste Bildreihe** – Mittleres Bild:

Das zentrale Bild im oberen Feld, im dreigeteilten Tryptichon, ist die Verkündigungsszene von Nazareth. Der Gottesbote bringt das Evangelium zur Jungfrau Maria: Du wirst einen Sohn gebären, dem sollst du den Namen Jesus geben, denn er ist der Retter der Welt (vgl Lk 1,36–38). Maria sagte Ja, sie wird in den Plan Gottes und sein Erlösungswerk hineingenommen. Die Sendung ihres Kindes ist jene, die Jesus bei seinem ersten Auftreten feierlich verkündet: „Evangelizare“ – eine gute Botschaft für alle Erlösungsbedürftigen zu bringen, es ist das Urwort für diese seine Sendung. „Et incarnatus est“ – Christus lebt und wirkt fort, die Menschwerdung Gottes ist nicht ein abgeschlossenes geschichtliches Ereignis, sondern dauert fort in der ganzen Geschichte der Kirche; die Kirche ist der geheimnisvoll fortlebende Leib Christi. Kirche ist immer konkret in der Welt von heute, sie ist immer am Ort: Kirche konkret ist für uns die Kirche der Diözese St. Pölten, die Kirche von Niederösterreich, die Kirche in der Welt von heute. Das wird auch ausgedrückt durch die Wappen des Diözesanbischofs, des Papstes, der Stadt St. Pölten und des Bundeslandes Niederösterreich.

Linkes Bild:

Die Sendung Jesu geht weiter in seiner Kirche. „Wie mich der Vater gesandt hat, so sende ich euch“ (Joh 20,21). Die Überreichung des Kreuzesstabes von Christus an Petrus und seine Nachfolger präzisiert den Inhalt der Botschaft: Wir verkünden Christus als den Gekreuzigten (vgl. 1 Kor 1,22–30).

Rechtes Bild: „Misericordias“

Wenn Gott die Welt so liebt wie ein barmherziger Vater, so ist Barmherzigkeit ein Schlüsselwort in der Sendung der Kirche: „Seid barmherzig, wie es auch euer Vater ist“ (Lk 6,36). Das Bild zeigt den von Alter und Krankheit gebeugten Papst Johannes Paul II., der diesen Sendungsauftrag in seiner Begegnung mit leidenden, ausgestoßenen und erlösungsbedürftigen Menschen überzeugend lebt. Es soll im Bild auch eine Erinnerung an den Papstbesuch vom 20. Juni 1998 im Dom, im Regierungsviertel und im Hospiz in Wien wachgehalten werden. Veranschaulicht wird dies alles durch exemplarische Christen, nämlich in den Gründungsheiligen unserer Diözese. In ihnen krönt Gott das Werk seiner Gnade; sie sind Zeugen gelebten Evangeliums und Zeichen des Glaubens in der Gestaltung des eigenen Lebens. Seit der Frühzeit der Kirche wurden die Gedenkstätten, die „memoriae“, der Märtyrer und Bekenner verehrt; über ihrem Grab oder ihren Reliquien wurde ein „Siegesmal“ („tropaion“) errichtet; man pilgerte dort hin, um im wahren Glauben und in der Gemeinschaft der Kirche gefestigt zu werden. Solche eindrucksvolle „Siegesmale“ sind zu Ehren des hl. Leopold das Stift Klosterneuburg, zu Ehren des hl. Koloman das Stift Melk und zu Ehren des hl. Florian das Stift St. Florian in der Diözese Linz. In ihrer barocken Pracht sind diese Gedenkstätten Anziehungs- und Ausstrahlungsorte bis heute.

**Darunter die linke Bildreihe (von oben nach unten)**

Der hl. Leopold, heute Landespatron von Niederösterreich, symbolisiert durch die Landesfahne, ist dargestellt mit seiner Frau Agnes und mit seinen Kindern; Otto von Freising und Konrad II. von Salzburg tragen als Bischöfe die Mitra in ihren Händen. Leopold schuf die Grundstrukturen des politischen und kirchlichen Lebens in unserer Heimat. Weil er ein vorbildlicher Familienvater war, konnte er auch ein guter Landesvater sein. Gute Familienpolitik ist deswegen auch die beste Wurzel für die Gesellschaftspolitik, sie ist der Mutterboden dafür. Kirche ist aber nicht eingeengt auf nationale oder ethnische Grenzen, Kirche darf nicht im Ghetto leben.

Links darunter:

Der hl. Koloman, der fremde Pilger auf dem Weg ins Heilige Land. Wegen seines fremdartigen Aussehens, wegen seiner Sprache und ungewohnten Kleidung begegnen ihm die Bewohner von Stockerau mit Misstrauen, Ablehnung und Feindschaft. Er wird an einem Holunderbaum erhängt. Ein wunderbares Zeichen geschieht: Der dürre Baum setzt neu zum Wachsen und Blühen an. Der Austausch zwischen verschiedenen Völkern und Kulturen ist nicht

in erster Linie als Gefahr zu sehen, sondern kann und soll sich befruchtend auswirken; manches, was dürr geworden ist, kann wieder neu zum Blühen kommen. Ausländerfeindlichkeit und Rassenhass sind nicht nur engstirnig, sondern zutiefst unchristlich.

Links unten:

Die Relieftafel des hl. Florian ist besonders für St. Pölten kennzeichnend. Er war der oberste Verwaltungsbeamte in Aelium Cetium, der Römerstadt auf dem Boden der heutigen Innenstadt von St. Pölten. In der Zeit der Verfolgung des Kaisers Diokletian sollte er entweder seinen Glauben verleugnen oder Stellung und Leben riskieren. Die Entscheidung traf er nach dem Petruswort: „Man muss Gott mehr gehorchen als den Menschen" (Apg 5,29). Um anderen bedrängten Christen zu helfen, eilte er seinen Glaubensbrüdern in Lorch zu Hilfe und erlitt mit ihnen das Martyrium. Mit einem Stein um den Hals wurde er in die Enns gestürzt und ertrank. Die antike Römersiedlung, das alte Kloster und heutige Bistumsgebäude, der Dom und das neu errichtete Regierungsviertel zeugen von diesem Spannungsfeld zwischen Kirche und Staat. Sie lehren aber auch, dass Kooperation in diesen gottgewollten Bereichen Frieden, Wohlstand und Segen schafft.

**Die rechte Bildreihe:**

Die Kirche, gegründet auf dem Fundament der Apostel, lebt und wirkt in ihren Grundvollzügen: Martyria (Glaubenszeugnis), Liturgia (gottesdienstliche Feier des Glaubens), Diakonia (Nächstenliebe). In drei bedeutenden Diözesanheiligen soll das bildhaft anschaulich gemacht werden.

Rechts oben:

Die Darstellung des hl. Hippolyt als römischer Centurio in der Mitte des Bildes beruht auf einer Legende, derzufolge er das Martyrium erlitten haben soll, indem er von wild gewordenen Pferden zu Tode geschleift wurde. Von ihm leitet sich der Name des alten Klosters an der Traisen, der späteren Stadt und der Diözese St. Pölten ab. Im Bild bringen Mönche von Tegernsee die Hippolytreliquien in ihre Klostergründung. Hippolyt, so zeichnet ihn die neuere Forschung, war in Wahrheit aber um das Jahr 235 ein hochgelehrter römischer Presbyter. Seine Schriften zur Theologie und Liturgie waren grundlegend und wegweisend für Reformen des II. Vatikanischen Konzils. Seine berühmte Statue steht jetzt am Eingang der Vatikanischen Museen.

Mitte rechts:

Der hl. Bischof Altmann von Passau, der Gründer des Stiftes Göttweig, hat als Reformbischof die Geschichte der Kirche in unserem Land am Beginn des 2. Jahrtausends entscheidend geprägt. Er hat besonders das Kloster und die Kirche von Göttweig der Gottesmutter anvertraut. Er bewirkte eine echte Erneuerung im

Klerus und beim gläubigen Volk aus den immer gültigen Quellen heraus: Leben aus dem Evangelium, Liebe zur Gottesmutter, Treue zum Papst und zur Regel des hl. Benedikt: „ Ora et labora“ – „Bete und arbeite“.

Rechts unten:

Der hl. Severin, der Seher von Norikum, hat in der Umbruchszeit der Völkerwanderung die Zeichen der Zeit erkannt und Wege in eine neue Zukunft gewiesen. Er wirkte als Friedensvermittler zwischen den aufbrechenden Germanenstämmen und den zur Umsiedlung verurteilten Romanen. Er hat als der weitschauende Caritasapostel mit großangelegten Hilfsaktionen für die Grundbedürfnisse der bedrängten Bevölkerung gesorgt: Er schuf Zufluchtsorte für die Heimatlosen und Vertriebenen, er besorgte Kleidung und Nahrung für die in Not Geratenen, er war Wegweiser und Hoffnungsträger in ein neues Zeitalter.

## IV. Vermächtnis und Auftrag

Am 8. Dezember 1999, dem „Hochfest der ohne Erbsünde empfangenen Jungfrau und Gottesmutter Maria“ wurde das neue Domportal durch Bischof Krenn gesegnet. Das Domkapitel, zahlreiche Priester, der Künstler und seine Helfer, Spitzenvertreter von Stadt und Land, Delegierte der Institutionen, die sich als Sponsoren beteiligt hatten, und viele Gläubige aus der ganzen Diözese waren zur Festtagsvesper zusammen gekommen. Bei der Statio am Millenniumstor, an dieser unserer „Heiligen Pforte“, sprach der Bischof das Segensgebet:

*Barmherziger Gott und Vater,*
*du hast uns deinen Sohn geschenkt*
*als das Tor zu Heil und Leben.*
*Wir bitten dich:*
*Segne diese „Heilige Pforte“.*
*Rufe die Gläubigen und Suchenden,*
*die dieses Tor durchschreiten,*
*zu einem neuen Eintritt in*
*das Geheimnis Christi und der Kirche.*
*Hilf uns allen, auf die Fürsprache*
*der seligen Jungfrau Maria*
*und der Heiligen unserer Diözese*
*treu in der Liebe Christi zu verharren,*
*damit sich uns die Pforten*
*des himmlischen Jerusalem öffnen.*
*Darum bitten wir durch ihn, Jesus Christus,*
*deinen Sohn, unseren Herrn und Gott,*
*der in der Einheit des Hl. Geistes*
*mit dir lebt und herrscht in alle Ewigkeit. Amen.*

Im Adventhirtenbrief 1999 zum Jubiläumsjahr 2000 fasste Diözesanbischof Dr. Kurt Krenn die Intention, die ihn zu diesem neuen Domportal motivierte und drängte, zusammen: „Das neue Domportal in St. Pölten, das auf lange Zeit ein Denkmal des Glaubens für das Volk Gottes in Niederösterreich sein soll, wird uns an die Kernwahrheit des Jubiläumsjahres erinnern: Der ewige Sohn Gottes ist Mensch geworden aus Maria, der Jungfrau. Das bronzene Tor des Domes hat eine vielfache Bedeutung, die jedem Christen, der den Dom betreten will, aufgehen möge: Öffnet die Tore dem Erlöser, öffnet eure Herzen dem Herrn. Es soll sich erfüllen, was die Offenbarung des Johannes vom neuen Jerusalem sagt: Ihre Tore werden den ganzen Tag offenstehen, damit eingelassen werden, die im Lebensbuch des Lammes geschrieben stehen (vgl. Offb 21,25.27).“

Dies sind Worte, die nicht nur als Widmung, sondern auch als Vermächtnis und Botschaft verstanden werden sollten.

Die Widmungsinschrift an der Innenseite des Bronzeportals hält in klassischem Latein das Ereignis fest und bindet es ein in den zeitgeschichtlichen Rahmen.

AD PERPETUAM REI MEMORIAM

ANNO SANCTO BISMILLESIMO
JUBILAEO INEUNTE
JOANNE PAULO II SUMMO ECCLESIAE PONTIFICE
ERWINO PROELL HANC PROVINCIAM AUSTRIAE INFERIORIS
PROCURANTE
GULIELMO GRUBER HUIUS MUNICIPII CURAM GERENTE
HAEC PORTA AENEA
HUIUS TEMPLI BEATAE MARIAE VIRGINI DEDICATI
PER ARTIFICEM JACOBUM KOPP CAELATA
AB EPISCOPO CONRADO KRENN
HUIUS DIOECESEOS S. HIPPOLYTI ANTISTITE
ET CONSECRATA ET APERTA EST

Übersetzung:

ZUM IMMERWÄHRENDEN GEDENKEN

IM HEILIGEN JAHR 2000
ZUR ERÖFFNUNG DES GROSSEN JUBILÄUMS
ALS JOHANNES PAUL II. OBERSTER HIRTE DER KIRCHE
ERWIN PRÖLL LANDESHAUPTMANN VON
NIEDERÖSTERREICH
WILLI GRUBER BÜRGERMEISTER DIESER STADT WAREN
DA WURDE DIESES BRONZEPORTAL
DIESER KIRCHE, DIE DER SELIGEN JUNGFRAU MARIA
GEWEIHT IST
GEFERTIGT VOM KÜNSTLER JAKOB KOPP
VON BISCHOF KURT KRENN
DEM VORSTEHER DIESER DIÖZESE ST. PÖLTEN
KONSEKRIERT UND ERÖFFNET.

Auf der Rückseite des Torflügels stehen die wichtigsten Sponsoren:

AMT DER NÖ LANDESREGIERUNG
CONSTANTIA PRIVATBANK AG
EVN
HYPO – BANK
KRONENZEITUNG
NIEDERÖSTERREICHISCHE VERSICHERUNG
RUDOLF LEINER
SCHELHAMMER & SCHATTERA
SPARKASSE REGION ST. PÖLTEN
STADT ST. PÖLTEN
SÜBA
UNIQA VERSICHERUNGEN AG.

# Liturgie und Kirchenmusik

## Wesen und Herausforderung

Mirjam Schmidt

Eine Kirche, die nur noch ‚Gebrauchsmusik' macht, verfällt dem Unbrauchbaren und wird selbst unbrauchbar. Ihr ist Höheres aufgetragen. Sie soll – wie es vom alttestamentlichen Tempel gesagt ist – Stätte der ‚Herrlichkeit' sein und freilich so auch Stätte, in der die Klage der Menschheit vor das Ohr Gottes gebracht wird. Sie darf sich nicht im gemeindlich Brauchbaren beruhigen; sie muss die Stimme des Kosmos wecken und, indem sie den Schöpfer verherrlicht, dem Kosmos seine Herrlichkeit entlocken, ihn selbst herrlich und damit schön, bewohnbar, liebenswert machen. Die Kunst, die die Kirche hervorgebracht hat, ist neben den Heiligen, die in ihr gewachsen sind, die einzig wirkliche ‚Apologie', die sie für ihre Geschichte vorzubringen hat ... Die Kirche muss anspruchsvoll bleiben; sie muss Heimstatt des Schönen sein, sie muss den Streit um die ‚Vergeistigung' führen ... Deshalb muss die Frage nach dem ‚Geeigneten' immer auch die Frage nach dem ‚Würdigen' sein und die Herausforderung, dies ‚Würdige' zu suchen."[1]

Wie stehen wir als Kirchenmusiker, als in der Liturgie tätige Künstler zu diesem Anspruch? Wenn die Kunst in der Liturgie nichts Äußeres ist, nicht beliebig austauschbares Beiwerk, sondern Inneres, Wesenhaftes, Gegebenes, dann ist uns eine kostbare Aufgabe anvertraut.

---

[1] J. Kardinal Ratzinger, Das Fest des Glaubens. Versuche zur Theologie des Gottesdienstes, Einsiedeln 1981, 109.

## I. Die kosmische Ausrichtung von Liturgie und Musik

Die Musik wurde schon in der Antike in ihrer kosmischen Dimension wahrgenommen. Der römische Gelehrte Anicius Manlius Severinus Boethius (ca. 480–524) stellt in seinem Traktat „De institutione musica" nicht nur die mathematische Grundordnung der Musik dar, sondern erklärt die musica als unentbehrliches Element der Bildung und Philosophie, als Teil der „vier freien Künste" (Quadrivium). Die Logik der musikalischen Proportionen wurde in Beziehung zur göttlichen Schöpfung gesehen.

„Im Einklang mit dem griechischen Neuplatonismus galt Boethius die Musik somit als Erkenntnisweg zu höheren Wahrheiten und zugleich als deren Ausdrucksform. Andere Autoren der Zeit sehen die Musik als Mikrokosmos, der den Makrokosmos des Universums wiederspiegelt. Die überragende Rolle der Musik in der Kirche wurde durch diese philosophischen Zusammenhänge gestützt, denn sie beschränkte sich nicht auf angenehme Klänge während der Liturgie, sondern war aufgrund ihrer philosophischen Deutung geradezu notwendig für das Verständnis von Gottes Vollkommenheit, wie sie sich in seiner Schöpfung manifestiert."[2]

Die Kirche ist durch die Jahrhunderte Auftraggeberin der Künste. Der reiche Schatz der musica sacra spiegelt in der Tonsprache der unterschiedlichsten Epochen wider, wie die Texte der Liturgie zur Inspiration für die Kunst werden. Die Mystikerin Hildergard von Bingen schreibt: „Als das WORT Gottes erklang, da erschien dieses WORT in jeder Kreatur, und dieser Laut war das Leben in jedem Geschöpf. Aus dem gleichen WORT heraus wirkt des Menschen Geist die Werke, aus dem gleichen Laut bringt die Vernunft ihre Werke tönend, rufend oder singend hervor, wie sie auch durch den Scharfsinn ihrer künstlerischen Fähigkeiten in der Kreatur tönende Musikinstrumente erklingen lässt."[3]

---

[2] A. Seay / D. Stevens, Musik des Mittelalters, in: M. Raeburn / A. Kendall (Hg.), Geschichte der Musik, Bd. 1, München 1993, 28.

[3] Hildegard von Bingen, Welt und Mensch, übers. v. H. Schipperges, Salzburg 1965, 171.

Die musica sacra bedeutet für sie „Wiederhall der himmlischen Harmonie“[4]. Selbstbewusstsein und Demut schließen sich bei Hildegard nicht aus. Mit großem Nachdruck vertritt sie ihre Sendung, sie versteht sich aber auch immer als ein Instrument, das sich Gott zur Verfügung stellt.[5]

## II. Kirchenmusik und Liturgie – Herausforderung heute

Wer sich heute in den Dienst der Kirchenmusik stellt, steht großen Herausforderungen gegenüber. Es gilt eine Gratwanderung zu bewältigen: Die Kirchenmusik soll wirkliche Kunst sein, einem hohen Anspruch gerecht werden, ohne zum elitären Selbstzweck zu erstarren – so wird es den Künstlern oft kritisch entgegengehalten. Die Gefahr elitärer Abgehobenheit entsteht dann, wenn die Kirchenmusik vom Lebensnerv abgeschnitten wird, d.h. wenn das Bewusstsein verloren geht, dass sie selbst Liturgie ist.

Für die Liturgie entstanden durch die Jahrhunderte und entstehen unzählige Kostbarkeiten, die heute oftmals dem pastoralen Fragezeichen standhalten müssen, der Sorge um die tätige Teilnahme des Volkes („participatio actuosa“).[6] Glücklicherweise reift zunehmend wieder die Erkenntnis heran, dass die Activitas keine primäre Sache des Tuns, sondern vielmehr des Seins ist; „participatio actuosa“ als Erfülltsein, als wesenhaftes Teilhaben an der Liturgie:

„Den Dimensionen des Menschseins gemäß muss der Begriff ‚Teilnahme‘ ebenso wie ‚Tätigsein‘ in den Aspekten von einzelner und Gemeinschaft, von Innerlichkeit und Äußerung ausgeleuchtet werden. Damit Gemeinsamkeit sei, ist der gemeinsame Ausdruck vonnöten; damit aber der Ausdruck nicht Äußerlichkeit bleibe, ist eine gemeinsame Interiorisierung, ein gemeinsamer Weg nach innen (und oben) nötig. Wo der Mensch nur in der Dimension des Ausdrucks, nur als ‚Rolle‘ und in Rollen ins Spiel

[4] Hildegard von Bingen, Briefwechsel, übers. v. A. Führkötter OSB, Salzburg 1965, 238ff.

[5] Vgl. O. Betz, Horchen auf die himmlische Harmonie. Die Musik im Leben Hildegards, in: Musik und Kirche 1998, 16.

[6] Vgl. II. Vatikanisches Konzil, Konstitution über die heilige Liturgie „Sacrosanctum Concilium“, Nr. 30.

kommt, entsteht bloß gespielte Gemeinschaft, die sich mit dem Spiel und seiner Rolle wieder auflöst. Das Gefühl der Isolation, der wesentlichen Einsamkeit des Menschen und der Inkommunikabilität der getrennten Iche, das J.P. Sartre, S. de Beauvoir und A. Camus stellvertretend für eine ganze Generation beschrieben haben und das der Revolte gegen das Menschsein, die wir erleben, weitgehend zugrunde liegt – dieses Gefühl beruht auf der Erfahrung, dass der Weg nach innen in die Verschlossenheit getrennter Iche führt und der Weg nach außen nur diese abgründige Unmöglichkeit des Zueinander verdeckt. Gerade darauf könnte und sollte die christliche Liturgie antworten. Sie tut es nicht, wenn sie sich in äußerer Aktivität erschöpft ... Dies bedeutet, dass im Bereich der liturgischen Partizipation, die im tiefsten *Participatio Dei* – Teilhabe an Gott und so am Leben, an der Freiheit sein sollte, die Interiorisierung Vorrang hat. Das wiederum heißt, dass sich die Partizipation nicht im Augenblick des liturgischen Vollzugs erschöpfen darf; dass Liturgie nicht wie ein Happening dem Menschen von außen aufgestülpt werden kann ... Denn wahre liturgische Bildung kann nicht durch immer neue Gestaltungsvorschläge erreicht werden, sondern nur durch Führung von der Gestalt zum Gehalt ...“[7]

Zur Herausforderung gehört also heute wesentlich die künstlerisch anspruchsvolle wie auch liturgisch sorgfältige Bildung. Leider sind wir als Kirchenmusiker dennoch auch damit konfrontiert, dass wertvolle Werke der musica sacra in die Konzertsäle verbannt sind (man denke nur an die herrlichen Vespern und Litaneien in den Vertonungen Mozarts), da viele der reichhaltigen Gottesdienstformen inzwischen im liturgischen Museum gelandet sind.

Wenn wir uns schließlich die Frage stellen, wo die Bildung beginnt, d.h. die grundlegende Sensibilisierung für Kunst und Liturgie, dann muss unser Blick zu den Schulen gehen. Welchen Stellenwert hat Kunst und Musik in der Schule heute? Wo werden die Schüler in Schulgottesdiensten an wertvolle Kirchenmusik herangeführt, und wie lernen sie hierbei liturgische und kulturelle Werte kennen, die auch ein Stück österreichischer, ja europäischer Identität sind? Sollten wir nicht für diese Werte glühen und unsere Kraft dafür einsetzen, dass Liturgie und Kunst nicht zur experi-

[7] J. Kardinal Ratzinger, Das Fest des Glaubens, a.a.O., 62f.

mentellen Spielwiese verkommen? Der lebendige Schatz der musica sacra mahnt uns, die Kirchenmusik nicht ins Museum abzuschieben, und die Zahl derer, die sich an Konservatorien und Musikuniversitäten bilden und engagieren, sollte uns mit Dynamik erfüllen, Kunst und Künstler zu fördern. Dann wird auch der Boden bereitet für die Schaffung gehaltvoller neuer Musik.

# Geheime Gärten Europas

## Erinnerung und Überlegung

*Robert Prantner*

### Eine Erinnerung

Es war bald nach der Promulgation der Enzyklika „Veritatis splendor" Papst Johannes Pauls II. am 6. August 1993. Wir fuhren im Auto von Krakau nach Lublin. Neben dem bischöflichen Chauffeur, Herrn Johann Lenz, befand sich der Autor, im Fond der Diözesanoberhirte von St. Pölten, neben diesem der Nachfolger des Papstes auf dem Lubliner Lehrstuhl für Ethik, Anthropologie und Gesellschaftslehre, Univ. Prof. Pater Dr. Tadeusz Styczeń SDS.

Die Rede kommt auf die jüngste, oben zitierte Aussage von Johannes Paul II. über den „Glanz der Wahrheit". Bischof Kurt Krenn: „Das ist es, darüber müssen auch wir viel sagen, denn das ist immer das Wirkprinzip meines priesterlichen Lehrens, meiner Seelsorge, meines Wollens, meines Wünschens gewesen." Prof. Dr. Styczeń ergänzt dies in aller Ausführlichkeit, als bereits das Stadtgebiet dieser „Theologenmetropole" erreicht ist, welches durch jene päpstliche Universität geprägt erscheint, die selbst die härteste Ära des polnischen Kommunismus nicht anzugreifen wagte.

### Eine Assoziation

Die Lektüre der österreichischen Tageszeitung „Die Presse" vom Samstag, dem 23. Juli 2005: „Der geheime Garten der Freimaurer" (Parco Durazzo Pallavicini. Nach 165 Jahren offenbart ein Garten in Genua seine verborgene, wahre Bedeutung).[1] Silvia Matras kommentiert: Zunächst als sym-

[1] Silvia Matras, Der geheime Garten der Freimaurer, in: Die Presse, 23.07.2005, R 1.

bolische Erhellung einer philosophischen Gedankenfolge für ein Theater in drei Akten inspiriert, treten aus der Verborgenheit tiefere Intentionen in den Vordergrund, war doch bisher die dramaturgische Lesart des Parco Pallavicini die einzige und entsprach dem philosophischen Kanon des 19. Jahrhunderts. Bei Archivstudien entdeckte Riccardo Albericci jedoch noch eine weitere, geheime und politische Deutung, eine Art Geheimsprache des Gartens. Marchese Ignazio Pallavicini und Michele Canzoni waren Freimaurer. Im letzten ging es beiden um das einzige und zugleich unabdingbare Lehrgut (griechisch „Dogma") der Loge: die Relativität der Wahrheit. Als Imperativ: „Keine Wahrheit im Singular, sondern nur Wahrheiten im Plural!"

Genua war neben Turin das Zentrum des „risorgimento". Hier wurde der Philosoph und Vordenker der nationalen Einigung Italiens, Giuseppe Mazzini, geboren, von hier zog Garibaldi mit seinen Truppen nach Sizilien, von wo aus er die Vereinigung Italiens begann. Besuchten Mitglieder der „massoneria", der Freimaurerloge, meist Adelige und Mitglieder von Königshäusern, den Garten, dann machte Marchese Ignazio Pallavicini selbst den Führer und erläuterte die politische Symbolik der Garten-Elemente.

Auf dem langen Weg ins Innere, symbolisiert durch die Eingangsallee, gelangt man zur „purezza", zur Reinheit, verkörpert durch Wasser und Quellen. Silvia Matras bringt den Pallavicini-Park zu Genua auf den europäischen Punkt: Der politisch denkende Mensch muss von dieser „purezza" durchdrungen sein, um Italien zur Einheit zu verhelfen. Heroismus und Opfermut, ebenfalls symbolisiert durch den einsam kämpfenden „capitano", zeichnen diesen neuen Menschen aus, der nach mystischen Todeserfahrungen in der Höhle des Charon in das Licht eines paradiesischen Gartens eintritt. Hier gibt es keine kulturellen, nationalen oder religiösen Unterschiede – der chinesische und der türkische Pavillon, der ägyptische Obelisk, sie alle stehen gleichwertig nebeneinander als Visionen eines geeinten Europas, weit über die Grenzen der heutigen Europäischen Union hinaus.

Jenes war die Erinnerung und dieses die literarisch-deskriptive Assoziation. Das Kernproblem ist die Wahrheit, deren Abdankung zu Gunsten oder zu Lasten einer Mehrzahl von „Wahrheiten" erfolgen soll. Der Garten aber ist Europa, der neue Pallavicini-Park die Europäische Union mit den polaren Doppelzentren Brüssel und Strassburg. Agieren die Drahtzieher aus dem Hintergrund? Wie weit ist möglicherweise die Europäische Union der heute „25" ein Projekt der Freimaurerei? Also eine weitere globalisierende Verschwörungstheorie, etwa aus dem Krautgarten des Internet geerntet? Es gilt gleichsam als Vorarbeit zur Beantwortung der Fragestellung zu bedenken: Sehr viele Gesinnungs- und Interessensgemeinschaften, wenn auch nicht alle, repräsentieren eine mehr oder minder verschworene, geschlossene Gesellschaft. Dieser ein catalinisches Verschwörungskomplott zugrunde zu reden, kann, aber muss in der Tat *nicht* zutreffen. Übrigens sind geheime Kreise selten „rund" und geschlossen. Mangels einer global kompetenten Leitungsspitze der regulären masonischen Logen beider Dominationen (London und Paris) dürfte es keine zentral georderten Befehle oder auch nur verbindlichen Verhaltensvorschläge geben.

Jedoch gilt nicht allein für das europäische, sondern für das gesamte multikontinentale Freimaurertum eine dogmatische Ellipse mit zwei Brennpunkten. Der eine betrifft die Ablehnung einer einzigen, objektiv verpflichtenden Wahrheit in allen weltanschaulichen Belangen, die auch alle Menschen und Gesellschaftsschichten umfasst. Masonisch existiert eine Vielzahl von Wahrheiten (eben im Plural), die alle relativ in Beziehung stehen zu diesem oder jenem, die sich zu verschiedenartigen Wahrheitsinhalten, ja Wahrheitsbegriffen überhaupt bekennen und sich unterscheiden, ja mitunter widersprechen. Diese Relativität kennzeichnet den typisch freimaurerischen Liberalismus. Der zweite Brennpunkt trägt den lateinischen Namen Toleranz. Man habe die Wahrheit des Mitmenschen als solche im Raum stehen und gelten zu lassen. Und sie zu „tragen", um nicht zu sagen zu „ertragen". „Wahrheiten" und „Toleranz" markieren den Garten, auch jenen Europas, in masonischer Symbolik. „Europas andere Religion" – kommentierende Bände füllen die Regale – ist nicht gleichen Datums wie der missglückte Verfassungsentwurf der Europäischen Union der „25". Europas andere Religion ist die jahrtausendealte Gnosis hellenischer wie orientalischer Herkunft. Dort, wo die Sonne „niedersinkt", liegt in der europäischen Sichtweite, vom Standort her betrachtet, der „Okzident", das Abendland. Zu keinem Jahrhundert seiner Geschichte war Europa nicht nur flächendeckend, sondern auch tiefengemessen exklusiv „christlich". „Christliches Abendland" ist eine gängige Marke im Anbot der Geschichtstheologie wie der europäischen Kulturgeographie.

Nun gibt es eine nicht zu übersehende, übrigens auch nicht kompakt überblickbare Beschränkung. Europas „andere" Religion gründet auf einem erkenntnisheoretischen, einem philosophischen, gemeinsamen Standort: eben jenem der Gnosis. Gnosis, Erkenntnis, erschliesst einen zumindest zwei- bis dreitausend Jahre alten Zugang zur erstrebten Entfaltung und Erhöhung der menschlichen, vernunftbegrenzten Natur. Es sind dies die Systeme des Gnostizismus, die ohne Begrenzung eine Absage an die Akzeptanz „über-natürlicher" Wege und Tore erteilen, die zum Raum der Metaphysik hinführen. Die aus dem Osten trainierten Baumeister der Kathedralen und Münster, die in ihren jeweiligen „Bauhütten" Lehrlinge und Gesellen des Baugewerbes heranbildeten, nutzten ihre Dominanz, gleichsam als „Welten-Architekten" gemäß ihrem eigenen Selbstwert und Lebensgefühl, auch zur Unterweisung in der „Geistesmaurerei". Oftmals ohne Kenntnisnahme des Bauherrn, der Bischöfe, Äbte, der geistlichen Instanzen der römisch-katholischen Kirche, verankerten sie in ihren Schülern das Prinzip einer „universellen Liberalität". Der masonische Liberalismus Europas war geboren – im „Garten Europas", lange vor der mystizistischen Gartenarchitektur des Parco Pallavicini zu Genua.

Und das Jahr 1717, exakt zwei Jahrhunderte nach dem Anschlag der Thesen an der Schlosskirche zu Wittenberg durch den Augustiner-Mendikanten-Mönch Dr. Martin Luther (1517) und ebenso genau zwei Jahrhunderte vor der Ausrufung der so genannten „Grossen Sozialistischen Oktoberrevolution" durch Wladimir Iljitsch Lenin (1917), schlossen sich in London, der Hauptstadt des Commonwealth, einige „Geisteslogen", die nichts mehr mit der Maurerarbeit auf der Basis von Mörtel und Zement zu tun hatten, zu einer Großloge zusammen.

Die „Magna Charta" der „Alten Pflichten", hauptfederführend der schottische Pastor Dr. James Anderson, expliziert im Wesentlichen das Relativitätsprinzip der Wahrheit und hebt sich deutlich von den Glaubenssätzen der dogmatisch festgeschriebenen Offenbarung des Christentums ab. Also hier übernatürliche, göttliche Offenbarung, als vermenschlichte Diktion der Wahrheit, dort aber lockere Relativität aller Wahrheiten und „dicker" Akzent auf dem „pluralis veritatis"; dessen explosivem Charakter würde allein die Kraft der menschlichen Vernunft innewohnen, inthronisiert und verabsolutisiert. Das Erbe der Gnosis, die sich in verschiedenen

Strömungen und abgespaltenen Gruppen (Sekten) manifestiert, kam in Europa in illuminativer Weise zum Tragen. Zugleich Vater wie schemenhafter Begleiter war und ist die viel länger organisierte Geistesbewegung des Rosenkreuzertums. Überdies in einer elitären Überordnung eine ordensähnliche Spitze der gnostischen Pyramide, der Illuminatenorden – heute in New York, Strassburg und Brüssel nicht unbekannt.

Aufklärung (id est Zerstörung der christlichen Glaubensansprüche durch eine gröblichst geschändete Rolle der menschlichen Vernunft) markiert im heutigen europäischen „Garten des Freimaurertums" die Revolution. Nur als Sinnbild erscheint die inthronisierte Göttin der Vernunft, eine Dirne auf dem Tabernakel der Kathedrale Unserer Lieben Frau von Paris, Notre Dame. Als Triebwerk der Revolutionen freimaurerischen Ahnentums zunächst in Frankreich, dann in der exportierten „Neuen Welt" des zunehmend puritanischen Amerika englischer Zunge, ist sie in die Geistesgeschichte einer weltweiten Entwicklung eingegangen. In der ersten Phase des Rittes über den Atlantik kein weltlich-imperialer, sondern ein ethisch-philosophischer Machtanspruch im Gefüge masonischer Durchflutung von Geist, Gesinnung, Kulturen, besetzt das Freimaurertum die Positionen des vermeintlich christianisierten Charakters der „alten Welt" Europas wie der nördlichen Hälfe, kaum einhundert Jahre später auch der südlichen, des Doppelkontinents Amerika. Das als universell christlich proklamierte Noch-Spätmittelalter und die allerfrüheste Neuzeit des „europäischen Gartens" waren am Ende. Dies im temporalen wie potentiellen Sinne des Begriffes „Ende".

So eröffnet sich „Europas Integration" in Etappen einem flächendeckenden Einfließen des masonischen Zentralprinzips „Plural der Wahrheiten". Brüssel wird zum transurbanen „Logo" dieses Prozesses seit den Verträgen von Rom. Nicht das Werden der Nationalstaaten, keineswegs die beiden totalitären „Ismen" zu München/Berlin und Rom wie auch Leningrad vermochten die Säkularisierung des Abendlandes entscheidend zu regulieren. Vielmehr verlief die spirituelle „Gartenarchitektur Europas" auf dem Terrain aller Zonen seiner Geographie eben durch das Einströmen eines werteertränkenden Liberalismus: eben des freimaurerischen Urdogmas, um nicht zu sagen „Urgewässers". Unaufdringlich proklamiert als Erlösung von biblisch-christlichen Zwängen vom Machtanspruch des „grausamen Fisches“ in der New Age-Zeitenfolge zur „Freiheit und Würde des Menschen“ hin, dem sanften „Aquarius“. Religiös wird der „Abschied von der Sünde“ zum Paten der Verabschiedung vom Glanz der Wahrheit des inkarnierten Gottessohnes, der den Anspruch erhebt, der Weg, die Wahrheit und das Leben zu sein (vgl. Joh 1,14–17).

Jesus ist der Christus. Er allein ist die Wahrheit. Vermutlich sei diese im masonischen Gartenkonzept des Brüsseler vereinigten Europa als wucherndes Unkraut nicht zu dulden. Türkisch-islamischen Medien zufolge sei der Kontinent doch längst nicht mehr ein „Christen-Club“. Atatürk, der ins Licht eingeführte Geistesmaurer, hätte nicht anders kommentiert. Brüssels Griff nach dem ganzen Europa – so offenbarte der so genannte Europäische Konvent um die Jahrtausendwende – erhält Orientierung und Kraft aus den beiden vielleicht organisatorisch nicht leicht fassbaren Stützpunkten der britischen Donation (Großloge von London) mit undeutlich deistischem, gewiß nicht theistischem Bekenntnis und des französischem Großorient von Paris, akzentuiert atheistisch, antireligiös, antikirchlich, antiklerikal in allen Dimensionen der Aussagekraft. Auch die Großloge von London, es sei verdeutlicht, entfaltet antichristlichen Geist, weil ihr jede Tangente zum geoffenbarten Theismus ferne liegt. Pastor Dr. James Andersons Programmphilosophie der „Alten Pflichten“ strukturiert: ein Demiurg, ein „Weltenbaumeister“, jedoch kein persönlicher Gott, etwa durch Gebete in der Gestalt transzendenter supranaturaler Energie ansprechbar und auch zu erreichen.

Der „europäisch zu erzielende Garten“ der Europäischen Union, die sich so vehement gegen einen Hohen Kommissar namens Rocco Buttiglione als Italo-Kandidaten zur Wehr setzte, verfügt über die Doppelmentalität der beiden anglo- und francophonen Großlogen hinaus über eine vergiftete geheime Quelle von historischer wie existentieller Tiefe, die einmal als „Sonderfall Straßburg" bezeichnet werden soll. In der traditionellen Bleibe des Europarates wirkt nämlich spätestens (eher früher) seit den Neunzigerjahren des vergangenen zweiten Jahrtausends nach Christus eine dubiose Geheimallianz. Das Erscheinungsbild derselben datiert ab dem Besuch des verewigten Papstes Johannes Paul II. beim Weltjugendtreffen der Kirche in der französischen Metropole Paris. Dafür steht der Name „Netzwerk Voltaire“. Voltaire ist bekanntlich der Deckname des Hochgrad-Freimaurers

Arouet, der diesem subkulturellen Netzwerk seine Dämonie verleiht. Sein Hass gegen Gott und Kirche sind nicht erst zu begründen und zu erläutern. Sein Pseudonym trägt eine lose Verbindung der atheistischen Repräsentanten des Grande Orient de Paris, von Abgeordneten im Straßburger Parlament radikal-sozialistischer, extrem linksliberaler Gruppierungen, bedauerlicherweise auch der französischen Exekutive nicht unbekannter schwarz-magisch, also satanistisch praktizierender Zirkel, die auch als hasserfüllte Feinde des Vorgängers Papst Benedikts XVI. publizistisch an die Öffentlichkeit getreten waren, ohne sich wahrheitsgemäß zu identifizieren. Es geht diesen „Gärtnern" um ein unchristlich auszutrocknendes Europa, um einen Kontinent, dem der „Glanz der Wahrheit" – Veritatis splendor – zur Gänze genommen wird. Kathedralen und Münster dürfen als veredelte, mitunter zu renovierende Ruinen der Erinnerung am Ort verbleiben und etwa in „Nächten der Museen" von heiteren Nachtschwärmern zwischen zwei Drinks betreten werden. Ob Strategien der oder einer „Neu-Evangelisierung" auch dieses Monster als „Parco Pallavicini" nominatim ansprechen können?

Der Ethiker weiß mit dem Alt-Meister der Naturrechtslehre Johannes Messner darob Bescheid. Vor einer Vermittlung von transzendenten Glaubenssätzen und den Inhalten „der Wahrheit" bedarf es des Zugangs zur Glaubwürdigkeit derselben, damit aber auch der wesenhaften Elemente der Personalität der menschlichen Natur. Ein Folgesatz: Projekte verlangen die Eigenschaft, dieselbe menschliche Natur nach ihrer Königstugend, Königskraft, Königstauglichkeit zu befragen, Als solche bezeichnet der mittelalterliche Lehrer des Thomas von Aquin, der Dominikanerprofessor und Bischof Albertus Magnus, gleicherweise Vorreiter der Naturwissenschaften im Lichte der Kirche wie profunder bekennender katholischer Theologe, die Vernunft des Menschen wie die Freiheit seines Willens. Beide Attribute der Person sind ansprechbar, noch bevor im Lichte der Gnade auch religiös der „Veritatis splendor" zu leuchten anhebt.

Beide Attribute, einmal mobilisiert, sollten den Garten Europa vor einer masonischen Flora bewahren. Dies auch plausibel zum Ausdruck gebracht zu haben, ist dem akademischen Lehrer wie dem Apostelnachfolger Kurt Krenn beim Eintritt in den Bund der Septuagenarier aufrichtig und respektvoll zu bedanken.

# Sechs zentrale Gründe für die innere Krise der Kirche – Eine Skizze

*Heinz Keinert*

Einleitung: „Selbstzerstörung der Kirche“ (Paul VI.)

Festschriftbeiträge beginnen gern mit einer Floskel etwa der Art, der Autor hoffe, damit dem Geehrten eine Freude zu bereiten. Mit dem wenig erfreulichen Thema dieses Beitrags lässt sich diese Hoffnung allerdings schwerlich verbinden – wohl aber diejenige, immerhin zur Erläuterung der Aussage Papst Pauls VI. beizutragen, „der Rauch Satans sei in die Kirche eingedrungen“. Ebenso hat Paul VI. die „Selbstzerstörung der Kirche“ festgestellt, also das Unterminieren ihrer Glaubens- und Sittenlehre „von innen“.

Äußere *Symptome* dieser inneren Krise sind insbesondere das offene Leugnen zentraler Glaubensinhalte namentlich durch viele Theologen (Gottheit Christi, Jungfrauengeburt, Transsubstantiation/Realpräsenz Christi in der Eucharistie, Unsterblichkeit der Seele, Unauflöslichkeit der Ehe usw.), gepaart mit dem Herabsetzen der Kirche als Institution und der kirchlichen Ämter, vom (besonderen) Priestertum bis zum Papsttum. Die weiterhin treuen Katholiken werden z.T. diffamiert (so auch die Aussage Papst Benedikts XVI.). In Wahrheit stehen Papst und Bischöfe heute faktisch vor zwei Kirchen: der unverändert katholischen einerseits und einer solchen andererseits, deren Befürworter echten „Fort-Schritt“ mit „Weg-Schritt“ verwechseln.

Wenn ich als sprichwörtlicher „mündiger Laie“ nun den Versuch wage (noch dazu in Zusammenschau verschiedener Wissenschaftszweige), die *Gründe* für diese „Selbstzerstörung“ immerhin zu skizzieren, dann deshalb: Bewussten Katholiken wie mir, der von beiden Elternfamilien her aus überwiegend glaubensfernem Umfeld kommt und erst durch lange innere Kämpfe zu einem sehr konsequenten und kritischen Glauben gefunden hat, liegt diese Problematik besonders am Herzen. Wer sich den Aufbau seines Glaubens erst Schritt für Schritt hat erarbeiten müssen, dem ist die Lockerheit fremd, mit der leider viele Menschen aus traditionskatholischen Familien Teile der Glaubens- und Sittenlehre wegzuschenken bereit sind. Er weiß, dass man aus einer Mauer nicht das eine oder andere Element herausziehen kann, ohne das gesamte, in sich abgestimmte Gebäude zum Einsturz zu bringen.

Nach jahrzehntelanger, weiterhin andauernder Beschäftigung mit dem Phänomen des Glaubensabfalls „von innen" meine ich, ihn im Kern auf *sechs Hauptursachen* zurückführen zu müssen, zwei primäre (unten 1 und 2) und vier sekundäre (unten 3 bis 6).

## I. „Deismus" – Unkenntnis der modernen Naturwissenschaft

Die (fälschlich so genannte) „moderne" Theologie steht weitgehend im Bann des sogenannten Deismus. Den im folgenden kurz gerafften Nachweis konnte führend Prälat Dr. Erwin *Hesse* erbringen: „Das Evangelium im Widerstreit der Theologen. Wie kam es zur ‚Selbstzerstörung der Kirche' (Paul VI.)?"[1].

Der „*Th*eismus" – Basis gleichermaßen des Judentums, Christentums und des Islam – anerkennt einen persönlichen Schöpfergott, der als „Herr der Geschichte" (Johannes Paul II.) jederzeit souverän über seine Schöpfung gebietet und mitunter auch eingreift. Dabei setzt er als absoluter Herrscher seine eigenen Naturgesetze im Einzelfall nach Belieben außer Kraft („Wunder"). Hingegen glaubt der „*D*eismus", Gott habe der einmal geschaffenen Welt die Naturgesetze gegeben und sich dann aus ihr zurückgezogen; in diese ehernen Gesetze wolle (oder könne?!) er nicht mehr eingreifen. Daher ist im Grund auch ein diesbezügliches Gebet sinnlos.

Die Basis des Deismus liegt in der an sich richtigen Erkenntnis, dass der Lauf der materiellen Welt „ehernen Naturgesetzen" folgt, die sich ma-

---

[1] E. Hesse, Das Evangelium im Widerstreit der Theologen. Wie kam es zur „Selbstzerstörung der Kirche" (Paul VI.)? Sonderdruck der Una Voce Korrespondenz, [4]1986.

thematisch darstellen lassen. In der Mathematik gebe es aber keine Ausnahmen; daher, so wird gefolgert, *könne* es a priori keine Wunder geben. Da aber die Bibel auf Schritt und Tritt solche Wunder berichtet, sei damit ihre völlige historische Wertlosigkeit für den modernen Menschen erwiesen. Sie ist nur noch ein frommes, erbauliches Buch (daher ausschließliche Bedeutung der Moral, bis hin zum „religionslosen Christentum"). Sie bedarf der „Entmythologisierung" (so der protestantische Theologe Bultmann, ab 1900; intensive Rezeption bei katholischen Theologen ironischerweise vor und während des II. Vatikanischen Konzils!).

*Der Trugschluss:* Vor allem die moderne Atomphysik (Planck, Heisenberg usw.) hat die Newtonsche „klassische" Physik, mit ihren vermeintlich ausnahmslosen Gesetzen, selbst als einen Ausnahmefall erwiesen. Im Gegenteil ist die Natur offen für das Irreguläre, „Zufällige": Zeitpunkt des Kernzerfalls (bei bloß statistischer Halbwertszeit), Intensität der Teilchenemission usw. Damit ist sie jedenfalls theoretisch auch offen für die *Möglichkeit* des Wunders. Wer diese daher leugnet (wie der ehemals katholische Theologe Hans Küng), erweist sich damit geistig gewissermaßen als Kind des 17. Jh. wie Newton. Nicht zufällig gibt es daher gerade im 20. Jh. sehr viele gläubige Naturwissenschafter (Einstein, Planck, Heisenberg etc.). Für die Offenheit von Naturvorgängen steht weiters die moderne Chaostheorie.

Dem Juristen schließlich ist geläufig, dass selbst der kleinste menschliche Normsetzer, etwa eine Gemeinde, seine Normen prinzipiell jederzeit novellieren, also aufheben oder ändern kann. Damit ist zwar nicht darüber abgesprochen, ob es Wunder tatsächlich gibt. Eine deutliche Sprache sprechen freilich etwa die Aufzeichnungen des Ärztebüros in Lourdes: Heilen von Schussbrüchen, offener Bauchfelltuberkulose etc. in Sekunden oder Minuten.[2] Die Naturwissenschaft steht Wundern jedenfalls *nicht entgegen.*

[2] Vgl. z.B. das wissenschaftliche Werk von W. Schamoni, Wunder sind Tatsachen, Würzburg 1976.

## II. Wissenschaftlich überholte Spätdatierung des Neuen Testaments

Die historische Glaubwürdigkeit der Schriften des Neuen Testaments, insbesondere der Evangelien, ist bis in die jüngste Zeit von einer zweiten Seite her abgelehnt worden: Sie seien spät entstanden (ca. 70 bis 100 n.C.), stammten daher wenigstens überwiegend nicht von ihren angeblichen Verfassern. Folglich ließen sie sich kaum als Zeugnis von Wundern und Worten Jesu verwenden (etwa für die unbedingte Unauflöslichkeit der Ehe), ebensowenig als Beglaubigung für das Einsetzen kirchlicher Ämter (Priestertum, Petrus-Amt). Auch von daher bleibe die Bibel ein frommes Buch, das jeder auslegt, wie er meint: Die „moderne" Theologie erblickt in ihm nicht Geschichte, sondern „Kerygma" (Verkündigung). Deren *Einkleidung* sei eben „mythologisch".

*Der Trugschluss:* Die Widerlegung dieser Auffassungen ist, und zwar im Protestantismus selbst, längst erfolgt, wird aber totgeschwiegen. Zum einen bestätigt sich die Bibel auf Schritt und Tritt durch Ausgrabungen usw. Zum anderen ist die häufige Auffassung längst überwunden, wir hätten keine oder kaum verlässliche Worte Christi. Im Gegenteil kennen wir viele unbestreitbar originale Jesus-Worte, wie die „Antithesen" der Bergpredigt („Ich aber sage euch"; vgl. bereits M. Hengel). Darüber hinaus waren Worte eines Rabbi im Judentum zur Zeit Christi und danach heilige Worte, die nicht verändert werden durften (vgl. H. Riesenfeld, der aufgrund dieser Erkenntnis katholisch wurde). Fest steht auch die historische *Absicht* der Evangelien (vgl. J. Roloff, L. Goppelt). Dazu kommen die Forschungen von J. Jeremias („ipsissima vox"; Sprechen Jesu in Merkversen nach rabbinischer Sitte der Zeit; etc). – Auch hiezu ist das oben genannte Werk von *Hesse* ein markanter Führer.

Geradezu revolutionär aber erscheint das Buch des anglikanischen Bischofs *J.A.T. Robinson,* Redating the New Testament (1976)[3]. Er macht nach jahrzehntelanger Arbeit schlagend plausibel, dass das *gesamte* Neue

---

[3] dt.: J.A.T. Robinson, Wann entstand das Neue Testament? Wuppertal 1986.

Testament *vor* dem Jahr 70 n.C. entstanden sein muss. Vor allem nennt das Neue Testament das für Juden wie Christen zentrale Ereignis des 1. Jh., die totale Zerstörung und Schleifung Jerusalems (70 n.C.), nie konkret und als ein in der Vergangenheit liegendes Ereignis. Der Inhalt der diesbezüglichen Prophezeiungen wiederum ist so vage, z.T. wörtlich genommen sogar unrichtig, dass man *nach* 70 Gefahr gelaufen wäre, sich damit geradezu lächerlich zu machen. Alle früheren Argumente für die Spätdatierung werden entkräftet. – Mittlerweile ist der Meinungsumschwung anscheinend bereits in vollem Gang.

Dazu kommen zahlreiche andere Forschungen, insbesondere zum ältesten, dem Markus-Evangelium. Dieses erscheint bereits auf Qumran-Rollen (um 50 n.C.) nachgewiesen. Noch viel früher (spätestens 36 n.C.) wird der „Ur-Markus" zu datieren sein (entdeckt von Pesch), der auch die Einsetzung des Petrus-Amts enthält. – Aus historischer Sicht haben bereits ab 1969 Hugo Staudinger für Markus und Lukas und später andere Autoren gewichtige Argumente mit Blick auf die Frühdatierung erarbeitet.

Erweist sich aber die Frühdatierung als richtig, dann müssen aufgrund einer Realexegese sämtliche Aussagen der Evangelien stimmen: Die meisten Zeitzeugen (inklusive Verwandter Jesu und der Zeugen seiner Wunder, wie der Auferweckung des Lazarus) lebten dann noch. Lügen der Apostel, unter deren Aufsicht und Verantwortung die Evangelien ja entstanden, hätten die neue Lehre unmittelbar „erledigt". Dazu kommen noch das Blutzeugnis der Apostel und der Inhalt ihrer Botschaft als der größte moralische Impuls der Menschheitsgeschichte.

## III. Unterwanderung der Kirche durch philosophische Konzepte, die mit dem Christentum unvereinbar sind (Relativismus)

„Die Kirche ist unterwandert" (so bereits 1988 Kardinal Ratzinger, jetzt Papst Benedikt XVI.). Diese Unterwanderung durch Philosophien, die zum Transport christlicher Inhalte ungeeignet sind, betrifft vor allem den Gnostizismus, insbesondere in der Ausformung durch Heidegger.

Die *„Gnosis"* (griechisch „Erkenntnis") begleitet das Christentum seit Anbeginn als dessen Spiegelbild und damit Gegenbild. Grundlage dieser Weltanschauung ist nicht die Offenbarung Gottes (wie im Judentum, Christentum und Islam), sondern die „Erkenntnis" durch den Menschen selbst. Die an sich herrliche Menschennatur sei in ein untaugliches Gefäß geknechtet. Der eigentliche Gott liege im *Menschen* selbst; er müsse sich nur zu sich selbst befreien: Der Mensch erlöst Gott (in sich), nicht Gott den Menschen.

Ist aber der Mensch souveräner Herr über die Schöpfung, dann ist er auch an keine vorgegebene (deutlicher: gottgegebene) Ordnung gebunden. Es gibt, auch in der Kirche, keine gottgewollten Unterschiede zwischen Mann und Frau; es gibt keine legitime Autorität; und es gibt keine vorgegebenen Wahrheiten und Normen. Die Auffassung Martin Heideggers („Sein und Zeit"): Da sich alles Sein ausschließlich in der Zeit abspielt, gibt es keine „ewigen Wahrheiten". Dies hat viele Theologen, beginnend mit Bultmann, bis heute beeinflusst. Entsprechend leugnen heute manche Moraltheologen weithin ewige Normen und verkünden das „autonome Gewissen".

Auch hierauf beruhen viele Forderungen, welche die Kirche von innen zu zersetzen drohen: Ablehnung des Zölibats und der Unauflöslichkeit der Ehe; keine Unterscheidung der Funktionen von Mann und Frau in der Kirche, von Priestern und Laien; „Demokratisierung" der Kirche, freies Gestalten des Gottesdienstes, Laienpredigt; rein diesseitige Ausrichtung der Kirche (Reduktion auf das Soziale), Beseitigen der „vertikalen" Komponente: Entwicklungshilfe statt Mission, „Theologie der Befreiung" statt „Theologie der Erlösung", z.T. mit Übernahme marxistischer Denk- und Ausdrucksweisen.

An die Stelle des Kampfs um die Wahrheit tritt der *Relativismus* (Papst Benedikt XVI.). Das ist der letzte Grund für das Einschlafen echter ökumenischer Bemühungen um die Einheit der Christen. Hierher gehört auch der Niedergang, wenn nicht Untergang des Religionsunterrichts.

*Der Trugschluss:* Die Kirche ist kein Staat und keine Partei; Demokratie wird hier zum „Demokratismus". „Basis" der Kirche ist nach ihrem Selbstverständnis ausschließlich Gott und wen er delegiert: „Du bist Petrus, und auf *diesen* Felsen baue ich meine Kirche!"

Hier zeigt sich die Bedeutung der geschichtlichen Verlässlichkeit der Evangelien. An ihr wird die häufig anzutreffende Vorstellung zunichte, alles in der Urkirche sei bloß „Gemeindebildung", also „basisdemokratisch" gewesen. Und eine „bessere Welt" durch Bemühen des *Menschen* hat Christus nie in Aussicht gestellt; das „Reich Gottes" kommt, wie Altes und Neues Testament übereinstimmend zeigen, durch Gott allein.

## IV. Missverstehen des II. Vatikanischen Konzils

Zum einen werden die *Verbindlichkeit* und die Bedeutung der Aussagen des jüngsten Konzils krass übertrieben. Schon in den 80er Jahren hat der damalige Kardinal Ratzinger beanstandet, vom Konzil werde vielfach so gesprochen, als wäre es *das* Konzil, und die Kirche wäre nach ihm nicht mehr dieselbe wie vordem. – In Wahrheit hat gerade das letzte Konzil sich aus freien Stücken den geringsten Rang unter allen bisherigen Konzilien zugewiesen, nämlich als reines *Pastoralkonzil:* Es wollte anregen; auf unfehlbare Glaubens- oder Sittenaussagen hat es erklärtermaßen verzichtet.

Aber auch bei den *Inhalten* im einzelnen muss man kein anderes Konzil dermaßen in Schutz nehmen vor seinen selbsternannten Befürwortern: Entgegen ständig erwecktem Eindruck hat das Vaticanum II nichts von der bisherigen Glaubens- und Sittenlehre beseitigt (und konnte dies auch gar nicht). Es betont päpstliche und bischöfliche Autorität, deren Ausübung heute manchen – auch manchen Bischöfen – geradezu als verwerflich gilt. Das Konzil gestattet, geschweige denn verlangt auch keine Interpretation seiner Aussagen anders als im *Einklang* mit den bisherigen Konzilien, den Lehraussagen der Päpste und der Tradition.

In vielen Dingen besteht umgekehrt massiver *Ungehorsam* gegenüber dem Konzil: keine (wenigstens partielle) Beibehaltung des die Weltkirche einigenden Latein; Forderung nach Abschaffung des Zölibats, ja nach dem „Frauenpriestertum"; Missachten der Konzil-Standards für Priesterseminare, ja selbst der wenigen Vorgaben für die Liturgiereform (Verdeutlichung des Opfercharakters der Messe statt bloßer „Gedächtnisfeier"); krasse Missstände in der praktizierten Liturgie (nicht zugelassene Hochgebete, Laienpredigt, „Faschingsmessen", Unterdrücken der Messe Papst Johannes' XXIII. von 1962 entgegen der Konzilsanweisung zur Erhaltung sämtlicher erlaubter Riten, usw.). – Schon als Kardinal hat der jetzige Papst nachdrücklich insbesondere auf die Bedeutung der Liturgie als Mitte des christlichen Lebens hingewiesen. Häufig werden Abweichungen von der verbindlichen Ordnung der Gesamtkirche zu rechtfertigen versucht mit einem angeblichen „Geist des Konzils". Ein wirklicher „Geist" lässt sich freilich, wenn überhaupt, nur in den konkreten Konzilsdokumenten finden, niemals aber losgelöst von ihnen.

## V. Verstärkereffekt durch die meisten Medien

Die ausgeprägt nicht-christliche, häufig leider schon anti-christliche Haltung der Medien hebt gezielt die permanenten Angriffe kleiner Grüppchen gegen die Glaubens- und Sittenlehre der Kirche und gegen ihre Struktur hervor. Ohne diese „Lautsprecherwirkung" hätten derartige Gruppierungen regelmäßig kein Forum und keine Aufmerksamkeit. Umgekehrt werden glaubenstreue oder glaubensverstärkende Aussagen und Veranstaltungen meist ignoriert. Auf Reklamationen gegen solche einseitige, ja selektiv-manipulative Berichterstattung erhält man, wenn überhaupt, zur Antwort: Die Medien müssten „neuen Bewegungen" ungleich mehr Aufmerksamkeit und Raum widmen.

Nicht zuletzt gehört hierher die unterschiedliche Behandlung des Herabwürdigens christlicher Lehren einerseits und solcher anderer Religionen andererseits. Treffend hat Günther Nenning diese gespaltene Position sinngemäß so formuliert: „Allen Religionen höchste Achtung und höchster Respekt – dem Christentum aber Spott und Hohn!" Gerade angesichts der Diskussion um die Mohammed-Karikaturen lässt sich dies gut verfolgen (wobei aber Mohammed für den Moslem „nur" der Prophet ist, Christus aber für den Christen Mensch gewordener Gott).

## VI. „Die Krise der Kirche ist eine Krise der Bischöfe" (Kardinal Seper)

Gemeint hat der frühere Präfekt der Glaubenskongregation offenbar Folgendes: Es genügt nicht, dass der Bischof persönlich katholisch intakt ist (gewissermaßen „privat") – er muss dies auch von allen anderen in seiner Diözese verbindlich und mit allem Nachdruck *einfordern,* in Wort und Tat. Anders gesagt: Es genügt nicht, dass der Bischof ein „Denker" ist – er muss, im richtig verstandenen Sinn des *hl. Paulus,* auch ein „Kämpfer“ für Christus und seine Kirche sein. Er darf sich nicht verstehen als „Lobbyist“ seiner Diözese „in Rom“, sondern als *Vertreter der Weltkirche in seiner Diözese.*

Um Maß zu nehmen am hl Paulus, dem „größten Briefschreiber der Menschheitsgeschichte“ (Hesse), braucht man seine Briefe nur zu lesen. Wie der Bischof sein, reden und handeln soll, lebt Paulus selbst vor und gibt in den Pastoralbriefen entsprechende Richtlinien an die Bischöfe Titus und Timotheus. An Deutlichkeit für konsequentes Vorgehen lässt Paulus es dabei nicht mangeln: „Die Fehlenden *weise* in Gegenwart aller *zurecht,* damit auch die anderen *Furcht* bekommen!“ (Tim 5, 20) „Darum weise sie *streng zurecht,* damit sie im Glauben gesund bleiben.“ (Tit 1, 13) „So predige, ermahne und weise zurecht *mit allem Nachdruck.*“ (Tit 2, 15) „Soll ich mit dem Stock zu euch kommen oder ... im Geist der Milde?“ (1 Kor 4, 21) „... damit ich bei meiner Anwesenheit keine *einschneidenden Maßnahmen* zu ergreifen brauche.“ (2 Kor 13, 10)

Wenn solche pflichtgemäße Vorgangsweise eines Bischofs heute zu Unrecht als „lieblos“ oder „polarisierend“ bezeichnet wird, dann ist zu erwidern: Die Apostel gebieten dann eben im Hl. Geist (so auch das jüngste Konzil) ein solches, recht verstandenes „Polarisieren“. „Ihr seid das Salz der Erde!“ Nächstenliebe und Strenge schließen einander keineswegs aus – wie „Frohbotschaft und Drohbotschaft“.[4]

Leider scheinen viele Bischöfe zutiefst verunsichert, ja mutlos gegenüber einer notwendigen Autoritätsausübung, die ihnen jedoch als Dienst (althochdeutsch: „Amt“) verpflichtend auferlegt ist. Davon können den Bischof auch Willensbekundungen von Bischofskonferenzen geschweige solche diözesane Gremien entbinden, die oft genug leider nicht in erster Linie die Treue zur Glaubens- und Sittenlehre der Kirche im Blick haben.

Der Bischof, den diese Festschrift ehren soll, hat in seiner aktiven Amtszeit aus ganzen Kräften den Vorgaben des hl Paulus nachgeeifert: „Denker“ und – im besten Sinn – zugleich „Kämpfer“ zu sein.

Dafür schulden wir und die ganze Kirche ihm großen Dank.

---

[4] Vgl. Phil 2,12 mit 4,4: „Freut euch allezeit“, und kurz davor: „In Furcht und Zittern wirkt euer Heil!“

# Der Mensch unterwegs, der Mensch als Pilger ...

*Rudolf Curik*

In den letzten zwanzig Jahren ist eine uralte Tradition wieder modern und aktuell geworden, die schon scheinbar ad acta gelegt worden ist: die Wallfahrt, das Pilgern – das Aufsuchen heiliger Stätten. Religion, Spiritualität, Hinwendung zur Transzendenz wurden im 19. Jahrhundert kritisiert oder für überflüssig erklärt: Ludwig Feuerbach betrachtete die Religion als einen vom Menschen selbst erdachten Kompensationsmechanismus zur Bewältigung des Leids, des Todes. Karl Marx sah in der Religion den Versuch, die unterdrückte und ausgebeutete Arbeiterklasse ruhig zu halten. Mit zunehmendem technischen Fortschritt schien es auch im 20. Jahrhundert ein Leben ohne Transzendenz, ohne Gott zu geben. Gipfel dieser Strömungen war eine „Gott ist tot"-Theologie, die meinte, Gott sei so unnahbar, so fern, so desinteressiert am Menschen, dass er nicht mehr wahrgenommen werden könne. Die sanfte Revolution von 1968 hatte auch kein Interesse, sich mit Gott näher auseinanderzusetzen.

Doch bereits in den Jahren ab 1970 zeigte sich im Westen eine Trendwende: Verschiedene Sekten und parareligiöse Gruppen boten ihre Heilsangebote an und hatten zeitweise beachtlichen Zulauf. Die Menschen im Osten hatten jahrelang von Gott wenig bis nichts gehört, und auch dort zeigte sich nach der Wende ein Interesse an religiösen Inhalten.

Im Westen wurden Meditation, Yoga, Esoterik u.a. sehr gefragt. Spät, aber doch, reagierte die katholische Kirche mit dem Angebot von „Kloster auf Zeit". Einzelne Priester lernten Zen-Meditation oder ließen sich zum Psychotherapeuten ausbilden, um den suchenden Menschen auch von einer anderen Seite ihre Dienste anbieten zu können. Plötzlich wurden Wallfahren, lange Pilgerwanderungen sehr gefragt. Daher ein paar Gedanken zur Wallfahrt:

Dies ist das Aufsuchen eines heiligen Ortes, wo die besondere Nähe Gottes oder eines Heiligen erfahren werden kann. Wallfahrten gab und gibt es in allen Religionen: *Im Hinduismus* finden sich Hinweise auf Wallfahrten zu heiligen Orten bereits in der vedischen Literatur. Berühmt sind die alle zwölf Jahre stattfindenden Zusammenkünfte von Millionen Pilgern aller indischen Traditionen in Prayaga (Allahabad).

*Der erste buddhistische Wallfahrtsbericht* findet sich in einem Edikt im 3. Jahrhundert v. Chr. Ziele der Wallfahrer waren wichtige Orte im Leben von Buddha: sein Geburtsort, der Ort der Erleuchtung, der Ort der ersten Predigt und der Sterbeort. In weiteren Pilgerstätten werden Reliquien von Buddha (ein Zahn, Fußabdrücke) verehrt.

In *China* (soweit der kommunistische Staat es überhaupt erlaubt) sind Berge das Ziel von buddhistischen oder daoistischen Wallfahrten.

Im *Judentum* gehören Wallfahrten zu heiligen Orten zum religiösen Leben Israels. Die Patriarchengräber in der Höhle Machpela in Hebron, in der auch die Muslime den Patriarchen Abraham verehren und die Grabstätten von talmudischen Weisen sind Anziehungspunkte für Pilger. In der davidisch-salomonischen Ära wird der Tempel von Jerusalem zum wichtigen heiligen Ort. Nach der Reichstrennung von 926 v. Chr. baut Jerobeam I. Betel und Dan zu alternativen Wallfahrtsorten aus. Die deuteronomische Reform bestimmt den Tempel von Jerusalem zum einzigen Wallfahrtsort und zum Ziel der Pilger. Die Wallfahrten finden zu den drei großen Festen (Pessach, Wochen- und Laubhüttenfest) gemäß den gesetzlichen Bestimmungen statt (Dtn 16,16 u.a.). Das 1. Buch Samuel 1,3 legt nahe, dass eine Wallfahrt im Jahr genüge. Für den Juden in der Diaspora reicht eine im Leben. Nach der Zerstörung des Tempels im Jahre 70 n. Chr. wird das freudige Fest zu einem Ereignis der Trauer und der Erinnerung, eine Reise zum Rest des Tempels, zur erhalten gebliebenen Westmauer, nun Klagemauer genannt.

Jeder *Muslim* hat die religiöse Verpflichtung, einmal im Leben nach Mekka, dem Ursprungsort der Offenbarung an Mohammed zu pilgern. Dazu zählt neben dem Besuch und der Umgehung der Ka‘ba in Mekka auch der Besuch von naheliegenden Orten wie zum Opferfest im Gedenken an Abrahams Opfer in Mina. Neben Medina und Jerusalem (gilt als Ort der Himmelfahrt des Propheten Mohammed) gibt es noch andere

Orte, in denen Mohammed und Freunde Allah's von den Muslimen verehrt werden. Die wichtigste Wallfahrtsstätte der Schiiten ist das Grabmal von Husein, dem 3. Imam, in Kerbela.

Im *Christentum* sind die Gräber der Apostel Petrus und Paulus in Rom sowie die Gräber der anderen Märtyrer der Urkirche die ersten Orte der Pilgerschaft. Bald besuchen die Christen die Wirkungsstätten von Jesus in Palästina, v.a. Betlehem und Jerusalem. Nach der Auffindung des Kreuzes Jesu durch die Kaiserin Helena setzt die Verehrung von Reliquien, von Splittern des Kreuzes ein. Später wurden die Gräber von als im Ruf der Heiligkeit verstorbenen Christen zu Orten der Pilgerfahrt. Im Mittelalter haben sich folgende Orte als Anziehungspunkt für Pilger entwickelt: Rom, Santiago de Compostela, Loreto, Einsiedeln, St. Wolfgang, Aachen, Köln, Trier, Mont St. Michel. Später werden Orte, wo Hostienmirakel und sogenannte Blutwunder stattgefunden haben, zu Pilgerorten. Später werden die Stätten von Marienerscheinungen zu Orten der Wallfahrt: Guadelupe in Mexiko, Paris: Rue du Bac, Lourdes, Fatima, Tschenstochau, Altötting, Mariazell, Medjugorje (seit 1981). Ein erstaunlicher Ort ist Taizé in Frankreich, weil dort eine ökumenische Bruderschaft, gegründet vom evangelischen Theologen Fr. Rogér, eine große Anziehungskraft auf Jugendliche aus ganz Europa ausübt. Die evangelisch reformierten Kirchen stehen der Wallfahrt insgesamt sehr skeptisch gegenüber. Umso erstaunlicher ist der große Zustrom nach Taizé und das dort den jugendlichen Pilgern gebotene Programm der Meditation und der für Jugendliche ansprechenden ökumenischen Gottesdienste.

Die Motive für Wallfahrten sind in allen Religionen ähnlich: zuerst einmal das Bewusstsein des „Unterwegseins" von der Geburt bis zum Tod – bis zur Begegnung mit Gott. Das II. Vatikanische Konzil (1962–1965) spricht vom „pilgernden Gottesvolk".[1] Wallfahrtsorte gelten als Stätten der besonderen Nähe Gottes, als Stätten der Gnade. Gründe für Wallfahrten können sein ein persönliches oder allgemeines Anliegen. Verschiedene Bitten bewegen die Menschen: Heilung von Krankheit, eine ausreichende Ernte, ein guter Ehepartner, ein erfolgreicher Studienabschluss, ein guter Job. In früheren Zeiten hat man um die Abwendung oder das Ende von Seuchen

[1] Vgl. II. Vatikanisches Konzil, Dogmatische Konstitution über die Kirche „Lumen gentium", Nr. 48.

und Kriegen an Orten der Wallfahrt gebetet. Bisweilen gibt es Gelöbniswallfahrten als Dank für die besondere Hilfe des Himmels. Die Wallfahrer bringen vom heiligen Ort Andenken oder besondere Dinge mit nach Hause: aus Rom zwei gekreuzte Schlüssel (Zeichen der Schlüsselgewalt des Nachfolgers Petri); aus dem Heiligen Land Palmzweige, Erde von Jerusalem oder Jordanwasser; aus Santiago eine Muschel; aus Lourdes Wasser aus während einer Marienerscheinung entsprungenen Quelle, an der schon viele Menschen Heilung gefunden haben. Eine internationale Ärztekommission überprüft die Heilungsberichte. Weitere Andenken sind Rosenkränze, Kreuze, Marienbilder, Pilgerstäbe, Medaillen, Ringe.

Abschließend sei festgestellt, dass in den letzten zwanzig Jahren die Wallfahrten auch im eher religiös lauen Westen deutlich zugenommen haben und die Menschen sich der „Pilgerschaft" des Lebens wieder mehr bewusst geworden sind und etliche Pilger auch lange Strecken zu Fuß gehen (nach Santiago de Compostela auf dem berühmten Jakobsweg). Ein altes Kirchenlied drückt dies so aus: „Wir sind nur Gast auf Erden und wandern ohne Ruh mit mancherlei Beschwerden der ewigen Heimat zu."[2]

---

[2] Katholisches Gebet- und Gesangbuch „Gotteslob", Nr. 656.

# Zur ethischen Grundlegung marktwirtschaftlicher Wirtschaftsordnung – „Veritatis Splendor" Terra Incognita

*Heribert Derix*

„Sie suchen das Experiment der freien Selbstverwirklichung und verraten gleichzeitig ihr Selbst ... Mit einer banalen Formel des Vorurteils wird die Unzuverlässigkeit zum Standard jener Menschen, die heute wie Monaden des Egoismus durch ihre Welt ohne Würde, ohne Normen und ohne Mitte tanzen."[1] Die Wahrheit verträgt keine Ausnahmen. Die Wahrheit Christi gilt immer und überall, für jeden und für jede Tat."[2]

## I. Zu Funktion und Relevanz von Wirtschaftsethik heute

Als Zeitzeugen der Ökonomisierung nahezu sämtlicher Lebensbereiche, der damit einhergehenden vorherrschenden Orientierung des öffentlichen Bewusstseins an den Kriterien Nützlichkeit und Effizienz, geprägt von dem Vor-Urteil, dass die Wirtschaft unser Schicksal sei, müssen die Bischöfe als Hirten der Kirche auch „die Wirtschaft" zum Gegenstand ihrer orientierenden und mahnenden Hirtensorge und Hirtenpflicht und damit ihrer Verantwortung machen. Dementsprechend hat unser verehrter Jubilar als Bischof von Sankt Pölten in seiner Predigt beim Forum Ostarrichi 1992 in Neuhofen an der Ybbs daran erinnert, dass die Wirtschaft viel Gutes bewirken kann, wenn sie sich ihrer humanen Verfassung bewusst sei, diese humane Verfassung jedoch gewähre „dem Funktionieren der Wirtschaft keine Letztbegründung in sich selbst, denn das Gewissen des Menschen wird von Gottes Geboten angesprochen, die

---

1 K. Krenn in der Osterausgabe 1992 der „Deutschen Tagespost", in: K. Krenn, Worte auf dem Weg. Gedanken eines Hirten der Kirche. Erweiterte Neuausgabe, St. Pölten 1999 (= Worte), 88.

2 K. Krenn, Predigt bei der Messfeier der Bischofskonferenz im Wiener Stephansdom am 22.3.1994, in: Worte, a.a.O., 47.

jenseits aller Nützlichkeit sagen ... Es sind die Würde des Menschen, sein Daseinsrecht und sein persönliches Gewissen, die alle Axiome der Wirtschaft auf den Menschen und Gott hin relativieren."[3]

Aus der Menschenwürde abgeleitete Humanität wirtschaftlichen Handelns und damit menschlicher Interaktionen im Umgang mit knappen Gütern wird konditioniert durch das jeweilige Wirtschaftssystem. Eine wirtschaftsethisch orientierte Analyse dieses Wirtschaftssystems muss im Hinblick auf die Letztbegründung der Funktion von Wirtschaft und wirtschaftlichem Handeln insbesondere fragen, ob die in der Konzeption dieses Wirtschaftssystem angelegte Letztbegründung von Axiomen der Wirtschaft diese „auf den Menschen und Gott hin relativieren" oder aber, ob im Kontext der Autonomie des Menschen und autonomer utilitaristischer Ethik „die Axiome der Wirtschaft den Menschen und Gott relativieren".

Utilitaristische Orientierung des autonom erklärten Menschen impliziert in Teildiziplinen der modernen Wirtschaftswissenschaft, beispielsweise in der Ökonomik der Ehe, der Ökonomik des Verbrechens, der Ökonomik des Drogenverbots die ausschließliche Orientierung am nützlichkeitsorientierten Nutzen-Kosten-Kalkül.[4] Ethik wird ersetzt durch empirische Verhaltensforschung. Sie fristet eine Nischenexistenz und erscheint nur als relativistische Ethik wissenschaftswürdig. Der dazu kongenialen Erkenntnistheorie und ihrer Wissenschaftspraxis unter der Geltung des Prinzips der Werturteilsfreiheit (des Werturteils der Werturteilsfreiheit!) entsprechend, werden nur empirisch beobachtbare Phänomene als Realität gewertet. Wahr ist daher nur, was, empirischer und damit intersubjektiver Nachprüfung zugänglich, empirisch bestätigt ist.[5] Da nach der vorherrschenden Wissenschaftstheorie des falsifikationsorientierten Kritischen

---

[3] K. Krenn, Predigt in Neuhofen, in: Worte, a.a.O., 244.

[4] Vgl. u.a. G.S. Becker, The Economic Approach to Human Behavior, Chicage 1976; ders., A Treatise on the Family, Cambridge 1981; D. Friedman, Hidden Order. The The Economies of Everyday Life, 1996; K.-H. Hartwig / I. Pies, Rationale Drogenpolitik in der Demokratie, Tübingen 1995; G. Kirchgässner, Homo Oeconomicus. Das ökonomische Modell individuellen Verhaltens und seine Anwendung in den Wirtschafts- und Gesellschaftswissenschaften, Tübingen ²2000.

[5] Vgl. u.a.: H. Albert, Traktat über kritische Vernunft, ⁵1991; K.R. Popper, Logik der Forschung, Tübingen ⁴1971; ders., Objektive Erkenntnis, Hamburg ²1974; aus der Welt der Standard-Lehrbücher vgl. u.a. A. Woll, Allgemeine Volkswirtschaftslehre, München ¹¹1993, 8–13.

Rationalismus[6] jede „Wahrheit" nur vorläufig ist und jederzeit durch die empirische Realität widerlegt werden kann, gibt es insbesondere keine absoluten Wahrheiten. „Wahr" meint hier stets empirisch (vorläufig) bestätigt. Ethics are sentiments. Unreflektiertes antimetaphysisches Denken wird gleichsam zur Geschäftsgrundlage wissenschaftlicher Kommunikation. Für die Wirtschaftsethik im allgemeinen und insbesondere für die katholische Wirtschaftsethik im besonderen implizieren eine solche Wissenschaftstheorie und Wissenschaftspraxis letztlich deren wissenschaftliche Illegitimät, wirtschaftsethische Erwägungen erscheinen als ignorante Erwägungen von Bedenkenträgern, die das ungestörte Funktionieren der Wirtschaftsprozesse stören, denn Wirtschaft „lebt" von Effizienz, nicht von der Anmaßung selbsternannter Wahrheitsapostel, nicht selten als „Moralapostel" etikettiert.

Für die Einordnung katholischer Wirtschaftsethik gilt auch in diesem Kontext die auf die These von Religion als Privatsache bezogene klarsichtige Analyse Bischof Krenns in seinem Vortrag zu Christentum und Äquidistanz: „...eine philosophische Einstellung, die sagt: Wir haben bei Religion im nichtempirischen Bereich überhaupt keine Wahrheitserkenntnis... Was jenseits der Empirie liegt, das kann nicht erkannt werden, es kann natürlich auch nicht in allgemeingültigen Urteilen ausgesagt werden. Und dieser Agnostizismus ist auch ... eine Weise des Atheismus, ... der alle Gleichgültigkeit und allen Skeptizismus gegenüber einer absoluten Wahrheit aufbiete, um den Menschen und die ganze Wert gewissermaßen nurmehr rein immanentistisch, relativ, skeptisch und veränderlich zu deuten."[7]

Man gebe sich keinen Illusionen hin, die hier skizzierte agnostizistische Überzeugung dürfte von der großen Mehrheit der (getauften wie

---

[6] Seine eigenen Kriterien von „rational" und „kritisch" reflektiert der Kritische Rationalismus allerdings nicht kritisch-rational. Zur Kritik an Erkenntnistheorie und Wissenschaftslogik des Kritischen Rationalismus vgl. aus der Fülle der einschlägigen Literatur u.a. R. Albrecht, Sozialtechnologie und ganzheitliche Sozialphilosophie, Bonn 1973; H.-H. Derix, Säkulare Inflation, kompetitive Geldordnung und „unbeschränkte Demokratie", Stuttgart-New York 1985, 446–460; G. Ebeling, Kritischer Rationalismus. Zu Hans Alberts "Traktat über kritische Vernunft", Tübingen 1973; L. Scheffczyk, Die Theologie und die Wissenschaften, Aschaffenburg 1979, 114–126; E. Ströker, Einführung in die Wissenschaftstheorie, Darmstadt 1977, 86–116.

[7] K. Krenn, Christentum und Äquidistanz, Vortrag in Klosterneuburg am 3.9.1997, in: Worte, a.a.O., 237.

nichtgetauften) Ökonomen in aller Welt geteilt werden. Wirtschaftsethische Erwägungen haben weitgehend nur mehr instrumentelle Bedeutung als Kostensenkungsstrategie und als Marketinginstrument.

Die auch in der Fülle der während der letzten Jahre erschienenen thematisch einschlägigen Lehrbücher, Monographien, Tagungsbände und Zeitschriftenaufsätze aus der Feder von Ökonomen sichtbar werdende zunehmende Thematisierung von „Wirtschaftsethik" bewegt sich nicht selten, ja eher überwiegend auf der Ebene zweckrational orientierter Argumentation unter den Aspekten der Verbesserung der Funktionsfähigkeit von Wirtschaftssystem, beziehungsweise der Umsatzsteigerung von Unternehmen. Dabei steht dementsprechend häufig, ja zumeist der Kosten(senkungs)aspekt ethischer Überzeugungen argumentativ im Vordergrund.

Ethische Überzeugungen, in der ökonomischen Literatur zumeist pejorativ als Ideologie oder als überkommene Vorurteile etikettiert, werden hier als nützlich (= gesamtwirtschaftlich oder betriebswirtschaftlich ökonomisch vorteilhaft) angesehen aufgrund der dadurch niedrigeren Transaktionskosten (insbesondere der Informations- und Überwachungskosten). Nicht selten werden dabei die der präferierten Ordnungskonzeption zugrundeliegenden sozialphilosophischen Prämissen als selbstverständlicher und daher nicht zu hinterfragender Referenzmaßstab ( es besteht Übereinstimmung darüber, dass = Wahrheitsfindung durch Konsens) gewählt.

So erweisen sich etliche Abhandlungen ökonomischer Provenienz unter der Überschrift „Wirtschaftsethik" als desinformierender Etikettenschwindel. Sachlich geboten und insbesondere im Dienste wissenschaftlicher Redlichkeit unverzichtbar ist ein tertium comparationis jenseits voreingenommener ökonomistischer Wertoptionen nihilistischer Pluralitätsbeschwörungen.

Aussagen der katholischen Soziallehre zu wirtschaftsethischen Fragestellungen hingegen haben hier aufgrund ihrer Sachzuständigkeit und Fachkompetenz ihren legitimen wissenschaftlichen Erkenntnisgegenstand.

Das Gebot wissenschaftlicher Redlichkeit verpflichtet dabei zu einer auf sozialethische Fragestellungen beschränkten Analyse, die sich insbesondere bei der Beurteilung wirtschaftspolitischer Empfehlungen zu entsprechenden Einzelfallentscheidungen als Zweckmäßigkeitsurteilen Zurückhaltung auferlegen muss, da hier fundierte nomologische Aussagen als Entscheidungsgrundlage und technokratisch orientierte Entscheidungshilfen im Rahmen wissenschaftlicher Politikberatung gefordert sind. Hier kommt Ökonomen die Sach- und Fachkompetenz im Einzelfall zu.

Legitimer Gegenstand katholischer Soziallehre und insbesondere ihrer Lehrverkündigung in der Diskussion um die Vorzugswürdigkeit eines bestimmten Wirtschaftssystems ist die Beurteilung eines Wirtschaftssystems danach, ob und inwieweit es ein menschenwürdiges Wirtschaften ermöglicht, also die Versorgung der Menschen mit knappen Gütern als Vorbedingung eines materiell menschenwürdigen Lebens ermöglicht, nicht als End-, sondern als Vorziel, als Instrument zur materiell entlasteten Verfolgung immaterieller Ziele, primär zu einem Leben „sub specie aeternitatis".

## II. Wirtschaftssysteme als Systeme zweckrationaler Problemlösung

Jenseits wirtschaftsethischer Kompetenz und damit auch deren Legitimität allerdings liegen Themen und Problembereiche ökonomischer Fachkompetenz. Wirtschaftssysteme als Systeme zweckrationaler Problemlösung sind institutionalisierte Problemlösungsmuster zur Lösung ökonomischer Probleme mit dem Ziel eines möglichst hohen Versorgungsniveaus der Bevölkerung durch die Lenkung der knappen Ressourcen in optimale Produktions- und Konsumtionsverwendungen.

Konzeptionelle Grundlegungen von Wirtschaftssystemen beschränken sich jedoch nicht auf Aussagen zur zweckrationalen Gestaltung des jeweiligen Wirtschaftssystems. Zur Begründung der Optimalität des jeweiligen Wirtschaftssystems verweisen sie regelmäßig auf so genannte Grundwerte, die diese Optimalität auch wertrational legitimieren sollen.

## III. Metaökonomische Grundlagen der Konzeption von Wirtschaftsordnungen

### 1) Zur Bedeutung der Müller-Armackschen Grundlegung der Sozialen Marktwirtschaft

Selbst als werturteilsfrei-sozialtechnologisch behauptete Ordnungskonzeptionen gehen bezüglich des zugrundegelegten menschlichen Entscheidungsträgers von einem spezifischen Menschenbild sowie einer Ziel- und Funktionsbestimmung der Gesellschaft wie auch des Staates aus. Die Konzeption der Sozialen Marktwirtschaft bekennt sich sogar ausdrücklich zu Grundwerten jenseits von Angebot und Nachfrage als Grundlagen der hier formulierten Ordnungskonzeption.

Zu den Spezifika der Konzeption der Sozialen Marktwirtschaft gehört nach überwiegender Auffassung die Orientierung an (auch) Grundüberzeugungen christlicher Wirtschaftsethik. Nicht selten wird diese Konzeption unter Berufung, insbesondere auf ihren „Vater" Alfred Müller-Armack, geradezu als Prototyp einer Umsetzung christlicher Überzeugungen behauptet.

Nach Alfred Müller-Armack, zumeist als „geistiger Vater" der Sozialen Marktwirtschaft apostrophiert[8], versteht sich die Soziale Marktwirtschaft als Wirtschaftsstil, der seine Wurzeln in der christlich geprägten Gesellschaftstheorie hat[9].

Handelt es sich also bei dieser Müller-Armackschen Konzeption um die Konzeption einer (auch) den Kriterien christkatholischer Wirtschaftsethik gemäßen Wirtschaftsordnung als Grundlage des Wirtschaftssystems? Oder erweist sich hier „christlich" als Etikett für ein selbstgeschaffenes ekklektisches „Christentum light", dessen Inhalt je nach weltanschaulicher Präfe-

---

[8] Ob Müller-Armack den Begriff „Soziale Marktwirtschaft" erfunden hat, ist zumindest nicht unbestritten. Müller-Armack hat jedoch als erster diesen Begriff in schriftlicher Form verwendet. Vgl. zur einschlägigen Diskussion u.a. D. Dietzfelbinger, Soziale Marktwirtschaft als Wirtschaftsstil. Alfred Müller-Armacks Lebenswerk, Gütersloh 1998 (gekürzte Fassung einer Dissertation an der Evangelisch-Theologischen Fakultät der Universität München), 199–201.

[9] Vgl. A. Müller-Armack, Wirtschaftspolitik in der Sozialen Marktwirtschaft, in: P.M. (Hg.), Boarman, Der Christ und die Soziale Marktwirtschaft, Stuttgart 1955, 75–99, hier 76.

renz des Interpreten variiert? Oder ist diese Konzeption in der Gegenwart obsolet geworden beziehungsweise exklusiv „ökonomisch" zu interpretieren? Degeneriert hier Ethik zum bloßen Gefühl in der Nachfolge der „moral sentiments" der schottischen Moralphilosophie von Adam Smith?

Da Müller-Armack als Kultur- und Religionssoziologe[10] wie als Ökonom explizit das christliche Menschenbild als anthropologisches Fundament wählt und in seinen Schriften wie in Referaten von Ökonomen vor Vertretern u.a. katholischer Wirtschaftsethik regelmäßig als Beleg für die „Christlichkeit" von Marktwirtschaft behauptet wird, seien Müller-Armacks Aussagen zur wirtschaftsethischen Fundierung seiner Konzeption der Sozialen Marktwirtschaft im folgenden zusammenfassend vorgestellt. Auch in diesem Kontext nämlich gilt die Feststellung eines deutschen Dichters: wir wollen weniger gelobet denn eifriger gelesen sein.

## 2) Müller-Armacks konzeptionelle Grundlegung der Sozialen Marktwirtschaft

### a) Kapitalismus als neuzeitlicher Wirtschaftsstil

Die spezifische historisch-hermeneutische Methode Müller-Armacks wird u.a. deutlich bei seiner Rekonstruktion des Kapitalismus als Wirtschaftsstil, besonders wenn man diese mit u.a. Werner Sombarts Darstellung in seinem großen Werk über den modernen Kapitalismus vergleicht.

Nach Sombart wurde im modernen Kapitalismus die Person zur Sache, zu einem willenlosen Rädchen in dem Riesenwerk des modernen Geschäftsverkehr, die rastlose Erwerbstätigkeit zum eigentlichen Zweck aller Tätigkeit und allen Daseins des Unternehmers und die ganze Welt in dessen Vorstellung zu einem riesigen geschäftlichen Unternehmen, wurden Soll und Haben die Kategorien unternehmerischer Weltbetrachtung[11]. Drei Kriterien spezifizieren dabei für Sombart den Kapitalismus: das Erwerbsprinzip, der Individualismus und der ökonomische Rationalismus.[12]

---

[10] Zur Kultur- und Religionssoziologie Müller-Armacks vgl. u.a. die eingehende Darstellung bei D. Dietzfelbinger, Soziale Marktwirtschaft, a.a.O., 78–185 u. 219–270.

[11] Vgl. W. Sombart, Der moderne Kapitalismus, Band 1, 1. Auflage, Leipzig $^{1}$1902, 397.

[12] Vgl. ders., Die Ordnung des Wirtschaftslebens, Berlin $^{2}$1927, 27–30.

Für Müller-Armack ist der Beginn dieses neuzeitlichen Wirtschaftsstils, des neuzeitlichen Kapitalismus, verbunden mit dem spezifisch calvinistischen Dogma, das dem immer schon vorhandenen Erwerbstrieb die ethisch-religiöse Legitimation verliehen habe und damit entsprechend der Müller-Armackschen These, dass alle politischen und wirtschaftlichen Wandlungen dann Tiefen- und Breitenwirkung entfalten, wenn ein Wandel des zentralen Weltbildes einer Zeit vorausgegangen sei.[13] Der Kapitalismus als Wirtschaftsstil zeige eine umfassende Einheit, da vom religiösen Dogma bis zur Form der Technik, von der Wirtschaftsführung bis zur soziologischen Gestalt des Parteiwesens sich dieser Einheit die verschiedensten und in ihrer Entwicklung unverbundensten Kulturgebiete einfügen.[14] Die Stileinheit der kapitalistischen Welt reiche von den religiösen Formen über die Methoden der Wissenschaften und die politische Organisation bis hinab in die ökonomische Basis.[15] Dies zeige, dass hinter der verwirrende Fülle der Erscheinungen ein zentrales Gesetz walte, und zwar die Wirkung der metaphysischen Verfasstheit auf die Faktizität der Sozioökonomie.[16] Mit der Produktionsbezogenheit als besonderes Kennzeichen, als Spezifikum des modernen Kapitalismus als neuzeitlichem Wirtschaftsstil dringe der ökonomische Rationalismus in den Arbeitsprozess ein[17], Charakteristikum der besonderen und neuen Position des modernen, okzidentalen Wirtschaftsstils, repräsentiert durch die spezifische europäische Kulturform.[18]

Kapitalismus als neuzeitlicher Wirtschaftsstil begründet sich bei Müller-Armack nicht allein im ökonomischen Rationalismus, sondern in der Dynamik als inhärentes Lebensprinzip, da hier der wirtschaftliche Fortschritt zum Baugedanken eines Wirtschaftssystems erhoben werde, als entscheidender Wendepunkt, der die Eigenheit des neuzeitlichen Wirtschafts-

[13] Vgl. A. Müller-Armack, Genealogie der Wirtschaftsstile. Die geistesgeschichtlichen Ursprünge der Staats- und Wirtschaftsformen bis zum Ausgang des 18. Jahrhunderts, Stuttgart [1]1940, 94.

[14] Vgl. ders., Entwicklungsgesetze des Kapitalismus. Ökonomische, geschichtstheoretische und soziologische Studien zur modernen Wirtschaftsverfassung, Berlin 1932, 25.

[15] Vgl. ebd., 131.

[16] Vgl. ebd. sowie 150ff.

[17] Vgl. ebd., 4.

[18] Vgl. ebd., 5.

stils ausmache.[19] Das spezifische System rationaler äußerer Ordnungen und innerer Haltungen sei dabei nur zu verstehen als Antizipationsschema für den ökonomischen Fortschritt.[20] Zugleich folge der neuzeitliche Wirtschaftsstil nicht schon vorhandenen Bedürfnissen, sondern schaffe sich selbst die Umwelt, in der er arbeite.[21] Konstituiert und ermöglicht durch den Kreditmechanismus, sei die kapitalistische Entwicklungsweise ein Selbstrealisierungsprozeß.[22] Die Antizipation der Zukunft im marktwirtschaftlichen System dient zugleich dem Antrieb des Eigeninteresses in einer spezifischen Welt, in der die Antizipation auch die je aktuelle Bedürfnissituation schafft.

b) Spezifischer Zusammenhang zwischen Christentum und abendländischer Kultur

Der von Müller-Armack konstruierte Zusammenhang zwischen Kultur und Wirtschaft, zwischen Gesellschafts- und Wirtschaftsform geht aus von der Prämisse eines spezifischen Zusammenhangs von abendländischer Kultur und Christentum. Die sich daraus entwickelnde Kultur von unverkennbarer Eigenart habe in einer großartigen Expansion seit dem 16. Jahrhundert zu einer Europäisierung der Weltwirtschaft geführt.[23] Den Zusammenhang zwischen Christentum und Abendland sieht Müller-Armack dabei gekennzeichnet durch die abendländische Verbindung von Christentum mit antiken Traditionen und Vorstellungen, die Hinwendung des Menschen zur Welt, verbunden mit dem Willen zur Weltgestaltung und der positiven Bewertung der irdischen Welt sowie die differenzierte Stadtkultur auf der Grundlage der Spannung von geistiger und weltlicher Kultur im Mittelalter.[24] Zusammenfassend hebt er die europäische Eigenart der Beziehung zwischen Abendland und Christentum hervor, deren Wurzeln

[19] Vgl. ders., Entwicklungsgesetze des Kapitalismus, a.a.O., 18.

[20] Vgl. ebd.

[21] Vgl. ebd.

[22] Vgl. ebd.

[23] Vgl. ders., Über die Macht des Glaubens in der Geschichte. Stufen religionssoziologischer Forschung, in: G. Howe / K. Lücking / H.-E. Stier (Hg.), Glaube und Forschung, Güersloh 1949, auch abgedruckt in: ders., Religion und Wirtschaft, a.a.O., 532–558, hier 547.

[24] Vgl. ders., Über die Macht des Glaubens in der Welt, a.a.O.; ders., Diagnose unserer Gegenwart. Zur Bestimmung unseres geistesgeschichtlichen Standortes, Gütersloh [1]1949, 80–82, 85 u. 97; ders., Über die Macht des Glaubens, a.a.O., 548.

in der christlichen Haltung zur Welt in ihrer je spezifischen konfessionellen Ausgestaltung lägen.[25] Das den ökonomischen Stil wesentlich mitbeeinflussende Spezifikum des Christentums liege darin, dass der Glaube durchdrungen sei von der entscheidenden Bedeutung des irdischen Verhaltens für Heil und Wert des Menschen, mit dem irdischen Verhalten als Maßstab der Erlösung, wodurch religiöse Energie in das Weltleben gelenkt werde und so erstmals die Grundlage einer Ethisierung des alltäglichen, auch des wirtschaftlichen Lebens geschaffen werde.[26]

#### c) Zum konfessionsbezogenen Zusammenhang zwischen Religion und neuzeitlichem Wirtschaftsstil

In seiner Beschreibung des konfessionsbezogenen Zusammenhangs zwischen Religion und neuzeitlichem Wirtschaftsstil geht Müller-Armack nur sehr kurz auf den Zusammenhang zwischen Katholizismus und neuzeitlichem Wirtschaftsstil ein, da dieser Wirtschaftsstil nicht zuletzt geprägt werde durch die Folgen der glaubensbezogenen Emanzipation vom Katholizismus. Hervorgehoben wird auch hier der Zusammenhang zwischen Calvinismus und neuzeitlichem Wirtschaftsstil. Der Calvinismus verwerfe alles, was nicht dem Willen Gottes entspreche und fordere die irdische Erfüllung der Arbeit als strengen Berufsgehorsam gegenüber Gott. Das sich daraus ableitende Arbeitsethos präge in erheblichem Maße den neuzeitlichen Wirtschaftsstil.[27] Der Calvinismus konzentriere seine Energien auf das Unternehmertum, da als Folge des Prädestinationsdogmas allein die rastlose Weltarbeit, der äußere Welterfolg Signum der Erwähltheit der Ausweg der Gläubigen gewesen sei.[28] Auch fördere der Calvinismus eine neuartige wirtschaftliche und ökonomische Wissenschaft, die mangels Erforschbarkeit der göttlichen Heilsökonomie Untersuchungen nur noch auf die Immanenz beziehe. Hierin sieht Müller-Armack auch die Wurzeln der neuzeitlichen Sozialwissenschaften und der säkularen, die Faktizität der Welt thematisierende Ethik.[29] Der Calvinismus habe den

---

[25] Vgl. ders., Über die Macht des Glaubens, a.a.O., 549.
[26] Vgl. ders., Genealogie der Wirtschaftsstile, a.a.O., 79 u. 81.
[27] Vgl. A. Müller-Armack, Genealogie der Wirtschaftsstile, a.a.O., 107f.
[28] Vgl. ebd., 11.
[29] Vgl. ebd., 117.

Gedanken der inneren Gesetzmäßigkeiten des Wirtschaftslebens zuerst theologische fundiert.[30] *Die geistige Fundierung eines Wirtschaftssystem sei genetisch nur als säkularisiertes Endprodukt des calvinistischen Denkens zu begreifen. So seien alle Elemente dieser Grundlegung wie die Ablehnung des Staates, das naturwissenschaftliche Ideal, die Idee der immanenten ökonomischen Gesetze, die Idee der sich selbst überlassenen, gleichwohl ein geordnetes System bildenden Welt und der Gedanke, der noch dem Guten dienenden bösen Triebe keine vom wirtschaftswissenschaftlichen Denken selbst errungenen Erkenntnisse, sondern hätten sich seit Jahrhunderten in einer tieferen Schicht herausgebildet.*[31]

d) Geschichte als dynamischer Prozeß zwischen Metaphysik und Sozioökonomie – Säkularisation und ihre Folgen

Müller-Armacks Verständnis von Geschichte als dynamischen Prozeß zwischen Metaphysik und Sozioökonomie korrespondiert mit seiner Zielsetzung „... gegenüber einer ihre Ursprünge verkennenden säkularisierten Haltung die machtvolle Dominante hörbar werden zu lassen, mit der das Geistige auch im weltlichen Leben weiterschwingt."[32] Diese säkularisierte Haltung und damit auch das Phänomen der Säkularisation hat Müller-Armack im Rahmen seiner Kulturtheorie eingehend thematisiert und auch problematisiert in bemerkenswerter weil augenfälliger Aktualität mit dem geradezu imperialistischen Konsumismus zu Beginn des 21. Jahrhunderts. Säkularisation als Auflösung des Glaubens ist nach Müller-Armack ein geschichtlicher Prozeß mit sehr realen geistigen und sozialen Konsequenzen und werde daher zu einem generellen Problem einer umfassenden Theorie vom Zusammenhang zwischen Metaphysik und Sozioökonomie.[33] In seiner Stiltheorie der Wirtschaftsordnung ist Säkularisation von zentraler Bedeutung, weil, so Müller-Armack,[34] in einer vom Glauben abgefallenen Welt religiöse Strukturen noch stärker zum Tragen kommen, weil sie ins

[30] Vgl. ebd.

[31] Vgl. ebd., 117f. (Hervorhebung durch Derix).

[32] So ebd., 47.

[33] Vgl. ders., Das Jahrhundert ohne Gott, a.a.O., 404, und: ders., Diagnose unserer Gegenwart, a.a.O., 330ff.

[34] Vgl. ebd., Das Jahrhundert ohne Gott, a.a.O., 409.

Unterbewusste abgedrängt sind und hier fern ihrer eigentlichen Sinnhaftigkeit eine tyrannische Gewalt entfalten können. Säkularisation als Verweltlichung der Kulturinhalte und Freigabe weltlicher Kultur sei spezifisch abendländisch verbunden mit der Erhaltung des Religiösen, gleichsam als Leerstelle.[35] Müller-Armack sieht den Glaubensabfall im Zusammenhang mit der Rationalisierung des Weltbildes und der Autonomie des Menschen als Folge der philosophischen Aufklärung. Als Folge des Säkularisationsprozesses würde Innerweltliches zum Gegenstand der Verehrung. Die nicht mehr auf den konkreten Glauben gerichtete Transzendenzgebundenheit der Menschen, Bindung an die Transzendenz ist für Müller-Armack ein menschenkonstituierendes Element, wende sich irdischen Werten zu, die nun in der spezifischen Intention des religiösen Aktes erfasst würden.[36] Der religiöse Akt verlagere sich also in eine ihm nicht gemäße Sphäre.[37] Der abnehmende Einfluß des Glaubens auf das weltliche Leben zwinge den Menschen zur Substituierung des aus seiner Lebenswirklichkeit verdrängten Religionsbedarfs durch eine innerweltliche Verehrung materieller Werte, pseudoreligiös verehrungswürdiger Zustände oder Gegenstände, denen nun die Eigenschaft des Numinosen beigelegt werde.[38] Es entstünden Ersatzmetaphysiken, die nun die politische und wirtschaftliche Geschichte beeinflussen, für Müller-Armack ein Beweis für die Transzendenzgebundenheit des Menschen, denn die Fixierung des Menschen auf etwas Außerweltliches sei es, die zur idolhaften Verehrung weltimmanenter Güter als Ausdruck unspezifischer Transzendenzgebundenheit führe.[39] Das Erfassen einer irdischen Größe in der Intention des Ewigen und Unendlichen und in der Wesensqualität des Göttlichen schaffe das Idol, bei dessen Bildung die religiöse Haltung des Menschen von ihrem Daseinsgrund abgeschnitten werde.[40] Die Ruhelosigkeit, mit der ein Idol dem anderen in immer schnellerem Tempo unter sichtbarer Aufzehrung

---

[35] Vgl. A. Müller-Armack, Diagnose unserer Gegenwart, a.a.O., 33.

[36] Vgl. ders., Das Jahrhundert ohne Gott, a.a.O., 409.

[37] Vgl. ebd., 161.

[38] Vgl. ebd., 409.

[39] Vgl. ebd., 127, sowie ders., Die Macht des Glaubens in der Geschichte, a.a.O., in: ders., Religion und Wirtschaft, a.a.O., hier 557.

[40] Vgl. ders., Das Jahrhundert ohne Gott, a.a.O., 409 u. 411.

der geistigen Reserven folge, habe ihre Ursache in der Säkularisation. Der Mensch sei nun ein auf der Suche von Glaubenssurrogat zu Glaubenssurrogat getriebener Mensch.[41] Während nach Müller-Armack die Säkularisation im katholischen Raum aufgrund der ererbten Weltvorstellung spezifisch weniger massiv sei, sei die Säkularisation im calvinistischen Raum geprägt durch eine starke Hinwendung zu ökonomischen Fragen wie auch zum Thema Freiheit. Die Säkularisation im calvinistischen Raum sei führend beteiligt an der Herausbildung politischer Formen und Vorstellungen wie u.a. der des liberalen Staates.[42]

Mit der Säkularisation als Glaubensabfall notwendigerweise verbunden sind nach Müller-Armack eine Erschütterung der sittlichen und der rechtlichen Normen, der Wegfall der religiösen Motivierung von Normen und das Verschwinden des zur Wirksamkeit von Normen notwendigen Gefälles zwischen der Transzendenz als Quelle der Normen und der Welt als Anwendungsbereich.[43] Der durch die Säkularisation eingetretene Verlust der konventionellen christlichen Werte habe auch das durch diese Werte begründete Wertesystems erfasst und das Wertesystem zu einem Objekt der Konvention gemacht.[44]

Müller-Armack will die Folgen der Säkularisation überwinden durch Rückkehr zu einer Weltkultur der „Lebensechtheit" ohne romantisierenden Rückbezug auf alte Zeiten und ohne Annullierung des Rechtes einer selbständigen weltlichen Kultur durch Zurücknahme der neuzeitlichen kulturellen Maßstäbe gleichsam bis in die frühchristliche Zeit.[45]

### e) Sozialhumanismus als Gesellschaftsform – Aufgabe der Gegenwart

Die wissenschaftliche Thematisierung der bei Müller-Armack ab dem Jahre 1949 einsetzenden Gegenwart, knüpft an an den Säkularisationsbegriff als zeitdiagnostische Kategorie. Die Säkularisation soll überwunden werden in einer Gesellschaftsform, die auf christlichen Werten begründet

---

[41] Zu dieser Problematik der Idolbildung vgl. ders., Das Jahrhundert ohne Gott, a.a.O., hier 411f u. 454, sowie ders., Über die Macht des Glaubens in der Geschichte, a.a.O., 555.

[42] Vgl. ders., Genealogie der Wirtschaftsstile, a.a.O., 110f, und ders.,Wachstumsringe unserer Kulturform,a.a.O., 41.

[43] Vgl. ders., Das Jahrhundert ohne Gott, a.a.O., 411.

[44] Vgl. ebd., 482.

[45] Vgl. ders., Diagnose unserer Gegenwart, a.a.O., 334 u. 137.

ist. Es bedürfe einer neuen Geisteshaltung, die notwendigerweise religiös verwurzelt sein müsse, wenn sie Ersatzmetaphysiken und Idolbildungen überwinden wolle.[46] Wenn der Mensch wieder lerne, nur das Göttliche göttlich zu sehen, werde er auch das Menschliche und irdische in seiner ihm angemessenen Dimension erleben.[47] Den Weg aus der Krise sieht er in der Errichtung einer neuen stabilen sozialen Ordnung, die, interdisziplinär orientiert, sich der sozialen (Nachkriegs-) Probleme annimmt und neue Wertorientierung schafft. Viel werde dabei abhängen, ob es den Kirchen und den Einrichtungen von Bildung und Wissenschaft, denen eine tragende Funktion zukommen werde, gelinge, neuen Werten und neuen Einsichten im Bereiche des Sozialen Gehör zu verschaffen, so dass eine sozialverträgliche Ordnung entstehe.[48] Die Aufgabe der Gegenwart sei die Schaffung eines Sozialhumanismus als Gesellschaftsform, die die ganze Fülle der dem Menschen zugänglichen sozialen Werte gestalte.[49] Dieser Sozialhumanismus als Grundlage für eine Ordnung der Zukunft muss nach Müller-Armack getragen werden von einer christlich-humanistischen Haltung.[50]

#### f) Soziale Marktwirtschaft als sozialhumane Ordnung

Sind also Begriff und Konzeption der Sozialen Marktwirtschaft einer beliebigen Auslegung unzugängliche Konkretionen einer Wirtschaftsordnung des Sozialhumanismus auf der Grundlage der kulturtheoretischen Stiltheorie Müller-Armacks? Oder sind sie nicht eher ein verbaler Steinbruch, ein pluralistischer Selbstbedienungsladen, ein weltanschaulicher „Gemischtwarenladen“ auf der Grundlage versöhnter Verschiedenheit beziehungsweise versöhnter Beliebigkeit, aus denen sich jeder je nach Partikularinteresse oder weltanschaulicher Überzeugung bedienen kann? Wie inhaltlich konkret und eindeutig ist Müller-Armacks Konzeption der Sozialen Marktwirtschaft also?

---

[46] Vgl. ebd., 143.

[47] Vgl. ebd.

[48] Vgl. ebd., 262.

[49] Vgl. ebd., 277.

[50] Vgl. A. Müller-Armack, Das Jahrhundert ohne Gott, a.a.O., 507.

Wie für jeden Ökonomen hat auch für Müller-Armack eine Wirtschaftsordnung als ökonomisches Funktionssystem technischen und partiellen Charakter.[51] Als sozialhumanistische Ordnung müsse, so Müller-Armack, die Wirtschaftsordnung als Instrument ausgestaltet werden.[52] Es bedürfe vielmehr einer sozial ausgerichteten Marktwirtschaft, in der die Spielregeln nicht nur dem Ideal der Freiheit, sondern auch dem der sozialen Gerechtigkeit entsprächen. Abzulehnen seien eine Ökonomisierung der Alltagswelt ebenso wie ein Säkularzynismus, der meine, Imponderabilien hätten außerhalb des kirchlichen Bereichs nichts zu suchen, ebenso eine einseitige Betonung einer vermeintlichen Eigengesetzlichkeit marktwirtschaftlicher Strukturen.[53] Geleitet sein und bleiben müsse Marktwirtschaft als Grundordnung von einem übergreifenden Recht sozialer, staatlicher und geistiger Werte entsprechend der Vorstellung einer gesteuerten Marktwirtschaft, als eine rationalitätenübergreifendes Denken erfordernde Synthese aus den vollen Einsichtsmöglichkeiten der Gegenwart[54], als bewusst sozial gesteuerte Wirtschaftsordnung des komplementären Ausgleichs zwischen zwei bisher als miteinander unvereinbar geltenden Prinzipien.[55]

Nach Müller-Armack ist das innere Funktionssystem der Sozialen Marktwirtschaft, die Marktwirtschaft, ein Instrument, ein Organisationsinstrument, nicht jedoch Selbstzweck und daher auch kein Träger bestimmter Werte[56], noch viel weniger als Instrument ein Objekt idolhafter oder ersatzreligiöser Verehrung.

### g) Dialektik zwischen Freiheit und Gerechtigkeit als Ziel sozialhumaner Marktwirtschaft

Soziale Marktwirtschaft als Rahmenordnung soll hier die „lebensvolle Dialektik“ zwischen Freiheit und Gerechtigkeit herstellen.[57] Anders als in einem individualistischen Freiheitsverständnis wird hier Freiheit stets

---

[51] Vgl. ders., Wirtschaftslenkung und Marktwirtschaft, Hamburg 1946, 106.
[52] Vgl. ebd. (im Original kursiv).
[53] Vgl. u.a. ebd., 107.
[54] Vgl. ebd., 107 u. 109.
[55] Vgl. ebd., 109.
[56] Vgl. ebd., 126.
[57] Vgl. ders., Die Wirtschaftsordnungen sozial gesehen, Denkschrift, in: ORDO. Jahrbuch für die Ordnung von Wirtschaft und Gesellschaft, Band 1, Bad Godesberg 1948, hier wiedergegeben

in ein komplementärdialektisches Verhältnis zum sozialen Gedanken gesetzt, denn bloße Freiheit könne zum leeren Begriff werden.[58] Wie die Freiheit diene auch der aus ihr resultierende Wettbewerb dem Gesamtnutzen[59], sei jedoch keine gleichsam religiöse Ordnung.[60] Nicht nur Freiheit, sondern auch Komplementarität mit dem sozialen Anspruch müsse in einer Wirtschaftsordnung gewährleistet werden. Völlige Freiheit würde den Begriff einer sozialen Ordnung auflösen.[61] Die systematische Verbindung zwischen individueller Freiheit und gesamtgesellschaftlicher Ordnung, um von wirklicher Freiheit sprechen zu können, ist für Müller-Armack der Wettbewerb, als soziologisches Ordnungsprinzip der Marktwirtschaft.[62] Das konzeptionelle Spezifikum, das die Müller-Armacksche Konzeption von Marktwirtschaft von anderen marktwirtschaftlichen Konzeptionen und Konzepten, insbesondere auch von ordoliberalen Überzeugungen und Konzeptionen wie auch vom mainstream ökonomischen Denkens zu Beginn des 21. Jahrhunderts geradezu essentiell unterscheidet, ist die Erhebung der wertgeladenen und wertausfüllungsbedürftigen Zielgröße „Soziale Gerechtigkeit" zum systemkonstitutiven Element von Marktwirtschaft als „Soziale Marktwirtschaft" und damit der Integration von Sozialpolitik in Soziale Marktwirtschaft als neben der Freiheit konstitutives Element.

Auch für Müller-Armack dienen bereits einzelne marktwirtschaftliche Elemente als solche als sozialer Fortschritt bereits sozialen Zielen.[63] Mit der Erreichung wirtschaftlicher Ziele sieht er jedoch nur einen Teil der gesell-

nach dem Abdruck in: ders., Wirtschaftsordnung und Wirtschaftspolitik, Freiburg/Br. [1]1966, 171–199, hier 189.

[58] Vgl.Vorschläge zur Verwirklichung der Sozialen Marktwirtschaft, herausgegeben von der Volkswirtschaftlichen Gesellschaft Hamburg Altona, hier wiedergegeben nach dem Abdruck in: A. Müller-Armack, Religion und Wirtschaft, a.a.O., 90–110, hier 90.

[59] Vgl. A. Müller-Armack, Wirtschaftslenkung und Marktwirtschaft, a.a.O., 96.

[60] Vgl. ebd.

[61] Vgl. ders., Abhängigkeit und Selbständigkeit in den Wirtschaftsordnungen, in: L. von Wiese, (Hg.), Abhängigkeit und Selbständigkeit im sozialen Leben, Köln-Opladen 1951, hier wiedergegeben nach dem Abdruck in: ders., Wirtschaftsordnung und Wirtschaftspolitik, a.a.O., 201–230, hier: 205.

[62] Vgl. ebd., 205 u. 220.

[63] Vgl. A. Müller-Armack, Vorschläge zur Verwirklichung der Marktwirtschaft, a.a.O., 99; ders., Soziale Marktwirtschaft, in: ders., Wirtschaftsordnung und Wirtschaftspolitik, a.a.O., 243–250, hier 245; ders., Wirtschaftslenkung und Marktwirtschaft, a.a.O., 131.

schaftlichen Interessen realisiert, so dass es einer bewussten Sozialpolitik bedürfe, deren entscheidendes Kriterium die Marktkonformität sozialpolitischer Maßnahmen sei, um ohne störenden Eingriff in die Marktapparatur den sozialen Zweck zu sichern.[64] „Sozial" im Begriff „Soziale Marktwirtschaft" bedeutet hier also die soziale Funktion der Rahmenordnung, die in der bewussten Eingliederung sozialer Ziele mittels der Schaffung einer mit den Marktgesetzen kompatiblen Sozialpolitik besteht.[65] Ziel sozialer Politik ist für Müller-Armack die Versittlichung des menschlichen Zusammenlebens durch eine Politik, die nicht im ökonomischen Kalkül aufgehe.[66] Soziale Marktwirtschaft als Rahmenordnung zur Herstellung der „lebensvollen Dialektik"[67] zwischen Freiheit und Gerechtigkeit sei aufgrund ihrer Ausgestaltung aus geistigen und politischen Kräften einer liberalen Marktwirtschaft überlegen, in der bereits die „unsichtbare Hand" gesamtgesellschaftliche Vorteilhaftigkeit durch den funktionierenden Preisbildungsmechanismus garantiere.[68] In der Sozialen Marktwirtschaft als Wirtschaftsstil mit ihrem komplementären Ausgleich der Prinzipien Freiheit und Gerechtigkeit wird die soziale Ausgestaltung der Ordnung nach Müller-Armack zu einer geistig sittlichen Aufgabe als metaökonomische Aufgabe der Wirtschaftspolitik.[69] Freiheit als Grundbedingung einer sozialen Ordnung und die Realisierung gesellschaftspolitischer Ziele prägen diesen Wirtschaftsstil der Sozialen Marktwirtschaft als irenische Ordnung.[70]

### h) Soziale Marktwirtschaft als Wirtschaftstil

Müller-Armacks anthropologisch legitimierter Stilbegriff versteht Stil als hermeneutische Kategorie, bei der metaphysische Strukturen, Religion und die daraus deduzierten Werte wie auch die reale Verfasstheit der

---

[64] Vgl. A. Müller-Armack, Soziale Marktwirtschaft, a.a.O., 246.

[65] Vgl. ders., Diagnose unserer Gegenwart, a.a.O., 301.

[66] Vgl. ders., Die Wirtschaftsordnungen sozial gesehen, a.a.O., 177.

[67] Vgl. ders., Die Wirtschaftsordnungen sozial gesehen, a.a.O., 189.

[68] Vgl. ders., Wirtschaftslenkung und Marktwirtschaft, a.a.O., 28 u. 99–111.

[69] Vgl. ders., Die Wirtschaftsordnungen sozial gesehen, a.a.O., 194, u. ders., Soziale Marktwirtschaft nach nach einem Jahrzehnt ihrer Erprobung, a.a.O., 264f.

[70] Vgl. u.a. ders., Das gesellschaftspolitische Leitbild der Sozialen Marktwirtschaft, in: Wirtschaftspolitische Chronik, Heft 3, Köln 1962, hier wiedergegeben nach dem Abdruck in: ders., Wirtschaftsordnung und Wirtschaftspolitik, a.a.O., 293–318, hier: 301.

Sozioökonomie in ein komplementäres Verhältnis gesetzt werden und anschließend die sich aus ihnen ergebende, sie verbindende Einheit, repräsentiert in den Menschen, rekonstruiert wird.[71] Müller-Armack sieht das stilbildende Element der Sozialen Marktwirtschaft dadurch gekennzeichnet, dass die wesentlichen Ziele unserer freien Gesellschaft zu einem bisher in der Geschichte noch nicht verwirklichten, praktischen Ausgleich gebracht werden.[72] Soziale Marktwirtschaft müsse Stilgestaltung realisieren[73] als Integration der wirtschaftlichen Ordnung in den Zusammenhang einer Wertorientierung, ohne dabei allerdings dieser Wirtschaftsordnung selbst einen sittlichen Wert zuzusprechen, da diese Ordnung nur ein Instrument sei. Weil in dieser Ordnung persönliche Freiheit eher möglich sei als in einer anderen Ordnung, könne diese Ordnung Grundlage einer ethischen Ordnung sein.[74] Das zu gestaltende gesellschaftspolitische Leitbild soll nach Müller-Armack keine rationale, religiöse, sozialistische oder liberale Idealordnung entwerfen, sondern auf den sozialen Pluralismus reagieren und daher realistisch umschriebene Ziele anstreben.[75]

#### i) (Wirtschafts-) Ethische Grundlegung und Perspektiven der Sozialen Marktwirtschaft als Wirtschaftsstil

Die Diskussionen zur Frage nach einer Wirtschaftsordnung zur Verwirklichung ethischer Ziele und deren Bauplans durchziehen nach Müller-Armack als Dialog zwischen Moralist und Ökonom die Geschichte des Abendlandes. Mit der Hereinnahme der Moral in weltliche Immanenz sei es zu einem Defizit des Interesses an Fragen der Wirtschaftsethik gekommen, denn die übereinstimmende Ansicht, gleichsam common sense sei die Auffassung gewesen, dass der Glaube an die Eigengesetzlichkeit des Wirtschaftslebens keine anderen Götter neben sich dulde.[76]

---

[71] Ausführlich zur Stiltheorie Müller-Armacks, ihren philosophisch-soziologischen Wurzeln vgl. u.a. D. Dietzfelbinger, Soziale Marktwirtschaft als Wirtschaftsstil, a.a.O., 95–122.

[72] Vgl. derselbe, Das gesellschaftspolitische Leitbild der Sozialen Marktwirtschaft, a.a.O., 300.

[73] Vgl. A. Müller-Armack, Das gesellschaftspolitische Leitbild der Sozialen Marktwirtschaft, a.a.O., 300; ders., Stil und Ordnung der Sozialen Marktwirtschaft, a.a.O., 238; ders., Das gesellschaftspolitische Leitbild der Sozialen Marktwirtschaft, a.a.O., 294.

[74] Vgl. ders., Stil und Ordnung der Sozialen Marktwirtschaft, a.a.O..

[75] Vgl. ders., Das gesellschaftspolitische Leitbild der Sozialen Marktwirtschaft, a.a.O., 303f..

[76] Vgl. ders., das Jahrhundert ohne Gott, a.a.O., 503.

Bezüglich heute möglicher Lösungsversuche zur Überwindung des so entstandenen, unüberbrückbar erscheinenden Gegensatzes zwischen Wirtschaft und Religion, Ökonomie und Ethik verweist Müller-Armack zunächst darauf, dass sich das marktwirtschaftliche Geschehen per definitionem zunächst an ökonomischen Gesetzen und damit an ökonomischer Rationalität orientieren, da Marktprozesse ausgingen von einem rationalen Verhalten des Menschen, der dabei aus ethischen oder nichtethischen Motiven heraus seinen maximalen Tauschvorteil suche.[77] Vertreter einer primär ethischen Handlung würden gegenüber dieser ökonomischen Rationalität Eingriffe in den Wirtschaftsprozeß fordern, um moralische Grundsätze ökonomischen Handelns durchzusetzen.[78] Dabei erscheine einer großen Zahl dieser Gruppe Marktwirtschaft suspekt, weil die Marktwirtschaft „... solchen ethischen Kurzschlussargumenten den Widerstand ihrer wissenschaftlichen Überzeugung entgegensetzt."[79] Die Spannungen der unterschiedlichen Rationalitäten und der unterschiedlichen Standpunkte seien in einem Dialog zwischen beiden Gruppen zu thematisieren, der aber nur erfolgreich sein könne, wenn man sich nicht jeweils auf die eigene Position zurückziehe und die andere Position verwerfe. *Ökonomen wie Theologen müssten jeweils die berechtigten Forderungen der anderen Seite dialektisch in die eigene Position mit aufnehmen.*[80]

Für MüllerArmack ist die Soziale Marktwirtschaft eine „Ordnung nach dem Maße des Menschen"[81], der sich durch von ihm gesetzte Normen und Ordnungen verwirkliche.[82] Müller-Armack sieht die Soziale Marktwirtschaft als Integrationsformel[83], als durch sittliche Ideale begründeten Wirt-

[77] Vgl. A. Müller-Armack, Der Moralist und der Ökonom, a.a.O., 221.

[78] Vgl. ebd.

[79] So ebd.

[80] Vgl. ders., Thesen zum Vortrag Humanisierung der Wirtschaft- Bestandsaufnahme und Neubesinnung, Manuskript, 1969, Institut für Wirtschaftspolitik an der Universität zu Köln (Hervorhebung von Derix).

[81] So ders., Der humane Gehalt der Sozialen Marktwirtschaft, in: E. Tuchtfeldt (Hg.), Soziale Marktwirtschaft im Wandel, Freiburg/Br. 1973, 15–26, hier 19.

[82] Vgl. ders., Die zentrale Frage aller Forschung. Die Einheit von Geistes- und Naturwissenschaften, in: ORDO. Jahrbuch für die Ordnung von Wirtschaft und Gesellschaft, Band 28, Stuttgart-New York 1977, 13–23, hier 21.

[83] Vgl. A. Müller-Armack, Das gesellschaftspolitische Leitbild der Sozialen Marktwirtschaft, a.a.O., 301.

schaftsstil.[84] Das Kriterium, an dem sich nach ihm auch wirtschaftliche Konzeptionen ausrichten müssen, ist allein das der Humanität[85], aufgefasst als „Inbegriff alles dessen, was wir aus einem tieferen Begreifen des Menschen und des Menschlichen heraus als Wesensvoraussetzung seines Daseins und seiner Daseinserfüllung verstehen."[86] Zu vermeiden sei die Verabsolutierung eines Standpunktes, da zum Wesen des Menschen die geschichtliche Offenheit und die Freiheit zum Setzen neuer Ziele gehöre.[87] Es sind sittliche Ideale außerhalb der Wirtschaftsordnung, die nach Müller-Armack Sozialer Marktwirtschaft ihre innere Berechtigung geben.[88] Durch die Soziale Marktwirtschaft würden sozialethische Anliegen vertreten. Weil sie ein seiner Ausfüllung harrender Wirtschaftsstil sei, könne sie jedoch nie allen ethischen Ansprüchen genügen, versuche als irenische Formel die Herstellung eines vernünftigen Gleichgewichts zwischen Freiheit, Gerechtigkeit und Wirtschaftswachstum mit dem Ziel der Humanisierung der Gesellschaft durch soziale Strukturen.[89]

Worin bestehen nun die konkreten Konsequenzen dieser Müller-Armackschen Standortbestimmung für Ethik, insbesondere Sozialethik und Wirtschaftsethik? Der Müller-Armacksche Argumentationsansatz für das Gespräch zwischen Wirtschaft und Ethik vor dem Hintergrund des Spannungsverhältnisses zwischen ökonomischer Rationalität als wertneutrale Zweck-Mittel-Beziehung und Wertrationalität, ist das aus seiner Irenik abgeleitete Versöhnungspostulat. Ein Gespräch zwischen Wirtschaft und Ethik ist für Müller-Armack nämlich dann möglich, wenn die jeweils spezifische Rationalitätsvorstellung des anderen Gesprächspartners dialektisch berücksichtigt wird.

Die Wirtschaftsordnung Marktwirtschaft wird verstanden als ein Instrument zur Verwirklichung immaterieller Werte, das als Instrument keine ethische Qualifizierung besitzt. Wie jede Wirtschaftsordnung ist auch die Marktwirtschaft als solche nicht schon sittlich. Nach Müller-Armack

---

[84] Vgl. ders., Vorschläge zur Verwirklichung der Sozialen Marktwirtschaft, a.a.O., 90.
[85] Vgl. ders., Diagnose unserer Gegenwart, a.a.O., 314f.
[86] Ebd., 315.
[87] Vgl. ebd.
[88] Vgl. ders., Vorschläge zur Verwirklichung der Sozialen Marktwirtschaft, a.a.O., 90.
[89] Vgl. A. Müller-Armack, Der Moralist und der Ökonom, a.a.O., 225.

legt die Marktwirtschaft jedoch einer Versittlichung des wirtschaftlichen Handelns weniger Hemmungen in den Weg.[90] Die ethische Qualität des Stils Soziale Marktwirtschaft besteht also in der besseren Möglichkeit zu ethisch legitimierten Wirtschaften[91] und beruht nach Müller-Armack auf dem Instrumentarium Marktwirtschaft, das mit christlichem Geist erfüllt werden müsse[92] Auch dieses Bekenntnis Müller-Armacks zu christlichen Werten macht deutlich, dass Soziale Marktwirtschaft keine christlich-normative Konzeption ist und auch keiner bestimmten konfessionell geprägten Soziallehre zugeordnet werden kann, dies auch nicht will. Es ist stets eine anthropologische Begründung christlicher Soziallehre bzw. Wirtschaftsethik gleichsam als konfessionell indifferente Gattung.[93] Der Beitrag christlicher Sozialauffassung besteht nach Müller-Armack wesentlich in der grundsätzlichen Grundlegung unserer sozialen Ordnung, während bezüglich der konkreten Fragen der geschichtlichen Ordnung und der technischen Problembewältigung liberale und sozialistische Ideen rivalisieren.[94] Soziale Irenik und rationalitätenübergreifender Stilgedanke erfordern dazu nach MüllerArmack einen sozialen Ausgleich, der von Christen verlange, sich anderen gesellschaftlichen Strömungen zu öffnen und zu praktischer Zusammenarbeit zu finden, etwa gegenüber Liberalismus und Sozialismus, wenn sie den Charakter der Ersatzreligion abgestreift hätten.[95] Katholizismus, Protestantismus, evolutionistischer Sozialismus und Liberalismus als von ihm als geistig relevant eingeschätzte gesellschaftliche Strömungen und Gruppen, spiegeln sich nach Müller-Armack in dem Stilgedanken der Sozialen Marktwirtschaft in ihren gesellschaftlich positiven Elementen systematisch wider.[96] Die konkrete Ausgestaltung des

---

[90] Vgl. ders., Die Wirtschaftsordnungen sozial gesehen, a.a.O., 192.

[91] Vgl. ders., Gedanken zur sozial-wissenschaftlichen Anthropologie, in: F. Karrenberg / H. Albert (Hg.), Sozialwissenschaft und Sozialgestaltung. Festschrift für Gerhard Weisser, Berlin 1963, 3–16, hier 12.

[92] Vgl. ders., Wirtschaftspolitik in der Sozialen Marktwirtschaft, a.a.O., 75.

[93] Vgl. ders., Soziale Irenik, in: Weltwirtschaftliches Archiv, Band 64, 1950, hier wiedergegeben nach dem Abdruck in: ders., Religion und Wirtschaft, a.a.O., 559–578, hier: 564.

[94] Vgl. ebd., 565.

[95] Vgl. ders., Die heutige Gesellschaft nach Evangelischem Verständnis. Diagnose und Vorschläge zu ihrer Gestaltung, in: ders., Genealogie der Sozialen Marktwirtschaft. Frühschriften und weiterführende Konzepte, Bern-Stuttgart [2]1981, 113–122, hier 115.

[96] Vgl. ders., Soziale Irenik, a.a.O., S.560.

Stilgedankens durch die katholische Soziallehre bestehe in der Gewinnung zeitüberlegener Wertziele, die unseren innerirdischen Zielen hinreichend überlegen seien.[97] Müller-Armack mahnt gleichsam aber auch Wohlverhalten an, wenn er von den Kreisen der katholischen Kirche spricht, die sich in utopischen Programmen der Verbesserung der Welt widmen würden. Sie müssen pragmatisch an die Realitäten der Welt anknüpfen und sich bezüglich der Gesamtgestaltung der Gesellschaft um Anerkennung auch anderer Rationalitäten bemühen, um von dort zu einem interdisziplinären Gespräch zu gelangen. Es gehe auch um den gesamtgesellschaftlichen Kontext eines Wirtschaftsstils, denn auf spezielle Sachverhalte bezogene Vorschläge seien nur Teilkonstruktionen mit begrenzter Reichweite.[98] Demgegenüber sei das Fundament der evangelischen Soziallehre flüssig[99], die Offenheit des Fundamentes anders als das katholische Ordogefüge vorteilhaft, weil das lockere Gefüge auch dem Einbau neuer wissenschaftlicher Erkenntnisse verständlicherweise nur geringen Widerstand entgegensetze.[100]

In einem Beitrag zum gesellschaftspolitischen Leitbild der Sozialen Markwirtschaft hat Müller-Armack relativ eingehend wieder die Frage nach der Stellung der Sozialen Marktwirtschaft zur theologisch begründeten sog. christlichen Wirtschaftslehre thematisiert.[101] So unersetzlich die Funktion christlicher Besinnung auf gesellschaftliche Aufgaben auch sei, so notwendig sei aber auch die Betonung der relativen Selbständigkeit der Gesellschaftsordnung. Unsere Gesellschaft sei eine pluralistische Ordnung, in der Katholiken, Protestanten und säkularisierte Menschen zusammenleben. Von diesen einzelnen Gruppen könne die Frage der gesellschaftlichen Gesamtordnung Impulse empfangen. Das organisatorische Problem einer freiheitlichen Gesamtordnung bestehe jedoch darin, dass in dieser Gesellschaft verschiedene Wertordnungen miteinander leben müssen, ohne dass einer Gruppe der totale Anspruch auf die Repräsenta-

---

[97] Vgl. ebd., 565.

[98] Vgl. ebd., 568.

[99] Vgl. ebd., 569.

[100] Vgl. ebd., 570.

[101] Vgl. zum folgenden ders., Das gesellschaftspolitische Leitbild der Sozialen Marktwirtschaft, a.a.O., 298f.

tion des ganzen zuerkannt werden könne. Eine aus dem Gehalt eines spezifischen Glaubens deduzierte Ordnung könne jedoch schwerlich dieser pluralistischen Gesellschaft entsprechen. Zwar müssten die gesellschaftlichen Ordnungen den unabdingbaren Forderungen der Christen genügen, also so sein, dass Christen in ihnen Verantwortung tragen können. Man dürfe aber nicht im Bereiche unserer Gesellschaftspolitik bestimmte Ordnungen je nach ihrem jeweiligen theologischen Fundament akzeptieren oder verwerfen.

Wie sieht Müller-Armack nun konkret die Lösung der Koexistenz unterschiedlicher Rationaliäten und Wertüberzeugungen entsprechend seinem Stil der dialektischen Versöhnung, der sozialen Irenik?

In seinem „Soziale Irenik" überschriebenen Aufsatz stellt er dazu fest, dass die beiden großen Antagonismen der national-ökonomischen Geschichte miteinander vereinigt werden könnten auf der Grundlage der zwei christlichen Soziallehren. Ihres Charakters einer Ersatzmetaphysik entledigt, könne die sozialistische Theorie einen Beitrag zur Sozialen Marktwirtschaft leisten, so dass dann auch Christentum und Marxismus in einen konstruktiven Dialog treten könnten.[102] Eine die Weltanschauungen irenisch übergreifende Sozialidee müsse auch die liberale Theorie einbeziehen. Mit einem sozial-verantwortlichen Liberalismus könne die christliche Soziallehre zu einem konstruktiven Dialog kommen. Die Vertreter des Christentums dürften das Bild jenes weltanschaulichen Liberalismus des 19. Jahrhunderts, gegen das sich u.a. die katholische Theologie so bewusst und scharf absetzte, nicht vermischen mit jener im Grunde fachwissenschaftlichen und instrumentalen Auffassung des gegenwärtigen Liberalismus.[103] Der Liberalismus sei zwar auch Folge einer zunehmenden Säkularisation, habe aber gerade in der Säkularisation eine Fülle sittlicher Werte des Christentums weiter behauptet.[104] So erwachse etwa die Demokratie der Freiheit aus dem Christlichen.[105] Auf dieser Grundlage sei der Liberalismus und seine Beziehung zum Christentum nicht so antagonistisch zu sehen wie im 19. Jahrhundert. Der Liberalismus könne daher in

[102] Vgl. A. Müller-Armack, Soziale Irenik, a.a.O., 572.
[103] Vgl. ebd., 574.
[104] Vgl. ebd.
[105] Vgl. ebd.

eine neue Gesellschaftstheorie vor allem sein Fortschrittsdenken einbringen, sofern die Vertreter des Liberalismus dessen Partikularität eingestehen.[106] In dem von Müller-Armack als notwendig geforderten Dialog zwischen den unterschiedlichen Rationalitäten und Gruppen werde es eine wichtige Aufgabe der künftigen christlichen Soziallehre sein, die aus solcher Neufassung des Liberalismus gegebenen Einsichten mehr als bisher zu beachten und jene Vorurteile zu überwinden, die nur zu häufig in der kirchlichen Praxis dem Liberalismus entgegenstünden.[107]

#### j) Zur christlichen Prägung des Wirtschaftsstils Soziale Marktwirtschaft – ein Fazit

Der in seiner Geduld verständlicherweise wohl strapazierte Leser fragt sich angesichts der Fülle und Vielfalt der hier vorgelegten Aussagen Müller-Armacks, welche Konklusionen aus dieser Materialfülle zu ziehen sind.

Unter III1 war hier einleitend die als Alternative formulierte Frage gestellt worden, ob die Müller-Armacksche Konzeption, also insbesondere der Wirtschaftsstil Soziale Marktwirtschaft eine auch den Kriterien christlicher, insbesondere christkatholischer Wirtschaftsethik gemäße Wirtschaftsordnung oder eher ein Etikett für ein selbstgeschaffenes ekklektisches „Christentum Light" sei. Der Versuch eines dementsprechenden Fazits lässt sich in den folgenden Feststellungen zusammenfassen.

Sowohl das von Müller-Armack wiederholt, ja durchgängig thematisierte christliche Menschenbild als anthropologische Konstante als auch die wiederholte Bezugnahme auf die abendländisch christliche Tradition im Kontext eines spezifischen Zusammenhangs von abendländischer Kultur und Christentum belegen eine explizite „christliche Orientierung" Müller-Armacks und des von ihm formulierten Wirtschaftsstils Soziale Marktwirtschaft.

In seiner Rekonstruktion eines konfessionsbezogenen Zusammenhangs zwischen Religion und neuzeitlichem, also (privat)kapitalistischem Wirt-

---

[106] Vgl. ebd.

[107] Vgl. ders., Deutung unserer gesellschaftlichen Lage. Zu Wilhelm Röpkes Trilogie: Gesellschaftskrisis der Gegenwart, Civitas Humana, Internationale Ordnung, in: ORDO. Jahrbuch für die Ordnung von Wirtschaft und Gesellschaft, Band 3, Düsseldorf-München 1950, 253–267, hier: 264f.

schaftsstil sieht er diesen Wirtschaftsstil auch geprägt durch die Folgen der glaubensbezogenen Emanzipation. Erst mit der Reformation sei die Wendung zum neuzeitlichen, dem kapitalistischen Wirtschaftsstil eingetreten. So habe der Calvinismus den Gedanken der inneren Gesetzmäßigkeiten zuerst theologisch fundiert. *Die geistige Grundlegung des neuen Wirtschaftsstils sei das säkularisierte Endprodukt des calvinistischen Denkens gewesen und nur so zu begreifen.*

Die Folgen der Säkularisation sind nach Müller-Armack zu überwinden durch eine Weltkultur der „Lebensechtheit", in der die neuzeitlichen kulturellen Maßstäbe und das Recht einer selbständigen weltlichen Kultur nicht angetastet werden dürfen. Die die Säkularisation überwindende Gesellschaftsform soll auf christlichen Werten, Grundwerten des Christlichen begründet sein, von einer religiös verwurzelten Geisteshaltung getragen, der Werteverfall konkret durch eine Rechristianisierung der Gesellschaft und eine Wiederbelebung christlicher Wertvorstellungen erfolgen. Die Aufgabe der Gegenwart sei die Schaffung eines als Sozialhumanismus bezeichneten Gesellschaftsform, die, von einer christlich-humanistischen Haltung getragen, die ganze Fülle der sozialen Werte gestalte.

Die „lebensvolle Dialektik" zwischen Freiheit und Gerechtigkeit als Zielsetzung der Sozialen Marktwirtschaft, der sozialhumanen Marktwirtschaft, als Rahmenordnung auf der Grundlage der Freiheit, ist nach Müller-Armack das Ziel sozialer Politik in der Versittlichung des menschlichen Zusammenlebens. Die soziale Ausgestaltung der Ordnung in der Sozialen Marktwirtschaft sei als geistig-sittliche Aufgabe metaökonomische Aufgabe der Wirtschaftspolitik.

Den spezifischen Charakter seines Konzepts sieht Müller-Armack darin, dass es der Sicherung durch transzendente Wertprinzipien, für das Abendland daher der christlichen Offenbarung, bedürfe, denn der Mensch sei auf das Transzendente bezogen und orientiere daran seine Weltstellung. Soziale Marktwirtschaft als durch sittliche Ideale begründete Integrationsformel, sei eine Ordnung nach dem Maße des Menschen, das alleinige Kriterium wirtschaftlicher Konzeptionen die Humanität. Die Soziale Marktwirtschaft vertrete sozialethische Anliegen, könne aber als ausfüllungsbedürftiger Wirtschaftsstil nie allen ethischen Anliegen genügen und versuche, als irenische Formel ein vernünftiges Gleichgewicht zwischen

Werten herzustellen. Das zu gestaltende gesellschaftspolitische Leitbild der auf einem ökonomischen und einem soziologischen Ansatz beruhenden Sozialen Marktwirtschaft soll keine rationale, religiöse, sozialistische oder liberale Idealordnung entwerfen, sondern als Reaktion auf den sozialen Pluralismus realistisch umschriebene Ziele anstreben. Zwar sei auch die Soziale Marktwirtschaft als Wirtschaftsordnung als solche nicht sittlich, lege aber einer Versittlichung des wirtschaftlichen Handelns weniger Hemmnisse in den Weg, ermögliche eher ethisch legitimiertes Handeln.

Ein erfolgversprechender Dialog zwischen den Vertretern (ökonomischer) Zweckrationalität und Wertrationalität setzt für Müller-Armack voraus, dass keine Gruppe sich auf die eigene Position zurückziehe und die andere Position verwerfe, sondern dass Ökonomen wie Theologen jeweils die berechtigten Forderungen der anderen Seite dialektisch in die eigene Position mit aufnehmen. Die Verabsolutierung eines Standpunktes sei zu vermeiden, da die geschichtliche Offenheit und die Freiheit zur Setzung neuer Ziele zum Wesen des Menschen gehören. Die Vertreter des Christentums müssten in einen konstruktiven Dialog, insbesondere auch mit einem geläuterten Liberalismus und dessen Fortschrittsdenken eintreten. Es sei für die christliche Soziallehre in der Zukunft eine wichtige Aufgabe, alte Vorurteile gegenüber dem Liberalismus zu überwinden und alte Einsichten zu überprüfen. Der Liberalismus, der während der Säkularisation auch wichtige christliche Werte bewahrt habe, müsse, wohl insbesondere von der katholischen Theologie, als Weltanschauung, vornehmlich des 19. Jahrhunderts, nicht vermischt werden mit dem fachwissenschaftlichen und instrumentorientierten Liberalismus der Gegenwart.

Soziale Irenik und ein rationalitätenübergreifender Stilgedanke als Spezifika des Wirtschaftsstils Sozialer Marktwirtschaft erfordern im Interesse eines sozialen Ausgleichs von den Christen und von allen christlichen Konfessionen, dass sie sich anderen gesellschaftlichen Auffassungen öffnen und mit ihnen praktisch zusammenarbeiten . Die katholische Soziallehre solle statt utopischer Weltverbesserungsprogramme pragmatisch an die weltlichen Realitäten anknüpfen und auch andere Rationalitäten anerkennen, um so zu einem interdiszipliären Gespräch zu kommen. Im Bereich weltlicher Ordnungen dürften bestimmte Ordnungen nicht mit theologischer Begründung bejaht oder abgelehnt werden.

In diesem Kontext erscheinen auch Aussagen zum Dogmatismus, dessen inhaltliche Kennzeichnung, insbesondere zur Subsumierung christlicher Dogmatik, offengelassen wird (!), bemerkenswert. Hier wird festgestellt, dass die Soziale Marktwirtschaft als offenes System durch die Orientierung an pluralistischen Wertvorstellungen der modernen Gesellschaft eine klare Absage an einen weltanschaulichen Dogmatismus enthalte. Die Soziale Marktwirtschaft als offenes System gleiche einem Suchprozess und sei folglich das Gegenteil einer dogmatischen Ordnung. Allerdings erfordere der zentrale Punkt des Systems keinen Kompromiss, nämlich bezüglich des unantastbaren Prinzips der freien Entfaltung der Persönlichkeit und der Selbstbestimmung, das es erforderlich mache, die Handlungs- und Entscheidungsfreiheit des einzelnen ständig zu erweitern.[108]

Begriffe wie christliches Menschenbild, abendländisch-christliche Tradition, Christentum, christlich-humanistische Haltung, geistig-sittliche Aufgabe, transzendente Wertprinzipien, Versittlichung, zentrale geistige Werte prägen somit durchgängig die Argumentationen Müller-Armacks. Da diese Begriffe von Müller-Armack wiederholt als konstitutive anthropologische und stilprägende Merkmale qualifiziert werden, wäre zu vermuten, dass diese von ihm auch inhaltlich konkretisiert werden. Genau diese berechtigte Erwartung wird jedoch nicht erfüllt. Zwar sind diese Begriffe bei Müller-Armack keine Leerformeln, aber relativ offen, weil ausfüllungsfähig und auch ausfüllungsbedürftig. Das Bekenntnis Müller-Armacks zu christlichen Werten macht in seiner Argumentation durchgängig nicht nur deutlich, dass Soziale Marktwirtschaft keine christlich-normative Konzeption ist, sondern auch, dass dieser Wirtschaftsstil keiner bestimmten konfessionell geprägten Soziallehre zugeordnet werden kann und dies auch nicht intendiert. Es handelt sich um die anthropologische Begründung christlicher Soziallehre bzw. Wirtschaftsethik als konfessionell indifferente Gattung. Der Beitrag christlicher Sozialauffassung besteht nach Müller-Armack wesentlich in der grundsätzlichen Grundlegung unserer sozialen Ordnung, während bezüglich der konkreten Fragen der geschichtlichen Ordnung und der technischen Problembewältigung

---

[108] Vgl. Soziale Marktwirtschaft. Ordnung der Zukunft, hg.. v. L. Erhard u. A. Müller-Armack (Soziale Marktwirtschaft. Manifest 72), Frankfurt/M.-Berlin-Wien 1972, 60f.

liberale und sozialistische Ideen als rivalisierend genannt werden. Zwar distanziert sich Müller-Armack vom ökonomischen Liberalismus. Seine wertenden, relativ ausführlichen Feststellungen zum weltanschaulichen Liberalismus der Gegenwart und seine mit einer positiven Wertung verbundene Einordnung des modernen Liberalismus als wissenschaftlich und instrumentell orientiert legen eine Orientierung an einer mit dem modernen also zeitgenössischen Liberalismus kompatiblen christlichen „Konfession" nahe. Diese Einschätzung wird insbesondere deutlich an Müller-Armacks Rekonstruktion der theologisch fundierten Kritik des Liberalismus, vornehmlich katholischer Provenienz. Folgerichtig richten sich die mahnenden Ratschläge zum „versöhnenden Dialog", zu dessen Inhalten und Ziel vornehmlich an bislang wohl „diskussionsunfähige" weil theologisch und daher wertrational argumentierende Dialogpartner, von denen gleichsam eine innere irenische Umkehr auf das Fundament der pluralistischen Gesellschaft erwartet wird. Nun ließe sich trotz dieser kritischen Würdigung in der Müller-Armackschen Konzeption Sozialer Marktwirtschaft mit einer gewissen beruhigenden Zufriedenheit feststellen, dass diese Konzeption einer christlicher Wirtschaftsethik gegenüber relativ offene Konzeption sei, die christliche Ethik grundsätzlich als konstitutiv und als relevant würdige. Doch war bereits unter III1 die Frage formuliert worden, ob es sich bei dieser Konzeption und ihrem Argumentationsmuster nicht um eine inzwischen obsolet gewordene Grundlegung der Sozialen Marktwirtschaft handle, die inzwischen längst von einer exklusiv ökonomischen oder gar ökonomistischen Interpretation der Konzeption Sozialer Marktwirtschaft abgelöst worden sei. Ganz abgesehen von der Auffassung, nach der Müller-Armacks Konzeption nur eine mögliche und auch nicht die bei Einführung der Sozialen Marktwirtschaft in Deutschland allein gültige Konzeption gewesen sei, darf nicht übersehen werden, dass die hier wiedergegebenen Aussagen Müller-Armacks fast ausschließlich aus den Jahren 1946 bis 1962 stammen und Alfred Müller-Armack bereits am 16. März 1978 verstorben ist. Es liegt also nahe, erscheint sogar geboten, nach der aktuellen wirtschaftsethischen Fundierung der Konzeption Sozialer Marktwirtschaft zu fragen.

Eine solche Darstellung, zudem aus einer authentischen Feder stammend, hat Otto Schlecht 1990[109] vorgelegt, seit 1973, zunächst unter Ludwig Erhard, Staatssekretär im Bundesministerium der Wirtschaft und dies bis zu seiner Pensionierung 1991, anschließend Vorsitzender der Ludwig-Erhard-Stiftung, schließlich bis zu seinem Tode am 3. Dezember 2003 Ehrenvorsitzender dieser Stiftung, als „ordnungspolitisches Gewissen" gerühmt.

### 3) Zur „zeitgenössischen" Ethik der Sozialen Marktwirtschaft

Unter Hinweis auf Adam Smiths „Theory of Moral Sentiments" und damit auf die schottische Moralphilosophie nennt er Smith ein Beispiel dafür, dass in der Vergangenheit die Analyse ethisch-moralischer und politisch-ökonomischer Probleme völlig selbstverständlich von ein und demselben Mann geleistet worden sei, während heute das Verhältnis und die Verbindung von Ethik und Ökonomie bei weitem nicht so harmonisch und eng sei.[110] Umso höher müsse die Leistung der geistigen Väter der Sozialen Marktwirtschaft eingeschätzt werden, für die Ökonomie immer auch ethisch fundiert gewesen sei.[111] Als Beispiel dafür zitiert er eine Aussage Walter Euckens aus dessen „Grundlagen der Nationalökonomie", in der dieser von der großen Aufgabe der Herstellung einer funktionsfähigen und menschenwürdigen Ordnung der Wirtschaft spricht.[112]. Funktionstüchtig und menschenwürdig heiße dabei weitgehende und andauernde Überwindung der Güterknappheit. Zugleich solle in dieser Ordnung ein selbstverantwortliches Leben möglich sein. „Menschenwürdig" bedeutet hier also offensichtlich „selbstverantwortliche Überwindung von Güterknappheit". Für O. Schlecht selbst geht es in der Wirtschaftsethik darum, „beharrlich nach dem Menschengerechten im Sachgemäßen zu fragen".[113]

Als wichtigste ethische Grundlage unserer gesellschaftlichen und wirtschaftlichen Ordnung nennt Schlecht zunächst die Freiheit des Einzelnen,

---

[109] O. Schlecht, Grundlagen und Perspektiven der Sozialen Marktwirtschaft, Tübingen 1990, 33–61, hier 34.

[110] Vgl. ebd.

[111] Vgl. ebd.

[112] Vgl. W. Eucken, Die Grundlagen der Nationalökonomie, Jena [1]1940, 240.

[113] O. Schlecht, Grundlagen und Perspektiven der Sozialen Marktwirtschaft, a.a.O., 35.

verstanden als Freiheit zur Verwirklichung des Menschen selbst.[114], Freiheit also als Selbstverwirklichung nach seinen (des Menschen) individuellen Wünschen und Plänen. Über die einzelnen Wirtschaftsfreiheiten hinaus ist – so Schlecht – die marktwirtschaftliche Ordnung auch „Basis für moralische Freiheit und damit Ausdruck einer pluralistischen Gesellschaft“[115]. „Moralische Freiheit“ wird dabei darin gesehen, dass politische Anschauungen, moralische Grundeinstellungen und religiöse Fragen für das Marktgeschehen unerheblich sind, „ethisch Hochstehende“ ebenso wie „moralische Anpasser“ hier ihren Platz haben“.[116] Auf die Frage nach der ethischen und moralischen Rechtfertigung einer um den Eigennutz zentrierten Wirtschaftsordnung antwortet Schlecht: “Ethisch fundierte Nächstenliebe und Eigennutz stehen nicht in einem prinzipiellen Gegensatz: Liebe deinen Nächsten wie dich selbst, so heißt es in der Bibel. Das heißt konkret: Gerade die Liebe zum Nächsten verlangt, dass aus dem verfügbaren Haushaltseinkommen für die eigene Familie möglichst preisgünstig eingekauft wird.“[117] Aus der in der Heiligen Schrift des Neuen Testaments geforderten, in der Gottesliebe gründenden[118] Nächstenliebe wird hier also die Sorge um den preiswerten Gütereinkauf. Und O. Schlecht fügt zusammenfassend hinzu, gerade die Moral des Einzelnen und der kleinen Gruppe verlangt, dass sie als Marktteilnehmer zunächst ihre eigenen Interessen verfolgen und nicht die besonderen Bedürfnisse der Marktkontrahenten in ihr Kalkül einbinden können.[119] Handeln nach dem zweckrationalen ökonomischen Prinzip ist demnach ein Handeln gemäß der christlichen Nächstenliebe. Als weiteres „ethisches Gebot“ nennt Schlecht die effiziente Allokation der Ressourcen. Und er konstatiert, die so hervorragende Lösung der materiellen Aufgabe der Marktwirtschaft enthalte „sicher auch eine ethische Dimension“.[120] Materieller Wohlstand und soziale Sicherung legitimieren demnach die Effizienz auch moralisch.

---

[114] Vgl. ebd.

[115] Vgl. ebd, 36.

[116] Vgl. ebd.

[117] Vgl. ebd, 37.

[118] Die erste Forderung „du sollst den Herrn, deinen Gott lieben“, wird, wie zumeist, auch hier ausgeklammert beziehungsweise verschwiegen („liberal correctness“).

[119] Vgl. O. Schlecht, Grundlagen und Perspektiven der Sozialen Marktwirtschaft, a.a.O., 37.

[120] Vgl. ebd., 37f.

Zur Kritik der „Moralisten" an der marktwirtschaftlichen Ordnung als Kritik an den vom Markt unterschiedslos befriedigten Konsumwünschen der Menschen stellt Schlecht dann fest, gerade weil der Marktmechanismus das Verfolgen individueller Ziele und eigenverantwortliches Handeln zulasse, entspreche er „christlicher Tradition". Damit entspreche die marktwirtschaftliche Ordnung der zweitausendjährigen christlich-abendländischen Tradition, die das Individuum als indeterminiert und ausgestattet mit der Freiheit seines Willlens und der eigenen Entscheidung ansehe. Der verantwortungsbewusst denkende und handelnde Mensch sei stets nur seinem eigenen Gewissen im Sinne einer Kontrollinstanz ausgesetzt. Der „Übermensch", der selbstlos für andere denke und handle, sei für das Funktionieren der marktwirtschaftlichen Ordnung jedenfalls nicht erforderlich. Der ethischer Wertung zugängliche ökonomische Erfolg der Marktwirtschaft beruhe mithin ganz wesentlich darauf, dass sie, um zu funktionieren, nur auf Menschen mit durchschnittlicher Moral angewiesen sei.[121]

Nach Schlecht muss durch staatliche Gestaltung des Ordnungsrahmens der reinen Marktwirtschaft „sozusagen Sozialethik eingeimpft" werden. Nur so komme es zur Synthese von Freiheit und Bindung, die letztlich den ethischen Gehalt der sozialen Marktwirtschaft voll rechtfertige.[122] Der ethische Gehalt der Sozialen Marktwirtschaft liege im Bereich der Beziehung zwischen marktwirtschaftlicher Effizienz und sozialem Ausgleich auch in dem ethischen Gebot eines Ausgleichs zwischen sozialen Ansprüchen und den Möglichkeiten sozial verantwortbarer Finanzierung.[123]

Zu den sozialethischen Grundlagen der Sozialen Marktwirtschaft gehört nach Schlecht auch die Offenheit marktwirtschaftlicher Ordnung. Wie auch die Demokratie sei Marktwirtschaft ein offenes System, das viele Werte und Zwecke zulasse und auf die Finalisierung des gesellschaftlichen und wirtschaftlichen Prozesses verzichte.[124] Marktwirtschaft erfordere daher die geringste Übereinstimmung der Beteiligten gerade auch in politischen,

---

[121] So ebd., 39.

[122] Vgl. ebd.

[123] Vgl. ebd, 46f.

[124] Vgl. ebd., 50.

moralischen und religiösen Fragen.[125] Schließlich sei es die Kombination individual- und sozialethischer Aspekte unserer Wirtschaftsordnung, die sie zur funktionsfähigen und zugleich menschenwürdigen Ordnung werden lasse[126].Wenngleich die hohe wirtschaftliche Effizienz der Marktwirtschaft nicht zuletzt darauf beruhe, dass sie keine überzogenen Anforderungen an die Moral der wirtschaftlich agierenden Individuen stelle, schaffe das marktwirtschaftliche System doch keinen moralfreien Raum oder könne auf individuelle Moral verzichten.[127] Er verweist auf die Feststellungen Ludwig Erhards und Alfred Müller-Armacks, dass die für die marktwirtschaftliche Ordnung geltenden Spielregeln umso vollkommener wirksam würden, je mehr Menschen, die in dieser Ordnung leben, neben ihren wirtschaftlichen und technischen Kenntnissen Eigenschaften pflegen, die auch das Leben jenseits des Marktes verlangt und die sie von dort in das Wirtschaftsleben hineintragen müssen.[128] Und Schlecht fügt hinzu, dass bei Beachtung individualethischer Überzeugungen die Marktbeziehungen reibungsloser ablaufen und die Sozialsysteme besser funktionieren würden.[129] Wirtschaftsethik wird hier somit als ein Instrument zur Senkung von Funktionskosten beziehungsweise von Reibungsverlusten der Wirtschaftsordnung verstanden. Auch die Sozialsysteme würden besser funktionieren, wenn Moral nicht so knapp wäre.[130] Die lediglich instrumentale Funktion von Wirtschaftsethik wird auch deutlich bei der Erörterung der „sittlichen Verantwortung des Unternehmers". Je besser es dem Unternehmer gelinge, unternehmerische und gesellschaftliche Ziele miteinander zu verbinden, umso erfolgreicher werde langfristig sein Unternehmen auch am Markt sein, denn ethisches und moralisches Handeln bringe messbare Vorteile für den Unternehmer, die sich in der Ergebnisrechnung niederschlügen.[131]

[125] Vgl. ebd.
[126] Vgl. ebd.
[127] Vgl. ebd, 50f..
[128] Vgl. O. Schlecht, Grundlagen und Perspektiven der Sozialen Marktwirtschaft, a.a.O., 51.
[129] Vgl. ebd.
[130] Vgl. ebd.
[131] Vgl. ebd, 52f.

Die hier formulierte Inhaltsbestimmung und Funktion von Ethik beziehungsweise von Wirtschaftsethik im Kontext der konzeptionellen Grundlegung Sozialer Marktwirtschaft unterscheidet sich von der Müller-Armacks nicht etwa lediglich in Hinblick auf Unterschiede in Argumentationsstil und Schwerpunkten, sondern fundamental und offenbart gleichsam zwei unterschiedliche „Welten". Der Versuch, die hier vorgelegte wirtschaftsethische Sicht auf authentische Elemente christlicher Wirtschaftsethik zu untersuchen, geht schlicht „ins Leere". Nicht nur der hier sichtbare Paradigmenwechsel in der anthropologischen und ethischen Grundlegung des Wirtschaftsstils und der Wirtschaftsordnung Soziale Marktwirtschaft, sondern insbesondere die gegenüber einer zweckrational orientierten ökonomischen Perspektive radikal unterschiedlichen wertrationale Grundlegung der Stellung und Funktion von Mensch, Gesellschaft und damit auch des gesellschaftlichen Subsystems Wirtschaft wird insbesondere deutlich vor dem Hintergrund von Grundüberzeugungen und Grundaussagen katholischer Sozial- und Wirtschaftsethik.

## IV. Ethische Grundlegung der Sozialen Marktwirtschaft und katholische Soziallehre

Die Darstellung konzeptioneller Grundlegungen zur Ethik der Sozialen Marktwirtschaft macht bereits selbstredend die grundlegenden Unterschiede, insbesondere in der Sicht des Menschen, menschlicher Freiheit, des Gemeinwohls wie auch der Gesellschaft und in der Funktion von Ethik, zwischen der Ethik der Sozialen Marktwirtschaft und den philosophischen Grundlagen wie den Grundaxiomen der katholischen Soziallehre deutlich.

Die Verwendung sozialphilosophischer Grundbegriffe wie soziale Gerechtigkeit, Humanität, Menschenwürde, Nächstenliebe allein lässt jedoch noch nicht auf das Bestehen weltanschaulicher Verbindungslinien schließen. Eine nur begriffsnominalistische Übereinstimmung würde lediglich verschleiern, dass keine inhaltliche Übereinstimmung darüber besteht. Die Begriffe wären nur beliebig ausfüllbare Begriffshülsen; Etikettenschwindel würde zur Methode.

So drückt beispielsweise der häufig bemühte ORDO-Gedanke zwar den Pessimismus gegenüber dem altliberalen Gedanken an eine "praestabilierte Harmonie" und dem Markt als „moralische Korrektionsanstalt" aus, unterscheidet sich aber als Funktionalbegriff grundlegend von dem als Vorläufer häufig beschworenen mittelalterlichen ORDO als auf eine gottgewollte Ordnung hin ausgerichtete Gesamtordnung. Der ursprüngliche ORDO-Begriff wird inhaltlich entleert und zu einer begriffsnominalistischen Hülse, die mit dem jedes individuelle Handeln wie auch sämtliche Kultursachbereiche in das Ordnungsgefüge der theozentrischen Gesamtordnung einfügenden mittelalterlichen ORDO nichts gemeinsam hat. So kritisiert denn Alfred Müller-Armack auch, dass die Theologen geneigt seien, dem ORDO-Begriff einen inhaltlichen Sinn zu entnehmen[132], womit der „Etikettenschwindel" auch expressis verbis zugegeben wird.

Der fundamentale inhaltliche Dissens zwischen den Grundaxiomen katholischer Soziallehre und der individualistischen Interpretation sozialethischer Grundbegriffe wird exemplarisch an den folgenden exemplarischen grundlegenden Aussagen katholischer Soziallehre[133] deutlich.

Naturrechtlichem Denken nichtaufklärerischer Provenienz entsprechend ist das Gemeinwohl der Wirtschaft als Ziel und als Gestaltungsprinzip ethisch-weltanschaulich vorgegeben. Das Gemeinwohl ist nicht identisch mit dem Gesamtergebnis der Konsumentenentscheidungen über das Gesamtinteresse und auch nicht mit der Summe der vielfältigen Eigeninteressen. Als Ganzheitswert gehört das Gemeinwohl dem Bereich überindividueller Realität an. Das Gemeinwohl besitzt Realität zwar nicht außerhalb der Individuen und ist eine Gesamtleistung aller Gesellschaftsmitglieder, aber als Ergebnis der gesellschaftlichen Kooperation ein über die Individualleistung hinausgehender überindividueller Gesamtwert. Das Verhältnis zwischen Eigen- und Gesamtwohl ist primär ein sozialethisches

[132] Vgl. A. Müller-Armack, Wirtschaftspolitik in der Soizalen Marktwirtschaft, a.a.O., 79.

[133] Zu einer Gesamtdarstellung vgl. u.a. A.F. Utz, Ethik des Gemeinwohls. Gesammelte Aufsätze 1983–1997, hg. v. W. Ockenfels, Paderborn-München-Wien-Zürich 1998, 334–428, sowie ders., Sozialethik. IV. Teil: Wirtschaftsethik, Bonn 1994, 15–76. Auf eine zusammenfassende Darstellung, die die unterschiedlichen Akzente der einzelnen „Schulen" katholischer Sozialethiker einbezieht, wird hier aus verständlichen Gründen verzichtet. Zu einer Würdigung des wissenschaftlichen Werkes von Utz vgl. das Vorwort von W. Ockenfels, in: A.F. Utz, Ethik des Gemeinwohls, a.a.O., 5f.

Problem. So ist das Gemeinwohl verpflichtender sozialer Ganzheitswert, Ordnungsprinzip und Rechtsnorm zugleich. Die menschliche Gesellschaft ist mehr als nur die Summe, das Aggregat ungezählter, in sich abgeschlossener „Individuen-Moleküle". Das Gesellschaftsganze ist mehr als nur die gedachte Einheit von Ursachen und Prozessen.

Ausschließlich kausale Interpretation sozialer Erscheinungen, die als Realität nur gesellschaftliches Geschehen und gesellschaftliche Prozesse als Interaktionen autonomer Individuen sowie Gesellschaft nur als gedachte Einheit von Ursachen anerkennt, und sich damit auf eine rein soziologische Sicht beschränkt, verfehlt ebenso wie die Sicht der Gesellschaft als spontanes mechanisch-additives Ergebnis der individuellen Entschluss- und Handlungsfreiheit die aus dem Wesen des Gemeinwohls abgeleitete Erkenntnis der Gesellschaft als Ordnungseinheit und Hierarchie zweckbedingter Gemeinschaften.

Die Gesellschaft ist keine rein begriffliche Fiktion und das Interaktionengefüge selbstfertiger Individuen zum Zweck maximaler persönlicher Freiheit in der Verfolgung selbstgesetzter Zwecke, sondern eine Realität und eine aufgrund des vorgegebenen Gesellschaftsganzen als Formprinzip bestehende Ordnungseinheit. Sie ist jene Wirklichkeit von Menschen, die von gemeinsamen sittlichen Werten geprägt wird und in der die personalen Werte aller eingeschlossen sind. Sie ist teleologische Ganzheit und geistiger Organismus zugleich, eine dauernde überindividuelle Beziehungseinheit und Verbundenheit,

Die Wertorientierung am Menschen ist nicht das Maß aller Dinge schlechthin..

Anders als die Philosophie der englischen Aufklärung, die das sittliche Sollen als aus der menschlichen Freiheit selbst geschaffen behauptetet und in der der rein formale „kategorische Imperativ" die Funktion der ethischen Norm formalen Pflichtbewusstseins übernimmt, reduziert sich nach der katholischen Soziallehre Freiheit nicht auf das Fehlen von Eingriffen, sondern enthält das an die sittliche Norm gebundene sittliche Wahlvermögen und Wollenkönnen. Dieser Wertbezogenheit entspricht die personale sittliche Verantwortung, die den zulässigen Gebrauch der Freiheit von den Normen des außermenschlich vorgegebenen Sittengesetzes her begrenzt. Freiheit ist zwar Vorbedingung, aber nicht das Wesen der

Sittlichkeit. Freiheitsrechte erhalten ihre Legitimation nicht nur im Rahmen der Wettbewerbsordnung, da Freiheit sonst ihres ethischen Innenwertes beraubt würde. Als rein formale Prämisse freiheitlichen Handelns ist Wettbewerb kein sittliches Kriterium und kann daher auch nicht die Freiheitsordnung beinhalten. Die Freiheit menschlicher Entscheidung und Gestaltung im gesellschaftlichen Bereich kann nur normiert werden durch die Richtigkeit im Sinne der sittlichen und sozialen Ordnung. Weder ist Wettbewerb ein sozialethisches Ordnungskriterium noch das Soziale ein interindividuelles Gleichgewichtsproblem oder ein quantitatives Korrekturproblem.

Wenn die Ethik des wirtschaftlich Handelnden zur besseren Funktionsfähigkeit der Wettbewerbsordnung instrumentalisiert wird, wird die sozialphilosophische Wertordnung „auf den Kopf gestellt“. Wenn dem wirtschaftlichen Prinzip ethisch-normativer Charakter zuerkannt wird, wird das sozialethische Sollen formalisiert, beziehungsweise relativiert und seines finalethischen Inhalts beraubt.

Wenn die marktwirtschaftliche Sachgesetzlichkeit, die vom Menschen selbst geschaffene Wirtschaftsordnung oder die Beachtung der „Spielregeln“ zum sozialethischen Prinzip erhoben werden, wird der Mensch weitgehend zum „Zubehör“ der Marktautomatik beziehungsweise des „Halbautomaten“ Marktwirtschaft. Das volkswirtschaftliche Gesamtwohl würde in das Wohlergehen der marktaktiven Einzelnen aufgelöst, statt durch das wirtschaftliche Gesamtwohl und die Gemeinwohlgerechtigkeit normiert zu werden. Bedarfsdeckung würde sich auf die marktmäßig geltend gemachten Bedarfsansprüche reduzieren.

*Letztes Ziel des Wirtschaftens* ist nicht die Überwindung wirtschaftlicher Knappheit und eine „Plutokratie der Kaufkräftigen“, sondern die Erfüllung des sozialen Sinngehalts, der jenseits des wirtschaftlichen Bereichs liegt und diesem vorgegeben ist, unabhängig von der Tatsache, dass dieser Sinngehalt und seine Begründung jenseits der ökonomischen Fachkompetenz liegt, die durch die „Anmaßung von Wissen“ im Rahmen eines allerdings weitverbreiteten ökonomistischen Imperialismus nicht selten in dilettierenden Aussagen vorgeblicher Wirtschaftsethik überschritten wird, der es zumeist nicht um Ethik, sondern um Resistenz gegenüber ethisch begründeter Kritik geht.

Ein absolut gesetzter Freiheitsbegriff als Zentralwert und Selbstzweck löst sich aus der sittlichen Wertbezogenheit und Wertordnung.

Wirtschaft als soziales Phänomen und gesellschaftlicher Kulturprozeß ergeben sich somit aus dem finalethischen Zusammenhang. Sie ist nicht Selbstzweck, sondern in ihrer Struktur und Dienstfunktion letztlich auf die Realisierung außerhalb des wirtschaftlichen Bereichs liegender Werte hingeordnet. Wirtschaft als Ganzes ist weder eine Naturordnung noch die bloße Summe oder das mechanische Ergebnis technologischer Prozesse und störungsfreier Funktionsabläufe oder der Inbegriff der bedarfsdeckenden Prozesse. Sie ist mehr als das Wie des Wirtschaftens, nämlich ein Kultursachbereich, der seine Sinngebung nicht aus sich selbst erhalten kann. Daher ist die Forderung nach metaphysischer und ethischer Wertfreiheit der Wirtschaft wirklichkeitsfremd, ein Befund, dessen Richtigkeit wie auch die Realität nicht davon abhängen dürfen, ob er ökonomischen Kategorien und damit dem „Zugriffsbereich" von Ökonomen zugänglich ist. Es bedarf der Erkenntnis der teleologisch fundierten ethischen Wertqualität wirtschaftlicher Handlungsvorgänge, deren Normen letztlich aus dem Apriori des Gemeinwohlbegriffs als dem eigentlichen Form- und Ordnungsprinzip des Wirtschaftsganzen abgeleitet werden.

Bereits diese zusammenfassende „Bestandsaufnahme" lässt die fundamentalen Unterschiede, ja Gegensätze (radikal, weil aus der unterschiedlichen weltanschaulichen Wurzel ableitbar) zur weltanschaulichen Fundierung sogenannter Ethik der Sozialen Marktwirtschaft unübersehbar werden. Ethik der Wirtschaft wie auch Ethik einer Wirtschaftsordnung beziehungsweise eines Wirtschaftssystems liegt als Ethik, also, wenn sie Ethik sein soll, jenseits des Sachbereichs Wirtschaft und damit auch jenseits der Sach- und Fachkompetenz von Ökonomen. Wollten Ökonomen hierzu sachverständig Aussagen treffen, wäre dies eine „Anmaßung von Wissen". Ethik der Wirtschaft ist nicht reduzierbar auf eine ökonomische Rechtfertigung von Wirtschaft und Wirtschaftsordnung, beziehungsweise Wirtschaftssystem, zudem zumeist mit der Begründung, dass Ethik letztlich eine Ansammlung empirisch nicht begründbarer Vorurteile sei, eben „sentiments". In nuce handelt es sich um die Wahl zwischen zwei „Vor – Urteilen", nämlich zwischen einer autoritäts- und ganzheitlich – wertbestimmten theonomen Ethik und einer nominalistisch-agnostizistisch begründeten, mechanistisch kausalen, individualistischen Weltanschauung unter dem Etikett „wertfrei". Der jenseits begriffsnominalistischer Harmonie bestehende grundlegende Dissens über die Wertbasis ist dabei Ausdruck des jeweils fundamental anderen Paradigmas.

## V. Wahrheit – das „unbekannte Wesen"

Selbst in den für einen Ökonomen ungewöhnlich eingehenden Aussagen Müller-Armacks zur transzendentalen Ethik als konstitutive Grundorientierung jeden Menschen und zur Unverzichtbarkeit der ethischen Begründung und Orientierung des Wirtschaftsstils Soziale Marktwirtschaft sucht man den Begriff „Wahrheit" vergeblich. Unbestrittene Grundüberzeugung, zumindest des mainstreams der professionellen Ökonomen ist, dass die „Pilatusfrage" aufgrund der vielen und unterschiedlichen Weltanschauungen nicht beantwortet werden kann, eine Antwort hierzu sich auch erübrigt, weil in empirisch orientierten Wissenschaften Wahrheit beziehungsweise wahre Aussagen nur solche sind, die empirisch vorläufig bestätigt werden konnten.[134] Auch in empirischen Wissenschaften tätige Wissenschaftler sind ungeachtet der behaupteten Werturteilsfreiheit ihrer wissenschaftlichen Aussagen keine weltanschauungsabstinenten Menschen. So bekennt sich die Mehrzahl der professionellen Ökonomen auch öffentlich als liberal und als Anhänger einer liberal-freiheitlichen Ordnung. Die von ihnen vertretenen wissenschaftlichen Überzeugungen und Postulate werden daher auch widerspruchslos als die liberaler Ökonomen und Ausdruck einer liberalen Ökonomie bezeichnet. Erinnert sei dazu auch an die Feststellungen Müller-Armacks zum sog. sozial geläuterten Liberalismus. Der durchgängig hervorgehobene und zumindest implizit als alternativlos gewertete oberste Grundwert der „individuellen Freiheit des autonomen Menschen in einer offenen Gesellschaft" ist weitgehend identisch mit dem

[134] Inwieweit diese Konvention auf einer Orientierung der Ökonomik als mechanististische Wissenschaft sozialer Physik beruht, sei hier dahingestellt. Vgl. zu dieser bedenkenswerten Kennzeichnung das von einem professionellen Ökonomen vorgelegte Buch: K.-H. Brodbeck, Die fragwürdigen Grundlagen der Ökonomie. Eine philosophische Kritik der modernen Wirtschaftswissenschaften, Darmstadt ²2000.

Grundwert marktwirtschaftlicher Ordnung, so auch mit dem einer Sozialen Marktwirtschaft und deren Wirtschaftsstil." Die Erkenntnis, dass es auch eine Alternative zum autonomen, also dem selbstbestimmten Menschen geben kann, nämlich den theonomen Menschen, der seine Lebensorientierung und sein Handeln auf religiös fundierte Glaubensüberzeugungen gründet, ist weitgehend unbekannt und klingt nur an in der abwertenden Einordnung als Dogmatiker" wie denn auch „dogmatisch" zu einem pejorativen Begriff und zu einem beleidigenden Vorwurf gegenüber Menschen verkommen ist, die es in einer vorgeblich aufgeklärten freien Gesellschaft eigentlich nicht mehr geben dürfe. Folgerichtig ist auch „Wahrheit" kein ernsthaftes zwischen-menschliches und gesellschaftliches Thema mehr. Gar vom „Glanz der Wahrheit" zu sprechen, ihn sogar zu rüh men, ist in einer Welt der pluralistischen „correctness" autonomer Menschen geradezu ein Tabubruch.

Die Enzyklika „Veritatis Splendor" des heimgegangenen Papstes Johannes Paul II. hält dementsprechend dem Selbstverständnis und den Handlungsmaximen des sog. modernen, weil autonomen Menschen, gleichsam den vom Glanz der Wahrheit angestrahlten Spiegel vor.

Dem Kontext des im vorliegenden Beitrag thematisierten Problembereichs angemessen, schließe ich mit einer, in ihrer diagnostischen, auch empirisch begründbaren Aussage den Grunddissens formulierenden Feststellung aus „Veritatis Splendor":

„So ist man in manchen modernen Denkströmungen so weit gegangen, die Freiheit derart zu verherrlichen, dass man sie zu einem Absolutum machte, die die Quelle aller Werte wäre. In diese Richtung bewegen sich Lehren, die jeden Sinn für die Transzendenz verloren haben oder aber ausdrücklich atheistisch sind. Dem Gewissen des einzelnen werden die Vorrechte einer obersten Instanz des sittlichen Urteils zugeschrieben, die kategorisch und unfehlbar über Gut und Böse entscheidet. Zu der Aussage von der Verpflichtung, dem eigenen Gewissen zu folgen, tritt unberechtigterweise jene andere, das moralische Urteil sei allein deshalb wahr, weil es dem Gewissen entspringt. Auf diese Weise ist aber der unabdingbare Wahrheitsanspruch zugunsten Kriterien wie Aufrichtigkeit, Authentizität, ‚Übereinstimmung mit sich selbst' abhanden gekommen, so dass man zu einer radikal subjektivistischen Konzeption des sittlichen Urteils gelangt.

... gehört zu dieser Krise die Krise um die Wahrheit. Nachdem die Idee von einer für die menschliche Vernunft erkennbaren universalen Wahrheit über das Gute verloren gegangen war, hat sich unvermeidlich auch der Begriff des Wissens gewandelt ... nicht mehr als ein Akt der Einsicht der Person ... dem Gewissen des einzelnen das Vorrecht zuzugestehen, die Kriterien für Gut und Böse autonom festzulegen und dementsprechend zu handeln. Diese Sicht ist ... eine individualistische Ethik ..."[135]

„Solcher Art sind die Lehren ... die menschliche Freiheit könnte ‚die Werte schaffen' und würde einen Primat über die Wahrheit besitzen; ja, die Wahrheit würde sogar selbst als eine Schöpfung der Freiheit angesehen ... diese also eine solche moralische Autonomie beanspruchen, die praktisch ihre absolute Souveränität bedeuten würde."[136]

Ein Hirt der Kirche, der die Wahrheit stets verkündet hat, auch wenn sie zum Zeitgeist quer und daher ungelegen war, hat die Beziehung zwischen dem freien Menschen und der Wahrheit in die Aussage gefasst: „Gott mutet das Heil dem vernunftbegabten und freien Menschen zu, und dieser Mensch soll die Wahrheit erkennen. Und wir wissen um diese Wahrheit ... Wahrheit ist das, was Gott uns lehrt."[137]

[135] Johannes Paul II., Veritatis Splendor. Glanz der Wahrheit. Mit einem Kommentar von Leo Scheffczyk, Stein am Rhein 1993, Nr. 32.

[136] Ebd., Nr. 35.

[137] K. Krenn, Die gottgeschenkte Würde des Menschen. Vortrag vor der K.Ö.St.V Kürnberg in Wien, in: Worte, 58.

# Verzeichnis der Autoren

Baier, Stephan, Dipl. Theol., Österreichkorrespondent der Zeitung „Die Tagespost", Graz

Baumgartner, Konrad, Univ. Prof. Dr., Professor em. für Pastoraltheologie, Regensburg

Bösner OSB, Robert, KR P. Lic. theol., Wallfahrtsbeauftragter für die Diözese St. Pölten, Maria Dreieichen

Brandmüller, Walter, Univ. Prof. Prälat Dr., Präsident des Päpstlichen Komitees für Historische Wissenschaften, Rom

Breid, Franz, Msgr. Dr. habil., Leiter der Theologischen Sommerakademie des „Linzer Priesterkreises" in Aigen/Oberösterreich, Pfarrer in Höhnhart

Brenninkmeijer, OCist, Renée, Dipl. Theol., Sr. M. Theresa, Äbtissin, Maria Hjerte Abbedi, Dänemark

Burkhart, Ernst, Prälat DDr., ehem. Regionalvikar des Opus Dei in Wien, derzeit Rom

Curik, Rudolf, Doz., Dr. med., Mag. theol., Dozent für Pastoralmedizin in St. Pölten, Linz

Derix, Hans-Heribert, Univ. Prof. Dr., Professor em. für Volkswirtschaftslehre, Fachbereich Wirtschaftswissenschaften, Leipzig-Köln

Dinhobl, Michael, Dipl. Ing., ehem. Pressereferent der Diözese St. Pölten, Wien

Eder, Georg, Dr., em. Erzbischof von Salzburg

Enichlmayr, Johannes, Dr. habil., Neuevangelisation, Interdiözesane Katechesen, Linz

Fahrnberger, Gerhard, Prof. Dr., Professor für Kirchenrecht, Offizial des Bischöflichen Diözesangerichtes St. Pölten

Flis, Jan, Univ. Prof. Dr. habil., Professor für Exegese und Biblische Theologie des Neuen Testaments in Stettin, Lehrbeauftragter für Neutestamentliche Bibelwissenschaft in St. Pölten, Dechant, Pfarrer in Sigmundsherberg

Fux, Ildefons Manfred, Doz. Dr., Dozent für Spirituelle Theologie in St. Pölten, Spiritual in Marienfeld, Neulengbach

Glassner OSB, P. Gottfried, Dr., Professor für Alttestamentliche Bibelwissenschaft in St. Pölten, Melk

Haas, Wolfgang, Lic. theol., Erzbischof von Vaduz

Hadrobolec, Johann, HR Mag. Dr., Direktor i. R. der Justizanstalt Stein

Hartmann, Stefan, Lic. theol., ehem. Hochschulseelsorger in Wien, Pfarrer in Oberhaid, Deutschland

Hellsberg, Clemens, Prof. Dr., Primgeiger und Vorstand der Wiener Philharmoniker

Hönisch SJM, P. Andreas, Generaloberer der Servi Jesu et Mariae, Blindenmarkt

Hörmer, Alois, Apostolischer Protonotar Prof. Dr., Professor em. für Liturgiewissenschaft in St. Pölten, Pfarrer in Maria Jeutendorf

Hofer, Peter, Univ. Prof. KR Dr., Professor für Pastoraltheologie und Dozent für Homiletik in Linz und St. Pölten

Jaworski, Marian, Kardinal, Erzbischof von Lemberg (Lviv)

Keinert, Heinz, Univ. Prof. Dr., Professor für Handels- und Wertpapierrecht an der Johannes-Kepler-Universität Linz

Knittel, Reinhard, Doz. DDr., Dozent für Einführung in die Theologie und Vizeoffizial des Bischöflichen Diözesangerichts in St. Pölten

KREIML, Josef, Prof. Dr. habil., Professor für Fundamentaltheologie und Ökumenische Theologie, Rektor der Philosophisch-Theologischen Hochschule St. Pölten

LUDWIG, Siegfried, Mag., Landeshauptmann a. D. von Niederösterreich, Maria Enzersdorf

MAURER OCist, Pius, Prof. P. Dr., Professor für Liturgiewissenschaft in St. Pölten, Lilienfeld

MEISNER, Joachim Kardinal, Erzbischof von Köln

NENNING, Günther, Prof. DDr., Journalist und Kolumnist, Wien

PANSTINGL, Konrad, HR Prof., Diakon, Schulamtsleiter i. R. der Diözese St. Pölten

PERL, Camillo, Prälat, Sekretär der Päpstlichen Kommission „Ecclesia Dei", Rom

PLETTENBAUER, Walter, Mag., Propst, Propstpfarrer, Mattighofen

PRADER, Helmut, Mag. Lic. theol., ehemaliger bischöflicher Zeremoniär, dzt. Rom

PRANTNER, Robert, Prof. DDr. Dr.h.c., em. Hochschulprofessor für Ethik und Gesellschaftslehre, Hinterbrühl

ROMEDER, Franz, Mag., Präsident a. D. des Landtages von Niederösterreich, Bisamberg

SAMMER, Alfred, HR Mag. Dr., Bischofsvikar für Kunst und Kultur der Militärdiözese Österreichs

SCHEFFCZYK †, Leo, Kardinal, Professor em. für Dogmatik, München

SCHMIDT, Mirjam, Kirchenmusikdirektorin in St. Augustin, Wien

SIREISKI, Leon, Mag., Msgr., Mattighofen

SPINDELBÖCK, Josef, Doz. Dr. habil., Dozent für Ethik in St. Pölten, Gastprofessor am ITI in Gaming, Kleinhain

SQUICCIARINI †, Donato, Erzbischof DDr., vormals Apostolischer Nuntius in Österreich, Rom

STEINWENDER, Ignaz, Dr., Lehrbeauftragter für Kirchengeschichte in St. Pölten, Pfarrer in Zell am Ziller

STICKELBROECK, Michael, Prof. Dr. habil., Professor für Dogmatik in St. Pölten, Provisor in Wald

STRASSER, Leo, Prof., ehem. Sportredakteur der „Oberösterreichischen Nachrichten", Linz

STYCZEN SDS, Tadeusz, Univ. Prof. Dr., Professor em. für Philosophie und Ethik, Lublin

TORELLÓ, Johannes B., Prälat DDr., Kirchenrektor i.R., Wien

TRAUSMUTH, Gudrun, Mag., Bildungsreferentin, Kath. Hochschulgemeinde Wien

TREITLER, Wolfgang, a.o. Univ. Prof. Dr., Dozent für Religionswissenschaft in St. Pölten

WALDSTEIN, Wolfgang, Univ. Prof. DDr., Professor em. für Römisches Recht, Salzburg

WAGNER, Gerhard Maria, Dr., Pfarrer in Windischgarsten

WEIDMANN, Fritz, Univ. Prof. Dr., Professor em. für Religionspädagogik und Didaktik, Augsburg

WEILER, Rudolf, Univ. Prof. DDr., Professor em. für Ethik, Wien und St. Pölten

WERNER, Christian, Mag., Militärbischof von Österreich

WINKLER OCist, Gerhard, Univ. Prof. P. Dr., Professor em. für Kirchengeschichte in Salzburg, Wilhering

WINKLER, Karl, WHR Dr., Bezirkshauptmann a. D. von Rohrbach, Oberösterreich

ZIEGENAUS, Anton, Univ. Prof. DDr., Professor em. für Dogmatik, Augsburg